2010

三门峡年鉴

SANMENXIA YEARBOOK

中共三门峡市委　三门峡市人民政府　主办
中共三门峡市委党史地方史志办公室　主编

方志出版社

图书在版编目(CIP)数据

三门峡年鉴.2010/中共三门峡市委党史地方史志办公室编.—北京:方志出版社,2010.12
ISBN 978-7-5144-0007-6

Ⅰ.①三… Ⅱ.①中… Ⅲ.①三门峡市—2010—年鉴
Ⅳ.①Z526.13

中国版本图书馆CIP数据核字(2010)第245851号

三门峡年鉴(2010)

编　　者:中共三门峡市委党史地方史志办公室
责任编辑:丛　珺

出 版 者:方志出版社
(北京市建国门内大街5号中国社会科学院科研大楼12层)
邮编　100732
网址　http://www.fzph.org
发　　行:方志出版社发行部
(010)85195814　85196281
经　　销:新华书店总店北京发行所
法律顾问:北京市大禹律师事务所
印　　刷:河南深港彩印有限公司

开　　本:889×1194　1/16
印　　张:27.625
字　　数:1257千
版　　次:2010年12月第1版　2010年12月第1次印刷
印　　数:0001—1500册

ISBN 978-7-5144-0007-6/K·7　定价:160.00元

编　辑　说　明

一、《三门峡年鉴》是中共三门峡市委、三门峡市人民政府主办的具有公报性、资料性、综合性、权威性、文献性的大型年刊，创刊于2001年。其宗旨是向三门峡市、河南省乃至国内外，全面、系统、翔实地介绍三门峡市上一年度政治、经济、文化和社会发展各方面的基本情况，为各级领导科学决策服务，为社会各界了解三门峡、研究三门峡、振兴三门峡服务，为促进三门峡市三个文明建设和构建和谐三门峡服务，并为续修《三门峡市志》积累资料。

二、《三门峡年鉴》由中共三门峡市委、三门峡市人民政府主办，中共三门峡市委党史地方史志办公室组织编纂，各县（市）区、市直各单位和各企事业单位、驻三门峡部队等供稿。

三、《三门峡年鉴(2010)》以马克思列宁主义、毛泽东思想、邓小平理论和"三个代表"重要思想为指导，全面贯彻落实科学发展观，运用辩证唯物主义和历史唯物主义的立场、观点、方法，在"全、新、特、密、实"五个方面记述三门峡市上一年度国民经济和社会发展的基本情况和变化，坚持为改革开放、为经济建设、为社会全面协调可持续发展服务。

四、《三门峡年鉴(2010)》记载时限（除个别内容外）从2009年1月1日起至12月31日止。年鉴采取分类编辑法，设类目、分目、条目3个层次。本卷共设32个类目：特载、专记、大事记、三门峡概貌、政党、政权·政协、群众团体、人民武装、法制、农业、工业、黄金·煤炭·铝、城乡建设·环境保护、建筑与房地产业、交通运输和邮政业、信息产业、经济协作与开发、商贸·市场、旅游业、财政·税务、金融·保险·证券、黄河三门峡水利枢纽工程、经济综合管理、科技、教育、文化、卫生·体育、精神文明创建活动、社会生活、县（市）区概貌、人物、附录。

五、为查阅方便，主体内容后编排有索引，中文目录之后编排英文目录。

六、《三门峡年鉴》所用统计数据，均经各供稿单位审核。统计资料由市统计局提供。

七、《三门峡年鉴》的编辑出版得到了三门峡市各级领导的关心和各县（市）区、各部门、各单位的大力支持与协助，在此谨表示衷心的感谢。

《三门峡年鉴》编纂委员会

王平灿　　（市教育局局长）

卫月胜　　（市科技局党组书记）

雷建国　　（市工信局局长）

上官卿　　（市民政局局长）

宋　东　　（市财政局局长）

任振廷　　（市人力资源和社会保障局局长）

杨青黑　　（市住建局局长）

李平宣　　（市交通运输局局长）

邵学敏　　（市农业局局长）

李炼志　　（市商务局局长）

王朝周　　（市文化新闻出版局局长）

齐秋安　　（市卫生局局长）

董晓环　　（市人口计生委主任）

常天朝　　（市统计局局长）

武跃峰　　（市总工会常务副主席）

杨绍华　　（团市委书记）

张晓燕　　（市妇联主席）

赵团欣　　（市社科联主席）

《三门峡年鉴(2010)》编纂人员

主　　编	李　健	中共三门峡市委党史地方史志办公室主任		
副 主 编	刘建红	中共三门峡市委党史地方史志办公室调研员		
	周　青	中共三门峡市委党史地方史志办公室年鉴科科长		
文字编辑	(以下按书中出现先后为序)			
	张怡杰	周　青	李艺芬	卢亚杰
图片编辑	张怡杰			
英文翻译	卢亚杰			
校　　对	张怡杰	周　青	李艺芬	卢亚杰
编务人员	魏云超	何永红	韩文革	刘宝珠
	安淑珍	王普展		
摄　　影	李海峰	杜　杰		

《三门峡年鉴(2010)》供稿单位主管领导及组稿员名单

(按书中出现先后为序)

单 位	主管领导	组稿员
中共三门峡市委办公室	张欣照	裴俊峰
中共三门峡市委组织部	沙庆家	翟宝华
中共三门峡市委宣传部	武少峰	吴全乐
中共三门峡市委统一战线工作部	张书敏	荀旭灿
中共三门峡市委市直机关工作委员会	武敏祥	王成新
		王 静
中共三门峡市委老干部局	范世谋	王广鼎
三门峡市国家保密局	杨治安	卫安均
中共三门峡市委党校	金校卫	邓 斌
中共三门峡市纪律检查委员会、三门峡市监察局	张志鹏	赵淑波
中国民主同盟三门峡市委员会	李述勇	员益峰
中国民主建国会三门峡市委员会	张景林	赵经纬
中国农工民主党三门峡市委员会	肖群兰	陈天栋
九三学社三门峡市委员会	楼晓红	晁媛媛
三门峡市工商业联合会	张进朝	薛 丹
三门峡市人民代表大会常务委员会办公室	王永胜	郑 鋆
三门峡市人民政府办公室	张武民	龚长尊
三门峡市行政服务中心	周利平	张应洲
三门峡市人力资源和社会保障局	张少锋	席 荣
中共三门峡市委群众工作部(三门峡市人民政府信访局)	陈鲁新	王希运
三门峡市民族宗教局	滕蕊荣	张恩仕
三门峡市人民政府外事侨务办公室	杨 彤	刘云江
中国人民政治协商会议三门峡市委员会办公室	卫素琴	车艳梅
三门峡市总工会	武跃峰	屈超峰
中国共产主义青年团三门峡市委员会	杨绍华	王官京
三门峡市妇女联合会	张晓燕	史锁茹
三门峡市文学艺术界联合会	卫 峰	焦新祥
三门峡市社会科学界联合会	赵团欣	张桂珠
三门峡市归国华侨联合会	黄鸿普	黄鸿普
三门峡市科学技术协会	马仰峡	王春凌
三门峡市残疾人联合会	郭辛文	习冬冬

单　位	主管领导	组稿员
三门峡军分区	张洪标	杨占峰
中国人民武装警察部队三门峡市支队	何学习	陈克锋
		李海涛
中国人民武装警察部队三门峡市消防支队	仇培建	靳国增
中国人民武装警察部队黄金第六支队	杨洪生	候继科
三门峡市人民防空委员会办公室	段孝廷	田金管
中共三门峡市委政法委员会	李主臣	贺腊梅
三门峡市社会治安综合治理委员会办公室	马宗玉	郭　好
三门峡市公安局	杨宗义	郭建民
三门峡市人民检察院	王建民	侯　锋
三门峡市中级人民法院	任睿妮	贾永立
三门峡市司法局	杨素霞	张军时
三门峡市农业局	邵学敏	曾文静
三门峡市扶贫开发领导小组办公室	陈丽萍	王　通
三门峡市畜牧局	薛书超	胡柏林
三门峡市林业和园林局	姚　明	刘玉明
	韩保健	贾文伟
		王春祥
三门峡市水利局	黄更臣	刘宝军
三门峡市黄河河务移民管理局	张景芳	胡海林
三门峡市农业局农机化管理办公室	任树民	张文娜
三门峡市商务局	李军方	王　怡
三门峡市工业和信息化局	聂　琦	崔礼靖
河南省电力公司三门峡供电公司	南国良	刘一虹
三门峡市医药管理局	赵　峰	张淑凤
三门峡市黄金管理局	张　琳	申允会
三门峡市煤炭管理局	张项学	张宗敏
三门峡市住房和城乡建设局	杨青黑	杨俊峰
		周敬伟
三门峡市规划和城市管理综合执法局	刘国泰	牛英瑛
三门峡市环境保护局	张中良	胡菊霞
三门峡市交通运输局	李新林	苏鹏飞
三门峡市公路局	周建通	苏鹏飞
河南高速公路发展有限责任公司三门峡分公司	殷蔚明	姚宗华
三门峡火车站	张　毅	陈黎明
三门峡市邮政局	刘亚芳	吕研究

单　位	主管领导	组稿员
河南省工业和信息化厅三门峡无线电管理局	高建生	王　茜
中国联合网络通信有限公司三门峡市分公司	马　军	张新成
中国移动通信集团河南有限公司三门峡分公司	苏　勇	姚来宝
中国铁通集团有限公司三门峡分公司	裴宏印	丁　涛
中国电信集团河南省三门峡市电信分公司	王国立	冯　丹
三门峡经济开发区	赵冶钧	杨满怀
		李淑红
三门峡市供销合作社	张保强	石安娜
三门峡市盐业管理局	李帅林	陶婵娟
三门峡市物资总公司	郑遂平	张家明
三门峡市粮食局	水润平	马建荀
三门峡市烟草专卖局	刘勤民	杨　琳
中国石油化工股份有限责任公司三门峡石油分公司	张　衍	张俊玲
三门峡市工商行政管理局	杨永琦	高向明
三门峡市旅游局	王保仁	王　丽
三门峡市财政局	范社民	李少民
三门峡市国家税务局	秦基选	孙秋亮
三门峡市地方税务局	许　珺	王建锋
中国人民银行三门峡市中心支行	白崇建	李勇智
中国银行业监督管理委员会三门峡监管分局	宋社有	范文生
河南省农村信用社联合社三门峡市办公室	袁赞礼	孟金红
三门峡市商业银行	昝红宇	张轲宣
		杨　君
中国工商银行股份有限公司三门峡分行	任官水	王　泊
中国农业银行三门峡市分行	王逢乐	马建华
中国建设银行股份有限公司三门峡分行	吴雪峰	宋粉霞
中国银行股份有限公司三门峡分行	王　岩	李　娜
中国农业发展银行三门峡市分行	段弘伟	刘新宝
中国人民财产保险股份有限公司三门峡市分公司	齐卫娟	王　远
中国人寿保险股份有限公司三门峡分公司	周书忠	杨红文
中原证券股份有限公司三门峡六峰路证券营业部	孙惠思	张学运
水利部黄河水利委员会三门峡水利枢纽管理局	刁兆秋	李亚力
三门峡市发展和改革委员会	于太升	王凤杰
三门峡市安全生产监督管理局	钱随章	郑志刚
三门峡市国土资源局	崔宗勤	李　静
三门峡市审计局	白提高	武云景

单　位	主管领导	组稿员
三门峡市统计局	张庆云	陈建民
三门峡市质量技术监督局	索继军	周付民
三门峡市食品药品监督管理局	何　耿	马海英
三门峡市科学技术局	亢保祥	李选林
三门峡市地震局	姚　龙	郑　垚
	李守增	刘　蕊
三门峡市气象局	武小明	袁文胜
三门峡市教育局	王平灿	王普进
	金　锐	杨仲勋
三门峡职业技术学院	刘彦斌	王　燕
三门峡市文化新闻出版局	薛建峡	黄云启
三门峡市广播电影电视局	万赞伟	丁　君
中共三门峡市委党史地方史志办公室	刘建红	卢亚杰
	张安滨	
三门峡日报社	王素梅	冯　燕
三门峡市档案局	杨乘东	潘秀珍
三门峡市卫生局	郑淑华	唐虎杰
三门峡市体育局	马朝龙	张　睿
三门峡市精神文明建设指导委员会办公室	王文辉	王群旺
		卢丽娜
三门峡市人口和计划生育委员会	薛孟生	谢少峡
三门峡市民政局	张增盈	赵慧利
		范敏香
湖滨区	谢东方	马红丽
义马市	赵松勤	史书现
渑池县	茹　鹏	张丽敏
陕县	潘新乐	张素娥
		习　云
灵宝市	任晓云	刘冬超
		张虎民
卢氏县	赵进卿	常琳静

目　录

特　载

抢抓机遇上项目　凝心聚力促发展　奋力开创全市项目建设新局面——在全市项目建设年活动动员大会上的讲话 …… 李文慧 2
科学发展促转型　奋力实现新跨越——在市委经济工作会议上的讲话 …… 李文慧 7
政府工作报告 …… 杨树平 12

专　记

· 庆祝中华人民共和国成立 60 周年活动 ·
概况 …… 20
全面启动新中国成立 60 周年歌曲创作评选活动 …… 20
新中国成立 60 周年暨全民健身节乒乓球赛开赛 …… 20
“魅力三门峡行”大型旅游摄影活动暨展览启动 …… 20
举办纪念新中国成立 60 周年优秀理论文章征集活动 …… 20
市委党史方志办开展庆祝新中国成立 60 周年系列活动 …… 21
以庆祝新中国成立 60 周年为主题,《三门峡日报》精心策划推出一系列专栏、特稿、特刊 …… 21
《辉煌 60 年　直播河南．三门峡篇》三门峡篇成功播出 …… 21
三门峡市市直机关歌咏大赛决赛举行 …… 21
举办“与共和国同行——庆祝新中国成立 60 周年成就展” …… 21
“国庆杯”全国楹联大奖赛成功举办 …… 22
开展全国“双百”人物、全省“双 60”人物推荐评选活动 …… 22
举行迎国庆文明单位文艺展演 …… 22
《大型音乐舞蹈史诗·中国红》文艺演出举行 …… 22
60 周年书画摄影展开展 …… 22
三门峡市庆祝中华人民共和国成立 60 周年文艺活动效果显著 …… 22
卢氏县庆祝新中国成立 60 周年活动精彩纷呈 …… 23
· 开展深入学习实践科学发展观活动 ·
概况 …… 23
学习实践活动动员大会召开 …… 23
多措并举抓好学习培训 …… 23
开展“我为三门峡科学发展建一言献一策”活动 …… 24
开展“万人问卷大调查” …… 24
推广领导班子分析检查报告“四四工作法” …… 24
强化宣传　营造氛围 …… 24
工作作风明显转变 …… 25
体制机制有序创新 …… 25
民生有力改善 …… 25
社会更加稳定 …… 25
· 创建国家卫生城市 ·
概况 …… 25
城中村改造取得突破性进展 …… 25
城市基础设施建设步伐加快 …… 26
集贸市场改造和“五小”单位治理成果进一步巩固 …… 26
教育卫生、环境保护工作逐步加强 …… 26
公共卫生工作成绩显著 …… 26
社区和单位卫生治理工作稳步推进 …… 27
加大宣传力度,营造良好的宣传氛围 …… 27
· 创建国家园林城市 ·
概况 …… 27
以人为本科学构建城市宏伟蓝图 …… 27
以水为魂彰显城市秀美灵性 …… 28
以绿为韵展现城市生机活力 …… 28
以史为源挖掘城市文化底蕴 …… 29
以建为主完善城市服务功能 …… 29
· 重点项目建设 ·
概况 …… 29
缘份公司果品加工种植基地项目 …… 30
灵宝景源果业公司果蔬基地建设项目 …… 30
灵宝宏源公司万头奶牛养殖基地建设项目 …… 30
灵宝华宇科技农业综合开发项目 …… 30
郑西客运专线市区连接线(迎宾大道)项目 …… 31
郑西客运专线新三门峡站站房及广场项目 …… 31
陕县产业集聚区道路建设项目 …… 31
卢氏城区 6 条路及滨河绿化带建设项目 …… 31
农村公路建设项目 …… 31
三门峡供电区电网项目 …… 31
东方希望 2×13.5 万千瓦环保电厂改造项目 …… 31
陕县观音堂 220 千伏变电站及配套设施项目 …… 31
义煤集团煤矿安全改造项目 …… 31
灵宝换流站二期项目 …… 31
富民煤矿项目 …… 31
三门峡市区供热二期项目 …… 31
三门峡市城市道路项目 …… 31
义马市西生活广场项目 …… 31
陕州路东延项目 …… 31
陕县城中村改造项目 …… 31
湖滨区城中村改造一期项目 …… 31
开发区城中村改造一期项目 …… 31

工业园区园通路建设项目 …… 31
中裕燃气公司西气东输三门峡分输站项目 …… 31
灵宝安居工程建设项目 …… 31
灵宝焦村建材大市场项目 …… 31
灵宝市城市改造项目 …… 31
家乐福超市项目 …… 31
湖滨区中原世纪苑项目 …… 32
渑池张村供热站项目 …… 32
东城住宅小区建设项目 …… 32
奥科化工公司搬迁扩建巯基酯项目 …… 32
陕县蓝雪公司凹版预印食盐包装箱项目 …… 32
锦江矿业公司铝矿采选项目 …… 32
陕县方泰公司高精铝箔扩建项目 …… 32
三门峡广瑞化工公司1000万千克氯乙酸项目 …… 32
河南锦荣水泥公司熟料干法水泥二期项目 …… 32
陕县标准化厂房项目 …… 32
陕县龙飞生物公司生物肥生产线扩建项目 …… 32
义马鑫海新能源科技有限责任公司焦油加氢改质项目 …… 32
三门峡华阳耐火材料有限公司硅酸铝耐火纤维棉项目 …… 32
河南开祥化工公司二甲醚项目 …… 32
东方希望集团小阳河采矿项目 …… 32
渑池地久矿业公司多晶硅项目一期 …… 32
东方希望集团高桥铝土矿开采项目 …… 32
河南元汇年产6万千克生物功能性食品加工项目 …… 32
灵宝金源晨光化工公司硫铁化工综合利用三期项目 …… 32
灵宝兴华化工改制技改项目 …… 32
灵宝金源矿业公司金银精炼扩建项目 …… 32
灵宝华宇公司低品位矿渣综合利用项目 …… 32
卢氏地灵公司夜长坪钼矿扩建项目 …… 32
卢氏北方公司铁锌矿采选项目 …… 33
深圳华联投资公司创业园项目 …… 33
新奇迹生物公司果胶酶生产项目 …… 33
锦江集团12亿千克劣质铝土矿精选项目 …… 33
三门峡合鑫机床有限公司高效机床项目 …… 33
三门峡市移动公司通信基础设施项目 …… 33
三门峡市移动公司TD-SCDMA(3G工程)项目 …… 33
三门峡市联通公司通讯设施项目 …… 33
三门峡恒生生化公司柠檬酸金钾扩建项目 …… 33
三门峡富元果胶工业有限公司果胶项目 …… 33
灵宝金源矿业预还原金属化铁球团项目 …… 33
灵宝黄金股份公司科研开发中心项目 …… 33
东方希望铝业公司废水处理及循环利用项目 …… 33
陕县工业聚集区污水处理厂项目 …… 33
河南煤气化公司污水处理改扩建项目 …… 33
三门峡市文化体育中心项目 …… 33
三门峡市中心医院病房楼项目 …… 33
三门峡外国语高中项目 …… 33
灵宝市文化活动中心及教育基础设施项目 …… 33
函谷关古文化旅游区开发项目 …… 33
陕县教育基础设施项目 …… 34
义马市体育馆项目 …… 34
卢氏教育基础设施项目 …… 34
卢氏县游客服务中心 …… 34
卢氏县九龙山风景区项目 …… 34
渑池县广播电视网络中心项目 …… 34
灵宝窄口水库除险加固项目 …… 34
灵宝市生态公益林项目 …… 34
龙飞生物公司生态系统建设项目 …… 34
陕县林业生态建设项目 …… 34
郑西客运专线三门峡段项目 …… 34
三门峡众亿公司洗选煤项目 …… 34
渑池县968煤矿技改项目 …… 34
大岭路涧河立交桥项目 …… 34
建业住宅建设有限公司森林半岛项目 …… 34
灵宝北区基础设施项目 …… 34
灵宝市购丰公司生活广场项目 …… 34
灵宝市强人公司中心商业区基础设施项目 …… 34
义渑快速通道义马市境内段项目 …… 34
义煤集团采煤沉陷区治理项目 …… 34
渑池县涧河治理一期项目 …… 34
陕县城市道路项目 …… 35
义煤棚户区改造配套基础设施项目 …… 35
三门峡速达科技公司发动机增氧调压节能装置项目 …… 35
湖滨区科利恩铝板材项目 …… 35
河南九华纺织公司精梳紧密纺织生产线项目(湖滨) …… 35
河南飞象实业公司晋豫钢铁厂特种铸铁项目 …… 35
灵宝华茂公司任家沟铁矿项目 …… 35
盛源化工公司3亿千克醋酸项目 …… 35
义马1 000万立方米煤制气项目 …… 35
义煤水泥公司余热发电厂项目 …… 35
渑池尚正公司牛肉深加工项目 …… 35
渑池九华纺织公司高档精梳紧密纺纱项目 …… 35
缘份果业公司果品加工项目 …… 35
陕县新华联公司金矿采选项目 …… 35
灵宝华鑫铜箔公司电解铜箔项目 …… 35
灵宝金源公司中深部探矿项目 …… 35
九九宝公司1亿千克大枣深加工项目 …… 35
灵宝志成金铅公司氧气顶吹炼铅项目 …… 35
灵宝豫西轴承公司扩建项目 …… 35
三门峡化工机械公司化工机械生产项目 …… 35
三门峡鹏飞电子公司节能灯、无极灯生产项目 …… 35
西北联鑫管业公司双壁波纹管项目 …… 36
天元铝业公司1亿千克再生铝项目 …… 36
义马环保电力公司铬渣治理项目 …… 36
润实资源综合利用公司粉煤灰砖项目 …… 36
陕县中加明科公司金铅矿综合开发项目 …… 36

东方希望集团氧化铝节能改造及资源综合利用项目 …… 36
义煤集团氧化铝节能技改项目 …… 36
东方希望集团氧化铝赤泥金属镓提取项目 …… 36
灵宝华宝公司尾矿渣电化提锌及余热利用项目 …… 36
灵宝金源公司多金属氧化矿综合回收项目 …… 36
灵宝新凌铅业含锌废渣综合利用项目 …… 36
陕县中心人民医院迁建项目 …… 36
陕县教育基础设施扩建项目 …… 36
灵宝汉山旅游区开发项目 …… 36

大　事　记

…… 38

三门峡概貌

· 基本情况 ·
位置 · 面积 …… 60
气象 …… 60
土地资源 …… 60
水文 · 水资源 …… 60
矿产资源 …… 61
动植物资源 …… 61
生态资源 …… 61
旅游资源 …… 61
土特名产资源 …… 62
市政建设与服务设施 …… 62
交通通信 …… 62
历史文化 …… 63
· 三门峡市国民经济和社会发展综述 ·
概况 …… 63
农业 …… 63
工业和建筑业 …… 63
固定资产投资 …… 64
国内贸易 …… 64
对外经济 …… 64
交通、邮电和旅游 …… 64
财政、金融 …… 64
教育和科学技术 …… 65
文化、卫生和体育 …… 65
人口、人民生活和社会保障 …… 65
资源、环境与安全生产 …… 65
· 组织机构及领导成员 ·
中共三门峡市委员会 …… 66
中共三门峡市委员会工作部门 …… 66
三门峡市人民代表大会常务委员会 …… 67
三门峡市人民代表大会常务委员会工作机构 …… 67
三门峡市人民政府 …… 67
三门峡市人民政府工作部门 …… 67
中国人民政治协商会议三门峡市委员会 …… 70
中国人民政治协商会议三门峡市委员会工作机构 …… 70
三门峡市国防　审判　检察机构 …… 70
三门峡市民主党派　工商联　群众团体 …… 71
国务院部属　省属直管单位 …… 71
三门峡市各县(市)区工作机构 …… 72

政　党

· 中国共产党三门峡市委员会 ·
概况 …… 76
中央、省主流媒体聚焦三门峡 …… 78
弘扬"7 · 29"抢险救援精神、推动科学发展座谈会在郑州市举行 …… 78
全市项目建设年动员大会召开 …… 78
市委全委(扩大)会议召开 …… 78
省委书记徐光春到三门峡市调研 …… 78
省委副书记陈全国、副省长刘满仓到三门峡市调研 …… 79
《求是》杂志副总编辑刘润为到三门峡市调研 …… 79
市委书记李文慧率团出访南非 …… 79
三门峡市经贸考察团出访埃及 …… 79
市委书记李文慧做客"对话中原"栏目 …… 79
市委书记李文慧率团前往开封、新乡考察学习 …… 79
全省重点项目第 2 次观摩点评活动第 1 组点评会在三门峡市举行 …… 80
三门峡市入选"中国软实力城市 200 强" …… 80
中原文化宝岛行——三门峡(台湾)市情说明会取得圆满成功 …… 80
中央媒体记者团到三门峡市采访 …… 80
组织工作
概况 …… 80
全面推行"四议两公开"工作法 …… 82
统筹抓好行业党建工作 …… 82
积极做好大学生村干部工作 …… 82
强力推进农村党员干部现代远程教育工作 …… 82
继续开展驻村帮扶工作 …… 82
认真开展"组织部长下基层"活动 …… 82
首次在中央党校举办领导干部培训班 …… 82
三门峡市农村基层党组织集中统一换届基本结束 …… 82
中央、省级媒体采访团到三门峡市采访报道项目建设驻村帮扶工作 …… 83
成功创建省级文明单位 …… 83
省委常委、组织部部长叶冬松到三门峡市调研 …… 83
省委组织部副部长宗义两次深入卢氏县调研 …… 83
宣传思想工作
概况 …… 83
2008 年度"市委、市政府好新闻特别奖"揭晓 …… 86
海峡两岸记者联合采访组到三门峡市采访 …… 86
焦裕禄事迹宣讲会在三门峡市举行 …… 86

组建形势政策报告团赴全市巡回宣讲 …… 86
“10位感动三门峡人物”评选揭晓 …… 86
河南省“欢乐中原行”采访团到三门峡市采访 …… 87
全国知名网站记者采访团到三门峡市采访 …… 87
再现“7·29”抢险救援影片——《人命如天》入围“向祖国汇报”重点国产影片 …… 87
“魅力三门峡”成网络亮点 …… 87
开展党的十七届四中全会精神集中宣讲活动 …… 87

统一战线工作

概况 …… 87
省委常委、统战部部长刘怀廉率省委考核组到三门峡市考核 …… 89
省台办在三门峡市召开调研工作座谈会 …… 89
郝柏村先生到三门峡市参观 …… 89
民营企业家陈治华荣获“光彩事业突出贡献奖” …… 89

市直工委工作

概况 …… 89
开展“争先进、创一流，服务科学发展”主题活动 …… 90
开展学习实践科学发展观活动 …… 90
举办第23期党的基本知识培训班 …… 90
积极参加省委《党的生活》“第19届党刊阅读知识竞赛活动” …… 90
举办黄河金三角地区科学发展专题讲座 …… 90
举办市直机关党务干部培训班 …… 90
市直机关群众性体育健身活动高潮迭起 …… 91

老干部工作

概况 …… 91
市离退休老干部合唱团“唱响”省会郑州 …… 91
举办庆祝新中国成立60周年老干部文化艺术节 …… 91
市级老干部座谈会召开 …… 91

保密工作

概况 …… 91
做好中(高)招及各类考试的保密工作 …… 92
全市2009年度国家秘密产生情况普查 …… 92
编印《保密工作手册》 …… 92
保密宣传教育培训 …… 92
开展保密工作检查 …… 92
涉密计算机违规外联设备监控系统调试成功 …… 92

党校工作

概况 …… 92
举办第4期大学生村干部暨农村党支部书记培训班 …… 93
开展科级干部竞聘上岗 …… 93
国际问题专家贾寿禄教授到三门峡市讲学 …… 93
3期主体班顺利结业 …… 93
中央党校调研组到三门峡市调研 …… 94
市委党校各分校陆续挂牌 …… 94
三门峡市引进博士岗前培训班在市委党校开班 …… 94
三门峡市县级党校办学体制改革全面展开 …… 94

·纪检监察·

概况 …… 94
全市党风廉政建设工作会议暨争创全省党风廉政建设先进市动员大会召开 …… 96
市纪检监察学会恢复成立 …… 96
全市第2个反腐倡廉宣传教育月活动启动 …… 96
举行廉政建设报告会 …… 97

·民主党派和工商联·

中国民主同盟三门峡市委员会

概况 …… 97
民盟三门峡市委参政议政 …… 97
民盟三门峡市委自身建设 …… 97
争取清华大学远程教育扶贫工程项目 …… 97
民盟三门峡市委深化“三下乡”活动 …… 97

中国民主建国会三门峡市委员会

概况 …… 97
民建三门峡市委学习贯彻科学发展观活动 …… 98
民建河南省委领导到三门峡调研 …… 98
民建三门峡市委参政议政工作 …… 98
报送信息工作成绩显著 …… 98
民建三门峡市委开展社会服务活动 …… 98

中国农工民主党三门峡市委员会

概况 …… 98
农工党三门峡市委加强政治理论学习 …… 99
农工党三门峡市委开展学习贯彻科学发展观活动 …… 99
农工党三门峡市委开展社会服务活动 …… 99
国际科学与和平周宣传活动 …… 99
开展第2届“中国环境与健康宣传周”活动 …… 99
农工党三门峡市委开展社会调研活动 …… 100
农工党三门峡市委积极行动应对小儿手足口病疫情 …… 100
农工党三门峡市委积极行动应对甲型H1N1流感疫情 …… 100

九三学社三门峡市委员会

概况 …… 100
召开九三学社河南省委豫西片区会议 …… 100
召开九三学社三门峡市委三届八次全委扩大会议 …… 100
自身建设 …… 100

·三门峡市工商业联合会(总商会)·

概况 …… 100
召开市工商联四届五次执委会 …… 101
三门峡市商会大厦开工建设 …… 101
举行三门峡市全民创业报告团首场报告会 …… 102
河南省山东商会三门峡分会成立 …… 102

政权　政协

·三门峡市人民代表大会·

概况 …… 104

市五届人大四次会议 …… 105
市人大常委会会议 …… 105
向省十一届人大二次会议提出议案、建议、意见 35 件 …… 106
省人大常委会立法调研组到三门峡市对《河南省气象灾害防御条例(草案)》进行立法调研 …… 106
三门峡市 3 位全国人大代表出席十一届全国人大二次会议 …… 106
省人大常委会调研组对三门峡市支农资金使用管理情况进行调研 …… 106
全国 16 城区人大工作联席会第 31 次会议在三门峡市湖滨区召开 …… 106
参加全国 20 城市人大工作座谈会 …… 106
省人大常委会副主任张程锋调研三门峡市人民调解工作 …… 107
参加亚欧大陆桥沿线部分市、州、地人大工作研讨会 …… 107
豫晋陕金三角人大工作研讨会在三门峡市召开 …… 107
省人大常委会视察团到三门峡市视察矿山资源管理工作情况 …… 107
省人大常委会视察组到三门峡市视察安全生产工作情况 …… 107
驻三门峡市省人大代表赴商丘市进行视察 …… 107
驻新乡市省人大代表到三门峡市进行视察 …… 107
· 三门峡市人民政府 ·
概况 …… 107
市政府召开第二次全体会议 …… 109
召开 13 次市政府常务会议 …… 109
政府法制建设 …… 109
举办第 15 届三门峡国际黄河旅游节暨投资贸易洽谈会 …… 109
省长郭庚茂率省观摩团到三门峡市参观考察重点项目建设 …… 109
省委常委、常务副省长李克到三门峡市调研 …… 110
副省长史济春到三门峡市走访慰问 …… 110
副省长秦玉海到三门峡市调研 …… 110
三门峡市行政服务中心
概况 …… 110
人力资源和社会保障
概况 …… 110
调整城镇居民医疗保险待遇 …… 112
“农民工服务月”活动启动 …… 112
举办河南 · 三门峡(北京)劳务推介会 …… 112
举办赴京务工专场招聘会 …… 112
两个出国培训团组获得国家外国专家局批准 …… 112
举办春季、秋季大中专毕业生就业招聘会 …… 112
三门峡市就业攻坚行动计划启动 …… 113
调整城镇职工医疗保险待遇 …… 113
三门峡市被列入全国首批工伤预防试点城市 …… 113
参加中国—欧盟工伤保险高层研讨会 …… 113
信访工作
概况 …… 113
开展“信访积案及突出问题化解年”活动 …… 113
开展“群众工作日”活动 …… 113
国家信访局副局长王石奇两次到三门峡市调研 …… 113
民族宗教工作
概况 …… 114
外事及友城工作
概况 …… 114
三门峡市与韩国东斗川市缔结友好城市 …… 115
法国普瓦捷市政府代表团访问三门峡市 …… 115
匈牙利共和国索尔诺克市代表团到三门峡市访问 …… 115
· 中国人民政治协商会议三门峡市委员会 ·
概况 …… 115
市政协五届三次会议召开 …… 115
召开 4 次政协常委会议 …… 116
调研文化产业发展状况 …… 116
视察农业结构调整情况 …… 116
视察城市管理工作 …… 116
调研宗教工作情况 …… 116
调研残疾人工作 …… 116
调研“项目建设年”活动情况 …… 117
视察疾病预防控制工作 …… 117
视察城市集中供暖工作 …… 117
视察提案办理情况 …… 117
全国政协副主席白立忱到三门峡市考察 …… 117
省政协常委视察团到三门峡市视察在建重点项目建设情况 …… 117
省政协调研组到三门峡市调研矿产资源管理工作 …… 117
省政协调研组到三门峡市对妥善处理非正常上访情况进行调研 …… 118
驻黑龙江省全国政协委员考察团到三门峡市考察 …… 118
全省政协教科文卫体委员会工作座谈会在三门峡市召开 …… 118

群众团体

· 三门峡市总工会 ·
概况 …… 120
召开市总工会四届七次全委(扩大)会议 …… 120
“安康杯”竞赛活动 …… 120
举行河南省“秦岭杯”黄金浮选工、检验工职业技能竞赛 …… 120
开展学习实践科学发展观活动 …… 121
组织“七一”爱心捐助活动 …… 121
全面推行“首席员工”制度 …… 121
开展“送温暖”与“金秋助学”活动 …… 121

· 共青团三门峡市委员会 ·

概况 …… 121
召开共青团三门峡市五届二次全委(扩大)会议 …… 121
举行河南省"保护母亲河行动"春季活动启动仪式 …… 122
开展学习实践科学发展观活动 …… 122
举行纪念五四运动90周年三门峡市青年群英会 …… 122
三门峡青年就业创业工程 …… 122
举办庆"六一"表彰大会暨"红领巾颂祖国"歌会 …… 122
青少年思想道德建设 …… 122
建立驻外团工委 …… 122
开展青年志愿者行动 …… 122
实施"为了明天——预防青少年违法犯罪工程" …… 123
希望工程活动 …… 123

· 三门峡市妇女联合会 ·

概况 …… 123
举行"三八"妇女维权周启动·送法下乡暨农村新女性风采展演广场文化活动 …… 124

· 三门峡市文学艺术界联合会 ·

概况 …… 124
开展义写春联下基层、进万家活动 …… 125
举办元宵节书画摄影作品展览 …… 125
举办少年儿童文化艺术节选拔赛 …… 125
组织三门峡市"心连心"艺术团下乡巡演活动 …… 126
备战全国书展举办作品研讨会 …… 126
军旅书法家司马武当书法作品在三门峡展出 …… 126
举办辉煌60年、腾飞三门峡大型摄影图片展览 …… 126
三门峡市首届楹联诗词"十老"命名大会隆重举行 …… 126
三门峡九莲山楹联创作基地揭牌成立 …… 126
方留聚当选中国楹联学会副会长 …… 126
推动书画院步入正常发展轨道 …… 126

· 三门峡市社会科学界联合会 ·

概况 …… 126
荣获"全国先进社科联"称号 …… 126
开展2009年度省市社科联调研课题立项申报和2008年度课题结项评选 …… 127
开展2007年度三门峡市社会科学优秀成果奖评选 …… 127
举办三门峡社科界贯彻学习十七届四中全会精神座谈会 …… 127
开展社科知识大篷车进基层宣讲活动 …… 127
办好中原大讲堂·三门峡讲堂 …… 127
组织河南省哲学社会科学普及优秀作品推荐评选 …… 127

· 三门峡市归国华侨联合会 ·

概况 …… 128

· 三门峡市科学技术协会 ·

概况 …… 128
农村实用技术培训 …… 128
实施"三创一带"活动 …… 128
实施"科普惠农兴村计划" …… 129
科普宣传活动 …… 129
学术交流 …… 129
实施"厂会协作"和"金桥工程" …… 129
青少年科技教育工作 …… 129
组团参加河南省科协成立50周年纪念大会 …… 130
发挥老科技工作者智力优势 …… 130
开展反邪教工作 …… 130

· 三门峡市残疾人联合会 ·

概况 …… 130
"全国助残日"活动 …… 131
"曙光行动——争创白内障无障碍市"活动 …… 132

人民武装

· 三门峡军分区 ·

概况 …… 134
组织"三级干部"联训 …… 134
协调组织部队和民兵预备役人员抢修城市供水管道 …… 134
兵员征集和士官招收工作 …… 135
民兵废旧武器弹药销毁 …… 135
抓好经常性管理工作 …… 135
召开应急分队点验及训练观摩会 …… 135
开展深入学习实践科学发展观活动 …… 135
组织当代革命军人核心价值观系列教育 …… 135
帮抓指导人武部 …… 135
新闻报道工作再上新台阶 …… 135
协调解决随军家属就业安置问题 …… 136
研究制定后勤保障方法和方案 …… 136
抓好后勤岗位练兵活动 …… 136
积极推进财务改革工作 …… 136

· 武警支队 ·

概况 …… 136
召开党委扩大会议 …… 138
召开"加强党性修养,振奋革命精神"学习教育活动动员大会 …… 138
圆满完成"元宵节"社火表演临时警卫勤务 …… 138
召开备勤室建设现场会 …… 138
举办基层保卫委员及思想骨干网上培训 …… 138
召开财务管理讲评电视会议 …… 138
圆满完成输水管道决口抢险任务 …… 138
组织拟任士官代理排长和司务长选拔考核 …… 139
参加三门峡市公安局夏季打防控百日会战专项行动誓师动员大会 …… 139
组织"伙食管理指导周" …… 139
开展处突维稳兵力抽组检验性演练 …… 139
联合监管支队进行执勤隐患检查 …… 139
召开"迎大庆、树形象、保安全"作风纪律专项整顿动员会 …… 139
专题召开常委议警会议 …… 139

举办“国庆安保”网上文艺会演 …… 140
做好甲流防控工作 …… 140
召开“戒骄防满，保持清醒头脑”教育动员会 …… 140
· 武警消防支队 ·
概况 …… 140
举行第2届“奋进杯”春季消防运动会 …… 141
召开全市消防工作会议 …… 141
开展“讲党性、树新风、促和谐”教育活动 …… 142
举办新《消防法》宣传贯彻活动 …… 142
参加城市供水渠道护坡坍塌抢险 …… 142
举办首届“崤函卫士杯”篮球赛 …… 142
举行跨区域灭火救援演练 …… 142
举行消防装备采购招标会 …… 142
成功处置醋酸乙烯槽罐车连环碰撞着火事故 …… 142
组织开展全市消防铁军攻坚业务大比武 …… 142
建成高标准的指挥中心和心理行为训练场 …… 142
参加抗旱浇麦和抗击冰雪灾害 …… 142
· 武警黄金第六支队 ·
概况 …… 142
贯彻落实武警黄金指挥部《黄金部队按纲抓建基本规范（试行）》试点 …… 145
举办第11期干部集训班 …… 146
护矿撤勤调研 …… 146
· 人民防空 ·
概况 …… 146
人防“结建”工程和行政执法工作 …… 146
人防工程的维护管理和开发利用 …… 146
人防应急准备工作 …… 146
人防对外宣传工作 …… 146

法　制

· 综述 ·
概况 …… 148
全市政法工作会议召开 …… 148
豫陕晋3省3市政法协作会议在三门峡市召开 …… 149
· 社会治安综合治理 ·
概况 …… 149
三门峡市再获“全国综治优秀市”殊荣 …… 150
召开争创全国综治“长安杯”动员大会 …… 150
强力推进科技防控体系建设 …… 150
· 公安 ·
概况 …… 151
肖亚生被追授全国公安系统二级英模称号 …… 153
侦破省公安厅挂牌督办的兰郑长输油管道重特大钻孔盗油案 …… 153
全省公安驻知识产权联络处工作会议在三门峡市召开 …… 153
三门峡特巡警开展警营开放日活动 …… 153
开展“大走访”爱民实践活动 …… 153
推出多项便民利民惠民新举措 …… 153
· 检察 ·
概况 …… 153
灵宝市检察院荣获“全国十佳基层检察院”称号 …… 154
豫陕晋3省3市“新型贿赂犯罪认定与处理研讨会”在三门峡市举行 …… 154
市检察院再次被中央文明委命名为“全国文明单位” …… 155
省检察院党组书记、检察长蔡宁到三门峡市调研 …… 155
· 审判 ·
概况 …… 155
开展“调解年”活动 …… 155
开展“走访企业”活动 …… 156
开展社会法庭试点工作 …… 156
· 司法 ·
概况 …… 156
开展劳教人员“无缝对接”工作试点 …… 158
三门峡市律师协会湖滨区法院签订《“法官·律师”公约》 …… 158
开通全市统一法律援助咨询电话“12348” …… 158

农　业

· 综述 ·
概况 …… 160
渑池县出台《关于鼓励党政机关干部及工作人员到农村承租土地促进土地流转的意见》 …… 161
灵宝农场被确定为“全省农垦现代农业示范区（场）” …… 161
市新农村建设督导组赴新乡市、朔州市学习考察 …… 162
· 畜牧养殖业 ·
概况 …… 162
全省规模最大的奶牛养殖项目在灵宝市故县镇建成投产 …… 163
开展畜产品质量安全专项整治暨畜产品质量安全执法年活动 …… 163
首次启动畜产品质量安全市场准入 …… 163
河南省家禽种质资源创新工程中心卢氏鸡分中心开工建设 …… 163
卢氏鸡国家标准颁布 …… 163
成功举办全市畜牧业银企合作招商引资对接会 …… 163
首次引进推广奶牛生产性能测定新技术 …… 163
首次参加全国执业兽医资格考试 …… 164
全省最大的蛋种鸡场在湖滨区破土动工 …… 164
卢氏绿壳蛋鸡选育项目 …… 164
陕县首家农业部无公害产地及产品一体化认证养殖企业申报成功 …… 164
· 果品业 ·
概况 …… 164

建成果品出口示范基地 17 600 公顷 …… 164
新发展果树面积 8 700 余公顷 …… 164
新增果品加工能力 5 000 万千克 …… 164
“地理标志产品——灵宝苹果”国家标准颁布 …… 164
杜卫东到三门峡市调研果品产业发展情况 …… 164
开展移动果园建设 …… 165
黄河金三角苹果电子交易中心正式运行 …… 165
推进农民专业合作组织建设 …… 165
苹果霉心病得到有效控制 …… 165
拓宽果品销售渠道 …… 165
陕县张湾乡首批考密斯红梨销往俄罗斯 …… 165
寺河山苹果农业标准化示范区通过考核验收 …… 165
“灵宝苹果一条街”进驻郑州市二七区淮南街农贸市场 …… 166
陕县华冠苹果获“中华名果”称号 …… 166
河南省创建全国标准果园项目启动仪式在三门峡市举行 …… 166
国家苹果工程技术研究中心苹果精品果生产基地在灵宝市揭牌成立 …… 166
首次举办苹果电子交易观摩会 …… 166
灵宝苹果入选“河南十大最具影响力地理标志产品” …… 166
灵宝市阳平镇荣获“中国苹果生产贮藏加工第 1 镇”称号 …… 166
·蔬菜生产·
概况 …… 166
开展有机蔬菜认证试点工作 …… 167
三门峡市高山优质蔬菜产品首次销往香港 …… 167
·食用菌生产·
概况 …… 167
规模化基地建设成效显著 …… 167
菌品销售迈入专业直销新阶段 …… 167
卢氏黑木耳国家标准颁布实施 …… 167
中国食用菌协会调研组到三门峡市调研食用菌产业发展情况 …… 167
香菇抽检合格率达 100% …… 168
灵宝市获“全国小蘑菇新农村建设优秀团体”称号 …… 168
·水产渔业·
概况 …… 168
春季禁渔 …… 168
渔政执法快艇投入使用 …… 169
举行 2009 年黄河鱼类增殖放流仪式 …… 169
豫西首个大鲵养殖经营合作社在卢氏县建成 …… 169
水产技术推广 …… 169
·种植业·
概况 …… 169
灵宝市荣获 2008 年全国粮食生产先进县称号 …… 169
全市农作物良种补贴实现全覆盖 …… 169
·农业产业化·
概况 …… 170
壮大农业龙头企业 …… 170
农民专业合作社发展迅速 …… 170
创汇农业稳步发展 …… 170
参加第 7 届中国国际农产品交易会、河南省招商引资对接会 …… 170
组团参加 2009 年全国农产品加工业博览暨东西合作投资贸易洽谈会 …… 170
·农业科技推广·
概况 …… 170
强力推进“万名科技人员包万村行动” …… 170
全省“放心农资”下乡进村宣传月活动在三门峡市启动 …… 170
·农业信息化·
概况 …… 171
实施中国黄土高原苹果电子商务交易平台建设项目 …… 171
升级改版黄河农网 …… 171
构建“三台合一”公共数据库平台 …… 171
成功申报三门峡市新农村综合信息服务试点工程项目 …… 171
市农业信息中心被确定为国家信息化试点工程承建单位 …… 171
开发三门峡市耕地地理信息管理系统 …… 171
·农业标准化·
概况 …… 172
加强农产品和产地环境质量抽检 …… 172
加强检测体系建设 …… 172
强化优质农产品品牌培育 …… 172
全市开展“农产品质量安全整治暨农产品质量安全执法年”活动 …… 172
·扶贫开发·
概况 …… 172
三门峡市 2008 年农业综合开发产业化经营贷款贴息项目获批复 …… 173
三门峡市 2009 年农业综合开发产业化经营财政补贴项目实施计划获批复 …… 173
三门峡市 6 个集体、3 名个人受表彰 …… 173
2009 年搬迁扶贫项目实施方案通过审核 …… 173
1 个国家级科技扶贫综合试点项目获批复 …… 173
5 个省级科技扶贫项目获批复 …… 173
·林业·
概况 …… 174
林权管理中心成立 …… 175
卢氏东湾林场入选国家首批重点林木良种基地 …… 175
陕县荣获“中国绿色名县”称号 …… 175
河南省第 28 届“爱鸟周”活动启动仪式在三门峡市举行 …… 175

小秦岭 2009 年鸟类环志工作结束 …… 175
编写三门峡市生态文化史纲 …… 175
打击破坏森林资源违法犯罪活动专项行动 …… 175
云南省临沧市考察团到三门峡市考察 …… 175
三门峡市大鲵繁育工作技术研究中心成立 …… 176
举办林业行政执法培训班 …… 176
国家森林公安局派出所等级评定检查组到三门峡市检查 …… 176
河南小秦岭获国家地质公园资格 …… 176
陕县巩固退耕还林成果就业创业技能培训项目正式启动 …… 176
河南省伏牛山区护林防火联防委员会第 37 次会议在三门峡市召开 …… 176
2009 保护白天鹅活动正式启动 …… 176
全市"十二五"期间年森林采伐限额编制工作全面启动 …… 176
林业产业快速发展 …… 176

· 水利 ·

概况 …… 176
山口水库复建工程 …… 178
抗洪抢险 …… 178
3 个水土保持项目获批复 …… 178
全市冬春农田水利基本建设动员暨"红旗渠精神杯"竞赛总结表彰大会 …… 178
陕县吊坡水库除险加固工程 …… 178
灵宝市白虎潭水库建设项目 …… 178
灵宝市灵湖水库除险加固工程 …… 179
灵宝市小寨河水库除险加固工程 …… 179
灵宝市抗旱应急灌溉工程 …… 179
卢氏县中里坪水库以电代燃料项目 …… 179
卢氏县葫芦湾水库除险加固工程 …… 179
卢氏县双庙水库除险加固工程 …… 179
卢氏县石门水库除险加固工程 …… 179
卢氏县洛河营子段河堤修复工程 …… 179
卢氏县 2008 年度新增老灌河上游水土保持项目 …… 179
义马市常窑水库除险加固工程 …… 179
湖滨区青龙涧河侯桥段治理工程 …… 179

· 黄河库区管理与移民安置 ·

概况 …… 179
两年查处虚假移民 2 919 人 …… 180
卫家磨、西段村水库移民纳入大中型水库移民后期扶持范围 …… 180
积极应对黄委组织桃汛洪水冲刷降低潼关高程试验 …… 180
辛店应急防冲工程获水利部批复 …… 180
2009 年黄河汛期三门峡库区总体安全顺利 …… 180
黄河三门峡库区灵宝冯佐等 3 处应急防洪工程通过国家验收 …… 180
黄委组织 2009 年黄河潼三段汛后河势查勘 …… 180
三门峡市小浪底水库移民资金绩效考评最佳 …… 181
黄河三门峡段防洪工程 2010 ~ 2012 年维修养护规划获批复 …… 181
黄河三门峡段防洪工程维修养护资金通过国家审计 …… 181
王官小流域综合治理通过验收 …… 181
黄河晋陕豫交界区开展入河排污联合调查 …… 181

· 农业机械化 ·

概况 …… 181
农机购置补贴项目覆盖全市 …… 182
继续推广保护性耕作技术 …… 182
开展农机科技培训推广活动 …… 182
3 家农机专业合作社获殊荣 …… 182

工　业

· 综述 ·

概况 …… 184
全市 6 家企业闯入 2008 年度河南工业百强 …… 184
全市 6 家企业闯入 2008 年度河南工业百强 …… 184
全市重点企业经济运行座谈会召开 …… 184

· 建材工业 ·

概况 …… 184
豫西地区第 1 条水泥余热发电生产线并网投运 …… 184
巨人建材有限公司年产 54 万立方米新型墙体材料项目开工建设 …… 184
"仰韶"水泥大批量用于国家重点工程兰渝铁路建设 …… 184
豫西水泥公司年产 11 亿千克水泥粉磨站一期工程建成试车 …… 184

· 电力工业 ·

概况 …… 185
220 千伏陕五线投运 …… 185
220 千伏摩陕线与Ⅱ五摩线投运 …… 186
110 千伏会盟变电站投运 …… 186
三门峡东 500 千伏输变电工程通过国家电网公司科研批复 …… 186
500 千伏灵陕线投运 …… 186
三门峡供电公司服务郑西铁路客运专线配套电网建设工程完工 …… 186
220 千伏李村变电站投运 …… 186
110 千伏秦赵变投运 …… 186

· 食品饮料业 ·

概况 …… 186

· 医药工业 ·

概况 …… 187

· 中小企业 ·

概况 …… 187
全市 2 个加工行业被认定为省重点产业集群 …… 188

三门峡中小企业金融服务网正式启用 …………………… 188
10 家民营企业和两名优秀民营企业家受到省委、省政府表彰 …………………………………………… 188
召开中小企业金融服务暨信贷产品推介会 …………… 188
在豫粤产业转移合作共赢洽谈会上取得丰硕成果 …………………………………………………………… 188
组团参加 2009 年全国农产品加工业博览暨东西合作投资贸易洽谈会 ………………………………………… 188

黄金 煤炭 铝

· 黄金 ·
概况 …………………………………………………… 190
市黄金协会举办黄金科技报告会 …………………… 191
市黄金系统举办第 2 届职工运动会 ………………… 191
6 个项目获得财政部黄金地质勘探资金 627 万元 ……… 191
中国黄金产品展示中心开业 ………………………… 191
· 煤炭 ·
概况 …………………………………………………… 192
煤矿复工复产工作 …………………………………… 193
义煤集团义安矿业正村煤矿竣工投产 ……………… 193
渑池曹跃矿业有限责任公司挂牌成立 ……………… 193
全省煤炭系统矿井维修电工技术比武在义煤集团举行 …………………………………………………………… 193
义煤集团耿村煤矿年洗选原煤 45 亿千克选煤厂开工奠基 ………………………………………………… 193
观音堂煤业有限公司 ………………………………… 193
· 铝 ·
概况 …………………………………………………… 194
开曼(陕县)能源综合利用有限公司电机变频改造项目获国家资金支持 ……………………………………… 194

城乡建设 环境保护

· 综述 ·
概况 …………………………………………………… 196
三门峡市文体中心开工建设 ………………………… 196
国家开发银行河南省分行行长王卫军考察三门峡市城市基础设施建设 …………………………………… 196
湖滨区会兴街道王官新型农村住宅社区建设奠基 …… 196
迎宾大道竣工通车 …………………………………… 196
3 个乡(镇)获"省级环境优美小城镇"称号 …………… 196
· 城乡规划 ·
概况 …………………………………………………… 196
规划管理工作加强 …………………………………… 197
城镇化进程加快 ……………………………………… 197
获 2009 中原城乡规划与风景园林建设成果博览会最佳设计奖 ………………………………………… 197
开展违规变更规划、调整容积率问题专项治理 ………… 197
三门峡市城乡规划委员会工作正式运行 …………… 197
灵宝市域村镇体系规划通过评审论证 ……………… 197
· 城市管理 ·
概况 …………………………………………………… 198
推进城市精细化管理 ………………………………… 198
全面完成"四城联创"工作任务 ……………………… 198
住房和城乡建设部专家组到三门峡市复核评估生活垃圾填埋无害化等级 ……………………………… 198
· 市政建设 ·
概况 …………………………………………………… 199
崤山路改造工程完工 ………………………………… 199
大岭涧河立交桥工程完工 …………………………… 199
郑西高铁三门峡客站广场及周边道路工程 …………… 199
开工建设西气东输三门峡分输站 …………………… 199
· 公用事业 ·
概况 …………………………………………………… 199
公交后川停车场建成投用 …………………………… 200
城市集中供热二期工程竣工 ………………………… 200
· 园林绿化 ·
概况 …………………………………………………… 200
住房和城乡建设部专家到三门峡市指导国家园林城市创建工作 ……………………………………… 200
《三门峡市城市绿化管理办法》发布施行 …………… 200
顺利通过国家园林城市检查验收 …………………… 200
强力推进市区重点绿化工程建设 …………………… 201
着力实施城市道路景观改造工程 …………………… 201
全面推行园林绿化精细化管理 ……………………… 201
优化园林绿化发展环境 ……………………………… 201
· 环境保护 ·
概况 …………………………………………………… 201
环境综合整治工作稳步推进 ………………………… 202
举行全国文明单位揭牌仪式 ………………………… 202
金明记被评为河南首届"绿色中原人物" …………… 202
三门峡市举行世界环境日宣传活动 ………………… 202
农村环保工作稳步推进 ……………………………… 202
监管体系逐步完善 …………………………………… 202
环境宣传教育效果明显 ……………………………… 202

建筑与房地产业

· 建筑业 ·
概况 …………………………………………………… 204
建设工程安全管理 …………………………………… 204
建筑工程质量管理 …………………………………… 204
建筑工程交易管理 …………………………………… 204
中国水利水电第十一工程局荣膺"中国房地产与建筑业 500 强企业"称号 ………………………………… 204
中国水利水电第十一工程局荣获"全国建筑业先进企业"称号 …………………………………………… 204

举行地源热泵技术推广应用研讨会 …… 204
三门峡市建成国内外罕见深度的坝体混凝土防渗墙 …… 204
三门峡市举办第2届绿色建筑技术及产品展览会 …… 205
· 房地产业 ·
概况 …… 205
优化房地产市场环境 …… 206
举办2009房地产展示会 …… 206
完善房地产企业信用档案系统 …… 206
举办"安居和谐"国庆文艺晚会 …… 206
康乐家园廉租住房一期工程竣工 …… 206
行政服务窗口优质高效 …… 206

交通运输和邮政业

· 综述 ·
概况 …… 208
三门峡市交通路政管理处挂牌成立 …… 208
省交通运输厅安全督导组检查三门峡市交通安全生产情况 …… 209
· 公路交通 ·
概况 …… 209
三门峡市7个还贷2级公路收费站停止收费 …… 209
运城至三门峡铁路项目建议书评估会在三门峡市召开 …… 209
省道250线(卢氏境)水毁修复工程开工 …… 209
三门峡黄河公铁两用大桥设计方案汇报会召开 …… 209
· 高速公路 ·
概况 …… 210
连霍高速公路洛阳至三门峡(豫陕界)段改扩建工程点式开工建设 …… 210
河南省交通规划勘察设计院专家组就高速公路卢氏境内走向进行勘察 …… 210
连霍高速公路三门峡段改扩建工程动员大会召开 …… 210
· 铁路运输 ·
概况 …… 210
郑西铁路客运专线全线铺通 …… 211
运三铁路可行性研究评审及环评内审会在运城市举行 …… 211
郑西高铁三门峡南站广场竣工 …… 211
运城至三门峡铁路项目获批 …… 211
· 邮政业 ·
概况 …… 211
网络建设逐渐完善 …… 212
捐赠"爱心包裹" …… 212
两部邮集作品在省邮展上获奖 …… 212
开展"祝福祖国"大型寄语暨三门峡市第5届少年儿童书信文化比赛活动 …… 212

信息产业

· 无线电管理 ·
概况 …… 214
加强频率台站管理 …… 214
加大无线电监测监听力度 …… 214
重大活动无线电通信安全保障工作 …… 214
强化行政服务中心窗口服务 …… 214
开展清理违法使用对讲机专项行政执法活动 …… 214
· 中国联合网络通信有限公司三门峡市分公司 ·
概况 …… 214
"数字工商"项目完成 …… 216
开通"全国一卡充"缴费业务 …… 216
中国联通集团公司学习实践科学发展观督导组到三门峡市调研 …… 216
联通3G试商用在三门峡市正式启动 …… 216
举办"品质生活,联通万家"现场体验活动 …… 216
圆满完成166个"村村通"工程建设任务 …… 216
建立大学生村官信息平台 …… 216
· 中国移动通信集团河南移动公司三门峡分公司 ·
概况 …… 216
三门峡市首个3G体验基站开通 …… 217
顺利完成4家省级"百家集团"信息化建设工作 …… 217
河南移动基站建设项目环评书技术评估会在三门峡市召开 …… 217
村村通工程提前完成 …… 217
第4届岗位技能比武决赛结束 …… 217
成功设计出便携式应急通信基站 …… 217
三门峡市政府与河南移动公司签订战略合作框架协议 …… 217
与市工商局签署G3移动执法项目合作框架协议 …… 217
· 中国铁通集团有限公司三门峡分公司 ·
概况 …… 217
专网划转工作圆满结束 …… 218
· 中国电信集团公司河南省三门峡市电信分公司 ·
概况 …… 218

经济协作与开发

· 开放经济 ·
概况 …… 220
成功举办第15届三门峡国际黄河旅游节暨投资贸易洽谈会经贸活动 …… 220
澳—中商务发展中心三门峡办事处揭牌 …… 220
首次在香港举办经济合作项目推介会 …… 221
法国电力落户三门峡 …… 221
陕县被确定为"中国投资环境工程试点城市" …… 221
组团参加河南—浙江经济技术合作项目洽谈会 …… 221
三门峡(厦门)经济合作项目推介会举行 …… 221

三门峡(深圳)经济合作项目推介会举行 …………… 221
三门峡(宁波)经济合作项目推介会举行 …………… 222
·三门峡经济开发区·
概况 …………………………………………… 222
专业市场渐趋规模化 …………………………… 223
恒生科技研发有限公司年产100吨清洁镀金柠檬酸金钾一期项目建成试生产 …………………… 223
约旦意大利制桶有限公司年加工75万只包装桶项目建成 …………………………………………… 223
年产600万套发动机增氧调压节能装置项目建成 …………………………………………… 223
年产10万平方米的纳米纤维离子交换膜项目建成 …………………………………………… 223
三门峡经济开发区荣获“2008年度河南省招商引资工作先进开发区”称号 ………………………… 223
三门峡经济开发区第5次荣获全省“先进开发区”称号 ………………………………………… 224
河南九州通医药公司三门峡分公司医药加工仓储配送中心建设项目开工 …………………… 224
开发区车类下乡补贴工作正式启动 ……………… 224
开发区举办首届装载机、挖掘机等操作技能培训 ……… 224
开发区城中村改造工作正式启动 ………………… 224
两公司缔结战略合作伙伴签约仪式在开发区举行 …………………………………………… 224

商贸　市场

·商务·
概况 …………………………………………… 226
三门峡市商务局被确定为全国首批商务综合行政执法试点单位 ……………………………… 227
汽车以旧换新工作全面启动 ……………………… 227
河南出入境检验检疫局三门峡办事处开工建设 ……… 227
全市外资企业年检工作圆满完成 ………………… 227
夏季农产品网上购销对接会成果丰硕 …………… 228
“12312”商务举报投诉服务中心正式启动 ………… 228
·供销·
概况 …………………………………………… 228
扎实推进“新网工程” …………………………… 228
积极领办各类专业合作社 ………………………… 228
强力推进村级综合服务社和社区服务中心建设 ……… 228
加快行业协会建设步伐 …………………………… 228
河南省兴华农业信息服务专业合作社灵宝合作社正式揭牌成立 ……………………………… 229
6个专业合作社被认定为河南省第1批农民专业合作社示范社 ……………………………… 229
·盐务·
概况 …………………………………………… 229
开展全国第16个“碘缺乏病日”宣传活动 ………… 229
开展专项整治行动 ……………………………… 229
盐业多种经营工作 ……………………………… 229
·物资·
概况 …………………………………………… 230
改革发展 ……………………………………… 230
·粮食·
概况 …………………………………………… 230
全国粮食清仓查库部际联席会议调研组组长陈家积到三门峡市视察 ……………………………… 230
粮食清仓查库 …………………………………… 230
全省粮食财会审计工作会议在三门峡市召开 ……… 231
小麦最低价收购 ………………………………… 231
依法管粮 ……………………………………… 231
粮食宏观调控 …………………………………… 231
招商引资和多种经营 …………………………… 232
安全储粮和安全生产 …………………………… 232
非购销企业改革 ………………………………… 232
·烟草经营·
概况 …………………………………………… 232
“双节”期间卷烟市场集中治理成效显著 ………… 233
三门峡市“一乡两村”被确定为省级现代烟草农业示范区 ……………………………………… 233
建立“利群”品牌烟叶基地 ……………………… 233
江苏中烟工业公司考察“三门峡”特色优质烟叶基地建设工作 ………………………………… 234
全市烟叶生产收购创新高 ……………………… 234
·医药管理·
概况 …………………………………………… 234
渑池南村玫瑰园项目建设进展顺利 ……………… 234
·石油经营·
概况 …………………………………………… 234
成品油市场秩序专项整治活动初见成效 ………… 235
三门峡石油分公司编演的节目获全国银奖 ……… 235
·社会服务业·
概况 …………………………………………… 235
居民服务业 …………………………………… 235
广告业 ………………………………………… 235
装饰业 ………………………………………… 235
开展家政服务培训 ……………………………… 235
·市场管理·
概况 …………………………………………… 235
农资市场监管工作 ……………………………… 236
引导扶持农村经纪人发展 ………………………… 236
加强对成品油市场的监管 ………………………… 236
打击传销和规范直销工作 ………………………… 236
治理商业贿赂 …………………………………… 236
扫黄打非工作 …………………………………… 236
打击“傍名牌”工作 ……………………………… 236
执法办案工作 …………………………………… 237

· 个体私营经济 ·
概况 …… 237
个体私营企业行业分布及发展 …… 238

旅游业

· 综述 ·
概况 …… 240
举办第 15 届三门峡国际黄河旅游节旅游活动 …… 240
· 旅游资源开发 ·
概况 …… 240
函谷关历史文化旅游区通过国家 AAAA 级景区验收 …… 240
开展和谐景区、平安景区创建活动 …… 241
开展全市国内旅游抽样调查 …… 241
旅游招商引资 …… 241
· 旅游宣传促销 ·
概况 …… 241
开展豫晋陕“一证游”活动 …… 241
参加赴澳洲、港澳旅游宣传促销活动 …… 241
举行“全国百城旅游宣传周”活动三门峡启动仪式 …… 241
举办“两岸 4 地摄影家魅力三门峡行”大型摄影活动 …… 241
赴西安、郑州推介秋季游旅游线路 …… 242
开展“三门峡市旅游形象宣传口号、形象标识征集”活动 …… 242
· 旅游行业管理 ·
概况 …… 242
出台《三门峡市旅游强市行动纲要(2009～2015 年)》 …… 242
加强旅游商品管理 …… 242

财政 税务

· 财政 ·
概况 …… 244
全市财政收入实现持续增长 …… 244
重点支出和法定支出得到较好保障 …… 244
着力改善民生 …… 245
加大教育事业投入力度 …… 245
“财政资金监督管理年”活动卓有成效 …… 245
社会保障支出突破 15 亿元 …… 245
财政支农资金首次突破 10 亿元大关 …… 245
契税、耕地占用税征收再创新高 …… 246
调整城镇居民医疗保险筹资和报销标准 …… 246
三门峡产业集聚区粗具规模 …… 246
2007 年至 2009 年淘汰落后产能项目通过财政部核查 …… 246
《财政热点问题透视》一书获首届河南省哲学社会科学普及优秀作品特等奖 …… 246
财政调研工作成绩显著 …… 246
三门峡市财政局第 3 次被评为全国财政信息工作先进单位 …… 247
行政事业单位资产管理工作进一步强化 …… 247
财政投资评审工作取得新进展 …… 247
会计从业资格、会计专业技术资格考试圆满结束 …… 247
行政事业单位会计工作人员上岗情况专项检查 …… 247
2009 年度全市会计信息质量检查工作结束 …… 247
· 国家税务 ·
概况 …… 248
实行“四位一体”管理机制 …… 248
开展税收专项整治 …… 249
推行税收执法责任制 …… 249
河南省第 1 支税收志愿服务队在三门峡市成立 …… 249
三门峡市 5 家企业跻身河南省 2008 年度国税纳税百强榜 …… 249
· 地方税务 ·
概况 …… 249
市地税局荣膺“2009 年度河南省企业服务年活动先进单位”称号 …… 251
举行税收宣传月启动仪式暨万人签名活动 …… 251
开展首期发票二次开奖活动 …… 252
非居民涉外税收管理成效显著 …… 252
“税信通短信平台”上线运行 …… 252
开展“七个一”活动 …… 252
三门峡市 19 家企业入选 2008 年度省地方税收纳税 500 强 …… 252

金融 保险 证券

· 综述 ·
概况 …… 254
地方法人机构抗风险能力不断增强 …… 254
票据融资继续增加 …… 255
永安财产保险股份有限公司三门峡中心支公司 …… 255
天安保险股份有限公司三门峡中心支公司 …… 255
· 中国人民银行三门峡市中心支行 ·
概况 …… 255
科学贯彻适度宽松货币政策 …… 255
着力维护金融稳定 …… 255
金融服务水平不断提高 …… 255
积极创建“三无”安全行 …… 255
加强外汇管理 …… 256
· 中国银行业监督管理委员会三门峡监管分局 ·
概况 …… 256
创新小企业金融服务工作 …… 257
创新信用环境建设 …… 257

监管工作卓有成效 …… 257
全省银行业机构中小企业金融服务工作交流会在三门峡市召开 …… 257
· 中国农业发展银行三门峡市分行 ·
概况 …… 257
全力支持粮食收储 …… 258
商业性信贷业务有效发展 …… 258
强化信贷管理 …… 258
存款和中间业务收入持续增长 …… 258
赢利水平大幅提高 …… 258
狠抓基础管理 …… 258
· 河南省农村信用社联合社三门峡市办公室 ·
概况 …… 259
支持地方经济发展力度持续加大 …… 259
开展全员营销贷款活动 …… 259
赢利和抗风险能力显著增强 …… 259
推行会计出纳达标升级管理 …… 260
深化改革取得突破 …… 260
金融产品不断丰富 …… 260
科技信息建设步伐加快 …… 260
三门峡市首家农村商业银行揭牌开业 …… 260
· 三门峡市商业银行 ·
概况 …… 260
三门峡市商业银行正式挂牌开业 …… 261
优化信贷结构 …… 261
中间业务渠道快速拓宽 …… 261
金融创新能力不断增强 …… 261
· 中国工商银行股份有限公司三门峡分行 ·
概况 …… 261
工行河南省分行与三门峡市人民政府签署全面战略合作协议 …… 262
在全市安全防范技能大赛中获团体第 1 名 …… 262
组队参加全市中小企业金融服务暨信贷产品推介活动 …… 263
成立全市首家小企业金融业务中心 …… 263
公积金联名卡项目顺利投产 …… 263
· 中国农业银行三门峡市分行 ·
概况 …… 263
主体业务健康发展 …… 263
“三农”服务扎实推进 …… 264
农行河南省分行与三门峡市人民政府签订 130 亿元的战略合作备忘录 …… 264
农行河南省分行与义煤集团签订 30 亿元战略合作协议 …… 264
· 中国银行股份有限公司三门峡分行 ·
概况 …… 264
与市政府签订 155 亿元全面战略合作协议 …… 265
强化“客户资金和现金”预警管理 …… 265
举办黄金投资报告会 …… 265
特色业务亮点突出 …… 265
不良贷款双降成效显著 …… 265
· 中国建设银行股份有限公司三门峡分行 ·
概况 …… 265
大力支持地方经济建设 …… 266
与市政府首家签订战略合作协议 …… 266
与义煤集团签订战略合作协议 …… 266
个人住房贷款保持高速增长 …… 266
个人助业贷款营销不断推进 …… 266
黄金业务成特色 …… 267
中间业务收入增幅明显 …… 267
建行河南省分行“金融产品博览会”巡展活动在三门峡市举行 …… 267
成立小企业经营中心 …… 267
财富管理中心开业 …… 267
自助服务渠道建设力度加大 …… 267
· 中国人民财产保险股份有限公司三门峡市分公司 ·
概况 …… 267
政策性农业保险实现新跨越 …… 268
举办庆祝新中国成立和中国人保成立 60 周年演唱会 …… 268
企业文化建设成效显著 …… 268
· 中国人寿保险股份有限公司三门峡分公司 ·
概况 …… 268
召开服务质量社会监督员座谈会 …… 269
卢氏支公司首张百万保单诞生 …… 269
“国寿鹤卡”成功发行 …… 269
开展“诚信我为先”活动 …… 269
国寿客户节活动丰富多彩 …… 269
中国人寿福禄系列分红理财型保险上市 …… 269
· 中原证券股份有限公司三门峡六峰路证券营业部 ·
概况 …… 269
提升员工整体素质 …… 269
营业场所装修改造 …… 270
灵宝服务部升级 …… 270
客户服务 …… 270
加强投资者教育 …… 270
积极推进公司合规工作 …… 270

黄河三门峡水利枢纽工程

· 综述 ·
概况 …… 272
三门峡水库来水来沙情况 …… 272
黄河防总防汛检查组到三门峡市检查 …… 272
开展防汛演习 …… 272
调水调沙 …… 272
· 工程效益 ·
概况 …… 272

三门峡水库调度运用 …… 272
发电调度 …… 273
· 枢纽管理 ·
概况 …… 273
库区水污染事件应急处理 …… 273
产业经营 …… 273
故县水库汛限水位试验方案通过黄委会审查 …… 274
水利部调研故县枢纽局水管体制改革情况 …… 274
黄委会主任李国英到故县枢纽局调研 …… 274
水利部水库管理立法调研组到三门峡市调研 …… 274
黄委会巡视组到集团公司巡视 …… 274
集团公司参加第4届黄河国际论坛交流 …… 274
黄委会检查三门峡、故县两枢纽工程管理工作 …… 274

经济综合管理

· 宏观调控 ·
概况 …… 276
4家企业入选省定重点上市后备企业名单 …… 277
三门峡至十堰(襄樊)铁路项目前期工作启动 …… 277
三门峡市新农村综合信息服务项目列入国家试点工程 …… 277
清源风电场二期工程经省发改委核准 …… 278
5家企业通过省资源综合利用认定 …… 278
· 国有资产监督管理 ·
概况 …… 278
· 安全生产监督管理 ·
概况 …… 279
市政府确定7月29日为全市“安全生产宣传教育日” …… 280
· 国土资源管理 ·
概况 …… 280
国家土地督察济南局土地例行督察工作组到三门峡市督察 …… 281
· 工商行政管理 ·
概况 …… 281
开展基层工商所大练兵大比武活动 …… 282
实施兴企强市、兴农富民“两大工程” …… 282
开展保护驰名商标专用权专项执法行动 …… 282
开展广告专项整治 …… 283
开展商品质量和食品安全监测 …… 283
整合基层工商所 …… 283
· 物价管理 ·
概况 …… 283
推进“价格服务进万家”活动 …… 284
· 审计 ·
概况 …… 285
财政审计 …… 285
专项资金审计与审计调查 …… 285
领导干部经济责任审计 …… 285
行政事业审计 …… 285
固定资产投资审计 …… 285
外资审计 …… 285
金融审计 …… 285
· 统计 ·
概况 …… 286
国家统计局副局长谢鸿光到三门峡市调研 …… 286
完成全市第2次全国经济普查主要工作 …… 286
· 质量技术监督 ·
概况 …… 286
国家铝及铝制品质量监督检验中心落户三门峡市 …… 287
加强食品源头安全监管 …… 288
特种设备安全监管 …… 288
· 食品药品监督管理 ·
概况 …… 288

科 技

· 综述 ·
概况 …… 290
· 科技计划管理 ·
概况 …… 290
实施重大科技专项 …… 290
工程技术中心建设硕果丰 …… 290
· 高新技术及其产业化 ·
概况 …… 291
组织中小企业创新基金申报与实施 …… 291
完成2008年度省科技成果转化项目验收工作 …… 291
· 农业及社会发展科技工作 ·
概况 …… 291
多金属矿产资源综合利用关键技术研究及产业化示范 …… 292
清洁镀金新产品关键技术研究及产业化开发项目 …… 292
苹果渣生产生物蛋白饲料关键技术研究及产业化示范 …… 292
复合微生物水溶肥料研制与开发 …… 292
有机SOD苹果生产关键技术研究 …… 292
生态环保养猪技术研究和应用 …… 292
苹果霉心病防治技术研究与示范 …… 292
仰韶杏保花促果及保鲜技术研究 …… 292
城市污水处理与分质利用技术研究和产业化示范 …… 292
沥青路面废旧材料再生利用技术研究与示范 …… 292
农业新品种的引进、试验及展示工作 …… 292
开展星火人才培训 …… 292
· 科技成果及推广 ·
概况 …… 292
· 国际科技合作工作 ·
概况 …… 294

·专利和知识产权·

概况 …… 294

·科学技术普及工作·

概况 …… 294

·科技信息服务·

概况 …… 294

·地震测报·

概况 …… 294

全市防震减灾科普示范学校创建工作现场会召开 …… 295

开展防震减灾知识宣传月活动 …… 295

三门峡市地震灾害紧急救援队成立 …… 295

国家地震局副局长阴朝民到三门峡市调研防震减灾工作 …… 295

·气象工作·

概况 …… 296

举办“新联通”气象科普夏令营 …… 296

教　育

·综述·

概况 …… 298

加强学校环境教育 …… 298

市外国语高中开工奠基 …… 298

全市357名特岗教师赴农村基层学校任教 …… 298

市阳光小学举行落成暨新学年开学典礼仪式 …… 299

《三门峡教育志》编纂工作启动 …… 299

实施“866教育工程” …… 299

开展“教育服务年”活动 …… 299

教育部学习实践科学发展观巡回指导组到三门峡市检查 …… 299

·基础教育·

概况 …… 300

举办全市中小学课堂教学改革专家报告会 …… 300

举行全市第4届中小学生艺术展演合唱比赛暨“校园之星”颁奖典礼 …… 300

举办市区中小学招生说明会 …… 300

市实验中学代表队获第3届中国青少年创意大赛团体金奖 …… 300

全市50名贫困大学新生受市政府资助 …… 300

全市第2届普通高中中心教研组成立 …… 300

市直教育系统代表队获市六运会市直机关组团体金牌总数、总分第1名 …… 300

全市义务教育阶段中小学绩效工资改革全面实施 …… 300

举行全市初中同课异构暨画知识树展示活动 …… 301

渑池县、义马市启动读书活动 …… 301

湖滨区新兴农民工子弟学校揭牌 …… 301

河南省语文教改交流暨第12届年会在灵宝市召开 …… 301

河南省幼儿教师教学工作研讨会在陕县召开 …… 301

·职业教育和成人教育·

概况 …… 301

全市职业教育攻坚动员大会召开 …… 302

举办全市中等职业学校学生技能竞赛 …… 302

在全省中等职业教育技能大赛中获佳绩 …… 302

灵宝技工学校建立豫西首家校内拓展训练基地 …… 302

·高等教育·

概况 …… 302

举行河南省豫西高职教育集团成立大会暨第2届科技文化艺术节开幕式 …… 304

·师资队伍建设·304

概况 …… 304

首次面向社会公开招聘小学教师 …… 304

3人获全省“我为祖国站讲台”师德主题教育演讲比赛一等奖 …… 304

·语言文字工作·

概况 …… 304

开展第12届全国“推广普通话宣传周”活动 …… 304

在“中华诵·2009经典诵读大赛”中获佳绩 …… 304

文　化

·综述·

概况 …… 306

12个乡(镇、办事处)、社区被命名为省文化先进乡(镇、办事处)、民间文化艺术之乡、群众文化活动先进社区 …… 307

在多项省级赛事中获奖 …… 307

杨春枝入选第3批国家级非物质文化遗产项目代表性传承人名单 …… 307

举办全市首届端午节诗歌朗诵大赛 …… 307

5个项目入选第2批河南省省级非物质文化遗产名录 …… 307

举办全市第4届戏剧大赛 …… 307

非物质文化遗产普查工作完成 …… 307

河南省部分省辖市文化局政风行风建设工作座谈会在三门峡市召开 …… 307

·文物·

概况 …… 308

全市首家县级文物局成立 …… 308

·广播电视·

概况 …… 308

举办第15届三门峡国际黄河旅游节《梨园春》名家擂主演唱会 …… 309

全市首档大型电视栏目剧“黄河故事会”开播 …… 309

建成三门峡融媒网 …… 309

完成广播电视“村村通”工程建设任务 …… 309

完成农村电影放映工程放映任务 …… 309

加强栏目建设 …… 310

· 党史与地方史志 ·
概况 …… 310
第10届全国重大党史题材写作笔会在三门峡市召开 …… 311
《中共三门峡历史》(第二卷)编写工作扎实推进 …… 311
开展革命遗址遗迹调查 …… 311
三门峡市在全省志书质量研讨会上作典型发言 …… 312
三门峡市修志工作继续走在全省先进行列 …… 312
《三门峡年鉴(2008)》在第四届全国年鉴编纂出版质量评比中获二等奖 …… 312
《三门峡年鉴(2009)》出版发行 …… 312
· 三门峡日报 ·
概况 …… 312
为深入学习实践科学发展观活动营造良好舆论氛围 …… 312
推出"2009,激情走过"年终系列特别报道 …… 313
刊发"卢氏县委先进事迹"系列报道 …… 313
开设"廉政建设峭函行"专栏 …… 313
关注民生工程建设 …… 313
报社副总编辑金光作品《最后的风景》出版 …… 313
· 档案 ·
概况 …… 313
编写《干部任免人名录(1956～1996)》 …… 314
机关档案规范化管理认证成效显著 …… 314
· 新闻出版 ·
概况 …… 314
国家新闻出版总署农家书屋工程建设检查验收工作组到三门峡市检查 …… 314
部署深入整治互联网和手机媒体淫秽色情及低俗信息专项行动 …… 314

卫生　体育

· 卫生 ·
概况 …… 316
新型农村合作医疗工作进展顺利 …… 317
市中心医院5台大型设备同日开诊 …… 317
中央补助地方烟草控制项目正式启动 …… 317
卫生部副部长王国强到三门峡市调研 …… 318
121人获全国无偿献血奉献奖 …… 318
"三门峡市结核病防治卫生经济学研究"再获殊荣 …… 318
市中医院顺利通过中国红十字基金会考察 …… 318
省督导考核组肯定三门峡市结核病防治工作 …… 318
义煤集团观音堂煤矿等4个矿区职工医院防保工作实行属地管理 …… 318
举行"世界镇痛日"主题宣传活动 …… 318
"中医中药中国行"三门峡站活动启动 …… 318
举行2009年"医疗质量万里行"急救技能大比武 …… 319
三门峡市全民健康生活方式"一二一"行动启动 …… 319
三门峡市医学教育专业委员会成立 …… 319
· 体育 ·
概况 …… 319
春节期间全民健身活动蓬勃开展 …… 320
河南省第7届农民篮球赛总决赛在灵宝市举行 …… 320
全市第3届农民篮球赛开赛 …… 321
举办庆"五一"迎"五四"全民健身趣味运动会 …… 321
市实验小学青少年体育俱乐部荣获"国家级俱乐部"称号 …… 321
全国乒乓球大赛三门峡市小将勇夺2银1铜 …… 321
三门峡市第4届羽毛球赛闭幕 …… 321
举办三门峡市首届残疾人运动会 …… 321
举办2009年三门峡市青少年武术(套路)锦标赛暨省十一运会资格选拔赛 …… 321
三门峡市首家搏击运动俱乐部挂牌 …… 321
三门峡市老年柔力球代表队在全国健身老年人展示大会上获奖 …… 322
三门峡乒乓球小将在全国比赛中勇夺两金 …… 322
三门峡代表队在省乒乓球锦标赛暨省十一运会资格赛上获3金 …… 322
成功举办三门峡市第6届运动会 …… 322
三门峡市9个单位、6名个人获全国群众体育先进称号 …… 322
黄河金三角体育协作区区域协调发展会议召开 …… 322
三门峡市代表队在河南省青少年车模锦标赛中成绩优异 …… 322

精神文明创建活动

· 综述 ·
概况 …… 324
开展春季"三下乡"集中活动 …… 324
· 公民道德建设 ·
概况 …… 324
全市"百企千店践行道德承诺"活动启动 …… 324
著名礼仪专家金正昆到三门峡市作文明礼仪知识讲座 …… 324
召开全市道德模范暨"感动三门峡人物"座谈会 …… 324
开展"我们的节日"主题活动 …… 324
· 伦理、心理、生理教育 ·
概况 …… 325
· 城乡创建 ·
概况 …… 325
双创工作 …… 325
创建省级文明单位 …… 326
创建省级文明村镇、省级创建工作先进村镇 …… 326
命名市级文明单位 …… 326
命名市级文明村、乡(镇)、集镇 …… 326
命名市级文明景区 …… 326

社会生活

·人口和计划生育·

概况 …… 328
开展“三整治一打击”专项行动 …… 330
开展计划生育“便民维权”活动 …… 330
开展幸福工程救助贫困母亲活动 …… 330
郭丽萍剪纸作品荣获第13届中国人口文化奖二等奖 …… 330
开展出生人口基础信息核查 …… 330
计划生育利益导向机制初步建立 …… 330
开展优质服务创建活动 …… 331

·民政·

概况 …… 331
出台《三门峡市农村居民最低生活保障办法》 …… 331
全国“爱国拥军模范”毛兆祥受邀参加国庆观礼活动 …… 331
民政部副部长李立国到三门峡市考察 …… 331
三门峡市儿童福利院工程竣工 …… 332
拓展民政工作促和谐、保稳定职能 …… 332
推进“民政项目建设年”活动 …… 332

·老龄工作·

概况 …… 332
开展“圆梦夕阳、分享奥运”千名老人游北京活动 …… 333
出台《三门峡市老年人优待办法》 …… 333
开展“重阳节”庆祝活动 …… 333
三门峡市老年人体育活动馆奠基 …… 333

·人民生活·

概况 …… 333
城镇居民工资性收入稳定增长 …… 333
城镇居民经营性净收入不断增加 …… 334
城镇居民转移性收入大幅增加 …… 334
农民工资性收入显著增加 …… 334
农民转移性收入大幅上升 …… 334
城镇居民家用汽车消费成倍增长 …… 334
城镇居民医疗保健支出大幅增加 …… 334
城镇居民信息化发展迅速 …… 334
城镇居民购房、建房支出大幅度增长 …… 334
社会保障事业稳步推进 …… 334

县(市)区概貌

·湖滨区·

概况 …… 336
湖滨区荣获中国“建设新型国家百强县”称号 …… 337
表彰重点项目建设表现突出人员及单位 …… 337
林业生态建设工作成绩显著 …… 338
省观摩团到湖滨区参观考察重点项目建设 …… 338
“流动调解”工作机制取得成功经验 …… 338
年产2 000万千克铝带板项目建成投产 …… 338
区法院团支部荣获“全国五四红旗团支部”称号 …… 338
湖滨区被命名为“全国楹联文化区” …… 338
在全市率先启动新型农村住宅社区试点建设 …… 338
大中海商业文化广场暨家乐福项目落户湖滨区 …… 338
河南省最大蛋种鸡场——湖滨区王官种鸡场破土动工 …… 338
年产600万千克高精陶瓷纤维项目建成投产 …… 339
大唐三门峡清源风电场二期工程开工建设 …… 339
湖滨区选手获“中华诵·2009经典诵读大赛”亚军 …… 339
湖滨农村商业银行股份有限公司揭牌开业 …… 339

·义马市·

概况 …… 340
义马煤业(集团)被授予“河南工业行业突出贡献奖”(行业奖) …… 341
义马市召开深入学习实践科学发展观活动动员大会 …… 341
河南开祥天源化工有限公司2亿千克二甲醚项目开工 …… 341
义煤集团被评为“2008中国节能减排功勋企业” …… 341
义马煤业综能新气体、新能源、甲醇蛋白有限责任公司成立 …… 342
义煤集团荣获中国安全文化管理典范单位 …… 342
义马市荣膺三门峡市科技进步考核优秀奖 …… 342
义马市实施“巩固退耕还林成果,再惠退耕农户”工程 …… 342
在第15届三门峡国际黄河旅游节暨投资贸易洽谈会上义马市成功签约项目13个 …… 342
义马市签约帮扶兰考县工业项目 …… 342
义渑“麻醉”学术论坛在义煤总医院召开 …… 342
义马市召开学习推行“4+2”工作法动员大会 …… 342
义马体育公园开工奠基 …… 342
义马市顺利通过省级园林城市复查验收 …… 343
义马市举行煤矿事故应急救援演练 …… 343
义马市帮扶兰考项目开工奠基 …… 343
义马市二高考生囊括三门峡市2009年高考文、理科状元 …… 343
义马市迅速采取措施加强甲型H1N1流感防控 …… 343
国家信访局副局长王石奇到义马市调研群众工作 …… 343
义煤集团再次入围中国企业500强 …… 343
义煤集团30亿千克露天煤矿在新疆投产 …… 343
义马两市民荣登“中国好人榜” …… 343
义马市青少年校外活动中心建成投入使用 …… 343
新区办事处马岭社区居民集中居住区开工奠基 …… 344
中央联席办调研组到义马市调研 …… 344
义马市跻身全国中小城市科学发展百强、最具区域带动力中小城市百强 …… 344
义马鑫海新能源科技有限责任公司年产5 000万千克煤焦油加氢改质项目开工建设 …… 344

义马市强力推行“紧财政、富民生” …… 344
义马市连续10年荣获三门峡市红旗渠精神杯 …… 344
义马市举办十七届四中全会精神专题培训班 …… 344
义煤集团荣获“中国安全文化管理十佳单位”称号 …… 344
· 渑池县 ·
概况 …… 346
义渑对接主干道完成规划设计 …… 347
三门峡新仰韶合成料有限公司年产3 000万千克高档莫来石项目开工建设 …… 347
杏花节开幕式在果园乡李家村举行 …… 347
渑池刘少奇旧居正式开馆 …… 347
文鑫投资担保有限公司开业 …… 348
渑池驻宁波办参加河南宁波开发区(园区)推介对接会 …… 348
东方希望三门峡铝业有限公司综合利用氧化铝赤泥提取金属镓项目建成试车 …… 348
省电视台“心连心”艺术团到渑池县慰问演出 …… 348
三门峡市成品油市场专项整治工作会议在渑池县召开 …… 348
渑池县举办“玫瑰杯”乒乓球邀请赛 …… 348
渑池县果园工贸区商贸城建设项目顺利启动 …… 348
渑池县专家顾问团成立 …… 348
渑池县慈善总会成立并召开第一次会员代表大会 …… 348
河南煤业化工集团永煤公司龙王庄煤矿竣工投产 …… 348
河南省热力协会年会在渑池召开 …… 348
渑池县河南元汇年加工6 000万千克生物功能性食品项目奠基 …… 348
河南省“1811”电网发展提速工程暨110千伏会盟变电站扩建工程在渑池启动 …… 349
渑池县刘少奇旧居“全省党员干部党性党风党纪教育基地”揭牌仪式隆重举行 …… 349
由中央电视台电视剧频道拍摄的电影《玫瑰谷》举行封机仪式 …… 349
中央新闻媒体到渑池采访 …… 349
纪念新中国成立60周年暨《论共产党员的修养》发表70周年座谈会 …… 349
渑池县三华实业有限公司12亿千克洗煤厂奠基仪式举行 …… 349
渑池县参加第7届农交会硕果累累 …… 349
中国农业大学微生物考察组专家到渑池县考察指导工作 …… 349
省政府督导组到渑池县察看安全生产工作 …… 349
渑池县举办庆祝新中国成立60周年大型图片展 …… 349
三门峡市林业生态建设现场会在渑池召开 …… 350
仰韶国陶酒上市发布会暨仰韶国陶酒旗舰店开业仪式在郑州隆重举行 …… 350
渑池县与山西经济合作座谈会在太原市召开 …… 350
河南仰韶生化工程有限公司举行生物酶制剂改扩建项目开工仪式 …… 350
“仰韶文化北京行”取得圆满成功 …… 350
渑池县顺利通过省农村食品药品“两网”建设示范县验收 …… 350
渑池县两个专业合作社被认定为河南省第1批农民专业合作社示范社 …… 350
《大山的女儿》荣获金奖第1名 …… 350
渑池县首次实行公推直选乡党委书记 …… 350
渑池县史志办荣获3项省级大奖 …… 350
· 陕县 ·
概况 …… 352
陕县成立摄影家协会 …… 353
河南锦荣水泥公司9 000千瓦余热发电机组成功并网运行 …… 353
中原文化港澳行陕县经济合作成绩斐然 …… 353
陕县举行“保护母亲河”行动启动仪式 …… 353
陕县产业集聚区引入两家化工企业 …… 353
中央、省主流媒体聚焦陕县新农村书屋 …… 353
陕县为革命遗址遗迹挂牌保护 …… 353
陕县荣获“中国绿色名县”荣誉称号 …… 353
陕县举办第6届桃花节 …… 354
杜卫东到陕县调研果品业发展现状 …… 354
雪花谷漂流正式对外开放 …… 354
陕县产业集聚区规划成果通过评审 …… 354
第15届三门峡国际黄河旅游节陕县收获丰厚 …… 354
北师大教授郭召良到陕县作化解高考压力专题报告 …… 354
陕县特殊教育学校落成 …… 354
宋庆龄基金会陕县办事处向菜园乡坳渠村小学捐赠学习用品 …… 354
龙飞公司一期年产2亿千克有机无机生物肥生产线工程奠基 …… 354
“走进平安三门峡”集中采访团到陕县 …… 354
高阳山旅游综合开发项目框架协议签约仪式举行 …… 355
三门峡 · 天鹅湾社区项目开工建设 …… 355
年产1 000吨坚果壳磨料制品项目奠基 …… 355
文化部对陕县“全国文化先进县”进行验收复查 …… 355
陕县恒泰公司年产1.2亿块煤矸石烧结砖项目开工 …… 355
陕县举行“金秋爱心助学”活动资金发放仪式 …… 355
陕县首届民俗文化节开幕 …… 355
“2009年全国农产品加工业博览会暨东西合作投资贸易洽谈会”陕县取得丰硕成果 …… 356
甘山红叶节暨“百名摄影家采风活动”启动 …… 356
三门峡(深圳)经济合作项目推介会陕县签3项目 …… 356
河南省创建全国标准果园项目启动仪式在陕县举行 …… 356
第8届达摩祖师纪念大典暨文化活动在空相寺举行 …… 356
陕县首家农业部无公害产地及产品一体化认证养殖企业申报成功 …… 356
陕县被确定为河南省首批出口苹果及果汁质量安全示范区 …… 356
三门峡永丰养殖有限公司万头生态猪场落户张汴 …… 356

· 灵宝 ·
概况 …… 358
灵宝市函谷关古文化旅游区扩建项目一期工程开工 …… 360
全省"奇胜杯"第2届农民篮球赛暨省万村千乡农民篮球总决赛在焦村镇举行 …… 360
全省首家烟叶经纪合作社在朱阳镇良庄村挂牌成立 …… 360
中央、省17家新闻媒体记者到灵宝市检察院采访 …… 360
金源公司预还原金属化球团项目奠基 …… 360
灵宝市两大项目开工建设 …… 361
国际古迹遗址理事会副主席郭旃到灵宝市对函谷关申报世界文化遗产工作进行评估 …… 361
灵宝市被国务院确定为第2批资源枯竭城市 …… 361
供港蔬菜产业项目正式启动 …… 361
灵宝市北区3个重点项目开工奠基 …… 361
"灵宝·金谷"综合开发项目开工奠基 …… 361
灵宝市入选中部百强县(市) …… 361
灵宝市开展安全生产集中整治活动 …… 361
灵宝苹果获全省最具影响力地理标志产品殊荣 …… 361
· 卢氏县 ·
概况 …… 363
抗旱保苗见成效 …… 364
省抗旱保麦新闻采访组到卢氏县采访 …… 364
建制镇基准地价更新工作通过省、市国土资源部门专家组验收 …… 364
平煤集团10亿千克电石原料生产项目开工 …… 364
2009年燃油补贴发放工作启动 …… 365
九龙山风景区举行开业庆典 …… 365
游客服务中心举行开工奠基仪式 …… 365
李啸东4部《〈二十四史〉成语典故》出版并重印新闻发布暨作品研讨会隆重召开 …… 365
大鲵保护开发利用进入企业运作阶段 …… 365
卢氏黑木耳、卢氏鸡国家标准颁布 …… 365
举行《古县风情》首发式 …… 366
河南省家禽种质资源创新工程中心卢氏鸡分中心落户卢氏 …… 366
有线数字电视工程建成投运 …… 366
住房公积金委托贷款业务启动 …… 366
富科特大鲵养殖专业合作社开业 …… 366
举行"抗洪纪念碑"揭碑仪式 …… 366
中共卢氏县委荣获全国"人民满意的公务员集体"称号 …… 366
全市学习卢氏县委科学发展精神工作会议在卢氏县召开 …… 366
"重走红军长征路"活动举行 …… 366
中国农业银行党委副书记、监事长车迎新到卢氏县农行调研 …… 367
电影《白云飘飘》在卢氏县开拍 …… 367
县公安局开通"出入境管理网上咨询业务" …… 367
卢氏县荣获河南省2008年度"红旗渠精神杯"竞赛杯奖 …… 367
选派143名优秀后备干部到一线锻炼 …… 367
县电业局首次实现10千伏电网线路带电作业 …… 367
河南省首次大鲵增殖放流仪式在狮子坪乡举行 …… 367
东沙河应急勘查泥石流治理项目通过省评审 …… 367
教体局荣获国家"2007－2008年度研究与实验工作先进单位"称号 …… 367
新型农村社会养老保险试点工作启动 …… 367

人　物

· 新任市级领导 ·
王建勋　赵予辉　赵　艳　周志远　崔保连 …… 370
· 河南省双"60"人物 ·
王舟平　周凯东　曹靖华　徐洪刚　白　洁 …… 371
· 全国性荣誉称号获得者 ·
庆志英　王苏霞 …… 372
· 正高级职称人员名单 ·
…… 372
· 副高级职称人员名单 ·
…… 373
· 省部级(条线)以上表彰的先进个人名单 ·
…… 374
· 河南省劳动模范 ·
…… 374
· 市级先进个人名单 ·
…… 375

附　录

· 2009年三门峡市主要文件目录 ·
中共三门峡市委主要文件目录 …… 378
三门峡人民政府主要文件目录 …… 378
· 统计资料 ·
分县(市)农林牧渔业总产值 …… 380
国民经济主要指标 …… 381
全部在岗职工人数与工资 …… 384
分县(市)全部工业增加值、总产值 …… 385
· 专文 ·
关于三门峡市2009年国民经济和社会发展计划执行情况与2010年计划(草案)的报告 …… 386
关于三门峡市2009年财政预算执行情况和2010年财政预算(草案)的报告 …… 390

索　引

…… 394

CONTENTS

SPECIAL ISSUE

Speech at whole City Project Construction Year Activity Mobilization Meeting ··············· by Wenhui Li 2

Speech at Municipal Party Committee Economic Work Conference ···························· by Wenhui Li 7

Government Work Report ················· by Shuping Yang 12

WRITE SPECIALLY

Celebrates the People's Republic of China 60th Anniversary Activities ················· 20

Carries out the Thorough Study Practice Scientific Development Concept Activities ················· 23

Establish National Health Town ················· 25

Establish National Garden City ················· 27

Key Project Construction ················· 29

CHRONICLE OF EVENTS

················· 38

A GENERAL PICTURE OF SANMENXIA

Basic Information ················· 60

Summary of the Economic and Social Development of Sanmenxia City ················· 63

Institutional Framework and Leadership ················· 66

POLITICAL PARTY

Sanmenxia City Committee of the Communist Party of China ················· 76

Organized Affairs ················· 80

Propaganda Affairs ················· 83

United Front Affairs ················· 87

The Party's Constructional Work of Municipal Leading Bodies ················· 89

Veteran Cadre Work ················· 91

Security Work ················· 91

Party's School Work ················· 92

Discipline Inspection and Supervision ················· 94

Democratic Party and Association of Industry and Commerce ················· 97

The Democratic League of China Sanmenxia City Committee ················· 97

China Democratic Construction Association Sanmenxia City Branch ················· 97

Chinese Peasants' and Workers' Democratic Party Sanmenxia City Committee ················· 98

Jiu San (Sept. 3) Society Sanmenxia City Committee ··· 100

Municipal Association of Industry and Commerce of Sanmenxia City (General Association of Dealers) ······ 100

REGIME AND POLITICAL CONSULATIVE CONFERENCE

People's Congress of Sanmenxia City ················· 104

People's Government of Sanmenxia City ················· 107

Administration Service Approve Center of Sanmenxia City ················· 110

Human Resources and Social Security ················· 110

Work of Receiving Complaints Through Letters and Visits ················· 113

Nationality and Religion Work ················· 114

Foreign Affairs and Friend's City Works ················· 114

Sanmenxia City Committee of the Chinese People's Political Consultative Conference ················· 115

MASS ORGANIZATIONS

Municipal Federation of Trade Unions of Sanmenxia City ················· 120

Communist Youth League Sanmenxia City Committee ······ 121

Sanmenxia City Women's Federation ················· 123

Sanmenxia City Federation of Literary and Art Circles ················· 124

Sanmenxia City Federation of Social Sciences ················· 126

Federation of Returned Overseas Chinese of Sanmenxia City ················· 128

Sanmenxia City Association of Science and Technology ················· 128

Sanmenxia City Association for the Handicapped ………… 130

PEOPLES ARMED FORCES

Sanmenxia Military Sub－Command ………………………… 134
Detachment of the Armed Police ……………………………… 136
Armed Police Fire Brigade ………………………………… 140
Sixth Gold Detachment of the Armed Police ……………… 142
People's Air Defense ……………………………………… 146

LEGAL SYSTEM

General Introduction ……………………………………… 148
Social Public Order Comprehensive Administration ……… 149
Public Security ……………………………………………… 151
Procurator Work …………………………………………… 153
Judgment …………………………………………………… 155
Judicial Administration …………………………………… 156

AGRICULTURE

General Introduction ……………………………………… 160
Animal Husbandry ………………………………………… 162
Fruit Production …………………………………………… 164
Vegetable Production ……………………………………… 166
The Edible Fungus Producing …………………………… 167
Fishery of the Aquatic Products ………………………… 168
Planting …………………………………………………… 169
Agricultural Industrialization …………………………… 170
Agricultural Science and Technology Popularization …… 170
Agricultural Information ………………………………… 171
Agricultural Standardization …………………………… 172
Poverty Relief and Exploitation ………………………… 172
Forestry …………………………………………………… 174
Irrigation …………………………………………………… 176
Yellow River Harness and Resettlement of Immigrants …………………………………………………………… 179
Farming Machinery ……………………………………… 181

INDUSTRY

General Introduction ……………………………………… 184
Building Material Industry ……………………………… 184
Electric Power Industry ………………………………… 185
Food Stuff and Drink Industry …………………………… 186
Medical Industry ………………………………………… 187
Small and Medium－sized Enterprises …………………… 187

GOLD, COAL AND ALUMINUM

Gold ………………………………………………………… 190
Coal ………………………………………………………… 192
Aluminum …………………………………………………… 194

URBAN CONSTRUCTION AND ENVIRONMENTAL PROTECTION

General Introduction ……………………………………… 196
Municipal Planning ……………………………………… 196
Municipal Administration ………………………………… 198
Municipal Construction …………………………………… 199
Public Utilities …………………………………………… 199
Park Greening ……………………………………………… 200
Environmental Protection ………………………………… 201

CONSTRUCTION AND REAL ESTATE

Construction ……………………………………………… 204
Real Estate ………………………………………………… 205

TRANSPORTATION AND POSTAL SERVICE

General Introduction ……………………………………… 208
Highway Transport ………………………………………… 209
Expressway ………………………………………………… 210
Railway Transport ………………………………………… 210
Postal Service ……………………………………………… 211

INFORMATION INDUSTRY

Administration of Wireless Communications …………………………………………………………… 214
Sanmenxia Branch of China Unicom Network Communications Co., Ltd. ……………………………… 214
Sanmenxia Branch of Henan Mobile Telecommunication Co., Ltd. of China Mobile ……………………………… 216
Sanmenxia Branch of China Railway Communication Co., Ltd. ……………………………………………… 217
Sanmenxia Branch of Northern Telecommunications of Group of China Telecom ……………………………… 218

ECONOMIC COOPERATION AND EXPLOITATION

Open Economy ········· 220
Sanmenxia Economic Development Zone ········· 222

COMMERCIAL TRADE AND MARKET

Commerce ········· 226
Supplying and Marketing ········· 228
Common Salt Affairs ········· 229
Goods and Materials ········· 230
Grain ········· 230
Tobacco Management ········· 232
Administration of Medicine ········· 234
Petrol Business ········· 234
Social Service Trade ········· 235
Market Management ········· 235
Individual and Private Economy ········· 237

TOURIST INDUSTRY

General Introduction ········· 240
Tourist Resources Development ········· 240
Travel Propagate and Promote ········· 241
Trade Management of the Travel ········· 242

FINANCE AND TAX

Finance ········· 244
State Tax ········· 248
Local Tax ········· 249

BANKING, INSURANCE AND SECURITIES

General Introduction ········· 254
People's Bank of China Sanmenxia City Center Branch ········· 255
China Banking Regulatory Commission Sanmenxia Supervising and Managing Sub-bureau ········· 256
Agricultural Development Bank of China Sanmenxia City Branch ········· 257
Sanmenxia City Joint Office of Henan Province Rural Credit Cooperatives ········· 259
Sanmenxia Commercial Bank ········· 260
China ICBC Limited Liability Company Sanmenxia Straits branch ········· 261
Agricultural Bank of China Sanmenxia City Branch ········· 263
Bank of China Limited Liability Company Sanmenxia Straits Branch ········· 264
China Construction Bank Limited Liability Company Sanmenxia Straits Branch ········· 265
Sanmenxia Subsidiary Company of China People's Insurance Porperty Co., Ltd. ········· 267
Sanmenxia Subsidiary Company of China Life Insurance Co., Ltd. ········· 268
Central China Securities Holdings Co., Ltd. Sanmenxia Liufeng Road Bond Department ········· 269

SANMENXIA KEY WATER CONTROL PROJECT OF YELLOW RIVER

General Introduction ········· 272
Project Benefits ········· 272
Key Water Control Administration ········· 273

ECONOMIC COMPREHENSIVE ADMINISTRATION

Macro Adjustments and Controls ········· 276
State Property Regulation and Management ········· 278
The Safety in Production is Supervised and Managed ········· 279
Land Resources Control ········· 280
Industrial and Commercial Administration ········· 281
Price Control ········· 283
Auditing ········· 285
Statistics ········· 286
Supervision with Quality and Technical ········· 286
Supervision and Administration of Foodstuff Medicines and Chemical Reagents ········· 288

SCIENCE AND TECHNOLOGY

General Introduction ········· 290
Science and Technology Project Management ········· 290
Industrialization of high and new Technology ········· 291
Agricultural and Social Development Science and Technology Work ········· 291

Scientific and Technical Payoffs Promotion ………………… 292
International Science and Technology Cooperation Work ………………………………………………………… 294
Patent and Intellectual Property Right ……………………… 294
Technical Market and Privately Operated Science and Technology ……………………………………………… 294
Science and Technology Information Service ……………… 294
Earthquake Predication ……………………………………… 294
Meteorology Affairs ………………………………………… 296

EDUCATION

General Introduction ………………………………………… 298
Elementary Education ……………………………………… 300
Vocational Education and Adult Education ………………… 301
Higher Education …………………………………………… 302
School Faculty Construction ………………………………… 304
Spoken and Written Language Work ………………………… 304

CULTURE

General Introduction ………………………………………… 306
Historical Relic ……………………………………………… 308
Broadcast and Television …………………………………… 308
History of the Communist Party of China and Local Chronicles ……………………………………………… 310
Sanmenxia Daily …………………………………………… 312
Archives ……………………………………………………… 313
Press and Publishing ………………………………………… 314

HYGIENE AND SPORTS

Hygiene ……………………………………………………… 316
Sports ………………………………………………………… 319

ACTIVITIES IN SPIRITUAL CIVILIZATION CONSTRUCTION IMPROVEMENT

General Introduction ………………………………………… 324
Citizen's Ethical Construction ……………………………… 324
Ethics, Psychology and Physiology Education …………… 325
Urban and Rural Civilization Construction ………………… 325

SOCIAL LIFE

Population and Birth Control ……………………………… 328
Civil Administration ………………………………………… 331
Work Concerning Old People ……………………………… 332
People's Life ………………………………………………… 333

SURVEY OF COUNTY(CITY) DISTRICT

Hubin District ………………………………………………… 336
Yima City …………………………………………………… 340
Mianchi County ……………………………………………… 346
Shan County ………………………………………………… 352
Lingbao City ………………………………………………… 358
Lushi County ………………………………………………… 363

FIGURES

Incumbent Municipal Leaders ……………………………… 370
Henan Province pair "60" Characters ……………………… 371
Winner at National Level Honor …………………………… 372
Personnel Lists of Sanmenxia City High－ranking Technical Post ……………………………………………… 372
Personnel Lists of Sanmenxia City assistant High－ranking Technical Post ……………………………………………… 373
Name Lists of Honorable People of Henan Province, Ministry and Every Field ……………………………… 374
Henan Province Model Labor ……………………………… 374
Name Lists of Honorable People at City Level …………… 375

APPENDIX

Leading File Contents of Sanmenxia City in 2009 ………… 378
Statistical Data ……………………………………………… 380
Special Article ……………………………………………… 386

SUBJECT INDEX

……………………………………………………………… 394

荣誉三门峡

● 全国双拥模范城市	（全国双拥工作领导小组颁发）
● 中国优秀旅游城市	（国家旅游局颁发）
● 中国特色魅力城市200强	（爱国华人商会世界著名企业联盟颁发）
	（美中经贸投资总商会颁发）
	（全球华人名牌网颁发）
● 全国社会治安综合治理优秀市	（中央综治委颁发）
● 国家园林城市	（住房和城乡建设部颁发）
● 中国农村信息化示范基地	（科技部颁发）
● 中国十佳新锐金融生态城市	（上海陆家嘴金融博览会组委会颁发）
	（中国国际金融论坛组委会颁发）
● 中国金融生态城市	（第三届中国金融市长年会组委会颁发）
	（中国金融网颁发）
	（中国金融研究院颁发）
● 全国水土保持生态环境建设示范城市	（水利部颁发）
● 中国大天鹅之乡	（中国野生动物保护协会颁发）
● 全国创建农业标准化综合示范市	（国家标准化管理委员会颁发）
● 2010中国城市科学发展转变经济发展方式示范城市	（中国城市发展研究院颁发）

数　字

总面积：10496平方千米

年末常住人口：222.96万人

年末户籍人口：224.03万人

地区生产总值:702.74亿元

第一产值：576111万元

第二产值：4641315万元

工业：17154044万元

第三产值：1810033万元

第一、二、三产业构成:

第一产业：3.1%

第二产业：28.1%

第三产业：68.8%

人均地区生产总值:31590元

地方财政一般预算收入:532025万元

地方财政一般预算支出:1014570万元

全社会固定资金投资:5533056万元

社会消费品零售总额:1717546万元

商品出口总值:8080万美元

商口进口总值:4994万美元

实际使用外资:26355万美元

房屋施工面积:348.25万平方米

房屋竣工面积:167.95万平方米

商品房销售面积:670740平方米

货物运输量：2795万吨

三 门 峡

旅客运输量：3281万人

接待旅客:979.48万人次

旅游业总收入:54.84亿元

科技活动经费支出:12007万元

普通高等学院:1所

中等职业学校:21所

各类卫生机构床位:8331张

卫生技术人员:9399人

售电总量：1178640万千瓦时

城市供水总量:4214万立方米

建成区绿化覆盖面积:1281公顷

城市道路长度:299.6千米

城市道路面积:188万平方米

人民币存款余额:3776275万元

人民币存款贷款:1681036万元

城乡居民储蓄存款余额:3419863万元

职工平均工资:26692元

城市居民人均可支配收入:13469.8元

城市居民人均消费性支出:9882.7元

农村居民人均纯收入:5045.5元

农村居民人均生活消费支出:3674.2元

城市居民人均居住面积:33.8平方米

11 月 25 日，中共河南省委书记徐光春（中）在陕县恒康铝业有限公司生产车间了解生产经营情况

4 月 15 日，中共河南省委副书记、省长郭庚茂（左二）视察三门峡产业集聚区鹏飞电子有限责任公司节能照明产业项目

1. 2月1日，中共三门峡市委书记李文慧（左二）视察节前市场

2. 3月29日，中共三门峡市委副书记、市长杨树平（前排左二）在湖滨区刘家渠城中村改造现场调研拆迁改造工作

3. 7月23日，三门峡市人大常委会主任赵继祥（左二）视察三门峡市电力工作

1

2

3

1. 3月9日，三门峡市政协主席郭秀荣（左一）参加创建国家园林城市万人签名活动

2. 10月26日，中共三门峡市委副书记王建勋（右二）在卢氏县一高调研

3. 中共三门峡市委常委、常务副市长苏新华（右二）到金融系统调研

1. 中共三门峡市委常委、宣传部部长李立江（右一）在三门峡大坝视察

2. 中共三门峡市委常委、纪委书记申黎明（左二）到湖滨区羊虎山村看望孤寡老人

3. 9月1日，中共三门峡市委常委、副市长赵光超（中）和三门峡联通公司负责人共同启动象征3G网络的水晶球

1. 1月9日，中共三门峡市委常委、政法委书记郭绍伟（中）在湖滨区调研平安建设工作

2. 8月25日，中共三门峡市委常委、组织部部长赵予辉（中）在义马市环保局查看学习型党组织创建资料

3. 2月13日，中共三门峡市委常委、三门峡军分区政委李明举（中）指导抗旱保麦工作

1. 5月13日，中共三门峡市委常委、秘书长赵中生（中）视察档案工作

2. 中共三门峡市委常委、统战部部长赵艳（中）深入企业调研

3. 5月13日，副市长李琳（中）视察煤炭管理工作

1. 副市长张英焕（中）在人寿公司视察

2. 3月12日，副市长周志远（左三）检查消防工作

3. 9月16日，副市长、公安局局长崔保连（中）检查消防工作

中共三门峡市委党史地方史志办公室

2010年11月10日全市党史工作会议召开

三门峡年鉴2008、2009在全国评奖中获奖

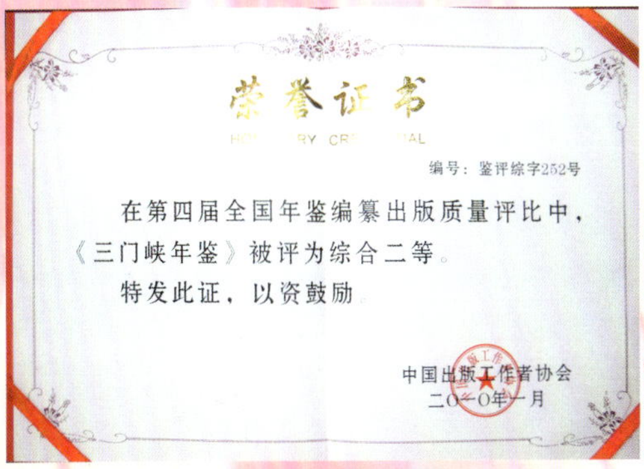
荣誉证书

编号：鉴评综字252号

在第四届全国年鉴编纂出版质量评比中，《三门峡年鉴》被评为综合二等。

特发此证，以资鼓励

中国出版工作者协会

二〇一〇年一月

荣誉证书

编号：鉴评专字252号

在第四届全国年鉴编纂出版质量评比中，《三门峡年鉴》被评为条目编写二等，装帧设计二等。

特发此证，以资鼓励

中国出版工作者协会

纪念《地方志工作条例》颁布4周年

建设中的三门峡市文体中心

三门峡陕州风景区

建设中的三门峡市

大岭桥

风景秀丽的三门峡

铂景湾住宅小区

中共三门峡市委党史地方史志办公室

创建省级文明单位

检查验收

创建活动

特

载

12 月 31 日，郑西高铁客运专线三门峡南站广场竣工典礼

抢抓机遇上项目 凝心聚力促发展 奋力开创全市项目建设新局面

——在全市项目建设年活动动员大会上的讲话

(2009年2月2日)

中共三门峡市委书记 李文慧

同志们:

开展项目建设年活动,是市委、市政府审时度势、应对危机、抢抓机遇、开拓创新提出的重大战略举措。年前召开的市委常委(扩大)会议上,市四大班子领导一致同意把2009年作为全市项目建设年,把这次项目建设年活动动员大会作为春节后召开的第一个会议。会议主要任务是深入贯彻科学发展观,全面落实党中央、国务院和省委、省政府关于"扩内需、保增长、调结构、促转型"的重大决策部署,回顾总结近年来特别是2008年的项目建设工作,安排部署2009年的项目建设任务,动员全市上下进一步统一思想、坚定信心、迎难而上、开拓创新,合力奏响项目带动主旋律,奋力开创建设开放魅力富裕和谐三门峡的新局面。

刚刚过去的2008年是极不平凡的一年。面对国际金融危机带来的冲击和影响,三门峡经济社会在困难中前进发展,各项经济指标继续位居全省前列:地区生产总值增幅居全省第1位,财政一般预算收入增幅居全省第3位,税收占财政收入比重居全省第1位,城镇固定资产投资增幅居全省第3位,实际利用外资总量居全省第3位。今年元月份召开的省人大、政协"两会"期间,徐光春书记在三门峡工作报告上作出重要批示:"2008年三门峡市经济社会发展和党的建设取得很好的成绩,可喜可贺。要认真总结经验,继续开拓创新,在困难的2009年创造更加优异的成绩"。这既是对我们工作的充分肯定,更是对我们的鼓励鞭策,同时也为我们实施项目建设年活动、促使各项工作再上新台阶提供了强大动力。刚才,树平同志代表市委、市政府对开展项目建设年活动进行了全面安排部署,讲得很好、很全面,重点很突出,希望大家认真学习贯彻,认真抓好落实。下面,根据市委常委会研究的意见,我再讲三个方面的内容:

一、认清形势,统一思想,充分认识开展项目建设年活动的重大意义

当前,我们正在经历的这场国际金融危机,使世界经济陷入了上世纪大萧条以来最困难的境地。受此影响,我国经济正面临严峻挑战,主要是:外部需求明显收缩,部分行业产能过剩,企业生产经营困难,城镇失业人员增多,经济增长下行的压力明显加大。我市经济也不可避免地受到了较大冲击,电解铝、氧化铝、浓缩果汁等主要工业品的价格大幅下跌,亏损企业数量和亏损额大幅增长,外贸出口、财政收入、就业再就业等也面临了前所未有的压力。可以说,今年是新世纪以来我们经济发展最困难的一年。为了有效应对危机,中央及时调整宏观经济政策取向,果断实施积极的财政政策和适度宽松的货币政策,迅速出台扩大国内需求的10项措施,陆续制定和实施一系列产业振兴政策,形成了系统完整的促进经济平稳较快发展的一揽子计划,不仅为我们科学应对危机创造了条件、指明了方向,也为我们上项目、调结构、促转型提供了难得的机遇。目前,全国各地都在抢抓中央扩内需的政策机遇,千方百计争取项目。在这个过程中,哪个地方的工作力度大、招数管用,哪个地方就能争取到更多的项目,就会在百舸争流、竞相发展的激烈竞争中胜出,实现跨越发展,反之就会在竞争中被淘汰,拉大与先进地区的差距。可以说,抓住

了今年就解决了今后几年的发展问题。

我们开展项目建设年活动,是在总结以往项目建设成功经验的基础上,审时度势作出的重大决策。这不是一时的应急之策,也不是另起炉灶,而是在继承基础上的创新。回顾近年来的项目建设工作,主要有四点体会:一是抓发展必须强化"项目带动",不管外部环境怎么变化,不管遇到什么样的困难,都必须始终把项目建设作为促发展的头等大事,想大事、干大事,奋勇争先,不畏艰辛,克难攻坚,才能成功引进一批项目。二是抓项目必须抢抓机遇,抓住了机遇就抓住了发展主动权,近年来我市经济发展之所以能够位居全省前列,关键是抓住了国家鼓励发展能源、原材料产业的机遇,新上了三门峡火电二期、东方希望和开曼氧化铝、开祥化工等一批重大项目,为经济发展提供了强有力的支撑。三是抓项目必须有前瞻理念作指导,我们引进循环经济理念,谋划了煤电铝、煤化工、有色金属综合利用等循环发展产业链;新成立了市工业园等工业聚集区,积极改善基础设施条件,为项目建设搭建了良好的平台;不断探索完善招商引资和推进项目建设的方式方法,确保能够引得进、建得成、见效快。四是抓项目必须统一思想认识,全市上下和衷共济,共同参与,分工合作,步调一致,确保了项目建设的顺利进展。只要我们全市上下解放思想,坚定信心,抢抓机遇上项目,千方百计争项目,齐心协力促项目,就一定能够在2009年夺取项目建设的新胜利,为实现跻身中原崛起第一梯队的目标作出新的贡献。开展项目建设年活动,主要是基于以下考虑:

第一,开展项目建设年活动,是扩内需、保增长、促进经济平稳较快发展的重要举措。今年,市委、市政府提出的全市生产总值增长预期目标是11%。这一目标的确立,是基于项目支撑的前提条件确定的,符合三门峡的市情,反映了全市人民的愿望,体现了市委、市政府保增长、争跨越的战略要求。能否顺利实现这一目标,关键取决于我们能否敏锐地发现机遇、深刻地认识机遇、果断地把握机遇、创造性地用好机遇,特别是能否用好"扩内需、保增长、调结构"政策机遇。国家4万亿扩内需资金、省"8511"投资促进计划资金大多要在今年落实,同时有色金属等产业振兴规划即将陆续出台,这对三门峡发挥比较优势、壮大支柱产业、承接产业转移等提供了十分难得的政策机遇。机遇稍纵即逝,能否抓住机遇,很大程度上取决于我们的主观努力。市委、市政府决定开展项目建设年活动,就是为了动员全市上下找准抓手跑项目,振奋精神促发展,真正把加快发展的强烈愿望转化为上项目、保增长的具体行动。

第二,开展项目建设年活动,是调结构、促转型、加快发展方式转变的重要抓手。加快经济结构战略性调整、加快发展方式转变,是实现经济社会又好又快发展的必然选择。当前金融危机形成的"倒逼"机制和带来的重新洗牌,既逼迫也有利于我们深化改革开放、加快产业升级和结构调整。从三门峡来讲,中央"调结构"要求对我们具有更强的针对性,我们三次产业结构优化的任务还很重,特别是二产中资源型、原材料型工业比重过大的局面还没有根本改变,转变发展方式的任务还很艰巨。只有切实抓好结构调整,着力促进经济发展由主要依靠二产向一二三次产业协调发展转型,促进资源型、原材料型工业向加工制造型、高新技术型工业转型,我们才能在区域经济竞争中更好地占据有利条件。市委、市政府开展项目建设年活动,就是要坚持以科学发展观为指导,集中力量多上支柱产业项目,想方设法争上服务业和"三农"项目,进一步壮大支柱产业,切实优化经济结构,真正实现在调整中促转型,在转型中促发展。

第三,开展项目建设年活动,是保民生、促和谐、实现和维护人民群众根本利益的重要载体。应对危机是共克时艰的首要任务,也是改善民生的关键;改善民生是经济发展的目的,也是应对危机的重要举措。越是在困难的时候越要关心群众、越要依靠群众。中央扩大内需、投资拉动的计划中,明确提出了"投资方向集中在民生领域,占总资金比重或在60%"的工作部署;中央财政去年新增的1 000亿元投资中有350多亿元明确用于保障性安居、农村民生改善及医疗教育等民生工程,占全部新增投资的30%以上。我省1.2万亿元的投资促进计划中,涉及民生的公共基础设施建设也占了很大的比重。中央和省里在改善民生促发展上的重磅举措,既为我们依靠内需拉动经济增长创造了机遇,更为我们改善豫西城乡面貌、让群众得到更多实惠提供了难得的机会。市委、市政府开展项目建设年活动,就是要紧紧抓住国家改善民生的机遇,通过大力实施一批重点民生工程,努力实现好、维护好、发展好老百姓最关心、最直接、最现实的利益,在改善民生中凝聚力量,不断增强应对危机的能力。

第四,开展项目建设年活动,是夯基础、备后劲、跻身中原崛起第一梯队的重要途径。近年来,三门峡经济社会持续快速健康发展,生产总值、财政收入等经济指标增速连年位居全省前列,这主要得益于我们抓牢了项目这个"牛鼻子"。纵向比,我们经济建设取得了长足发展,但横向比,我们与中原城市群地区还有较大差距。如何防止被边缘化,缩小与中原城市群地区的差距,真正以较强实力跻身中原崛起第一梯队,是我们在应对危机中必须认真加以思考的问题。我们既要积极应对危机保增长,更要全力捕捉危机带来的潜在机遇,充分发挥资源、交通、区位等比较优势,聚精会神促进经济跨越发展,力争在激烈的区域竞争中跨上一个新台阶。市委、市政府开展项目建设年活动,就是要通过引进争取、开工建设、竣工投产一大批符合国家投资政策的重点项目,形成一批对全市经济发展具有带动和支撑作用的新的增长点,带动再造一个三门峡取得新的明显成效,从而树立新形象、提升新地位。总之,全市各级各部门一定要充分认识开展项目建设年活动的重大意义,进一步增强紧迫感、责任感和使命感,真正把思想和行动统一到市委、市政府的决策部署上来,精心组织,周密安排,迅速掀起大上项目、快上项目、上大项目、上好项目的热潮。

二、明确要求,突出重点,努力实现项目建设新突破

项目建设牵动发展全局,决定发展地位,代表发展形象。这次会上市委、市政府以市委1号文件形式下发了项目建设年活动的《意见》,明确了项目建设指挥部机构,出台了《实施方案》。活动的总体要求、目标任务、工作重点、保障措施等都已经明确,全市各级各部门和各级领导干部,务必要按照要求抓好工作落实。

这次活动的目标要求是:坚持以科学发展观为指导,围绕"扩内需、保增长、调结构、促转型、重民生"这条主线,通过

建立和完善项目滚动发展、协调服务、责任考核等工作机制,推动项目开发储备、引进争取、开工建设、竣工投产快速有序推进,努力实现项目建设的新突破,力争全年在建亿元以上重大项目达到100个以上,新开工项目总投资规模达到500亿元,全社会固定资产投资达到500亿元。

实现这一目标要求,要注意处理好四个关系:一是数量与质量的关系。项目数量不多,资金投入就不能保证,发展就缺乏支撑;项目质量不高,就会带来负面效应,发展也难以为继。因此必须牢牢坚持科学发展原则,既要着力上一批大项目扩张经济规模,又要防止低水平重复建设,防止盲目铺摊子,努力新上一批科技含量高、经济效益好、环境污染小、带动能力强、经得起检验的好项目,切实提升产业层次。二是当前与长远的关系。当前是长远的基础,长远是当前的继续。保增长是当前的救急任务,破解结构不优、创新能力不强等深层次问题则需要常抓不懈。为此我们必须立足当前抓救急,又要着眼长远谋发展,把保持当前增长与增强发展后劲结合起来,把扩大内需与调整结构结合起来,把做大规模与转变发展方式结合起来,使开展项目建设年的过程成为应对危机的过程,成为提升区域竞争力的过程,成为学习和实践科学发展观的过程。三是总体谋划与分级实施的关系。全局性的项目总体谋划,是项目建设的主线;分阶段、分层次实施项目计划,是调动一切积极因素、逐一实现项目目标的关键。既要按照全市产业布局,统筹安排好重点建设项目;又要按照项目责任主体,分级组织好实施,确保项目建设扎实有序推进。四是借助外力与激活内力的关系。不仅要加大招商引资力度,积极吸引市外大财团和大企业来三门峡投资兴业,进一步加强与各家金融机构的项目对接;而且更要自力自强,切实加大全民创业力度,积极鼓励民投、民有、民办、民营,广泛吸纳社会资金投资项目建设,用足用活内力。

具体工作中,要力争在五个方面实现大的突破:

(一)狠抓扩内需项目,努力在提升发展后劲上实现大的突破。围绕"扩内需、保增长、调结构"政策上项目是今年项目建设的主攻方向。在争取国家保增长首批项目投资中我们开了个好头,面对今年国家和省引导资金的陆续大量投放,大家一定要使出浑身解数,全力争取更多项目得到国家和省政策与资金支持。一要围绕政策谋划项目。抓好项目建设首先在谋。在当前保增长的大好机遇下,如果我们争不到足够的项目和资金,就毫无疑问会错失发展良机,就会在日益激烈的竞争中处于被动。为此一定要花更多的精力,在更高水平上去谋项目,考虑得更远一点,想得更深一点,谋划出更多符合三门峡长远发展需要的大项目、好项目。特别要深入研究国家产业政策,全面搜集各类投资信息,认真研究、深刻领会、切实吃透国家和省政策精神,挖掘放大区位资源优势,筹划储备一批全局性、根本性、战略性的重特大项目。二要突出重点推进项目。抓项目必须立足我市资源禀赋和发展基础,围绕经济社会发展重点领域、重点行业,实施重点突破。当前就是要重点深化"8155"投资促进计划,按照"围绕市场需求、发挥资源优势、立足主导产业、依托骨干企业"思路,调集主要人力、财力、物力,围绕农林水、交通、能源、城镇建设、自主创新、产业升级、节能减排、社会事业等领域主攻大项目、大企业、骨干产业、骨干产品,力争"8155"投资促进计划项目完成投资250亿元左右,全力掀起项目建设热潮。三要务求实效紧盯项目。一个项目特别是重大项目,不盯是出不来的。争取更多国家和省扩内需项目,关键就看大家能不能紧盯不放、一盯到底。各级各有关部门要安排足够力量,对于申报项目要盯审批,下大工夫跑省跑部,汇报好我市的优势和企盼,全力争取项目;对于筹备项目要盯开工,已经获批的项目,要努力推动项目资金尽快到账、建设尽快开工;对于在建项目要盯监管,确保扩内需资金发挥最大效益,加快形成"建设一批、开工一批、推进一批、储备一批"的新格局。

(二)狠抓支柱产业项目,努力在提升区域经济竞争力上实现大的突破。围绕壮大支柱产业上项目是扩张经济总量的重中之重。三门峡保增长、争跨越的支撑在工业,危机既给我们工业发展带来了严峻挑战,也给我们打造现代产业体系、培育壮大五大支柱产业带来了潜在机遇。要进一步深化"工业强市"战略,一如既往地聚精会神大抓工业、抓大工业,努力抓住危中之机,提升产业层次、壮大支柱产业、提升竞争实力。一要强力推进铝工业项目,加快建设全省最大的铝工业基地。三门峡氧化铝规模全省最大、电解铝规模将达80 000万千克,完全有条件把铝工业做大做强。要着眼于氧化铝的就地转化,化压力为动力,放宽眼界、捕捉时机深化铝精深加工,集中力量推进市工业园铝合金铸件、义煤集团铝板带箔等项目,拉长产业链,扩大产业群,力争在做大做强铝工业上迈出坚实步伐。二要着力推进电力项目,努力建设全省重要的能源基地。"压小上大"后我们在能源方面更应有所作为,当前要重点推进大唐三期及风电、渑池热电联产等项目,争取早开工早建设,尽快在扩大装机容量、改善能源结构方面取得实质性进展。三要奋力推进煤化工项目,努力建设全国有影响的煤化工基地。当前煤化工产业可以毫不夸张地被称为"朝阳产业",发展潜力巨大,前景广阔。要充分发挥我们煤化工起步早的优势,加快建设开祥化工二期、义马煤制气等重大项目,力争3年左右建成全省一流、全国有影响的煤化工基地。四要切实推进黄金及有色金属工业项目,努力建设全省重要的有色金属综合利用及深加工基地。重点支持金渠集团、中原黄金冶炼厂、灵宝金源矿业等企业加强黄金伴生金属的综合开发,加快建设灵宝华鑫铜箔、灵宝华宝铅冶炼等项目,进一步巩固和壮大我市这一传统支柱产业。五要积极推进林果业项目,努力建设全省重要的果品生产加工出口基地。围绕终端消费品生产,积极开发新产品,重点建设浓缩葡萄汁、石榴汁等项目,促进林果加工向精加工、深加工、细加工方向转变。

(三)狠抓产业升级和科技创新项目,努力在转变发展方式上实现大的突破。围绕发展方式转变上项目是又好又快发展的重要途径,更是推进我们资源型经济转型的必由之路。要下大气力创新发展模式,全力新上一批高新技术型、精深加工型、先进制造型、循环经济型项目,切实提高发展质量,努力走出一条速度与结构、质量、效益相统一的发展之路。一要高度重视循环经济项目。发展循环经济是三门峡发展的必然选择,更是未来发展的优势所在。今年河南全面推进循环经济试点省建设,我们要充分发挥在这方面先行一步的有利条件,进一步强化可持续发展理念,深入实施三门峡循环经济发展规划,重点围绕工业废弃物利用、资源综合利用、生态农业和清洁生产等四大循环经济产业，全力新上、推进一批循环经济型项目，培育一批循环经济示范园和示范企业，务求在节能减排、提高资源综合利用水平上取得新的成效。二要积极推进产业升级和高新技术产业项目。抢占科技制高点，才能赢得发展先机。要积极筛选、争取、开工、建成一批传统产业改造提升型项目，促进建材、化工、医药、纺织、农产品加工等传统产业更新换代；对这次纳入市委、市政府督查范围的50多个投资上亿元的产业升级项目，各级各有关部门要强力推进、务求突破。要以项目为载体推进科技创新，促进产学研结合，加速提高引进消化吸收再创新能力，促进新材料、生物工程、信息与现代制造等具有比较优势的高新技术产业加快发展，逐步形成以自主创新为主动力的增长机制，特别要在铝精深加工、煤化工下游产品方面打造自主品牌，力争取得实实在在的进展。三要创新谋划产业集群项目。产业集群发展是未来产业发展的趋势。要强化集约集群发展意识，大力实施相关企业互保联动计划，重点在煤电铝一体化等领域，加紧开发一批关联度高、聚集效益明显、特色突出、竞争力强的项目，统筹推进辖区内煤炭、电力和载能企业的一体化合作，尽快打开能源基地建设和煤电铝产业集群发展的新局面。

（四）狠抓重大基础设施项目，努力在夯实经济发展平台上实现大的突破。重大基础设施投资是保增长、备后劲的重要力量，今年国家和省在这方面的投资力度之大给我们夯实经济发展平台提供了难得契机。要全力以赴抓住这个机遇，想方设法早上早开工一批交通、城建、电网和产业集聚区建设项目，使其成为拉动经济增长的重要力量。一要倾力推进“五路两桥一站”项目。这批项目既是重大基础工程，更是三门峡加快发展的信心工程。要全力确保郑西客运专线三门峡新客站、迎宾大道、义渑快速通道一期建成投用，力争运三铁路、连霍高速三门峡段拓宽工程、运三公铁黄河特大桥、陕灵快速通道、涧河甘棠大桥等重大项目年内开工，争取三淅高速公路等重点项目前期工作年内取得重大进展，加快构建“三纵四横”大交通网络。二要抓紧推进产业聚集区建设。以培育壮大310国道沿路城镇经济隆起带为着力点，进一步规划建设好不同类型、各具特色的工业园区，引导各类生产要素向园区聚集，提高投资强度和集约化水平。要继续大力推进市工业园、开发区建设，强化园区功能，切实增强招商引资能力；各县（市）区都要形成一个特色园区，并于年内出形象、见效益，真正形成招商引资上项目的有效载体。三要进一步加快城区建设步伐。突出抓好城建重点项目，中心城市建设上要扎实推进崤山路改建、台上区集中供热、“城中村”改造、天鹅湖国家城市湿地公园建设等12项重点工程，切实增强中心城市的辐射带动力；各副中心城市要因地制宜加快建设步伐，不断完善城市功能，提升城市形象，努力在保增长中发挥更大内聚作用。

（五）狠抓涉农和服务业项目，努力在优化经济结构上实现大的突破。坚持把促进一二三次产业协调发展作为项目建设的主要任务，抓住经济结构战略性调整机遇，更加注重抓涉农和服务业项目，努力促进经济发展由主要依靠二产向一二三次产业协调发展转型。一要全力推进涉农项目。全面贯彻中央“四个大幅度”投入的要求，以推进新农村建设为载体，大力调整财政支出结构，强力推进和开发一批农业产业化以及农村水、电、路、气等领域项目，扎实推进农村改革发展。特别要围绕林、果、牧、烟等主导产业，着力打造豫西六大特色农业产业区，重点抓好苹果出口基地、烟叶种植等农业产业化项目，努力向特色农业强市迈进。二要统筹推进服务业项目。突出抓好现代服务业，围绕把三门峡建成豫晋陕黄河金三角地区人流、物流、信息流、资金流聚集的沃土，重点推进七海物流三期、3个文化产业园、九龙山风景区等项目，引进家乐福超市、丹尼斯百货等知名连锁企业，努力在现代物流、文化、旅游等方面取得新发展，力争服务业对产业升级的支撑力、经济增长的贡献率、就业富民的带动力有明显提高。三要切实推进民生项目。重点加大对教育、卫生、文化、体育等社会事业的投入，加快推进面向中低收入群体的廉租房、经济适用房及棚户区改造，加快市文体中心、市中心医院住院楼等项目建设，更好地解决群众关注的热点难点问题，努力在推进公共服务均等化方面取得新进展。

三、凝心聚力，狠抓落实，确保项目建设年活动取得实效

市委五届六次全会、市五届人大四次会议和这次全市项目建设年活动动员大会，明确了2009年经济社会发展的工作思路和工作重点，现在摆在我们面前的任务只有一个字，那就是“干”！实干兴邦，空谈误国。群众期盼抓落实，希望把科学发展的规划思路变成他们幸福美好的生活；干部期盼抓落实，希望让一个开放魅力富裕和谐的三门峡在自己的努力下成为现实。抓落实是民心所向、众望所归，抓落实就是我们今年工作的主线。

一方面，要健全完善抓落实的工作体系。一要健全完善组织领导体系。各级各部门要深刻理解市委、市政府开展项目建设年活动的根本目的，切实从三门峡保增长、争跨越、跻身中原崛起第一梯队的高度，认真把项目建设年活动组织好、开展好。市委、市政府为此专门成立了项目建设年活动指挥部，由我和杨市长牵头，各县（市）区、开发区、工业园也要成立相应机构，指挥部成员单位要建立自己的工作班子，形成上下联动、层层推动、各方互动的领导体系。要把上项目、保增长作为“一把手”工程，对重点项目实行一个领导牵头、一个法人承担、一个部门负责、一个小组落实的“四个一”工作机制，确保定人员、定目标、定任务、定奖惩“四定”措施落实。各级领导干部要树立起“有项目全盘皆活、没有项目满盘皆输”的危机感和紧迫感，始终把抓项目、上项目作为头等大事，切实把寻找项目、洽谈项目、协调项目、引进项目、推进项目当作事关经济社会发展全局的重中之重，放在心上，抓在手里，落实到行动中，真正做到保障条件到位、具体措施到位。市本级要重点抓好“十大项目”，即运三铁路三门峡段和运三公铁黄河特大桥、连霍高速三门峡段拓宽工程、郑西客运专线到市区的连接线、郑西客运专线新三门峡站及广场建设、三门峡西1×100万千瓦火力发电机组、市区供热二期、市文体中心、市中心医院病房楼、外国语高中、天瑞集团3亿千克铝铸件。各县（市）区要把投资10亿元以上的项目作为工作重点，着力抓好G209线陕县城区至郑西客运站段改建、陕县烧碱联产聚氯乙烯、大唐风力发电二期、G310三门峡西至灵宝一级路改建、灵宝换流站二期、义渑快速通道对接、渑池多晶硅一期、义煤集团铝板带箔以及氧化铝节能改造、义马3亿千克醋酸、100亿千克煤

制气、卢氏夜长坪钼矿扩建、工业园1亿千克铝深加工等一批重大项目,加强统筹领导,全力向前推进。

二要健全完善项目编制体系。各级各部门要准确把握国家产业政策导向,敏锐捕捉市场需求信息,悉心研究市情、县情特点,真正把政策导向、市场需求与当地实际紧密结合起来,超前谋划一批符合国家产业政策、环保政策,投资超亿元、十亿元、百亿元的大项目、好项目,储备一批能够增加地方财源收入、改善民生状况的中小项目,吸引一批省内外产业转移项目,组织实施一批特色优势产业项目,安排一批重大基础设施、社会事业和生态建设项目,努力形成各类项目相协调的项目建设格局。特别是各级发展改革部门、商务部门要重点围绕调整优化结构、延伸五大支柱产业链条,进一步加强项目库的动态管理,突出"精、足、新、实"扎实做好项目编制工作,切实做到项目筛选上求"精"、储备上求"足"、包装上求"新"、制作上求"实",确保项目库得到不断充实、完善。

三要健全完善资金保障体系。融资难仍是当前项目建设的最大"瓶颈",没有资金保障,项目就很难实施。各级各有关单位要进一步加大进京赴省跑项目的力度,多汇报、多衔接、早争取,赢得工作主动权,努力使我市有更多的项目进入国家4万亿投资和省"8511"投资促进计划盘子,切实把上级的政策变成我们的项目、投资和现实生产力,充分发挥国家和省资金在项目建设中的引导作用。要加强银企合作,积极主动地向省、市金融机构推介重点项目,争取更多的银行资金投入重点项目建设,特别是我们与省中行、建行签约的投资协议资金,各级各有关部门要抓紧做好项目对接,确保资金落实到位。要继续加大招商引资力度,进一步完善落实鼓励民间资本投资的政策措施,吸引更多的民间资本和域外资金参与项目建设。当前,要重点做好今年黄河旅游节的筹备工作,力争取得新的更大成效。

四要健全完善责任落实体系。必须改变在责任问题上"吃大锅饭"的状况,努力把共同的责任具体化为各级各部门和每个人的责任,形成一级抓一级、层层负责任、人人抓落实的工作机制。各级各部门的领导同志要带头结合自己的分管工作,作为一级责任人抓一两个事关全局的重点项目,力争年内取得明显成效。市县领导干部要把工作重心和主要精力放在抓重点项目的推进和落实上,市四大班子领导对排出的重点项目要实行联系企业制度,市委、市政府领导要分包联系各县(市)区;各县(市)区也要相应建立项目责任落实体系。对重大工业项目、重点招商项目,要成立专责小组,明确责任人专责抓落实。各级纪检监察机关和公检法司等部门,要为项目建设提供环境保障。要建立健全责任追究奖惩制度,把抓落实的具体成效作为考察奖惩干部的重要依据。

五要健全完善督查推进体系。市人大、市政协要组织有针对性的专项督查、专题协商,推动工作落实。市委、市政府两办要组织督查,跟踪问效,定期通报项目建设进展情况。指挥部办公室及各推进督查组要经常深入一线,及时了解掌握项目的进度和效果,并向分包领导进行反馈。各级各部门要自觉接受督导,实事求是地反映项目建设中存在的困难和问题,积极争取有关领导和部门的支持,确保项目建设取得实实在在的进展。

六要健全完善考核奖惩体系。市委、市政府要专门出台项目建设年活动的考核奖惩办法,年终要对责任单位的项目建设情况进行考核,对作出突出贡献的尤其是招商引资有功人员,要大张旗鼓地予以表彰和奖励,让其政治上有进步、精神上受鼓励、经济上得实惠;对工作不力、任务完成差的,要毫不留情地予以通报批评或组织调整,让其思想上受到鞭策、工作上感到压力。要把项目建设作为衡量各级领导班子和领导干部素质及工作能力的一把尺子,把"德才兼备、以德为先"的用人原则同项目建设成效有机结合起来,切实把熟悉项目、会抓项目、成绩突出、甘于奉献的人提拔到领导岗位上来,特别是对今年新上的重点项目,组织部门要抽调后备干部到项目建设一线去锻炼,锻炼提高他们的政策水平、工作能力、协调能力,为市委考察选拔干部提供合适的人选。

另一方面,要着力营造抓落实的工作氛围。一要解决抓落实的突出问题。各级领导干部的工作重心要下移,主动深入基层了解情况,掌握第一手资料,采取有针对性的工作举措。要建立重大问题报告制度,对一些经过自身努力仍然解决不了的问题,要及时向上级部门报告,争取上级部门的指导、帮助和支持;上级部门要认真对待下级部门反映的情况,尽最大努力帮助下级部门解决问题。二要创造抓落实的工作条件。今年市直各职能部门的行政审批事项要最大限度地减少和下放,凡是有碍于项目建设的,有碍于发展的,该取缔的取缔,该减免的减免,该下放的下放。市委、市政府要争取减少四分之一的会议和文件,部门性会议要尽量精减、合并,市直各单位要将各种议事协调机构和检查考核项目努力减少一半以上,切实使各级干部从"文山会海"中解放出来,把更多的时间和精力集中到抓工作落实上来。各级领导干部下基层要主动做到轻车简从、减少陪同,让基层有更多的时间抓落实。三要形成抓落实的社会氛围。要牢固树立全市"一盘棋"的思想,围绕项目建设这个中心,动员人大、政协、各民主党派和工、青、妇等人民团体,以及社会各界力量,把全力推进项目建设贯穿于履行职能的全过程,形成齐心协力共抓落实的社会氛围。四要强化抓落实的作风保障。在前所未有的困难面前,要以前所未有的工作责任心、前所未有的工作力度、前所未有的工作作风,使我们的工作能力和水平再上一个新台阶。要加强对转变作风成效的监督检查,纪检监察机关要完善暗察制度,建立对机关作风的民意调查制度,及时解决一些社会反映强烈的作风问题。各级党政机关要带头过紧日子,严格控制一般性行政经费支出,今年公务购车和用车经费、会议经费、公务接待经费、党政机关出国经费、办公经费预算要实现"零增长"。要加大对作风建设的宣传教育力度,以喜闻乐见的形式加强作风建设的舆论宣传,让大家认识到好作风的好效果,坏作风的坏影响,真正使作风好的人和单位"吃香",让作风不好的人和单位"受气"。同时,要按照全省"企业服务年"活动的要求,切实加大对企业的服务力度,做到善待企业、善待企业家,真心实意帮助企业共渡难关。

同志们,项目建设年活动的帷幕已经拉开,奋进的号角已经吹响。市委、市政府要求全市上下进一步解放思想、抢抓机遇,克难攻坚、奋力拼搏,全面掀起项目建设的新高潮,以项目建设的大突破促进经济结构优化升级、经济总量快速膨胀、社会事业协调发展,为加快建设开放魅力富裕和谐三门峡、跻身中原崛起第一梯队作出新的更大的贡献!

科学发展促转型 奋力实现新跨越

——在市委经济工作会议上的讲话

(2010 年 1 月 8 日)

中共三门峡市委书记 李文慧

同志们:

刚才,树平同志系统总结了 2009 年我市经济工作所取得的成绩和体会,深入分析了我们工作中存在的问题和面临的形势,具体部署了 2010 年的经济工作,这是经过市委常委会研究同意的,大家要认真抓好贯彻落实。下面,我就学习贯彻中央、省委经济工作会议精神以及省委卢展工书记视察三门峡时的指示要求,做好今年经济工作再讲三个方面意见。

一、认真学习、深刻领会、全面把握,切实把思想统一到中央、省委经济工作会议精神和卢展工同志视察三门峡时的指示要求上来

中央经济工作会议是在全党全国应对国际金融危机冲击取得明显成效、经济回升向好的背景下召开的一次重要会议,会议深刻阐述了中央关于 2010 年经济工作的要求和部署。之后召开的省委经济工作会议,全面贯彻党的十七大和十七届三中、四中全会以及中央经济工作会议精神,周密部署了全省 2010 年的经济工作。前几天省委卢展工书记深入我市调研视察时的重要讲话,具有很强的指导性和针对性。学习好、宣传好、贯彻好、落实好中央和省委经济工作会议精神以及卢展工书记的指示要求,对于深入贯彻落实科学发展观,进一步转变经济发展方式,保持经济平稳较快发展的好势头至关重要。

(一)要把思想统一到中央和省委对当前经济形势作出的分析判断上来。中央经济工作会议对国内经济形势和国际经济环境进行了全面分析,明确指出我国经济回升向好趋势不断巩固,预计今年世界经济形势会好于去年;但同时强调我国经济发展仍面临着来自国际国内的严重困难和严峻挑战,特别是影响世界经济全面复苏的不稳定不确定因素依然较多。省委经济工作会议上,省委在作出我省经济社会发展呈现一个好的趋势、一个好的态势、一个好的气势,实现跨越式发展前景广阔的判断的同时,客观地指出我省经济发展的一些深层次矛盾并没有得到根本解决,面临着保持经济较快增长和调结构、促转型、增效益的双重任务与压力;尤其是深刻分析了发展方式粗放、经济结构不合理、产业层次不高等问题。可以说,这些形势分析既有利于大家增强信心,也有利于大家增强忧患意识;不仅有利于我们拓宽视野、把握大势,更有利于我们保持清醒头脑,找准三门峡发展定位。我们一定要用全局和战略的眼光来审视我市的发展,既正视存在问题、及早分析研究、及时防范应对,更要看到有利条件,坚定信心、乘势而上,努力夺取经济社会发展的新胜利。

(二)要把思想统一到中央和省委对做好 2010 年经济工作确立的指导思想上来。关于今年经济工作,中央特别提出要牢牢贯彻"五个更加注重",在基本政策取向上保持宏观经济政策的连续性和稳定性,并根据新形势新情况着力提高政策的针对性和灵活性,比如投资重点用于完成在建项目,严格控制新上项目等。这充分表明中央对今年经济工作的要求更高。为保持经济社会发展的好势头,省委明确提出重在持续、重在提升、重在统筹、重在为民的指导思想,尤其强调要有持续发展的意识,持续抓好已有好的发展思路、发展举措和政策的贯彻落实,保持持续发展的进程。"五个更加注重"是做好今年经济工作必须遵循的原则;"四个重在"是加快中原崛起的新动员、新部署、新要求,充分体现了省委把握中央精神、驾驭河南发展、推进中原崛起的坚定信心。我们要深刻认识贯彻这些指导思想的重要意义,更要结合市情增强贯彻"四个重在"的责任心和使命感,下苦功、用实劲,千方百计促发展、同心协力争跨越,努力实现科学发展的新突破。

(三)要把思想统一到中央和省委对经济社会发展全局明确的战略重点上来。中央经济工作会议强调的一个十分关键的问题,就是提出要把加快经济发展方式转变作为深入贯彻落实科学发展观的重要目标和战略举措,这表明中央把加快经济发展方式转变,上升到了做好经济工作重要指导方针的高度。省委明确要求,当前和今后一个较长时期全省经济工作的重点,就是要在转变经济发展方式、调整经济结构上下工夫,在保持总量增长和规模扩张的同时,更加注重质量效益的提高和结构的改善,推动经济在应对危机之后实现更好更健康的发展,让发展空间越来越大、发展质量越来越高、发展道路越走越宽广。大家知道,国际金融危机对我们经济的冲击,表面上是对经济增长速度的冲击,实质上是对经济发展方式的冲击。我们一定要深刻领会经济发展重心由"保增长"转向"促转变"的实质所在,及时跟踪、深入研究中央以及省里政策的调整变化,立足当前,着眼长远,下决心在转变经济发展方式、优化经济结构、提升产业层次、提高经

济质量上见到明显成效。

(四)要把思想统一到中央和省委对保持经济平稳较快发展提出的重大部署上来。中央强调,必须把保持经济平稳较快发展作为今年经济工作的首要任务,为此要求抓好“六项重点任务”,努力把经济社会发展转入科学发展的轨道。省委全面阐述了今年经济社会发展的主要预期目标和必须把握的“六大原则”,安排部署了今年经济社会发展的“七项重点工作”,同时还就树好形象、讲求风气、加强和改进党的建设、提高领导和推动科学发展的能力明确了具体要求。这些重大部署具有很强的思想性、指导性、前瞻性、针对性和操作性。我们一定要统筹兼顾、抓住关键、突出重点、扎实推进,确保各项工作有新成效、跨越发展有新局面、跻身中原崛起第一梯队有新气象。

(五)要把思想统一到省委卢展工书记对三门峡工作指示的具体要求上来。1月5日,卢书记深入我市调研视察工作,其工作作风之朴实亲和、思维之敏锐严密、观察分析问题之深刻睿智,给所到之处的干部群众留下了深刻印象。卢书记充分肯定了我市的工作,进一步阐述了“四个重在”、求实求效等工作要求,并明确指出三门峡“人口不是太多,但很有优势;尽管欠发展,但潜力很大,在全省的地位还是很重要”,同时就我们资源开发、招商引资、保障民生、维护稳定等具体工作作了许多具体指示,这对于我们明确方向、理清思路、推进发展、加快建设开放魅力富裕和谐三门峡具有十分重要的指导意义。全市各级各部门一定要认真学习、深刻领会、全面贯彻、深入落实卢书记的指示精神,自觉将其转化为做好工作、推动发展的具体举措,转化为“科学发展促转型、奋力实现新跨越”的精神动力,努力在服务全省发展大局中作出新的贡献。

二、突出持续、重在运作、加快调整,努力实现经济持续平稳较快发展

2009年,全市上下面对严峻复杂的经济形势,迎难而上,锐意攻坚,团结奋斗,顽强拼搏,成功抵御金融危机带来的严重冲击,顺利实现了年初确定的目标任务。预计全年生产总值增长12%,地方财政一般预算收入增长13.1%,城镇固定资产投资增幅、社会消费品零售额增幅、实际直接利用外资绝对值等经济指标居全省前列。对2009年的工作成效,可以概括为四个特点:一是突出了“三保”。我们认真落实中央和省委、省政府“保增长、保民生、保稳定”的决策部署,把“科学发展促‘三保’,奋力实现新跨越”确立为全年工作的主题,全市上下唱响了战危机、保增长、争跨越的主旋律,实现了经济平稳较快增长、民生得到持续改善、社会大局和谐稳定的奋斗目标。二是抓住了关键。我们抢抓国家“扩内需、保增长”政策机遇,创新实施项目建设年,集全市之智,举全市之力,大上项目,上大项目,上好项目,项目新上数、在建数、建成数均创历史新高;同时全面落实全省企业服务年部署,企业生产逐月加快好转,主要产业闲置产能基本恢复。三是夯实了基础。我们既立足当前抓救急,又着眼长远谋发展,把扩大经济总量与提升经济质量相结合,加快推进重大项目建设、基础设施建设、产业集聚区建设,集中实施了一批产业升级项目,新上和储备了一批精深加工型、高新技术型项目,为未来发展备足了后劲。四是保持了态势。我市经济自去年初探底后,我们咬定发展不放松,攻坚克难不懈怠,通过决战二季度,大干三季度,冲刺四季度,奋力扭转了经济运行下滑的不利态势,实现了企稳回升和持续平稳较快发展;特别是项目建设保持了高效推进、接续跟进的喜人势头,工业运行呈现了回暖向好、持续提速的积极变化,民生改善收到了群众满意、凝聚人心的预期效果,干部队伍展示了昂扬向上、务实实干的精神风貌。

在总结成绩的同时,我们还要清醒看到面临的困难和问题:经济企稳回升的基础还不稳固,转变发展方式、调整经济结构任务还十分艰巨,产业集聚区的集聚效应还不明显,受各方面因素制约一些项目的推进还不够快,部分企业仍未完全复工复产、经济效益偏低,少数党员干部特别是个别领导干部的工作能力、工作作风还不适应新形势新任务的需要。正视困难是为了更加重视困难,直面问题是为了更好地解决问题。我们既要充分认识到今年经济形势预计会好于去年的有利因素,坚定破解发展难题、推动科学发展的信心;也要充分认识到影响经济的不稳定不确定因素仍然很多,防止对经济复苏前景过于乐观。

根据中央、省委经济工作会议精神,结合卢展工书记视察我市时的指示要求和三门峡实际,在今年经济工作中必须牢牢把握“六个原则”,切实强化“五种意识”。

“六个原则”:一是坚持保增长与调结构相协调。寓调结构于保增长中,寓保增长于调结构中,做到总量加速壮大,存量加快调优,增量提升层次。二是坚持项目建设与转变方式相适应。按照科学发展观要求,高起点部署项目工作,以项目建设促调整促转型,加快产业优化升级。三是坚持扩大开放与自主创新相结合。既要积极发展开放型经济,借助外力发展,又要注意消化吸收,提高自主创新能力求发展。四是坚持扩内需与拓市场相促进。抢抓当前扩内需、促消费机遇,加大财政引导投资,同时认真研究市场需求,使企业产品更加适销对路。五是坚持城镇化与新农村建设相统筹。更加重视城乡一体化,大力推进城镇化的同时,切实统筹城乡基础设施建设,努力促进城乡协调发展。六是坚持改革发展与民生稳定相统一。以改革促发展,以保持经济较快增长,促进民生改善和社会稳定;以民生改善和社会稳定,为改革发展营造良好环境。

“五种意识”:一是机遇意识。机遇总是垂青于有准备的人。今年中央继续实施积极的财政政策和适度宽松的货币政策,国内政策环境很有利;国家关于中部崛起的战略规划已经确定,并明确鼓励支持“豫晋陕黄河金三角地区”区域协调发展;同时东部产业转移的规模越来越大、速度正在加快,资源型地区承接产业转移的优势相对明显。为此我们要多分析多研究,强化拼抢意识,争取更大作为。二是忧患意识。

目前我们应对危机取得了初步成效，但经济发展如大病初愈，工业、税收等指标还有恢复过程，加之中央对高耗能企业可能提高门槛等因素，因此，要始终保持危机感和紧迫感，尽可能把遇到的困难估计得充分一些，把应对困难的思路谋划得完善一些，把克服困难的措施考虑得周全一些，牢牢把握工作主动权。三是创新意识。“苟日新，日日新”。创新体现在工作的方方面面，超越前人是创新，推陈出新是创新，创造性地解决难题、狠抓落实也是创新。面对前所未有的机遇和挑战，我们要进一步解放思想，勇于创新，在应对危机中想出新招数、采取新办法、闯出新路子，把我们的事业不断推向前进。四是服务意识。服务是发展经济的重要软环境。要巩固和扩大学习实践活动、“讲、树、促”教育活动成果，牢固树立大局观念，切实做到心往一处想、劲往一处使，努力营造人人代表三门峡形象、人人关系三门峡发展、人人服务企业发展的浓厚氛围，以优质的服务、良好的环境来招揽八方客商。五是竞争意识。当前区域竞争日趋激烈，犹如逆水行舟，不进则退，慢进也是退。我市与省内外先进地区相比，综合实力还存在不小的差距，危机形成的重新洗牌，为我们加速赶超带来了新契机。要坚持持续发展不动摇，顺势而为，奋勇争先，努力实现“弯道超车”，加快跻身中原崛起第一梯队。

按照以上原则和要求，今年经济工作的主题是“科学发展促转型，奋力实现新跨越”。指导思想是：全面贯彻中央、省委经济工作会议精神，深入贯彻落实科学发展观，牢牢坚持“四个重在”，以“调整产业结构，加快经济发展方式转变，实现经济持续平稳较快发展”为主线，以经济结构战略性调整为重点，以深化项目带动、强化企业服务为着力点，以深化改革开放、加强科技创新为动力，以保障改善民生、促进和谐稳定为根本，解放思想、抢抓机遇、奋力拼搏，全面完成“十一五”规划的目标任务，努力开创建设开放魅力富裕和谐三门峡的新局面。总体目标是：保持经济增速高于全省平均水平，力争生产总值、财政一般预算收入、固定资产投资等主要经济指标的增速位居全省前列，经济结构调整实现重大突破，经济质量效益明显提升。

主要任务要突出“五抓五促”。

第一，抓项目促调整。项目是增强综合实力、调整经济结构的有效载体；调结构是持续发展、科学发展的必由之路，更是我们当前必须痛下决心打好的硬仗。这次百年不遇的国际金融危机，使得我们资源型地区经受了更为严峻的考验，甚至是经济大起大落，凸显了产业升级、结构调整的现实性和紧迫性，如果我们再不加快经济转型，减少对资源的过度依赖，势必会像一些老工业基地一样走向衰落。当前我们的资源总量已经吃紧，加之我们资源型工业的能耗高、排放大，如果再上高耗能企业，依靠资源发展的环境容量约束就会更大。面对这样的现状，必须以坚决的态度调结构，坚持发展中调整、发展中转变、发展中提升、发展中增效，集中力量深化项目带动，努力以项目建设的新突破，带动产业升级和结构调整取得新进展。一方面，要切实增强抓项目、调结构的针对性。深刻领会卢书记“三门峡很有优势，二产大了是好事，特色农业调整也可以大有作为”等指示精神，大力深化“工业强市”战略，重点围绕五大支柱产业，全力狠抓一批产业升级、高新技术、循环经济项目，努力壮大全省乃至全国有影响的“五大基地”。同时，要狠抓一批农副产品深加工型，以文化旅游、商贸物流为主的服务业型，社会事业和民生型项目，真正使项目建设的过程成为提升产业层次、优化经济结构的过程。另一方面，要切实强化抓项目、调结构的责任感。各级领导干部要摒弃做“太平官”“安乐官”的思想，勇于为抓项目、调结构、促发展担责任。要完善领导分包重点项目工作机制，并建立五大支柱产业发展领导小组，由市委、市政府领导牵头研究、协调、解决支柱产业优化升级问题，着力促进项目大突破、结构大调整、产业大升级。

第二，抓企业促增效。企业是社会财富的主要创造者，是结构调整、经济发展的主体；爱护企业就是服务大局，服务企业就是服务发展。三门峡跻身中原崛起第一梯队，关键要有大批发展前景好、发展效益好、竞争能力强的骨干企业。目前，我们虽然有一些大企业，但我们的企业名气还不够响、竞争力还不够强、效益还不够好；特别是大多数企业都是资源型，还刚刚从金融危机中初步恢复过来，更需要政府、社会等方方面面的呵护。要进一步强化“保企业就是保增长、保企业就是保民生、保企业就是保稳定”意识，推动经济管理工作服务化、企业服务工作常态化，大力激活企业，确保经济发展保持一个好的气势、好的趋势、好的态势。为此，政府部门要进一步在保生产、促合作、拓市场等方面加大帮扶力度，重点深化银企合作、领导联系企业等措施，积极帮助企业解决实际困难；加强经济运行监测分析，及时了解和掌握经济动态，及时帮助企业缓解煤电油运等生产要素制约；加大企业扭亏增盈力度，特别要力保电力、铝产品等重点企业满产满销，力求关联企业在战略合作上实现突破。企业单位要积极适应新形势，不等不靠、自力更生、自主创新、奋力拼搏，努力在市场经济大潮中闯出一条新路子；尤其是企业家更要想方设法发展壮大企业，努力为三门峡作出更大贡献。社会各方面要加强引导，切实营造人人关心企业、人人服务企业的良好氛围，为企业发展提供良好的社会环境。这里特别要求一点，每个县(市)区都要着力培植2~3个产值超20亿元、具有较强核心竞争力的税收大户，使之成为带动经济跨越发展的龙头。

第三，抓统筹促持续。统筹兼顾是科学发展观的根本方法。三门峡作为一个仍然欠发展的地区，城乡不平衡、民生压力、资源环境压力等需要统筹的问题更加突出，如果统筹得好，就会形成更大的合力，反之就会形成影响发展的短腿。一定要更加重视统筹，让统筹真正“重”起来，通过有力有效的统筹，切实解决好历史欠账，努力让人民生活更加幸福，从而增强持续发展的内生动力。要统筹经济和社会协调发展。始终把握好社会的主要矛盾，围绕满足人民日益增长的物质文化需要，切实加大公共财政资金倾斜力度，大力发展科教文卫等社会事业,特别要大力推进科技创新,使科技第一生产力在推动跨越中发挥更大作用。要统筹城市化和新农村建设。认真研究国家把城镇化重点放在中小城市和小城镇发展上的机遇,加快实施中心城市“扩城提位”工程,积极推进副中心城市和310国道沿路城镇带建设,扎实推进新农村建设,尤其要在缩小城乡居民收入差距上想办法、出实招、求实效。要统筹招商引资和全民创业。“众人拾柴火焰高”,在抵御经济寒流、加快经济发展中,完全依靠政府投入是远远不足的。要规范招商引资标准、提高引资门槛,着力在选准项目、深化大招商活动、引进战略合作伙伴上下工夫,同时要大力落实全民创业政策、充分挖掘民间投资,切实为经济社会持续发展提供不竭动力。要统筹资源利用和生态建设。资源总有吃干用尽的时候,绝不能简单地卖资源卖原材料;要通过强化产业集聚、资源整合、节能减排等措施,努力使有限的资源发挥最大的效益。同时加强环境保护和生态建设,扎实推进资源节约型、环境友好型社会建设取得明显成效。

第四,抓民生促稳定。民生连着民心,民心关系稳定,只有切实解决好民生问题,才能真正赢得民心,实现社会长治久安,巩固党的执政地位。当前国家重民生、惠民生的政策措施,为我们解决包括稳定问题在内的民生问题,提供了更多的办法和路子,要深入贯彻发展为了人民、发展依靠人民、发展成果由人民共享的工作方针,真正做到“重在为民”,激发全市上下推动科学发展、加快新跨越的积极性、主动性、创造性。实践中,要着力改善民生促和谐。自觉换位思考,坚持心系群众、心系人民,常思为民之策,多办利民之事,我们只有真正把老百姓的事情办好了,才能得到老百姓更多的拥护,也才能把三门峡发展的事情做得更好。要从人民群众最关心最直接最现实的利益问题入手,着力解决好人民群众的实际利益、具体利益,对老百姓坚决不同意、甚至反感的事绝不能做,向老百姓承诺的事要坚决兑现。今年要下大气力抓好国家和省里重民生、促消费、扩内需等政策措施的落实,同时要积极搞好配套措施,安排足够的财政资金来保障和改善民生,尤其要尽快安排、扎实推进“十件实事”,真正让老百姓得到更多的实惠。另一方面,要提升水平维稳定。稳定是硬任务、是第一责任;没有社会的稳定,发展就无从谈起。要牢固树立“经济发展是大局,平安稳定也是大局;经济发展是政绩,平安稳定也是政绩”的观念,切实深化群众工作、平安建设和安全生产,紧紧抓住影响社会和谐稳定的源头性、根本性、基础性问题,深入推进社会矛盾化解、社会管理创新、公正执法三项重点工作,特别是要积极争创全国综治优秀市“三连冠”,努力夺取全国“长安杯”,真正把三门峡建成全省乃至全国最稳定、最平安、最和谐的地区之一。

第五,抓作风促效能。作风事关成败,效能决定兴衰。无数事实证明,没有过硬的作风、就建不成过硬的队伍,没有一流的作风、就干不成一流的事业,一个团队如此,一个地方更是如此。近年来我们为此做了不少探索,比如实行作风效能评议、推行“一线工作法”等,当前要持续、提升这些已有的好的做法,切实探索新的、管用的措施,以便更好地服务经济社会发展。要倡树良好作风。坚持不懈地加强思想理论建设,大兴密切联系群众之风、求真务实之风、艰苦奋斗之风、批评和自我批评之风,加快推进服务型政府建设,尤其要深化学习全国优秀公务员集体卢氏县委活动,真正把有限的财力用到促进经济社会发展的关键领域。要健全完善机制。加强民主集中制建设,进一步完善科学决策机制、项目推进机制、优化环境机制、工作协调机制,建立健全结构调整推进机制、干部考核综合评价机制等,努力促进各项工作制度化、科学化、规范化。要营造良好环境。强化效能和服务意识,严格落实市委、市政府优化发展环境的各项规定,特别要积极探索提高行政效能的新途径,比如整合督办职能、探索建立四大班子及纪委督办在内的协调小组,不断提高推进工作落实的水平。要解决突出问题。着重解决好本领恐慌、作风浮漂、工作不实、组织纪律观念淡化等问题,不断改进思想作风、学风、领导作风、工作作风和生活作风,以优良党风带政风、促民风、保发展。

三、加强领导、树好形象、端正风气,为完成经济社会发展各项任务提供坚强保证

做好今年经济工作,任务重,要求高。要切实加强和改进党对经济工作的领导,改革创新,团结拼搏,努力完成全年各项目标任务。

一要聚精会神。就是要以良好的精神状态谋发展、抓发展、促跨越。要继续解放思想。解放思想无止境。各级领导干部特别是主要领导同志要带头解放思想,以敢想敢为的政治勇气和魄力,敢于直面问题、触及矛盾,敢于拍板决策、排除障碍,使思想和行动更加符合科学发展观的要求。要紧紧扭住发展第一要务。发展是解决一切问题的关键,必须一以贯之地抓在手中。要把科学发展放在更为突出的位置,持之以恒、锲而不舍地抓好已有的发展战略、发展思路和发展举措的落实,努力在发展中求转变、在发展中求调整、在发展中求提升、在发展中求增效。要不断凝聚发展合力。各级各部门和广大干部要心往一处想,劲往一处使,拧成一股绳,同舟共济,齐心协力,真正把心思和精力凝聚到“科学发展促转型、奋力实现新跨越”上来,共同做好各项工作。

二要善于运作。就是要改进领导方式、讲求工作方法、提高工作水平。面对今年新的形势和任务,各级领导班子和领导干部要勇于开拓、改革创新,进一步提高科学决策、政策对接、项目运作、化解矛盾等能力,不断解放和发展生产力。要增强运作的科学性。始终保持清醒头脑,遵循事物发展的客观规律,切实把领导机关的作为、市场经济规律、坚持依法依规办事和尊重人民意愿这四个方面更好地结合起来,统筹把握经济发展和社会发展、工业化和城镇化、城市建设和农村发展、人口与资源环境等关系,创造性地开展工作。要增强运作的针对性。注重牵住“牛鼻子”,切实把握发展中的主要矛盾、薄弱环节和各种优势,集中精力抓要事、攻难事、成

大事，集中精力谋划和解决事关全局的重大问题，当前尤其要突出"项目带动、品牌带动、创新带动、服务带动"四个方面，进一步提升运作水平，牢牢掌握发展的主动权。要增强运作的实效性。想好了再说，说了就要做，坚持说到做到、说好做好，切实运作到位，确保取得实效。

三要恪尽职守。就是要重视责任、思考责任、落实责任，在敢于担责中体现良好作风，在勇于尽责中力求更大作为。要珍惜自己的工作岗位。职位就是职责，岗位就是责任。随着政府机构改革的推进，近期一大批领导干部将走上新的工作岗位，这既是组织对大家的信任、更是期盼，既是赋予大家一定的权力、更是责任。一定要强化忠诚履责、尽心尽责、勇于负责、敢于问责的精神，在其位、谋其政、履其职、尽其责，把精力集中到抓发展、抓落实、为群众谋幸福上，切实当好科学发展、执政为民、务实创新、团结共事、勤政廉政的表率。要切实提高工作执行力。执行力就是生产力。各级领导干部要进一步强化执行意识，做到接受任务不讲条件，执行任务不找借口，完成任务力求圆满，不折不扣地贯彻落实好市委、市政府的决策部署。要加强上下联系沟通，做到第一时间向上级反映意见，第一时间掌握上级信息，第一时间研究应对举措，切实提高执行效率。要认真研究制定和完善提高执行力的一系列规章制度，切实做到事有专管之人、人有明确之责、责有限定之期，努力在完善制度中提高执行力。要强化争先创优意识。去年我市平安建设全省第一、信访稳定全省第二，项目建设观摩考评位居全省前列，文化建设受到国家表彰。在新的一年中，各级各部门都要以先进为榜样，奋勇争先，勇创一流，努力在全省争位次、在全国争影响。市委、市政府将对在全省、全国获得先进荣誉的单位进行表彰奖励。

四要求实求效。就是要大力发扬务实实干的工作作风，艰苦创业、奋力拼搏、实干实效。要切实真抓实干。脚踏实地，多干"垫背"的事、打基础利长远的事、多数人受益的事。对重点工作要扭住不放，一件一件去做，一个项目一个项目去推进，一个问题一个问题去解决，确保市委、市政府决策部署真正落到实处。要树立良好形象。各级各部门特别是主要领导干部要做到"不说空话多讲兑现，少摆政绩多办实事，少搞形式多抓落实"，注重在克难攻坚、解决矛盾的实际工作中体现新作风，注重在全社会、在老百姓心目中树立为民、公道、正派、廉洁、有效、干事、服务、团结的良好形象。要倡导勤俭办事。坚持艰苦奋斗、勤俭节约，坚决反对大手大脚、铺张浪费、讲排场、比阔气，做到开源节流、增收节支、过紧日子，尤其是财政资金要优先安排民生改善，优先考虑重点工程，优先保证工作正常运转，进一步营造团结和谐、干事创业的浓厚氛围。

同志们，今年经济工作的任务十分繁重。我们一定要坚定信心，振奋精神，顽强拼搏，奋发有为，努力完成全年的各项目标任务，为实现经济持续平稳较快发展、建设开放魅力富裕和谐三门峡、跻身中原崛起第一梯队作出新的更大的贡献！

2月17日，市委书记李文慧接受河南电视台《对话中原》栏目组采访

政府工作报告

——2010年1月13日在三门峡市第五届人民代表大会第五次会议上

三门峡市人民政府市长 杨树平

各位代表:

现在,我代表市人民政府向大会作政府工作报告,请予审议,并请各位政协委员提出意见。

一、2009年工作回顾

刚刚过去的2009年,是新世纪以来我市经济社会发展面临困难最大、挑战最为严峻的一年,也是全市上下积极应对国际金融危机取得重大成效的一年。市政府在省委、省政府和市委的正确领导下,在市人大、市政协的监督支持下,坚持以党的十七大和十七届三中、四中全会精神为指导,深入贯彻落实科学发展观,团结带领全市人民,全力以赴战危机,千方百计促"三保",在逆境中实现了经济社会平稳较快发展,圆满完成了市五届人大四次会议确定的各项任务。

(一)经济平稳较快增长。预计全年地区生产总值完成706亿元,比上年增长12%。地方财政一般预算收入完成41.5亿元,增长13.1%;一般预算支出完成85.6亿元,增长30.9%,"十件实事"等民生支出得到有效保障。预计规模以上工业增加值完成377亿元,增长13%。城镇居民人均可支配收入13 510元,增长9%;农民人均纯收入5 010元,增长7%。节能减排成效明显,万元生产总值能耗预计下降5%;化学需氧量、二氧化硫排放量分别控制在省定目标1 800万千克和1.4亿千克以内。

(二)项目建设势头强劲。全社会固定资产投资预计完成545亿元,其中城镇固定资产投资预计完成470亿元,增长36.5%。强力实施项目建设年活动,全市"8155"投资促进计划确定的138个超亿元重点项目,已建成投产59个,在建71个,完成投资274.8亿元,项目数量、投资规模、建成数、开工率均创近年来之最。列入省考核重点项目、省"1074"工业结构调整项目、省"8511"投资促进计划项目分别提前3个月、2个月、1个月完成省下达投资目标。产业集聚区建设加快推进,7个省级产业集聚区已建成面积37.34平方公里,入园企业1 029个,从业人员16.4万人。

(三)工业经济企稳回升。企业服务年活动深入开展,帮助企业协调解决难题724个,争取省电解铝储备计划7 000万千克,启动氧化铝闲置产能12亿千克、电解铝闲置产能2.8亿千克。规模以上工业增加值自去年5月份以来连续保持两位数增速,停产半停产企业由年初的186家下降到41家,占全部658家规模以上企业的6.2%。引导企业实现产销对接,省、市企业对接会签约资金44.06亿元。加大融资力度,开通全省首家中小企业金融服务网,成立担保机构28家,形成55亿元担保能力;金融机构贷款余额264.3亿元,较年初实际新增60.84亿元,新增额是上年的2.8倍,增长额及增速均创历史同期最高水平。

(四)产业结构逐步优化。农业基础地位继续巩固,粮食生产再获丰收,总产6.28亿千克。特色农业不断壮大。灵宝苹果入选"河南省最具影响力十大地理标志产品",全市果品总产16.2亿千克,浓缩果汁出口5 500万千克,比上年增加1 800万千克;完成烟叶收购68.2万担,成为全省烟叶第一大市;林业产值大幅增长,冬季造林面积占全省的1/5。林果、畜牧、烟叶等特色产业占农业总产值的比重达85%。工业支撑地位明显增强。五大支柱产业占全市规模以上工业产值的比重达75%;工业内部升级加快,56个重大产业升级项目扎实推进,恒生科技、思睿科技等一批自主创新能力强、市场前景好的高新技术企业不断壮大。服务业发展迅速。文化旅游持续升温,函谷关通过国家4A级景区验收,全市接待国内外游客978万人次,实现国内旅游收入54.84亿元;消费市场繁荣活跃,社会消费品零售总额预计完成171亿元,增长19.1%;商贸物流产业迅猛发展,大中海商业文化广场等项目开工建设,家乐福超市等一批国际、国内知名大型连锁企业将落户我市;房地产市场日趋繁荣,建业、天盛等知名房地产企业投资我市,中原世纪苑等房地产项目进展顺利。

(五)开放合作成效显著。积极开展大招商活动,先后参加和举办了香港、上海、杭州、厦门、深圳、宁波、台湾和第15届国际黄河旅游节暨投洽会等一系列招商活动,共签订协议169个,签约总金额达1 003.6亿元。利用外资工作取得新突破,引进省外资金项目93个,实际到位资金80.2亿元,超额完成省定目标;实际利用外资预计可达2.6亿美元,绝对值居全省第3位。大通关体系建设步伐加快,中国三门峡海关申报工作进展顺利,国家铝及铝制品质量监督检验中心开工建设,中国河南出入境检验检疫局三门峡办事处综合楼主体封顶。金融环境进一步优化,政银企合作不断加强,在全省率先与工农中建四大银行签订战略合作协议,到位资金192.59亿元,超额完成年度计划。豫晋陕黄河金三角区域协调发展综合试验区纳入国家中部崛起规划;与中国贸促会、中国黄金集团、省地矿局、省有色地矿局、省移动公司、省电力公司等建立了稳定的战略合作关系。

(六)城乡发展更加和谐。"四城联创"扎实推进,创建国家园林城市成果得到验收专家组的肯定。环境综合整治取得新成效,市区空气质量优良天数达到327天。新区规划启动,郑西高速铁路新三门峡站及站前广场、大岭桥等一系列市政重点项目竣工,市文体中心、中心医院病房楼等工程稳步推进。加快"三纵四横"大交通网络建设,郑西高速铁路试运行,运三铁路项目建议书通过国家发展改革委批复,黄河公铁两用桥建设在即,连霍高速改扩建工程进入征地拆迁阶段。城中村改造进展较快,累计完成投资3.8亿元。新农村建设稳步推进,全市1/3村庄规划通过专家评审,开工建设新型农村住宅社区37个;完成农田水利基本建设投资4.66亿元,22座病险水库除险加固工程进展顺利,新增和改善灌溉面积10万亩。

(七)社会事业全面进步。省、市"十件实事"圆满完成。群众关注的儿童福利院、阳光小学、城市集中供热二期、迎宾大道、廉租住房等建成投用,扶贫搬迁完成859户、3 727人,解决了16.96万人的饮水安全问题,建成县乡公路499.7千米、通村公路244.3千米,新增户用沼气2.6万户。城市信用社成功改制,三门峡市商业银行和湖滨农村商业银行正式挂牌营业。社会保障能力增强,全民创业氛围浓厚,养老失业保险金统筹额、城镇新增就业人数、下岗失业人员再就业等超额完成年度任务,被确定为全国工伤预防试点城市和全省工伤保险市级统筹试点城市。科技创新步伐加快,科技对经济发展的贡献率达到52.7%;全市高新技术产业总产值完成23.25亿元,增长15.07%。教育事业健康发展,职业教育园区规划启动,外国语高中开工建设,普通高招成绩明显。成功举办市六运会,87个行政村建成"农民体育健身工程",市体育局荣获全国群众体育先进单位。文化事业持续发展,成功创建中国楹联文化城市,市文化局获得全国文化系统先进集体,原创现代曲剧《大山的女儿》、改编传统蒲剧《孙安动本》荣获全省金奖。全面完成第三次全国文物普查田野调查工作。医疗卫生条件不断改善,完成12所乡(镇)卫生院改建任务。新农合参合率达97.2%,甲型H1N1流感得到有效控制。人口计生工作继续加强,人口自然增长率控制在5‰以内。城乡社会救助力度加大。加强应急管理体系建设,各类突发事件得到妥善处置。食品药品安全不断加强,公众饮食和用药安全得到保障。严格落实安全生产责任制,深入开展安全生产"三项行动"和"安全生产年"活动,加强重点领域和行业的安全监管,安全生产形势趋于稳定。扎实开展"信访积案化解年"活动,坚持信访突出问题周会审、领导包案和群众工作日制度,全市信访形势总体平稳。加强社会治安综合治理,平安三门峡建设跃上新台阶,再次荣获全国综治优秀市,成为全省唯一蝉联这一荣誉的省辖市,2009年度又获省平安建设、信访工作先进省辖市。

(八)精神文明和民主法制建设稳步推进。精神文明创建工作力度加大,社会文明程度不断提升。坚持依法行政,自觉接受市人大及其常委会的依法监督,支持政协参政议政,办理人大代表意见建议74件、政协委员提案248件,满意或基本满意率达到100%。政府自身建设不断加强,市、县政府机构改革稳步推进。扩大基层民主,第三届社区居委会换届选举工作圆满完成。继续深入开展民主评议机关作风效能活动,加强惩治和预防腐败体系建设,廉政建设和反腐败斗争取得新成果。国防教育和双拥工作进一步加强,优抚安置成效突出,民兵预备役工作有了新提高,驻市解放军和武警部队在处置突发事件、维护社会稳定、支持地方建设等方面作出了突出贡献,实现省级双拥模范城"六连冠"。审计、物价、侨务、对台、档案、史志、人防、气象、无线电、民族宗教、妇女儿童、河务移民、地震应急、残疾人、老龄等工作都取得了新成绩。援助江油恢复重建工作进展顺利。

过去一年的成绩,是全市在遭受国际金融危机严重冲击、面对重重困难与挑战的特殊背景下取得的,的确来之不易。在这场应对危机的重大考验中,我们既取得了一定成绩,也积累了在复杂经济环境中推动经济社会发展的实践经验。认真回顾总结,主要有以下四点体会:一是必须坚持科学发展为先。以深入学习实践科学发展观活动为载体,坚持把应对危机的成果作为衡量学习实践活动成效的试金石,紧紧抓住金融危机中暴露出来的资源依赖性过高、产业结构不合理等不符合科学发展观要求的矛盾和问题,深挖思想根源,果断采取措施,勇闯发展新路,在战危机、调结构的实践中提高贯彻落实科学发展观的自觉性和坚定性,有力推动了经济发展方式的转变,保持了经济平稳较快发展的良好态势。二是必须坚持改善民生为本。将积极应对危机与全力改善民生有机地结合起来,切实把扩大民生投入作为战危机、扩内需、促消费的重要抓手,集中大量的人力、物力、财力,扎实办好省、市"十件实事"等惠及民生的大事、要事,妥善解决涉及群众切身利益的热点、难点问题,保证了群众生活质量在危机冲击面前不下降、有提升。三是必须坚持谋划长远为要。面对金融危机,我们见事早,行动快,科学判断,主动出击,准确把握危机影响我市的特点,迅速启动以项目建设为主体、招商引资和政银企合作为支撑的"一体两翼"经济刺激计划,扎实开展项目建设年和企业服务年活动,引导企业抱团取暖,并通过多种方式动员全市人民提振信心,共克时艰,为夺取应对危机的最终胜利抢占了先机、赢得了主动;科学谋划结构调整和经济转型,为长远发展奠定了基础。四是必须坚持狠抓落实为基。把狠抓各项措施的落实作为应对危机的基础性工作,以“两转两提”为切入点,以健全机制为着力点,以落实责任为关键点,大力弘扬焦裕禄精神和求真务实、艰苦奋斗作风,分块把守,重点突破,凝心聚力,协调联动,加大政府执行力,增强工作实效性,为圆满完成全年目标任务提供了坚强保障。

这些来之不易的成绩,是省委、省政府和市委正确领导的结果,是全市上下坚定信心、危中求机,齐心协力、扎实苦干的结果,饱含着全市人民的心血与汗水,凝聚着社会各界的辛苦和智慧。值此,我代表市人民政府,向全市广大工人、农民、知识分子、干部、人民解放军指战员、武警官兵、公安民警以及社会各界人士致以崇高的敬意和衷心的感谢!

同时,我们也清醒地看到,政府工作与人民的期望还有一定差距,前进道路上还存在一些不容忽视的困难和问题。一是当前经济持续回升的基础还不牢固,影响发展的不确定因素依然存在;二是发展方式粗放、经济结构不尽合理、产业层次不高、竞争力不强的深层次矛盾还没有得到根本解决,调整产业结构、促进经济转型的任务还很艰巨;三是工业经济增长压力较大,资金紧张矛盾比较突出;四是城乡公益事业和基础设施欠账较多,建设任务非常繁重;五是政府职能和作风转变还不到位,党风廉政建设需要进一步加强。对此,我们要采取针对性措施,认真加以解决。

二、2010 年政府工作总体要求和奋斗目标

今年是实施“十一五”规划的最后一年。做好今年政府工作,对夺取应对危机全面胜利、保持经济平稳较快发展、为“十二五”规划启动实施奠定良好基础具有十分重要的意义。当前,虽然我们还没有完全走出金融危机的阴影,但是全市经济企稳回升势头强劲,广大干部群众干事创业的热情高涨,科学发展的体制机制正在形成,我们已经度过了最艰难的时期,只要全市上下团结一心,锐意进取,就一定能够夺取今年经济社会发展的新胜利!

今年政府工作的总体要求是:全面贯彻党的十七大和十七届三中、四中全会精神,以邓小平理论和“三个代表”重要思想为指导,深入贯彻落实科学发展观,以“调整产业结构,加快经济发展方式转变,实现经济持续平稳较快发展”为主线,以经济结构战略性调整为重点,加快推进工业化、城镇化、农业现代化,着力深化项目带动、强化企业服务,着力深化改革开放、加强科技创新,着力保障改善民生、促进社会和谐稳定,抢抓机遇,奋力拼搏,全面完成“十一五”规划目标任务,努力开创经济社会跨越式发展新局面。

今年经济社会发展的主要目标是:全市生产总值增长11%。地方财政一般预算收入增长11%。全社会固定资产投资增长21%。社会消费品零售总额增长15%。外贸出口增长11%;实际利用外资增长15%。居民消费价格涨幅3%左右。城镇居民人均可支配收入增长8%;农民人均纯收入增长7%。人口自然增长率控制在6.5‰以内。城镇登记失业率控制在4.5%以内。单位生产总值能耗降低5%,化学需氧量和二氧化硫排放量分别控制在1 780万千克和1.35亿千克以内;发展方式转变和经济结构调整取得重大进展。

三、加快经济结构战略性调整,提高经济发展的质量和效益

(一)坚持“一条主线”。坚持“调整产业结构,加快经济发展方式转变,实现经济持续平稳较快发展”这条主线,注重“调结构”,在强化工业支撑、做强特色农业的基础上,合理优化产业布局,加快产业结构调整,大力发展现代服务业,调优一产、调强二产、调大三产,实现三次产业全面协调发展;注重“促转型”,大力发展绿色经济、循环经济、低碳经济,加快发展集约集群经济,加强节能减排和生态环境建设,努力建设资源节约型和环境友好型社会;注重“增效益”,加快科技成果转化,拉长产业链条,提高产品附加值,发挥产业集聚效应,增强经济的内生动力和活力,提高经济发展的质量和效益。

(二)深化“两大活动”。即深化项目建设和企业服务两大活动。巩固项目建设年活动成果,围绕省十大产业振兴规划等一系列重大规划,结合“十二五”规划编制,高起点谋划一批事关经济社会发展大局的高精尖项目。大力发展循环经济型、高新技术型、精深加工型、先进制造型、劳动密集型产业,在产业升级、高新技术、自主创新、文化旅游、现代农业、节能减排等关键领域,建设超亿元项目160个以上,投资总规模1 000亿元以上,当年完成投资300亿元以上。做大做强支柱产业。优化能源结构,提高资源利用效率,开工建设三门峡火电厂三期、华能2×30万千瓦热电联产等项目,着力打造全省重要的能源基地。加强有色金属的精深加工,开工建设义煤集团3亿千克高精度铝板带箔等项目,不断拉长产业链条。加快重化工基地建设,推进义煤1 000万立方米煤制气、盛源化工3亿千克醋酸等项目,不断提高煤化工产品附加值。加快推进林果加工业,抓好湖滨果汁6 000万千克功能饮料扩建等项目,促进农业增效、农民增收。不断壮大新兴优势产业。利用我市能源、原材料优势,加快装备制造业、汽车零部件产业发展,加快推进河南金马新型电频调速节能电机车等项目,开工建设三门峡迦南地科技100万套发动机节能环保装置等项目,使其成为调整产业结构的生力军。大力培育战略先导产业。以发展新能源、新材料、新技术为重点,新上一批生物、化工、医药、电子信息等高新技术产业项目,重点抓好鹏飞电子节能灯、地久矿业700万千克多晶硅一期等项目,打造高新技术产业链和特色产业群,培育新的经济增长点。加快发展现代服务业。突出抓好现代物流、文化、旅游、金融等产业发展,促进现代制造业与服务业的有机融合、互动发展。高度重视文化旅游业项目建设,开工建设虢国文化产业园、仰韶文化产业园,推进函谷关古文化旅游区开发等续扩建项目。加快现代商贸物流业项目建设,促进房地产业健康发展,抓好大中海商业文化广场等项目,努力打造豫晋陕黄河金三角重要商贸物流中心。

继续坚持企业服务年活动的好经验、好做法,全力以赴抓服务、解难题、促转型、保态势。加强经济运行调节。健全

经济运行预警机制，加强对煤、电、油、运、资金等主要生产要素和重点产业、重点企业的监测分析。建立经济运行协调机制，引导煤电铝等上下游企业合作联动。加强市场监管，保持物价基本平稳。加强扭亏增盈工作，不断提高企业效益。破解企业发展难题。全力实施省“企业服务行动计划”，继续完善落实骨干企业领导分包制度，及时帮助解决存在困难和问题。认真落实优惠政策，积极向上争取支持，全力帮助停产半停产企业恢复产能，千方百计提高企业开工率。积极开展产销对接活动，鼓励企业扩大出口规模，大力开拓国内外市场。推动节约集约发展。强化资金保障，扩大直接融资规模，大力吸引民间投资，加强对企业、项目的资金支持，缓解企业融资难问题。强化国土资源保障，坚持最严格的耕地保护制度和节约用地制度，大力推进土地综合整治，确保重点建设用地。实施节能攻坚计划，推进全民节能减排，推广节能技术和设备，加快淘汰落后产能，坚决取缔浪费资源、污染环境的“十五小”“新五小”等列入国家淘汰目录的企业。强化环境保护和生态建设，继续加强重点流域、重点区域、重点行业污染综合整治和饮用水水源地保护，推广清洁生产示范项目建设，大力发展节能环保产业。加快自主创新体系建设。认真实施省“自主创新体系建设工程”，加快构建企业为主体、市场为导向、产学研相结合的技术创新体系。加快自主创新平台建设，建成灵宝黄金股份科技研发中心。大力实施重大科技专项，突破一批事关经济社会发展全局的核心技术。实施质量兴市战略，鼓励企业加大研发力度，促使柠檬酸金钾等具有自主知识产权的项目加快进度、扩大规模，培育一批高新技术、创新型企业。注重人才在自主创新中的关键作用，培养、引进技术创新骨干和青年创新人才。推进科技体制机制创新，拓宽科技成果转化渠道。提升企业综合竞争力。突出产业转型升级、企业战略重组和培育壮大市场主体等重点，加快实施转型升级重点企业发展规划和项目。支持龙头骨干企业做大做强，鼓励中小企业主动参与上下游产业的纵向合作和横向联合，增强抵御市场风险的能力。

（三）强力推进“四区建设”。一是科学发展示范区（城市新区）建设。围绕建设优美宜居城市，科学调整城市总体规划，抓紧启动新区建设，以郑西高速铁路新三门峡站启用为带动，规划旅游休闲、高档住宅、现代商务、研发基地、高新技术产业等功能区，提高城市集约节约发展水平。以城乡统筹为抓手，创新管理体制，完善政策措施，引导产业和人口集聚，实现以产带城、以城促产，使新区成为城市建设的新亮点、产业发展的新高地和经济发展新的增长极。二是产业集聚区建设。按照“企业集中布局、产业集群发展、资源集约利用、功能集合构建”的要求，依托能源、铝工业、煤化工、高新技术等主导产业，加快全市7个省级产业集聚区建设，年内完成基础设施投资62.8亿元、工业项目投资280亿元，努力提高产业支撑和人口集聚能力。加快三门峡工业园基础设施建设，抓好创业中心、蓝领公寓等配套设施建设，健全公共服务体系，完善产业集聚区功能，提高园区承载能力和吸引力。引导新上工业项目向园区集中，争取一批高、精、尖的龙头项目落户园区。三是职业教育园区建设。大力实施职业教育攻坚计划，努力争取国家和省级职业教育项目。加快职教园区建设进度，积极筹措资金，协调各方力量，围绕建设全省具有竞争优势的高等职业教育基地，及早做好三门峡中专等学校的搬迁准备，确保园区6月底前开工建设。整合职教资源，重点建设1所特色鲜明、优势明显的省级示范性中等职业学校；加快省级示范性和标准化实训基地建设，改善办学条件，全面促进职业教育提档升级。四是新型农村住宅社区建设。最大限度地聚集、整合各类空间要素，高标准编制村镇规划，按期完成编制任务。坚持规划先行，示范带动，分期分类，压茬推进，上半年完成40个试点社区的建设任务。加强基础设施建设，强化服务体系建设。健全治理机制，有效改善农村面貌。

（四）抓好“六大载体”。一是大交通。加快“三纵四横”大交通网络建设，突出抓好运三高速三门峡黄河大桥及连接线、三淅高速公路、连霍高速改扩建、省道250线卢氏境水毁修复工程等重大交通项目建设，全力争取运（城）十（堰）铁路通过灵宝、卢氏，建设三门峡交通枢纽，形成人流、物流、信息流和资金流集散中心。二是大招商。改进和创新招商形式，主动参加各类大型招商活动，提高招商质量和效益。扎实开展好“千名干部挂职大招商”活动，突出承接产业转移、加强项目合作、搞好技术人才引进“三个重点”，提高招商引资活动的针对性，力争在引进重大合作项目上取得新突破。加强招商引资项目信息库建设，增强引进项目在经济社会发展中的支撑作用。建立健全重大项目协调机制，加强对已签约项目的跟踪落实，提高招商项目的履约率和开工率。三是大商贸。抓住“三纵四横”交通枢纽中心形成的机遇，加大城市商业网点街区建设，加快家乐福、丹尼斯、沃尔玛等大型连锁企业入驻步伐，建设一流大型商贸中心。以郑西高速铁路新三门峡站为依托，加快商业、物流、仓储配送等大型设施建设，培育壮大各类商贸物流市场。四是大旅游。认真实施旅游强市行动纲要，重点打造“一坝（中流砥柱）、一关、一泉、一山和两馆”等重点景区，加强精品景区建设，提升景区品位，提高旅游招徕力。加强与周边城市的合作，打造“黄河金三角旅游精品”线路，实现资源优势互补，增强旅游市场竞争力。拓宽办节思路，及早谋划办好第16届国际黄河旅游节暨投洽会，扩大对外影响力。五是大通关。加快中国河南出入境检验检疫局三门峡办事处、国家铝及铝制品质量监督检验中心建设，加快中国三门峡海关申报，强化大通关体系建设。积极扩大先进技术、装备、关键零部件和国内紧缺物资进口。抓好出口商品基地建设，做好戴卡轮毂出口基地的申报争取工作，加快汽车零部件基地建设，开拓国际高端市场，抢占豫晋陕黄河金三角地区对外开放制高点。六是大合作。进一步拓宽与中国贸促会合作领域，加强与中国黄金集团、中国铝业集团、中国大唐集团等央企的对接合作，加大与法国电力公司、杭州锦江集团、东方希望集团、河南煤化工集团等大型企业合作力度，重点瞄准世界500强以及国内500强、行业50强企业，全面提升合作水平。充分利用国家加快中部崛起的机遇，继续做好豫晋陕黄河金三角综合试验区协调推进工作。巩固政银企战略合作成果，强化与省工农中建四大银行签约资金的跟踪落实,完成年度目标170亿元以上。推进与省地矿局、省有色地矿局的战略合作,提高资源利用效率。加快与省移动公司的战略合作,促进工业化和信息化融合发展。落实与省电力公司的电网发展框架协议,加快推进500千伏三门峡东输变电项目,着力打造坚强智能三门峡电网。

四、统筹城乡协调发展,壮大县域经济实力

(一)继续抓好中心城市建设。继续推进"四城联创",巩固国家园林城市创建成果,争创国家卫生城市。坚持以紧凑型、复合型理念规划建设城市,加快城市总体规划和新区规划的修编,提高控制性详细规划覆盖面。加强城市规划监察执法力度,严厉打击城市违法占地、违法建设、私搭乱建等行为。加强城市基础设施建设,开通郑西高速铁路新三门峡站到三门峡火车站(汽车站)的迎宾一号公交专线,完善城市交通网络;抓好陕州大道等10条道路的改造和建设,提升道路通行水平。完善城市集中供热二期工程,做好西气东输二线天然气主管道和附属设施建设。稳步推进城中村和旧城改造工程,努力改善城市形象。完善、提升天鹅湖城市湿地公园和涧南公园建设水平,促进人与自然和谐相处。突出抓好城市精细化管理,提高城市基础设施运行效率。

(二)加快推进县域经济发展。大力发展县域经济,突出晋位争先,不断增强县域综合实力。义马、渑池要围绕培育壮大能源、煤化工和铝工业等主导产业,加快城区对接和经济一体化步伐,积极探索城市功能的优势互补,全面推进城区的实质性对接;陕县要以现代制造、农产品加工、高新技术产业为重点,拉长产业链条,加快培育重点骨干企业,做大做强经济支撑;灵宝市要依托现有产业基础,加快新型有色金属冶炼加工和新型果品生产加工两大基地建设,增强辐射带动能力;卢氏县要深入挖掘生态旅游资源,搞好基础设施建设,培育比较优势明显、特色鲜明的支柱产业。积极推进县(市)城区建设,强化产业支撑,引导要素集聚,把县(市)城区建成各具特色的区域性经济、文化中心。坚持走新型工业化、城镇化道路,加快副中心城市和小城镇建设,抓好310国道沿路城镇经济隆起带建设,着力提高小城镇综合承载能力。进一步放宽城镇户籍限制,提高城镇规划水平,解决好符合条件的农村转移人口在城镇的就业和落户问题,全方位提高城乡一体化水平。

(三)切实加强"三农"工作。进一步加大农业支持力度。全面落实各项强农惠农政策,增加对"三农"的投入。稳定实施粮食直补、良种补贴、生猪和奶牛补贴、农机具购置补贴等惠农补贴政策,做好家电下乡、汽车摩托车下乡、以旧换新等工作,刺激农民消费需求,繁荣农村市场。稳定和完善农村基本经营制度,积极探索土地流转模式,逐步建立"政府引导、市场调节、农民自愿、依法有偿"的土地流转机制,力争土地流转面积达到1.67万公顷。大力发展特色农业。稳定粮食生产。提高果品生产的质量和效益,确保苹果出口基地规模达到6.67万公顷,力争苹果、浓缩果汁出口均达到5 000万千克。巩固提高优质畜产品生产和加工两大基地,重点抓好50万头瘦肉型猪基地建设,推动传统畜牧业向现代畜牧业转变,实现畜牧业产值28亿元。大力发展用材林、经济林、种苗花卉和森林药材等林业产业,拉长产业链条。持续推进烟叶、蔬菜、食用菌、中药材、桑蚕等优势特色产业发展,重点抓好1.15万公顷优质烟叶、1.33万公顷特色蔬菜、8 000万袋无公害食用菌和渑池万亩玫瑰园基地建设,构建稳定的特色农业产业体系。加快农业"三化"进程。大力扶持壮大农业龙头企业,力争省级农业龙头企业达到18家。积极发展各类农民专业合作社,确保农民专业合作社达到230家,带动农户16万户以上。加大"三品一标"认证力度,严格落实无公害农产品市场准入制度,完善农、畜产品质量检测体系,不断提高农业标准化水平。突出抓好农业信息化服务,着力提升中国苹果网和苹果交易中心的服务水平,增强辐射带动功能,在毗邻城市建立"黄河金三角苹果电子交易网点"。加快农业科技服务体系建设,积极推广先进农业生产技术,加大农机新技术、新机具引进推广力度,农作物良种覆盖率达到95%以上,农业科技进步贡献率达到50%。继续改善农业生产和农民生活条件。统筹安排农业、水利等基础设施建设,加快山口水库复建等项目建设,继续加强农村水电路气建设,启动新一轮农村电网改造。大力开展农田水利基本建设,加强中低产田改造,新增有效灌溉面积2 000公顷。加快窄口水库等除险加固工程步伐,解决8万人的饮水安全问题。大力发展循环农业,新建农村户用沼气池2万户。扎实开展农业综合开发土地治理,完成治理项目1 000公顷,搬迁扶贫880户、3 762人。进一步改善城乡交通条件,建成县乡公路150千米。大力实施"阳光工程""雨露计划"和新型农民培训工程,加大培训力度,全年转移农村劳动力30万人次,实现劳务收入21亿元。

五、加快改革创新步伐,优化经济发展环境

(一)扎实推进各项改革。加快政府机构改革步伐,全面完成市、县政府机构改革任务。稳步推进事业单位聘任制和绩效工资改革。巩固国有企业改革成果,全面推进商贸、粮食等流通体制改革。毫不动摇地支持非公有制经济发展,保障非公有制企业公平的市场参与权,营造多种所有制经济公平竞争的市场环境。深化财税改革,主动适应中央积极财政政策和适度宽松货币政策。配合做好政策性银行、国有商业银行、邮政储蓄银行等金融机构改革,重点引进股份制商业银行,支持组建农村商业银行和村镇银行。加快医药卫生体制改革步伐,提高应对突发公共卫生事件能力。全面推进集体林权制度改革,基本完成集体林地明晰产权工作。稳步实施资源性价格和环保收费改革。适应政府职能转变和经济社会发展需要,加快县级供销社改革,积极推进文化、投资、收入分配、教育、科技等领域的改革。

(二)持续增强财政保障。大力培植财源。充分发挥财政职能作用,统筹运用资金、政策、服务等多种手段,不断加大对重点项目、重点企业和产业集聚区的支持力度,着力培植一批骨干财源,增强地方经济发展的保障能力。强化税收征管。细化财税征管责任,完善税源动态监控体系,加强重点税种、重点行业和重点企业的税收管理。进一步加强和规范非税收入管理,优化收入质量和结构,增加可支配财政收入。坚决打击各种偷税、漏税、骗税、逃税和破坏、干扰税收

征管秩序的行为，营造良好的税收征管环境。严格支出管理。牢固树立过“紧日子”思想，大力压缩经费开支，不断降低行政成本。进一步优化支出结构，有保有压，加大对“三农”、民生、自主创新、节能环保、技术改造等方面的支持力度，扩大政府采购范围和规模，严格控制一般性支出，把钱花在最需要的地方。

（三）不断优化经济发展环境。坚持诚实守信、有诺必践，创造良好投资环境。综合运用行政、法律、经济和舆论等手段，优化政策环境、法治环境、服务环境、人文环境和信用环境，着力建设优化环境的长效机制，打造“信用三门峡”。加强企业周边和重点项目建设环境治理，整顿和规范市场经济秩序，严厉查处“四乱”及各类违法犯罪行为，营造行为透明、办事高效、服务优良的宽松环境。大力整治教育、医疗乱收费，加大商业贿赂专项治理力度，坚决纠正损害群众利益的不正之风。

六、抓好民生稳定工作，全面促进社会和谐

（一）着力保障和改善民生。坚持把民生工作摆在更加突出的位置，在集中落实好省“十项民生工程”的基础上，继续办好市“十件实事”，下大力气解决好涉及群众利益的现实问题，让更多改革发展成果惠及广大群众。努力扩大社会就业。继续实行积极的就业政策，将就业扶持优惠政策再延长一年。充分发挥政府投资和重大项目带动就业的作用，提高中小企业、劳动密集型产业和服务业吸纳就业的能力。加强创业培训和辅导，通过全民创业带动就业，确保全年城镇新增就业4万人，实现下岗失业人员再就业1.3万人。做好退伍军人转岗安置工作，鼓励引导高校毕业生到基层就业。鼓励和支持劳动者自主创业和自谋职业，用好就业专项资金和失业保险基金，进一步开辟面向就业困难群体的公益性就业岗位，动态消除城镇“零就业家庭”。不断提高社会保障和住房保障水平。继续扩大企业养老、医疗、失业、工伤和生育保险覆盖面，努力解决各类关闭破产企业退休人员和困难企业职工医疗保障问题，实现工伤保险市级统筹。扎实做好新型农村社会养老保险试点工作，完善落实被征地农民补偿机制和社会保障制度。继续提高城乡低保标准，提高企业退休人员基本养老金和部分优抚对象待遇。扩大城镇居民医疗保险范围，参保人员达到30万人以上。进一步加强新型农村合作医疗工作，继续完善覆盖城乡的社会救助体系，加大对低收入群体的帮扶救助力度。加强保障性住房建设，新开工建设经济适用房1 810套；加大廉租房租赁补贴发放力度，探索城镇廉租房租售并举政策，有效遏制房价过快增长。加快工矿棚户区改造。建设廉租房2 210套、11.05万平方米。

（二）大力发展社会事业。优先发展教育事业，不断改善办学条件，下决心解决好城区大班额问题，促进城乡、区域教育均衡发展；积极整合教育资源，科学调整农村中小学布局，加快农村寄宿制学校建设，继续做好校舍安全工作；促进高等教育、职业教育、成人教育协调发展。加强卫生基础设施建设，提高基层卫生服务水平，完善医院管理评价体系建设，改善群众就医环境。开展“健康快车”活动，免费实施白内障康复手术1 000例。完善疾控体系建设，做好甲型H1N1流感、手足口病等重大传染病和地方病的预防控制工作。继续实施文化强市战略，大力发展文化产业。加快豫西文化长廊建设，新建或改建27个乡（镇）综合文化站。加强文化先进县创建工作，力争年底前再创建1个省级文化先进县（市）、10个以上文化先进乡或民间艺术之乡。加强文物保护利用，推进丝绸之路（三门峡段）申遗工作，保护和开发地坑院遗址群，力争仰韶村遗址、庙底沟遗址保护规划尽快通过国家文物局验收。加快广播电影电视基础设施建设，完成“村村通”广播电视扫尾工程。大力实施农村小康环保行动计划，创建2个环境优美小城镇和20个省级生态文明村。深入开展群众性体育活动，建设96处高标准农民健身场所。做好人口计生工作，综合治理出生人口性别比偏高问题，着力提高出生人口质量。

（三）全力维护社会稳定。深入推进社会管理创新，正确处理各类社会矛盾，健全调节利益关系的社会政策，形成依法有序表达诉求、及时有效解决问题的社会环境，保障群众合法权益。妥善处理土地征用、拆迁安置、环境污染等方面的矛盾和问题，积极预防和处置群体性事件和突发公共事件。加强信访源头治理，认真做好群众工作。深入开展平安创建活动，健全社会治安防控体系，依法规范和严厉打击各类违法犯罪活动，不断增强人民群众的安全感和满意度。深入开展整顿和规范市场秩序专项行动。加强食品药品安全监管，规范生产经营行为，加快县级食品药品检验所建设，提高食品药品安全保障水平。强化安全生产管理，落实企业主体责任，深入开展隐患排查治理活动，继续深化重点行业和领域的专项整治，抓好小煤矿复工复产工作，加强尾矿库治理监管，确保安全生产形势持续稳定好转。

（四）切实加强精神文明和民主法制建设。深入推进社会主义核心价值体系建设，大力弘扬以爱国主义为核心的民族精神和以改革创新为核心的时代精神，大力弘扬焦裕禄精神、红旗渠精神和愚公移山精神。继续开展以优美环境、优良秩序、优质服务和创建文明城市、文明社区、文明景区为主要内容的“三优三创”竞赛活动，着力提高市民文明素质和城市文明程度。开展清洁家园行动，加强农村精神文明建设。积极开展文明单位结对帮扶和城乡共建精神文明活动，深化文化科技卫生“三下乡”和“四进社区”活动，推动群众性精神文明创建活动蓬勃开展。推进社会文化环境净化工程，加强以互联网、音像制品为重点的文化市场管理，深化未成年人思想道德建设。加强社区建设，完善村民自治。加强法制宣传教育，积极开展法律援助。

同时，继续加强国防教育和国防后备力量建设，深入开展双拥共建活动，不断提高预备役部队、民兵和人民防空建设质量，营造和谐的军政、军民关系。支持工会、共青团、妇联等人民团体发挥桥梁纽带作用，密切联系群众，积极参与社会事务管理和公共服务。切实做好民族、宗教、外侨、对台、史志、气象、防震减灾等工作。全面完成江油援建任务。

七、扎实推进“两转两提”，加强政府自身建设

（一）继续转变政府职能。围绕服务型政府建设，进一步

减少和规范行政审批事项,切实简政放权,减少政府对微观经济的干预,激发和释放市场主体的活力。加强和规范行政服务中心建设,完善联审联批、绿色通道、全程代办、特事特办等便民措施。建设行政效能电子监察系统,实现对行政审批、行政征收、行政处罚等施政情况的实时监控、预警纠错和绩效考评,不断提高政府部门及其工作人员的服务意识和服务水平。加强应急队伍建设,完善应急管理体系,提升应急保障能力。

(二)全面推进依法行政。严格执行人大及其常委会的决议、决定,自觉接受人大及其常委会的法律监督和工作监督。自觉接受人民政协的民主监督。广泛听取各民主党派、工商联和无党派人士的意见和建议。坚持依法行政,理顺执法体制,强化执法责任,推进文明执法。加强行政复议工作。支持监察、审计等部门依法独立履行职责。依照有关法律的规定,接受司法机关的监督。重视发挥新闻舆论和社会公众的监督作用。加强政府信息公开,充分保障人民群众的知情权、参与权、表达权和监督权。完善行政问责制度,坚决防止行政不作为和乱作为。

(三)切实加强廉政建设。严格落实党风廉政建设责任制,围绕重点领域、重点工程和重点环节,完善惩治和预防腐败体系,强化权力运行制约和监督,依纪依法严肃查处权钱交易、失职渎职、侵害群众利益等案件。坚持厉行节约,制止铺张浪费,做到令行禁止、违者必究。各级领导干部和政府工作人员都要做到廉洁自律、公道正派,做遵纪守法的模范、廉洁奉公的表率。

(四)积极转变工作作风。继续坚持解放思想,扎实推进"两转两提",深入开展"做人民满意的公务员"活动和"机关作风效能评议"活动,切实提高政府公信力、贯彻力和执行力。坚持科学决策,增强前瞻性、系统性,力争政府工作少走弯路、少走错路。坚持深入实际、深入基层、深入群众,做到问政于民、问需于民、问计于民。严格控制各类检查、评比,从简、务实地举办节庆活动,腾出更多的精力谋大事、谋发展。发扬求真务实和艰苦奋斗精神,努力做出经得起实践、人民和历史检验的实绩。

各位代表,面对改革发展的新形势,面对全市人民的新期待,我们深感责任重大,使命光荣。让我们在省委、省政府和市委的正确领导下,团结拼搏,乘势而上,为促进经济社会平稳较快发展、跻身中原崛起第一梯队而努力奋斗!

·编辑　张怡杰·

5月18日,第15届三门峡国际黄河旅游节暨投资贸易洽谈会开幕式文艺演出

专

记

3 月 23 日，三门峡市深入学习实践科学发展观活动动员大会

庆祝中华人民共和国成立60周年活动

【概况】 2009年是中华人民共和国成立60周年，也是全国人民应对国际经济形势变化、保持经济平稳较快发展的重要一年。面对新形势、新任务，为进一步激发广大人民的爱国热情，振奋民族精神，凝聚人民力量，增强战胜困难的信心和决心，同心同德推动经济社会又好又快发展，奋力开创改革开放和社会主义现代化建设新局面，根据中共河南省委要求，中共三门峡市委、三门峡市人民政府于3月下发了《关于认真搞好庆祝中华人民共和国成立60周年活动的实施意见》。意见要求：通过组织开展丰富多彩的庆祝活动，充分展示新中国成立以来三门峡市取得的伟大成就，唱响共产党好，社会主义好，改革开放好，伟大祖国好的时代主旋律，激励广大人民群众坚定不移地在党的正确领导下，以更大的热情积极投身改革开放和社会主义现代化建设。为建设开放魅力富裕和谐三门峡，跻身中原崛起第一梯队而努力奋斗。

根据中共三门峡市委、三门峡市人民政府《关于认真搞好庆祝中华人民共和国成立60周年活动的实施意见》，全市上下精心组织，科学安排，开展了一系列庆祝活动。组织收听收看了庆祝大会、阅兵仪式和群众游行实况，举行了迎国庆大型焰火晚会，举办了新中国成立60年来三门峡经济社会发展成就展、书画摄影展等和文艺汇演、理论研讨、群众性体育活动等。《三门峡日报》以庆祝新中国成立60周年为主题，精心策划推出一系列专栏、特稿、特刊等。形式多样的庆祝活动和宣传报道，使全市人民沿着新中国成立60年的历史轨迹走向经济大发展的新时代，回顾过去展望未来，更加激发了爱国热情和昂扬斗志。　（编辑部）

【全面启动新中国成立60周年歌曲创作评选活动】 3月13日，三门峡市音乐家协会歌曲创作座谈会暨采风活动在灵宝市举行。全市的音乐名家聚集一堂，共同探讨歌曲创作的经验技巧，全面启动新中国成立60周年歌曲创作评选活动，编印庆祝新中国成立60周年《三门峡颂歌》创作歌曲集活动，并为征集三门峡市市歌的创作进行前期采风。座谈会上，各县(市)区的音协主席及音乐名家20余人欢聚一堂，共同探讨音乐创作的经验技巧和发展。座谈会还全面启动新中国成立60周年歌曲创作评选活动、编印庆祝新中国成立60周年《三门峡颂歌》创作歌曲集活动，并为全面征集三门峡市市歌活动做前期准备。活动要求，三门峡的作者创作的歌曲，要以新中国成立60周年或改革开放30周年为大背景，创作原创歌曲。歌曲必须旋律流畅，易于传唱，并能体现鲜明的时代特征、豫西地域特色。可以不限体裁形式，但内涵要丰富，创意要新颖。旨在以优美的、原汁原味的原创歌曲，讴歌三门峡所取得的辉煌成就和三门峡人工作、生活日新月异的变化，要具备劳动情怀、风土人情，体现三门峡人的精神风貌。　（编辑部）

【新中国成立60周年暨全民健身节乒乓球赛开赛】 4月24日，三门峡市庆祝新中国成立60周年暨全民健身节“洋河蓝色经典天之蓝杯”乒乓球赛在三门峡体育馆开赛。比赛共有28支代表队组队参赛。比赛分县级以上干部男、女组和成年男、女组。县级以上干部设男、女单打竞赛项目(可兼报团体)，成年组设男女团体、男女单打竞赛项目。比赛第一阶段进行分组循环赛，第二阶段进行淘汰附加赛。此次比赛是全市各行各业一次同场竞技、交流感情、增进友谊的盛会，也是三门峡市乒乓球比赛史上参赛队伍和参赛选手最多的一次比赛。举办此次比赛，目的是进一步动员全市广大干部职工投身到全民健身活动中，以健康的体魄、良好的精神风貌去努力开展工作，为全市各项工作特别是项目建设年活动提供强大的精神动力。　（编辑部）

【“魅力三门峡行”大型旅游摄影活动暨展览启动】 5月17日，三门峡市举行新中国成立60周年“魅力三门峡行”大型旅游摄影活动暨展览启动仪式。市人大常委会副主任邹援朝，副市长赵艳，市政协副主席王铁创、卢群召，市长助理张万斌等出席启动仪式。参加启动仪式的嘉宾有：中国新闻摄影学会常务副主席兼秘书长胡颖、中国摄影家协会副主席李伟坤、台湾“中华摄影艺术交流学会”理事长钟永和、中国新闻摄影学会副主席霍伟、河南省摄影家协会主席于德水以及来自港、澳、台及内地的33位摄影家等。此次摄影活动由市旅游局主办，中国图书出版社有限公司、台湾“中华摄影艺术交流学会”协办。拍摄时间为2009年4月至2010年4月，共分5个拍摄阶段，将在北京、台湾两地举办摄影展。　（编辑部）

市领导和各界人士参观三门峡市庆祝新中国成立60周年图片展

【举办纪念新中国成立60周年优秀理论文章征集活动】 为纪念新中国成立60周年，全面回顾总结新中国成立以来的光辉历程、伟大成就和成功经验,进一步激发全市人民坚持改革开放、坚定走中国特色社会主义道路的决心和信心,凝聚人心,激发社科界的爱国热情。社科联与市委宣传部、市委党史社办联合举办了“三门峡社科理论界纪念新中国成立60周年征集活动”。此活动5月启动9月结束,收到社科理论界文章27篇。经专家团评比,谢东方《关于建设现代化文化的战略思考》、胡振清《从新民主主义到中国特色社会主义》获一等奖,董忠民《中国共产党在三门峡执政60年的经验》等5篇获二等奖,赵轶榜《科学发展观为检察工作创新发展指南》等8篇文章获三等奖。推荐5篇文章参加省委宣传部评选,谢东方文章获省一等奖。 (张桂珠)

【市委党史方志办开展庆祝新中国成立60周年系列活动】 5月,市委党史方志办与市委宣传部、市社科联联合发文,向全市征集庆祝新中国成立60周年理论文章,共征集论文20余篇。6月,根据中央、省委的部署和有关文件精神,与市委宣传部、市委组织部、市委统战部等10部门联合发文,对全市评选“为新中国成立作出突出贡献的英雄模范人物”和“新中国成立以来感动中国人物”活动进行部署,并参加活动组织领导工作。三门峡市推荐的周凯东、曹靖华、王舟平入选河南省评选的“60位为新中国成立作出突出贡献的英雄模范人物”。6月,完成省委党史研究室下达的《执政中原60年三门峡篇》、《“黄河明珠”的崛起之路——三门峡60年发展历程和经验》的撰写任务,文章入选全省理论研讨会并于10月1日在《三门峡日报》全文刊登。7月至11月,与三门峡日报社联合在《三门峡日报》《西部晨风》推出“解放三门峡”“峙函英烈”专栏,共刊出三门峡各县(市)解放史系列报道27篇、英模人物事迹简介18篇,在全市引起广泛关注和良好反响。9月22日,由市委党史方志办主要承担的“与共和国同行——三门峡市庆祝新中国成立60周年图片展”在三门峡博物馆开展,市委书记李文慧为成就展题写展名并出席开展仪式。展览展出100个版面、50幅示意图、300余幅照片,充分展现了祖国60年的辉煌成就和三门峡市经济社会发展的丰硕成果。展出期间,全市各界3万余人参观了展览。 (韩 霞)

【以庆祝新中国成立60周年为主题,《三门峡日报》精心策划推出一系列专栏、特稿、特刊】 为庆祝新中国成立60周年,展现峙函大地的沧桑巨变,《三门峡日报》精心策划推出了一系列栏目,先后在各版开设“庆祝新中国成立60周年——建设和谐靓丽三门峡”“向新中国成立60周年献礼——聚焦乡镇亮点”“辉煌60周年,峙函换新颜”“那年国庆”“巨变60年——百姓记忆”等专栏,对各县(市)、区和全市60年来的巨大变化,进行了多角度、多侧面的集中报道。8月4日起,《三门峡日报》特别刊登由中央主要新闻媒体和各省、市新闻媒体联合推出的大型系列专栏“新中国档案”,选取新中国成立以来具有标志性的重大事件、重要会议、重要活动、重大工程等进行报道,展示中国革命、建设、改革辉煌历程和全国各族人民创造的伟大业绩。7月31日起,三门峡日报社与市委党史方志办合作组织记者深入实地采访推出大型系列报道——“纪念新中国成立60周年——解放三门峡”,该系列报道分“解放三门峡之战役篇”“剿匪篇”“英烈篇”“功臣篇”“解放三门峡之开国将领篇”等章目,分别讲述解放战争中三门峡各地解放的战斗历程,追忆为解放三门峡作出贡献的英雄人物,激励三门峡人民继承先辈遗志,努力推动全市经济社会又好又快发展。该系列报道推出之后,引起各界强烈反响。应读者要求,《三门峡日报》特地推出报道回音,形成了报纸舆论宣传的新高潮。7月17日起,三门峡日报社与市委党史方志办合作推出“峙函英烈”专栏,宣传了近20位三门峡革命先烈的英雄事迹。《三门峡日报》还精心制作发行了“国庆特刊”,刊发全国各地喜迎佳节庆典的各类动态报道,其中,三版整版刊登了由市委党史方志办撰写的题为《“黄河明珠”的崛起之路——三门峡沧桑巨变60年》特约长篇通讯,让三门峡60年来的巨变栩栩如生地进入读者的视野。同时,还加印了一张“喜迎新中国60华诞特刊”,各版刊登了本报记者精心采写的重要稿件,及新华社发来的“各地群众喜迎国庆祝福祖国”的消息。

【《辉煌60年 直播河南·三门峡篇》成功播出】 9月11日上午,《辉煌60年 直播河南·三门峡篇》在河南电视台新闻演播厅成功直播。应三门峡市的邀请,全国人大外事委员会副主任委员、新华社原总编辑、原籍三门峡灵宝的南振中先生作为嘉宾走进演播厅,在50多分钟的直播时间里,南振中先生通过自己的切身感受,畅谈了60年来三门峡市发生的变化,穿插播出的《黄河明珠三门峡》《魅力三门峡》《平安和谐家园三门峡》《富饶的三门峡》《崛起的三门峡》5个短片,展示了新中国成立以来三门峡市经济社会发展取得显著成就。节目最后,市委书记李文慧接受了河南电视台记者的采访,展望了三门峡美好的明天。近一个小时的直播节目集中展示了三门峡市的历史文化、城市形象、现代文明,反映了新中国成立60年来三门峡市的发展变化,通过河南电视台卫星频道这一平台向全国人民和全世界展示了黄河明珠三门峡开放、魅力、富裕、和谐的新形象,引起了社会各界的广泛关注和好评,收到了良好的宣传效果。 (吴全乐)

【市直机关歌咏大赛决赛举行】 9月15日晚,三门峡市市直机关庆祝新中国成立60周年歌咏大赛决赛在崤山礼堂举行。市领导李文慧、杨树平、王建勋、郭秀荣、李建顺、李立江、申黎明、赵中生、等观看了比赛。市直机关庆祝新中国成立60周年歌咏大赛由市委宣传部、市直工委主办,中国移动三门峡分公司、三门峡电视台协办,共有41个单位组织系统及行业内的各种比赛和唱红歌活动。最终,有12支代表队脱颖而出,参加决赛。经过激烈角逐,黄河明珠集团、市中级人民法院、市纪委监察局、市建委、市环保局、市烟草专卖局6支代表队获得金奖,市公安局等6支代表队获得银奖,中国移动三门峡分公司等4个单位获组织奖。市委副书记、市长杨树平和市政协主席郭秀荣为获奖代表队颁奖。在决赛前和颁奖前,现场全体人员合唱了国歌和《歌唱祖国》。 (吴全乐)

【举办“与共和国同行——庆祝新中国成立60周年成就展”】 9月22日,“与共和国同行——庆祝新中国成立60周年成就展”在三门峡博物馆隆重开幕。此次展览由中共三门峡市委、市人民政府主办，市委宣传部、市文明办、市直工委、市委党史方志办、市发改委、市统计局、市文化局联合承办。旨在展示60年来三门峡走过的光辉历程，展示全市各个行业、各条战线取得的辉煌成就，弘扬全市人民艰苦奋斗、奋发向上的进取精神，激励和鼓舞广大干部群众进一步解放思想，团结奋进，加快建设开放魅力富裕和谐三门峡，推进经济社会发展实现新跨越。展览分为中华人民共和国部分和三门峡部分，共有100个版面，展出示意图50幅、照片300余幅。市委各班子领导出席开展式，市委书记李文慧为展览题写展名并宣布展览开幕。“与共和国同行——庆祝新中国成立60周年成就展”开展后，市直各单位、驻地部队、大中专院校和企业等不断组织本单位人员前往参观，广大干部群众深切感受到新中国的伟大，领略到三门峡60年的巨大变化，受到了一次深刻的爱国主义教育。　（编辑部）

【“国庆杯”全国楹联大奖赛成功举办】　9月23日，由市委宣传部、市文联、市楹联学会联合举办的“国庆杯”全国楹联大奖赛落下帷幕，来自湖北广水的阙东明、湖南岳阳的阮乐获得一等奖。戴绍湘、李成炳、黄建军等63位作者喜获二等奖、三等奖及优秀奖。此次大赛受到市委、市政府的高度重视，市党政主要领导亲自过问，市委常委、宣传部部长李立江担任大赛组委会主任，并将大赛列入三门峡市庆祝新中国成立60周年系列活动之一。　（吴全乐）

【开展全国“双百”人物、全省“双60”人物推荐评选活动】　为深切缅怀为新中国成立作出突出贡献的英雄模范人物，热情讴歌新中国成立60年来涌现出来的先进典型，推动爱国主义教育活动广泛深入开展，5月，中央有关部门组织开展“100位为新中国成立作出突出贡献的英雄模范人物”和“100位新中国成立以来感动中国人物”评选活动，省委有关部门部署开展河南“双60”人物评选活动。6月3日，市委宣传部、市委组织部、市委统战部、市委党史方志办、市民政局、市人事局、市劳动和社会保障局、市总工会、团市委、市妇联、三门峡军分区统治部联合下发《关于“100位为新中国成立作出突出贡献的英雄模范人物”和“100位新中国成立以来感动中国人物”推荐评选工作实施意见》，对全市群众性推荐、评选、投票工作进行部署。市委党史方志办、市委宣传部分别负责群众提名的“为新中国成立作出突出贡献的英雄模范人物”和“新中国成立以来感动中国人物”的汇总审核工作。7月，完成推荐人候选名单上报。9月26日，全省“双60”人物评选活动揭晓，三门峡市共有5人入选，其中王舟平、周凯东、曹靖华入选“60位为新中国成立作出突出贡献的英雄模范人物”，白洁、徐洪刚入选“60位为新中国成立以来感动中原人物”。　（吴全乐　韩　霞）

【举行迎国庆文明单位文艺展演】　9月28日，由市文明办主办，市水利局、市文联和三门峡电视台协办的新中国成立60周年文明单位文艺展演总决赛在三门峡电视台演播大厅举行，各参赛文明单位的演员用深情的歌声、优美的舞姿、诙谐的小品向共和国60华诞献礼。市委副书记王建勋，市委常委、宣传部部长李立江，市人大常委会副主任马仰峡，副市长周志远，市政协副主席陈雪平和市总工会主席孙宗会等与现场观众共同观看了演出。为庆祝新中国成立60周年，展示三门峡市各级文明单位的精神风貌和精神文明创建的丰硕成果，市文明办自7月开始在全市开展迎国庆文明单位文艺展演活动。全市共有189个市级以上文明单位参加活动。经过几个月的紧张排练和层层筛选，于9月14日至16日先后在市区黄河广场、世纪经典广场组织了5个场次的预赛，最终确定了14个节目参加总决赛。晚会在大型歌伴舞《祖国你好》欢腾的音乐和优美的舞姿中拉开帷幕。男生独唱《桃花依旧笑春风》高亢洪亮的嗓音博得了观众的赞许；对口快板《中国好人颂》歌颂了全国道德模范的感人事迹，让现场观众受到了一次心灵的洗礼；小品《钟点工》展示了下岗职工不等不靠、自强不息的精神风貌；音乐剧《时代变迁》展现了新中国成立60年来日新月异的巨大变化；舞蹈《洗》具有浓厚的生活气息和藏族歌舞艺术的特色；戏曲小品《柔情汉子》向大家讲述了荣登8月份“中国好人榜”的义煤集团跃进煤矿职工沈改林的感人事迹。晚会在《爱我中华》气势恢宏的歌舞中落下帷幕。文艺展演活动在三门峡电视台连续播放，营造了浓厚的节日文化氛围，起到了积极的教育宣传效果。

（编辑部）

【大型音乐舞蹈史诗《中国红》文艺演出举行】　9月29日晚，由市委、市政府举办，市委组织部、市委宣传部、市委老干部局和市文化局主办的大型音乐舞蹈史诗《中国红》文艺演出在三门峡体育馆举行。市领导李文慧、杨树平、赵继祥、郭秀荣、李建顺、李立江、申黎明、郭绍伟、赵中生、赵予辉、张高登、马仰峡、周志远、王铁创、孙继伟、张景林、卢群召、肖群兰及部分离退休老干部、全市道德模范、“感动三门峡人物”代表等与各界群众3 000余人观看演出。演出由《黎明前的黑暗》《战旗·英雄为你添光彩》《一轮红日照东方》《改革潮涌神州地》《和谐大家园》《盛世中国》6个部分组成。　（编辑部）

【60周年书画摄影展开展】　9月29日，三门峡市庆祝新中国成立60周年书画摄影展在市群众艺术馆开展。书画摄影展由市委宣传部、市文联和市文化局共同举办，共展出书画摄影作品120余幅。参展作品是由近几年来活跃在省、市书画摄影界的骨干作者精心创作的，从不同的侧面艺术地表达了创作者对中国共产党的崇敬和对祖国的热爱之情，集中展示了新中国成立以来尤其是改革开放以来三门峡市经济社会发展取得的辉煌成就，同时也反映了三门峡市书画摄影创作队伍的精神风貌和艺术成就。展览内容丰富、形式多样，既具有传统艺术风格，又有时代创新元素。　（编辑部）

【三门峡市庆祝中华人民共和国成立60周年文艺活动效果显著】　按照市委关于开展庆祝中华人民共和国成立60周年系列文艺活动的要求，市委宣传部认真制定活动方案，精心策划活动内容，统筹安排活动单位，不断创新活动载体，全方位、多层次、高频率地扎实开展了庆祝新中国成立60周年系列文艺活动，使全市人民受到了一次深刻的爱国主义教育，在全市营造了浓厚、热烈、喜庆、祥和的节日氛围。国庆期间，市委宣传部先后组织开展大型文艺活动238场，其中，在市直组织大型文艺活动49场，在县（市）区组织大型文艺活动189场，依托市、县、乡、村各级文体中心、文化广场、文化大院等宣传阵地，群众自发组织的文艺演出、红歌演唱、演讲比赛、体育赛事等活动达2 350场次，参与群众达160万人次。 （吴全乐）

【卢氏县庆祝新中国成立60周年活动精彩纷呈】 卢氏县按照隆重、热烈、节俭的原则，在国庆节前夕精心组织开展了一系列各具特色、生动活泼的群众性文艺活动，为庆祝新中国成立60周年营造了热烈喜庆、欢乐祥和的节日气氛。卢氏电视台、卢氏人民广播电台在重要位置、重要栏目开设了"新中国成立60周年巡礼"专栏，集中展示了新中国成立60年来卢氏县各行各业取得的辉煌成就。县委宣传部组织编印了《走近卢氏》大型文集和《魅力卢氏》大型画册，用文字和图片直观形象地反映了新中国成立60年来全县经济建设和社会发展的轨迹；组织新闻工作者深入一线开展宣传报道，在国庆节前后集中在媒体刊发；组织举办了"重走红军长征路"和老年人畅谈巨变座谈会等主题教育活动，进行爱国主义主题教育；组织了"同在一方热土，共建美好家园"演讲比赛，充分展示了新时期卢氏人民的新形象，全县33个单位的党员参加了演讲比赛；该县文明办等单位联合组织开展了城乡综合环境整治行动，加大综合整治力度，营造了良好的节日氛围。

（余照龙）

开展深入学习实践科学发展观活动

【概况】 为认真贯彻党的十七大、十七届三中全会和胡锦涛总书记在十七届中央纪委三次全会上的重要讲话精神，按照全党深入学习实践科学发展观活动动员大会部署和中央《关于在全党开展深入学习实践科学发展观活动的意见》及省委《关于在全省党员中开展深入学习实践科学发展观活动的实施意见》的要求，市委、市政府决定，从3月下旬开始，用1年左右时间，在全市党员中分2批开展深入学习实践科学发展观活动（以下简称"学习实践活动"）。当月，成立了由市委书记任组长，市长为第一副组长的实践活动领导小组，同时组建活动办公室，分5个工作组具体负责活动办的日常工作，抽调24名县级干部和48名科级干部组成18个指导检查组，具体指导各参与单位的学习实践活动，并制定了实施意见。意见指出：开展学习实践活动，是用马克思主义中国化最新成果武装头脑的需要；是继续解放思想、推进改革开放的需要；是切实加强领导干部党性修养、树立和弘扬良好作风的需要；是落实保增长、保民生、保稳定，扎实推进"项目建设年"各项工作的需要；是建设开放魅力富裕和谐三门峡、跻身中原崛起第一梯队的需要；是以改革创新精神全面推进党的建设新的伟大工程的需要。

开展学习实践活动的指导思想是：全面贯彻党的十七大、十七届三中全会和胡锦涛总书记在十七届中央纪委三次全会上的重要讲话精神，高举中国特色社会主义伟大旗帜，以邓小平理论和"三个代表"重要思想为指导，组织广大党员特别是各级领导班子和党员领导干部深入学习实践科学发展观，围绕党员干部受教育、科学发展上水平、人民群众得实惠，进一步解放思想、改革创新，切实增强贯彻落实科学发展观的自觉性和坚定性。把握"科学发展促'三保'，奋力实现新跨越"这一主题，着力转变不适应不符合科学发展观要求的思想观念，着力解决影响和制约科学发展的突出问题以及党员干部党性党风党纪方面群众反映强烈的问题，着力构建有利于科学发展的体制机制，把全社会的发展积极性进一步引导到科学发展上来，把科学发展观贯彻落实到全市经济社会发展的各个方面，为实现建设开放魅力富裕和谐三门峡、跻身中原崛起第一梯队的共同奋斗目标提供坚强保证。

全市学习实践活动围绕"科学发展促'三保'，奋力实现新跨越"这一主题，与"讲党性修养、树良好作风、促科学发展"活动紧密结合起来，自上而下展开。第1批：从3月下旬开始，8月底基本完成。包括：市县（市、区）党政机关；市县（市、区）人大、政协机关，人民法院、人民检察院和人民团体机关；部分省属驻三门峡企业；高等院校；市县（市、区）直属企事业单位和活动试点单位，共有128个单位，1 212个基层党组织，39 856名党员。第2批：9月开始，2010年2月底基本完成。包括：乡（镇）、街道；村、社区；中小学校；部分企业、社会团体、社会中介组织等，共有2 074个单位，2 443个基层组织，67 558名党员。

实践活动分3个阶段进行：第1阶段：学习调研。坚持以"大调研、大解放、大建设"为载体，深入开展学习调研。第2阶段：分析检查。坚持以"树正气、树形象、树榜样"为载体，深刻进行分析检查。第3阶段：整改落实。坚持以"促开放、促增长、促和谐"为载体，深入抓好整改落实。

在各阶段领导高度重视，明确各地各单位党委（党组）主要负责人为活动的第一责任人，分管领导为直接责任人，实行社会监督，多措并举，抓好学习培训。开展了"万人问卷调查""我为三门峡科学发展建一言献一策"等活动，使全市党员对科学发展观的认识不断提高，作风明显改变，体制机制有序创新。一些突出问题得到解决，使"党员干部受教育，科学发展上水平，人民群众得实惠"的要求落到实处。

【学习实践活动动员大会召开】 3月23日，学习实践活动动员大会召开，市委书记李文慧作动员报告。市级党员领导干部，市委学习实践活动领导小组全体成员，各县（市）区党委书记、组织部长，市直各单位副县级以上党员领导干部，市委学习实践活动指导检查组组长、副组长，各试点单位党组织负责人共800多人参加了会议。至3月26日，全市各参学单位全部召开动员会，学习实践活动全面铺开。

【多措并举抓好学习培训】 各级党组织把搞好学习培训放在突出位置，下大力气抓实抓好。主要采取了领导带头学：各级党员领导干部带头在本地本单位及联系点作专题辅导报告，引导和带动广大党员干部深入理解与把握科学发展观的基本要求、精神实质和深刻内涵。市委书记李文慧，市委副书记、市长杨树平率先垂范，先后作了4场专题辅导报告。专家辅导学:坚持实施“请进来”战略,邀请知名专家学者对科学发展观科学理论进行深度解读,使全市党员干部开阔了视野,深化了认识。邀请王梦奎、李朴民、张荣臣、贾寿禄等著名专家举办了6次高规格、高层次的专题讲座。全市各级党组织累计邀请专家学者举办各类讲座633场次。理论宣讲学:从市委党校、市委讲师团抽调精干力量,组建了市委学习实践活动理论宣讲团,赴各地各单位开展集中宣讲,确保广大党员干部更加系统全面、深入具体地领会和把握科学发展观的精神实质。全市共组织宣讲80次,现场听众达1万余人。拓展内容学:在认真学好中央规定的“三本书”和“两本书”的基础上,印制了中央政治局常委联系点学习实践活动《调研讲话》《调研报告》和《载体汇编》,编印了由市委书记李文慧亲自作序的《深入学习实践科学发展观活动学习资料汇编》上下2册,有力指导了全市广大党员干部的学习。竞赛激励学:组织开展了学习实践科学发展观论文征集评选工作。共收集论文114篇,评选出市级优秀论文35篇,向获奖单位和个人颁发了证书。举办了全市学习实践科学发展观活动报纸知识竞赛和电视知识竞赛,精心拟定了涉及中央精神、活动知识、基本市情等内容的200道试题,专版刊登在《三门峡日报》上,组织全部参学单位共同参加,通过统一评卷,产生了个人奖100名;同时,严格挑选了22个代表队参加了电视知识竞赛,通过初赛、复赛和决赛,产生了一、二、三等奖共6个。

【开展“我为三门峡科学发展建一言献一策”活动】 为积极引导广大党员干部围绕群众反映的热点、难点、重点问题积极建言献策,重点征求在破解“十大难题”中需要采取的新措施、新办法、新思路、新对策,以及需要建立的新制度、新机制。在全市党员中开展了“我为三门峡市科学发展建言献策”活动,共征集到建议对策9个方面、45项、8 539条次。市活动办公室组织有关领导、专家组成评审委员会,对收集到的建议对策层层筛选,评出了组织奖10名、个人奖10名。对于质量较高、参考价值较大,特别是进入市委、市政府视野、纳入决策参考的锦言良策,汇集成册并对建言献策者给予特别奖励。

【开展“万人问卷大调查”】 市学习活动办公室精心设计了20个涉及全市科学发展的具体问题,采取灵活多样的形式,在全市开展“万人问卷大调查”,深入调查全市广大党员干部群众对开展学习实践活动的意见建议。通过各级学习实践活动办公室和指导检查组向6个县(市)区、开发区、工业园和市直各单位副科级以上干部,部分老干部、“两代表一委员”、先进模范人物、基层干部和群众代表共发放调查问卷10 484份。同时,通过报纸、网络把调查问卷内容向社会公布,在全市迅速掀起了征求意见的热潮。在这一活动中,共收回调查问卷10 310份,回收率98.43%,共征集到了各类意见建议10个方面65项16 067条次。

【推广领导班子分析检查报告“四四工作法”】 四四工作法是:突出四个一。建立一个领导机制,即党组织主要负责人亲自抓分析检查报告起草工作;围绕一个报告主题,即紧紧围绕“科学发展促‘三保’,奋力实现新跨越”这一全市主题,结合本地本单位实际,确定出各有特色的主题;召开一次专题会议,即召开一次专门研究部署分析检查报告形成工作的专题班子会;组建一个起草班子,即抽调精干力量具体负责分析检查报告的起草工作。坚持四查找。各参学单位在查找影响和制约科学发展的突出问题时坚持做到“四多四少”。即多找隐性问题、少找显性问题,多找实质问题、少找表象问题,多找主观问题、少找客观问题,多找现实问题、少找空洞问题;同时注重吸收学习心得、调研成果、群众意见和专家建议,做到调查研究和征求意见范围不广不通过、查找突出问题不准不通过、科学发展思路不清不通过、科学发展举措不实不通过。做到四修改。各级党组(党委)组织召开座谈会,邀请部分党员干部、老干部、“两代表一委员”、专家学者和群众代表等讨论修改;组织召开本地本单位学习实践活动领导小组会议,听取小组成员研讨修改;组织召开专题党组(党委)会,由党员领导干部结合各自工作审核修改;在形成分析检查报告工作中全程接受指导检查组指导,并及时送交指导组审阅把关修改。严把四道关。一是严把领导关,做到“三个亲自”,即党组(党委)主要负责人亲自拟定提纲、亲自征求意见、亲自修改完善。二是严把内容关,做到“三个突出”,即突出贯彻落实科学发展观的成效,突出查找存在问题及分析主客观原因,突出以后的总体思路和推动科学发展的具体措施。三是严把评议关,做到“三上三下”,即下去进一步征求意见,带着意见上来撰写初稿;下去组织党员初评,带着建议上来进一步修改;下去组织群众评议,带着评议意见上来进一步完善。四是严把质量关,做到“五易其稿”,即经过初稿、讨论稿、征求意见稿、待定稿和公示稿,逐步完善分析检查报告。

【强化宣传 营造氛围】 在学习活动中坚持把宣传活动开展情况和宣传全市党员干部的精神风貌放在突出位置,努力提升宣传的质量和层次,积极拓展宣传的渠道和空间,营造了良好的活动声势和氛围,扩大了活动的舆论影响,展示了三门峡市广大党员干部的良好精神风貌和崭新的形象。学习活动开始后,从全市各家媒体抽调6名业务骨干充实到活动办,切实壮大活动宣传队伍的力量。对宣传工作明确了职责、制定了目标、量化了任务、落实了责任。建立了系列评论制度,活动中共刊发社论和评论9篇。开设了活动专栏,大力宣传报道活动动态、典型做法、先进事迹、理论成果等,营造出了浓厚的活动氛围。共在《三门峡日报》发稿203篇、在三门峡电视台发稿163篇、在三门峡广播电台发稿193篇。同时,还下发活动简报88期,上报活动专报72期。形成了活动开展一步、宣传跟进一步、舆论监督加强一步的良好工作格局。围绕宣传全市改革发展稳定新形势,在中央媒体发稿17篇,计新华社3篇、《人民日报》2篇、《光明日报》2篇、《经济日报》1篇、《法制日报》1篇、《中国环境报》1篇、《中国产经新闻》1篇、中央电视台1篇、中央人民广播电台5篇。围绕宣传全市经济社会又好又快发展新成效,在省级媒体发稿66篇,计《河南日报》23篇、《党的生活》6篇、《河南法制报》2篇、《河南通信报》1篇、河南电视台26篇、河南广播电台8篇。围绕宣传全市开展活动新举措,在《中央深入学习实践科学发展观活动简报》发专期1篇，在《河南省深入学习实践科学发展观活动简报》发稿49篇。同时，三门峡市被确定为第2批学习实践活动重点宣传地市，市委书记李文慧、市长杨树平应邀分别接受了河南电视台和河南人民广播电台的专访。同时，积极拓展宣传新渠道，通过现代网络媒体，全方位、多角度宣传开展活动的整体情况。在人民网、中国共产党新闻网、新华网、大河网等主流网络媒体发稿433篇，特别是在中央深入学习实践科学发展观活动官方网站发稿115篇，数量占全省发稿量的一半以上，稳居全省第1位。创建了三门峡市学习实践活动博客，通过加强交流，共同提高，为广大党员干部了解活动政策、掌握工作动态提供便捷服务。

【工作作风明显转变】 在学习实践活动中，通过扎实开展"讲党性修养、树良好作风、促科学发展"和大力学习弘扬焦裕禄精神活动，广大党员干部纷纷表示，要做新形势下焦裕禄式的好党员、好干部，工作作风有了新的明显转变。渑池县刘少奇旧居被省纪委、省委组织部命名为"全省党员干部党性党风党纪教育基地"，为进一步加强广大党员干部的党性修养开辟了一个新的阵地。陕县紧密结合"转变作风年"活动，在全县推行领导在一线指挥、干部在一线工作、问题在一线解决、成效在一线体现的"一线工作法"，干部工作作风明显转变。市行政服务中心在全面调查摸底基础上，形成了规范收费项目的意见。在学习实践活动中，各窗口承诺实现率为100%，没有发生群众投诉事件。

【体制机制有序创新】 各地各单位站在促进全市经济社会又好又快发展的高度，坚持统筹兼顾，坚持科学制定，着力建立完善保障和服务科学发展的体制机制，着力建立和完善实现科学发展的具体政策，着力建立和完善有关规章制度，着力解决一些在思想作风、观念形成、体制机制、发展方式等方面存在的影响经济社会又好又快发展的突出问题。一方面，坚持集中力量，加快进度，凡是能够在活动期间出台的制度，不等不拖，争取早日出台；另一方面遵循进度服从质量，时间服从效果的原则，按照"要精、要管用"的要求，选择实践基础比较好的制度，成熟一个出台一个，确保了出台制度规定的权威性、严肃性和有效性。市县两级党委、政府及各参学单位完成机制（制度）类废、改、立分别为229项、886项、840项，完成政策类废、改、立分别为65项、249项、268项，完成规划类废、改、立分别为66项、384项、281项。

【民生有力改善】 各级党组织和广大党员干部切实把人民群众的安危冷暖放在心上，抓住群众关注的热点、难点、重点问题，为群众办了一大批看得见、摸得着的实事好事，进一步改善民生，让人民群众更好地共享改革发展成果。一是民生项目建设有了新进展。全年共确定民生项目44个，占重点项目的32%，其中保障性安居工程进展迅速，完成了崖底村等6个村的城中村改造规划，改造总面积达150公顷，有效带动了房地产业的持续快速发展。二是"十件实事"落到实处。市委、市政府"十件实事"共完成投资12.4亿元，其中新解决5万农村群众的饮水问题，新发展沼气用户1万户，市区阳光小学建成开始招生，崤山路改造全面竣工，投资1.6亿元的新三门峡站和投资3.1亿元的市区迎宾大道项目竣工，投资分别为1.4亿元、2.5亿元、6.7亿元、5.6亿元的市外国语高中、市中心医院病房大楼、市文体中心和台上区集中供热等重点工程进展顺利，公共服务均等化水平有了新提高。三是就业再就业工作取得新突破。加强对劳务输出的组织引导，举办了较大规模的三门峡与京津塘劳务推介会，与140多家用人单位签订了2.6万个用工协议。上半年，全市城镇新增就业、下岗失业人员再就业以及"4050"人员再就业人数分别为3万人、1.2万人和7 146人，全市城镇登记失业率为3.63%。

【社会更加稳定】 全市深入贯彻落实科学发展观，明确"发展是硬道理是第一要务，稳定是硬任务是第一责任"的指导思想，在和谐社会建设、化解社会矛盾、社会治安防范、政法综治队伍建设等方面不断探索创新，取得了良好成效。一是长效工作机制逐步完善。市委、市政府将每月的30日作为全市"群众工作日"，集中解决群众反映的各种诉求和问题；把每年的7月29日作为全市"安全生产宣传日"，通过纪念支建煤矿"7·29"抢险救援胜利，进一步增强安全意识和安全措施。二是信访稳定工作有序推进。继续坚持和完善"义马经验"和"渑池模式"，大力推行信访评估、周会审、信访代理、流动调解等措施和办法，探索建立了信访代理制和流动调解制。三是社会治安综合治理工作再上新台阶。5月，中央综治委再次授予三门峡市"全国社会治安综合治理优秀地市"荣誉称号，成为全省唯一2次蝉联这一荣誉的省辖市，三门峡逐渐成为全省乃至全国最平安、最稳定、最和谐的地区之一。 （刘文祥）

创建国家卫生城市

【概况】 2009年，按照《三门峡市2009年创建国家卫生城市工作意见》和《三门峡市2009年创建国家卫生城市工作目标》的安排，三门峡市强力推进创建国家卫生城市工作进程。发挥大众媒体优势，加大创建国家卫生城市工作的宣传力度，三门峡电视台、公共频道和广播电视报等新闻媒体分别开辟了创卫工作专版或专栏，播放创卫各类宣传口号和公益广告。采播创卫宣传口号和公益广告40余条。广播电视报刊登创卫新闻稿件96余篇，图片新闻50余幅。主要街道、广场、学校、单位居民区设置健康教育专栏，在市区范围内广泛宣传，通过各种渠道以各种形式加大宣传动员的工作力度，营造良好的创卫氛围。为顺利通过省级卫生城市复检，市卫生局，多次召开专题会议研究部署，并将该项工作列入重要工作议程，制定了迎检方案等。相关责任单位按照要求，动员、安排本单位的迎检活动，将任务目标细化、量化、具体化，责任到人，做到领导到位、组织到位、落实到位。10月顺利通过了省级卫生城市复检，为创建国家卫生城市打下坚实的基础。

【城中村改造取得突破性进展】 市委、市政府从加快三门峡市现代化建设的高度出发，通过"城中村"改造强力推进创建国家卫生城市工作，促使城市和谐发展。按照总体部署，湖滨区在刘家渠、田家渠，开发区在三里桥村、向阳村实施改造。刘家渠和田家渠共占地12.6公顷，需拆迁房屋17.8万平方米，涉及531户。一期工程于2月开工建设，总建筑面积11.89万平方米，12月12日2栋村民安置楼33层主体结构封顶，4栋商品住宅楼完成25层主体结构建设并完成3栋商业用房建设。二期项目正加紧推进，村民回迁安置房已于10月底开工，拆迁工作在进行最后攻坚。田家渠拆迁占地6.43公顷，需拆迁房屋8.7万平方米，共涉及291户，其中村民205户，单位86户。田家渠改造项目在作规划设计，将围绕市规划的金渠路，建设商业街。在商业街的两侧初步规划建设14栋33层的高层和12栋11层~15层的小高层住宅楼，总建筑面积40.8万平方米。以上两个改造项目完成后，不仅有助于完善城市功能，改善市区面貌，提高城市品位，还可以为发展第三产业和商贸经济注入新的活力。2月，开发区城中村改造工作首期从三里桥行政村的三里桥自然村开始。一期工程5月开工建设，年计划投资2 000万元，年底累计完成投资3 530万元，1号楼主体结构建设完成，2号楼正在进行户型平面方案设计。

【城市基础设施建设步伐加快】 一是完成了市政设施维护管理，对全市供水设施全面进行了检查维护保养；清洁维护了全市所有路灯，更换路灯电器近5 000件；维修道路路面2万余平方米，疏通污水管道8 000余米，清挖排水井近5 000个；整修了公交车辆，刷新了所有公交站牌，并在主干道重新设置了公交候车亭，大力提升了城市道路的通行能力和城市亮化水平。二是完成了城中村改造的规划工作，并对环卫基础设施建设做出了详细规划，城市环卫基础设施逐步完善。首先，在保证生活垃圾处理场运行正常生活垃圾无害化处理率达95%的同时，2009年，在国家4万亿元政策性资金中争取到600万元，在垃圾场渗滤液调节池附近建设日处理50 000千克垃圾渗滤液处理系统，进一步提高了垃圾处理场的服务效能，减少垃圾处理对环境造成的二次污染，发挥更好的环境效益、社会效益和生态效益。8月底，岗上垃圾场顺利通过国家住房和城乡建设部的无害化等级评估，达到Ⅱ级标准。其次，多方筹资，购置垃圾运输车3台、吸粪车1台和垃圾集装箱30个，并对市区11座垃圾中转站和30座道路公厕进行全面维修。新购环保型果皮箱300个，在市区崤山路、六峰路、上阳路等主干道已安装。再次，垃圾中转站、公厕的建设工作加快进度，铁路东垃圾中转站（含公厕）和文化路垃圾中转站（含公厕）主体完工，正在安装设备。3座公厕即九孔桥北公厕、五岔路口公厕、大岭路半坡公厕主体建设正在进行，12月中旬完工。三是完成了崤山路改造、大岭路立交桥、高速铁路三门峡客运站及广场、台上二期供热重点工程建设任务，文体中心工程已完成年度投资计划，这些市政工程的逐步投入使用，将进一步完善城市的服务功能和提升城市形象。

【集贸市场改造和“五小”单位治理成果进一步巩固】 一是为了推动集贸市场专项治理活动深入开展，巩固集贸市场治理成果，按照属地管理的原则，明确责任。制定完善《集贸市场管理规范》《市场卫生制度》《卫生人员职责》《市场消毒制度》等，积极落实市场开办单位作为“第一责任人”，完善了市场管理，并由湖滨分局和开发分局负责落实。湖滨区对照国家卫生城市标准，按照“超市化、密闭化、小型化”的原则，对虢翠园、永兴街、二运集贸市场按照国家卫生城市标准进行了改造，使市区农贸市场环境有了极大改善。市场划行归市，摊位摆放有序，垃圾日产日清，排水通畅，达到市场干净、卫生、整齐有序。同时加大检查力度，进行明察暗访，督促市场开办单位履行职责，做好市场卫生、设施等工作，巩固集贸市场治理成果。尤其在第15届国际黄河旅游节和创建国家园林城市验收及省级卫生城市复检等重大活动期间，加强市场巡查，做好市场管理工作，确保了市场秩序健康有序。二是“五小”单位治理成果巩固并进一步扩大。由市卫生局牵头，采取对文明路进行试点，“五路一街”重点推广，市区各条道路全面治理分步实施等措施，经过艰苦努力取得了较为明显的成效，辖区的“五小”单位治理工作基本达标。2009年，在对全市拉网式排查的基础上，分门别类建立台账，重点对污染严重“五小”单位进行治理，实行卫生监督执法人员分片包干责任制，定人员、定岗位、定标准，针对反弹情况严重的小饭店下发整改通知书，耐心做好商户的思想工作，讲解好的经营环境带来可观的经济效益的道理和实例，实行人本化管理，通过现场指导、帮助商户整改，力争使每一个有条件的“五小”单位治理改造后达到标准。治理文明路实验中学和实验小学周边、经二路中段、经一路市三中周边、虢国路集贸市场东侧等重点部位“五小”单位57家，收到良好效果。

【教育卫生、环境保护工作逐步加强】 教育卫生，在保持2008年工作成果的基础上，2009年重点加强学校传染病预防控制工作。根据疫情形势全市中小学主要开展了麻疹、手足口病和甲型H1N1流感的预防控制工作。各学校制定了学校突发公共卫生事件应急预案，同时加强了学校教学环境、食堂卫生和饮用水卫生安全管理，杜绝饮用水、食品污染及传染病流行等突发公共卫生事件的发生。在环境保护上：加强污水处理厂管理，在保证污水处理厂全年运营正常的同时，为进一步减少污染物排放量，市污水处理厂脱氮除磷工程于7月建成运行。至11月25日，共处理污水2 160万立方米，生活污水处理率达86%以上。搞好大气污染综合整治工作，市区全部拆除不符合规格的烟囱。烟尘控制区覆盖率100%。通过环境综合整治工作，城市环境质量改善明显。截至11月22日，市区空气质量优良天数达到304天，市区城市集中饮用水源地共取水1 275.53万立方米，取水水质达标率为100%。

【公共卫生工作成绩显著】 一是依法加强对公共场所、饮用水的卫生监督管理，开展了各项卫生监督工作。公共场所经营单位硬件设施不断完善，小饭店、小浴池、小美容美发店、小歌舞厅和小网吧经过集中整治，卫生面貌焕然一新；自来水厂全面实行质量管理，按照《国家饮用水卫生标准》，每月对水质进行全面监测分析，二次供水单位定期清洗定期检测，保证了饮用水水质；卫生监督覆盖率、公共场所卫生许可证发放率均达100%、末梢水水质监测各项指标总合格率达100%。二是严格贯彻落实《中华人民共和国食品卫生法》和《河南省食品卫生管理条例》，经常组织开展食品卫生执法大检查和食品卫生知识宣传活动，确保了食品行业环境卫生整洁，垃圾密闭存放，生熟分开，食品分类存放。市区食品生产经营和从业人员的食品卫生许可证持有率100%、体检率100%，从业人员“五病”调离率100%，卫生知识培训率100%。严格落实食品安全方案，制定重大食物中毒应急预案，在餐饮行业全面推行量化分级管理，量化分级管理率达到95%以上，有效防止食物中毒的发生。三是认真贯彻《中华人民共和国传染病防治法》，不断加大疾病预防控制体系建设力度，艾滋病、结核病等重大疾病得到有效控制，建立了传染病管理制度、传染病报告和疫源地处理制度。四是疾病预防控制工作成绩显著：认真落实省政府结核病“三免”政策，推动结核病防治工作的深入开展。2009年全市共免费痰涂片检查19 500人次，免费拍胸片8 140张，免费肝功能化验2 463人次，共计免费42.37万元。推广使用免费接种卡，保持高水平基础免疫效果。特别是为应对甲型H1N1流感流行，减少特定人群中暴发疫情的发生，降低发病率和病死率，降低流感大流行的危害，开展了甲型H1N1流感疫苗的接种工作，共免费接种甲型H1N1流感疫苗9.28万人。市疾控中心被命名为国家级流感监测实验室。控烟工作，中央转移地方支付项目的项目市全省只有一家，三门峡市2009年和2008年连续2年成为中央转移地方支付项目的项目市，控烟工作走在全省、全国先进行列。

【社区和单位卫生治理工作稳步推进】

卫生先进单位、卫生先进小区是创建卫生城市的细胞工程。以创建卫生先进单位和小区活动为载体，充分调动单位职工和小区的积极性，动员广大市民广泛参与，努力营造整洁、优美、舒适、温馨的生活环境，提高居民的卫生意识、健康水平和整体素质。全年完成创建卫生先进单位28个，市级卫生先进小区5个。

10月15日，创建国家园林城市专家验收组全体人员在市委书记李文慧等陪同下实地察看三门峡市创建国家园林城市工作情况

【加大宣传力度，营造良好的宣传氛围】

发挥大众媒体优势，加大创建国家卫生城市工作的宣传力度，三门峡电视台、公共频道和广播电视报等新闻媒体分别开辟了创卫工作专版或专栏，播放创卫各类宣传口号和公益广告。采播创卫宣传口号和公益广告40余条。广播电视报刊登创卫新闻稿件96余篇，图片新闻50余幅。主要街道、广场、学校、单位居民区设置健康教育专栏，在市区范围内广泛宣传，通过各种渠道以各种形式加大宣传动员的工作力度，营造良好的创卫氛围。为顺利通过省级卫生城市复检，市卫生局多次召开专题会议研究部署，并将该项工作列入重要工作议程，制定了迎检方案，召开了迎检动员会，安排部署迎检工作。相关责任单位按照要求，动员、安排本单位的迎检活动，将任务目标细化、量化、具体化，责任到人，做到领导到位、组织到位、落实到位。10月，顺利通过了省级卫生城市复检，为创建国家卫生城市打下坚实的基础。 （程巧云）

创建国家园林城市

【概况】 为进一步提高城市的规划、建设和管理水平，创造最佳人居环境，市委、市政府立足三门峡实际，审时度势，于2004年作出创建国家园林城市的战略决策，提出了2005年创建省级园林城市、2009年创建国家园林城市的奋斗目标。2005年，三门峡市顺利通过省级园林城市验收，被命名为河南省园林城市，园林城市创建工作取得初步成果。2008年，城区绿地面积达1 116.5公顷，绿地率38.5%，绿化覆盖率42.7%，其中公园绿地面积354.5公顷，人均公园绿地12.2平方米，基本形成了以道路绿地为骨架，以南山北岭生态防护林带、三河（黄河、青龙涧河、苍龙涧河）两岸自然山水为特色，以天鹅湖国家城市湿地公园为亮点，公园绿地均衡分布，单位庭院居住区绿地有机组成的城市园林绿地格局。对照《国家园林城市标准》，三门峡市的园林绿化和其他相关指标均已达到或超过标准要求，具备了创建国家园林城市的基本条件。2009年10月14日至16日，国家园林城市检查验收组在实地查看园林绿化工程、公园景区、绿地管理、城市基础设施建设情况后，对园林城市创建各项工作给予了充分肯定，顺利通过国家园林城市实地验收阶段。

【以人为本科学构建城市宏伟蓝图】

在城市建设和长远发展上，坚持“先规划、后建设”的思路，紧紧围绕建设自然山水城市、打造最宜人居环境的目标，着力构建科学化、人性化并重的现代城市发展理念。特别是在创建国家园林城市的过程中，严格贯彻落实国务院《城市绿化条例》和《关于加强城市绿化建设的通知》精神，坚持“规划引路，机

制保障,建管并重”的原则,详细编制了《三门峡市城市总体规划》《三门峡市绿地系统规划》等综合性规划和《三门峡市植物物种多样性保护规划》《三门峡市户外广告规划》《三门峡市林业生态建设规划》等一系列专项规划,出台了《三门峡市城市绿化管理办法》《三门峡市城市绿线管理办法》《三门峡市城市古树名木保护管理办法》等地方性城市绿化法规和制度,并严格按照规划和制度加强城市规划管理,为三门峡市自然山水城市建设提供了有力支撑和保障。

【以水为魂彰显城市秀美灵性】 三门峡市依托丰富的自然山水资源,集思广益、创新思路,用活“水”资源,作好“水”文章,在城市建设中着力增加水的元素,突出水的特色,逐步形成了丰水期超过2 000公顷、枯水期超过466.7公顷的城市水面,城市秀美灵性呼之欲出。建设湿地公园,打造“城市名片”。三门峡市有国家级黄河湿地自然保护区的天然优势,每年吸引成千上万只白天鹅从西伯利亚来这里栖息越冬。洁白美丽的白天鹅、碧波荡漾的黄河水、深沉厚重的黄土原交相辉映,构成了一幅人与自然和谐相处的优美画卷,三门峡由此被誉为“天鹅之城”。为更好地保护白天鹅及湿地资源,三门峡市依托黄河湿地资源,建设三门峡天鹅湖景区,聘请国内知名园林设计单位,高标准编制建设方案,并连续2年把天鹅湖城市湿地公园建设纳入市委、市政府向全市人民公开承诺的十件实事,加大投资力度,强化建设管理。2007年,天鹅湖景区被建设部批准命名为天鹅湖国家城市湿地公园,规划占地面积590公顷。至2009年投资1.5亿元的一期工程建设完工;计划投资1.4亿元的二期工程正式启动。一个以白天鹅资源为特色,以虢山岛为中心,以黄河、青龙湖、苍龙湖为主体的自然山水景区脱颖而出。坚持涧河治理,营造“城市水景”。青龙涧河是流经三门峡市的主要河流之一,由东向西横穿市区。1996年后,三门峡市采取沿河布绿、筑坝蓄水等方式,累计投入资金4亿多元,对青龙涧河实施分段治理。完成总长10.5千米的四期治理工程,使青龙涧河沿岸变为河水清幽、绿树掩映、林水一体的靓丽景观带,成为市民休闲娱乐的理想去处。强化水质保护,实施“城市引水”。为改善城区居民饮用水质量,三门峡市先后投资1.5亿元,建成从灵宝卫家磨水库至市区、管渠达80千米的城市引水工程,使市区居民饮用上了安全、甘甜的山泉水。市区供水线路总长177千米,日供水能力达12.5万立方米,实际日供水7.05万立方米,城市用水普及率达95%,水质综合合格率100%。同时,通过开展水污染防治专项行动,市区主要水体水质明显改善,城市地表水环境质量标准达到三类以上。

【以绿为韵展现城市生机活力】 三门峡市严格按照《城市绿地系统规划》,以增加绿地面积、提升绿化质量、注重绿化效果为重点,突出绿色主旋律,做精做细“绿”文章,城市的生机和活力充分展现。(1)建设公共绿地,拓展“绿色空间”。一是合理布局,提高绿化水平。投资近亿元,相继开工建设了涧河公园、涧河游园、上阳苑景区等公共绿地工程,总面积130公顷;建成了银桥沟游园、虢国苑、甘棠游园、黄河桥头游园等一批游园绿地,绿地布局更加合理,较好地满足了居民出行500米就能进入公共绿地的需求。二是改造提升,建设精品园林。2004年以来,三门峡市每年投资近千万元,先后对陕州公园、人民公园、虢国公园、中日友好园、六峰游园等进行绿化建设和改造,增植乡土树种,调整优化植物配置,景观质量显著提高。三是完善设施,强化服务功能。近年来,各公园、游园共铺设导游路2.2万平方米,安装照明灯具2 100多套、座椅870个、果皮箱800个,补添了健身器材等体育设施,广大市民休闲、娱乐、健身的需求得到进一步满足。(2)实施道路绿化,构筑“绿色长廊”。认真执行《城市道路绿化规划与设计规范》,坚持以乡土树种为主,景观效果和生态效益并重的原则,积极开展城区道路绿化。高标准实施了长约23千米、两侧绿化宽度25米,绿化面积达73.4万平方米的陕州大道绿化工程,建成了以雪松为背景,60多个植物品种合理配置的园林式景观大道。同时,对崤山路、六峰路、甘棠路等新建或改造的十多条主次干道进行了绿化升级。市区道路绿化普及率达98%,绿化达标率达85%,基本形成了多树种、多层次、多色彩的城市林荫路系统。(3)开展创建活动,培育“绿色细胞”。一是积极引导,树立生态理念。多年来,三门峡市扎实开展园林单位、园林小区创建活动,出台和修订了《园林单位、园林小区标准》,积极引导单位、居住区的绿化建设与管理,生态宜居理念成为社会共识。至年底,市区园林单位达72家,占单位庭院总数的63.2%;园林小区25个,占居住区总数的64.1%。二是严格程序,实施“绿色图章制度”。在创建工作中,严格规范新建单位和居住区的建设审批程序,做到工程建设和配套绿化同步进行,严格控制绿地率不低于30%的底线。市区建业森林半岛、滨溪花园等居住区绿地率均达40%以上。三是拆墙透绿,创新立体绿化。对旧城区单位庭院、居住区因地制宜进行改造,广泛开展拆墙透绿和多种形式的立体绿化,控制绿地率不低于25%。市区90%以上的沿街单位实施了拆墙透绿;城区立体绿化面积达27万平方米,市农业局、市林业局等单位还建成了高标准的楼顶花园。同时,全面推行建筑节能,2008年,三门峡市所有新建建筑都达到了国家规定的节能标准要求,“三门峡天盛御景”还被列入河南省建设科技应用示范项目。(4)统筹城乡绿化,妆点“绿色山川”。近年来,三门峡市充分利用城区独特的地形地貌和气候特征,按照《三门峡市林业生态建设规划》,以南山北岭、三河(青龙涧河、苍龙涧河及黄河)两岸、沿黄滩涂,以及境内通道及其两侧可视范围的荒山荒坡为重点,通过义务植树等多种方式,大力开展以城市防护林、城郊森林、通道绿化等为主要内容的大环境绿化建设。义务植树尽责率93.7%,植树成活率和保存率均达93%。近郊防护林面积达2 200多公顷,城乡一体化的大环境绿化粗具规模,“南山北岭披绿装,三河两岸尽春色”的秀丽景象逐步实现。(5)推广节约园林,引领“绿化方向”。牢牢把握发展节约型园林的城市绿化方向,扎实开展节约型园林建设。一是科学规划设计。在规划设计中严格把关,坚持采用以乔木为骨干的复层种植结构,减少草坪比例;在树种选择上以乡土植物和节水耐旱植物为主。二是大力采用新型节能技术。注重太阳能灯、风能灯、新型透水透气铺装材料等在绿地建设中的应用,将喷灌、微喷等节水技术普遍应用在绿地管理中。三是努力实现资源循环利用。通过采取粉碎、加工枯枝败叶用于草花培育和土壤改良,用混凝土废料砌筑“假山石”等方式,实现各种自然材料和人工材料的循环利用。特别是涧河公园巧妙地利用了地形高差,引河水形成溪流进行自流灌溉,收到显著的节水、节能效果。

【以史为源挖掘城市文化底蕴】 三门峡因河而兴,因坝而名,历史悠久,文化灿烂。在创建工作中,三门峡市把保护文物古迹、保持自然风貌与传承历史文明、宣扬黄河文化有机结合,古老的三门峡黄河文化重放异彩。全面保护,传承历史文化。相继出台了《关于进一步加强文物保护工作的通知》《三门峡市古代大型遗址保护管理办法》,发布了《虢国墓地遗址保护管理办法》等3个专项保护规范性文件,加强对境内6处国家级、33处省级、31处市级重点文物保护单位和7万多件馆藏文物的保护,通过在遗址、遗迹上建绿地、建场馆的保护方式,使虢国墓地、陕州故城、李家窑遗址、庙底沟遗址等众多文物古迹得到有效保护。适度开发,彰显黄河文化特色。在注重保护以黄河文化为主要内涵的自然风貌的基础上,依托黄河湿地的景观资源,万里黄河第一坝的雄伟气势,中流砥柱石的不朽精神,大力弘扬特色鲜明的三门峡黄河文化,开辟了富有文化特色的“黄河游”,吸引了无数海内外游客前来观光旅游。强化管理,妥善保护古树名木。按照《三门峡市城市古树名木保护管理办法》,对现有的310株古树名木,统一进行了建档、挂牌,设置了保护标志,落实了管理单位和具体责任人,并定期组织专业人员进行检查、养护复壮,确保古树名木保护工作责任到位、措施到位、管理到位。

【以建为主完善城市服务功能】 以创建国家园林城市为动力,乘机而上,顺势而为。在创建中集中财力、物力,坚持“三分建设、七分管理”,强化基础设施建设,扎实开展综合整治,城市功能日臻完善,城市品位显著提升。不断完善城市路网,优先发展公共交通。2008年至2009年,三门峡市累计投资2.6亿元,新建和改造市政道路9条。城区主次干道达到41条,道路总长106.3千米,道路面积299.1万平方米,人均道路面积10.3平方米;开设公交运营线路12条,线路总长121.5千米;城市公交运营车辆298台,万人拥有公交车辆10.28辆(标台),公交出行比率达20%。努力延伸气热管网,保障市民供气供暖。建设供气中压管网13条,总长20.73千米,建成庭院低压管道长度52.24千米;各类燃气用户达6万多户,燃气普及率达到81.3%。投资1.15亿元的城区集中供热一期工程,铺设管网35千米,建成投入使用;投资近6亿元的二期工程正施工。搞好城市住房保障,实现发展成果共享。制定出台《三门峡市城镇廉租住房管理办法》,编制保障规划和年度计划,并连续2年将经济适用房、廉租房建设列入市委、市政府十件实事。累计开发建设经济适用房61.5万平方米,为群众提供廉租住房1.1万平方米。2008年新建的总投资2.4亿元的南康乐家园小区和2.25万平方米的廉租住房一期工程竣工。城中村和旧城区改造进展顺利,城中村改造计划投资22.5亿元,建筑面积105.5万平方米,一期工程年底部分楼主体封顶;旧城改造工程计划投资7亿元,建筑面积28万平方米,家乐福等3个项目进展顺利。实施环境综合整治,改善城区生活条件。2004年以来,持续开展锅炉脱硫除尘、整治燃煤散烧等6个专项行动,减少二氧化硫排放,市区大气环境明显改善。2008年,市区全年空气污染指数小于100的天数达到319天。2006年,日处理能力达8万立方米的污水处理厂和配套管道建成投运,污水处理率达到85%;一期投资860余万元,建成占地产4.7余公顷,日处理垃圾能力达30万千克的生活垃圾处理场和医疗垃圾处理中心,生活垃圾无害化处理率达到95%。强化日常监督管理,美化城区市容市貌。出台了《三门峡市市容和环境卫生管理规定》《三门峡市户外广告设置管理暂行办法》等一系列规范性文件,对沿街门店和单位,实行“三清扫两保洁一监督”的全天候管理制度和“门前四包”责任制;对马路市场、车站广场、城乡结合部等重点部位开展综合整治,拆除违章建筑,取缔乱摆乱设,规范乱停乱放,清理乱贴乱画;对户外广告的设置,严格审批程序,坚决取缔不良广告,依法查处非法广告,实现了户外广告设置与市容景观、建筑风格的和谐统一。　(贾文伟　王春祥)

重点项目建设

【概况】 2009年面对金融危机冲击,全市上下认真贯彻落实中央和省“扩内需、保增长”战略决策,坚持把项目建设作为科学发展、应对危机的重要举措,作为扩大投资、推进经济平稳较快增长的主要抓手,通过开展“项目建设年”活动,实施“8155”投资促进计划(即在国家鼓励产业政策的8个方面,确定100个超亿元重点项目,争取建成投产50个,拉动固定资产投资500亿元以上),取得了“战危机、保增长、保民生、保稳定”的重大胜利。在全省组织的重点2次重点项目观摩点评活动中名列前茅,荣获年度全省重点项目建设先进单位。重点项目建设呈现以下6个特点:

一是重点项目进展快。全市“8155”投资促进计划确定的138个超亿元重点项目,建成投产59个,在建71个,完成投资274.8亿元,占目标任务的110%,提前1个月完成全年投资计划。全年新开工项目79个,开工率达91%,完成投资146.2亿元,创历史新高。一批重大项目前期工作取得突破进展:投资60亿元的义马1 000万立方米煤制气项目,前期审批手续已基本办理完成,三通一平工作基本结束,主要生产设备已订货;投资45亿元的大唐三门峡发电有限公司扩建1×100万千瓦机组项目,可研报告已通过国家发改委组织的专家组的论证,土地预审、环评报告已上报国土资源部和环保部;投资40亿元的华能渑池热电联产项目,国家能源局已批复“路条”,计划年底开展“三通一平”工作;投资42亿元的锦江集团60 000千克烧碱联产72 000千克聚氯乙烯项目,建设地址确定,正在编制可行性研究和环评报告;投资110亿元的连霍高速洛阳至灵宝(豫陕交界)改扩建工程6月在三门峡举行开工典礼,地面附属物清点工作基本结束;运三高速三门峡黄河大桥及连接线(公铁两用)项目,工程可研已通过论证,铁道部已将项目建议书报国家发改委待批;投资

2月2日,全市项目建设年活动动员大会

25亿元的运三铁路三门峡段项目,铁道部已评审通过预工可方案并上报国家发改委。"建成一批、在建一批、开工一批、储备一批"的项目建设良性发展格局初步形成。列入省考核重点项目、省"1074"工业结构调整项目、省"8511"投资促进计划的项目,分别提前3个月、2个月、1个月完成省下达投资目标。

二是投资拉动作用大。在市"8155"投资促进计划的带动下,全社会固定资产投资累计完成553.3亿元,增长37.2%,其中城镇固定资产投资完成467.57亿元,增长35.7%,增速始终保持在全省前3位。全市生产总值达706亿元,增长12%,增速高于全省平均水平1.3个百分点,实现年初预期目标。

三是项目建设结构优。在实施"8155"投资促进计划过程中,既重视拉动经济增长,又注重项目结构优化,农林水利、交通、能源等基础型项目投资,接近年度投资总额的40%;自主创新、产业升级、节能减排和资源综合利用项目投资,占年度投资总额的40%以上;在改善民生方面的项目投资也接近20%。这个结构是走一步、想两步、看三步,符合实际,不仅优化了产业结构,加快了经济发展方式转变,也为新一轮经济发展奠定了良好基础。全市的特色农业进一步优化,占农业总产值的比重达85%;五大支柱产业规模不断扩大,占全市规模以上工业产值的75%;服务业加快发展,全社会消费品零售总额增长19.2%,排名全省第7位,全市经济均衡、协调、科学发展越来越明显。

四是招商引资成效好。坚持"南下北上",先后参加了香港、上海、杭州、厦门、深圳、宁波、台湾等地的招商活动,举办了第15届国际黄河旅游节暨投洽会,引进了一批事关长远发展的大项目,引资规模和质量显著提高,呈现出量大、质量好、效果好的特点,既符合科学发展观,又符合三门峡实际,为全市项目建设年活动提供了有力支撑。全年共签订协议169个,签约总金额1 003.6亿元;引进省外资金项目108个,实际到位资金84.9亿元,完成目标进度居全省第2位;实际利用外资2.6亿美元,绝对值居全省第3位,荣获全省招商引资工作先进单位称号。

五是产业集聚带动强。加快推进产业集聚区建设,进一步完善基础设施,不断强化管理服务、资产运营等功能,产业聚集效应日益显现。全市7个省级产业集聚区,已完成投资111.6亿元,建成面积37.34平方千米;入园企业1 029个,涵盖铝工业、能源工业、黄金及有色金属加工、果品加工、煤盐化工、机械电子、高新技术、商贸物流及现代服务业等八大产业;从业人口16.4万人,实现营业收入943.8亿元,利税86.24亿元,成为支撑项目建设、带动产业升级的重要平台和有效载体。

六是项目保障措施实。市委、市政府和项目建设年活动指挥部加强领导、落实责任、强化督查,协调各方,各级、各部门主动服务,加快发展,为项目建设的顺利实施提供了坚强保障。围绕项目建设,建立健全工作机制,出台领导分包制度,制定"四不、五追究"措施,进一步优化项目建设环境;引导企业实现产销对接,省、市企业对接会签约金额44.06亿元;开展政银企合作,与工、农、中、建四大商业银行签署战略合作协议,加大落实力度,年底到位资金192.59亿元,超额完成年度计划。国土、环保、供电等部门密切配合,为项目建设提供了便利条件、作出了突出贡献。

通过开展项目建设年活动,全市项目数量、投资规模、建成数、开工率均创历年之最,为有效应对金融危机、保持经济增长起到了重要作用,也为加快推进经济结构调整、实现全面协调可持续发展奠定了良好基础。

【缘份公司果品加工种植基地项目】 计划发展苹果面积0.4万公顷,年产1.5亿千克加工果,预计可实现销售收入1.5亿元,利税2 500万元。总投资1.3066亿元,年计划投资5 000万元,累计完成投资9 500万元。完成栽植933.33公顷。

【灵宝景源果业公司果蔬基地建设项目】 计划发展果蔬基地0.7万公顷(其中,苹果1.2万公顷,黄桃0.1333万公顷,杏0.1万公顷,芦笋0.066万公顷),年产原料果2.6亿千克,预计可实现销售收入25 350万元,利税2 535万元。总投资20 051万元,年计划投资8 000万元,累计完成投资9 543万元。完成0.066万公顷芦笋、苹果基地建设;组织人员参加田间管理培训。

【灵宝宏源公司万头奶牛养殖基地建设项目】 计划发展存栏牛1万头,建设13个牛舍,面积3.2万平方米。总投资25 785万元,年计划投资16 785万元,累计完成投资16 800万元。项目已建成投产。

【灵宝华宇科技农业综合开发项目】 计划荒沟、荒坡造田0.066万公顷,核桃0.2万公顷、中药材0.133万公顷、烟叶0.066万公顷。总投资7.2亿元,年计划投资2 000万元,累计完成投资1.006亿元,栽植各类经济林425.666公顷,造田正在进行，年度建设任务完成。

【郑西客运专线市区连接线（迎宾大道）项目】 建设规模为全线长2 700千米，路基宽55米，路面宽49米，双向8车道。总投资3.1亿元，年计划投资3.1亿元，累计完成投资2.2亿元。迎宾大道建成通车。

【郑西客运专线新三门峡站站房及广场项目】 计划建设站房1.2万平方米，广场10.9公顷。总投资1.6亿元，年计划投资1.6亿元，累计完成投资1.515亿元。站房主体封顶，广场项目基本完成。

【陕县产业集聚区道路建设项目】 建设规模为全长30千米，总投资3亿元，年计划投资1.3亿元，累计完成投资2亿元。道路已建成通车。

【卢氏城区6条路及滨河绿化带建设项目】 包括莘源路、靖华东路、西路、和平南路、中兴南路、东沙河路，总长4 652米，绿化带长3 985米。总投资11 676万元，年计划投资4 885万元，累计完成投资1.23亿元。6条道路建成通车，绿化工程完成，假山、亭廊、道路等配套设施基本完工。

【农村公路建设项目】 计划建设县乡公路260千米，通村公路15万千米。总投资1.4亿元，年计划投资1.4亿元，累计完成投资3.8亿元。陕县、灵宝、卢氏、渑池县农村公路正在按计划建设中。

【三门峡供电区电网项目】 计划新建220千伏工程4项，110千伏工程5项，其中，新建线路102.2千米，变电容量293兆伏安。总投资28 902万元，年计划投资28 902万元，累计完成投资23 700万元。项目已建成。

【东方希望2×13.5万千瓦环保电厂改造项目】 总投资61 000万元，年计划投资10 000万元，累计完成投资62 200万元。检修基本完毕，准备试机。

【陕县观音堂220千伏变电站及配套设施项目】 总投资2亿元，年计划投资2亿元，累计完成投资2亿元。项目基本建成。

【义煤集团煤矿安全改造项目】 计划对9个矿井进行安全改造。总投资3.85亿元，年计划投资3.85亿元，累计完成投资3.85亿元。项目基本建成。

【灵宝换流站二期项目】 计划新增输送容量75万千瓦。总投资1.417亿元，年计划投资1.34亿元，累计完成投资1.284亿元。项目基本建成，进入调试阶级。

【富民煤矿项目】 建设规模为办公楼、宿舍楼、主控大楼主体、主井和副井。总投资3.2亿元，年计划投资3 000万元，累计完成投资2.7亿元。项目基本建成。

【三门峡市区供热二期项目】 计划建设热力站43座，管网6.949万千米，供热面积771.69万平方米。总投资5.67亿元，年计划投资3亿元，累计完成投资52 033万元。项目全面完成。

【三门峡市城市道路项目】 计划建设改造城市道路10条，长1.625万千米。总投资1.3797亿元，年计划投资6 000万元，累计完成投资4 500万元。崤山路完成改造建成通车。

【义马市西生活广场项目】 建设规模为大型百货、家具、建材、餐饮、娱乐、办公为一体的现代化综合商业广场，建筑面积3.7万平方米，总投资1.1亿元，年计划投资5 000万元，累计完成投资9 200万元。内粉和管道安装完成，正在进行外粉。

【陕州路东延项目】 总投资4.57亿元，年计划投资1.2亿元，累计完成投资1.2亿万元。项目建成通车。

【陕县城中村改造项目】 计划改造6万平方米，总投资3亿元，年计划投资3 000万元，累计完成投资1.2亿元。完成征地30公顷，建成住宅楼10栋，配套硬化绿化路面1.43万平方米。

【湖滨区城中村改造一期项目】 建筑规模为总面积33万平方米，15栋住宅楼，2 668套，32万平方米，商业面积1万平方米。总投资7.8亿元，年计划投资1.5亿元，累计完成投资1.9亿元。刘家渠村多栋住宅楼主体施工进展顺利，3栋商业用房施工完成；田家渠村非村民拆迁工作，进入扫尾工作，两栋安置回迁楼开工。

【开发区城中村改造一期项目】 建筑规模为总面积5万平方米，410套住宅。总投资1亿元，年计划投资2 000万元，累计完成投资3.48亿元。项目施工至地上16层。

【工业园区园通路建设项目】 建设规模为总长4 200千米，宽度80米，4幅路结构。总投资14 175万元，年计划投资3 500万元，累计完成投资3 115万元。道路2次沥青铺设完成。

【中裕燃气公司西气东输三门峡分输站项目】 计划建设管道5 000千米。总投资1.06亿元，年计划投资6 000万元，累计完成投资4 200万元。前期准备工作完成，正在勘察线路，部分压管网工程完成。

【灵宝安居工程建设项目】 建筑规模为总面积180万平方米。总投资16亿元，年计划投资4.17亿元，累计完成投资7亿元。完成住宅面积150万平方米。

【灵宝焦村建材大市场项目】 建设规模为总建筑面积23万平方米，集建筑、装潢、五金、机电等大型综合专业市场。总投资2.8亿元，年计划投资1亿元，累计完成投资1.5亿元。土建主体完成，正在进行内外装饰及附属设施建设。

【灵宝市城市改造项目】 建设规模为长安路景观大道、涧河西岸改造治理、黄河路改造环城南路改造等。总投资10.6亿元，年计划投资5 000万元，累计完成投资25 230万元。长安景观大道、涧河西岸、中心广场正在进行征地拆迁；黄河路改造工程竣工通车。

【家乐福超市项目】 建设规模为占地3.33公顷，共8层，集购物、餐饮、休闲、娱乐、观光、旅游为一体的多功能商业中心。总投资2亿元,年计划投资3 000万元,累计完成投资7 450万元。土地手续正在办理,项目办公用房正在建设。

【湖滨区中原世纪苑项目】 建设规模为总面积29万平方米。总投资6.8亿元,年计划投资1亿元,累计完成投资1.1亿元。3号楼、5号楼、6号楼、7号楼正在进行内部粉刷工作,其他楼层施工顺利。

【渑池张村供热站项目】 年供能量2×2.5千瓦。总投资3亿元,年计划投资3亿元,累计完成投资1.9亿元。项目建成运行。

【东城住宅小区建设项目】 规模为总面积45万平方米。总投资4.5亿元,年计划投资5 000万元,累计完成投资1.2亿元。4条道路已经完工,62栋住宅楼开工建设。

【奥科化工公司搬迁扩建巯基酯项目】 建设规模为年产1 600千克巯基乙酸异辛酯,预计可实现销售收入1.3亿元,利税2 000万元。总投资1.6亿元,年计划投资1.6亿元,累计完成投资1.6亿元。项目建成投产。

【陕县蓝雪公司凹版预印食盐包装箱项目】 建设规模为4 000万只/年,预计可实现销售收入5 000万元,利税达1 500万元。总投资1亿元,年计划投资1亿元,累计完成投资1亿元。项目建成投产。

【锦江矿业公司铝矿采选项目】 建设规模为20亿千克/年铝矿石,预计可实现销售收入6亿元,利税1.5亿元。总投资1.9亿元,年计划投资1.1亿元,累计完成投资1.6亿元。项目进入试生产阶段。

【陕县方泰公司高精铝箔扩建项目】 建设规模为300亿/年铝箔,预计可实现销售收入6亿元,利税可达1亿元。总投资1.36亿元,年计划投资6 000万元,累计完成投资1.36亿元。设备开始安装。

【三门峡广瑞化工公司1 000万千克氯乙酸项目】 建设规模为年产1 000万千克氯乙酸。总投资1亿元,年计划投资1亿元,累计完成投资1亿元。项目建成投产。

【河南锦荣水泥公司熟料干法水泥二期项目】 建设规模为450亿千克/日水泥,预计可实现销售收入5亿元,利税1.3亿元。总投资5.5亿元,年计划投资1亿元,累计完成投资2亿元。厂房建设基本完成,部分设备定购。

【陕县标准化厂房项目】 建设规模为5万平方米。总投资6.7亿元,年计划投资6 000万元,累计完成投资2.1亿元。项目主体楼前道路完工。

【陕县龙飞生物公司生物肥生产线扩建项目】 建设规模为5亿千克/年生物肥,预计可实现销售收入1.5亿元,实现利税3 000万元。总投资4.2亿元,年计划投资2亿元,累计完成投资2亿元。至年底,车间工程完成,部分设备开始安装。

【义马鑫海新能源科技有限责任公司焦油加氢改质项目】 建设规模为5万千克/年,预计可实现销售收入2亿元,利税3 000万元。总投资13 000万元,年计划投资1亿元,累计完成投资6 480万元。主体车间已开挖地基,部分设备订货。

【三门峡华阳耐火材料有限公司硅酸铝耐火纤维棉项目】 建设规模为硅酸铝耐火纤维棉350万千克/年。总投资1.5亿元,年计划投资5 000万元,累计完成投资1.5亿元。项目建成投产。

【河南开祥化工公司二甲醚项目】 建设规模为二甲醚2 000万千克/年,预计可实现销售收入8亿元,利税1.3亿元。总投资1.062亿元,年计划投资3 000万元,累计完成投资5 800万元。土建完工,部分设备正在安装。

【东方希望集团小阳河采矿项目】 建设规模为年产铝矿2 000万千克。总投资3.3亿元,年计划投资1.1亿元,累计完成投资1.6亿元。项目建成投产。

【渑池地久矿业公司多晶硅项目一期】 建设规模为多晶硅150万千克/年,预计可实现销售收入18亿元,利税3亿元。总投资15亿元,年计划投资10亿元,累计完成投资3亿元。正在进行“三通一平”,部分设备已订购。

【东方希望集团高桥铝土矿开采项目】 计划建成一采区。总投资2.9亿元,年计划投资5 500万元,累计完成投资3.2亿元。项目建成投产。

【河南元汇年产6万千克生物功能性食品加工项目】 建设规模为1.1万千克/年辣椒红色素,预计可实现销售收入2.5亿元,利税3 000万元。总投资1.49亿元,年计划投资6 000万元,累计完成投资6 000万元。1号、2号车间主体完工。

【灵宝金源晨光化工公司硫铁化工综合利用三期项目】 建设规模为年采选2亿千克硫铁矿、1.2亿千克磷铵、1.2亿千克硫酸,预计可实现销售收入7亿元,利税1亿元。总投资3.1亿元,年计划投资2.5亿元,累计完成投资1.06亿元。井下开拓、竖井工程正常施工,选矿厂建成。

【灵宝兴华化工改制技改项目】 建设规模为年产合成氨1亿千克,尿素1.7亿千克。总投资2.98亿元,年计划投资1亿元,累计完成投资1亿元。企业完成改制和一期技改任务,投入生产。

【灵宝金源矿业公司金银精炼扩建项目】 建设规模为年精炼黄金10万千克,白银20万千克,预计可实现销售收入250亿元,利税6亿元。总投资5.28亿元,年计划投资1.2亿元,累计完成投资5.01亿元。项目建成投产。

【灵宝华宇公司低品位矿渣综合利用项目】 建设规模为日处理3 000千克低品位矿渣综合利用,预计可实现销售收入1亿元,利税2 000万元。总投资1.95亿元,年计划投资4 000万元,累计完成投资6 100万元。选厂房建设完工。

【卢氏地灵公司夜长坪钼矿扩建项目】 建设规模为1 000万千克/年钼矿,预计可实现销售收入 1 250 万元,利税 200 万元。总投资 10 亿元,年计划投资 5.5 亿元,累计完成投资 1.9 亿元。正在进行井下探测、掘进与支护、提水及排水防洪工程;矿石分离试验正在进行,尾矿库下游群众搬迁工作基本结束。

【卢氏北方公司铁锌矿采选项目】 建设规模为 7 亿万千克/年铁锌矿采选,预计可实现销售收入 4.2 亿元,利税 6 000万元。总投资 1.2 亿元,年计划投资 1.2 亿元,累计完成投资 1.35 亿元。小清河治理、白马沟尾矿库治理、和清南盲竖井扩展工程已完工,斜井延伸累计掘进 150 米,平巷 220 米。

【深圳华联投资公司创业园项目】 建设规模为标准厂房 8 万平方米。总投资 10 亿元,年计划投资 5 000 万元,累计完成投资 52 980 万元。部分设备到位正在进行安装调试,3 号车间桩基施工完成。

【新奇迹生物公司果胶酶生产项目】 建设规模为 2 000 万千克/年果胶酶,预计可实现销售收入 20 亿元,利税 2 亿元。总投资 1.23 亿元,年计划投资 2 000万元,累计完成投资 11 559 万元。生产车间基本完成,设备在安装调试。

【锦江集团 12 亿千克劣质铝土矿精选项目】 总投资 2 亿元,年计划投资 2 亿元,累计完成投资 26 122 万元。项目建成投产。

【三门峡合鑫机床有限公司高效机床项目】 建设规模为年产高效机床 300 台。总投资 1.2 亿元,年计划投资 7 000 万元,累计完成投资 12 325 万元。正在进行设备调试。

【三门峡市移动公司通信基础设施项目】 建设规模为传输线路 200 万千米,基站 220 个,覆盖郑西高铁等区域。总投资 2.15 亿元,年计划投资 2.15 亿元,累计完成投资 2.15 亿元。项目建成投产。

【三门峡市移动公司 TD - SCDMA (3G 工程)项目】 建设规模为一期 96 个基站,安装完备核心交换设备。总投资 1.2 亿元,年计划投资 1.2 亿元,累计完成投资 1.2 亿元。项目建成投产。

【三门峡市联通公司通讯设施项目】 建设规模为宽带网络、2G 机站(63 个)、3G 网络(33 个 3G 机站)、光纤城域网,村村通工程等。总投资 1.12 亿元,年计划投资 1.12 亿元,累计完成投资 1.12 亿元。项目建成投产。

【三门峡恒生生化公司柠檬酸金钾扩建项目】 建设规模为 100 000 千克/年柠檬酸金钾,一期 5 亿千克/年,预计可实现销售收入 50 亿元,利税 5 000 万元。总投资 1 亿元,年计划投资 3 000 万元,累计完成投资 3 130 万元。1 层、3 层车间装修改造完成,新购生产线部分设备到位,正在进行安装调试。

【三门峡富元果胶工业有限公司果胶项目】 建设规模为年产果胶 100 万千克。总投资 1.3 亿元,年计划投资 3 000 万元,累计完成投资 10 696 万元。仓库、车间、办公楼主体、配件房浇筑等基本完成。

【灵宝金源矿业预还原金属化铁球团项目】 建设规模为 6 亿万千克/年黄金冶炼废渣综合回收,8 亿千克/年褐铁矿磁化焙烧选铁。总投资 10 亿元,年计划投资6 000万元,累计完成投资6 250万元。试验工厂建成,正在进行投料调试。

【灵宝黄金股份公司科研开发中心项目】 建设自主科研开发中心大楼、配套科研基础设施和购置相关的科研设备。总投资 1.3 亿元,年计划投资 8 000 万元,累计完成投资 8 000 万元。正在进行 5 层钢筋绑扎及模板支护。

【东方希望铝业公司废水处理及循环利用项目】 建设规模为污水处理能力 2 万立方米/天,建成后可节水 80.29 亿千克/年。可减排污水 31.386 亿千克,削减化学需氧量 101.376 万千克、二氧化硫 207.775 万千克、氮氨 3.041 万千克。项目建成投产。

【陕县工业聚集区污水处理厂项目】 建设规模为日处理污水 5 000 千克。总投资 1.2 亿元,年计划投资 1.2 亿元,累计完成投资 3 400 万元。完成征地和“三通一平”等工作。

【河南煤气化公司污水处理改扩建项目】 项目建成后,每年节约新鲜水约 47.3 亿千克,主要污染物化学需氧量、生化需氧量、氨氮削减量分别为 13.44 万千克/年、5.76 万千克/年、2.52 万千克/年。总投资10 752万元,年计划投资 6 424万元。累计完成投资10 752万元。项目建成试运行。

【三门峡市文化体育中心项目】 建筑规模为总面积约 10.4 万平方米。主要包括 3 万人体育场一座、会议展览中心(含城市规划馆)、科技活动中心、妇女儿童活动中心、老年活动中心、方志馆等。总投资 6.7 亿元,年计划投资 1 亿元,累计完成投资 11 317 万元。会展桩基浇筑完成,体育场桩基完成浇筑 230 根,主体工程施工总承包招标文件编制完成。

【三门峡市中心医院病房楼项目】 建设规模为总面积47 761.8平方米,地上 26 层,地下 2 层,新增床位 800 张。总投资24 367万元,年计划投资 1 亿元,累计完成投资 1.01 亿元。主体 26 层封顶。

【三门峡外国语高中项目】 建设规模为总面积 96 565 平方米,占地 17.24 公顷,设 90 个班,约 4 500 人。总投资 1.4 亿元,年计划投资 8 000 万元,累计完成投资 5 100 万元。桩基施工完成 80%。

【灵宝市文化活动中心及教育基础设施项目】 建设规模为四馆一院及灵宝市第三小学、华苑职业高中、21 所寄宿制学校和技工学校等项目。总投资 2.35 亿元,年计划投资 1 亿元,累计完成投资 13 239 万元。四馆一院中的影剧院正进行大台阶面石材安装;寄宿制学校、维修学校已全部建成投用;华苑职高进行教学楼主体施工;第三小学 1 号教学楼、办公楼、公寓楼主体完工,技工学校建设竣工。

【函谷关古文化旅游区开发项目】 建设规模为河道治理、湖面建设、老子塑像、道德天书等工程。总投资 5.89 亿元,年计划投资 5 000 万元,累计完成投资5 060万元。河道治理、风景区道路和湖心岛基础完成。

【陕县教育基础设施项目】 建设规模为寄宿学校、危房改造、特殊教育学校等。总投资21 113万元，年计划投资5 000万元，累计完成投资6 500万元。特殊教育学校完工。

【义马市体育馆项目】 建设规模为总面积33 500平方米，包括3 000座室内运动场一座、5 000座室外运动场等。总投资1亿元，年计划投资5 000万元，累计完成投资6 500万元。土建工程全面铺开，正在进行地基处理。

【卢氏教育基础设施项目】 建设规模为总面积11.8万平方米，新建和改建学校6所、幼儿园1所。总投资13 083亿元，年计划投资8 000万元，累计完成投资9 500万元。一高新校区二期4号～6号教学楼、图书楼、2号实验楼已竣工并投入使用，看台住宅楼、报告厅、4号公寓楼主体竣工；东城初中1号宿舍楼主体竣工，2号宿舍楼正在2层施工。1～4号教学楼主体竣工，综合楼2层封顶；体育馆1层框架柱、框架梁完工。

【卢氏县游客服务中心】 建设规模为接待设施1.42万平方米，包括接待服务中心、17层四星级酒店和280个生态停车场。总投资1.8亿元，年计划投资9 000万元，累计完成投资1.1亿元。游客服务中心主体竣工，正在装修，假日酒店1层正在施工。

【卢氏县九龙山风景区项目】 建设规模为景区道路、景点等基础设施。总投资1.2亿元，年计划投资7 000万元，累计完成投资9 300万元。一期工程已完工，试营业，二期工程正在进行。

【渑池县广播电视网络中心项目】 建设规模为总面积5.2万平方米，共21层。总投资1.2亿元，年计划投资6 000万元，累计完成投资1亿元。主楼土建工程全部结束，外保温工程开始，附楼12层封顶，裙楼地上3层正在施工。

【灵宝窄口水库除险加固项目】 建设规模为大坝加固等工程，完工后可提高2.366万公顷灌区用水保障率。总投资13 300万元，年计划投资2 488万元，累计完成投资3 647万元。大坝防渗墙浇筑完成。

【灵宝市生态公益林项目】 项目总投资48 805万元，年计划投资1亿元，累计完成投资10 748万元。顺利完成年度建设任务。

【龙飞生物公司生态系统建设项目】 建设规模为0.2万公顷生态系统。总投资3.5亿元，年计划投资3亿元，累计完成投资30 000万元。已完成栽植0.2万公顷。

【陕县林业生态建设项目】 总投资4.7782亿元，年计划投资1亿元，累计完成投资1.4亿元。完成11 240公顷，其中生态林营造7 900公顷，林业产业1 000公顷，森林抚育3 513公顷。

【郑西客运专线三门峡段项目】 建设规模为高速铁路154千米及站前广场等。总投资120亿元，年计划投资35亿元，累计完成投资35亿元。已完成无渣轨道铺设，全线贯通，开始试运行。

【三门峡众亿公司洗选煤项目】 建设规模为年洗原煤6亿千克，项目建成后预计可实现销售收入约3亿元。总投资2亿元，年计划投资1.7亿元，累计完成投资1.7亿元。土建已完工，设备安装。

【渑池县968煤矿技改项目】 总投资3.2亿元，年计划投资4 000万元，累计完成投资2.8亿元。已获省工业信息厅批复；完成厂房建设200余间，建筑面积4 000余平方米，主控中心大楼完工，主辅井筒建设180米。

【大岭路涧河立交桥项目】 建设规模为新建河堤北路至南环，互通式立交桥及涧河桥等工程。总投资11 595万元，年计划投资7 000万元，累计完成投资13 489万元。跨涧河桥已全部完成；互通式立交桥正在进行陕州大道南侧匝道施工；照明系统、钢结构造型安装和两侧平台已全部完成。

【建业住宅建设有限公司森林半岛项目】 建筑规模为总面积11.12万平方米。总投资3.3亿元，年计划投资1.2亿元，累计完成投资1.22亿元。项目建成使用。

【灵宝北区基础设施项目】 项目建设内容包括城市西出口、北出口道路改造、道路绿化及桑田路和双田路建设等工程。项目总投资52 433万元，年计划投资3 000万元，累计完成投资5 096.4万元。开元路、双田路东段弱弱电支管道也已完工。

【灵宝市购丰公司生活广场项目】 建设规模为总面积57万平方米，占地21.333公顷，其中商业面积20万平方米，住宅面积37万平方米。总投资5.4亿元，年计划投资1亿元，累计完成投资2亿元。F区、G区主体完工，B区、C区5层主体完工。

【灵宝市强人公司中心商业区基础设施项目】 建设规模为总面积18万平方米。总投资3.5亿元，年计划投资1.454亿元，累计完成投资1.569亿元。完成住宅面积23.01万平方米。

【义渑快速通道义马市境内段项目】 建设规模为全长5 400千米，红线宽100米。总投资19 800万元，年计划投资1亿元，累计完成投资22 500万元。项目一期建成通车。

【义煤集团采煤沉陷区治理项目】 建设规模为新建和加固房屋6.5万平方米，安置居民4 994户。总投资51 307万元，年计划投资5 000万元，累计完成投资10 451万元。南区正在进行土建施工。

【渑池县涧河治理一期项目】 建设规模为整治河道3 500千米，橡胶坝3座，修筑沿河道路6.52千米，跨河桥3座。总投资3.1亿元，年计划投资1.39亿元，累计完成投资10 900万元。河道河底挖方完成50%，洋河桥东岸场地平整4 292.5平方米，2号橡胶坝北岸公路完成灰土基础1 649.96立方米，河堤328.27立方米，左岸6方块1级护坡完成940平方米。

【陕县城市道路项目】 建设规模为城市道路13条，共2.85千米。总投资5.78亿元，年计划投资45 000万元，累计完成投资1亿元。至年底，项目基本建成。

【义煤棚户区改造配套基础设施项目】 建设规模为配套150万平方米棚户区住宅小区的水、电、路、气、暖及学校、医院、幼儿园等设施，建成后可解决1.98万住户、5.93万人棚户区居民住房问题。总投资8亿元，年计划投资7亿元，累计完成投资7亿元。义马、渑池、陕县项目完成年度目标。

【三门峡速达科技公司发动机增氧调压节能装置项目】 建设规模为年产600万套发动机增氧调压节能装置。该装置可达到节油10%以上，降低尾气排放50%。项目建成后预计可实现销售收入8 840万元，利润3 370万元，税金1 150万元。总投资13 620万元，年计划投资4 000万元，累计完成投资1.365亿元。基础设施建设全部完成；生产、实验设备全部安装、调试完毕；正在进行试生产前各项准备。

【湖滨区科利恩铝板材项目】 建设规模为年产2 000万千克中厚铝板带，预计可实现销售收入4亿元，利税6 000万元。总投资2.1亿元，年计划投资5 000万元，累计完成投资5 170万元。项目建成投产。

【河南九华纺织公司精梳紧密纺织生产线项目(湖滨)】 建设规模为年产30万锭棉纱，预计可实现销售收入6.3亿元，利税1.2亿元。总投资5.8亿元，年计划投资1亿元，累计完成投资1.05亿元。檀木安装完毕，车间附墙即将完工；职工公寓建至第4层，完成第2眼机井。

【河南飞象实业公司晋豫钢铁厂特种铸铁项目】 建设规模为年产9亿千克铸铁，预计可实现销售收入2.5亿元，利税6 000万元。总投资5亿元，年计划投资1亿元，累计完成投资2.9亿元。炉口钢砖安装和热风炉耐火材料砌筑结束；冷却壁管道安装试压管正在进行；办公楼投入使用。

【灵宝华茂公司任家沟铁矿项目】 建设规模为120万千克/日铁矿石，预计可实现销售收入1亿元，利税3 000万元。总投资1.3亿元，年计划投资5 000万元，累计完成投资1.53亿元。200万千克新建选厂设备安装完成，正准备试生产，宿舍楼和办公楼投入使用。

【盛源化工公司3亿千克醋酸项目】 建设规模为3亿千克/年，预计可实现销售收入9亿元，利税2亿元。总投资12.5亿元，年计划投资6.6亿元，累计完成投资67 250万元。土建完工，进入安装阶段；3个醋酸罐安装完毕，其他设备正在安装。

【义马1 000万立方米煤制气项目】 建设规模为一期500万立方米煤气、2亿千克甲醇蛋白及气体分离产品，预计可实现销售收入18亿元，利税4亿元。总投资60亿元，年计划投资50亿元，累计完成投资5.1亿元。土建工程全面铺开，部分设备开始订货。

【义煤水泥公司余热发电厂项目】 总投资1.2亿元，年计划投资1.2亿元，累计完成投资1.2亿元。项目建成投产。

【渑池尚正公司牛肉深加工项目】 建设规模为1 000万千克/年牛肉，预计可实现销售收入4亿元，利税5 000万元。总投资1亿元，年计划投资5 000万元，累计完成投资6 500万元。一期工程建成。

【渑池九华纺织公司高档精梳紧密纺纱项目】 建设规模为10万锭棉纱，预计可实现销售收入2.1亿元，利税2 000万元。总投资4亿元，年计划投资2.2亿元，累计完成投资1.9亿元。正准备安装钢架结构。

【缘份果业公司果品加工项目】 建设规模为1.2亿千克/年，其中，浓缩苹果汁5 000千克、果渣饲料4 000千克、苹果果胶100万千克，浓缩果浆2 000万千克、果糖1 000万千克，可实现销售收入6亿元，利税6 000万元。总投资33 350万元，年计划投资30 350万元，累计完成投30 450万元。设备基本安装完成，正在做厂区绿化。

【陕县新华联公司金矿采选项目】 建设规模为500 000千克/日，预计可实现销售收入1.5亿元，利税5 000万元。总投资2亿元，年计划投资1.5亿元，累计完成投资1.5亿元。项目建成投产。

【灵宝华鑫铜箔公司电解铜箔项目】 建设规模为1 000万千克/年电解铜箔，预计可实现销售收入4亿元，利税1亿元。总投资70 843万元，年计划投资3.88亿元，累计完成投资3.9亿元。正在进行设备安装调试。

【灵宝金源公司中深部探矿项目】 建设规模为100万千克/日，预计可实现销售收入3亿元，利税9 000万元。总投资8.668亿元，年计划投资1.75亿元，累计完成投资1.8711亿元。共完成进尺95 568米。

【九九宝公司1亿千克大枣深加工项目】 建设规模为1亿千克/年。总投资1.63亿元，年计划投资1.63亿元，累计完成投资1.63亿元。项目建成投产。

【灵宝志成金铅公司氧气顶吹炼铅项目】 建设规模为1亿千克/年粗铅冶炼，预计可实现销售收入12亿元，利税3亿元。总投资2.8亿元，年计划投资2亿元，累计完成投资2.103亿元。生活区、底吹炉、氧气站、原料房土建完成；设备订置完成85%，设备安装完成30%。

【灵宝豫西轴承公司扩建项目】 建设规模为650万套/年轴承，预计可实现销售收入8 000万元，利税2 000万元。总投资1.055亿元，年计划投资5 050万元，累计完成投资5 050万元。车间完工，正在设备安装和附属设施建设。

【三门峡化工机械公司化工机械生产项目】 建设规模为年产2 000万千克化工机械设备，预计可实现销售收入3亿元，利税1亿元。总投资3亿元，年计划投资6 000万元，累计完成投资1.96亿元。铸造车间已经投产；辅跨车间、金工车间、二容器车间、锻造车间已经具备投产条件；办公楼主体完成。

【三门峡鹏飞电子公司节能灯、无极灯生产项目】 建设规模为年产3亿只节能灯、100万只无极灯,预计可实现销售收入2亿元,利税7 000万元。总投资4.5亿元,年计划投资1.05亿元,累计完成投资1.417亿元。节能灯T5、无极灯已经建成投产;LED生产线部分到位。

【西北联鑫管业公司双壁波纹管项目】 建设规模为1 600万千克/年,预计可实现销售收入9 000万元,利税2 000万元。总投资1.2亿元,年计划投资3 000万元,累计完成投资4 000万元。项目建成投产。

【天元铝业公司1亿千克再生铝项目】 建设规模为年产铸锭10 347.5万千克,其中,铸造铝合金锭8 000万千克、挤压用圆锭2 000万千克、复化锌锭20.25万千克和复化铜锭145万千克。总投资24 234万元,年计划投资5 867万元,累计完成投资8 000万元。土建正在施工,设备正在安装。

【义马环保电力公司铬渣治理项目】 建设规模为3.25亿千克堆存铬渣治理。总投资1.13亿元,年计划投资2 400万元,累计完成投资1.13亿元。项目建成投产。

【润实资源综合利用公司粉煤灰砖项目】 建设规模为年产3亿块粉煤灰蒸压砖。总投资12 478万元,年计划投资7 000万元,累计完成投资9 911万元。配料楼主体完成,正在设备安装;静养区正在钢结构安装;蒸压釜设备已经安装2台。

【陕县中加明科公司金铅矿综合开发项目】 建设规模为2亿千克/年。项目总投资3亿元,年计划投资2.2亿元,累计完成投资2.2亿元。至年底,项目建成投产。

【东方希望集团氧化铝节能改造及资源综合利用项目】 建设内容包括建设余热利用系统项目、降低氢氧化铝滤饼含水率及焙烧耗能项目、改造套管加热器及压煮器降低能耗项目和煤气站余热蒸汽利用项目。总投资8.5亿元,年计划投资4.5亿元,累计完成投资4.8亿元。项目建成投产。

【义煤集团氧化铝节能技改项目】 建设内容包括矿井机电设备变频调速改造、矿井供电系统节能改造、矿井压风系统节能改造、节能电动机改造和排水自动化系统工程改造等。总投资16亿元,年计划投资4亿元,累计完成投资7.5亿元。项目建立投产。

【东方希望集团氧化铝赤泥金属镓提取项目】 建设规模为回收金属镓4万千克。项目总投资1.5亿元,年计划投资1亿元,累计完成投资1亿元。项目建成投产。

【灵宝华宝公司尾矿渣电化提锌及余热利用项目】 建设规模为年利用1亿千克尾渣,提取1 000万千克锌,配套建设电化提锌设施及配套设备。项目建成后,预计可实现销售收入1.1亿元。总投资1亿元,年计划投资8 000万元,累计完成投资1亿元。项目建成投产。

【灵宝金源公司多金属氧化矿综合回收项目】 建设规模为300万千克矿石/日。总投资34 868万元,年计划投资19 263万元,累计完成投资1.98亿元。土建结束,设备正在安装。

【灵宝新凌铅业含锌废渣综合利用项目】 建设规模为年产高纯锌3 000千克、锌基合金6 000万千克,并回收锑、铋、铜等多种有价金属。建成投产后,预计可实现销售收入16亿元,安排就业1 000人。总投资5.2亿元,年计划投资1.5亿元,累计完成投资2亿元。氧化锌、回转窑、熔炼车间均建成,设备在调试;其他设备正在订购。

【陕县中心人民医院迁建项目】 建筑规模为总面积37 611平方米,主楼8层、附楼3层,病床数400张。总投资1.5亿元,年计划投资1亿元,累计完成投资1亿元。轻质隔墙完工,正在进行内粉;水电安装、消防安装正在进行;屋面防水处理和外墙瓷砖完成。

【陕县教育基础设施扩建项目】 建设规模为总建筑面积15.4万平方米,包括陕州高中、职业高中、初中、小学扩建。总投资17 571万元,年计划投资1.5亿元,累计完成投资1.5亿元。项目基本完成。

【灵宝汉山旅游区开发项目】 建设规模为景区基础设施建设,其中,旅游公路2 400千米,登山步道4 000米,广场10 566平方米,停车场16 000平方米。汉山居接待区、罗汉寺遗址接待区和汉山接待中心,总建筑面积19 800平方米。总投资13 167万元,年计划投资7 000万元,累计完成投7 000万元。景区大门、办公楼建成。

(乔旭东　罗　全)

·编辑　周　青·

大事记

5月10日，三门峡市文化体育中心工程建设奠基仪式

1 月

3 日 美国得克萨斯州 A&M 国际大学合作办学考察团到三门峡市访问。美国得克萨斯州 A&M 国际大学是州立大学,创立于 1970 年,2008 年 6 月与三门峡职业技术学院签订了合作办学备忘录,主要从学历教育、学术交流访问和学生教育实习访问 3 个方面进行国际合作办学。考察团在三门峡市进行了为期 3 天的考察访问与文化交流活动。

4 日至 7 日 政协三门峡市五届三次会议召开。市政协主席郭秀荣向大会作工作报告。委员们审议通过了政协三门峡市第五届委员会常务委员会工作报告和提案工作报告;列席了三门峡市五届人大四次会议,听取并讨论了《政府工作报告》和其他重要报告。

5 日 以省委常委、统战部部长刘怀廉为组长的省委考核组到三门峡市,对三门峡市 2008 年度党风廉政建设责任制落实情况进行考核。市委书记李文慧代表市四大班子作述职述廉报告,并作个人述职述廉报告。

6 日至 8 日 三门峡市五届人大四次会议召开。会议表决通过了市五届人大四次会议关于《政府工作报告》的决议、关于三门峡市 2008 年国民经济和社会发展计划执行情况与 2009 年计划的决议、关于三门峡市 2008 年财政预算执行情况和 2009 年财政预算的决议、关于《三门峡市人民代表大会常务委员会工作报告》的决议、关于《三门峡市中级人民法院工作报告》的决议、关于《三门峡市人民检察院工作报告》的决议。

8 日 在由中国管理科学研究院、创新中国论坛委员会和创新型国家研究中心联合主办的"首届建设创新型国家年会"上,湖滨区荣获"建设创新型国家百强县"称号,湖滨区区长杨方成被评为"建设创新型国家领袖人才"。河南省城区中获此殊荣的仅湖滨区 1 家。

9 日至 10 日 河南省军区党委第十届十六次全体(扩大)会议在郑州召开。市委书记、三门峡军分区党委第一书记李文慧参加会议并就党管武装工作进行大会述职。

10 日 三门峡市在郑州中州宾馆举办 2009 年新春茶话会。省政协副主席邓永俭,省人大常委会原副主任郑增茂、亢崇仁、王明义、李志斌、张世军、贾连朝,省政协原副主席杨光喜,省检察院原检察长席宝山,省武警总队原总队长曹云中等 300 多位曾在三门峡市任职和在郑工作的三门峡籍领导干部及省直有关部门领导、企业界朋友参加茶话会。

11 日 三门峡市政府与中行河南省分行在郑州举行全面战略合作协议签字仪式,双方在多个领域达成授信意向 155 亿元。市委书记李文慧,市委会书记、市长杨树平等出席签字仪式。此次协议达成的授信意向包括市政基础设施、道路交通、煤炭、火力发电、氧化铝、电解铝、黄金深部探矿、铅锌冶炼等多个领域。

12 日 省十一届人大二次会议在郑州开幕。出席会议的三门峡市代表团举行全体会议,认真审议代省长郭庚茂代表省政府所作的政府工作报告。副省长徐济超,省人大常委会秘书长连子恒,省人大常委会原副主任张以祥、吴全智作为三门峡市代表团成员参加了审议。

是日 省委书记徐光春在三门峡市工作报告上作出重要批示,对全市 2008 年各项工作取得的突出成绩给予充分肯定和高度评价,并对以后工作提出了新的更高的要求。徐光春在批示中指出:"2008 年三门峡市经济社会发展和党的建设取得很好的成绩,可喜可贺。要认真总结经验,继续开拓创新,在困难的 2009 年创造更加优异的成绩。"

13 日 市委书记李文慧,市委副书记、市长杨树平,市人大常委会主任赵继祥,市委常委、统战部部长王惠等到河南陆军预备役高炮师走访慰问,向部队全体官兵送去新春的祝福与问候。李文慧一行观看了高炮师基本情况和 2008 年度部队建设专题片,军地双方进行了座谈交流。

是日 灵宝宏源农牧公司从加拿大购进首批 450 头良种奶牛,标志着全省规模最大奶牛养殖项目正式建成投产。

15 日 中国黄金集团公司党委书记、总经理孙兆学,总经理助理王晋定在河南黄金公司总经理郎建华、党委书记崔建国陪同下到三门峡市,慰问黄金系统职工和困难群众。孙兆学深入黄金系统生产一线和群众家中走访慰问,并实地察看了河南中原黄金冶炼厂有限责任公司刚完工的电铜项目、综合回收(铁红)项目,详细了解试生产情况。

19 日 中共三门峡市委、三门峡市人民政府在义马市召开支持义煤集团公司发展座谈会。市委副书记、市长杨树平在会上介绍了全市 2008 年经济社会发展基本情况和应对金融危机的一系列主要措施。市委书记李文慧在讲话中强调,面对金融危机的严峻形势,各级各部门要和企业共同努力,增强信心,"危"中求"机",携手并进,共同实现平稳较快发展。

20 日 副省长史济春、省政协副主席李英杰一行到三门峡市走访慰问企业职工和城乡低保户、优抚对象等。市领导李文慧、杨树平等陪同慰问。史济春、李英杰一行先后到湖滨区交口乡敬老院和交口村,看望慰问优抚对象和低保户,到市区看望慰问省级劳模和困难群众,并到宇龙纺织器材公司、河南中原黄金冶炼厂有限责任公司和三门峡恒生科技公司走访慰问。

是日 市委召开常委扩大会议,听取项目建设年活动实施意见和方案、安全生产情况和全市信访稳定工作的汇报。市委书记李文慧主持会议并强调,要扎实安排好项目建设年活动,促进全市经济持续稳定较快发展;要切实做好当前的安全生产和信访稳定工作,确保全市社会和谐稳定。

21 日 三门峡军分区党委召开三届七次全体(扩大)会议。会议认真贯彻落实党的十七大和中央军委、济南军区、省军区党委扩大会议精神,总结 2008 年以来三门峡军分区部队和民兵预备役建设工作,分析形势,研究部署 2009 年工作任务。市委常委、三门峡军分区政委李明举代表三门峡军分区党委常委会向全会报告工作。市委书记、三门峡军分区党委第一书记李文慧出席会议。

23日 由团省委、省青联、河南日报报业集团、省广播电影电视局联合开展的第八届“河南省十大杰出青年”“河南省优秀青年”评选活动结果揭晓，灵宝市人民检察院女检察官白洁入选“河南省十大杰出青年”，水电十一局张涛当选“河南省优秀青年”。

2 月

2日 三门峡市项目建设年活动动员大会召开，总结近年来特别是2008年项目建设工作，部署2009年项目建设任务，将2009年定为全市项目建设年。项目建设年活动的目标要求是：坚持以科学发展观为指导，围绕“扩内需、保增长、调结构、促转型、重民生”这条主线，通过建立和完善项目滚动发展、协调发展、责任考核等工作机制，推动项目开发储备、引进争取、开工建设、竣工投产快速有序推进，努力实现项目建设的新突破，力争全年在建亿元以上重大项目达到100个以上，新开工项目总投资规模达到500亿元，全社会固定资产投资达到500亿元。会上，市委、市政府对2008年重大项目建设与争取中央新增投资先进单位和个人进行表彰奖励。各县（市）区政府向市政府递交《2009年重点项目建设责任书》。

是日 三门峡市召开抗旱保麦夺丰收电视电话会议。与会人员认真收看了全省抗旱保麦夺丰收电视电话会议。市委书记李文慧在会上强调，要认真贯彻落实全省会议精神，结合本地实际，充分认识旱情，坚持应对金融危机和抗旱浇麦，“两手抓、两手都要硬”，坚决打赢抗旱保麦夺丰收这场攻坚战。

4日 中共中央党史研究室下发《关于表彰全国地方党史部门2007－2008年先进集体和先进工作者的决定》［中史文〔2009〕4号］，三门峡市委党史地方史志办公室主任李健被表彰为“全国党史部门先进工作者”。

5日 全市召开党风廉政建设工作会议暨争创全省党风廉政建设先进市动员大会，传达贯彻中纪委三次全会和省纪委八届四次全会精神，总结全市2008年党风廉政建设和反腐败工作，对下一步全市争创全省党风廉政建设先进市工作进行动员和部署。各县（市）区委书记和市直反腐败牵头单位党组（党委）负责人向大会递交了党风廉政建设目标责任书。

6日 武警三门峡市支队召开党委扩大会议，传达贯彻省武警总队党委全体扩大会议精神，总结工作，表彰先进，部署任务，动员全支队官兵深入贯彻落实科学发展观，忠实履行武警部队职责使命，全面推进部队建设。市委书记李文慧出席会议，并对武警三门峡市支队作出的贡献给予充分肯定。

7日 省人大常委会副主任储亚平、副秘书长李民庆率省督导组到三门峡市指导抗旱工作。储亚平先后到灵宝市焦村镇、尹庄镇，实地察看倒虹吸明渠段改线工程和麦田浇灌情况。储亚平在仔细察看了墒情和小麦生长情况，了解了灵宝市在抗旱工作中所采取的具体措施后，对灵宝市的抗旱工作表示肯定。

10日 三门峡市召开农民工工作电视电话会议，部署全市当前和以后一个时期的农民工工作。在收听收看了全省农民工工作电视电话会议后，市委书记李文慧强调，各地、各部门要积极行动起来，认真贯彻落实好中央和省、市的决策部署，加大工作力度，完善相关措施，切实解决好农民工问题，努力使农民工在统筹城乡发展中得到更多实惠，为加快建设开放魅力富裕和谐三门峡而努力奋斗。

是日 渑池县被全国村务公开协调小组命名表彰为“全国村务公开民主管理示范县”。

是日 市政府与工商银行河南省分行在三门峡市举行战略合作协议签约仪式。工商银行河南省分行行长明柱亮、副行长尚军，市领导李文慧、杨树平、赵继祥、郭秀荣、苏新华、赵中生、李琳、高从民等出席签字仪式。双方就3年内为三门峡市交通基础设施、重点能源项目、高新技术产业、中小企业等提供160亿元的贷款达成意向。仪式上，工行三门峡分行还与部分企业代表现场签订了25亿元贷款协议和6亿元贷款合同。

是日至11日 农业部第一抗旱督导组到三门峡市，就抗旱工作进行检查指导。督导组先后到灵宝市部分乡（镇）和市农业局，察看了三门峡市的果业发展情况、农业信息化建设和农业科技体系建设情况，并深入陕县菜园乡崔家村和张茅乡的东村、位村，实地察看旱地小麦长势，了解抗旱保苗工作开展情况，对下一步抗旱工作提出了指导性意见。

11日 市委召开常委会议，听取抗旱工作和第15届三门峡国际黄河旅游节暨投资贸易洽谈会筹备情况汇报，研究部署下一步工作。市委书记李文慧主持会议并强调，要进一步提高对抗旱工作重要性的认识，明确工作重点，采取切实有效措施，打一场抗旱夺丰收的人民战争，努力把自然灾害造成的损失减少到最低限度；要突出特色，分工配合，把各项筹备工作做细、做好，把旅游节办成具有更强特色、更高水平、更大实效的节会。

是日 由最高人民检察院政治部和检察日报联合中央主要新闻媒体共同举办的第3届“全国十佳基层检察院”评选结果揭晓，灵宝市人民检察院被评为“全国十佳基层检察院”。12日，省委书记徐光春对《中共三门峡市委关于灵宝市检察院荣获“全国十佳基层检察院”的报告》作出批示：“很好。应总结宣传。”18日，中共三门峡市委下发《关于开展向灵宝市人民检察院学习活动的决定》。23日至25日，中央、省级17家新闻媒体的20多名记者到灵宝市人民检察院采访。

12日 省委常委、统战部部长刘怀廉深入三门峡市指导抗旱浇麦工作。市领导李文慧、杨树平、李建顺、王惠等陪同调研。刘怀廉先后到陕县西张村镇南沟村和灵宝市阳店镇东水头村、焦村镇窄口灌区一干渠倒吸虹进口渠塌方维修工程现场进行了调研察看。刘怀廉在调研中强调,要充分认识当前旱情,调动各方面力量,扎实做好抗旱浇麦工作,坚决打赢抗旱浇麦夺丰收这场硬仗。

13日 三门峡市召开项目建设年活动指挥部项目汇报会议,听取各县(市)区和市直承担重大项目责任单位项目建设进度汇报,分析解决存在的问题,推动项目快速运作,力促项目建设顺利进行,促进项目建设年活动取得成效。市委书记李文慧在会上强调,各级、各部门要进一步加强领导,明确责任,搞好对接,突破重点,科学推进,努力使项目建设年活动取得实效。

16日至21日 市委副书记、市长杨树平率三门峡市代表团参加河南省在澳门、香港两地举行的“中原文化港澳行暨2009豫港澳投资贸易洽谈会”。18日,在“中原文化香港行暨2009豫港投资贸易洽谈会”上,义煤集团与美国综合能源系统有限公司正式签订日产1 000万标方煤制气项目合同,三门峡市地久公司与香港汇成能源有限公司达成年产700多万千克多晶硅生产线项目协议。省委书记徐光春在杨树平陪同下,到三门峡市民间艺术杰出传承人、陕县剪纸世家传人、陕县剪纸协会副会长朱秀云的剪纸摊位前,观赏了她的剪纸作品《五牛图》,并鼓励朱秀云继承好剪纸这一具有浓郁地方特色的民间文化,将其不断发扬光大,争取创出特色、创出品牌。19日,在三门峡(香港)积极合作项目推介会上,三门峡市共达成合作合同、意向17个,项目投资总额153.3亿元。

17日 市委、市政府召开联席会议,贯彻落实省有关政策措施要求,专题研究部署如何进一步做好农民工及有关工作。市委书记李文慧出席会议并强调,各级党委、政府和各有关部门要高度重视,切实理清工作思路,突出工作重点,齐抓共管,切实做好新形势下的农民工工作,为应对危机、加快推进新农村建设、实现经济社会平稳较快发展作出积极贡献。

是日 市委书记李文慧在河南电视台“对话中原”栏目纪念改革开放30周年特别节目《跨越·黄河明珠—三门峡》中出任嘉宾。李文慧在录制现场,介绍了三门峡的过去和现在、城市建设、经济发展、生态环保与和谐社会建设等,向大家展示了巨大变革中的“开放魅力富裕和谐”的三门峡新形象。

19日 三门峡市召开项目建设年活动市直十大项目推进会,听取了市直十大项目进展情况汇报,逐一研究解决十大项目建设中存在的问题。市直十大项目包括三门峡火电厂三期工程、连霍高速公路洛阳至灵宝段改扩建工程、迎宾大道新建工程、运三高速铁路(含三门峡黄河大桥公铁两用桥及连接线)工程、市文化体育中心工程、郑西高铁三门峡新客站广场及周边道路工程、市城市集中供热二期工程、天瑞集团铝合金生产线工程、市外国语高中工程和市中心医院病房大楼工程。

是日 全市“农民工服务月”活动启动。该活动是市委、市政府按照省委、省政府统一部署,为切实做好全市农民工工作组织开展的。市领导李文慧、郭秀荣、苏新华、赵中生、张高登、肖群兰等出席启动仪式。仪式上,有120家企业参加招聘会,提供就业岗位6 500个,吸引了2 500余名求职者前来咨询洽谈;来自省内外的21家企业实行现场签订劳务协议,提供岗位3 000个,涉及机械制造、水产养殖、物业管理等十余个行业;其中,1 480名求职者与本地企业达成用工意向。

23日 市委书记李文慧深入建设工程一线,察看部分交通、城建重点工程建设情况。李文慧先后到运三黄河公铁两用特大桥选址点、国道310线三门峡西至灵宝一级公路改建工程大王段、郑西铁路客运专线三门峡南站广场建设工地察看后强调,各地、各部门要统筹兼顾,加强协调配合,瞄准已确定的交通、城建重点工程目标,着力推进,加快工程建设进度。

24日 省委、省政府下发《关于表彰2008年度信访工作先进省辖市、县(市、区)和先进单位的决定》(豫文〔2009〕17号),三门峡市被授予“2008年度信访工作成效显著省辖市”荣誉称号,义马市、渑池县被授予“2008年度信访工作先进县(市、区)”荣誉称号。

25日 省委、省政府下发《关于表彰全省粮食生产先进单位和先进个人的决定》(豫文〔2009〕20号),渑池县果园乡毛沟农机专业合作社、陕县喜耕田农机专业合作社、灵宝惠农农机服务有限责任公司被表彰为“全省农机合作社先进单位”,邓仲民、高爱玉、王晓飞、李振国、杨建群、薛院强6人被表彰为“全省粮食生产先进工作者”。

27日 市委召开常委扩大会议,听取2009年以来工业经济运行情况和全市信访稳定工作汇报。市委书记李文慧强调,要把工业经济运行作为当前经济工作的头等大事,千方百计保障工业经济运行平稳;要全力以赴做好信访稳定工作,牢牢把握工作主动权,确保全市经济社会发展大局稳定。

3 月

2日 市委副书记、市长杨树平深入渑池县,就项目建设年和企业服务年活动进行调研。杨树平先后察看了东方希望金属镓项目、中色东方韶星氟化铝项目、尚正肉牛加工项目、方圆陶粒砂项目和渑池九华高档精梳纺纱项目、渑池县人民医院项目、渑池县广电大厦项目、刘少奇旧居修缮项目、涧河治理项目等建设工地。杨树平在调研中强调,要正确分析当前形势,充分认识开展项目建设年和企业服务年活动的重大意义,扑下身子狠抓落实,齐心协力共克时艰,确保两项活动取得实效。3日,杨树平深入灵宝市,就应对金融危机、开展项目建设年和企业服务年活动情况进行调研。

3日 河南·三门峡(北京)劳务推介会在北京长城饭店隆重召开。中华全国总工会原党组书记、原副主席张丁华,中华全国总工会副主席陈荣书,河南省委常委、宣传部部长、副省长孔玉芳及市领导李文慧、苏新华、郭绍伟等出席会议。孔玉芳在讲话中充分肯定了近年来三门峡市劳务输出工作,并代表省委、省政府向推介会的成功举办表示热烈的祝贺,向与会来宾表示热烈的欢迎。会上，三门峡市与京津塘地区的132家企业签订了用工协议，涉及40个工种、31 335人。

是日 市委书记李文慧在北京看望“两会”期间三门峡市各县(市)区及部分市直单位信访稳定驻京工作组负责人。李文慧指出，要尽心尽力，确保“两会”期间没有来自三门峡的干扰，为全国“两会”胜利召开创造良好的环境。

4日 三门峡市召开文体中心设计方案汇报会，听取北京市建筑设计院有关专家就文体中心“金盆聚宝”设计方案中的建筑专业、结构专业、设备专业和电气专业相关情况汇报，研究部署下一阶段项目建设工作。

5日 三门峡市和义马市分别被国家体育总局授予全国全民健身活动优秀组织奖和全国全民健身活动先进单位称号。

是日 第十一届全国人民代表大会第二次会议在北京召开，市委书记李文慧，黄河明珠集团董事长、党委书记刁兆秋，三门峡职业技术学院副院长李勤等三门峡市的3名全国人大代表，与来自全国的近3 000名全国人大代表一同共商国是。

6日 三门峡市召开林业生态市建设暨创建国家森林城市动员大会，学习贯彻全省有关会议精神，总结2008年以来全市林业生态建设工作，表彰先进，分析形势，部署2009年林业生态建设和创建国家森林城市任务。市委副书记、市长杨树平出席会议并强调，各地、各有关部门要切实抓好初春大好时机，进一步加大植树造林力度，突出林业生态重点工程建设，狠抓工作落实，迅速掀起全市林业生态市建设和创建国家森林城市高潮。

是日 在河南省各界妇女庆“三八”促创业表彰大会上，三门峡市香山红叶集团董事长张永香被评选为“河南省十大女杰”。

9日 三门峡市公安局湖滨分局崤山路派出所所长张俊萍被省公安厅、省妇联评选为河南省“十大杰出女民警”。

11日 三门峡市被中国楹联学会批准为“中国楹联文化城市”。同时，湖滨区被批准为“中国楹联文化区”。

12日 三门峡市召开重点项目建设督查汇报会，听取市项目建设年活动指挥部办公室关于对全市“8155”投资促进计划项目建设情况的督查汇报以及各县(市)区，市直有关部门和市直十大重点项目承办单位、责任单位项目建设进度汇报，研究解决存在的问题。

是日 河南开祥天源化工有限公司年产2亿千克二甲醚项目在义马市马岭工业园区奠基。项目计划投资1.1亿元，设计年产燃料二甲醚2亿千克，计划工期8个月。

16日 市委书记李文慧主持召开市委常委扩大会议，传达学习全国“两会”精神，部署贯彻落实“两会”精神的有关工作。李文慧强调，要把学习贯彻落实“两会”精神作为当前的一项重要政治任务，结合实际，全力以赴抓好当前各项工作，奋力开创建设开放魅力富裕和谐三门峡、跻身中原崛起第一梯队新局面。

17日 全市信访工作会议召开，传达贯彻全省信访工作会议精神，总结全市2008年信访工作，部署当前和以后一个时期的信访工作。

18日 在全省消防工作会议上，三门峡市被省政府授予全省“消防工作先进市”称号。

19日 市委召开农村工作会议，回顾总结全市2008年农业农村工作，分析当前农村经济面临的形势与任务，研究促进农业稳定发展、农民持续增收的政策措施，部署2009年农业农村工作。市委书记李文慧，市委副书记、市长杨树平分别就此次会议作出重要批示。会议表彰了社会主义新农村建设先进单位、先进工作者和市级农民致富能手，市级农业产业化重点龙头产业，“十佳”农民专业合作社和“十佳”畜禽养殖小区。

是日 《光明日报》《河南日报》、河南电视台等新闻媒体记者到陕县，就如何进一步发挥“新农村书屋”作用进行集体采访。

20日 市委书记李文慧与相关部门、高校负责人一起集中收听收看高校毕业生就业电视电话会议。会后，李文慧就学习贯彻省委书记徐光春、省长郭庚茂重要讲话精神，做好三门峡市大学毕业生就业工作提出了明确要求。

23日 三门峡市召开深入学习实践科学发展观活动动员大会，学习贯彻中央和省委有关会议和文件精神，对三门峡市深入学习实践科学发展观活动进行动员部署。按照全党深入学习实践科学发展观活动动员大会部署和中央《关于在全党开展深入学习实践科学发展观活动的意见》及省委《关于在全省党员中开展深入学习实践科学发展观活动的实施意见》的要求，市委决定从2009年3月开始，用一年左右的时间，在全市党员中分两批开展深入学习实践科学发展观活动。

是日 三门峡220千伏观音堂变电站工程开工建设。工程是国家电铁和省政府2009年重点项目之一，总投资1.09亿元，总占地面积1 378公顷。

是日至24日 三门峡市开展工业重点项目督查活动。市委书记李文慧，市委副书记、市长杨树平等率领督查考评人员，先后现场察看了陕县、义马市、渑池县、湖滨区、三门峡经济开发区、卢氏县、灵宝市、三门峡工业园等地的24个工业重点项目。

24日 三门峡市召开项目建设督查暨经济运行工作会议。会议贯彻落实全省经济运行工作电视电话会议精神，结合三门峡市项目督查情况，紧急动员全市上下进一步认清形势，增强紧迫感、责任感和使命感，以奋力拼搏的临战状态，以更加扎实的工作作风，集中精力战危机，争分夺秒抓落实，齐心协力保增长，千方百计促发展，努力扭转一季度经济发展的不利因素，推动经济社会快速健康发展。

25日 省委常委、纪委书记叶青纯到渑池县调研。市领导李文慧、杨树平等陪同调研。叶青纯在视察刘少奇旧居时指出,要充分认识、深刻理解刘少奇《论共产党员的修养》著作的重要意义,把学习这一著作与当前开展的深入学习实践科学发展观活动结合起来,与“讲党性修养、树良好作风、促科学发展”教育活动结合起来,坚持不懈地加强各级领导干部的党性修养,树立和弘扬良好工作作风,推进党风廉政建设和反腐败工作深入开展,为保持经济社会平稳较快发展提供坚强保证。在渑池期间,叶青纯还到果园乡李家村察看了新农村建设工作。

26日　310国道改建工程在灵宝市函谷关镇北坡头村开工建设。工程全长35.1千米,其中改建18.1千米,新建15.6千米,项目概算投资7.98亿元,设计速度每小时80千米,双向4车道,工期24个月。路线东与三门峡市区至三门峡西1级公路相接,西至灵宝市焦村镇与310国道顺接。三门峡市领导李文慧、郭秀荣、张高登、周志远等出席开工奠基仪式。

是日　市政府与农行河南省分行签订全面战略合作备忘录。省农行计划在未来5年内向三门峡市重大项目建设提供130亿元意向性信用支持,主要合作领域包括能源、交通、医疗、教育、农林水项目建设、农业产业化龙头企业、县域中小企业、农户等。市委副书记、市长杨树平与省农行行长张健分别代表双方签字。

是日　豫陕晋3省3市政法协作会议召开。三门峡市、渭南市、运城市政法委、市直政法各部门主要负责人,3市相邻县(市)区政法委书记以及有关部门负责人出席会议。会议回顾总结工作,交流经验,分析形势,商讨研究积极维护豫陕晋黄河金三角地区社会政治稳定和治安大局平稳及下一步政法协作工作。市委书记李文慧在会上致词,充分肯定了3地政法协作工作取得的成效,并希望3地通过加强政法协作工作,为3省经济社会全面发展进步作出更大贡献。与会人员就加强区域政法协作工作进行了深入广泛的交流讨论。会议还通过了《豫陕晋3省3市政法协作会议纪要》。

27日　由江西省政协主席傅克成率领的中央巡回指导检查组到三门峡市,对全市深入学习实践科学发展观活动开展情况进行指导检查。市委书记李文慧,市委常委、组织部部长李卫民,市委常委、纪委书记申黎明,市委常委、秘书长赵中生参加汇报会,省学习实践活动指导组成员出席会议。李文慧向中央巡回指导检查组汇报了三门峡市深入学习实践科学发展观活动开展情况。中央巡回指导检查组对三门峡市的学习实践活动给予高度评价,并对下一步的活动提出了明确要求。

是日　三门峡市举行深入学习实践科学发展观活动集中学习报告会。市领导李文慧、杨树平等出席报告会。解放军总参谋部某部国际问题高级研究员贾寿禄教授作了题为“当前的国际形势和与我国关系密切的热点问题”的报告。报告从当前国际形势特点、中国与周边主要国家和地区的关系、国际敏感问题和台湾问题4个方面详细客观地分析了当前的国际形势和热点问题。

30日　按照市委学习实践活动领导小组安排,三门峡市举行深入学习实践科学发展观活动集中学习报告会,市委书记、市委深入学习实践科学发展观活动领导小组组长李文慧为三门峡市市级领导干部和县处级主要干部作专题辅导报告。李文慧在报告中指出,要把握内涵,提升水平,突出实践特色,保增长、保民生、保稳定,推动经济社会又好又快发展。

30日至4月1日　省检察院党组书记、检察长蔡宁在三门峡市调研,看望和慰问一线检察干警,面对面地指导、协调解决基层检察院建设中遇到的困难和问题。市领导李文慧、郭绍伟、赵中生等陪同调研。

31日　三门峡市人民检察院举行“全国文明单位”揭牌仪式。省委常委、宣传部部长、副省长孔玉芳和省人民检察院分别发来贺信,省人民检察院检察长蔡宁、市委书记李文慧共同为市人民检察院“全国文明单位”揭牌。

是日　由台湾新闻网、《文化新闻报》《李氏新闻》《中华时报》等8家台湾媒体和中国国际广播电台、海峡之声广播电台等9家内地媒体组成的采访组到三门峡市,对三门峡市改革开放成就、重点工程建设和名胜古迹进行集中采访。市委书记李文慧出席欢迎宴会并致词。采访组先后深入到函谷关古文化旅游区、陕县张湾乡的郑西铁路客运专线吕家崖隧道出口与陕县特大桥连接处、虢国博物馆等地进行了深入采访。

是日　三门峡市举行大会,对灵宝市人民检察院荣获“全国十佳基层检察院”给予隆重表彰。2月11日,由最高人民检察院政治部和《检察日报》联合中央主要新闻媒体共同举办的第3届“全国十佳基层检察院”评选结果揭晓,灵宝市人民检察院被评为“全国十佳基层检察院”。12日,省委书记徐光春对《中共三门峡市委关于灵宝市检察院荣获“全国十佳基层检察院”的报告》作出批示:“很好。应总结宣传。”表彰大会宣读了最高人民检察院的表彰决定和省人民检察院《关于开展向灵宝市人民检察院学习活动的决定》及三门峡市委《关于开展向灵宝市人民检察院学习活动的决定》,三门峡市人民检察院和灵宝市委主要领导为灵宝市人民检察院颁发了奖金。省人民检察院检察长蔡宁、市委书记李文慧分别在会上作重要讲话。

4　月

1日　河南省2008年度国税纳税百强排行榜公布,三门峡市5家企业上榜,其中3家企业名列前20强:义马煤业集团股份有限公司以入库税款8.94亿元居第10位,东方希望(三门峡)铝业有限公司以6.76亿元居第12位,开曼铝业(三门峡)有限公司以5.44亿元居第17位。

是日　由团中央新时代青少年体质健康促进中心负责人和人民日报社、光明日报社、搜狐网、新华社等媒体记者组成的“阳光体育”考察采访组到三门峡市。市委书记李文慧看望考察采访组成员,副市长赵艳出席汇报会。在三门峡市期间，考察采访组一行先后深入市外国语小学、市外国语中学、市第二实验小学进行考察采访。

2日 市委书记李文慧，市委副书记、市长杨树平在渑池县刘少奇旧居，向刘少奇雕像敬献花篮。作为三门峡市深入学习实践科学发展观活动的内容之一，市委中心学习组成员、市委学习实践活动领导小组成员集体参观了这处革命传统教育基地，并与渑池县的200多名党员干部一起聆听了中央党校党建部张荣臣教授所作的《学习〈论共产党员的修养〉，加强领导干部的作风建设》的辅导报告。

3日 台湾亲民党主席宋楚瑜及夫人陈万水、副主席张昭雄及夫人李芳惠等一行20余人到三门峡市，在中央河南省委副秘书长周春艳、省台办主任宋丽萍，市委书记李文慧，市委副书记、市长杨树平等陪同下到虢国博物馆参观。

5日 全国村务公开协调组成员、国家信访局副局长王石奇到义马、渑池，调研村委换届和信访工作。王石奇先后到义马市新区街道办事处梁沟村、东区街道办事处河口村和渑池县信访局、仰韶乡苏门村，实地察看了村务公开工作，详细了解村委换届选举情况和信访工作。

8日 在全国首届生态文明建设与区域绿色发展论坛暨成果发布会上，陕县被中华环保联合会、中国城市科学研究会、中国农业生态环境保护协会、中国社会科学院数量经济与技术经济研究所授予"中国绿色名县"荣誉称号。

是日 市委书记李文慧到深入学习实践科学发展观活动联系点灵宝市进行调研，并为广大干部群众作深入学习实践科学发展观活动专题报告。李文慧在报告中结合灵宝实际，从深刻认识开展"讲党性修养、树良好作风、促科学发展"教育活动的重要意义，坚持不懈地加强党性修养、提高党性觉悟，以学习弘扬焦裕禄精神为动力倡树优良作风，按照科学发展观的要求加快推进资源枯竭型城市经济转型4个方面，对深入学习实践科学发展观这一重大命题进行了全面而深刻的阐述。同时，希望灵宝市在科学发展观的统领下，更好地应对金融危机促"三保"，努力实现经济社会又好又快发展。李文慧还实地察看了豫西轴承公司扩建项目、灵宝文化活动中心建设工地和灵宝风情园等，对灵宝经济社会呈现的可喜变化给予高度评价。

9日 市委书记李文慧主持召开市委常委扩大会议，主要听取和研究了全市经济运行、城中村改造等有关事宜。会议传达了中央有关文件精神和省委办公厅、省政府办公厅《关于做好决战二季度、齐心破危局、全力谋发展重点工作的通知》。

10日 省委常委、统战部部长刘怀廉到义马市调研。省政协副主席、民建河南省委主委龚立群及三门峡市领导李文慧、杨树平等陪同调研。刘怀廉先后深入义马气化厂、盛源公司3亿千克醋酸工程建设工地、河南开祥化工有限公司、矸石砖厂、万吨铬盐清洁项目、义煤1 000万标方煤制气工程等地进行了实地考察，对三门峡市、义马市经济社会发展及学习实践活动取得的成效给予充分肯定。

12日 卫生部副部长、国家中医药管理局局长王国强到三门峡市，对三门峡市卫生和中医事业发展情况进行调研，并出席市中医院国家重点建设项目竣工剪彩仪式。

14日 省委副书记、省长郭庚茂率省观摩团到三门峡市参观考察重点项目建设。副省长史济春等参加观摩活动，市领导李文慧、杨树平、李琳、高从民等陪同观摩。观摩团先后到三门峡市产业集聚区、陕县产业集聚区、湖滨区产业集聚区、义马市产业集聚区等地，考察了鹏飞电子公司节能照明产业园、钟原公司年产3 000吨镁铝合金板带、思睿电子公司年产4万台高清晰写真机、盛源化工公司年产3亿千克醋酸项目等重点项目建设。

是日 全国16城区人大工作联席会第31次会议在三门峡市湖滨区召开。三门峡市人大常委会副主任亢伊生在会上致辞。来自贵州省、安徽省、黑龙江省等16个省的城区人大常委会领导出席会议。会议围绕加强和改进人大监督工作，提高常委会审议质量、增强监督实效，创新代表工作方法、充分发挥代表作用等方面内容进行了研讨和交流。

是日 河南省救灾工作会议在三门峡市召开。会议总结了2008年全省各级救灾部门，在战胜冰雪灾害、四川汶川大地震等各类自然灾害中取得的成功经验；交流了各地搞好救灾工作的经验；对2009年救灾工作进行了总体部署。

17日 第10届全国重大党史题材笔会在三门峡市召开。中央党史研究室副主任龙新民，中央文献研究室副主任陈晋，省委办公厅巡视员李立民，省委党史研究室主任于吉林、副主任王世宣等出席会议，40余名来自中央党史研究室、中央文献研究室、中央党校、人民日报社、《求是》杂志社、新华社和解放军各总部、大军区、军事科学院及地方的著名党史军史专家、作家就重大党史题材写作中如何处理好党性和科学性的统一、弘扬主旋律与宣传多样化的统一，发挥党史刊物的宣传作用等问题进行了充分的讨论和交流。与会人员还到渑池县刘少奇旧居、三门峡大坝、虢国博物馆、卢氏县革命老区、陕县张村镇等地参观考察。市委书记李文慧到会并致欢迎词，市领导李明举、赵中生、邹援朝、王铁创等参加相关活动。

是日 三门峡市举行深入学习实践科学发展观活动专题报告会，邀请国务院发展研究中心原主任王梦奎作专题报告。市委书记李文慧主持报告会。王梦奎在题为"经济形势和中长期发展"的专题报告中深入分析了国际金融危机的起因、发展和对国际国内经济的影响，重点讲解了新形势下中国中长期发展战略，阐述了只有贯彻落实科学发展观，才能解决当前存在的矛盾和问题，实现可持续发展。

19日至21日 市委书记李文慧带领三门峡市学习考察团赴开封学习焦裕

禄精神。李文慧在考察中强调,要进一步深入开展学习弘扬焦裕禄精神活动,把学习弘扬焦裕禄精神活动转化为深入学习实践科学发展观、努力完成“保增长、保民生、保稳定”工作目标的实际行动。在新乡考察新农村建设时,李文慧指出,学习借鉴先进经验,进一步加快城乡统筹发展,加快全市新农村建设步伐。

20日 在中国光彩事业促进会三届四次理事会上,三门峡市民营企业家、灵宝华宝产业有限责任公司董事长陈治华荣获“光彩事业突出贡献奖”,成为河南省唯一一位获此殊荣的民营企业家。

是日 河南省召开经济运行工作电视电话会议,分析全省一季度经济运行情况,部署决战二季度的各项工作。三门峡市委副书记、市长杨树平在全省经济运行工作电视电话会议三门峡分会场参加会议并作典型发言。

21日 河南省工业产品产销对接会在郑州举行。副市长李琳带领三门峡市代表团参加对接会。会上,三门峡市共签约25.56亿元,在签约超过10亿元的10家省辖市中排名第6位。

23日 三门峡市召开第五次劳动模范(先进工作者)表彰大会。市委常委、副市长赵光超宣读了《三门峡市关于表彰劳动模范(先进工作者)的决定》。市委书记李文慧就关心劳模、爱护劳模、学习劳模提出明确要求,勉励包括劳动模范和先进工作者在内的广大劳动群众,一定要认清形势,坚定信心,切实把力量凝聚到市委、市政府的决策部署上来,凝聚到“保增长、保民生、保稳定”的各项任务上来,努力在建设开放魅力富裕和谐三门峡的实践中争先锋、做表率,为实现经济社会发展新跨越建功立业。

24日 文化部公示第3批国家级非物质文化遗产项目代表性传承人推荐名单,在“传统美术类”中,三门峡市82岁的“卢氏剪纸”代表性传承人杨春枝上榜。

27日 三门峡市举行仪式,欢送三门峡市32名省劳模和2名特邀代表赴郑州出席省劳动模范(先进工作者)表彰大会。市领导杨树平、赵继祥、李卫民、李宝鸿、张景林等为省劳模送行。

是日 河南省第2批深入学习实践科学发展观活动专题报告会电视电话会议召开。市领导杨树平、赵继祥、李建顺、李卫民、申黎明、郭绍伟、赵中生等在三门峡分会场出席会议。

28日 三门峡市委、市政府召开专题会议,严肃处理因“王帅帖案”被揭开的灵宝市违规占地一事。处理决定:责成灵宝市委、市政府向三门峡市委、市政府作出深刻检查;责成灵宝市委书记吕均平、市长乔长青向三门峡市委、市政府作出深刻检查;对灵宝市委常委、常务副市长高永瑞给予行政警告处分,免去灵宝市大王镇党委书记黄松涛职务;责成三门峡市国土资源局依照干部管理权限对灵宝市土地管理局副局长李建强予以免职,给予灵宝市土地管理局阳店土地管理中心所所长翟海江行政记过处分。

29日 在北京举行的中国土木工程詹天佑奖10周年庆典暨第8届颁奖典礼上,由中国水利水电第十一工程局有限公司承建的安徽临淮岗洪水控制工程荣获“第8届詹天佑土木工程奖”。这也是该工程继荣获中国建筑工程“鲁班奖”“大禹奖”之后获得的又一殊荣。

是日 三门峡市召开“两代表一委员”征求意见座谈会,特别邀请30名市级以上党代表、人大代表和政协委员,就全市开展深入学习实践科学发展观活动征求意见建议。市委书记李文慧主持座谈会。座谈会上,代表、委员着眼全市大局,围绕科学发展,联系自身工作实际,敞开思路,畅所欲言,分别从经济、社会、对外开放、民生、教育和新农村建设等方面提出了意见和建议。

是日 三门峡市商业银行挂牌开业,标志着三门峡市积极推进金融体制改革、加快金融体制创新取得又一重大成果,全市地方金融事业的发展翻开新的一页。河南省银监局局长支德勤、市委书记李文慧为市商业银行开业揭牌。

30日 市委书记李文慧主持召开深入学习实践科学发展观活动市委常委学习和调研交流会。市委副书记、市长杨树平,市委常委李立江、申黎明、赵光超、王惠、李明举、赵中生等参加会议,并结合分管工作,交流学习实践科学发展观活动学习和调研体会。李文慧在会上强调,学习实践科学发展观,重在联系实际,贵在求真务实;全市上下要坚持以科学发展观统领经济社会发展大局,努力推动经济社会又好又快发展。市人大常委会主任赵继祥、市政协主席郭秀荣、正市级领导李建顺列席会议。

5 月

4日 纪念五四运动90周年三门峡市青年群英会举行。三门峡市建市尤其是改革开放30年来部分青年英雄模范人物以及全市各界青年代表参加会议。市委副书记、市长杨树平主持大会,市领导李文慧、杨树平、赵继祥、郭秀荣、李建顺、苏新华、李立江、赵光超、郭绍伟、王惠、李明举等出席会议。市委书记李文慧在大会讲话中寄语广大青年要继承五四传统,弘扬时代精神,不断创造出无愧于时代和人民的新的青春业绩。

是日 三门峡市召开项目建设年、企业服务年活动指挥部第五次会议,听取全市项目建设进展情况汇报,研究解决项目建设中存在的困难和问题。市委书记李文慧出席会议并强调,各级、各部门要进一步解决思想认识问题,下工夫解决阻碍项目进展的问题,下决心解决作风和效能问题,切实解决领导力量问题,全力以赴加快推进项目建设。

5日 三门峡市收听收看了全省第2批深入学习实践科学发展观活动电视电话会议。三门峡市随后召开了电视电话会议,根据省、市第二批学习实践活动工作方案和安排,对学习实践活动转段工作进行部署。市委书记李文慧在讲话中对第一阶段工作进行总结,并对第二阶段工作提出了明确要求。

是日 河南省人民政府下发《关于完善省与市县财政体制的通知》(豫政〔2009〕32号),扩大省直管县改革试点范围。增加卢氏等15个县为省直管县，赋予省直管县与省辖市相同的经济管理权限和部分社会管理权限，省财政在体制补助、税收返还、转移支付、财政结算、专项补助、资金调度等方面直接核定并监管到省直管县。

6日　市委书记李文慧到部分民生工程在建项目施工现场，深入察看了建设进展情况。李文慧在实地察看了市阳光小学、市外国语高中、迎宾大道、郑西铁路客运专线三门峡站、市儿童福利院和廉租住房项目等建设工地后强调，一定要以高度的责任感，保质保量抓好各项民生工程建设，切实做到惠民、便民、利民。

8日　在收听收看了全省推广邓州市农村党支部、村委会“4+2”工作法电视电话会议后，市委书记李文慧对三门峡市贯彻落实会议精神进行了部署。

10日　三门峡市文体中心开工奠基仪式、三门峡市城市集中供热二期工程开工仪式举行。市委书记李文慧宣布两项工程正式开工建设，市委副书记、市长杨树平致词。市文体中心是三门峡建市以来，城市建设史上投资规模最大的一项综合性公益设施，占地32公顷，总投资6.9亿元，包括体育活动中心和会议会展中心两大部分，总建筑面积15.4万平方米，计划建设工期3年；城市供热二期工程概算总投资6.6亿元，规划管网总长57千米，规划建设43个交换站，使全市集中供热面积达到700万平方米，计划建设工期6个月。

12日　市领导集中收看纪念四川汶川特大地震1周年活动现场直播。14时28分，市领导全体肃立，向在地震中不幸遇难的同胞和在抗震救灾中英勇献身的烈士默哀。市委书记李文慧在收看后指出，全市各级、各部门要深入贯彻落实科学发展观，认真学习和大力弘扬抗震救灾精神，奋力实现“保增长、保民生、保稳定”目标。

13日　市委书记李文慧主持召开市委常委扩大会议，传达省委书记徐光春、省长郭庚茂近期对三门峡市经济社会发展作出的重要指示。徐光春、郭庚茂在指示中对三门峡市取得的成绩给予充分肯定，认为三门峡市2009年以来的工作发展势头良好，工作有力度，大局稳定，在非常困难的情况下，项目建设取得明显成效，希望三门峡市通过项目建设年活动，进一步优化经济结构，搞好项目对接，加快经济发展。会议还听取旅游节组委会关于第15届国际黄河旅游节暨投资贸易洽谈会筹备情况汇报，对旅游节筹备工作进行再部署。

14日　市领导集中收看了河南省纪念焦裕禄同志逝世45周年大会现场直播。市委书记李文慧在收看后指出，各级、各部门要认真学习贯彻落实省委书记徐光春讲话精神，进一步开展好学习弘扬焦裕禄精神活动，积极营造干事创业的良好氛围，确保2009年各项目标任务全面完成。

17日　以三门峡职业技术学院为依托，由豫晋陕黄河金三角区域内11所中等职业学校、7所高等职业院校、130多家企事业单位和有关职能部门共同组建的河南省豫西高等职业教育集团在三门峡职业技术学院成立。市委副书记、市长杨树平和省教育厅副厅长金法共同为职教集团的成立揭牌。

是日　三门峡市与韩国东斗川市建立友好城市关系签字仪式在三门峡市政府举行，双方将在经济、贸易、科技、文化、教育、体育等方面开展多种形式的交流与合作，促进共同繁荣发展。

18日　第15届三门峡国际黄河旅游节暨投资贸易洽谈会隆重开幕。省政协主席王全书，中国人民对外友好协会副会长冯佐库，省委常委、统战部部长刘怀廉，宁夏回族自治区党委常委、军区司令员陈二曦，省人大常委会副主任李柏栓、铁代生，副省长宋璇涛，中国国际贸易促进会秘书长徐沪滨，省人大常委会原副主任郑增茂、亢崇仁、贾连朝，省人大常委会秘书长连子恒，尼泊尔驻华大使卡尔基，韩国东斗川市市长吴世昌及中央有关部委、省直有关单位、兄弟友好城市、省管高等院校、海内外客商、新闻媒体记者等出席开幕式。市委常委、常务副市长苏新华主持开幕式。宋璇涛、徐沪滨及三门峡市委副书记、市长杨树平在开幕式上致词。王全书宣布旅游节暨投资贸易洽谈会开幕。中央电视台中文国际频道“同乐五洲”举行了“相聚三门峡”大型文艺演出。旅游节经贸活动中，三门峡市共发布项目300个，签约3 000万元以上的投资项目96个，签约金额达到421.7亿元。

是日　在第15届三门峡国际黄河旅游节暨投资贸易洽谈会经济合作发布项目暨签约仪式上，陕县被联合国工业发展组织中国投资与技术促进会确定为“中国投资环境工程试点城市”。仪式上，联合国工业发展组织中国投资环境专业委员会主任黄静博士发布了联合国工业发展组织对陕县投资环境的评价结果：投资环境具有明显的优势；自然资源丰富、环境良好，具有产业集群

5月21日，三门峡市举行中国楹联文化城市授牌仪式

发展的基础;具有资源整合的空间与潜力;投资商务成本有一定的竞争优势;非物质文化因素具有人文凝聚力。

是日 在全国社会治安综合治理表彰大会上,三门峡市被中央社会治安综合治理委员会授予2005~2008年度"全国社会治安综合治理优秀地市"称号,成为河南省唯一两次蝉联这一荣誉的省辖市。市委书记李文慧赴京参加表彰大会,受到胡锦涛、温家宝、习近平、周永康等党和国家领导人亲切接见。会上,陕县被中央综治委授予"全国平安建设先进县(市、区)"称号。

是日 省委书记、省人大常委会主任徐光春向市委、市政府发来贺信,对三门峡市成功创建中国楹联文化城市表示热烈祝贺。21日,三门峡市举行中国楹联文化城市授牌仪式。中国楹联学会会长孟繁锦、市委书记李文慧分别在仪式上致辞。

20日 法国维埃纳省普瓦捷市政府代表团抵达三门峡市。普瓦捷市以科学研发和现代化的城市建设而闻名,有"大学城"之称。普瓦捷市市长科莱斯、副市长龚德与三门峡市委副书记、市长杨树平进行座谈,市委常委、常务副市长苏新华,副市长赵艳出席座谈会,双方就建立友好关系进行了会谈。

21日 市委书记李文慧深入宇龙公司等企业调研,召开学习实践活动征求意见座谈会。李文慧深入宇龙公司生产车间,实地了解生产形势。座谈会上,李文慧在听取了宇龙公司、刚玉公司、九华公司、量仪公司和仪电公司5家企业各自生产经营情况的汇报和应对国际金融危机所采取的对策后强调,中小企业要发挥优势,扩大开放,致力做大做强,实现跨越式发展。

是日 三门峡市政府与省地矿局、中国地质科学院矿产资源研究所、中国国土资源经济研究所、中国地质大学联合举办的"2009地质找矿与科学发展论坛"在郑州举行。

22日 焦裕禄事迹宣讲会在三门峡市举行。宣讲团成员由焦裕禄的女儿焦守云,焦裕禄当年身边工作人员刘俊生,开封市电视台记者齐伟平、于亚楠,兰考县招商局副局长侯璐琳组成。市委书记李文慧亲切接见了焦裕禄事迹宣讲团全体成员,并出席了宣讲会。

23日至24日 黑龙江省政协副主席、省委统战部部长王涛志,黑龙江省政协副主席何小平、陶夏新率驻黑龙江省全国政协委员考察团到三门峡市,考察文化、旅游产业发展情况。市委书记李文慧、市长杨树平分别看望了考察团成员。河南省政协副主席靳绥东及市领导郭秀荣、赵艳、陈雪平、王富民、王铁创、高从民等陪同考察。

26日 市委书记李文慧主持召开县(市)区委书记座谈会,听取大家对全市贯彻落实科学发展观工作的意见和建议,并共同研讨新形势下如何更好地履行职责,促进全市及各地县域经济社会全面科学发展。李文慧在讲话中寄语县(市)区委书记,要认清形势,自觉担当起历史赋予的重任,充分发挥表率作用,把科学发展观的要求落实到各项工作中去,为推动经济社会跨越发展作出应有贡献。

27日 在全省民营企业表彰大会上,三门峡市10家民营企业受到省委、省政府表彰,其中灵宝市华宝产业有限责任公司等5家企业被授予"优秀民营企业"称号;渑池县方圆陶粒砂厂等5家企业被授予"高成长型民营企业"称号。

31日 根据省委的有关要求和市委学习实践活动领导小组的部署,市委常委会就深入学习实践科学发展观活动召开专题民主生活会,在回顾总结前一阶段工作的基础上,全面分析检查贯彻落实科学发展观方面存在的突出问题,深刻剖析原因,明确努力方向和整改措施。市委书记李文慧主持会议,并对市委工作存在的问题进行了分析检查。

6月

1日 市委副书记、市长杨树平到义马市调研重点项目建设并现场办公,协调解决企业运行和项目建设中存在的实际困难。杨树平先后听取了义煤集团生产经营情况和1 000万标方煤制气项目建设情况、义马市工业经济运行和项目建设情况的汇报,深入河南开祥化工有限公司进行调研,并针对义马市经济运行和项目建设中存在的融资难题等进行现场办公,协调工商银行三门峡分行、建设银行三门峡分行就资金问题与有关企业进行对接。杨树平在调研中强调,要把项目建设作为转变发展方式、优化产业结构的重要措施来抓,全力以赴抓好项目建设,千方百计把企业做强做大。

2日 市委书记李文慧深入部分重点工业企业进行专题调研,并与企业负责人座谈,了解企业发展中遇到的困难和问题,共商应对危机之策,共谋加快发展之举。市委常委、秘书长赵中生,副市长李琳,市政协副主席高从民参加调研。李文慧在三门峡天元铝业股份有限公司、鹏飞电子有限责任公司、大唐三门峡发电有限责任公司、开曼铝业(三门峡)有限公司等企业察看后强调,要进一步增强信心,积极应对当前困难,切实为企业搞好服务,全力加快项目建设进度,充分挖掘企业发展潜能,加快结构优化升级,打好破危局、保增长攻坚战,确保"三保"目标实现。

3日 国家和省新闻出版署新农村书屋检查组到灵宝市河西村、故县村、盘东村、梁村、五龙村的文化大院,调研和检查新农村书屋建设和使用情况。

4日 在河南省首届"绿色中原人物"颁奖典礼上,三门峡市环保局党组书记、局长金明记荣获"绿色中原人物"荣誉称号。

是日 市委副书记、市长杨树平接受中央新闻媒体"节水中国行"采访团采访。采访团成员分别来自新华社、《人民日报》、新华网、《经济日报》《光明日报》、中央电视台、《科技日报》《法制日报》《农民日报》《瞭望》《中国经济导报》《第一财经日报》和《中国水利报》13家新闻单位。

是日 由省委宣传部牵头,人民日报、新华社、中央人民广播电台、经济日报、中国青年报、河南日报、河南人民广播电台、河南电视台等16家中央、省直新闻媒体组成的“走进平安三门峡”集中采访团到三门峡市，聚焦社会治安综合治理和平安建设工作。

是日至5日 市委书记李文慧带领三门峡市党政考察团到平顶山市参观考察城市建设、工业经济、文化旅游等情况。平顶山市委书记赵顷霖，市委副书记、市长李恩东，市委常委、组织部部长李萍，市委常委、常务副市长邢文杰，市委常委、秘书长张遂兴等陪同参观考察。考察团先后到平顶山市湛河公园、鹰城广场、新城区、中盐河南盐业物流配送公司、平高集团、叶县县衙，参观考察了湛河治理、城市绿化、新城区规划建设、工业经济发展及文化旅游业发展等情况。

5日 省人大常委会副主任张程锋到三门峡市，就人民调解工作进行调研。市领导赵继祥、陈孟虎、周志远等陪同调研。张程锋实地察看了湖滨区崖底司法所、崖底村调委会、斜桥村调委会和卢家店村调委会，详细了解人民调解工作开展情况。

是日 三门峡市大鲵繁育工程技术研究中心在卢氏县横涧乡下柳村挂牌成立，标志着三门峡市乃至河南省以科技为支撑保护开发利用大鲵资源的企业化运作格局正式形成。

6日 地处渑池县英豪镇的省煤炭重点建设项目河南煤业化工集团永煤公司龙王庄煤矿竣工投产，标志着豫西地区第一对深水平“三软”煤层开采的现代化矿井正式投入使用。市委副书记、市长杨树平，河南煤业化工集团董事长陈雪枫，副市长李琳等出席竣工典礼。

9日 三门峡市外国语高中开工奠基。省教育厅副厅长刁玉华及市领导李文慧、杨树平等出席开工奠基仪式。市外国语高中由同济大学建筑规划设计院设计，学校规模为4 500人，90个教学班，实行全封闭、寄宿制管理；学校征地17.2公顷，建设用地12公顷，总建筑面积9万余平方米，估算总投资2.2亿元，建设年限2年，2010年秋季部分招生，2011年6月底全面竣工投入使用。

是日 市委副书记、市长杨树平会见了匈牙利共和国索尔诺克市代表团。宾主双方就建立友好城市以来的友谊、交流与合作进行了会谈。

10日 三门峡市1 600多家公共机构8万多人参与能源紧缺体验日活动，各级各类公共机构干部职工绿色出行，停驶公务用车和私家车，采取步行、公交车、自行车等方式出行。此次活动内容还有办公楼6层以内不使用电梯；办公室禁止开空调；晚上，全市各单位办公区域内关闭景观照明灯。市委书记李文慧、市长杨树平分别乘公交车、骑单车参与能源紧缺体验日活动。

11日 三门峡市召开创建国家园林城市集中攻坚阶段工作会议。市委副书记、市长杨树平主持会议。市委书记李文慧在会上强调，各级各部门要进一步提高对三门峡市创建国家园林城市重要意义的认识，突出重点，强化责任，营造氛围，鼓足干劲奋战100天，再掀创建新高潮，扎扎实实完成好所有创建任务，确保三门峡市创建国家园林城市目标如期实现。

是日 市委书记李文慧主持召开市委常委会议，听取了关于全国社会治安综合治理表彰大会及三门峡市贯彻落实意见的汇报，并就下一步全市综治工作作了研究部署。李文慧在讲话中强调，要继续毫不松懈地加强社会治安综合治理工作，进一步提高认识，强化措施，加强力量，争取实现“全国社会治安综合治理优秀地市”“三连冠”，奋力夺取社会治安综合治理“长安杯”。

12日 省人民政府公布第2批河南省省级非物质文化遗产名录，三门峡市入选5项，分别是：民间文学夸父神话（灵宝市）、传统舞蹈王家热锣鼓（灵宝市）、传统戏剧木偶戏（灵宝市）、传统技艺传统棚口扎制技艺（渑池县）和地坑院营造技艺（陕县）。

是日 市委书记李文慧、市长杨树平深入市区职业教育学校调研职业教育发展情况。李文慧、杨树平到陕县张湾乡新桥村，实地察看了职教园拟选地址；深入三门峡中专数控技术实训基地、音乐专业舞蹈班、计算机培训中心、电子部实习车间，市财校和市技校普车实习车间、数控实习车间、车工多媒体教室等，就三门峡市职业教育发展情况进行调研，详细了解学校专业设置和教学情况。

是日 河南省“1811”电网发展提速工程暨110千伏会盟变电站扩建工程在渑池县启动。省委、省政府在全省18个省辖市同时启动“1811”电网发展提速工程。市领导李文慧、杨树平、赵中生、李琳等出席三门峡市启动仪式并为工程开工剪彩。110千伏会盟变电站扩建工程总投资1 599万元，计划于2009年8月竣工投运。

13日 灵宝剪纸艺人王蓬草接受河南大学的聘请，正式成为河南大学名誉教授、河南大学非物质文化研究中心的客座研究员。王蓬草，灵宝市人，中国民间美术学会河南分会理事，中国剪纸研究会会员，中国文化艺术研究院特邀画师、研究员，世界艺术家协会中国书画分会特邀会员、理事。15年来，她的参展作品有200余幅，其中，中国美术馆收藏20余幅。

15日 郑州大学研究生创新实践基地揭牌仪式在卢氏县莘原制药有限公司举行。郑州大学创新实践基地的挂牌成立，是卢氏县企业与高等院校之间实现产、学、研结合的重要标志，为加强高等院校和地方合作提供了良好开端。

16日 三门峡市中医院被国家中医药管理局确定为第3批“治未病”预防保健试点单位。这是全省第1家被列为全国“治未病”健康工程实施单位的地市级中医院。实施中医“治未病”，是国家中医药管理局探索构建具有中国特色的“治未病”的中医预防保健服务体系的一项健康工程。

是日 三门峡市完成推荐上报“100位为新中国成立作出突出贡献的英雄模范人物”和“100位新中国成立以来感动中国人物”工作。

17日 渑池县刘少奇旧居“全省党员干

部党性党风党纪教育基地”揭牌仪式隆重举行。省委常委、纪委书记叶青纯,省纪委副书记米剑锋,省委组织部副部长安平及市领导李文慧、杨树平等出席揭牌仪式。

是日 三门峡市委召开常委扩大会议,传达学习省委常委会民主生活会及省委书记徐光春重要讲话精神,对当前经济运行工作进行部署。市委书记李文慧主持会议并强调,全市各级领导班子和领导干部一定要认真学习领会徐光春重要讲话精神,在加强党性锤炼、树立良好作风、引领科学发展中发挥模范带头作用,努力开创各项工作新局面。

19日 三门峡市商会大厦正式开工建设。省委统战部副部长、省工商联党组书记孟令峰及市领导李文慧、杨树平等出席开工仪式并为项目开工培土奠基。市商会大厦建设项目总投资1.5亿元,位于市文体中心北侧,为两座29层、99.7米的高层建筑,建筑面积6.7万平方米,是集办公、宾馆、高档餐饮、娱乐及配套商业设施为一体的综合性建筑;项目工期24个月,预计2011年建成。

20日 陕县张湾乡首批成熟的考密斯红梨运至东北边贸市场,销往俄罗斯。考密斯红梨属于西洋梨品种之一,该梨形似葫芦,果面全红色,色泽鲜艳,味甜香,单梨重300克~350克,盛果期年亩产量在2 500千克以上。陕县张湾乡考密斯红梨总产量可达110万千克以上,成为全省最大的考密斯红梨生产基地。

22日至26日 国务院第2次经济普查数据质量抽查组一行5人到三门峡市,对三门峡市第2次全国经济普查数据质量进行抽查。

23日 《人民日报(海外版)》以《河南三门峡:吹响产业“集结号”》为题报道了三门峡市全力促进产业升级情况。报道指出,为应对金融危机,切实做到“保增长、保民生、保稳定”,三门峡市全力新上一批循环经济型、高新技术型、精深加工型、先进制造型项目,促进产业结构优化升级,促进全市经济社会的跨越发展。全市共筛选493个项目,其中上亿元项目上百个,总投资783亿元。

24日 三门峡市召开机关党的建设工作会议暨“七一”表彰电视电话会议。与会人员收听收看了全省机关党的建设工作会议暨“七一”表彰电视电话会议,市委常委、组织部部长李卫民宣读了《中共三门峡市委关于表彰农村党建“三级联创”活动和城市分行业创“五好”基层党组织活动先进单位和先进个人的决定》。市委书记李文慧出席会议。

25日 市委书记李文慧,市委副书记、市长杨树平实地调研三门峡市区房地产开发项目,深入了解房地产业发展情况。李文慧、杨树平先后到建业森林半岛、天盛御景、永兴花园、中原世纪苑等处,详细了解各楼盘开发建设、楼房销售和小区管理等情况,并认真听取了有关部门的工作汇报。李文慧在调研中强调,要进一步坚定信心,加快房地产业发展,不断提升城市品位,改善群众居住条件,促进宜居城市建设。

是日至30日 全市各地各单位以多种形式庆祝中国共产党建党88周年。

26日 义煤集团义安矿业有限公司正村煤矿正式竣工投产。副省长史济春出席投产仪式,并宣布义安矿业有限公司正村煤矿竣工投产。正村煤矿是义煤集团和新安电力集团联合投资近10亿元建设的年设计生产能力12亿千克的煤矿,是义煤集团在洛阳市境内设计生产能力最大的煤矿,标志着义煤集团在新井建设中迈出了关键的一步。

是日 三门峡·天鹅湾社区奠基仪式在陕县城区隆重举行。市领导李文慧、赵光超、赵中生等出席开工典礼,并为项目开工建设培土奠基。项目位于陕县城区,是三门峡市首个占地千亩规模的房地产大盘,涵盖住宅、商业、酒店、会所等多种建筑形式,规划理念全方位借鉴北京、江门等地“天鹅湾系列”成功模式,计划总投资50亿元,工期10年。

是日 中共三门峡市委、三门峡市人民政府下发《关于统筹城乡发展加快推进新农村建设的意见》〔三发〔2009〕20号〕。《意见》指出,要深入贯彻落实科学发展观,以体制机制创新为动力,以缩小城乡差距和提高城乡居民生活水平为目标,以加快城镇化进程为核心,以新型农村居住社区建设为突破口,坚持工业反哺农业、城市支持农村和多予不取放活的方针,因地制宜,突出特色,把新农村建设与城中村改造、产业聚集区建设、310国道沿线经济隆起带建设、小城镇建设和扶贫开发相结合,积极推进城乡协调发展,促进城市基础建设加快向农村延伸、城市公共服务加快向农村覆盖、城市现代化文明加快向农村辐射,使农村和城市共享现代文明。

29日 随着中国铁建25局集团的新型铺轨机将最后2段长达500米的钢轨在三门峡市的函谷关隧道内顺利铺设,世

7月1日,三门峡市举行“七一”爱心捐助暨建立帮困基金启动仪式,市直机关党员干部代表现场捐款

界上首条修建在大面积湿陷性黄土地区的高速铁路——郑西铁路客运专线全线接轨铺通。客运专线全线接轨铺通后，东段函谷关至郑州之间下一步将进行500米长轨的焊接和全线的联调联试和试运行工作，10月1日全线开始试运行。

7 月

1日 三门峡市隆重举行“七一”爱心捐助暨建立帮困基金启动仪式，动员全社会力量帮助困难职工。市委书记李文慧号召全社会积极参与，形成关心、关注和帮助困难职工的良好氛围，为促进“保增长、保民生、保稳定”，实现全市经济社会平稳较快发展的奋斗目标作出积极贡献。仪式上，李文慧、杨树平等市四大班子领导率先捐出了1天工资，各党政机关、企事业单位、社会团体和学校共111个单位的代表依次捐款，共募集捐款125万余元，款项将主要用于救助困难职工、困难党员、困难劳模。

2日 省委常委、常务副省长李克到三门峡市，就三门峡市经济运行特别是加快产业集聚区建设情况进行调研。市领导李文慧、杨树平、苏新华、高从民等陪同调研。

3日 省委第三巡视组召开通报巡视情况会议，组长李满囤代表巡视组通报了巡视工作情况并充分肯定三门峡市工作。省委第三巡视组自2008年12月初至2009年5月期间到三门峡市开展巡视工作，通过听取汇报、个别谈话、召开座谈会、深入基层调研等形式，对三门峡市贯彻落实科学发展观、加强党风廉政建设、贯彻民主集中制、选拔任用干部、维护群众切身利益等方面的情况进行了全面视察和精心指导。省委巡视办主任杨国功出席通报会并作重要讲话，市委书记李文慧作表态发言，市委副书记、市长杨树平主持通报会，省委第三巡视组副组长付纯海及巡视组其他成员出席会议。

5日 市委、市政府在郑州举行对省金融机构答谢会，感谢省金融机构对三门峡市经济社会发展的支持。省银监局、人行郑州中支、省农发行、省开发银行、省工行、省中行、省建行等多家金融机构负责人应邀出席答谢会。市委书记李文慧出席答谢会并与省各金融机构领导亲切恳谈，市委副书记、市长杨树平致词，市委常委、秘书长赵中生主持答谢会。省各金融机构负责人在答谢会上表示，2009年上半年三门峡经济社会发展取得的成绩有目共睹，愿与三门峡加强深度合作，继续支持和帮助三门峡的发展。

7日 市委书记李文慧主持召开市委常委扩大会议，回顾上半年工作，研究部署下半年工作。李文慧强调，要巩固上半年全市经济社会发展的良好态势，抓住关键环节，强力推进各项工作，确保全年目标任务的实现。李文慧还就加强领导班子建设提出了具体要求。

8日 三门峡大中海商业文化广场暨家乐福项目签约仪式在湖滨区举行。市领导李文慧、杨树平、赵继祥、郭秀荣、赵光超、赵中生等出席签约仪式。项目由河南中海公司投资，将引进家乐福、丹尼斯、欧凯龙、百思买、麦当劳、儿童主题百货、奥斯卡国际影城、迪信通、豪享来等众多国际、国内知名品牌，为三门峡提供上万个就业岗位，为三门峡综合商业圈的打造奠定坚实的基础，营造国际化的商业氛围。

9日 市委书记李文慧主持召开信访周会审会议。会议通报了2009年上半年全市信访工作情况，分析研究了当前信访稳定形势，对日后一个时期的工作进行了部署。

是日 全省大招商电视电话会议召开。市委副书记、市长杨树平代表三门峡市在郑州主会场作典型发言，介绍了三门峡市以“项目建设年”和“企业服务年”活动为载体，深入实施投资拉动，积极承接产业转移，使项目建设和招商引资相互促进，取得显著成效的经验和做法。

是日 省政府印发《河南省高速公路网规划调整方案》，对全省高速公路网规划方案进行调整，新增加郑州新郑国际机场至少林寺、洛阳至栾川等10条高速公路联络线，渑池—山西垣曲高速公路(连霍高速与山西省垣曲蒲掌—闻喜东镇高速公路联络线)、灵宝—山西芮城高速公路(连霍高速与山西省运城环城高速公路联络线)两条联络线项目列入其中。

13日 河南省委、省政府下发《关于嘉奖获得全国综治工作先进单位的有关领导同志的决定》(豫文〔2009〕111号)，三门峡市李文慧、杨树平、郭绍伟、雷振杰、张龙治，陕县高战荣、牛兰英、刘小亭、黄学成受到省委、省政府嘉奖。

是日 市委召开学习实践活动转段工作电视电话会议。市委书记李文慧在会上作重要讲话。他在肯定分析检查阶段取得的成绩的同时，对整改落实阶段的工作进行动员部署。省委学习实践活动第六指导检查组副组长刘印深出席会议，并对三门峡市学习实践活动整改落实阶段的工作提出了具体指导意见。

是日 省委书记徐光春对卢氏县组织撰写的《强力实施旅游业活县战略　着力打造中国旅游强县》资政报告作出批示：“玉芳并福功同志，卢氏县旅游开发有特色，有后劲，希望予以指导和支持。我已告省政府将卢氏高速公路问题纳入建设计划。”省委常委、宣传部部长、副省长孔玉芳批示：“大伟、惠元和福功同志，认真落实徐书记批示，如何支持卢氏县打造旅游强县予以支持提出意见。”三门峡市委书记李文慧批示：“请振清、战方同志按徐书记批示，抓紧和孔部长、苏局长、董厅长联系，尽快推动工作进展。”市委副书记、市长杨树平对资政报告予以肯定，要求抓好有关工作落实。

是日至14日 建设创新型国家战略推进委员会暨环球华商协会考察团到三门峡市，考察三门峡市铝工业及旅游业。考察团成员由环球华商协会执行主席、中国诚信企业协会执行会长、环球华商杂志社总编辑柴松献，建设创新型国家战略推进委员会秘书长、中国科学院—清华大学国情研究中心研究员吴子敬，中国科学院—清华大学国情研究中心研究员、建设创新型国家战略推进委员会主任胡光宇等6人组成。

14日至15日　副省长秦玉海深入三门峡市检查指导防汛工作。市领导李文慧、杨树平等陪同调研。秦玉海先后深入青龙涧河治理工程现场、黄河防护工程陕县七里段和灵宝市窄口水库,对城区、黄河、水库等重点部位防汛工作进行检查。秦玉海在听取了三门峡市的汇报后强调,要扎实做好各项防汛工作,确保人民群众生命财产安全,确保汛期万无一失。

是日至16日　市委书记李文慧,市委副书记、市长杨树平等率领督查考评人员,赴全市各地对上半年重点项目建设进行督查考评。督查考评人员先后察看了卢氏县一高新校区二期工程项目、灵宝豫西轴承公司年产650万套轴承扩建项目、三门峡工业园华联创业园项目、陕县龙飞生物公司2亿千克生物肥料搬迁扩建项目、湖滨区昌盛能源公司年产1.8亿千克高清洁燃料项目、三门峡经济开发区欧美士制桶有限公司年加工75万只包装桶项目、渑池县中心医院迁建项目、义马市盛源化工公司3亿千克醋酸项目等20多个重点项目。

17日　三门峡市召开经济结构调整暨项目建设工作会议,回顾总结2009年以来全市经济社会发展情况,贯彻落实省委、省政府一系列重要会议精神,重点部署结构调整和项目建设工作,动员全市上下进一步坚定信心,振奋精神,扎实做好下半年工作,奋力推动经济社会又好又快发展。

19日　209国道灵宝段1 009千米+200米处发生一起交通事故,当场造成7人死亡,2人在抢救途中死亡,受伤15人。事故发生后,市委书记李文慧、市长杨树平赶赴现场指挥抢救工作,并及时将事故情况向省委、省政府进行了汇报。省委书记徐光春、省长郭庚茂分别作出重要批示:全力抢救医治伤员,千方百计挽救生命。副省长史济春带领省直有关部门负责人赶赴现场指导救治工作。事故车辆(豫A79915)为河南省华豫公司的客车,事故系车辆撞山引起,是机械故障引起的单方责任事故。

24日　市委书记李文慧主持召开市委常委(扩大)会议暨中心组学习会议,学习传达、贯彻落实省委八届十次全会精神和全省"讲党性修养、树良好作风、促科学发展"教育活动总结大会精神。李文慧强调,全市各级、各部门要切实把思想和行动统一到省委的决策部署和工作要求上来,狠抓机遇,主动作为,努力促进全市经济社会在应对危机和挑战中实现跨越发展、科学发展。

27日　庆祝新中国成立60周年重点献礼影片《人命如天》首映式在郑州举行。影片以河南省陕县"7·29"淹井事件的成功抢险救援行动为背景和素材,由河南影视集团等部门投资千万元,历时一年时间拍摄制作而成,全景式、艺术生动地再现了成功救援的全过程,被国家广电总局确定为向新中国成立60周年献礼的重点影片。

28日　经省委批准,省委宣传部、省委政研室、省委党校和三门峡市委、市政府在郑州联合举行弘扬"7·29"抢险救援精神推动科学发展座谈会。省委常委、宣传部部长、副省长孔玉芳出席座谈会并作重要讲话。省人大常委会副主任李柏栓,副省长史济春,省武警总队政委刘生辉及省委宣传部、省委政研室、省委党校、省消防总队、省卫生厅等省直有关部门和单位的领导出席座谈会。三门峡市领导李文慧、杨树平、赵继祥、郭秀荣、李立江、李明举、赵中生、李琳,三门峡军分区司令员周世杰参加了座谈会。

30日　三门峡市举行庆"八一"军政座谈会,庆祝中国人民解放军建军82周年。市委书记李文慧出席座谈会并强调,要进一步巩固军政军民团结的政治基础,继续创造性地开展好"双拥"工作,为全市经济建设和社会和谐再立新功、再作贡献。

是日　为了总结交流全省银行业机构中小企业金融服务工作经验,进一步提高中小企业金融服务工作的质量和水平,全省银行业机构中小企业金融服务工作交流会在三门峡市召开,来自省会的17家银行业机构及三门峡市各家商业银行的近百名代表参加会议。市委书记李文慧到会祝贺并致辞。交流会期间,各家金融机构负责人还实地考察了鹏飞电子有限责任公司、中测量仪有限公司和恒生科技研发有限公司,观摩了"三门峡中小企业金融服务网"的运行展示。

是日　在全省双拥模范城(县)命名暨双拥模范单位和个人表彰大会上,三门峡市荣膺"河南省双拥模范城"称号,实现了创建"河南省双拥模范城"六连冠。同时,灵宝市、卢氏县、渑池县被评为"全省双拥模范城(县)",三门峡水利枢纽管理局、解放军96261部队被评为"全省双拥工作先进单位",胡洲源、于环、杨卫萍、卢民被评为"全省双拥工作先进个人"。

31日　三门峡市召开争创全国社会治安综合治理"长安杯"动员大会,传达贯彻全国综治表彰大会和全省平安建设工作会议精神,动员部署全市新一轮争创全国综治优秀市、夺取"长安杯"工作。市委书记李文慧在会上强调,各级、各部门要把夺取全国"长安杯"放到突出位置来抓,再接再厉,开拓创新,扎实工作,确保各项争创目标的实现,以优异成绩迎接新中国成立60周年。

8　月

5日　市委书记李文慧深入企业和金融税务部门调研,了解企业运行动态、金融税收工作情况及存在的困难、下一步工作措施,看望慰问广大干部职工。李文慧先后到三门峡戴卡轮毂制造有限公司、人行三门峡中心支行、湖滨区国税局办税大厅,和一线工作人员交谈,详细询问工作情况,并与企业负责人进行了座谈。

6日　三门峡市委、市政府召开市直工业项目建设工作会议,分析市级经济发展面临的严峻形势,查找存在的困难和问题,研究采取应对措施。

7日　三门峡市召开产业集聚区工作会议,贯彻落实全省产业集聚区工作会议精神,传达市委、市政府《关于进一步加快三门峡产业集聚区(工业园)建设发展的决定》和有关实施意见，并就三门峡工业园的建设发展作出全面部署。市委书记李文慧要求，要增强大局意识、发展意识、责任意识，加快推进三门峡工业园建设发展步伐，为推动全市经济社会科学发展、跨越式发展奠定坚实基础。

8日　2009年全民健身日启动暨市第2届全民健身节颁奖仪式举行。活动现场举行了三门峡市第2届全民健身节获奖单位健身项目展演，并为获奖单位颁奖。

10日　三门峡市召开推进大招商活动电视电话会议，贯彻落实全省大招商活动电视电话会议精神，对全市工作进行部署。市委副书记、市长杨树平出席会议并强调，各地、各部门要紧紧抓住难得机遇，明确任务，细化责任，狠抓落实，努力推动招商引资工作再上新台阶，为全市经济社会平稳较快发展作出更大贡献。

11日　省委常委、组织部部长叶冬松到三门峡市，就推广"4+2"工作法和农村基层组织建设三项工作进行调研。市委书记李文慧，市委常委、组织部部长赵予辉，市委常委、秘书长赵中生等陪同调研。叶冬松先后深入灵宝市城关镇牛庄村、焦村镇焦村，湖滨区崖底街道办事处崖底村、会兴街道办事处会兴村实地调研。

12日　三门峡市村级组织推广"4+2"工作法现场会在灵宝召开。会议贯彻落实省有关会议精神，进一步部署全市推广"4+2"工作法和农村基层组织建设三项工作。

是日　由省委宣传部组织的"欢乐中原行"采访团抵达三门峡市，对爱国歌曲大家唱群众文化活动进行采访。采访团一行先后到灵宝市尹庄镇浊峪村、西车村对文化大院建设、民间表演艺术活动进行了采访，并同灵宝市民一道观看了"魅力灵检之夜"广场文艺晚会。

13日　省委副书记陈全国、副省长刘满仓到三门峡市调研。陈全国、刘满仓一行先后到灵宝励浩食品工业有限公司和鑫源果业有限责任公司、陕县大营镇城村、三门峡市农业信息综合服务中心等地，实地考察了农产品加工、新农村建设、秋田管理、推广"4+2"工作法等情况。

14日　在中国茶叶流通协会、中国合作时报社和广西南宁市人民政府联合举办的2007~2008年度全国百佳茶馆颁奖典礼暨第3届全国茶馆经理人高峰论坛上，河南省渑池县仰韶部落茶艺馆荣获"全国百佳茶馆"称号。

是日　在第7届全国"人民满意的公务员"和"人民满意的公务员集体"表彰大会上，中共卢氏县委荣获第7届"人民满意的公务员集体"称号，是河南省唯一受表彰的先进集体，也是全国唯一受表彰的县委，同时也是历届"人民满意的公务员集体"评选中唯一获此殊荣的县委集体。18日，省委书记、省人大常委会主任徐光春作出重要批示，代表省委、省政府表示祝贺，要求全省党员干部认真学习卢氏县委，做人民满意的公务员，以优异成绩迎接新中国成立60周年。24日，中共河南省委作出《关于开展向全国"人民满意的公务员集体"卢氏县委学习活动的决定》。

15日　由河南省新四军历史研究会主办的纪念新中国成立60周年暨《论共产党员的修养》发表70周年座谈会在渑池县召开。河南省新四军历史研究会副会长、三门峡市委副书记、市长杨树平出席座谈会并发表讲话。河南省新四军历史研究会常务副会长冯光、陈随源，副会长孟庆琦等出席座谈会。座谈会围绕纪念新中国成立60周年暨《论共产党员的修养》发表70周年，深入学习、广泛宣传刘少奇同志的光辉著作和重要思想，更好地发扬优良传统，更好地把历史文化资源转化为现实教育资源，教育引导广大党员讲党性修养，树良好风气，促科学发展，为实现全面建设小康社会的宏伟目标而努力奋斗。

18日　由全国知名网络媒体组成的采访团到三门峡市，就"魅力三门峡"建设的成就进行采访。采访团成员均来自人民网、新华网、中国网、中新网、国际在线、央视网、新浪网、大河网、商都网等知名网络媒体。

19日　全市学习卢氏县委艰苦奋斗、执政为民、科学发展精神工作会议在卢氏县召开。会议深入学习贯彻第7届全国"人民满意的公务员"和"人民满意的公务员集体"表彰大会精神，掀起学习卢氏县委先进事迹的热潮，在全市进一步形成发扬艰苦奋斗、科学发展、执政为民精神的良好局面，为加快建设开放魅力富裕和谐三门峡、跻身中原崛起第一梯队提供强大动力。

是日　在为庆祝新中国成立60周年，"向祖国汇报"重点国产影片推介庆典上，河南影视集团出品、再现"7·29"陕县支建煤矿淹井事件中69名矿工被成功营救的影片《人命如天》入围重点推介影片。

20日　省政协主席王全书率省政协常委视察团到三门峡市，视察在建重点项目建设情况。

是日　三门峡市收听收看全省市县政府机构改革工作电视电话会议。市委副书记、市长杨树平在三门峡市分会场要求，各级、各部门要切实加强政策宣传，抓紧制定改革方案，严肃改革纪律，确保政府机构改革工作圆满完成。

21日　三门峡市召开加快建设"旅游强市"工作会议，贯彻落实全省"旅游立省"战略部署，对全市旅游产业发展进行再动员、再部署。

是日　台湾原"行政院院长"、国民党原副主席郝伯村先生到三门峡市。市委书记李文慧，市委常委、秘书长赵中生，市委常委、统战部部长赵艳会见郝伯村先生一行。李文慧真诚希望郝伯村多到三门峡参观访问，并向郝伯村赠送了精装版《道德经》纪念品。会见后，郝伯村一行在赵艳的陪同下参观了三门峡大坝。

是日　在河南省工业经济联合会发布的2008年度河南工业百强企业榜单上，河南中原黄金冶炼厂有限责任公司、义马煤业集团股份有限公司、灵宝市金源矿业有限责任公司、开曼铝业(三门峡)有限公司、东方希望(三门峡)铝业有限公司、灵宝黄金股份有限公司入围全省百强。

27日 三门峡市召开新农村建设工作会议,总结新农村建设取得的成绩,交流新经验,分析新情况,解决新问题,对新农村建设工作进行了再动员、再部署。

31日 市委书记李文慧主持召开市委常委扩大会议,听取全市国庆节前后有关工作的汇报,研究部署下一步的工作。

9 月

1日 阳光小学举行落成暨新学年开学典礼仪式。市委书记李文慧,市委副书记、市长杨树平,市委常委、秘书长赵中生,市人大常委会副主任邹援朝,市政协副主席王铁创、高从民等出席典礼仪式。阳光小学是市委、市政府向全市人民公开承诺的“十件实事”之一。学校占地1.5公顷,总建筑面积9 365平方米,于2008年8月31日开工建设。典礼仪式上,李文慧、杨树平等向学生赠送了礼品,观看了师生们表演的文艺节目,并参观了学校的多功能室、教师办公室、计算机室、学生阅览室等。

3日 三门峡市召开维护稳定暨信访工作电视电话会议,收听收看了全省维护稳定暨信访工作电视电话会议,部署全市维护稳定暨信访工作。市委书记李文慧出席会议并强调,全市各级、各部门要认真学习领会全省维护稳定暨信访工作电视电话会议精神,以高度的政治责任感、扎实的工作作风、切实可行的工作措施,促进全市信访稳定形势进一步好转,为庆祝新中国成立60周年创造更加和谐稳定的社会环境。会上,市直各单位负责人向李文慧递交了化解处理信访突出问题目标责任书。

是日 三门峡市召开文博事业发展座谈会,传达了全省文博事业发展座谈会精神。市委书记李文慧出席会议并强调,要认真贯彻落实全省文博事业发展座谈会精神,紧紧抓住文博事业发展重要战略机遇期,统筹兼顾,突出重点,进一步加强全市文化遗产保护利用,努力开创全市文博事业科学发展新局面。会上,市文物局、陕县、渑池县、虢国博物馆的代表作了发言。

是日 三门峡市政府与中国移动河南有限公司签署战略合作框架协议。双方约定5年投入20多亿元,在6大领域开展深度合作,加快TD-SCDMA发展,提升三门峡信息化发展水平。市领导李文慧、杨树平及河南移动公司党组书记、总经理原建国等出席签约仪式。

是日至4日 《求是》杂志社副总编辑刘润为到三门峡市调研旅游及文化产业发展。市委书记李文慧,市委副书记、市长杨树平,市委常委、组织部部长赵予辉分别会见了刘润为一行,并介绍了三门峡市经济社会发展尤其是旅游、文化产业发展情况。刘润为在市委常委、宣传部部长李立江陪同下,参观了虢国博物馆、函谷关和灵宝养生文化园,并参加了“首届陕县民俗文化节”开幕式。

是日至4日 以国家统计局副局长谢鸿光为组长的国家统计局调研组到三门峡市,深入部分企业调研经济运行形势。市委书记李文慧,市委副书记、市长杨树平等看望谢鸿光一行。谢鸿光先后深入戴卡轮毂制造有限公司、灵宝黄金股份有限公司等企业实地考察,了解企业生产经营情况,以及企业运行中遇到的实际问题和困难。调研组还考察了黄河三门峡库区和函谷关景区,参观了虢国博物馆。

5日 2009年中国企业500强评选结果在杭州公布,义马煤业集团股份有限公司位居该榜单第447位,较2006年首次进入中国企业500强榜单排序提升了42个位次。

6日 三门峡市委书记李文慧在厦门会见美国PWA公司国际金融咨询师保罗一行。李文慧向保罗一行介绍了三门峡市的区位优势、资源特色和经济社会发展情况,并欢迎到三门峡市投资兴业,共谋发展。

7日 三门峡市在厦门市举行三门峡(厦门)经济合作项目推介会,进一步加强经贸合作,促进经济交流,应对金融危机,实现互利互赢。市委书记李文慧在推介会上致词。推介会发布经济合作项目212个,并发布12项投资优惠鼓励政策。通过前期联络洽谈,达成合作合同、意向9个,项目投资总额59.8亿元。

是日 三门峡市召开经济运行工作电视电话会议,收听收看了全省经济运行工作电视电话会议。市委副书记、市长杨树平在会上强调,各级、各有关部门要认真贯彻落实全省经济运行工作电视电话会议精神,进一步认清形势,增强信心,明确重点,抓好落实,大干三季度,决战四季度,确保实现全年目标,为新中国成立60周年献礼。

8日 第13届中国国际投资贸易洽谈会在厦门国际会展中心正式开幕。三门峡市代表团参加了投资洽谈会开馆式、河南省项目签约仪式等重要活动。三门峡市在厦门发布经济合作项目212个,全面推介三门峡的资源优势和发展前景;发布12项投资优惠鼓励政策,成功展示三门峡良好的投资环境。

是日 灵宝市金源矿业公司第五分公司王家峪矿区1400生产系统1532安全通道2级斜井在支护过程中,巷道塌方造成井下电缆短路,引发坑木着火,共有13人被困井下遇难。

是日 河南省召开深入学习实践科学发展观活动第2批总结暨第3批动员电视电话会议,市领导李文慧、杨树平、赵予辉等市委学习实践活动领导小组成员及各相关部门负责人收听收看了电视电话会议。

9日 市委书记李文慧主持召开市委常委扩大会议,专题研究部署全市第3批学习实践活动有关工作。李文慧强调,要坚持突出重点,多措并举,有序有力推进各项工作,确保第3批学习实践活动取得实实在在的效果。三门峡市参加第3批学习实践活动的单位共2 074个，涉及基层党组织2 443个，党员67 558名。

是日 河南省委、省政府在郑州召开全省“人民满意的公务员”和“人民满意的公务员集体”表彰大会，三门峡市人事局局长胡占曾、渑池县张村镇党委书记张赞民和三门峡市人民检察院获此殊荣。

是日 在北京召开的庆祝教师节暨全国教育系统先进集体和先进个人表彰大会上，人力资源和社会保障部、教育部联合表彰“全国教育系统先进集体”“全国模范教师”和“全国教育系统先进工作者”，三门峡市第一高级中学教师高保卫荣获“全国模范教师”称号，灵宝市职业中等专业学校荣获“全国教育系统先进集体”称号。

是日 三门峡市组织各县市区、各有关部门负责人收听收看全省安全生产工作紧急电视电话会议，对全市当前的安全生产工作进行再部署。

10日 三门峡市召开学习实践科学发展观活动第2批总结暨第3批动员电视电话会议。市委书记李文慧强调，要统一思想，提高认识，深刻领会搞好第3批学习实践活动的重大意义，切实增强针对性和实效性，加强领导，精心组织，确保第3批学习实践活动取得实效。省委学习实践活动第3巡回检查组组长、郑州市人大常委会主任白红战出席会议并作重要讲话。

是日 以国家信访局副局长王石奇为组长的中央信访工作督导组到三门峡市，对《中共中央、国务院关于进一步加强新时期信访工作的意见》《中共中央办公厅、国务院办公厅转发中央处理信访突出问题及群众性事件联席会议〈关于领导干部定期接待群众来访的意见〉等3个文件的通知》两个文件和8月13日全国、全省维护稳定暨信访工作第2次电视电话会议精神的贯彻落实情况及三门峡市信访稳定工作进行检查指导。市委书记李文慧、副市长张英焕等出席座谈会。王石奇在听取汇报后，对三门峡市信访和群众工作给予充分肯定。

11日 三门峡市委书记李文慧深入陕县基层调研，重点察看了农村“三秋”工作和产业集聚区发展情况。李文慧强调，要扎实做好“三秋”各项工作，为2009年秋粮丰收和2010年夏粮丰收打好基础；要抢抓机遇，大力推进产业集聚区建设，努力保持经济社会平稳较快发展。

15日 市委书记李文慧主持召开会议，听取市委、市政府赴各县(市)区巡视督导组工作汇报，部署全市信访稳定、安全生产和食品药品安全工作。李文慧强调，各级、各有关部门要举一反三，多策并举，建章立制，全面开展“安全三门峡”创建活动。

16日 国家铝及铝制品质量监督检验中心在三门峡市开工建设。该中心是集检测、科研、仲裁和标准制定为一体的综合性国家级检测机构，是全国同行业唯一的国家级质检中心。一期工程主体试验检测楼建筑面积8 000平方米，建设总投资2 600万元，仪器设备总投资1 200万元，建设周期18个月。

17日 省公安厅和三门峡市委、市政府在三门峡国际会议中心召开追授肖亚生全国公安系统二级英模命名表彰大会。大会宣读了《人力资源和社会保障部、公安部关于追授肖亚生为全国公安系统二级英雄模范荣誉称号的决定》，宣读了《中共三门峡市委关于开展向肖亚生同志学习活动的决定》。

是日至19日 由河南省政府主办、省工业和信息化厅承办的“2009豫粤产业转移合作共赢洽谈会”在深圳召开。三门峡市政协副主席、市中小企业服务局局长肖群兰，市长助理、市政府秘书长张建峰率三门峡市代表团参加洽谈会。会上，三门峡市共签约项目28个，总投资57.66亿元。其中合同和协议项目16个，总投资40.06亿元；意向(框架)项目12个，总投资17.60亿元。

20日 三门峡市组团参加在驻马店举行的2009年全国农产品加工业博览暨东西合作投资贸易洽谈会。会上，三门峡市展示展销近40个系列100余种产品，发放宣传册、项目册1.8万份，与国内外客商签订合作项目48个，总投资89.46亿元。

是日 三门峡市妇联主席庆志英、三门峡市湖滨区阳光花卉盆景园总经理王苏霞被全国妇联授予全国“三八红旗手”，三门峡金玫瑰美食娱乐有限责任公司被全国妇联授予全国“三八红旗集体”。

是日至28日 三门峡市举行第6届运动会。来自各县(市)区、市直、厂矿企业、市直中学、大中专院校、驻三门峡部队、武警部队的76个代表团3 800多名运动员参加了25个大项、519个小项的竞赛。经过角逐，产生金牌575枚，共有110人次打破31项三门峡市田径纪录，38人达到少年级运动员标准，99人达到3级运动员标准，70人达到2级运动员标准。

21日 市委中心组集中学习党的十七届四中全会精神，部署贯彻落实全会精神的有关工作，安排全市近期重点工作。市委书记李文慧强调，全市上下要迅速掀起学习贯彻十七届四中全会精神的热潮，进一步开创各级党组织和党员干部队伍建设新局面，为建设开放魅力富裕和谐三门峡、跻身中原崛起第一梯队提供更加坚强的保障。

22日 由市委、市政府主办，市委宣传部、市文明委、市直工委、市委党史方志办等部门联合承办的“与共和国同行——庆祝新中国成立60周年成就展”开幕。市领导李文慧、杨树平、王建勋、赵继祥、郭秀荣、李建顺、李明举、赵中生、周志远、高从民等出席开幕式。展览分为中华人民共和国部分和三门峡部分；三门峡部分分为1949年至1978年和1979年至2009年两部分内容。展览共有100个版面，展出示意图50个、照片300余幅，展示了60年来三门峡走过的光辉历程，展示了全市各个行业、各条战线取得的辉煌成就。开幕式上，市委副书记、市长杨树平致词，市委书记李文慧宣布成就展开幕。

23日 在第3届河南省优秀中国特色

社会主义建设者表彰大会上,灵宝华宝产业有限责任公司董事长陈治华、河南天鹅城实业有限公司董事长王亚东、三门峡香山红叶饮食娱乐有限公司董事长张永香、义马市红星实业公司董事长孙忠贵、卢氏县安军摩托车行经理杨安军5人荣获第三届河南省优秀中国特色社会主义建设者称号。

24日 三门峡市召开纪检监察派驻机构统一管理工作会议,对一年来工作进行总结回顾,交流经验,进一步明确责任,推动全市纪检监察派驻机构统一管理工作再上新台阶。

26日 由省委宣传部、省委组织部、省委统战部、省委党史研究室、省民政厅、省人力资源和社会保障厅、省总工会、团省委、省妇联、省军区政治部等10个部门联合组织开展的“60位为新中国成立作出突出贡献的英雄模范人物和60位新中国成立以来感动中原人物”评选活动结果揭晓,三门峡市共有5人入选,其中王舟平、周凯东、曹靖华入选“60位为新中国成立作出突出贡献的英雄模范人物”,白洁、徐洪刚入选“60位新中国成立以来感动中原人物”。

28日 三门峡市举行欢送全国“爱国拥军模范”毛兆祥赴京参加国庆60周年观礼活动仪式。市委副书记王建勋出席仪式并致词。

10 月

10日 三门峡市召开市委全委(扩大)会议,学习贯彻党的十七届四中全会和省委全会精神,研究部署当前工作,动员全市上下迅速掀起学习贯彻十七届四中全会精神的热潮,振奋精神,团结一心,扎实工作,确保全面完成全年各项目标任务。

12日 全国首批12个工伤预防试点城市确定,三门峡市成为全国首批工伤试点城市。试点城市的工伤保险基金将提取一定比例专门用于工伤预防,河南省工伤保险制度也将逐步尝试由以往的“伤后保障”,扩展为“提前预防、事后保障”并重的新模式。

是日 河南仰韶生化工程有限公司举行生物酶制剂改扩建项目开工仪式。该项目是国家发改委支持的一个重点产业化项目,由河南仰韶生化工程有限公司与广州裕利宝生物公司合作共同出资建设。项目建成后,将成为全国最大的酶制剂生产企业和酶制剂出口创汇企业,可生产各种酶制剂十余种,其中耐热木聚糖酶、酸性淀粉酶,将填补国内空白。

是日 三门峡市委、市政府确定的“十件实事”中的迎宾大道、大岭桥竣工通车。迎宾大道是连接市区和郑西客运专线三门峡站的重要通道,全长2.7千米,总投资2.2亿元,设计标准为公路1级、双向10车道、沥青混凝土高级路面;大岭桥是郑西客运专线三门峡站与市区连接的主要交通干道,全长880米,主车道设计为双向6车道,宽40米,总投资1.15亿元。

是日 市委书记李文慧,市委副书记、市长杨树平,市委常委、副市长赵光超,市委常委、秘书长赵中生到市区各主要街道、景区察看了重点路段的亮化情况。李文慧、杨树平先后到滨河路、六峰路、崤山路、陕州公园、天鹅湖国家城市湿地公园、陕州大道、涧河公园、上阳路、黄河路等地,察看了主要道路、景区、立交桥和临街建筑等亮化情况。

13日 在山东东营召开的全国大中城市社科联第20次工作会议上,三门峡市社科联被评为“全国大中城市先进社科联”,黄辉被评为“全国社科联先进工作者”。

14日 三门峡市召开经济运行工作电视电话会议,贯彻全省经济运行工作电视电话会议精神,对全市经济运行工作进行部署。

是日 三门峡火电厂三期工程(2×100万千瓦机组)可行性报告审查会在三门峡市召开。项目评审专家组和省、市、县(区)相关部门及中国大唐集团、省电力勘测设计院的100多位领导和专家与会,献计献策,协力推进项目建设。

是日 省委学习实践活动第三巡回检查组组长白红战率领检查组成员,对义马市学习实践活动开展情况进行调研。市委书记李文慧,市委常委、组织部部长赵予辉陪同调研。检查组先后深入义马市新区办事处、义马市食品公司、义马市二高、义马气化厂、开祥化工公司等地,进行实地调研和指导,并专题听取了义马市学习实践活动情况汇报。白红战作了重要讲话。

17日 在北京发布的2009年度中国中小城市科学发展评价体系研究成果中,义马市跻身全国中小城市科学发展百强,位居第50位,并被评为2009年度中国最具区域带动力中小城市百强之一。

是日 在山东济南举行的2005年至2008年度全国群众体育先进表彰大会上,灵宝市农村义务体育工作者梁金牛获全国群众体育先进个人荣誉称号,受到中共中央总书记、国家主席、中央军委主席胡锦涛亲切接见。

是日至19日 在第二次全国煤炭企业党委书记经验交流会上,义煤集团新安矿党委书记马泰山、千秋矿党委书记曹振华、跃进矿党委书记陈志杰荣获首批“全国煤炭企业优秀党委书记”称号。

20日 三门峡市召开县(市)经济运行工作座谈会。市委书记李文慧主持会议并强调,要振奋精神,盯紧全年目标任务,迎难而上,重点突破,确保圆满完成全年各项目标任务,努力交出经济发展的好答卷。

21日 全省最大的蛋种鸡场——湖滨区王官种鸡场开工建设。项目由三门峡市康裕养殖有限公司投资,建成后每年可向社会提供蛋鸡种苗200万羽、鲜蛋350万千克以上,向周边农户提供有机肥料1 100万千克。

是日 在中国园艺学会、中国果品流通协会等9个单位主办的第2届中国昌平苹果擂台赛上,陕县选送的华冠苹果获“中华名果”荣誉称号,是河南省在大赛上获奖的唯一参赛果品。

22 日　市委书记李文慧深入第 3 批学习实践活动联系点灵宝市焦村镇调研。李文慧先后到焦村镇一中、杨家村、灵仙菌业有限责任公司等处了解学习实践活动开展情况后强调,要始终把发展作为第一要务,深刻领会科学发展观的核心,把开展学习实践活动与推动当前各项工作结合起来,为加快社会主义新农村建设提供强大动力。

是日　三门峡市针对三门峡职业技术学院出现甲型 H1N1 流感病例情况召开专题会议,研究部署甲型 H1N1 流感防控工作。

是日　三门峡(深圳)经济合作项目推介会在深圳市五洲宾馆举行。中央人民政府驻香港联络办公室行财部副部长施继明、深圳市政协人口与资源环境委员会主任李新、河南省商务厅驻深圳办事处主任杨红等应邀出席推介会,三门峡市委副书记、市长杨树平在推介会上致词。推介会发布经济合作项目 212 个,共签约协议、意向 16 个,项目投资总额 101.7 亿元。

23 日至 24 日　全国政协副主席白立忱到三门峡市考察。省政协副主席邓永俭,省委原副书记姚敏学,省政协副秘书长王铁牛、王卫平及市领导李文慧、杨树平、郭秀荣、赵中生、赵艳、陈雪平等分别陪同考察。白立忱一行先后到甘山国家森林公园、函谷关古文化旅游区、虢国博物馆参观考察。

同期　全国部分地区民主评议基层站所工作座谈会在山西省晋中市召开,义马市作为全国唯一的县(市、区)代表与山西省、河南省等 8 个省(市、自治区),辽宁省大连市、山东省济南市等 11 个省辖市代表参加会议。会上,义马市作为全国唯一的县(市、区)代表作了典型发言。同时,义马市制作的《纠风工作在河南,评议站所看义马》宣传画册受到了与会代表的赞扬。

26 日　在中国文联、中华全国总工会、中央电视台、中国音乐家协会联合主办的“向祖国汇报——庆祝新中国成立 60 周年全国产业(行业)系统职工歌咏比赛”中,由河南石油分公司选送、三门峡石油分公司编演的节目“唱唱油站黑板报”荣获银奖及创作二等奖。

是日至 27 日　应南非豪登省经济发展署及库威尼市政府的邀请,市委书记李文慧率三门峡市经贸考察团一行 6 人到南非进行招商引资合作项目商谈考察与友好交流访问。李文慧一行走访了南非豪登省经济发展署、南非中原总商会,并拜会了中国驻约翰内斯堡总领事馆。

27 日　全省政协教科文卫体委员会工作座谈会在三门峡市召开,会议围绕“深化文化体制改革,推动文化繁荣创新”进行深入交流与探讨。

是日　以国家土地督察济南局副局长刘志萍为组长的土地例行督察组到三门峡市,专题督察三门峡市近年来特别是 2008 年以来土地利用和管理情况。市领导杨树平、赵光超、赵中生、马仰峡、张景林等出席汇报会。

是日　由中宣部、卫生部、国家中医药管理局等 23 个部委局联合举办,以“传承中医国粹,传播优秀文化,共享健康和谐”为主题的“中医中药中国行”三门峡站大型科普宣传活动启动。

28 日　在孙越崎科技教育基金第 18 届颁奖大会上,义煤集团千秋煤矿矿长张寅荣获孙越崎青年科技奖。

是日　河南陆军预备役高炮师师长陈志伟、参谋长赵修明等到预备役高炮师五团调研团队建设情况,并走访了三门峡军分区。

29 日　三门峡市召开重点企业经济运行座谈会,通报了前三季度全市工业经济运行情况,听取了市人行、义煤集团、陕县恒康铝业有限公司、大唐发电公司、灵宝金源矿业等 8 个重点金融部门及企业代表关于金融运行、生产经营等情况的汇报。

30 日　连霍高速公路三门峡段改扩建工程动员大会在三门峡市召开,标志着该项工程正式全面启动。该工程东起洛阳西南绕城高速公路与连霍高速公路相交处,与郑洛高速公路改扩建工程终点相接,西止于豫陕界和正在扩建的陕西省潼关至宝鸡高速公路起点,全长 195 千米,其中三门峡境约 167 千米,建设标准按双向 8 车道高速公路标准改扩建,设计行车时速 100 千米。项目概算总投资 125.7 亿元,计划 2009 年年底开工,工期 36 个月,于 2012 年底前建成通车。

是日　省军区司令员刘孟合到三门峡市检查指导工作。市委常委、三门峡军分区政委李明举,三门峡军分区司令员周世杰、副政委周正保等参加汇报会。

11　月

1 日至 3 日　由市委书记李文慧任团长的三门峡市经贸考察团到埃及进行招商引资及经贸洽谈活动。经贸团先后会见了埃及农业、科技、贸易等方面人士,走访了埃及商会联合会及有关企业,就加强相互间的经贸合作进行了广泛深入的交流。通过推介,双方就建立长期合作关系达成了共识。

3 日　民政部副部长李立国到三门峡市考察调研。省民政厅厅长杨云及市领导杨树平、赵继祥、郭秀荣、赵光超等陪同考察。李立国深入灵宝市金秋老年公寓,详细了解社会化养老工作开展以及老年公寓的运行情况,对灵宝市在社会化养老方面的探索给予肯定。

4 日　人民网河南频道、新华网河南频道、中新社、《农民日报》《大公报》、河南人民广播电台、河南卫视、河南卫视·都市频道、《大河报》、大河网、《郑州日报》《东方今报》、河南卫视·农村频道等中央、省级媒体采访团到三门峡市,深入陕县和卢氏县部分受帮扶村,采访报道三门峡市项目建设驻村帮扶工作。

是日　三门峡市首批 3.48 万份甲型 H1N1 流感疫苗配备到位,在全市 100 多个接种点全面启动接种工作。

6 日　由副省长史济春带队的全省重点

项目第2次观摩点评活动第1组在三门峡市举行点评会议。

是日　三门峡市湖滨区政府征兵办公室荣膺"全国征兵工作先进单位"称号揭牌仪式在湖滨区人武部举行。

7日至8日　国家地震局副局长阴朝民到三门峡市,调研防震减灾工作。省防震抗震指挥部副指挥长、省地震局局长梁宪章及市领导苏新华、赵光超、姚龙等陪同调研。

9日　三门峡市召开平安国庆总结表彰大会,对国庆期间全市信访稳定、平安建设、安全生产、食品安全等工作进行总结,对作出突出成绩的先进集体和个人予以表彰。

10日　九三学社三门峡、洛阳、焦作市委2009年度社务工作会议在三门峡市召开。省政协副主席、九三学社河南省委主委张亚忠出席豫西片区工作汇报会。

是日　三门峡市受强冷空气的影响,出现大风降雪天气,降雪量均在20毫米以上,雪深均在13厘米以上,造成全市48 593人受灾,其中交通堵塞被困的司乘人员达13 000余人,滞留车辆达1 500余台;紧急转移安置1 060人。农作物受灾面积达3 295.5公顷,倒塌房屋54间,损坏房屋10间。直接经济损失达2 789万元,其中农业经济损失为2 566万元。

是日　三门峡市委中心组(扩大)学习党的十七届四中全会精神报告会举行。省委宣讲团成员、省委党校教授牛安生作了题为"新形势下党的建设的新部署、新要求"的辅导报告。

11日　市委、市政府召开紧急会议,部署应对雨雪天气、加强道路交通管理和保障生产生活秩序等工作。

是日　省委学习实践活动领导小组办公室组织《河南日报》《河南日报农村版》、河南人民广播电台(含农村广播)、河南电视台、大河网、《党的生活》杂志社、《决策探索》杂志社等省直主要新闻媒体,对三门峡市学习实践活动的部分典型单位进行为期2天的集中采访报道,为三门峡市第3批学习实践活动的开展营造浓厚的氛围。

15日　省委、省政府表彰第5次全省民族团结进步模范集体和模范个人。灵宝市人民政府、三门峡市民族宗教局荣获"全省民族团结进步模范集体"称号,渑池县陈村乡鱼池维吾尔族村支部书记张吉锁、卢氏县城关镇北关村支部书记金慈民(回族)、三门峡市湖滨区民族宗教局副局长兰宏林荣获"全省民族团结进步模范个人"称号。

是日　市委书记李文慧察看市区供气供热和市场供应情况。李文慧到中裕燃气有限责任公司、开曼热电厂和市区虢翠园农贸市场等处实地察看后强调,供气供热和市场供应等工作是改善民生的具体体现,各级各有关部门要采取更加有力的措施,把这些关系千家万户的大事抓好,确保人民群众平安温暖过冬。

16日　由国家信访局研究室主任张严带领的中央联席办调研组到三门峡市,调研群众及信访工作情况。市委书记李文慧,市委副书记、市长杨树平出席座谈会,并就三门峡市群众及信访工作进行了汇报,就进一步加强群众信访工作发表了意见和建议。

是日　三门峡市召开经济运行分析会。会议进一步贯彻落实10月10日市委全委(扩大)会议精神,总结分析10月份全市经济运行情况,研究分析当前经济形势,切实采取有效措施,确保全面完成全年各项目标任务。

是日　三门峡市城市集中供热二期工程竣工。市领导李文慧、杨树平、郭秀荣、赵中生等出席竣工典礼仪式。集中供热二期工程是2009年市委、市政府向全市人民郑重承诺的"十件实事"之一;主管网共分两路,一路由开曼公司通向市区,形成市区台上、台下统一供暖,另一路通向陕县城区,管网总长57千米,其中主管网18千米,支管网39千米,规划建设43个交换站,供热面积1 100万平方米。

是日　康乐家园廉租住房一期工程竣工。康乐家园廉租住房住宅小区是市委、市政府连续两年向群众公开承诺的"十件实事"之一,是三门峡市解决城市低收入家庭住房困难问题,完善住房保障制度的一项民心工程。工程位于市区西贺家庄,规划用地面积13.2公顷,总建筑面积18.52平方米,建成后可解决2 866户低收入家庭的住房困难问题。其中一期工程2万余平方米,建设6栋住宅楼450套住房。

是日至21日　在深圳召开的第11届中国国际高新技术成果交易会上,三门峡市农业信息中心被国家发改委确定为国家信息化工程试点单位。这标志着三门峡市农业信息中心进入"国家队"的行列,有助于加大三门峡市新农村综合信息服务试点项目的实施力度,有助于在全市范围内建成功能齐全、体系完备、高效共享、反馈灵敏的农业信息化体系,实现体系创新、服务创新、机制创新,形成电脑、电视、电话"三电合一"的现代农业信息服务模式,加快三门峡市现代农业发展步伐,促进社会主义新农村建设。

18日　三门峡市交警支队民警董爱军到河南省人民医院,向山东省一名6岁患者捐献造血干细胞。董爱军是三门峡市交警支队二大队副大队长,1999年开始无偿献血,2007年登记成为造血干细胞志愿捐献者。2009年4月,与山东患者赵程帅血液配型成功。11月23日下午,董爱军捐献的造血干细胞顺利植入患者赵程帅体内。董爱军是全省交警系统捐献造血干细胞第1人,全省公安系统第四名捐献者。

是日　三门峡市召开2009年反腐倡廉建设检查考核工作部署电视电话会议。

是日至21日　省平安建设考核组到三门峡市,就2009年度平安建设工作进行考核。

19日　在人民网和北京大学现代中国研究中心联合共同发起的"中国软实力城市"评选活动中,三门峡市入选"中国软实力城市200强"。

是日　全市第3批学习实践活动转段

动员电视电话会议召开。市委副书记、市长杨树平在会上指出，要总结成绩，明确任务，强化措施，不断把第3批学习实践活动推向深入。

20日 由河南省质量技术监督局、河南日报社联合举办的“河南省十大最具影响力地理标志产品”推选结果揭晓，灵宝苹果入选。

22日至23日 由上海市委宣传部、上海世博局事务协调局、上海市松江区政府、上海市政府侨务办公室、中国新闻社共同主办的“世博论坛——城市发展与绿色经济”在上海市松江区举行，来自海内外的60多位市长和200余位外交使节、城市管理者、专家学者以及企业家会聚一堂，对话城市发展，共创绿色经济。三门峡市委副书记、市长杨树平应邀出席论坛，并作“大力发展绿色经济，打造生态山水城市”专题演讲。

24日 在人力资源和社会保障部、文化部联合举办的全国文化先进单位、全国文化系统先进集体和先进工作者表彰大会上，三门峡市文化局荣获“全国文化系统先进集体”称号。

是日 义马鑫海新能源科技有限责任公司年产5 000万千克煤焦油加氢改质项目开工建设。项目总投资1.5亿元，建成后年可实现销售收入4亿元、利税5 000万元。

是日 三门峡市召开老区建设工作会议，传达贯彻全省促进老区建设先进集体先进个人表彰会议精神，研究部署全市促进老区建设工作任务。市委书记李文慧出席会议并强调，各级、各部门及社会各界要进一步明确新形势下促进老区建设的思路和举措，努力推动老区经济社会又好又快发展。

25日 省委书记徐光春到三门峡市考察指导工作。省委常委、秘书长曹维新及市领导李文慧、杨树平等陪同考察调研。

26日 三门峡(宁波)经济合作项目推介会在浙江省宁波市举行。推介会发布212个经济合作项目和主要投资政策，项目涉及能源工业、铝工业等多个

11月25日，省委书记徐光春一行在市委书记李文慧，市委副书记、市长杨树平等陪同下，到陕县天井窑院旅游度假村观看豫西民间剪纸艺术现场表演，与民间艺人和基层干部亲切交谈

产业领域。经过洽谈和交流，共签约意向、协议13个，项目投资总额达67.9亿元。

是日 由农业部倡导并拨付专款的河南省首次大鲵增殖放流启动仪式在卢氏县大鲵自然保护区举行，陆续有2 000尾大鲵被投放入保护区的河流。

30日 三门峡市委副书记、市长杨树平参加全省领导干部会议。会议传达中央关于河南省委主要领导职务调整的决定：卢展工任中共河南省委委员、常委、书记，提名为河南省人大常委会主任候选人；徐光春不再担任中共河南省委书记、常委、委员职务，不再担任河南省人大常委会主任职务。

12 月

2日 三门峡市举行第2个反腐倡廉宣传教育月启动仪式暨警示教育大会。市委书记李文慧出席大会并强调，各级领导干部特别是主要领导干部要进一步强化廉洁自律意识，提高拒腐防变能力，坚决做到秉公用权、廉洁从政，为加快建设开放魅力富裕和谐三门峡作出新的更大的贡献。

是日 2009年度全省公安驻知识产权联络处工作会议在三门峡市召开。

3日 在中国第13届国际摄影艺术展上，三门峡市摄影师侯建朝的23幅图片组照——《村民信仰》入选参展，受到国内外专业人士的好评。

是日 市政府与河南省电力公司举行共同推进三门峡电网发展框架协议签约仪式。

是日 三门峡市老年体育活动馆奠基。活动馆设计建筑面积1 995平方米，估算总投资370万元，建设工期半年，计划于2010年5月30日竣工。

4日 在由农业部农产品质量监督检验中心、中国果品流通协会、联合国工业发展组织中国促进处绿色产业专家委员会等单位主办的2009全国名优果品(西安)展评会暨中国果蔬产业品牌论坛上，灵宝市阳平镇荣获“中国苹果生产贮藏加工第一镇”称号。

5日 在2009第8届中国房地产与建筑业500强企业信息发布会上，中国水利水电第十一工程局有限公司荣膺“中国房地产与建筑业500强企业”称号。15日，在全国建筑业先进企业经验交流暨表彰大会上，中国水利水电第十一工程局有限公司荣获“全国建筑业先进企

业”称号,总经理孙玉民被评为“全国建筑业优秀企业家”。

是日 2009年晋陕豫黄河金三角地区区域协调发展市长联席会议在山西省运城市召开。三门峡市及山西省运城市、临汾市和陕西省渭南市有关负责人出席会议。会议通报了争取建设国家晋陕豫黄河金三角区域协调发展综合试验区申报工作和区域内相关产业实质性合作的情况,并就进一步推进申报工作进行了广泛深入的交流,提出了意见和建议。

9日 河南海奥通新能源科技有限公司与三门峡兴邦特种膜科技发展有限公司缔结战略合作伙伴签约仪式举行。合作双方将本着迅速形成锂离子电池和动力模块产业基地的原则,缔结为动力锂电池隔膜材料应用战略合作伙伴,将成为河南省新能源汽车发展的生力军。

11日 卢氏县电业局磨沟口供电所农电工莫建波在国家电网公司营销服务人员调考竞赛中荣获第1名,为河南省、三门峡市争得了荣誉。

是日 全市重点项目建设暨经济运行分析会召开。会议按照中央经济工作会议的要求,对2009年以来项目建设和经济运行工作进行总结,对年底和2010年工作进行部署。

13日至15日 以中科院过程工程研究所张懿院士为团长的专家团到三门峡市,考察重化工集聚区产业绿化升级与循环经济发展情况。

14日 陕县大营镇吕崖村大学生村干部白杨撰写的“在家乡的土地上干一番事业”一文在“青春奉献给大地——‘黄土塘村杯’全国大学生村官主题征文”活动中,被评为优秀奖。

15日 三门峡市参加“中原文化宝岛行”活动,并举行了三门峡(台湾)市情说明会。会上,经市商务局的前期联络和认真筹备,在项目签约仪式上共签订经济合作协议3个,项目投资总额79.5亿元。

16日 由三门峡市发改委、市交通局、市运管处和中国水利水电第十一工程局设计院组成的专家组,对三门峡市勘察设计院编制的卢氏双龙湾汽车客运站施工图设计,进行讨论、评审。

是日 三门峡市召开2009年度反腐倡廉建设检查考核工作大会。省委常委、统战部部长刘怀廉率省委考核组到三门峡市,对三门峡市2009年度领导班子及其成员落实党风廉政建设责任制情况、推进惩治和预防腐败体系建设情况及省管干部个人廉洁从政情况进行检查考核,并出席工作会议。

18日 河南省煤炭学会组织专家对金马重机公司研制的防爆特殊型蓄电池电机车进行评议,认为该电机车起动平稳、制动力大,具有安全性能好、起动力矩大、维修率低等特点。防爆特殊型蓄电池电机车各项性能指标符合相关标准和设计要求,达到国内先进水平,取得煤安标志认证,填补了省内空白。

是日 在农业部信息中心主办的2009年中国首届农产品区域公用品牌建设论坛大会上,灵宝苹果荣膺“中国农产品区域公用品牌建设价值百强”称号,排名第11位,品牌价值评估为38.12亿元,居全国县市级果品产业首位。

20日 在第9届中国文化管理年会上,义马煤业集团股份有限公司获“中国安全文化管理十佳单位”荣誉称号,杨村矿、常村矿、跃进矿、千秋矿、新安矿、观音堂公司6个单位获“中国文化管理典范单位”称号,耿村矿获“中国安全文化管理典范单位”称号。

21日至22日 来自新华社、《经济日报》、中央人民广播电台、中央电视台、《中国妇女报》《光明日报》《工人日报》《中国青年报》等中央媒体“黄河金三角”之行记者团到三门峡市,就豫晋陕黄河金三角地区资源优势和区域协调发展进行采访。

22日至23日 省委常委、省军区政委颜纪雄少将到三门峡市调研。

24日 省委第3批深入学习实践科学发展观活动第三巡回检查组组长、郑州市人大常委会主任白红战一行5人到三门峡市,检查指导三门峡市第3批学习实践活动开展情况。

26日 市委、市政府召开全市政府机构改革工作会议,对市政府机构改革进行全面动员。经过机构改革,市政府设置工作部门33个,部门管理机构1个。2010年1月15日前,机构改革后的工作部门人员将划转到位、办公条件到位,正式运转,3月底前全面完成市政府部门“三定”方案。

27日 预备役高炮师深化军民融合式发展现场观摩会在三门峡市召开。

28日 中国黄金产品展示中心在三门峡市举行开业庆典,标志着三门峡市在黄金实物交易方面迈出新步伐。

是日 在全省政法暨平安建设信访工作会议上,三门峡市被省委、省政府授予“2009年度平安建设工作先进省辖市”“2009年度信访工作先进省辖市”荣誉称号,市委书记李文慧,市委副书记、市长杨树平,市委常委、政法委书记郭绍伟,副市长、市公安局局长崔保连,市委政法委副书记、市综治办主任张龙治等被省委、省政府给予嘉奖。陕县、渑池县、卢氏县分别被省委、省政府授予“2009年度平安建设工作先进县(市、区)”荣誉称号,卢氏县、渑池县、义马市被省委、省政府授予“2009年度信访工作先进县(市、区)”荣誉称号。

30日 市委召开常委(扩大)会议,传达学习省委经济工作会议和全省政法暨平安建设信访工作会议精神,研究部署市委经济工作会议有关事宜,对当前工作进行安排。

·编辑 周 青·

三门峡概貌

涧河公园

基本情况

【位置·面积】 三门峡市位于河南省西部边缘，豫晋陕三省交界处，东连洛阳，南接南阳，西与陕西省接壤，北隔黄河与山西省相望。介于北纬33°31′24″~35°05′48″、东经110°21′42″~112°01′24″，东西长153.2千米，南北宽132千米，总面积10 496平方千米，占全省面积的6%。处于秦岭山脉东延与伏牛山、熊耳山、崤山交汇地带，地貌以山地、丘陵和黄土原为主，大部分地区在海拔300米~1 500米之间，位于灵宝市的小秦岭老鸦岔脑海拔2 413.8米，是河南省的最高峰。三门峡市区坐落在黄河南岸阶地上，一面临青龙涧河，两面临三门峡水库，形似半岛，是一座“四面环山三面水”的湖滨城市。市区面积185平方千米，城市建成区面积28.8平方千米。

【气象】 三门峡市地处大陆内部，远离海洋，境内多丘陵山地，气候为季风气候类型，大陆性气候特征明显，除卢氏县熊耳山以南低山丘陵地区为亚热带气候外，全市大部分地区属暖温带大陆性季风型气候。同时，还受到地形等非地带性气候因素的影响，气候在市境内表现出较大差异性。总体特征是：四季分明，春秋短而冬夏长，春季干燥多大风，夏季炎热多雨水，秋季温和湿润，冬季雨雪少且冷，光、热和水量集中，季节分配不均匀，旱象出现的频率高，对农业生产影响较大。三门峡市光热资源丰富，年平均日照时数为2 261.7小时；年平均温度为13.8℃；无霜期216天。热量分布受地貌影响，差异明显。卢氏县山区和渑池县、义马市为低值区，年均气温12.3℃~12.5℃，陕县、湖滨区、灵宝市为高值区，年均气温13.6℃~13.8℃，最冷的1月月均气温-1.9℃~0.7℃，最热的7月月均气温25.3℃~26.7℃。三门峡市雨量偏少，年降水量一般在500毫米~800毫米，历年平均为580毫米~680毫米。年降水时间分布，夏季(6月至8月)最多，占全年降水量的44.1%~49.9%，冬季(12月至翌年2月)最少，只占2.8%~3.7%。雨季的6月至9月占60.3%~65%，旱季10月至翌年5月为35%~39.7%。由于雨量偏少，制约着光温资源的充分利用。受副热带高压和西风环流交替影响，除了具有光照多、气温变化大、旱涝不均、四季分明等气候特征外，还造成一定的灾害，农业气候灾害主要有干旱、干热风、冰雹、冻害、大风、暴雨、大雾等，相应地制约了三门峡市经济稳步发展。

2009年，三门峡市总的气候特点表现为：全市年平均气温12.5℃~14.2℃，年平均气温与常年相比基本正常。四季中，冬季气温偏高，春季、夏季、秋季气温均正常；全市年总降水量552.7毫米~757.5毫米，较常年持平；全市年总日照时数1 855.9小时~1 925.4小时，显著偏少14%左右。年内出现了干旱、寒潮、大风、暴雨、大雪等灾害性天气，对交通运输、农业生产和群众生活造成一定影响。

【土地资源】 根据2009年变更调查显示，全市辖区总面积99.3574万公顷。其中：耕地17.74万公顷，占土地总面积的17.84%；园地面积5.35万公顷，占土地面积的5.38%；林地面积53.72万公顷，占54.06%；草地面积11.23万公顷，占土地面积的11.31%；城镇村及工矿用地5.34万公顷，占土地面积的5.37%；交通运输用地1.31万公顷，占土地面积的1.32%；水域及水利设施用地2.06万公顷，占土地面积的2.09%；其他土地2.61万公顷，占2.62%。全市土地资源呈现以下特点：一是耕地面积比重较小，远低于全省平均水平，且地块破碎，90.8%分布在山地丘陵地区，坡耕地面积大，耕地质量较差；二是林果业用地比重大，是全省重要的林果业生产基地；三是未利用土地较多，后备资源丰富，为开展土地开发整理提供了优势条件。

辖区土壤地理位置上处于全国的土地带中部，在不同的水热、植被等自然要素及社会经济活动的综合作用影响下，形成了不同的土壤类型。辖区土壤面积915 000公顷，占总土地面积的91.9%，共划分为4个土纲、7个亚纲、27个亚类、63个土属。主要有褐土、红土、黏土、棕壤三大土类。褐土为三门峡市的地带性土壤，面积578 200公顷，占总土壤面积的63.2%，是面积最大、分布最广的土壤类型。在农业生产上褐土占有极其重要的位置。红黏土系黄土丘陵经剥蚀而裸露的古老土壤，为龙岗地形，面积74 000公顷，占总土壤面积的8.1%，其中耕地占总耕地面积的17.7%。棕壤分布在900米~1 100米以下的中低山地区，面积112 266.66公顷，占三门峡市土壤面积的12.2%，耕地较少，多为林地。

【水文·水资源】 三门峡市辖区处豫西山地，河流河溪较多。全市共有大小河流3 000余条，分属黄河、长江两大水系，以黄河流域面积最大。长江水系主要是卢氏县南部和东南部的老灌河和淇河及其支流，流域面积1 120平方千米，占总面积的10.7%，流域海拔高度在1 000米~2 057米之间，降水量较丰富。多年平均降水量在800毫米以上，因而水流量大，为辖区水资源丰富地区。黄河干流由陕西省潼关县东入灵宝市境，流经灵宝、陕县、湖滨、渑池4个县(市)区的16个乡(镇)，全长225千米，历史上最大洪峰流量达3.6万立方米/每秒(1843年)。总出水境量383.17亿立方米，扣除过境水量377.3亿立方米外，本地实际出境的水量只有5.87亿立方米。虽然过境水量丰富，但因受地形和提水设施发展水平的限制，利用量尚少。除黄河干流外，境内流域面积100平方千米以上的河流共33条，其中在灵宝市境内的有11条，陕县境内5条，渑池县境内3条，卢氏县境内14条。其多年平均径流量及径流深是：卢氏县为全市最大，其径流量10.66亿立方米，径流深218.1毫米；灵宝市次之，其径流量6.76亿立方米，径流深152.7毫米；陕县的径流量1.77亿立方米，径流深135.5毫米；渑池县的径流量为全市最少，仅1.12亿立方米，径流深为136.7毫米。全市地表水多年平均径流量16.18亿立方米，径流深157.9毫米，径流系数0.23；地下水多年平均值量5.45亿立方米。总计全市水资源多年平均总量为21.63亿立方米，扣除其中重复量4.2亿立方米外，实际全市水资源总量是17.43亿立方米，人均占有780立方米，为全省人均占有量440立方米的近2倍，耕地公顷均10 826.1立方米。按照国家规定标准：地表水径流深大于1 000毫米为丰水带，径流深在

300 毫米～1 000 毫米为多水带，径流深在 50 毫米～300 毫米为过渡带，10 毫米～50 毫米为少水带，小于 10 毫米的为干涸带。三门峡市属于过渡带，但从历年径流量的变化上看，呈递减趋势，一些地区多年平均径流深已接近过渡带的下边缘，不少年份的径流深处于少水带。同时，随着工农业生产和社会经济的发展，地下水人工开采量不断增加，使三门峡市辖区的地下水形成面积达 24 平方千米、中心水位埋深 92.5 米的落降漏斗（泄水期）。所以，节约水资源、合理开发利用水资源已迫在眉睫。

【矿产资源】 三门峡市地质年代久远，地层发育较全，岩浆活动丰富，因而矿藏丰富，已发现矿产地 318 个，其中大型矿床 46 处，中型矿床 96 处。发现矿藏 66 种，已探明储量的有 50 种，保有储量居全省前 3 位的约有 31 种，已开采利用的 27 种。黄（黄金）、白（铝土矿）、黑（煤炭）是辖区的 3 大优势矿产。黄金矿产储量、产量均居全国第 2 位。有 16 种矿产居全省之冠（金、锰、铅、锌、锡、锑、钼、铌、锂、铍、铷、硫铁矿、铸型用砂岩、砷、云母、玻璃用砂岩），有 9 种矿产居第 2 位（铜、钼、银、钨、磷、压电水晶、熔炼水晶、石膏、石墨），6 种矿产居第 3 位（铝土矿、铁、镓、白云岩、伴生硫、水泥配料及粘土）。至 2009 年底，全市在有效期内共有矿产资源勘查登记项目 157 个（包括部办 6 个项目），其中金矿项目 37 个，铝土矿项目 18 个，铁矿项目 31 个，铅锌矿项目 34 个，重晶石项目 1 个，煤矿项目 2 个，银矿项目 4 个，铜矿项目 8 个，锑矿项目 3 个，锰矿项目 5 个，钼矿项目 5 个，钒矿项目 1 个，硫铁项目 2 个，长石项目 1 个，白云岩项目 2 个，石煤项目 1 个，锂矿项目 1 个，红柱石项目 1 个。全市工业企业的支柱产业如能源、冶金、建材、化工等都与矿产资源有关，矿业对全市工业的支撑度在 70% 左右，影响波及面达 80% 以上，矿业在全市的经济发展和社会进步中发挥了无可替代的作用。

【动植物资源】 三门峡市辖区处于暖温带和亚热带交界处，同时又为豫西山地，基本上是全国植物区系划分的南北分界线。植物种类繁多，资源丰富，且产量大，经济价值高，特别是有许多重要的工业原料、药用淀粉、纤维和木本粮油植物。全境域内维管束植物 144 科、780 多属、2 100 余种（不含农作物以及城镇绿化、公园、学校、企事业单位、植物园和苗圃等引进的植物种类）。本区的伏牛山、小秦岭等山地不但植物种类极其丰富，而且有不少珍贵的稀有树种，主要有领春木（*Euptelea pleiosperma Hook. f. et Thoms.*）、望春花（*Magnolia biondii Pamp.*）、铁杉（*Tsuga chinensis Pritz.*）、连香树（*Cercidiphyllum japonicum Sieb. et Zucc.*）、暖木（*Meliosam veitchiorum Hemsl.*）、红豆杉（*Taxus chinensis Rehd.*）、糯米椴（*Tilia henryana var. subglabra*）、龙须木（*Meliosam cuneifolia Franch.*）、水曲柳（*Fraxinus madshurica Rupr.*）等。

三门峡市的动物在全国动物区划的分类中，属于《中国动物地理区划》的华北区；在河南动物区划中，属于“伏牛山地及南坡丘陵”和“崤山山地及黄土丘陵平川”两个 3 级区内。因而动物特征是南北混杂的过渡性所表现出的多样化。加之山川地貌、地形的复杂，动物也呈垂直分布。市辖区内除家养动物外，仅野生的陆栖脊椎动物达 140 多种。其中，爬行类动物 20 多种，鸟类 70 多种，哺乳类动物 42 种，两栖类 8 种。主要动物和珍贵动物有：金钱豹（*Panthera pardus*），是辖区内唯一一种国际保护动物。苏门羚（*Capricornis sumatraensis*）又称鬣羚、山驴子、羚羊，为国家一级保护动物。国家二级保护动物有大鲵（*Andrias davidianus*）俗称娃娃鱼，天鹅（*Cygnus spp.*），豆雁（*Anser Fabalis*），环颈雉（*Phasianus colchicus*）俗称雉鸡、野鸡、山鸡，鸳鸯（*Aix galericulata*），麝（*Moschus spp*）又称香獐子、獐子，水獭（*Lutra spp*）别称水狗、獭子等。

【生态资源】 三门峡市由于地貌特征复杂，形成了具有暖温带、温带和寒温带的多元气候。全市有林地面积 310 667公顷，森林覆盖率达38%。生态环境良好，境内有亚武山国家森林公园、甘山国家森林公园、玉皇山国家森林公园、三门峡黄河库区省级湿地自然保护区、卢氏大鲵自然保护区等生态环境保护区，总面积达 326.2 平方千米，占国土面积的 3.1%。

【旅游资源】 三门峡历史文化源远流长。早在五六十万年以前，华夏民族的祖先就在这里刀耕火种、繁衍生息。全市拥有国家级重点文物保护单位 6 处、省级 39 处。这里是仰韶文化的最先发现地、人文始祖轩辕黄帝奠定政权的铸鼎地、万经之首的《道德经》的诞生地、禅宗初祖达摩的圆寂地、中华民族不屈不挠精神象征的中流砥柱所在地，也是成片地下民居天井窑院建筑群唯一完好保存地。灵宝函谷关是中国建制最早的雄关要塞，虢国墓地遗址是迄今发现的中国春秋时期规模最大的邦国墓葬群，数以千计的国宝重器为世人惊叹；黄帝铸鼎原发现的50万平方米以

甘山风光

上的新石器时期遗址初步证明，三门峡地区是距今5 000多年到4 100年的五帝时期中华民族的政治、经济、文化中心；中国20世纪100项重大考古发现三门峡市独占3个，另外还有市级非物质文化遗产25项，省级13项，国家级2项，占全省近1/10；唐太宗、杜甫、白居易、元好问等名人骚客留下数百首诗词名篇；秦晋崤之战、六国合纵攻秦、刘邦函关拒项羽等许多改变中国历史进程的战争均发生于此；夸父逐日、黄帝铸鼎、中流砥柱、分陕之重、紫气东来、鸡鸣狗盗、假虞灭虢、唇亡齿寒、禹开三门、秦赵会盟、玄宗改元等成语典故发生于此。

三门峡的名山秀水比比皆是。清水黄河、船行柳梢、天鹅戏水是黄河旅游的三大自然奇观；大黄河漂流神奇浪漫，尽现中流击水、征服自然的无穷魅力；甘山国家森林公园丹枫流霞、蝶群飞舞；亚武山国家森林公园秀峰林立、清溪潺潺；玉皇山森林公园松柏常青、珍禽异兽众多；燕子山国家森林公园古木参天，净潭棋布；仰韶大峡谷瑰丽恢弘、步移景换；豫西大峡谷飞瀑流泉、浪遏飞舟；双龙湾灵山秀水，历史文化底蕴丰厚；石峰峪石奇峰秀，山清水灵；熊耳山状似熊耳、景象万千；韶山层岭叠翠、风光无限；黄河小浪底南村旅游区水面宽阔、黛眉云雨、古柏参天；鼎湖湾烟波浩淼、芦花飞扬、荷花滴翠、野鸭、天鹅啾啾而鸣；陕县温泉、卢氏汤河温泉水质极佳，是疗养保健的好去处；“百佛顶灯”，以高、难、险的技巧演绎着民间绝技；豫西剪纸构图简洁，内涵丰富；道情皮影豫西特有，被称为戏剧“活化石”。

三门峡的旅游资源可以说是“以黄河为主线贯穿起来的充满野趣和史诗般辉煌的黄河生态与古文化游”。2003年旅游资源调查显示，全市共有旅游资源单体2 072个，其中有一定等级品位的有1 327个。2004年1月，三门峡市被国家旅游局命名为“中国优秀旅游城市”。至2009年底，全市在旅游部门备案的景区24家(其中4A级3家：豫西大峡谷风景区、三门峡虢国博物馆、函谷关历史文化旅游区，3A级2家：三门峡大坝风景区、甘山国家森林公园，2A级2家：鼎湖湾风景区、黄帝铸鼎原)；旅游星级饭店25家(其中四星级1家、三星级16家、二星级8家)；旅行社46家(其中出境社2家，旅行社4家，分公司4家)；“农家乐”从无到有发展到490家，可提供床位6 900余张，旅游直接从业人员12 000余人，初步形成了集“吃、住、行、游、购、娱”为一体的旅游服务体系。

【土特名产资源】 三门峡市的土特名产品，计有10大类、90多种。干鲜果品类有享誉全国的灵宝苹果、大枣，渑池仰韶黄杏、牛心柿饼，卢氏猕猴桃、板栗、核桃；食品名吃类有荣获世界名酒金奖的仰韶酒，有富于地方风味的观音堂五香牛肉、大营麻花、市区的水花佛手糖糕等；饮料类有湖滨果汁等；蔬菜类有畅销国内外的卢氏黑木耳、猴头、香菇，有藕断丝不连、质脆而味甘的阌莲；农产品类有“贡米”之称的渑池坻坞小米，有著名的灵宝421黄豆、棉花及“三门峡”烟叶，“三门峡”烟叶连续10余年在全国质量评比中获奖，有“代云烟”之称；工业产品类有电解铝、尿素、红钒钾、重铬酸钾、重铬酸钠、烧碱、棉浆粕、水泥、轿车轮毂、中密度板等；有久负盛名的通草堆画、卢氏推光漆、虎皮竹帘、烙花筷子、水平尺等；畜产类有豫西著名的肉牛、伏牛白山羊、豫西脂尾羊等；林产品类有国家级稀有树种漆树(*Toxicodendron vernicifluum F. A. Barkl.*)、侧柏(*Platycladus orientalis Franch.*)等；矿藏类有著名的“黄、白、黑”(即黄金、铝矾土和煤)；野生资源类有国家级2类保护动物大鲵(*Andrias davidianus*)、香獐(*Moschus spp*)等；中药材类有丹参(*Salvia miltiorrhiza Bge.*)、天麻(*Gastrodia elata Blume*)、苍术(*Atractylodes lancea DC.*)、连翘(*Forsythia suspensa Vahl*)等。在众多土特名产中，灵宝的杜仲(*Eucommia ulmoides Oliv.*)、苹果(*Malus pumila Mill.*)、大枣，卢氏鸡、连翘(*Forsythia suspensa Vahl*)、木耳被评为三门峡市地理标志产品。

【市政建设与服务设施】 三门峡市市政建设坚持外延扩张与内涵提高并重的方针，按照自然山水城市的战略目标和“一城三区”的规划，围绕创建园林城市、国家卫生城市的任务，发挥山水优势，把城市建设融入自然生态当中，做美、做静、做靓，营造最适宜人居住的环境，着力健全城市现代旅游功能。同时围绕巩固扩大创建优秀旅游城市成果，做好创建园林城市的基础设施建设工作，实行项目法人责任制，引入公开招标制，加强对市政基础设施建设项目管理，及时做好市政设施维护工作。涧南四期绿化完工，涧河治理五期工程完工。完善城市功能。高标准完成甘棠路、崤山路的路面整修，改建河堤北路，新建茅津北路，大岭涧河立交桥工程、郑西高铁三门峡客站广场及周边道理工程完工，开工建设西起东输三门峡分输站；城市集中供热、供气工程，继续推进；经过多年的建设，三门峡市市区形成了以崤山路、黄河路、建设路、六峰路、上阳路等8条道路为主，构成了“五纵三横”的城市道路框架。电力负荷控制中心建筑群、电信大厦、工商银行大楼、农业银行大楼等成为城市标志性建筑。百货大楼、商业大厦、新世纪百货、时代百货、东风百货大楼、工业品批发市场、建材市场、机动车交易市场等市场体系趋于完善。各旅游星级饭店功能完美的接待设施，服务一流的接待水平，使三门峡市的接待能力明显增强。建设有符合国家标准的图书馆和设计新颖、设施完备的体育馆；有高校1所(三门峡职业技术学院)，有中等专业学校1所；有设备先进的三门峡市中心医院、黄河三门峡医院、三门峡中医院，以其高超的医疗技术领先黄河金三角地区。建成人民公园、虢国公园，建设三门峡广场、涧河大坝等8大工程。至2009年底，城市建成区面积28.8平方千米，市区建成道路40条(不含开发区)，总里程达到118.5千米。

【交通通信】 三门峡市交通通信便利。欧亚大陆桥—陇海铁路横穿2市(义马市、灵宝市)1区(湖滨区)2县(渑池县、陕县)。郑(郑州)潼(潼关)公路(310国道之一部分)平行铁路横亘东西。呼(内蒙古自治区首府呼和浩特市)北(广西壮族自治区北海市)公路(209国道)穿过湖滨区、陕县、灵宝市和卢氏县。南(渑池县南村)阎(洛阳市嵩县阎庄)国防公路纵贯渑池县。黄河公路大桥连接豫晋两省，洛(洛阳)三(三门峡)、三(三门峡)灵(灵宝市)高速公路、运(山西运城)三(三门峡)高速公路在三门峡市区交汇，成为中部与西部连接的现代化交通要冲。年底，郑西高铁客运专线全线贯通并试车运营，与陇海铁路形成国网铁路“两横”格局。运三铁路（含公铁两用黄河大桥）项目建议书获得批复，三宜（宜昌）铁路项目展开前期研究，确定线路经过三门峡市陕县、灵宝市、卢氏县境内。连霍高速公路“四改八”拓宽改建工程点式开工。三淅高速灵宝至西坪段、郑卢高速洛宁至卢氏段、三淅高速三门峡黄河大桥（公铁两用）、运宝高速三门峡芮城黄河大桥已在进行前期工作。郑西高铁三门峡汽车客运南站开工建设，卢氏双龙湾旅游汽车站建成，全市共有汽车站10个、63个乡（镇）客运站、350个农村招呼站。通信设施先进，全市实现村村通程控电话，移动通信覆盖城乡，小灵通快捷便利，IP宽带信息网建成开通。

【历史文化】 三门峡市是华夏文明的发祥地之一，早在旧石器时代，这里就留下了人类祖先的足迹，活动地点分布在陕县的三岔沟、侯家坡；灵宝市的邢家庄、孟村、朱阳、营里、卫家磨；渑池县的南村和卢氏县的雷家村及湖滨区青龙涧河一带。进入新石器时代，人类活动范围更广泛，遗址在辖区内广为分布。距今6 000年前，出现了较大的居住群落，伴生着原始农业、畜牧业及制陶和编织等原始手工业，人类开始定居下来。约在公元前21世纪至13世纪，这里是夏商王朝统治的中心区域。周灭商后，周武王封神农之后于焦（今陕县），继封周文王之弟虢仲于虢（今陕县），焦国、虢国都城均在今湖滨区。这两个诸侯国的封建，对建都镐京的西周王朝起到了屏藩的作用。周成王时，姬奭为三宰相之一，与周公姬旦分陕而治，“自陕以东，周公主之；自陕以西，召公主之”。春秋时，先属虢、后属晋，战国时置三川郡。当时天下大乱，诸侯国之间互相攻伐，战事频仍，因而留下了“假虞灭虢”“唇亡齿寒”“鸡鸣狗盗”“完璧归赵”等著名历史典故。秦统一中国后，置三川郡，辖区属之。西汉属河南府，汉武帝时置弘农郡；北魏置陕州，一直延续到明清。“中华民国”元年（1912年）设豫西观察使，不久改为道尹，市辖区属河洛道。民国21年（1932年）设河南省第十一行政督察专员公署，管理陕县、灵宝县、卢氏县、阌乡县、渑池县等7县。1945年1月，建立中国共产党领导下的河南（豫西）第二专员公署，公署下辖有渑池县、陕县等5县抗日民主政府。1945年9月、10月间撤销。1946年7月，豫鄂陕第四专员公署成立，辖有卢灵洛县、卢嵩县、卢灵县、卢洛（洛南）县、卢洛（洛宁）灵县、栾川县等县政府。12月，卢灵洛县政府改为卢灵洛中心县政府，辖卢嵩（嵩县）、卢灵（灵宝）、卢洛（洛宁）和栾川（1947年1月后）4个县政府。四专署隶属豫鄂陕行政公署。1947年9月，豫陕鄂第一行政督察专员公署成立，下辖陕县、灵宝县、卢氏县和阌乡县4个县政府。专署隶属豫陕鄂边区行政公署。1948年6月，豫陕鄂第一行政督察专员公署改称陕南一专署，下辖卢氏县、灵宝县、阌乡县、栾川县4个县政府，专署隶属陕南行政公署。1948年7月，陕南一专署更名为豫西七专署。1949年2月，又更名为豫西三专署。均属豫西行政公署领导，下辖卢氏县、灵宝县、阌乡县、陕县等5个县政府。1949年3月，豫西三专署改称陕州专员公署，隶属中原临时人民政府；5月，河南省人民政府成立，隶属河南省人民政府。专署辖卢氏县、灵宝县、阌乡县、陕县、渑池县等7个县政府。1952年4月，陕州专员公署与洛阳专员公署合并，称洛阳专员公署。1957年3月，经国务院批准成立省辖市三门峡市，1961年改为县级市。1986年1月，重新调整为地级市，实行市管县体制。2009年底辖3县（渑池县、陕县、卢氏县）、2市（义马市、灵宝市）、1区（湖滨区）和三门峡经济技术开发区，共有62个乡（镇）、12个街道办事处、1 362个行政村。

三门峡市国民经济和社会发展综述

【概况】 2009年是进入新世纪以来三门峡市经济发展面临困难最多的一年。面对金融危机的严重冲击，三门峡市委、市政府坚持以“保增长、保民生、保稳定”为主线，多策并举，科学应对，有效遏制了经济下滑势头，整体经济企稳回升，各项社会事业持续进步。全市生产总值709.91亿元，比上年增长12.2%。其中，第一产业增加值57.61亿元，增长4.5%；第二产业增加值470.84亿元，增长12.7%；第三产业增加值181.46亿元，增长13.1%。人均生产总值31 912元，增长11.8%。三次产业结构由上年的8.4∶66.9∶24.7变化为8.1∶66.3∶25.6，二、三产业比重比上年提高0.3个百分点。全年居民消费价格比上年下降0.9%。其中，食品类比上年下降0.4%。食品类中，肉禽及制品比上年下降14.2%，粮食和鲜菜分别比上年上涨3.7%、24.8%。全年城镇新增就业人员5.89万人，失业人员再就业2.30万人，其中就业困难对象再就业1.24万人。年末城镇登记失业率为3.57%，低于省定4.6%的控制目标。

【农业】 全年粮食产量6 278万千克，比上年增产2.1%；烤烟产量391万千克，比上年增产11.5%；棉花产量22.34万千克，减产14.8%；油料产量308.39万千克，减产10.1%。肉类总产量755万千克，增长5.1%；禽蛋产量470万千克，增长5.4%；牛奶产量341万千克，增长19.1%。

年末农业机械总动力161.6万千瓦，比上年增长4.7%；农用拖拉机3.88万台，增长9.0%；农用运输车5.75万辆，与上年持平；农村用电量3.03亿千瓦小时，增长7.9%。

【工业和建筑业】 全年全部工业增加值443.78亿元，比上年增长12.0%，增速比上年回落5.3个百分点。规模以上工业增加值380.80亿元，比上年增长13.5%，增速比上年回落6.2个百分点，其中轻工业增长10.3%，重工业增长13.7%，轻、重工业比例为6.1∶93.9。产品销售率为99.3%。规模以上工业涉及的34个行业大类中，增加值居前10位的行业分别为：有色金属矿采选业114.80亿元，增长12.4%；有色金属冶炼及压延加工业62.77亿元，增长17.1%；煤炭开采和洗选业57.72亿元，增长24.6%；非金属矿物制品业27.38亿元，增长3.3%；电力、热力的生产和供应业25.60亿元，增长1.6%；化学原料及化学制品制造业14.19亿元，增长28.1%；非金属矿采选业11.88亿元，增长6.2%；专业设备制造业9.41亿元，下降6.4%；饮料制造业5.45亿元，增长0.7%；金属制品业5.36亿元，增长22.5%。

主要工业产品产量中，原煤比上年

华鑫铜箔生产线

增长6.5%,氧化铝增长15.0%,铝(电解铝)增长44.0%,黄金增长17.3%,铅增长37.4%,铜增长14.2%,化肥增长4.4%,铝材增长2.0%,发电量下降5.3%。全年规模以上工业企业主营业务收入1 522亿元,比上年增长13.4%,增速比上年回落17.3个百分点;利润总额126.17亿元,增长6.1%,回落3.5个百分点。分所有制看,国有控股工业利润11.76亿元,增长45.2%;集体控股工业利润50.86亿元,增长14.2%;非公有制工业利润63.55亿元,下降4.1%。分行业看,34个行业大类中利润总额居前10位的行业分别为:有色金属矿采选业68.15亿元,增长17.1%;有色金属冶炼及压延加工业18.81亿元,下降40.8%;煤炭开采和洗选业9.54亿元,增长41.2%;非金属矿物制品业7.27亿元,增长0.2%;非金属矿采选业4.61亿元,增长36.1%;化学原料及化学制品制造业2.94亿元,下降2.9%;专用设备制造业1.84亿元,增长7.5%;黑色金属矿采选业1.77亿元,增长32.0%;金属制品业1.46亿元,增长11.5%;塑料制品业1.41亿元,增长2.4%。全年建筑业增加值完成27.05亿元,比上年增长27.3%。具有资质等级的建筑企业累计实现利润3.31亿元,比上年增长85.5%;实现税金2.85亿元,比上年增长16.7%。

【固定资产投资】 全年全社会固定资产投资553.31亿元,比上年增长37.2%,增速比上年回落1.0个百分点,其中城镇投资467.57亿元,增长35.7%,增速比上年提高1.0个百分点;农村非农户固定资产投资75.16亿元,增长51.7%;农户投资10.57亿元,增长17.2%。在城镇投资中,国有及国有控股投资172.92亿元,比上年增长25.2%;民间投资280.48亿元,增长46.0%;港澳台商投资11.83亿元,增长3.1%;外商投资6.64亿元,增长122.6%。第一产业投资18.01亿元,增长96.5%;第二产业投资290.69亿元,增长19.6%,其中工业投资290.57亿元,增长19.7%;第三产业投资158.86亿元,增长72.0%。全年房地产开发投资26.50亿元,比上年增长50.6%,其中住宅投资19.17亿元,增长36.1%。商品房施工面积316.53万平方米,增长16.0%,其中住宅246.78万平方米,增长19.9%。商品房竣工面积61.72万平方米,增长21.1%,其中住宅51.99万平方米,增长10.5%。商品房销售面积67.07万平方米,增长5.3%,其中住宅61.59万平方米,增长0.9%。商品房销售额15.50亿元,增长71.1%,其中住宅12.80亿元,增长47.2%。

【国内贸易】 全年社会消费品零售总额171.75亿元,比上年增长19.2%。分城乡看,城市、农村并驾齐驱,共同发展。城市消费品零售额94.20亿元,县及县以下消费品零售额77.55亿元,均比上年同期增长19.2%。分行业看,批发和零售业零售额145.27亿元,增长18.6%;住宿和餐饮业零售额23.65亿元,增长23.9%;其他行业零售额2.83亿元,增长13.7%。

【对外经济】 全年进出口总额13 074万美元,比上年下降13.8%。其中,出口总额8 080万美元,比上年下降38.2%;进口总额4 994万美元,比上年增长1.37倍。全年新签利用外资合同8个。合同利用外资12 587万美元,比上年下降66.0%;实际直接利用外资26 355万美元,比上年增长12.6%。

【交通、邮电和旅游】 全年交通运输、仓储和邮政业增加值54.66亿元,比上年增长6.6%。全年全社会公路货运量279.5亿千克,比上年增长12.4%;公路旅客运输量3 281万人,比上年增长11.8%;公路货运周转量50.23亿吨公里,比上年增长23.6%;公路旅客周转量15.21亿人千米,比上年增长18.8%。全年邮电业务总量16.55亿元,比上年增长9.8%。其中,邮政业务1.54亿元,增长22.5%;电信业务15.01亿元,增长8.6%。年末固定电话用户36.71万户,固定电话普及率为16.4部/百人;移动电话用户123.66万户,普及率为55.2部/百人,比上年增加5.4部/百人。年末全市共有国际旅行社和国内旅行社46家,比上年增加7家;旅游景区(点)24家,其中A级旅游景区(点)7处,4A级以上景区3处;旅游星级饭店23家,星级餐馆2家。全年共接待海内外游客979.48万人次,比上年增长38.5%,其中接待入境游客36 053人次,增长17.3%;接待国内游客975.87万人次,增长38.6%。旅游总收入54.84亿元,增长18.2%。

【财政、金融】 全年全市地方财政总收入68.11亿元。地方财政一般预算收入完成41.50亿元,增长13.1%,增幅比2008年下降11.9个百分点。税收占财政一般预算收入的比重为72.2%,比2008年下降8.5个百分点。6项主要税种呈现出“二升四降”态势。其中,营业税、城市维护建设税分别比上年增长27.4%和10.6%,增值税、企业所得税、个人所得税和资源税分别比上年下降

19.0%、32.6%、13.3%和20.1%。全市财政一般预算支出累计完成85.56亿元，增长30.9%。重点支出和法定支出得到较好保障。全年全市一般公共服务支出增长26%；教育、科技、农林水支出分别增长18.3%、11.8%和15.3%，均高于经常性财政收入的增长比例。全市城市居民最低生活保障、农村社会救济、医疗卫生、环境保护支出分别比2008年增长40.1%、84.9%、75.2%和12.2%。年末金融机构人民币各项存款余额508.91亿元，比年初增加87.06亿元，增长20.6%，其中城乡居民储蓄存款余额341.99亿元，比年初增加47.50亿元，增长16.1%。年末人民币各项贷款余额264.28亿元，比年初增加49.85亿元，增长23.3%，其中短期贷款余额124.30亿元，比年初增加7.76亿元；中长期贷款余额96.57亿元，比年初增加22.41亿元。

【教育和科学技术】 年末高等职业教育在校学生14302人，中等职业学校在校学生43 102人，普通高中在校学生5.80万人，普通初中在校学生9.98万人，小学在校学生18.65万人。初中阶段学龄人口和小学学龄儿童入学率均达到了100%。基本扫除了青壮年文盲。全年专利申请数417件。共组织实施科技攻关项目75项，组织申报高新技术企业5家，通过认定2家。开展了2009年度科技成果评审工作，有21项成果获市科技进步奖，其中一等奖3项，二等奖6项，三等奖12项。在省级2009年度科技成果评审中有3项获省科技进步奖，其中二等奖1项，三等奖2项。年末全市技术监督系统共有产品质量检验机构9个。全年监督检验工业产品31种455批次，整治重点食品企业20家，完成计量合格确认13家，完成食品标签认可9家，完成锅炉定检226台，电梯定检212台，压力容器定检390台，强制检定计量器具总体受检率达90%。年末全市共有天气观测站4个，雷达站2个，卫星云图接收站4个，气象公益服务站5个，气象信息电话自动答讯服务系统4套，电视气象服务系统7套，全要素自动气象站4个，四要素自动气象站12个，单要素自动气象站76个，适时进行人工增雨123次，增雪作业4次，消雹防雹作业6次。

【文化、卫生和体育】 至年末，全市共有艺术表演团体6个，文化馆7个，公共图书馆6个，博物馆6个，全国重点文物保护单位6处，入选国家级非物质文化遗产名录4个，入选省级非物质文化遗产名录45个。全市有4座博物馆、纪念馆实现了免费向公众开放。全市有市级广播电台1座，电视台1座，教育台1座；县级广播电视台5座。有线电视用户21.71万户，广播人口综合覆盖率95.77%，电视人口综合覆盖率96.7%。全市共有卫生机构434个，其中医院、卫生院125个，妇幼保健院、所、站5个，疾病预防控制中心（防疫站）7个，卫生监督检验所6个。卫生机构病床床位8 331张，其中医院、卫生院8 065张。卫生技术人员9 399人，其中执业医师和执业助理医师3 960人，注册护士3 100人，疾病预防控制中心（防疫站）卫生技术人员283人，卫生监督检验所卫生技术人员134人。农村乡（镇）卫生院75个，床位2 301张，卫生技术人员2 007人。新型农村合作医疗参合农民人数比上年增长2.57%，参合率97.2%，比上年提高1.5个百分点。全年共举办各级各类群众性体育活动1 812次，组队参加省及省级以上比赛12次，获金牌14枚。举办市级比赛21次，体育馆举办一定规模的体育比赛和大型活动27次，选拔市级苗子运动员350名。87个行政村"农民体育健身工程"建成交付使用。全年销售体育彩票9 665.2万元。

【人口、人民生活和社会保障】 年末，全市总人口224.02万人，常住人口222.96万人。全年出生人口2.03万人，出生率9.06‰；死亡人口1.11万人，死亡率4.95‰；自然变动净增人口0.92万人，自然增长率4.11‰。全市城镇化率45.40%，比上年提高1.50个百分点。全年农村居民人均纯收入5 045.5元，扣除价格因素，比上年实际增长7.6%；农村居民人均生活消费支出3 674.19元，实际增长10.5%。城镇居民人均可支配收入13 469.8元，扣除价格因素，实际增长10.5%；城镇居民人均消费支出9 882.7元，实际增长12.4%。农村居民家庭恩格尔系数为34.8%，城镇居民家庭恩格尔系数为32.2%。全年共为4.68万名企业离退休人员发放了基本养老保险金，发放率达100%。年末，参加城镇基本养老保险人数25.08万人，其中参加企业养老保险24.31万人。参加城镇基本医疗保险人数29.02万人。参加失业保险人数22.71万人。全年共发放城镇居民最低生活保障金8 012.5万元，享受最低生活保障的有44 249人。发放农村低保金6 251.9万元，农村低保对象86 341人。发放城乡医疗救助资金851.5万元，救助4 194人。全市有各类收养性社会福利单位72家，福利单位床位数4 034张，收养3 610人。其中收养性社会福利院1家，床位100张，收养100人。城镇建立各种社区服务设施337个，其中社区服务中心4个。全年销售福利彩票9 520万元。

【资源、环境与安全生产】 年末，全市已发现的矿种有66种，其中能源矿产1种，金属矿产21种，非金属矿产39种，水气矿产2种。已探明资源储量的矿种34种，已开发利用的矿产37种。全市共有各级环保机构29个，环保系统从业人员710人。其中，环境监测站6个，环境监测人员169人。全年环评审批项目124项，环评审批率达100%；辖区内当年已投产的审批权限内的建设项目共34项，经过环保"三同时"验收检测，污染物排放均达到国家有关标准要求，达标排放率为100%。全年工业废水排放达标率99.5%，工业废气排放达标率99.8%，烟尘控制区覆盖率为100%，区域环境噪声平均值为49.8分贝。全市6个污水处理厂年城市污水处理率达80%以上，城市生活垃圾无害化处理率100%。工业固体废弃物综合处置利用率达55.58%。全年城市环境空气质量优良天数为327天。共关闭取缔污染企业7家，限期或停产治理污染企业53家。完成环境污染限期治理项目57项，总投资12 436.9万元。涧河、渑池吴庄断面的COD浓度达标率为93.0%。全年完成绿化造林46 993公顷，完成森林抚育和改造11 107公顷，义务植树及市旁植树1 563.2万株。全年共发生各类生产安全伤亡事故301起、死亡127人，比上年分别下降18.9%和18.1%。全市亿元GDP生产安全事故死亡人数为0.18人；煤矿百万吨死亡人数为0.43人。

组织机构及领导成员

（截至2009年12月底）

中共三门峡市委员会

书　　记　李文慧
副 书 记　杨树平(3月任)
　　　　　李文慧(3月离任)
　　　　　李民庆(9月离任)
副 书 记　杨树平
　　　　　王建勋(6月任)
市长级干部　李建顺
常　　委　李卫民(6月离任)
　　　　　苏新华　李立江
　　　　　申黎明　赵光超
　　　　　郭绍伟
　　　　　王　惠(女,6月离任)
　　　　　赵予辉(6月任)
　　　　　李明举　赵中生
　　　　　赵　艳(女,6月任)
秘 书 长　赵中生
常务副秘书长　朱俊武
副秘书长　杨治安　张欣照
　　　　　许胜高(8月离任)
　　　　　仝孟蛟(7月任)
　　　　　梅良川(兼)
　　　　　邱晓军(兼)
　　　　　张耀珍(女,兼)
　　　　　朱育生(兼)
　　　　　魏志选(兼)
　　　　　严锦华(兼)
　　　　　薛青池(兼)
　　　　　李平华(兼,2月任)

中共三门峡市委员会工作部门

中共三门峡市委办公室

主　任　赵中生

中共三门峡市委组织部

部　长　赵予辉(6月任)
　　　　李卫民(6月离任)
常务副部长　沙庆家
副部长、老干部局局长　朱学智
副部长　张朝红
　　　　范世谋

中共三门峡市委宣传部

部　　长　李立江
常务副部长　武少峰
副 部 长　季金海　郭炎堂
　　　　　刘小英(女)
　　　　　宋惠学　赵团欣
　　　　　徐龙欣　张占海
　　　　　杨献珺　任战洲

中共三门峡市委统一战线工作部

部　　长　赵　艳(女,6月任)
　　　　　王　惠(女,6月离任)
常务副部长　韩迎春(女)
副部长、市民族宗教局党组书记
　　　　　张书敏
副部长、市工商联党组书记
　　　　　李献民
副 部 长　贾　辉

中共三门峡市委台湾工作办公室(三门峡市人民政府台湾事务办公室)

主　　任　毋慧芳(女)

中共三门峡市委政法委员会、三门峡市社会治安综合治理委员会办公室、中共三门峡市委维护稳定工作领导小组办公室(合署办公)

书　　记　郭绍伟
常务副书记　李主臣
副书记、610办主任　雷　学
副书记、维稳办主任　杨玉庆
副书记、综治办主任　张龙治
综治办副主任　马宗玉

中共三门峡市委群众工作部

部　　长　郭绍伟(12月任)
常务副部长　严锦华(12月任)
副 部 长　骆雪峰(12月任)

三门峡市精神文明建设指导委员会办公室

主　任　宋惠学
副主任　贾志强

中共三门峡市委市直机关工作委员会

书　记　梅良川
副书记　田　耘(女)
　　　　杨旭东
副书记兼市直纪工委书记　武敏祥
市直机关工会主席　张广杰(12月任)

中共三门峡市委老干部局

局　长　朱学智
副局长　郭　宏

中共三门峡市委保密委员会办公室(三门峡市国家保密局)

主任(局长)　杨治安

中共三门峡市委党史地方史志办公室

主　任　李　健
副主任　张安滨(女)　魏云超

中共三门峡市委党校(三门峡行政学院、三门峡社会主义学院)

党校校长、行政学院院长
　　　　王建勋(7月任)
党校党委书记、常务副校长,行政学院常务副院长,社会主义学院院长
　　　　李庆红(女)
党委副书记、副校长(副院长)　金校卫
党委委员、副校长(副院长)　张振平
　　　　刘丰亮
党委委员、纪委书记　许榜哲
行政学院副院长　胡占曾
社会主义学院副院长　李献民

三门峡日报社

党委书记　季金海
社　　长　吉拴午
总 编 辑　李万泉
党委副书记、纪委书记　李领群
副总编辑　孟国栋
　　　　　谷百川
副总编辑(挂职)
　　　　　王亚敏(8月起挂职)

三门峡市档案局

局　长　张欣照
副局长　杨乘东

中共三门峡市纪律检查委员会、三门峡市监察局(合署办公)

书　记　申黎明
副书记　李俊江
　　　　侯　鑫(兼监察局副局长)
常　委　王世斌
　　　　张志鹏(兼监察局副局长、派驻第五纪检监察组组长)
　　　　段荣武(兼派驻第三纪检监察组组长)
　　　　余秋华(兼干部室主任)
　　　　郝建让(3月任)
监察局副局长　张增固(3月任)
办公室主任　郝建让(3月离任)

综合室主任　周长青
调研室主任　姚发挥
宣教室主任　宋玉和(8月离任)
　　宁转果(女,8月任)
案管室主任　宋玉和(8月任)
纪检监察二室主任　徐典军
纪检监察三室主任　张俊合
信访室主任　王东林
效能室主任　薛保良
农村室主任　张元伟

派驻第一纪检监察组
组　长　褚建国
副组长　仇寿昌

派驻第二纪检监察组
组　长　冯聪敏
副组长　王保仓

派驻第三纪检监察组
组　长　段荣武
副组长　金　一

派驻第四纪检监察组
组　长　刘廷福
副组长　陈变莉(女)

派驻第五纪检监察组
组　长　张志鹏
副组长　李文洪

派驻第六纪检监察组
组　长　毕立东
副组长　兀少侠

派驻第七纪检监察组
组　长　茹尉雯(女)
副组长　姜玉良

派驻第八纪检监察组
组　长　雷雨川
副组长　马焕春

派驻第九纪检监察组
组　长　宋中岳
副组长　徐延宾

派驻第十纪检监察组
组　长　彭修玉
副组长　吴自力

三门峡市人民代表大会常务委员会

主　任、党组书记　赵继祥
副主任、党组副书记　张高登
副主任、党组成员　李宝鸿
　　亢伊生
　　邹援朝
　　陈孟虎
副　主　任　马仰峡(兼)
秘书长、党组成员　裴富平
副秘书长　王永胜
　　宋中魁

三门峡市人民代表大会常务委员会工作机构

办公室
主　任　王永胜
副主任　郭喜宏
　　张雪芳(女)

机关党委
书　记　裴富平
副书记　赵节跃

调查研究室
主　任　杨成武
副主任　张根星

信访办公室
主　任　刘玉青(女)
副主任　许忠华

内务司法工作委员会
主　任　宋海军
副主任　贾青苗

财政经济工作委员会
主　任　卢夏慧
副主任　张素玲

预算工作委员会
主　任　李怀国

教育科学文化卫生工作委员会
主　任　杜宗文
副主任　张虎森

环境与资源保护工作委员会
主　任　吕希龙

农村工作委员会
主　任　杨世强
副主任　彭江弘

选举任免代表联络工作委员会
主　任　王永利
副主任　滕景群

三门峡市人民政府

市　　长　杨树平
常务副市长　苏新华
副　市　长　赵光超
　　张君贵(12月离职)
　　李　琳　张英焕
　　赵　艳(女,8月离任)
　　周志远(2月任)
　　崔保连(8月任)
市长助理　崔保连(8月离任)
　　张建峰　张万斌
　　张运礼(1月任)
秘　书　长　张建峰
副秘书长　庞述生　杜寿敏
　　史玉亮　辛建仓
　　王清华　李宝洲
　　孙天成　李永正
　　赵　勇　王松安
　　陈宝元

三门峡市人民政府工作部门

三门峡市人民政府办公室
主　任　张建峰

三门峡市人民政府信访局
局　长、党组书记　严锦华
副局长、党组成员　陈鲁新　姚拴奎
　　骆雪峰(12月离任)
　　赵　宇(12月离任)
　　卫建奇(12月任)

河南省无线电管理委员会办公室三门峡管理处
处　长　高建生

三门峡市人民防空办公室
主　任　段孝廷
副主任　黄　凯(8月任)

三门峡市财政局
党组成员、副局长
　　范社民(9月起主持工作)
　　雷　萍(女)
党组成员、机关党委书记、工会主席
　　董友忠
党组成员　吕万松

三门峡市非税收入征收局
局　长　张世军

三门峡市财经投资公司
党支部书记　范社民(正县)
总经理、党支部副书记　刘玉侠(正县)
副总经理　李爱军(副县)
　　郭旭昌(副县,8月任)

三门峡市财经学校

校　　长　刘赞民

党委书记　王百成

三门峡市国库集中支付(会计核算)中心

主　任　刘灿烽

河南三门峡财会培训中心

主　任　王　艳(女,8月任)

三门峡市人事局

局　长、党组书记　胡占曾

副局长、党组成员　史明学　闫占伟

三门峡市机构编制委员会办公室

主　任　胡占曾

副主任　闫占伟

三门峡市行政服务中心

主　任、党组书记　庞述生

副主任、党组成员　周利平　董清华

三门峡市劳动和社会保障局

局　长、党组书记　任振廷

副局长、党组成员　朱应斌　蔡鸿儒　张少锋　冯聪珍(女)

党组成员　汪忠义　赵章锁　赵　峰(6月任)

三门峡市审计局

局　长、党组书记　张玉清

副局长、党组成员　刘树军　尚秀丽(女)　侯功亮

三门峡市统计局

局　长、党组书记　常天朝

副局长、党组成员　张庆云

地调队队长、党组成员　赵葡萄(女)

副局长、党组成员　柳里川(1月离任)

三门峡市科学技术局

局　　长　卢群召

党组书记　介援朝

副 局 长　郑继东　李守增　王俊汝　王东民(8月任)

三门峡市公安局

局　长、党委书记　崔保连

常务副局长、党委副书记　柏启传

副局长、党委副书记　刘吉焕

副局长、党委委员　杨宗义

政治部主任、党委委员　张玉瑛(女)

副局长、党委委员　南超民

纪委书记　张炳厚

副局长、党委委员　王应清　谭鲁生　张长廷　陈沛林　韩天朋(12月离任)

党委委员　王百敦　宋中奎　张　虎　王继勇

警令部主任　叶　桢(10月任)

三门峡市公安局交巡警支队

支队长　王祖辙

政　委　黄国军

三门峡市公安局特警支队

支队长　石　军(10月任)

政　委　杨苏方

三门峡市公安局刑侦支队

支队长　孙永民(10月任)

政　委　廉书健

三门峡市公安局国内安全保卫支队

支队长　沙玉成

政　委　李化坤(10月任)

三门峡市司法局

局　长、党委书记　张仲斌

副局长、党委委员　赵精锐　高宜生　崔晓战　许振虎　杨　峰

纪委书记　杨素霞(女,10月任)

三门峡市民族宗教局

局长、党组书记　张书敏

副局长　张增固(3月离任)　滕蕊荣(女)

三门峡市商务局

局　长、党委书记　李平宣

纪委书记　李冠军

副局长、党委委员　杨军歪　高建科　臧炎泉　李永治　李军方(8月任)

三门峡市供销合作社

主　任、党委书记　李炼志

副主任、党委委员　王　民　赵新斌　张保强

纪委书记　董启业

三门峡市粮食局

局　长、党委书记　水润平

副局长、党委委员　李泉水　王战世

纪委书记　戚咏梅(女)

三门峡市物资总公司

总经理、党委书记　王朝周

副总经理、党委委员　郑遂平　卢登斌

三门峡市医药管理局(总公司)

局　长(总经理)、党委书记　蔡伟成

副局长(副总经理)、党委委员　马文奇　王河渠

纪委书记　薛　飞

三门峡市旅游局(外事侨务办公室)

局　长、主　任、党组书记　张耀珍(女)

副局长、副主任　杨　彤　王保仁　黄鸿普

三门峡市安全生产监督管理局

局　长　钱随章

副局长　张菊霞(女)　茹华锋　刘向东

三门峡市人民政府国有资产监督管理委员会

主　任　李　琳(兼)

党委书记、副主任　徐自存

副主任、党委委员　张建存　韩维超

副主任、纪检书记　王爱国

副主任　金　健

三门峡市煤炭管理局

局　长、党委书记　雷建国

副局长　张项学　曹成建

纪委书记　王京伟

副局长　周　钢　徐锐平

三门峡市黄金管理局

局　长、党委书记　卫月胜

副局长、党委委员　张　琳

纪委书记　刘景平

副局长、党委委员　李有光　张大铸

三门峡市教育局

局　长、党委书记　王平灿

副局长　白爱学　金　锐(女)　冯正年　赵邦厚　杨伟建　杨绍华(8月任)

纪委书记　郭善恒

三门峡职业技术学院

党委书记　郑建英

院　长、党委副书记　吴勇军

党委副书记、纪委书记　林崇周

副院长、党委委员　夏书堂　李久昌　刘彦斌

副　院　长　李　勤(女,1月任)

工 会 主 席　宋六锁

党政办公室主任　袁文山

学生处处长 马旭东
纪委副书记、纪检监察室主任
平光英
总务处处长 孙乐
财务处处长 李翠莲(女)
机电工程系主任 李启松
建筑工程系主任 李赞祥
生化工程系主任 李勤(女,1月离任)
信息工程系书记 张保平
经济管理系主任 马涛
语言与艺术系主任 陈英杰

三门峡市体育局
局长 张景林
党组书记 范西荣(女,5月离任)
副局长、党组成员 马朝龙
副局长、党组成员体校党支部书记
刘选民
副局长、党组成员 孔辉

三门峡市文化局
局长、党委书记 郭炎堂
副局长、党委委员 锁彦忠 薛建峡
刘天财 范官俊
马刚层(女)
纪委书记 许建平

三门峡市文物局
局长 侯俊杰

三门峡市广播电视局
局长、党组书记 刘小英(女)
副局长、党组成员 郭留庆 张书超
万赞伟
副局长、电视台台长、支部书记、党组成员
刘英(女)
机关党委书记、党组成员
赵民祥
党组成员 孙振军

三门峡市卫生局
局长、党委书记 齐秋安
副局长、党委委员 杨波
纪委书记 张杰生
副局长 韩绍卿
党委委员、副局长 刘存棣 梁智斌
邹杰(8月任)
党委委员 党国锁(2月任)
郑淑华(女,2月任)

三门峡市建设委员会
主任、党委书记 史玉亮
党委副书记、纪委书记 李铁锁
副主任、党委委员 薄纲纪
赵瑞平
席永良
王志超

三门峡市城市管理局
局长、党组书记 辛建仓
副局长、党组成员 刘国泰 石旭民
李建设

三门峡市园林局
局长、党组书记 李宝洲
副局长 李蓓(女)
副局长、党组成员 韩保健
郑宝梅(女)

三门峡市环境保护局
局长、党组书记 金明记
副局长、党组成员 张中良 张铁道
李光宏
副局长 鲁雪生

三门峡市国土资源局
局长、党组书记 马进仓
副局长、党组副书记 崔宗勤
副局长、党组成员 游崇欣
阴旭阳
徐建立
纪检组长 卫骁

三门峡市扶贫开发领导小组办公室(三门峡市农业综合开发领导小组办公室)
主任 冯志刚
副主任 袁书钦 陈丽萍(女)

三门峡市农业局
局长、党组书记 邵学敏
副局长、畜牧局局长、党组成员
薛书超
副局长、党组成员 张建业
副局长、蔬菜办主任、党组成员
杨润善
副局长、党组成员 王晓富
纪检组长 姜玉良
副局长、党组成员 唐向志
农科所所长、党组成员 张建林
农科所支部书记、党组成员 王浩

三门峡市畜牧局
局长 薛书超
副局长 杭海龙 彭博(9月任)

三门峡市林业局
局长、党组书记 张建友
副局长、党组成员 郭学成
李合申(兼河西林场场长)
纪检组长 姚明
副局长、党组成员 刘汉良 柴仁俊
党组成员、森林公安局局长 李茂军

三门峡市水利局
党组书记、局长 靳跃军
党组成员、副局长 黄更臣 裴宗杰
乔铁牛 李立明

三门峡市中小企业服务局
局长 肖群兰(女,副地级)
党委书记 付晓亚
副局长、党委委员 梅迎宾 杨跃民
副局长 周增顺

三门峡市民政局
局长、党委书记 上官卿
副局长、党委委员 宁锁道 杨保屯
赵忠军 王明刚

三门峡市人口和计划生育委员会
主任、党组书记 董晓环(女)
副主任 赵陕新 薛孟生

三门峡市发展和改革委员会
主任、党组书记 高从民(兼)
副主任、党组成员 范西荣(女,7月离任)
刘会林 张明
徐景厚 索亚荣
左军荣(8月任)

三门峡市建设投资公司
总经理 陈克己

三门峡市驻京办事处
主任 孙建志

三门峡市物价局
局长、党组书记 于太升
副局长 陈林海(8月任)

三门峡市交通局
局长、党委书记 单向东(7月免)
调研员 张国成(4月起主持工作,12月离任)
党委副书记、纪检书记 张海水
副局长(正县级) 郭力军
副局长 李新林 尚柏仁
李春来 赵翠玲(女)
杨少敏

三门峡市公路局
局长、党委副书记 杨少敏
党委书记、副局长 张光辉
副局长 林勇 郭民生
郑建锋 张通

三门峡市房产管理局

局　长、党组书记　黄国华
副局长、党组成员　南鸿飞
住房公积金管理中心主任、副局长、党组成员　尚铁仓
副局长、党组成员　何耀武

三门峡市农业机械管理局(总站)

局　长、党组书记　杨青黑
副局长、党组成员　吕绍团　王金保

三门峡市黄河河务移民管理局

局　长　乔新仓
党组书记　段建民(8月任)
　乔新仓(8月离任)
副局长、党组成员　石华敏　陈　涛　卢多敏

三门峡市接待办公室

主　任、党组书记　魏志选

三门峡市地震局

局　长　姚　龙
党组书记　王清华
副局长、党组成员　雷战龙
副局长　何　晔(女)

三门峡市槐扒黄河提水工程建设管理局

局　长、党组书记　段治通

三门峡市盐业管理局

局　长　张翼飞
党委书记　任树民

三门峡经济开发区管理委员会

主　任
常务副主任、党工委书记　张北超
党工委副书记　赵冶钧(10月任)
副主任、党工委委员
　张自然
　贺崇阁
　赵冶钧(10月离任)
　尹新会
　杜爱民(10月任)
党工委委员、纪委书记
　董项虎
党工委委员　张红立(10月离任)
　杨文龙(10月任)
副主任　杨　峰

中国人民政治协商会议三门峡市委员会

主　席、党组书记　郭秀荣(女)
副主席、党组副书记　陈雪平
副主席、党组成员　王富民
　王铁创
　高从民
副主席　姚　龙　孙继伟
　张景林　卢群召
　肖群兰(女)
秘书长、党组成员　吴群慈
副秘书长　吉永顺　何　盈

中国人民政治协商会议三门峡市委员会工作机构

办公室

主　任　吉永顺
副主任　刘云鹏

经济科技委员会

主　任　蔡水文(12月离任)
副主任　吴寿平

提案委员会

主　任　刘瑞玲(女)
副主任　蔡中有

文教体卫委员会

主　任　曹恩胜
副主任　郭振平

学习文史资料委员会

主　任　杨顺发
副主任　石　耘

港澳台侨和民族宗教委员会

主　任　王德林
副主任　张　丽(女)

社会和法制委员会

主　任　曹治华
副主任　许兰英(女)

机关党委

书　记　吴群慈
副书记　高　阳

三门峡市国防　审判　检察机构

三门峡军分区

司　令　员　周世杰
政治委员　李明举
副政治委员　周正保
　徐振松(2月离任)
参　谋　长　张洪标
政治部主任　肖群章
后勤部部长　李安昌

中国人民武装警察部队三门峡市支队

支　队　长　李继武(2月离任)
　潘发勤(2月任)
第一政治委员　崔保连
政治委员　丁振庆
副支队长　黄　镇　柳军永
副政治委员　张超民
参　谋　长　寇兴禹
政治处主任　何学习
后勤处处长　刘勤丰

中国人民武装警察部队三门峡市消防支队

政治委员　文天军
支　队　长　李家甫
副支队长　王俊鹏　栗朝阳
参　谋　长　田则安
政治处主任　仇培建
后勤处长　白胜利
防火处长　朱明荣

中国人民武装警察部队黄金第六支队

支　队　长　杨洪生
政治委员　李建武

三门峡市中级人民法院

院　长、党组书记　郑泽中
副院长、党组副书记　张社军
党组副书记、纪检组长、执行局局长
　李学伟
副院长、党组成员　杨发荣
　刘胜利
政治部主任、党组成员　刘铁牛
副院长、党组成员　李红伟
党组成员、湖滨区法院院长
　任睿妮(女)
党组成员、专职审委会委员
　朱路线
　李建敏(10月任)
党组成员　路进良(11月任)

三门峡市人民检察院

检察长、党组书记　张永键
党组副书记、常务副检察长　王建民
副检察长、党组成员　司玉新
　赵选民
　匡江丽(女)
纪检组长　赵新卢
机关党委书记、党组成员　刘金才
政治部主任、党组成员　魏　萍(女)

三门峡市人民检察院反贪污贿赂工作局

局　长　王建民(兼,10月离任)
　　　　张江波(10月任)
政　委　杨镜炜

三门峡市民主党派　工商联　群众团体

中国民主同盟三门峡市委员会

主　委　马仰峡
副主委　何建刚
　　　　李述勇
秘书长　李述勇(兼)

中国民主建国会三门峡市委员会

主　委　张景林
副主委　卫超民

中国农工民主党三门峡市委员会

主　委　肖群兰(女)
副主委　李明煜(女)

九三学社三门峡市委员会

主　委　姚　龙
副主委　杭海龙

三门峡市工商业联合会(总商会)

主　　席　孙继伟
党组书记　李献民
副 主 席　王巍巍
　　　　　刘雪立
副主席、党组成员　张进朝

三门峡市总工会

主　席、党组书记　孙宗会
副主席、党组副书记　武跃峰
副主席、党组成员　贾宏伟(8月离任)
　　　　　　　　　路敏茹(女)
　　　　　　　　　任民良
经费审查委员会主任、党组成员
　　　　　　　　　张秀云(女)

中国共产主义青年团三门峡市委员会

书　记、党组书记　亢哲楠
副书记、党组成员　宋黎静

三门峡市妇女联合会

主　席、党组书记　庆志英(女)
副主席、党组成员　秦海棠(女)
　　　　　　　　　郭亚娟(女)

三门峡市科学技术协会

主　席　马仰峡
副主席、党组书记　刘欣旺
副主席、党组成员　陈永朝

三门峡市文学艺术界联合会

党组书记　徐龙欣
主　　席　张高山
副 主 席　杨　凡(女)

三门峡市社会科学界联合会

主　席　赵团欣
副主席　张桂珠(女)

三门峡市归国华侨联合会

主　席　黄鸿普

三门峡市残疾人联合会

理 事 长　郭辛文
副理事长　杨丽峡(女)

国务院部属　省属直管单位

三门峡市国家税务局

党组书记、局长　侯双年(4月任)
　　　　　　　　马东起(4月离任)
党组副书记、副局长　秦基选(4月任)
党组成员、副局长
　　　　　　　　朱红姣(女,8月任)
　　　　　　　　聂亚涛(8月离任)
　　　　　　　　李振国(8月离任)
　　　　　　　　肖　毅
　　　　　　　　郭长忠(8月任)
党组成员、总经济师　裴怀斌(8月任)
　　　　　　　　郭长忠(8月离任)
党组成员、纪检组长　王　伟(8月任)
　　　　　　　　王玉海(8月离任)

三门峡市地方税务局

局　长、党组书记　霍　涛
副局长、党组成员　许　珺(女)
　　　　　　　　　陶国群(10月离任)
　　　　　　　　　朱水振
　　　　　　　　　吕绪刚(10月任)
纪检组长　孙继青

三门峡市工商行政管理局

局　长、党组书记　朱永明
副局长、党组成员　王志勇
　　　　　　　　　李保民
副局长、党组书记　杨永琦
纪检组长　腰善鸣

三门峡市质量技术监督局

局　长、党组书记　袁文忠
副局长、党组成员　索继军
　　　　　　　　　李长周
　　　　　　　　　莫瑞庄
　　　　　　　　　宋松林(10月离任)
　　　　　　　　　周志勇(10月任)
纪检组长(兼)　宋松林(10月离任)
　　　　　　　周志勇(10月任)

三门峡市烟草专卖局(河南省烟草公司三门峡市分公司)

局　长、经理　李　琦
党组书记　罗广善(10月离任)
　　　　　李　琦(10月任)
副局长、党组成员　张占国
副经理、党组成员　高清晨(10月离任)
　　　　　　　　　苏永士
纪检组长　崔永才

河南省电力公司三门峡供电公司

总 经 理　杨东伟
党委书记　祁学红
党委副书记兼纪委书记
　　　　　孙　苗(11月任)
副总经理　孙　苗(11月离任)
　　　　　阴孝平
　　　　　南国良
　　　　　魏林明
　　　　　高　亮
纪委书记　王清森(11月离任)
工会主席　姚景峰
总工程师　李智敏
总会计师　董毅凌

三门峡市气象局

局　长、党组书记　武小明
副局长、党组成员　宋建予
纪检组长　黄诚敏(女)

三门峡市邮政局

党委书记、局长　李林宝
副局长、纪委书记、工会主席
　　　　　　　　刘亚芳(女)

三门峡市食品药品监督管理局

局　长、党组书记　张新文
副局长、党组成员　员银祖
　　　　　　　　　何　耿
纪检组长　马德超
副局长、党组成员　苗泉清
稽查大队大队长　王宏伟

中国联合网络通信有限公司三门峡市分公司

总经理、党委副书记　韩正晓
副总经理、党委书记　马　军
副总经理　卫　娟(女)

杨全波
郭越朝
李延华

中国移动通信集团河南移动公司三门峡分公司

党委书记、总经理　杨建军
副总经理、工会主席　汪　勇
副总经理、纪委书记　杨利霖(2月任)
苏　勇(2月离任)

中国铁通集团有限公司三门峡分公司

总经理、党委书记　裴宏印
副总经理　黄爱民
徐书国(12月任)
总经理助理　徐书国(12月离任)

中国电信集团河南省三门峡市电信分公司

总经理　王国立(8月任)
朱国华(8月离任)
副总经理　李曙光
卫　敏(女)
汪占刚

中国人民银行三门峡市中心支行

行　长、党委书记　张银仓(2月任)
侯正芳(2月离任)
副行长、党委副书记　白崇建
副行长、党委委员　乔青峰(2月任)
杨卫东(2月离任)
纪委书记　孟宏杰
工会主任、党委委员　唐殿军

中国银行业监督管理委员会三门峡监管分局

局　长、党委书记　马国梁
副局长、党委委员　王存轩
宋社有(10月任)
黄定华(10月离任)
纪委书记　董社义(11月任)

河南省农村信用社联合社三门峡市办公室

主　任、党组书记　袁赞礼
副主任、党组成员　杨长法
张爱萍(女,6月离任)

三门峡市商业银行

董事长、党委委员　刘安强
行长、党委委员　李克斌
副行长、党委委员　焦启民
监事长、党委委员　咎红宇

中国工商银行股份有限公司三门峡分行

行　长、党委书记　薛玉来
副行长、党委委员　李铁生
牛建中(5月离任)
杜振洪(5月任)
任官水(7月任)
纪委书记　李跃伟
工会主席　赵英民

中国农业银行三门峡市分行

行　长、党委书记
李正玉(9月任)
李亚娥(女,3月离任)
党委副书记、副行长
李正玉(3月任,主持工作;9月离任)
中国农业银行河南省分行驻三门峡审计办事处主任　曲红心
副行长、纪委书记　皮景霞(女)
副行长、党委委员　王逢乐
莫莲蕊(女)
张建新

中国建设银行股份有限公司三门峡分行

行　长、党委书记　刘心明
副行长、党委委员　张智亮　张　健
王东平　苏红枫
工会主任　程晋平(女)
风险主管　李超江
行长助理　吴雪峰(11月任)

中国银行股份有限公司三门峡分行

行　长、党委书记　高双铎(9月离任)
曹靖华(11月任)
副行长、党委委员　王　岩
王银川(12月任)
纪委书记　赵文谦(4月任)
副行长　陈修文

中国农业发展银行三门峡市分行

行　长、党委书记　王洛兴(10月任)
副行长、党委委员　王洛兴(10月离任)
席太平

中国人民财产保险股份有限公司三门峡市分公司

总经理、党委书记　鲍　伟(2月离任)
副总经理、党委委员
刘建军(2月起主持工作)
副总经理　韩建丽(女)
熊耀明

中国人寿保险股份有限公司三门峡分公司

副总经理、党委副书记　谢小曼(女)
副总经理、党委委员　侯俊水
谷中立
纪委书记　周书忠(2月任)

中原证券股份有限公司三门峡六峰路证券营业部

总经理　周江华

三门峡黄河明珠(集团)有限公司(水利部黄河水利委员会三门峡水利枢纽管理局)

董事长、局长、党委书记　刁兆秋
总经理　张保平
党委副书记、纪委书记　李明堂
副总经理、副局长　李明堂
刘红宾
陈印刚
总工程师　吴道胜
工会主席　卫　磊

中国石油化工股份有限公司河南三门峡石油分公司

总经理、党委副书记
周建强(12月任)
张成伟(12月离任)
党委书记、纪委书记、工会主席
张　衍
副总经理、副书记(正处级)　蔡建成
副总经理、总会计师　郭景超(12月任)

河南高速公路发展有限责任公司三门峡公司

经　理　殷蔚明
党委书记　王宜伟(9月任)

三门峡市各县(市)区工作机构

中国共产党湖滨区委员会

书　记　宋　跃
副书记　杨方成
水贤礼(8月任)
常　委　方留聚
公冶春彦
杨会通
李晓波(8月离任)
卫保元(8月任)
郭永和

刘敬哲
狄　罡(8月任)
水贤礼(8月离任)
谢东方
田其东(5月离任)
胡新生(5月任)
赵长江(12月任)

湖滨区人民代表大会常务委员会

主　任　周振通
副主任　徐翠萍(女)
吕志江
贾建强
刘霞青(女)

湖滨区人民政府

区　长　杨方成
副区长　杨会通
谢东方
狄　罡(8月离任)
王海岳
吕秋芬(女)
潘东生
王东春(8月任)
薛浦生(8月任)
赵长江(12月任)

中国人民政治协商会议湖滨区委员会

主　席　廉　武
副主席　陈松竹(女)
李明煜(8月离任)
张予宝
王志荣(女,8月任)

中国共产党义马市委员会

书　记　水选民
副书记　张松林
苗万青
常　委　王卢生
陈军武
李会斌(8月离任)
尚志军
赵松勤
李隽瑜(8月任)
韩　芳(女)
冯　勇
朱德强(2月离任)
陈克胜(5月任)
尚会敏(8月任)

义马市人民代表大会常务委员会

主　任、党组书记　焦爱民
副主任、党组副书记　许万群
副主任　杨长富
苗翠霞(女)
邱明涛
党组成员　王孟秋(8月离任)

义马市人民政府

市　长　张松林
副市长　赵松勤
冯　勇
尚会敏(8月离任)
李发军
白拴鱼(女)
聂卫东
陈　鹏
高东声(2月任)
李　岩(9月任)
程相渠(9月任)

中国人民政治协商会议义马市委员会

主　席　王卢生
副书记　李玉平
副主席　陈守炯
闫新华(女)
周文德

中国共产党渑池县委员会

书　记　仝孟蛟(8月离任)
薛蒙林(8月任)
副书记　薛蒙林（8月离任)
许胜高(8月任)
崔优才
常　委　仝孟蛟(8月离任)
薛蒙林
许胜高(8月任)
崔优才
张建军
茹　鹏
张邦年
叶国明(8月任)
吴武岳
高志俭(1月任)
骆玉峰(8月离任)
张晓燕(女,8月离任)
段建民(8月离任)
王晓东(8月任)
李万征(女,8月任)
李安顺(8月任)
黄兴士(12月任)
正县级干部　郑占朝
陈景奎

渑池县人民代表大会常务委员会

主　任　费国华
副主任　赵建洲
焦新民
尚灵周
马耀宗
杨鸿杰(8月任)
党组副书记　张润勤

渑池县人民政府

县　长　薛蒙林(8月离任)
代 县 长　许胜高(8月任)
常务副县长　段建民(8月离任)
张建军(8月任)
副 县 长　高志俭(1月任)
吴鹏斐
毋世芳
王晓东(8月离任)
李万征(女,8月离任)
郭艳华(8月任)
成　学(8月任)
马占方(8月任)
乔宇锋(8月任)
黄兴士(12月任)
党组成员(副县级)　刘建华(女)
张耀军
党组成员、县长助理　范群才

中国人民政治协商会议渑池县委员会

主　席　底长胜
副 主 席　孔生朝
皮素琴(女)
蒋灵恩(女)
党组副书记　张忠厚
党组成员(副县级)　周年生

中国共产党陕县委员会

县委书记　高战荣
副书记　牛兰英(女)
张保军(8月任)
正县级干部　张儒雷
常　委　张保军(8月离任)
骆玉峰(8月任)
李会斌(8月任)
李晓波(8月任)
李隽瑜(8月离任)
崔飞飞(女)
刘小亭(8月离任)
李　涛

付　强
葛海水
翟万寿(8月任)

陕县人民代表大会常务委员会

主　任、党组书记　马广生
副主任　刘文生
张光远
雷金平
崔双才

陕县人民政府

县　长　牛兰英(女)
副县长　张保军(8月离任)
李晓波(8月任)
李宏伟
翟万寿(8月离任)
唐科峰
潘新乐
李海霞(女)
魏思思
白振勇(1月任)
韩岗峰(8月任)
梁洪有(8月任)

中国人民政治协商会议陕县委员会

主　席、党组书记　李　蓓(女)
副主席　魏仙武
祝敬立(8月任)
刘玉枝(女)
焦雪丽(女)

中共灵宝市委员会

书　记　吕均平
副书记　乔长青
任晓云(女)
常　委　吕均平
乔长青
任晓云(女)
高永瑞
张成宝
吕根友
李少白
张世忠(10月离任)
李东风
王高风(5月离任)
王彦朝(5月离任)
方建超
沈万忠(1月任,12月离任)
张继民(5月任)
李凤堂(5月任)
侯乐见(8月任)
牛孟林(8月任)
任宏鑫(12月任)

灵宝市人民代表大会常务委员会

主　任、党组书记　胡冠慈
党组副书记　张双虎
副主任、党组成员　成居胜
方建民
张学军
副主任　朱振华(8月离任)

灵宝市人民政府

市　长、党组书记　乔长青
常务副市长、党组副书记　高永瑞
副市长、党组成员　侯乐见(8月离任)
王彦朝(5月离任)
方建超
沈万忠(1月任,12月离任)
张继民(5月任)
卫保元(8月离任)
任宏鑫(12月任)
冯俊珍
李赞鹏(12月任)
王保炜(9月任)
曹丽华(9月任)
王高凤(12月任)
副市长　朱振华(8月任)
市长助理　马保民(8月离任)

政协灵宝市委员会

主席、党组书记　张社平
党组副书记　李东风
刘鸿远
副主席、党组成员　王义政
李赞鹏(8月离任)
党组成员　马保民(8月任)
副主席　王志斌

中国共产党卢氏县委员会

书　记　王振清
副书记　王战方
曹海生(8月任)
常　委　聂红超
刘小亭(8月任)
李保民
马书军
王明智
严书伟(6月任)
陈克胜(6月离任)
丹宝民(8月任)
张新民
马宇峰(12月离任)

卢氏县人民代表大会常务委员会

主　任　张润水
党组书记　尚丁午
党组副书记　段振杰
副主任　常邦成
刘世铭
赵新建
李正军

卢氏县人民政府

县　长　王战方
副县长　聂红超(8月任)
曹海生(8月离任)
马宇峰(12月离任)
赵进卿
丹宝民(8月离任)
赵道全
胡家群
曲红波
李志斌
王宝仁
李士敏(8月任)
梁信志(8月任)
朱平生(8月任)

中国人民政治协商会议卢氏县委员会

主　席　刘玉森
副主席　郭英辉
杨文山
任和平

·编辑　周　青·

政党

12 月 26 日，市委五届六次全体(扩大)会议

中国共产党三门峡市委员会

【概况】 2009年,中共三门峡市委认真贯彻落实中央和省委关于应对全球金融危机的一系列决策部署,紧紧围绕建设开放魅力富裕和谐三门峡、跻身中原崛起第一梯队,以深入学习实践科学发展观为动力,以“保增长、保民生、保稳定”为目标,扎实推进项目建设年和企业服务年活动,经济运行在年初探底后开始实现企稳回升。全市生产总值完成709.9亿元,增长12.2%;地方财政一般预算收入41.5亿元,增长13.1%;全社会固定资产投资完成553.3亿元,增长37.2%;社会消费品零售总额171.75亿元,增长19.2%;农民人均纯收入5 046元,增长7.6%;城镇居民人均可支配收入13 470元,增长10.5%。各项社会事业全面进步,社会主义民主法制建设、精神文明建设和党的建设进一步加强,在逆境中实现了经济平稳较快增长、民生持续改善、社会和谐稳定的奋斗目标。

强力推进项目建设,切实加大投资力度。把2009年确定为全市项目建设年,集全市之智,倾全市之力,大上项目,上大项目,上好项目,努力在困境中实现新的发展。重点实施“8155”投资促进计划,调集主要人力、财力、物力,着力在产业升级、农林水、交通、社会事业等8个领域主攻大项目,力争全年实施投资亿元以上重大项目100个以上,带动新开工项目总投资达到500亿元,全社会固定资产投资达到500亿元。成立由市委书记、市长挂帅的活动指挥部,每半月召开一次会议,会诊解决项目建设中遇到的困难和问题;坚持完善领导联系重大项目制度,市四大班子成员分包20个重点项目,各县(市)区、市直部门主要负责人分包118个重点项目,并实行“一个领导牵头、一个法人承担、一个部门负责、一个小组落实”的工作机制,形成一级抓一级、层层抓落实的良好格局。实行“季度通报、半年检查、年终考核”,对重点项目定期开展现场督导、综合评比,表先督后,奖优惩劣,确保项目建设扎实推进。全市仅“8155”投资促进计划确定的亿元以上项目就达138个,总投资967亿元,2009年完成投资274.8亿元,建成投产项目59个,在建项目71个。

积极服务企业运行,齐心协力共克时艰。坚持“保企业就是保增长,保企业就是保民生,保企业就是保稳定”,认真开展“企业服务年”活动。成立由市委、市政府主要领导挂帅的指挥机构,对全市规模以上企业全部进行盘底,对生产下滑企业实行一厂一策、分包负责、全力解难。重点抓住省政府新出台的铝电联营优惠政策,切实加强“煤、电、铝”企业协调,促进辖区内上下游关联企业强强联合、抵御风险。积极做好银企融资协调,全年金融机构贷款余额264.28亿元,较年初增加49.85亿元;积极鼓励中小企业融资担保机构发展,注册成立担保机构28家,形成55亿元左右的融资担保能力。此外,国家开发银行和其他股份制银行投放贷款70亿元。全力帮助企业拓宽销售渠道,积极帮助电力企业争取发电计划,加快“大通关”建设扩大外贸出口,尤其加强企业产销对接。明确与企业运行服务有关的市领导和市直部门负责人,公休日原则上不休息等“四不”要求,制定未经批准到企业乱收费乱检查的、追究有关部门责任等“五追究”规定,为企业正常生产提供环境保障。

切实转变发展方式,努力提升经济质量和效益。着重把发展集约集群经济和自主创新摆在突出位置,努力推动经济社会又好又快发展。认真落实省委、省政府建设产业集聚区的重大决策,力争通过3到5年的努力,把三门峡产业集聚区等7个省级产业集聚区建设成为科学发展的重要载体。进一步抓好新技术的引进和吸收再创新,特别在生物工程、医药、新材料、先进制造等新型产业和高新技术领域,集中推进一批具有比较优势的高新技术项目,切实抓好56个总投资370亿元的产业升级大型项目,产业升级步伐明显加快。同时,重点搞好循环经济示范园、示范企业和示范项目建设,切实通过发展循环经济来缓解资源环境“瓶颈”,节能减排工作位居全省前列。重点加快房地产、商贸物流、现代金融、文化旅游等服务业发展,房地产开发逆势增长、增幅均保持全省前列,特别是贯彻“旅游立省”战略、建设“旅游经济强市”取得明显成效,旅游业总收入占生产总值比重实现新提升。

大力开展招商引资,着力破解融资难题。紧紧抓住国家实行适度宽松货币政策、增加信贷规模的机遇,市政府与工商银行河南省分行、农业银行河南省分行、中国银行河南省分行、建设银行河南省分行签订了3年内总投资达612亿元的战略合作协议,为地方经济社会发展提供了强大的资金后盾。结合调结构、促转型的需要,积极实施“走出去、请进来”战略,“南下北上”深入开展大招商行动,先后在无锡、北京、厦门、深圳、宁波等地,成功举办项目推介会,组织“三门峡—上海产业转移项目对接国际洽谈会”和“黄河旅游节项目投洽会”,积极参与河南省中原文化港澳行、宝岛行和中国中部投资贸易博览会等重大活动,共签订投资合同和意向169个,投资总金额1 003.6亿元,项目开工率和资金到账率明显提高。引进省外资金项目93个,实际到位省外资金80.2亿元,增长17.6%,超额完成省定年度目标,增速居全省第3位;实际直接利用外资2.64亿美元,绝对值居全省第3位。

统筹城乡协调发展,加快特色农业强市和新农村建设。始终坚持统筹兼顾的根本方法,积极统筹城乡协调发展。围绕建设最宜人居住的城市环境这个目标,继续深入开展“四城联创”活动,重点围绕争创国家园林城市,积极推进“城中村”改造、城市绿亮美净项目,集中治理城区周边生态涵养区,切实在城市重要节点精心打造标志性建筑,进一步完善城市功能,提升城市品位,努力把三门峡建成豫晋陕黄河金三角地区辐射带动能力较强的现代化区域中心城市。经过一系列努力,三门峡市被住房和城乡建设部正式命名为“国家园林城市”。同时启动三门峡新区建设规划,力求高起点规划、高标准建设,使之成为城镇建设的新亮点、吸纳人口的新平台、产业发展的新高地、经济发展的火车头和科学发展的示范区。在巩固粮食生产的同时,结合三门峡实际,大力推进豫西现代特色农业发展,全市果、牧、林、烟等特色产业占农业总产值的比重达85%左右。上半年,成功战胜了几十年不遇的严重干旱,夏粮总产达3.1亿千克,单产262千克,公顷产量创历史最高水平;下半年秋粮再获丰收,总产超过3.15亿千克,创历史新高。全年烟叶产量达68.2万担,成为全省烟叶生产第一大市。积极推进农村土地流转,着力发展适度规模经营。以新型农村住宅社区建设为突破口和有效载体,加快推进社会主义新农村建设。因地制宜、分类指导县域经济发展,致力于县域经济"复位晋位",坚持在科学发展中考评绩效、在破解危机中考验班子、在实现"三保"中考察干部,督导各县(市)区集中精力保工业,想方设法求突破,形成了竞相发展、勇于跨越的新局面。

创新完善群众工作体制机制,着力构建平安和谐三门峡。始终坚持一手抓经济发展、一手抓民生稳定,不断推动平安和谐三门峡建设取得新的成效。制定了新形势下进一步加强群众工作的意见,推广深化义马经验、渑池模式和湖滨流动调解制度,不断健全纠纷排查、诉求表达、利益协调机制,努力从源头上预防和减少信访问题的发生。从2009年8月起,把每月30号确定为全市"群众工作日",当天全市党政领导干部亲自带队,带领有关人员,到所联系的县(市)区、乡镇(街道)、村(社区)、厂矿(企业)开展群众工作,通过与群众面对面的交流,沟通思想、解疑释惑、化解矛盾,解决群众生产生活中的实际困难和问题。2009年,市、县、乡3级共收集群众意见、建议3 700多条,排查化解矛盾纠纷5 200多起,办好事、实事1 200多件。国庆期间的信访稳定工作被评为全省先进。强化"越是在经济困难时越要重视民生"意识,进一步完善就业、就学、就医和社会保障等体系,着力解决涉及群众利益的热点难点问题。认真办好保障性安居工程、改善农民生产生活条件、中心城市基础设施建设和生态建设等"十件实事",使改革发展成果更多更好地惠及广大群众。投资分别为2.5亿元、1.4亿元、5.6亿元的市中心医院病房楼、外语高中、台上区集中供热等民生工程进展顺利,城市集中供暖二期工程已投入使用,城中村改造工程成效显著。在5月18日召开的全国综合治理表彰大会上,三门峡再次获得"全国社会治安综合治理优秀市"称号,成为全省唯一两次蝉联这一荣誉的地级市。将每年的7月29日确定为全市"安全生产宣传日",通过纪念支建煤矿"7·29"抢险救援胜利,进一步强化安全生产工作。认真抓好宣传思想工作,精心组织庆祝新中国成立60周年系列宣传活动,进一步激发起全市人民奋力开拓进取的精神动力;加大教育统筹力度,促进素质教育、职业教育、成人教育协调发展,职教园区建设启动实施;加强科普工作,促进科技成果的应用和转化,努力培育和提高自主创新能力,科技进步对经济增长的贡献率有新提高;进一步加强卫生基础设施和医疗网络建设,积极防控甲型H1N1流感,强化食品药品安全监管,维护广大人民群众的生命健康安全;完善人口计生工作新机制,全市低生育水平保持稳定。同时,妇女儿童、老龄和残疾人事业实现新发展,民族宗教、广播电视、新闻出版、档案史志、物价、气象、双拥等工作取得新成绩。

突出特色与实效,扎实开展学习实践活动。按照中央和省委统一部署,3月23日,正式开展深入学习实践科学发展观活动。同时,把"讲正气、树新风、促和谐"教育活动、学习弘扬焦裕禄精神活动与学习实践活动紧密结合,确定"科学发展促'三保',奋力实现新跨越"的活动主题,坚持做到规定动作不走样,自选动作有特色,促进活动扎实有序开展。抓特色、重实效,把破解发展难题作为突出实践特色的关键,着力解决应对危机、实现"三保"的突出问题,解决建设环境友好型、资源节约型社会的突出问题,解决推进城乡一体化和"三农"工作的突出问题,解决执政为民、构建和谐社会中的突出问题,解决党性、党风、党纪方面存在的突出问题,以经济社会发展速度的快慢、质量的好坏和人民群众得实惠的多少,来检验学习实践活动的成效,真正达到党员干部受教育、科学发展上水平、人民群众得实惠的目的。全市各参学单位在深入分析检查的基础上,形成各自整改落实方案,市委围绕强化科学发展理念、提升科学发展水平、增强科学发展活力、凝聚科学发展合力、打好"六大攻坚战"、创新科学发展机制6个方面,明确整改思路和主要措施,并分解细化到每位市委常委。通过开展学习实践活动,全市各级党组织和广大党员干部贯彻落实科学发展观的自觉性和坚定性进一步增强,对制约科学发展问题的认识更加明晰,谋划科学发展的重点更加突出,实现"三保"任务的决心和信心更加坚定。

强化改革创新精神,加强和改进党的建设。认真贯彻落实十七届四中全会精神,紧紧围绕提高各级党组织、各级领导班子和领导干部的执政能力和先进性。切实抓好十七届四中全会精神的贯彻落实,把学习、宣传、贯彻、落实十七届四中精神摆在突出位置,从市四大班子成员做起,以县(处)级领导干部为重点,通过集中传达学习、理论辅导、交流讨论等多种形式,组织党员干部群众认真学习,迅速把十七届四中全会精神传达到各级党组织和基层群众。学习贯彻过程中坚持同第3批深入学习实践科学发展观活动相结合,同学习卢氏县委先进事迹、争当人民满意公务员集体、争做人民满意公务员相结合,同建设开放魅力富裕和谐三门峡、跻身中原崛起第一梯队的各项工作相结合,深入研究、探讨、解决三门峡党建和经济企稳回升中的热点难点重点问题,推进三门峡党建和现代化建设事业的新发展。在领导班子和干部队伍建设方面,着眼于提高领导班子的素质、科学决策的水平和依法行政的能力,重点加强对县级领导干部的教育培训、监督管理和调整充实,不断提高县级领导班子驾驭经济社会发展全局的能力和水平,涌现出卢氏县委这一获得全国第7届"人民满意的公务员集体"殊荣的先进典型。面向全国,积极引进25名博士,充实到各县(市)区和部分市直单位的领导班子中,进一步优化县级领导班子的年龄和知识结构。以本轮政府机构改革为契机,创新完善干部选拔任用工作,在严格资格审查、民主推荐、组织考察、决定使用程序的基础上,对关键岗位实行"公开差额、两次票决",对一般岗位实行"三票制推荐、两结合考察",完善监督措施、畅通监督渠道、严惩不正之风,进一步强化正确的用人导向。切实抓好基层组织建设,重点抓好"四议两公开一监督"工作法的推广,于5月上旬召开动员会,明确推广工作的指导思想、目标要求和工作步骤,迅速掀起推广"四议两公开一监督"工作法的热潮。大力倡导"一线工作法",要求各级领导干部带头从繁杂的事务中解脱出来，全身心投入到实际工作中去，真正做到干部在一线工作，决策在一线落实，问题在一线解决，创新在一线体现，成效在一线检验，努力创造实实在在的业绩。建立完善促进作风转变的硬性规定，突出抓好减少领导同志事务性活动、党政机关工作人员工作日禁止饮酒等制度的落实，确保党员干部把更多的精力集中到科学发展“促三保”上来。切实抓好党风廉政建设，以全省“讲党性修养、树良好风气、促科学发展”教育活动和学习弘扬焦裕禄精神活动为载体，深入实施惩防体系建设7项抓手工程，有针对性地解决党员干部在党性党风党纪方面存在的突出问题，并大力抓好渑池刘少奇旧居等特色教育基地建设，重点利用身边发生的反面典型案例，加强对全市各级领导干部的警示教育，促进党风廉政建设不断取得新成效。6月，渑池刘少奇旧居被省纪委、省委组织部命名为全省党员干部党性党风党纪教育基地。

【中央、省主流媒体聚焦三门峡】 全国“两会”召开期间，中央、省主流媒体纷纷聚焦三门峡市，对三门峡市社会经济发展取得的成效给予全方位、多角度、密集式报道。短短10天时间，中央媒体刊播各种稿件30多篇，各大新闻网站播发、转发各种报道100余篇，省主流媒体刊播稿件20多篇。无论是稿件数量还是质量，均创下三门峡市全国“两会”宣传报道新高。《人民日报》3月4日刊登访谈《全国人大代表李文慧：我国经济基本面没有变》；《人民日报·海外版》3月11日刊登访谈《为子孙后代留下绿水青山》；人民网先后于3月3日、6日以《李文慧代表在京推销“农民工”》《三门峡：改善民生是一切工作的出发点和落脚点》对三门峡市进行报道。新华社3月9日通稿《人大代表热议扩内需保增长》、新华网3月7日《人大代表解读报告》，分别对三门峡市项目建设、金融生态建设进行报道；《光明日报》3月5日刊登专访《李文慧代表：让公共文化服务广大百姓》，3月6日、13日、15日，又先后以图片形式对三门峡市关注民生、调整产业结构进行报道；《经济日报》3月7日刊发专访《全国人大代表李文慧：加快项目建设，调整产业结构》；中央电视台2套“两会特别报道”3月3日播出同期声采访《李文慧代表：为农民增收支招》。同时，人民网、新华网、中国新闻网、中国经济网、中国农业网等国家级主流媒体网站，《农民日报》《中国青年报》《中国经济时报》《北京日报》、北京电视台、《北京青年报》《新京报》等在京媒体也对三门峡市进行了大量报道。《河南日报》、河南人民广播电台、河南电视台等省主流媒体对三门峡市的经济社会全面发展情况给予格外的关注。《河南日报》先后于3月3日、7日、10日、11日、12日就三门峡市文化建设、农村新合作医疗、项目建设等内容进行文字和图片报道；河南卫视于3月2日、9日在“河南新闻联播”节目中以同期声采访形式对三门峡市进行报道，3月6日在《走进北京“两会”演播室》中，对三门峡市进行时长15分钟的专题报道。中央、省主流媒体对三门峡市的大量报道，受到各界人士和群众的关注，为加快建设开放魅力富裕和谐三门峡营造了浓厚的舆论氛围。

【弘扬“7·29”抢险救援精神、推动科学发展座谈会在郑州市举行】 7月28日，经省委批准，省委宣传部、省委政研室、省委党校和三门峡市委、市政府在省人民会堂联合举行弘扬“7·29”抢险救援精神、推动科学发展座谈会，纪念“7·29”抢险救援胜利两周年，进一步弘扬在抢险救援过程中体现出来的崇高精神。出席座谈会的领导和专家学者有：省委常委、宣传部部长、副省长孔玉芳，省人大常委会副主任李柏栓，副省长史济春，省武警总队政委刘生辉，中央党校党建部原理室副主任蔡志强，国家煤监局事故调查司副司长赵苏启，国家安全生产应急指挥中心副巡视员韩小乾，省委副秘书长、省委政研室主任白建国，省人大常委会秘书长连子恒等。出席座谈会的还有省委宣传部、省委政研室、省委党校、省消防总队、省卫生厅、省民政厅、省政府应急办、省安监局、省广电局、省社科联等有关部门和单位的领导。市领导李文慧、杨树平、赵继祥、郭秀荣、李立江、李明举、赵中生、李琳，三门峡军分区司令员周世杰出席座谈会。孔玉芳在座谈会上发表重要讲话。史济春主持座谈会。市委书记李文慧在座谈会上发表讲话。座谈会上，与会人员观看了反映“7·29”抢险救援过程的电视纪实片《生死大营救》。赵苏启宣读了国家安监总局、国家煤监局为座谈会发来的贺信。与会各位专家学者进行了发言交流。

【全市项目建设年动员大会召开】 2月2日，全市项目建设年活动动员大会召开。会议的主要任务是，总结近年来特别是2008年项目建设工作，部署2009年项目建设任务。市委书记李文慧出席会议并强调，全市上下要进一步统一思想、坚定信心、迎难而上、开拓创新，合力奏响项目带动主旋律，奋力开创开放魅力富裕和谐三门峡建设新局面。市委副书记、市长杨树平对项目建设年工作进行动员部署。市委常委、常务副市长苏新华主持大会。市领导赵继祥、郭秀荣、李建顺、李立江、申黎明、赵光超、郭绍伟、赵中生等出席会议。大会由市委常委、常务副市长苏新华主持。会上，市委、市政府对2008年重点项目建设与争取中央新增投资先进单位和个人进行表彰奖励；各县（市）区政府和开发区、工业园管委会向市政府递交《2009年重点项目建设目标责任书》；渑池县、市交通局、市国土资源局的负责同志分别作了表态发言。

【市委全委（扩大）会议召开】 10月10日，三门峡市召开市委全委（扩大）会议，学习贯彻党的十七届四中全会和省委全会精神，研究部署当前工作，动员全市上下迅速掀起学习贯彻十七届四中全会精神的热潮，振奋精神，团结一心，扎实工作，确保全面完成全年各项目标任务。市委书记李文慧主持会议并作重要讲话。李文慧强调，要坚定不移地贯彻落实中央和省委的要求部署，以学习贯彻十七届四中全会和省委全会精神为动力，坚决打赢第四季度经济社会发展攻坚战。市委副书记、市长杨树平对全市前三季度的经济工作进行总结，对决战四季度、完成全年各项目标进行部署。王建勋、苏新华、李立江、申黎明、郭绍伟、赵予辉、赵中生、赵艳等出席会议并在主席台就座。

【省委书记徐光春到三门峡市调研】 11月25日，省委书记徐光春在省委常委、秘书长曹维新的陪同下到三门峡市,先后深入黄帝铸鼎原、陕县恒康铝业有限公司、三门峡鹏飞电子有限公司、三门峡缘分果业有限公司和天井窑院旅游度假村考察指导工作。徐光春对三门峡的发展寄予厚望,殷殷寄语:一定要把河南的"西大门"——三门峡建设得更加富裕,更具魅力,让广大人民群众生活得更加美好。省委副秘书长、政研室主任白建国,郑州铁路局党委书记杨建祥,郑州铁路局副局长杨伟军,省委副秘书长、常委办主任王育航,省公安厅副厅长、省警卫局局长张鲁生,市委书记李文慧,市委副书记、市长杨树平,市委常委、秘书长赵中生,副市长崔保连,市长助理、市政府秘书长张建峰陪同考察调研。

【省委副书记陈全国、副省长刘满仓到三门峡市调研】 8月13日,省委副书记陈全国、副省长刘满仓率领省直有关部门负责人到三门峡市调研,实地考察农产品加工、新农村建设、秋田管理、推广"4+2"工作法等情况。陈全国一行先后到灵宝励浩食品工业有限公司和鑫源果业有限责任公司,察看企业生产线,详细询问生产、销售等情况;深入陕县大营镇城村田间地头察看秋田管理情况,在城村村委会察看该村推行"4+2"工作法的文件资料,了解工作开展情况,并和大学生"村官"、村党支部副书记亲切交谈;在市农业信息综合服务中心,察看黄河金三角苹果电子交易中心运行情况。在听取工作汇报后,陈全国对三门峡市经济社会发展给予充分肯定并强调,各级党委、政府要以贯彻省委八届十次全会精神为动力,达成共识,明确目标,突出重点,注重实效,营造氛围,大干三季度,全力促发展,以优异的成绩迎接新中国成立60周年。市委书记李文慧,市长级干部李建顺,市委常委、秘书长赵中生,市长助理、市政府秘书长张建峰陪同调研。

【《求是》杂志副总编辑刘润为到三门峡市调研】 9月3日至4日,《求是》杂志副总编辑刘润为一行到三门峡市调研旅游及文化产业发展。市委书记李文慧,市委副书记、市长杨树平,市委常委、组织部部长赵予辉分别会见刘润为一行,并向他们介绍了三门峡市经济社会发展尤其是旅游产业、文化产业发展情况。3日,刘润为一行在市委常委、宣传部部长李立江的陪同下,参观虢国博物馆、函谷关和灵宝养生文化园。4日上午,刘润为一行参加"首届陕县民俗文化节"开幕式,参观了造型独特的当地民居地坑院和传统的婚俗、剪纸等表演。刘润为对三门峡市悠久的历史和灿烂的古代文明产生浓厚兴趣,希望三门峡市的文化产业、旅游产业得到更好发展。

【市委书记李文慧率团出访南非】 10月26日至27日,应南非豪登省经济发展署及库威尼市政府的邀请,由市委书记李文慧任团长,市政协副主席、市发改委主任高从民任副团长的三门峡市经贸考察团一行6人到南非进行招商引资合作项目商谈考察与友好交流访问。27日上午,李文慧一行走访南非豪登省经济发展署。豪登省经济发展署官员高德福瑞先生与李文慧一行进行友好深入的洽谈。双方介绍了各自的投资环境、经济发展状况、主要出口产品及鼓励投资优惠政策等,并就以后双方发展经贸关系、推动和促进两地经贸界的交流等问题交换意见。市政协副主席、市发改委主任高从民代表三门峡市发改委与豪登省经济发展署签署长期合作备忘录。当日下午,考察团一行拜会中国驻约翰内斯堡总领事馆。徐德福总领事听取李文慧关于三门峡情况的介绍后,对三门峡市应对全球金融危机采取的措施和取得的成果表示赞赏,并指出三门峡的几大支柱产业及产品在南非很有市场潜力,希望三门峡加大"走出去"力度,进一步打开国际市场,实现更大的发展。考察团一行还走访了南非中原总商会,受到总商会会长张晓梅及当地企业家的热情欢迎。

【三门峡市经贸考察团出访埃及】 11月1日至3日,由市委书记李文慧任团长,市政协副主席、市发改委主任高从民为副团长的三门峡市经贸考察团到埃及进行招商引资及经贸洽谈活动,取得积极成果。三门峡市经贸考察团在访问期间受到埃及有关方面的高度重视和热情接待,先后会见埃及农业、科技、贸易等方面人士,走访埃及商会联合会及有关企业,就加强相互间的经贸合作进行广泛深入的交流。市委书记李文慧向埃及商会联合会副会长穆罕默德·赛拉姆等各界人士详细介绍了三门峡市经济社会发展情况,并就三门峡市大力优化投资环境、积极推进项目建设、打造五大产业基地、扩大服务领域对外开放等进行了深入、全面的宣传和介绍。通过推介,埃及经贸界人士对三门峡有了较为深入的了解,表现出浓厚的兴趣,并就双方建立长期合作关系达成共识。3日,三门峡市经贸考察团一行到埃及瓦迪尼尔农业开发公司考察,对该公司的建设管理、运营模式和产品生产全过程进行深入了解。双方就农业机械生产及进出口、高效生物肥料等现代农业合作项目进行商讨。考察团还到埃及工业高科技公司进行专项考察,就开展合作进行商谈。其间,市政协副主席、市发改委主任高从民代表市发改委与这两家公司签订深度合作协议。考察期间,李文慧还盛情邀请埃及各界人士参加2010年5月的三门峡国际黄河旅游节。

【市委书记李文慧做客"对话中原"栏目】 2月17日晚,市委书记李文慧在河南电视台"对话中原"栏目纪念改革开放30周年特别节目"跨越·黄河明珠——三门峡"中出任嘉宾。在录制现场,李文慧就三门峡市的过去和现在、城市建设、经济发展、生态环保与和谐社会建设等问题,接受主持人专访,与300多名观众互动,向大家展示了巨大变革中的"开放魅力富裕和谐"的三门峡新形象。市委常委、宣传部部长李立江及市直有关部门负责人参加节目录制活动。

【市委书记李文慧率团前往开封、新乡考察学习】 4月19日至21日,市委书记李文慧带领三门峡市学习考察团一行60人前往开封、新乡学习焦裕禄精神,考察新农村建设。市领导赵继祥、郭秀荣、李建顺、李卫民、李立江、郭绍伟、王惠、赵中生、张高登、马仰峡、李宝鸿、亢伊生、陈孟虎、赵艳、周志远、王铁创、肖群兰、周世杰,以及市中级人民法院院长郑泽中,市人民检察院检察长张永键,市长助理、市公安局局长崔保连,市长助理张运礼等参加学习考察。各县(市)区和市直涉农部分单位主要领导人参加学习考察活动。李文慧一行首先到开封市兰考县焦裕禄纪念园，瞻仰焦裕禄纪念碑，拜谒焦裕禄陵墓，参观焦裕禄事迹展览。在新乡市新乡县，李文慧一行实地参观七里营镇刘庄村委会和绿源药业公司、七里营镇龙泉—李台社区和古固寨镇祥和新村。李文慧强调，要进一步深入开展学习弘扬焦裕禄精神活动，把学习弘扬焦裕禄精神活动转化为深入学习实践科学发展观、努力完成“保增长、保民生、保稳定”工作目标的实际行动，学习借鉴先进经验，进一步加快城乡统筹发展，加快全市新农村建设步伐。在学习考察期间，开封市委副书记、市长周以忠，市人大常委会主任李艳萍，市政协主席顾俊，市委常委、常务副市长吉炳伟，市委常委、秘书长李留心；新乡市委书记吴天君，市委副书记、市长李庆贵，市委副书记刘建华，市人大常委会主任周海深，市政协主席范学贵，市委常委、常务副市长王战营，市委常委、副市长王晓然，市委常委、秘书长王保旺，副市长王治通和市政府秘书长刘庆宇等与李文慧一行亲切会见，并陪同学习考察。

【全省重点项目第2次观摩点评活动第1组点评会在三门峡市举行】 11月6日，全省重点项目第2次观摩点评活动第1组在三门峡市举行点评会议。会议要求，各级、各部门要认真贯彻落实省委、省政府的决策部署，集中精力，切实抓好重点项目建设，全力以赴决胜四季度，确保全年目标任务顺利完成，为2010年经济社会发展打好基础。全省重点项目第2次观摩点评活动于11月3日至6日进行。这次观摩点评活动共分3个组，第1组(豫西组)观摩点评郑州、许昌、平顶山、南阳、洛阳、三门峡6市。在结束全部观摩活动后，观摩组6日在三门峡市召开点评会。副省长史济春，省长助理、省政府秘书长安惠元和省直有关部门负责人、各省辖市市委书记及发改委负责人出席会议。三门峡市领导李文慧、王建勋、赵中生、高从民，市长助理、市政府秘书长张建峰等参加会议。

【三门峡市入选“中国软实力城市200强”】 11月，由人民网和北京大学现代中国研究中心联合共同发起的“中国软实力城市评选”活动揭晓，三门峡市入选“中国软实力城市200强”。“软实力”这一概念最早由美国哈佛大学教授约瑟夫·奈提出。城市软实力是指一个城市在公共管理、文化资源、公民素质和宜居环境等方面的综合表现。“中国软实力城市评选”活动由国家发改委指定的国家级“软实力课题”研发机构——北京大学现代中国研究中心与人民网共同发起，全国656个候选城市参加，分群众海选、专家评议、活动回应3个周期进行。9月19日网民投票开始，10月10日结束。之后，评委会专家结合网民投票、网下公众口碑调查，及相关领域有代表性人物意见和综合统计数据，科学系统地进行评审，最终从全国656个候选城市中评选出“中国软实力城市200强”。

【中原文化宝岛行——三门峡(台湾)市情说明会取得圆满成功】 12月15日，在中原文化宝岛行活动即将开幕之际，三门峡市在台北市隆重举行三门峡(台湾)市情说明会。市委书记李文慧出席会议并作市情说明。台湾亲民党中央党部秘书长秦金生，台湾立法委员廖国栋、简东明，河南省商务厅副巡视员苏中金及台湾文化、经贸、旅游界知名人士，三门峡市各县(市)区代表近200人参加说明会。副市长周志远主持说明会。市情说明会上，秦金生、廖国栋、苏中金分别致词。在市情说明会的项目签约仪式上共签订经济合作协议3个，项目投资总额79.5亿元。说明会前，李文慧会见部分与会嘉宾，双方围绕加强两地交流合作、促进共赢发展进行亲切交谈。

【中央媒体记者团到三门峡市采访】 12月21日至22日，由新华社、《经济日报》、中央人民广播电台、中央电视台、《中国妇女报》《光明日报》《工人日报》《中国青年报》等10余家中央主要媒体组成的“黄河金三角”之行记者团到三门峡市，就豫晋陕黄河金三角地区资源优势和区域协调发展进行采访。争取建设国家晋陕豫黄河金三角区域协调发展综合实验区办公室总顾问马驰、山西省运城市人大常委会主任张建合等陪同采访。市领导李文慧、杨树平、郭秀荣、苏新华、李立江、赵中生、陈孟虎、高从民等出席欢迎宴会及媒体见面会。市委副书记、市长杨树平致欢迎词。媒体记者在三门峡市期间，先后深入灵宝市景源果业有限公司、灵宝黄金股份有限公司、华鑫铜箔有限公司、函谷关古文化旅游区、河南骏通车辆有限公司、开曼铝业(三门峡)有限公司、大唐(三门峡)发电有限公司及义马煤化工产业集聚区、东方希望(三门峡)铝业有限公司、虢国博物馆进行采访，对三门峡市的历史文化和经济社会发展表现出浓厚兴趣。 (裴俊峰)

组织工作

【概况】 2009年，中共三门峡市委组织部坚持以邓小平理论和“三个代表”重要思想为指导，深入贯彻落实科学发展观，认真领会党的十七届四中全会和全国、全省组织工作会议精神，紧紧围绕全市经济社会发展大局，牢牢把握加强党的先进性建设和执政能力建设主线，以改革创新精神全面加强基层组织建设、领导班子建设、干部队伍建设、人才队伍建设和组织部门自身建设，为加快建设开放魅力富裕和谐三门峡、跻身中原崛起第一梯队提供了坚强的组织保证和人才支持。

至年底，全市共有中共党员136 949名，其中女党员26 989名，占19.7%；发展新党员5 262名，其中女党员1 827名，占34.7%。全市共有基层党组织6 451个，其中党委319个、党总支335个、党支部5 797个。

领导班子建设 结合深入学习实践科学发展观活动，不断加强理想信念、根本宗旨、民主集中制和廉洁从政教育，努力提高各级领导班子领导科学发展的能力和水平。按照“完善结构、理顺关系、盘活资源、增强活力”的原则，全年共提请部长办公会和市委常委会议研究任免干部11批次、调整干部142人，其中提拔47人(副县提正县3人、正科提副县44人)，平职交流49人，安置正团职军转干部2人，其他情况44人(市级干部兼任县级职务、地方人武部政委兼任地方党委常委、单位更名、下派扶贫、引进博士等)。建立对全市县级领导班子和县级干部队伍建设情况进行经常性调研的制度，通过个别谈话、查看资料、综合分析等环节，及时、准确地掌握其工作状况和思想动态，切实加强和改进对干部的日常管理。扎实推进乡（镇）党委书记公推直选试点工作，在灵宝市故县镇、渑池县仁村乡开展党委书记公推直选，成功推选出党员公认的乡（镇）党委书记。严格考核标准，改进考核办法，认真做好省管、市管干部2008年度考核工作，并按照上级要求确定卢氏县、义马市作为“落实科学发展观干部年度考核机制试点县”推行试点工作。会同市人事局完成了卢氏县委“全国人民满意公务员先进集体”、市检察院“全省人民满意公务员先进集体”及“全省人民满意的公务员”申报工作，并均以高票入选。

干部教育培训工作　按照市委《关于2008～2012年全市大规模培训干部工作的实施意见》要求，进一步加强对干部教育工作的宏观管理，创新培训载体，丰富培训内容，全面完成大规模干部培训任务。认真执行干部教育培训申报制度，编印“三门峡市干部教育培训学风建设手册”，使干部培训管理工作更加严谨规范。全年共完成上级各类调训任务94人次；在市委党校举办2期县（处）级、乡（科）级领导干部进修班，培训学员150人；首次在中央党校举办“三门峡市党政主要领导干部培训班”，培训干部61名；在上海华东师范大学举办三门峡市组工干部培训班1期，调训组工干部57人；联合有关职能部门先后开办安全监督、环境保护、妇女干部、非党干部、专业技术人才、高级经营管理人员培训班，累计培训学员333人次；围绕节能减排主题，探索举办三门峡市赴美国节能减排专题研究班，共培训14名县（处）级实职领导干部和专业技术人才。精心办好“专家讲坛”，先后邀请有关专家学者从经济、生态、军事、科学发展、城市建设、医药健康等方面做了6期专题讲座，累计听课人数达3 000多人次。制定《三门峡2009～2013年党员教育培训工作规划》，组织举办各类基层干部培训班4期，对460余名农村党支部书记、村委会主任进行培训。

年轻干部、妇女干部和非党干部工作　高度重视选调生的选拔、考察、录用、安置、培养和管理工作。积极会同有关部门，科学制定工作方案，严格落实有关要求，认真做好2009年省选调生的面试、体检、考察等工作，确定录用11名省选调生，并及时将其分配到基层乡（镇、街道办事处）工作。根据省委组织部、市有关文件要求，进一步规范省、市选调生的日常管理和使用环节，督促有关政策落实，不断加大提拔使用力度。至年底，全市在职的329名市选调生中有97人走上科级领导岗位，省选调生已按照省委组织部的要求落实有关待遇。举办第9期中青年干部培训班，加强对县（处）级后备干部和35岁以下优秀正科级干部的教育培训。同时，推荐1名优秀正科级选调生到省直机关挂职锻炼，选派7名省选调生到市信访部门上挂锻炼，抽调10名优秀县（处）级后备干部参加全市项目建设年活动。

农村基层党建工作　集中对任期已满两年或任期届满的农村基层党组织进行换届，换届后，全市村级党组织共有支部委员4 447人，支部委员平均年龄为46岁，大专以上学历363人，占8.2%；高中以上学历2 694人，占61%；“双强”村支部委员人数3 180人，占71.5%；全市169个村实现村党支部书记、村委主任“一肩挑”。出台《关于加强村党组织书记队伍建设的意见》，明确党组织书记的主要职责，建立完善村党组织书记培养选拔、教育培训、激励保障、管理监督机制，确定各县（市）区村干部的报酬标准，并积极督促各县（市）区落实。下发《关于做好农村党建“三级联创”活动考评和先进单位、先进个人推荐工作的通知》，制定“五个好”乡（镇）、“五个好”村党组织的详细考评细则，向市委推荐，并经市委常委会集体研究确定由市委表彰的先进单位61个和先进个人35名，并从中择优推荐出32个先进单位和5名先进个人由省委进行表彰。编发“三门峡市村级组织活动场所建设督导手册”，积极推进村级组织活动场所建设。至年底，全市共新建村级组织活动场所116个，改扩建、调整使用73个，超额完成省下达的目标任务。

人才队伍建设　紧紧围绕《河南省“十一五”人才队伍建设规划纲要》的总体要求，充分发挥组织部门的作用，明确责任，落实任务，积极推进全市人才工作健康有序开展。以“提高人才层次、优化人才结构”为着力点，配合省委组织部人才处，引进2名“省博士服务团”成员到三门峡市工作；确定引进23名博士、37名硕士到三门峡市工作，有效改善和优化了全市人才队伍结构。

流动党员管理　积极协调市联通公司，在全市6个县（市）区开通“12371”党员咨询服务电话，制定工作细则，严格予以落实，此项工作走在全省前列。至年底，共解答咨询电话689人次，并为全市791名流动党员发放《流动党员小读本》。

组工调研、信息宣传和组织史编纂工作　研究制定2009年组工调研计划，完成中央、省重点课题调研任务，服务领导科学决策和工作部署。严格落实《组工信息管理办法》目标责任和奖惩方法，组工信息、组工宣传的编写质量和采用率实现新突破。累计编发组工信息64期，上报信息142篇（条），被省委组织部《组工信息》采用34篇（条）、《河南组工通讯》采用5篇；在人民网发稿240余篇，在新华网·河南频道、《党的生活》等省级以上媒体发稿13篇；在《三门峡日报》《三门峡广播电视报》发稿16篇；“学习十七届四中全会精神，不断开创组织工作新局面”被《组织人事报》和《党的生活》刊登，“扎实推进‘4+2’工作法全面加强农村基层民主建设”荣获全省“四议两公开”工作法优秀征文一等奖，“为建设开放魅力富裕和谐三门峡提供坚强组织保证”一文被评为“三门峡市纪念新中国成立60周年征文活动”二等奖。完成组织史上报本的修改定稿工作，共收录单位38家、机构93个、名录418人，计17.1万余字。对市直单位供稿进行编纂、修改，做好自编本的编纂工作，其中党、政、军、统、群等部分初稿已形成，全年共编辑、修改、补充文字资料500余万字。

学习实践科学发展观活动　牵头组织全市第2、第3批学习实践科学发展观活动，其中第2批活动涉及128个参学单位、1 212个基层党组织、39 856名党员，第3批活动涉及2 074个参学单位、2 443个基层党组织、67 558名党员。成立三门峡市深入学习实践科学发展观活动领导小组，组建活动办公室，及时制定学习实践活动总体意见、实施方案、阶段安排，摸清参学单位底数，为活动顺利开展打下坚实基础；紧密结合三门峡市实际，围绕解放思想、科学发展、改革开放、项目建设、构建和谐等中心工作,确定各阶段活动载体和主题,为活动扎实推进提供明确纲领;扎实组织各阶段工作和活动整体“回头看”,确保剖析全面、自查深刻、整改有力、落实到位,探索形成学习实践活动深入开展的有效运行机制。通过编印发放《学习实践科学发展观200问》、举办全市学习实践科学发展观活动知识竞赛、开通学习实践活动博客、开展“科学发展观进基层百人千场宣讲月”等活动,大力宣传科学发展观理论;先后派出18个指导检查组和4个巡回检查组,为两批活动中各参学单位把关定向、督促落实,形成一级抓一级、层层抓落实的工作局面。在新闻媒体上共刊(播)发活动稿件2 668篇,其中省级以上1 078篇、市级1 590篇;编发活动简报129期、专报97期,推出47个先进典型和先进事迹;在中央活动简报刊发稿件1篇,在省活动简报刊发稿件59篇;在人民网、中国共产党新闻网、新华网、大河网等主流网络媒体发稿760篇,在中央深入学习实践科学发展观活动官方网站发稿218篇,居全省第一。全市共举办专题培训4 320场次,各级领导干部调研走访3万余次,撰写调研文章400多篇,开展解放思想大讨论300多场次,发放调查问卷1万余份,征集各类意见建议近2万条次,为群众办好事实事9 441件次,解决实际问题3 449个;在第2批学习实践活动群众满意度测评中,市委的群众满意度为100%,全市各参学单位平均满意度为99.8%。

【全面推行“四议两公开”工作法】 当年,市委组织部及时制定印发《关于在全市村级组织推广邓州市农村党支部、村委会“4+2”工作法的实施意见》,对全市推广“四议两公开”工作法进行安排部署;协调成立6个督导组驻县(市)区工作,建立350个党员领导干部联系点,督促县、乡、村3级成立领导机构和指导组,逐级明确工作责任,形成工作合力和联动格局;结合农村实际,统一规范“四议两公开”的决策内容、工作程序、运用时间,并指导各县(市)区建立完善党员联系群众制度、村民代表联系户制度、民主监督制度和责任追究制度等。至年底,全市所有行政村均推广运用“四议两公开”工作法,累计议事决策事项达4 692件,收到明显的实际效果,受到省委副书记陈全国,省委常委、组织部长叶冬松的充分肯定。

【统筹抓好行业党建工作】 当年,市委组织部依托全市分行业创“五好”活动,全面抓好社区、企业、机关等领域党的建设。与市民政局密切配合,精心组织指导社区换届工作,全面完成106个社区的换届任务;大胆创新社区党建工作,在义马市开展“楼组党建”试点工作,在湖滨区探索推行“三推一选”,首次把党组织班子候选人的推荐权扩大到辖区党员、单位和商户代表、居民代表,成功选举出新一届党支部班子成员,该经验在国内多家新闻媒体刊登推广;对城市分行业创“五好”基层党组织活动进行考评,确定市委表彰的城市分行业创“五好”基层党组织活动先进单位80个和先进个人123名。

【积极做好大学生村干部工作】 当年,市委组织部进一步完善大学生村干部公开选聘、岗前培训、激励保障、跟踪培养、管理考核、竞争择优等制度,积极做好大学生村干部工作,市委书记李文慧对此项工作给予充分肯定。按照公开、公正、择优的原则,再次面向社会公开选聘大学生村干部514名,使全市大学生村干部总数达1 387名,超额完成“一村一名大学生村干部”的工作目标;组织大学生村干部参与农村党支部换届选举,共有187名大学生村干部按照“两推一选”的办法进入村支部班子,占大学生村干部党员数的34%,其中有15名顺利当选为村党支部书记;积极引导支持大学生村干部干事创业,协调各县(市)区设立扶持大学生村干部创业专项资金,帮助多名大学生村干部创办领办种植、养殖等致富项目,服务了农村地方经济发展。

【强力推进农村党员干部现代远程教育工作】 当年,市委组织部强力推进农村党员干部现代远程教育工作。不断加大对终端站点建设与维护的投入,进一步优化宽带网络,有效提高远程教育网络质量,最大程度地增强站点服务能力;坚持以制度管人、管设备、管学用,集中开展“排故障、保畅通”站点集中整治活动,使得站点点击量增加6.5万次,月点击数超过12万次;购买引进具有普适性的优秀教学课件,同时加大对乡土教材开发制作力度,组织拍摄制作《新农村建设大讲堂》《专家讲坛》《村支部书记访谈》等乡土教材,制作完成各类课件20部,在“三门峡党建”栏目播出节目24期;创新学用模式,广泛推广“远教+项目”“远教+协会”“远教+企业+农户”“远教+基地”等形式,服务农村地方经济发展和“抗旱浇麦”“三夏”“三秋”及甲型H1N1流感和手足口病防治等中心工作;开展学用示范站点评比、学用典型推选、典型经验交流等活动,扩大对学用典型的宣传;继续实施远程教育入户工程,圆满完成全市现代远程教育入户工程年度目标任务。

【继续开展驻村帮扶工作】 2009年,从市直行政、事业单位以及省、部驻峡单位中选择91个单位,组建90个工作队,派驻到6个县(市)区、工业园及47个项目建设工作重点乡(镇),入驻90个行政村,以“扩内需、保增长、调结构、促转型、重民生”为重点,强力推进项目建设驻村帮扶工作。全年帮扶新农村基础建设、旅游开发等项目共计188个,累计投资2亿元,收到了良好的社会效果,得到了省委帮扶工作领导小组的充分肯定。

【认真开展“组织部长下基层”活动】 按照全国组织系统推进“万名组织部长下基层”活动视频会议精神,结合工作实际,组织开展组工干部下基层活动。全市共有18名组织部长、67名组工干部参加下基层活动,累计开展调研386人次,确定调研课题83个,征求、梳理意见建议186条,解决实际问题250多个。

【首次在中央党校举办领导干部培训班】 3月22日至28日,市委组织部首次在中央党校举办“三门峡市党政主要领导干部培训班”,全市28名县级、33名科级党政“一把手”参加培训。中央党校安排专家教授为学员们讲授深入学习实践科学发展观的基本问题、“三农”问题、世界格局的变化与中国发展机遇等十多个课题。

【三门峡市农村基层党组织集中统一换届基本结束】 5月,三门峡市农村基层党组织集中统一换届工作基本结束,

1 185 个行政村顺利完成换届选举任务，占应换届村的98.7%。自2009年2月下旬开始，三门峡市对任期已满两年或任期届满的农村基层党组织进行集中统一换届，共涉及全市1 201个村。1 185个完成换届选举任务的行政村中，实施“两推一选”930个村、“公推直选”255个村。此次集中统一换届主要呈现3个特点：一是班子结构进一步优化。全市村级党组织共有支部委员4 447人，比上届减少20人；支部委员平均年龄46岁，比上届有所降低；大专以上学历363人，占8.2%；高中以上学历2 694人，占61%；“双强”村干部人数3 180人，占71.5%。全市村党支部书记平均年龄48岁；大专以上学历104人，占7.8%；高中以上学历878人，占66%；“双强”党支部书记1 124人，占84.8%；全市169个村实现村党支部书记、村委主任“一肩挑”。此次换届，共有187名大学生村干部按照选举程序，顺利进入村党支部班子，其中15名大学生村干部当选为村党支部书记。二是基层民主进一步发扬。此次换届选举把群众纳入党组织领导班子换届选举工作中来，激发了党员、群众的政治热情，党员、群众参与率分别高达87%和85%。三是村两委班子合力进一步增强。通过“两推一选”，把群众信任、党员拥护的人选拔到党组织班子，增强了党组织的群众基础，增强了村两委的凝聚力、战斗力。

【中央、省级媒体采访团到三门峡市采访项目建设驻村帮扶工作】 11月4日，人民网·河南频道、新华网·河南频道、中新社、《农民日报》《大公报》、河南人民广播电台、河南卫视、河南卫视·都市频道、《大河报》、大河网、《郑州日报》《东方今报》、河南卫视·农村频道等中央、省级媒体采访团，深入陕县和卢氏县部分帮扶村，采访报道三门峡市项目建设驻村帮扶工作。市委常委、组织部部长赵予辉接受采访团的集体采访。赵予辉在接受采访团集体采访时说，从2001年开始，三门峡市已累计下派8 000余名机关干部，其中市直3 000余名，深入500多个行政村开展驻村帮扶工作，使农村面貌得到较大改观，达到了改善农村基础设施、促进农民增收、增强农民素质、提高农业发展水平、促进农村社会进步的预期目标，实现了120个贫困村脱贫、160个村快速发展，在推动全市农村社会进步、经济跨越式发展中产生了重要作用。

【成功创建省级文明单位】 12月，市委组织部被省委、省政府授予“省级文明单位称号”，成功创建省级文明单位。4月22日，市委组织部召开创建省级文明单位动员会，调整充实创建工作领导小组，明确工作职责，分解目标任务，制定活动方案，为创建工作奠定坚实基础；深入精神文明共建帮扶村街道、学校、村舍等实地察看，筹资1万元助推“清洁家园”建设；集中力量更新和完善部机关办公场所和办公设备，改善工作环境；开展文明科室、优秀党员和“五好家庭”评比活动，不断提高机关干部思想道德素质和职业道德水平；成立部篮球队、舞蹈队等文体小组，举办创建知识竞赛、实弹打靶训练等活动，开展健康知识、艺术鉴赏等知识讲座，丰富机关文体生活。12月，被省委、省政府授予“省级文明单位”称号。

【省委常委、组织部部长叶冬松到三门峡市调研】 8月11日，省委常委、组织部部长叶冬松带领省委组织部副巡视员周斌等深入三门峡市，就推广“4+2”工作法和农村基层组织建设三项工作进行调研。市委书记李文慧，市委常委、组织部部长赵予辉，市委常委、秘书长赵中生和市长助理、市政府秘书长张建峰陪同调研。叶冬松一行先后到灵宝市城关镇牛庄村、焦村镇焦村和湖滨区崖底街道办崖底村、会兴街道办会兴村调研，并听取了三门峡市工作情况汇报。叶冬松强调，要大力推广“4+2”工作法，做好农村基层组织建设三项工作，努力开创富裕和谐新农村建设和农村基层组织建设工作新局面。调研中，叶冬松一行还深入三门峡戴卡轮毂制造有限公司和市农业局信息中心进行实地察看。

【省委组织部副部长宗义两次深入卢氏县调研】 6月12日至13日，省委组织部副部长宗义一行深入卢氏县调研指导基层组织建设、大学生村干部、现代远程教育等工作。卢氏县磨沟口乡上店村是宗义开展“万名组织部长下基层”活动的联系点。13日，宗义一行到该村走访慰问2户帮扶户，给他们送去米面油及慰问金，在仔细查看了该村党员活动室、远程教育播放设施后，与磨沟口乡11名村党支部书记座谈，并分别主持召开了大学生村干部座谈会和组工干部座谈会。宗义强调：一要抓关键，在干部的选任、管理、教育、培训上抓出自己的特色；二要抓基础，特别要加强基层组织建设和大学生村干部队伍建设；三要抓重点，组织工作就是要围绕重点工作服务，抓好落实，促进经济社会健康发展；四要抓特色，要继续弘扬卢氏土坯房精神，抓好干部队伍的思想政治建设。9月23日至24日，省委组织部副部长宗义深入卢氏县横涧乡淤泥河村和卢氏县茧丝绸蚕业公司、五里川镇、文峪乡、东明镇的部分村庄，实地调研新形势下农村加强和改进党的基层组织建设工作。宗义一行认真察看了卢氏县的村级活动场所建设、学习实践科学发展观活动、推广“4+2”工作法及现代远程教育等工作，对卢氏县认真弘扬艰苦奋斗精神，注重发挥各级党组织的战斗堡垒作用，把有限的财力用在改变农村落后面貌，加快山区经济发展和各项社会事业进步的做法给予充分肯定。 （任建波）

宣传思想工作

【概况】 2009年，全市宣传思想文化战线学习宣传贯彻党的十七大和十七届三中、四中全会精神，高举中国特色社会主义伟大旗帜，坚持以邓小平理论和“三个代表”重要思想为指导，全面贯彻落实科学发展观，按照高举旗帜、围绕大局、服务人民、改革创新的总要求，不断提高应对复杂局面和改革创新的能力，宣传思想文化各项工作基调鲜明、把握得当、整体推进、成效显著，为建设开放魅力富裕和谐三门峡提供了强有力的思想保证、精神动力和舆论支持。

理论武装工作　紧紧围绕学习实践科学发展观，不断增强理论武装工作的针对性和有效性，创新理论武装工作的方式方法，促进理论武装工作不断向纵深拓展。一是采取多种形式，开展中国特色社会主义理论体系宣传教育。围绕庆祝新中国成立60周年和大力学习弘扬焦裕禄精神，分别下发理论文章征集活动的通知,共征集高质量理论文章80余篇,其中3篇论文入选河南省深入学习弘扬焦裕禄精神理论研讨会。召开庆祝新中国成立60周年理论研讨会和学习贯彻十七届四中全会精神座谈会,不断提高全市党员干部群众的理论水平和政治思想素质。组织开展两次大规模的集中宣讲活动,即“六个为什么”集中宣讲活动和党的十七届四中全会精神集中宣讲活动,邀请省委党校教授牛安生和洛阳师院副院长张宝明等专家到三门峡市作宣讲报告9场;三门峡市从讲师团、社科联、党校以及各县(市)区,抽调优秀理论工作者35人,深入机关、企业、社区、农村、学校共开展宣讲500余场,直接受众人数达4万余人。二是积极服务好市委中心组学习。代市委起草《关于2009年全市县级以上党委(党组)中心组分专题理论学习的安排意见》,不断改进中心组学习的内容方式方法,进一步完善各项学习制度,加强督促检查,加强经验交流。以学习实践科学发展观、“科学发展促‘三保’,奋力实现新跨越”“项目建设年”“六个‘为什么’”和十七届四中全会等为主要内容,全年市委中心组共开展集中学习12次,专题交流会1次。邀请中央党校教授张荣臣等著名专家学者,为市委中心组作理论辅导报告7场,编发《市委中心组学习参考资料》24期。三是基层党校建设工作稳步推进。全面做好省级先进基层党校的推荐评选工作,认真履行三门峡市申报先进基层党校免检职责,抽调精干力量对全市基层党校建设情况进行自查,当年推荐的11所基层党校全部荣获省级先进基层党校称号。至此,三门峡市基层党校数量达到96所,在全省居于领先地位。四是深入开展“推动科学发展、加快中原崛起”主题党课活动。根据省委要求,三门峡市对“推动科学发展,加快中原崛起”主题党课活动进行详细的部署,共收集整理宣讲稿件100余份。各地、各单位党员领导干部高度重视,积极行动,结合工作实际,纷纷上台宣讲,收效良好。五是认真做好调查研究和社会科学理论研究工作。以出思想、出思路、出政策为目标,紧紧围绕全国、全省、全市的大局、大势、大事,紧密结合全市宣传思想文化工作出现的新情况、新问题,深入调查,认真研究,印发《2009年全市宣传思想文化系统重点调研课题工作方案》和《关于征集宣传思想文化工作创新案例的通知》。全年共收集整理上报省委宣传部调研报告12篇、宣传思想文化工作创新案例20篇,圆满完成省委宣传部下达的各项调研任务。对全市2008年度优秀社科成果作品进行评选和表彰。认真做好优秀社科成果推荐和评奖工作,在省社科联2008年度调研课题的结项工作评比中,三门峡市共有5项课题获一等奖、7项课题获二等奖。

新闻外宣工作 坚持团结稳定鼓劲的方针,紧密结合市委、市政府中心工作,进一步改进主题宣传、典型宣传,着力提高舆论引导水平,不断巩固壮大积极健康向上的主流舆论、大力促进社会稳定。一是紧扣中心、服务大局,全力做好重大发展战略和重大主题的宣传。围绕“项目建设年”、学习实践科学发展观、庆祝新中国成立60周年和十七届四中全会等工作重点,先后制定《关于进一步加强项目建设年活动新闻宣传工作的意见》《深入学习实践科学发展观活动宣传工作方案》《关于全面深入宣传十七届四中全会精神报道方案》等新闻外宣工作方案,在全市各新闻媒体开设“科学发展促‘三保’,奋力实现新跨越”“深入开展项目建设年活动,打赢扩内需保增长攻坚战”“辉煌60年、崤函换新颜”等专题、专栏、专版,突出项目建设、招商引资等重点工作,进行深入挖掘,开展系列报道、专题报道、跟踪报道,激发了全市党员干部应对金融危机、促进科学发展的信心和决心。三门峡市的“科学发展促‘三保’,奋力实现新跨越”新闻宣传工作被树为河南省典型,在全省宣传部长座谈会上进行经验交流。二是加强新闻宣传统一选题策划,不断加大对外宣传力度。组织开展中央和省主流媒体“重点项目建设巡礼”“走进平安和谐三门峡”、全国知名网站记者走进“魅力三门峡”“辉煌60年三门峡篇”等10余次大型集中采访活动。继续实施“头题战略”,在《人民日报》、新华社、中央电视台、《光明日报》《经济日报》以及《河南日报》、河南人民广播电台、河南电视台等中央、省主流媒体发稿1 000余篇,在《人民日报》刊发“贫困地区化解矛盾的‘三门峡模式’”“三门峡:让泥腿子成为文化人”“三门峡吹响产业升级‘集结号’”3篇通讯报道,《经济日报》刊发头版头题1篇,中央人民广播电台、中央电视台、河南人民广播电台、河南电视台播出头条35篇,河南日报刊发头版头题10个,产生了强大的舆论宣传效应,有力地提升了三门峡市的对外形象。三是加强网上引导和管理,做大做强网上正面舆论。三门峡外宣网按照“积极利用、大力发展、科学管理”的方针,充分发挥互联网的优势作用,营造文明和谐的网络文化生态,形成网上正面舆论强势,围绕全市中心工作,设计制作了“廉政建设年”“科学发展促‘三保’奋力实现新跨越”“第15届三门峡国际黄河旅游节”“全国知名网站走进魅力三门峡”“庆祝新中国成立60周年”等专题网页,共更新各类新闻信息68 000余条。加强网上监管力度,密切关注网上“贴吧”、网络“推手”等对网络舆论的影响。及时发现三门峡市网上舆论热点,协调有关方面,共同做好舆论热点的舆论引导工作。四是不断加强对新闻单位的宏观管理。贯彻落实《河南省突发公共事件新闻报道应急处置方案》,提高全市新闻媒体突发公共事件新闻报道快速反应能力。深入进行“三项学习教育”活动。继续坚持和完善新闻通气会、座谈会制度、新闻阅评制度和对外发稿通报制度,全年召开新闻通气会24次,印发《三门峡新闻阅评》12期。

公共文化服务体系建设 围绕市委、市政府《关于进一步加强公共文化服务体系建设的实施意见》的贯彻落实,把加强公共文化服务体系建设作为关注文化民生、实现文化惠民的重要举措,以农村文化建设为重点,不断提高公共文化服务水平,大力推动城乡基本公共文化服务一体化、均等化,在完善基础文化设施建设、丰富社会文化生活、满足群众文化需求等方面,取得重要进展。一是以建设覆盖城乡的公共文化设施网络为基础,公共文化服务的承载力不断提升。继续实施好广播电视“村村通”、乡(镇)综合文化站和基层文化阵地建设、农村电影放映等重点工程。充分利用国家“全国亿万农民健身工程”“农家书屋工程”等政策扶持,进一步加大农村体育设施、农家书屋等基础文化阵地建设力度。灵宝广电大厦、陕县体育中心均建成投入使用;灵宝市博物馆主体工程已完工;三门峡市文化体育中心、渑池县仰韶文化博物馆正在建设之中;刘少奇旧居纪念馆整修工程完工后,被确定为“河南省党性党风党员教育基地”。2009 年,全市新建(改建)文化馆 3 个、图书馆 3 个、影剧院 2 个、电影厅 1 个、大型文化广场 35 个,新(扩)建乡(镇)文化站(中心)13 个。全市 6 个公共图书馆的馆舍面积均达到国家 1 级标准,7 个群艺馆、文化馆中,有 6 个达到国家 1 级标准、1 个达到 2 级标准,其中渑池县的“三馆”建设,被河南省文化厅作为全省县级文化公共设施建设的典范进行推广。渑池县、三门峡市图书馆、灵宝市河西村文化大院、虢国文化艺术研究所等单位,分别被文化部、文化厅命名为全国文化信息资源共享工程示范县、优质服务示范图书馆、群众文化活动示范文化大院、文化产业示范基地等。二是以丰富公共文化供给为目标,公共文化的服务力不断提升。加强基层公共文化设施的使用和管理,推动各种文化设施互联互通、共建共享,使各项惠民工程最大限度地发挥作用。积极引导群众开展文艺演出、体育活动、电影放映、政策法纪培训、时事政治教育、科技知识培训等丰富多彩的群众性文化娱乐活动和各种教育培训活动。加强对基层文化工作人员的教育和培训,定期举办培训班,提高文化工作人员的政治和业务素质。认真开展业余文化人才资源普查,大力培植业余文化队伍,积极培养农民文化骨干,充分发挥民间艺人、文化能人在活跃基层文化生活和传承发展民族民间文化方面的作用,鼓励他们成为基层文化建设的管理者、组织者和带头人,巩固基层文化建设的群众基础,活跃基层文化气氛,进一步推动基层文化事业的发展。

精神文明创建 以庆祝新中国成立 60 周年为契机,深入开展社会主义核心价值体系宣传教育,使社会主义核心价值体系真正贯通到经济社会发展的各个方面,融入国民教育和精神文明建设的全过程。一是大力加强思想道德建设,公民文明素质不断提高。以扎实开展“知荣辱、讲正气、促和谐”主题道德教育实践活动为导向,大力加强公民道德建设。深入进行“百企千店践行道德承诺”活动,不断深化“我们的节日”主题活动,全面开展“我推荐、我评议身边好人”活动。认真做好全国“双百”、全省“双 60”和全市“十大感动三门峡人物”评选工作。扎实开展形势政策教育,在全市范围内不断深化“三门峡人看三门峡”形势政策宣传教育活动。举行焦裕禄事迹宣讲会,深入开展群众性爱国主义教育活动,制定下发了《中共三门峡市委宣传部关于建立先进典型宣传长效机制的意见》,不断加强典型宣传。继续深化“为当地作贡献,为崤函添光彩,争创外出文明诚信企业,争当优秀外出务工人员”活动。二是着力净化社会文化环境,推动未成年人思想道德建设持续深入发展。召开全市净化社会文化环境工作会议,成立净化社会文化环境工作协调小组,广泛开展整治网吧、互联网有害信息、净化荧屏声频、扫黄打非、校园周边环境等净化社会文化环境集中整治行动。深入开展“学‘三理’知识,做美德少年”“向国旗敬礼,做一个有道德的人”和“祝福祖国”大型寄语暨三门峡市第 5 届少年儿童书信文化比赛等教育实践活动,引导广大未成年人积极参与爱国主义教育活动,增强爱国意识,激发爱国情感。三是扎实开展城乡群众性精神文明创建工作。以“三优三创”竞赛活动为载体,进一步推动三门峡市以创建文明城市为龙头的群众性精神文明创建活动深入开展,不断提高全市环境、秩序、服务的质量和创文明城市、文明社区、文明景区的水平。坚持把文明城市、文明村镇、文明单位等群众性创建活动作为精神文明建设的重要载体,不断提高创建质量和管理水平,有效调动各部门和广大群众建设精神文明的积极性。深入开展农村精神文明建设,认真做好宣传教育、结对帮扶、制度建设、创建评选等工作,深化城乡共建、以城带乡,积极开展连片连线创建,促进“清洁家园行动”不断向深度广度发展。

文艺工作 进一步加强和改进文艺工作,使其不断适应经济社会发展的新要求和全市人民对提高精神文化生活水平的新期待,充分发挥文艺工作在推动全市经济社会发展中的积极作用,展现其引导社会、激励人民的功能。一是精心组织开展节庆文化活动。先后举办三门峡春节电视文艺晚会、第 15 届三门峡国际黄河旅游节开幕式大型文艺演出和庆祝新中国成立 60 周年文艺晚会等大型文艺活动,为全市营造出浓厚的节日氛围。第 15 届三门峡国际黄河旅游节开幕式文艺演出由中央电视台 4 套“同乐五洲”栏目组组织强大演员阵容演出,在中央电视台两次播出,有力地宣传了三门峡。二是庆祝新中国成立 60 周年文艺活动效果显著。以庆祝新中国成立 60 周年为契机,通过举办“迎国庆”大型系列文艺演出和“爱国歌曲大家唱”等高度密集系列群众文化活动,唱响了共产党好、社会主义好、改革开放好、伟大祖国好、各族人民好的时代旋律,激发了广大市民的爱国热情。其中,在全省组织的爱国歌曲大家唱大赛中,三门峡市明珠集团代表队获特别奖、环保局代表队获一等奖。三是扎实开展“欢乐中原、和谐三门峡”群众文化活动。按照省委宣传部的部署,结合三门峡市实际,及时制定下发《关于在全市开展“和谐三门峡”群众文化活动的实施意见》,对全市广场文化活动的开展进行统一部署,提出明确要求,量化工作目标,落实责任单位。全年市、县两级共开展“欢乐中原,和谐三门峡”群众广场文化活动达 5 800 场次,极大地丰富了全市人民的业余文化生活。四是文化艺术作品创作蓬勃繁荣,精品亮点不断呈现。全力做好全省第 5 届文学艺术成果奖的组织推荐工作,歌曲《别翻我的小抽屉》、豫剧《亲情》分别荣获全省第 5 届文学艺术成果奖二等奖。陕县的大型传统戏剧《孙安动本》和渑池县的现代曲剧《大山的女儿》均在河南省第 2 届县级文艺表演团体戏剧大赛中获金奖。五是文博事业和非物质文化遗产保护工作取得新进展。在第 1 次全国博物馆评估定级中,三门峡市虢国博物馆被评为国家 2 级馆,市博物馆被评为国家 3 级馆。文物普查工作进展顺利,文物保护工作水平进一步提升,丝绸之路三门峡段申报世界文化遗产工作进展顺利。完成第 2 批省级非物质文化遗产项目申报工作,流传于三门峡地区的“王莽撵刘秀传说”等 7 个项目顺利入选河南省第 2 批省级非物质文化遗产名录。

文化强市建设 以国务院颁布的《文化产业振兴规划》为指导,进一步增强发展全市文化事业的责任感和使命感,坚持以科学发展为主题,以体制机制创新为动力,以结构调整为主线,以品牌建设为切入点,努力把文化产业培育成三门峡市的经济支柱产业,不断创造文化发展新优势,加快推动三门峡市向文化强市跨越。一是加快推进文化体制改革步伐,增强文化发展活力。对全市文化体制和文化产业工作进行调研,进一步摸清全市文化体制改革情况和文化产业现状,加快经营性文化事业单位转企改制步伐。电影管理体制改革和整体划转工作进展顺利,其中市级电影体制划转工作已顺利完成,农村电影放映和院线建设工作成效显著。加快市级文艺院团改革步伐,成立市豫剧团改制工作领导小组,积极制定转制方案,全力做好文艺院团的转制工作。二是围绕重点项目建设,切实加大协调督查力度。按照市委"项目建设年"活动的要求,积极协调指导虢国文化产业园、老子文化产业园和仰韶文化产业园的建设推进工作。至年底,老子文化产业园和仰韶文化产业园的一期工程——仰韶文化博物馆均完成前期规划并开工建设。及时准确地掌握年初确定的全市十大文化旅游产业项目、十大文化事业项目建设进度和工作落实情况,为市委、市政府领导决策提供科学依据。三是认真做好项目申报工作,积极争取省级资金扶持。按照省文化产业办公室的要求,积极组织蓝雪集团、三门峡市电影公司、三门峡虢国文化艺术研究所、灵宝市凯乐公司等重点文化企业申报省级文化产业发展资金,经过省产业办、省财政厅、省发改委的联合考察验收后,三门峡市电影公司获得省文化产业发展专项补助资金70万元,蓝雪集团获得省文化产业发展专项补助资金100万元。同时,圆满完成全省"百强重点文化企业"和"百强重点文化产业项目"推荐申报工作,经过认真排查、重点筛选,向省推荐8家文化企业和10个文化产业项目,争取获取省级专项资金的支持。四是继续加强特色文化村(镇)创建工作。充分利用三门峡市文化底蕴深厚、民间艺术丰富多彩的优势,不断加强文化艺术之乡的创建工作,在河南省第1批民间文化艺术之乡评选中,灵宝市尹庄镇(皮影剪纸)和陕县西张村镇(剪纸)经过层层筛选,最终在172个参评乡(镇)、行政村中脱颖而出,被省文化厅命名为民间文化艺术之乡。五是拓宽产品推介渠道,扩大对外文化交流与合作。成功举办"第3届三门峡市知名文化产品暨非物质文化遗产保护成果展",共展出作品1 200件,涵盖了民间剪纸、虢州石砚、澄泥砚、虢国青铜器复仿制品、麦秸画、烙画、刺绣、布艺、彩陶、奇石根艺等15个门类,体现了浓郁的三门峡地方特色,代表了三门峡民间工艺品的最高水平,取得了较高的社会认知度和较好的社会效益。组织文化企业参展第5届中国(深圳)国际文化产业博览交易会,扩大全市文化产业的对外影响力,树立了三门峡市文化产业品牌的良好形象。

【2008年度"市委、市政府好新闻特别奖"揭晓】　2月13日,2008年度"市委、市政府好新闻特别奖"在全市宣传思想工作会议上揭晓。全市共有69件在省以上主流媒体刊播的新闻稿件荣获2008年度"市委、市政府好新闻特别奖",其中特等奖作品6件、一等奖作品14件、二等奖作品20件、三等奖作品29件。

【海峡两岸记者联合采访组到三门峡市采访】　3月31日,由台湾新闻网、《文化新闻报》《李氏新闻》《中华时报》等8家台湾媒体和中国国际广播电台、海峡之声广播电台等9家内地媒体28名记者组成的采访组到三门峡市,对三门峡市改革开放成就、重点工程建设和名胜古迹进行集中采访。市委书记李文慧出席宴会并致词,市委副书记、市长杨树平向采访组作市情说明并赠送礼品,市委常委、统战部部长王惠陪同采访。采访组先后到函谷关古文化旅游区、位于陕县张湾乡的郑西铁路客运专线吕家崖隧道出口与陕县特大桥连接处、虢国博物馆等地集中采访。

【焦裕禄事迹宣讲会在三门峡市举行】

5月22日,焦裕禄事迹宣讲会在三门峡国际会议中心举行。市领导李文慧、郭秀荣、李建顺、李卫民、郭绍伟、赵中生及市直单位党员干部300余人出席宣讲会。根据省委要求,省委宣传部组织了焦裕禄事迹宣讲团。宣讲团成员有:焦裕禄的女儿焦守云,焦裕禄当年身边工作人员刘俊生,开封市电视台记者齐伟平、于亚楠,兰考县招商局副局长侯璐琳。宣讲会上,宣讲团成员先后以"盐碱地上写华章、泡桐树下铸丰碑""除'三害'展示雄才、践诺言与民同在""我知道的焦书记""我的父亲焦裕禄""誓将遗愿化宏图"为题,从不同侧面、不同角度,向大家展示了县委书记的好榜样、党员干部的楷模——焦裕禄同志工作生活中的点点滴滴,让每一位参会人员感同身受。宣讲会由市委常委、宣传部部长李立江主持。宣讲会开始前,市委书记李文慧接见焦裕禄事迹宣讲团全体成员。李文慧要求,全市广大党员干部群众学习弘扬焦裕禄精神,要结合实际抓落实,把学习活动不断引向深入,为推动全市经济社会发展作出新的贡献。市领导郭秀荣、李卫民、李立江、赵中生、邹援朝、周志远等参加接见。

【组建形势政策报告团赴全市巡回宣讲】　为全面展示新中国成立60年特别是改革开放30年来三门峡市经济社会发展所取得的巨大成就和成功经验,进一步引导全市人民同心同德推动经济社会又好又快发展,8月初,市委宣传部从市发改委、市委党校、市委讲师团抽调专家学者,组建形势政策报告团,确定了三门峡市经济社会成就经验、应对金融危机策略、坚持走新型工业化道路及民生4个方面的重大专题,精心备课,赴各县(市)区巡回报告,受到基层干部群众的欢迎。8月4日至14日期间,报告团深入各县(市)区机关、村镇进行19场巡回宣讲,2 000多名党员干部、基层群众聆听了报告。报告团成员从不同侧面、不同角度,围绕改革开放30年来三门峡市经济社会发展所取得的巨大成就、成功经验和启示,当前三门峡市经济社会发展形势及居民在衣、食、住、行、用、学等民生方面发生的巨变,用翔实的数据、鲜活的事例和理性的思考,紧密联系基层实际,深入浅出地阐述了要发展就必须坚持改革开放、必须坚持科学发展观的道理,为基层群众送去了丰富的精神食粮,使广大干部群众更清楚地认识到当前经济社会发展既有挑战,更有机遇,进一步理清思路、鼓舞干劲,为开创开放魅力富裕和谐三门峡建设新局面营造良好的社会舆论氛围。

【"10位感动三门峡人物"评选揭晓】

为高举爱国主义伟大旗帜,积极发挥模

范引领作用，推荐评选出新中国成立60周年特别是改革开放以来三门峡市各行各业的先进典型，市委宣传部、市直机关工委、市广电局、市统计局、三门峡日报社和三门峡军分区政治部共同举办"10位感动三门峡人物"推荐评选活动。活动自8月初启动后，广大干部群众积极响应、广泛参与，纷纷通过各种形式提名推荐候选人，《三门峡日报》《三门峡广播电视报》、三门峡外宣网均刊登了候选人的主要事迹，并刊登选票和投票规则，接受公众投票。9月24日，在投票评选的基础上，经过有关部门审核、组委会评审组评议等程序，最终评选出牛江涛、王翠梅、白洁、任俊卿、郑秀珍、徐洪刚、席文学、曹百成、常猛、程怀昌10人为"10位感动三门峡人物"。通过举办"10位感动三门峡人物"推荐评选活动，进一步发挥了先进典型的示范引导作用，有力地弘扬了时代精神和社会正气。

【河南省"欢乐中原行"采访团到三门峡市采访】 8月12日，由中共河南省委宣传部组织的"欢乐中原行"采访团一行抵达三门峡市，采访"爱国歌曲大家唱"群众文化活动。当年，三门峡市按照省委宣传部的统一部署，把庆祝新中国成立60周年"爱国歌曲大家唱"活动贯穿群众文化活动始终。至8月，全市共组织各类"爱国歌曲大家唱"群众文化活动1 248场次，其中市直单位举办大型活动28场、县(市)区组织广场文化活动168场；群众自发组织红歌比赛、文艺演出、戏曲晚会、电影晚会、体育竞技表演、书画图片展等3 824场次。采访团一行专门到灵宝市尹庄镇浊峪村、西车村，对文化大院建设、民间表演艺术活动进行采访，并同灵宝市民一道观看了"魅力灵检之夜"广场文艺晚会。

【全国知名网站记者采访团到三门峡市采访】 8月18日，由人民网、新华网、中国网、中新网、国际在线、央视网、新浪网、大河网、商都网等知名网络媒体组成的记者采访团到三门峡市，就"魅力三门峡"建设的成就进行采访。市委书记李文慧参加记者见面会，并向记者们介绍了三门峡的市情。市委常委、宣传部部长李立江主持会议。市委政法委、市发改委、市农业局、市文化局以及卢氏县相关负责人介绍了平安建设、项目建设、新农村建设、文化建设等方面情况及卢氏县"全国人民满意的公务员集体"先进事迹。网络媒体记者采访团在三门峡期间，还深入卢氏县、灵宝市、陕县等地，针对旅游产业发展、文化产业建设、工业企业运行情况等进行集中采访。

【再现"7·29"抢险救援影片——《人命如天》入围"向祖国汇报"重点国产影片】 8月19日，由中宣部文艺局、国家广电总局电影局联合主办，华夏电影发行有限责任公司、电影频道节目中心承办，"向祖国汇报"重点国产影片推介庆典在北京举行。河南影视集团出品、再现"7·29"陕县支建煤矿淹井事件中69名矿工被成功营救的影片——《人命如天》入围。该影片以电影化的手法，全景式、艺术地、生动地、真实地反映了党和政府成功挽救69个矿工兄弟生命，创造了中国煤矿抢险救援史上的奇迹，于危急时刻彰显了以人为本、尊重生命的人性光芒。

【"魅力三门峡"成网络亮点】 8月26日，市委书记李文慧作出批示，对三门峡市外宣工作给予肯定，并要求"要继续加强外宣工作"。8月27日，市委常委、宣传部部长李立江也对外宣工作作出批示：要认真学习贯彻落实李书记的重要批示，总结经验，再接再厉，进一步加大对外宣传力度，把一个开放魅力富裕和谐的三门峡宣传出去。自8月18日以来，三门峡市凭借在文化建设、平安建设、经济建设、民生建设、生态建设等方面取得的成绩，成了众多网络媒体关注的焦点，网媒记者用文字、图片和视频向人们展示了开放魅力富裕和谐的三门峡。至8月27日10时，包括人民网、央视网、中国网、新浪网、国际在线等在内的国内知名网站，共发表有关三门峡的文章146篇(条)、图片612幅，"魅力三门峡"成为网络亮点。

【开展党的十七届四中全会精神集中宣讲活动】 为进一步深入学习宣传贯彻党的十七届四中全会精神，引导和帮助广大干部群众深刻认识新形势下加强和改进党的建设的重要性和紧迫性，从11月上旬开始，省、市、县3级宣讲队员40余人在三门峡市集中开展400余场宣讲活动，召开座谈会20余场，直接受众3万余人，全市上下进一步掀起学习宣传党的十七届四中全会精神的新热潮。省宣讲专家、省委党校教授牛安生为市委中心组(扩大)作专题辅导报告，市直各单位主要负责人参加报告会。市委书记李文慧带头参加报告会，为全市兴起学习宣传党的十七届四中全会精神热潮起了带头和示范作用。按照要求，三门峡市从市委党校、市委讲师团、三门峡职业技术学院专门抽调4名宣讲骨干组成市宣讲团，分组深入各县(市)区及市直单位开展宣讲；各县(市)区分别成立县级宣讲团在本地开展宣讲。此次集中宣讲活动的主题是党的十七届四中全会精神，主要内容包括：加强和改进新形势下党的建设的重要性和紧迫性、党执政60年的基本经验、积极发展党内民主、建设学习型政党、建设高素质的干部队伍、夯实党执政的组织基础、保持党同人民群众的血肉联系、深入开展反腐败斗争等。宣讲期间，广大宣讲队员深入全市广大农村、社区、企业、机关、学校开展巡回宣讲，并积极与干部群众互动交流，现场解疑释惑，得到广大干部群众的一致好评。

(吴全乐)

统一战线工作

【概况】 2009年，中共三门峡市委统一战线工作部认真学习贯彻十七大精神及全国、省委统战工作会议精神，全面落实科学发展观，围绕中心，服务大局，全力推进统一战线各领域工作及"十件实事"，为建设和谐三门峡与促进全市经济社会发展作出了应有贡献。

非公有制经济发展 市委、市政府高度重视发挥工商联招商引资的桥梁纽带作用，专门出台《关于进一步加强新世纪新阶段工商联工作的实施意见》，为市工商联增加招商引资专项经费和人员编制。市委统战部、市工商联组织部分民营企业家赴广东佛山、东莞等地考察学习，与东莞民营企业初步达成来峡总投资2 000万元的铝工业项目合作意向；与香港汇成公司达成年产700万千克多晶硅项目协议。加强非公有制经济人士思想政治工作，引导其回馈社会，在广大非公有制经济人士中开展优秀中国特色社会主义事业建设者推荐和评选活动,全市共推荐、评选先进27名(其中向全国推荐表彰1名、省推荐6名、市级拟表彰20名)。深入推进"百企帮百村"帮扶活动,引导鼓励民营企业积极参与新农村建设,全市参与活动的民营企业147家,帮扶村125家,帮扶资金总计10 470万元,帮扶项目达275个。开展全民创业活动,市委统战部、市工商联特邀全省两位著名民营企业家到市职业技术学院做全民创业首场报告,培训大中专学生1 100多人。市委统战部、市工商联联合市劳动社会保障局和市职业技术学院举办春季大中专毕业生就业招聘会,230余家民营企业为大中专毕业生提供就业岗位3 000余个。推动非公有制经济人士活动阵地建设,6月19日,市商会大厦举行项目奠基仪式,至年底,大厦主体工程已建至8层,投入资金6 000余万元。支持工商联加快市、县两级非公企业金融担保体系建设,至年底,全市6个县(市)区均成立担保公司,市县两级担保公司共为全市民营企业提供小额担保贷款3.5亿元。市工商联、市银监局、中国人民银行三门峡市中心支行联合开通河南省第1个致力于解决银企互动问题的中小企业金融服务网,对进一步改善全市中小企业金融服务,搭建政银企之间信息交流平台,起到积极的推动作用。至年底,该网站中小企业用户28家,有7家企业通过网站与市内各金融机构达成贷款意向超过1.5亿元、授信评级4 000万元、发放贷款1 000万元。

多党合作事业发展 根据市委组成人员变动情况,及时调整市委领导与民主党派、工商联负责人和无党派代表人士联系交友名单,明确市委领导与党外人士联系交友的内容、范围及方式。坚持和完善党同各民主党派的政治协商,进一步扩大党外人士知情范围和参与程度。与民主党派、工商联负责人和无党派代表人士的协商会、座谈会、情况通报会、恳谈会已形成制度。全年协助市委、市政府召开2次工作情况通报会,向党外政协委员和党外干部通报全年经济社会发展以及党风廉政建设等有关情况。引导各民主党派,围绕三门峡市的中心工作和广大群众关心的热点、难点问题,开展调查研究,建言献策。2009年省、市"两会"期间,各民主党派共提出提案、建议140件。组织全市4个民主党派开展集中下基层社会服务活动3次,共展出宣传版面120块,发放宣传材料3 600份,为群众义诊和健康体检1 100余人次,免费发放药品价值10 000余元。加强党外人士队伍建设。认真落实省委贯彻落实中央5号和省委13号文件精神督察会精神,做好党外干部政治安排,当年全市6县(市)区党外干部实职安排全部配备到位。3月,组织无党派人士赴全国革命传统教育基地——重庆特园中国民主党派历史陈列馆等地参观考察,提高广大无党派人士的政治思想素质。9月,在河南省社会主义学院举办大规模、高规格的党外干部暨人大代表、政协委员培训班,特邀中央社会主义学院常务副院长游洛屏、中央统战部研究室副主任张健等出席开学典礼并授课。全市副县级党外干部及党外人大常委、政协常委共48人接受培训。在全市原有无党派人士队伍的基础上,充实完善无党派人士骨干队伍53人,建立全市党外代表人士档案库计42人,努力建设一支素质优良、结构合理、数量充足的党外代表人士队伍。积极稳妥地协助全市各民主党派做好组织发展工作,培养发展14名新成员。

民族宗教工作 加强民族团结宣传教育工作,共举办各类培训班30余期,培训人数达4 000余人。开展民族团结进步教育活动,全市共发放宣传材料7 000余份,出板报200余期,召开座谈会20余场次。全市召开少数民族人士座谈会8次,处置涉及民族因素事件2起,确保全市社会大局的和谐稳定。维护民族群众权益,对全市400余家生产、经营清真食品的摊、店(点)和17个定点牛、羊屠宰厂进行监督检查,规范清真食品市场管理。发展民族经济,当年立项上报少数民族发展项目4个,总投资87万元;争取各部门支持少数民族发展资金88万元;引资4 100万元新上万吨清真牛肉深加工项目;完成农村小额信贷1 250万元,用于少数民族群众发展种植业和养殖业等。召开全市第二次民族团结进步表彰大会,表彰20个民族团结进步事业模范集体和60名模范个人。当年,三门峡市民族宗教局副局长滕蕊荣受到国务院第五次民族团结进步表彰大会表彰,灵宝市人民政府、三门峡市民族宗教局,渑池县陈村乡鱼池维族村支部书记张吉锁、卢氏县城关镇北关村支部书记金慈民(回族)、三门峡市湖滨区民族宗教局副局长兰宏林等受到河南省第五次民族团结进步表彰大会表彰。完善宗教组织网络,对全市1 286个村管小组进行调整。全市组织宣传"两个条例"10余次,发放有关资料3 900余份。切实加强宗教"三支队伍"培训工作,全市共举办宗教政策法规培训班12期,受培训人员2 000余人次。确保宗教领域稳定,在全市宗教场所开展创建"和谐寺观教堂"活动,教育引导广大宗教界人士和信教群众遵纪守法、爱国爱教,维护宗教和睦与社会和谐。加大打击抵御境外宗教渗透力度,当年处理受外国势力支配的宗教渗透事件1起。集中治理整顿基督教私设点10处,查处乱建寺庙事件2起,处理自封传道人6人,维护了宗教法规的严肃性。

海外联谊及对台工作 做好与港澳台同胞及海外侨胞的联系交友工作,当年,市委统战部接待了来自台湾的亲民党主席宋楚瑜、台湾国民党"元老"郝柏村等台湾上层人士,接待旅游团组15个及海外华侨华人、港澳台同胞2 300余人次,有力地宣传、推介了三门峡。切实为台(侨)胞台(侨)属解决实际困难,接待和走访台资企业和台(侨)胞台(侨)属100余人次,解决和化解矛盾纠纷10余件;为台资企业落实政策30余件次,台商维权服务满意率达到100%;为侨胞侨属解决生活待遇、医疗费、子女入学等问题7件,维护了台侨界的稳定。进一步加强海外及对台经济的交流交往,开展全市赴台经贸文化旅游交流活动。全年引进台资企业3家,利用台资4 000万元人民币;引进台资270万元,兴建3所学校;争取台湾"曹氏基金会"为三门峡市残疾人捐赠轮椅1 020辆;引导台胞捐资助学、兴办社会公益事业960万元;市侨办争取香港福慧慈善基金会捐款35万元捐建小学和卫生院各1所。

统战信息宣传和调研工作 围绕庆祝新中国成立60周年和多党合作制度确立60周年,开展系列宣传活动。当年,市委统战部在《人民政协报》《中国统一战线》《河南日报》《党的生活》等媒体上刊登文章65篇;在中央统战部、人民网、中国台湾网、你好台湾网、省委统战部网站上刊发宣传稿件218篇,在市级媒体上刊发宣传稿件50篇,获全省统战宣传工作二等奖。加强对台宣传教育工作,邀请海峡两岸记者采访团、台湾观光摄影记者团、“台湾中视”栏目组等200余人到三门峡,对全市改革开放成就等进行集中采访报道。共向台胞、台属赠送画册、光盘10 000余份,发放涉台政策法规6 000余份。向海外侨胞、港澳同胞邮寄贺年卡、明信片、发送电子邮件680余件(册),扩大了统一战线的社会影响力。加大统战信息工作力度,全年共编印《三门峡统战信息》35期,在省委统战部《河南统战信息》《河南统战信息专报》和中央统战部《每日汇报》《零讯》和《统战工作》上刊登信息稿件152条,获全省统战信息工作一等奖。加强统战理论调研,全年共形成高质量的统战理论调研文章20篇,上报省委统战部6篇,受到省委统战部的表彰,获全省统战调研成果优秀组织奖。

【省委常委、统战部部长刘怀廉率省委考核组到三门峡市考核】 12月16日,以省委常委、统战部部长刘怀廉为组长的省委考核组到三门峡市,检查考核三门峡市2009年度领导班子及其成员落实党风廉政建设责任制情况、推进惩治和预防腐败体系建设情况及省管干部个人廉洁从政情况。当天上午,三门峡市召开2009年度反腐倡廉建设检查考核工作大会。刘怀廉在会上强调,要充分认识开展反腐倡廉建设检查考核工作的重要意义,全面把握反腐倡廉建设检查考核的重要内容和步骤,以高度负责的态度,认真做好检查考核工作。市委副书记、市长杨树平主持大会。会上,杨树平代表市四大班子向省委考核组作述职述廉报告。省委考核组对2009年度三门峡市省管领导班子和领导干部反腐倡廉建设情况进行民主测评。省管领导干部,市纪委常委、监察局副局长,各县(市)区四大班子正职、纪委书记,开发区、工业园党政正职和纪工委书记,市直各单位党政主要领导和纪委(纪工委)书记,市纪委监察局派驻纪检监察组组长、副组长参加会议。同日,刘怀廉在杨树平、郭绍伟、赵中生、赵艳的陪同下到渑池县调研,对渑池县全面落实省、市决策部署,大力开展企业服务年和项目建设年活动、转变干部作风、有效应对金融危机取得的成就表示充分肯定。

【省台办在三门峡市召开调研工作座谈会】 6月15日,省台办在三门峡市召开座谈会,听取三门峡、洛阳、焦作、济源4市工作汇报,深入了解对台工作情况。省台办主任宋丽萍和市委常委、统战部部长王惠出席座谈会。在听取了4市的汇报后,宋丽萍对各市的对台工作给予肯定,并指出,在下半年的工作中,要继续贯彻落实全省对台工作座谈会精神,统一思想,把握政策,着眼全局、找准定位,着眼创新、发挥优势,着眼借力、突出特色,使对台工作做到有氛围、有项目、有规模、有亮点,不断提升对台工作的整体水平。

【郝柏村先生到三门峡市参观】 8月21日,台湾原“行政院院长”、国民党原副主席郝柏村先生到三门峡市参观。市委书记李文慧,市委常委、秘书长赵中生,市委常委、统战部部长赵艳会见郝柏村先生一行。李文慧向客人们简要介绍三门峡市市情,并向郝柏村先生赠送了精装版《道德经》等纪念品。随后,郝柏村一行在赵艳的陪同下参观了三门峡大坝。

【民营企业家陈治华荣获“光彩事业突出贡献奖”】 4月20日,在中国光彩事业促进会三届四次理事会上,由市委统战部、市工商联推荐的市民营企业家——灵宝市华宝产业有限责任公司董事长陈治华荣获“光彩事业突出贡献奖”,成为河南省唯一一位获此殊荣的民营企业家。陈治华在发展自身企业的同时,始终不忘回报社会,热心参与贫困地区建设、资助教育事业、捐助扶贫解困等光彩事业,累计捐款700余万元,充分展现了民营企业家良好的社会形象。 (荀旭灿)

市直工委工作

【概况】 2009年,中共三门峡市委市直机关工作委员会(以下简称市直工委)以邓小平理论和“三个代表”重要思想为指导,深入学习实践科学发展观,按照党的十七大精神和胡锦涛总书记关于“机关党建工作必须适应新形势新任务的要求,走在党的基层组织建设的前头”的重要指示精神,紧紧围绕市委、市政府的工作部署,贴近中心,服务大局,突出重点,开拓创新,狠抓落实,以“争先进、创一流,服务科学发展”活动为主线,着力建设高标准基层党组织、高素质党员干部队伍,营造高效、廉明、和谐的机关文化氛围,为全市经济又好又快发展提供了有力的思想政治保证。

至年底,市直工委有下属党委56个(部门党委32个、机关党委24个)、党总支57个(直属党总支25个)、党支部796个(直属支部16个)。党员总数15 386名,其中在岗党员10 516名、女性党员4 388名、机关干部党员3 967名。全年到期已换届的基层党组织131个,任免党务干部55名;发展新党员350名,预备党员转正287名,培训入党积极分子242名。

强化学习,注重宣传教育。重点围绕中共十七大和十七届三中全会、四中全会精神,认真落实全国和全省机关党建工作会议精神,营造浓厚的学习氛围;以“争先进、创一流,服务科学发展”主题活动为依托,推进“学习型党组织”建设,举办“黄河金三角地区的科学发展”专题报告会,参加“全国学习型组织建设研讨会”,召开“市直机关学习贯彻十七届四中全会精神研讨会”;开展学习实践科学发展观活动,组织市直非公有经济组织开展学习实践科学发展观活动。

严格管理,夯实党建基础。改进年度党建目标管理内容和方式,将年度目标设定为基础工作、重点工作、创新工作,分别量化细化,鼓励基层首创精神,激发创新活力;改进党建联络组的管理方式和活动方式,于每季度末分组召开党建联络组座谈会;改进党员教育、管理、监督和服务,连续7年在市直机关万余名党员中推行“党员手册”管理;加强对入党积极分子的培养教育,切实做好发展党员工作;改进发展党员程序和谈话制度,确保新党员质量;贯彻落实中央组织部颁发的党费收缴、使用和管理的新规定。深入开展创先争优活动,于“七一”前夕,对涌现出的282名优秀共产党员、84名优秀党务工作者和87个先进基层党组织进行表彰。深化“结对帮扶”和“送温暖”活动，从党费和工会经费中拿出16万余元，对市直机关60余个单位766名特困党员和困难职工进行慰问救济。6月23日，市直工委与市总工会联合，组织发动市直“七一”爱心捐赠活动暨建立帮困基金。至7月1日，全市共有111个单位、15 063人参加捐款，收到捐款125.1万元。

加强监督，开展党风廉政宣传教育工作。开展多种形式的示范教育、警示教育和党风、党纪条规教育。购买警示电教片8部450余片，组织播放400余场次，组织市直机关800余名党务干部观看反腐倡廉豫剧《七品青莲》；做好违纪案件的查处和人民群众来信来访工作。全年接待来信来访8起。

营造氛围，做好机关文化建设。群众性体育健身活动不断普及。组织市直机关“庆祝新中国成立60周年”系列活动暨第2届全民健身节、市直机关庆“三八”女职工登山游园活动、市直机关庆“五一”迎“五四”全民健身趣味运动会、“爱国歌曲大家唱”活动、“市直机关庆祝新中国成立60周年歌咏大赛”“与共和国同行——三门峡市庆祝新中国成立60周年成就展”等一系列具有较强感染力和影响力的大型活动。成立三门峡市直文化体育协会，并组建若干分会。

当年，市直工委各项工作均取得显著成绩，共获得集体荣誉18项、个人荣誉8人次17项，在省、市级报纸杂志上发表理论文章9篇、信息60余条。三门峡市直工委被省委省直工委授予2009年度“河南省先进市委市直工委”荣誉称号，并在全国学习型组织建设研讨会及河南省第17次机关党的工作座谈会上分别作重点经验介绍，中央直属机关工委《中直党建》杂志和中央国家机关工委《紫光阁》杂志及网站专门刊发三门峡市直工委的经验材料，予以推广。

【开展“争先进、创一流，服务科学发展”主题活动】 当年，市直工委以争当“优秀共产党员”“优秀党务工作者”和“‘五好’基层党组织”等先进典型为动力，以创造一流业绩，打造“学习创新型”“和谐文化型”“高效廉洁型”“服务奉献型”“规范关爱型”等一流机关为重要目标，以“服务大局、服务基层、服务群众”为根本任务，选准服务中心工作的最佳切入点，搭建平台，选好载体，扎实开展“争先进、创一流，服务科学发展”主题活动，着力培育有行业特点的各类先进典型，推动“争先进、创一流，服务科学发展”主题活动深入开展。至年底，市直机关各级党组织共培养、选树各类先进典型400余个，其中先进集体典型100余个、先进个人典型300余个。11月17日，市委书记李文慧对市直工委提交的“以‘争先进、创一流，服务科学发展’活动为载体，深入推动市直机关党建工作的创新发展”调研报告作出重要批示，对市直工委围绕市委工作大局、创造性地开展工作及开展“争先进、创一流，服务科学发展”活动所取得的明显成效给予充分肯定。

【开展学习实践科学发展观活动】 当年，按照“认识要更深一些、要求要更严一些、效果要更实一些”的要求，市直工委紧密结合机关实际和工委职能，对学习实践科学发展观活动认真研究，周密筹划，搞好结合，突出特色，强力推进。从3月25日开始到8月底基本结束，后经整改落实“回头看”，形成了质量较高的分析检查报告、整改落实方案和具体对策、制度，圆满完成学习调研、对照检查、整改落实等3个阶段的各项目标任务，得到市委学习实践活动办公室和第7指导检查组的好评。4月，与市委学习实践活动领导小组办公室联合，在市直机关广泛开展“我为三门峡科学发展建一言献一策”活动，市直96个单位5 600余名党员干部职工积极参与，通过梳理，归纳为10个方面73项的建议，纳入市委分析检查报告和整改落实方案，对200余份质量较高的建议和对策，进行评选并汇集成册，进行专项表彰，收到较好的社会效果。9月14日，市直工委牵头成立市直非公有经济组织学习实践活动领导小组，结合非公有经济组织的性质和特点，突出特色，创新模式，使参加第3批学习实践活动的15家非公有制企业、2 096名党员有序开展学习实践活动。

【举办第23期党的基本知识培训班】 4月20日，市直工委在市委党校举办市直机关第23期党的基本知识培训班，对经过各级党组织培养考察、被确定为重点培养对象的240余名入党积极分子，就党章、党史、科学发展观、新时期共产党员的修养等内容，进行为期5天的集中培训。培训采取集中辅导与分散自学相结合、电化教育与分组讨论相结合、记读书笔记与集中测试相结合的方式，使入党积极分子记忆深刻、理解透彻，收效良好。

【积极参加省委《党的生活》“第19届党刊阅读知识竞赛活动”】 3月至5月，市直工委组织全市广大机关党员、干部和入党积极分子，参加省委《党的生活》“第19届党刊阅读知识竞赛活动”。全市共完成答题1.6万余份，其中县（处）级及县（处）级以上干部答题580余份。8月，市直工委获省委《党的生活》“第19届党刊阅读知识竞赛活动”组织特等奖，全市22个机关党组织分获一、二、三等奖。

【举办黄河金三角地区科学发展专题讲座】 5月27日，由市委组织部、市直工委联合举办的2009年度第1期“专家讲坛”在市政法礼堂举行。此次“专家讲坛”，特邀西北大学经济管理学院博士生导师、西北大学城市与区域发展研究院副院长安树伟教授就“黄河金三角地区的科学发展”问题，为全市机关党员干部作专题讲座，帮助开阔视野、增强科学发展的能力。安树伟教授重点从黄河金三角地区属于典型的行政区边缘经济、中国区域经济发展的宏观态势及政策趋向、黄河金三角地区科学发展的若干思考这3个方面，阐释了黄河金三角地区科学发展的主题，对于客观分析三门峡市所处的经济区域和经济发展定位、深入思考三门峡的科学发展有很多启示。市直部门县（处）级、正科级党政干部及市属企事业中层以上干部350余人聆听了专题报告。

【举办市直机关党务干部培训班】 8月11日至13日，市直工委举办为期3天的市直机关党务干部暨新任基层党支部书记培训班，市直90个单位147人参加。培训采取专题讲座与座谈交流相结合的方式，使党务工作者的政治业务素质和服务中心的能力得到进一步提高；同时组织70余名专兼职党务干部外出学习考察，开阔了视野，提高了党务干部的工作水平。

【市直机关群众性体育健身活动高潮迭起】 当年，市直工委积极组织各项活动，市直机关群众性体育健身活动高潮迭起。3月至6月，市直工委在市直开展趣味健身技术比武运动会和“第2届全民健身节”活动，市直66个单位、1 800多名机关干部职工报名，参加了计算机、点钞、酒店客房规范服务和趣味体育等29个项目的比赛；市公安局、市园林局等64个代表队1 000多名女职工，踊跃参加市直机关庆“三八”女职工登山游园活动；5月至9月，在市直机关全面开展“庆祝新中国成立60周年爱国歌曲大家唱”活动，40余个单位组织了系统内及行业内的比赛，经过激烈角逐，16支代表队获得6金、6银和4个组织奖。市环保局、市国税局、市财政局、市石油公司等单位组织干部职工开展篮球、羽毛球、乒乓球等群众性体育比赛；市人事局、市地税局、市国土资源局、市文化局等单位，坚持推广和普及太极拳、广播体操等群众性体育健身项目。通过开展一系列的健身活动，达到了增进团结、增强体质、营造健康向上的机关文化的目的，有力地促进了和谐机关建设和精神文明建设。

（王成新　王　静）

老干部工作

【概况】 2009年，三门峡市认真学习贯彻党的十七大、十七届四中全会精神，全面落实老干部各项待遇，努力推动老干部活动中心和老干部大学基础设施建设工作，探索建立企业离退休干部管理服务模式，充分发挥离退休干部在构建和谐社会中的积极作用，老干部政治待遇、生活待遇落实等各项工作均取得了新的业绩。至年底，全市共有离休干部1 088人，其中抗战时期参加工作的共87人、解放战争时期参加工作的共1 001人。

以加强老干部党支部建设为重点，进一步做好老干部思想政治工作。认真落实《关于加强离退休干部党支部建设的意见》精神，坚持把离退休干部党支部建设纳入基层党组织建设范畴，及时对老干部党支部的工作给予帮助指导，使之达到“组织健全、制度完善、场所固定、活动经常、效果明显”的标准。6月23日至24日，举办全市老干部党支部书记培训班，对6个县（市）区和市直单位的71名老干部党支部书记进行培训，促进老干部党支部在老干部思想政治工作中的团结、凝聚、教育、服务和管理作用的发挥。加强对破产、改制企业老干部的管理服务工作。创新组织形式，深化服务职能，成立市属企业离休干部服务站。

坚持定期听取老干部工作汇报，领导干部联系老干部制度、重大节日和老干部生病住院期间走访慰问、定期通报工作、定期组织老干部学习、阅文、组织参观工农业生产等制度。全年，市、县两级党委、政府领导调研老干部工作30余人次；向老干部通报情况、报告形势20余场次；走访慰问老干部1 800余人次；接待老干部来访130余人次；主持召开老干部工作领导小组会议14次。

开展丰富多彩的文艺活动，充实老干部的业余生活。成功举办“庆祝新中国成立60周年老干部文化艺术节”系列活动，艺术节共由老年健身操比赛、“爱国歌曲大家唱”大合唱比赛、老年摄影书法剪纸手工作品展等活动组成，活动声势大、影响广、效果好，在为期6天的活动中，全市3 000余名老同志参加。此外，市委老干部局举办的大型音乐舞蹈史诗“中国红”被选为三门峡市庆祝新中国成立60周年的唯一一台文艺节目，市四大班子领导集体观看演出，并在市电视台进行录播，在社会各界引起强烈反响。

以各类涉老组织为依托，进一步发挥老干部作用。市老干部咨询团坚持围绕全市工作大局，深入到各县（市）区和市直有关单位参观调研。认真解决困难和破产倒闭企业离休干部的医疗统筹金问题，及时落实关于提高离休干部护理费标准的精神。向市财政部门报送相关材料和数据，提出105名困难企业离休干部医疗统筹金的负担办法，为市直由财政全额或部分负担的老干部落实医疗统筹金160万元。

【市离退休老干部合唱团“唱响”省会郑州】 9月9日上午，三门峡老干部合唱团参加由省委组织部、省委宣传部和省委老干部局共同主办的“欢乐中原”全省离退休老干部庆祝新中国成立60周年合唱比赛，赢得评委和观众的一致好评。

【举办庆祝新中国成立60周年老干部文化艺术节】 9月24日至29日，市委老干部局成功举办庆祝新中国成立60周年老干部文化艺术节活动。市四大班子主要领导出席艺术节开幕式，并和市直各单位负责人、机关人员共同观看了大型“音乐舞蹈史诗·中国红”文艺演出。在连续6天的活动中，来自全市20多个单位的3 000余名老同志分别参加“夕阳风采”老年健身操表演，“爱国歌曲大家唱”合唱比赛，“祖国颂”老干部摄影、书画、手工、剪纸作品展，“爱我中华”老干部诗词创作和“音乐舞蹈史诗·中国红”大型文艺演出5场活动，此次艺术节声势大、影响广、效果好，在全市产生了很大的反响。

【市级老干部座谈会召开】 10月24日，在重阳节即将来临前夕，三门峡市召开市级老干部座谈会，征求老干部对全市经济社会发展等工作的意见和建议。市领导李文慧、杨树平、王建勋、苏新华、赵予辉、赵中生出席座谈会。座谈中，老干部们畅谈前一阶段赴各县（市）区考察的感受，并就加快项目建设等提出建议。市委书记李文慧向全市老干部及老年人致以节日的祝福，希望广大老干部一如既往地关心和支持市委、市政府的工作，并通过各种活动和方式，为三门峡市经济社会发展建言献策。市委副书记、市长杨树平向广大老干部对市委、市政府长期的关心、支持和帮助表示感谢。希望老干部继续发扬光荣传统，及时向市委、市政府建言献策，确保三门峡市在新一轮经济竞争中走在前列，实现再造一个三门峡的奋斗目标。

（王广鼎）

保密工作

【概况】 2009年，三门峡市国家保密局（以下简称市国家保密局）全面落实科学发展观，紧紧围绕党政机关和涉密信息系统的保密管理，深入探索做好新形势下保密工作的新思路、新方法，抓住机遇，开拓进取，确保了各项工作任务的顺利完成，为三门峡市跻身中原崛起第一梯队、再造一个三门峡，发挥了积极的保障作用，各项保密工作均走在全省前列。

【做好中(高)招及各类考试的保密工作】 2009年全省教育统一考试期间,市国家保密局及时召开专题会议,结合三门峡市实际,周密部署。同市教育局、市公安局联合发出通知,要求各有关单位认真做好2009年度普通高等教育统一考试的保密工作,对教委系统保密员进行保密知识培训,并派专人对市招办和各县(市)区试卷保密室进行检查验收,经过检查验收,三门峡市招办及所属各县(市)区共7个试卷保密室硬件设备全部符合规定。在中(高)招期间,局领导带队每天两次对试卷保密室的安全情况进行检查监控和考试过程进行监督检查,保证了2009年度普通高等教育统一考试的顺利进行。在全市招收公务员、事业单位工作人员、公安干警、教师以及全国司法考试、全国注册会计师考试中,市国家保密局均派专人对试卷接收、保管、分发、回收等环节进行保密监督,防止泄密事件的发生,保证了各类考试的安全。

【全市2009年度国家秘密产生情况普查】 为认真落实《中共中央关于加强新形势下保密工作的决定》,按照"逐步实现对国家秘密的动态管理"的要求,年内,市国家保密局下发《关于对全市2009年度国家秘密产生情况进行普查的通知》,要求各有关单位,认真做好2009年度产生秘密的统计和上报工作,对各单位2009年度产生的密级情况进行普查登记注册,全面掌握全市现有的密级数量。

【编印"保密工作手册"】 为进一步增强全市涉密人员的保密意识,提高涉密人员的保密业务知识,当年,市国家保密局组织业务人员编写"保密工作手册",并向全市120个单位的涉密人员发放600余本,提高涉密人员的保密意识和业务水平,使涉密人员在工作中能够做到有章可循、有法可依。

【保密宣传教育培训】 当年,市国家保密局积极开展保密宣传教育培训工作,把保密教育列入党校培训计划,把春、秋两季的全市领导干部主题班作为培训的重点,对县、科级干部进行保密培训,并播放保密教育专题片,用严重泄密案件警示参训人员。全年共培训各级干部2 000余人。

【开展保密工作检查】 针对党政机关、企事业单位在计算机使用上的普及,无纸化办公的广泛应用,为保证全市计算机使用的保密安全,防止计算机、移动介质在使用上的泄密,按照省委保密委员会关于在全省进行保密工作大检查的要求,5月中旬到6月底,市国家保密局在全市范围内开展保密工作大检查,共检查计算机9 584台,介质1 905个,网络77个,涉密载体2 282份,从源头上防止失泄密事件的发生。

【涉密计算机违规外联设备监控系统调试成功】 为加强对涉密计算机的监控管理,有效防止失泄密事件发生,结合三门峡市保密工作实际,8月,市国家保密局投资30万元建立涉密计算机违规外联监控系统,9月完成安装调试工作。监控系统的调试成功,有效加强了保密督察工作力度,强化了保密工作部门的行政执法职能。 (卫安均)

党校工作

【概况】 2009年,中共三门峡市委党校、三门峡行政学院、三门峡社会主义学院(以下简称市委党校)坚持以中国特色社会主义理论体系为指导,深入学习宣传贯彻十七届三中、四中全会精神,认真贯彻落实《干部培训工作条例(试行)》,紧紧围绕全市工作大局和市委、市政府中心任务,扎实推进教学改革,大力开展科学研究,干部教育培训取得新突破,科学研究迈上新台阶,教职工队伍素质明显提高,内部管理更加规范合理,基础设施建设实现新跨越,充分发挥了干部培训的"阵地""熔炉"和"主渠道"的作用。

学习实践科学发展观活动 市委党校严格按照市委部署和市委指导组的要求,紧紧围绕"党校如何履行职能,发挥好市委、市政府思想库作用"这一主题,认真抓好思想、队伍、作风、制度、基础设施五项建设,结合实际,周密部署,精心组织,突出特色,扎实开展学习实践活动。一是精心组织,开展内容丰富的学习调研活动。利用专题讲座形式,进行全校集中辅导学习,本校教师讲授14次,外请专家辅导4次,特别邀请到解放军总参谋部贾寿禄研究员和省委党校副校长韩斌教授为全校师生作报告,取得良好效果。围绕三门峡市"项目建设""投资和发展环境""新农村建设"等方面的热点、难点问题,广泛开展调研活动,完成调研报告13篇。召开不同层次、类别的座谈会,倾听各方面的意见建议。利用校园网站、意见箱、征求意见函和热线电话等渠道,广泛征求相关单位及服务对象的意见建议,征得意见200余条。并通过自学、撰写体会、考试等方式,进一步强化学习效果。二是发挥优势,深入开展宣传教育活动。校领导亲自抓宣讲计划制订落实,选派3名教师到中央党校进行培训,学习结束后迅速将学习收获转化为宣讲教案。在第2批学习实践活动中,有2名教师被抽调到市委宣讲团,深入到市直各单位、各县(市)区和试点乡(镇)广泛展开学习实践科学发展观宣讲活动,宣讲场次85场,听众达1.5万人次。在第3批学习实践活动中,共4名教师参加基层宣讲活动,在8个乡(镇)宣讲16场,听众达4 800人次,充分发挥了党校理论宣传和干部教育职能。三是结合实际,制订符合科学发展的整改措施。校党委牢牢把握"征求意见、找准问题、分析原因、理清思路、明确方向"的主要任务,通过深入基层调研、组织思想讨论、征求群众意见、召开民主生活会等形式,查找了影响党校进一步发展的突出问题,在充分讨论、分析检查的基础上,制订整改落实方案,并修订完善相关制度,为党校工作的进一步发展打下坚实的思想基础和制度基础。

教学工作 坚持"党校姓党""质量第一"的办学方针,严格按照全市干部教育培训计划要求,超额完成本年度干部培训任务,逐渐形成了自身特色。一是紧贴市委中心工作,课程设置更加科学合理。在教学安排上,着重以学习宣传中央、省委、市委全会精神,市委"项目建设年"活动以及学习实践科学发展观活动为主要内容。二是以学员为本,继续实行菜单式教学。开学前发放"专题调查问卷表",让学员自主选择想听专题,变"讲什么,听什么"的传统教学模式为"选什么,讲什么"的菜单式教学模式。三是坚持教学创新，大胆改进教学方式方法。在做细做精教师授课、领导讲座、学员讨论三结合的教学方式基础上，进一步深化案例式教学、研讨式教学和研究式教学，增强教学效果。四是严格学员考勤，实行规范化管理。不定时抽查出勤情况，确保学员学习时间得到保障；实行各班班主任跟班听课制度，随时服务学员，及时解决问题。全年，共举办各类干部主体班次11期，培训各类干部达712人。其中：举办三门峡市领导干部进修班2期，149人；第9期中青年干部培训班1期，37人；五届人大代表培训班1期，83人；全市乡（镇）、街道主要领导干部学习贯彻党的十七届三中全会精神培训班1期，80人；三门峡市引进博士岗前培训班1期，23人；大学生村干部及农村党支部书记培训班1期，100人；电子政务培训班4期，240人。

科研工作　坚持“科研为教学服务，为党委和政府决策服务，为‘四个文明’建设服务”的指导思想，扎实开展科研工作，实现两个转变：一是科研方向由重理论研究逐渐转变为重调查研究。经过长期探索和实践，明确把基层调研作为地（市）级党校科研工作的基础，加大调研力度，贴近三门峡市情，精心选题，组织各教研部深入基层第一线开展调查研究，认真撰写报告，完成了以土地流转、特色农业、循环经济、文化资源开发、城市转型、工作创新为内容的6个调研报告。报告紧扣三门峡经济社会发展中的难点、热点问题，引用前沿理论，提出了科学对策。邀请中央党校马克思主义理论教研部专家对三门峡市应对国际金融危机及处置重大复杂局面的经验和做法进行调研，其调研报告“化危为机 逆境突破——三门峡市应对国际金融危机的做法与经验”在《学习时报》上刊发，《三门峡日报》全文转载，对三门峡经济发展起到了启发和借鉴作用。软科学课题“晋陕豫黄河金三角一体化战略研究”被市政府决策采用。二是科研成果由重数量逐渐转变为重质量。全年在地（市）级以上CN刊物上公开发表文章37篇；完成省社科规划办课题1项；立项省社科联课题5项，结项4项，其中1项获一等奖。参加省文化厅“辉煌中原——庆祝新中国成立60周年征文活动”，1篇论文被收录。参加市直机关“我为三门峡科学发展建一言献一策”活动，1项建议获二等奖。《三门峡学刊》始终坚持党性原则，结合三门峡实际，开设“学习实践科学发展观”和“项目建设年”活动专栏，选编了理论研讨文章和相关实践案例，介绍和推广活动学习成果和先进经验，为三门峡市学习实践活动提供有益的借鉴。全年编印校刊4期。

函授工作　继续秉承“社会效益第一”的办学指导思想和“从严办学、质量第一”的办学方针，不断创新探索，完善教学管理，强化目标考核，细化管理内容。深入开展函授教育“精细化管理年”活动，制定《关于开展精细化管理，提高函授教育质量的实施意见》《关于认真做好我市精细化管理检查考评工作的通知》等管理制度，加大教学管理力度，提高函授教育质量；在强化学员自我管理的基础上，严格对班主任跟班的管理，实行班主任与学员联合管理；严把“入学关”“面授关”“教学关”与“毕业关”，使函授教育质量进一步提高。当年新招收函授学员640余人；完成2 052名毕业生各项工作。在2009年省委党校组织的评比中，市委党校的学籍管理、教务管理、教材管理3项工作被评为先进。

【举办第4期大学生村干部暨农村党支部书记培训班】　1月12日至14日，三门峡市第4期大学生村干部暨农村党支部书记培训班在市委党校举办，来自各县（市）区及三门峡经济开发区、三门峡工业园的100名大学生村干部及农村党支部书记参加培训。该期培训班旨在进一步提高三门峡市大学生村干部和农村党支部书记掌握党和国家农村政策、带领群众致富等方面的能力，加强三门峡市基本组织建设，加快全市社会主义建设步伐。此次培训实行军事化管理，学员的作风与纪律面貌焕然一新。课程开设有“深入学习十七大的主要精神，全面落实科学发展观，建设社会主义新农村”“土地法律制度及其创新”“完善村民自治，推进基层民主政治建设”“加强责任感做合格的村干部”等课程。

【开展科级干部竞聘上岗】　为适应新形势新任务对党校工作提出的新要求，进一步推动人事制度改革，市委党校对24个正、副科级干部岗位实施竞聘上岗。2月23日，校党委制定下发《科级干部竞聘上岗实施方案》，竞聘工作正式启动。2月26日，经过教职工个人报名、人事处审核，19名符合选拔条件的竞聘者在全校教职工大会上展开竞聘演讲。全体教职工根据应聘者的综合情况打分，给予客观评价。为体现公平、公正、公开原则，特别邀请市纪委、市委组织部、市人事局派员指导监督。3月5日，针对不能形成竞聘的岗位，校党委举行民主推荐会，让教职工自主打票推荐，按照得票多少确立候选人名单。3月18日，在党委扩大会讨论研究后，24个正、副科级岗位任职结果最终出炉。其后，按照校党委制定下发的《职工聘任双向选择实施方案》，根据教职工个人意愿、专业特点，实行个人、处室双向选择，实现了人员与岗位科学合理搭配。

【国际问题专家贾寿禄教授到三门峡市讲学】　3月27日，全市学习实践科学发展观报告会在市委党校学术报告厅举办，市委党校特邀国际问题专家贾寿禄教授为三门峡市300多名领导干部作题为“当前的国际形势和我国关系密切的热点问题”的学术报告，市四大班子领导出席报告会。报告就当前国际形势、中美、中俄、中日关系以及朝鲜问题、南海问题、台湾问题等，一一作了深入地分析和评述。贾寿禄教授是解放军总参谋部某部国际问题高级研究员，解放军外国语学院、解放军信息工程大学等军事院校的兼职教授和研究生导师，是享受国务院颁发的国家特殊津贴的专家。

【3期主体班顺利结业】　6月4日，三门峡市2009年春季领导干部进修班和第9期中青班结业；12月3日，三门峡市2009年秋季领导干部进修班结业。3期主体班共186名学员，学期为3个月。3期进修班以中国特色社会主义理论体系为指导，始终把学习贯彻落实科学发展观、构建社会主义和谐社会、增强执政意识、提高执政能力、转变工作作风作为教学的核心内容，围绕市委中心任务，教学计划灵活适时，及时将中共十七届四中全会精

神、深入学习实践科学发展观活动、项目建设年活动以及新中国成立60周年等方面的内容,融入进修班教学当中;课程内容合理实用,除保持“三基本五当代”的教学内容外,更注重对领导干部的素质培养,融入拓展训练、实地观摩和社会调研等项目;授课方式新颖多样,结合三门峡实际和现代领导干部的特点,有针对性地设置163个专题,其中党校教师授课111讲、收看中央党校远程教学28讲、外聘领导授课14讲,开设研讨式教学、案例式教学10次。

【中央党校调研组到三门峡市调研】　8月8日至9日,以中央党校马克思主义理论教研部副主任韩庆祥为组长的中央党校调研组一行5人,到三门峡市就应对国际金融危机及处置重大复杂局面的经验和做法等课题开展调研。市委副书记、市长杨树平,市长助理、市政府秘书长张建峰参加座谈。调研组听取市长杨树平所作的全市经济社会发展情况介绍,对如何认识危机影响、应对措施如何及早实施、处置重大复杂局面的经验、下一步发展构想等问题一一解答,并与市相关部门负责人进行深入细致的探讨。调研组还先后考察了三门峡恒生科技研发公司、戴卡轮毂制造有限公司、中原黄金冶炼厂、开曼铝业(三门峡)公司、鹏飞电子节能灯项目、骏通车辆制造公司、天鹅湖国家城市湿地公园等地,了解当前形势下三门峡经济运行情况。调研组对三门峡市面对危机见事早、行动快、出拳重,综合施治、危中求机的一系列经验做法给予充分肯定,并为未来的长远发展提出建议和意见。8月10日下午,调研组一行参观了三门峡水利枢纽工程。

【市委党校各分校陆续挂牌】　按照河南省推进县级党校办学体制改革电视电话会议精神要求,三门峡市6个县(市)区委党校分别设置为市委党校分校。9月23日陕县分校挂牌,9月25日灵宝分校挂牌,9月27日义马分校、渑池分校挂牌,9月28日湖滨分校挂牌,10月23日卢氏分校挂牌。

【三门峡市引进博士岗前培训班在市委党校开班】　9月2日至7日,市委组织部和市委党校联合举办培训班,对三门峡市公开选拔引进的23名博士进行岗前培训。市委书记李文慧,市委常委、纪委书记申黎明,市委常委、组织部部长赵予辉,市委常委、秘书长赵中生等出席开学典礼。培训班历时3天,开设“领导干部如何过好廉洁自律关”“如何做好从知识分子到党政干部的转变”“项目建设出调整,科学发展破危机”“三门峡科技工作具体情况”“三门峡市新农村建设情况简介”等专题。

9月2日,三门峡市引进博士岗前培训班举行开学典礼

【三门峡市县级党校办学体制改革全面展开】　11月,三门峡市县级党校办学体制改革教学业务统筹工作全面展开。为贯彻落实《中国共产党党校工作条例》和河南省《关于积极推进办学体制改革全面促进县级党校建设和发展的实施意见》,9月16日全市党校工作会议后,在市干部教育领导小组和市委组织部的领导下,市委党校全面启动县(市)区党校改革。一是全市县(市)区党校完成挂牌工作。按照上级要求,从9月开始到10月底,三门峡市县(市)区党校全部设置为市委党校分校,6个县(市)区党校已全部完成挂牌工作。二是教学业务统筹工作全面展开。各县(市)区党校挂牌后,市委党校迅速建立教学统筹工作机制,积极开展整合拓展优质教学资源,提升县级党校办学质量和效益工作。至年底,已开展主体班教学专题申报和竞争试讲活动2次,召开教学研讨会2次,全市统一调配教师29人次,统筹教学专题29个。各县(市)区班次、学制设置,教学评估等工作全面展开。　(邓　斌)

纪检监察

【概况】　2009年,三门峡市纪委、监察局按照以开展“争创全省党风廉政建设先进市”活动为载体,坚持“立足职能,服务发展;立足实际,创新特色;立足为民,打造形象”的工作思路,全面履行职责,狠抓工作落实,党风廉政建设和反腐败工作取得了新的成效。

坚持创新载体、增强效果,反腐倡廉宣传教育力度进一步加大。依托三门峡市的红色资源和特有的文化资源,打造党员干部党性修养特色教育基地,渑池刘少奇旧居被省纪委、省委组织部命名为首批“全省党性党风党纪教育基地”。为深入推进“讲党性修养、树良好作风、促科学发展”教育活动深入开展,组织编写《中外名人论道德修养》《读〈道德经〉重品行修养》《廉洁从政教育读本》系列丛书,广大党员干部受到深刻教育,党性修养进一步增强。组织开展“讲道德,论修养”全国楹联大奖赛,全市首届反腐倡廉好新闻评选,“扬正气、促和谐”廉政公益广告评选活动,反腐倡廉电化集中教育月,第2个“反腐倡廉宣传教育月”等系列活动。深入推进廉政文化建设,建成一

批廉政文化“六进”(进机关、进社区、进学校、进家庭、进企业、进农村)示范点,三门峡廉政文化网被中纪委、中央外宣办评为“全国纪检监察系统优秀互联网站”。

党风廉政建设责任制进一步落实。年初,组织召开全市党风廉政建设工作会议,起草下发《市级领导干部2009年党风廉政建设岗位职责》《市直机关贯彻落实2009年党风廉政建设和反腐败工作部署的分工意见》和《全市惩治和预防腐败体系建设2009年工作要点》,对市级领导干部和反腐败牵头单位的工作责任进行分解,部署惩防体系建设工作。认真组织实施教育阵地、制度保障、监督协同、改革助推、惩治联动、纠风综治和统筹协调7项抓手工程,形成惩防腐败体系建设牵头单位和协办单位抓反腐倡廉建设的工作合力。7月,组成3个督导检查组,对各县(市)区和市直单位上半年党风廉政建设责任制落实和惩防体系建设情况进行督导检查。制定出台三门峡市反腐倡廉检查考核办法,并纳入市委、市政府年终目标考核。全年全市共对74名党员干部实施责任追究,促进了党风廉政建设责任制的落实,推进了惩防体系建设。

领导干部廉洁从政意识进一步增强。认真落实领导干部廉洁从政各项规定,治理和纠正领导干部收受现金和有价证券、参与赌博、违规兼职等问题。开展“节日病”、婚丧事宜大操大办、“小灵通捆绑”等专项治理活动。查办廉洁自律案件11起。严格执行厉行节约各项规定和“三谈两述”、函询、离任审计、重大事项报告等制度。全市压缩、取消公款出国团(组)数26批,退回调整购车申请121部,因公出国(境)支出比2008年减少20.4%,车辆购置及运行费用支出同比减少15.59%,公务接待支出减少11.54%。对178名新任领导干部和103名党政主要负责人进行廉政谈话,全市有161名领导干部向组织报告了个人有关事项,开展离任审计87人,各级领导干部述职述廉4 023人次,有效促进了廉洁自律各项规定的落实。

坚持依纪依法、严格办案,一批违纪违法案件受到查处。全年全市纪检监察机关共受理群众信访举报612件,初核243件,立案325件,给予党政纪处分323人,其中县级干部7人、乡科级干部52人,撤职以上重处分64人,移送司法机关5人。深化商业贿赂专项治理工作,全市共查处商业贿赂案件44件、45人,涉案金额716.35万元。查处各类违法违规用地问题及非法开采矿产资源案件12起,处理有关责任人19人。查处安全生产责任事故8起,处理有关责任人7人。探索建立廉政网络舆情机制,充分发挥网络舆论监督在反腐倡廉工作中的积极作用,筛选排查违纪违法线索5个,立案调查3件。在办案工作中,建立“一提醒、三监督”(案前提醒,指定办案监督员、发放“依纪依法办案监督卡”、实施随案巡查监督)工作机制,加强监督管理,确保依纪依法、廉洁文明办案。扎实推进信访监督工作,从源头上预防和减少腐败问题的发生。着力解决基层纪检监察机关在办案人员、经费保障、装备设施等方面存在的突出问题,建立“批案率”和“成案率”两率机制,推动基层办案工作深入开展。加强案件审理和申诉复查复议工作,制定出台案件主审人制度和权利义务告知制度,切实保障党员和行政监察对象的合法权益。针对查处的典型案件进行剖析,对党员干部开展警示教育,充分发挥查办案件的治本功能。

坚持纠风治乱、专项治理,一些损害群众利益的突出问题得到有效解决。坚决纠正土地征用、城镇房屋拆迁、企业重组改制和破产、拖欠建设领域工程款等方面损害群众利益的突出问题。开展治理教育乱收费、纠正医药购销和医疗服务中的不正之风、治理公路“三乱”(乱设站卡、乱罚款、乱收费)等工作,查处顶风违纪行为,促进了政风行风的持续好转。建成县、乡、村3级纠风网络,成立纠风组79个,聘请纠风监督员1 534名。查处纠风案件28起,处理有关责任人33人。强化对“四金”(社保基金、住房公积金、扶贫资金、救灾资金)的专项检查,全市共检查资金23.5亿元。清理评比达标表彰活动184项,取消147项。通过“政风行风热线”,解决群众反映问题215件。开展工程建设领域突出问题专项治理,全市共自查项目544个,发现存在问题项目29个。开展“小金库”治理工作,全市共查出“小金库”16个,涉及资金284.5万元。

经济发展环境进一步优化。围绕保增长、保民生、保稳定等决策部署,开展专项监督检查,维护政令畅通,促进科学发展。围绕“两转两提”和“项目建设年”“企业服务年”活动,强化效能监察,设立经济环境监测点,对职能部门履职能力进行监督,实施动态跟踪问效。深化民主评议机关作风效能活动,将评议范围延伸到30个职能部门的66个内设科室及2级机构,查处违规人员117名,对单位主管领导实施诫勉谈话22人。深入开展“争创群众满意基层站所”活动,全面推行面对面评议基层站所工作。开展工程建设领域突出问题专项治理,全市共自查项目数545个,投资总额134亿余元,发现存在问题项目数29个,排查各类问题32个,受理违纪违法案件线索4件。加大涉及经济发展环境特别是涉企案件查处力度,受理投诉举报135件,立案调查115件,责任追究117人,促进了全市经济发展环境的进一步优化。

坚持突出重点、夯实基础,基层党风廉政建设不断深入。开展农村“三资”(资金、资产、资源)清理工作,全市清查资金70余亿元,核实村级债权4亿余元,债务5亿余元,对发现的问题及时督促整改,堵塞了农村集体“三资”管理的漏洞。全市1 362个行政村全面落实村级资金委托代理服务制度。探索构建农村党风廉政建设长效机制,结合推广“四议两公开”工作法、农村集体“三资”委托代理和便民服务代理,进一步巩固深化农村监委会工作,形成了“四议两公开、两代理、一监督”的农村党风廉政建设工作格局。深化“十乡百村”廉政示范工程创建活动,按照“一乡一特色,一村一亮点”的总体要求,围绕村务公开、民主决策、民意表达、财务监管、民主监督等5个方面,细化20条工作标准,命名表彰一批廉政示范乡(镇)和廉政示范村,发挥了典型示范带动作用。加强对强农惠农政策、土地承包经营权流转及资金管理使用情况的监督检查,加大涉农案件查办力度,促进了社会主义新农村建设。

坚持深化改革、完善制度,纪检监察派驻机构统一管理工作成效初显。组织专人在学习借鉴外地经验的基础上,结合三门峡市实际,先后制定出台《派驻纪检监察组工作暂行办法》《派驻

全市党风廉政建设工作会议暨争创全省党风廉政建设先进市动员大会

纪检监察组专项监督检查工作细则(试行)》《派驻纪检监察组办案工作细则(试行)》《派驻纪检监察组巡查工作实施细则(试行)》,使派驻纪检监察组的工作有章可循。全年派驻纪检监察组参加驻在单位民主生活会 69 次、党风廉政建设专题会 95 次,涉及"三重一大"等重要事项党组会议 117 次;收到信访举报和案件线索 31 件次;承办市纪委、监察局批办案件 9 件。派驻纪检监察组在加强对驻在单位日常监督的同时,于 7 月、12 月两次对派驻单位开展集中巡查,加强对领导班子和领导干部的监督,推动驻在单位党风廉政建设工作开展。加强对县(市)区派驻机构统一管理工作的指导,市委办、市政府办转发《市纪委、市委组织部、市人事局、市编办、市财政局、市监察局关于县(市)区纪检监察派驻机构统一管理工作的指导意见》,推进了县(市)区纪检监察派驻机构统一管理工作。

坚持严格教育、严格管理,纪检监察机关自身建设进一步加强。以"做党的忠诚卫士,当群众的贴心人"活动为载体,在全市纪检监察机关组织开展深入学习实践科学发展观活动,机关作风进一步改进,工作效能进一步提高。从市直有关单位公开选调 16 名具有本科以上学历、年龄 35 岁以下工作人员,充实到委局机关和派驻纪检监察组,在市纪委监察局机关副县级以下干部中开展竞争上岗和双向选择,优化人员配置,改善队伍结构,进一步营造了干事创业的浓厚氛围。充分发挥调研工作职能作用,围绕加强和改进领导干部作风建设、完善派驻纪检监察组工作制度和机制、加强基层纪检监察机关办案等课题开展调查研究,进一步提高了纪委常委会决策的科学化、民主化水平。完成纪检监察学会恢复重建工作。扎实开展驻村帮扶工作。认真落实中央纪委 9 号、10 号文件,市委、市政府出台《关于进一步加强纪检监察工作的意见》,对纪检监察机关的班子建设、机构设置、人员编制、经费预算、办案场所和办案装备建设等方面提出具体要求,为纪检监察机关更好地开展工作提供了有力保障。

【全市党风廉政建设工作会议暨争创全省党风廉政建设先进市动员大会召开】　2 月 5 日上午,全市党风廉政建设工作会议暨争创全省党风廉政建设先进市动员大会在市政法礼堂召开。会议的主要任务是:传达贯彻中纪委三次全会和省纪委八届四次全会精神,总结全市 2008 年党风廉政建设和反腐败工作,对下一步三门峡市争创全省党风廉政建设先进市工作进行动员和部署。市委书记李文慧出席会议并作重要讲话。李文慧强调,在新形势下,继续深入开展党风廉政建设,必须着力抓好"五个重点":以进一步落实党风廉政建设责任制为重点,加强对履行职责情况的监督检查;以推动项目建设年为重点,加强对优化经济发展环境的监督检查;以解决民生问题为重点,加强对涉及群众切身利益问题的监督检查;以领导班子和领导干部为重点,加强对廉洁自律规定执行情况的监督检查;以查处大案要案为重点,加大对违法违纪案件的查办力度。开展争创全省党风廉政建设先进市活动,要努力在抓好"三个结合"上下工夫:要把开展"争创"活动与省委开展的"讲党性修养、树良好作风、促科学发展"教育活动结合起来,要把开展"争创"活动与建立健全惩治和预防腐败体系结合起来,要把开展"争创"活动与推动当前各项工作结合起来。会上,市委常委、纪委书记申黎明宣读了市委、市政府《关于开展争创全省党风廉政建设先进市活动的意见》。各县(市)区委书记和市直反腐败牵头单位党组(党委)负责人向大会递交了党风廉政建设目标责任书。

【市纪检监察学会恢复成立】　11 月 13 日,三门峡市召开纪检监察学会恢复成立大会,会议审议通过《三门峡市纪检监察学会章程》,选举产生纪检监察学会新一届理事、常务理事、会长等。市委常委、纪委书记申黎明出席会议并讲话。三门峡纪检监察学会是以纪检监察理论以及相关学科理论和实践研究为对象,由纪检监察干部和有关理论工作者自愿组成,由各县(市)区、部门和行业纪检监察组织为单位加入的学术性、全市性的社会团体组织。会上,申黎明被聘请为市纪检监察学会名誉会长。

【全市第 2 个反腐倡廉宣传教育月活动启动】　12 月 2 日,三门峡市举行第 2 个反腐倡廉宣传教育月启动仪式暨警示教育大会。市委书记李文慧在会上作重要讲话。他指出,各级领导干部特别是主要领导干部要进一步强化廉洁自律意识,提高拒腐防变能力,坚决做到秉公用权、廉洁从政,为加快建设开放魅力富裕和谐三门峡作出新的更大贡献。市委副书记、市长杨树平主持仪式和大会。市领导赵继祥、郭秀荣、李建顺、申黎明、赵光超、郭绍伟、赵予辉、李明举、赵中生、赵艳等出席仪式和大会。为积极推进惩治和预防腐败体系建设,三门峡市在 2008 年开展"反腐倡廉宣传教育月”的基础上，12月组织在全市各级党员干部中特别是领导干部中开展第2个以“弘扬清风正气，构筑廉洁防线”为主题的“反腐倡廉宣传教育月”活动。启动仪式后，与会人员一起观看了警示教育专题片。

【举行廉政建设报告会】 12月25日上午，三门峡市举行廉政建设报告会，邀请市委、市政府特聘党风廉政建设高级顾问、著名学者李成言教授作廉政建设报告。赵继祥、郭秀荣、李建顺、李立江、申黎明、李明举、赵中生、赵艳等市四大班子领导及其他副市级领导干部等出席报告会。李成言是中国监察学会副会长、中央治理商业贿赂专家咨询组成员、北京大学政府管理学院党委书记、博士生导师，长期从事中共党史、廉政建设、领导科学等领域的研究与教学工作。报告会上，李成言围绕贯彻落实党的十七届四中全会精神，着眼于强化政党和党员干部素质、推动廉政建设，进行精彩论述。市委常委、纪委书记申黎明主持报告会。 （赵淑波）

民主党派和工商联

中国民主同盟三门峡市委员会

【概况】 2009年，民盟三门峡市委在中共三门峡市委和民盟河南省委的正确领导下，坚持以邓小平理论和“三个代表”重要思想为指导，认真贯彻落实科学发展观，坚持把促进科学发展作为履行参政党职能的第一要务。积极应对国际金融危机，紧紧围绕全市的工作中心，服务于“保增长、保民生、保稳定”工作重点，认真履行民主监督、参政议政职能，切实加强自身建设，为促进三门峡市经济平稳较快发展和社会进步，为维护团结和稳定作出了积极的贡献。至年底，民盟三门峡市委下设1个总支、10个支部、3个小组，组建教育、科技、经济、文化艺术、社会法制5个委员会，有盟员153人，中高级职称占96.8%，平均年龄50岁。盟员中：省政协常委1人，省政协委员1人；市人大常委会副主任1人，市人大常委1人，市政协常委5人，市政协委员17人。

【民盟三门峡市委参政议政】 民盟三门峡市委把促进科学发展作为履行参政议政、民主监督职能的第一要务，紧紧围绕市委、市政府的中心工作，紧扣区域经济发展的关键问题和社会热点问题，深入开展调研，积极参政议政。在市政协常委会上围绕《政府工作报告》，着重就重点项目建设、新农村建设、文化产业发展、食品安全、落实节能减排、促进劳动保障、推进旅游产业发展等建言献策。全年，民盟三门峡市委向市政协全会提交12件集体提案，占集体提案总数的48%，盟员中的政协委员提交提案39件。3月，民盟市委就加快三门峡市高速公路建设，向全国人大十一届二次会议提交了《关于加快豫西地区高速公路网建设的建议》，三门峡市的高速公路建设和铁路建设引起国家、省有关部门的高度重视，在河南省人大、政协“两会”上，省委书记卢展工要求河南省交通厅抓紧落实。民盟市委在市政协五届三次全会上作了“关于加强我市城市饮用水源地保护的建议”的大会发言，市政府为此下发《三门峡市人民政府关于加快我市集中式饮用水源地保护工作的通知》进行督促落实。市委书记李文慧就民盟市委的“提升城市卫生水平，下决心解决城区如厕难”的提案和“内涵提升，统筹发展，全面提高普通高中教育的教学质量”调研报告作出重要批示。

【民盟三门峡市委自身建设】 民盟三门峡市委紧紧围绕新中国成立60周年和多党合作60周年，组织盟员参加座谈会、征文活动，在河南省民盟庆祝新中国成立60周年书画摄影展取得一等奖，在根在中原网发表“风雨同舟创伟业，肝胆相照谋新篇”文章，组织盟员考察工业重点项目，安排老盟员到湖南学习考察等。“活力支部”争创活动已经取得明显成效。三门峡市的“活力支部”建设得到了民盟省委的充分肯定并专门调研，并作为典型经验在全省宣传推广。

【争取清华大学远程教育扶贫工程项目】 民盟三门峡市委积极发挥民盟教育优势，加强与民盟中央、清华大学的联系沟通，争取到清华大学远程教育扶贫工程项目，与国家贫困县卢氏县协商一致，确定卢氏县委党校作为项目承办单位，加快清华大学远程教育在卢氏建站工作。项目申报已完成，建站技术员也经过清华大学的培训，清华大学免费提供卫星接收设备，通过远程教育对卢氏县党政干部、中小学教育、农民职业技能进行免费培训，每年无偿培训课程不少于2 000个学时。

【民盟三门峡市委深化“三下乡”活动】 民盟三门峡市委邀请北京市社科院副院长梅松博士到三门峡市作“招商引资与产业发展”专题报告，取得了良好的社会影响。民盟市委主要领导为解决农村“技术棚架”这一关键环节，组织科技专家开展服务“三农”活动。主持组织选派近百名科技专家到全市60余个乡镇，开展“专家—村镇—项目”3对接，帮助制定规划，开发项目，培训技术，对接项目70余个，推广新技术20余项，辐射带动农户近20万，帮助农民增收数千万元。4月，组织盟员参加2009年春季科技、医疗、文化“三下乡”活动，盟内艺术家参加了“心连心”艺术团的慰问演出。5月，组织盟员到陕县店子乡栗子坪小学开展文化下乡活动，向该校捐赠了80套学习用品。民盟市委还开展了“七一”爱心捐助及帮困基金捐赠活动。以活动为载体，增强了民盟组织活力，取得了良好的社会影响。

（员益峰）

中国民主建国会三门峡市委员会

【概况】 2009年，民建三门峡市委在中共三门峡市委和民建河南省委的正确领导下，在中共三门峡市委统战部的支持和帮助下，以邓小平理论和“三个代表”重要思想为指导，树立和落实科学发展观，按照“内强素质，外塑形象”的要求，认真学习贯彻中共中央、中共河南省委、中共三门峡市委及民建中央、民建省委重要会议精神，着眼于加强中国共产党领导的多党合作和政治协商制度建设，立足于中共三门峡市委、市人民政府的中心工作，认真履行参政党职能，努力加强自身建设，为三门峡的改革开放、经济发展和社会进步作出了应有贡献。荣获2008至2009年度全省提案信息工作先进单位称号、2009年度全省市级组织量化考核二等奖以及纪念中国共产党领导的多党合作和政治协商制度确立60周年知识竞赛优秀组织奖等。至年底,民建三门峡市委共有57名会员,100%大专以上文化,其中:高级职称12人,中级职称41人,计53人,占会员总数的93%;地厅级领导干部1人,处级领导干部3人,科级领导干部35人;全国人大代表1人,省政协委员1人,市政协常委2人,市政协委员6人,市人大常委1人,县(市)区政协委员3人,县(市)区人大代表2人,各类特约人员16人。

【民建三门峡市委学习贯彻科学发展观活动】 4月3日,民建三门峡市委召开市委扩大会议,认真学习贯彻落实民建河南省委《关于深入学习贯彻科学发展观的安排意见》,市政协副主席、民建三门峡市委主委张景林出席会议并讲话。张景林指出,学习贯彻科学发展观要深刻把握科学发展观的科学内涵、精神实质和根本要求,努力增强贯彻落实科学发展观的自觉性和坚定性,不断提高服务三门峡市经济社会发展和促进多党合作事业发展的能力和水平。要通过学习贯彻科学发展观,引导民建各级组织和广大会员更加自觉地维护中国共产党的领导,进一步坚定走中国特色社会主义道路的理想信念,努力在思想认识上有新提高,更加主动地围绕经济社会又好又快发展,努力在自身建设上有新进步。张景林强调,全市民建各级组织和广大会员要把学习贯彻科学发展观贯穿全年工作中,分阶段、按步骤组织实施。在组织实施学习过程中要切实做到4个明确(职责、任务、方法、目标),认真抓好5个落实(时间、内容、人员、效果、计划)。要围绕三门峡市经济社会发展的重大问题,深入调查研究,积极建言献策,反映社情民意,务求学习贯彻科学发展观活动取得实效。

【民建河南省委领导到三门峡调研】 4月10日至11日,民建中央常委、河南省政协副主席、民建河南省委主委龚立群一行到三门峡市调研民建基层组织建设工作。市委常委、统战部部长王惠,市政协副主席、民建三门峡市委主委张景林等陪同调研。龚立群勉励民建三门峡市委要进一步加大工作力度、及时总结经验,加强基层组织建设,努力提高基层组织的凝聚力和向心力;进一步加强思想建设,继续深入学习实践科学发展观,认真学习中共十七大和十七届三中全会精神,紧紧围绕中共十七届三中全会制定的重大战略部署,做好参政议政和社会服务工作;要不断加强自身建设,提高参政党履行职责、发挥作用的能力和水平;要立足本职,通过自身的努力,在各自的工作岗位上为社会作贡献。

【民建三门峡市委参政议政工作】 民建三门峡市委始终把参政议政工作摆在重要位置,带领全体会员牢固树立参政为民的思想,紧紧围绕中共三门峡市委、市人民政府的中心工作充分发挥民建联系经济界的特色,深入调查研究,不断提高参政议政的能力和水平,参政议政工作取得了突出成绩。在1月召开的省政协会议上,市政协副主席、民建市委主委张景林向大会提交了10件提案。其中:“为老师减负　定期进行心理体检”被《人民政协报》《河南商报》、人民网、新华网、中国政协新闻网、新浪网、搜狐网、中国新闻网、央视网、中国党建网、中国市场信息网、大河网、你好台湾网、河南商报网、解放网、大公网、新民网、中原教育网、淄博论坛19家报刊及网站转发。“乡镇卫生院60%药品超标准加价”被《郑州晚报》、新华网、中国广播网、中原网、合纵医药网、郑州价格信息网、连云港新闻网7家报刊及网站转发。“电动车时速超过15公里按摩托车管理”被《东方今报》、新华网、中国自行车协会网、中国轻工业网、河南网、今报网6家报刊及网站转发。在市政协会议上积极参政议政,充分履行了参政党职能。1月5日上午,市委书记李文慧,市政协主席郭秀荣,市委常委、秘书长赵中生,市政协副主席、民建市委主委张景林等市领导到民主党派、工商联、无党派联合组和委员们一起审议《政协常委会工作报告》和《政协提案工作报告》。赵经纬代表民建作重点发言,提出的建议得到市委书记李文慧的充分肯定。1月5日下午,市政协进行大会发言。赵经纬代表民建作了题为“关于促进我市竞技体育水平提高的建议”的大会发言,受到与会领导和委员们的好评。据统计:在本次政协会议上,民建市委大会发言1次。提交集体提案3件。提交委员个人提案16件,较好地展示了民建市委的良好党派形象和组织形象。

【报送信息工作成绩显著】 通过省市统战部、省政协、民建河南省委、市政协以及党委、政府的征求意见会和情况通报会等渠道,共报送社情民意及情况反映20余件,内容涉及社会、经济、农业、教育、卫生等方面。其中:“新农合医院药品加价率过高损害农民利益现象应引起重视”“对陈云林访台的反映”“关于加强支农资金运作机制的建议”“村委会选举中存在的问题及建议”“猪肉价格涨幅过大的情况亟待引起重视”5件社情民意信息被民建河南省委、民建中央采用。

【民建三门峡市委开展社会服务活动】 10月18日,民建三门峡市委组织部分企业家、医生、律师、科技专家到渑池县段村乡开展医疗、科技、法律“三下乡”活动。在当天的活动中,三门峡妇科医院的医生专程带去了B型超声波诊断仪等较为先进的医疗检查设备,为数百名村民提供免费医疗检查服务,还对一些村民进行了诊疗,现场免费发放各类药品价值5 000余元。参加当天活动的法律工作者对村民提出的一些经济纠纷和土地纠纷等法律问题进行了解答,并编印了500余份法律常识传单向村民发放。科技专家则针对该村返乡农民工多、缺少一技之长的现状,提出了致富建议。　(赵经纬)

中国农工民主党三门峡市委员会

【概况】 2009年,农工党三门峡市委在中共三门峡市委和农工党河南省委的领导下,贯彻落实科学发展观,进一步加强自身建设,围绕中心、服务大局,积极履行参政党职能,为三门峡市经济社会发展作出了积极贡献。至年底,农工党三门峡市委共有党员77人,领导班子由7人组成,设7个支部、5个专门工作委员会。党员中有：地级干部1人、县级实职干部3人，省人大代表1人，省政协常委1人、委员1人，市人大常委1人、代表2人，市政协副主席1人、常委5人、委员10人，区（县）政协委员5人，各类特约人员16人。党员分布在27个部门和单位，其中医药卫生界52人，占67.53%；经济、科技、教育、法律等界别25人，占32.47%，全部具有高中级专业职称。省、市、区（县）"两会"期间，共提交集体和个人提案、建议案59件。其中：省人大会建议2件，省政协提案8件，市人大建议2件，市、县（区）政协会提案，个人38件、集体9件，占大会收到集体提案总数的42.85%。大会发言1人。为农工党省委准备提案材料12件，5件提交全国政协大会，6件提交省政协作为大会书面发言材料，在全省农工党届别中名列第1，受到农工党省委表彰和奖励。农工党三门峡市委被评为全国"党务工作先进基层组织""党刊征订工作先进集体"和全省"社会服务工作先进集体"、学习贯彻科学发展观活动"优秀市级组织"，4个基层支部被农工党省委评为学习贯彻科学发展观活动"先进基层组织"，农工党员陈天栋获得农工党中央"优秀组织工作者和"社会服务信息工作先进个人"称号，李向波、刘天福、蒋启占3人获得省卫生厅"先进工作者"称号。

【农工党三门峡市委加强政治理论学习】 按照农工党中央、农工党河南省委和三门峡市委统战部的部署，组织农工党员认真学习中共十七大、十七届四中全会精神，胡锦涛总书记的一系列重要讲话，中共河南省委、农工党河南省委、中共三门峡市委历次重要会议精神，进一步提高了广大党员的思想政治素质，增强了接受中国共产党领导、走中国特色社会主义道路的自觉性和坚定性。积极参加纪念新中国成立60周年、人民政协成立60周年和多党合作制度确立60周年活动，撰写纪念文章，4次组织党员深入辖区各县市进行考察调研，撰写心得体会，讴歌新中国成立以来，尤其是改革开放以来祖国各条战线取得的伟大成就。

【农工党三门峡市委开展学习贯彻科学发展观活动】 学习文件精神，做好动员部署。丰富学习内涵，搞好学习培训。主要领导带头，深入实际调研，组织人大代表、政协委员和骨干党员，围绕保增长、调结构、扩内需，农村三级医疗卫生服务网络建设、农村卫生人才队伍建设、食品卫生安全等课题开展专题调研。加强组织领导，营造良好氛围。坚持解放思想，把开展学习贯彻活动与学习贯彻中共和农工党一系列重要会议和重要文献精神、加强自身建设相结合；与纪念改革开放30周年、庆祝新中国成立60周年和人民政协成立60周年活动相结合；与认真履行参政党职能，积极建言献策相结合；与实施"百千万农村健康行动计划"相结合；与反映社情民意，促进社会和谐稳定相结合；与做好本职工作、搞好合作共事、构建和谐政党关系相结合。坚持创新精神，搞好基层组织建设年活动。创新思路，深入基层开展调研，掌握党员的思想、工作和学习动态，组织开展理论研究和实践活动，探索为经济建设服务的切入点，培养党员发现问题、分析问题和解决问题的能力。创新载体，围绕党委政府关注、人民群众关心的热点、难点问题，开展"三下乡"、捐资助学、科技支农、普法宣传等载体活动，把基层组织建设与"中心""大局"融为一体。创新制度，制定基层组织管理制度，完善激励机制，对成绩突出的基层支部及时给予表彰，使那些积极干工作、成绩突出的党员能够得到组织的认可和提拔，形成了一种鼓励先进的正确导向机制。

农工民主党三门峡市委开展下乡服务活动

【农工党三门峡市委开展社会服务活动】 全年，农工党三门峡市委与市政协、市委统战部联合到扶贫点开展大型"三下乡"活动3次，为贫困山区群众送医、送药、送科技、送法律，参加党员专家100余人次，受益群众3 000余人次，赠送各类医药用品15 000余元，免费法律咨询60余件。

【国际科学与和平周宣传活动】 11月8日，与市中小企业服务局联合开展送医送药下乡服务活动，到渑池县仁村乡红花窝村为群众义诊，宣传甲型H1N1流感防控知识，并考察当地新农村建设情况，现场接诊和解答群众咨询500余人次，免费发放药品价值5 000余元，发放疾病防控知识宣传材料3 000余份。

【开展第2届"中国环境与健康宣传周"活动】 5月30日，在湖滨广场举办迎接第2届"中国环境与健康宣传周"大型宣传及义诊活动，出动宣传车4辆，展出环境与健康、卫生知识、医疗保健等宣传展板40余块，发放宣传材料

3 000余份,为群众义诊和健康体检、咨询600余人次。

【农工党三门峡市委开展社会调研活动】 当年,农工党市委多次组织班子成员和省、市、区(县)人大代表、政协委员,深入实际开展了新型农村合作医疗、社区卫生服务、食品药品安全、非公有制经济、农村三级卫生服务网络体系建设、生态文明建设、引进外资扩大开放、新农村建设、节能减排、促进中小企业发展、保增长、调结构、扩内需等20余项专题调研,撰写了"健全制度保障,完善新型农村合作医疗制度建设""完善服务保障措施,加快我市中小企业发展"等26篇调研报告。重点调研活动有:3月26日至28日,根据农工党省委安排到陕县、渑池县、灵宝市开展农村基层卫生情况调研。4月8日,全国政协常委、农工党河南省委主委高体健带领农工党河南省委考察组,到义马市开展大型调研活动,考察组对三门峡市的农村医疗卫生服务网络体系建设和食品药品安全监督管理工作。8月初到9月底,根据农工党省委《关于在全省范围内开展农村百千万健康行动计划实施方案》的部署,在陕县观音堂镇、卢氏县东明镇等6个乡(镇)、30个村开展了乡(镇)卫生院基本情况、乡(镇)卫生技术人员、农村卫生技术人员适宜技术培训需求、农村健康教育开展情况等10项专题调查活动。

【农工党三门峡市委积极行动应对小儿手足口病疫情】 联合市卫生局,动员广大医疗卫生工作者迅速采取行动,切实加强传染病防治工作。积极加强市区各医疗机构执法监督检查指导。组织有关人员上街宣传,发放手足口病卫生知识宣传资料,重点宣传手足口等传染病的防治知识。加强对全市手足口传染病防治工作监督指导。加强对医疗机构相关人员法律知识和医院感染控制知识培训。

【农工党三门峡市委积极行动应对甲型H1N1流感疫情】 联合市卫生局对全市医疗机构进行传染病防治法律法规以及传染病防治知识培训,重点对医务人员进行《中华人民共和国传染病防治法》《医疗废物管理条例》《医院感染管理办法》等法律法规以及疾病防治知识培训。要求全体农工党员要发扬抗击"非典"精神,积极响应党委和政府号召,随时做好战斗准备,以高度的政治责任感、认真负责的工作态度和精益求精的业务工作能力,为打好全市防治甲型H1N1流感疫情贡献力量。 (陈天栋)

九三学社三门峡市委员会

【概况】 2009年,九三学社三门峡市委坚持以邓小平理论和"三个代表"重要思想为指导,认真贯彻落实科学发展观,积极履行政治协商、参政议政、民主监督职能,为建设社会主义政治文明,加快三门峡市经济和社会发展作出了贡献,圆满完成了各项工作任务。全年共发展4名新社员。至年底,九三学社三门峡市委共辖5个支社,社员90名,其中高级职称46人,占社员总数的51%,其余为中级职称;有女社员29人;退休社员31人。1月,省、市、县3级人大、政协会议相继召开,社16名各级人大代表、政协委员参加会议,提出建议、提案20余件,并为九三学社河南省委参政议政处提供省政协大会发言和提案各1件。在履行民主监督职能方面,社员坚持原则、乐于奉献,积极参加各类评议调研活动,充分发挥民主监督作用。其中:市政协副主席、九三学社三门峡市委主委姚龙任市检察院特邀监督员;市委委员何晔为市检察院特邀检察员;在三门峡市以"服务发展,优化环境"为主题的民主评议机关作风效能活动中,多名社市委委员被推荐参加此次活动。

【召开九三学社河南省委豫西片区会议】 11月10日,九三学社三门峡、洛阳、焦作市委2009年度社务工作会议在三门峡市召开。河南省政协副主席、九三学社河南省委主委张亚忠出席豫西片区工作汇报会并对3地九三学社工作提出了要求。中共三门峡市委常委、统战部部长赵艳,市政协副主席、九三学社三门峡市委主委姚龙参加了会议。

【召开九三学社三门峡市委三届八次全委扩大会议】 3月7日,九三学社三门峡市委召开三届八次全委(扩大)会议,对2008年的工作进行总结,对先进基层组织和先进个人进行表彰,并对2009年的工作进行了部署。市委常委、统战部部长王惠到会祝贺,市政协副主席、九三学社三门峡市委主委姚龙出席会议。会上,姚龙作了"加强政治和理论学习,提高政治素质和坚定政治信念"的报告。

【自身建设】 6月15日至18日,九三学社河南省委在新乡郭亮村召开2009年社务工作暨专职干部培训会议,会议主题为贯彻落实社省委六届三次常委扩大会议精神;安排部署宣传、组织、参政议政工作;成立社省委思想建设研究中心;网站定版、《社讯》改版、社务工作研讨会;对专职干部进行理论及业务培训。社市委专职秘书长和机关专干参加培训。按照九三学社河南省委的具体要求,社市委先后出台并修订包括市委会、组织发展、参政议政和机关工作等一系列规章制度。从而建立了激励机制,明确了职责,使社务工作向规范化、科学化迈进了一大步。

(晁媛媛)

三门峡市工商业联合会(总商会)

【概况】 2009年,三门峡市工商业联合会(以下简称市工商联)以引导、服务非公有制企业应对金融危机、促进科学发展为中心,认真贯彻落实市委、市政府应对金融危机的决策部署,积极围绕党和政府中心工作,密切结合三门峡市民营企业应对危机促进发展的现实问题,深入调查研究,积极建言献策,搭建服务平台,大力开展活动,有效地促进了全市非公有制经济健康发展和非公有制经济人士健康成长,被评为全省工商联系统目标考核先进单位。至年底,市工商联有县(市)区工商联组织6个,乡(镇、街道)分会74个,行业商会17个,比上年增长2个;会员3 380个,比上年增长80个,其中企业会员1 555个、个人会员1 753个、团体会员72个。

围绕市委、市政府的中心任务开展工作。市工商联利用“两会”平台，积极调查研究、参政议政，共提交可行性议案、提案30余件；赴县（市）区调研指导，勉励企业面对金融危机的影响，保持清醒头脑，采取有效措施，战胜困难，撰写了“关于我市民营企业应对金融危机情况的调研报告”；与市纠风办组织工商界代表人士对政府职能部门和服务行业开展行风评议活动，为优化经济发展及行使代表人士的民主监督权利提供了平台；利用执委会、常委会、座谈会、举办“百企千店践行道德承诺”活动启动仪式等形式，组织民营企业家认真学习党的十七届三中、四中全会精神，积极参加学习实践科学发展观活动，引导教育民营企业家守法经营，勤劳致富，致富思源，富而思进；与市委统战部、市劳动局等单位联合举办“三门峡市2009年大中专毕业生就业招聘会”和“2009年民营企业招聘周”活动，两次活动共组织400余家民营企业到场招聘，提供就业岗位5 000余个。

围绕服务会员开展工作。督促6个县（市）区全部成立了由工商联牵头组织、按市场法则运作的担保公司，建立健全覆盖市、县两级的投融资担保体系。全年全市担保公司累计为民营企业贷款担保3.5亿元，其中市级担保公司为民营企业贷款担保1.1亿余元。与市银监局等单位联合开通了三门峡市中小企业金融服务网，累计为民营企业落实贷款95笔、金额4.5亿元，该网站累计注册用户1 400余个。与市银监局、工行联合举行了金融业务推介会，努力搭建民营企业融资服务合作新平台；通过《简报》、网站等形式，搞好信息资源的开发利用，全年印发《简报》6期，及时准确地为民营企业提供各类政策、经济、科技、人才和项目信息200余条；充分发挥会员企业“娘家”的作用，以法律服务中心为载体，妥善协调处理会员企业侵权事件30余起，维护了会员的合法权益；注重民营企业的对外形象宣传工作，努力在宣传的内涵、广度上下工夫，在层次、品位上有提升，在力度、深度上求突破，主动挖掘、善于发现，特别注重正面宣传，在《中华工商时报》等媒体上发表文章60余篇。同时，积极组织民营企业并选送了15个作品和1个节目参加全省非公有制经济界庆祝新中国成立60周年书画摄影展和文艺晚会等活动。

围绕提升工商联的整体实力开展工作。举办了“三门峡市首届十大慈善爱心企业和十大慈善爱心人物”等评选表彰活动，并向省委统战部、省工商联等单位推荐表彰了陈治华等5位全省优秀社会主义事业建设者，同时，评选表彰20位三门峡市优秀社会主义事业建设者，展示了三门峡市优秀民营企业和民营企业家的风采；积极争取市委、市政府对加强工商联工作的领导、重视和支持，12月，市委、市政府出台了《关于进一步加强新世纪新阶段工商联工作的实施意见》，这是河南省第1份以省辖市委、市政府名义出台的指导地市级工商联工作的政策性文件；严格按照省、市委的统一部署，在检查指导组的具体指导下，紧密结合工作实际，按照实施方案的要求，充分准备，精心组织，周密部署，按步骤圆满完成了学习实践活动的各项工作；深入贯彻落实《关于进一步加强领导班子建设的决定》，强化服务能力建设，注重对干部工作能力的培养和训练，整合服务资源，为民营企业提供各种有效的服务，积极打造商会服务品牌，提升工商联的整体实力。

【召开市工商联四届五次执委会】 2月13日，市工商联召开四届五次执委会。市领导王惠、马仰峡、李琳、孙继伟出席会议。市委常委、统战部部长王惠强调：一要坚定信心、抢抓机遇，更加有效地应对金融危机；二要尊重人才，尊重创造，更加有力地推动科学发展；三要立足实际，强化服务，更加有力地开展会务工作。市政协副主席、市工商联主席孙继伟作工作报告，回顾总结2008年工作，安排部署2009年工作任务。会议传达学习了省工商联十届三次执委会会议精神，审议通过《三门峡市工商联（商会）执委、常委、领导班子成员履行责任义务的有关规定（草案）》，并对工商联系统2008年度优秀（先进）单位和优秀（先进）个人进行表彰。

【三门峡市商会大厦开工建设】 6月19日，市商会大厦正式开工建设。省委统战部副部长、省工商联党组书记孟令峰，省工商联党组成员、秘书长赵纯武，市领导李文慧、杨树平、赵继祥、郭秀荣、李建顺、李卫民、申黎明、赵光超、王惠、李明举、赵中生、李宝鸿、亢伊生、陈孟虎、周志远、姚龙、王富民、王铁创、孙继伟、市长助理张万斌等出席仪式并为项目奠基。奠基仪式由市委常委、副市长赵光超主持。市委书记李文慧宣布三门峡市商会大厦工程项目正式开工。项目总投资1.5亿元，位于文体中心北侧，为两座高29层、99.7米的高层建筑，建筑面积6.7万平方米，是集办公、宾馆、高档餐饮、娱乐及配套商业设施为一体的综合性建筑，也是三门峡市高档综合性商业建筑。

三门峡市商会大厦奠基

【举行三门峡市全民创业报告团首场报告会】 3月31日，市工商联联合市委统战部、市妇联和团市委在三门峡职业技术学院学术报告厅举行三门峡市全民创业报告团首场报告会。1 100余名职业技术学院学子聆听了全国人大代表、省工商联副主席、郑州三全食品股份有限公司董事长陈泽民和省政协委员、省总商会副会长、河南华宝产业集团董事长陈治华两位民营企业家的精彩演讲。三门峡市委书记李文慧在报告会前专程看望报告团成员。河南省工商联副主席杨龙驰，三门峡市委常委、统战部部长王惠，三门峡市人大常委会副主任亢伊生，三门峡市政协副主席、市工商联主席孙继伟出席报告会。当天，三门峡职业技术学院还举行仪式，聘请陈泽民、陈治华等5位报告团成员为该院客座教授。

【河南省山东商会三门峡分会成立】 7月18日，河南省山东商会三门峡分会举行成立大会。省军区原参谋长李其明，市人大常委会主任赵继祥，洛阳市委原书记王德忱，省财政厅原副厅长鲍怀谦，省工商联党组成员、秘书长赵纯武，市政协副主席、市工商联主席孙继伟，市政协副主席、民建市委主委、市体育局局长张景林，河南省山东商会会长刘继臣等到会祝贺。河南省山东商会三门峡分会自2007年6月发起筹备，是由在三门峡从事经营活动的山东籍工商业者自我组织、自我协调、自我管理、自我服务的社会团体，会员人数300余名，会员企业涉及房地产开发、餐饮等30余个行业，年产值超亿元，上缴利税上千万元。 （薛 丹）

·编辑 李艺芬 卢亚杰 张怡杰·

三门峡市民主党派集中下基层社会服务活动

政权 政协

5月17日，三门峡市与韩国东斗川市建立友好城市关系签字仪式

三门峡市人民代表大会

【概况】 2009年,面对严峻复杂的挑战,三门峡市人民代表大会常务委员会(以下简称市人大常委会)以中共十七大和十七届三中、四中全会精神为指导,深入贯彻落实科学发展观,紧紧围绕"保增长、保民生、保稳定"的决策部署,把应对国际金融危机、促进经济社会平稳较快发展作为重大任务,把推动科学发展、促进民生改善和社会和谐作为重要责任,依法履行职责,扎实开展工作,较好地发挥了地方国家权力机关的作用,为保持全市经济社会发展的良好态势作出重要贡献。

法律监督 按照监督法的规定,当年,市人大常委会继续加强法律监督,开展执法检查,组织人大代表对《中华人民共和国道路交通安全法》《河南省道路交通安全条例》《中华人民共和国义务教育法》《中华人民共和国城市规划法》贯彻执行情况进行检查。配合省人大常委会,对《中华人民共和国食品安全法》在三门峡市的贯彻执行情况进行检查。积极参与全国和省人大常委会的立法工作,组织人员深入基层调查研究,对《中华人民共和国侵权责任法(草案)》《中华人民共和国统计法(修订草案)》等17部法律法规草案进行座谈修改,均按时按要求将修改意见和建议整理上报。

工作监督 当年,市人大常委会先后听取和审议了市政府关于"扩内需、保增长、调结构"重点工程项目建设进展情况的专项工作报告及关于畜牧、园林城市建设、法律援助、非物质文化遗产保护、农机、交通、2009年上半年国民经济和社会发展计划执行、2008年财政决算和2009年上半年财政预算执行、2008年度市本级预算执行和其他财政收支审计、贯彻执行气象法执法检查整改、代表议案和建议、批评与意见办理等11项工作情况的报告。

规范性文件备案审查监督 根据《三门峡市人大常委会关于规范性文件备案审查的实施意见》,当年,市人大常委会对"一府两院"提交的34件(市政府29件、市人民检察院5件)规范性文件进行备案审查工作,维护了国家法制的统一。

重大事项决定 当年,市人大常委会紧紧抓住全市经济社会发展中的重大问题、应对危机挑战亟须解决的重要问题和人民群众普遍关心的热点问题,按照法定程序,适时作出5项决议决定,为三门峡市的经济社会发展发挥了重要作用。为深入贯彻落实中央"扩内需、保增长"的方针政策,服务全市"项目建设年"活动,市人大常委会依法分别作出《批准三门峡市人民政府关于将城市基础设施项目资本金和回购资金列入年度财政预算的决议》《关于批准三门峡市人民政府关于将市级城市基础设施建设和财源建设项目融资借款本息或回购资金列入年度财政预算的议案的决议》和《批准三门峡市人民政府关于三门峡市财经投资公司公开发行企业债券的议案的决议》,切实解决了三门峡市城市基础设施建设的资金困难问题。

人事任免 当年,市人大常委会严格执行《中华人民共和国地方组织法》和市人大常委会《关于任免地方国家机关工作人员的办法》,坚持党管干部和依法任免相结合的原则,在市委考察、考核的基础上,实行票决制。全年共任免"一府两院"工作人员33人,并通过任前法律知识测验、颁发任命书等方式,增强被任命人员的法律意识和责任意识。

代表工作 当年,市人大常委会从规范代表活动入手,不断完善代表工作机制,提高代表活动效果。一是在市五届人大四次会议后,根据《三门峡市人大常委会关于办理市人大代表建议、批评和意见的办法》,常委会组织召开代表建议、批评和意见交办会,对"一府两院"提出明确办理要求,并采取多种形式加强检查、督办,对不符合要求的5个答复件予以退回,重新进行办理,努力提高办理质量。至10月底,市五届人大四次会议以来人大代表提交的76件建议、批评和意见均全部办理完毕,代表满意和基本满意率达100%。二是继续坚持人大代表列席常委会会议制度,每次常委会会议均邀请部分人大代表列席;每项工作调研、执法检查均邀请人大代表参加;积极组织代表开展视察,注意吸纳代表的意见和建议。三是坚持为代表寄送《中国人大》《人大建设》等专业刊物和市人大常委会公报、"一府两院"公报、信息等资料。全年共寄发各种资料5 110份。四是制定实施人大代表培训计划,在2008年培训的基础上,2009年,分别在灵宝市和三门峡市委党校举办两期人大代表培训班,培训人大代表192人,实现了市五届人大常委会提出的"利用两年时间将市人大代表培训一遍"的目标要求,进一步提高了市人大代表的履职能力。

信访工作 全年共受理群众来信387件,接待来访643人次,均按照"属地管理,分级负责"的原则,及时转交有关部门办理。重点督办案件19件,已办结17件,正在办理的2件。针对反映突出的问题,通过采取制定督办计划、召开协调会、通报办理进度、建立相关部门联动机制等措施,加强跟踪督办,进一步畅通群众的诉求渠道,化解了矛盾,维护了社会稳定。

宣传调研 当年,市人大常委会十分重视人大宣传工作:一是加强与市级以上新闻媒体的联系,积极协调各方关系,组织召开人大宣传工作会议,出台《三门峡市人大常委会关于进一步做好人大宣传工作的意见》,为进一步认真做好人大的宣传工作奠定基础。二是加强新时期人民代表大会制度和民主法制建设的宣传力度,促进和指导各县(市)区人大的新闻宣传工作,成功举办全市人大新闻宣传通讯员培训班,建立健全通讯员队伍。三是加大对市人代会、常委会及其机关日常工作的宣传力度,在《人民代表报》《人大工作信息》《人大建设》《三门峡日报》、三门峡电视台、三门峡广播电台等媒体,刊发消息数10篇。四是积极做好河南省人大好新闻入选作品的推荐工作,向省人大常委会有关部门推荐消息、通讯和电视作品4件,其中2件作品荣获三等奖,有力地宣传了三门峡人大建设方面取得的成绩。五是注重人大调研信息的编辑工作,编发调研信息14期,及时交流和推广各县(市)区及兄弟市人大工作的好经验、好做法。六是继续加强与外地人大的工作交流,参加"亚欧大陆桥"、全国20城市、秦晋豫"金三角"、河南省辖市人大工作研讨会等会议,一批理论研讨文章在会上获奖。七是注重工作调研。先后对财政、计划、审计、重点工程项目建设、法律援助、非物质文化遗产保护、园林城市建设、农机、畜牧、代表议案和建议批评意见办理等工作情况进行调研；积极配合省人大常委会对三门峡市贯彻执行《中华人民共和国农村土地承包经营纠纷调解仲裁法》情况、支农资金使用管理情况进行调研。

【市五届人大四次会议】 1月5日至8日，三门峡市第五届人民代表大会第四次会议召开。市领导李文慧、赵继祥、郭秀荣、李建顺、李卫民、李立江、申黎明、郭绍伟、王惠、李明举、赵中生等参加会议。会议听取和审议了市人民政府市长杨树平所作的《政府工作报告》；审查和批准了三门峡市2008年国民经济和社会发展计划执行情况的报告和2009年国民经济和社会发展计划、三门峡市2008年预算执行情况的报告与2009年市级预算；听取和审议了市人民代表大会常务委员会、市中级人民法院、市人民检察院工作报告，并对以上6项报告分别作出相应决议。会议期间，人大代表共提出议案10件，建议、批评、意见52件，两项合计62件，之后人大代表又提出议案2件，建议、批评与意见3件。大会议案审查委员会经过认真研究和审议，决定将代表提出的12件议案并入建议、批评、意见处理。根据分工负责、归口办理的原则，在会议闭幕后，市人大常委会相关工作机构把人大代表提出的这些议案和建议、批评、意见，分别转交有关部门办理。

三门峡市第五届人民代表大会第四次会议

【市人大常委会会议】 当年，共召开人大常委会会议6次。

市五届人大常委会第13次会议 2月20日举行。会议审议、表决通过市人大常委会2009年工作要点；听取和审议、表决通过市政府关于对三门峡市贯彻执行《中华人民共和国气象法》执法检查整改情况的报告；审议、表决通过市人大常委会关于认真做好2009年人大宣传工作的意见；审议任命周志远为三门峡市人民政府副市长；商议市五届人大常委会第14次会议建议议程。

市五届人大常委会第14次会议 4月24日举行。会议听取审议并通过市政府关于全市园林城市建设情况的报告；听取和审议市政府关于确定市树市花的议案和情况说明；审议通过市人大常委会关于市树市花的决定；听取审议并通过市政府关于全市畜牧工作情况的报告；听取审议并通过市人大常委会执法检查组关于对《中华人民共和国道路交通安全法》和《河南省道路交通安全条例》执法检查情况的报告；审议通过市政府关于全市贯彻执行《中华人民共和国道路交通安全法》和《河南省道路交通安全条例》情况的报告（书面）；商议市五届人大常委会第15次会议建议议程。会议决定：雪松为三门峡市市树，月季为三门峡市市花。

市五届人大常委会第15次会议 6月23日举行。会议审议通过市政府关于三门峡市法律援助、非物质文化遗产保护工作及“扩内需、保增长、调结构”重点工程项目建设进展情况的专项工作报告；听取和审议市政府关于将市级城市基础设施建设和财源建设项目融资借款本息或回购资金列入年度财政预算的议案和相关情况的说明；表决通过《三门峡市人民代表大会常务委员会关于批准三门峡市人民政府关于将市级城市基础设施建设和财源建设项目融资借款本息或回购资金列入年度财政预算的议案的决议》；听取和审议通过了关于主任会议许可市人民检察院对市人大代表揣予苏依法采取强制措施的报告；表决通过《三门峡市人民代表大会常务委员会关于确认主任会议许可市人民检察院对市人大代表揣予苏依法采取强制措施的决定》；审议通过有关人事任命事项；商议通过市五届人大常委会第16次会议建议议程。

市五届人大常委会第16次会议 8月19日举行。会议听取和审议通过市政府关于三门峡市2009年上半年国民经济和社会发展计划执行情况、关于三门峡市2008年财政决算和2009年上半年财政预算执行情况、关于三门峡市2008年度市本级预算执行和其他财政收支审计情况等报告；审议并表决通过三门峡市人民代表大会常务委员会关于批准三门峡市2008年市本级财政决算的决议；听取和审议通过市政府关于农机工作情况的报告；听取和审议通过市人大常委会执法检查组关于检查《中华人民共和国义务教育法》实施情况的报告；审议通过市政府关于《中华人民共和国义务教育法》实施情况的报告（书面）；听取和审议通过关于市人大常委会主任会议许可检察机关对市人大代表单向东依法采取强制措施的报告；审议并表决通过市人大常委会关于确认主任会议许可检察机关对市人大代表单向东依法采取强制措施的决定和市人大常委会《关于接受赵艳辞去三门峡市人民政府副市长职务的决定》；会议进行了人事任免，任命崔保连为三门峡市人民政府副市长，免去单向东三门峡市交通局局长职务；商议市五届人大常委会第17次会议建议议程。

市五届人大常委会第17次会议 10月21日举行。会议听取和审议市政府关于交通工作情况的报告、关于市人大五届四次会议代表建议、批评与意见办理情况的报告、市人大常委会执法检查组关于检查《中华人民共和国城乡规划法》实施情况的报告;审议市政府关于实施《中华人民共和国城乡规划法》情况的报告(书面);听取和审议市政府关于市人大常委会对实施《中华人民共和国道路交通安全法》和《河南省道路交通安全条例》执法检查报告及审议意见研究处理情况的报告;听取和审议了关于主任会议许可检察机关对市人大代表张君贵依法采取强制措施的报告;审议、表决通过市人大常委会关于接受许胜高辞去市五届人大常委会委员职务的决定和关于确认主任会议许可检察机关对市人大代表张君贵依法采取强制措施的决定及有关人事任免事项;商议市五届人大常委会第18次会议建议议程。

市五届人大常委会第18次会议　12月22日举行。会议听取和审议市政府关于2008年度市本级财政预算执行和其他财政收支审计查出问题整改情况的报告;听取和审议市政府关于市财政投资公司公开发行公司债券的议案和有关情况的说明;审议表决市人大常委会关于批准市政府关于市财政投资公司公开发行公司债券的议案的决议、关于市五届人大第五次会议召开时间和建议议程的决定、关于市五届人大第四次会议以来代表变动情况及补选代表的代表资格审查报告和市五届人大第五次会议日程;听取关于市五届人大第五次会议有关名单的说明;审议表决市五届人大第五次会议有关名单(草案);听取关于市五届人大第五次会议筹备工作情况的汇报;讨论修改市人大常委会工作报告稿;进行有关人事任免;商议市五届人大常委会第19次会议建议议程。

【向省十一届人大二次会议提出议案、建议、意见35件】　1月12日至17日,省十一届人大二次会议在郑州市召开。会议期间,三门峡市代表团认真履行代表职责,积极提出议案和建议、意见,形式与内容更加规范,质量进一步提高。代表们共提交议案1件,建议、意见34件,两项合计35件。代表们提出的议案和建议、意见主要集中在教育、交通及城镇基础设施建设、改善民生、财政体制改革、扶贫、产业政策扶持等方面,内容涉及继续深化改革、加快对外开放、扩大内需、调整结构、优化环境、加强基础设施建设、推进城镇化进程、大力发展各项社会事业、加强社会主义精神文明建设和维护社会稳定、保持国民经济又好又快发展、促进社会全面进步等。三门峡市代表团胡占廷等10名代表联名提交关于提请省人大常委会出台《河南省反窃电条例》的议案,旨在保证正常的供电秩序和电网安全运行,促进社会经济的稳定发展。

【省人大常委会立法调研组到三门峡市对《河南省气象灾害防御条例(草案)》进行立法调研】　2月11日至13日,省人大常委会立法调研组一行深入三门峡市,广泛征询对《河南省气象灾害防御条例(草案)》的修改意见,并对三门峡市的气象灾害防御和气象探测环境保护工作进行调研。河南省气象局副局长刘金华、三门峡市人大常委会副主任张高登陪同调研。在三门峡市,调研组一行先后察看了新一代天气雷达站和增雨消雹点建设情况,听取了三门峡市及灵宝市关于气象灾害防御和气象探测环境保护工作汇报,并与40多个单位的代表进行座谈,广泛听取大家对《河南省气象灾害防御条例(草案)》的意见和建议。

【三门峡市3位全国人大代表出席十一届全国人大二次会议】　3月5日至13日,第十一届全国人民代表大会第二次会议在北京人民大会堂召开。三门峡市3位全国人大代表:中共三门峡市委书记李文慧,黄河明珠集团董事长、党委书记刁兆秋,三门峡职业技术学院副院长李勤等赴北京出席会议。会议期间,代表们认真审议各项报告,并就扩内需、调结构、保持经济平稳较快发展以及加强"三农"工作、改善民生、确保稳定等内容,向大会提交建议、意见共11件。

【省人大常委会调研组对三门峡市支农资金使用管理情况进行调研】　3月9日至11日,省人大常委会调研组到三门峡市,调研指导全市支农资金使用管理情况。市人大常委会副主任马仰峡陪同调研。调研组一行先后听取了市财政局、陕县财政局的情况汇报,对财政支农资金在实际运行过程中存在的管理部门过多、到位速度慢、使用分散以及效益低下等问题,进行认真调研。在听取汇报之后,调研组对三门峡市在认真落实各项惠农政策、加强支农资金管理工作中取得的成绩,给予充分肯定。并要求,三门峡市各级财政部门在以后的工作中,要逐步建立财政支农资金稳步增长的长效机制,发挥财政资金"四两拨千斤"的作用,调动农民参与新农村建设的积极性,促进农业和农村经济发展。

【全国16城区人大工作联席会第31次会议在三门峡市湖滨区召开】　4月14日,全国16城区人大工作联席会第31次会议在三门峡市湖滨区召开。会议由湖滨区人大常委会负责召集和主持。市人大常委会副主任亢伊生在开幕式上致词。贵州省贵阳市白云区、安徽省合肥市庐阳区、黑龙江省哈尔滨市香坊区、福建省厦门市湖里区、湖北省襄樊市樊城区、江苏省泰州市海陵区、吉林省长春市南关区、浙江省宁波市北仑区、甘肃省天水市秦州区、广东省佛山市禅城区、陕西省宝鸡市金台区、云南省昆明市西山区、山西省朔州市平鲁区、海南省海口市龙华区、山东省烟台市福山区、河南省三门峡市湖滨区共16个城区人大常委会140余人出席会议。

【参加全国20城市人大工作座谈会】　4月20日至21日,全国20城市人大工作座谈会第3轮第5次会议在河南省洛阳市召开。市人大常委会副主任邹援朝等一行4人参加会议。各成员市人大常委会紧紧围绕"以科学发展观为指导,认真履行人大工作各项职责"这一主题,结合各地人大工作实际,进行了广泛交流和深入探讨。会上,三门峡市人大常委会以"把科学发展观的要求贯穿于人大履职的始终"为题作了交流。本次会议还修订了全国20城市人大工作座谈会章程,确定了第3轮会议各成员市办会顺序。10月12日至13日,全国20城市人大工作座谈会第3轮第6次会议在福建省三明市召开。市人大常委会副主任李宝鸿等一行7人参加会议。会上,三门峡市人大常委会以"围绕贯彻三保方针,充分发挥人大监督职能"为题作了交流,并在提交大会的26篇论文中荣获三等奖。

【省人大常委会副主任张程锋调研三门峡市人民调解工作】 6月5日,省人大常委会副主任张程锋一行到三门峡市调研人民调解工作开展情况。市领导赵继祥、陈孟虎、周志远等陪同调研。张程锋一行实地察看了湖滨区崖底司法所、崖底村调委会、斜桥村调委会和卢家店村调委会,详细了解人民调解工作开展情况,并与基层干部群众亲切交谈。座谈会上,张程锋对三门峡市人民调解工作取得的成绩给予充分肯定,并对进一步做好人民调解工作提出两点要求:强化国情意识,坚持用社会主义法治理念指导维护社会稳定和和谐社会建设工作,把人民调解工作作为维护社会稳定的治本措施和和谐社会建设的基础性工作来抓;强化创新意识,坚持在实践中研究探讨,把人民调解工作提高到一个新水平。

【参加亚欧大陆桥沿线部分市、州、地人大工作研讨会】 7月19日至24日,亚欧大陆桥沿线部分市、州、地人大工作研讨会第20次会议在青海省西宁市召开,全国亚欧大陆桥沿线23个市、州、地人大常委会出席会议。会议就地方人大代表工作等有关问题进行了研讨,并达成共识。三门峡市人大常委会副主任邹援朝等一行4人参加会议,并以"以科学发展观为指导,进一步加强新形势下地方人大代表工作"为题进行了交流。

【豫晋陕金三角人大工作研讨会在三门峡市召开】 9月27日,豫晋陕金三角人大工作研讨会第7次会议在三门峡市召开。三门峡市人大常委会主任赵继祥致欢迎词,山西省运城市人大常委会主任张建合和陕西省渭南市人大常委会副主任张平以及三门峡市人大常委会副主任张高登、马仰峡出席会议。会议以"围绕贯彻'三保'方针,发挥人大常委会职能作用"为主题,进行经验交流和研究探讨。会议指出,三市人大及其常委会要准备把握时代脉搏,与时俱进,勇于实践,大胆探索,进一步健全监督工作机制,完善监督工作程序,全面做好人大监督工作。

【省人大常委会视察团到三门峡市视察矿山资源管理工作情况】 10月21日至23日,以省人大常委会委员、环资工委主任王国平带队的省人大常委会视察团到三门峡市,就《河南省实施〈矿产资源法〉办法》及其相关法规修编征求意见和建议。市人大常委会副主任马仰峡、副市长李琳等陪同视察。视察团先后深入卢氏县杨家湾铁锌矿和灵宝市金源第一分公司秦南九坑采矿工程及选矿厂等,对三门峡市资源开采以及管理工作进行视察、调研,并通过座谈会等形式,广泛征求全市各界对矿产资源开发和利用的意见和建议。座谈会上,王国平对三门峡市的矿产资源管理工作给予充分肯定,并对以后的工作提出建议。

【省人大常委会视察组到三门峡市视察安全生产工作情况】 10月22日,省人大常委会财经工委主任张长森、副主任谷建国一行,到三门峡市视察安全生产工作。市人大常委会主任赵继祥、市长助理张万斌、市人大常委会秘书长裴富平陪同视察。视察组一行深入灵宝市故县镇和阳平镇,实地察看尾矿库专项治理工作进展情况,认真听取全市安全生产工作汇报,对三门峡市的安全生产工作给予肯定,并对下一步的安全生产工作提出要求。

【驻三门峡市省人大代表赴商丘市进行视察】 12月15日至18日,按照省人大常委会的组织安排,三门峡市人大常委会主任赵继祥、市政协副主席孙继伟、市人民检察院检察长张永键等驻三门峡市省十一届人大代表赴商丘市视察。赵继祥一行先后到商都广场、帝和小区、污水处理厂、解放村、310市场、永煤集团煤化工基地、神火工业园区、商丘职业技术学院、商丘第一人民医院和商丘师范学院等处实地察看,认真听取汇报,深入走访座谈,充分了解商丘市经济社会发展及"一府两院"依法行政与公正司法等情况,了解商丘市推进科学发展、关注改善民生、促进和谐社会建设等情况,为参加省十一届人大三次会议,审议各项议案和报告以及酝酿、起草高质量的代表议案及建议做好充分准备。商丘市人大常委会主任高献涛,商丘市市委常委、常务副市长张国伟,商丘市人大常委会常务副主任付元清,副主任陈海峨、胡家印、高道春、刘慧生等先后陪同。

【驻新乡市省人大代表到三门峡市进行视察】 12月23日至24日,按照河南省人大常委会的安排部署,以省人大代表、新乡市人大常委会主任周海深为组长的驻新乡市省十一届人大代表视察团到三门峡市,对全市政治、经济和社会等方面的情况,进行集中视察。市委书记李文慧专程看望视察团成员。市委副书记、市长杨树平出席汇报会,向省人大代表视察团介绍了三门峡市经济社会发展及依法行政情况。市人大常委会主任赵继祥,副主任李宝鸿、亢伊生,副市长李琳,市人大常委会秘书长裴富平等陪同视察。在三门峡市期间,省人大代表视察团翻阅了市中级人民法院、市人民检察院工作报告,并深入三门峡开曼铝业有限公司、天鹅湖国家城市湿地公园、虢国博物馆,灵宝市函谷关景区、金源晨光化工有限责任公司、华鑫铜箔有限公司,义马市30万吨醋酸项目建设工地、义马开祥化工厂、义煤集团1 000万标方煤制气工程现场,对三门峡市工业运行、项目建设、城市建设、旅游业发展等进行了全面视察。在视察反馈会上,省人大代表视察团对三门峡市的工作给予高度评价,并希望三门峡市抓住国家推进中部崛起的战略机遇,加快晋陕豫黄河金三角协作区建设进度,为推动河南的跨越发展作出更大贡献。 (郑 鋆)

三门峡市人民政府

【概况】 2009年,三门峡市人民政府坚持以党的十七大和十七届三中、四中全会精神为指导,深入贯彻落实科学发展观,团结带领全市人民,全力以赴战危机,千方百计促"三保"(保增长、保民生、保稳定),在逆境中实现了经济社会平稳较快发展,圆满完成了市五届人大四次会议确定的各项任务。

经济平稳较快增长。全年地区生产总值完成706亿元,比2008年增长12%。地方财政一般预算收入完成41.5亿元,增长13.1%;一般预算支出完成85.56亿元,增长30.9%,"十件实事"等民生支出得到有效保障。规模以

12月3日，三门峡市人民政府市长杨树平在世博论坛上作专题演讲

上工业增加值完成380.8亿元，增长13.5%。城镇居民人均可支配收入为13 469.8元，增长8.7%；农民人均纯收入为5 045.5元，增长7.8%。节能减排成效明显，万元生产总值能耗下降5%；化学需氧量、二氧化硫排放量分别控制在省定目标1 800万千克和1.4亿千克以内。

项目建设势头强劲。全社会固定资产投资完成553.31亿元，比2008年增长37.2%。其中，城镇固定资产投资完成467.57亿元，增长35.7%。强力实施项目建设年活动，全市“8155”投资促进计划确定的138个超亿元重点项目，已建成投产59个，在建71个，完成投资274.8亿元，项目数量、投资规模、建成数、开工率均创近年来之最。列入省考核重点项目、省“1074”工业结构调整项目、省“8511”投资促进计划项目分别提前3个月、2个月、1个月完成省下达投资目标。产业集聚区建设加快推进，7个省级产业集聚区已建成面积37.34平方千米，入园企业1 029个，从业人员16.4万人。

工业经济企稳回升。企业服务年活动深入开展，帮助企业协调解决难题724个，争取省电解铝储备计划7 000万千克，启动氧化铝闲置产能12亿千克、电解铝闲置产能2.8亿千克。规模以上工业增加值自2008年5月以来连续保持两位数增速，停产、半停产企业由年初的186家下降到41家，占全部658家规模以上企业的6.2%。引导企业实现产销对接，省、市企业对接会签约资金44.06亿元。加大融资力度，开通全省首家中小企业金融服务网，成立担保机构28家，形成55亿元担保能力；金融机构贷款余额264.28亿元，较年初实际新增49.85亿元，增长额及增速均创历史同期最高水平。

产业结构逐步优化。农业基础地位继续巩固，粮食生产再获丰收，总产62 780万千克。特色农业不断壮大。灵宝苹果入选“河南省最具影响力十大地理标志产品”，全市果品总产16亿千克，浓缩果汁出口5 500万千克，比2008年增加1 800万千克；完成烟叶收购68.2万担，成为全省烟叶第1市；林业产值大幅增长，冬季造林面积占全省的1/5。林果、畜牧、烟叶等特色产业占农业总产值的比重达85%。工业支撑地位明显增强。5大支柱产业占全市规模以上工业产值的比重达75%；工业内部升级加快，56个重大产业升级项目扎实推进，恒生科技、思睿科技等一批自主创新能力强、市场前景好的高新技术企业不断壮大。服务业发展迅速。文化旅游持续升温，函谷关通过国家AAAA级景区验收，全市接待国内外游客978万人次，实现国内旅游收入54.84亿元；消费市场繁荣活跃，社会消费品零售总额预计完成171.75亿元，增长19.2%；商贸物流产业迅猛发展，大中海商业文化广场等项目开工建设；房地产市场日趋繁荣，建业、天盛等知名房地产企业投资三门峡市，中原世纪苑等房地产项目进展顺利。

开放合作成效显著。积极开展大招商活动，先后参加和举办了香港、上海、杭州、厦门、深圳、宁波、台湾以及第15届国际黄河旅游节暨投资贸易洽谈会等一系列招商活动，共签订协议169个，签约总金额达1 003.6亿元。利用外资工作取得新突破，引进省外资金项目93个，实际到位资金80.2亿元，超额完成省定目标；实际利用外资26 355万美元，比2008年增长12.6%，绝对值居全省第3位。大通关体系建设步伐加快，中国三门峡海关申报工作进展顺利，国家铝及铝制品质量监督检验中心开工建设，中国河南出入境检验检疫局三门峡办事处综合楼主体封顶。金融环境进一步优化，政银企合作不断加强，在全省率先与工农中建四大银行签订战略合作协议，到位资金192.59亿元。豫晋陕黄河金三角区域协调发展综合试验区纳入国家中部崛起规划；与中国贸促会、中国黄金集团、省地矿局、省有色地矿局、省移动公司、省电力公司等建立了稳定的战略合作关系。

城乡发展更加和谐。“四城联创”(全国文明城市、环保模范城市、园林城市和卫生城市创建)扎实推进，成功创建国家园林城市。环境综合整治取得新成效，市区空气质量优良天数达到327天。新区规划启动，郑西高速铁路新三门峡南站及站前广场、大岭桥等一系列市政重点项目竣工，市文体中心、市中心医院病房楼等工程稳步推进。加快“三纵四横”大交通网络建设，郑西高速铁路试运行，运三铁路项目建议书通过国家发展改革委批复，连霍高速改扩建工程进入征地拆迁阶段。城中村改造进展较快，累计完成投资3.8亿元。新农村建设稳步推进，全市1/3村庄规划通过专家评审，开工建设新型农村住宅社区33个；完成农田水利基本建设投资4.66亿元，22座病险水库除险加固工程进展顺利，新增和改善灌溉面积6 666.67公顷。

社会事业全面进步。省、市“十件实事”圆满完成。群众关注的儿童福利院、阳光小学、城市集中供热二期、迎宾大道、廉租住房等建成投用，扶贫搬迁完成859户、3727人，解决了16.96万人的饮水安全问题，建成县乡公路499.7千米、通村公路244.3千米，新增户用沼气2.6万户。城市信用社成功改制，三门峡市商业银行和湖滨农村商业银行正式挂牌营业。社会保障能力增强，全民创业氛围浓厚，养老失业保险金统筹额、城镇新增就业人数、下岗失业人员再就业等超额完成年度任务，三门峡市被确定为全国工伤预防试点城市和全省工伤保险市级统筹试点城市。科技创新步伐加快，科技对经济发展的贡献率达到52.7%；全市高新技术产业总产值完成23.25亿元，增长15.07%。教育事业健康发展，职业教育园区规划启动，市外国语高中开工建设，普通高招成绩明显。成功举办市六运会，87个行政村建成"农民体育健身工程"，市体育局荣获"全国群众体育先进单位"称号。文化事业持续发展，成功创建中国楹联文化城市，市文化局获得"全国文化系统先进集体"称号，原创现代曲剧《大山的女儿》、改编传统蒲剧《孙安动本》荣获全省金奖。全面完成第3次全国文物普查田野调查工作。医疗卫生条件不断改善，完成12所乡（镇）卫生院改建任务。新型农村合作医疗参合率达97.2%，甲型H1N1流感得到有效控制。人口计生工作继续加强，人口自然增长率控制在5‰以内。城乡社会救助力度加大。加强应急管理体系建设，各类突发事件得到妥善处置。食品药品安全不断加强，公众饮食和用药安全得到保障。严格落实安全生产责任制，深入开展"安全生产年"活动，加强重点领域和行业的安全监管，安全生产形势趋于稳定。扎实开展"信访积案化解年"活动，坚持信访突出问题周会审、领导包案和群众工作日制度，全市信访形势总体平稳。加强社会治安综合治理，平安三门峡建设跃上新台阶，三门峡再次荣获"全国综治优秀市"称号，成为全省唯一蝉联这一荣誉的省辖市，又获省平安建设、信访工作先进省辖市称号。

精神文明和民主法制建设稳步推进。精神文明创建工作力度加大，社会文明程度不断提升。坚持依法行政，自觉接受市人大及其常委会的依法监督，支持政协参政议政，办理人大代表意见建议74件、政协委员提案248件，满意或基本满意率达到100%。政府自身建设不断加强，市、县政府机构改革稳步推进。扩大基层民主，第3届社区居委会换届选举工作圆满完成。继续深入开展民主评议机关作风效能活动，加强惩治和预防腐败体系建设，廉政建设和反腐败斗争取得新成果。国防教育和双拥工作进一步加强，优抚安置成效突出，民兵预备役工作有了新提高，驻市解放军和武警部队在处置突发事件、维护社会稳定、支持地方建设等方面作出了突出贡献，实现省级双拥模范城"六连冠"。审计、物价、侨务、对台、档案、史志、人防、气象、无线电、民族宗教、妇女儿童、河务移民、地震应急、残疾人、老龄等工作都取得了新成绩。援助四川省江油市恢复重建工作进展顺利。

【市政府召开第二次全体会议】 7月27日，市政府召开第二次全体会议，贯彻落实省委八届十次全会、省政府三次全会精神和全市结构调整暨项目建设工作会议精神，对下半年工作进行部署。市长杨树平在会上强调，各地、各部门要加压驱动促"三保"，转变作风抓落实，努力开创政府工作新局面，确保全年目标任务圆满完成。

【召开13次市政府常务会议】 全年市政府共召开13次常务会议，共有54个议题。主要议题有：传达贯彻市"两会"精神，讨论研究《关于鼓励支持市区工业企业搬迁至工业聚集区的实施意见（讨论稿）》《"项目建设年"实施方案（征求意见稿）》，听取关于安全生产工作安排情况和节日期间困难群众生活安排情况的汇报；确认市树、市花评选结果，审议《三门峡市老年人优待办法（草案）》，研究全市新一轮土地利用总体规划修编工作，听取关于三门峡职业技术学院拟利用德国促进贷款1.1亿元建设科技实验培训中心及中心前人工湖治理问题的汇报；听取关于城建债券融资工作有关情况和旅游节暨投洽会筹备情况汇报；研究三淅高速公路建设、三门峡职业教育园区规划建设、三门峡外国语高中建设合作协议、城建债券融资工作、山口水库建设、三门峡市看守所搬迁等有关问题，审议《三门峡市农村五保供养工作管理办法（修订）》《三门峡市城市供水管理办法（修订）》；研究三门峡工业园发展，三门峡市驻洛阳办事处建设，在黄河路、崤山路辅道开设摩托车专用车道，统筹城乡发展加快推进新农村建设等有关问题；审议《三门峡旅游强市行动纲要（2009～2015年）（讨论稿）》，听取关于国家铝及铝制品质检中心筹建工作情况和全市道路安全专项整治活动情况的汇报；听取关于大招商活动安排和赴杭州大招商情况的汇报，审议《三门峡市重大行政处罚决定备案审查办法（草稿）》《三门峡市城市绿化管理办法（修订稿）》；审议《三门峡市城市绿化管理办法（修订稿）》《三门峡市人民政府关于支持房地产业发展的若干意见（讨论稿）》，讨论《三门峡市人民政府与河南省电力公司共同推进三门峡电网发展框架协议（草案）》《三门峡市人民政府与中国移动通信集团河南有限公司战略合作协议（草案）》，研究甲型H1N1流感防控问题；研究市政府机构改革问题；研究市文体中心建设项目融资、市公交公司停车场规划选址、加强李家窑虢国上阳城遗址保护等问题；听取全市2010年经济社会发展主要指标安排意见的汇报，安排困难群众生活安排和救助工作，集中学法并审议规范性文件等。

【政府法制建设】 2009年，市政府法制办公室共审查各部门报送的规范性文件草案82件，各县（市）区政府、市政府各部门上报市政府备案的规范性文件80件；办理省政府法制办公室法规、规章草案征求意见函17件；向省政府法制办公室报备三门峡市出台的规范性文件71件；受理行政复议申请11起，办结10起；对全市456名新申领的行政执法证有关信息上网公布，全市6 386名行政执法人员信息全部上网公布，杜绝了不合格人员从事行政执法工作。

【举办第15届三门峡国际黄河旅游节暨投资贸易洽谈会】 5月18日至25日，市委、市政府举办第15届三门峡国际黄河旅游节暨投资贸易洽谈会，通过丰富多彩的经贸文化活动，充分展示三门峡经济社会发展的新成就和良好的投资环境。该届旅游节共接待游客23.2万人次，实现旅游收入5 954.8万元；发布经济合作项目300个，签约3 000万元以上的投资项目96个，投资总额达421.7亿元。

【省长郭庚茂率省观摩团到三门峡市参观考察重点项目建设】 4月14日，省委副书记、省长郭庚茂率省观摩团先后来到三门峡产业集聚区、陕县产业集聚区、湖滨产业集聚区、义马产业集聚区等地,考察鹏飞电子公司节能照明产业园、钟原公司年产 300 万千克镁铝合金板带、思睿电子公司 4 万台高清晰写真机、盛源化工公司 3 亿千克醋酸项目等重点项目建设。

【省委常委、常务副省长李克到三门峡市调研】 7 月 2 日,省委常委、常务副省长李克到三门峡市,调研三门峡市经济运行特别是加快产业集聚区建设情况。李克强调,要进一步统一思想认识、科学规划设计、准确把握产业选择、不断加快基础设施建设、加大招商引资力度、创新体制机制,使产业集聚区成为科学发展的改革创新试验区。

【副省长史济春到三门峡市走访慰问】 1 月 20 日,副省长史济春、省政协副主席李英杰一行到三门峡市走访慰问企业职工和城乡低保户、优抚对象等。史济春指出,要切实加大政府救助和社会保障力度,让困难群众度过一个欢乐祥和的春节。

【副省长秦玉海到三门峡市调研】 7 月 14 日,副省长秦玉海带领省防汛检查组到三门峡市检查防汛工作。针对防汛工作,秦玉海强调,各级要提高思想认识,克服麻痹思想,严格落实防汛责任制,严密监测,严防死守,牢牢把握防汛工作的主动权,确保人民群众生命财产安全,确保安全度汛。 (龚长尊)

三门峡市行政服务中心

【概况】 2009 年,在三门峡市行政服务中心的组织协调下,各窗口共办结各类行政审批、服务、收费事项 15.56 万件。其中,各类投资项目 384 个,计划投资总额 802.07 亿元(备案项目 278 个,计划投资总额 703.93 亿元);企业注册登记 568 户(新办外资企业及其分支机构 102 户、内资私营企业 466 户),个体工商户注册登记 2 461 户;新批外商投资项目 8 个,合同利用外资 1.26 亿美元,实际利用外资 2.64 亿美元;办理基建类投资项目 54 个,建设总投资 18.03 亿元。共征收各类税费 5.88 亿元,其中土地出让金、登记费等 5.07 亿元,契税 4 326万元,排污费2 900万元,墙改费 114.63万元,人防费746.5万元。

组织开展服务"项目建设年""企业服务年"活动,协调有关窗口建立项目审批绿色通道,完善投资项目联合审批和全程代理服务机制,为全市项目建设和市场主体提供了全方位、超常规的行政服务。重大项目由中心牵头实行全程代理,协调有关窗口提供及时周到的行政服务。中小企业投资项目由中小企业服务窗口牵头实行全程代理,协调有关窗口进行联合审批,确保顺利落地。项目审批涉及的所有收费,能免则免,能减则减,不能减免的按最低标准收取。中心继续坚持"代理窗口牵头受理,协调组织联合审批,相关窗口按时办结"的联合审批和全程服务机制,促进了一大批投资企业在三门峡市落地建设,受到投资者的广泛好评。有关窗口共受理投资项目咨询 500 余起,召开联合审批协调会 12 次,牵头组织企业注册登记、基本建设、外商投资、房地产开发等 4 大类联合审批事项 304 件,全程代理企业注册登记事项 39 个(其中外资企业 4 个),总投资 9.2 亿元。

推进整合部门行政审批、服务、收费职能和整建制入驻窗口工作。中心协调市建委、市房管局、市国土资源局、市环保局、市地税局等与经济建设关系密切的部门,督促其进一步整合行政审批、服务职能、整建制进驻中心,为市场主体和人民群众提供更加完备的行政服务。市环保局将主办审批项目的开发监督科整建制进入中心,由窗口负责牵头协调与建设项目环评、审批、检查、验收等相关的部门和 2 级机构,共同为企业和群众服务。市房管局把房产登记涉及的测绘、评估等业务一并纳入窗口办理,彻底解决了让群众两头跑的现象,真正实现"一个窗口对外""一条龙服务"。市地税局把房地产交易税征收复核项目纳入窗口,增派人员。市建委选派 1 名正科级干部和 2 名工作人员充实窗口,为窗口接入光缆专线,更新办公电脑,将承诺期 15 天的"建筑工程施工许可证""临时建设工程规划许可证"变为"即办件",将科室承办的"乡村规划许可证"和装饰企业资质申报纳入窗口统一办理,提高了办事效率。

开展收费项目清查工作。中心对全市的收费项目进行摸底调查,形成规范三门峡市收费项目管理的意见建议,提出"取消的工本费项目目录"。最终市物价局、市民政局、市交通局、市卫生局、市质监局、市商务局、市公安局、市劳动局、市财政局、市教育局、市水利局、湖滨区卫生局 12 个部门窗口取消了 21 项工本费,市质监局另有 1 个收费项目主动降低收费标准。这些收费项目涉及外企设立、企业经营、道路运输等方面,取消后降低了企业的经营成本,为市场主体创造了更加宽松和谐的经济发展环境。

开展"红旗窗口""服务标兵"评选活动。全年有 34 个窗口先后被评为"红旗窗口",其中市教育局、市房管局、市建委、市劳动保障局等窗口多次当选,发挥了良好的示范带动作用。年底,市教育局、市房管局等 12 个窗口被评为 2009 年度"先进窗口"。有 26 名窗口工作人员先后当选为"服务标兵",其中 10 人多次被评为"服务标兵",年底被评选为"服务明星"。 (张应洲)

人力资源和社会保障

【概况】 2009 年,三门峡市各级人力资源和社会保障部门把人力资源和社会保障工作作为保障和改善民生的重要着力点,摆在经济社会发展更加突出的位置,较好地发挥了促进充分就业、加强干部队伍建设、保障基本生活、维护社会稳定、推动经济发展、保持社会公平的重要功能,为建设开放魅力富裕和谐三门峡、跻身中原崛起第一梯队作出了积极贡献。12 月 23 日,根据《中共三门峡市委、三门峡市人民政府关于印发〈三门峡市政府机构改革实施意见〉的通知》,组建市人力资源和社会保障局。将市人事局、市劳动和社会保障局的职责划入市人力资源和社会保障局,不再保留市人事局、市劳动和社会保障局。

全市就业局势总体稳定。全年全市城镇新增就业人员 58 895 人,下岗失业人员实现再就业 23 038 人,就业困难对象再就业 12 430 人;城镇登记失业率为 3.57%。

继续实施积极的就业政策。进一步完善全市促进积极就业的政策体系,制定出台了《关于采取积极措施减轻企业负担稳定就业局势的实施意见》《关于进一步促进全民创业加快非公有制经济发展的若干意见》等规章政策。全年，全市筹措并落实再就业资金 7 083 万元，发放小额担保贷款 13 032.5 万元，开发公益性岗位 2 670 个，安置就业困难对象 2 562 人，动态消除了零就业家庭。

全面落实援企稳岗新措施。落实"五缓四减三补两协商"(缓交 5 项社会保险；降低除养老保险外的 4 项保险费率；用失业保险金和就业专项资金，给予困难企业社会保险补贴、岗位补贴、职业培训补贴；企业和工会或者职工双方平等协商，根据实际采取在岗培训、轮岗轮休、协商薪酬等措施，减轻企业负担，通过保企业、保岗位，稳定劳动关系)政策措施，全市社保经办机构批准 219 户企业缓缴社会保险费 1 987.99 万元，涉及职工 8.4 万人。通过降低费率费基，全市社保经办机构减征医疗保险费 400.3 万元、工伤与生育保险费 36 万元，减轻了企业负担，促进了企业稳定。

积极推动各类劳动力就业。大力开展职业介绍和职业指导，组织"春风送岗位""女性再就业洽谈会""高校毕业生就业服务周"等就业服务专项活动；全市职业介绍机构开展免费职业介绍 3.2 万人次，帮助 2.44 万人实现就业；全市应届高校毕业生就业率达到 85%。全力做好创业促就业工作。为缓解就业压力，搞好技能储备，大力开展有针对性的职业技能培训，全年免费再就业培训 14 844 人，实现成功就业 10 296人；组织开展职业技能鉴定9 135 人，获得职业资格证书6 961人；培养新技师 506 人；实施"农民工培训倍增计划"，对23 542名农村劳动力进行培训；组织2 190人参与 SYB(创办你的企业)创业培训学习，600 余人成功创办微小企业。全市技工学校招生5 216人，应届毕业生就业率达97%。

社会保障体系建设全面加强。全市人力资源和社会保障部门着力推进各项社会保险制度改革，加快建立覆盖城乡的社会保障体系，不断加大社会保险扩面征缴力度，认真落实社会保险待遇，加强基础管理，较好地保障和改善了民生。

社会养老保险工作稳步推进。按照政策规定，按时完成企业退休人员养老金增资、离休人员和新中国成立前参加工作人员增加生活补贴工作。自 1 月 1 日起，为全市 37 018 名企业退休人员增加基本养老保险金，人均增资 118.6 元。推进卢氏县新型农村养老保险试点工作。2010 年 1 月 1 日起，卢氏县将为符合领取条件的参保人员每人每月全额支付 60 元新型农村社会养老金。

全市企业养老保险参保职工达 25.5 万人，征收养老保险费 61 443 万元，累计为全市 46 526 名企业离退休人员发放养老金 62 869 万元，按时足额发放率和社会化发放率均达 100%。

社会失业保险工作取得明显成效。做好市级统筹后规范化管理工作，开展失业保险基础管理建设年活动，健全内部管理制度，统一业务办理程序，强化内部监督机制，使县级失业保险经办机构走上规范化管理轨道。全市失业保险参保职工达22.62万人，征收失业保险费6 310万元，发放失业保险金5 640.45 万元。

社会医疗保险工作扎实有效开展。提高城镇职工基本医疗保险和居民医疗保险住院报销比例，降低城镇居民医疗保险缴费标准，有效减轻了参保人员的医疗费用负担。全市城镇职工基本医疗保险参保职工 29.43 万人，征收医疗保险费 27 821 万元。全市城镇居民医疗保险参保职工 30.04 万人，参保居民待遇落实率达 100%。全市支出医疗保险金 20 496 万元，按时足额支付率达 100%。

工伤与生育保险工作取得了新的进展。全市工伤保险参保人数达 14.46 万人(其中农民工 33 812 人)，征收工伤保险费 1 202 万元，为 518 人支付工伤保险待遇 756 万元。全市生育保险参保人数达 10.05 万人，征收生育保险费 578 万元，为 487 人支付生育保险待遇 186 万元。

公务员队伍建设全面推进。认真贯彻实施《中华人民共和国公务员法》，着力做好公务员法配套法规政策实施工作，进一步完善公务员辞去公职、辞退、奖励的规定及公务员职位管理办法，规范年度考核优秀公务员奖励办法，分别给予全市 166 名公务员记三等功奖励、443 名公务员嘉奖奖励。坚持公务员"凡进必考"制度，全面公开录用公务员 63 名。落实《关于规范行政奖励工作的意见》，推荐表彰先进集体 200 余个、先进个人 800 余名。加强公务员培训，组织全市 86 名乡(镇)长及街道办事处主任参加全省公务员领导干部培训，全年完成各类培训 6 200 余人次。开展"人民满意的公务员集体""人民满意的公务员"评选活动，中共卢氏县委被授予第 7 届全国"人民满意的公务员集体"荣誉称号，市检察院被评为全省"人民满意的公务员集体"，2 人荣获全省"人民满意的公务员"称号。

人才队伍建设取得新进步。坚持培养和引进相结合，突出高层次人才和高技能人才两支队伍，统筹做好各类人才队伍建设工作。大力实施"兴豫之光"计划，完成引进 59 名博士、硕士的异地考察工作。认真贯彻落实《关于引进外部人才的意见》，全年引进各类人才 236 人。全面完成 2009 年国家外国专家局和省外国专家局批准的 10 个引智项目，建成"一村一品"引智示范基地 2 个。实施"中原崛起百千万海外人才引进工程"，引进外国专家 25 人次，组织出国(境)培训 33 人次。继续深化职称制度改革，推行职称申报公开、民主评议、异议期公示等制度。严肃考风考纪，精心组织各项人事考试，完成各类考试报名13 113人次，组织各类考试11 455人次。加强人才市场建设，全年新增人事代理 850 人，新发展人才市场会员单位 16 家，新储备人才 6 000人，提供就业岗位5 000余个。8 月 4 日，经全省统一招募、分配三门峡市的 29 名"三支一扶"大学生经过岗前培训，分赴基层开展支教、支农、支医和扶贫工作。

事业单位人事制度改革稳步推进。大力推行事业单位新进人员公开招聘制度，圆满完成 2009 年市直事业单位公开招聘 39 名工作人员以及市教育部门公开招聘 50 名小学教师的考试录用工作。在清理规范津补贴的基础上，全面完成全市义务教育学校绩效工资的组织实施工作，全市义务教育学校绩效工资基本兑现。继续推行事业单位专业技术岗位管理制度，强化聘任管理，按照结构比例聘任专业技术人员 300 余人。

维护劳动者合法权益工作取得新成绩。做好劳动关系调整工作。推进劳动合同签订工作，全市劳动合同签订人数达 23 万人，总劳动合同签订率达

93%。审批关闭破产改制企业安置方案3家,涉及职工2 499人,审核改制破产总费用14 238万元,其中核发经济补偿金5 314万元,方案审核率达100%。抓好工资分配宏观调控工作,发布100个工种的工资指导价位及7个行业的人工成本信息。

依法开展劳动保障监察执法活动。全市劳动保障监察机构全年受理并查处群众投诉举报案件158起,结案率达100%。开展各类专项检查,累计检查用人单位2 355户,涉及劳动者人数13.85万人,纠正各类违法行为521起,为包括农民工在内的劳动者追讨工资565.95万元,取缔非法职业中介18户,清退童工3人。

稳妥开展劳动人事争议处理及信访工作。全市劳动人事争议仲裁机构立案1 034起,法定时效内结案率均达100%。进一步落实信访工作责任制,开展"信访积案化解年"活动,坚持局领导定期信访接待制度,组织开展群众工作日活动,妥善做好群众来信来访工作。全年接待来访群众8 650人次,处理劳动信访信件147件,所有来访和信件都得到妥善处理,切实把矛盾解决在基层,消除在萌芽状态。

军转干部安置工作扎实有效。认真落实中央、省关于转业干部安置政策规定,深入调查研究,加强与接收单位的沟通协调,按时完成计划安置军转干部的接收安置任务。完善自主择业军转干部的管理服务工作,按时足额发放退役金,落实医疗保险待遇,帮助选择就业岗位。做好部分企业军转干部的解困维稳工作。按照上级文件精神,两次调整全市企业军转干部生活困难补助标准,抓好落实兑现,较好地维护了全市稳定大局。全年全市共接收军转干部22人,其中计划安置20人、自主择业2人。

【调整城镇居民医疗保险待遇】 自2010年1月1日起,三门峡市18岁以上的城镇居民个人缴费标准由70元/年降低至50元/年,统筹基金最高支付比例由2.5万元调整为4万元,参保人员住院床位费支付标准由15元/日提高至28元/日,大额医疗费补充保险最高支付限额由3万元提高到10万元。

4月9日,春季三门峡市大中专毕业生就业招聘会现场

【"农民工服务月"活动启动】 2月19日,全市"农民工服务月"活动启动仪式在市人力资源市场举行。这次活动旨在动员社会各方面力量,采取一系列措施,切实帮助农民工、农村富余劳动力,特别是返乡农民工和新成长农村劳动力实现就业和维权等。在当天举办的专场招聘会上,共有120家企业为广大求职者提供就业岗位6 500个,1 480名求职者与企业达成用工意向。

【举办河南·三门峡(北京)劳务推介会】 为进一步开拓劳务资源、发展劳务经济、树立劳务品牌、促进农民工就业,3月3日上午,河南·三门峡(北京)劳务推介会在北京长城饭店举行。会上,三门峡市与京津塘地区的132家企业签订用工协议,涉及40个工种31 335人。中共河南省委常委、宣传部部长、副省长孔玉芳,人力资源和社会保障部农民工工作司司长汪志洪,市委书记李文慧在会上致词。新华社、人民日报社、中央电视台、河南日报社、河南电视台等30余家新闻媒体记者到会采访。

【举办赴京务工专场招聘会】 3月26日,市劳动和社会保障局、市总工会、团市委、市妇联以及湖滨区有关单位联合举办赴京务工专场招聘会,以巩固3月3日举办的河南·三门峡(北京)劳务推介会成果,进一步解决市区下岗失业人员和市郊返乡农民工的就业问题。当天的招聘会上,共发布用工岗位信息3万余个,展出就业政策展板20余块。参加招聘活动的三门峡市用工单位45个、外地用工单位140个,共提供劳动岗位3 500余个,涉及42个专业工种,1 800余名求职者中有1 400余人达成就业意向。

【两个出国培训团组获得国家外国专家局批准】 4月8日,市人事局2008年9月申报的绿色果品生产、销售及深加工技术赴日培训和8微米高档大容量电池箔进口设备技术培训项目,获国家外国专家局和河南省外国专家局批准,列入国家和河南省2009年度出国培训项目计划。其中绿色果品生产、销售及深加工技术项目获批25人,赴日本培训21天,是三门峡市政府部门首次获得国家外国专家局赴外培训的组团。8微米高档大容量电池箔进口设备技术培训项目由灵宝华鑫铜箔公司实施,派遣6名技术人员赴韩国培训90天,获得国家外国专家局40%经费资助,是三门峡市第1个获得国家外国专家局经费资助的项目。

【举办春季、秋季大中专毕业生就业招聘会】 4月9日,由市委统战部、市工商联、市人事局和三门峡职业技术学院共同举办的2009年春季大中专毕业生就业招聘会在三门峡职业技术学院举行。招聘会共吸引市内外241家用人单位参会，提供就业岗位3 622个，8 600余名应往届毕业生参加双向选择。10月16日，由市人事劳动和社会保障局、三门峡职业技术学院联合举办的秋季大中专毕业生就业招聘会在三门峡职业技术学院文化广场举行。三门峡及周边地区150余家用人单位前来招聘，提供就业岗位1 000余个，包括电子、化工、建筑、旅游、教育、市场营销、计算机技术等多个工种，学院及周边地区上千名大中专毕业生参与双向选择。

【三门峡市就业攻坚行动计划启动】 8月31日上午，三门峡市就业攻坚行动计划在市人力资源市场正式启动，主要任务是动员社会各方面力量和资源，集中攻坚，加快推进高校毕业生、城市零就业家庭和农民工的就业和创业工作。实施就业攻坚行动计划是市委、市政府帮助困难群体就业的一项重要举措，主要内容：一是大力开发就业岗位。全市新增1万个重点项目建设就业岗位、1万个企业就业岗位、2万个基层服务岗位，确保全年实现城镇新增就业岗位4万个以上。二是开展高校毕业生就业百日攻坚活动。举办80场大学生就业专场招聘会，开展600名大学生到村任职工作计划，实施360名高校毕业生从事农村义务教育阶段教师特设岗位计划等。三是组织实施高校毕业生就业见习三年行动计划，年内建立见习基地100家，组织1 000名高校毕业生参加见习；全面落实高校毕业生就业政策，确保年底前应届高校毕业生就业率达到80%以上。四是加强困难人员的就业帮扶。五是促进以创业带动就业。大力开展创业培训，全年培训城镇失业人员1 700人，返乡创业农民工600人；进一步加大小额担保贷款扶持创业力度，力争全年发放小额担保贷款1亿元以上。当天，三门峡市还举办了大型招聘会和政策咨询活动，为广大求职者提供空岗信息6 000余条，涉及企业中高级管理、家政、餐饮服务、营销、机械制造等20余个工种。有36家用人单位到现场进行招聘，与2 600人初步达成用工意向。

【调整城镇职工医疗保险待遇】 自9月1日起，三门峡市调整城镇职工医疗保险待遇。统筹基金支付比例地市级以下医院由80%调整为90%，统筹基金最高支付比例由2.7万元调整为5万元，参保人员住院床位费支付标准由15元/日提高至28元/日，大额医疗费补充保险最高支付限额由18万元提高到25万元。

【三门峡市被列入全国首批工伤预防试点城市】 11月，三门峡市被人力资源和社会保障部批准列为全国首批工伤预防试点城市。试点城市的工伤保险基金将提取一定比例专门用于工伤预防。这意味着工伤保险制度将逐步尝试由以往的“伤后保障”，扩展为“提前预防、事后保障”并重的新模式。

【参加中国—欧盟工伤保险高层研讨会】 12月1日，中国—欧盟社会保障合作项目工伤保险和工伤预防高层研讨会在北京市举行，三门峡市劳动和社会保障局局长任振廷应邀参加。会议由人力资源与社会保障部和中国—欧盟社会保障合作项目办公室主办，中国及欧盟多国领导和社会保障领域专家共同出席。与会代表分别介绍各自在工伤保险和工伤预防方面的做法和经验，并围绕工伤保险制度建设等共同关心的问题进行研讨，对如何加强中国与欧盟在劳动保障领域的交流与合作进行了磋商。 （席 荣）

信访工作

【概况】 2009年，三门峡市各级、各部门进一步畅通信访渠道，深入开展矛盾纠纷排查化解工作，切实加大解决问题和督查督办力度，着力强化责任追究，依法规范信访秩序，多策并举，综合施治，最大限度地把矛盾纠纷化解在基层、消除在萌芽状态。全年共接待群众到市集体上访266批、5 048人；接待到市个人上访371起、373次、652人；受理群众来信810案、1 336件；受理群众网上信访343案、365件；京、省、市3级信访立案925起，到期应结814起，办结750起，按期办结率92.1%，办结满意率37.2%。协调处理了大量信访问题，全市信访形势总体平稳。国庆期间，三门峡市没有发生赴京集体上访和非正常上访，没有发生重大信访稳定问题和安全事故，北京没有发生来自三门峡的干扰。三门峡市连续第5年被省委、省政府评为信访工作先进省辖市。

【开展“信访积案及突出问题化解年”活动】 按照中央、省委的决策部署，结合三门峡市信访稳定形势，市委、市政府在全市深入开展“信访积案及突出问题化解年”活动。活动时间从5月到9月，分排查建立台账、集中化解处理、巩固完善、总结验收4个阶段，以赴京到省集体上访、非访、重信重访和信访突出问题为重点，着力化解涉及土地征用、房屋拆迁、企业改制、涉法涉诉、劳动保障、民生等方面的时间跨度大、案情复杂、处理难度大的疑难复杂信访问题，最大限度地推动“事要解决”，最大限度地减少信访“存量”，努力探索形成化解信访积案和突出问题的长效机制。活动期间，省交办三门峡市信访积案29起，7月底前全部办结，案件办结满意率为89%。

【开展“群众工作日”活动】 为深化义马群众工作经验，加强新时期群众工作，着力化解社会矛盾，强力推进“事要解决”，大力促进社会和谐，市委决定，从8月开始，将每月30日（2月最后一天）定为全市“群众工作日”。“群众工作日”当天，全市各级党政领导干部都要深入群众，面对面开展群众工作。至年底，共开展5个“群众工作日”活动，全市28 758名干部深入基层，走访群众62 821人次，收集群众意见建议4 005条，排查矛盾纠纷7 072起，化解5 749起，接待群众来访554起、1 613人，为群众办实事、好事1 361件，受到广大人民群众的普遍欢迎。

【国家信访局副局长王石奇两次到三门峡市调研】 4月5日，全国村务公开协调组成员、国家信访局副局长王石奇到三门峡市，调研村委换届和信访工作。王石奇先后到义马市新区街道办事处梁沟村和东区街道办事处河口村，渑池县仰韶乡苏门村调研村委换届选举和村务公开工作情况。9月10日，以王石奇为组长的中央信访工作督导组到三门峡市，对《中共中央、国务院关于进一步加强新时期信访工作的意见》《中共中央办公厅、国务院办公厅转发中央处理信访突出问题及群众性事件联席会议〈关于领导干部定期接待群众来访的意见〉等3个文件的通知》两个文件和8月13日全国、全省维护稳定暨信访工作第二次电视电话会议精神的贯彻落实情况及三门峡市信访稳定工作进行检查指导。王石奇对三门峡市信访和群众工作给予充分肯定,希望三门峡市继续坚持这些好的做法和经验,不断开拓创新,努力提高信访工作的制度化、规范化、法制化水平,开创信访和群众工作新局面。　(王希运)

民族宗教工作

【概况】 2009年,三门峡市民族工作以"共同团结奋斗、共同繁荣发展",宗教工作以"讲政策、抓管理、防渗透、促适应"为重点,全面做好各项工作。2月,市民族宗教局在全市第2次民族团结进步表彰大会上被授予"民族团结进步模范集体"称号。11月,在河南省第5次民族团结进步表彰大会上,市民族宗教局被授予全省"民族团结进步模范集体"称号。

开展民族"四争创"(争创民族团结进步先进市、县、乡、村)活动,贯彻落实党的民族政策。根据《国务院办公厅关于严格执行党和国家民族政策有关问题的通知》和省、市有关文件要求,采取各种形式,在全市开展"三个离不开"(汉族离不开少数民族,少数民族离不开汉族,各少数民族之间也相互离不开)、"四个维护"(维护法律尊严,维护人民利益,维护民族团结,维护祖国统一)宣传教育,巩固和发展平等、团结、互助的社会主义民族关系。共举办各类培训班19期,培训2 360余人,其中民族政策、理论培训10期、500余人,农业科技实用技术培训18期、1 300余人,农民工技能培训6期、800余人。全市发放宣传材料6 000余份,出板报12期,办宣传栏35期,悬挂横幅30余条,召开座谈会13场次。组织6 000余人次参加全省民族宗教政策和法律法规有奖知识竞赛,收回竞赛答卷4 000余份。通过宣传教育,各族干部群众进一步增强了民族群众团结意识和法制意识,推动了"四争创"活动的深入开展。

加强清真食品监督检查,维护少数民族群众的合法权益。按照《河南省清真食品管理办法》,元旦、春节期间,市民族宗教局协同工商等部门出动35人、车辆15台次,对全市生产经营清真食品的门店74家,生产企业28家,超市20家,清真屠宰点25个,饭店385家,学校医院清真食堂10家进行监督检查,规范清真食品市场管理,使穆斯林群众吃上了放心、安全的清真食品。

抓好项目带动,促进民族经济又好又快发展。确定卢氏县北关村护坝工程、渑池县城关镇一里河维族村道路硬化工程、陕县张茅乡后崖村人畜饮水工程3个项目,争取省民委少数民族扶持资金60万元;协调小额贷款572万元,协调有关单位扶持资金76万元,帮助少数民族群众解决种植、吃水、行路等困难;为民族企业——湖滨果汁公司争取扶持资金25万元;帮助支持河南尚正食品有限公司投资4 100万元新上万吨牛肉深加工项目,项目集屠宰、分割、排酸、冷冻为一体,日屠宰肉牛150头,既解决了市场供应清真牛肉问题,又填补了三门峡市清真牛肉加工企业空白。

开展宗教方面"两个条例"(国务院《宗教事务条例》《河南省宗教事务条例》)宣传活动,加强领导干部、宗教干部、宗教教职人员"三支队伍"培训工作。组织各宗教团体、宗教活动场所学习《宗教事务条例》和宗教政策法规。全年全市共举办宗教政策法规培训班56期,受培训人员9 800余人次;组织上街宣传"两个条例"11次,发放有关资料5 500余份,悬挂横幅320余条。通过宣传贯彻"两个条例",宗教干部、教职人员和信教群众进一步掌握了国家宗教方面的法律法规,依法管理宗教事务的意识和能力大大提高。

加强宗教事务管理,解决宗教方面的热点、难点问题。指导宗教爱国团体加强自身建设,帮助宗教团体和活动场所健全完善各项规章制度,促进宗教内部事务管理规范化。强化经常性的执法检查。市民族宗教局配合市政协调研组,对全市6个县(市)区、10余个宗教活动场所进行调研,对宗教工作中的热点、难点问题和境外宗教渗透、邪教组织活动等情况进行专题调研,撰写调研报告6篇。治理整顿私设宗教活动场所、乱建寺庙等宗教工作重点、难点问题。查处撤销基督教私设点10处,查处乱建寺庙事件2起,处理自封传道人6人,维护了宗教法规的严肃性。

在全市宗教界开展"争创模范宗教团体、争创模范宗教活动场所、争当爱国爱教模范教职人员、争当爱国守法文明致富信教群众"活动,引导宗教与社会主义社会相适应。全年举办信教群众实用科技培训班74期,印发科技资料10 200余册,受培训人员1.32万人次。鼓励倡导宗教界兴办自养事业,积极参与社会公益事业。义务植树11万株,修桥补路18千米,捐资助学2万元,为受灾群众捐物800余件、捐资220余万元,到敬老院做义工服务310人次。

指导宗教活动场所做好换届工作。各级宗教部门充分发扬民主,把好候选人的审查关,依照民主选举程序,把真正为信教群众办事的人员选入管理组织,保证宗教内部和谐。市民族宗教局指导灵宝市对25个基督教活动场所的管理人员进行换届,调整人员51人,平均年龄下降7岁,为促进宗教活动场所规范化管理打下了坚实的基础。

开展创建"和谐寺观教堂"活动。通过召开动员会,举办培训班,总结推广先进经验,在宗教活动场所设置专栏等形式,将创建活动的重要意义、指导思想、目标要求、创建标准等宣传到每一个宗教活动场所,吸引广大信教群众参与到创建活动中来。　(张恩仕)

外事及友城工作

【概况】 2009年,三门峡市委、市政府主要领导通过团组出访,扩大对外交往,有力地宣传了三门峡的形象。10月,市委书记李文慧出访南非、埃及,分别与南非中原总商会和埃及工业高科技公司建立合作关系,为三门峡的企业开辟了面向非洲的窗口。在民间交往方面,河南省书法协会副主席暨三门峡市著名书法家张高山和三门峡烹饪协会副会长卢志强于9月应邀赴友好城市匈牙利索尔诺克市,参加索尔诺克"古雅仕"艺术节,现场表演了中国书法、绘画和豫菜烹饪技艺。在涉外事件处理上,11月,韩国PNT公司设备工程师池虎善(韩国籍)在灵宝市意外身亡,三门峡市人民政府外事侨务办公室按法定程序协助灵宝市、韩国驻华使馆工作人员和死者家属妥善处理善后事宜，受到韩国驻华使馆和家属的感谢。

【三门峡市与韩国东斗川市缔结友好城市】 5月17日下午，三门峡市与韩国东斗川市建立友好城市关系签字仪式在三门峡市举行，双方将在经济、贸易、科技、文化、教育、体育等方面开展多种形式的交流与合作，促进共同繁荣发展。东斗川市市长吴世昌，三门峡市委副书记、市长杨树平，市委常委、统战部部长王惠，副市长赵艳，市长助理、市政府秘书长张建峰，市长助理张万斌等出席签字仪式。东斗川市是韩国京畿道的一个市，位于韩国首都首尔以北40千米，人口9万余人，面积95.68平方千米。东斗川市环境优美，山地林区面积超过60%，加工业、农业、旅游业较为发达。5月20日上午，三门峡市举办投资说明会，与韩国东斗川市经贸代表团就深入开展合作与交流进行友好协商，并签署6项合作意向。

【法国普瓦捷市政府代表团访问三门峡市】 5月20日，法国维埃纳省普瓦捷市政府代表团抵达三门峡市。市政府举行欢迎招待会，欢迎普瓦捷市市长科莱斯及夫人、副市长龚德、法国电力公司普瓦图—夏朗德地区主任马梓爱一行。当日，科莱斯、龚德一行拜会三门峡市人民政府，双方就建立友好关系进行会谈。会谈中，杨树平向科莱斯等赠送三门峡民间剪纸艺术作品《五牛图》，科莱斯向杨树平等回赠法国著名画家的绘画作品。5月21日中午，三门峡市举行招待酒会，欢送普瓦捷市政府代表团一行。

【匈牙利共和国索尔诺克市代表团到三门峡市访问】 6月7日至12日，匈牙利共和国索尔诺克市代表团一行8人到三门峡市访问。代表团访问了三门峡职业技术学院和三门峡市外国语小学，参观了部分旅游景区，分别与市有关部门就两市开展经贸往来和文体交流合作进行会谈。三门峡职业技术学院同索尔诺克大学签订《派遣留学生协议书》，并就两院校在更深层次开展交流合作达成共识。6月9日，市委副书记、市长杨树平会见索尔诺克市代表团一行。宾主双方就建立友好城市以来的友谊、交流与合作进行亲切会谈。代表团诚挚邀请三门峡市人民政府代表团于9月10日至13日到索尔诺克市参加文化节。杨树平向客人赠送用麦秸秆制作的三门峡市花——月季花，索尔诺克市客人也向杨树平回赠了索尔诺克市景观照片和匈牙利精美画册。

（刘云江）

5月17日，三门峡市委副书记、市长杨树平，韩国东斗川市市长吴世昌共同签订《中国三门峡市和韩国东斗川市建立友好城市关系协议书》

中国人民政治协商会议三门峡市委员会

【概况】 2009年，中国人民政治协商会议三门峡市委员会坚持以邓小平理论、“三个代表”重要思想为指导，全面贯彻落实科学发展观，认真学习中共十七大和十七届三中、四中全会精神，牢牢把握团结和民主两大主题，紧紧围绕全市工作大局，认真履行政治协商、民主监督和参政议政三大职能。全年共召开1次全体会议、4次主席会议、4次常委会议。组织委员视察、调研9次，形成视察、调研报告7份。五届三次会议以来共征集各类提案258件，经提案审查委员会审查立案251件，提案办复率达到100%，满意率达到99%。在卢氏县横涧乡熊耳村开展包村扶贫工作，在三门峡工业园五原村开展项目建设驻村帮扶工作，在渑池县仰韶乡天坛村开展精神文明帮扶工作，积极帮助所包村发展项目、整治村容村貌，开展帮贫扶困、送医送药、知识讲座等活动，受到当地群众一致好评。征集文史资料50余篇，30余万字，编辑出版《三门峡文史资料》第19辑。举办庆祝新中国成立60周年暨人民政协成立60周年“蒲剧演唱会”。先后参加全国10省(区)27城市横向联系会第22次会议、河南省政协主席联席会第13次会议、河南省政协政协工作交流会、理论研讨会和社情民意经验交流会，提交经验交流材料5份，就新形势下人民政协工作开展研讨。承办省政协教科文体委员会在三门峡市举办的“文化体制改革与发展创新座谈会”，树立了三门峡市的良好形象。全年还接待来自各地政协的考察团78批、920人次。加强对县(市)区政协的指导。市政协的重要活动和会议，都邀请县(市)区政协负责人参加；重要视察、调研、考察活动坚持与县(市)区政协联合开展；与有关县级政协联合，征集、编写三门峡文史资料等。这些活动有效地促进了全市两级政协工作的积极开展。

【市政协五届三次会议召开】 1月4日

至7日,政协三门峡市五届三次会议召开。市政协主席郭秀荣向大会作工作报告,常务副主席陈雪平主持会议,副主席高从民作关于五届二次会议以来提案工作情况的报告。五届三次会议以来共征集各类提案232件,经审查立案230件,其中各民主党派、工商联提案25件,委员个人提案205件。有关经济建设方面的135件,占立案数的58.7%;科教文卫方面的34件,占14.78%;劳动、人事、政法、统战方面的60件,占26.09%;其他类1件。未予立案的有2件,提案办复率为100%,满意率达99%。会议审议通过政协三门峡市第五届委员会常务委员会工作报告和五届二次会议以来提案工作情况的报告;列席五届三门峡市人民代表大会第四次会议,听取并讨论《政府工作报告》《关于三门峡市2008年国民经济和社会发展计划执行情况与2009年计划(草案)的报告》《关于三门峡市2008年财政预算执行情况和2009年财政预算(草案)的报告》《三门峡市中级人民法院工作报告》和《三门峡市人民检察院工作报告》;通过政协三门峡市第五届委员会第三次会议政治决议。

【召开4次政协常委会议】　全年市政协共召开4次常委会议。五届十一次常委会议于4月21日召开,听取市政协文教体卫委员会《关于我市文化产业发展状况的调研报告》和市政府《关于我市文化产业发展状况的通报》,协商讨论全市文化产业发展工作。五届十二次常委会议于7月28日召开,听取市政协港澳台侨民族宗教委员会《关于我市宗教工作情况的调研报告》和市政府《关于我市宗教工作情况的通报》,协商讨论全市宗教工作情况。五届十三次常委会议于10月14日召开,听取市政协经济科技委员会《关于我市项目建设年活动的调研报告》和《关于我市项目建设年活动情况的通报》,协商讨论全市项目建设年活动工作。五届十四次常委会议于12月29日召开,听取市政协五届四次会议筹备情况汇报;协商《政府工作报告》(征求意见稿);协商增补调整委员事宜;协商通过市政协五届四次会议召开时间、日程、议程(草案);协商通过市政协五届四次会议秘书长、副秘书长名单(草案);协商通过市政协五届四次会议委员、列席人员分组办法(草案);协商市政协五届四次会议委员、列席人员分组名单(草案);协商通过市政协五届四次会议各委员组召集人名单(草案);协商通过市政协五届四次会议大会值日名单(草案);协商通过市政协五届四次会议提案审查委员会组成人员名单(草案);协商讨论市政协五届委员会常务委员会工作报告(讨论稿)和市政协五届委员会常务委员会关于五届三次会议以来提案工作情况的报告(讨论稿)。

【调研文化产业发展状况】　3月11日至14日,由市政协主席郭秀荣,副主席陈雪平、姚龙、王富民、王铁创、高从民、张景林以及市政协秘书长吴群慈牵头,市政协文教委具体组织实施,抽调政协各委办主任、部分市政协委员及专家学者组成调研组,在市文化局等有关部门的配合下,专题调研全市文化产业发展状况。调研组采取听取汇报,座谈讨论,问卷调查,深入企业、市场和园区走访等形式进行调研。王铁创指出,发展壮大文化产业要加强组织领导,发挥政府的主导作用;加快体制机制创新,有效破解发展中的难题,规范经营形式,使文化企业真正成为市场主体;完善激励政策,加大扶持力度,广泛吸收社会力量共同发展文化产业;提高文化产业的科技量,增强市场竞争力;搞好人才引进与培训,培养一批高素质的文化经纪人;不断学习外地的先进经验和做法,进一步促进全市文化产业健康有序发展,为经济社会发展作出更大贡献。

【视察农业结构调整情况】　4月30日,市政协副主席孙继伟率市政协调研组深入灵宝市部分乡村、企业和示范园区,调研农业结构调整情况。调研组一行先后深入灵宝市西阎乡杨家湾村芦笋基地、宝励浩食品工业有限公司、果树实验场高效示范园区、农业高科技示范园和景源果业有限公司,实地察看生产经营情况。市政协委员们对农业产业的标准化程度、高科技的研发应用水平给予好评,并提出中肯建议。孙继伟指出,要加大宣传力度,进一步做大做强农业产业化项目,加快农业结构调整步伐。

【视察城市管理工作】　5月11日,市政协副主席王富民带领部分政协委员视察城市管理工作。视察组一行先后实地察看了虢国公园、湖滨广场、天鹅湖国家城市湿地公园、青年广场、上阳桥等处环境卫生及绿化工作,并沿途察看市区几条主干道的占道经营、户外广告、私搭乱建治理工作情况。座谈会上,视察组认真听取市城管局负责人的工作汇报,并就做好城市管理工作提出意见和建议。王富民在座谈中对市城管局成立4年来取得的成绩给予高度评价,希望市城管局进一步研究齐抓共管的机制问题、"以人为本"的热潮管理理念,推动城市管理工作再上新台阶。

【调研宗教工作情况】　6月9日至12日,市政协副主席王铁创、肖群兰等与市部分政协委员一起,调研全市宗教工作。调研组先后深入湖滨区、渑池县、义马市、灵宝市、卢氏县和陕县,了解各级政府落实国家宗教政策情况以及组织宗教界人士参加社会主义建设、开展社会公益活动、积极参与构建和谐社会的做法。调研组认为全市宗教工作认真落实宗教方面"两个条例",加强宗教事务管理,积极引导宗教与社会主义相适应,使宗教工作走上了正常化、规范化和法制化的轨道。调研组希望各级政府宗教管理部门要以学习实践科学发展观活动为契机,在总结工作经验的基础上,围绕宗教工作"讲政策、抓管理、防渗透、促适应",进一步加大工作力度,将依法管理宗教事务与依法维护宗教团体成员的合法权益结合起来,使党和国家的宗教方针政策进一步深入人心,宗教界的"爱国、守法、致富、奉献"活动深入开展,宗教管理基层工作进一步加强,宗教管理部门的执法职能进一步得到发挥,为全市的改革、发展稳定作出积极贡献。

【调研残疾人工作】　7月21日至22日,市政协副主席王富民率领市政协调研组,调研三门峡市残疾人工作。调研组一行先后到渑池县、义马市和湖滨区,实地调研残疾人个体创业、基层组织建设、综合服务设施建设、职业技能培训以及企业集中安置残疾人工作情况等。之后,调研组听取了市残联负责人的工作汇报。通过调研,大家一致认

中国人民政治协商会议三门峡市第五届委员会第三次会议

为,近年来,三门峡市的残疾人康复、就业、扶贫及综合服务设施建设工作取得了长足进步,残疾人事业得到较快发展。就如何进一步做好全市的残疾人工作,王富民指出,要坚持以政府为主导、有关部门协调动作的工作机制,不断完善残疾人工作组织体系;立足于残疾人实际需求,抓好医疗康复、劳动就业、社会保障等工作,给残疾人带来实实在在的利益;加大对残疾人自主创业典型和支持残疾人事业发展典型的宣传力度,使更多的残疾人坚定自尊、自强、自信、自立的信念,推进残疾人事业不断发展。

【调研"项目建设年"活动情况】 8月25日至28日,市政协副主席高从民、孙继伟带领部分政协委员,对各县(市)区、开发区、工业园和市区等37个在建重点项目建设情况进行调研。通过调研,委员们提出,要优化经济结构,提升产业水平;明确发展方向,完善考核体系;制定激励措施,引导干事创业;加强协调服务,营造良好环境。

【视察疾病预防控制工作】 10月15日至19日,市政协副主席姚龙、王铁创带领疾病预防控制工作专题调研组,视察全市的疾病预防控制网络建设和日常工作开展情况。视察组先后实地察看灵宝市、陕县、渑池县和义马市的疾病预防控制机构设置和状况,考察市疾病预防控制中心建设情况,通过察看和座谈,深入考察疾病预防控制中心、卫生院(所)、学校、企业和行政村的疾病预防控制工作,并听取市、县两级疾病预防控制部门的工作汇报。委员们对全市疾病预防控制工作给予肯定,提出进一步解放思想,严密监测、有效防控,全面加强疾病预防控制工作等意见和建议。

【视察城市集中供暖工作】 11月27日,市政协副主席陈雪平带领部分政协委员,视察城市集中供暖工作。视察组实地察看了开曼热源工程、涧南中继泵站、台上热交换站,全面了解整套供暖系统的运行情况,并深入居民家中,询问供暖情况,听取市民意见。陈雪平指出,集中供暖二期工程对提高市民生活质量、进一步搞好环境保护意义非凡。在以后的工作中,要改进集中供暖进计量供热,努力落实节能减排政策;积极落实对生活困难群体的优惠政策,扩大供热范围,让更多群众共享全市"十件实事"的成果;加强管理,体察民情,提高服务意识,不断提高整体供暖水平。

【视察提案办理情况】 11月24日,市政协副主席卢群召带领部分政协委员,视察政府部门办理委员提案情况。委员们先后到湖滨广场和虢国公园西菜市场,现场察看和督导提案涉及的占道经营、乱停乱放及城市管理情况。委员们还深入中原黄金冶炼厂有限公司、污水处理厂和涧河治理工地调研群众关心的污染问题,对在建项目市文体中心、郑西高铁三门峡车站的建设情况进行视察。下午,委员们到市外国语小学、市一高、湖滨街道第一社区卫生服务站,走访视察校园周边环境整治、学校饮食安全以及社区卫生服务体系建设情况。卢群召指出,办理政协提案,对于加强社会主义民主和法制建设、密切政府职能部门同人民群众的联系、改进机关工作作风具有十分重要的意义。政府各职能部门高度重视提案办理工作,促使一些群众关心的热点、难点问题的解决,取得了明显成效。政府各职能部门要紧扣市委、市政府的工作大局,继续关注民生,出实招、办实事,让广大民群众真正得到实惠。

【全国政协副主席白立忱到三门峡市考察】 10月23日至24日,全国政协副主席白立忱一行先后到甘山国家森林公园、函谷关古文化旅游区、虢国博物馆参观考察。白立忱对三门峡市景区建设取得的良好成绩给予高度评价,希望三门峡市景区规划建设要高起点、高标准,突出特色和优势,进一步挖掘城市文化内涵,不断提高城市品位,为城市未来发展创造更大的空间。

【省政协常委视察团到三门峡市视察在建重点项目建设情况】 8月20日,省政协主席王全书率省政协常委视察团到三门峡市,视察在建重点项目建设情况。王全书一行认真了解三门峡市重点项目建设的有关情况,先后视察了义马市河南盛源化工科技有限公司3亿千克醋酸项目、河南开祥化工有限公司2×2.5亿千克甲醇项目、义煤集团日产1 000万标方煤制气项目和渑池县东方希望(三门峡)铝业有限公司金属镓、节水改造项目。王全书强调,要按照省委、省政府的部署和要求,切实抓好项目建设工作:强化督促检查,加快建设步伐;拓宽融资渠道,加大资金支持;强化项目管理,提高投资效益;挖掘项目潜力,夯实发展后劲,努力在重点项目建设方面取得新的更大的成绩。

【省政协调研组到三门峡市调研矿产资源管理工作】 4月23日,以省政协人口资源环境委员会主任毕福海为组长、副主任邓应俭为副组长的省政协调研组到三门峡市，就金融危机条件下全市矿产资源管理及对经济发展的保障作用情况进行调研。调研组对三门峡市面对金融危机科学谋划，继续做好矿产资源整顿和规范工作、全面加强地质工作、进一步做大做强矿业经济的做法表示肯定。同时指出，三门峡市应该不断将优势矿产的整合引向深入，积极推进矿业权市场建设，以人为本，构建和谐，保护资源，科学管理，综合利用，发展循环经济。

【省政协调研组到三门峡市对妥善处理非正常上访情况进行调研】 5月7日至8日，省政协调研组在省政协常委王尊民的带领下到三门峡市，对妥善处理非正常上访情况进行调研。副市长周志远代表市处理信访突出问题及群体性事件联席会议办公室进行专题汇报。8日，调研组一行专程到义马市和渑池县，实地走访基层群众工作部门，听取关于义马群众工作经验、渑池信访评估模式的工作汇报。王尊民指出，义马市、渑池县坚持用“以人为本、执政为民”的“大处方”来解决非正常上访问题，创出了好的经验，既融洽了干群关系，又维护了社会稳定，促进了社会和谐。希望以后不断完善群众和信访工作机制，创新工作方式方法，为和谐社会建设作出更大贡献。

【驻黑龙江省全国政协委员考察团到三门峡市考察】 5月23日至24日，黑龙江省政协副主席、省委统战部部长王涛志，黑龙江省政协副主席何小平、陶夏新率驻黑龙江省全国政协委员考察团到三门峡市，考察文化、旅游产业发展情况。考察团先后深入函谷关景区、虢国博物馆和三门峡大坝，详细了解三门峡市的经济社会发展情况，特别是文化、旅游产业发展情况。王涛志等充分肯定三门峡市文化、旅游产业发展情况，表示要借鉴河南和三门峡的成功经验，为黑龙江省文化、旅游产业的进一步发展建言献策，黑龙江、河南两省在以后的工作中要继续加强合作，实现共同发展。

【全省政协教科文卫体委员会工作座谈会在三门峡市召开】 10月27日，全省政协教科文卫体委员会工作座谈会在三门峡市召开，会议围绕“深化文化体制改革，推动文化繁荣创新”进行深入交流与探讨。省政协副主席靳绥东、市委副书记王建勋、市政协主席郭秀荣出席会议。全省17个省辖市政协主管领导及教科文卫体委员会主任等参加会议。省政协教科文卫体委员会主任王彦武作题为“深化文化体制改革，推动文化繁荣创新”的主题发言。靳绥东指出，要认真总结、归纳整理各地在深化文化体制改革、发展文化事业方面取得的好经验、好做法，通过建言献策，深化全省文化体制改革，推动全省文化事业发展。 （车艳梅）

·编辑 李艺芬 卢亚杰·

12月26日，市政府机构改革工作会议

群众团体

9 月 3 日，三门峡市举行重点项目建设青年突击队授旗仪式

三门峡市总工会

【概况】 2009年,三门峡市总工会认真学习党的十七大和十七届四中全会精神,深入贯彻落实科学发展观,围绕全市"保增长、保民生、保稳定"目标,积极履行工会各项社会职能,切实维护职工群众的合法权益,较好地发挥了工会组织在保持经济平稳较快增长中的重要作用。至年底,全市有基层工会3 078个,会员35.4万人。

职工劳动竞赛活动 市总工会结合市委、市政府开展的"项目建设年"和"企业服务年"两大活动,在全市广泛开展了以"同舟共济保增长,建功立业促发展"为主要内容的"五一杯"社会主义劳动竞赛,动员广大职工在企业发展和重点项目建设中建功立业。全市有28个行业70个工种组织了技术比武、岗位练兵活动,参加职工6.3万人。在全市"8155"投资促进计划确定的138个重点工程中开展了"保安全、保质量、保工期、讲文明、讲协作"立功竞赛活动,调动各方力量推动民生工程、基础设施、生态环境等重点工程建设。在58家排污治理重点企业开展了"双比双降"节能减排竞赛,为建设资源节约型、环境友好型社会作贡献。

促进就业和帮扶工作 各级工会把帮扶困难职工、维护职工权益作为维护稳定、促进和谐的大事来抓,多措并举地抓好职工的帮扶救助工作。积极推动贯彻执行《中华人民共和国劳动合同法》《中华人民共和国就业促进法》,规范企业劳动用工,督促企业承担社会责任,支持困难企业采取在岗培训、轮岗工作等办法稳定职工就业。持续深入开展"农民工援助行动",采取技能培训、维权服务、岗位援助、创业指导等措施,对返乡农民工和下岗职工实施援助。积极与北京、山东、深圳等地用工单位联系,输送农民工、下岗职工奔赴新岗位。全年举办各种技能培训班145期,培训农民工4 300余人次,组织招聘活动29场,提供就业岗位10 050余个,累计帮助就业困难人员实现再就业7 365人次,有效缓解了就业压力。

开展"共同约定行动" 市总工会借助劳动关系三方协调机制,联合有关部门下发了《"共同约定行动"实施意见》。各级工会积极与企业经营者沟通协商,推动企业承担社会责任,力求做到不裁员、不减薪,少裁员、少减薪,动员职工与企业同舟共济,共克时艰。在经济开始复苏后,召开了深化"共同约定行动"会议,建立了"共同约定行动"的常态机制。全市65个乡(镇)街道的543家中小企业和市、县的473家规模以上企业、11万余名职工参与了"共同约定"。"共同约定行动"的实施,避免了大规模的裁员和减薪现象,促进了劳动关系的和谐,维护了社会的稳定。

工会维权机制建设 市、县、乡、企四级工会劳动争议信息反馈渠道和调解链条基本形成,建立县(市)区和区域、行业劳动争议调解组织116个,乡(镇)调解组织63个,企业523个。劳动争议信息报送制度和群体性事件应急处理机制更加完善,有效地协助党政做好敏感时段的维稳和防范抵御工作。成立了三门峡市职工法律援助中心,出台了《关于进一步加强职工法律援助工作的意见》。各县(市)区也建立了工会法律援助机构,乡镇成立了工会维权工作站,设立了维权热线,对合法权益受到侵害的困难职工、农民工、劳动模范、工会组织、工会干部及时提供法律援助。市总法律援助中心实施法律援助183次,为职工讨回欠薪125.9万元,帮助补签劳动合同57份。为适应经济形势变化,适时开展了"工资集体协商要约"行动。全市基层工会向企业发出工资集体协商要约213次,签订专项集体合同115个,约束了企业在工资收入等涉及职工切身利益问题上的随意性,依法科学维护职工的合法权益。

工会自身建设 坚持从实际出发,因地制宜,因企制宜,在建会形式、组建程序、会籍管理等方面进行积极探索,有力地推动了工会组建和会员发展工作。全市工会组织达3 078个,工会会员达35.4万人,创工会组织数和工会会员数历史新高。深入贯彻《企业工会工作条例》,开展基层工会规范化建设,使一大批改制企业和非公有制企业的工会工作走上健康发展之路。不断解决税务机关代收工会经费中的难点和问题,实现了经费收缴工作的良性循环;工会经费监督审查的职能得到加强,促进了经费足额收取和合理使用。工会宣传教育工作成效显著,社会各界对工人阶级和工会地位作用的认识有所提高,工会工作的外部环境明显改善。

和谐企业建设 开展了"乡(镇)街道企业民主管理年"活动,通过确定乡(镇)街道工会民主管理示范点、推广经验、扩大示范效应等方式,促进深化乡(镇)街道企业民主管理工作。指导乡(镇)街道工会制定统一考核标准,充分调动乡(镇)街道开展工会工作的积极性、主动性和创造性,维护其区域内职工的合法权益。据统计,全市有296家国有集体及其控股企业,834家非公有制企业和217家企业化管理事业单位实行了企务(事务)公开;国有企业全部建立有职代会,非公有制企业建立职代会达80%以上。全市76个乡镇街道全部召开了职代会年度会议,覆盖企业978家,职工5.1万人。

【召开市总工会四届七次全委(扩大)会议】 2月10日,市总工会召开四届七次全委(扩大)会议,传达全总十五届二次执委会、省总十三届二次全委会精神,回顾总结2008年全市工会工作,研究确定2009年工会工作的基本任务。市总工会党组副书记、常务副主席武跃峰作了题为《坚定信心,凝聚力量,团结动员广大职工为保持我市经济平稳较快增长发挥主力军作用》的工作报告,工会主席孙宗会作重要讲话。会议确定了2009年的工会工作总体目标为:以邓小平理论、"三个代表"重要思想为指导,深入贯彻落实科学发展观,积极应对经济形势的变化,坚持主动依法科学维权,在保稳定促和谐中展示新作为,团结动员职工充分发挥主力军作用,为扩内需保增长作贡献。

【"安康杯"竞赛活动】 为进一步提高职工的安全意识,4月,市总工会在全市开展了在583个单位、11 096个班组中开展了"安康杯"竞赛,参加"安康杯"竞赛的职工达22.6万人,参赛单位和参赛人数比上一年有较大幅度提高,为政府安全生产责任制的落实提供了坚实的群众基础。

【举行河南省"秦岭杯"黄金浮选工、检验工职业技能竞赛】 10月30日,河南省冶金建材工会和市总工会联合举办了全省黄金浮选工、检验工职业技能竞赛。中国黄金集团公司党委副书记、纪委书记宋全礼,省总工会巡视员周培萌,市总工会主席孙宗会等领导出席了启动仪式,经过两天角逐,26 名选手获得"河南省技术能手"称号。

【开展学习实践科学发展观活动】 3 月 25 日,市总工会按照市委深入学习实践科学发展观活动的要求,加强领导,精心组织,周密部署,扎实推进,积极开展学习实践科学发展观活动。通过发放征求意见函,召开座谈会、民主生活会等多种形式,共征集意见和建议 11 条,逐类逐条进行了研究和整改,较好地实现了市委提出的目标要求,促进了工运事业发展。同时,以学习实践科学发展观活动为契机,抓好工会机关作风建设,深化机关干部与基层工会联系制度,建立了机关目标考核责任制度。机关干部努力为基层排忧解难,干事创业的氛围更加浓厚,推动工运事业发展的机制更加完善。

【组织"七一"爱心捐助活动】 为拓宽帮扶资金的筹集渠道,有效应对国际金融危机给职工生活造成的困难,市总工会征求市委同意,在全市市直机关开展了"七一"爱心捐助活动,号召市直全体企事业单位人员每人捐出一日工资用于帮助困难职工,此次活动共筹集资金 125 万元,建立了爱心帮困基金。

【全面推行"首席员工"制度】 5 月,在全市企业中全面推行"首席员工"制度。各企业建立完善激励机制,对于评选出的"首席员工",各单位除正常工资福利外,每月发给不少于 200 元的岗位技术津贴,并在休养、晋级、评先、业务培训、职称评定等方面享有优先权。全市有 157 家规模以上企业实行了这一制度,498 名职工获得"首席员工"称号。

【开展"送温暖"与"金秋助学"活动】 针对全市部分企业职工就业和生活出现暂时困难的实际情况,各级工会在"双节"送温暖活动中提前谋划、周密部署、重点安排,对纳入困难职工档案的职工及家庭进行全面慰问。"双节"集中"送温暖"活动中共发放款物 276 万元,走访慰问困难企业 298 个,慰问困难职工 12 400 余户。在"金秋助学"活动中,对全市 1 018 名困难职工子女上大学、120 名困难职工子女上高中给予了资助,共发放助学资金 479 万元。自 2004 年以来,全市"金秋助学"活动,已累计发放助学资金 3 002.8 万元,资助困难家庭大学生 4 470 人、高中生 21 810人。通过对困难职工的救助和帮扶,把党和政府的关怀、工会的关爱送到了每一位职工心上。　　(屈超峰)

共青团
三门峡市委员会

【概况】 2009 年,全市各级团组织坚持以邓小平理论和"三个代表"重要思想为指导,深入学习实践科学发展观,认真贯彻落实省委、市委青年工作会议精神,牢牢把握"不断巩固和扩大党执政的青年群众基础"的根本职责,进一步明确"两个全体"的工作目标,全面履行"组织青年、引导青年、服务青年、维护青少年合法权益"的 4 项职能,求真务实,开拓创新,团结带领广大团员青年为建设开放、魅力、富裕、和谐三门峡作出了积极贡献。至年底,全市共有青年 439 297 人、团员 117 419 人,团青比例 26.7%;全市现有基层团组织 2 647 个,其中基层团委 419 个、团支部 4 633 个、团总支 704 个、基层团工委 10 个,专职团干部 436 人;全市少年儿童总数为 216 653 人,其中少先队员 164 547 人,占全市少年儿童的 75.9%;全市共有少先队组织 1 855 个、各级各类辅导员 3 584 人。全年全市共表彰 20 个市级"青年文明号标兵",34 个市级"青年文明号"和 53 名"青年岗位能手",10 个五四红旗团委、20 个五好团支部、58 名模范团干部和 75 名优秀团员。团市委荣获三门峡市"2009 年度宣传思想工作先进单位""2009 年度三门峡市平安建设先进单位""2009 年度人口和计划生育工作先进单位""2009 年度市直机关党建工作先进单位"称号,被团省委授予"全省团干部读书交流活动组织奖"和"河南省服务青年就业创业工作创新工作品牌"。　　(王　勇)

【召开共青团三门峡市五届二次全委(扩大)会议】 1 月 16 日,共青团三门峡市五届二次全委(扩大)会议召开。会议传达学习了团省委十三届四次全会精神和中共三门峡市委五届六次全会精神,总结了 2008 年全市团的工作,安排了 2009 年工作。市委常委、秘书长赵中生出席会议并作重要讲话。会议表彰了第 6 届三门峡市"杰出(优秀)青年卫士""优秀青少年维权岗"和 2008 年度"争创市青年文明号、争当青年岗位能手活动"先进集体和优秀个人。会议还下发了评选"三门峡市青年创业之星"和"青年培训(见习)基地"的通知。　　(郝　洁)

10 月 15 日,青年环保志愿者走上街头宣传环境保护

【举行河南省“保护母亲河行动”春季活动启动仪式】 3月9日,河南省“保护母亲河行动”春季活动暨三门峡市青少年春季植树造林活动启动仪式在陕县正式启动。团省委副书记郭鹏,三门峡市委常委、秘书长赵中生参加启动仪式。活动以“绿色中国,青年先行”“保护母亲河,绿化新家园”为主题,旨在动员广大团员青年关注黄河生态环境,牢固树立保护母亲河意识,积极投身生态环境保护。三门峡市及陕县的3 000余名青年职工、青年志愿者参加了当天的启动仪式。（杨　军）

【开展学习实践科学发展观活动】 按照市委的统一要求,团市委认真开展学习贯彻科学发展观活动,与市委组织部联合在《三门峡日报》上刊登了科学发展观报纸知识竞赛试题,收到有效答卷2.9万余份。5月12日,在三门峡电视台举办了“三门峡深入学习实践科学发展观活动电视知识竞赛”,市委书记李文慧等领导到场观看。此次竞赛为促进三门峡市广大青年全面贯彻落实科学发展观、推动三门峡市学习实践活动向纵深发展起到了积极作用。

（王官京）

【举行纪念五四运动90周年三门峡市青年群英会】 5月4日,三门峡市隆重举行纪念五四运动90周年青年群英会。市委书记李文慧出席大会并讲话,市委副书记、市长杨树平主持大会。会上表彰了三门峡市改革开放30年来涌现出的30名青年英雄模范人物。北京奥运会河南优秀青年志愿者秦妍宣读了市青年群英会全体代表致全市青年的倡议书,倡议全市广大青年朋友“我与祖国共奋进、崤函发展献青春”,在社会上产生了积极影响。（曲　晓）

【三门峡青年就业创业工程】 团市委积极引导和帮助青年就业创业,成立三门峡市青年创业服务中心,建立19个青年就业创业见习基地。积极协调三门峡市农信社、农行三门峡市分行崤山支行、三门峡市邮政储蓄银行等金融单位为三门峡市青年就业创业提供了3 800万元贷款授信额度。3月,团市委专门到天津、北京等地为三门峡青年农民工联系就业岗位9 000余个。召开了三门峡市青年就业创业推进会,评选表彰30名“三门峡青年创业之星”;与市工商联、市妇联成立“三门峡创业报告团”,举办4场报告会;命名了20支重点项目青年突击队。全年,全市各级团组织共帮助8 000余名城镇青年就业、2.5万名农村青年转移就业、3 000余名大中专学生就业。（王官京）

3月12日,三门峡市驻上海团工委举行揭牌仪式

【举办庆“六一”表彰大会暨“红领巾颂祖国”歌会】 5月27日,团市委召开会议,表彰了10名“三门峡市十佳少先队员”、58名“三门峡市优秀少先队员”、49名“三门峡市优秀少先队辅导员”。表彰大会结束后,举办了“红领巾颂祖国”大型歌会,整场歌会主题鲜明、气氛欢快,突出了少先队员热爱祖国、热爱生活的美好情怀,表现了少先队员对党和社会主义祖国的朴素感情,展示了三门峡市少先队员奋发向上、积极进取的精神风貌。（邓　颖）

【青少年思想道德建设】 举办“魅力崤函”纪念五四运动90周年文艺晚会、“祖国发展我成长”主题队会等系列活动。举行重游“刘少奇故居”活动,成立三门峡市青少年素质教育培训中心,举办了3期少年军校和各种夏令营。组织三门峡市实验小学和四川省江油市新安镇中心小学结成了“手拉手”共成长对子。利用清明、端午、国庆等节庆日,在全市青少年中开展了“中华古诗文诵读”活动、端午节诗歌朗诵大赛、“情颂大中华”经典诵读大赛,并积极参与河南省第17届青少年爱国主义读书教育活动。（马隆博）

【建立驻外团工委】 团市委根据三门峡籍青年外出务工行业特色和务工集中地域特点,按照“市级委员会1人~15人左右、县级7人~10人左右”的原则,探索建立市、县两级驻外团工委,把上海、北京、郑州3地作为建设的重点地域,配齐配好团工委领导班子,并及时召开成立挂牌大会。全市共在北京、上海、郑州等地建立市级驻外团工委3个、县级驻外团工委15个。（郝　洁）

【开展青年志愿者行动】 在“3·5”中国青年志愿者日、“12·5”国际志愿者日前后开展了“争当志愿者,创造新生活”集中志愿服务活动,先后围绕抗旱浇麦、河南省“保护母亲河行动”春季活动、河南省第28届“爱鸟周”、第15届三门峡国际黄河旅游节暨投资贸易洽谈会、三夏收麦、园林城市创建、保护白天鹅等重大活动开展一系列专题志愿服务专项行动。成立了三门峡市志愿服务工作领导小组,指导全市6个县(市)区建立县级志愿者协会,制作播放了志愿服务电视专题片。

（王　勇）

【实施“为了明天——预防青少年违法犯罪工程”】 开展“共青团与人大代表、政协委员面对面”活动，联合湖滨区人民法院在市中专开展“青少年模拟法庭”活动，召开三门峡市预防青少年违法犯罪领导小组全体成员会议，举办了预防青少年违法犯罪理论研讨征文活动。设立网络舆情管理员，净化青少年的成长环境。全年共表彰10名“三门峡市杰出（优秀）青年卫士”和14个市级“优秀青少年维权岗”。在全社会营造关心青少年健康成长的浓厚氛围，为三门峡市创建“全国综治优秀地市”作出积极贡献。

【希望工程活动】 开展“5·19”公益募捐活动，募集钱物价值达2万元；争取省希望工程资金30余万元，援建希望小学2所，资助13名贫困高中学生圆梦大学。争取三门峡正信公司投资20余万元在陕县西李村乡建设岳庄希望小学。开展“防近视——珍视明校园关爱行动”，免费向全市中小学生发放防近视眼药水50 400支，价值42万元。

（曲 晓）

三门峡市妇女联合会

【概况】 2009年，市妇联以开展学习实践科学发展观活动为动力，围绕建立妇女工作“六大体系”，大力实施妇女工作“六大行动”，扎实做好组织妇女、引导妇女、服务妇女和维护妇女儿童合法权益工作，团结带领全市广大妇女为推动三门峡市经济社会又好又快发展作出了积极的贡献。市妇联荣获全国15家家庭教育工作先进集体、河南省“维护妇女权益贡献奖”先进集体等称号。至年底，全市有各级妇女组织1 489个，其中：市级妇联1个，县级妇联7个，乡（镇）、街道妇联75个；村妇代会1 331个，居委会妇代会108个，县以上党政机关、事业单位妇委会259个，非公有制经济单位妇女组织51个。以上妇女组织中共有专兼职妇联干部1 915人，其中专职妇联干部（市、县、乡3级妇联干部均为专职妇联干部）118人。

巾帼创新创业促进行动 为推动城乡妇女创业就业，市妇联在全市积极开展“巾帼创新创业促进行动”，针对金融危机引起的失业妇女返乡现象，通过举行创业巡回报告会、劳务推介会，评选表彰“十佳巾帼创业之星”、开展“创业就业服务月”等活动，大力营造创业氛围；组织各级妇联联合劳动、教育等部门举办就业创业培训班136期，培训妇女6 000余人，增强了妇女创业就业能力；举行“春风送岗位”返乡务工妇女就业洽谈会7场，帮助1 500余名妇女走上就业岗位。积极落实妇女小额担保贷款财政贴息政策，制定完善贷款流程，加大妇女用贷推荐力度，全年协调金融机构发放巾帼创业贷款和财政贴息担保贷款454.8万元，扶持430余名妇女和女大学生创业。

巾帼科技致富支持行动 为推动农村妇女增收致富，市妇联围绕新农村建设目标，组织基层妇联联合农业、科技等部门大力开展新型女农民培训，全市共举办种植、养殖培训班371期，培训农村妇女42 000余人，进一步提高了农村妇女增收致富能力。

巾帼文明岗拓展行动 为激励妇女岗位建功，市、县妇联把“巾帼文明岗”创建工作从窗口行业拓展到女性集中的行业，从党政机关拓展到非公有制经济领域，并立足创“岗”，不断丰富了活动内涵。市县妇联命名表彰“巾帼文明岗”53个，表彰了“巾帼岗位明星”70余名。

妇女权益维护行动 市妇联联合公安、民政、铁路等部门开展“打击拐卖妇女儿童犯罪专项行动”和“2009儿童安全成长行动”，破获一批拐卖妇女儿童案件，有力打击了侵害妇女儿童权益的违法犯罪行为。加大普法力度，开展了送法下乡、进社区等活动，提高了《中华人民共和国妇女权益保障法》等法律法规的普及率。积极推动妇女参政议政，市妇联组织70余名县、科级女干部赴上海复旦大学进行为期一周的综合知识培训，进一步提高了女干部的理论素养。全年市、县共举办各类女干部培训班25期，培训3 200余人。做好信访工作，全年市县妇联共接访182起，处理180起，结案率98.9%。继续树立“平安家庭”创建活动先进典型，市、县共表彰创建活动示范村（社区）30个，表彰“平安家庭”80余户。开展了平安健康家庭问卷调查及平安创建知识竞赛答题活动，促进了创建活动深入开展，进一步夯实了平安建设基础。

和谐家庭创建行动 市、县妇联开展了“三和三新”家庭创评活动，并针对不同妇女和家庭进行了文明礼仪、婚姻家庭、健康养生等方面的培训，推动了创建行动的开展。全年市县评选表彰“和谐家庭”“五好文明家庭”200余户，表彰好媳妇、好婆婆300余人。

5月27日，三门峡市举行庆“六一”表彰大会暨“红领巾颂祖国”歌会

流动儿童社会关爱行动 市妇联组织市直、县直妇委会在“双节”“六一”期间慰问、走访留守儿童,充分发挥“留守儿童之家”“爱心书屋”示范点的作用,引导动员社会各界为农村留守儿童做好事、办实事,使留守流动儿童群体真正亲情有护、学业有教、安全有保。

妇女儿童发展“两规化”实施 利用妇儿工委办设在妇联的优势,加大推动重点难点指标落实力度。联合三门峡妇科医院开展妇科病普查普治活动,推动妇女健康领域目标的落实。加强调研督导,推动妇女在参政、就业和受教育等方面目标的落实。

宣传思想工作 市妇联抓住“三八”节、国庆60周年等契机,隆重表彰了“十佳巾帼创业之星”“十大致富女状元”“十大好警嫂”等先进典型,举办了女性职场礼仪讲座、女职工趣味登山游园及“祖国在我心中”演讲比赛等活动,进一步丰富了妇女宣传思想教育内涵。各县(市)区妇联也开展了秧歌舞大赛、健美操比赛、联欢会、表彰会等活动,丰富了妇女群众的精神文化生活。

儿童工作 市、县妇联以家庭、社区、乡村家长学校为依托,集中开展家长培训、家教咨询等宣传服务活动,举办家教讲座30余场,宣传了科学的家教理念。在全市开展了“双合格”家教实践宣传月、评选表彰优秀家长、家教工作者等活动,促进了家教工作的深入开展。市妇联举办了“庆六一”“祖国伴我成长”儿童诗文朗诵比赛,各级妇联联合有关单位开展了清理整治网吧、打黄扫非等工作,进一步净化了社会环境,促进了未成年人健康成长。市县妇联开展了“春蕾计划”征文及爱心回访活动,全年共筹集资金13 000余元,救助春蕾女童及白血病儿童35人。

自身建设 在全市开展了“十百千”妇联基层组织示范创建活动,培育一批基层组织建设示范乡、村,夯实了妇联基层基础。市、县妇联开展了“比学识、比能力、比作为”妇女干部读书竞赛活动,共举办妇联业务培训班13期,培训800余人次。各级妇联牢固树立工作在基层、服务在基层、发展在基层的理念,进一步转变工作作风,深入基层,深入实际,为群众做实事、办好事、解难事,树立了妇联干部的良好形象,有效地增强了妇女组织的凝聚力和影响力。

【举行“三八”妇女维权周启动·送法下乡暨农村新女性风采展演广场文化活动】 2月25日,河南省“三八”妇女维权周启动·送法下乡暨农村新女性风采展演广场文化活动在陕县隆重举行。省维护妇女儿童权益协调组副组长、省司法厅副厅长万峰,省维护妇女儿童权益协调组副组长、省妇联副主席王秀芝,三门峡市委常委、秘书长赵中生,副市长赵艳,省妇联权益部部长赵洁,省司法厅依法治省办副主任尚海,三门峡市妇联主席庆志英,陕县县委书记高战荣等领导出席启动仪式。来自市县维权协调组成员单位、法律卫生志愿者等方面的代表共1 000余人参加活动。启动仪式上,省、市维权协调组向陕县大营镇辛店村赠送了法律宣传书籍和光碟。辛店村、温塘村妇女群众表演了《泰迪健身球》《六唱美德在农家》《健身秧歌》等文艺节目。 (史锁茹)

三门峡市文学艺术界联合会

【概况】 2009年,三门峡市文联在三门峡市委、市人民政府的正确领导下,认真学习贯彻党的十七大精神、全面贯彻落实科学发展观。坚持文艺“为人民服务、为社会主义服务”的方向,贯彻“百花齐放、百家争鸣”的方针。加强文艺队伍思想作风建设,着力于出作品、出人才,积极开展丰富多彩的惠农文艺活动,努力满足人民群众日益增长的精神文化需求,充分发挥文学艺术在和谐社会建设中的积极作用,全市文艺事业呈现出了队伍壮大、创作繁荣、团结和谐、充满活力的良好局面。积极组织全市广大文艺工作者深入社会、深入基层、深入生活,勇于创新,潜心创作,通过举办展、演、赛活动,不断挖掘新人、推介新人、出精品、打造文化品牌,全市形成了文艺创作百花齐放的丰收局面。全年,文联组织各艺术家协会参加各门类艺术大展赛活动20余次,共获全国性奖项17人次,省级奖项60余人次,出版文学作品集28部。发展国家级会员5人、省级会员29人、市级会员54人。

楹联文化建设跻身全国排头兵地位。市文联围绕全市建设和谐文化的要求,以弘扬国粹、振兴楹联为主题,努力打造文艺品牌工程。大力发展楹联文化事业,为促进全市楹联文化事业发展,打造文化品牌工程,建设文化强市,通过开展楹联知识普及讲坛、举办大赛、成立学术研究机构、在全国首家开办大河楹联报,建立培训基地,建设楹联文化一条街,以及楹联进社区、医院、学校、景区、街道、酒店、商场等活动,经过3年的努力,楹联在三门峡已得到广泛普及。3月,创建中国楹联文化城市工作通过中国楹联学会的考核,批准三门峡市为中国楹联文化城市,湖滨区为中国楹联文化区。5月,三门峡市荣膺中国楹联文化城市授牌仪式在三门峡职业技术学院学术报告厅隆重举行。河南省委书记、省人大常委会主任徐光春发来贺信,中国楹联学会会长孟繁锦、市委书记李文慧等领导出席授牌仪式,仪式上市委领导对市文联、市楹联学会予以嘉奖。仪式举行后,新华网、人民网、新浪网、《河南日报》《大河报》等40余家媒体纷纷报道,给予了高度关注。

文学创作硕果累累。三门峡市作家以勤奋的创造性劳动和出色的创作成果,为中国文学的发展注入勃勃生机。文学作品在《小说月报》《散文》《散文选刊》《河南日报》《中国青年报》《南方周末》《中国新闻周刊》《杂文月刊》《杂文报》等省内外各大报刊频频刊发,在省级报刊发表作品79篇,在国家级报刊发表11篇,在地市级报刊发表221篇,为河南的文学创作注入了更鲜活、更明亮的成分。先后为老作家李啸东和文学新人石惠芬、郑毅举办作品研讨座谈会,积极挖掘新人,推介新人,打造文学精品。动员广大文学作者积极参与地方文学成果丛书队伍,扶持骨干作者出精品,帮助作者编辑出版文学作品集,义马文学方阵丛书,10本文学专集已经问世,三门峡文学方阵丛书正在组织编辑,明年将出版发行。为培养诗歌新人、繁荣诗歌创作在风景区举办了中秋诗会,全市40余名重点作者共聚一起,吟诗颂词共度中秋佳节。在中央文明办举办的2009年中华诵经典诵读大赛会上,王慧军获得河南赛区总冠军的好成绩。在全国“金麻雀”文学作品大赛中,作家孟国栋、王英芳获奖。

2月1日，三门峡市举行春节电视文艺晚会

书法美术创作收获颇丰。在全国第8届书法讨论会上，三门峡市作者撰写的“欧阳修、蔡襄、苏轼及其书法交往与北宋尚意书风之形成”一文获三等奖，这是全市书法工作者在书法理论研究方面获得的重大成果，为三门峡市书法理论研究方面获得的最高奖项。在浙江杭州市展出的全国第2届中青年书法篆刻展览上，3位书法作者的书法作品入选展览。在第11届河南省美术作品展上，8位作者入选、获奖。其中师界弘的山水画获得金奖，并入选全国展。市美协梁楷的国画作品在第4届加拿大中华诗书画大展中荣获金奖。

戏曲、音乐、舞蹈事业蓬勃发展。在省文联举办的2009年“中国戏曲红梅荟萃”大赛中，三门峡市荣获优秀组织工作奖，报送的参赛选手16人得奖，得奖数全省排名第一。剧作家姚梦松创作的《山野秀才》由湖北省豫剧团排练演出后，唱红荆楚大地，获湖北省地方戏汇演金奖第1名的好成绩后，被中宣部、文化部确定为向新中国成立60周年献礼86个剧目中的首场演出，6月20号起在北京民族文化宫连演两场，场场火爆，好评如潮，中央电视台等媒体对演出情况给予了报道。在省文化厅主办的第10届音乐舞蹈大赛中，全市共有6个参赛节目，其中独唱获得音乐类两个银奖、小提琴获得器乐类铜奖、广场舞蹈获得优秀奖。南振民创作的歌曲《别翻我的小抽屉》获河南省第5届文学艺术优秀成果二等奖。

民间文艺日益活跃。民间艺人作用得到进一步发挥，组织民间艺人代表河南省民协参加在陕西咸阳举办的全国首届花馍艺术节，获二等奖1个，三等奖2个。组织民间剪纸艺人赴北京参加河南省农民工服务月活动，同时还参加中原文化港澳行，剪纸艺人受到省委书记徐光春的接见，得到社会各界的广泛好评。整理编纂的《中国民间故事全书》灵宝卷、渑池卷、陕县卷、卢氏卷、义马卷5个卷本由中国知识产权出版社正式出版发行，5套全书共189万字，收录文章1 191篇（神话67篇、传说459篇、故事563篇、笑话102篇）。这套丛书是河南省省辖市中第1家出版的故事全书，在全国也是唯一一个汇集辖区县（市）区民间故事最全的地级市。完成民间文化遗产抢救工程2个专项工作：古村落普查和民间美术遗产普查。上报省抢救办文本和图像资料卢氏五里川河南村等古村落14个，剪纸烙画木雕等美术遗产项目45项。

对外交流进一步扩大。市文联坚持请进来、走出去的形式，加强对外艺术交流。文联书画院加强了同外地书画界的联系，先后同北京文臻画院、山西运城关公画院、山西芮城县委宣传部、山东淄博书画院等书画机构建立交流合作关系，多次邀请各地书画名家来三门峡市参观学习、联合举办展览，开展相互交流、相互学习活动。同时也多次组织三门峡市书画作者赴外地交流、参加外地举办的书画展览展销会，及笔会活动。选派三门峡市文艺界的代表参加市政府组织的代表团赴法国、匈牙利执行友好城市访问及合作洽谈任务。组织骨干作家出席4年一届文学盛会河南省青年作家创作会；美术工作者参加洛阳洛宁“绿竹风情节”书画笔会，组织书画摄影家赴龙潭大峡谷采风写生，与知名企业联合举办了企业与文化联姻笔会。应邀参加山东淄博书画博览会，展出书画作品百余幅，拓展了三门峡市书画家的视野，开辟了与外界交流的新领域。诗词楹联协（学）会与陕西省宝鸡市，山西省运城市、永济市，甘肃省崇信县及河南省济源市相关组织开展了互访式的交流、学习，积极参与了对方举办的各种艺术活动。通过请进来、走出去和联合社会各界及新闻媒体开展各类文艺交流活动，极大地宣传了三门峡，提高了三门峡市的知名度，增强了三门峡市的文化软实力。

【开展义写春联下基层、进万家活动】 按照中国书协和省文联、省书协“送欢乐、下基层、促和谐、树新风”及“书法进万家”活动安排。2月9日至10日，市文联在全市各县（市）区统一部署，组织书协、楹联学会知名书法楹联爱好者100余人，分5个小分队深入基层厂矿、社区、医院、村镇为群众义写春联1万余幅。市委常委、宣传部部长李立江等市领导到现场观看。

【举办元宵节书画摄影作品展览】 为烘托节日后气氛，根据市委宣传部工作安排，2月6日，市文联在市群艺馆举办了“元宵节书画展览”共展出书法作品50余件，美术作品40件，摄影作品40件，为全市人民欢度元宵佳节，增添了一道亮丽的风景线。

【举办少年儿童文化艺术节选拔赛】 3月20日，市文联组织音协、舞协、剧协举办了河南省第5届少儿文化艺术节三门峡市音乐、舞蹈、戏曲、曲艺四个门类的选拔赛。共收集作品69个，评出一等奖11个，二等奖22个，三等奖36个，辅导奖69个，组织奖12个。评出的一等奖5月1日至3日赴郑州参加河南省第5届少儿文化艺术节，为三门峡市争得了荣誉。

【组织三门峡市“心连心”艺术团下乡巡演活动】 3月26日,陕县观音堂镇锣鼓喧天,人头攒动,三门峡市2009年春季科技、文化、卫生“三下乡”集中活动拉开序幕。市文联组织的心连心艺术团为观音堂镇的父老乡亲奉献了一台精彩的文艺节目,演员们的精彩表演得到了观众一次次热烈的掌声,把“三下乡”活动推向了一个高潮。开幕式上对2008年度省、市“三下乡”活动先进集体和个人进行了表彰,市文联荣获河南省2008年度“三下乡”先进集体称号。

【备战全国书展举办作品研讨会】 为使三门峡市作者在全国书展中脱颖而出,创作出更多更好的精品佳作,市书协先后于5月16日,在灵宝紫金宫、6月13日在渑池会盟大酒店、7月中旬在扬州三月酒店举办了备战全国第6届楹联书展、第2届全国青年展、全国第3届兰亭奖书展作品研讨会。来自全市各县(市)区的30余位骨干作者参加了研讨会。会上针对每位作者的自身优势,对作品创作的形式、内容、节体等具体问题进行了探讨。经过作者的认真创作,任海峰、赵仓入选第6届楹联展。宋高峰、李云峰入第2届青年展。赵仓入选兰亭奖,李云峰入选尧山杯。

【军旅书法家司马武当书法作品在三门峡展出】 4月11日,由河南省书法家协会主办,三门峡市文联,三门峡市书协承办的中国著名军旅书法家司马武当作品巡展首站在三门峡市群众艺术馆展出,给三门峡市广大书法爱好者奉上了一道丰盛的书法艺术大餐。司马武当早年研究硬笔书法,能写多种书体,出版有《钢笔书法怀历》《书法桌历》《学生写字步步高》等各类字帖,还书写有小学九年义务教育地方《书法艺术》课本系列书共5本等,发行量达千万册。后经过多年努力,司马武当完成了从硬笔到毛笔的转换,他的毛笔书法作品同样达到了一定的艺术水平。此次作品展共展出司马武当作品100余幅。

【举办辉煌60年、腾飞三门峡大型摄影图片展览】 为庆祝新中国成立60周年,全面记录和展示三门峡市改革开放以来政治、经济、文化、社会等各项事业发展所取得的巨大成就,10月24日至11月20日,市文联在市中心湖滨广场举办辉煌60年、腾飞三门峡大型摄影图片展览,该展览用艺术的视角,精美的图片,洗练的文字,形象、直观地对广大干部群众进行爱党、爱国、爱家乡教育,激发全市人民同心同德,建设家乡,又好又快发展的斗志和激情。展览以广场长廊四面立架展板形式,展出版面180余块。

【三门峡市首届楹联诗词“十老”命名大会隆重举行】 10月25日,由市文联、市楹联学会、市诗词协会共同举行的首届楹联诗词界“十老”命名大会隆重举行。张志玉等10位德艺双馨、成绩卓著的老同志榜上有名。与会的各级领导为获得此项殊荣的10位老同志颁发证书。

【三门峡九莲山楹联创作基地揭牌成立】 9月10日,南京美术学院九莲山创作基地、三门峡九莲山楹联创作基地揭牌成立标志着三门峡楹联文化联姻绘画艺术,开创了楹联事业发展新领域。九莲山楹联创作基地将开展楹联知识讲座,楹联美术交流等诸多活动,这些活动的开展将为南京美院学生提供一个学习楹联文化、创作楹联美术作品提供一个广阔的平台。

【方留聚当选中国楹联学会副会长】 5月23日,中国楹联学会第六次全国代表大会在江西南昌召开,三门峡市楹联学会会长方留聚在180多名代表中脱颖而出,高票当选中国楹联学会副会长。这是中国楹联学会此次代表大会上唯一一个入选学会领导班子的地市级学会会长。方留聚在当天的新一届领导班子会上表示,要珍惜荣誉,不负众望,今后将以中国楹联学会第六次全国代表大会精神为指导,按照学会分工,尽职尽责,努力工作,推动学会工作再上新台阶,再铸新辉煌。

【推动书画院步入正常发展轨道】 成功启动三门峡书画院工作,创办书画院《金视觉》画报,形成与其功能相适应的工作条件。书画院以“建队伍、凝人心、找出路”为理念,以“研究、交流、传承、发展”为宗旨,认真梳理发展思路,明确发展方向,制定发展规划,改善办公条件,完善办公设施,步入正常运转的轨道。经过一年的努力,书画院发展院士52人,聘请顾问14人,艺术指导8人,团结了一大批书画界的精英,一个具有较强实力的创作团队已经形成,并显现出了强劲的发展势头。 (焦新祥)

三门峡市社会科学界联合会

【概况】 2009年,三门峡社科联以“突出特色,再上台阶”为基本工作思路,紧紧围绕市委、市政府的工作大局,围绕三门峡市经济、社会事业发展,开展社科理论研究和社会科学知识普及。进行了2008年度三门峡市社会科学优秀成果的申报评选、2009年度省市社科联调研课题申报和2008年度立项课题结项评选,举办了三门峡社科界贯彻学习十七届四中全会精神座谈会,纪念新中国成立60周年优秀理论文章征集活动,社科知识大篷车进基层宣讲活动,坚持办好“中原大讲堂·三门峡讲堂”。荣获全国先进社科联称号、河南省社科联2009年度课题调研活动先进组织单位、河南省社科知识进基层宣讲活动先进组织单位等。

【荣获“全国先进社科联”称号】 三门峡社科联坚持以邓小平理论和“三个代表”重要思想为指导,深入贯彻落实科学发展观,紧紧围绕市委市政府的中心工作,开展课题调研、社科成果评奖、社科阵地建设、社科队伍建设;围绕社会发展和广大干群的需要,开办社科网站、社科知识普及周,开展社科知识大讲堂、社科知识大篷车进基层宣讲、社科文艺活动等,为繁荣发展社会科学事业,推动三门峡经济发展作出了积极贡献,取得了显著成绩,连年受到河南省社科联表彰。10月,全国大中城市社科联会议在山东东营召开,大会以“普及社会科学知识,推动社科事业繁荣发展”为主题,主席团肯定了近年来三门峡社科联开展社科普及工作的一些创新做法,授予三门峡社科联“全国先进社科联”称号。黄辉被评为“全国社科联先进工作者”。

【开展2009年度省市社科联调研课题立项申报和2008年度课题结项评选】 为服务发展，推动社科理论研究工作上台阶，坚持开展年度社科课题调研活动。在省社科联下发的调研课题题目的基础上，结合三门峡实际，通过征求有关领导和专家的意见，确立128个课题题目面向全市各界征集立项。同时做好2008年度省市社科联调研课题的结项工作。为提高立、结项社科课题的质量，社科联派专人到三门峡进修学校、三门峡中专及市直部分学校，面对面辅导调研课题的申报、结项写作方式与技巧。由于课题贴近实际，工作扎实、宣传面大，2009年有784位社科工作者参与申报，申报课题108项。经专家评比和推荐，有55个课题在河南省立项，38个课题在三门峡市立项。三门峡社科联、三门峡职业学院分获"河南省社科联2009年度调研课题活动先进组织单位"。此外，2008年度调研课题结项工作也取得了骄人成绩。全市有5项课题获省一等奖，7项课题获二等奖，27项课题结项。全市立项课题经专家组认真评选，有8项课题获特等奖，3项课题获一等奖，9项课题获二等奖，482位社科工作者获课题奖。

【开展2007年度三门峡市社会科学优秀成果奖评选】 长期以来，三门峡市广大社科工作者围绕市委市政府工作中心，围绕三门峡经济发展大局撰写了大量有分量、有价值的理论和调研文章，为发现、挖掘有价值的成果，并为其转化提供机遇，调动广大社科工作者投身理论研究的积极性。2005年6月，成立了"三门峡市社会科学优秀成果评奖委员会"，办公室设在社科联，作为市级奖对全市社科工作者创作的社科作品每年评选一次。这项工作4年来已评选出优秀社科作品136篇，从精神和物质两方面激励了全市社科工作者研究和创作的热情。2009年的申报评选工作自5月开始，社科联将申报文件下发到各单位，面向社会各界接受申报，为提高宣传力度，还将通知在三门峡社科联网站上刊登，接受网上申报。全年共收到申报课题49项，初审符合条件45项，经专家团评审，有23项获一、二、三等奖。

【举办三门峡社科界贯彻学习十七届四中全会精神座谈会】 党的十七届四中全会召开后，三门峡社科界认真学习，围绕全会《决定》领会精神，围绕全会新要求、新提法、新精神在三门峡市的贯彻落实展开调研和研讨。10月27日上午，为统一思想，进一步推动全市社科理论界学习、贯彻、落实十七届四中全会精神高潮的兴起，激励社科界的同志以十七届四中全会精神为指导，开展理论调研和研讨，当好市委、市政府的思想库和智囊团，提高三门峡社科队伍的整体素质，社科联和市委宣传部联合举办了"三门峡社科理论界贯彻学习十七届四中全会精神座谈会"。市委常委、宣传部长李立江参加会议并作重要讲话，对社科界在学习贯彻落实十七届四中全会精神，在推动三门峡各项事业发展中作出积极贡献提出了殷切希望。会上，社科理论界的同志，畅所欲言，结合实际谈了对十七届四中全会精神的认识和体会。《三门峡日报》对大家的发言整版予以摘要刊登。随后，社科联组织了宣讲团，以大讲堂的形式，深入机关、学校、企业、社区进行12场全会精神的宣讲。

【开展社科知识大篷车进基层宣讲活动】 为拓展社科普及渠道，增强社科工作的影响力和覆盖面，普及社会科学知识，服务三门峡项目建设年、企业服务年及学习实践科学发展观活动的开展，自5月起，社科联开展了"三门峡社科知识大篷车进基层宣讲活动"，组织15位社科专家分19个专题深入基层宣讲社科知识。此活动旨在贴近实际、贴近群众、贴近生活，深入机关、学校、乡村、社区等基层单位，面对面向群众宣传党的方针政策，普及社会科学知识，提高基层群众的人文社科素质，增强应对挑战的信心和能力。为扎实搞好这一活动，社科联首先成立活动领导小组，制定活动方案，经过广泛征求意见后，下发到各单位；其次是从市委党校、职业技术学院以及有关单位，抽调15名理论素养好、演讲口才佳、热心公益活动的社科专家、学者组成宣讲团，围绕三门峡正在开展的项目建设年、企业服务年和学习实践科学发展观活动，进行党的方针政策、经济形势、国际国内形势、科学发展观、历史文化、理想信念、心理素质等社科基本知识，以及基层干部群众关心的热点难点问题宣讲。此活动集中在5月，延伸至全年。到县（市）区、市直单位、社区宣讲百余场次。社科专家们结合实际，深入浅出的宣讲受到基层普遍欢迎。由于成绩突出，三门峡社科联被授予河南省社科知识进基层宣讲活动先进组织单位，王继功、宋建超等5位讲师被评为省优秀讲师，受到省社科联表彰。

【办好中原大讲堂·三门峡讲堂】 中原大讲堂·三门峡讲堂2008年12月在三门峡职业技术学院举行了启动仪式。2009年为保证该项活动顺利进行，依据《中原大讲堂总体方案》，市社科联又制定具体实施方案。讲堂分两类设置：一类是固定三门峡市职业技术学院课堂：由市社科联依托三门峡市职业技术学院进行，主要面对大中专学生进行，使用固定会标，在讲座会场悬挂；一类是社科联组织社科专家，不定时、不定期，到机关、学校、社区、农村进行宣讲，使用流动会标，也就是每个讲课人课件的第1页都是"中原大讲堂·三门峡讲堂"的会标。全年三门峡讲堂选聘固定讲师21人，专场讲师8人，在三门峡职业技术学院讲堂开讲16场，听众近万人，流动课堂开讲35场，观众5 000余人。开讲内容涉猎政治、经济、文化、历史、民生、医学、心理等多个学科。

【组织河南省哲学社会科学普及优秀作品推荐评选】 为落实省委指示，进一步繁荣发展哲学社会科学，激发广大社会科学普及工作者的积极性和创造性，提高社科普及作品的质量，繁荣社科普及作品创作，进而促进公众人文素质的提高，河南省社科联于2008年11月组织开展了河南省首届哲学社会科学普及优秀作品评选。此次活动共收到省辖市申报作品326项，经专家委员会评审，评选领导小组审定，三门峡市社科工作者撰写的6件作品获奖。其中上官卿编著的《解读现代家庭》、李少民编著的《财政热点问题透视》、许海星等编著的《三门峡市文物精粹》获特等奖。赵团欣、南振民谱写的《社会科学之歌》、李啸东等编著的《史记成语典故》、姚江波编著的《夏商西周古玩鉴定》分获一、二、三等奖。11月14日第2届评选,评选出特等奖、一、二等奖39项,三门峡市李若松等编著的《渑池县社会主义新型农民思想素质教育读本》获特等奖,孙振军编写的《中国的疲惫》获一等奖,李少民写的《农村水利在新农村建设中地位及政策取向》、上官卿编著的《中国砚艺大观》获二等奖。(张桂珠)

三门峡市归国华侨联合会

【概况】 2009年底,全市共有侨务工作对象982户,7 230人。其中:海外华侨、华人、港澳同胞4 674人,分布在世界32个国家和地区;国内归侨、侨眷2 556人,其中归侨35户、36人。市侨联加强同海外侨胞、港澳同胞的联系联络,利用传统节日向海外侨胞、港澳同胞邮寄贺年卡、明信片,发送电子邮件480余件(册);走访归侨、侨眷40余户,发放慰问金1万元;认真落实侨务政策,主动热情为侨办好事、办实事,提高困难归侨生活补助费,按照规定,会同市财政局对13名困难归侨及其配偶办理了提高生活补贴手续;妥善处理解决了归国华侨赖石秋"关于要求解决本人退休费及医保问题"的信访件。积极争取到香港福慧慈善基金会的捐赠资金35万元,为陕县援建1所中心小学和1所乡(镇)卫生院。(黄鸿普)

三门峡市科学技术协会

【概况】 2009年,全市各级科协组织坚持以邓小平理论和"三个代表"重要思想为指导,全面落实科学发展观,坚持服务大局、弘扬科学、推动创新的工作方针,坚持"三服务一加强"的工作定位,紧紧围绕市委"科教兴市战略"和"项目建设年"活动,团结带领广大科技工作者锐意进取、开拓创新、求真务实、扎实工作,瞄准农村改革发展,开展"科普惠农""三创一带"活动;咬定科普工作社会化目标,搭建服务平台,建立长效机制,推动资源共享;紧扣企业和行业科技进步,深化"三讲一比""厂会协作"行动,促进企业科技进步和管理升级;围绕全民科学素质提高,推进《科学素质纲要》实施工作,开展各种科普宣传活动,为全市的科技进步、经济发展、社会和谐作出了显著的成绩,展示了全市科技团体和广大科技工作者的时代风范和应有风采。

【农村实用技术培训】 全市科协组织始终围绕农村发展、农业增效、农民增收这一主线,坚持实际、实用、实效原则,以培训为龙头,以产业为依托,以推广为目的,大力开展农村适用技术培训工作。科技人员深入基层,到田头、进厩舍,与农村干部群众共商规划,共解难题,开展培训示范,推广适用技术。全市"百村百场万人"培训活动共组织科技人员800余人,举办实用技术培训班300余期,培训农民4万余人。聘请省内外有关专家50余人,举办"流动课堂"230余场,培训农民2.5万人次,示范推广新品种、新技术16项。真正做到推广一项技术,培训一批人才,带动一个产业,致富一方农民。全市科协组织致力探索和建立"科技专家服务三农"长效机制,力求破解"科技驻乡"难题,市、县科协精心制定活动细则,细化服务内容,加强跟踪服务。全市确定了10个乡(镇)、35个行政村为"服务三农"试点,采用科研单位、科技专家与村(组)、项目对接的方式,定点指导,全程服务。灵宝市城关镇牛庄村在省农科院专家的帮助下,建立了全市"蔬菜生产专家大院"。陕县菜元乡作为"百千万工程"试点,市、县专家多次深入该乡指导果品生产,帮助该乡过村、桃王等村建立完善农技协组织,创建"绿色苹果"出口基地,使桃王村村级果协组织覆盖到全乡十几个行政村。渑池县康瑞和旭源养牛基地在省畜牧专家的指导下,开展了肉牛新品种、胚胎分割快繁、快速育肥技术研究和推广,带动上万户农户参与肉牛生产。卢氏的桑蚕、义马市东区的大樱桃、陕县大营镇的蔬菜在省、市专家长年指导下,都取得了显著效益。"科技服务三农"长效机制的确立,使科技进村入户、专家服务"三农"工作走上了规范化、长效化的轨道。

【实施"三创一带"活动】 开展以创建科普示范县(市)区、先进科普示范基地和先进农技协为载体,以带动农民致富为目标的"三创一带"活动,是推动县域农村科普工作的重要载体。市、县科协制定目标,分解任务,建立档案,加强督导,跟踪服务。积极指导全市科普示范县(市)区创建工作。渑池县再次被命名为"全国科普示范县"。灵宝市、湖滨区积极申报全国和省科普示范县(市)区。科普示范乡(镇)、示范基地创建工作成效显著,全年创建省级科普示范乡(镇)(社区)3个,省级科普示范基地4个、市级13个。农村科技致富带头人队伍不断壮大,一批优秀带头人成为农

2月20日,全市科协工作会议会场

村致富信息的传播者、先进技术的推广者、新兴产业的开拓者。“三创一带”活动的开展，带动了全市农村多项产业近6万农户农民增收20%以上。

【实施“科普惠农兴村计划”】 “科普惠农计划”项目实施工作取得新的突破，灵宝市设施农业协会、陕县过村果品协会、卢氏县植桑养蚕综合技术示范基地等单位获得全国科普惠农先进集体，湖滨区王苏峡、陈春分获全国和河南省农村科普示范带头人奖励。义马市常村镇养殖协会、渑池县旭源肉牛养殖育肥基地受到河南省科协、财政厅的表彰。全年累计完成“科普惠农”项目8个，共获得科普奖励资助资金83万元。入选率、获奖率创3年来新高，为进一步提升农村科普示范带动能力奠定了坚实的基础。

【科普宣传活动】 在“科技活动周”期间，市、县科协联合有关部门举办了“携手共建创新型三门峡”为主题的第6届科技活动周宣传活动，科技、农业、卫生、老科协、反邪教等部门和学会科技人员300余人参加了活动周。科技咨询、仪器演示、揭秘迷信、义诊义治、科普知识有奖竞猜活动，吸引了数千名群众参与。活动期间共展出各类宣传版面近500余块，发放科技资料万余份。宣传活动同时在全市6个县(市)同步展开。各县(市)区举办科普大集、科普讲座30余场次。科技下乡活动逐步走上经常化的轨道。全年共组织各学会专家开展“科技下乡”活动12次，举办讲座76期，组织“农业专家咨询团”开展“急约即到”技术指导与培训49次，培训农民6 000余人。市科协还在陕县等地组织了春秋集中下乡活动，参与科技人员200余人，设立农林、科普、医疗等咨询点40多个，展示新品种、新技术、新农资150多个。科技下乡活动的吸引力，影响力进一步增强。在国内甲型流感发生之初，市、县科协及早动手，积极应对，组织举办为期半个多月的全市预防甲型流感大型科普宣传活动，编印预防甲流科普挂图800余套，科普资料1万余份，发放到全市各县(市)区及企业、学校、社区。组织公共卫生学会专家参加市广播电台、《三门峡日报》《三门峡电视报》等媒体宣传活动，重点对手足口病、甲流等传染病防治知识进行宣传。同时，联合医学会对医疗机构相关人员开展法律知识和感染控制知识培训，为科学预防、稳定民心、稳定生产发挥重要作用。全市科协把加强科普传播工程建设作为实施《纲要》的重要内容，借助外力，努力构建电视、广播、报刊等现代科普传播网络。市科协创办的《科技天地》电视栏目，充分发挥长效宣传作用，全年制作播出《预防甲型流感》《节能减排》等科普宣传节目24期。全市6县(市)区科协有4家开设了电视科技栏目，3家开设了科普宣传网站，灵宝市还开办了车载电视科普栏目，丰富了科普传播手段。农村科普宣传阵地不断巩固，全市6县(市)区共建立科普宣传站34个、宣传栏289个，配送科普挂图8 000余幅。为推进全市新农村建设、丰富农村群众文化生活发挥了积极的推动作用。

【学术交流】 学术活动始终围绕全市经济、科技和社会发展中的重大问题及行业和学科的热点、难点问题，开展学术交流、技术研讨活动，力求破解难题、拓展思路，为行业和产业发展提供智力、技术支持。6月中旬，市科协邀请北京社科院副院长梅松博士到三门峡市举办“招商引资与产业发展”大型讲座，对全市如何应对危机、招商引资、优化发展环境，提出了许多富有建设性的意见，使400余名党政干部和企业经营者深受启发和教育。学术活动力求追踪前沿，提升档次，服务学科，推动发展，国际眼科学术研讨会、全国食管癌防治技术研讨会、全国绿色农业发展战略研讨会等一批国家级学术交流活动在三门峡市成功举办，为提升三门峡市学科水平发挥了重要作用。全年共举办省级以上学术交流活动13次。参加学术交流人员达5 000人次。基层学术活动始终坚持与行业科技进步相结合，与解决生产实际相结合，努力促进学术成果转化为现实生产力。市科协和省化学学会合作，与全市5家化工企业签订技术合作协议，开展员工培训，产品研发，技术指导服务。联合市涉农学会开展的生态建设研讨等学术成果在实践中得到广泛应用。市环保协会帮助企业研发减排技术、解决治污难题，其开发的新型环保设备被确定为国家重点环保实用技术推广项目。市职业安全健康协会组织专家对全市非煤矿山和危险化学品生产经营企业进行安全评估分析，提出防范对策，促进了企业安全生产管理水平的提升。

【实施“厂会协作”和“金桥工程”】 全市科协组织充分发挥企业工程技术人员和学(协)会科技人员的作用，内引外联、搭桥铺路、密切协作、联合攻关，积极推进“金桥工程”。全年有4项被列入省“金桥工程”项目计划，十一局科协的“环氧地坪涂料的开发及应用技术研究”、义煤集团科协的“豫西二1煤瓦斯赋存规律及矿井瓦斯防治技术研究”等4个项目已顺利完成，并取得了数千万元的经济效益。“厂会协作行动”始终围绕增强企业自主创新能力、提高企业竞争力这一主线，全年全市完成“厂会协作”项目5个，均取得良好效益。市质量管理协会和义煤集团水泥有限公司协作的“水泥生产工艺技术改造”项目，荣获中国科协“千厂千会”协作行动优秀项目成果奖；市科协荣获“千厂千会”协作行动先进组织单位。

【青少年科技教育工作】 为培养中小学生的科学素质、创新精神和实践能力，全市科协组织联合有关部门多形式、多途径开展中小学生课外实践活动。先后举办了中学生“节能在我身边”“节水在我身边”等大型主题活动，开展了创建科技教育示范学校活动。组织三门峡市第7届中小学科技创新成果展评活动。在第23届河南省青少年科技创新大赛中，三门峡市共有87个项目获奖。其中，获得青少年优秀科技创新成果一等奖2项，二、三等奖31项；获得优秀科技实践活动二、三等奖7项；获得少儿科幻绘画二、三等奖29项。青少年科技辅导员队伍不断壮大，创新成果不断涌现，全市共获得科技辅导员科教创新成果一等奖3项，二、三等奖6项。获得优秀科技教师一等奖1名，二、三等奖4名；4家单位获得优秀组织单位奖。灵宝市教体局张贵旋的“新型便携式菠萝刀”入围第24届全国青少年科技创新大赛决赛。全市青少年科技教育活动呈现出由点到面、由城到乡、梯次推进、快速发展的良好局面。

【组团参加河南省科协成立50周年纪念大会】 6月25日,河南省委在河南省人民会堂召开“河南省科协成立50周年纪念大会”。三门峡市科协组织各县(市)区科协、市直学会、大专院校、省青年科技奖获得者及基层科技代表共34人参加本次大会。纪念大会由河南省委副书记、省长郭庚茂主持,徐光春书记在大会上发表了热情洋溢的重要讲话。充分体现了省委对科协工作的高度重视,体现了省委对全省广大科技人员殷切关怀和深厚期望,是省委、省政府借助纪念大会这一平台,向全省科技界发出的总动员。全市科协组织以深入学习贯彻胡锦涛总书记在中国科协成立50周年纪念大会上的讲话精神和徐光春书记在省科协成立50周年大会的讲话精神为动力,以学习实践科学发展观活动为载体,以三服务一加强为抓手,推动各项工作开展,各级科协形成了学讲话、促发展、强科普、活学术的生动局面。

【发挥老科技工作者智力优势】 老科技工作者协会是科协的协会组织之一,按照“围绕中心,针对要求,发挥优势,体现特点,讲究方式,认真组织,务求实效”的原则,积极组织开展各种有意义的活动。组织市农业老专家参加全市科技服务“三农”活动,组织市电力系统20余名老科技工作者成立工程监理部,担负起全市城乡电力改造的监理任务。利用科协自身科技咨询服务机构为老科技工作开展“四技”提供服务,全年完成“四技”服务项目30余项。多形式、多渠道地组织老科技工作者发挥余热,参与行业、部门的技术进步,对有效挖掘人才资源、发挥老科技人员作用,开辟了新的渠道。

【开展反邪教工作】 三门峡市科协反邪教承担着全市群众性反邪教工作的重要任务,为了深入了解邪教对全市农村的影响,市科协领导亲自下基层搞调研,研究邪教产生的新趋势、新特点,致力于进一步拓展反邪教工作的广度和深度。全年,市反邪教协会印发了一系列反邪教科普图片,共计15套500余张,下发到各县(市)区科协,展开宣传展览。同时,还组织了反邪教方面扑克及光碟下发到各县(市)区科协,为丰富群众文化生活、自觉抵制远离邪教发挥了积极作用。 (王春凌)

三门峡市残疾人联合会

【概况】 2009年,市残联在市委、市政府的领导和省残联的指导下,坚持以人为本,落实科学发展观,紧紧围绕残疾人工作重点,切实履行残联“代表、服务、管理”工作职能,统筹兼顾,全面推进,取得了可喜成绩。

残疾人职业培训和就业工作 推进残疾人职业培训和就业,是残联一项常规而重要的工作,是提高残疾人生产生活技能,增强残疾人群体的生活自信心,促进广大残疾人平等融入社会生活的一条重要途径。在全市各级残联的共同努力下,新安排残疾人就业910名,其中:按比例安排残疾人就业204名,集中就业311名,个体就业和自愿组织起来就业395名。加强残疾人培训工作,为开展就业打下坚实基础。以实效性和实用性为基础,以省、市、县3级残疾人培训基地为依托,分别对城镇残疾人和农村残疾人开展职业技能培训和实用技术培训。培训内容包括厨师烹饪、服装裁剪、计算机维修、手机维修、美容美发等专业技能和烟叶烘干、袋料蘑菇栽培、桑蚕养殖及果树管理等实用技能,共培训残疾人980名,其中培训合格的910余名残疾人已走上工作岗位,就业率达95%。加大《残疾人就业条例》和《河南省按比例安排残疾人就业办法》的执行力度,全面启动残疾人就业保障金征收工作,促进各用人单位按比例安排残疾人就业,使204名残疾人走上工作岗位。通过残疾人就业信息网,免费中介和举办残疾人就业招聘会等形式,为残疾人和用人单位牵线搭桥,共向全市11家社会福利企业集中安排残疾人311名。通过发放“个体从业优惠证”的形式,为残疾人提供优惠措施,鼓励残疾人个体就业和自主创业,促使395名残疾人实现了个体就业和自愿组织起来就业。

残疾人康复工作 康复工作是残疾人工作的永恒主题。为使更多的残疾人通过康复治疗回归社会,市残联以残疾人“人人享有康复服务”为宗旨,积极探索康复工作新路子,并逐步形成了以“曙光行动”“爱心三助”“长江新里程计划”等项目为重点,全面推进残疾人康复工作的地区特色。开展爱心“助视、助听、助行”活动,建立起7个眼科门诊部,有眼科医生48名、技师23名、技工17名,为全市57名低视力患者佩戴了助视器。规范开展康复训练,对21名盲人进行定向行走训练,对41名肢残疾人和40名智力残疾人儿童进行了康复训练 。搞好聋儿语训工作,本着“早发现、早治疗、早语训”的指导思想,建立起了4个语训部、2个语训班,形成了以市、县语训部为骨干,语训班(点)为依托,社区家庭为基础的聋儿康复体系,全年新收训聋儿45例。做好残疾人辅助器具供应服务工作,为残疾人提供用品用具1 679套(件),其中免费发放1 238套(件)。启动“长江新里程计划”二期工程,为102名贫困残疾人装配普及型假肢和残疾人矫形器,在争取中央财政、省财政补贴经费的同时,三门峡市为每名缺肢残疾人大腿假肢补贴500元、小腿假肢补贴150元,假肢项目全部实现免费安装。

残疾人文体宣传工作 为丰富残疾人精神文化生活,激发残疾人参与社会主义先进文化建设的热情和潜能,市残联重视并抓好了残疾人文体和宣传工作。残疾人体育事业日趋活跃。6月12日,三门峡市首届残疾人运动会开幕式在三门峡职业技术学院隆重举行,省残联副理事长李国成,市领导李建顺、陈孟虎、张景林出席开幕仪式,李文慧书记为运动会发来贺信。本次运动会以“平等、参与、自强、共进”为主题,从筹备到圆满闭幕历经3个月的时间,全市6个代表队的173名残疾人运动员参加了8个大项比赛,为组团备战省第5届残疾人运动会选拔了53名优秀残疾人运动员。10月12日,河南省第5届残疾人运动会在焦作举行,三门峡市代表团共参加了田径、举重、自行车等9个大项的比赛。比赛中,运动员不屈不挠、顽强拼搏,勇夺4金4银4铜12面奖牌,展示出三门峡市残疾人的良好精神风貌。残疾人体育事业的健康发展,在帮助残疾人树立自信,回归社会和促进关心、理解、帮助残疾人社会氛围的建设中,发挥了积极作用。组团参加河南省第7届残疾人艺术会演，取得优异成绩。5月13日至14日，河南省第7届残疾人艺术会演在郑州举行，经过3个月的认真选拔和精心筹备，选送了4个节目参加了舞蹈和小品两个类别的比赛，其中3个节目拿到奖项。由三门峡市盲聋哑学校学生演出的小品《有爱就有希望》获小品类一等奖，《少儿版千手观音》和《我的梦想》分获舞蹈类一、二等奖，为三门峡市争得了荣誉。河南省首届残疾人书法、绘画大赛，三门峡市选送书法作品喜获丰收。为庆祝新中国成立60周年，中残联与民政部、国家广电总局、中国文联于7月联合举办全国残疾人书法、绘画大赛，河南省为选拔优秀作品参赛，于4至6月举办了河南省首届残疾人书法绘画大赛，市残联按要求积极组织残疾人书法、绘画爱好者参赛，共有7名书法爱好者选送作品42幅，其中毋民的篆书对联“守义笃志”和张明学的“情诗三百篇”获书法类一等奖，朱宝仓的对联作品获书法类三等奖，获奖作品由省残联报送至国家大赛组委会，参加国家级评选。

残疾人扶贫工作　残疾人扶贫是一项长期、艰巨的工作任务，全市有16万残疾人，大部分生活在农村，他们当中有相当数量因自身残疾的影响以及外界环境的障碍，生活处于贫困状态。为进一步解决好贫困残疾人的温饱问题，缩小残疾人生活水平与社会平均水平的差距，市残联着重做好了以下几项工作：一是在全市范围内开展了以“办实事、做好事、解难事”为主要内容的扶残助残活动。扶残助残活动包含残疾人康复、培训、就业、助学、社保、医疗等10个方面的工作内容，投资约980万元，惠及残疾人达16 000余名，市残联通过媒体向社会公开承诺，并与各县(市)区签订责任书，纳入目标管理。二是通过项目扶持，就业扶持、结对帮扶等渠道扶持贫困残疾人。引导部分农村贫困残疾人开展种植养殖项目，为他们提供资金和技术支持，帮助他们摆脱贫困，如陕县残联与中国养蜂学会、河南科技学院合作实施的残疾人中蜂养殖脱贫项目，通过专家现场授课和免费发放蜂箱，初步形成了小规模的中锋养殖基地，现已发展残疾人80户，养殖中蜂约1 500箱，创造了可观的经济价值。三是为近600名智力、精神和重度残疾人提供了托养服务。全市共投入经费近60万元，其中争取上级补助经费55.6万元，集中托养残疾人294名，通过补助托养服务家庭，托养残疾人230人；全年，市残联将按省残联工作要求，在全市组织实施“阳光家园——智力、精神和重度残疾人托养服务项目”，拟申请建设残疾人托养中心1所，计划投资400万元，建筑规模2 000平方米，能为至少200名残疾人提供托养服务。四是开展城镇贫困残疾人家庭的救助工作。通过对登记在册的农村贫困残疾人家庭的深入调查和了解，为其中1 100余名3级以上贫困残疾人交纳新农合医保和城镇医保个人负担费用约11 000元。五是实施危房改造项目，改善农村贫困残疾人生活条件。农村贫困残疾人危房改造工作一直都是残疾人扶贫工作中的一项重点，此项工作在省委、省政府的高度重视下，被列入全省十大实事。全市年度任务数为100户，投资金额达60余万元，为卢氏县贫困山区残疾人家庭带来了福音。100户残疾人危房改造任务中，新建62户，修缮27户，购置11户。

残疾人服务体系建设　针对残疾人特殊性、多样性、类别化的服务需求，市残联以康复咨询、社会保障、就业培训、信访维权等服务项目为主要内容，建立了较为完善的残疾人服务体系，积极为残疾人提供优质服务。残疾人综合服务设施进一步完善。市残联为拓展服务能力，投资20余万元，对残疾人辅助器具服务中心进行了升级改建，与丹麦瑞声达听力技术(中国)公司展开合作，通过购置听力检测设备和培训技术人员，使其在原有只能提供假肢安装服务的基础上又具备了为听力残疾人提供康复指导和助听器验配的能力。鉴于三门峡市没有一所正规聋儿语训中心的现状，市残联投资260余万元，新购置改建面积达900平方米的语训中心，经改建后成为三门峡市首家正规的聋儿语训中心，为帮助更多聋儿恢复语言功能提供了条件。残疾人维权体系得到了进一步完善。为充分保障残疾人权益，市、县两级残联积极贯彻落实《残疾人法律救助“十一五”实施方案实施办法》，成立了由市法院、检察院、公安、司法、民政、劳动和社会保障、教育局、卫生局、残联为成员单位的三门峡市残疾人法律援助工作协调领导小组，明确责任，全面开展残疾人法律救助工作。各级残联积极发挥残疾人法律援助中心的作用，免费为残疾人提供法律咨询和法律援助服务，全年全市共为残疾人提供法律援助37人次，其中市本级11人次。在残疾人信访接待工作中，全市各级残联认真贯彻落实国家《信访条例》，建立了领导接访制度，共接待残疾人来访254人次，来信13封，分别按照有关政策给予了妥善处理，结案率达100%，未发生一例残疾人赴京、赴省上访事件。第2代残疾人证核发和残疾人人口基础数据库录入工作有序开展。随着广大残疾人维权意识的不断提高和覆盖城乡社会保障制度的逐步建立、完善与落实，残疾人证的作用日益突出，第1代残疾人证已不能完全适应现实需要，按照中残联的要求，有序地开展了第2代残疾人证的换发工作。换证过程中，市县两级残联专门成立了残疾评定专家委员会，一方面简化工作程序，提高工作效率，方便办事群众，一方面严格按照全国第2次人口抽样调查标准，层层把关，切实确保残疾人群的合法权益。全年，全市共录入13 655份，其中新申请150份，已评定13 505份(评定通过初审127份，未通过初审16份；通过复审840份，未通过复审9份；已打印证件和发放11 453份)。

【“全国助残日”活动】　5月17日是第19次法定“全国助残日”，为了组织好本次助残日活动，市残联紧紧围绕“关爱残疾孩子，发展特殊教育”的节日主题，开展了丰富多彩、形式多样的扶残助残活动。积极开展宣传活动，营造良好舆论氛围。充分利用广播、电视、报刊、墙报、标语等各种新闻媒介和宣传形式，积极宣传了党和政府为发展特教事业而采取的重大举措和三门峡市特殊教育事业近年来取得的成绩；并以自强不息的先进典型为内容，开展专题报道，鼓励广大残疾人战胜命运，树立生活的信心。倾情关爱残疾孩子，助学活动形式多样。市委副书记、市长杨树平于5月15日深入到市盲聋哑学校进行慰问，并送去了1万元慰问金，把关爱带到盲聋哑孩子身边。各县(市)区党政领导在助残日期间也积极对特教学校展开了慰问,为聋哑孩子送去3万余元慰问金和康复设备。认真落实助残项目,惠及万余残疾群众。市、县两级残联一方面在助残日期间,陪同四大班子主要领导同志,深入到接受白内障复明手术患者及贫困残疾人的家中,开展了大范围的为残疾人送温暖活动,为残疾人家庭送去了价值97 000余元的慰问品、慰问金;另一方面积极抓好扶残助残项目的实施。为全市3 000名白内障患者实施复明手术;为1 000名肢体残疾人捐赠轮椅;为700名重症精神病患者免费服药;为97名残疾人儿童和38名社区肢体残疾人提供康复训练;为100名肢体残疾人安装假肢、矫形器;为800名残疾人发放辅助器具;资助680名残疾人学生上学;为1 200名残疾人提供职业技能培训;帮助900名残疾人就业;对100户贫困残疾人家庭的危房实施改造;为220名残疾人提供托养服务;为2 000名残疾人提供有关方面的救助和服务等惠民政策等。将党和政府的关怀带给了万余名残疾人。

【"曙光行动——争创白内障无障碍市"活动】　"曙光行动——争创白内障无障碍市"活动是一项功德无量的惠民工程,在全市实施3年来,已为10 941余名白内障患者送去了光明,在市委市政府的高度重视下,此项工作再次被列入十件实事,为三门峡市3 000例白内障患者实施复明手术。活动启动后,市残联作为承办单位,严格按照省助残济困总会和市委、市政府的要求,采取多种有效措施,大力推进争创工作的顺利实施。完善了《三门峡市关于实施"曙光行动"争创白内障无障碍市活动的意见》和《三门峡市实施"曙光行动"争创白内障无障碍市活动实施方案》。及时落实3 000例白内障复明手术所需经费,其中市政府从财政中拿出120万元,为每例患者筹措了300元的补助费;各县(市)区通过各渠道积极筹措资金,并且将白内障复明手术的费用列入了新农村合作医疗保险、城镇职工医疗保险和城镇居民医疗保险报销范围,基本保证了所有免费手术的费用。充分利用广播、电视、报刊、墙报、标语等各种新闻媒介和宣传形式,广泛宣传"曙光行动——争创白内障无障碍市"活动的重大意义,赢得了全社会各界的广泛关注和支持。通过宣传,形成强大合力,奠定工作基础,为活动开展创造良好社会氛围。由省助残济困总会专家组对承担手术实施任务的8家定点医院进行了重新审核,总结经验,查找不足,进一步改善医疗条件和技术水平,为活动的开展提供可靠的技术保障。改进工作方法,科学合理的筛查病源。针对2009年手术对象的分布较为零散和偏远情况,各县(市)区创新工作方法,由残联牵头,协调乡(镇)领导,抽调工作人员同乡(镇)卫生院医务人员组成调查摸底队伍,采取包村、包组、包户的形式,通过入村、入户现场查看,深层挖掘手术对象,做到了不留死角。五是建立督察制度,保证工作进度。在活动开展过程中,为及时掌握工作情况,市创建工作领导小组时常深入定点医院检查工作落实情况,并制定了周报制度,采取工作简报的形式,每周通报一次工作进度和好的经验做法,促进活动的高效开展。由于各级领导的重视和各项措施的到位,三门峡市"曙光行动——争创白内障无障碍市"活动取得了显著成效,全年共完成手术3 787例,占年度任务数3 000例的126%,在全省率先达到了白内障无障碍市标准。　(刁冬冬)

·编辑　张怡杰·

9月30日,三门峡市举办《祖国颂》歌舞晚会

人民武装

3 月 27 日，三门峡军分区组织民兵进行演练

三门峡军分区

【概况】 2009年，三门峡军分区认真贯彻党中央、中央军委和胡锦涛主席一系列决策指示，深入贯彻落实科学发展观，解放思想，科学筹划，聚焦重点，真抓实干，珍惜荣誉，瞄准一流，全区部队在安全稳定的基础上，圆满完成了上级赋予的各项任务，全面建设呈现出科学发展、整体上升的良好局面，军分区党委再次被河南省军区党委表彰为“先进师级党委”。

思想政治建设 坚持用科学发展观统领部队建设全局，深入扎实地开展学习实践活动。坚持科学筹划，大事大抓，领导带头，扎实推进，突出实践特色，着力解决问题，军分区、人武部两级共投入200余万元为官兵办好“十件实事”，历史遗留问题初步得到解决。党委中心组理论学习质量进一步提高，团以上干部轮训率达到100%。中国特色社会主义理论体系武装、当代革命军人核心价值观等主题教育扎实有效。国防教育和宣传报道工作富有特色。军分区政治部被国家表彰为全民国防教育先进单位。灵宝市人武部被河南省委宣传部、河南省教育厅、河南省军区政治部表彰为全民国防教育先进单位。陕县县委书记、人武部党委第一书记高战荣被表彰为全民国防教育先进个人。

军事斗争准备 召开作战训练任务部署会和民兵应急分队点验观摩会，量化区分任务，研究具体措施，基干民兵编组更加科学、结构更加合理。坚持按纲施训，狠抓民兵应急分队训练，应急力量整体建设水平不断提高。卢氏县人武部被河南省军区表彰为军事训练先进团级单位。认真组织全区“三级干部联训”，经验做法被河南省军区转发。深入开展岗位练兵活动，方法灵活，成效明显。政治部干事范雨志被济南军区政治部表彰为岗位练兵先进个人。扎实抓好征兵工作，加大宣传发动力度，严格执行政策规定，圆满完成了上级规定的高学历指标征集任务，兵员质量明显提高。湖滨区征兵办被国防部表彰为征兵工作先进单位。

党委班子和干部队伍建设 认真贯彻中共十七届三中全会、四中全会精神，严格落实《河南省县（市）区人武部工作规范》，加大对人武部党委指导帮抓力度，有效促进了两级党委班子建设。研究探讨出了“责任、培训、牵引、激励”4个机制帮抓人武部的经验在省军区党委全会暨人武部建设座谈会上作了介绍。渑池县人武部被河南省军区表彰为先进人武部。坚持集体领导，坚决贯彻党的民主集中制和党风廉政建设的各项规定，在干部选拔任用、士官选改、工程建设、经费开支等热点敏感问题上，坚持公道正派、民主决策、阳光操作，部队风气更加优化。与西安政治学院合办的研究生班圆满结束，全区33名干部获得研究生学历。深入开展党纪条规学习教育，认真纠正不正之风，严肃查处违规违纪问题，促进了党风廉政建设。离退休干部移交、转业干部安置、计划生育等工作继续保持了好的形势。

安全管理 认真抓好条令法规的学习教育，深入开展“十项综合清理整治”和安全隐患整顿排查活动，先后投资60余万元对仓库进行了综合升级改造，全年全区没有发生事故案件和严重违纪问题。卢氏县人武部被河南省军区表彰为“四无”活动先进单位。

后勤保障 积极推行财务制度改革，坚持军政主官双签、联审会签等规定，加强对财务的严格管理，集中整治假发票等问题，严格干部离任经济审计，有效提高了经费使用效益。军分区被河南省军区政治部、后勤部联合表彰为全区财务管理工作先进单位。先后投入经费13万元，新建停车场，整修士官公寓和士兵宿舍，改造公寓楼供水、供暖管网，工作和生活环境进一步改善。加强手足口病、甲流感等疾病的宣传预防工作。

军政军民关系 协调地方一次性为部队安排54名随军家属，对暂时不能安排工作的补贴标准提高至260元，并形成逐年增加的机制。积极组织民兵预备役参与“平安三门峡”建设，制定总体规划，成立领导组织，召开动员大会，加强检查督导，广大民兵预备役人员在政策法规宣传、矛盾纠纷调解、维护社会治安等方面发挥了积极作用，尤其是在完成抗旱保苗、城市供水渠道抢险等应急任务中，部队和民兵预备役人员行动迅速，不怕吃苦，表现突出，受到地方党委、政府和人民群众的高度评价，为支持地方应对危机、实现“三保”作出贡献。市委书记、军分区党委第一书记李文慧被济南军区表彰为“关心支持国防建设先进个人”，义马市委书记、人武部党委第一书记水选民被河南省委、省政府、省军区表彰为“党管武装好书记”。

【组织“三级干部”联训】 2月20日至27日，军分区着眼打牢思想基础、实践基础和组织基础，紧贴单位实际，紧贴形势任务，紧贴工作特点，以县（市）区人武部为单位集中食宿，统一管理，依托电视电话会议系统，采取统一授课与分组讨论、经验交流与参观见学、组织训练与考核验收相结合的方法，组织军分区、人武部和基层武装部3级干部共220人，进行了学习培训。集训把“理清工作思路”“破解重难点问题”“提高干部素质”“加强基层武装部建设”作为重点内容。着重解决3个方面问题：一是用上级的指示要求统一思想，解决“为什么干”的问题。认真组织学习了胡锦涛主席关于国防和军队建设重要论述，学习两级军区党委全会指示精神和河南省军区党委工作报告。二是用法规制度统一思想，解决“怎么干”的问题。学习各级职责、《党委工作条例》《民兵工作条例》《陆军军事训练与考核大纲》等法规制度，打印下发100道党管武装法规复习题，使参训者在明确责任中统一思想，在掌握规定中理清路。三是用分区重点工作统一思想，解决“干什么”的问题。军分区党委研究确定了“学习实践科学发展观活动”“应急分队建设为重点的民兵整组”等8项重点工作，并在集训中进行部署，参训人员人人明白工作任务，明白工作标准，明白完成时限。

【协调组织部队和民兵预备役人员抢修城市供水管道】 5月10日6时许，三门峡市城市供水管道红线渠大溪岭槽段护坡因连降暴雨发生坍塌，渠道严重损毁，市区30万人的生活供水受到重大影响。接到险情通报后，军分区党委高度重视，把抢修任务作为履行使命、服务人民、维护稳定的大事，全力以赴，快速抢修。军分区及时协调驻军、武警、消防支队成立抢险领导小组，研究抢险方案，明确任务分工。各抢险部队和民兵预备役成立党员突击队、团员突击队、青年突击队和指挥协调组、技术指导组、宣传鼓动组、团结互助组、安全观察组，迅速开赴一线，展开抢修作业。抢险期间，军分区和抢险各部队领导坚持模范带头，冒雨组织指挥。共协调组织驻军、民兵预备役人员600余人，动用机械、车辆50台次，运送沙包6 500余袋，铺设雨布1 000余平方米，挖掘沙石1万余立方米，经过2天奋战，损毁渠道于5月11日18时恢复供水。

【兵员征集和士官招收工作】 针对征兵工作的新特点，紧紧围绕分区党委确立的工作思路。一是认真进行兵役登记。组织湖滨区人武部和三门峡职业技术学院3次召开联席会议，研究部署工作，在三门峡职业技术学院设立咨询报名站，从9月1日开始到9月30日分3个阶段进行了兵役登记。二是进行深入的动员发动。利用网络、电台、电视台、报纸等新闻媒体深入进行宣传发动。采取印制宣传册、国防知识讲座、现场知识问答等方式，大力宣传征兵政策。三是严格把住"三关"。首先，严把联合初审关。会同公安、卫生、教育、纪检等部门，对全市应征男青年的户籍、学历、身体等进行严格的联合审查，淘汰不合格人员。对应征女青年进行资格审查，淘汰不合格人员，对通过审查的人员进行综合评定，量化打分，综合排名，确定名额进站体检。其次，严把体检关。全部在二级以上医院开设封闭式体检站，严格实行"谁检查、谁签字、谁负责"的责任制；纪检监察部门全程参与监督，每天体检结果上报纪委留存。第三，严把政审定兵关。在定兵中，坚持党委集体定兵，按照"一个主体，两个优先"的原则，优先确定高学历青年入伍，优先确定应届高中毕业生入伍，搞好集中公示，接受群众监督。较好地做到了让社会满意，接兵单位满意，应征青年满意。四是下大力抓好廉洁征兵。向社会公布了4级举报监督电话，坚持24小时值班人员在岗在位；严格执行廉洁征兵各项值班制度，加大对征兵办公室成员的管理教育力度，加大对各人武部的检查督导力度，加大对群众反映问题的查处力度。

【民兵废旧武器弹药销毁】 按照河南省军区仓库规范化管理实施细则，认真抓好仓库建设。分区主要领导、分管领导进行经常性的检查督导，每次上级检查，司令部都派专人驻库进行指导。4月和10月，两次销毁报废引信，6月调运上交报废弹药，没有发生任何问题。能够按照司令、政委指示，最大限度地发挥投入经费的使用效能，把有限的经费用在提高仓库的技术防范和基础设施建设上，实现了"节约高效，经济实用，确保安全"的目标。

【抓好经常性管理工作】 2月，三门峡军分区组织开展"条令条例法规月"学习活动，官兵和职工的法规意识进一步增强。结合10月政治敏感期，研究制定落实了营区管理规定，印制了统一的"人员出入证""车辆通行证"，坚持"营区安全管理一日查"、营门双岗警卫和营区检查巡逻制度，营门卫兵文明执勤意识明显提高，营区秩序正规，安全稳定。对全区办公用计算机、移动硬盘、U盘、涉密软盘、光盘进行登记编号，统一安装了安全保密管理系统，严格落实军区关于网络管理的3条禁令，防止了失泄密问题的发生。

【召开应急分队点验及训练观摩会】 民兵整组工作，主要围绕"四个拓展"，按照"五个坚持"的编组方法，突出抓了应急应战力量建设，实行"县、乡、村"分别编建应急连、排、班3级编建体系，有效提高了民兵编组质量；同时，重点抓了基层武装部建设，先后两次对基层武装部民兵整组资料进行了规范统一。3月下旬，军分区党委召开专题会议，认真学习河南省军区作战训练任务部署会议精神，结合军分区实际，对担负的作战训练任务进行量化、细化，研究部署，制定具体措施。4月，在湖滨区召开了民兵整组点验观摩会，对6个县(市)区整组工作进行检查验收，并通报全区。8月，在全区推广卢氏县人武部帮抓基层武装部建设的经验做法。省军区吴建初参谋长和方泉副参谋长分别对三门峡市整组工作进行了检查验收。

【开展深入学习实践科学发展观活动】 根据军委、总部的决策部署，军分区党委坚持把学习实践活动作为重大政治任务，遵照"党员干部受教育、科学发展上水平、履行使命见成效"的总要求，从3月初到8月底，历时6个月，集中活动时间68个工作日，按照学习调研、分析检查、整改落实3个阶段11个环节，组织124名党员干部干部认真开展了深入学习实践科学发展观活动，军分区领导授课6次，报告先进事迹、大会交流5次，常委成员深入调研10天，全区团以上干部上报心得体会文章28篇，调研报告28份，形成了一些有价值的调研成果，其中有14篇被《中国国防报》《中国民兵》、河南省国防教育网等新闻媒体刊载。群众满意度测评，"满意度"100%。河南省军区先后4次转发了军分区的经验做法。《针对难点反复抓，健全机制促落实》的做法被《中国国防报》头版头条刊登。

【组织当代革命军人核心价值观系列教育】 3月至5月，先后集中6天时间，收听收看中央电视台7套当代革命军人核心价值观辅导讲座，并将核心价值观教育细化为爱党报国、职能使命、敬业奉献、艰苦奋斗、政策纪律、优化风气、珍惜荣誉、珍爱家庭8个系列教育，军分区党委常委亲自备课、授课，教育落实扎实，效果明显。在11月中旬召开的全国国防教育工作会议上，军分区政治部被表彰为全民国防教育先进单位。

【帮抓指导人武部】 军分区党委始终把帮抓指导人武部作为一项长期性根本性任务。按照科学发展观的要求，着眼建强民兵预备役工作"一线指挥部"，健全落实"四个机制"，即：健全落实责任机制，在强化帮抓职能上下工夫；健全落实培训机制，在提高能力素质上下工夫；健全落实牵引机制，在促进有所作为上下工夫；健全落实激励机制，在增强内在活力上下工夫，有力促进了人武部全面建设。所属6个人武部建设水平普遍提高，没有弱差单位，没有发生影响较大的问题，10余项经验做法被济南军区、河南省军区转发。8月中旬，军分区李明举政委在河南省军区党委全会暨人武部建设座谈会上介绍了"健全落实'四个机制'，努力增强帮抓效能"的经验。

【新闻报道工作再上新台阶】 注重新

闻报道骨干能力素质的培养,在人少事多的情况下,选派政治部毛兴炎干事到中国国防报社学习6个月,报刊见稿数量和质量有了新的突破,全年在省以上新闻媒体上见稿165篇,其中中央级报刊上稿82篇。5月,政治部采写的三门峡市城市供水水库渠道坍塌抢险新闻稿件,被中央电视台1套《新闻30分》、7套《军事报道》分别给予了报道。8月,军分区通过请上级新闻业务部门指导帮带的办法,集中力量对三门峡市委书记、军分区党委第一书记李文慧关心支持国防建设事迹进行了宣传,采写的"情到深处都是歌""函关故道国防情""项项法规成为拥军的'硬杠杠'"等多篇典型报道先后在《解放军报》《光明日报》《新华每日电讯》《法制日报》等媒体刊发。同时,围绕科学发展观实践活动、民兵预备役建设等中心工作采写的"120名退伍军人获聘信访代理员""河南省三门峡军分区着力形成抓好整改落实合力""公开选聘、持证上岗"等重点消息分别被《解放军报》五版头条、《中国国防报》头版头条刊登,有12篇重点消息分别在中国国防报二版头条和一版重要位置刊登。新闻报道工作在2007年、2008年被济南军区、河南省军区分别表彰为先进单位的基础上,全年新闻报道工作又有新的发展,军分区政治部被前卫报社表彰为2008年度业余报道工作先进单位,河南省军区还推荐表彰三门峡军分区为济南军区新闻报道工作先进单位。

【协调解决随军家属就业安置问题】 军分区认真贯彻上级关于解决随军家属就业安置问题的有关指示,把随军家属就业安置工作作为贯彻落实科学发展观的重要内容狠抓不放,结合市委党委会议、议军会议以及春节、"八一"军地走访慰问和创建"省级双拥模范城"之机,军分区领导积极主动地向地方党委、政府汇报情况,针对金融危机影响,企业不景气、失业下岗人员较多的实际,提出了重点安置和提高生活补贴相结合的办法,在2007年、2008年协调安置随军家属60余人的基础上,全年重点安置54人全部落实编制,对安置困难的341名随军家属实行了货币化补偿,由原来的每人每月180元提高到260元,并按10%的比例逐年递增。军分区党委领导协调市委市政府和市直相关部门,研究制定了《三门峡市驻军军队干部随军家属及军队转业干部家属就业安置工作的意见》《关于随军家属发放生活补贴问题有关规定》等政策措施。

【研究制定后勤保障方法和方案】 2月,召开军分区后勤部长办公会,成立由后勤部战勤办、供应办以及卫生所有关干部参加,重点研究非战争军事行动军地联合后勤保障、非战争军事行动物资油料、军需财务等方面内容,研究制定了10个后勤保障计划(部队动员扩编后勤保障计划、部队疏散后勤保障计划、部队机动后勤保障计划、预定作战任务后勤保障计划、保障战役军团机动后勤支援保障计划、协助地方维护社会稳定后勤保障计划、抢险救灾后勤保障计划、本区其他部队动员扩编后勤保障计划、保障跨经本区其他部队机动后勤保障计划),6个后勤战备方案(后勤指挥所编组方案、后勤收拢方案、后勤疏散方案、后勤扩编(动员)方案、后勤留守方案和后勤机动方案)。"非战争军事行动军地联合后勤保障探析"和"积极探索非战争军事行动物资油料保障新路"两篇文章,分别在济南军区《联勤工作通讯》和《黄河民兵》杂志刊用,李安昌部长被河南省军区表彰为2009年度后勤学术研究和信息交流先进个人。

【抓好后勤岗位练兵活动】 第二、三季度,重点抓了后勤岗位练兵活动,主要内容有基本理论和专业理论,技能包括基本技能和专业技能等,在全区选派宋占中、郭明宇2名干部参加省军区后勤岗位练兵比武,渑池县人武部后勤科长宋占中取得理论第3名。

【积极推进财务改革工作】 依据河南省军区下发的《财务管理改革实施方案》结合自身实际认真抓好三项改革落实。严格落实经费预算与资金收付相分离改革。积极推行行政消耗性费用货币化支付与限额管理相结合改革。全面展开公务卡支付结算改革。印制了《三门峡军分区公务卡使用手册》等资料,发放到全体人员手中。与工商银行联系协商,租用移动公司一条光纤线路开通了专线网上银行,安装了POS机,共办理了公务卡90余张。

(杨占峰)

武警支队

【概况】 2009年,面对复杂形势、艰巨任务和严峻考验,坚持以科学发展观为指导,深入贯彻党的十七大精神,紧紧围绕总部、总队和支队党委年度工作部署,牢固树立按纲抓建理念,奋发进取,狠抓落实,有效履行职责使命,圆满完成以执勤处突为中心的各项任务,高标准实现"两个确保",部队建设呈现出全面发展、稳步上升的良好态势。

思想政治工作　第2批学习实践活动成果进一步巩固深化,第3批学习实践活动进展顺利,创新理论武装深入扎实,影响制约部队科学发展的问题得到初步解决。培育当代革命军人核心价值观主题教育活动扎实有效,精心抓好教育试点和"忠诚、使命、荣誉、奉献"网上主题演讲等配合活动,官兵理想信念、宗旨意识、敬业奉献精神进一步增强。支队荣获总队"当代革命军人核心价值观引领我成长"演讲比赛二等奖和组织奖。一中队代理指导员唐亚军被总队评为"四会"优秀政治教员。教导队长代练兵荣获第12届"中国武警十大忠诚卫士"提名奖。以"官兵携手建和谐"教育为主题,有针对性地开展"三兵""三真"教育,组织思想骨干、文体骨干和新闻报道员培训,广泛开展"三学习一尊重"活动,积极参与三门峡市创建"国家园林城市"活动和"六运会",内外关系进一步融洽。在三门峡市"六运会"参赛中取得7个项目中的10个前3名,被授予"特别贡献奖"和"体育道德风尚奖"。新中国成立60周年大庆系列文化活动丰富活跃,开展"军歌嘹亮颂祖国"歌咏比赛和"赞成就、话使命、迎国庆"网上文艺会演等活动,使官兵焕发出高昂的政治热情。支队荣获总队歌咏比赛合唱类三等奖,一中队小品《排戏》荣获总队"迎国庆系列文化活动"曲艺小品类三等奖。扎实抓好预防犯罪工作,精心组织"五个过一遍""法律服务到基层"和"政法干部上一课"活动,先后帮助3名官兵协调解决家庭涉法问题,100名战士考取士兵大中专学历教育毕业证书。支队成功预防自杀问题的经验做法被总队政治部转发。在灵宝市红线渠护坡塌方抢险、抗旱浇麦保丰收等任务中，政治工作主动作为，充分发挥了服务保证作用。

中心任务　认真开展执勤教育和节日战备教育，邀请市反恐办专家进行专题辅导，扎实搞好执勤隐患治理，精心组织执勤大讨论，官兵中心意识不断增强。认真学习贯彻新大纲，组织“两官”轮训和勤训轮换，着重抓好警官训练，加大奖惩力度，训练整体水平明显提升。在总队特战班比武中荣获综合成绩第3名、射击单项成绩第1名的好成绩。一线执勤阵地建设明显加强，召开备勤室建设现场会，备勤室应急器材、监控设施逐步完善配套，7个基层单位安装了云台摄像机，自卫哨和五七三处目标哨防暴器材配备到位，防袭击工作全面落实。营区哨兵防袭击经验做法被总队转发。扎实抓好“三员一兵一组”建设，加强重大节日处突演练，定期对基层应急小分队和应急小组进行拉动，提高了应急处置能力。大力推进经常性执勤工作机制建设，持续加大网络巡查和实地查勤力度，积极协调市公安局监管支队开展联合安全检查，重点推动灵宝、义马市看守所在监区内5米警戒线拉起钢网墙等隐患治理，进一步提高执勤安全系数。全年动用兵力1 900余人次，圆满完成三门峡“国际黄河旅游节”和“两会”警卫、在押犯分流押解、调犯专列备勤、打防控百日会战、城市武装巡逻等临时勤务40余次，出色地完成灵宝卫家磨水库红线渠护坡塌方抢险任务，受到市领导的高度赞誉。

安全管理　认真贯彻从严治警方针，坚持用条令条例规范部队，突出抓好两个正规化管理规定的贯彻落实，深入开展条令学习月活动，严密组织“八员一长”和士官教育整顿，有力提升了部队正规化管理水平。认真学习贯彻安全法规制度，持续加大对“八大安全问题”预防力度，突出安全工作12个方面治理，深入开展“增强安全意识，争当安全标兵”和群众性创安活动，部队安全发展环境更加优化。注重建立健全安全工作长效机制，先后对6项规章制度进行修订完善，做到工作项项有规章、落实件件有抓手、奖惩条条有依据。认真贯彻全面抓防范的思路，突出重点隐患治理，先后投入5万余元对所有用电、防雷设施进行全面检测维修完善，及时更换了部队新型密码枪弹柜，在内外关系、电、车、密及设施建设上成效明显。着力加强特殊时期部队管控，坚决执行总部首长提出的“三全”要求和总队《20条部队管理特别措施》，认真落实封闭式管理规定，扎实开展“迎大庆、树形象、保安全”作风纪律专项整顿，确保了特殊时期部队安全管理万无一失。坚持严处罚正纲纪，硬起手腕处理5名违纪人员，有力维护了纪律的严肃性，纯正了安全发展风气。代理排长蔡鹏召被总队评为安全工作标兵，支队被总部表彰为连续5年以上“三无”支队，实现了连续17年安全无事故。

基层建设　坚持用《纲要》统揽基层全面建设，持续掀起学习贯彻新《纲要》热潮，各级按纲指导、按纲抓建的意识和能力进一步增强。年初，制定党委成员包干挂钩帮扶基层中队安排表，坚持每月召开军事和政工例会，组织《纲要》网上培训，先后10余次利用蹲点、考评之机搞好传帮带，广泛开展“六好”和争当“六个模范标兵”活动，基层党支部“三个能力”普遍得到提高。狠抓政治工作机制“学、建、用”活动，基层经常性基础性政治工作水平明显提升。认真抓好党支部组织生活7项制度落实，坚持每月集中进行党课辅导，进一步强化党员干部的先进性意识。支队提高党日活动质量做法被总队转发。一中队、灵宝市中队党支部被总队评为“优秀基层党组织”，唐亚军被评为“优秀党支部书记”，蒋立三等3名同志被总队评为“优秀共产党员”。积极营造争先创优的浓厚氛围，将各类先进典型戴大红花拍光荣照在机关醒目位置张榜公布，对参加总队特战班比武、演讲歌咏比赛获奖等20余名官兵给予精神奖励和1万余元物质重奖，对1名表现特别优秀的同志提前晋职，营造凭素质立身、靠实绩进步的浓厚氛围。代练兵被4总部表彰为“全军优秀基层干部”，并荣立二等功。不断加大干部教育管理力度，认真落实支队《干部教育管理处罚规定》，对9名工作落实质量不高、蹲点作风不实的干部进行公开处理，进一步强化各级干部的事业心责任感。积极为干部队伍排忧解难，采取机关干部到基层代职的方法，保证100%的基层干部都能休假，协调地方为20名随军家属定期发放生活补助，帮助4名干部家属在事业单位安排工作，充分调动了广大干部的工作积极性。一中队被总队评为基层建设标兵中队，并荣立集体三等功；陕县中队、义马市中队被总队评为先进中队。45名官兵立功受奖，123名官兵分别被评为“优秀干部”“优秀士兵”。

综合保障　针对形势任务特点，制定5种应急保障预案，对应急保障分队人员编成、车辆编配、携带器材及通信联络等方面进行具体明确，认真搞好物资储备，并结合重大节日加强保障演练，有效提高后勤干部应急保障组织指挥能力。大力抓好后勤队伍业务学习，采取以会代训、岗位练兵、集中培训等方式，先后组织司务长、炊事员、军械员和驾驶员进行培训，后勤队伍整体素质明显提升。严格落实伙食管理5项制度，狠抓基层农副业生产，扎实开展“伙食管理指导周”活动，基层官兵伙食调剂质量稳中有升。深入贯彻总队“四项设施”建设现场会精神，先后投入350余万元解决了机关和基层5个单位训练、办公生活设施不配套问题，特别是渑池县中队新营区建设进展顺利。不断加大公寓房清理工作力度，促成6户转业干部腾出占用住房，支队被总部表彰为“营区房地产正规化管理优秀单位”。扎实抓好计生工作，坚持搞好服务，严格教育督察，被总队评为计划生育先进单位。积极抓好疾病防治，认真落实卫生巡诊和干部士官体检制度，尤其是严密组织甲型H1N1流感防控工作，确保了疫情不传入、官兵零感染目标实现。支队甲流感防控经验做法被总队转发。

党委班子建设　认真落实党委中心组学习制度，严密组织参加总部理论集中辅导、深入开展学习实践科学发展观活动、“加强党性修养、振奋革命精神”教育及武警部队支队（团）主官《纲要》网上培训，党委成员认真做好学习笔记和撰写心得体会，始终做到在理论学习上为全体官兵带好头。大力倡导“四个珍惜”优良传统，先后两次认真组织专题教育民主生活会，开展批评与自我批评，不断加深了解，增进感情友谊。以学习贯彻省委常委议警会精神为契机，加大与驻地党委政府协调力度，深入宣传《中华人民共和国人民武装警察法》，顺利促成市委常委召开议警会，并出台了《关于进一步加强和支持市武警部队建设的意见》，建立了地方政府关心支队建设的长效机制，实现了历史性突破，先后争取地方经费300余万元，解决了执行重大任务保障经费、机关搬迁新营区选址等问题，为提升部队建设层次奠定了坚实基础。支队贯彻省委常委议警会精神的经验做法被总队转发。深入学习贯彻中央军委6号文件精神，积极开展"读书思廉"活动，进一步强化了班子成员的廉政勤政理念。认真执行党风廉政建设有关制度规定，在经费使用上坚持党委集体理财，严格计划报批，逐级审核把关，实行主官联签。慎重处理部队热点敏感问题，在战士考学、入党、晋升班长、选取士官、技术学兵选送、代理排长选拔、干部调整任用等问题上实行"阳光操作"，树立了廉洁公正的良好形象。

【召开党委扩大会议】 2月1日至3日，支队党委扩大会议隆重召开。会议传达学习总部、总队党委扩大会议精神，党委书记、政委丁振庆代表支队党委作题为《昂扬精神，提高标准，开拓进取，努力以求真务实作风推动部队建设又好又快发展》的工作报告，支队党委副书记、支队长潘发勤作"持之以恒抓经常，扎扎实实打基础，不断提升部队建设水平"的讲话，参谋长寇兴禹、政治处主任张超民、后勤处处长刘勤丰分别就2009年支队军事、政治和后勤工作作安排部署，并宣读表彰通令，签订人口与计划生育、安全稳定工作责任书。

【召开"加强党性修养，振奋革命精神"学习教育活动动员大会】 2月9日，三门峡市支队党委机关隆重召开"加强党性修养，振奋革命精神"学习教育动员大会，对党委机关学习教育活动进行了再动员再部署。党委成员、全体机关干部共39人参加了会议。会议由副政委刘建清主持。会上，政治处张超民主任宣读了《三门峡市支队党委机关"加强党性修养，振奋革命精神"教育实施方案》，明确了教育指导思想、时间内容和方法步骤。丁振庆政委结合支队实际，就如何贯彻总部、总队首长讲话精神，抓好学习教育落实，重点围绕统一思想，提高认识；突出关键环节，着力解决问题；加强组织领导，增强教育效果3个方面作了动员，引导全体机关干部要不断加强学习，统一思想认识，搞好对照检查，制定具体措施，切实把学习教育的过程作为强素质、找差距、抓落实的过程。他指出，开展这项教育活动，是武警党委作出的重大决策部署，是加强党委机关建设的一个实际步骤，对于提高党委机关的领率能力和党员干部素质能力，都具有非常重要的现实意义。全体机关干部务必充分认清这次教育的重要性。

【圆满完成"元宵节"社火表演临时警卫勤务】 2月9日上午，三门峡市举行了盛大、喜庆的"元宵节"社火表演，为确保"元宵节"文娱活动顺利进行，根据三门峡市公安局通知，支队出动140余名官兵在指定路段担负警卫勤务。负责清理道路两侧障碍物，维护社火表演区域内的治安秩序，确保群众在指定区域内有序观看。所有140余名执勤官兵在表演开始前1个小时全部到位，并根据执勤期间可能发生的情况进行了临时现场演练，有针对性地提高了情况处置能力。在整个执勤过程中，所有官兵警容严整、姿态端正、精神振奋、用语文明，充分发扬了不怕苦不怕累的优良传统，表现出了高度的革命自觉性，使得执勤任务圆满完成，确保了"元宵节"社火表演顺利进行，受到了市公安局的充分肯定和观看群众的一致好评。

【召开备勤室建设现场会】 为认真贯彻落实总部《执勤中队"三员一兵一组"值班执勤暂行办法》，高标准建好备勤室，完善相关值班执勤设施，充分发挥"三员一兵一组"执勤效能，提升整体执勤水平，2月26日，支队在陕县中队召开了备勤室建设现场会。此次现场会作为支队年度执勤工作的一项重要内容，支队党委高度重视，成立了由支队长潘发勤、政委丁振庆任组长，副支队长张进福、参谋长寇兴禹为副组长，司令部相关人员及陕县中队中队长为成员的备勤室建设现场会领导小组。在现场会召开过程中，支队所属9个中队军事主官参观了陕县中队备勤室、作战勤务值班室和陕县看守所执勤设施建设情况，与会人员在高度评价陕县中队备勤室及执勤设施建设水平的同时，看到了差距，找准了不足，明确了下步工作的努力方向。

【举办基层保卫委员及思想骨干网上培训】 3月24日至27日，三门峡市支队成功举办了保卫委员及思想骨干网上培训。此次网上培训，主要有3个特点：一是党委高度重视。在支队召开动员大会的基础上，各基层单位进行安排布置，统一了思想，提高了认识。培训中，丁振庆政委、刘建清副政委和张超民主任分别结合当前官兵思想现状和预防犯罪工作面临的形势作了专题辅导。二是注重效果，在"实"字上下真功。培训中，注重研究形势、探讨招法。重点对基层预防犯罪工作和经常性思想工作中遇到的热点、难点等问题进行了研讨和会诊，达到了学用相长、提高素质能力的目的。三是组织严密，在"真"字上求实效。主要突出了"真学、真练"，既有理论灌输，又注重方法研究，既有现场互动，又有讨论交流，所有参训人员能自觉把专题辅导与自学结合起来，把学习领悟基本法规与研究解决现实问题结合起来，真正做到了学有所悟、学有所获。

【召开财务管理讲评电视会议】 3月23日，支队召开电视会议，对基层中队2008年度财务管理情况和基层离任主官经济责任审计情况进行讲评，后勤处相关人员，基层中队主官、司务长参加了会议。此次电视会议是在支队审计工作领导小组对基层单位2008年度财务管理情况全面检查以及对离任主官经济责任全面审计的基础上召开的。会上，后勤处长刘勤丰从支部重视程度高，经费投向投量准确；依法理财，经费管理比较规范；发挥优势，争取地方支持力度较大；落实制度，自我监督作用发挥较好4个方面进行了讲评。同时，也深刻的指出基层财务管理当中存在的问题和不足。

【圆满完成输水管道决口抢险任务】 5月10日，灵宝至三门峡市供水管道坝堤河段发生山体滑坡，供水管道决口，无法正常供水，如果1天之内不能修复，整个三门峡市区30余万人口将无法正常用水，人民群众切身利益将受到严重威胁。5月10日上午11时50分，接到市委、市政府用兵通知并报请总队批准后，三门峡市支队迅速启动《防汛应急预案》，立即向部队下达预先号令。12时，支队前指召开抢险工作会议，简要通报险情，统一思想，定下处置决心和方法。12时30分，按照市委、市政府要求准时出发，100余名官兵在支队长潘发勤带领下冒雨向事发地实施摩托化开进。到达事发地，根据命令，支队主要负责向供水管道内部搬运沙袋，协助有关人员从管道内侧封堵决口，确保在最短时间内恢复正常供水，保证三门峡市人民群众正常生活用水不受影响。受领任务后，支队长潘发勤迅速带领部队官兵投入抢险工作中去。在近4个小时的抢险过程中，参战官兵共搬运沙土600余袋，高质量完成了抢险指挥部下达的任务，险情得到初步控制，部队撤回驻地。

【组织拟任士官代理排长和司务长选拔考核】 6月11日，三门峡市支队利用1天时间集中对拟任士官代理排长和司务长进行选拔考核。支队党委对选拔考核工作高度重视，成立了作训、警务、干部、纪检、财务等相关业务部门人员组成的选拔考核领导小组。严格按照个人申请、群众评议、基层推荐、机关考核、组织审批的程序进行。在选拔考核过程中，支队长、政委和司政后部门领导全程参与，全程跟踪监督，确保了选拔工作的公开、公平、公正；裁判员严格按照考核细则打分，并且全程录像予以公布；全体参考人员态度端正，动作规范，士气高昂。

【参加三门峡市公安局夏季打防控百日会战专项行动誓师动员大会】 7月10日20时，三门峡市公安局在市体育馆举行夏季打防控百日会战专项行动誓师动员大会。根据通知要求，支队出动兵力49人，巡逻车2台，参加了启动仪式。大会现场，参战官兵警容严整、精神振奋、动作标准，树立了武警部队的良好形象。动员大会结束后，在公安机关的统一行动下，编组对市区主要街道进行了武装巡逻，受到地方群众的一致好评。

【组织“伙食管理指导周”】 7月27日，支队在基层开展了“伙食指导周”活动。为搞好此次活动，支队党委高度重视，召开专题会议，成立了伙食管理指导小组，由军需战勤股具体负责活动的组织与实施。此次培训主要以严格落实“伙食管理五项制度”为主要内容，以丰富官兵“一日三餐”为指导重点，着力解决基层炊管人员“技能不强、素质不高、作风不实”等现实问题，全面规范后勤炊管工作秩序，不断提升基层官兵生活质量，进一步增强了部队凝聚力和战斗力。

【开展处突维稳兵力抽组检验性演练】 7月17日下午16时，三门峡市支队机关大楼电铃骤然响起，瞬时，各级战斗人员携带战备物资器材迅速出动，处突车辆同步启动，卫勤保障快速到位，在支队首长简要通报敌情、简短战斗动员后，前指人员立即登车机动，教导队、一中队100名官兵迅速集合登车，开进至预定位置后，进行了处置群体性事件防暴队形演练，整个紧急出动过程做到了严肃紧张、有条不紊、忙而不乱。这是三门峡市支队落实总队维稳处突兵力抽组要求检验性演练的一个缩影。收到总队转发的《中央维护稳定工作领导小组办公室关于处置乌鲁木齐“7·5”事件有关情况的通报》和总部《关于进一步做好反恐准备和几项重点工作的指示》后，支队领导高度重视，亲自组织部队传达学习，从修订处突、反恐、兵力抽组方案，充实战备物资器材，加强反恐、处突战法演练，特别是突出首长机关处突演练入手，严格落实战备制度，扎扎实实做好反恐、处突准备。通过演习拉动，进一步强化了首长机关和部队的战备意识、磨炼了首长机关战术水平，提高了部队快速出动和处突维稳能力。

【联合监管支队进行执勤隐患检查】 为确保执勤目标绝对安全，执勤隐患得到有效治理，实现中心工作安全稳定，根据总队要求和支队年度执勤工作安排，从8月26日起，三门峡市支队与市公安局监管支队组成联合检查组，对所属看守目标进行执勤隐患排查。在治理执勤隐患，筑牢“三道防线”，打造执勤合力，确保目标安全上达成共识，为确保联合检查取得扎实效果打下了坚实的思想基础。在联合检查过程中，每到一个单位，联合检查组都认真将此次检查内容及要点向看守所和中队干部进行通报，而后进行实地检查，查阅有关登记记录，同干警和中队官兵深入座谈了解，仔细检查看守所的角角落落，对发现的违禁物品联合检查组当场责令有关人员立即整改，对一时难以整改的，下发了《勤务鉴定检查整改通知书》，责令限期整改。通过检查，集中清理了执勤“软硬隐患”，较好地解决了个别看守所监管制度不落实、内部管理不严格、存在违禁物品等问题，有力地改善了执勤监管秩序，堵塞了工作漏洞，消除了安全隐患，进一步筑牢了执勤“三道防线”，为确保执勤安全奠定了坚实的基础。

【召开“迎大庆、树形象、保安全”作风纪律专项整顿动员会】 为确保“迎大庆、树形象、保安全”作风纪律专项整顿活动顺利展开，9月7日，三门峡市支队通过电视会议系统组织召开了动员部署大会。机关全体干部和警勤中队官兵在主会场，各基层单位官兵在分会场，共358人参加了会议。副参谋长杨东宣读了支队《关于开展“迎大庆、树形象、保安全”作风纪律专项整顿的通知》，明确了活动的指导思想、组织领导、方法步骤及整顿需要解决的主要问题。干部代表、战士代表分别作了发言，表了决心。副支队长黄镇从充分认清重要意义，增强搞好整顿的自觉性；突出整顿重点内容，增强搞好整顿的针对性；切实加强组织领导，增强搞好整顿的实效性3个方面作了深入的动员讲话，要求全体官兵站在部队建设大局的高度，以高度的政治责任感、以如履薄冰的忧患意识和强烈的事业心抓好这次整顿。政委丁振庆紧紧围绕“迎大庆、树形象、保安全”这一主题对活动开展分别提出了要提高认识、要争当标兵、要真抓实干的要求，号召全体干部按照陈总队长提出的树立“三种形象”的要求，积极做模范、当表率、树形象、当标兵，以务实的作风抓好各个环节落实，确保整顿取得实实在在的效果。

【专题召开常委议警会议】 为认真贯彻落实省委常委议警会精神，三门峡市支队党委积极主动向市委、市政府汇报工作,注重以作为求地位,多方努力协调,争取地方支持,收到明显成效。9月21日下午,三门峡市委召开常委议警会议,专题研究加强武警支队建设的重大事宜。会上,首先认真听取了支队党委关于部队建设的情况汇报。市委常委纷纷对支队要求解决的有关困难和问题进行表态发言,一致赞扬武警官兵在维护社会稳定中发挥的重要作用,同意力所能及地为武警支队排忧解难。市委书记李文慧,市委副书记、市长杨树平分别作了重要指示,会议充分肯定了支队在经济发展、社会稳定中作出的积极贡献,并希望支队党委进一步加强自身建设,更好地带领部队为建设平安和谐魅力富裕三门峡作出新的贡献。会议针对支队建设中急需解决的困难和问题,从4个方面形成初步意见。以市委、市政府名义下发关于加强和支持武警支队建设的文件,要求各县(市)进一步加大对武警中队建设支持力度。将定期召开议警会议作为一项制度坚持下去。对武警支队提出的反恐装备、信息化建设、基础设施建设以及任务保障经费问题,按照区分轻重缓急、逐年推进的原则,当场拍板予以部分解决。对支队机关新建选址及建设问题定下较好的解决方案。

【举办"国庆安保"网上文艺会演】 9月29日,三门峡市支队隆重举行了"赞成就、话使命、迎国庆"网上文艺会演。总队工作组成员、支队部门以上领导、机关干部和基层全体官兵分别在机关主会场和基层分会场观看了演出。晚会以"赞成就、话使命、迎国庆"为主题,集中反映新中国成立60年来国家、军队和武警部队建设取得的巨大成就,热情讴歌广大官兵的革命精神和战斗意志。文艺会演在一曲慷慨激昂的《中国人》中拉开了序幕,三句半《喜迎国庆》和诗朗诵《爱我中华》表达了广大武警官兵对伟大祖国母亲的赞美之情;小品《三互仪式》、相声《火热的生活》体现了"兵写兵""兵演兵"浓郁的"兵味",反映了基层部队生活的热火朝天;小品《排戏》以其精湛的表演、深刻的主题更是使晚会的氛围达到高潮。最后一曲振奋人心的《精忠报国》为本台晚会画上了圆满的句号。

【做好甲流防控工作】 8月24日,新安县发生甲型H1N1流感后,支队党委、首长高度重视,在迅速启动防控预案的同时,采取有效措施加强防控。制定了《部队封闭式管理措施》及《十六项预防甲流感期间部队强制性管理规定》。派专人分片、分组、分工到各基层单位蹲点督导、检查、落实防控工作。利用三级网、板报、小册子等有效载体加大对甲流感常识的宣传和普及力度。加大营区消杀力度,及时服用中药预防,在部队封闭管理期间卫生队到基层反复巡诊,严控了病员外出就诊。对全体官兵进行了甲流感防控防护常识教育和训练。通过支队采取科学强有力的防控措施,为打赢甲流感防控工作的主动仗打下了坚实的基础,确保了疫情不传入部队。

【召开"戒骄防满,保持清醒头脑"教育动员会】 12月29日,三门峡市支队利用电视会议系统召开了党委机关"戒骄防满,保持清醒头脑"专题教育动员部署会。机关部门以上领导,机关、基层干部共76人参加了会议,会议由支队长潘发勤主持,政委丁振庆作了动员讲话。会议首先由政治处主任张超民宣读了支队《开展"戒骄防满,保持清醒头脑"教育活动实施方案》,明确了这次教育活动的指导思想、解决的主要问题、时间安排及方法步骤,提出了具体要求。丁振庆紧密结合支队实际,就开展这次教育活动的重大意义;准确把握需解决的主要问题;要加强组织领导,确保教育取得实效3个方面作了深入的动员。潘发勤就扎实抓好这次教育,确保活动效果作了进一步强调。

(陈克锋　李海涛)

武警消防支队

【概况】 2009年,三门峡市消防支队以胡锦涛总书记"忠诚可靠,服务人民,竭诚奉献"三句话为指导,以宣传贯彻新修订的《中华人民共和国消防法》为主线,紧紧围绕"强基础、创品牌、求跨越、争先进"总体思路,深入贯彻落实科学发展观,突出抓好"消防信息化、执法规范化、和谐警民关系"三项建设,全面巩固"三基"成果,深化"三抓三树"主题实践活动,筑牢"四创一争"工作平台,全面实施"2235"工程("两稳":火灾形势持续平稳,部队内部安全稳定;"两强":班子强,队伍强;"三高":灭火救援高水平,基础建设高质量,文化工作高层次;"五个不发生":不发生亡人或重大火灾事故,不发生自杀事件和刑事案件,不发生严重违纪和严重责任事故,不发生因执法执勤不力造成严重负面影响的警民纠纷,不发生因组织和安全防护不力造成的灭火救援和训练亡人事故),实现了三门峡消防工作和部队建设又好又快发展。支队荣获全省消防宣传先进单位、国庆安保先进集体和安全工作先进单位,被市委、市政府评为平安建设先进单位和安全生产先进单位,被市政府荣记集体二等功。

社会防控火灾能力取得新突破。强力推进消防安全基层基础防控体系建设,全市291个消防安全重点单位"三会一标"建设全部完成,400余家单位完成了消防安全"三提示"建设,30家消防安全示范单位建设全部达标。建成86个消防安全社区和46个防消巡消队伍,52个乡(镇)和办事处网格精细化管理建设任务完成,建成渑池县张村镇、灵宝市豫灵镇政府专职队2个,湖滨区宏远市场和金红烟草公司仓库完成消防专职队建设任务,建成并完善农村多种形式消防队伍58支、农村义务消防组织619个,消防文职人员征召达59人,84个公安派出所全部实现了消防监督网上执法。深入开展消防宣传培训,先后组织开展新《中华人民共和国消防法》、"中原旋风"等46次大型宣传活动,培训各类人员47万人,近100万人接受了消防安全教育。

消防行政服务和监督管理水平逐步提升。消防执法规范化建设成效显著,无行政诉讼和复议案件。严格贯彻落实省政府"六个必须"、省公安厅"硬十条"等刚性措施,扎实开展春防、"天网"、易燃易爆、"两个专项整治""平安中原"系列等消防安全专项整治行动,全市各级消防部门共检查单位18 582个次,整改火灾隐患17 763处,对1 782家单位和2 032个责任人实施了处罚。4处省政府挂牌督办重大火灾隐患于6月在全省率先整改销案,全年全市共发生火灾31起,均为一般火灾,无人员伤

10 月 11 日，三门峡武警消防支队成功处置醋酸乙烯槽罐车连环碰撞着火事故

亡，同比火灾起数下降了 22.5%，火灾形势持续稳定，连续 4 年保持了全市无亡人和重特大火灾事故发生。

完成各类急难险重任务。全年，全市官兵共参加灭火救援 1 067 起，抢救被困人员 184 人，疏散人员 791 人，保护财产价值 1.21 亿元。通过全力攻坚，灭火救援攻坚组装备全部配齐，灭火救援指挥箱相关数据全部录入，重大危险源火灾风险及危害评估工作圆满完成，高层、地下建筑和公众聚集场所灭火救援准备工作成效显著，供水测试受到总队通报表扬；灭火救援预案、组织指挥体系和跨区域快速响应机制逐步完善，官兵战斗精神显著增强，部队处置急难险重任务能力有效提高，相继成功处置了灵宝“5·10”卫家磨城市供水渠坍塌、“9·8”灵宝金源公司矿井事故、“10·11”连霍高速连环撞车、“10·31”物资仓库火灾以及破冰除雪等灾害事故，出色完成了国庆消防安全保卫和黄河旅游节、市“六运会”等 30 余次重大活动的消防安全保卫任务。

部队内部保持高度稳定和集中统一。大力加强支队党委班子和基层党组织建设，各级班子政治坚定、开拓创新、团结和谐、勤政廉政，民主集中制贯彻落实好，核心领导作用明显，表率作用突出，队伍风清气正。全年举办两期干部作风教育整训班，配齐配强 7 个大(中)队主官，干部爱岗敬业、忠于职守，奋发进取、无私奉献，队伍素质显著提升。坚持从严治警，部队管理严格规范，纪律严明，“安全双百日竞赛”活动扎实，执法严格规范、公正公平、文明高效。加强党风廉政建设，狠抓审计、督察等措施落实，部队教育、制度、监督并重的预防和惩治腐败体系日益健全，官兵违法违纪案件得到有效预防。全年支队无行政责任事故、无刑事案件发生，无违反“两个禁令”和“十二条警规”事件，实现了队伍管理的“六无”目标。支队荣获全省消防部队安全工作先进单位。

爱民实践活动备受赞誉。支队各级与 40 个困难家庭和困难学生结成帮扶对子，与 8 个行政村结成共建单位，建立了长期帮扶关系。大走访爱民实践活动效果明显，支队先后走访党政机关、企事业单位、新闻媒体、所列管的消防安全重点单位和重大火灾隐患单位 347 个，走访群众 898 人次，帮助辖区单位制定应急救援疏散预案 136 份，提供技术咨询服务 461 次，提出隐患整改建议 2 130 条，累计为单位节约整改资金近千万元。全体官兵积极投身抗旱浇麦、抗雪除冰等攻坚战，累计开展爱民实践活动 300 余次，为群众送去生活用水近千吨，浇麦 130 余公顷，铲除冰雪万余平方米，抢救疏散物资财产价值 290 余万元，赢得了人民群众的广泛赞誉。支队为民服务事迹相继在三门峡电视台《百姓》《黄河故事会》等栏目，以及《三门峡日报》等主流媒体上报道，得到市领导的高度赞扬。5 月，支队被市委、市政府评为“双拥共建先进集体”。

争先创优工作再结硕果。以学习贯彻胡锦涛总书记“三句话”总要求为牵引，在做好国庆安保、打造消防铁军、“平安中原”系列行动中培育出不同的先进典型。特勤中队士官常猛被公安部表彰为全国优秀士官，荣立个人二等功，并被评为“感动三门峡人物”，保送到昆明指挥学校学习。团市委授予支队“五四红旗团委”，2 个党支部、5 名党员、2 名党务工作者受到总队表彰，所有大队荣获市级文明单位和市级青年文明号，其中渑池和灵宝 2 个大队被评为省级文明单位，湖滨、陕县、渑池 3 个大队被命名为省级青年文明号。年内，支队被总队评为全省消防宣传先进单位和国庆安保先进集体，被市委、市政府评为平安建设先进单位和安全生产先进单位。湖滨大队被总队评为先进大队、安全工作先进单位、消防执法先进单位和国庆安保先进大队。特勤中队党支部被总队评为先进党支部，渑池县中队被总队评为标兵中队，特勤、湖滨、渑池、陕县 4 个中队被总队评为精细化管理达标中队，80 余名官兵受到总队以及市委、市政府和市公安局的表彰。

消防基层基础建设再上新台阶。建成现代化的通信指挥中心，投入 640 余万元，新购执勤消防车 4 台，业务车 5 台，宣传车 4 台，装备器材 1 565 件(套)。11 种个人基本防护装备和 32 种特种防护装备全部配齐，官兵执勤、训练、生活条件得到根本改善。

【举行第 2 届“奋进杯”春季消防运动会】 3 月 6 日，三门峡消防支队在职业技术学院隆重举行了第 2 届“奋进杯”春季消防运动会，来自全市 6 个县(市)区、经济开发区及特勤中队、企业专职等 11 支代表队的 70 余名运动员同台献技，各展雄风。此次消防运动会形式新颖、组织灵活、紧扣实战、突破常规，竞技与趣味相统一，战术与技术相融合，增强了公安消防队伍的凝聚力、向心力、战斗力，为全年工作开好头、起好步打下了坚实的基础。

【召开全市消防工作会议】 3 月 27 日，

三门峡市2009年消防工作会议在政府会议室召开。市政府副市长周志远出席会议。全市各县(市)区主管消防工作的县(市)区长、公安(分)局主管局长、消防大队军政主官和市防火安全委员会成员单位及市属消防安全重点单位负责人共计190余人参加了会议。7个县(市)区长及工业园区管委会主任向副市长周志远递交了2009年度“消防安全目标责任保证书”,全市消防工作工作全面铺开。

【开展“讲党性、树新风、促和谐”教育活动】　4月23日至6月21日,支队开展“讲党性、树新风、促和谐”教育活动。此次教育活动是学习贯彻落实科学发展观的重要措施,共分为学习提高、查摆剖析、整改建制3个阶段。通过教育,广大党员干部的党性观念、领导作风、工作作风、敬业精神明显加强,为服务三门峡项目建设年,实现“两个稳定”目标,推动消防工作和部队建设又好又快发展打牢了坚实的思想基础。

【举办新消防法宣传贯彻活动】　5月1日,新修订的《中华人民共和国消防法》正式实施。消防支队在湖滨广场隆重举办大型《中华人民共和国消防法》主题宣传日活动,市长杨树平、副市长李琳、等领导以及社会各界群众上千人参加了此次活动。

【参加城市供水渠道护坡坍塌抢险】　5月10日凌晨,受暴雨影响,灵宝市卫家磨灌区红线渠大西岭渡槽段渠道护坡坍塌,大量渠水喷涌外泄,30万市区居民赖以生活的大动脉被迫切断。接上级指令,消防支队45名官兵在支队长李家甫的率领下,经过5个小时的奋战,填装、搬运沙袋2 000余个,圆满完成任务,在封堵渠道、保护作业区的工作中起到了关键作用。

【举办首届“崤函卫士杯”篮球赛】　5月14日至15日,消防支队首届“崤函卫士杯”篮球赛在市一高体育馆隆重举行。湖滨代表队、陕县代表队、卢氏代表队分别获得比赛前3名。义马代表队获得组织奖,灵宝代表队获得体育道德风尚奖。

【举行跨区域灭火救援演练】　5月23日,支队组织湖滨、陕县、特勤3个中队在湖滨大张百货商场进行了灭火救援实战演练。8月19日,支队组织特勤、湖滨两中队共8台车40余名官兵在三门峡市中裕燃气公司进行了灭火演练。8月25日,支队组织灵宝大队和陕县大队在灵宝市信合大厦举行跨区域高层灭火演练。通过3次大规模的实战演练,有效地提高了部队处置高层建筑、地下建筑、易燃易爆场所等复杂条件下的联合作战能力。

【举行消防装备采购招标会】　9月29日,支队消防装备招标采购领导小组举行了消防装备采购招标会。来自河南、四川、江苏、辽宁、湖北、山东、江西等全国各地的11个消防器材及车辆生产厂家的代表参加。通过招标,切实把质优价廉、符合部队实际需要的器材装备配备到基层部队,使有限的资金真正发挥更大的效用。此次消防装备采购招标会共购置消防车辆5种,个人防护装备、特勤器材等473件(套),对进一步加强三门峡市消防部队装备建设,推动全市消防部队“三基”工程建设上新台阶发挥积极、重要的作用。

【成功处置醋酸乙烯槽罐车连环碰撞着火事故】　10月11日凌晨5时50分,在连霍高速三门峡段802千米处,一辆载有29吨醋酸乙烯的槽罐车,在碰挂两辆货车后,与一辆小轿车和一辆大货车追尾,造成轿车和货车着火。6时5分,三门峡消防支队指挥中心接到报警后,迅速启动化学物品灾害事故处置应急预案,第一时间调集湖滨中队、特勤中队,8部消防车,50余名消防官兵,火速赶往事故现场进行处置,支队长李家甫、参谋长田则安在第一时间到现场指挥。50分钟后,大火被成功扑灭,险情最终被排除,事故得到成功处置。

【组织开展全市消防铁军攻坚业务大比武】　11月19日,消防支队组织开展全市消防部队铁军攻坚业务大比武。来自全市各县(市)区7支代表的35名业务精英齐聚赛场,在挂钩梯、单绳速降、泡沫钩管、占据水源250米供水、5人1 000米拖拽消防车、10 000米越野、100米负重跑7个项目上展开激烈地比拼角逐。此次消防铁军比武既充分检验了各单位打造消防铁军的活动成果,又全面检阅了广大官兵的业务技能,对部队整体素质和攻坚能力的提升具有重要的意义。

【建成高标准的指挥中心和心理行为训练场】　年底,市消防指挥中心正式建成投入使用。指挥中心是一座集灭火作战、调度指挥和教育培训为一体的综合性建筑,可大大提高全市消防部队灭火调度指挥能力,对有效处置灾害事故、构建平安和谐三门峡有着重要的作用。12月20日,支队投资10余万建成心理行为训练场,该训练装置是结合消防官兵在完成抢险救援任务时,经常遇到的心理障碍而设计开发的,对着力培养官兵良好的心理素质,促进官兵全面发展,提高消防队伍整体素质和战斗力将起到十分重要的作用。

【参加抗旱浇麦和抗击冰雪灾害】　年初,按照上级指示,全市消防部队积极投身抗旱浇麦,为群众送去生活用水近千吨,浇麦133公顷,圆满完成当前“保民生、保增长、保稳定”的重要政治任务。年末,三门峡市普降大雪,造成全市部分房屋倒塌、交通受阻,严重影响了群众的生产生活。全市消防官兵以雪为令,顶风雪、抗严寒,铲除冰雪万余平方米,抢救疏散物资财产价值290余万元,圆满完成了党和人民交给的任务,用实际行动诠释着“忠诚可靠、服务人民、竭诚奉献”3句话的真正含义。

(新国增)

武警黄金第六支队

【概况】　2009年,武警黄金第六支队坚持以学习实践科学发展观为主线,以贯彻落实《纲要》和《基本规范》为切入点,准确把握部队“高分散、任务重、管理难”的现实特点,抓中心谋发展,抓管理保安全,抓基层打基础,部队建设水平得到巩固和提高。

学习实践活动　着眼用科学发展观引领思维、指导实践,始终保持大事大抓的强劲态势,扎实做好每个环节和步骤,在结合渗透、狠抓落实中保证学

习实践活动的质量和成效。第2批学习实践活动取得阶段性成果。坚持把解放思想和解决问题贯穿始终,前期安排4个工作组下基层专题调研,召开座谈会10余次广泛征询基层官兵意见建议,做到把问题找准、把方案定实。学习实践活动全面展开后,通过建立和落实"检查评比有通报、学习体会有展示、宣传教育有广播、营造氛围有板报、出差外学有短信、网络交流有平台"等机制,保证了学习效果。常委深入一线调研,总结出支队"高分散、任务重、管理难"的现实特点,提出了一系列应对措施和建议;坚持边学边改、完善制度保长效,通过设立"实话实说"局域网沟通平台,形成了官兵面对面讲问题、谈看法,合力为部队建设建言献策的良性机制。分析检查出4个方面14个影响部队科学发展的突出问题,结合实际制定针对性整改措施18项,完善各类制度规定14项,实现了由认识成果向实践和制度成果的转化,学习实践活动群众基本满意率达到100%。第3批学习实践活动扎实开展。坚持按照胡主席提出的"两个确保、两个下工夫"要求,从活动伊始就着力在紧贴实际、狠抓实效上做工作。针对基层官兵理论基础参差不齐、干部骨干宣教方法单一、工学矛盾较为突出的实际,安排专人赴南坪矿区开展培训试点,集中研究搞好培训的有效方式,取得经验后再分片组织培训,大幅提升了基层干部的组教、施教能力。针对部分基层单位制定方案问题找得不准、措施定得不实等问题,要求4个单位重新修订完善,切实做到了把学习实践活动的第一步踩实,支队开展第3批学习实践活动准备工作的做法被总队转发。理论学习阶段展开后,学习实践领导小组和办公室坚持不定期检查、每周交接班会讲评,督促基层单位按既定方案抓落实、抓成效。基层单位坚持把实践要求贯穿理论学习的全过程,结合实际开展了"科学发展观改变我思想""科学发展观指导我工作""科学发展观引领我成长"等活动,在学习中提高了认识,在讨论中开阔了思路。学习实践效益逐步显现。支队按照结合渗透、学以致用的原则,坚持边学边改、力学力改,着力在改变惯性思维、解决问题上见成效,切实把科学发展的理念固化为部队的指导思想、官兵的行动指南。围绕"拓展长江中下游"的找矿思路,支队主动与安徽省国土资源厅联系沟通,达成协议获取矿权的新模式,奠定了东部找矿可持续发展的基础;着眼"打造找矿尖兵",在南坪矿区开展了复杂地层深孔钻进技术研究,建设泥浆试验室,成功开发出南坪Ⅲ号冲洗液,基本解决了地层护壁堵漏难题,605机台仅用81天完成进尺1 000.25米,打破该区钻探进尺新纪录,走出了以科研带动生产的新路子;结合开展落实《基本规范》试点活动,认真探索党委按纲统筹、机关按纲指导的有效方法和手段,形成以"三会一线"为抓手、以蹲点帮建为主要手段的抓建套路,制定"按纲抓建秩序册""地质小组建设规范"等文件规定,使基层建设逐步迈上了制度化、规范化建设的轨道。

9月20日,武警黄金第六支队官兵进行战备演练

思想政治工作 紧紧围绕胡锦涛提出的"三个紧贴""三个确保",着力在提高政治工作"一感三性"上下工夫,确保了官兵思想稳定、士气高昂。政治教育成效明显。坚持用党的创新理论建队育人,狠抓基本教育,突出主题教育,搞好专题教育,及时开展形势任务教育。针对基层工学矛盾突出的实际,坚持集中学与自学、授课辅导与分组讨论、演讲辩论与体会交流、阶段性落实与建立长效机制相结合,坚持区分单位、区分层次、紧贴官兵思想实际搞教育,切实把各项教育制度落实到了小组、坑口和机台,"培育当代革命军人核心价值观""深知兵、真爱兵"教育有成果,哨兵遇袭等形势政策教育有成效。三大队党委坚持用党的创新理论武装官兵,用军人核心价值观教育官兵,打牢了官兵"拒腐蚀、永不沾""扎根站卡、爱岗奉献"的思想基础。经常性思想工作深入细致。建立健全思想骨干队伍,合理调配思想骨干分布,落实"三互""双四一"、谈心、心理咨询和法律服务到基层等经常性工作制度,着力在解决思想问题的过程中凝聚兵心、鼓舞士气。认真落实总部太原会议精神,注重抓好"个别人"的排查和管控、加强心理疏导,1名有心理问题的战士被及时转化。重视在解难帮困中解决倾向性问题,针对军人增资后职工产生的攀比心理,安排专人到地方收集文件依据,先后给河南片职工增资395元(高级工),给河北片职工增资340元(高级工),极大地稳定了职工思想。加强新兵"第二适应期"、老兵复退前、施工生产和护矿执勤中的教育引导,在出队早、收队晚、施工生产任务艰巨的情况下,一线官兵始终保持着不焦不躁、稳扎稳打的工作态势。警营文化建设取得成效。坚持立足支队实际,营造严肃活泼、和谐融洽的警营文化环境。重视环境熏陶和育人作用,在机关和南坪矿区开展了营区政治环境建设试点工作,通过规范各类标牌、标语、橱窗和库室,达到了创新政治环境、美化营区建设的效果。安排基层单位定期轮流组织文艺会演,给基层加压力,让官兵评好坏,提高了基层组织文体活动的热情和能力。成立锣

鼓队、军舞队、武术队和电声乐队，经常性开展活动，围绕新中国成立60周年和黄金部队成立30周年，适时组织“出队誓师暨文艺演出”“八一军民联欢”“歌唱祖国”等系列文化广场活动，展示了官兵的良好精神风貌，支队“军歌嘹亮颂祖国”歌咏通讯赛参赛节目受到了总部通报表彰(二等奖)。各基层单位充分利用驻地资源，建立兴趣小组，广泛组织学练书法、收集奇石、读书演讲等特色小节目，适时开展篮球友谊赛、军民联欢晚会等活动，培养了官兵健康向上的精神情趣，活跃了基层文化生活，密切了警政警民关系。

中心工作　着眼中心工作可持续发展，按照“立足河南、兼顾青海、拓展安徽、开辟长江中下游”的总体布局，建强精兵利器，破解矿权难题，精心组织施工，狠抓质量管理。精兵利器建设成效明显。支队各级充分认识自身技术力量短缺、施工力量不足的现状，提出“人员不足素质补”的口号，强化岗位练兵，广泛内培外训。先后承办指挥部南坪矿区和总队安徽矿区地质找矿研讨会，召开支队中心工作分析会、钻探施工研讨和论文交流会，安排技术干部、战士骨干参加外培外训60余人次，通过以会代训、集中培训拓宽了视野、提高了素质。施工预备期，各野外单位坚持立足自身开展岗位练兵活动，制定目标任务，加大奖惩力度，5对岗位练兵“好师徒”受到支队表彰，一中队地质工、上等兵黄勇系统学习掌握了地质物探作业的工作流程，被称作中队的“编外技术干部”，被支队推荐为总队“学习成才先进个人”。加大硬件设置建设，先后投入资金100余万元，为基层配备GPS、全站仪等设备设施20余台(套)，满足了一线施工生产需要。购置XY-5型钻机1台(套)、HXY-6型钻机2台(套)，使支队钻探单孔施工能力达到了1 500米以上。在钻孔较深、地层复杂情况下，下半年六中队两个机台累计进尺均超过3 000米，达到了标准化机台建设要求。矿权获取和管理实现突破。着眼解决矿权“三难”问题，为支队地质找矿可持续发展奠定基础，坚持主动出击，按照空白区优先登记、现有矿权协议转让的形式，与安徽省签订矿权获取协议，开创了矿权获取的“安徽模式”；积极与河南省国土资源厅协商，联系合作方，依靠地方政府，尝试采取安徽模式实现河南片区矿权的获取和延续。地质质量效益持续提升。坚持把安全质量作为地勘工作的生命线，以科学严谨、实事求是的态度狠抓安全质量管理。承办召开总队地质工作规范化管理研讨会，加强地质工作管理和质量监督。狠抓指挥部、总队安全质量工作组指出问题的整改落实，对3名技术干部进行通报问责，安排工作组赴一线开展专项检查，要求基层单位举一反三、自查自纠，确保问题整改到位。各项目工程验收、原始编录和资料3级检查率100%，合格率100%，基本分析样采加化周期28天、多元素分析样采化周期30天，符合规定要求，基础地质工作质量得到了严格保证。青海南戈滩和安徽休宁矿区部分探矿工程见矿，为下一步工作开展奠定了基础。护矿执勤正规有序。三大队坚持按照“依法、正规、文明、礼貌”执勤方针，组织专勤专训，规范“三班四哨”，加强应急力量建设，执勤秩序比较正规。配合上级和地方政府开展撤勤调研工作，针对撤勤调研给官兵带来的思想波动，及时进行专项教育整顿，确保了官兵思想稳定和执勤工作的顺利开展。

部队管理　着眼提高部队战斗力，因地制宜搞好军事训练，结合形势强化战备意识，严格制度加强日常管理，突出隐患治理狠抓安全稳定，以训练促管理、以管理保安全，部队建设始终保持了安全发展的良好态势。搞好训练工作。在重庆哨兵遇袭、“7·5”事件发生后，支队及时调整军事训练工作思路，广泛开展战备教育、加强战备训练，着力强化全员遂行多样化任务的意识、提高应急处突的能力。坚持把体能训练、勤务训练和业务训练捆在一起抓，建立周二、周四下午军事训练、周三下午业务学习日制度，做到训练工作月有计划、周有安排、季有考核、定期有讲评。勤务训练突出抓好执勤单位体能、擒敌拳和盾牌术的专勤专训，适时组织应急演练，提高处突能力。野外单位充分利用小块时间、小块场地开展“五小练兵”活动，训练质量明显提高。落实战备工作。坚持双人双岗，落实战备值班制度，安装紧急避险和应急拉动警报系统，坚持不定期组织应急演练，建立应急快反机制。汲取重庆哨兵遇袭惨痛教训，借鉴八支队处置“7·5”事件的成功经验，配备发放防弹衣、电警棍、催泪喷射器等战备器材324件(套)，规范“四类六项”预案65份，成立应急分队和三人应急小组，着重对野外单位“重方案轻演练、重形式轻实效”的问题进行整治，部队应急处突能力明显提升。一中队三天门地质小组参加抗洪抢险，接受实战检验，为支队赢得了荣誉。加强部队管理。针对支队战线长、分散作业点多的实际，建立“能级管理”与“分片负责”相结合的管理模式，采取蹲点指导、电话调度、突击检查、“DV曝光”等形式，加强日常管理。集中开展“条令学习月”活动，正规“四个秩序”，强化日常养成。突出抓好零散人员、车辆、爆材和治酒管理，“五个重点问题”得到深化治理。及时开展“迎大庆、树形象、保安全”等专项作风纪律教育整顿活动，确保了倾向性问题的及时治理。认真落实总部沈阳会议精神，对照两个《正规化管理规定》逐项抓整改，机关规范标牌设置、正规办公秩序，基层结合中心任务特点因地制宜搞建设、抓落实，正规化建设水平得到巩固。四是狠抓安全稳定。围绕开展第4个“安全质量效益年”活动，建立健全4级安全组织，层层签订安全质量责任书，落实经常性安全检查、分析、讲评制度，开展“安全月”和“安全隐患大排查”活动，重视发挥安全员和“三小人员”作用，工程作业和季节性事故得到有效预防。落实指挥部安全质量电视会议精神，在重点敏感期实施封闭式管理，加强人员管控；开展“五个过一遍”和“五项清理”活动，认真排查各级在人员管理、施工生产、车辆安全等方面存在的安全隐患，建立“七个不发生”责任体系，实施责任追究，先后对违反规定的3个单位、6名个人进行通报批评，使一些倾向性问题得到了及时纠治，确保了部队安全稳定。

后勤综合保障　坚持以保中心、保基层为着眼点，认真研究后勤规范化管理、综合化保障的有效手段，重点做好基层成本核算、甲型H1N1流感防控和基建工作。经费管理严格。按照《武警部队经费管理规定》和指挥部有关要求，制定支队《经费管理办法》，实行网上电子支付，减少现金流量，保证资金安全。坚持党委、支部理财，落实支队“一支笔”审批、基层主官“联审联签”、经费包干和大宗物资采购等经费管理制度，定期分析经济形势。开展大项经费支出和大项基础设施建设专项检查活动，按计划推进资产管理改革工作，严保经费合理使用，提高了经费管理效益。物资保障到位。坚持早计划、早行动、通盘考虑、适时调整，充分发挥机关服务保障作用，全年累计投入资金300余万元，购置各类设备和材料600余种、1 000余件（套），检修设备90余台（套），输送物资50余车次、110余万千克，满足了一线施工生产生活需要。开展成本核算试点工作，在南坪矿区设立2级材料库，逐孔拟制成本定额，单孔施工完毕后现场召开成本分析会、现场兑现奖惩，全员成本意识得到强化。三是生活保障完善。突出抓好食堂楼配套设施建设，坚持按照《纲要》要求高标准建、高标准管，自筹资金150余万元，购置了齐全配套的会议和餐具设施，建成了温馨舒适的音乐餐厅。按照建好、用好、管好的原则，明确责任，建管同步，提高后勤规范化管理的质量和水平。严格防控甲型H1N1流感，设立防控领导小组和办公室，开展防控教育，储备应急药品，组织应急演练，落实“零报告”制度，对出差、外学、调入途经疫区人员实施隔离或体温观察，确保了无疫情传入。

基层建设 坚持以开展落实《基本规范》试点活动为契机，强化按纲抓建意识，提高按纲抓建能力，规范按纲抓建秩序，狠抓经常性基础性工作落实，基层建设质量稳步提升。按纲抓建意识明显提高。年初，机关、基层按照支队按纲抓建的总体思路和年度工作任务，对日常工作分别梳理，形成“按纲建队秩序册”。在学习《纲要》和《基本规范》过程中，安排7名部门以上领导为官兵授课，编印下发了“基本规范60问”，组织队前抽测10余次，理论测试3次，体会交流2次，知识竞赛1次。新《纲要》颁布后，注重吸收新观点、新提法，及时完善“按纲建队秩序册”和按纲建队计划。在局域网开设新《纲要》学习专栏，及时反映学习动态，交流好的做法，宣传先进典型。总部《纲要》网上培训后，支队组织了贯彻落实《纲要》《基本规范》座谈会，机关、基层双向讲评，理清了思路、改进了方法、强化了责任、明确了任务。按纲抓建能力不断增强。着力通过培训、试点、帮建3种方式提高按纲抓建能力。年初指挥部基层主官集训结束后，转化集训成果，培养按纲抓建、自建的明白人，经验做法被指挥部转发。举办第11期干部集训班，传授方法，解疑释惑。扎实抓好《基本规范》试点工作，采取试点单位带动、其他单位联动、单位之间互动的方法，展示、学习和转化试点成果，机关抓建、基层自建的能力和水平全面提高。以提高党支部3个能力和推动经常性工作落实为重点，对基层单位全面帮建，对后进单位重点帮建。按纲抓建秩序逐步规范。从党委机关按纲统揽、基层按纲自建两个层面规范按纲抓建秩序。在抓建分工上，两名支队副职分别负责东部和中部片区，部门领导挂钩各单位，各股室结合工作任务具体指导。在抓建重点上，突出后进中队的帮建，指定两名常委挂钩五中队。在抓建责任上，分片领导负全责，挂钩领导负主责，落实问责制，每周交接班会通报各部门错情情况，切实增强机关按纲抓建的质量效益。在抓建秩序上，坚持运用“三会一线”指导基层，统住抓基层建设的方向，统住上下两个关口。规范机关工作秩序，倡导开短会、少发文、发短文，2009年各部门共合并下发文电30余份，减轻了基层负担。下基层检查工作以联合工作组为主，政治处集中组织培训，对考核不过关的，取消下基层资格。坚持跟踪问题检验帮建水平、跟踪效果检验落实质量，让帮建实实在在。统一自建标准，无论任务多么特殊、部队多么分散、环境多么艰苦，都坚持按纲抓建不放松。全年，支队9个野外中队7个地质小组6个站卡分布在4省6县，支队制定了支队《落实〈关于加强大队建设的意见〉实施细则》，给大队交任务、压担子，大队“前沿指挥所”作用得到有效发挥；制定了《落实〈基层正规化管理规定〉实施细则》；提高基层正规化管理水平；制定了《分散地质小组建设规范》，把按纲抓建秩序延伸到最末端。坚持重点时期领导蹲点，一般时期电话调度，每天基层汇报情况，牢牢把握按纲抓建的主动权。

班子建设 针对班子调整面大的实际，坚持以加强学习为基础、以巩固团结为重点、以改进作风为手段，着力提高党委科学、民主和依法决策质量和效益。扎实学理论。结合学习实践活动，落实学习制度强“三学”，开展课题调研破“难题”，坚持用党的创新理论武装思想、提升思维、指导工作。结合“加强党性修养、振奋革命精神”专题教育，重点对班子成员提高理论素养、忠实履行职责提出要求，班子成员抓学习强素质、顾大局谋长远的主动意识不断强化。班子成员累计提交调研报告27份，2份优秀调研报告在总队范围内进行了交流。真心谋团结。针对两名主官先后调整、班子成员变动较大的实际，支队党委坚持把团结作为凝聚兵心、领导部队的根本方法和基本功，严格执行年初党委工作部署，保证工作连续性，正视困难和问题，积极破解中心工作和基层建设难题，努力在传承中创新，在创新中不断打开新局面、实现新突破。班子成员在工作上互相补台、生活上互相关心，形成了和谐团结务实奋进的坚强集体。集体作决策。认真贯彻民主集中制“十六字”原则，努力提高集体决策的质量。在决定中心工作布局调整、发展方向等重大问题上，针对人少点多、领导分散的实际，班子成员都能采取各种方式提前沟通，充分协调一致后搞好“远程决策”；在食堂楼建设过程中，为避免设计谋划上的百密一疏，坚持班子成员走出会议室、走到施工一线现场决策；在矿权处置、基建招标、考学提干、选送学员、干部调整等敏感问题上，始终按照公平、公正、公开原则依法决策。

【贯彻落实武警黄金指挥部《黄金部队按纲抓建基本规范（试行）》试点】 2月20日至12月15日，为全面贯彻落实《军队基层建设纲要》和《黄金部队按纲抓建基本规范（试行）》，根据指挥部党委年度工作安排和总队通知精神，六支队在机关、二大队、二中队（地质中队）、三中队（工程中队）、八中队（执勤中队）、警勤中队（直属队）开展试点工作，从党委首长统揽、机关按纲指导、基层按纲建队3个方面，划分出队前、收队后和野外施工期3个阶段，重点研究解决按纲抓建存在的倾向性问题，不断正规部队建设秩序，提高按纲抓建工作质量，形成了“围绕中心抓建设，抓好建设保中心”工作体系，进一步提升了基层建设质量，推动部队全面建设科学发展、安全发展、创新发展。与之配套还并行开展了“基层成本核算试点、资产管理与预算相结合改革试点、营区政治环境建设试点”工作。试点最后形成了一套贯彻落实指挥部《按纲抓建基本规范(试行)》试点经验材料,拍摄的落实《规范》录像片,在指挥部电视电话会议上进行了交流。

【举办第11期干部集训班】 2月10日至12日,举办第11期干部集训班,针对部队管理的难点、热点问题,通过党委定课题、基层干部结合岗位自拟题,开展论文交流活动,传授方法,解疑释惑。使每名干部带着思考干工作,立足岗位练能力,解决疑难求进步。

【护矿撤勤调研】 4月21日至5月12日,河南省公安厅、黄金局有关职能部门、三门峡市政府与支队组成联合调研组,就撤勤问题深入地方政府、矿山企业和村组进行了调研论证,受访人员中90%以上认为部队继续执勤已经没有必要,调研组基于矿区黄金资源开发秩序的根本好转,矿区行政监管环境发生变化,驻地政府、矿山企业及人民群众对部队执勤的态度发生变化,以及武警黄金部队领导管理体制发生变化等4个方面的考虑,就部队撤勤问题达成了一致意见,并于5月中旬上报至河南省政府。 (侯继科)

人民防空

【概况】 2009年,三门峡人民防空办公室在河南省人民防空办公室、三门峡市委、市政府、军分区的正确领导下,坚持以邓小平理论和“三个代表”重要思想为指导,认真贯彻党的十七大、十七届四中全会精神,全面落实科学发展观,紧紧围绕工作重点,进一步解放思想,实事求是,狠抓落实,努力开创人防工作新局面,圆满完成各项目标任务,实现了“后发崛起、跨越争先”这一主题,被济南军区人防办评为人防工程维护与管理先进单位,被河南省人防办评为2009年度全省人防工程建设先进单位、河南省政府管理目标、“准军事化建设”达标单位,整体工作呈现出健康快速发展的良好势头。

【人防“结建”工程和行政执法工作】 城市新建民用建筑,应当按照国家有关规定,结合修建战时可以用于防空的地下室,这种防空地下室简称“结建民防工程”。全年累计审批人防“结建”工程9处,超额完成省定“结建”工程竣工面积的年度目标任务。加大了对“结建”工程的业务指导。对因不能修建防空地下室的,依法收取了易地建设费,全年共收取810.5万元,切实做到易地建设和“结建”工作齐驱并进。在行政执法上,成立行政执法队,严格执法程序,加大执法检查力度。设立法制室,规范中心人员的办事程序。统一换发“行政执法证”,确保执法人员持证上岗,全年无一起因违规执法投诉案件。

【人防工程的维护管理和开发利用】 对全市的人防工程进行普查建档;城市人防工程控制性详细规划编制完成待审。完成7 000平方米人防工程的维护管理和改造工作;现有“结建”工程已制定平战转换方案。进一步加强安全管理工作,定期进行安全检查,对检查中发现的隐患,及时进行整治,确保人防工程的安全。

【人防应急准备工作】 进一步加强组织指挥建设。圆满完成省政府确定三门峡市人防“0812”工程年底前完成主体工程的责任目标。制定并下发《三门峡市人民防空办公室突发公共事件应急预案》和保障计划。完成全市重要经济目标防护方案的调研工作。进一步加强通信警报建设。组织“9·18”警报试鸣活动,全市防空警报器完好率、参试率、鸣响率达100%。投资10余万元,购买安装3台新型电声警报器,各县(市)新增警报器14台,音响覆盖率除灵宝市外均达到75%以上;加强无线电台管理,每天坚持按时与省办联络,电台沟通率和报务无差错率均达100%。进一步加强人防专业队伍建设和疏散基地建设。完成人防专业队伍整组400人、骨干训练80人的任务。落实人民防空指挥部成员实名制。组建100人的人防应急治安专业队。与三门峡中等专业学校联合举行“纪念‘5·12’汶川地震应急模拟演练活动”。疏散基地建设完成基础配套设施。

【人防对外宣传工作】 采用多种形式,加强《中华人民共和国人民防空法》《河南省〈中华人民共和国人民防空法〉实施办法》的宣传;印发相关法律法规宣传资料万余份、接受群众咨询千余人次,向相关部门发送宣传书籍百余册,开展宣传的社区6个、大型企业4个,并把三门峡市湖滨区交口乡作为防空防灾宣传教育试点乡(镇)。进一步巩固县级以上城市初级中学防空防灾教育成果。建立完善市级人防示范学校,设立人防宣传教室,配备人防教育防护器材和其他防空资料,保证了教育计划、课时、教材的落实。通过宣传教育,增强了市民的国防观念和人民防空意识。

(田金管)

·编辑 张怡杰·

法

制

全市公安大练兵

综 述

【概况】 2009年,三门峡市政法机关紧紧围绕"争创全国综治长安杯、共建平安和谐三门峡"的总目标,找准履行职责、服务大局的切入点,忠于职守,扎实工作,确保全市社会政治稳定、治安大局平稳。全国"两会"和国庆60周年等重大活动期间,三门峡市没有发生影响稳定的问题,北京没有发生来自三门峡的干扰。5月,三门峡市被中央综治委授予"2005年度至2008年度全国社会治安综合治理优秀地市"称号,是全省唯一连续两届蝉联此殊荣的省辖市。在2009年度全省平安建设、信访工作考评中,三门峡市分获先进省辖市第1名、第2名;维护稳定工作在全省考核中列第1位。省委宣传部、省委政法委先后两次组织中央驻豫及省内16家新闻媒体到三门峡市集中采访政法综治及平安建设工作。

维护社会稳定　加强源头预防。对各级各部门出台的重大决策、实施的重大项目、开展的重大活动等一律分层次实行社会风险评估,广泛听取各方面意见,努力推进决策的科学化、民主化。全年对涉及群众利益的69项重大决策进行社会风险评估,通过66项,停办、缓办3项。加强社会矛盾排查化解。建立市、县、乡、村4级排查化解矛盾网络,完善矛盾排查化解制度。共排查各类矛盾2 128起,化解2 095起。重点做好"双节"(元旦、春节)等重要节假日和新疆"7·5"事件、国庆60周年以及全国"两会"等重点敏感时期的稳定工作。加强情报信息工作,密切掌握敌政社情动态,及时获取各类预警性、内幕性、深层次情报信息,提高了对敌斗争的预见性和主动性。进一步完善反恐工作预案,组织多次反恐演练,形成统一指挥、反应灵敏、协调有序、运转高效的反恐工作机制,有效防范了敌对势力的渗透破坏活动。坚持不懈地开展与"法轮功"等邪教组织的斗争,严格防控责任,严密防范捣乱破坏活动。处理邪教"法轮功"工作继续保持"三个零"(零进京、零聚集、零插播)目标。做好部分企业军转干部、复退军人、原计划外民办教师、原焦枝铁路护路民兵营、金融系统协解人员等特殊群体的解困和教育稳控工作,全年筹集发放解困资金660万元,有效地解决了特殊群体生活困难问题,全市企业军转干部连续3年无一人到省级以上上访。

"严打"整治斗争　继续坚持"严打"方针不动摇,以命案攻坚为龙头,以打击严重暴力犯罪和多发性犯罪、解决突出治安问题为重点,始终保持"严打"高压态势。全市现行命案破获率居全省前列。持续开展"命案攻坚"、打击"两抢一盗"(抢劫、抢夺,盗窃)犯罪、打黑除恶等专项活动,综合打击效能明显提高。坚持以打促转,以打促防。全市刑事案件发案率比2008年下降14.9%,全市共破获各类刑事案件6 723起,抓获作案成员2 170人,其中批捕1 490人,判处刑罚2 421人。打掉犯罪团伙59个、251人,查处治安案件13 306起,治安拘留1 370人。打黑除恶工作取得新进展。共打掉8个涉黑涉恶犯罪团伙,破案22起。19名涉案主要成员全部被抓获。打击"两抢一盗"犯罪专项斗争成效显著。共破"两抢一盗"案件5 232起,其中抢劫731起、抢夺405起、盗窃4 096起。

基层基础工作　加强以城区为中心、以城乡接合部为外围、以周边农村为屏障、以省际警务协作为外援的4层环形卡点网络。以建成覆盖城乡和社会面的报警与监控网络为重点,出台《三门峡市城市报警与监控系统管理办法》,先后召开卢氏县、渑池县平安创建现场会,推进科技防控体系建设。市区主要路段、要害部位、治安复杂场所等均安装了电子报警与监控系统,各县城区报警与监控系统基本建成。通过建立报警与监控系统,已处置各类突发性群体性事件11起,查获各类案件120余起,抓获违法犯罪嫌疑人70余名。实行全天候、立体化、网格化巡逻。根据季节变化和刑事发案特点,加强治安巡逻的密度,组织检法司系统干警在市(城)区划定责任区域,实施"警灯闪烁"工程,有效地震慑了违法犯罪,提高了公众安全感。

法律保障和服务工作　全市政法各部门认真履行调解、管理、服务职能,维护良好的市场经济秩序,严厉打击经济犯罪活动,坚决查办和预防职务犯罪,组织开展依法清收农村信用社不良贷款、打击逃废债务专项活动,确保农村信用社清欠工作顺利进行。全市法院系统积极开展"调解年"活动,以调解促和谐、保稳定,民商事案件调解撤诉率为65.2%,使大量的社会矛盾得到有效化解。全市检察机关共立案查处贪污、贿赂、渎职侵权等职务犯罪案件69件、103人,其中大案54件、要案10人;立渎职侵权案件26件、46人,其中大案24件、要案1人,推动了反腐败斗争的深入开展。

政法队伍建设　全市政法部门始终把政法队伍建设放在首位,采取多种措施,努力建设一支政治坚定、业务精通、作风优良、纪律严明的政法队伍。抓好学习实践科学发展观活动。结合政法系统大学习、大讨论活动,制定了一系列整改措施,努力破除影响和制约政法工作科学发展的体制性、机制性障碍,解决政法工作的重点、难点问题,加强政法队伍思想作风建设。抓好对政法干警的培训教育。树立一心为民的检察官白洁、在平凡岗位上辛勤工作光荣殉职的民警肖亚生等一批先进典型,以身边的人和事,教育广大政法干警牢固树立社会主义法治理念。开辟"政法大课堂",先后邀请西南政法大学法学院等高校专家、学者给干警上课、作辅导报告,提高了干警的思想素质和业务素质。抓好政法机关公开承诺办实事活动。为增强政法机关执法为民意识,接受社会监督,2月,全市政法机关召开向社会公开承诺办实事大会,承诺内容40项,并把承诺事项列入政法各部门工作目标,检查落实情况,增强了政法部门的责任意识和作为意识,受到社会各界好评。在县级党委政法委职责定位、内设机构、人员编制、领导配备、干部协管、经费保障、硬件建设等方面取得重大进展。

【全市政法工作会议召开】 1月8日,三门峡市召开政法工作会议,传达贯彻全国、全省政法工作会议精神,总结2008年政法综治及平安建设工作,部署2009年工作。会议提出,2009年全市政法工作的指导思想是:深入贯彻党的十七大、十七届三中全会精神和全国、全省政法工作会议精神,深入贯彻落实科学发展观,以人民群众满意为根本标准,以争创全国综治优秀市"三连冠"、夺取全国综治“长安杯”为目标，以争创全省平安建设先进市为载体，着力维护社会和谐稳定，着力促进经济平稳较快发展，着力加强政法队伍建设，着力加强和改善党对政法工作的领导，为推动科学发展、跻身中原崛起第一梯队创造良好的社会环境。会议还表彰了2008年度在平安建设、和谐社会建设工作中涌现出的先进单位和个人。

【豫陕晋3省3市政法协作会议在三门峡市召开】 3月26日，豫陕晋3省3市政法协作会议在三门峡市召开。会议总结回顾工作，交流经验，分析形势，商讨研究下一步政法协作工作，积极维护豫陕晋黄河金三角地区社会政治稳定和治安大局平稳。会议认为，近年来，3地政法系统开展多方位多领域合作，使豫陕晋黄河金三角地区政法协作成为加强合作交流的重要平台。区域政法协作是区域经济合作的重要组成部分，是落实科学发展观的要求，是动态社会条件下妥善处理群体性事件、维护稳定、打击犯罪的迫切需要，也是大开放、大市场、大流通、大治安对政法工作提出的新挑战和新要求。要进一步加强区域政法协作工作，为3地经济社会又好又快发展创造和谐稳定的社会环境和公正高效权威的法治环境。会议还通过了《豫陕晋3省3市政法协作会议纪要》。 （贺腊梅）

社会治安综合治理

【概况】 2009年，三门峡市社会治安综合治理部门以争创综治“三连冠”、夺取全国“长安杯”为目标，掀起新一轮争创全国综治优秀市活动，平安建设取得明显成效，为全市经济社会发展创造了良好的治安环境。5月18日，三门峡市被中央综治委评为“2005年度至2008年度全国综治优秀市”，陕县被中央综治委授予“2005年度至2008年度全国平安建设先进县”称号。在全省2009年度平安建设工作考评中，三门峡市以综合排名第一的成绩被省委、省政府授予“2009年度全省平安建设先进省辖市”称号。在全省公众安全感测评中，三门峡市群众对社会治安的满意率达到

5月18日，市委书记李文慧接受中央电视台12频道《平安中国》栏目记者专访

95.35%，居全省第3位。

平安三门峡建设 成立由市委书记任组长、市长任第一副组长、8名市级分管领导任副组长的全市平安建设领导小组，进一步加强对平安建设的组织领导。先后组织召开全市政法工作会议、市综治委全体（扩大）会议、全市综治办主任会议、全市平安医院创建卢氏现场会、组织民兵预备役人员参与平安建设工作会议、争创全国综治“长安杯”动员大会、全市科技防控体系建设渑池现场会等会议，定期安排部署各级各部门做好平安建设工作。加大投入，明确市、县、乡3级综治专项经费由人均0.1元、0.2元、0.5元提高到不低于0.5元、1元、1.5元的标准，纳入同级财政预算。强化督促检查，4月24日至30日，市综治委派出了5个检查考核组深入全市所有乡（镇、街道）、160个行政村（社区居委会）和有关成员单位，对第一季度平安建设工作进行了检查考核。12月10日，对有关县（市）区综治干部的待遇落实情况进行了专项督查。12月14日至18日，抽调60余名干部对各县（市）区及市直单位2009年度平安建设工作进行考核，推动了平安建设工作措施的落实。

社会治安防控体系建设 继续完善人防、物防、技防相结合的社会治安防控体系，有效预防和减少各类违法犯罪的发生。在组织各级各部门强力推进科技防控体系建设的同时，在城市（县城）城区，以特巡警和综治专职巡防力量为主，实行“网格化”巡逻。在案件高发时期，组织政法各部门参与治安巡逻，实行“警灯闪烁”、夜间巡逻，提高见警率。招聘1 000余名“4050”人员作为治安巡逻员，在市区大街小巷开展治安巡护。在全市城区和乡（镇）政府所在地继续推行“政府出资、保安公司管理、公安使用、综治监督”的巡防机制，共建立市、县、乡3级130支、1 410人的综治专职巡防队伍。渑池县、义马市分别扩招综治巡防队员40名、20名，使之成为弥补警力不足、维护治安稳定的一支重要力量。

“严打”整治斗争 组织政法各部门严厉打击各类严重暴力刑事犯罪和“两抢一盗”等多发性侵财犯罪，保持对刑事犯罪的高压态势。全年立刑事案件6 429起，比2008年下降14.9%，破案6 723起。发命案48起，破获47起，现行命案侦破工作保持全省领先。打掉黑恶势力犯罪团伙15个（其中黑社会性质犯罪团伙1个，恶势力犯罪团伙14个），破案70起，逮捕102人，全部作出有罪判决。破“两抢一盗”案件5 232起，批捕786人，劳动教养77人，打掉团伙47个、207人，追缴赃车499辆，省综治办挂牌督捕的“两抢一盗”逃犯抓获率达到100%。加强对集贸市场、企业周边、矿山等易发案件地区的排查整治，加强对盗窃机动车、自行车、耕牛、农机具及盗窃和破坏公共设施、“黄赌毒”等突出治安问题的排查整治。全市共排查出5个治安乱点，各级各有关部

门通过实行“一名领导、一支队伍、一个方案、一抓到底”的办法,进行重点治乱,治安面貌得到根本改变。对吸毒人员、社区暂予监外执行人员等高危人员,要求乡(镇)综治办、派出所认真落实教育和防范措施,逐一建立档案,明确管控责任人,落实管控责任,做到底数清、情况明、教育好、管控住,防止其漏管失控、危害治安。

矛盾纠纷排查化解　督促各级各部门认真落实群众工作经验、信访评估模式、信访稳定突出问题周会审、化解社会矛盾专项资金、信访代理制度、流动调解制度。健全完善市、县、乡、村、组五级排查化解工作网络,打造上下贯通、办事高效的化解矛盾工作平台。坚持村每周、乡(镇)每半月对辖区社会矛盾排查一次,市、县两级群众工作领导机构每月召开一次工作例会,及时排查化解各类社会矛盾。坚持干部下访制度,建立健全大接访长效机制,针对敏感时期、突出问题,组织机关干部认真开展下访活动,做到村村必进、户户必访,把一大批矛盾纠纷解决在基层、化解在萌芽状态。全市共排查各类矛盾纠纷2 128起,化解1 594起。

落实综治“四制”和平安建设工作责任制　落实平安建设目标管理,由各县(市)区和市综治委有关成员单位主要负责人立军令状,在全市政法会议上向市委、市政府主要领导递交平安建设责任保证书,公开承诺,年度考核。下发《2009年市综治委成员单位职责任务》,明确各成员单位在平安建设工作中的职责任务。建立领导干部社会治安综合治理工作实绩档案制度,强化党政主要领导“第一责任”、分管领导“直接责任”、其他领导“一岗双责”。严格“两个书面”征求意见制度,各级党委组织部门在考察任用干部、人事部门在评先授奖时,事先必须书面征求同级综治部门的意见。认真落实平安建设通报批评、重点管理和一票否决等制度,对15个单位23名责任人进行责任追究,对1个单位实行重点管理。

基层平安创建　下发《关于开展“平安之星”创建活动的实施意见》《关于开展“五星级平安村组”创建评选活动的意见》,动员社会各方面力量开展平安社区、平安村组、平安学校、平安企业、平安家庭等形式多样的平安创建活动,积小安为大安。4月3日,市综治办与市卫生局组织召开卢氏县平安医院创建现场会,学习推广卢氏县人民医院加强科技防控建设、开展平安创建的经验和做法,推动行业平安创建工作不断上水平上台阶。实行成员单位联系帮扶乡(镇、街道)、村平安建设工作制度,由54个成员单位对口帮扶全市54个乡(镇、街道)和行政村,帮助解决科技防控、综治基层组织建设等方面的困难和问题,推动平安建设工作措施在基层的落实。

综治及平安建设宣传　3月,在全市范围内组织开展平安建设集中宣传活动,为全市平安建设的深入开展营造了浓厚的舆论氛围。开展2008年度全市社会治安综合治理好新闻奖评选活动,共评出获奖作品19件,其中6件作品在全省社会治安综合治理好新闻奖评选活动中获奖。以三门峡市科技防控体系建设和流动调解为主要题材,配合河南电视台法制频道录制了反映三门峡市平安建设做法和经验的电视专题片《平安三门峡》。

铁路护路联防　做好涉铁矛盾纠纷排查化解工作,加强重点时间和重点部位的巡防力量,加大巡逻的密度和频度,确保线路安全。严格落实地铁联席办公会议制度,每季度召开一次地铁护路联席办公(扩大)会议,通报问题、沟通情况、分析形势、制定措施,推动地铁密切配合、协同作战,确保了陇海铁路和郑西客运专线在三门峡市的安全畅通。加强郑西客运专线铁路护路联防工作,建立健全基层护路组织,开展大规模的宣传活动,维护了客运专线周边治安秩序持续稳定。

综治基层基础工作　加强乡(镇、街道)综治工作机构建设,明确规定乡(镇、街道)综治委主任由党委书记担任,综治办主任由主管副书记担任,设1名专职副主任并享受副科级待遇,配备3名以上专职工作人员。进一步加强乡(镇、街道)综治工作中心的标准化、规范化、制度化建设,对中心的机构职责、工作制度、办公场所、档案建设等均提出明确具体的标准,有效整合了政法综治资源,为基层齐抓共建打造了一个有效的工作平台。全市76个乡(镇、街道)均已配齐配强综治委(办)组织机构,在编工作人员367人,综治工作中心运转良好。把综治工作向村组(社区)延伸,建立治安保卫员、民事调解员、情报信息员、法制宣传员、安全监督员组成的“五员”平安建设志愿者队伍18 575人,使基层工作有人干、能落实。

【三门峡市再获“全国综治优秀市”殊荣】　在5月18日召开的全国社会治安综合治理表彰大会上,三门峡市被中央综治委授予“2005年度至2008年度全国综治优秀市”称号。这是三门峡市继获得“2001年度至2004年度全国综治优秀市”称号后蝉联这项荣誉。三门峡市也因此成为河南省唯一连续两次获得“全国综治优秀市”称号的城市。市委书记李文慧赴京参加表彰大会,受到胡锦涛、温家宝、习近平、周永康等党和国家领导人亲切接见。

【召开争创全国综治“长安杯”动员大会】　7月31日,三门峡市召开争创全国综治“长安杯”动员大会,传达贯彻全国社会治安综合治理表彰大会和全省平安建设工作会议精神,动员部署新一轮争创“全国综治优秀市”、夺取“长安杯”工作。近年来,在全市上下的共同努力下,三门峡市连年被评为全省平安建设先进市,先后荣获“2001年度至2004年度全国综治优秀市”“2005年度至2008年度全国综治优秀市”称号,成为全省唯一连续实现“两连冠”的城市。市委、市政府结合实际,作出争创全国综治“长安杯”的重大决定,推动全市平安建设工作向更高目标迈进。全国综治“长安杯”是国家在政法综治领域设立的最高综合性奖项,连续3届获得“全国综治优秀市”可获此殊荣。会上,副市长周志远宣读了市委、市政府《关于嘉奖争创全国综治优秀市先进单位和先进个人的决定》。

【强力推进科技防控体系建设】　2009年,三门峡市强力推进科技防控体系建设,开展技防建设攻坚战和冲刺战,推动技防建设向纵深发展。通过采取政府投资、社会集资、单位筹资、个人出资的投入机制,三门峡市技防建设取得突破性进展,基本建成覆盖城乡的市、县、乡、村、户“五位一体”技防网络。在城区,建设包括城市报警与监控系统、重点单位报警与监控系统、内部单位监控系统、商户治安监控系统在内的科技防控体系;在乡(镇)所在地,建设覆盖集市街面的视频与监控系统或“宽视界”等监控系统;在农村,以推进“平安互助网”重点,建立全方位、多层次的技术防范设施。全市共安装技防设施99 588件(套)。全市79%的乡(镇)安装了视频监控报警系统或宽视界系统。全市行政村完成以“平安互助网”为主的技防建设任务1 276个,技防覆盖率达90%以上。全市通过报警与监控系统共有效处置各类突发性群体性事件11起,查获各类案件120余起,抓获违法犯罪嫌疑人70余名。 (郭 好)

公 安

【概况】 2009年,三门峡市公安机关坚持“抓完善,创优势,增实力,促发展”的基本工作思路,全面强化维护稳定、打击犯罪、治安防控、服务群众的各项职能,成功实现了重大活动、重要会议的“零干扰”,重大恶性刑事案件和治安、消防事故的“零发生”,重点领域、重点群体、重点人员稳控工作的“零失控”。现行命案侦破、社区和农村警务建设、派出所正规化建设等13个单项工作进入全省前6名。市公安局整体工作在全省公安机关绩效考评中排名第4位,人民群众满意度排名全省第5位,安全感指数排名全省第3位。

维护社会政治稳定 全市公安机关把维护社会政治稳定作为首要任务,不断探索和完善维稳工作模式。建立以指挥中心为枢纽,国保部门为引领,派出所民警为主体,隐蔽力量为辅助,行动技术、网监技术为支撑的互相衔接、上下贯通的多警种协作配合的不安定因素排查机制,将维稳重点放到预警性信息的发现获取和重点人的防控上。全年共收集各类预警性、内幕性情报信息3 985条,编发《领导专报》《国保要情》39期,预防化解群体性事件34起,劝阻集体赴省进京上访21批次、260余人次。完善公安信访工作长效机制,建立以“110”报警服务台为龙头,覆盖纪检、督察、法制、控申等警种和部门、条块结合、上下贯通、纵横联动的群众举报投诉平台,到期办结率、满意率均达到100%。加强信访部门基础设施建设,市公安局信访办公大楼于5月竣工并投入使用。坚持局长接访和班子成员定期接访制度,信访总量、进京上访总量、赴省上访总量比2008年下降23.3%、25%、18.8%,公安部、省委政法委、省公安厅交办案件办结率100%。不断规范信访秩序,依法处置非正常上访案事件。全年共处理违法上访103起,其中逮捕2人、判刑1人、劳动教养1人、行政拘留80人、警告6人;开展信访积案专项治理活动5次,累计赔偿、补偿信访人54.4万元,救助53万元,清欠13.3万元,调解当事人赔偿信访人95.33万元,消化解决疑难信访事项73起,化解各类矛盾纠纷346件。市公安局连续两年被市委、市政府评为全市信访稳定工作先进单位,被省驻京办评为全省驻京工作先进单位,被市委、市政府评为“平安国庆”先进单位。形成统一指挥、协调有序、反应灵敏、运转高效、处置妥当的突发事件处置应急工作机制,确保关键时刻迅速响应,有效应对,拉得出、冲得上、打得赢,得到省、市领导的肯定。

打击刑事犯罪 全市公安机关坚持“严打”方针,按照“以打开路、打防结合、综合整治”的指导思想,不断完善侦防模式,健全打防机制,促进打防互动,形成了打防结合、打防一体的经常性严打整治斗争长效机制。大力实施规范化、精细化侦查模式,在成功探索出现行命案侦破精细化、规范化运行模式的基础上,通过对现场微量物证和电子信息的提取、鉴别、比对、认定,创出了利用电子信息碰撞侦破恶性案件、利用电脑MAC码控赃侦破重大盗抢案件、利用qq信息追捕重大逃犯的技战法,通过信息技术将数据库都关联起来,由“点”到“面”,真正实现“信息主导侦查”。开辟以刑警、经侦、禁毒部门为主体的破案攻坚战场,以治安、派出所为主体的阵地打防战场,以监管羁押场所为主体的深挖犯罪战场,以特(巡)警、交警为主体的社会面打防战场,以技侦、网监部门为主体的技术侦查等“五大战场”。按照命案侦破攻坚、打黑除恶、打击“两抢一盗”(抢劫、抢夺,盗窃)、打击经济犯罪“四位一体”的工作布局,摆布警力,始终保持对严重刑事犯罪活动的高压进攻态势。现行命案攻坚工作保持全省领先地位,全年全市现行命案发48起,破47起,破案率达97.92%,其中湖滨区、渑池县、义马市、卢氏县、陕县、三门峡经济开发区、三门峡工业园保持命案100%全破,三门峡经济开发区保持命案零发案。全年全市共破刑事案件6 723起,抓获刑事作案成员2 170人,打掉犯罪团伙59个、251人,抓捕逃犯708人;打黑除恶取得实效,共打掉黑恶势力犯罪团伙15个(其中黑社会性质犯罪团伙1个、恶势力犯罪团伙14个),破案70起,逮捕102人,全部作出有罪判决;打击多发性侵财犯罪的能力和水平进一步提高,共破“两抢一盗”案件5232起,批捕786

反恐演练

人,劳动教养77人,打掉团伙47个、207人,追缴赃车499辆,省综治办挂牌督捕的"两抢一盗"逃犯抓获率达到100%。成功侦破省厅挂牌督办"10·7""10·8""10·20"灵宝市境内兰郑长输油管道重大打孔盗窃成品油案件;整治治安乱点6个,查破涉企刑事案件81起,抓获违法犯罪嫌疑人60人,挽回经济损失600余万元。

治安管理 全市公安机关强化治安管理,先后组织开展社会治安"冬季行动"、企业周边治安环境专项整治风暴行动、治爆缉枪、打击赌博、打击传销等专项行动16次。大型企业和重点建设项目周边环境得到改善,共清理、取缔非法废旧金属收购加工站点101个,查破涉企案件71起,抓获违法犯罪嫌疑人60名,打掉团伙12个、53人。治爆缉枪工作成效显著,查破涉爆涉枪涉毒案件25起、犯罪人员62人,抓获涉爆逃犯13人(省公安厅督捕逃犯8人),收缴收回炸药28 686.7千克、雷管64 452枚、各种索类28 940.5米、各类枪支53支、子弹30 982发、仿真枪138支、管制刀具108把、剧毒化学物品1 600千克。治爆缉枪专项行动的典型经验被公安部、省公安厅《治安爆缉枪专刊》先后8次转发。"黄、赌、毒"违法犯罪得到有效整治,共查处赌博案件67起,打击处理145人,收缴赌博机267台;查处传播、贩卖、制作淫秽物品案件21起,查缴非法出版物8 200余册、淫秽音像制品3 200余盘(盒);查破吸食毒品和非法种植罂粟案件12起,抓获涉毒人员21人,收监强制戒毒22人;清查涉爆单位532家,发现、整改安全隐患183处,排查登记录入和落实监控重点人员254名,签订安全管理责任书5 300余份、具结保证书6 500余份。场所和行业管理得到加强,全市1 065家娱乐场所、旅馆、废旧金属收购、机动车维修、旧手机交易、典当行、印章业纳入特种行业治安管理;"平安创建活动"富有成效,全市企事业单位和小区派驻保安力量2 000余人,建立专职治安巡逻队21支、500余人,楼院看护巡逻队501支、6 204人,治保会5 110个、69 483人,保卫组织789个、11 004人。全市治安部门列管的303个单位有297个实现"零发案"。加强流动人口管理,全市组建流动人口、出租房屋管理队伍261支,流动人口信息系统录入信息13万条,派出所综合管理系统录入信息70万条,旅馆业管理系统录入传输信息17万余条。通过信息查询比对,抓获各类逃犯153名,提供线索破案400余起,破获各类案件2 400余起,成功预防各类案件590余起,流动人口犯罪率比2008年下降31%。

交通管理 全市公安交通管理部门紧紧围绕"降事故、保安全、保畅通"的总体目标,以路面为主战场,深化源头管理,突出日常管理与专项行动相结合,保障了第15届三门峡国际黄河旅游节、园林城市验收、冰雪恶劣天气等重要节日和时期交通安全。开展严重交通违法行为集中整治行动、机动车涉牌涉证严重交通违法行为集中整治活动、严厉整治酒后驾驶违法行为专项行动等整顿活动,纠正各类交通违法行为60余万起,处罚17.9万起,其中行政拘留2 536人,有力震慑了交通违法行为。全年全市共发生适用一般程序道路交通事故253起,死亡84人,受伤382人,直接经济损失266万元,与2008年相比,事故起数、死亡人数、受伤人数分别下降19.7%、26.3%、3.8%。

消防管理 全市公安消防部队坚持把预防重特大恶性火灾事故作为消防工作的出发点和落脚点,先后开展了春防、"天网"、易燃易爆、学校及网吧、高层地下及易燃可燃材料整治以及"平安中原"系列消防安全专项行动,采取政府挂牌督办、部门联合执法、新闻媒体曝光等措施,整改和消除了一大批火灾隐患。全市共检查单位14 582个次,发现火灾隐患13 861处,整改火灾隐患9 763处,填发各类法律文书共7 500余份,对1 682家单位和1 902个责任人实施了处罚,责令"三停"(停止施工、停止使用、停产停业)525家,临时查封611家,行政拘留93人。全市84个派出所实现消防监督数字化办公,4处挂牌督办的重大火灾隐患全部整改完毕。全市发生一般火灾33起,无亡人火灾事故发生,火灾起数下降19.4%。连续4年未发生亡人火灾和重特大火灾,保持了火灾形势持续稳定。

出入境管理 全年到三门峡市境外人员3 866人次。市公安局出入境管理处为到三门峡市的外国人、台湾同胞办理各类签证、证件49人次,批准出国(境)人员5 570人次。制证合格率达100%。三门峡市公安局出入境管理处被省文明委评为"河南省优质服务示范窗口"。

公安法制工作 全市公安机关加强执法主体和执法思想建设,开展社会主义法治理念教育,组织或参加上级各类培训31期、1 856人次,民警应训率达100%。组织开展执法资格考试考核和认证,建立民警执法能力等级评定制度,初级执法资格认证通过率达100%,县级公安机关综合类单位中级执法资格考试并认证200余人。开展执法警示教育,以案析理、分析通报各类案件20余起。加强执法监督体系建设,加大案件评查力度,实行案件审核即时评查制度,使执法质量考评工作动态化、平时化、经常化。建立网络执法办案巡查和通报制度,对执法办案情况进行全程、实时监督监控。全年通过网络巡查纠正问题260余个,评查各类案件528起,下发执法通报13期,认定执法过错1起,督促整改案件50余起。加强执法制度建设,认真贯彻落实公安部执法大纲,制定《网络执法监督系统管理规定》《民警执法终身责任制暂行规定》等制度,会同市检察院、市法院制定《关于认定犯罪嫌疑人、被告人、自首、立功情节若干问题的暂行规定》。加强执法信息化建设,实现"网络执法与监督系统"与公安综合警务平台对接,将信息化手段渗透到执法办案的各个环节,提高了执法质量。

保安、技防服务 市保安公司围绕全市经济社会发展大局,以优质可靠的服务赢得市场,联网报警入网户比2008年增长57.3%,技防产品推广业务增长21.7%,武装押运守押业务增长15.7%,人力保安业务增长5.7%,GSM无线短信联网报警系统功能进一步提升。全市2 000余名保安队员为近300家客户单位保安守护,使其生产、生活、办公、经营秩序良好和财产安全。全年为公安机关提供破案线索300余条,抓获犯罪嫌疑人68人,制止盗窃行为171起,缴获赃物案值6万余元;配合公安机关统一行动800余人次,参加大型活动安保2 000余人次;扑灭火灾19起,发现和排除安全隐患192起,避免经济损失60余万元;参加义务劳动3 000余人次,为群众排忧解难300余次,为客户做好事568件,拾金不昧折价30余万元,收到客户和群众的感谢信、锦旗60

多封(面)。

反恐工作　全市公安机关反恐工作部门以庆祝新中国成立60周年安保为中心,强化反恐情报和侦察工作,健全反恐专业队伍,提高预防和处置能力,组织开展反恐工作基础调查和重点目标、要害部位安全排查,消除安全隐患,组织反恐防范知识培训班和反恐应急拉动演练。情报信息网络建设取得成效。实现了重大活动和敏感日不发生来自三门峡市的涉恐干扰,实现了全市不发生暴力涉恐事件的工作目标。

队伍建设　严格履行“一岗双责”,完善公安惩防体系建设,开展“争创党风廉政建设先进单位、争创无违纪所队活动”等活动,市公安局廉政教育基地被市纪委评为廉政文化“六进”工作示范点。深入开展岗位练兵教育活动,严格落实“三个必训”制度,推进大练兵长效机制建设。全年举办“战训合一,轮值轮训”培训班31期,1 856名基线民警参加实战轮训;组织129名民警参加省公安厅警衔晋升培训,6名县(市)公安局长参加公安部全国公安局长培训,合格率均达100%。落实从优待警政策,全年为公安英烈及因公牺牲、负伤民警家庭、身患重大疾病致贫致困民警家庭发放慰问、救助金47.66万元,捐缴英烈基金会费29万余元。严格队伍管理,全年警务督察部门共开展各类明察暗访1 313次,受理并查结群众投诉1 364起,其中查实292起、查否1 069起、存疑3起;发督察通知、建议110份,提出督察建议218件,停止执行职务48人,禁闭38人。开展立功创模活动,全年1人荣立个人一等功,7人荣立个人二等功,10个单位和163名个人被公安部和省人事厅、省公安厅授予全国、全省先进荣誉称号,26人被市委、市政府记功表彰;13个单位荣立集体三等功,3个单位荣立集体嘉奖,63人次记个人三等功,115人次记个人嘉奖;湖滨公安分局张国强、卢氏县公安局周伟民荣获“河南省劳动模范”称号。

【肖亚生被追授全国公安系统二级英模称号】　6月22日,国务委员、公安部部长孟建柱签署命令,追授灵宝市公安局交警大队五中队民警肖亚生全国公安系统二级英雄模范荣誉称号。9月17日,省公安厅和市委、市政府在三门峡国际会议中心召开追授肖亚生全国公安系统二级英模命名表彰大会。市委书记李文慧、省公安厅副厅长许宝成分别在大会上作重要讲话,市委副书记、市长杨树平主持大会,市领导郭绍伟、赵中生、陈孟虎、崔保连、王铁创等出席大会。大会宣读了《人力资源和社会保障部、公安部关于追授肖亚生同志为全国公安系统二级英雄模范荣誉称号的决定》,宣读了《中共三门峡市委关于开展向肖亚生同志学习活动的决定》。李文慧、许宝成向肖亚生亲属颁发奖章、证书和奖金。

【侦破省公安厅挂牌督办的兰郑长输油管道重特大钻孔盗油案】　12月2日,在副市长、市公安局局长崔保连的直接指挥下,经三门峡市及陕县、灵宝市两级三地公安机关55天的强力攻坚,省公安厅挂牌督办的“10・7”“10・8”“10・20”陕县张汴乡、灵宝市函谷关镇境内重大打孔盗窃兰郑长输油管道2万千克柴油案件告破,4名犯罪嫌疑人全部被抓获归案。这是在三门峡市境内发生并成功侦办的首例打孔盗窃输油管道油气案件。

【全省公安驻知识产权联络处工作会议在三门峡市召开】　12月2日,2009年度全省公安驻知识产权联络处工作会议在三门峡市召开。省公安厅经侦总队总队长李杰、省知识产权局副局长韩平和市领导周志远、卢群召出席会议。会议指出,各有关部门要进一步提高认识,树立长期作战的意识,增强做好知识产权保护工作的主动性和自觉性;强化协作机制,密切与工商、质检、专利部门的联系,提高打击效能;开展整治行动,狠抓案件侦破;加大宣传力度,提高公众对知识产权的关注度,形成良好的社会氛围。会议还举办了有关知识产权形势和商业秘密法律保护的知识讲座。

【三门峡特巡警开展警营开放日活动】　12月12日,三门峡市公安局特警支队开展警营开放日活动。全市特巡警系统展出宣传展板17块,发放年画2 000余份,有1 000余名群众参与开放日互动活动。特警支队还在现场展示巡逻接处警车辆4种、11辆,特警装备8种、22件,特警枪支12种、20支。同时,还制作专题片在六峰路和黄河路口的大屏幕上滚动播出,受到群众欢迎。

【开展“大走访”爱民实践活动】　2009年,全市公安机关认真组织开展以“四进四送”(进农村、进社区、进企业、进家庭,送温暖、送平安、送法律、送服务)为主题的“大走访”爱民实践活动,共走访社区558个、城乡困难群众8 695人、返乡农民工31 562人、行政事业单位773家、国有大中型企业197家、民营企业440家,收集案件线索192条,排查化解矛盾纠纷1 102起,整治重大隐患659个,直接破获案件220起,走访慰问群众物品折款21.6万元。通过走访,密切了警民关系,增强了公安工作的针对性。

【推出多项便民利民惠民新举措】　2009年,市公安局先后出台“服务项目建设年十项承诺”“向社会公开承诺办理十件实事”,在县(市)范围内取消户口迁移证,实现网上为群众办理户口查询服务。开展“零距离”服务、“零干扰”服务、“零投诉”执法活动,公开办事内容,公布工作流程、收费标准,畅通举报投诉渠道,切实简化办事程序,提高办事效率,自觉接受社会各界的监督,以优质高效便捷的服务赢得了群众满意。　(郭建民)

检　察

【概况】　2009年,三门峡市检察机关坚持“强化法律监督,维护公平正义”的检察工作主题,围绕“保增长、保民生、保稳定”工作大局,真抓实干,锐意进取,圆满完成各项工作任务,全市检察工作取得新发展。市检察院蝉联“全国文明单位”称号,被省委、省政府命名为“全省人民满意的公务员集体”,被省检察院记集体二等功。市检察院参加全市学习实践科学发展观电视知识竞赛并获得第1名。市检察院组队代表三门峡市参加河南省“迎国庆讲文明树新风”文明礼仪知识竞赛并获得二等奖。

查处职务犯罪　坚持把大案要案、社会关注的行业和领域发生的案件、损害人民群众切身利益的案件作为查办职务犯罪工作的重点。全年共立案侦查贪污贿赂犯罪案件69件、103人,其中贪污贿赂5万元以上、挪用公款10万元以上的大案54件,县处级以上干部10人;立案侦查渎职侵权案件26件、46人,其中重特大案件24件,县处级以上干部1人,居全省第2位。开展深入查办涉农职务犯罪保障社会主义新农村建设专项工作,立案查办发生在农村基础设施建设、支农惠农资金管理等领域和环节的职务犯罪案件14件、28人。开展深入查办危害能源资源和生态环境渎职犯罪专项工作,立案查办此类案件14件、24人。查办的三门峡市国土资源局土地开发储备中心原主任代跃进(副处级)受贿300余万元案、卢氏县交通局原局长揣予苏受贿128万元案,在社会上引起较大反响,向人民群众昭示了党和政府反腐倡廉的坚强决心。

审查批捕和审查起诉　始终保持打击严重刑事犯罪的高压态势,切实维护社会治安秩序和经济秩序。对严重刑事犯罪坚持依法从重从快方针,对重特大案件坚持提前介入侦查活动,依法快捕快诉。市、县两级检察院共批准逮捕各类刑事犯罪嫌疑人1 760人,起诉2 359人。开展打黑除恶等专项斗争,审查批捕和起诉的焦文艺等12人组织、领导、参加黑社会性质组织案,体现了检察环节的打击力度。继续推进打击和预防"两抢一盗"(抢劫、抢夺,盗窃)犯罪专项斗争,依法批准逮捕451件、785人,提起公诉547件、1 039人。积极参加整顿和规范市场经济秩序工作,完善行政执法与刑事司法相衔接工作机制,通过审查批捕和起诉刘某某虚构投资诈骗200万元案、乔某某合同诈骗400余万元案、张某某以假充真诈骗400万元案等一批典型案件,发挥了以司法手段优化市场经济环境的作用。

诉讼监督　围绕人民群众反映强烈的执法、司法不公问题,强化监督意识,规范监督程序,加大监督力度,增强监督实效。加强刑事诉讼监督,监督侦查机关对24件应当立案而未立案的案件作出立案决定;立案监督案件起诉27件、38人,判决29件、43人(含积存案件),判决人数占立案监督数的比例为100%,比2008年提高14.1%。对应当逮捕而未提请逮捕、应当起诉而未移送起诉的,决定追加逮捕52人、追加起诉96人;追加逮捕案件作出生效有罪判决51人(含积存),占追加逮捕数的98.1%,增长5.8个百分点;追加起诉案件作出生效有罪判决88人,占追加起诉数的91.7%。市检察院在审查起诉一起故意杀人案中,追加起诉涉嫌故意杀人犯罪的被告人刘付军一审被判处死刑。对认为确有错误的刑事判决、裁定,依法提出抗诉11件,提高10%,再审有结果8件,其中改判2件、发回重审4件、维持2件。在刑罚执行和监管活动监督中,书面通知纠正违法30件,向监管单位发出检察建议78件,查办监管场所职务犯罪案件9件、12人,查办监外罪犯再犯罪案件25件、36人。在民事行政诉讼监督中,受理民事行政申诉案件172件,对认为确有错误的民事、行政判决和裁定依法提请抗诉35件,提出抗诉21件;抗诉案件再审有结果10件,直接改判率为70%,提高25%;改变原判决率达100%,提高40%。

控告申诉　认真解决群众诉求,全年受理举报线索129件、控告申诉32件并逐一做出审查处理;受理刑事申诉2件,立案复查后全部息诉;办理刑事赔偿案件3件,支付赔偿金9.26万元。开展"未息诉罢访案件排查"和"信访积案化解年"活动,对自身排查出的4起和省检察院通报的15起未息诉罢访案件、3起信访积案加大办理力度。采取有力措施,确保了庆祝新中国成立60周年期间的涉检信访稳定。

检察技术　检察技术部门积极为办案活动提供技术服务,共办理各类技术案件836件,其中法医鉴定5件、文检鉴定9件、司法会计鉴定5件、技术证据审查291件、视听技术453件、技术协助73件,为提高案件质量提供了有力支持;办理同步录音录像264案次,时长达650小时,较好地发挥了技术部门的配合监督作用。

司法警察工作　法警部门巩固编队管理成果,加大规范化建设力度,完成传唤、搜查、强制措施、追捕逃犯、提押、看管犯罪嫌疑人、保护自侦案件犯罪现场、送达法律文书、处置突发事件以及检察长交办任务等1 036项,为办案活动的顺利开展提供了有力保障。

预防职务犯罪　贯彻标本兼治、综合治理、惩防并举、注重预防的方针,坚持查办一起重大典型案件,向发案单位提出一份检察建议、开展一次回访活动等制度,协助堵漏建制,全年结合办案发出检察建议83件。同步介入交通基础设施、水利工程等重大工程建设项目,全市检察机关共对16个重点建设项目工程建设进行监督。专项预防扎实展开。组织60余个单位、近3 000人到三门峡监狱接受警示教育;7次在重点领域和行业开展预防调查;组织全市检察机关广泛开展"预防职务犯罪宣传月"活动,警示教育更加深化。

【灵宝市检察院荣获"全国十佳基层检察院"称号】　2月12日,灵宝市人民检察院荣获"全国十佳基层检察院"称号。"全国十佳基层检察院"是全国检察系统基层院建设的最高荣誉。每隔两年由最高人民检察院会同新华社、人民日报社、光明日报社等中央主要新闻媒体联合评选一次,此次是第3届。当日,省委书记、省人大常委会主任徐光春在《中共三门峡市委关于灵宝市检察院荣获"全国十佳基层检察院"的报告》上作出批示:"很好。应总结宣传。"2月18日,中共三门峡市委下发《关于开展向灵宝市人民检察院学习活动的决定》。近年来,灵宝市人民检察院曾16次受到最高人民检察院表彰奖励,获"全国模范检察院""全国先进检察院"等称号,荣立集体一等功3次,涌现出"全国十大杰出检察官"白洁等先进典型。

【豫晋陕3省3市"新型贿赂犯罪认定与处理研讨会"在三门峡市举行】　3月30日,由市人民检察院与西北政法大学刑事法律科学研究中心联合举办的豫晋陕3省3市"新型贿赂犯罪认定与处理研讨会"在三门峡市举行。市委常委、政法委书记郭绍伟,最高人民检察院检察理论研究所信息部主任、《中国刑事法》杂志编辑部主任石京学,西北政法大学副校长杨宗科,台湾东吴大学法律系原主任陈子平,河南省人民检察院检察委员会专职委员石凯,市人民检察院检察长张永键等出席研讨会。最高人民检察院检察理论研究所、河南省人民检察院、西北政法大学、陕西省渭南市人民检察院、山西省运城市人民检察院及三门峡市检察系统的专家学者、检察官等200余人参加研讨会，围绕2007年最高人民法院、最高人民检察院《关于办理受贿刑事案件适用法律若干问题的意见》及《刑法修订案（七）》中有关新型贿赂犯罪的认定与处理的理论和实践问题开展研讨。

【市检察院再次被中央文明委命名为“全国文明单位”】 3月31日，市检察院举行“全国文明单位”揭牌仪式。省委常委、宣传部部长、副省长孔玉芳和省人民检察院分别发来贺信，省人民检察院检察长蔡宁、市委书记李文慧共同为市检察院“全国文明单位”揭牌。省检察院政治部主任李自民，市领导杨树平、赵继祥、郭秀荣、李立江、郭绍伟、赵中生，市检察院检察长张永键出席仪式。市委副书记、市长杨树平在揭牌仪式上指出，全市各部门、各单位要认真学习市检察院的先进经验，围绕项目建设年这一工作大局，充分认识文明创建工作在经济社会发展中的重要作用，紧扣发展主题，着眼长远利益，扎实工作，开拓创新，锐意进取，为早日成功创建全国文明城市，建设开放魅力富裕和谐三门峡作出更大贡献。

【省检察院党组书记、检察长蔡宁到三门峡市调研】 3月30日至4月1日，省检察院党组书记、检察长蔡宁，省检察院党组成员、政治部主任李自民一行到三门峡市调研，看望和慰问一线检察干警，面对面地指导、协调解决基层检察院建设中遇到的困难和问题。蔡宁强调，全省检察机关要突出抓好学习实践科学发展观活动和贯彻落实全省检察机关基层建设工作会议精神这“两件大事”，以科学发展观统揽和指导基层检察院建设全局。蔡宁参加了市委、市政府为市检察院再度荣获“全国文明单位”举行的揭牌仪式和为灵宝市检察院荣获“全国十佳基层检察院”举行的表彰大会之后，深入卢氏县、陕县和义马市检察院调研。（侯　锋）

审　判

【概况】 2009年，三门峡市中级人民法院坚持党的事业至上、人民利益至上、宪法法律至上的指导思想和“公正司法，一心为民”的指导方针，紧紧围绕执法办案第一要务，更新司法理念，改进司法作风，各项工作取得新的进展。市、县两级法院全年共受理各类案件16 140件，结案14 784件，结案率为91.6%。其中，市中级法院受理各类案件2 877件，结案2 413件，结案率为83.9%。

刑事审判　市、县两级法院全年共受理刑事一审案件1 664件，结案1 607件，结案率为96.6%。其中，受理一审贪污贿赂犯罪案件95件、139人，分别比2008年上升18.8%和0.01%；结案92件、137人，结案率为96.8%，分别比2008年上升10.5%和11.4%。受理一审破坏社会主义市场经济秩序犯罪案件33件、58人，分别比2008年下降21.4%和0.02%；结案33件、58人，结案率为100%。受理一审毒品犯罪案件14件、22人，分别比2008年下降13%和12%；结案13件、20人，结案率为92.9%。受理刑事二审案件215件，结案169件，分别比2008年下降14.7%和23.2%，结案率为78.6%。当年全市法院生效刑事判决1 485件、2503人，分别比2008年下降9.4%和12.5%，其中宣告无罪1人，免予刑事处罚80人，给予刑事处罚2 421人，未成年（14周岁至18周岁）罪犯286人。市、县两级法院受理刑事再审案件23件，结案15件。

民商事审判　市、县两级法院继续认真贯彻“调判结合，以调为主，调解优先”原则，大力开展“调解年”活动，着力化解矛盾、调处纠纷。一审、二审民商事案件以调解撤诉方式结案5 645件，调解撤诉率达65.7%。全年共受理民商事一审案件7 942件，结案7 552件，结案率为95%，下降1.5个百分点。其中，受理一审婚姻家庭、继承纠纷案件1 805件，结案1 751件，结案率为97%；受理一审合同纠纷案件3 789件，结案3 612件，结案率为95.3%，结案标的45 664万元；受理一审权属、侵权及其他民事纠纷2 344件，结案2 185件，结案率93.2%，结案标的7 442.9万元；受理破产案件34件，结案2件，所结案中破产财产债务总额3 215万元。受理民商事二审案件1 142件，结案1 045件，分别比2008年下降6.9%和5.2%；结案率为91.5%，上升1.6个百分点。受理民商事再审案件171件，结案82件。

行政审判　市、县两级法院全年共受理行政一审案件214件，结案205件，分别比2008年上升51.8%和57.7%；结案率为95.8%，上升3.6个百分点。受理行政二审案件37件，结案30件，分别比2008年下降43.9%和44.4%；结案率为81%，下降0.8个百分点。受理行政再审案件10件，结案3件。

执行工作　市、县两级法院加大执行力度，创新工作制度如设立执行救助基金等，全力清理执行积案。全年共受理执行案件37 00件，结案3 154件，结案率为85.2%；执结标的总金额21 722万元。其中，受理行政非诉审查与执行、仲裁及公证债权文书执行案件709件，结案626件，执结标的总金额427万元。

申诉信访及国家赔偿　市、县两级法院全年共受理申诉、申请再审案件185件，结案85件。处理来访、来信1 612人（件），其中院长接待513次、587人。积极开展司法救助，全年共为45起案件中的经济困难当事人缓、减、免诉讼费26.7万元。未受理新的国家赔偿案件。

减刑假释及司法鉴定　市中级法院受理并办结减刑假释案件841件。市、县两级法院全年共受理并办结司法鉴定案件61件。

司法警察工作　市中级法院法警支队坚持“从严治警，保障审判”的原则，认真全面履行职责。全年共出警378人次，值庭115场次，押解、看管被告人138人次，执行死刑1批、3场次。圆满完成押解、协助执行，确保庭审秩序和执行效率，并圆满完成省高院部署的“迎国庆、大练兵”活动。积极配合清理执行积案工作。

【开展“调解年”活动】 为提高服判息诉率，减少涉诉信访压力，真正做到案结事了，2009年被确定为全省法院系统的“调解年”。市中级法院党组对法院干警提出要求，在法院内部，要把调解工作贯穿于民商事案件的诉前、诉中、诉后；在法院外部，要妥善处理与司法调解、人民调解、行政调解的对接，同妇联、工会、当事人住所地的组织和单位建立联系，加大宣传力度，动员社会力

全市司法警察"迎国庆、大练兵"集中训练

量参与调解，建立内外互动的调解机制。要进一步深入推行"马锡五审判方式"，在乡村、社区设立巡回审判点，巡回审判、就地调解，拉近与人民群众的联系，争取最佳办案效果。各部门要制定出切实可行的措施，将诉讼调解与判前释法、判后答疑等制度结合起来，促进当事人服判息诉，案结事了；审判人员要充分发挥主观能动性，提高调解技巧和调解艺术水平。活动期间，市中院举行调解经验交流会、报告会，在全市法院系统内评选"调解能手"并进行表彰，对调解率作出明确规定，每月通报辖区各基层法院的调解率，把调解率与各基层法院、各业务庭以及办案人员年度评先联系起来，促进了"调解年"活动的顺利进行。通过开展"调解年"活动，全市法院干警树立起"调解优先"的理念，司法为民的意识进一步提高，信访案件、上诉案件明显减少。

【开展"走访企业"活动】 为有效应对金融危机，为全市经济建设、社会稳定提供强有力的司法保障，市中院领导深入企业、厂矿、职工群众聚居区，开展"走访企业"活动。活动的主要任务是了解辖区企业的生产经营状况，职工上岗就业情况，企业稳定情况，排查化解矛盾，提供法律服务。通过召开座谈会、实地考察等形式，广泛征求企业干部职工对法院工作的意见建议。企业普遍认为近年来全市法院加大审判及执行工作力度，对企业发展起到了很好的保驾护航作用。同时希望两级法院多到企业调研，为企业提供法律帮助及支持，提升其抵御风险的能力；加大执行力度，为企业挽回损失；加快破产案件审理，以规范企业改制，为银行核销不良资产提供法律依据。针对天元铝业股份有限公司反映的负债较重、面临多起被执行案件、企业生存困难等情况，市中院领导和该公司总经理一起与债权人省工商银行进行协调，最终使双方达成一致，为企业解决了燃眉之急。

【开展社会法庭试点工作】 2009年，全市法院开展社会法庭试点工作，以探索非诉讼的纠纷解决方式，缓解人民法院巨大的诉讼压力。社会法庭是一种群众自治性、自主性解决矛盾纠纷的民间组织。社会法官由社会法庭所在地的乡(镇)党委、人大、政府从当地具有一定的法律知识和较强的调处纠纷能力、无违法犯罪记录和不良嗜好、热心公益事业，在当地有一定的威望、品行良好、公道正派的社会人士中产生。社会法庭对双方当事人自愿到社会法庭要求处理的婚姻家庭、宅基地、相邻权、人身损害赔偿等纠纷依照法律规定或乡规民约、风俗人情，根据当事人自愿原则进行调解。社会法庭这种新型的、民间性的纠纷解决机构所首创的解决纠纷新途径，以"最便民、最快捷、不收费、不结怨"的独特优势，方便了当事人解决纠纷，节省了大量诉讼成本，又缓解了部分群众对司法的巨大需求与司法资源稀缺的矛盾，值得进一步探索。至年底，全市已挂牌成立社会法庭59个，选任社会法官1 079名，调处群众生产生活中发生的各类纠纷412起，收到了良好的社会效果。

(贾永立　兀　芳)

司　法

【概况】 2009年，三门峡市司法局牢固树立社会主义法治理念，充分发挥法律保障、法律服务、法律宣传职能作用，坚持围绕中心、服务大局，坚持以人为本、服务群众，各项业务取得明显进展，为促进经济社会全面发展、维护社会和谐稳定、维护人民群众利益、推进民主法治建设作出了积极贡献。

普法、依法治市工作　制定下发《三门峡市2009年普法依法治理工作要点》。开展"送法下乡"活动，组织人员深入各乡(镇、街道)和村组、社区，大力宣传《中华人民共和国土地管理法》《城市拆迁管理条例》《信访条例》《物业管理条例》等与人民群众生产生活紧密相关的法律法规，并免费发放"农村基层民主法制建设工作实用手册"4 000余册、普法光盘100余套，受到基层群众普遍欢迎。组织公务员法律知识考试工作，在全市共设立98个考点，对15 032名领导干部、公务员进行法律知识考试。大胆探索法制宣传教育新形式，以灵宝市为试点，创造性地开办"法律超市"，为普及法律知识、开展法律服务提供了新的载体和平台，受到上级领导和主流新闻媒体的高度关注。开展以"加强法制宣传教育　服务经济社会发展"为主题的"12·4"全国法制宣传日活动，在全市营造学法、用法、守法、护法的浓厚法治氛围。注重发挥网络媒体在法制宣传教育中的作用，建成三门峡普法网。深化"民主法治村"创建活动，全市共评选表彰市级"民主法治村"143个，推荐上报省级"民主法治村"30个。

律师工作　召开三门峡市第四次律师代表大会，选举产生了三门峡市律师协会新一届领导班子。按照市委和省司法厅部署，在全市律师队伍中开展深入学习实践科学发展观活动和"中国特色社会主义法律工作者”主题教育实践活动。深入开展律师进社区、进乡村活动，全市21家律师事务所在全市范围内共设立固定法律服务站（点）25个，坚持在每月第1个星期日，组织律师到服务站（点）免费开展法律咨询、法律服务和法制宣传活动。推进律师参与信访接待工作，全市律师广泛参与信访接待活动，有效解决了一些涉法涉诉问题，缓解了社会矛盾。全市通过年检的律师事务所21家、律师191人，其中新办律师执业证21人，新成立律师事务所2家，分别是河南仰韶律师事务所（个人所）和河南宇萃律师事务所三门峡分所。全市共组织律师进乡村、进社区260次，解答法律咨询5 700余人次。全市律师共办理各类诉讼案件2 700件，非诉讼案件120件。全市律师共参与信访接待672件，接待上访群众1 126人次。

公证工作　开展规范化服务公证处创建活动，从队伍建设、业务建设、内部管理、形象建设、基础设施建设5个方面制定规范化服务公证处标准。深入开展公证进社区、进乡村活动，先后4次组织全市公证处深入社区、乡村设立宣传点，收到良好的社会效果。落实向社会公开承诺事项，为老年人、残疾人提供预约及上门服务。全市8个公证处、22名公证员全部通过考核，全年共办理公证事项24 597件，其中涉及项目建设公证184件，为老年人、残疾人预约上门办理公证107件。

基层司法工作　继续推进司法所规范化建设。加快国债投资司法所建设步伐，对未列入前4批国债建设项目的司法所进行调查摸底。加强司法所的组织建设、队伍建设、业务建设和基础设施建设，开展省级“示范司法所”创建活动，有效提升全市司法所规范化建设的整体水平。全市78个基层司法所全部实现立户列编，有总编制203人，有13名司法所长享受副科级待遇。规范基层法律服务工作。5月，开展“优秀基层法律服务所”和“优秀基层法律服务工作者”评选活动，确保基层法律服务所行风建设工作取得实效。4月至6月，对全市的基层法律服务市场进行集中清理整顿。全市20家法律服务所共办理各类案件1 411件，避免和挽回经济损失793.6万元。

人民调解工作　全市各级人民调解委员会共调解民间纠纷5 003件，调解成功4 869件，调解成功率97%。不断健全人民调解工作网络，形成横到边、纵到底、覆盖全市的人民调解组织网络体系。开展矛盾纠纷大排查，坚持抓早、抓小、抓苗头，有力地维护了全市社会的和谐稳定。总结湖滨区“流动调解”工作经验，推进人民调解、司法调解、行政调解的衔接互动，加强与人民法院、公安、信访等部门的配合，构建大调解工作格局，发挥人民调解在大调解中的基础性作用，在涉法涉访案件的处理中引入人民调解，降低了处理矛盾纠纷的成本，减轻了相关部门的压力。

安置帮教工作　全市建立由公安、司法、民政、劳动和社会保障、财政、工商等部门共同参加的刑释解教人员安置帮教领导小组和工作机构，构筑市、县、乡、村4级安置帮教工作网络。制定安置帮教各成员单位的主要职责，建立帮教工作责任制、安置帮教工作例会制度、“三帮一”帮教制度、跟踪帮教制度和延伸帮教制度，保证了帮教效果。开展“无缝对接”工作，有效杜绝了脱管、漏管现象的发生。全年全市共认证安置基地2个，回归刑释解教人员555人，其中帮教542人，帮教率98%；安置498人，安置率90%；重新违法犯罪人员3人，重新违法犯罪率0.5%。

司法鉴定工作　全市共登录司法鉴定机构19家，司法鉴定人102人，办理司法鉴定案件742件，其中办理涉及残疾人、农民工、下岗职工的司法鉴定案件12件，减免鉴定费用4 130元。成立三门峡市司法鉴定人协会。

法律援助工作　全面开展法律援助应援尽援工作，以市政府办公室名义下发《关于开展法律援助应援尽援工作的实施意见》，降低了法律援助的门槛，扩大了法律援助的范围，提升了法律援助的实际保障能力。全市7家法律援助中心全部开通“12348”全省统一法律援助免费咨询专线电话，安排律师在线解答群众的法律咨询和法律问题。全市78个乡（镇、街道）司法所全部建立法律援助工作站，设立69个法律援助受理点，面向社会招募159名法律援助志愿者，极大地方便了人民群众及时就近获得法律援助服务。开通农民工法律援助热线电话和“绿色服务通道”，受到农民工朋友的普遍欢迎。全市7个法律援助中心共注册援助律师18人，共办理各类法律援助案件965件，其中办理农民工法律援助案件47件。

司法考试工作　全市共报名国家司法考试528人，通过102人，通过率19.3%，通过人数和通过率均创历史新高。无任何违法违纪现象发生。

劳教工作　全年市劳教所共收容劳教人员103人，入所教育率100%。全力抓好场所安全稳定，开展“保节日两会安全，创平安和谐场所”和“迎国庆60周年，创平安和谐场所”竞赛，收到了良好成效。加强对吸毒、缠访闹访、非

市司法局在陕县观音堂镇开展“三下乡”活动

法传销等重点劳教人员的管理,有效预防了各类安全事故的发生。做好劳教人员收容工作,扎实开展打击和预防"两抢一盗"违法犯罪专项斗争,在劳教人员中开展"交、揭、查"活动,取得显著成效。落实劳教所长接待日制度。组织劳教人员"现身说法",使千余名在校学生深受教育。开展劳教人民警察综合素质教育训练活动。加强心理咨询师队伍建设,其中4人通过考试并取得3级心理咨询师资格证。开展警戒护卫技能比赛活动,选拔14名劳教人民警察组队集中强化训练,并以优异成绩通过省司法厅劳教局考核组的考核验收。

宣传报道工作　全市司法行政系统共在各级媒体上发表稿件1 284篇,其中国家级154篇、省级600篇、市级530篇。工作信息"开设法律超市,创新农村法律服务新模式"更是得到省、市领导的批示和关注,先后被人民网、民生与法制网、《河南日报》及《三门峡日报》等媒体报道。

【开展劳教人员"无缝对接"工作试点】　3月4日,为进一步做好劳动教养解教人员接茬帮教衔接工作,实现降低解教人员重新违法犯罪率这一"首要标准",市司法局决定在湖滨区司法局、陕县司法局开展劳教人员"无缝对接"工作试点。该项工作有效地衔接了劳教所、劳教人员所在地司法局和乡(镇)司法所,完善解教人员接茬帮教工作制度,特别是能够及时了解和帮助解教人员解决生活中的实际困难,做好"三无"(无家可归、无业可就、无处可去)人员的帮教安置工作。全年共有23人实现"无缝对接",回访发现这些人员由于安置帮教措施到位,思想状况稳定,表现良好,重新违法犯罪率为零。

【三门峡市律师协会湖滨区法院签订《"法官·律师"公约》】　3月9日,三门峡市律师协会与湖滨区法院共同签订《"法官·律师"公约》,以加强对律师在诉讼活动中的执业纪律约束,规范律师和法官间的相互关系,约束律师严格遵守执业纪律、职业道德,维护律师队伍形象,保证全市律师行业的正常、健康发展。

【开通全市统一法律援助咨询电话"12348"】　3月18日,三门峡市司法局开通"12348"法律援助咨询电话。三门峡市及所属各县(市)区任何一部市话、小灵通及手机,只要直拨"12348",即可自动接通全市7家法律援助中心法律援助咨询电话。法律援助咨询热线电话的开通,进一步扩大了困难群众的法律援助渠道,方便人民群众进行法律咨询,是市司法局关注民生、服务民生的具体体现。　(张军时)

·编辑　卢亚杰·

公安干警整装待发

农业

烟叶基地

综 述

【概况】 2009年,三门峡市农业系统深入贯彻市委、市政府"加快发展促三保,奋力实现新跨越"的工作部署,全面落实科学发展观,各项工作均取得明显成效。全市第一产业增加值达57.6亿元,同比增长4.5%;农民人均纯收入为5 045.5元,同比增长7.6%;农民人均纯收入超过全省平均水平,首次接近全国水平。全年新建户用沼气池2.6万户;全市果品总量达15亿千克,肉类总产量达7 650万千克,蔬菜总产量7.9亿千克,食用菌规模9 626万袋,水产品产量达到820万千克;全年培训农民工10.3万人次,转移30.5万人次,实现劳务收入20.4亿元。

新农村建设扎实推进。坚持以新农村建设统领"三农"工作全局,因地制宜、分类指导,大胆探索、勇于创新,新农村建设呈现出由点到面、纵深推进的良好局面。一是农民收入快速增长。前三季度农民人均现金收入4 143.7元,同比增长9%;全年全市农民人均纯收入达5 045.5元,比上年增长7.6%。二是村容村貌焕然一新。当年,全市实行村庄治理整体推进的454个村,共硬化道路279千米,建垃圾池697个,村容村貌明显改善。三是新型农村住宅社区建设开局良好。各地认真落实市委、市政府《关于统筹城乡发展加快推进新农村建设的意见》,积极学习新乡新型农村住宅小区建设经验,相继出台鼓励新型社区建设的政策措施,开展40个新型社区建设试点工作。义马市实行"一全免两补贴"优惠政策,新建集中居住区,全部免除31项行政事业性收费并给社区和住户以财政补贴。湖滨区对新社区开工建房农户,给予水泥和家电补助,调动农民参与新型社区建设的积极性。至年底,全市共有477个村完成村庄规划编制,已开工建设新型农村住宅社区33个、5 184户,建成入住农户1 989户。

特色农业不断壮大。全市果品总产量达16.2亿千克,其中苹果产量12.9亿千克。积极抓好出口果品基地建设。认真落实市委、市政府用3年时间建设8万公顷出口果品基地的总体部署,全年新栽果树近8 700公顷,新建出口苹果基地近6 700公顷。至年底,全市共建成出口苹果基地17.6万公顷。大力推广先进管理技术。实施果实套纸袋16.2亿只,推广果园壁蜂授粉1 800余公顷、果园覆草1 730余公顷、配方施肥3 000余公顷,优质果率由50%提高到60%。积极培育休闲观光果业新亮点。在灵宝市焦村镇、陕县菜园乡试点建设集观光旅游、休闲娱乐、果业生产为一体的高效农业生产新模式,收到较好的效果。重点开展盆景果树等现代高效园艺培育工作,取得初步成效。

畜牧业生产快速发展,效益不断提高。2009年,全市肉类、蛋类、奶类产量分别达到7 680万千克、4 860万千克、3 600万千克,分别比上年同期增长7%、8.7%、25.9%。一是突出抓好规模养殖。充分利用国家"扩内需、保增长、调结构"的政策,加大对畜牧业投入,共争取扶持项目16个、各种扶持资金1 500万元。全市大中型龙头企业发展到105家,新建、改扩建规模养殖场146家,新增投资4亿元,新建改建高标准养殖小区20个,全市养殖小区总数达160个。二是着力做好重大动物疫病防控工作。召开专题会议、下发专门文件、签订目标责任书,扎实开展春秋两次集中免疫,免疫密度达100%,免疫抗体合格率达70%以上,全市没有发生一起重大畜禽疫病。三是认真落实畜产品质量安全措施。积极组织开展生鲜乳专项整治、饲料专项整治、兽药专项整治等专项活动。查处不合格饲料产品16种、1 600千克,不合格兽药756盒,收缴非法经营疫苗1 861瓶,涉案货值近8万元。全市畜产品质量抽检30个样品,无公害畜产品认证产品质量抽检12个产品,兽药残留抽样监测12个样品,合格率达100%。

重点进行特色蔬菜生产基地和蔬菜示范园区建设,在全市建设7个设施蔬菜、2个供港蔬菜、5个千亩越夏蔬菜、3个千亩集中连片朝天椒标准化生产示范园区。全市朝天椒、大葱、芦笋、越夏菜等特色蔬菜种植面积1.33万公顷,占蔬菜播种总面积的54%,实现蔬菜总产量7.9亿千克。全市食用菌栽培总规模突破9 000万袋大关,达9 626万袋,完成全年目标任务的107%。水产品产量为820万千克,比上年增长25%。首次开展黄河鱼类增殖和河南省国家级濒危动物大鲵增殖放流活动,共投放黄河鲤鱼、黄河鲶鱼、花鲢、白鲢、草鱼、鲫鱼200万尾和大鲵2 000尾,丰富了渔业资源,保护了涉危鱼类。

认真落实中央扶持粮食生产的有关政策,全市16.2万公顷粮食作物总产量达6.28亿千克,比上年增长2.1%,粮食单产达258.2千克,再创历史新高。中药材基地建设稳步推进,中药材生产产业化进程不断加快。全市药材类种植面积8 416公顷,建立6 670公顷野生连翘标准化生产示范基地,抓好灵宝2 670公顷杜仲基地和渑池玫瑰基地建设,发展耐旱药材,建立丹参、菊花、板蓝根等高效草本药材生产基地3 300公顷,引进鲁峰金银花、白花丹参、61-2-22丹参等药材新品种进行示范种植,推广规范化栽培、间作套种和旱作技术,带动了全市药材生产的发展。

农业产业化进程加快。一是认真落实省、市扶持农业产业化的各项政策。印发《关于进一步推进农业产业化经营的意见》,进一步明确农业龙头企业和农民专业合作社发展的指导思想、目标任务和政策措施。在2009年农业龙头企业招商引资对接会上,三门峡市的缘份果业、景源果业、龙飞生物等6家企业共获得农发行、中行、农信社贷款意向8 000万元,并分别与亚太经合投资集团、深圳利来生物公司、香港紫金花食品公司签订合资项目4.1亿元。二是培育壮大龙头企业。继续在全市开展重点农业龙头企业竞赛活动,全市规模以上农业龙头企业133家,其中国家级重点龙头企业1家、省级重点龙头企业13家、市级重点龙头企业30家。规模以上农业龙头企业实现销售收入20.6亿元,其中市级30家重点龙头企业实现销售收入16.5亿元。三是积极发展多种类型的农民专业经济组织。坚持"民办、民管、民受益"的原则,积极引导扶持建设各类农民专业合作社。至年底,全市农民专业合作社发展到210个,其中有6家被命名为省级示范合作社,农民合作社成员总数达到1.5万人,带动非成员农户16.3万户。农民专业合作社实现交易额2.86亿元。

农业标准化工作迈上新台阶。加强无公害农产品认证工作,对到期的30

个无公害农产品产地进行复查换证，新认证无公害农产品4个，上报待批6个。积极开展“三品”(无公害农产品、绿色食品、有机食品)专项治理，打击各种假冒名优农产品，维护“三品”的公信力。加大农产品质量检测力度。检测农产品样品4 301个，质量合格率达99%，实现三门峡市初级农产品重大食品安全事故零发生。

农业信息化水平提高。一是升级黄河农网。采用更加先进的CMS管理系统，对网站进行重新制作，从根本上解决安全问题，保证网站运行更加稳定，至年底，完成升级改版任务的50%。二是开发三门峡市耕地地理信息管理系统。结合测土配方施肥项目的原始数据，开发耕地质量信息管理系统，为耕地资源的合理开发利用提供科学依据。三是建成苹果电子商务交易平台。建立黄河金三角苹果电子商务交易中心，3省4市(河南省三门峡市，山西省运城市、临汾市，陕西省渭南市)的果农、果商可通过交易中心，随时了解全国近期和远期的苹果价格，选择合适的时间、价格，进行苹果的现货和期货交易。中心运营后，已交易苹果100万千克，实现交易额450万元。四是强化电话语音服务系统。优化“12316”语音数据库，完善提升“12316”语音系统的服务功能，进一步提升了“三农”热线在农村的知名度。

劳务经济健康发展。积极实施阳光工程，有序转移农村劳动力。一是加大实施力度。将实施阳光工程推进农村劳动力转移列入全年农业农村工作重点，多次召开专题会议，下发工作方案，并将推进农村劳动力转移列入县(市)区农业部门年度目标管理，签订目标责任书，每月通报一次工作进度。二是加强技能培训。按照“公开、公平、公正”的要求，选择32家责任心强、培训条件好、安置就业能力强的培训机构，作为农村劳动力转移培训基地。根据市场需求、转岗就业农民的特点和用工单位的要求，重点开展计算机操作、美容美发、铆焊工、厨师等特色培训，提高培训就业率，打造三门峡市劳务品牌。三是强化跟踪服务。建立市、县、乡(镇)、村4级服务网络，在黄河农网上开辟三门峡市农村劳动力转移网，向农民提供用工信息，开展维权服务。在劳务输出比较集中的地方，建立办事机构，组织人员进行走访，及时了解和掌握务工人员的工作和生活情况，发现问题及时帮助解决。鼓励支持引导在外务工农民带技术、带资金返乡创业。当年，全市共实施阳光工程培训7 630人，发放培训补助资金302万元。

农村沼气建设进展顺利。至2009年11月10日，全市新建沼气2.41万户。紧紧抓住国家拉动内需、刺激经济增长的政策机遇，先后争取到2008年新增国债沼气项目3个、巩固退耕还林成果农村能源项目6个、2009年新增沼气国债项目5个、养殖场大中型沼气工程项目4个、农村学校沼气工程项目16个。累计落实中央资金1 965.92万元，落实省级配套资金165.11万元，市、县两级落实建设资金1 157万元；项目总投资超过1.1亿元。强化服务规范管理。选择专业的施工队和获得职业资格证书的技术人员，严格按照国家有关标准进行施工，实行工程质量终身负责和追究制度。完善服务网络，全市共建县级服务站6个，村级服务站151个，服务网点覆盖率进一步提高。

党的惠农政策落实较好。一是认真落实各项补贴政策，农民真正得到实惠。全年共落实各种补贴资金1.86亿元，其中种粮直补1 826万元、综合补贴1.28亿元、良种补贴1 811万元、生猪及奶牛补贴2 138万元。二是认真贯彻党的十七届三中全会精神，土地流转步伐加快。印发《关于加快推进农村土地承包经营权流转的意见》，明确农村土地流转工作的指导思想、基本原则和目标任务；建立健全土地流转程序、合同管理、登记备案、风险预防保障、纠纷调解仲裁等土地流转规章制度；积极探索龙头企业带动、专业合作带动、技术能人带动等多种土地流转模式。至年底，全市土地流转面积7 200公顷，占家庭承包经营面积的4.59%。其中：转包2 200公顷，转让446.67公顷，出租1 740公顷，互换1 166.67公顷，其他1 646.67公顷。三是加强市场监管，确保农业生产安全和农产品质量安全。与省农业厅联合在渑池县天池镇举行2009年放心农资下乡进村宣传月活动启动仪式，并联合有关部门开展农资市场大检查，查处违法经营案件75起，查获不合格种子、化肥、农药等2万多千克，保护了农民的合法权利。积极开展农产品质量安全整治暨农产品质量安全执法年活动，查处有问题的生产经营单位242家，责令整改的242家；抽样检测648家企业单位的各类样品6 834个，合格6 755个，合格率达99%。四是加大资金争取力度，农业项目建设有新突破。抓住国家扩内需、保增长，增加农业投入的大好机遇，编报各类基本建设项目和农业专项资金项目85个，到位资金6 734万元。

【渑池县出台《关于鼓励党政机关干部及工作人员到农村承租土地促进土地流转的意见》】 3月9日，渑池县委、县政府出台《关于鼓励党政机关干部及工作人员到农村承租土地促进土地流转的意见》，鼓励党政机关干部及工作人员到农村承租土地，进行规模经营，示范引导土地流转工作高效开展。该《意见》规定：党政机关干部及工作人员到农村承租承包土地或荒山荒坡发展农业规模经营的，第1年发放全额工资，第2年发80%，第3年发50%，3年后留职停薪，原人事关系不变，正常晋升档案工资；党政机关干部及工作人员提前内退到农村承租承包土地或荒山荒坡，凡工龄满20年以上的，可提前内退，内退期间所有工资、福利待遇不变，工龄连续计算。《意见》还规定：党政机关工作人员到农村承租承包土地、荒山荒坡的，与农民一样享受中央及各级惠农、支农政策；在申报林业生态治理、农业综合开发、科技推广、无公害农产品生产等项目和资金时，有关部门要给予安排和信贷扶持；各乡(镇)要为机关干部承租承包土地、荒山荒坡创造条件，鼓励引导农民在公平、公正、自愿、有偿的前提下，合理流转土地。

【灵宝农场被确定为“全省农垦现代农业示范区(场)”】 8月，灵宝农场被确定为“全省农垦现代农业示范区(场)”，并荣膺“改革开放30年农垦工作先进单位”称号。全省获此称号的有15家单位，三门峡市仅此1家。灵宝农场始建于1979年。改革开放以来，该场深化体制改革，以工业理念经营农业，积极实施项目带动战略，大力发展果品、养殖、农产品加工等优势产业，逐步形成了产业化、多元化的综合性农业生产基地。同时,该场对土地实行租赁制、“双田制”和“竞价发包”,激发了职工的积极性,实现了国有土地收益最大化。至2009年7月底,该农场拥有460多公顷果园,芦笋、小杂水果、速生杨等130多公顷,成为年产1 800万千克的果品生产基地和千亩速生杨基地。同时,该场不断加快高产奶牛养殖基地建设步伐,存栏高产奶牛300多头,日产鲜奶2 500多千克,辐射带动100多农户养殖奶牛300多头。

【市新农村建设督导组赴新乡市、朔州市学习考察】 11月24日至29日,市新农村建设工作督导组一行20余人赴河南省新乡市和山西省朔州市学习考察新农村建设工作。考察组深入新乡市牧野区曲里社区和延津县东屯镇东屯社区、榆林乡榆东社区、王楼乡中苑新村,新乡县七里营镇刘庄村、古固寨镇祥和新村社区考察学习;赴山西省朔州市平鲁区,学习考察该区的“一城十镇百村”城乡空间布局和1名区直领导、1个区直单位、1座煤矿、1个大学生村官保障1个新型农村住宅社区建设的工作方法,以及由区财政投资、在全区12个乡(镇)新建高标准寄宿制小学,实现全区农村小学生全部免费寄宿就读的做法等。　(涂永华　蔡志茜)

畜牧养殖业

【概况】 2009年,三门峡市畜牧养殖业发展势头良好。当年,全市肉类总产量7 600千克,禽蛋产量4 700千克,奶类总产3 450千克,同比分别增长5.1%、5.3%和18.5%。牧业总产值达22.59亿元,比上年增长4.2%。全市大牲畜存栏42.47万头,出栏牛16.54万头,分别比上年增长2.4%和1.8%;生猪存栏64.46万头,出栏65.4万头,同比分别增长0.7%和4%;山绵羊存栏34.68万只,出栏27.18万只,同比分别增长1.7%和1.8%;家禽存栏993.57万只,出栏505.87万只,同比分别增长2.5%和5.9%。全市大中型龙头企业发展到105家,新建、改扩建规模养殖场146家,新增投资4亿元,新建改建高标准养殖小区20个,全市养殖小区总数达160个。全市人工种草4 000公顷,成功飞播牧草666.67公顷,青贮玉米秸秆6亿千克,氨化微贮饲料1.35亿千克。

灵宝市朱阳镇冠云山牧场

重大动物疫情防控工作扎实有序。通过加强领导、落实责任、强化措施,着力构建长效机制,重大动物疫病防控工作取得明显成效,共免疫高致病性禽流感970万羽次,猪瘟146万头次,高致病性猪蓝耳病110万头次,猪、牛、羊口蹄疫256万头次。规定强制免疫疫病免疫密度达到100%,免疫抗体达到85%以上。检疫动物346.6万头(只),检出不合格动物3 088头(只),检出率为0.09%,检疫动物产品980万千克,检出不合格动物产品1.14万千克,检出率为0.12%,检出的不合格动物及动物产品全部进行无害化处理。

畜产品质量安全实现有效监管。紧紧围绕强执法、抓准入、促认证、推标准,通过大力开展畜产品质量安全整治和畜产品质量安全执法年活动,强力推进畜产品市场准入,取得明显成效,经检测,未发现三聚氰氨、瘦肉精等有毒有害添加物,畜产品质量安全得到有效保证。

项目建设进展顺利。引进中央、省畜牧业专项资金1 500万元,加大生猪标准化规模养殖场建设以及蛋鸡标准化规模场的扶持力度;投资500万元的渑池县肉牛产业化项目、投资288万元的卢氏鸡选育项目等大型项目稳步推进;全市31个乡(镇)兽医站设施建设项目扎实开展,全市所有乡(镇)兽医站均建设完成,初步形成市、县、乡3级畜禽疫病防控体系。

惠农政策有效落实。一是对2008年生猪、奶牛补贴政策的落实情况进行督导检查。按照“三见面一公示”的原则和“四到场、四签字、四盖章、一公示”的核查程序,对12.1万头能繁母猪、14个规模养猪场(小区)和15 000头奶牛进行资金补贴,并全部发放到养殖场户手中,共发放补贴资金2 138万元,惠及场户31 288个。二是积极向省畜牧局、省发改委申报、推荐14个改扩建标准化蛋鸡场,并顺利通过省畜牧局、财政厅的检查验收,共争取到国家扶持资金145万元,已全部落实到养殖场。三是认真落实好奶站挤奶机械购置补贴。对4个奶站的24台(套)挤奶机、贮奶罐、运输罐等设备进行补贴,共补贴资金160万元,其中落实中央补贴资金48万元、地方配套资金112万元。

队伍素质明显提高。5月19日至25日,市畜牧局举办基层畜牧兽医技术骨干培训班,共培训防控、改良、饲料站(中心)业务站长(中心主任)和技术骨干103人,全市培训基层、防疫员、检疫员、配种员、检测化验员等4 300余人。通过对党的农村政策、相关法律法规、畜牧业新理论和新技术、畜牧业技术推广的理论与方法、基层防疫、畜禽改良和饲草饲料工作必备知识等的培训,促进了全市基层畜牧兽医行业技术推广人员的知识更新和结构改善,提高了行业整体素质和业务水平。　(翟少民)

【全省规模最大的奶牛养殖项目在灵宝市故县镇建成投产】 经过3个月的严格检疫,1月13日,灵宝宏源农牧公司从加拿大购进的首批450头良种奶牛入住养殖场,标志着全省规模最大的奶牛养殖项目正式建成投产。灵宝宏源农牧公司是故县镇引资兴建的大型农业龙头企业,位于故县镇黄河滩区,占地面积67.13公顷,总投资3.2亿元,其中固定资产投资2.4亿元。万头奶牛养殖项目达产后,稳定存栏良种奶牛1万头,年产鲜奶4 800万千克,年产值1.47亿元,安排就业400人。该项目紧紧围绕全省建设黄河滩区绿色奶业示范带的战略规划,采用现代化、规模化、集约化养殖模式,着力打造全国绿色生态奶源基地和循环经济示范基地。项目建成后,将成为全国最大的现代化绿色奶牛养殖基地之一,将拉动三门峡市及周边地区奶牛养殖、饲草种植、食用菌、沼气发电、有机肥加工、运输、包装等相关产业快速发展。 (陈碾管)

【开展畜产品质量安全专项整治暨畜产品质量安全执法年活动】 按照农业部、省畜牧局的统一部署,3月2日至12月31日,市畜牧局在全市组织开展畜产品质量安全专项整治暨畜产品质量安全执法年活动。活动内容包括生鲜乳专项整治活动、饲料和饲料添加剂专项整治活动、兽药和兽药残留专项整治活动、无公害畜产品专项整治活动、肉品质量安全专项整治活动、畜牧业生产资料打假专项活动6个专项整治活动。活动期间,全市累计出动执法人员3 671人次,检查奶牛场466个次、生鲜乳收购站39个次、乳制品加工企业5个次、饲料生产经营企业200个次、兽药生产经营企业167个次、养殖场1 636个次,肉品经营户210个次,连锁经营店14家次,超市12家次,查出各类问题221起,全部责令整改。共查处无证、无号、无标签饲料产品16个,查处不合格饲料1 600千克、不合格兽药756盒,收缴非法经营疫苗1 861瓶、不合格猪肉900余千克,涉案货值近8万元。通过组织开展专项整治活动,使生鲜乳抽检合格率达100%,饲料产品监测合格率平均达到95%,兽药残留、生猪瘦肉精残留监测合格率进一步提高,有效杜绝在生鲜乳和饲料中非法添加三聚氰胺等有毒有害物质及在养殖生产过程中违法使用硝基呋喃类违禁药物等行为。 (胡柏林)

【首次启动畜产品质量安全市场准入】 5月22日,市政府办公室以三政办〔2009〕32号文件出台《关于规范推进畜产品市场准入工作的意见》。全市畜产品市场准入的主要任务包括4个方面:对经检疫、检测合格的畜产品准予入市,杜绝病害肉及含有瘦肉精、三聚氰胺等违禁物质的畜产品上市,保障消费者安全;在工作进度上,自2009年7月1日起,市区实行畜产品市场准入,同时开展县级城市和县域畜产品市场准入试点,2010年实现县级城市和县域畜产品市场准入;在准入的范围上,先在畜产品批发市场和大型商场(超市)中实行;在准入的品种上,以肉类为重点,并逐步扩大到禽蛋等畜产品。 (胡柏林)

【河南省家禽种质资源创新工程中心卢氏鸡分中心开工建设】 6月30日,河南省家禽种质资源创新工程中心卢氏鸡分中心开工奠基。三门峡市正市级领导李建顺,河南农业大学副校长赵卫东,河南农大畜牧兽医学院院长、河南省家禽种质资源创新工程研究中心主任、博士生导师康相涛教授,河南农大牧医工程学院书记程功鹏,河南科技大学动物学院院长徐廷生,河南省畜牧局畜禽改良站副站长宋元冬,正阳县副县长牛岩及三门峡市相关部门负责人等参加奠基仪式。该项目是由卢氏县人民政府依托河南农业大学、河南科技大学、卢氏县博康卢氏鸡发展有限公司联合成立的卢氏鸡研发机构,位于卢氏县东明镇河西村,占地面积1.53公顷,建筑面积5 000余平方米,总投资1 500余万元。项目建成后,可为1 000万只饲养量的卢氏鸡产业化提供科技服务。 (胡柏林)

【卢氏鸡国家标准颁布】 5月21日,国家标准委发布2009年第4号公告,地理标志产品卢氏鸡国家标准获得批准,标准号为GB/T 23396—2009,并自2009年10月1日起实施。卢氏鸡是河南省三大地方良种鸡之一,因卢氏独特的地理位置、气候特征和人文因素及其高蛋白质、低胆固醇鲜明突出的质量特色而闻名。实施地理标志保护的产品,具有统一的地理标志产品保护标志,执行统一的国家标准。卢氏鸡国家标准的发布实施,有利于促进卢氏鸡生产与销售的规模化发展、标准化管理,使生产、加工、检验、销售和管理进一步纳入标准化、规范化、专业化轨道;有利于对产业链的各个环节进行有效监控,提高生态、社会和经济效益,对稳定和提高卢氏鸡的产品质量,提升产品影响力和市场竞争力,促进相关产业的健康发展,起到积极作用。 (胡柏林)

【成功举办全市畜牧业银企合作招商引资对接会】 为进一步促进全市畜牧业快速发展,8月20日,市政府金融办、市畜牧局联合市农发行、农行、农信社、建行等金融部门,成功举办全市畜牧业银企合作招商引资对接会,为规模养殖加工企业提供"输血"渠道。对接会上,共有50家龙头企业与金融部门签订贷款协议意向6亿元,至年底,已落实银行贷款4亿元。 (陈碾管)

【首次引进推广奶牛生产性能测定新技术】 9月3日,三门峡市成功举办奶牛DHI测定技术培训班,特邀请省奶牛生产性能测定中心主任王相根、科长汪聪勇分别讲授奶牛DHI测定技术和奶牛疾病防治等技术,并到湖滨区三隆奶牛场进行DHI实际操作。全市各县(市)区改良站长、200头以上规模奶牛场负责人及技术人员等30余人参加培训。奶牛生产性能测定简称DHI,实际意义是奶牛群体改良。它是通过对个体产奶牛个体奶样有关数据的测定(乳成分和体细胞),以及对牛群基础资料的分析,了解现有牛群和个体牛遗传进展,产奶水平、乳成分、乳房炎、繁殖等情况,从而对个体牛和牛群的生产性能和遗传性能进行综合的评定,及时发现和解决奶牛育种和生产管理上的问题,提高奶牛生产水平,增加养殖效益。当年,市畜牧局在全市12个大中型规模的奶牛场(小区)推广应用这一新技术,采集、送检生鲜乳奶样900余个,并为每个奶牛场(小区)出具技术分析报告,提出了加强和改进饲养管理以及品种改良等方面的意见和建议。 (陈碾管)

【首次参加全国执业兽医资格考试】 10月17日,按照农业部的统一部署,市畜牧局统一组织人员,参加首次全国执业兽医资格考试。全市共参加177人,经农业部全国统一评卷,12人取得执业兽医师资格,49人取得助理执业兽医师资格。 (翟少民)

【全省最大的蛋种鸡场在湖滨区破土动工】 10月21日,全省最大的蛋种鸡场——湖滨区王官种鸡场破土动工。该项目由三门峡市康裕养殖有限公司投资,工程一期计划投资1 600万元,建成后每年可向社会提供蛋鸡种苗200万羽、鲜蛋350万千克以上,向周边农户提供有机肥料1 100万千克,可带动400余农户,安排40名~50名剩余劳动力就业。 (胡柏林)

【卢氏绿壳蛋鸡选育项目】 在河南省畜牧局、三门峡市畜牧局,河南农业大学牧医工程学院等单位的大力支持下,自1999年启动后,已完成六世代选育工作,投资800余万元建成卢氏博康(原卢氏三特)卢氏鸡发展有限公司,并完成股份制改造,至2009年底,卢氏鸡饲养量已达200余万只,养殖户达2 000多户,带动养殖户年实现户均增收1万元。2007年以来,卢氏鸡、卢氏(绿壳)鸡蛋先后通过国家地理产品标志认证和国家有机食品认证、农业部无公害畜产品产品认证。 (胡柏林)

【陕县首家农业部无公害产地及产品一体化认证养殖企业申报成功】 12月1日,陕县隆茂养殖有限公司通过农业部无公害产地及产品一体化认证,标志着陕县首家无公害产地及产品一体化认证养殖企业申报取得成功。陕县隆茂养殖有限公司常年存栏高产蛋鸡2万余羽,年产蛋28万千克。由该公司自行开发并研制的用于预防、治疗家禽鸡病的4种纯中草药配方,保证了整个养殖周期不使用任何化学合成药物和饲料添加剂。 (胡柏林)

果品业

【概况】 2009年,三门峡市共建成果品出口示范基地17 600公顷,均已通过省出入境检验检疫局注册登记,为全面提高三门峡市果品质量、增强市场竞争力、扩大果品出口奠定了良好的基础。与二仙坡绿色果业山庄、山东栖霞苹果电子交易市场合作,建成黄河金三角苹果电子交易中心并开始运行,为黄河金三角地区3省4市开辟了一种全新的果品销售模式。新栽植果树8 733公顷,其中苹果7 047公顷,为全市果品产业的可持续发展奠定一定的基础;新增加工能力5 000万千克,全市果品总加工能力接近6亿千克;利用从中国农科院引进的先进容器,先后移栽各类果树1 000余株,建成可移动果园,成功探索出一条果树栽植新模式;新发展农民专业合作组织162个,累计达到238个,对全市果品产业发展起到积极的推动作用。

当年,全市果品总产量达到16.2亿千克,其中苹果12.9亿千克、桃0.59亿千克、葡萄0.19亿千克、梨0.22亿千克、柿子1.01亿千克、枣0.58亿千克,其他杂果0.71亿千克,果品总产量再创历史新高。至年底,全市共出口浓缩果汁6 000万千克,出口鲜果4 300万千克,分别比上年同期增长197%和11.2%;销售苹果12.71亿千克,占总产量12.9亿千克的98.5%,比上年同期高出10个百分点,进一步巩固了果品业在全市农村经济中的主导地位。

【建成果品出口示范基地17 600公顷】 建设果品出口示范基地,可以充分利用国外先进技术,有助于提高果品质量安全水平,推动苹果和果汁的出口创汇,对全市的果品产业发展有着极其重要的战略意义。2008年10月,三门峡市政府与河南省出入境检验检疫局签订"关于建立三门峡出口果品质量安全示范区,促进三门峡果品扩大出口"的战略合作协议;2009年3月,三门峡市政府下发《三门峡市果品质量安全区域化建设实施意见》,全面启动三门峡市果品出口基地建设。至2009年底,全市共建成出口果品示范基地17 600公顷,均已通过省出入境检验检疫局注册登记,为全面提高三门峡市果品质量、增强市场竞争力、扩大果品出口奠定了良好的基础。

【新发展果树面积8 700余公顷】 当年,在各级政府的大力支持下,园艺部门克服国际金融危机给果业发展造成的不利影响,充分调动广大果农的积极性,发展新果园。全市新栽植果树面积8 700余公顷,其中苹果种植面积7 046.67公顷,新发展果园占现有果园面积的6.6%。新发展果园的品种更新更好,新特奇品种更丰富,为全市特色果业发展积蓄了力量,增添了后劲。

【新增果品加工能力5 000万千克】 当年,全市新上果品加工项目1个,新增加工能力5 000万千克,至此,全市果品综合加工企业已达20个,加工能力接近6亿千克,其中苹果浓缩汁生产企业发展到8家,加工能力4亿千克,常年产量1亿千克,90%以上实现出口。至年底,全市已出口果汁6 000万千克,出口鲜果4 300万千克,比上年同期分别增长197%和11.2%。

【"地理标志产品——灵宝苹果"国家标准颁布】 3月,灵宝市组织编制的"地理标志产品——灵宝苹果"国家标准通过国家标准委员会审定并颁布,编号为GB/T 22740—2008。"地理标志产品——灵宝苹果"标准是结合14个标准,根据"地理标志产品保护规定",按照"规范性、地域性、科学性、先进性、专一性"基本原则编制而成。标准对灵宝苹果硬度、可溶性固形物、总酸等理化指标,以及农药残留量(DDT、666、杀螟硫磷、氯氰菊酯、溴氰菊酯、乐果、敌敌畏)和重金属铅含量等安全性指标共26个项目进行了检测分析,适用于划定的灵宝市14个乡(镇)、1个园艺场等现辖行政区域内灵宝苹果企业的生产和加工,全国灵宝苹果产业的检验、营销和管理。

【杜卫东到三门峡市调研果品产业发展情况】 4月9日至10日,中国果品储藏和加工研究院副院长、研究员杜卫东到三门峡市调研果品产业发展情况。9日,杜卫东一行到灵宝市景源果业和鑫源果业详细了解生产、销售状况,听取灵宝市嘉百利、海升公司、固泰公司、远村公司就果品生产销售及面临困难的汇报,并结合灵宝市实际,在抢抓机遇上项目、新产品研究开发、资源整合等方面提出有指导性的意见和建议。10日,杜卫东一行到陕县三门峡缘份果业有限公司12万吨果品深加工开发项目建设工地进行实地考察,详细了解项目投资和进展情况。在听取汇报后,杜卫东结合国际国内特别是河南省果品业发展实际,就陕县果品业发展提出了相应的建议。

【开展移动果园建设】 为配合城市发展,满足居民在阳台、屋顶、花园种植水果的需求,当年,市园艺总站在市农业局办公楼楼顶和住宅小区,利用从中国农科院引进的先进容器,使用配方基质,先后移栽各类果树1 000余株,成功培育出可移动果园,探索出一条果树栽植的新模式。随着人们生活水平的不断提高,盆栽观赏果树已逐渐进入城市的每个角落,因此,发展盆栽果树、建立可移动果园,既为果农开辟出新的致富途径,为全市引进果树新品种试验、实现老果园的更新改造,探索出一条全新的路子。

【黄河金三角苹果电子交易中心正式运行】 4月20日,市农业局、二仙坡绿色果业山庄与山东栖霞苹果电子交易市场合作,建立黄河金三角苹果电子交易中心,这是继山东建立苹果电子交易市场后,在中国中西部建立的首家苹果电子交易平台。该中心的建立,为黄河金三角地区3省4市开辟了一条全新的果品营销渠道。该中心正式运行以来,已先后举办培训班10期,累计培训果农、果商、果品经纪人2 000余人次,参加开户交易的果农、果商、果品经纪人近百户,交易苹果近100万千克,实现交易额450余万元,真正实现了足不出户即可实现果品销售的愿望,对提高苹果产业的竞争力、增加果农收入具有着深远的意义。

【推进农民专业合作组织建设】 当年,市园艺工作总站积极组织学习、贯彻落实《中华人民共和国农民专业合作社法》,引导鼓励果农按照互惠互利的原则,以土地承包经营权、资金、技术、劳动力等生产要素入股,走产、供、销一体化之路,积极推动农民专业合作组织建设,起到明显效果。至年底,全市新发展农民专合组织162个,累计达到238个,对全市果品产业发展起到积极的推动作用。灵宝市五道塬果树专业合作社已发展会员300余户,合作果园面积达200余公顷,注册资金200万元。该合作社本着"建一个组织、兴一项产业、活一方经济,富一方百姓"的原则,于2008年6月在国家商标局申请注册"冰璐"牌高山苹果商标;同年,该合作社东庙示范园、布庄示范区被评为三门峡市市级示范园;2009年3月,该合作社与温州、台州、广州、深圳等地果商联合,生产牛奶高钙苹果,有效提高果品质量,扩大了三门峡果业的影响力。

黄河金三角苹果电子交易中心

【苹果霉心病得到有效控制】 近年来,苹果霉心病在三门峡市果园中有高发趋势,2009年,市园艺总站、市农科所、市植保站等部门联合成立苹果霉心病防控小组,负责防控技术规程的制定和监督实施;通过《河南科技报》、市广播电台、河南科技网、中国苹果网等多个平台,向果农宣传、普及苹果霉心病防控技术,并通过举办各类培训班,向果农传授防控知识。当年,全市共举办霉心病防控培训班60余场次,发放技术资料1 000余份,培训果农1 000余人次。灵宝市园艺局还采用政府补贴的方式,在灵宝市寺河乡1 000公顷的果园中,开展防控试点工作。通过一系列措施的实施,全市苹果霉心病高发趋势得到有效控制。

【拓宽果品销售渠道】 至年底,全市已销售苹果12.71亿千克,占全市苹果总产量12.9亿千克的98.5%,比上年同期增长10个百分点;其中出口(含边贸出口)4 300万千克,比上年同期提高11.2%;销售价格同比提高20%左右。2009年,三门峡市充分发挥科技优势,拓宽果品销售渠道。建成并开通黄河金三角苹果电子交易中心,为果农开辟了一种全新的销售模式,并创造了100余万千克的交易量,加快销售步伐;在"优质果品信息网"的基础上,建成"中国苹果网",加大信息发布量,扩大三门峡苹果的知名度;充分利用果品经纪人和本地果商的带动作用,利用各种民间协会和专业合作社,把果农组织起来,主动出击搞直销,促进了果品的销售。

【陕县张湾乡首批考密斯红梨销往俄罗斯】 6月20日,全省最大的考密斯红梨生产基地——陕县张湾乡首批成熟的考密斯红梨运至东北边贸市场,销往俄罗斯。考密斯红梨属于西洋梨品种之一,该梨形似葫芦,果面全红色,色泽鲜艳,味甜香,单梨重300克~350克,盛果期年亩产量在2 500千克以上。至2009年,陕县张湾乡考密斯红梨总产量可达110万千克以上,已成为全省最大的考密斯红梨生产基地。

【寺河山苹果农业标准化示范区通过考核验收】 8月13日,由灵宝市寺河红强园林场承担的寺河山苹果农业标准化示范区,从组织管理、保障措施、示范内容和示范效益4个方面,接受了河南省质量技术监督局专家验收组的严格审查,最终以96分的优异成绩,顺利通过考核验收。

【“灵宝苹果一条街”进驻郑州市二七区淮南街农贸市场】 9月,经灵宝市园艺局积极运作,“灵宝苹果一条街”在郑州市二七区淮南街农贸市场开始创建。为扩大社会宣传,促进苹果销售,同时丰富省会人民生活需要,灵宝市园艺局主动与郑州市二七区沟通协商,创建灵宝苹果专业市场,并为销售灵宝苹果的客商和灵宝果农争取到优惠待遇:在该市场出售自产苹果的果农,凭村介绍信和园艺局证明,免交一切费用;对在该市场租住(一年以上)并销售灵宝苹果的果商,房屋月租金优惠150元。

【陕县华冠苹果获“中华名果”称号】 10月21日,由中国园艺学会、中国果品流通协会等9个单位主办的第2届中国昌平苹果擂台赛上,陕县选送的华冠苹果获“中华名果”荣誉称号,是河南省在本次大赛上获奖的唯一参赛果品。本届擂台赛上,全国36个省、市代表团选送的535份苹果样品参赛。

【河南省创建全国标准果园项目启动仪式在三门峡市举行】 11月5日,省农业厅根据农业部关于创建全国标准果园的有关指示精神,在三门峡市举行河南省创建全国标准果园项目启动仪式。针对中国是世界上水果生产大国但并非发展强国,以及老残果园、低产果园比重大的实际,农业部在2009年年初召开的全国水果工作会议上,明确提出水果产业“稳面积、调结构、提质量、保增收”的目标任务,启动标准果园创建活动。第一批全国标准果园创建目标确定为300个,河南省的创建目标初步拟定为30个。三门峡市此次共有16个果园(其中灵宝市申报15个)选报参加全国标准果园创建活动。标准果园的产地环境条件必须符合无公害食品生产标准的要求,果园规模(分树种不同)要有30公顷至60公顷以上的连片面积,并要求品种统一、园相整齐,实行标准化生产。

【国家苹果工程技术研究中心苹果精品果生产基地在灵宝市揭牌成立】 11月6日,灵宝市举行国家苹果工程技术研究中心苹果精品果生产基地暨灵宝市苹果电子交易中心、灵宝市优质果品交易中心、灵宝市永辉果业出口公司揭牌仪式。国家苹果工程技术研究中心常务副主任、山东大学教授高东升,河南省农业厅副厅级巡视员张俊杰、三门峡市政协副主席卢群召及灵宝市有关领导出席仪式。高东升一行首先到灵宝市电子交易中心参观,了解灵宝市苹果期货交易和苹果价格状况。基地及中心的成功挂牌,将带动灵宝物流、商流、信息流、服务流的全面发展,促进灵宝果品产业进一步做大做强。

【首次举办苹果电子交易观摩会】 11月20日,市园艺工作总站组织召开由各县(市)区的业务管理部门、果品专业合作社、果品经纪人、果农等百余名人员参加的全市首次苹果电子交易现场观摩会。与会人员先后参观了三门峡黄河金三角苹果电子交易中心、苹果交收现场等处。2009年4月,市园艺工作总站、陕县二仙坡果业山庄与山东栖霞苹果电子交易中心共同成立三门峡黄河金三角苹果电子交易市场。2009年10月,陕县和灵宝市参与电子交易的商户已经从电子交易平台顺利地完成现货交收的实物交付,实现了可观的经济效益。

【灵宝苹果入选“河南十大最具影响力地理标志产品”】 11月20日,由河南省质量技术监督局、河南日报社联合举办的“河南省十大最具影响力地理标志产品”推选结果揭晓,灵宝苹果和四大怀药地理标志产业群(包括怀山药、怀牛膝、怀地黄、怀菊花)、西峡地理标志产业群(包括西峡山茱萸、西峡猕猴桃)、汝瓷、唐栀子、封丘金银花、张弓酒、方城丹参、原阳大米、信阳毛尖茶入选。灵宝苹果是全省果品产业中唯一获此殊荣的地理标志产品。灵宝苹果1923年开始引进栽植,是全国中西部地区苹果栽培的发源地。从20世纪60年代起,灵宝苹果在全国果品展销和评比中多次夺冠,并获得国家地理标志产品保护。灵宝市被国家确定为优质苹果商品生产基地、无公害苹果生产示范基地、全国园艺产品出口示范区和苹果优势产业区。2005年,灵宝苹果成功加入全球最具影响力的地理标志组织——欧瑞金。至2009年底,该市果品种植面积近7万公顷,年产12亿千克,其中苹果种植面积53 000余公顷,年产量10亿千克;规模以上果品加工企业41家,年果品加工能力4亿千克,年产值25亿元,居全国县级市首位。

【灵宝市阳平镇荣获“中国苹果生产贮藏加工第一镇”称号】 11月28日,在由农业部农产品质量监督检验中心、中国果品流通协会、联合国工业发展组织中国促进处绿色产业专家委员会等单位主办的2009年全国名优果品(西安)展评会暨中国果蔬产业品牌论坛上,灵宝市阳平镇荣获“中国苹果生产贮藏加工第一镇”称号。这是该镇继被评为“中国优质苹果基地百强乡镇”之后,再次获得的一项国家级荣誉。近年来,灵宝市阳平镇坚持把苹果产业作为镇域经济发展的主导产业,通过舆论宣传、政策扶持、技术推广等措施,使苹果产业逐步做大做强,形成了生产—贮藏—加工三位一体的产业化发展格局。至2009年,全镇苹果种植面积达9 300余公顷,人均果园0.11公顷,年果品总产量1.9亿千克,产值1.8亿元;拥有高标准现代化苹果冷藏库81座,年贮藏能力达4 000万千克。2007年,该镇引资2.5亿元,建成5 000万千克浓缩果汁项目,年加工苹果3亿千克。2009年,该镇人均果品收入达到2 500元,占人均总收入的55%。 (杨新社)

蔬菜生产

【概况】 2009年,全市蔬菜工作继续坚持实施“放心菜”和“万棚亿元”工程,突出特色蔬菜生产基地和蔬菜示范园区建设,积极调整种植结构,加强标准化生产,推进蔬菜生产再上台阶。当年,全市蔬菜播种面积达到24 800公顷,占目标任务的100%;蔬菜总产量7.9亿千克,占目标任务的105%;蔬菜“万元棚”数量达到9 000个,完成目标任务的100%;单品种蔬菜基地面积达到

10 666.677 公顷，完成目标任务的 100%；蔬菜农药残留检测合格率达到 99.7%。

特色蔬菜生产稳步推进。本着"因地制宜、规模种植、一村一品"的原则，组织农民集中连片发展，以规模化发展和标准化生产，提升特色蔬菜基地的知名度和竞争力。至年底，全市朝天椒面积发展到6 666.67公顷，大葱面积发展到1 333.33 公顷，芦笋面积发展到2 666.67公顷，越夏蔬菜面积发展到1 333.33公顷。在特色蔬菜发展上，正确分析芦笋产销形势，理清芦笋发展思路，积极开展培训活动，使芦笋面积稳定在 2 670 公顷左右，芦笋罐头产品出口达 300 万千克。同时，大力发展供港优质蔬菜生产，在灵宝市苏村乡、陕县张汴乡共建立供港蔬菜番茄示范园 4 公顷，使供港蔬菜产量达到 35 万千克，公顷产量均在 12 万千克以上，公顷产值达 27 万元，示范带动作用明显。

设施蔬菜生产持续推进。将设施生产作为蔬菜产业发展的方向和重点，以创建"万元棚"活动为载体，树典型、搞示范，传帮带、抓提升，推进设施蔬菜持续发展。全年新增设施蔬菜面积 73.33 公顷，"万元棚"数量达 9 000 个，公顷最高收入达到 64.5 万元。温棚蔬菜效益明显。全市 2 万个日光温室，有 50% 以上的温棚公顷平均收入达 22.5 万元，比上年增长 20%。

示范园区建设有新突破。在一些基础条件好的蔬菜生产区，选择适度规模面积，通过设立标志牌、建档立卡、做田间记录、规范农药化肥使用等措施，精心打造蔬菜标准化生产示范园区，使其成为三门峡市蔬菜生产的窗口和亮点。在吉家湾、川口、辛店、东坡、朱家沟、盘西、祁村湾等村，建设 7 个设施蔬菜示范园区，示范面积 66.67 公顷；在苏村乡、张汴乡建立 3.33 公顷供港蔬菜示范园区；在西张村镇、张汴乡建立 4 个 70 公顷越夏蔬菜生产示范园区；在范里镇后峪村建立 26.67 公顷越夏甘蓝生产示范园区；在渑池县天池镇的东杨、石泉、南昌 3 个 70 公顷集中连片种植区，建立朝天椒标准化生产示范园区。

【开展有机蔬菜认证试点工作】 当年，市蔬菜管理部门聘请西北农林科技大学专家组，在灵宝市大王镇吉家湾村开展有机蔬菜认证试点工作。由西北农林科技大学专家提供种植技术方案，进行技术培训和指导，吉家湾村负责实施；接受试验任务的 8 户农民的 10 个日光温室大棚，肥料使用以农家肥和生物肥为主，农药使用严格限制，生产的产品定期取样产品到西北农林科技大学进行检测。至年底，试点工作顺利推进。

【三门峡市高山优质蔬菜产品首次销往香港】 三门峡市宝地蔬菜专业合作社继2008 年在苏村乡、故县试验种植的蔬菜产品通过供港蔬菜质量标准后，2009 年，开展蔬菜直接供港工作。利用灵宝市苏村乡卫家磨村洁净的水质、土地和空气，发展供港有机蔬菜温棚 17 个，面积 1.33 公顷；在陕县张汴乡发展供港蔬菜温棚 2 公顷，严格生产技术标准，并对生产的产品实行保护价收购。至年底，全市共出口供港蔬菜产品 12 万千克，标志着三门峡市高山越夏蔬菜生产技术达到较高水平，也实现了全市新鲜蔬菜产品出口零的突破。　（周娟丽）

食用菌生产

【概况】 2009 年，三门峡市食用菌产业按照"扩张规模、优化结构、科技支撑、菌农增收"的发展思路，以规模化标准化食用菌基地建设为重点，积极推广标准化生产技术，食用菌栽培规模稳步增长，经济效益显著提高，发展势头强劲。全市食用菌栽培总规模突破 9 000 万袋大关，达到 9 626 万袋，鲜品总产量达到 1.32 亿千克，总产值达到 5.93 亿元，分别比上年增长 18.6%、15.2%、36.3%。

【规模化基地建设成效显著】 当年，三门峡市把食用菌规模化基地建设作为突破口强力推进，对食用菌规模化生产基地，实行原料统一供应、技术统一标准、菌品统一销售，有效降低生产成本，提高生产效率，壮大抵御市场风险能力，规模化基地建设成效显著。至年底，全市共建成食用菌规模化生产基地 43 个，其中 50 万袋基地 3 个、10 万袋基地 18 个、5 万袋基地 22 个。灵宝市财政拿出 100 万元专项扶持资金，在焦村镇灵仙菌业有限公司、阳平镇裴张村、西阎乡干头村，各建立 1 个 50 万袋香菇规模化标准化生产基地，对场地统一规划，落实路、水、电"三通"，按国家土地流转政策调整、置换土地，全力启动生产，3 个香菇基地均取得显著的经济效益。香菇鲜品销售均价为 5 元/千克～10 元/千克，干品为 30 元/千克～70 元/千克，菌品畅销上海、广州、郑州、西安、兰州、太原等城市。　（仝保民）

【菌品销售迈入专业直销新阶段】 随着三门峡市食用菌规模的扩大和产量的增加，过去依靠长途客车、货车捎货的销售模式已不能满足菌品销售需要，并影响到菇农收入增长。为抢占市场、扩大销售、提高效益，8 月，"灵宝至商丘绿色食用菌快递"专线开通，每天有 5 000千克～10 000 千克的灵宝鲜香菇通过这一专线直销到商丘市"310 农产品中心批发市场"，实现了产销快速对接。12 月，在河南省邮政公司举行的全省农产品展示订货会上，卢氏县绿之源特产有限公司与河南省邮政物流分销局签订 320 万元的供销合同，该公司生产的压缩食用菌、精包装食用菌集装箱等特色产品借助邮政物流平台销往全国各地。

【卢氏黑木耳国家标准颁布实施】 3 月 30 日，由三门峡市农业、质监等有关部门组织制定的"地理标志产品——卢氏黑木耳"国家标准获得批准，标准号为：GB/T 23395—2009，自 2009 年 10 月 1 日起开始实施。该标准的发布实施，有利于卢氏黑木耳的生产与销售，实施规模化发展、标准化管理，有利于对产业链的各个环节进行有效监管，提高生态、社会和经济效益，有利于稳定和提高卢氏黑木耳的产品质量，有效提升产品的市场竞争力。　（王　静）

【中国食用菌协会调研组到三门峡市调研食用菌产业发展情况】 8 月 15 日至 16 日，以中国食用菌协会常务副会长陆解人为组长的调研组一行 6 人，深入灵宝市部分乡（镇）调研食用菌产业发展情况。省农业厅副厅长雒魁虎，市长级干部李建顺，市长助理、市政府秘书长张建峰等陪同调研。调研组一行听取

"灵仙"牌白灵菇

了三门峡市食用菌产业发展情况汇报,实地考察了灵宝市阳平镇、西阎乡和焦村镇3个50万袋香菇标准化示范园,详细了解三门峡市食用菌产业发展的典型经验,对三门峡市食用菌产业发展所取得的成绩给予肯定,并提出相关意见和建议。

【香菇抽检合格率达100%】 为深入贯彻《中华人民共和国农产品质量安全法》,切实加强香菇质量安全监管,提升香菇质量安全水平,12月,河南省农业厅委托农业部农产品质量监督检验测试中心(郑州),对全省香菇产量较高的三门峡、南阳、平顶山、驻马店4个省辖市,开展香菇质量安全专项检测。农业部农产品质量监督检验测试中心技术人员深入灵宝市川口、阳店、大王、焦村、阳平5个乡(镇)的食用菌生产合作社、龙头企业、生产大户菇棚中,现场随机抽取20个样品,对砷、铅、镉、汞4种重金属,甲胺磷、敌敌畏、多菌灵、百菌清等9种农药及工业石蜡共14项影响香菇质量安全的指标,进行定量检测,所检项目全部合格。此次专项抽检是对全市无公害香菇生产的一次大检阅,14项安全指标全部合格,表明三门峡市香菇产品质量完全达到国家无公害标准,消费者可以放心食用。

【灵宝市获"全国小蘑菇新农村建设优秀团体"称号】 12月15日至17日,在山东省聊城市举办的全国小蘑菇新农村建设总结表彰会暨2009年中国(聊城)食用菌可持续发展高峰论坛上,灵宝市获"全国小蘑菇新农村建设优秀团体"荣誉称号。2006年,灵宝市被中国食用菌协会确定为"小蘑菇新农村行动"示范县(市)。至2009年底,灵宝市食用菌总规模达到3 618万袋,鲜品年产量4 500万千克,年产值达2.1亿元;年食用菌生产规模超过百万袋的乡(镇)达11个,超10万袋的村达45个,超万袋的户达570户,并出现多个超10万袋的特大户。 (仝保民)

水产渔业

【概况】 三门峡市河流、水库、池塘、湖泊的冷、热水资源丰富,具有无污染、水质好的自然优势。2009年,全市各级渔业管理部门深入贯彻落实科学发展观,坚持以全面建设现代农业和扎实推进社会主义新农村建设为动力,紧紧围绕"渔业增效、渔民增收"这个中心,一抓资源养护与管理,二抓特色渔业的发展,三抓产品质量效益的提高,有效推动渔业经济又好又快发展。全市水产品总产量达到834.8万千克,比上年增长27%,实现产值6 090万元,比上年增长8%,继续保持良好的增长态势。

特色养殖 统筹规划,将卢氏、灵宝和陕县等冷水资源丰富的地区规划为特色养殖区,发展冷水鱼养殖户数达到3县8乡15村;沿黄县(市)确定为无公害水产品养殖区,面积666.67公顷;把城区、郊区和景区确定为休闲渔业观光区,经营户数140户,产值达5 000万元。全市无公害水产品基地累计6个,养殖面积近670公顷。卢氏的大鲵、鲟鱼人工孵化繁育获得突破性进展。提高水产品质量安全意识和水产业品牌效应,卢氏县的鲟鱼、灵宝市的甲鱼已通过省质检部门检测,三门峡市送检样品全部合格。市级水产苗种场不断巩固,为缓解全市水产苗种短缺和特色鱼类的自繁、自育、自养打下坚实基础。

渔业安全生产 坚持分级负责和属地管理的原则,建立健全渔业安全报告制度,坚持预防为主,打防并举,强化监管责任意识,做到安全责任明确、责任指标细化、防范措施具体、岗位责任到人、分级负责到位,一级抓一级,层层抓落实,确保渔业生产安全、水产品质量安全、渔业生态安全。

渔政执法 进一步加大了渔政执法力度,严厉查处生产、销售、使用禁用渔具和其他破坏渔业生态环境的违法行为;严厉查处生产、销售、使用违禁渔药、饲料及其他有毒有害投入品的违法行为;严厉查处私造、低质及"三无"渔船的违法行为。至年底,全市共查处各类涉渔案件20起,为渔民挽回经济损失150万元。

【春季禁渔】 为有效保护全市渔业资源和水域生态环境,按照《河南省渔政渔船检验监督管理局关于实施春季禁渔的通告》规定,从4月1日12时起至6月30日12时,三门峡市在全市境内黄河干支流河道、水库等所有天然水域实施禁渔。禁渔内容包括:禁止所有捕捞作业,有关科研单位需要进行江河渔业资源调查的,须持有渔政部门批准的相关手续。全市各类水产品市场、餐饮场所、渔港码头等严禁销售、收购、经营非法捕捞的渔获物和一切天然野生鱼类。市渔业管理部门共印发禁渔宣传资料1 500余份,把禁渔精神宣传到每条渔船和每个渔民;禁渔专项行动中,还邀请三门峡日报社和三门峡电视台"百姓"栏目组的记者到场,接受社会和新闻媒体的监督,为禁渔工作创造了良好的社会舆论氛围;渔政人员采取突击检查和长期监督相结合的管理办法,扎实开展禁渔工作，保护了黄河特色渔业资源的安全。禁渔期间，全市共组织渔政人员联合开展专项执法检查4次，出动执法人员30余人次，渔政执法快艇沿黄巡回检查10余次，共拆除迷魂阵6处，拆除非法渔具30余片，有效净化黄河水域环境，保护了黄河渔业资源的安全。

【渔政执法快艇投入使用】 4月24日，由农业部投资、江苏常州玻璃钢造船厂制造的渔政执法快艇在黄河1号码头下水试航。这是继2007年农业部下拨给三门峡市1辆渔政执法车后的又一渔政执法装备正式投入使用。该执法快艇的投入使用，对改善全市渔政执法条件、提高渔政执法能力与效率、保护黄河渔业资源和渔业生态环境的安全有重要作用。

【举行2009年黄河鱼类增殖放流仪式】 5月19日，三门峡市2009年黄河鱼类增殖放流仪式在陕州公园黄河1号码头举行。放流活动由三门峡市人民政府主办、市农业局承办，是一次大型的黄河渔业资源生态保护公益活动，也是第15届三门峡国际黄河旅游节的一项重要内容。省农业厅副厅长郭鹏亮，市领导杨树平、郭秀荣、赵中生、陈孟虎、陈雪平，市长助理、市公安局局长崔保连，市长助理、市政府秘书长张建峰等出席放流仪式。国际友人、亚洲开发银行农业项目管理专家万德先生和夫人爱德博士应邀出席仪式。三门峡市各县(市)区水产主管领导、渔政人员、公证处、新闻媒体、大学生志愿者代表、少先队员代表、渔民代表等社会各界人士，共计1 000余人参加放流仪式。放流活动共投放黄河鲤鱼、鲶鱼、花鲢、白鲢、草鱼、鲫鱼6个品种，200万尾。放流仪式由三门峡市委副书记、市长杨树平致欢迎词，市诚信公证处进行现场公证，新华社、三门峡电视台、三门峡日报社等多家新闻媒体记者进行现场采访，新华网、中国新闻网、《湿地中国》、国际在线、民生与法制网、《北京商报》《武汉晚报》、河南水产网、《洛阳晚报》等数10家媒体进行宣传报道。黄河鱼类增殖放流活动，可有效保护和增殖黄河渔业资源、加快黄河三门峡段生物多样性和自然生态环境修复。三门峡市是黄河流域第1个启动增殖放流的城市，新华社刊发通稿照片予以报道。

【豫西首个大鲵养殖经营合作社在卢氏县建成】 7月15日，豫西首个大鲵养殖经营合作社——富科特大鲵养殖专业合作社在卢氏县狮子坪乡建成开业，并举行揭牌仪式。该合作社从2008年8月筹备到正式建成，已发展社员19户，辐射10个村组，至2009年7月，已养殖珍稀大鲵97尾。

【水产技术推广】 当年，市渔业管理部门积极开展水产技术推广工作，取得了良好收益。组织灵宝、陕县冷水性鱼类养殖场，引进水产新品种金鲑、银鲑5万尾开始试养，至10月底，苗种已养至150克，为2010年成鱼养殖打下了良好的基础。在灵宝鼎湖湾、开发区人工湖等地，推广无公害养殖河蟹200余公顷，至年底，河蟹每公顷产量达600千克~750千克，销售价达每千克60元~80元。灵宝市裕达特种鱼养殖公司引进资金，在沟水坡水库开发水库网箱冷水性鱼类养殖，发展网箱养殖7 500立方米，养殖鲟鱼10万尾，对推动全市名优冷水性鱼类养殖业发展起到重要作用。冷水性鱼类苗种孵化及大鲵孵化取得较大突破，灵宝市、卢氏县2009年共孵化鲟鱼、虹鳟鱼80万尾，培育大规格鱼种60万尾，满足了三门峡市及周边地区冷水性养殖的需要。卢氏仁达水产技术推广中心与众发大鲵繁育场采取“走出去、请进来”的办法，选派技术人员去陕西汉中学习考察，同时重金聘请省外大鲵繁育方面的专家指导工作，当年共孵化大鲵250尾，为较大规模地开展孵化奠定良好基础。黄河鲶鱼养殖势头迅速，沿黄周边群众养殖鲶鱼近70公顷，公顷产量达7 500千克~9 000千克，每千克价格在20元~30元，经济效益良好。 (赵宪钧)

种植业

【概况】 2009年，三门峡市认真贯彻执行国家粮食直补及良种补贴等鼓励发展粮食生产的政策，稳步扩大粮食种植面积，加大科技投入力度，粮棉油生产获得丰收。全市农作物播种面积24.49万公顷，其中粮食作物播种面积16.21万公顷；粮食总产量6.28亿千克，其中夏粮生产在遭遇50年一遇的特大旱灾之后，总产量达3.12亿千克，平均公顷产量达3 930千克，夏粮单产创历史新高。油料作物播种面积1.6万公顷，总产量3 084万千克；棉花播种面积3 200公顷，总产量223万千克。

当年，广大农业科技人员采取多种措施积极应对经济危机，提升蚕业生产水平，稳步发展蚕业生产，全市桑园面积稳定在2 367公顷，养蚕8 030张，产鲜茧36.9万千克，产值772.5万元，蚕业综合利用产值3 500万元。为提高全市蚕桑生产水平，市农业局聘请日本蚕桑专家田丸猛先生到三门峡市讲学，指导全市蚕桑工作，通过举办培训班和现场指导，推进了三门峡市桑蚕业生产的发展。 (周建方 史丽兰)

【灵宝市荣获2008年全国粮食生产先进县称号】 3月，灵宝市荣获2008年全国粮食生产先进县称号。2008年，灵宝市认真贯彻落实中央强农惠农政策，按照“优质、高产、高效、生态、安全”的现代农业发展要求，加强粮食生产领导，加大粮食增产技术推广，增加粮食生产投入，全力做好粮食生产服务工作，粮食面积、总产稳定增长，粮食生产实现“双增双超”，总产、单产双双超历史最高水平。全年种植粮食51 653.33公顷，总产达2.11亿千克，比上年增产3 000万千克，增长16%，比总产量最高的1998年增长9%；公顷产量达4 075.5千克，比单产最高年份2006年增加17.67千克，增长6.96%，连续5年实现增产。 (邓仲民)

【全市农作物良种补贴实现全覆盖】 5月10日，省财政厅下文，预拨三门峡市2009年度农作物良种补贴2 272.8万元，其中小麦84 000公顷、1 260万元，玉米61 200公顷、918万元，棉花4 200公顷、94.8万元(棉花为新增补贴品种，每公顷225元)，补贴总金额比2008年度增加59.2%。补贴方式由以前的种子公司供应种子农民补差价改为直接向农民发放现金。全市种粮农户均能享受到这项补贴政策，实现农作物良种补贴全覆盖。 (邓仲民)

农业产业化

【概况】 2009年,三门峡市农业产业化工作以"以区域化布局、规模化种养、标准化生产、品牌化经营、企业化管理、社会化服务,促进农民持续、稳定增收"为思路,进一步加强对农业产业化工作的指导,在制定扶持政策、培育龙头企业、加强基地建设、完善经营机制等方面,开展了卓有成效的工作。全市果、牧、林、烟等特色产业快速发展,实现农业增效、农民增收,农产品市场竞争力增强,全面提升了三门峡市的农业产业化经营水平。全市特色产业产值占农业总产值的比重达80%以上,从事产业化经营的农户达到80%,农业总产值、农民总收入的80%来自于农业产业化经营,农业产业化已成为社会主义新农村建设的重要力量。

【壮大农业龙头企业】 当年,三门峡市继续实施"扩大开放,依托提升,优化结构,项目带动,科学发展"战略,依托牧、果、林等优势产业,大力发展农产品加工型龙头企业,"龙头带基地,基地促龙头"的良性发展格局已经形成。至年底,全市销售收入100万元以上的农业龙头企业达到133个,销售收入上亿元的农业龙头企业10家,40家农业产业化市级重点龙头企业实现销售收入11.6亿元,利税8 680万元,分别比上年增长11.2%、12.6%,带动农户33万户。阿姆斯果汁有限公司被认定为国家级农业产业化重点龙头企业,13家企业被认定为省级农业产业化重点龙头企业;仰韶酒业有限公司等5家企业已经初步通过省产业化办公室验收,即将进入省级农业产业化重点龙头企业行列。

【农民专业合作社发展迅速】 当年,三门峡市以《中华人民共和国农民专业合作社法》的颁布实施为契机,按照"民办、民管、民受益"的原则,鼓励农民创办各类专业合作社,并在全市开展"十佳"农民专业合作社竞赛活动,促使专业合作社上规模、上档次。至年底,全市运作规范的农民专业合作社达到210家,其中省级示范合作社6家,带动农户15.5万户,农民专业合作社已经成为三门峡市农民增收的新亮点。

【创汇农业稳步发展】 当年,市农业局坚持"面向国际市场,发挥资源优势,突出地方特色,开拓名牌产品"的思路,因地制宜培育和发展了一批产品档次高、质量效益好、国际竞争力强的农产品出口基地和创汇农业龙头企业,全市建成3.3万公顷优质无公害苹果、50万头瘦肉型猪、25万只肉羊、25万只肉牛等特色农产品出口创汇生产基地,建成大型浓缩果汁加工企业8家,浓缩果汁生产能力4亿千克。由于全市创汇型龙头企业综合竞争力的提高,有效抵御了金融危机带来的巨大影响,2009年实现出口创汇5 200万美元,占全省农产品出口创汇总额的1/10。

【参加第7届中国国际农产品交易会、河南省招商引资对接会】 9月8日,在吉林省长春市举办的第7届中国国际农产品交易会上,三门峡市组团参加这一国际级农产品贸易盛会。交易会上,三门峡市获"最佳组织奖",河南仰韶酒业有限公司获"优秀参展企业奖",灵宝阿姆斯果汁有限公司与亚洲特瑞国际公司成功签订苹果、石榴汁、梨汁购销合同7 800万元,成为签约成交项目一大亮点,获"突出贸易成交奖"。10月29日,在河南省政府举办的河南省农业产业化招商引资银企合作对接会上,三门峡市招商引资7.2亿元,银行和企业签订贷款合同1.9亿元,贷款意向0.8亿元。

【组团参加2009年全国农产品加工业博览暨东西合作投资贸易洽谈会】 9月20日,2009年全国农产品加工业博览暨东西合作投资贸易洽谈会在驻马店市会展中心开幕,三门峡市组团参会并取得丰硕成果。市委书记李文慧,市委副书记王建勋,市政协副主席、市中小企业服务局局长肖群兰,市长助理、市政府秘书长张建峰出席开幕式。本届大会会期3天,三门峡市共有38家企业参展,其中仰韶酒业有限公司等4家全国知名企业参展,共设立2个特装展示展位和15个展销展位,展示展销的有湖滨果汁、秖坞贡米、卢氏蜂蜜、灵宝大枣、大营麻花等近40个系列的100余种产品,发放宣传册、项目册1.8万份。大会期间,三门峡市与国内外客商共签订合作项目48个,总投资额达89.46亿元。同时,三门峡湖滨果汁饮品有限责任公司生产的"湖滨"牌苹果汁被评为2009年全国农产品加工业博览会金奖产品;河南仰韶酒业有限公司生产的"仰韶"牌陈年老酒和灵宝阿姆斯果汁有限公司生产的"阿姆斯"牌黄桃汁荣获优质产品奖。 (高明峡)

农业科技推广

【概况】 2009年,市农业局农业科技中心不断引进农作物新品种,大力推广先进实用技术。引进商薯19、梅营7号等高淀粉型,郑红20、里外红、漯徐、秦薯6号等烤食型,秦紫1号、黑星2号等特用保健型的紫、黑、黄、红瓤彩色红薯新品种20余个;推广彩色小麦高产栽培技术130公顷,推广彩色红薯高产栽培技术60公顷;在枣树、仁用杏、大樱桃树等幼林,推广林药间作2 400公顷,药材育苗移栽技术800公顷;推广散卵平附收蚁袋收蚁、小蚕共育、大棚养蚕及方格上蔟等先进养蚕技术以及"桑—蚕—菌—沼"生态循环经济模式,提高蚕业综合效益。 (史丽兰)

【强力推进"万名科技人员包万村行动"】 3月5日,市农业局成立"万名科技人员包万村行动"活动领导小组,从农业系统抽调有农业专业技术职称或农学专业的干部40名,成立专家服务团,并抽289名农业科技人员成立农技服务队,分包全市1 362个行政村。农业科技人员进村入户了解旱情、苗情、病情、虫情,根据各地不同情况制定田间管理措施,并对县农技人员进行培训。至年底,市、县(市)区共出动人员1 000余人次,培训人员400余人次,发放技术资料及明白纸5万余份。省抗旱办取消抗旱预警响应后,活动工作的中心转移到田间管理,主要是病虫害的防治和春播方面。 (伍东远)

【全省"放心农资"下乡进村宣传月活动在三门峡市启动】 3月17日,省农业厅在全省范围内组织开展的2009年"放心农资"下乡进村宣传月活动在渑池县天池镇正式启动。省农业厅副厅长于国干、总经济师魏仲生，三门峡市市长级干部李建顺等出席启动仪式。活动主要围绕“放心农资下乡，维护农民权益”的主题，结合万名科技人员包万村行动计划，组织开展大规模的宣传和现场咨询培训活动，深入乡村农户和田间地头，指导农民科学使用农资，提高农民群众质量意识和维权能力，努力营造全社会支农护农和打假扶优的浓厚氛围，为“放心农资”下乡进村创造良好的外部环境。宣传月期间，各级农业部门将采取多种形式，充分利用电视、报刊、广播、网络、明白纸等多种媒介，宣传“12316”三农服务热线，开展农资知识咨询等活动，帮助农民群众解决生产中遇到的实际问题。启动仪式后，于国干一行还实地察看了天池镇椒业市场和农资市场。 （王 刚）

农业信息化

【概况】 2009年，三门峡市农业信息中心围绕“市级抓提升，县级抓巩固，乡镇抓服务，村级抓延伸”的总体思路，以服务社会主义新农村建设和现代农业发展为宗旨，以推进信息进村入户为重点，以深化“三电一厅”模式为手段，强化信息资源整合，提升平台科技含量，健全应用服务系统，全面提升农业信息的服务能力，有效推进全市农业农村经济的健康发展。

11月16日，在深圳市召开的第11届中国国际高新技术成果交易会上，三门峡市农业信息中心被国家发改委确定为国家信息化试点工程承建单位。12月，在北京市举办的2009中国农村信息化年度峰会上，三门峡市农业信息中心被评为“2009年度中国农村信息化杰出贡献单位”。年底，三门峡市信息网络协会被民政部授予“先进社会组织”称号。

【实施中国黄土高原苹果电子商务交易平台建设项目】 当年，市农业局投资100万元，建设中国黄土高原苹果电子商务交易硬件平台，在市农业信息中心黄河农网的基础上进行改建扩建，提升商务平台硬件设施，以满足电子商务发展的需要；投资100万元，建设中国黄土高原苹果电子商务交易系统软件平台，建立综合性商务网站——中国苹果网和苹果电子交易平台，并建成陕县、灵宝、渑池3个县级果品电子商务工作站和部分信息采集点，实现技术、价格、供求信息的采集、报送、共享。项目的实施，对促进全市苹果销售、促进果业发展具有重要意义。

【升级改版黄河农网】 黄河农网始建于2001年，2005年首次进行页面改版，2009年，市农业局再次改版黄河农网。成立黄河农网升级改版工作小组，专人负责改版任务：对网站分类栏目进行优化组合，使其分类更加清晰；对黄河农网信息发布页面进行重新制作，去除冗余部分，使页面更加简洁明了；对程序代码进行安全性校验，进一步弥补和完善网站的漏洞。改版后的黄河农网，采用先进的CMS管理系统，从根本上解决安全问题，保证网站运行更加稳定，工作效率更高。

【构建“三台合一”公共数据库平台】 当年，市农业信息中心投资购置服务器、电脑等设备，强化电话语音服务系统，提高语音装备水平，提升服务能力；联合市委组织部、市纪检委，利用“12316”农业电话语音系统，有效实现“三台合一”（农村党员咨询远程教育电话平台、农业科技咨询平台、农村廉政建设平台），开展多样性、交互式、个性化的农业信息服务。全年共接听电话10 100个，其中自动收听9 395个、人工接听705个，接待上门咨询206人次，产生了明显的社会效益。

【成功申报三门峡市新农村综合信息服务试点工程项目】 9月，三门峡市新农村综合信息服务试点工程项目在国家发改委正式立项，争取到国家支持资金450万元，并于11月在国家发改委召开的第11届高交会上被确定为“国家信息化试点工程”。该项目的实施，将在三门峡市范围内建成功能齐全、体系完备、高效共享、反馈灵敏的农业信息化体系，为全市农村158万农民提供全方位农业信息咨询服务，实现体系创新、服务创新、机制创新，全面提升三门峡市现代农业信息服务能力和水平，加快现代农业的发展步伐。

【市农业信息中心被确定为国家信息化试点工程承建单位】 11月16日，在深圳市召开的第11届中国国际高新技术成果交易会上，三门峡市新农村综合信息服务试点工程项目被确定为“国家信息化试点工程”，三门峡市农业信息中心被国家发改委确定为国家信息化试点工程承建单位。三门峡市农业信息中心始建于2001年，投资300万元建设了一流的计算机网络平台，建设并维护黄河农网、黄河明珠网、优质果品网、三门峡畜牧网、三门峡蔬菜网、三门峡渔业网、三门峡劳动力转移网、药材网、土壤肥料网、农产品质量安全网和沼气网等大型网站，为全市农业发展提供市场信息和技术信息服务，并指导6个县（市）区、62个乡（镇）建立信息站并卓有成效地开展信息服务工作，实现乡乡上网，形成“市有中心、县有平台、乡有信息站、村有信息员”的较为完善的全市农业信息服务体系，农业信息化建设在农业生产和商品流通中发挥了积极作用，在社会各界引起了良好反响。被确定为国家信息化工程试点单位，标志着三门峡市农业信息中心开始进入“国家队”的行列，有助于加大三门峡市新农村综合信息服务试点项目的实施力度，有助于在全市范围内建成功能更为齐全、体系完备、高效共享、反馈灵敏的农业信息化体系，实现体系创新、服务创新、机制创新，形成电脑、电视、电话“三电合一”的现代农业信息服务模式，加快三门峡市现代农业发展步伐，促进社会主义新农村建设。

【开发三门峡市耕地地理信息管理系统】 当年，市农业局成立科技攻关小组，结合测土配方施肥项目的原始数据，使用浏览器和服务器结构，以微软NET3.0和3.5为平台，用语言开发一个具备原始数据管理、查询、对比统计、配方施肥等功能，可以用互联网和手机终端进行访问的综合性耕地地理信息管理系统。2009年，对各县（市）区土壤情况进行调研，撰写系统编程调研报告，针对土质及土壤肥力等建立系统编程模块，收录近10万条土壤养分信息，建立所需要的数据库结构，明确各数据表之间的关联关系，初步完成系统的数据分析、数据库的概念设计及物理设计。

（刘云丽）

农业标准化

【概况】　2009年，三门峡市的农业标准化工作以《中华人民共和国农产品质量安全法》为指针，以全面提高全市农产品质量安全和农业标准化水平为目的，以深入开展农产品质量安全整治暨农产品质量安全执法年活动为契机，以检测体系建设、监督检验和“三品”(无公害农产品、绿色食品、有机食品)认证为工作重点，抓监管，促认证，农业标准化和农产品质量安全水平有了大幅度提高。

【加强农产品和产地环境质量抽检】　当年，市农业局农产品质检中心顺利完成实验室复查换证和扩项认证工作，新增农产品产地环境检测和部分农产品品质检测，进一步扩大中心检测范围和检测能力。全年，共检测农产品样品4 301个，农产品产地环境样品21个。果蔬农药残留合格率达到99.83%，比上年提高0.45个百分点。三门峡市初级农产品重大食品安全事故发生率为零。在不断完善苹果质量安全档案的基础上，增设蔬菜质量安全档案。在2009年度全省蔬菜农药残留例行监测中，经有关部门检测判定，三门峡市随机抽取的100个样品全部符合国家标准，合格率居全省第1位。

【加强检测体系建设】　当年，市、县两级农业部门共争取各类项目资金418万元，检测体系建设取得突破性进展。灵宝市农产品质量安全检验检测建设项目总投资300万元，其中中央投资200万元、地方配套100万元，改建产品质量检验检测室500平方米，购置仪器设备58台(套)，建成全省领先的县级农产品质量安全监督检测站；市级农产品质检中心争取亚行农业项目资金10万美元；渑池县农产品质检站争取省农产品检测体系项目建设资金20万元，争取县财政投资15万元，购置相关检测仪器，完善检测体系；义马市争取省农产品检测体系建设项目资金15万元。这些项目的建设，提高了全市农产品质量安全检测水平，强化了对农产品质量安全的监管能力。

【强化优质农产品品牌培育】　当年，市农业局加大“三品”认证力度，强化优质农产品品牌培育。对到期的30个无公害农产品产地，按照程序进行复查换证；新认证无公害农产品4个，上报待批无公害农产品6个；开展县级农业标准化目标考核。至年底，全市共有28个产品通过国家产品认证，其中无公害农产品26个、绿色食品1个、有机食品1个；有7个产品获得世界地理标志保护登记。

【全市开展“农产品质量安全整治暨农产品质量安全执法年”活动】　从4月28日起，三门峡市在全市范围内开展“农产品质量安全整治暨农产品质量安全执法年”活动。本次活动以《中华人民共和国农产品质量安全法》等法规为准绳，以农产品和农业投入品为重点，标本兼治，着力转变生产方式，加快推进基层农业综合执法，全面提升农产品质量安全监管能力和水平。（李泽义）

扶贫开发

【概况】　2009年，三门峡市扶贫开发领导小组办公室认真贯彻执行扶贫开发、农业综合开发的方针政策，按照“坚持工作前瞻，创新开发机制，强化项目管理，狠抓措施落实”的工作思路，弘扬“廉洁勤政、团结协作、求真务实、严谨高效”的工作作风，解放思想，开拓进取，突出重点，扎实工作，全市扶贫开发、农业综合开发工作稳步推进。至年底，全市共解决和巩固贫困人口温饱2.11万人，其中解决温饱0.48万人，巩固温饱1.63万人，分别占省下达目标任务的103.4%、106.7%、102.5%。全市共完成投资3 878.7万元，对37个贫困村实行整村推进，贫困村的自我发展能力进一步增强。全市共完成投资7 375万元，搬迁贫困户859户、3 727人，分别占市下达目标任务的114.5%、120.2%。全市共培训贫困户劳力6 290人，占省下达目标的100.5%。全市共完成中低产田改造1 300余公顷，开发农业产业化项目8个，分别占三门峡市下达目标任务的100%、266.7%。

整村推进扶贫，强化基础建设。对未实施整村推进任务的重点村进行排查摸底，依据公开、公正、公平的原则，采取公开竞争、综合评分、择优确定、逐级报审的方式，确定37个扶贫开发重点村为2009年整村推进村，并确定项目209个，总投资3 878.7万元。至年底，全市共完成投资3 878.7万元，在37个贫困村修建道路108.1千米、饮水工程15处、农田水利工程2处、文化卫生设施41处，修建沼气池396座、垃圾池5个，兴建连锁超市25个，村庄绿化34.67公顷，架设电路15千米，扶持种养业项目49个。随着整村推进的开展，贫困村群众生产生活条件和自我发展能力进一步改善和提升。

项目提前启动，推进搬迁扶贫。改变以前等上级项目审批、等上级资金分配的传统工作模式，对已申报的2009年度搬迁扶贫项目计划，要求各县(市)区不等不靠、因地制宜，尽快组织实施。至年底，共完成投资7 375万元，建房89 027平方米，架设电路10.65千米，铺设管道25.7千米，整修道路11.8千米，修建护坡6 030米，安置区绿化1.81公顷，搬迁山区独居散居贫困户859户、3 727人。同时，做到增收项目与安置区基础设施建设项目同步规划、同步建设，引导搬迁群众因地制宜开发致富，进一步夯实搬迁群众脱贫致富的基础。

开展包村扶贫，增强扶贫力量。市委、市政府研究制定2009年包村扶贫工作意见，确定89个市直单位分别包扶89个扶贫开发重点村，要求每个单位选派2名～3名优秀干部组成工作队，驻村开展工作，并将其中实力雄厚的37个市直单位调整到37个整村推进村，帮助其搞好项目建设，完成推进任务；其他市直单位继续按照“1＋1”包扶模式，一个单位定点包扶一个扶贫开发重点村，积极帮助扶贫开发重点村增强发展能力，提升发展水平。至年底，市直单位共为贫困村捐献资金152万元，引进资金400余万元，实施扶贫项目165个，办好事、实事170余件。

实行综合开发，提高生产能力。2009年，全市农业综合开发共投入资金2 131万元，其中财政资金1 596万元，改造中低产田1 333.33公顷。经过项目实施,新建提灌站 11 座,新打机电井 5 眼,修复机井 18 眼,架设输变电线路 8.3 千米,衬砌渠道 27.61 千米,埋设地埋管道 73.22 千米,修建渠系管系建筑物 1 335 座,项目区生产条件、生产能力得到全面完善和提升。切实抓好财政补贴产业化经营项目和贷款贴息产业化经营项目的考察、评估、论证、上报和建设工作,以“龙头”产业化经营项目引领、提升农业综合生产能力。经过积极争取,省财政厅批复三门峡市陕县 33.33 公顷绿色苹果标准化种植基地等补贴项目 4 个,财政补贴资金 450 万元;灵宝市阿姆斯果汁有限公司等贷款贴息项目 4 个,中央财政贴息 356 万元。

注重科技开发,扩张“乘数效应”。坚持把选准项目和完善项目运行作为主攻方向,找准切入点和突破点,努力使科技项目对扶贫开发、农业综合开发的“乘数效应”得到全面扩张和放大。精准选定科技开发项目,一方面,紧密结合贫困地区、农业综合开发项目区支柱产业发展的实际,围绕提升支柱产业质效选定实施项目;另一方面,瞄准优化贫困地区、农业综合开发项目区产业结构的目标,围绕推广“新、特、优”农业技术选定实施项目。2009 年,全市共选定科技开发项目 11 个,总投资 355 万元,辐射带动 35 个村、2 375 个农户。建立完善效益传递机制,对项目实施涉及的良种苗木、良种家畜,实行统一招标,统一采购,免费直接发放到户;对项目实施涉及的关键技术环节,组织专业技术服务队深入到项目区,分阶段、分类别免费为项目户提供专业化服务,确保科技扶贫项目效益有效传递覆盖到项目户;探索建立项目滚动发展机制,使科技项目持续发挥辐射带动作用。通过实施 2009 年科技开发项目,共引进、推广新品种、新技术 21 项,增加收入 4 160万元,受益农户人均增收 1 530 元以上。

实施“雨露计划”,拓宽增收渠道。坚持以基地支撑培训、以培训促进输出,调整培训基地、培训周期、培训专业结构,增强劳动力转移培训的针对性和有效性,进一步提高劳务收入对农民增收的“贡献度”。优化培训基地结构,对培训基地进行重新筛选和审定,对 2 个管理水平低、培训效果差的培训基地,予以淘汰,将 2 个师资力量雄厚、实习条件完善、就业推介能力突出的学校,纳入培训基地体系;规范基地管理工作,严格报账手续,确保培训工作质量;优化培训周期结构,将 1 年至 2 年的中长期技能性培训作为培训工作重点,培训人数占全市技能性培训人数的比例达到 70% 以上;优化培训专业结构,紧贴市场需求,把就业率高、增收效果好的数控、电工、车工、焊工等专业作为重点专业,依托三门峡中专、灵宝职专、卢氏职专进行大力培训,积极打造具有显著特色的扶贫培训品牌,树立三门峡市扶贫培训形象。当年,全市共举办劳动力转移培训班 52 期,培训农民 6 290 人,占省下达计划的 100.5%;转移输出劳动力 5 975 人,培训转移输出率 95% 以上,输出劳动力平均月收入 1 500 元以上。

【三门峡市 2008 年农业综合开发产业化经营贷款贴息项目获批复】 7 月 24 日,省财政厅批复,同意三门峡市 2008 年农业综合开发产业化经营贷款贴息项目 4 个,共安排中央财政贴息资金 356 万元。项目分别为:灵宝阿姆斯浓缩果汁有限公司年产 3 000 万千克浓缩果汁项目 127 万元,灵宝市远村天然食品有限责任公司 250 万千克脱水果蔬项目 55 万元,灵宝市新金源生物科技公司年产 2.5 万千克牛用系列加工项目 48 万元,渑池县河南仰韶生化工程有限公司生物酶制剂生产线 126 万元。

【三门峡市 2009 年农业综合开发产业化经营财政补贴项目实施计划获批复】 8 月 10 日,省财政厅批复,原则同意三门峡市 2009 年农业综合开发产业化经营财政补贴项目实施计划。2009 年产业化经营财政补贴项目 4 个,总投资 2 938.53 万元,其中中央财政 300 万元,省财政 127.5 万元,市、县财政 22.5 万元,单位自筹资金 2 488.53 万元。项目分别为:卢氏县 1 万套卢氏鸡繁育养殖新建项目,陕县 33.33 公顷种植基地新建项目,灵宝市 3 万套种鸡养殖基地扩建项目,渑池县 1.5 万头肉牛屠宰加工新建项目。

【三门峡市 6 个集体、3 名个人受表彰】 8 月 12 日,省委、省政府决定表彰支持老区建设和老促会工作先进集体、先进个人,三门峡市财政局、三门峡市扶贫开发领导小组办公室被评为“支持老区建设先进集体”,三门峡市人事局局长胡占曾获“支持老区建设先进个人”称号,卢氏县老区建设促进会、渑池县老区建设促进会获“老区建设促进会工作先进集体”称号,卢氏县老区建设促进会秘书长白旭东、渑池县老区建设促进会副秘书长陈铁获“老区建设促进会工作先进个人”称号,三门峡金渠集团有限公司、三门峡市正信置业咨询有限公司获“支持老区建设贡献奖”。

【2009 年搬迁扶贫项目实施方案通过审核】 9 月 7 日,《河南省扶贫开发办公室、河南省财政厅关于 2009 年搬迁扶贫项目实施方案备案的通知》下发,原则同意三门峡市 2009 年搬迁扶贫项目实施方案中所列项目的建设内容和筹资方式。2009 年,三门峡市共搬迁安置群众 775 户、3 362 人。搬迁扶贫项目总投资 5 962.9 万元,其中:中央、省级财政补助资金 1 000 万元,县级财政 80 万元,群众自筹资金 3 672.7 万元。9 月 21 日,省财政厅下达三门峡市 1 000 万元搬迁扶贫项目资金,旨在解决生存条件恶劣的深山区独居、散居贫困人口的脱贫致富问题,探索“搬得出,稳得住,能就业,快致富”的搬迁扶贫开发新路子,推动新阶段农村扶贫开发进程。

【1 个国家级科技扶贫综合试点项目获批复】 12 月 23 日,三门峡市“卢氏绿壳蛋鸡产业化开发”项目经国务院扶贫办评审通过,获河南省财政厅批复。该项目为国家级科技扶贫综合试点项目,总投资 247 万元,其中国家财政科技扶贫资金 150 万元、公司自筹资金 97 万元。扶持资金主要用于增加供种能力,农民购鸡苗种补贴、技术培训,以加快卢氏鸡这一优良地方品种的产业化发展。项目建成后,年供鸡苗能力达 100 万羽,直接带动 5 000 户从事卢氏鸡养殖,户均增收 6 000 元,人均增收 1 500 元。同时项目可实行“滚动扶持”,能使更多贫困户受益,进一步提高卢氏鸡产业化水平,具有显著的经济效益、社会效益和生态效益。

【5 个省级科技扶贫项目获批复】 12 月 23 日,全市 2009 年 5 个省级科技扶贫项目获省财政厅批复。这 5 个项目

分别是:卢氏县范里镇优质核桃基地建设、灵宝市函谷关镇苹果矮化栽培及生防技术推广、陕县西李村乡彩色红薯产业化开发、渑池县坡头乡浪窑地村肉牛品种改良、湖滨区高庙乡新品种核桃引进及推广项目。5个项目计划总投资256万元,其中自筹资金41万元、整合其他项目资金66万元、省科技扶贫项目资金扶持149万元。项目实施完成后,可发展经济林158公顷,发展优质红薯33.33公顷,改良新品种肉牛1 000头,引进推广新品种、新技术20项,培训农民6 200人次,直接带动1 416户,995个贫困户受益,预计项目可实现增收735万元,贫困户人均增收1 656元。通过项目实施,可使项目区每户至少有一人掌握一门致富技术、有一个致富项目,项目实施村农民人均纯收入明显高于当地同期水平;能显著提高农民科技致富能力,确保贫困地区群众能获得长期稳定收益,具有显著的经济效益、社会效益、生态效益和扶贫效益。

(王　通)

林　业

【概况】 2009年12月23日,根据《中共三门峡市委三门峡市人民政府关于印发〈三门峡市人民政府机构改革实施意见〉的通知》(三文〔2009〕132号)精神,撤销市林业局,组建市林业和园林局,为市政府工作部门,将原市林业局职责划入市林业和园林局。

当年,三门峡市林业工作紧紧围绕市委、市政府提出的"3年在全省率先建成林业生态市"和创建国家级森林城市的目标,以保持林业平稳较快发展为首要任务,以深化改革为动力,以兴林富民为宗旨,以科技创新为支撑,加快林业生态市建设,全力打造国家级森林城市。全市共完成年度造林绿化任务5.35万公顷,占目标任务的119.5%;完成森林抚育和改造工程1.2万公顷,占目标任务的109.9%;完成"四旁"和义务植树853.2万株,占目标任务的157.1%;完成林业育苗0.15万公顷,占目标任务的113.7%。全市未发生重大森林病虫害、森林火灾以及破坏森林资源的案件。

林业生态市建设明显加快。着重突出环城防护林、城郊森林、村镇绿化、和生态廊道网络体系建设,实施生态能源林建设工程,开展全民义务植树活动和生态县、乡、村3级创建活动,全市林业生态建设稳步推进,生态林建设总规模达到5.53万公顷,并顺利通过省级验收。在打造林业生态精品方面,以连霍高速公路、209国道两侧以及高速公路出入口3 000米以内为重点,建成千亩以上的精品工程31片,其中133公顷以上的精品工程8片。3月9日,在三门峡湿地公园生态园举行全市"爱绿、护绿"百米长卷万人签名活动,市委副书记、市长杨树平出席活动并发出倡议:"让我们共同行动起来,用我们的责任、爱心和双手托起三门峡绿色的美好明天!"

集体林权制度改革全面推进。各级政府及林业主管部门精心组织,深入宣传发动,扎实开展政策技术培训,认真进行调查摸底并确权,取得阶段性成效。全市已参加林改的999个行政村,有998个村制定林改方案,比例达99.9%;落实产权面积44.53万公顷,占集体林地的77%,超出省林业厅下达的目标任务7个百分点。

国家森林城市创建活动开局良好。5月22日,《三门峡市关于创建国家森林城市的请示》获国家林业局批复后,及时召开全市林业生态建设动员大会暨创建国家森林城市动员大会,要求各级、各单位进一步加强领导,明确责任,确保创建国家森林城市各项工作的顺利开展。积极协调市直相关单位,认真做好相关数据资料的收集工作,编制国家森林城市总体规划,邀请中国林科院专家到三门峡市考察指导创森工作。组织召开三门峡森林城市建设总体规划征求意见会,邀请来自全国各地的7名专家及国家林业局、河南省林业厅的相关领导出席会议,对由中国林科院编写的《三门峡市国家森林城市总体规划》进行评审论证。

项目建设和产业发展逐步提高。申报固定资产、科技支撑和种质资源等项目2批,共计19个,申报资金达11 317.47万元。对2008年林业贷款项目7 150万元进行贴息286万元。召开全市林业产业工作会议,对林业产业发展所面临的问题及如何应对作出深刻分析,对狠抓产业升级和科技创新项目进行安排部署,使林业产业保持良好发展势头。随着林业生态市建设的深入实施,林业产业初步形成林板一体化产业群、种苗花卉产业群、林果加工产业群(含绿色食品加工)、森林旅游服务产业群和林药产业群等产业集群,林业产业正向规模化、集团化方向迅速发展,林业企业也逐步实现基地化和龙头化。全年林业产业产值近50亿元。

科技兴林常抓不懈。引进推广林木新品种10个,丰富三门峡市林业资源;积极组织实施"林业科技年"活动,制定"林业科技年"活动实施方案,开展科技示范园建设、科技示范户宣传等具体活动;认真开展科技下乡活动,组织专家到到灵宝市朱阳镇和湖滨区高庙乡开展核桃基地建设技术培训,现场发放技术资料800余份,受惠林农达500余人。着力做好生物能源树种试验研究项目,调查卢氏椋子木主要类型、分布范围及集中(中心)分布区、生长情况与产量、利用情况等,调查测定各类型种子产量,初选优良单株30株,在卢氏县开展繁育技术试验;圆满完成中国林科院文冠果科技试验点的建设任务,在国有窑店林场建设文冠果示范基地20公顷,成活率达98%,生长势良好;开展蓖麻新品种试验工作,在国有窑店林场对河南省林科院提供的8个蓖麻新品种进行对比试验,为下一步调查打下良好基础。

资源管护工作进一步加强。狠抓依法治林工作,通过组织开展"追逃""绿盾3号"、社会治安整治等一系列专项行动,严厉打击破坏森林资源违法犯罪行为。全年共受理各类破坏森林和野生动植物行政案件877起,行政处罚各类违法犯罪人员1 042人次,挽回经济损失164万余元。做好森林病虫害防治工作,调集直升机在灵宝、陕县等地,对辖区内高速公路、黄河滩涂、森林公园进行飞机防治森林病虫害,全市共飞行90架次,飞防作业面积3 600公顷,有效控制了重点区域林木食叶害虫的危害。做好森林防火工作,面对2009年春季60年一遇的干旱,全面落实森林防火行政首长负责制,层层抓落实,全年未发生重大森林火灾。加强天保公益林管理,圆满完成建设任务,严格采伐程序,林木凭证采伐率、办证合格率均在90%以上。实行林地动态管理,加强林地资源保护，当年，共审核长期征占用林地案件23起，征收植被恢复费436万余元；审核中石油西气东输工程临时征占用林地案件2起。

野生动植物保护和自然保护区建设再上新台阶。河南省第28届“爱鸟周”启动仪式在三门峡市成功举行，吸引了中央电视台、《人民日报》、新华网、《大河报》《三门峡日报》《三门峡广播电视报》等中央、省、市内外媒体，数十万群众受到教育。三门峡市将全市10个森林公园（其中国家级森林公园4处、省级森林公园5处、市级森林公园1处）的风景图片、神话传说和特色小吃等资料，报送河南省规划设计院，拟编入《河南森林旅游》一书，为森林旅游做宣传。三门峡市国有林场棚户区改造入选国家保障性安居工程，对全市6个国有林场棚户区进行调查摸底，拟需维修、重建、新建725户，总面积约为52 551平方米。加强野生动物疫源疫病监测防控工作，有效防止高致病性禽流感的爆发和流行。小秦岭国家级自然保护区二期工程已上报国家林业局待批复。编写“河南小秦岭省级自然保护区科学考察集”，完成“河南小秦岭自然保护区生物多样性本底研究”课题，且该课题荣获河南省科技进步二等奖及中国林学会“第2届梁希林业科学技术奖”三等奖。黄河湿地保护区二期项目建设4月正式开工。该项目总投资320万元，其中中央投资安排255万元。至年底，项目建设基本结束。

【林权管理中心成立】 2月10日，三门峡市成立林权管理中心。其主要职责是组织、指导全市（县）集体林权制度改革，实施林地保护及林地、林木流转管理，进行林权证登记发证及林权档案管理，实施森林资源评估管理等，在机构设置、职能划分、人员配备、办公设备购置等方面进行统筹安排，为全面开展集体林权制度改革提供组织保障。

【卢氏东湾林场入选国家首批重点林木良种基地】 为满足社会经济发展和现代林业建设对林木良种的需要，推动全国林木良种基地持续健康发展，在充分调查研究、严格筛选和科学评定的基础上，1月14日，国家林业局公布第1批国家重点林木良种基地，卢氏县东湾林场榜上有名，被确定为国家油松良种基地。卢氏县东湾林场是豫西山区较大的国营林场之一，始建于1956年，总经营面积1.03万公顷，其中防护林面积0.77万公顷，特种用途林面积0.26万公顷，活立木蓄积63.6万立方米，森林覆盖率达89%。至2009年底，东湾林场油松良种繁育基地已建立完成油松母树林200公顷、油松无性系种子园34公顷、油松子代测定林20公顷，形成以良种繁育为核心，选育、示范、生产、推广为一体的良种繁育体系，成为河南省油松种质资源保存与良种繁育、科研示范基地。

【陕县荣获“中国绿色名县”称号】 3月29日，在全国首届生态文明建设与区域绿色发展论坛暨成果发布会上，陕县被授予“中国绿色名县”荣誉称号。“中国绿色名县”评选活动由中华环保联合会、中国城市科学研究会、中国农业生态环境保护协会、中国社会科学院数量经济与技术经济研究所四家联合主办。

【河南省第28届“爱鸟周”活动启动仪式在三门峡市举行】 4月18日上午，河南省第28届“爱鸟周”活动启动暨天鹅湖牡丹苑开园仪式在天鹅湖湿地公园虢山岛广场举行，省林业厅副厅长王德启，市领导郭秀荣、赵光超、张高登、李琳，以及市老干部咨询团成员出席仪式。仪式上，王德启宣布河南省第28届“爱鸟周”活动正式启动。王德启指出，三门峡市高度重视湿地水禽保护工作，新增湿地面积460余公顷，为白天鹅等湿地水禽创造了良好的栖息环境，成为享有盛誉的“黄河明珠”“天鹅之城”。通过“爱鸟周”活动这个载体，要进一步促进鸟类保护工作，使爱鸟护鸟成为全社会的共同风尚和每个公民的自觉行动。市委常委、副市长赵光超宣布天鹅湖牡丹苑正式开园。天鹅湖湿地公园核心区的牡丹苑面积近3公顷，集中了4大种群、2.1万余株牡丹，改善了市民的居住环境，也为各类野生鸟类的栖息生存营造了良好的自然环境。市政协主席郭秀荣为“保护湿地，关爱白天鹅”野生鸟类摄影大赛获奖代表颁奖。市人大常委会副主任张高登为“保护白天鹅，爱我家园”青年志愿者服务队授旗。

【小秦岭2009年鸟类环志工作结束】

5月15日，豫西地区唯一一个鸟类环志站河南小秦岭国家级自然保护区鸟类环志站历时一个月完成鸟类环志工作，共环志各种鸟类416只，共计5目13科43种，其中包括国家2级保护鸟类3种：斑头鸺鹠、东方角鸮、松雀鹰，新增加4个鸟种：普通翠鸟、东方角鸮、珠颈斑鸠、北鹨。

【编写三门峡市生态文化史纲】 三门峡市生态文化史纲是河南省生态文化史纲的一部分。按照河南省统一部署，三门峡市生态文化史纲编写工作于2009年6月初开始，至10月底结束。生态文化主要包括3个方面：历代森林草原变迁、河流决溢与湖泊湿地变迁以及荒漠化与人的关系；历代名人有关生态文化的论述与思想观念的形成；历代发生的与生态变化有关的事件、相关法规政策的建设等。三门峡生态文化史纲主要搜集生态史学界及历史地理学界有关生态环境变迁，特别是涉及古代三门峡环境变迁的有关研究成果。挖掘、搜集三门峡各地与生态文化相关的各种文献、碑刻和墓志等第一手资料。生态文化史纲上限可达上古（史前考古时期），下限为1840年。

【打击破坏森林资源违法犯罪活动专项行动】 6月5日至8月31日，在河南省统一部署下，全市森林公安机关重拳出击，依法严厉打击各类破坏森林资源违法犯罪活动。行动期间，共出动人员3 100人次，办理各类涉林案件175起，其中刑事案件立案14起，破获14起，抓获犯罪嫌疑人14人；查处林业行政案件161起，收缴木材183.12立方米，收回林地2.09公顷，清查木材交易市场、收购站（处）144处，清查木材经营加工场所（处）117处，清查征占用林地场点（处）108处，使三门峡市破坏森林资源违法犯罪行为得到有效遏制，林区社会治安秩序进一步好转。

【云南省临沧市考察团到三门峡市考察】 6月14日，云南省临沧市市长何剑文率市政府考察团到三门峡市，重点考察核桃产业化发展及中后期管理。临沧市考察团先后深入卢氏县范里镇大原核桃生产基地、横涧乡营子村核桃育苗基地和沙河乡留书岭万亩无公害核桃基地,对三门峡市核桃产业发展进行深入细致的考察。两市还相互交流了核桃产业化发展的经验和做法。

【三门峡市大鲵繁育工作技术研究中心成立】 6月23日,三门峡市大鲵繁育工程技术研究中心在卢氏县横涧乡下柳村挂牌成立,标志着三门峡市乃至河南省以科技为支撑保护开发利用大鲵资源的企业运作格局正式形成。该中心占地1公顷,至年底,建成孵化车间200平方米,修建地下养殖场98口,面积970平方米,整合大鲵160余尾,多数为8龄以上成鲵,力争3年至5年建成中原乃至全国知名的大鲵训练繁育示范中心基地。

【举办林业行政执法培训班】 7月5日至19日,市林业局委托河南省林业学校在洛阳市对全市林业行政执法人员分批举办两期林业行政执法培训班,培训人数达109名。河南省林业厅政策法规处的林政执法专家和河南省林业学校的知名法律教师就林业行政执法概况、林业行政执法证据及其应用、林业行政复议、林业行政诉讼、林地保护管理、林地利用审批、林权管理服务、林业行政案件文书制作和档案管理等内容进行详细讲解,并对近年来出现的林业行政执法典型案例进行交互式探讨和交流。培训结束后,所有学员参加统一考试,并取得岗位培训合格证书。通过系统培训,进一步加强林业行政执法队伍建设,规范林业行政执法行为,提高行政执法水平,为加快推进林业依法行政、文明执法奠定良好基础。

【国家森林公安局派出所等级评定检查组到三门峡市检查】 8月6日至7日,国家森林公安局派出所等级评定和执法质量考评检查组第5组一行2人在河南省森林公安局治安刑侦科科长刘高峰的陪同下,到三门峡市对全市森林公安机关派出所等级评定和执法质量考评工作进行实地检查督导。检查组一行先后实地检查卢氏县森林公安分局、卢氏分局五里川派出所、卢氏分局东湾派出所、渑池县森林公安局和三门峡市森林公安局,并详细查阅执法台账、执法规范化建设材料、运用“网络执法监督系统”办理案件情况、派出所等级评定相关业务等资料。

【河南小秦岭获国家地质公园资格】 8月20日,国土资源部公布新批准的第5批国家地质公园名单,地处三门峡市的河南小秦岭获国家地质公园资格。这一评审结果,填补了三门峡市国家地质公园的空白,标志着三门峡市公园形态的进一步丰富和影响力的提升。河南小秦岭国家地质公园总面积约177.06平方千米,是地质遗迹景观、山水自然景观及地矿开发景观相结合的综合性地质公园,属典型的变质核杂岩分布区,地质地貌经历了6 500万年的侵蚀作用而形成多姿多彩的流水地貌和水体景观。景区完整地保存了距今50亿年~30亿年地壳内部被抽拉拆离断层构造的地质遗迹,群峰叠嶂、流水潺潺、潭瀑相连。石瀑景观大气恢宏,春华秋实、夏瀑冬冰,一年四季风云雪月、气象万千。

【陕县巩固退耕还林成果就业创业技能培训项目正式启动】 8月25日,陕县巩固退耕还林成果退耕农民培训项目正式启动。该项目计划用8年时间,对全县所有乡(镇)退耕还林农民进行培训,计划投资1 946.8万元,共培训农民38 568人次,按照“围绕主导产业,培训专业农民,进村办班指导,发展一村一品”的总体思路,以实用技术和技能培训为载体,采取集中培训、现场指导和技术服务相结合方式。通过培训,提高退耕还林农民的务农水平和就业能力,从而实现农业增效和农民增收的双赢目标。2009年,首批在大营、原店、张汴、张湾4个乡(镇)的35个行政村培训,培训退耕还林农民4 821人。

【河南省伏牛山区护林防火联防委员会第37次会议在三门峡市召开】 10月21日,河南省伏牛山区护林防火联防委员会第37次会议在三门峡市召开。会议对联防区两年来的森林防火工作进行总结,交流森林防火工作经验。副市长、市公安局局长崔保连和省林业厅森林防火办有关领导出席会议。会议指出,两年来,伏牛山区护林防火联防区形成了齐抓共管、多方联动的工作格局,森林防火责任全面落实,全民防火意识不断增强,火灾事故明显下降。

【“2009保护白天鹅活动”正式启动】 11月26日,三门峡市在天鹅湖畔举行“2009保护白天鹅活动”启动仪式。市委副书记、市长杨树平,市人大常委会主任赵继祥,市政协主席郭秀荣,市委常委、副市长赵光超,市政协副主席、市发改委主任高从民等出席启动仪式。参加启动仪式的还有市直有关部门负责人及部分志愿者。仪式结束后,杨树平等市领导与部分志愿者一道来到天鹅湖边一同为白天鹅抛撒食物。三门峡市从2009年起,每年由市粮食局提供1万千克玉米、市财政局从财政预算资金中列出10万元资金,分别用于白天鹅的保护工作。

【全市“十二五”期间年森林采伐限额编制工作全面启动】 12月8日至9日,三门峡市组织林政管理和技术人员参加省林业厅组织的第1批“十二五”期间年森林采伐限额编制工作培训班,标志着全市“十二五”期间年森林采伐限额编制工作全面启动。此次编限基础工作由各编限单位在2010年2月初完成,由市林业局审核后统一报省规划院最终形成相关数据。经省林业厅审核后,由省政府报国务院批准。

【林业产业快速发展】 2009年,三门峡市因地制宜、适地适树、集中连片、成规模地建设和发展了各具特色的林业产业基地;紧紧抓住林业资源丰富的优势,拉长了产业生产链条,大力发展林产品加工业;积极促进以生态旅游为主的生态文化的发展,为发展现代林业注入了新的活力。至年底,全市共完成林业产值55.85亿元,其中一、二、三产业产值分别为26.26亿元、20.79亿元、8.80亿元。 (刘玉明)

水　利

【概况】 2009年,三门峡市水利局紧紧围绕水利基础设施建设这一主线,坚持以人为本、依法治水,坚持人与自然和谐,防汛抗旱并重,开源节流并举,以加快水利基础设施建设为重点,以深化水利体制改革为动力,以争取项目资金为基础,同舟共济,求实创新,突出抓好民生水利,千方百计保障饮水安全、防洪安全、经济发展用水安全、生态用水安全,以水资源的可持续利用促进全市经济社会的可持续发展。

积极推进水资源的合理开发、高效利用和优化配置,进一步增强水利对农业和农村的支撑力度。全年水利工程供水量为25 490.3万立方米,其中蓄水工程供水6 144万立方米、引水工程供水9 616.9万立方米、机电井工程供水7 713.3万立方米、取水泵站供水2 016.1万立方米。全年水利资金总投入5.29亿元。全市新增节水灌溉面积2.01千公顷,新增有效灌溉面积2.10千公顷,新增旱涝保收田面积5.23千公顷,新增治理水土流失面积85.4平方千米,发展集雨水窖0.41万个,小水电发电量8 244万千瓦时,解决饮水安全16.96万人。

农村饮水安全 2009年,共完成了3批建设项目,累计完成投资8 484万元,其中各级财政资金7 282万元、群众自筹资金1 202万元,兴建各类饮水安全工程103处,解决饮水安全16.96万人,是政府下达责任目标8万人的212%。积极做好项目争取工作,完成全市2010~2013年农村饮水安全规划,为持续解决农村饮水安全问题提供了科学的依据。

农田水利 全市灌溉面积累计达到64.14千公顷,其中有效灌溉面积53.9千公顷、林地灌溉面积0.24千公顷、果园灌溉面积9.88千公顷、其他灌溉面积0.12千公顷;新增旱涝保收田5.23千公顷,累计达到45.11千公顷;新增有效灌溉面积2.1千公顷;新增节水灌溉面积2.01千公顷(其中喷灌面积0.02千公顷、低压管灌面积0.98千公顷、渠道防渗面积0.6千公顷、其他工程节水灌溉面积0.41千公顷),累计达到40.38千公顷(其中喷灌面积6.61千公顷、微灌面积0.67千公顷、低压管灌面积10.74千公顷、渠道防渗面积9.55千公顷、其他工程节水灌溉面积12.81千公顷);新增配套机电井209眼,累计达到4 254眼,装机容量65.96千千瓦。共有万亩以上灌区15处,有效灌溉面积达31.56千公顷。

水行政执法 组织召开全市水利执法工作会议,理顺工作关系,优化执法环境,提高队伍素质。始终坚持依法治水、文明执法,严肃查处水事违法案件。紧紧抓住"世界水日"和"中国水周"等特定时间,开展以"发展水利,改善民生"为主题的宣传活动,形式多样,内容丰富。在市中心设立咨询台,进行水法规知识咨询;展示以水资源管理、节约用水、水行政执法、抗洪救灾等为主要内容的宣传展板46块;散发各类宣传资料6 000余份;在市委、市政府门前悬挂大型彩球和条幅进行宣传,悬挂横幅20余条,在广场四周悬挂大型彩球及横幅10余条;利用新闻媒体开展宣传活动,在《三门峡日报》刊发署名文章"推进水利发展,着力改善民生";发动社会力量进行宣传,市区800余家取水和用水单位均在门前悬挂横幅和摆放版面进行宣传,营造良好的宣传氛围。突出重点,严查水事违法案件,有效维护正常的水事秩序。全年,依法查处水工程、水资源违法案件11起;调处水事纠纷13起;依法查处水保违法案件25起,编制水土保持方案16起。依法向市区435户计划用水单位下达用水计划,做到总量控制、季度考核;对124家企事业单位提出创建节水型企业(单位)的明确要求和具体规范;对自备井用户的计量设备进行更新和改造,统一水表型号,准确掌握用水量,提高规费征收率。加强河道规范化管理,全年办理河道管理范围内建设项目许可5项。加大水利工程质量监督力度,全年完成监督事项36起,保证了水利工程健康安全有效运行。

杯赛活动 三门峡市"红旗渠精神杯"竞赛活动,动手早,规模大,效果实。以病险水库除险加固、农村饮水安全、水土流失治理、节水示范等工程为重点的各项水利基础设施建设快速推进。2009年,全市共投入农田水利基本建设用工879.1万个,投入大小机械38.7万台次,修复水毁工程127处,兴建桥、涵、闸等水工建筑物437座,治理河道堤防63千米,清淤沟渠96条、23.85万米,新打配机电井209眼,建塘坝130处,铺设节水管道31万米,年新增节水能力120万立方米。累计投入资金5.29亿元,其中国家和省投资2.61亿元、市县乡各级财政共投入2.14亿元、群众自筹2 312万元、社会筹资3 116万元。共完成工程量1 605万立方米,其中土方1 518.5万立方米、石方71.5万立方米、砼15万立方米。

防汛抗旱 当年汛期(6月~9月),全市面平均降雨量为349毫米,为同期多年平均降雨量(408.8毫米)的85.4%,降水偏少。汛期共出现明显降雨过程18场次,降雨区域分布特点是:东部地区较小,西部和南部较大。

主要汛情 8月16日至17日,三门峡市各县(市)区出现的强降雨过程中,卢氏五里川、朱阳关、汤河,渑池县陈村乡、张村镇、英豪镇共6个乡(镇)降水量超过100毫米,降水量超过50毫米的有23个乡(镇)。此次强降雨过程,使卢氏、渑池两县遭灾较为严重,受灾范围涉及19个乡(镇),受灾群众74 198人,损坏房屋358间,农作物受灾面积3.45千公顷(其中粮食作物3千公顷),农作物受灾面积3.25千公顷(其中粮食作物2.52千公顷,农作物绝收0.73千公顷),冲毁路基路面145.18千米,公路中断6条次,线路损坏2.8千米,损坏堤防0.02千米,造成直接经济损失2 900万元。

主要旱情 2009年,全市抗旱工作主要集中在1月至2月,是2008年11月以来抗旱工作的延续。此次干旱是1961年以来最为严重的大面积干旱,给工农业生产造成一定的影响,部分地方人畜饮水受到严重威胁。全市农作物受灾83.04千公顷,作物受灾面积37.81千公顷,其中绝收面积1.56千公顷,损失粮食2 750万千克,经济作物损失0.21亿元。抗旱期间,全市最高日投入抗旱劳动力12.33万人,开动抗旱设备1 398台(套)、机电井2 145眼、泵站139处,累计投入运水车辆0.61万辆。浇地33.74千公顷,39.5千公顷次,挽回粮食损失5 710万千克,挽回经济作物损失0.63万元。临时解决2.29万人、0.31万头大牲畜的临时饮水困难。

大、中型水库水情 汛末10月1日8时,各大、中型水库总蓄水量为4 876万立方米,与汛初6月1日总蓄水量4 865万立方米相比,增加511万立方米。窄口水库因除险加固施工,水位较2008年低4米左右,库容减少1 000万立方米。6月17日20点,窄口水库最大入库流量仅17.1立方米每秒。三门峡水库汛期一直保持汛限库水位305米以下运行。

主要河道水情　黄河潼关站:2009年汛期共出现大小洪峰6次,其中汛期最大洪峰为9月16日11时30分,洪峰流量为2 390立方米每秒,水位328.10米;最小流量115立方米每秒,出现在7月9日8时,最低水位326.40米。黄河三门峡(坝下)站:全年汛期共出现5次洪峰,上游万家寨水库放水,黄河小浪底水库调水调沙,三门峡水库6月29日20时42分出现全年最大泄量为4 470立方米每秒,相应最高水位278.61米;全年最小流量0.35立方米每秒,最低水位271.24米,出现在7月4日14时。洛河上游灵口站:全年汛期共出现大小洪峰6次,其中汛期最大洪峰出现在7月22日11时,水位98.30米,洪峰流量为630立方米每秒;最小流量8.7立方米每秒,最低水位96.55米,出现在7月6日8时。洛河卢氏站:全年汛期出现5次较大洪峰,最大洪峰是7月22日20时,最高水位8.48米,相应最大流量592立方米每秒;最小流量2.35立方米每秒,最低水位6.66米,出现在7月5日8时。

水土保持　继续坚持人与自然和谐共处和可持续发展的理念,生态项目建设取得重大进展。全市续建和新争取水保重点项目10项,批复总投资2.53亿元。其中列入国家水保重点项目7个,批复总投资1.9亿元。卢氏县老灌河上游水土保持综合治理项目区1月开工建设,全年完成投资1 110万元,其中国家投资721.5万元,共治理水土流失面积37平方千米。陕县大架河坝系及渑池青莲河坝系累计下达国家投资1 138万元,共建成大、中、小型淤地坝29座。伊洛河流域渑池水土保持项目区二期工程2009年完成投资350万元,治理水土流失面积23平方千米。卢氏县焦子河坝系和湖滨区黄芦沟坝系可行性研究报告获省发改委批复,批复总投资5 880万元,其中中央投资3 884.4万元。陕县永昌河上游水土保持综合治理、渑池南涧河水土保持、卢氏县杜关河水土保持和灵宝市坝底河上游水土保持等4个项目区,可研报告通过省水利厅技术审查,项目区总投资10 997万元,其中中央投资6 888.6万元,总治理面积282.77平方千米。

【山口水库复建工程】　山口水库位于陕县张茅乡境内青龙涧河1级支流山口河上,坝址以上控制流域面积28.15平方千米,多年平均径流量321万立方米。规划总库容503万立方米,兴利库容284万立方米,死库容69万立方米。是一座以城市生态用水为主,兼顾防洪、供水、农业灌溉的小(一)型水库。工程总投资7 413万元,计划工期为33个月,预计于2012年8月底竣工。2009年4月26日,经市政府会议确定,由市水利局负责筹建山口水库复建工程;7月27日,项目建议书得到省发改委批复;10月19日,山口水库复建工程"防洪影响评价报告"和"水土保持报告书"通过专家组审查;12月30日,项目可研报告得到省发改委批复,12月31日正式开工建设,由三门峡市水利局负责具体实施。

【抗洪抢险】　5月10日,三门峡市城市引水工程卫家磨灌区红线渠大西岭渡槽段发生险情,直接关系到三门峡市区30万人的饮水问题。险情发生后,市委书记李文慧书记,市委副书记、市长杨树平市长先后到现场指挥抢险,市防汛抗旱指挥部副指挥长、市水利局局长靳跃军带领20余名相关技术人员,在武警、消防及铁军2团官兵们的配合下,经过30多个小时的奋战,于11日15时40分,排除险情,保证大西岭渡槽段安全通水。

【3个水土保持项目获批复】　1月6日,黄河水利委员会正式审核通过湖滨区黄芦沟坝系和卢氏县焦子河坝系可行性研究报告;1月13日,卢氏县老灌河上游项目区水土保持综合治理工程初步设计报告获省水利厅批复,项目正式进入实施阶段。黄芦沟坝系涉及湖滨区会兴街道办事处和高庙、磁钟2个乡(镇)12个行政村,计划用3年时间新建大、中、小型淤地坝19座,坝系总库容872.28万立方米。焦子河坝系位于卢氏县官道口镇,批复3年时间建设淤地坝25座,坝系总库容638.3万立方米。老灌河上游项目区水土保持综合治理工程涉及卢氏县五里川、汤河两个乡(镇),项目区总面积191.66平方千米,计划用3年时间治理水土流失面积88.84平方千米。3个项目合计总投资8 092.93万元,其中国家投资5 316.88万元。工程全部建成后,可治理水土流失面积153.25平方千米,可形成新的水面44处,年增加水资源蓄积3 000万立方米。这些项目的实施,将对三门峡市的生态文明建设起到巨大的促进作用。

【全市冬春农田水利基本建设动员暨"红旗渠精神杯"竞赛总结表彰大会】　11月17日,市水利局召开全市冬春农田水利基本建设动员暨"红旗渠精神杯"竞赛总结表彰大会。会议回顾了2008年以来三门峡市农田水利基本建设工作,表彰2008年度"红旗渠精神杯"竞赛活动先进单位、有突出贡献的领导干部和"四荒"开发先进个人及节水灌溉先进单位。在会上,确定的目标任务是:2009年冬至2010年春,全市农田水利基本建设计划投入5.01亿元,完成土石方1 028万立方米,投工456万个,新增有效灌溉面积2 000公顷,新增旱涝保收田2 000公顷,发展节水灌溉面积2 000公顷,治理水土流失面积80平方千米,完成坡改梯2 000公顷,新打集雨水窖0.4个,新增供水受益人口12万人。　(刘宝军)

【陕县吊坡水库除险加固工程】　该工程位于陕县张湾乡,黄河1级支流苍龙涧支流后河,1959年3月开工,1960年8月建成。控制流域面积13.8平方千米,总库容285万立方米,是一座以防洪为主,兼顾灌溉、养殖为一体的小(一)型水库。本次除险加固设计洪水标准取50年一遇,校核洪水标准取300年一遇。工程总投资497万元,2009年10月10日开工建设,计划2010年10月底全面竣工。　(侯双亚)

【灵宝市白虎潭水库建设项目】　工程于11月9日开工建设。白虎潭水库位于宏农涧(断密涧河)中上游,坝址位于苏村乡坂里村,距灵宝市区15千米。控制流域面积116平方千米,是一座以城乡居民供水为主,兼顾防洪、灌溉、发电的水库。水库由大坝(包括挡水坝段和溢流坝段)、排水洞、供水取水口以及下游电站组成。设计总库容999万立方米,兴利库容597万立方米。大坝为碾压式砼重力坝,设计坝高76.3米,坝顶长175.32米。泄流建筑物为坝顶无控制溢流堰，电站装机 2×100 千瓦，多年平均发电量为170 万千瓦时。工程总投资为 15 082 万元，工程量 62.04 万立方米，工日 144.48 万个，计划工期 3 年。水库建成后，可成为弥补市区及周边乡镇供水不足的理想水源地，有效解决制约经济社会发展的用水瓶颈；可改善宏农涧河及东涧河的防洪体系，保护涧东新区、城市北区、尹庄镇区等下游 20 万人民群众的生命财产安全以及陇海铁路、郑西高铁、310 国道等国家重点工程的安全，达到 50 年一遇的防洪标准；年可向城市供水 820 万立方米、环境供水 180 万立方米，灌溉农田 860 余公顷。至 2009 年底，共完成投资 800 万元，完成工程量 6.5 万立方米，石方爆破钻孔 4 000 延米。

【灵宝市灵湖水库除险加固工程】 工程于 2 月 19 日开工。计划投资 438 万元，2009 年完成投资 198 万元，完成工程量 1.48 万立方米。铺设输电线路 0.7 千米，完成坝前清淤及坝体上游砌石护坡、溢洪道及溢洪道交通桥等工程。

【灵宝市小寨河水库除险加固工程】 3 月 2 日，灵宝市西阎乡北贾村小寨河除险加固项目开工。该项目投资 734 万元，建成后蓄水位将提高到 398.5 米，库容增加到 305 万立方米，蓄洪、行洪、灌溉、养殖等方面的效益十分突出，下游 16 个村的农业效益将得到有力提升。至年底，完成投资 235 万元，完成工程量 2.4 万立方米。

【灵宝市抗旱应急灌溉工程】 工程于 2009 年 3 月 1 日开工，4 月 10 日完工，工期 40 天。涉及窄口、跃进渠、建设渠、联合渠、观头等 5 个灌区。完成投资 764 万元，投工 0.56 万个，完成工程量 6.9 万立方米，其中土石方 5.3 万立方米，砌体 400 立方米，砼 1.5 万立方米，扩大灌溉面积 2 560 公顷。①窄口灌区，完成投资 482 万元，完成工程量 4.02 万立方米，配套各类建筑物 47 座，改造提灌站 5 座，延伸渠道 18.9 千米，扩大灌溉面积 1 560 公顷；②跃进渠灌区，完成投资 98 万元，完成工程量 1.52 万立方米，配套各类建筑物 17 座，延伸渠道 10.21 千米，扩大灌溉面积 350 余公顷；③建设渠灌区，完成投资 76 万元，完成工程量 0.57 万立方米，配套各类建筑物 57 座，延伸渠道 8 千米，扩大灌溉面积 260 余公顷；④联合渠灌区，完成投资 44 万元，完成工程量 0.42 万立方米，配套各类建筑物 6 座，延伸渠道 4.8 千米，扩大灌溉面积 160 公顷；⑤观头灌区，完成投资 64 万元，完成工程量 0.34 万立方米，配套各类建筑物 67 座，延伸渠道 7.6 千米，扩大灌溉面积 220 余公顷。 （李静莲）

【卢氏县中里坪水库以电代燃料项目】 该项目争取国家以电代燃料投资 465 万元，3 月实施，5 月通过省水利厅验收，分别在汤河乡高里坪、低里坪、汤河、河口、新坪、高沟口、葫芦嘴 7 个行政村发展代燃料户1 424户。总投资 933 万元的火炎电站改扩建代燃料项目，10 月开工，至年底，完成电站渠首坝加固、渠道倒虹吸处理、涧北引水工程及2 500米渠道的防渗处理，累计完成投资 550 万元。总投资 6 900 万元鸭鸠河电站，设计装机4 800千瓦，11 月正式开工，至年底，完成前池部分工程开挖和隧洞部分掘进，完成投资 300 万元。

【卢氏县葫芦湾水库除险加固工程】 葫芦湾水库位于卢氏县沙河乡，属洛河水系沙河支流葫芦湾沟，距沙河乡约 7 千米，控制流域面积 12.4 平方千米，水库总库容 164 万立方米，兴利库容 107 万立方米。是一座以防洪为主，兼顾灌溉、养殖等综合效益的小（一）型水库。水库主要建筑物由大坝、溢洪道、输水洞 3 部分组成。除险加固工程 2008 年 6 月开工，2009 年 4 月竣工，到位资金 274 万元，分别完成水库上下游坝坡及坝顶整修、溢洪道明渠段局部挡墙加高、隧洞拓宽、输水洞斜卧管进水口改建、大坝上、下游 6 个渗流观测孔布设、6 个坝体变形观测桩修建等建设内容，累计完成工程量 4.87 万立方米。

【卢氏县双庙水库除险加固工程】 双庙水库位于卢氏县文峪乡泉水峪河上的双庙峡谷内，上游控制流域面积 22 平方千米。除险加固工程 5 月开工，到位资金 311 万元，至 2009 年底，修筑蓄水池 1 座，铺设管道 1 800 米，完成上下游坝坡环氧砂勾缝、非溢流坝段加高、溢流堰拆除及支护，完成投资 178 万元。

【卢氏县石门水库除险加固工程】 工程 10 月开工，到位资金 327 万元，至 2009 年底，完成坝两端重力墩拆除及坝前清淤，完成投资 103 万元。

【卢氏县洛河营子段河堤修复工程】 该工程是特大防汛经费项目，总投资 112 万元，4 月开工，8 月竣工，建成河堤 500 米。

【卢氏县 2008 年度新增老灌河上游水土保持项目】 项目 2008 年 12 月底开工，2009 年 4 月底完工，共完成投资 1 110万元。完成疏溪固堤 6 400 米，清理河道淤砂 20 万立方米，建拦沙坝 1 座、塘堰 1 座、干砌石谷坊 160 座，造林 200 公顷，生态修复 3 500 公顷，分别在汤河乡义节沟、小沟河、柴家沟、高沟、五里川镇干沟五条流域治理水土流失面积 37 平方千米。 （莫 媛）

【义马市常窑水库除险加固工程】 总投资 846 万元，完成大坝防渗面板浇筑，坝体稳定加固处理，启闭机及闸门修复安装、防汛道路整修、管理房建设等，于 5 月 25 日正式建成投入使用。

【湖滨区青龙涧河侯桥段治理工程】 工程于 2008 年 11 月开工，2009 年 7 月底全面完工。总投资 681.44 万元，治理河道 311 米，新修沥青路面 4 710 平方米，新修人行道 2 983 平方米，绿化面积 2 077 平方米，共完成工程量 27.84 万立方米，其中土石方 26.98 万立方米、砼 0.65 万立方米、砌体 0.22 万立方米。

（刘宝军）

黄河库区管理与移民安置

【概况】 2009 年，三门峡黄河库区防洪工程建设和工程管理工作稳步推进，库区防汛、水政水保工作有序开展，移民遗留问题处理和后期扶持工作进展顺利，社会效益、经济效益良好，库区移民总体思想稳定。

工程管理 对2009年水利工程维修养护项目进行年度验收,编制上报并下达498.47万元的2009年工程维修养护经费实施方案。完成24处工程的维修养护任务,工程总长度40.62千米,修筑丁坝47道、坝垛251个、土联坝35.8段、石联坝167.04段、护岸211段,提高了工程的防洪能力,保护了库区沿岸村庄和移民群众生命财产安全。

基本建设 完成《黄河潼关至三门峡大坝河段近期治理工程可行性研究报告》土地预审及建设用地意见,并上报黄河水利委员会。完成辛店应急防冲工程初步设计审查审批有关工作,水利部批复辛店应急防冲工程1 920米,预算投资2 554万元。编制上报河南三门峡库区2010年中央水利建设投资建议计划及2011年框架计划。

水政管理 补充完善项目信息管理库,对河道采砂进行重新登记、认证。组织一期水行政执法规范化培训。审批陕县黄河湿地管护在码头建设项目。安排下达年度水保项目计划,及时填写、报送有关统计报表。

移民管理 完成2008下半年大中型水库农村移民后期扶持直补资金发放任务,发放移民人数117 728人,发放资金3 531.84万元。下达2008年度大中型水库移民后期扶持结余资金项目计划和2008年度小型水库移民后期扶持计划,计划安排项目145个,计划资金1 613万元。至年底,完成项目68个。按照省移民办要求,上报三门峡水库、故县水库移民6年规划总结报告。上报2009年度小型水库移民后期扶持基金项目21个,申请上级资金250万元。对各县市移民部门大中型水库移民后期扶持资金发放情况进行全面审计。认真做好移民群众的来信、来访工作,保证移民区域的和谐稳定。

【两年查处虚假移民2 919人】 国务院关于完善大中型水库移民后期扶持政策实施以来,三门峡市各级纪检、监察、公安、信访、移民等部门密切配合,严格按照国发17号和豫政57号文件中明确的核定登记范围、登记对象和核定办法,澄清移民身份,界定扶持人口,严肃查处虚假移民。至2009年底,根据群众举报,通过查假治假工作,共查处虚假移民2 919人,每年为国家挽回经济损失175.14万元。

【卫家磨、西段村水库移民纳入大中型水库移民后期扶持范围】 根据水利部的核定,三门峡市卫家磨、西段村两座水库移民3 230人纳入大中型水库移民后期扶持范围,从2009年起,享受共20年、每人每年600元资金直补的待遇。

【积极应对黄委组织桃汛洪水冲刷降低潼关高程试验】 3月16日至26日,黄河水利委员会再次利用桃汛洪水冲刷降低潼关高程试验。三门峡市黄河防汛部门周密安排,积极应对,确保库区安全。沿黄防汛部门、工程管理站所启动防洪运行机制;加强防汛值班,确保信息畅通;加强防洪工程巡查和重点塌岸、塌滩段检视,一旦发生险情及时果断处置,力争使险情损失降低到最低限度。其间,进入库区洪水调控在2 500立方米每秒以下(潼关水文站),三门峡水库水位降低范围在313米。其中,灵宝河段盘西由于桃汛主流顶冲,回流淘刷影响,3月24日14时发生28米防洪工程滑塌,造成根基笼石及护坡石料冲毁走失,属一般险情。险情发生后,黄河防汛部门上下协同,快速反应,紧急动用防汛备石120多立方米应急抢护控制了险情。3月27日,黄河桃汛洪水冲刷降低潼关高程试验结束。三门峡市黄河库区180余千米河岸,23处43千米的防洪工程总体安全。

【辛店应急防冲工程获水利部批复】 6月11日,水利部批复三门峡市黄河河务移民管理局上报的《黄河三门峡库区辛店应急防冲工程初步设计》。批复工程长度1 920米,拓宽改建防汛道路740米,概算总投资2 554万元。辛店应急防冲工程位于陕县辛店村北,由于受上游来水来沙及蓄水影响,多年累积塌岸长5 500米,塌没耕地266.67公顷,直接危及陕县惠能电厂、郑西高铁、连霍高速公路等国家重要基础设施的安全。工程实施后,将减少库区淤积,稳定河势,稳定和保护三门峡库区黄河湿地,受到影响的工厂、铁路、公路、村庄将得到有效保护,对稳定移民村生产、生活及建设和谐三门峡将起到积极作用。

【2009年黄河汛期三门峡库区总体安全顺利】 2009年,黄河汛期从6月15日开始,至10月31日结束,黄河三门峡库区总体安全顺利。当年进入黄河三门峡库区的洪水总体偏小,属平水年份。整个汛期没有出现超过3 000立方米每秒的洪水,超过2 000立方米每秒洪水仅有2次,超过1 500立方米每秒的流量12次。其中最大的一次洪水发生在9月16日,潼关流量2 360立方米每秒;较小流量发生在8月16日,潼关流量164立方米每秒。整个汛期,三门峡库区累计3处6段工程出险,出险长度178米,其中较大险情4次、一般险情2次。抢险共投入土石方6 150立方米,投资58.75万元。塌岸长度10 680米,最大塌宽120米,累计塌岸面积76.03公顷,其中东古驿、辛店高岸严重坍塌。塌滩长度4 355米,塌滩面积12.26公顷,其中稠桑、官庄坍塌比较严重。

【黄河三门峡库区灵宝冯佐等3处应急防洪工程通过国家验收】 9月3日,黄河三门峡库区总规模1 240米,投资863.70万元的灵宝冯佐、陕县七里、湖滨小安等3处应急防洪工程,通过国家验收,转入正常运行使用。2005年至2006年前后,因三门峡水库运行方式变化、水库调水调沙、洪水冲刷等原因,造成黄河灵宝冯佐、陕县七里、湖滨小安3段近1 550多米的河岸、工程严重坍塌后退,大面积耕地、农作物、林木塌没河中,直接影响、威胁到所处地域防洪抗洪能力和地方交通道路安全。为此,经积极争取,黄河防总批复应急抢护修建防洪工程。3处工程主体和防汛道路、备石、管理房等附属设施2007年底前全部完成,之后先期试运行。2009年9月3日,通过黄河水利委员会验收,同意正式交付运行管理单位(灵宝、陕县、湖滨黄河河务局),转入正常运行使用。

【黄委组织2009年黄河潼三段汛后河势查勘】 10月12日至15日,黄河水利委员会组织河南、山西两省三门峡库区管理局有关防汛、工程业务技术人员对黄河潼三段2009年汛后河势进行实地查勘和评审讨论。会议对潼关至三门峡大坝河段2009年汛期河势变化、汛末河道形态，工程靠流、工程出险等有了全面了解，对存在的主要问题、河势变化原因以及发展趋势达成共识，并在此基础上，初步提出2010年应急度汛工程和水毁修复工程建议项目。会议还根据近年三门峡水库运用方式调整变化和库区新建工程运行实践以及防汛工作实际，经过充分讨论，提出调整改进库区河道治理思路、策略，抓紧库区前端防护（护滩、护岸）工程布设，加大防汛业务、水毁工程修复投资力度等项建议报告。

【三门峡市小浪底水库移民资金绩效考评最佳】 小浪底水库移民专项资金实施情况调查审计是小浪底水库全面终验的重要组成部分。11月2日，水利部移民开发局下发通知，河南省监察厅、审计厅、省移民办及社会中介机构联合对三门峡市小浪底水库移民资金投放结果进行绩效考评。自1992年开始，中央对三门峡市小浪底水库移民搬迁安置共拨付资金5.79亿元（渑池县3.98亿元、陕县0.38亿元、义马市1.43亿元），全市完成投资5.77亿元，未发生一起贪污、挪用、截留，项目实施率达99.9%，移民群众满意率100%，整体绩效居全省第1位。

【黄河三门峡段防洪工程2010～2012年维修养护规划获批复】 11月10日，水利部黄河水利委员会批复由三门峡市黄河河务移民管理局上报的《河南省三门峡库区2010～2012年工程维修养护规划》。规划项目总投资1 495.41万元，其中灵宝段972.3万元、陕县段222.39万元、湖滨段300.72万元。三门峡市黄河河务移民管理局争取通过3年的时间，对黄河三门峡段防洪工程进行全面的维修养护，确保工程的安全完整，使工程面貌得到显著改善，充分发挥工程抗洪效益和生态效益，达到工程沿线工程安全、道路畅通、绿树成荫、人水和谐，成为黄河沿岸的靓丽风景线。

【黄河三门峡段防洪工程维修养护资金通过国家审计】 11月18日至20日，受水利部委托的北京中建华会计事务所对三门峡市黄河河务移民管理局2007年至2009年工程维修养护资金1 414.65万元进行审计。审计组实地查看工程现场、查阅工程维修养护资料以及会计凭证等相关资料。审计组认为：维修养护资金在使用过程中，项目管理规范，符合国家维修养护管理程序，工程结算手续完备，会计账簿的设置、工程收支的核算均符合国家规定。

【王官小流域综合治理通过验收】 11月20日，三门峡市黄河库区王官重点小流域水土保持综合治理项目通过由省水利厅组织的专家验收小组的竣工验收。王官小流域是黄河1级支流，总面积24.99平方千米，位于湖滨区东南部，东邻陕县张茅乡，西至三门峡市区城乡结合部，南接湖滨区交口乡，北临黄河。该流域海拔较高，其间丘陵沟壑，地形破碎，山势峻峭，沟谷深而狭窄，坡面冲刷及线状侵蚀严重。王官小流域治理项目于2007年开始实施，2009年10月结束，总投资121.19万元，完成治理面积9.84平方千米，其中基本农田改造801.7公顷，营造乔木林281.5公顷，经济林88公顷，封禁治理491.3公顷，种草41公顷，其他工程措施86处（座）。王官小流域通过综合治理，使流域内水土流失得到有效控制，效益明显。经测算，每年保土9 580万千克，保水242.44万立方米，保土保水效益比治理前分别提高21.91%、3.77%。通过水土流失防治，流域可达到水不下山、泥不出沟，水土流失基本得到控制，减轻水土流失对土地的侵蚀破坏和洪水泥沙灾害。可增产粮食68.33万千克；经济林、果园增产果品39.6万千克；乔木林增产木材844.5立方米；人工草增产饲草9.48万千克。各项措施新增产值214.43万元，人均纯收入由1 797元提高到2 568元，增长1.43倍。此外，梯田增多，道路交通方便，减轻了群众劳动强度，提高了劳动生产率，并且土地利用结构趋于合理，农业用地比例逐渐协调。

【黄河晋陕豫交界区开展入河排污联合调查】 11月25日，黄河流域水资源保护局会同黄委水政局、水调局，山西、陕西、河南3省的地方水行政主管部门及三门峡库区水文水资源局组成联合调查组，开始对黄河晋陕豫交界区入河排污情况展开联合调查。此次调查的范围是黄河龙门水文站至三门峡黄河公路大桥河段，将重点摸清向黄河直接排污的企业生产运行情况和污染防治措施、城市生活污水处理和主要支流水质现状等，必要时将现场取样监测。这是当年黄河流域水资源保护局组织的第2次省界交汇区域的执法检查。

（胡海林）

农业机械化

【概况】 2009年，全市农机部门紧紧围绕“再造一个三门峡，跻身中原崛起第一梯队”的奋斗目标，认真贯彻落实科学发展观，以调整优化农机发展结构、增加农民收入为己任，开拓进取，扎实工作，实现了全市农机化事业的持续、快速、健康发展。

农业机械原值持续增长，达到11.56亿元。农机总动力和主要农业机械平稳增长。全市农机总动力达161.6万千瓦，比上年增加4.21万千瓦，增长4.67%。其中柴油发动机动力135.56万千瓦，比上年增加6.55万千瓦，增长5.08%；汽油发动机动力1.26万千瓦，比上年增加0.28万千瓦，增长28%（主要原因是畜牧养殖类机械有所增加）；电动机动力24.78万千瓦，比上年增加0.38万千瓦，增长1.55%。农用拖拉机拥有量为3.88万台，比上年增加0.31万台，增长8.77%。其中：大中型拖拉机2 558台，比上年增加400台，增长16.17%；大中型拖拉机配套农具5 362部，比上年增加700部，配套比1∶2.1；小型拖拉机36 217台，比上年增加2 800台，增长8.28%；小型拖拉机配套农具55 499部，比上年增加800部，配套比1∶1.5。联合收获机1 354台，比上年增加400台，增长35.26%。

主要农田机械作业水平稳中有升。至年底，全市完成机耕面积94.65千公顷；完成机播面积84.78千公顷；完成机收面积55.85千公顷，其中小麦机收面积51.67千公顷，玉米机收面积4.31千公顷。其他单项农机化作业水平稳中有升。机械脱粒粮食3.38万千克，比上年增加0.91万千克，增长37.1%。农机服务体系日益完善，农机作业、农机修理、农机经营共同发展。全市农机作业服务组织达 74 个，较上年增加 41 个；农机户 65 816 个，较上年增加 1 888 个；农机修理点 994 个，较上年减少 1 个；农机经营机构 296 个，比上年减少 12 个；乡村农技人员达 83 378 人。

农机经济效益大幅增长。2009 年，全市农机经营总收入达 45 575.7 万元，比上年增长 1 599.7 万元，增幅为 3.64%。

【农机购置补贴项目覆盖全市】 当年，全市农机部门共争取财政购机补贴资金 2 834 万元，比上年增长 256%，其中中央补贴资金 2 768 万元、省级补贴资金 6 万元、市级补贴资金 50 万元、县级补贴资金 10 万元。补贴农户和农机服务组织 5 201个，补贴机具涉及 11 大类、35 个品目，机具总数7 321 台，购机总额9 262 万元，分别比上年增长 168%、219%。针对三门峡市果、烟、菜、牧等特色农业发展需求，特色农业机械的数量得到较快发展。微耕机、田园管理机、手扶拖拉机、机动喷雾机、动力喷雾机、畜牧养殖机械、卷帘机等机械数量达到 3 021 台，占机具总数的 41%，受益农户 2 748 个，占补贴农户总数的 52%。2009 年，安排农机购置补贴工作时间早，比上年提前两个月；实施进度快，比上年缩短 3 个月。至 5 月底，全市已发放农机购置补贴资金 2 292 万元，落实补贴农户 4 221 户，补贴农业机械4 939台，其中耕地机械 1 575 台、种植施肥机械 150 台、田园管理机械 121 台、收获机械 464 台、排灌机械 97 台、畜牧养殖机械 337 台、动力机械 2 048 台、农田建设机械 1 台、设施农业机械 141 台、其他机械 5 台。在农机购置补贴工作中，农机部门严格按照公开、公正、公平、农民受益的原则，由农民自主自愿选择拟购补贴机具，按照政策公告、农民申请、县农机局初审汇总、张榜公示、签订协议、组织购机、统一编号等程序，实行阳光操作，严把补贴关，确保了政策的严肃性、工作的规范性和程序的统一性。

6 月 8 日，陕县张茅乡东村正在紧张收麦

【继续推广保护性耕作技术】 2009 年，依托灵宝市保护性耕作技术创新示范点和陕县的农业部保护性耕作项目区建设，市农机部门初步探索出了一条适合三门峡本地的耕作模式，并利用农机购置补贴政策的带动作用，积极稳妥地继续推广保护性耕作技术。当年，全市共试验示范推广实施保护性耕作技术面积 0.37 万公顷，新增保护性耕作机具 56 台。经调查统计，平均每公顷增产小麦 472.5 千克，共增产小麦 174.83 万千克，增加收入 249.9 万元，节省生产成本 142.5 万元，合计增收节本总值达 392.4 万元，取得显著的经济效益和生态效益。在保护性耕作创新示范点工作中，灵宝市组织科技人员对检测点小麦从播种到收获进行 21 次检测，旱作区试验田秸秆还田免耕播种增产 7 千克，增产率为 4.7%；大王沙坡试验水浇区增产幅度明显，增产 44.2 千克，增产率为 12.8%，进一步验证了保护性耕作小麦在不同生长环境下都能增产且减少生产环节、充分节本的事实，为保护性耕作技术的推广应用提供了第一手资料，为全市大面积推广奠定了基础。

【开展农机科技培训推广活动】 2009 年，市农机部门采取理论知识和现场操作相结合的方式，在全市开展大规模的农机科技培训推广活动。市、县两级共举办 68 期培训班，培训农机管理人员 91 人、农机安全监理人员 50 人、农机技术推广人员 45 人；乡村农机人员中，农机合作组织人员培训 57 人、农机大户 57 人、农机修理工 32 人；培训拖拉机驾驶员 2 669 人、联合收割机手 613 人；农机实用技术人员培训中，保护性耕作技术培训 2 376 人；其中享受“阳光培训”政策补贴的拖拉机驾驶员 876 人。

【3 家农机专业合作社获殊荣】 2 月 25 日，渑池县果园乡毛沟农机专业合作社、陕县喜耕田农机专业合作社、灵宝惠农农机服务有限责任公司被省委、省政府授予“全省农机合作社先进单位”称号；邓仲民、高爱玉、王晓飞、李振国、杨建群、薛院强、吕绍团、张建林被授予“全省粮食生产先进工作者”称号；员建设被授予“全省种粮大户标兵”称号。　（张文娜）

·编辑　李艺芬·

工
业

12 月 3 日，河南省电力公司、三门峡市人民政府共同推进三门峡电网发展框架协议签约仪式

综　述

【概况】 2009年,三门峡市全部工业增加值443.78亿元,比2008年增长12%,增速回落5.3个百分点。规模以上工业增加值380.8亿元,增长13.5%,增速回落6.2个百分点,其中轻工业增长10.3%,重工业增长13.7%,轻、重工业比例为6.1∶93.9。产品销售率为99.3%。

规模以上工业涉及的34个行业大类中,增加值居前10位的行业分别为:有色金属矿采选业114.8亿元,增长12.4%;有色金属冶炼及压延加工业62.77亿元,增长17.1%;煤炭开采和洗选业57.72亿元,增长24.6%;非金属矿物制品业27.38亿元,增长3.3%;电力、热力的生产和供应业25.6亿元,增长1.6%;化学原料及化学制品制造业14.19亿元,增长28.1%;非金属矿采选业11.88亿元,增长6.2%;专业设备制造业9.41亿元,下降6.4%;饮料制造业5.45亿元,增长0.7%;金属制品业5.36亿元,增长22.5%。

主要工业产品产量中,原煤比2008年增长6.5%,氧化铝增长15%,铝(电解铝)增长44%,黄金增长17.3%,铅增长37.4%,铜增长14.2%,化肥增长4.4%,铝材增长2%,发电量下降5.3%。

全年规模以上工业企业主营业务收入1 522亿元,比2008年增长13.4%,增速回落17.3个百分点;利润总额126.17亿元,增长6.1%,回落3.5个百分点。分所有制看,国有控股工业利润11.76亿元,增长45.2%;集体控股工业利润50.86亿元,增长14.2%;非公有制工业利润63.55亿元,下降4.1%。分行业看,34个行业大类中利润总额居前10位的行业分别为:有色金属矿采选业68.15亿元,增长17.1%;有色金属冶炼及压延加工业18.81亿元,下降40.8%;煤炭开采和洗选业9.54亿元,增长41.2%;非金属矿物制品业7.27亿元,增长0.2%;非金属矿采选业4.61亿元,增长36.1%;化学原料及化学制品制造业2.94亿元,下降2.9%;专用设备制造业1.84亿元,增长7.5%;黑色金属矿采选业1.77亿元,增长32.0%;金属制品业1.46亿元,增长11.5%;塑料制品业1.41亿元,增长2.4%。 (陈建民)

【全市6家企业闯入2008年度河南工业百强】 8月21日,省工业经济联合会发布2008年度河南工业百强企业榜单,三门峡市6家企业闯入全省百强,分别是:河南中原黄金冶炼厂有限责任公司(第17名)、义马煤业集团股份有限公司(第24名)、灵宝市金源矿业有限责任公司(第25名)、开曼铝业(三门峡)有限公司(第49名)、东方希望(三门峡)铝业有限公司(第51名)、灵宝黄金股份有限公司(第63名)。

【全市重点企业经济运行座谈会召开】 10月29日,三门峡市召开重点企业经济运行座谈会。市委副书记、市长杨树平强调,各地、各有关部门要调动一切积极因素,全力服务企业生产经营,强力推进工业经济持续平稳较快发展。各重点工业企业要继续坚定发展信心,提高经济效益,努力推动全市工业形势持续整体好转。市委副书记王建勋主持会议。副市长李琳,市长助理、市政府秘书长张建峰等出席会议。会上,李琳首先通报前三季度全市工业经济运行情况。随后,会议听取人行三门峡市中心支行、义煤集团、陕县恒康铝业公司、大唐发电公司、灵宝金源矿业公司等8个市重点金融部门及企业代表关于金融运行、生产经营等情况的汇报。 (计　彦)

建材工业

【概况】 2009年,三门峡市散装水泥推广工作效果显著。全年全市使用散装水泥22亿千克,全市散装水泥使用率达到54%以上,同比增长129.7%;征收散装水泥专项基金40.1万元。做好建筑施工企业用散管理,联合公安、建设、交通、发改、城管、环保等部门在全市范围限期禁止现场搅拌混凝土。4月20日,三门峡市召开“禁实推新”(禁止生产和使用黏土砖,推进新型墙体材料)工作会议,部署下一步重点工作。9月15日,三门峡市召开“禁实”工作会议,对全市“禁实”和发展新型墙体材料工作进行全面部署。与中国楹联协会、河南省散装水泥协会联合举办首届“仰韶杯”全国散装水泥文化楹联大奖赛,以楹联形式打造散装水泥文化,在全国范围引起强烈反响。共收到来自全国各30余个省、市、自治区1 600余人的4 900副作品,经过初评、复评、公示,共评出特等奖1名、一等奖3名、二等奖10名、三等奖20名、优秀奖50名,对于宣传、推广、发展散装水泥,全面提升全市商务工作形象起到了积极作用。 (周光逸　王　怡)

【豫西地区第1条水泥余热发电生产线并网投运】 2月13日,三门峡市首台水泥余热发电机组投产,即河南锦荣水泥公司投资7 200余万元建成的9 000千瓦余热发电机组成功并网发电,这也是豫西地区并网投运的第1条水泥余热发电生产线。

【巨人建材有限公司年产54万立方米新型墙体材料项目开工建设】 2月14日,三门峡巨人建材有限公司年产54万立方米新型墙体材料项目开工建设。该项目位于湖滨区工业园区,总投资3 000万元,占地面积1公顷。项目采用国内领先水平的轻质高强度复合墙体板彩釉瓦生产线,生产复合墙体板、彩釉瓦,产品有轻质、保温、美观、耐腐蚀防火、造价低廉等优点。

【“仰韶”水泥大批量用于国家重点工程兰渝铁路建设】 6月25日,渑池仰韶水泥有限公司发出20节车皮满载120万千克“仰韶”牌高标号水泥的列车,标志着“仰韶”牌水泥开始大批量进入国家重点工程兰渝高速铁路建设工地。兰渝高速铁路北起兰州,南至重庆,全长1 000余千米,总投资774亿元。仰韶水泥有限公司与建设方签订了为期6年、年供货量4亿千克以上的供货合同。

【豫西水泥公司年产11亿千克水泥粉磨站一期工程建成试车】 7月27日,作为灵宝市2009年重点工业建设项目之一的豫西水泥公司年产11亿千克水泥粉磨站一期工程建成试车。11亿千克水泥粉磨站项目是豫西水泥公司减少污染、减少二氧化硫排放,以熟料填加电厂粉煤灰炉渣水渣粉磨成水泥的项目。该项目总投资 6 000 余万元，建成达产后，年产水泥 11 亿千克，年可实现产值 3 亿元、利税 3 000 万元。该项目计划分二期建设，其中一期工程投资 3 800 万元，年产水泥 6 亿千克，年实现产值 1.5 亿元。（计　彦）

电力工业

【概况】 2009 年底，三门峡市发电装机总容量 335.36 万千瓦，全年发电量 124.72 亿千瓦时。其中，火电厂 12 座，装机总容量 287.3 万千瓦，全年发电量 108.57 亿千瓦时；水电厂 65 座（其中小水电厂 64 座），装机总容量 45.51 万千瓦，全年发电量 15.6 亿千瓦时；风电厂 1 座，装机总容量 2.55 万千瓦，全年发电量 0.55 亿千瓦时。三门峡供电公司全年完成售电量 101.59 亿千瓦时，比 2008 年增长 23.27%；综合线损率 3.84%，下降 0.208 个百分点；综合电压合格率完成 99.646%，比计划高 0.196 个百分点；供电可靠率完成 99.9657%。12 月 28 日，三门峡地区用电负荷达到 167.15 万千瓦，当日供电量达到3 691.78万千瓦时，创出年内第 31 次新高。

安全生产局面持续稳定。三门峡供电公司全年实现 3 个安全百天，截至 12 月 31 日实现连续安全生产 4 211 天，保持了安全生产的长周期稳定局面。严格落实各级安全生产责任，不断完善安全长效机制，全员深入开展安全警示教育，切实加强安全文化建设，强化了全体职工的安全责任意识。建立电网运行月度分析制度，开展春（秋）季安全检查、施工现场“飞行检查”“三查一整改”等活动，发现问题及时整改。推行标准化安全监督，严格规范作业行为，有效确保了基建施工和现场作业安全。结合地区电网实际，集中开展电铁危险点集中整治、树线矛盾集中整治和用户代维护线路集中检查整改活动，确保了重要时期、重大考验面前电网的平安运行。率先建立功能完备的应急指挥中心和市、县、客户 3 级应急联动机制，经受住抗旱保电、冻雨覆冰、灵宝金源矿业突发事件和“11 · 10”抗风雪保卫战等重大考验，圆满完成国庆 60 周年等重要保电任务，安全生产局面继续保持稳定。

电网规划发展迈上新台阶。全力协调完成灵宝换流站二期扩建施工和配合进行大功率交换试验，为国家电网“三华”同步连接、西电东送等战略部署作出重要贡献。将电网滚动规划与地方建设项目有效衔接，拟定未来 3 年落地新建 110 千伏及以上变电站 16 座，扩建（改造）11 座，新增变电容量 494.5 万千伏安、输电线路 244 千米，估算总投资 17.71 亿元。完成三门峡电网“十二五”发展规划编制和内审工作。全面贯彻落实统一坚强智能电网建设部署，切实加强智能电网宣贯和研究工作。推进河南省电力公司与市政府签订电网发展战略合作框架协议，为电网发展营造了良好的外部环境。保持规划设计与电网建设密切配合，推动重点项目顺利立项和开工建设，500 千伏三门峡东输变电工程顺利通过立项、评审和可研收口；“1811”电网发展提速工程提前竣工；列入省重点的项目共开展前期工作 10 项，开工 6 项，投运 9 项，顺利实现年初确定的“储备一批、开工一批、投运一批”的电网发展目标，为三门峡电网再次优化升级奠定了重要基础。

市场营销实现历史新跨越。12 月 16 日零时，三门峡供电公司年售电量完成 100.06 亿千瓦时，实现电量超百亿的历史新跨越，售电量增长率位居全省第 1 名。贯彻实施“煤电铝联动”机制，全力帮助困难企业恢复生产，共恢复负荷 51.2 万千瓦。启动并深入开展“一站式快捷服务年”活动，全力推进在建项目建设，业扩报装时间缩短 50%，施工速度提升 60%，共完成 10 个重点“契约式服务”项目，签约客户 255 户，新增客户 5 847 户，增加容量 64.41 万千伏安。深化生产精益化和营销精益化管理，大力推进状态检修和凌晨工程、零点工程，平均停电时间同比缩短 4.2 小时/户。牢固树立“人民电业为人民”服务宗旨，严格履行优质服务“十项”承诺，供电营业厅被评为“河南省群众满意的基层站所”。开展“迎祖国 60 华诞，展供电服务风采”主题活动，组织职工 550 余人，发放宣传材料 23 750 余份，现场接受业务咨询 1 133 人次、办理业务报装 5 户、处理故障 8 起，拉近了供电企业与广大客户间的距离。

加强高危及重要客户用电安全管理。认真贯彻落实上级关于进一步加强煤矿供用电安全的重要指示精神，多次组织开展安全检查，并将检查结果以正式文件形式送达市政府和相关企业，督促其尽快整改。治理率达 100%，没有发生重要用户停电事件。

科技创新和队伍建设卓有成效。加大科技创新力度，承担的 9 个研发课题全部通过鉴定（其中 4 个为国内领先、2 个为国内先进），有 3 个项目获河南省电力公司科技成果三等奖；出版论著 2 部；有 1 项发明专利、17 项实用新型专利收到国家专利局的受理通知书，有 12 项实用新型专利得到授权，“便携式电力自动化故障诊断系统”列入河南省电力公司 2009 年第 2 批科技项目计划。加强人力资源队伍建设，以岗位培训为抓手，深入开展基础培训、技能培训、职业教育和职业资格认证，不断健全完善岗位培训评价机制。充分发挥专业技术和技能带头人作用，广泛开展各种形式的传帮带教活动，切实加大专业紧缺人才、一线技能人才培养及新技术、新设备应用培训力度。进行人才结构分析和需求预测，完善劳动组织定员，依法规范各类劳动用工，探索新的用工分配形式，促进了全体职工立足本职岗位建功立业。

农电发展质量稳步提高。以服务“三农”、拓展市场为重点，成功应对抗旱、抗内涝等工作，开展农电特色服务，全力推行“服务家电下乡”活动，农电系统售电量比 2008 年增长 17.47%。加强农电安全和农网建设管理，各县（市）电业局安全纪录均保持 3 800 天以上，全市扩大内需工程、全市农网完善工程、卢氏第二电源工程等全部竣工，陕县、渑池县电气化县通过验收，支援四川地方电网恢复重建任务提前完成。落实农电同业对标措施计划，夺取全省农电综合管理标杆，并取得灵宝电业局应急管理和智能表库、卢氏电业局信访稳定、陕县电业局线损管理等多项专业管理标杆，其中灵宝局建成投用全省首家智能表库系统，其应急管理也是全省唯一一家县级应急管理标杆。

【220 千伏陕五线投运】 1 月 12 日，220 千伏陕五线顺利投运。220 千伏陕五线连接陕州变电站和五原变电站，是 500 千伏陕州变电站重要配套工程，总

投资 4 000 余万元,总长度 20 千米。它的投运,大大提升了三门峡市 500 千伏电网电量输出能力,同时还与其他等级电网相互配合,使三门峡地区 220 千伏电网更加稳定。

【220 千伏摩陕线与Ⅱ五摩线投运】 1 月 16 日,220 千伏摩陕线与Ⅱ五摩线顺利投运。220 千伏摩陕线与Ⅱ五摩线是 500 千伏陕州变电站重要配套工程,其中摩陕线总长度 22.5 千米、Ⅱ五摩线总长度 5 千米,分别连接 500 千伏陕州变电站、220 千伏摩云变电站和 220 千伏五原变电站。这两条线路的顺利投运,大大提升了三门峡地区 500 千伏电网输出电量和 220 千伏摩云变电站的安全运行稳定性。

【110 千伏会盟变电站投运】 8 月 18 日,110 千伏会盟变电站二期扩建工程顺利投运。工程共扩建 63 兆伏安主变 1 台,新增主变进线和 1 个出线间隔,完善 110 千伏母联间隔,新增 35 千伏出线 2 回、10 千伏出线 7 回。同时,新增 10 千伏接地变压器 1 台、消弧线圈装置 1 套,新增电容器 2 组。工程是省政府 2009 年重点项目,也是三门峡市 2009 年"项目建设年"重要工程,投运后将为渑池供电区增加 63 兆伏安的供电容量,有效消除三门峡电网电力输送"瓶颈"难题,提升该区电网的供电可靠性。

【三门峡东 500 千伏输变电工程通过国家电网公司可研批复】 9 月 16 日,三门峡东 500 千伏输变电工程通过国家电网公司可研批复。该工程初步拟定建设规模为 4 台 120 万千伏安主变,500 千伏出线 8 回,220 千伏出线 16 回;一期建设 120 万千伏安主变 2 台,500 千伏与 220 千伏出线分别为 4 回、8 回。工程竣工投产后,将与 500 千伏陕州变共同作为三门峡地区两大电源支撑,完善豫西地区 500 千伏网架结构,进一步提高三门峡电网的供电可靠性和安全稳定性,为渑池县、义马市乃至三门峡市经济社会长远发展提供可靠的电力保障。

【500 千伏灵陕线投运】 9 月 29 日,陕州变电站 500 千伏灵陕Ⅰ回线投运。灵陕Ⅰ回线东接陕州变西连灵宝换流站,是连接西北和华中电网的重要线路和枢纽。它的顺利投运,不仅提高了西北和华中电网的电力输送能力,也加强了电网的运行可靠性,为西电东送提供了有力保障。

电网工程施工

【三门峡供电公司服务郑西铁路客运专线配套电网建设工程完工】 10 月 27 日 18 时,220 千伏Ⅰ、Ⅱ李富线送电成功。至此,三门峡供电公司服务郑西铁路客运专线配套电网建设工程全部完工。观音堂至高岩牵引站输电线路工程,新建 220 千伏线路两条共 6.55 千米,工程总投资 2 338 万元。西郊至西寨牵引站输电线路工程,新建 220 千伏线路两条共 8.6 千米,工程总投资 2 670 万元。灵宝西至阌乡牵引站输电线路工程,新建 220 千伏线路两条共 11.36 千米,工程总投资 999.65 万元。6 条配套线路的相继投运,优化了地区电网结构,进一步提高了供电可靠性,为保证郑西高铁顺利投运和安全运行打下了基础。

【220 千伏李村变电站投运】 12 月 28 日,220 千伏李村变电站建成投运。220 千伏李村变电站主变规划容量 3×180 兆伏安,一期 1×180 兆伏安;220 千伏规划出线 8 回,一期 6 回;110 千伏规划出线 10 回,一期 4 回;35 千伏规划出线 9 回,一期出线 5 回。220 千伏、110 千伏均采用户外三相共箱六氟化硫全封闭组合电器(GIS),35 千伏配电装置采用户内双列布置,35 千伏电容器采用户外布置。李村变电站的投运,缓解了三门峡中、东部区域变电容量紧张的问题,同时为郑西客运专线观音堂 220 千伏电铁牵引站、陕县观音堂工业园区提供可靠的电源,并可显著提高观音堂捷马化工孤立电网供电可靠性。

【110 千伏秦赵变投运】 12 月 29 日,110 千伏秦赵变电站建成投运。秦赵变电站规划装设容量 3×50 兆伏安的主变压器,一期安装 1 台,电压等级 110/35/10 千伏;110 千伏出线规划 4 回,一期 2 回;35 千伏出线规划 8 回,一期 4 回;10 千伏出线规划 16 回,一期 8 回。秦赵变的投运,旨在解决渑池县小火电关停后的供电矛盾,为渑池县城东部入驻项目提供可靠的供电电源,并改善渑池、义马城市供电网络提高供电可靠性。它的投运,标志着渑池县、义马市 35 千伏实现双电源供电、10 千伏实现手拉手环网供电。 (刘一虹)

食品饮料业

【概况】 2009 年,在国际金融危机中,三门峡市食品饮料业经历了前所未有的困难和挑战,如原材料上涨、欧美等国经济持续下滑,致使饮料企业出口产量下降,全市饮料行业全年生产量有所下降。全年三门峡金星啤酒有限公司销售产品1 600万千克。三门峡湖滨果汁有限责任公司销售浓缩果汁560万千克。渑池县食品生产企业销售白酒200万千克,饮品370万千克。灵宝阿姆斯果汁有限公司浓缩果汁600万千克,饮品100万千克;鑫源果业有限责任公司销售浓缩果汁260万千克;远村天然食品有限责任公司销售果醋300万千克,酒20万千克。三门峡缘份果业有限公司销售浓缩果汁1 100万千克。

(郭建勇)

医药工业

【概况】 2009年,三门峡市医药工业虽受国际金融危机冲击的影响,但工业总产值继续保持较高增幅,新产品开发和技术改造稳步推进。全市医药工业完成总产值3.74亿元,同比增长22%。豫西药业年产3亿粒连蒲双清胶囊和年产300万支盐酸纳美芬注射液项目建成投产。广宇博科制药公司的六味地黄丸、调经促孕丸、参茸保胎丸、五子衍宗丸、妇宝金丸5个新产品相继投入批量生产。全市医药工业企业围绕调结构促转型,以市场需求为导向,巩固传统产品和优势产品的销售市场占有率,扩大生产规模;以新产品开发和技改项目建设促进结构调整,加强新产品市场营销工作,加快项目建设步伐,为实现又好又快发展打下基础。

(张淑凤)

中小企业

【概况】 2009年,三门峡市中小企业服务局引导、帮助中小企业积极应对全球金融危机,抢抓国家"保增长,扩内需"的发展机遇,从推动项目建设、切实解决企业融资难题、提升企业管理水平、完善服务体系等工作入手,加快发展方式转变和结构调整,提高可持续发展能力,促进了非公有制经济和中小企业又好又快发展,全市非公有制经济和中小企业保持了稳步的发展态势。年底,全市非公有制经济组织达到7.7万个,从业人员30万人,占全市从业人员的23%。其中,中小企业4 400个,超亿元企业达到40个;全市非公有制经济完成增加值310亿元,比2009年增长11%,占全市生产总值的比重达到47%;规模以上工业企业增加值可完成176亿元,增长16%,占全市规模以上工业增加值的比重46%;中小企业完成增加值126.2亿元,增长13%。

项目建设取得突破性进展。按照工信部及省工信厅的要求,认真筛选24个项目,其中申报国家中小企业固定资产投资扶持资金项目17个,项目总投资28亿元,申报扶持金额1.9亿元,已获得国家扶持资金650万元。为了扎实推进项目建设,6月下旬和12月上旬,市非公有制经济领导小组组织有关人员分3组到各县(市)区、开发区及市工业园区,进行项目建设督查考评。全年共新上非公有制项目487个,技改和扩建项目150个,这些项目计划总投资近500亿元,已共完成固定资产投资160亿元,有力地支持和服务了全市项目建设年活动,为三门峡经济发展积蓄了后劲,奠定了基础。

加快中小企业融资担保体系建设,着力为企业搭建融资平台。年初,市委、市政府出台《关于完善全市中小企业信用担保体系的意见》,明确将中小企业信用担保体系建设工作纳入政府责任目标考核内容;人行三门峡市中心支行和三门峡银监分局积极推动各银行业金融机构与信用担保机构合作,适当放大担保资金的比例,扩大信用担保业务;建立由财政资金为导向、社会资金为主体、市场运作为重要方式的覆盖所有中小企业的信用担保体系,做大做强中小企业担保机构,为中小企业融资提供担保服务,有效缓解融资难这一制约中小企业发展的瓶颈问题。市、县两级抓住这次机遇,争取省以上财政扶持资金4 600万元,协调5个县(市)财政配套资金7 000万元,吸纳民间资金2.5亿元,补充担保机构的资本金。在财政扶持资金的带动下,大量民间资金投资组建中小企业担保机构。全市注册成立的担保机构已达28家,担保资本金达到6.8亿元,形成了55亿元的担保能力。累计共为2 320家中小企业提供融资担保业务52亿元。这些企业通过融资可形成年销售收入120余亿元的生产能力,可为地方财政培植税源4.5亿元,提供安置5.6万人的就业岗位。同时,全市中小企业服务部门积极推动银企合作,组织有关企业参加省、市举办的各种银企对接洽谈活动。市中小企业局还主动牵头与中信银行郑州分行、浦发银行郑州分行等商业银行加强联系,为三门峡市民营企业牵线搭桥,建立长期合作伙伴关系。市中小企业局与市银监局联合建立三门峡中小企业

恒康铝业集团

金融服务网,在银行和企业之间建立一种固定的常态化的银企对接模式,提高银行对企业融资的服务水平和效率。三门峡中小企业金融服务网自5月22日正式启动运行以来,注册用户88户,其中向银行申请融资24户,申请融资金额3.2亿元。

强化中小企业服务平台,增强服务意识。中小企业“投资代理窗口”坚持“一门受理、全程服务、并联审批、限时办结”的工作机制,以“服务经济发展,服务人民群众”为宗旨,全年共受理前来投资及咨询的企业407家,实施代理服务项目45家,其中外资项目4家,项目总投资额9.12亿元。利用中小企业三门峡网站实施百日网上招聘大学生活动,共组织125家中小企业在网上发布750余个职位招聘信息,帮助企业开发新产品35项。同时,利用各种媒体组织培训企业厂长、经理9个班次共800余人。

深入开展调查研究,指导中小企业健康稳步发展。市中小企业服务局及时制定企业服务年活动方案,建立组织机构,由领导班子牵头,成立5个服务小组,定期到企业进行调研,了解情况,与企业共商发展大计。市中小企业服务局主要领导深入市属部分改制企业,与企业管理人员座谈,了解生产经营情况和未来发展打算,帮助解决企业在融资、对外合资、技术改造等方面的问题。市中小企业服务局抽调4名人员参加市企业服务年督导组,经常到各县(市)区督促服务企业的各项措施落实情况。

抓好大招商系列活动,全方位扩大对外开放。5月、9月,组织企业参加第15届三门峡市国际黄河旅游节、驻马店中国农产品加工业博览暨东西合作投资贸易洽谈会、河南省在深圳召开的豫粤产业转移对接会和全国中小企业博览会,不但展示了三门峡市中小企业的整体形象,而且以三门峡市的优势资源和产业吸引了大批国内外客商,促成了一批合作项目,引进了一批新技术、新工艺、新产品。全年共签约项目各类合作项目58个,总金额达126.4亿元。

内强素质,外树形象,抓好信访稳定工作。加强机关作风建设。创新工作方式,突出工作特色,全力为中小企业和非公有制经济发展搞好服务。重视宣传工作。配合市里项目建设年和企业服务年活动,在河南电视台新闻节目做了3次专题报道。在三门峡电视台和《三门峡日报》报道10余篇宣传中小企业和非公有制经济发展情况及经验,收到了良好的社会效果。重视信访稳定工作。市集体联社没有发生一起越级上访和非正常上访事件。受到市委、市政府的表彰。

【全市2个加工行业被认定为省重点产业集群】 1月14日,河南省中小企业服务局认定了一批河南省重点产业集群和产业集群龙头示范企业,“三门峡市有色金属冶炼加工”和“灵宝市果蔬加工”两大产业被认定为重点产业集群,三门峡天元铝业有限公司、灵宝市景源果业有限公司被认定为重点产业集群龙头示范企业。

【三门峡中小企业金融服务网正式启用】 5月22日,由三门峡银监分局、人行三门峡市中心支行、市中小企业服务局和市工商联联合建立的三门峡中小企业金融服务网正式启用。该网站搭建了银企信息交流的平台,有助于进一步改善中小企业融资环境。

【10家民营企业和两名优秀民营企业家受到省委、省政府表彰】 5月27日,全省民营企业表彰大会在郑州市召开。会上,三门峡市10家民营企业和两名优秀民营企业家受到省委、省政府表彰,其中灵宝市华宝产业有限责任公司、灵宝市景源果业有限责任公司、三门峡市金象地板制品有限公司、河南仰韶酒业有限公司、灵宝市新凌铅业有限责任公司5家企业被评为优秀民营企业,三门峡市峡威化工有限公司、河南仰韶生化工程有限公司、渑池县方圆陶粒砂厂、三门峡中天实业有限公司、河南骏通车辆有限公司5家企业被评为高成长型民营企业。灵宝市华宝产业有限责任公司董事长陈治华和渑池县方圆陶粒砂厂厂长程传文被授予“河南省优秀民营企业家”称号。

【召开中小企业金融服务暨信贷产品推介会】 6月2日,三门峡市召开企业金融服务暨信贷产品推介会,全市各金融单位负责人及市直、湖滨区、三门峡经济开发区、三门峡工业园近百名中小企业负责人、财务科长参加会议。会议要求,与会各企业代表要本着求真务实的态度,认真搞好磋商和对接,争取取得最大的成效;各专业银行要通过推介,使自己的产品能被企业所认识、所接受,努力扩大信贷投放,早日构建起互信互赢、合作发展的新型政银企关系。

【在豫粤产业转移合作共赢洽谈会上取得丰硕成果】 9月17日至19日,由河南省政府主办、省工业和信息化厅承办的“2009豫粤产业转移合作共赢洽谈会”在深圳市召开。市政协副主席、市中小企业服务局局长肖群兰,市长助理、市政府秘书长张建峰率三门峡市代表团参加洽谈会。会上,三门峡市共签约项目28个,总投资57.66亿元。其中合同和协议项目16个,总投资40.06亿元;意向(框架)项目12个,总投资17.6亿元。

【组团参加2009年全国农产品加工业博览暨东西合作投资贸易洽谈会】 9月20日,2009年全国农产品加工业博览暨东西合作投资贸易洽谈会在驻马店市会展中心开幕,三门峡市组团参会并取得丰硕成果。此届大会会期3天,三门峡市共有38家企业参展,其中仰韶酒业有限公司等4家全国知名企业参展,共设立2个特装展示展位和15个展销展位,展示展销的有湖滨果汁、坻坞贡米、卢氏蜂蜜、灵宝大枣、大营麻花等近40个系列的100余种产品,发放宣传册、项目册1.8万份。大会期间,三门峡市与国内外客商共签订合作项目48个,总投资额达89.46亿元。同时,三门峡湖滨果汁饮品有限责任公司生产的“湖滨”牌苹果汁被评为2009年全国农产品加工业博览会金奖产品,河南仰韶酒业有限公司生产的“仰韶”牌陈年老酒和灵宝阿姆斯果汁有限公司生产的“阿姆斯”牌黄桃汁荣获优质产品奖。 (韩海民)

·编辑 卢亚杰·

黄金　煤炭　铝

“三门水”牌重熔铝锭

黄 金

【概况】 2009年,三门峡市黄金行业以“科学发展促‘三保’,奋力实现黄金事业新跨越”为主题,加大探矿增储力度,搞好节能减排工作,提高企业管理水平,加强安全生产管理,保持了持续稳定发展。全年全市黄金产量完成40 656千克。市直地方国有黄金工业实现利税3 440万元。

探矿增储效果显著。全市各级黄金管理部门、各黄金企业都把探矿增储工作摆上重要日程,当做生命工程来抓,在资金、科技等方面的投入逐年增加,黄金矿山企业的科技探矿意识明显增强,探矿技术手段不断提高。注重强化探矿项目的科学论证以及现场管理的规范性和计划编制的合理性,深化技术管理。与黄金地质科研院所合作,进行区域成矿规律研究,通过科学选准靶区,抓好重点工程建设,继续向深部延伸。建立激励机制,鼓励技术人员献计献策,充分调动员工的积极性和创造性,取得良好效果。全行业在探矿增储方面实现了当年生产当年补充的探矿目标。全年地方黄金行业共安排探矿投入3.11亿元,安排探矿工程量坑探16.11万米、钻探4.26万米,新增地质储量矿石量369 660千克,金金属量15.7千克,维持了企业的正常生产。黄金行业争取到国家探矿项目5个,总投资2 220万元,其中争取国家拨款564万元。

科技兴金稳步推进。黄金企业在生产过程中,进一步增强技术创新能力,加大科技攻关力度,逐步解决了生产过程中的技术难题,尾矿的综合回收等项技术得以应用。各企业通过引进高科技人才,开展职业培训、岗位培训等措施,基本建立起一支懂管理、善经营、技术水平过硬的干部职工队伍。在发展循环经济方面,黄金企业利用黄金价格一路走高的大好时机,坚持做好废渣坡、老矿柱、老尾矿的重新利用和钼、铜、银、硫等伴生元素的综合利用。在工艺创新方面,开展选矿工艺技术改造,研究探矿、采矿方面的各项新工艺和新方法,在难选矿和矿石多金属综合回收方面收到一定的效果。产业链条不断拉长,实现资源价值的最大化。各黄金企业银、钼、硫、铜、铁等伴生元素均得以综合回收,并加强废弃低品位矿石、老尾矿的二次回收,提高了黄金资源的利用率。

黄金产品

安全生产环境进一步优化。全市黄金企业认真落实安全生产责任制,加大安全生产督查整改力度。分别在春节、“五一”、汛期、国庆期间,深入坑口井下、尾矿库、选厂、氰化钠仓库等生产一线进行实地检查。开展安全生产执法行动、治理行动和安全生产宣传教育行动。全年全市黄金企业共开展安全生产联合执法行动65起,排查一般隐患6 539处,已整改6 525处,整改率达99%;排查重大隐患18起,已整改13起,正在治理的有5起,累计落实治理资金619万元;修订完善各类应急预案107个,签订救援协议28个;开展安全生产宣传教育活动470次,参与人数达52 305人。汛期安全生产工作平稳,没有发生安全生产事故。

项目建设顺利实施。黄金行业围绕市委、市政府提出的“项目建设年”和“企业服务年”活动要求,切实转变工作作风,着力在狠抓落实和优质服务上下工夫、求实效,及时为企业提供技术支持和管理服务,保证了项目建设的顺利实施。全年全市黄金行业重点建设项目共9项,计划投资161 600万元,完成投资137 737.09万元,占计划投资的85%。其中,灵宝华鑫铜箔公司电解铜箔项目、三门峡市新华联探矿选矿项目、中加明科金矿综合开发3个项目已完成计划投资,两个探矿项目也按进度完成计划投资。紧密结合“企业服务年”活动的开展,立足全市黄金产业的可持续发展,充分利用上海黄金交易所灵宝交易中心、桐辉交易所、黄金股份公司交易所3个平台,组织专门人员收集、预测黄金交易走势,总结规律规避市场风险,利用价格杠杆增收增效,全市黄金企业的市场价格预测水平得到进一步提升。利用网络、黄金生产信息等手段,及时向企业分析、预测、发布国际和国内黄金市场行情,指导企业按市场行情售金,增加产品销售效益。

标准金锭

节能减排工作进一步深化。做好高耗能设备的更新换代，通过多碎少磨等技术改造挖潜和加强成本管理、修旧利废等活动，降低生产消耗，从生产管理中实现节能降耗。采取有效措施实现回水的综合利用，减少废水的外排量。通过处理节能减排与经济增长的关系，实现了节约发展。

【市黄金协会举办黄金科技报告会】 为了破解三门峡市黄金企业在采矿、选冶、有色金属开发、矿山管理等方面存在技术手段滞后、科技含量较低的难题，促进全市黄金产业平稳持续发展，7月18日至19日，市黄金协会特邀中国黄金领域的11位知名专家、学者和企业家，在黄金大酒店二楼会议中心举办黄金科技报告会，为黄金企业"充电"。报告会上，中国黄金协会科技部主任宋玉国，武警黄金地质研究所总工程师卿敏，"李四光奖"获得者、中国冶金地质总局地球物理研究所李惠教授分别讲授黄金找矿的综合方法、黄金危机矿山深部找矿理论、构造叠加晕新方法在矿山深部找矿中的应用等；北京科技大学的教授吴爱祥、胡乃联、孙春宝，长春黄金研究院的教授郑晔、李哲浩，以及中国黄金协会黄金投资分析师专业委员会副秘书长郎秋美、招金矿业股份有限公司夏甸金矿矿长孙书彬、有研亿金新材料股份有限公司总经理江轩等分别就三门峡市黄金企业关注的问题进行讲解。全市产金县（市）的主管领导、黄金管理部门领导，中直、省直、市属、县（市）属各黄金企业的领导和中高级技术人员共120人参加报告会。专家们还深入部分黄金企业进行现场指导，解决企业面临的疑难问题，为企业科学发展献计献策。

【市黄金系统举办第2届职工运动会】 为庆祝新中国成立60周年，增强全系统友谊与交流，活跃职工文体生活，8月26日至28日，三门峡市黄金管理局举办黄金系统第2届职工运动会。运动会共设篮球、乒乓球、羽毛球、拔河、跳绳、象棋、围棋、扑克双升8大项23小项比赛，来自全市黄金系统的18支代表队800余名运动员参加比赛。经过激烈竞技，金渠集团、灵宝金源矿业有限责任公司和河南中原黄金冶炼厂有限责任公司分获团体总分一、二、三名。

【6个项目获得财政部黄金地质勘探资金627万元】 11月，根据《黄金地勘探资金管理办法》有关规定以及工业和信息化部的评审结果，财政部下达2009年黄金地质勘探资金使用计划。三门峡市有6个黄金地质勘探项目获得使用资金，总投资2 520万元，批准财政拨款627万元。其中，灵宝黄金投资有限责任公司的小文峪岭、涣池、三矿区金矿详查项目，计划坑探4 800米、钻探2 000米，预获"112b"基础储量500千克，"332"资源量2 000千克，"333"资源量3 500千克，总投资600万元；灵宝市金源矿业有限责任公司的上寨矿区深部岩金详查项目，坑探3 500米，预获"122b＋332"资源量4 000千克，总投资350万元；灵宝黄金股份有限公司的枪马金矿区101号脉深部详查项目，坑探3 836米，预获"332"资源量3 000千克，总投资400万元；灵宝鸿鑫矿业有限责任公司的和尚洼深部、红土岭矿区"8201"脉G1矿体详查项目，坑探3 700米、钻探4 000米，预获"122b"基础储量3 000千克，"333"资源量2 000千克，总投资570万元；三门峡市河西林场老鸦岔金矿的深部详查项目，坑探2 800米，预获"332"资源量3 000千克，总投资300万元；灵宝黄金股份公司桐柏兴源矿业上上河金矿外围详查项目，总投资300万元。6个项目均为2010年12月底提交详查报告。项目的实施，将对三门峡市黄金企业可持续发展和总结深部探矿工作，探索小秦岭深部成矿规律起到积极的作用。

【中国黄金产品展示中心开业】 12月28日，中国黄金产品展示中心在黄金大酒店举行开业庆典，这标志着三门峡市在黄金实物交易方面迈出了新步伐。中国黄金产品展示中心所展示的产品为"中国黄金"系列产品，是中国黄金行业唯一一家中央直属企业——中国黄金集团公司授权的黄金产品，由河南中原黄金冶炼厂有限责任公司生产。河南中原黄金冶炼厂有限责任公司作为中国黄金集团公司旗下从事黄金冶炼精炼的骨干企业，在国内率先推出纯度达99.999%的极品黄金，开发出标准金系列、高纯金系列等几十种"中国黄金"产品，连续多年位列上海黄金交易所交易量前列。　（申允会）

煤　炭

【概况】 2009年,三门峡市煤炭行业牢固树立“安全发展”理念,完善各项监管制度,深入开展安全隐患排查治理,严抓停工停产煤矿的复工复产工作,依法履行安全监管职责,严格安全监管措施,确保了全市地方煤矿安全生产形势的基本稳定。全市地方煤矿生产原煤7.2亿千克。矿井基建施工单位万米掘进死亡率为0.71,全市煤矿百万吨死亡率为0.19(含义煤集团)。煤炭生产许可证、煤炭经营资格证年检率均为100%,煤矿从业人员参加意外伤害保险率超过80%,医疗保险金统筹额达39.44万元。义煤集团再次进入中国企业500强,位列2009年全国煤炭企业产量50强第20位,并荣获全国首批AAA级信用企业称号和中国安全文化管理十佳单位称号。

安全监管　全年9次召开全市煤炭工作会议,分析研究煤炭安全生产形势,部署煤炭安全生产工作。继续在全市煤矿企业推行“五职矿长”(矿长和分管安全、生产、机电、技术的副矿长)选聘制。探索解决煤矿企业“双回路”供电问题,组织有关人员深入煤矿企业调研,聘请省有关专家召开论证会。科学部署“三项行动”(安全生产执法行动、安全生产治理行动、安全生产宣传教育行动)和“安全生产年”活动。采取安全大检查、专项督查、突击检查和明察暗访等形式,加强煤矿安全监管,严厉打击非法、违法行为。围绕瓦斯、火灾、煤尘治理、防治水、“五职矿长”跟班带班、防“三超”(超人员、超能力、超强度)、反“三违”(违章指挥、违章操作、违反劳动纪律)等煤矿安全生产监管的关键系统、环节,排查和治理安全隐患。严格落实重大隐患销号制度和挂牌督办制度。对所有煤矿的瓦斯、水害、煤层自燃等情况进行全面普查,逐项登记造册,明确防治重点,落实防范措施。市、县两级政府和煤矿企业共排查隐患826条,整改712条。

安全培训　结合煤矿复工复产工作,市煤矿安全技术培训中心组织对一般从业人员进行培训、考核发证,全年共完成一般从业人员考核办证2 400余人,特殊工种培训12期、1 325人,特殊工种复训9期、363人。市煤炭局对全市120余名驻矿监察员进行政策法规和业务知识培训。订购“煤矿职工安全手册”1万册,发放到煤矿从业人员手中,确保人手1册。

行业管理　加强雨季“三防”(防洪、防雷电、防排水)及防治水工作。各县(市)煤炭管理部门成立领导机构,制定《雨天停产(工)撤人预案和防淹井预案》,加强与气象部门的沟通,及时掌握灾害天气预报信息,开展以煤矿雨季“三防”及防治水工作为内容的专项检查及督察,对检查出的问题进行分类排队,责令有关煤矿限期整改。全市煤矿组织填挖渠沟9.53千米,修垒防洪堤6.54千米,检修输电线路75.26千米,检修水泵145台,清挖水仓40个,更换电缆21.55千米,安装避雷器118组,为雨季安全度汛打下了良好的基础。开展煤矿安全质量标准化工作。按照省、市要求,地方国有煤矿更新设备,更换木支护,补做工程,建立总调度监控室,安装安全检测监控及人员定位系统。英豪煤矿梁洼井具备地方国有煤矿安全质量标准化矿井标准要求,天坛井地面两堂一舍及硐室也达到标准。陕县支建煤矿完善安全设施、井下各系统,瓦斯监测系统更新升级,成立总调度室,向达标矿井靠近。

行政执法　市煤炭管理局组织行政执法证年检和新证办理工作。查处落实群众举报的非法生产无证小煤窑案件1起,关闭封填非法井口4处。对市政府批转的关于煤矿事故方面的3起举报件进行调查取证,及时报送有关部门。对关闭的2个煤矿(陕县红卫煤矿、义马市新建联办煤矿)加强监管。加大春节、“五一”、清明节、端午节、国庆期间等一些重点时间段的安全监管工作力度,先后10余次组织人员对全市煤矿进行明察暗访,8次组织专项安全执法检查。

煤炭营销　市煤炭管理局定期组织召开煤炭企业与电力、化工、冶金和建材等企业的对接会,推动煤矿与其他行业之间的购销合作。加强煤炭运销计划管理。至12月底,全市共销售原煤10.6亿千克,其中铁路运输5.73亿千克、地方销售4.87亿千克。加强煤炭

市矿山救护队训练

经营市场整顿，规范经营秩序。全年新办理煤炭经营资格证14家。

矿山救护 市矿山救护队加强政治思想建设，开展军事比武活动，不断提高救护队伍素质和应急救援能力。全年累计抢救灾害事故5起(煤矿3起、非煤矿山2起)，出动救援人员208人次、车辆26台次，抢救遇险人员37人、遇难人员13人，抢运井下设备27台总价值90余万元，恢复井下巷道5 400米。并于6月17日、19日分别在陕县、义马市针对危险源和危险因素开展冒顶和火患应急救援演练，提高了煤矿应急救援能力。

【煤矿复工复产工作】 2008年9月至2009年1月，三门峡市所有煤矿停工停产。省政府停工停产煤矿工作会议召开后，市政府于2009年3月27日召开全市停工停产煤矿工作会议，部署复工复产工作。落实3亿千克以下煤矿停工停产和复工复产工作。市政府成立督导组，加强督导检查。市煤炭管理局组织专业技术人员，帮助煤矿企业排查治理隐患，严格按照省、市要求，抓紧抓好复工复产工作。9月9日，全市地方煤矿全部进行停工停产整顿。至12月底，共有10对矿井通过市复工复产验收领导小组验收。 (张宗敏)

【义煤集团义安矿业正村煤矿竣工投产】 6月26日，义煤集团义安矿业有限公司正村煤矿正式竣工投产。该矿是经国家发改委核准的煤矿建设项目，也是省政府确定的重点建设项目。该矿自2003年11月开工建设以来，义煤集团充分发挥国有重点煤矿的技术和管理优势，精心组织施工，科学管理，强力推进项目建设，不断优化工程设计，科学合理制定工期，严格控制工程造价，严格工程质量管理，使矿井项目顺利通过竣工验收，单项工程质量获2008年全省唯一的优良工程殊荣，是义煤集团近20年来通过合作投产的第1对现代化矿井。矿井井田面积28.7平方千米，地质储量1 640亿千克，可采储量940亿千克；年设计生产能力12亿千克，概算总投资9.5亿元。开工以来至2009年5月，累计完成投资9.92亿元。达产后，每年可实现销售收入6亿元、利税1亿元。该项目的建成投产，对加快河南大型煤炭基地建设、提高河南省能源有效供应能力、促进地方经济发展等具有重要意义。

【渑池曹跃矿业有限责任公司挂牌成立】 8月17日，渑池曹跃矿业有限责任公司挂牌成立，标志着义煤集团曹窑煤矿顺利完成关闭破产，利用破产企业资产重组的新公司正式运营。曹窑煤矿始建于1958年，设计年产3亿千克，50年来共生产原煤150亿千克。由于矿井资源趋于枯竭，经国务院企业兼并破产和职工再就业工作领导小组批准，曹窑煤矿被列入全国关闭破产项目计划，于2007年12月3日向三门峡市中级人民法院提出破产申请，2008年7月9日经三门峡市中级人民法院裁定宣布破产。在破产工作中，曹跃矿业公司筹备组按照“破产不停产、工作不间断、稳定不添乱”的工作思路，一手抓安全生产，一手抓破产重组，稳步推进各项破产重组工作，实现了稳定破产，完成了新公司的前期各项准备工作，具备了成立条件。义煤集团公司以出资额占24.74%的比例成为新公司第1大股东。当日下午，渑池曹跃矿业有限责任公司分别召开首届一次股东会、董事会、监事会，通过公司章程等有关各项议案，选举产生董事长、监事会主席。董事会聘任了总经理和高管人员。

【全省煤炭系统矿井维修电工技术比武在义煤集团举行】 10月28日至29日，由河南省工业和信息化厅、省煤矿总工会主办，义煤集团公司承办的2009年河南省煤炭系统矿井维修电工技术比武在义煤集团举行。来自全省各煤业集团的32名选手参加比武。经过激烈角逐，义煤集团新安煤矿周福喜获第1名。比赛分理论考试和实际操作两部分。理论考试范围主要是《煤矿安全规程》《中华人民共和国职业技能鉴定规范及技能培训教材矿井维修电工》中的相关内容，成绩占总成绩的30%；实际操作包括高爆开关机械特性测试，开关综合保护单元整定测试，故障查找、原因分析及处理结果等内容，成绩占总成绩的70%。获得河南省煤炭系统比武决赛前3名的选手，符合条件的，将被授予“河南省技术能手”称号，晋升技师职业资格；第1名按程序申报河南省“五一劳动奖章”；前10名选手被命名为“河南省煤矿技术能手”。

【义煤集团耿村煤矿年洗选原煤45亿千克选煤厂开工奠基】 11月12日，义煤集团耿村煤矿年洗选原煤45亿千克选煤厂举行开工奠基仪式。该项目工程总投资1.88亿元，其中一期工程投资7 600万元，工期12个月，属动力煤选煤厂，采用动筛跳汰排矸工艺，设计年处理原煤45亿千克，日处理原煤1 360万千克，服务年限与矿井相同。工程建成后，可筛分出大块、中块、末煤、煤泥4种产品，对提高耿村矿产品质量和市场竞争力具有十分重要的意义。

(易 玫)

【观音堂煤业有限公司】 观音堂煤业有限公司是义马煤业集团公司西部的一个主力矿井，有着100多年的煤炭开采史。矿井位于陕县观音堂镇石壕村，连霍高速公路、310国道、陇海铁路从矿区南部平行穿过。2009年8月31日，按照国家政策，观音堂煤矿破产重组，观音堂煤业有限公司成立。企业主导产品为优质主焦煤，平均发热量在5 200大卡/千克以上，低灰、低硫、结焦性能好，适于冶金、制气、炼焦、发电等。至2009年12月底，公司在册人数为1 703人。当年，公司围绕“安全稳定、生产集约、重组提效、棚户完善、管理精细、文化特色”六大工作任务，内强管理，外树形象，安全、原煤产量、原煤销售、掘进总进尺等多项指标均取得历史性突破。计划完成原煤产量4亿千克,实际完成50 170万千克,并实现产销平衡;掘进总进尺完成4 625.5米,完成计划的115.64%;单位完全成本实际完成343.02元/1 000千克,其中1 000千克煤材料费为42.04元/1 000千克;消灭了重伤以上人身事故和2级以上非伤亡事故;多种经营年产值达5 523万元,在岗职工人均收入39 071元。当年,公司投资1.15亿元,建造棚户区楼房43栋,安置居民1 820户,并斥资出版《百年观音堂》第3册、《观音堂煤业企业文化建设巡礼》《观音信息》《煤城史话》《煤魂》等文化书籍。公司先后荣获"中国企业文化示范单位""河南省煤炭系统文明煤矿""河南省煤炭系统优秀政研会""陕县环境保护先进单位""陕县尊师重教先进单位"等称号,公司党委被河南省国资委命名为"先进基层党组织"。公司董事长、总经理李中超获"河南省十大创新青年企业家""河南省十佳矿长""三门峡市劳动模范"等荣誉称号,并当选为河南省青年书法家协会理事、副主席。职工谷胜利获"河南省劳动模范"称号,王海峰获河南省"青年岗位能手"称号,吴继红获三门峡市"青年岗位能手"称号。 (关 玫)

铝

【概况】 2009年,三门峡市铝工业生产企业有天元铝业股份有限公司、河南渑池中迈铝电实业有限公司、东方希望(三门峡)铝业有限公司、开曼铝业(三门峡)有限公司、河南义翔铝业有限公司、三门峡韶星氟化盐有限公司和三门峡碳素厂,已形成氧化铝51亿千克、铝锭4.65亿千克、碳素1.65亿千克、铝加工材1.5亿千克、铝合金车用轮毂300万只、压铸件100万千克的生产能力。东方希望(三门峡)铝业有限公司是由东方希望集团有限公司和士德邦贸易有限公司等共同出资组建的一家中外合资经营企业,成立于2003年11月6日,注册资本8.2亿元,位于渑池县产业集聚区,主营氧化铝的生产、销售和深加工。2009年,东方希望(三门峡)铝业有限公司氧化铝产能达25亿千克/年,跻身于大型氧化铝企业行列,各项经济技术指标和管理水平均处于国内同行业先进之列。河南渑池中迈铝电实业有限公司主要产品及生产能力为:电力装机15.9万千瓦时,碳素6 400万千克,电解铝1.2亿千克。

【开曼(陕县)能源综合利用有限公司电机变频改造项目获国家资金支持】 2009年,开曼(陕县)能源综合利用有限公司电机变频改造项目获国家资金支持:新增8台10千伏/1 000千瓦高压变频器(包括旁路柜、变压器柜、功率柜、控制柜);新增7台10千伏/800千瓦一次风机电机高压变频器、7台10千伏/315千瓦二次风机电机高压变频器、7台10千伏/710千瓦引风机高压变频器;新增1台10千伏/220千瓦高压变频器(包括旁路柜、变压器柜、功率柜、控制柜),电源输出利用原来的电缆;新增5台380伏/110千瓦低压变频器。项目总投资2 876万元,获得国家专项资金扶持253万元,建成后每年可节约1 010万千克标准煤。 (市发改委)

·编辑 卢亚杰·

开曼铝业(三门峡)有限公司

城乡建设　环境保护

三门峡市文体中心效果图

综　述

【概况】 2009年,三门峡市建设委员会紧紧围绕“项目建设年”活动及创建国家园林城市工作要求,以关注民生、完善城市功能、提升城市品位、方便市民生活为重点,以高起点编制城乡发展规划,实施重点工程建设、引导建筑业做大做强,加快城镇化建设步伐为抓手,推动城市建设水平进一步提高,中心城市的辐射带动能力进一步增强。

至年底,三门峡市中心城区建成区面积为28.8平方千米,共有供水管道167千米,全年供水1 560万立方米;排水管道137千米,全年处理污水1 280万立方米;供气管道34.6千米,覆盖全市规划供气面积的80%以上;供暖管道75千米,供热面积400万平方米。

【三门峡市文体中心开工建设】 5月10日上午,三门峡市文体中心开工奠基仪式、三门峡市城市集中供热二期工程开工仪式先后在市区举行。市文体中心工程建设项目是三门峡建市以来投资规模最大的一项综合公益设施项目,估算投资6.89亿元,工程占地32公顷,总建筑面积约15.4万平方米,包括体育活动中心和会议会展中心两大部分,设计停车位1 500余个,计划工期3年。工程自2008年4月启动,2009年5月10月开工奠基,计划2010年12月底主体完工。文体中心建成后,将从根本上结束三门峡市无大型场馆的历史。建设工程由专门成立的市文体中心工程建设指挥部及其办公室具体负责。至2009年底,累计完成投资1.25亿元,包括工程规划、设计、拆迁、地址勘探等工作,桩基施工正在进行。

【国家开发银行河南省分行行长王卫军考察三门峡市城市基础设施建设】 7月1日,国家开发银行河南省分行行长王卫军一行到三门峡市,对三门峡市城市基础设施建设、城市绿化、科学教育等项目进行实地考察。市委副书记、市长杨树平,市长助理、市政府秘书长张建峰陪同考察。王卫军一行先后察看了涧河四期治理、大岭路立交桥、文体中心、城市引水工程、天鹅湖湿地公园、郑西铁路客运专线三门峡站广场、三门峡职教园区、外国语高中等建设项目。杨树平向王卫军一行详细介绍了各建设项目的规划、所需建设资金、投资回报等情况,介绍了项目实施对促进三门峡经济社会平稳较快发展的重大意义。三门峡市于2005年与国家开发银行签订开发性金融合作协议。至2009年,利用开发银行贷款实施城市基础设施项目19个,项目总投资11.14亿元,利用开发银行贷款6.39亿元。市本级利用贷款实施了城市引水工程、涧河治理四期、城市绿化、城市道路和城市集中供热一期等7个项目。这些项目的建设,为三门峡市经济社会全面协调发展起到了有力的促进作用。

【湖滨区会兴街道王官新型农村住宅社区建设奠基】 7月30日上午,湖滨区会兴街道办王官新型农村住宅社区建设奠基仪式举行。市委书记李文慧、市长级干部李建顺、副市长李琳等出席奠基仪式。会兴街道办王官新型农村住宅社区位于市区东北郊2.5千米处,沿黄公路北侧与王官村相交区域。该社区由王官、新兴、马坡、东坡4个行政村合并组成。新型社区建设按一户一宅、复式、多层及沿路商业开发相结合,设有教育文体、活动广场、小花园等公共设施。该社区规划用地面积51.19公顷,规划居住户数1 000户,居住人口4 000余人,建成后可节约土地近40公顷。

【迎宾大道竣工通车】 10月12日,三门峡市隆重举行迎宾大道、大岭桥通车典礼。市四大班子领导出席典礼。市委常委、常务副市长苏新华和市委常委、副市长赵光超分别主持迎宾大道和大岭桥通车典礼。市委副书记、市长杨树平致词。市委书记李文慧宣布:迎宾大道、大岭桥正式通车。迎宾大道是连接市区和郑西客运专线三门峡站的重要通道。工程全长2.7千米,总投资2.2亿元,设计标准为公路1级、双向10车道、沥青砼高级路面。该工程于2009年3月11日开工,至10月,除跨线桥外,道路全线贯通,完成投资1.8亿元。大岭桥是郑西客运专线三门峡站与市区连接的主要交通干道。工程范围从河堤北路至环城南路,全长880米,主车道设计为双向6车道,宽40米,总投资1.15亿元。工程自2008年9月15日开工,具备通车条件。

【3个乡(镇)获“省级环境优美小城镇”称号】 11月28日,在省环保厅、省建设厅召开的创建“省级环境优美小城镇”验收会议上,渑池县城关镇、陕县大营镇和灵宝市函谷关镇通过验收。这是三门峡市首批“省级环境优美小城镇”。 (杨俊峰)

城乡规划

【概况】 2009年,三门峡市按照《中华人民共和国城乡规划法》要求,进一步加强城乡规划编制工作,强化规划的综合调控作用。坚持以科学发展观统领城镇化建设全局,全面推进城镇化工作,使中心城市、副中心城市和小城镇三头并举,呈现快速发展趋势。年末城镇化率达45.4%,居全省前列。先后出台《关于进一步加快三门峡产业集聚区(工业园)建设发展的实施意见》《关于加强中部城区规划建设管理的通知》《三门峡市人民政府关于印发三门峡市旧城改造建设管理指导性意见的通知》等一系列政策文件,对涉及城乡发展、规划管理、资源保护等事项,作出部署,强化规划的龙头地位,规范三门峡市城乡规划管理秩序,提高三门峡市城乡规划管理水平。

积极开展总体规划修编前期工作。三门峡市总体规划于2005年经省人民政府批准实施,随着城市规模不断扩大,城市功能不断完善,城市面貌日新月异,居民生活水平显著提高,总体规划确定的近期目标已基本实现。由于“三纵四横”大交通网络的建设,城市外部环境发生很大变化,当年,市规划部门组织人员对《城市总体规划(2004~2020)》实施情况进行认真总结和评估,适时调整《城市总体规划》,并按照《城乡规划法》的要求,编制“关于调整三门峡市城市总体规划的专题报告”,经市政府行文上报省政府。城市总体规划调整及科学发展示范区规划编制工作开始运作,城市空间发展战略规划正在进行。

全力做好产业集聚区规划。根据省委、省政府对产业集聚发展的要求，依据三门峡市及辖区各县市城市总体规划，按照产业集聚区“三规合一”（城市总体规划、土地利用规划、产业集聚区规划）的要求，结合三门峡市产业集聚区建设发展需要，积极主动配合，及时沟通协调，已编制完成市工业园区、灵宝市、渑池县、卢氏县、义马市等6个产业集聚区规划，并通过省发改委组织的技术评审，进入审批程序。产业集聚区空间规划和控制性详细规划工作全面铺开。12月12日，市产业集聚区空间规划和控制性详细规划通过省住房和城乡建设厅组织的技术评审，其他几个产业集聚区空间规划和控制性详细规划均报省建设厅，等待技术评审。

认真做好控制性详细规划工作。当年，先后编制完成郑西高铁新客站区域、三门峡市文体中心区域、三门峡市城中村和旧城改造等10多项控制性详细规划，涉及土地面积800余公顷。至年底，市区控制性详细规划覆盖率达60%。积极推进修建性详细规划工作，编制完成时代广场、铂景湾小区、中原世纪苑、南康乐家园小区、重庆慧泉、中海商贸文化广场等20余项修建性详细规划，助推了全市房地产业的有序发展。

村镇规划全面展开，新农村建设稳步推进。按照“城乡一体、区域统筹、协调发展”的总目标，全面推进村镇规划建设和管理工作。截至年底，扩权县渑池县和灵宝市、义马市的村镇体系规划已通过评审，卢氏县、陕县和湖滨区的村镇体系规划编制已经启动；建制镇、乡（集镇）规划已编制52个，占当年应完成总数的104%；村庄规划现已编制556个，占当年应完成总数的102%。

【规划管理工作加强】 当年，市建委严格实施城市规划管理。继续开展规划效能监察工作，重点对房地产开发中违规变更规划、调整容积率等问题实施专项治理，对2007年以来房地产开发项目中的14个违规项目进行严肃处理，查处120起私搭乱建的违法行为。至年底，三门峡市区共核发《建设项目选址意见书》35份，用地面积93.33公顷；核发“建设用地规划许可证”38个，用地面积106.67公顷；核发“建设工程规划许可证”32个，建筑面积60万平方米，道路7 000米。“乡村建设规划许可证”核发工作正在按要求进行中。强化规划监督检查工作，加大违章违法建设查处力度。当年，共查处违法建设69项，立案处理63项，其中涉及拆除38项，应拆建筑面积19 482平方米，实际拆除2 000余平方米，罚款25项、67万余元，有效遏制了违法建设，维护了城市规划的严肃性。

【城镇化进程加快】 按照三门峡市“一主两副一点”的城镇发展格局，以湖滨区—陕县县城为主中心，以灵宝市区和渑池县城—义马市区为副中心，以卢氏县城为一点的城镇空间布局模式正在初步形成。渑池县按照“工业园区化、居住小区化、城市现代化、城乡一体化”的城建工作思路，完善城市公共基础设施。义马市围绕建设循环经济城市、生态工业城市的目标，加快推进城乡一体化进程。渑池—义马城区对接正在积极推进。西部副中心城市灵宝市正在进行涧河西区旧城改造，在实施涧东新区开发的同时，强力推进城市北区建设，规划在城市北区建成面积达8平方千米的现代城市新区。南部副中心城市卢氏县本着建设山水城市、生态强县的目标，投资3亿元建成以坝代路工程、洛河城南防洪堤工程，投资2亿元建设“一桥两路三小区”，规划实施“一城三镇”组团式发展战略，进一步扩大城区面积。在东、西、南3个副中心城市迅速崛起的同时，310国道沿路小城镇也竞相发展壮大，带动全市经济发展的城镇带初现雏形，成为三门峡市“一主两副一点”城镇化格局的有力补充。年末，全市城镇化率达45.4%，居全省前列。

【获“2009中原城乡规划与风景园林建设成果博览会”最佳设计奖】 4月8日，“2009中原城乡规划与风景园林建设成果博览会”在郑州市召开。博览会以“科学规划、和谐发展、合作共赢”为主题，展示内容涉及城乡规划、新农村建设、风景名胜、建筑材料、节能技术等多个领域。市建委汇总全市（包括各县〈市〉区）近年来编制的城市总体规划、详细规划、风景园林建设成果和2009年城市公共设施、市政基础设施建设项目，精心制作展板，图文并茂，声光辉映，呈现出“绿化、亮化、美化”等特点，充分展示了三门峡市独具匠心的设计，获博览会最佳设计奖、组织奖。

【开展违规变更规划、调整容积率问题专项治理】 按照省监察厅、省住房和城乡建设厅的统一部署，4月底，三门峡市启动容积率问题专项治理工作，下发《三门峡市开展房地产开发中违规变更规划、调整容积率问题专项治理工作实施意见》，重点对2007年1月1日至2009年3月期间完成规划许可的开发项目逐一进行检查。经初步检查，2007年以来，有14个开发项目违规变更规划，容积率发生调整。至年底，有7个项目经评估后，补缴土地出让金350.87万元；有3个项目经评估后不用补缴，有2个项目涉及补缴土地出让金1 428.32万元，国土部门正在移交法院申请强制执行；有2个项目经国土部门组织评估后，应补缴319.12万元，建设单位正在备案中。

【三门峡市城乡规划委员会工作正式运行】 6月18日，三门峡市城乡规划委员会第一次会议召开，标志着三门峡市城乡规划委员会工作正式运行，三门峡城乡规划管理机制已发生变革，对于进一步加强三门峡市城乡规划管理，提高城乡规划决策的科学性、民主化，具有十分重要的意义。市委副书记、市长、市城乡规划委员会主任杨树平主持召开会议。市委常委、副市长、市城乡规划委员会副主任赵光超，市政协副主席、市发改委主任、市城乡规划委员会副主任高从民，市长助理、市政府秘书长、市城乡规划委员会委员张建峰等出席会议。会议听取市城乡规划工作情况汇报，审议并通过三门峡市城乡规划委员会议事规则和工作制度，审议并表决成立三门峡市城乡发展专家委员会和三门峡市城乡建筑及环境艺术专家委员会，审议并通过三门峡市职教园区初步选址意见。

【灵宝市域村镇体系规划通过评审论证】 11月16日，灵宝市域村镇体系规划评审论证会在灵宝市召开，来自河南省住房和城乡建设厅，省城市规划设计研究院，三门峡市建委、国土资源局、环保局、农业局的有关专家参加会议。灵宝市域村镇体系规划由河南省城市规划设计研究院规划设计,规划期限为2009~2020年,近期为2009~2015年,远期为2016~2020年。近期规划为6年,其中,2009年至2012年为整治阶段,2013年至2015年为完善阶段;远期为村镇体系提高阶段。规划范围为灵宝市行政管辖区域,包括大王镇、阳店镇、尹庄镇、城关镇、函谷关镇、焦村镇、朱阳镇等15个乡(镇),总面积3 011平方千米。会议听取省城市规划设计研究院关于灵宝市域村镇体系规划成果的汇报,并进行认真评议。会议认为,规划指导思想明确,内容科学合理,成果资料翔实,比较符合灵宝市经济社会发展实际,原则上通过规划。

(王江龙　胡俊波)

城市管理

【概况】　2009年,三门峡市城市管理局紧紧围绕"四城联创"和城市精细化管理工作目标,以破解执法难题、创新执法机制、提高行政执法绩效和服务执法水平为中心,积极推进和谐城管建设,以人为本,依法行政,全力开展市容环境卫生治理活动,为改善城市形象、增强城市功能、提升城市综合竞争力、改善人居环境作出了积极贡献。

【推进城市精细化管理】　当年,市城管局根据省建设厅的部署,扎实开展城市精细化管理工作。一是严格按照《三门峡市城市精细化管理的具体标准》和《实施细则》,进一步明确管理重点,量化管理目标,细化管理标准,明确职责分工。按照制定的管理标准和规范要求,对市容环境卫生整治、车辆停放秩序整治、临时市场及早夜市摊点整治、户外广告和门头牌匾整治等主要工作,严格案件效率指标、工作程序和办结时限。二是强化考核奖惩机制。按照城区及各县(市)的城市精细化管理目标考评体系、考评方案和奖惩细则,完善局属科(室)支队、分局目标考核奖励政策,建立更加有力的激励机制,同时加强对各县(市)城管部门城市精细化管理工作的检查指导。三是因地制宜,实施分级分类管理。结合实际,对市区街区街道实施分级分类管理,做到有主有次、堵疏结合,保障全市大范围环境秩序的整洁有序。

【全面完成"四城联创"工作任务】　当年,市城管局从解决市民关心、社会反映强烈的热点难点问题入手,以治理商户占道经营、车辆乱停乱放、户外广告、环境卫生保洁4项重点工作为突破口,为三门峡市扎实推进国家园林城市创建做了大量工作,城市整体面貌得到明显改善。一是坚持疏堵结合,强化对重点区域、主要道路、城市出入口、窗口街区等重点部位占道经营、店外经营的整治力度,制定《三门峡市临时瓜果区(市场)设置要求》,对宋会路瓜果区、铝厂门前瓜果区、经二路瓜果区、和平路东段等14个临时市场的经营范围、经营区域进行严格规范,继续加大盲道治理力度,在对盲道数量、分布区域等情况摸底调查的基础上,进一步加大治理监控力度,使治理违法占用盲道的工作取得明显成效,累计取缔各类违章摊点15 000余处(个),纠正占用盲道行为40余次。二是认真抓好城区街道两侧和公共场所停车场地的车辆停放管理,加大对车辆停放的引导力度,进一步提高车辆停放管理水平,使市区的车辆停放秩序明显好转。当年,共在黄河路、崤山路、六峰路、上阳路、建设路、和平路、经一路,施划停车标志总计19 500米,施划出租车停车位总计258米。三是加强市容市貌管理,科学规范城区户外广告。对市区黄河路、上阳路、虢国路、建设路、五源路、文明路沿街117家无审批手续、样式不统一的门头牌匾、户外广告开展集中整治,基本达到组合楼群相对统一、街区全段基本一致的整治目标,共督促整改违规商户104户,拆除影响市容大型户外广告3块、违规灯杆广告40余块、破损墙体广告100余起;执法支队自查自纠违规设置门头牌匾、户外广告30起;组织队员对沿街建筑物、构筑物上的乱贴乱画进行全面清理,并对重点路段上的乱贴乱画实行24小时监控,有效遏制乱贴乱画现象的反弹,当年,全市共清理各类小广告1.5万余处,查处乱贴乱喷人员23名。四是认真抓好市容和环境卫生管理,加大巡查力度,加强清扫保洁,集中清理垃圾死角,全面提高环境质量。实行"徒步巡查与机动巡查相结合,定人定岗与集中治理相结合,宣传教育与疏导劝解相结合,文明执法与严格管理相结合,全面普扫与重点保洁相结合"的"五个结合"方针,对市区新增路段加大清扫保洁力度,延长道路清扫保洁时间至19:30;每日对市区34座道路公厕、11座垃圾中转站、300余个果皮箱清洗维护一遍;出动垃圾车、机动三轮车和人力架子车、装载机等,对道牙、树坑等容易疏忽的地方,坚持清扫到位、不留死角,维持良好的市容和环境卫生水平。五是严格控制和严厉查处油烟、噪音污染问题,成立专门的油烟、噪音治理小组,依据《关于饮食服务业油烟污染防治管理的暂行办法》和《关于社会生活环境噪声污染防治管理的暂行办法》,对饮食服务业经营单位和建筑工地夜间施工、娱乐场所边界噪音等情况严格管理。先后查处小炒居、北宋饺子馆、杨记牛肉拉面等30余家群众反映强烈、存在油烟污染的饭店,对老酒馆、老洛阳面馆等5家整改不到位的饭店进行处罚;对时代广场、美多利KTV、华夏手机连锁等商家高音喇叭扰民现象及时予以纠正;对市中心医院、黄河医院、公园9号等4家工地的夜间施工扰民现象立案查处。

【住房和城乡建设部专家组到三门峡市复核评估生活垃圾填埋无害化等级】 8月22日,华中科技大学教授陈朱蕾、中国城市环境卫生协会秘书长陶华、上海市绿化和市容管理局副巡视员冯隶伟等住房和城乡建设部专家组一行9人到三门峡市,复核评估生活垃圾填埋无害化等级。副市长张英焕陪同检查。专家组深入市垃圾处理场,实地察看场地、设施和资料室、计量室,详细了解运营情况,听取张英焕介绍三门峡市市情。专家组对市垃圾处理场的监测力度、资料完备等运营情况给予肯定,并要求三门峡市及早消除沼气无组织排放的隐患,进一步加强监测,注意渗滤液设施内部防腐并预留监测点,提高二期工程新技术、新材料的应用,进一步提高生活垃圾无害化处理水平。23日,专家组深入义马市调研城市生活垃圾处理场建设工作。

(牛英瑛)

市政建设

【概况】 2009年，三门峡市建设委员会大力实施重点项目建设，着力加强市政设施维护管理，全力支持园林城市创建工作。对市区主次道路进行大面积修补，维护、保养供水设施，清洁、维护市区所有路灯，整修污水排放设施。完成崤山路改造、大岭路涧河立交桥、集中供热二期、郑西客运站房及广场4个重点项目，并开工建设三门峡市文体中心。

【崤山路改造工程完工】 崤山路是市台下区贯通东西的一条主干道，自建成通车以来，历经数次修补。由于超期使用，车流量日益增大，致使路面坑洼不平，严重影响车辆通行和周围居民的工作、生活。为提高城市品位、塑造城市形象，市委、市政府将崤山路改造工程列为2009年10件实事之一。工程东起崤山路陇海铁路桥，西至209国道立交桥，全长5 833米，投资4 000万元。改造内容主要是：快车道两侧绿化带各缩减50厘米，快车道由14米增至15米；慢车道两侧各扩宽50厘米，由5.5米增至6.5米；拆除全部旧道牙及人行道板，重新铺设花岗岩道牙及荷兰砖道板；原沥青路面全部铣刨1厘米后，重新铺设8厘米沥青；在绿化带加设地埋灯880盏。2月11日工程开工，4月15日正式完工。

【大岭涧河立交桥工程完工】 大岭涧河立交桥是郑西客运专线三门峡站与市区连接的主要交通干道，是三门峡市"8155"项目之一，也是2008年市委、市政府承诺的"10件实事"之一。工程主体包括1座跨涧河桥、1座陕州大道互通式立交桥及化工路—环城南路部分国道工程。工程于2008年9月开工，当年完成投资4 000万元。2009年9月底工程完工；10月12日，大岭涧河立交桥通车。累计完成投资1.15亿元，建成60余米高架桥1座，铺设道路880米，同步完成配套的给排水和照明设施建设。至此，郑西客运专线三门峡站通向市区的迎宾大道全线贯通。

【郑西高铁三门峡客站广场及周边道路工程】 工程包括6.4万平方米客运广场及1 930米周边道路，估算费用7 258万元。工程于5月开工，11月底完工。

【开工建设西气东输三门峡分输站】 工程包括50千米天然气高压管线及调压站等配套设施，估算投资1.06亿元。工程于8月开工建设，至年底，铺设20千米输气主管线，完成投资4 200万元。

（杨俊峰）

公用事业

【概况】 2009年，三门峡市建委以服务水平、创造优良环境为目标，加强公用事业建设和管理工作，深入推行优质服务承诺制，推动公用事业不断发展。

城市供水 结合道路改造，积极实施自来水主管网改造，稳步推进一户一表改造，进一步提高供水能力和管网水质，确保市民喝上洁净水、放心水。市区自来水管网覆盖率达95%，水质综合合格率达100%。至年底，共实现安全供水1 400万立方米。

城市供气 积极推进燃气管网建设，推动市区天然气、液化气普及率达81.3%。完成永兴街、甘棠路、经三路、涧河北路东段、六峰北路的中压管道铺设，新增供气管道4.6千米。严厉打击非法充装液化气行为，进一步规范燃气市场秩序。全年供应液化气225万千克、天然气78万立方米。

城市公交 积极做好车辆消防安全宣传，及时更新车辆消防器材，并在车厢里张贴安全逃生宣传标语，提高民众的消防安全意识。根据公交4路线的经营情况和市民意见，于4月解除与公交4路线承包人的经营合同，提前收回承包权，又筹集200余万元，新购公交车12辆，更换4路线的营运车辆，为沿途群众提供了安全、舒适、快捷的乘车服务。将10路公交线路延伸至西苑小区，方便沿线群众的出行。当年，在崤山路改造和黄河路主干道路面开挖铺设暖气管道、严重影响城市1路、2路公交线路运营的情况下，共实现营运里程1 313万千米，实现营运收入3 600余万元，安全间隔里程90万千米，全年运送客运量达3 750万余人次。

城市客运管理 多次开展打击"黑车"集中行动，共查处非法营运车辆40余台，强制报废出租汽车4辆，有效地维护了客运市场秩序。组织开展行业树新风活动，及时处理涉及出租车运营管理的事件，保障了行业的稳定。

城市供暖 市区新建热交换站14座，新铺设供热管道4.8千米，至年底，市区集中供热面积达220万平方米。

城市照明 坚持早晚巡视路灯制度，全年累计更换路灯电器4 400余件，出车457台（次）班，处理故障92处，市区亮灯率达99%以上，巡视率达100%。

市政设施管理 实行长效责任目

10月12日，三门峡市举行大岭桥通车典礼

标管理机制,分块划责,加大巡视力度,基本确保市政设施巡视率100%,市政设施完好率100%,设施故障处理率100%。严格城市道路挖掘审批,破占道管理率100%。全年铺设和维修人行道道板5 606平方米,安装、维修道牙872米。

城市排水　全年完成维修、疏通管道550余项,更换各种井盖、井圈430套,检查疏通管道8 000米,清掏进水井6 000余座次,整修各种不规范窨井500余座次,基本实现全年无污水漫流现象,雨污排水设施完好率100%,排水设施疏通率100%。

涧河管理　加强汛期安全管理,确保涧河安全度汛。全年管理巡视率100%,发现问题处理率100%,7个橡胶坝等河道设施完好无损,设施完好率100%,未发生任何安全责任事故。

【公交后川停车场建成投用】　根据市区建设规划,公交公司涧河路停车场被征用于建设市文体中心。自5月起,部分公交车辆便暂时停靠在黄河西段路边。经过半年多的紧张建设,公交后川停车场于12月初建成,公交车辆停驻停车场。

【城市集中供热二期工程竣工】　11月16日,三门峡市城市集中供热二期工程竣工。市委书记李文慧,市委副书记、市长杨树平,市政协主席郭秀荣,市委常委、秘书长赵中生,市长助理、市政府秘书长张建峰等出席竣工典礼仪式。仪式由市委常委、副市长赵光超主持。城市集中供热工程自2009年5月开工以来,先后完成调查论证、确定方案、成立公司、系统设计、热源建设、管网建设、调试试车7大任务。工程主管网共分两路,一路由开曼公司通向市区,形成市区台上、台下统一供暖,另一路通向陕县城区。管网总长57千米,其中主管网18千米、支管网39千米,规划建设43个交换站,供热面积1 100万平方米。城市集中供热工程累计完成投资5亿元,至11月16日,台上区已建成16个交换站,2009年冬季可供热面积400万平方米。当年,实现主管网试运行一次成功,整体供暖效果好于往年,整个供热季运行稳定、安全。

(杨俊峰)

园林绿化

【概况】　2009年,三门峡市园林局认真按照市委、市政府的总体部署和市创建指挥部的要求,以创建国家园林城市为工作主线,一手抓创建工程建设,一手抓绿化管理,努力打造精品亮点,大幅增加城市绿化量,进一步美化城市景观,不断提升城市品位。

实施精细管理,建设精品园林,完成涧河公园、虢国公园改造提升;完成涧河四期栽植大规格乡土、速生乔木,增加绿量,提高绿化景观效果,共栽植楸树、法桐、国槐、楝树等大规格乡土乔木3 382株;利用春季开展义务植树,增加陇海铁路市区段两侧乔木种植,提高绿化效果,共栽植毛白杨380株;广泛开展群众性的绿地认建、认养、认管活动,与春晖热力公司、国家统计局三门峡调查队等单位和个人签订绿地、景观树认养、认管合同;完成城市规划区内新增各类乔灌木20万株的规划、栽植任务,共栽植各类乔灌木200 388株;在六峰游园台阶及坡下、崤山路、上阳桥、高速路入口等地段,采取花架、花钵等形式,在各种节日摆放盆花58万盆;完成天鹅湖国家城市湿地公园一期建设任务,完成投资5 000万元。

至年底,三门峡市区建成区绿地率达到38.5%,绿化覆盖率42.7%,人均公共绿地12.2平方米;全面超过国家园林城市验收标准。

【住房和城乡建设部专家到三门峡市指导国家园林城市创建工作】　4月25日,住房和城乡建设部专家李峰明、冯其林到三门峡市,对三门峡市国家园林城市创建工作进行视察指导。市委常委、副市长赵光超陪同视察。李峰明、冯其林先后深入陕州公园、虢山岛景区、污水处理厂、垃圾处理场、上阳苑景区、虢国公园、虢国博物馆、三门峡职业技术学院、宝塔苑、甘棠苑等创建工作的重点部位以及市区主要路段,实地视察指导创建工作。在随后举行的会议上,赵光超介绍了三门峡市情以及园林城市创建工作情况。李峰明、冯其林对三门峡市园林城市创建工作取得的成效给予肯定,并对下一步工作提出建议和意见。

【《三门峡市城市绿化管理办法》发布施行】　9月17日,市长杨树平签署三门峡市人民政府第4号令,发布《三门峡市城市绿化管理办法》(以下简称《办法》)。《办法》经市政府第26次常务会议审议通过,共5章27条,自发布之日起施行。市政府2000年3月22日印发的《三门峡市城市绿化实施细则》(三政〔2000〕19号)同时废止。依据《办法》,以后,任何单位和个人都有权制止损害绿化和绿化设施的行为;对在检举揭发破坏城市绿化和保护城市树木、绿地中有功的单位和个人,由市城市园林绿化行政主管部门或县级以上城市人民政府给予表彰和奖励。《办法》对各类绿地建设标准作了具体规定,并明确城市园林绿化管理实行分工负责制。《办法》还指出,城市新建、扩建、改建工程项目和居住区开发项目,基本建设投资中应包括配套的绿化建设投资,工程建设项目竣工验收应包括绿化工程;电力、通信、公用事业、市政等部门新建管线、园林绿化部门新种树木,应服从规划,双方应本着后建让先种、后种让先建的原则,以相互协商的办法解决;此外,任何单位和个人不得在城市绿地范围内进行拦河截溪、取土采石、设置垃圾堆场、排放生活污水以及其他对生态环境构成破坏的活动。

【顺利通过国家园林城市检查验收】　10月14日至16日,国家园林城市检查验收组一行在河南省住房和城乡建设厅副厅长黄旭升的陪同下,到三门峡市对全市创建国家园林城市工作进行检查验收。专家验收组由海口市园林局局长江长桥担任组长,成员包括南昌市园林局副局长邓敏、常熟市风景园林管理委员会高级工程师钱新锋、深圳市水务局高级工程师杨治贵、住房和城乡建设部房地产市场监管司处长朱文奇、中国风景园林网营销中心主任邹丽。在实地查看三门峡市园林绿化工程、公园景区、绿地管理、城市基础设施建设情况后,专家验收组听取了三门峡市创建国家园林城市工作汇报,并观看《春绿崤函》电视汇报片,对全市园林城市创建各项工作给予充分肯定,三门峡市顺利通过国家园林城市实地验收阶段。

【强力推进市区重点绿化工程建设】 当年,市园林部门强力推进市区重点绿化工程建设,收效明显。进一步加快天鹅湖国家城市湿地公园建设进度,按照市委、市政府的要求和湿地公园总体规划,积极与有关部门协调,快速推进工程建设。至年底,湿地公园一期工程基本完工,共完成342 807平方米覆盖性绿化,栽植153个品种各类苗木132 030株,栽植草坪花卉14 667平方米,栽植地被植物180 000平方米;栽植牡丹、芍药等108个品种共计26 727株,栽植月季4 000株;修建木栈道1 580米;完成垂直绿化客土喷播13 000平方米。认真做好涧河公园精品段提升工程和虢国公园二期工程建设工作。至年底,涧河公园精品段提升工程已完工,共栽植各类苗木2 478棵,新栽月季3.95万株,栽植地被草坪15 309平方米;铺装道路1 700平方米,新建长度2 000米溪流1处、广场2个、管理房3座和公厕2座;安装各类景观灯70余盏,软管霓虹灯带1 000米。完成人民公园游泳池绿化改造、涧河四期大规格乔木栽植和市区部分公园游园垂直绿化等3项达标提升工程,共栽植各类苗木3 757株、模纹2 128平方米,栽植藤本月季、爬墙虎17 716株;修造溪流190米,铺装园路330平方米。

【着力实施城市道路景观改造工程】 当年,市园林局着力实施城市道路景观改造工程,取得明显成效。完成崤山路和黄河西路绿化改造工程,栽植各类模纹11 417平方米,栽植月季6 798平方米,栽植草坪11 034平方米,栽植乔木88棵。完成市区主干道行道树补栽任务,对黄河路、崤山路、六峰路、上阳路等重点路段的行道树进行补栽,共补栽各类苗木1 339株,基本消除断行断垄现象。完成黄河路部分绿化带、银山游园及六峰路部分绿化带护栏改造安装工程,共安装新型PVC金属内衬护栏8 742米。积极实施彩化工程,在六峰路、上阳路等市区主要干道和公园、景区及高速入口等重点部位进行花坛、花带、立体造型花饰布置,共摆放各类鲜花58万盆,营造了欢乐喜庆的节日气氛,得到广大市民的好评。

【全面推行园林绿化精细化管理】 当年,市园林局依据《河南省开展精细化管理创建宜居城市标准》要求,严格按照技术规程和标准,以打造精品示范管理区为抓手,全面推行精细化管理,绿地管理水平大幅提高。以涧河公园和市区主要道路绿地等为重点,通过优化植物配置,增加多年生花灌木、草花,不断丰富植物层次,实施亮化工程等措施,提升公园景区档次。深入开展精细化管理竞赛活动。对局属各单位管理的各类绿地分别确定管理标准,严格按照养护管理标准和技术规程要求认真做好养护工作,并采取不定期抽查和定期检查相结合的方式,强化督察,加大考核力度,实施奖优罚劣,充分调动职工的积极性和主动性,绿地管理水平明显提高。实施人性化管理。各公园、景区和城区绿地,通过实施亮化工程,增加座凳、公厕、健身器材等设施,不断完善景区功能,增加人文关怀,让市民群众亲身享受到发展带来的成果。

【优化园林绿化发展环境】 针对三门峡市城市园林绿化方面的地方性法规不够健全的实际情况,年内,市园林局按照国家园林城市标准,依据国家、省关于城市园林绿化建设的有关要求,根据市政府已批准的三门峡市绿地系统规划,积极与相关部门协调,起草了《三门峡市城市绿化管理办法》《三门峡市城市绿线管制规划》,经政府同意后正式出台。5月26日,市编制委员会下发文件,正式成立天鹅湖国家城市湿地公园管理处、涧河公园管理处和市园林绿化执法大队等3个单位,进一步理顺了园林部门的工作构架,强化了园林绿化的行政执法功能。积极与有关部门协调,大力宣传城市绿化法规,使广大市民充分认识到爱绿护绿的重要性;建立健全"绿色图章"审批管理制度,及时查处了违反"绿色图章"制度的案件和行为,确保"绿色图章"制度落到实处。强化审批管理。对城市建设中需移伐树木的,做到严格审批,按照能保留的决不移植、能移植的决不伐除的原则,尽量保护城市树木。当年,市园林局行政审批窗口依法办理各类行政许可51件,园林执法大队查处园林绿化违法案件52起。

（贯文伟　王春祥）

环境保护

【概况】 2009年,三门峡市环境保护工作坚持以污染减排为主线,以解决危害群众健康和影响可持续发展的突出环境问题为重点,以环境执法和能力建设为抓手,以创建国家环保模范城市为载体,狠抓环保责任目标的落实,整体推进环保工作的开展,有效实现经济发展、社会进步和环境保护的高度融合。

全市环境质量明显改善,市区空气环境质量全年符合2级标准的天数达到327天,城市集中式饮用水源地取水水质达标率为100%,化学需氧量浓度年平均值为13.98毫克/升,氨氮浓度年平均值为0.53毫克/升。城市环境综合整治定量考核在全省18个省辖市中位居前列。

提前两年完成省政府下达的"十一五"污染减排工作任务。按照《河南省人民政府关于下达2009年全省主要污染物排放总量控制计划的通知》要求,2009年全市化学需氧量排放量控制计划为1 820万千克,二氧化硫排放量控制计划为14 310万千克。《三门峡市人民政府关于2009年全市主要污染物排放总量控制计划分解情况的报告》中,将化学需氧量和二氧化硫排放量控制任务分解下达到各县(市)区政府,制定全市主要污染物总量减排实施方案。全市共实施化学需氧量减排项目15个,二氧化硫减排项目15个。当年,环保部和省环保厅已对三门峡市主要污染物总量减排进行核查,初步认定全年化学需氧量排放量控制在1 800万千克以内,二氧化硫排放量控制在14 000万千克以内。

积极应对全球金融危机的严峻挑战,严格建设项目管理,全力服务经济建设中心。面对企稳回暖的经济形势,环保部门本着"提前介入、主动服务、减少环节、提高效率"的原则,主动为企业服务、为重点项目服务、为基层群众服务、面向全社会服务。在2009年项目建设年活动中,对全市138个亿元以上建设项目和列入中央新增1 000亿元投资计划的14类项目,实行"一对一"对接现场办公,推动了项目建设的实际进度,既服务了经济建设,又树立了环保部门的良好形象。（郭建伟　张林忠　陈　夔）

【环境综合整治工作稳步推进】 2009年,三门峡市共完成49家企业的环境综合治理任务,其中电力企业脱硫2家,铁合金、棕刚玉企业脱硫46家,污水处理厂脱氮工程1项。编制完成城市饮用水源地保护规划11个,开展饮用水水源地基础环境调查及评估工作,7个饮用水源地整治项目全部完成。全市无重大环境安全事故发生。对117家涉源单位办理辐射安全许可证,将62枚废旧辐射源全部送储到省环保厅。区域环境综合整治力度加大,对渑池、义马、陕县境内的棕刚玉企业群区予以强制性治理。统一规划陕县惠能电厂附近的棕刚玉企业群,使其搬迁到位置较为偏远、环境容量较大的张汴乡新址,并按要求实行限期治理,实现达标排放,为深度治理奠定良好基础。

(卢华朝)

【举行全国文明单位揭牌仪式】 4月22日,市环保局举行全国文明单位揭牌仪式。市领导李文慧、杨树平、赵继祥、郭秀荣、李立江、赵光超出席仪式。省文明办、省环保厅有关负责人到场表示祝贺。市委书记李文慧、省环保厅副厅长王争亚为市环保局的全国文明单位揭牌。市委常委、宣传部部长李立江宣读命名决定。市环保局在2005年被中央文明委授予"全国精神文明创建工作先进单位"称号的基础上,2008年12月,又被授予"全国文明单位"称号。在创建活动中,市环保局始终坚持文明创建"一岗双责"制,相继制定五年规划和年度计划,将文明创建与业务工作一起部署、一起落实、一起检查、一起考评、一起表彰。以文明学校为阵地,深入开展职业道德教育、思想道德教育、"八荣八耻"教育等活动;加强基础设施建设,对办公室和家属生活区进行硬化、绿化、亮化、美化;以细胞建设为载体,在全局干部职工和家属中开展"文明科室""文明职工""文明家庭""廉内助"等活动;以作风建设为手段,制定完善规章制度,开展机关效能监察和行风政风评议;以加强环保业务工作为主体,深入开展污染减排、环境污染综合整治、建设项目环境管理等专项行动,促使环境监测、监察、科研等工作整体推进。市环保局成功创建"全国文明单位",不仅在全省18个省辖市环保局中是唯一一家,而且在全国环保系统各级行政机关中也是唯一的一家。

(景建峡)

【金明记被评为河南首届"绿色中原人物"】 6月4日,在河南省人民会堂举行的河南省首届"绿色中原人物"颁奖典礼上,三门峡市环保局党组书记、局长金明记荣获"绿色中原人物"荣誉称号。全省共有10人获此称号。金明记组织、参与研究了SBQ生物污水处理工艺,并认真督促三门峡市各县(市)区充分利用这一工艺,积极建设生活污水处理厂。

【三门峡市举行世界环境日宣传活动】 6月5日上午,市环保部门在新时代证券广场举行"6·5"世界环境日集中宣传活动。市委副书记、市长杨树平,市委常委、副市长赵光超等到活动现场看望工作人员,并参加了自行车环保志愿者的骑行宣传活动。此次世界环境日的主题是"减少污染——行动起来"。本次宣传活动,市环保部门向湖滨区所辖的各街道办事处、社区赠送"6·5"世界环境日环保宣传条幅80条,现场向市民发放"市民环保手册""环保知识手册"和"创建环保模范城手册"2 000余份,展出宣传版面20块,悬挂横幅20条。湖滨区人民法院也组织人员设立咨询台,环保义务宣传员李希锋个人展出10块展板。当天,陕县、义马市、卢氏县的环保部门也作出周密部署,分别在当地组织开展丰富多彩的宣传活动。

(胡菊霞)

【农村环保工作稳步推进】 当年,市环保局着力实施农村小康环保行动计划,农村环保工作稳步推进。重点监督指导人均收入5 000元以上的行政村开展生态文明村建设,至年底,全市共有12个村达到省级生态文明村创建标准,超出省定目标20%,同时建成12个市级生态文明村;对河南新大义马养殖有限公司实施环境治理、粪污资源化利用和无害化处理,顺利通过工程验收;卢氏县国家级生态示范县建设通过省环保局验收;完成《三门峡市农村污染防治计划》和《三门峡市农村环境整治规划》编制;完成渑池县城关镇、灵宝市函谷关镇、陕县大营镇和义马市东区办事处等4个省级环境优美小城镇建设规划编制工作。

(邓　江)

【监管体系逐步完善】 三门峡市共有国控排污单位23家、省控排污单位15家,除个别企业因没有特征污染物在线监控设备,经省局批准暂缓安装外,全市共安装各类污染源在线监控设备72套,其中烟气在线30套、水质在线42套,全部实现与市环保局监控中心联网。市环保局监控中心通过专用光纤直接向省监控中心传输,实现了对重点污染企业的全天候在线监控。2009年,对无故不能正常运行的7家企业立案查处,促使排污单位加强在线监控设备运行管理,正常运行率和联网率逐步提高,绝大多数正常生产的排污单位均能按要求传输数据。

(肖树甫)

【环境宣传教育效果明显】 当年,全市环保部门灵活采用多种方式,不失时机地进行环保宣传教育,收效明显。全年共悬挂环保宣传条幅100余条,展出宣传展板40余块,发放宣传资料5 000余份,发放环保购物袋3 000余个,发放"市民环保手册"1 000余本;举办"保护母亲河、迎接绿色奥运"万人签名活动,引起了较大的社会反响;命名市级环境教育基地8家;9月,三门峡市环境监测站、三门峡市污水处理厂被命名为河南省首批"省级环境教育基地";撰写"省污染减排与环境友好高峰论坛"论文10篇,完成对外宣传报道文章20余篇。开展绿色社区建设宣传活动,向市区7个街道办事处、80余个社区发放"市民环保手册"1 000余本,环保购物袋2 000余个。绿色创建活动中,有4所省级绿色学校和1个省级绿色社区通过省环保厅、省教育厅验收。

(沈建民)

·编辑　李艺芬·

建筑与房地产业

6月26日,东华实业"三门峡·天鹅湾社区"举行奠基典礼

建筑业

【概况】 2009年,三门峡市建委以落实省、市《关于进一步加快建筑业发展实施意见》为主线,紧紧围绕项目建设年活动,强化管理,优化服务,推动全市建筑业健康有序发展。当年,全市建筑业生产保持平稳较快增长,建筑业总产值达42亿元。

加强建筑市场廉政准入制度执行力度,强化招投标管理,对不符合法定条件、存在严重违法违规行为的招标人,一律清出三门峡建筑市场,完善工程交易过程监督办法,有效净化交易市场。全年受理并解决拖欠工程款和农民工工资69起,累计清理欠款1 600余万元。

【建设工程安全管理】 以安全发展为主题,以提升安全生产工作水平为着力点,扎实推进"安全生产年"各项工作,开展"三项行动",规范建筑起重机械的管理,做好市区建筑施工现场重大危险源登记工作,试行建筑工程外脚手架搭拆备案制度。在"安全生产月"期间,以免费放映安全教育影片形式下工地开展安全知识宣传活动,播放电影25场次,观众人数达2 000余人,严格落实建筑施工安全生产许可制度,开展大型机械安全专项检查,验收合格大型机械近300台。全市建筑安全形势稳定,继续保持零死亡纪录。

【建筑工程质量管理】 当年,市建委继续加强建筑工程质量监管。全年办理监督工程27项,60个单位工程,建筑面积45.71万平方米;在建工程52项,112个单位工程,建筑面积89.2万平方米;工程质量监督率100%;竣工工程37项,83个单位工程,建筑面积50.54万平方米;竣工验收质量备案率100%。全年未发生等级以上质量事故。1项工程被评为河南省"中州杯"工程,2项工程获河南省"结构中州杯"奖。

【建筑工程交易管理】 全年进入交易中心进行公开招标项目126项,其中市区建设工程施工招标14项、监理招标9项、开发区建设项目9项、大项办重点工程6项、政府投资工程82项,工业园区建设5项,其他工程1项,进场交易总金额8.92亿元。进一步完善项目进场交易登记制度,禁止不具备法定条件的项目进场交易。建立建筑劳务用工信息平台,将三门峡市及外地在三门峡市施工企业全部登记备案,对劳务分包企业的履约和诚信情况实行动态跟踪。对评标专家库进行重组,使人员专业结构更加合理,分施工、监理、市政、园林绿化4个分库,总人数达182人。

5月19日,三门峡市举办第2届绿色建筑技术及产品展览会

【中国水利水电第十一工程局荣膺"中国房地产与建筑业500强企业"称号】 12月5日,在北京举行的2009第8届中国房地产与建筑业500强企业信息发布会上,水利水电第十一工程局有限公司荣膺"中国房地产与建筑业500强企业"称号。据国家统计局固定资产投资统计司数据显示,十一工程局总资产位居第126位,总产值居第276位,荣登"2008年至2009年度中国建筑业500强"之列。

【中国水利水电第十一工程局荣获"全国建筑业先进企业"称号】 12月15日,在北京召开的全国建筑业先进企业经验交流暨表彰大会上,中国水利水电第十一工程局有限公司荣获"全国建筑业先进企业"称号,总经理孙玉民被评为"全国建筑业优秀企业家"。

【举行地源热泵技术推广应用研讨会】 1月9日下午,由三门峡市建筑业协会主办、河南环发工程有限公司协办的"地源热泵技术在三门峡及周边地区的推广应用研讨会"在大鹏国际酒店举行,300余名来自全市建筑业的代表、业主代表和暖通界专业人士聆听了一堂节能环保课。中国地源热泵委员会副主任委员、三门峡市建筑业协会副会长、河南环发工程有限公司总经理贺琳在会上所作的"地源热泵技术在三门峡及周边地区的应用情况"报告引起与会人员的极大兴趣。

【三门峡市建成国内外罕见深度的坝体混凝土防渗墙】 4月初,2009年省第一批重点建设项目灵宝窄口水库除险加固工程重要项目坝体混凝土防渗墙建成。窄口水库主坝坝体防渗墙,呈"V"形镶嵌在坝体内部,解决坝体渗水问题。防渗墙最大深度83.48米,厚0.8米,设计面积11 700平方米,总投资1 183万元。其深度比在世界称霸一时的伊朗卡尔黑大坝防渗墙多出3.48米,比小浪底围堰防渗墙多1.58米,成为国内外最大深度的防渗墙之一。据资料显示,在世界病险水库除险加固过程中建设这样深度的主坝坝体防渗墙是十分罕见的。

【三门峡市举办第2届绿色建筑技术及产品展览会】 5月19日，由市建委承办的三门峡市第2届绿色建筑技术及产品展览会在河堤路城建活动中心举行，来自武汉、佛山、郑州及三门峡市的50余家客商向三门峡市民展示了他们的绿色建筑技术及产品。市委常委、副市长赵光超出席开幕式并参观展会。此次参展的产品主要有新型节能灯具、管材、墙体材料、防水材料、外墙保温、装饰材料及地暖空调等节能新产品及地暖空调安装等新技术，展示了国内建筑、装饰材料方面的新变化、新进展，也展现了三门峡市在落实国家节能减排战略方面取得的新成就。 （杨俊峰）

房地产业

【概况】 2009年12月23日，根据中共三门峡市委、三门峡市人民政府《关于印发〈三门峡市人民政府机构改革实施意见〉的通知》（三文〔2009〕132号），不再保留市房产管理局，其职责划入市住房和城乡建设局。

2009年，三门峡市房产管理局坚持实践科学发展观，认真落实中央扩大内需政策，进一步加快廉租住房项目建设，全面加强房地产业宏观调控，合理引导房地产投资与消费，不断规范房地产市场秩序，逐步建立和完善住房保障体系，确保房地产业健康平稳发展。

继续加快房地产开发建设。至2009年底，全市共有开发企业106个，年末从业总人数1 713人。按企业等级分：2级资质企业2个，3级资质企业5个，4级资质企业18个，暂定资质企业81个；按企业性质分：国有企业3个，有限责任公司102个，合资公司1个。全年共完成房地产开发投资23.5亿元，同比增长52%；商品房施工面积309万平方米，同比增长18.7%。其中新开工177万平方米；竣工商品房33.7万平方米。

扎实推进廉租住房制度建设。市政府先后出台《三门峡市经济适用住房管理办法》《三门峡市廉租住房保障办法》《三门峡市城市中低收入家庭购买普通商品房财政补助暂行办法》《三门峡市廉租住房租（售）管理暂行办法》等规范性文件，并制定、印发《2009～2011年三门峡市廉租住房保障规划》。2008年至2009年，全市共申报廉租住房建设项目19个，总建设规模21.66万平方米、4 331套住房。其中，市区廉租住房建设项目4个，建设规模10万平方米、2 000套廉租住房。2009年11月16日，市区廉租住房一期工程竣工，竣工面积为2.25万平方米、450套廉租住房，累计完成投资3 271万元。二期工程计划建设7.75万平方米，1 550套廉租住房全部开工，完成投资1 600万元。2009年，全市经济适用住房施工面积9.71万平方米，其中新开工2.64万平方米、竣工5.81万平方米。全市共为7 594户低收入住房困难家庭发放廉租住房货币补贴961.12万元，圆满实现应保尽保的目标任务。积极落实廉租住房保障资金1.44亿元，其中中央专项补助2 421万元、中央投资补助2 575万元、省投资补助776.4万元、地方财政投资8 657万元。住房公积金效能进一步提高。全市累计归集住房公积金24.08亿元，增长28%，增幅在全省居于前列；当年，共发放住房公积金委托贷款9 429.3万元，同比增长31%。

为进一步优化房地产市场环境，三门峡市出台《关于支持房地产业发展的暂行意见》（三政〔2009〕57号），在税费优惠、集约用地、信贷支持、强化服务等方面积极给予政策支持。全年市区共办理房地产交易2 402起，成交面积33.69万平方米，同比增长91.2%；成交金额4.12亿元，同比增长30.8%。办理预购商品房抵押登记849起，面积9.41万平方米。

加强房产登记数字化管理。为适应新形势、新要求，全面提高工作效率和服务水平，2009年，市房管局集中力量开展产权产籍档案数字化扫描录入工作，5.5万卷私房档案、1.5万卷公房档案全部扫描完成。在办理业务时，行政服务中心可以通过联网，提取任意一份房产档案的影像资料，进行快速查档、验档，房地产产权产籍管理水平显著提升。全年办理房地产业务9 097件，登记面积246.59万平方米。其中初始登记72.98万平方米；转移登记65.22万平方米；变更登记23.17万平方米；他项权利登记54.61万平方米；注销登记8.36万平方米。强力推进住宅区物业管理。针对物业共用部位共用设施维修难的问题，印发《关于加强我市房屋专项维修资金管理工作的通知》，本着先易后难、逐步推开的原则，开始对新建房屋建立专项维修资金制度。当年，有28个开发企业、38个住宅项目建立专项维修资金，归集资金

公园9号设计效果图

2 000万元。至年底,全市共有物业管理企业42个,其中3级资质企业33个、临时级资质企业8个以及1家一级资质企业分公司。另有正在转制过渡的物业管理机构8个。全市实施物业管理的小区共有67个,物业管理面积251万平方米,行业从业总人数1 982人。全市有省级优秀、示范物业管理住宅小区(大厦)14个,市级物业管理优秀小区28个。

【优化房地产市场环境】 年内,市房管局与市优化办等7部门联合印发《三门峡市综合治理房地产行业经营环境工作实施意见》,与市监察局、建委、国土资源局等部门联合印发《三门峡市房地产开发市场专项检查整顿实施方案》,并组成检查组对房地产开发市场进行全面检查。共检查23个开发企业、35个房地产开发项目,对部分开发企业超越资质等级从事房地产开发、建设项目无证开工、不按规定办理预售许可证、“两书”使用不规范等问题进行认真查处并督促整改,有效保障了房地产市场健康发展。

【举办2009房地产展示会】 5月16日至18日,在第15届三门峡国际黄河旅游节期间,市房管局组织举办三门峡2009房地产展示会。市委副书记、市长杨树平,市委常委、副市长赵光超等出席开幕式。展示会以“和谐人居,文明三门峡”为主题,由各房地产开发企业和房地产中介机构提供5 000余套商品房和二手房,供广大市民选购,并向广大居民提供房地产政策法律法规咨询服务。展示会现场成交各类房屋41套,成交面积4 786平方米,成交金额达1 253.2万元,达成购房意向700余起,开通看房直通车带领群众看房1 500余次,发放各类宣传材料19万份,接受群众咨询26 000余人次。5月19日至24日期间,展示会还到灵宝、义马等地开展巡展促销活动。

【完善房地产企业信用档案系统】 当年,市房管局不断更新、完善全市房地产企业信用档案系统,并通过三门峡房地产信息网对社会发布,使房地产企业置身于广大群众的监督之下,建立企业社会信用与经营效益的促动机制。全年共接收并发布1 457个信用信息,包括92家房地产企业信息、1 236个从业人员信息和129个开发项目信息。

蓬勃发展的三门峡房地产市场

【举办“安居和谐”国庆文艺晚会】 9月17日,三门峡市房地产行业在三门峡电视台演播大厅举办“安居和谐”国庆文艺晚会。市委常委、副市长赵光超,市政协副主席、市工商联主席孙继伟等出席晚会。晚会由市房地产管理局主办,市房地产开发协会协办。整台晚会紧紧围绕“安居和谐”这一主题,利用现场大屏幕播放外景短片、采访实况和现场文艺表演等形式,从不同角度,通过影像真实地展示了三门峡市城乡群众60年来居住条件和居住环境发生的翻天覆地的变化。

【康乐家园廉租住房一期工程竣工】 11月16日,三门峡市康乐家园廉租住房一期工程胜利竣工。市委书记李文慧,市委副书记、市长杨树平,市人大主任赵继祥,市政协主席郭秀荣等出席竣工典礼仪式。仪式由市委常委、副市长赵光超主持。康乐家园廉租住房住宅小区是三门峡市为解决城市低收入家庭住房困难问题、完善住房保障制度而兴建的一项民生工程。小区位于市区西贺家庄,西临贺站路,东、南两侧临南工路。规划用地面积13.23公顷,总建筑面积18.52万平方米,建有小学、幼儿园、商业用房等配套设施。全部建成后,可解决2 866户低收入家庭的住房困难问题。小区建设分两期进行,其中一期工程于2008年11月开工建设,建设规模2.25万平方米,建成6幢住宅楼、450套住房,累计完成投资3 550万元。

【行政服务窗口优质高效】 当年,市房管局行政服务中心房地产服务窗口进一步简化办事程序,缩短办理时限,完善“一站式”服务,着力解决业务交叉、程序重叠等现象。严格执行服务承诺制、首问负责制和责任追究制度,深入推行上门服务制、预约服务制等,服务效率和服务水平得到明显提升。全年共办理各项业务6 169件,同比增长91%。其中承诺件3 886件、即办件2 283件,接待群众咨询4 500余人次。窗口承诺实现率、办件及时率达100%,办件差错率和投诉率为零。房管局窗口收到群众锦旗8面,9次被市行政服务中心评为“红旗窗口”,5人次被评为“服务标兵”。 (周敬伟)

·编辑 李艺芬·

交通运输和邮政业

三门峡市金昌立交桥

综　述

【概况】 2009 年,全市交通系统广大干部职工坚持以科学发展观为统领,以“项目建设年”活动为契机,抢抓机遇,突出重点,狠抓落实,各项工作均取得新的成绩,实现全市交通事业又好又快发展。

交通基础设施建设　全市共完成交通基础设施建设投资 6.77 亿元,其中干线公路建设完成投资 3.18 亿元,农村公路建设完成投资 3.59 亿元,场站建设完成投资 0.18 亿元。

交通规费及通行费征收　1 月至 4 月,完成通行费征收 497.49 万元。按照要求,2009 年 4 月 30 日中午 12 时起,三门峡市境内国道、省道和黄河大桥上的 7 个政府还贷 2 级公路收费站全部停止收取车辆通行费。

道路运输　全市公路水路运输完成客运量 3 281 万人,客运周转量152 081万人千米;完成货运量2 795万吨,货运周转量502 271万吨千米,分别比上年同期增长 11.9%、18.8%、12.4%和 23.6%。农村客运网络化建设和城乡客运公交化改造成效明显,全年新增农村客运线路 3 条,新农巴士 5 辆,累计新增农村客运线路 17 条,新农巴士 35 辆。“96520”道路运输公共服务热线建设进一步完善,受理咨询 512 起,受理投诉 147 起,做到件件有登记、有调查、有落实、有处理,服务水平进一步提高。河南省物流信息系统得到全面应用,至年底,全市共有物流信息平台用户 145 户,日均发布货物信息和车辆信息3 200条,取得了良好社会和经济效益。

应急保障　11 月 10 日,三门峡地区普降大雪,造成国道 G310 线陕县硖石段交通堵塞。交通部门立即启动应急预案,迅速组织抢险救援队伍奔赴一线进行抢险保通工作,共出动抢险保通人员 830 人次,装载机、牵引车 50 多台次,其他抢险车辆 100 多台次,抛洒工业盐50 000余千克、防滑料 2 700 立方米,清除路面障碍物 100 余处,牵引救助抛锚车辆 90 多台次,确保辖区内干线公路的畅通。12 月 30 日,中石油兰郑长(兰州—郑州、兰州—长沙)成品油管道渭南支线在分输投产过程中发生柴油泄漏,漏油进入赤水河,并流入渭河,对黄河下游特别是三门峡库区黄河水质造成严重威胁。柴油泄漏后,交通海事部门按照市委、市政府的统一部署,组织船员 30 人,大小船只 10 艘,在黄河河面上奋战一昼夜,协助中石油抢险队分别在三门峡市黄河公路大桥、西门渡渡口和渑池南村黄河大桥铺设防油坝 3 道、吸油毯 3 道,确保了黄河下游水质的安全。

行业管理　按照市“项目建设年”活动要求,加强组织领导,明确工作责任,全力以赴争项目,扎扎实实促发展。一是积极开展项目前期工作,加大与上级有关部门的沟通衔接力度,积极争取国家、省投资建设项目,为三门峡市交通设施建设的可持续发展奠定坚实基础。二是严格工程建设程序,根据项目所处的建设条件、建设环境、施工技术装备和工程技术管理能力等要素,确定合理工期,确保工程建设进度。狠抓工程质量,坚持从工程建设的各个环节入手,层层落实质量责任制,严格质量责任追究,切实保证工程建设质量。当年,全市交通系统在建工程质量合格率100%,重点工程优良率达 90% 以上。三是积极推进干线公路“文明示范路”创建工作,农村公路开展“文明示范路”创建试点工作,使“文明示范路”由单线到逐步成网。四是认真推行大中修、危桥改造项目招投标制和小修项目材料统一管理制,大力倡导精细化管理,突出山区公路养护特色,公路养护工作实现规范化、科学化。五是不断优化道路运输经营环境,加大对《河南省道路运输条例》的宣传贯彻力度,认真推行质量信誉考核制度,建立道路运输经营者和从业人员的质量信誉档案,开放运输市场,运输经营环境进一步优化。六是认真开展运输市场整顿活动,严厉打击各种违法违规经营活动,进一步规范危货运输企业、货运代理市场、驾驶员培训和维修市场管理,为道路运输业快速健康发展提供良好的经营环境。七是优化农村客运网络化建设和城乡客运公交化改造。以县城为基础,农村客运站为结点,通过合理规划客运线路,扩大农村客运覆盖面,推行“一县一网一公司”的运营方式和“新农巴士”品牌,规范运营,逐步升级,不断满足农民出行需求。八是进一步完善“96520”道路运输公共服务热线。通过加强宣传,规范服务,完善制度,确保各类举报投诉案件、业务咨询件件有落实、事事有答复,努力将公众服务热线办成人民出行的导航站、车辆求救的服务站、群众投诉的工作站。九是河南省物流信息系统得到全面推广应用。结合当年车辆年审工作,市车辆管理处对辖区内的成建制运输企业、信息服务业户使用物流信息平台的情况,做了进一步要求、督促和检查。至年底,全市共有物流信息平台用户 145 户,日均发布货物信息和车辆信息 3 200 条,取得了良好的社会效益和经济效益。

安全监管　按照省交通运输厅安全工作“四项机制”和“三关一监督”“三关一排查”的要求,认真开展道路危险货物运输安全生产专项检查,共检查道路危险货物运输企业 15 家,危货运输车辆 259 台,危险货物运输驾驶员 268 人,押运员 280 人,持证率达到 100%,安装 GPS 监控的企业 15 家,车辆 259 台,安装率达到 100%;下达整改通知书 13 份,注销危货运输车辆 6 台。通过安全生产专项检查,进一步巩固全市道路危险货物运输安全形势,杜绝重特大安全事故的发生。大力实施安保工程,进一步加大投入力度,明确责任,严格措施,强化对重点路段、重点部位的安全监管,最大限度地减少安全事故的发生,确保人民群众生命财产安全。

双龙湾景区　克服全球金融危机、甲流感、周边景区竞争激烈等诸多不利因素影响,加强和完善内部管理,全年共接待游客 15 万人次,完成收入 750 万元,同比增长 20%。

【三门峡市交通路政管理处挂牌成立】 6 月 11 日,三门峡市交通路政管理处正式成立并举行揭牌仪式。这标志着交通规费征稽人员的转岗安置工作进入实质性阶段。副市长周志远出席揭牌仪式。2003 年,三门峡市成立交通规费征稽处,肩负着对全市公路养路费、客货运附加费、运输管理费进行征收和管理的重任,为全市交通事业快速发展作出了积极贡献。2009 年,国家实行成品油税费改革,取消公路养路费等 6 项收费,根据国家和省有关文件精神,经市委、市政府批准,原市交通规费征稽处更名为市交通路政管理处。新成立的市交通路政管理处的工作职责是:宣传、贯彻执行公路管理的法律法规;负责市域高速公路路政管理工作,实施路政巡查,依法查处各种违反路政管理法律法规的案件,保护路产、路权;管理公路两侧建筑控制区,维持公路养护作业现场秩序;依法对超限超载运输车辆实施引导、检测、卸货和处罚;负责指导市域干线公路路政管理工作和农村公路路政管理工作等。

【省交通运输厅安全督导组检查三门峡市交通安全生产情况】 9月15日至16日,省交通运输厅安全督导组对三门峡市交通安全稳定情况进行检查。督导组一行先后深入三门峡市省道318线西张村大桥施工工地、开发区西门渡口1号码头、阳光石油运输公司、运输公司、市长途汽车站、市运管处等地,对交通在建工程安全生产情况、客运车辆GPS安装使用情况和渡口码头、客运场站、危运车辆的安全管理情况及交通行政执法工作进行检查。督导组对三门峡市交通系统安全稳定工作给予充分肯定,并要求要进一步做好信访稳定工作,加强隐患排查力度,确保交通系统安全形势平稳。

(王玺光　张军发　苏鹏飞)

公路交通

【概况】 2009年,全市交通系统进一步加大干线公路和农村公路建设力度,累计完成投资6.77亿元。全市公路通车里程达9 253.6千米,其中等级公路6 677.4千米、等外公路2 576.3千米;有路面公路6 958.2千米,其中高级、次高级路面5 578.6千米,中级1 325.4千米,低级54.23千米,无路面里程2 295.5千米;公路密度达到89.8千米/百平方千米;拥有桥梁645座,其中大、中型桥梁328座;拥有涵洞7 641道,隧道19处。

重点项目建设　7月27日至28日,在三门峡市召开运三铁路项目(包括三门峡黄河公铁两用大桥)评审会,并通过项目评审;8月8日至11日,铁道部在太原市召开工程可行性报告预评审会议,并通过工程的可行性报告。土地预审、压矿等支持性文件的编制工作已结束,该项目建议书铁道部已报国家发改委待批。三淅高速公路项目已完成项目工程可行性研究方案优化;11月,连霍高速公路洛阳至灵宝(豫陕交界)改扩建工程项目的全市征地拆迁工作全面开始,至年底,土地勘界、放线、丈量及附着物清点等工作基本结束。

干线公路建设　省道S250线水毁修复项目征地拆迁完成路基土石方94 090立方米;省道S318线张村特大桥项目完成投资810万元,占年计划887万元的91%,桥梁下部工程全部完成,桥面铺装完成40%;国道310线三门峡至灵宝1级路改建项目至11月底完成投资2 400万元;义渑快速通道项目义马境内一期已建成通车,渑池境内完成投资3 000万元。农村公路建设 新改建县乡公路517千米,通村公路243千米,危桥改造续建项目12座,659延米,完成投资3.59亿元。

【三门峡市7个还贷2级公路收费站停止收费】 根据国家统一政策,4月30日中午12时起,三门峡市境内渑池槐树洼站、三门峡黄河桥站、卢家店收费站(一站两点)、灵宝焦村站、卢氏杜关站、渑池天坛收费站、陕县宫前收费站停止收费。各收费站均举行了撤站仪式,除留守值班人员外,其余收费人员整装列队撤离收费岗位。

【运城至三门峡铁路项目建议书评估会在三门峡市召开】 7月27日至29日,新建运城至三门峡铁路项目建议书评估会在三门峡市召开。会议是受国家发改委委托,由北京华协交通咨询公司组织,铁路第三勘测设计院主办、三门峡市协办。国家发改委基础产业处,河南省、山西省、三门峡市、运城市的有关部门,郑州铁路局、太原铁路局、设计单位铁路第三勘测设计院、中铁大桥设计院、中铁隧道研究院及相关专家参加会议。与会人员通过沿线现场踏勘、听取设计汇报和部门意见、分组讨论等形式,对运三铁路建设的必要性、线路走向、节点布局、投资估算及控制性工程黄河公铁两用大桥等进行论证,最后形成专家意见。专家们一致认为新建运城至三门峡铁路非常必要,应尽早实施。拟新建的运城至三门峡铁路北与大运客运专线、南同蒲线相连,南与陇海铁路、郑西客运专线及规划建设的三门峡至十堰铁路相接,是山西省与河南省客货交流的重要运输通道。基本线路自运城半坡村站引出,经运城北至店坡站后沿既有南同蒲铁路向西,在解县东北方向盐城边折南,以隧道穿过中条山,在平陆县关沟村跨黄河进入三门峡境内,沿陕县东侧引入陇海线接三门峡西站,客运线引入郑西客专三门峡南站。全线正线长度58.3千米,三门峡境内12.1千米,跨黄河采用公铁上下合建大桥,桥长约5 600米。

【省道250线(卢氏境)水毁修复工程开工】 9月28日,省道250线(卢氏境)水毁修复工程开工。副市长、市公安局局长崔保连等出席开工典礼。省道250线(卢氏境)水毁修复工程起始于木桐乡下河村,途经木桐乡、潘河乡、徐家湾乡、磨沟口乡、官坡镇5个乡(镇),全长77.4千米,需完成土石方101万立方米,防护、排水工程13万立方米,混凝土路面工程50万立方米,中小桥梁10座,计划投资1.9亿元。省道250线作为承接河南、陕西两省,连接灵宝市和卢氏县,贯穿卢氏县5个乡(镇)的一条重要通道,长期以来由于公路等级低,加之遭受特大洪灾后路面损毁严重,给沿线群众生产生活带来极大不便。该工程是2009年市委、市政府确定的重点交通建设项目,建成后,将极大地改善卢氏西部山区交通条件,对于加强卢氏与外界的沟通、改进卢氏西部老区人民的生产生活条件、促进县域经济发展具有重要作用。

【三门峡黄河公铁两用大桥设计方案汇报会召开】 11月18日,三门峡市召开会议,研究三门峡黄河公铁两用大桥设计方案。市委副书记、市长杨树平就加快三门峡黄河公铁两用大桥各项工作进度作出具体部署。副市长李琳、崔保连,市长助理、市政府秘书长张建峰,市长助理张万斌、张运礼出席汇报会。三门峡黄河公铁两用大桥为拟建的运三铁路及规划中的运三高速公路跨越黄河的桥梁,桥址位于三门峡黄河公路大桥上游8.4千米处,距三门峡黄河水利枢纽坝址28.9千米,全长5.6千米。

(王玺光　张军发　苏鹏飞)

高速公路

【概况】 2009年,河南高速公路发展有限责任公司三门峡分公司(以下简称高速三门峡分公司)紧紧围绕"靠服务赢信誉,向管理要效益,以改革求发展,用创新争一流"的经营方针,以"树立平安畅通和谐文明新形象、打造精品科技生态廉政高速路"为运营目标,以保持"省级文明单位"和"文明示范路"荣誉称号为动力,以"服务司乘人员、服务社会、服务人民群众"为企业宗旨,实行人性化管理、人性化服务,整体提升员工综合素质,创建优秀企业文化,树立了河南交通新形象,实现了社会效益和经济效益的双赢。

规费征收　坚持以完成通行费征收任务为主线,注意内部挖潜,发挥团体优势,从征收科学化、精细化、规范化、信息化入手,深入基层站区,紧抓征收环节和站区各项管理,有效提高管理水平。在上年实行"微笑服务"试点的基础上,2009年,加大力度在洛三灵全线推广"微笑服务",为"微笑服务、温馨高速"注入新的内容,提出"一笑、二礼、三心、四创"的执收原则。至年底,高速三门峡分公司所辖8个高速收费站累计完成通行费收入18.87亿元,同比增长11.6%。干线公路3站和2处代收点共完成通行费收入2 096.68万元。累计免征绿色通道车24.1万辆,免征金额4 900万元,全年"打逃堵漏"挽回通行费12万元。

路政管理　加大路面巡查和联合巡逻密度,实现交通肇事和紧急情况下的现场有序处置;依靠扎实的基本功,开展专项治理活动,持续不断地严厉打击恶意超限超载运输行为,使辖段超限超载率下降到0.01%;巩固联防体系,确保辖段附属设施的完好率保持在较高水平。至年底,辖段共发生交通事故271起,路产损失260.1万元,挽回损失254万元,索赔率97.5%;标识标牌完好率100%;各大队累计巡逻里程48万千米,抢险施救2 000余次;豫陕界超限站共检测疑似车辆7 338台次,办理超限运输许可证966份。由于三门峡公司辖段山河相间的特殊地形地貌、气候多变,除雪保通、抢险施救历来是路政保通工作的重中之重。在2009年初冬的保通揭幕战中,高速三门峡分公司有效救助司乘人员5 000多人次,成功疏导受困车3 000余辆,为司乘人员无偿提供方便食品、御寒衣被、防滑器械等价值11.23万元,树立了河南高速的良好对外形象。

养护工作　遵循"预防为主、防治结合"的原则,按照经常性、预防性、及时性的要求,增强养护意识、质量意识、畅通意识、服务意识,从大处着眼、小处着手,提高养护质量和养护水平,最大限度地发挥高速公路的使用功能,将病害消弭在萌芽状态。先后完成辖段桥梁检测加固工作、严重病害紧急处理工程、梨湾大桥病害梁板吊装、水毁维修工程、路面专项和小修保养、绿化补栽等,受到上级主管部门的一致好评。至年底,累计完成小修保养投入1 565.2万元,修补坑槽15 000平方米,灌缝15.8万米,更换护栏18.03万千克、护栏立柱3.96万千克,更换防阻块5 783块,修补刺丝1.29万千克,更换防眩板9 399片、C20混凝土516.8立方米,路缘石1 542米;并对中央分隔带、边坡等处,进行全面绿化补栽,完成绿化投资250.37万元。

【连霍高速公路洛阳至三门峡(豫陕界)段改扩建工程点式开工建设】 6月30日上午10时,河南省重点建设项目——连霍高速公路洛阳至三门峡(豫陕界)段改扩建工程在连霍高速豫陕界K899+400处点式开工建设。河南高速公路发展有限公司、省公路工程局、三门峡市交通部门的负责人参加工程点式开工仪式。连霍高速公路洛阳至三门峡(豫陕界)段改扩建工程东起洛阳西南绕城高速与连霍高速交叉式仁村互通枢纽西侧,西至连霍高速公路豫陕界收费站中心,全长194.89千米,其中三门峡市境内长度165.99千米。改建以全线单侧加宽为主,局部路段为双侧拼宽。改建后,连霍高速公路洛阳至三门峡(豫陕界)段全部由双向4车道变为双向8车道。

【河南省交通规划勘察设计院专家组就高速公路卢氏境内走向进行勘察】 8月12日,河南省交通规划勘察设计院专家组一行到卢氏县,就灵宝至淅川(省界)高速公路、洛阳至卢氏高速公路卢氏县境内路线走向及出入口设置等问题与卢氏县交换意见。根据设计方案,洛阳至卢氏高速公路呈东西走向,由洛阳出发经宜阳、洛宁,在兴华西南的崇阳与南线分离,偏向西南,经朱家岭,设2座隧道后到达故县水库,设高架桥跨过。之后设特大隧道、中小隧道3座,抵洛河上游,跨河后沿洛河北岸山边西南行走,在卢氏东北接灵宝至卢氏高速公路。考虑到终点位置灵宝至卢氏高速公路线位较高,而且线型不佳,正处在隧道路段,卢氏县政府对高速公路走向等有关问题提出合理化建议,以改善其线型。

【连霍高速公路三门峡段改扩建工程动员大会召开】 10月30日,连霍高速公路三门峡段改扩建工程动员大会在三门峡市召开,标志着该项工程正式全面启动。会议要求,沿线各级政府、市直有关部门和全体建设者要认清形势、明确责任、强化措施、协调联动,确保工程年内开工。省交通运输厅副厅长范跃武,省交通投资集团董事长王金山,市委副书记、市长杨树平,市委常委、副市长赵光超,副市长、市公安局局长崔保连,市长助理、市政府秘书长张建峰出席会议。会上,省高速公路发展有限公司书记兼洛三灵高速改扩建项目董事长孙书阁介绍了工程概况。该工程东起洛阳西南绕城高速公路与连霍高速公路相交处,与郑洛高速公路改扩建工程终点相接,西止于豫陕界和正在扩建的陕西省潼关至宝鸡高速公路起点相接,全长194.89千米,其中三门峡境内165.99千米。项目概算总投资125.7亿元,计划2009年年底开工,工期36个月,于2012年底前建成通车。工程建设标准按双向8车道高速公路标准改扩建,设计行车时速100千米。会上,市交通局、灵宝市政府有关负责人作了表态发言。 (姚宗华)

铁路运输

【概况】 2009年,三门峡火车站面对运输安全的压力、增运补欠的艰辛,全站干部职工紧紧围绕车务段"建精品、创一流”的要求，发扬不畏艰难、勇于奉献的拼搏精神，狠抓现场作业控制和各项规章制度的落实，不断挖掘运输潜力，提高科学化管理水平，努力实现车站“外美内实”，抓重点，破难点，基本实现安全平稳、路风可控、队伍稳定、增运增收的既定目标，经济效益和社会效益均取得明显成效。至2009年12月31日，车站共完成装车14 142车，发送货物8.07亿千克，发送旅客121.66万人，完成运输收入16 628.85万元，实现站安全生产天数8 340天。

市场营销　当年，由于国内外各种因素，特别是受全球性经济危机的影响并未完全摆脱，铁路运输形势依然严峻，发运量有所下降。三门峡火车站在原有营销基础上，进一步开展调研工作，从货源的基本构成、货源态势、产业分布和营销工作中存在的问题4个方面进行调研分析，制定新的市场营销策略和切实可行的营销工作步骤，开展工作。在营销工作中，本着“抓牢稳定货源，争夺流动货源，挖掘潜在货源”的工作思路，以硬件（铁路设备）优势作基础，以软件投入（服务措施）作实力。靠雄厚的实力和不断完善的服务取胜。淡季注重挖潜，旺季注重疏导。对内强化机制树形象，制定服务措施，提高服务质量；对外广交朋友重发展，稳住现有货源，争夺新增货源。车站先后出台一些服务措施、标准，多次修订和完善干部考核制度，建立一整套激励约束机制，强化客货营销，优化运输组织，提高运输效率，使营销工作稳步回升。

基础管理　围绕重点工作，对各项规章制度进行及时的修订和完善，强化基础管理。认真执行干部巡视检查制度，为安全生产奠定基础；严格作业程序、质量标准，并结合标准化鉴定，提高作业质量；成立安全生产委员会，定期召开安全分析会，分析安全生产动态和需要重点解决的问题和关键，确保安全生产有序、可控；配合处理违章、违纪，落实各项基础管理制度，消除事故隐患和不安全因素，提高运输组织效率。

安全生产　加强自控型班组建设，发挥班组核心成员作用，完善激励约束机制，职工落实作业标准的自觉性明显提高，班组自控能力明显增强；规范加强应急管理工作，安全预防控制能力和应急处置能力全面提升；深入开展“吸取教训、振奋精神、整顿作风、强化基础、严肃两纪、确保安全”活动及车站开展的安全大检查大整治活动等20多项专项检查活动，查摆整治一批安全问题和隐患，使安全管理逐步走上科学、规范、高效的轨道。

业务培训　着力加强职工教育，提高职工业务技能。严格落实职工教育培训学习制度，采取了各种行之有效的措施，增加职业道德、礼仪规范等培训内容，有针对性地开展了教育培训；对新入路、新提职、新转岗人员，经过业务学习教育培训和安全技术教育培训且考试合格后，方准上岗作业。职工整体素质显著提升，涌现出一批业务骨干。在2009年车务段业务技术大赛上，客运、货运、运转班组共14人在比赛中取得优异成绩，当年，三门峡火车站有3名职工通过考试和鉴定，被评为“工人技师”。

【郑西铁路客运专线全线铺通】　6月29日下午，河南省重点建设项目——郑西铁路客运专线最后2段长达500米的钢轨在三门峡市的函谷关隧道内顺利铺设完成，标志着世界上首条修建在大面积湿陷性黄土地区的高速铁路全线接轨铺通。郑西铁路客运专线正线全长约485千米，东起河南省郑州市，向西途经洛阳、三门峡、渭南等地，止于陕西省西安市，设计最高时速350千米。全线80%的路段要穿越湿陷性黄土地区。

【运三铁路可行性研究评审及环评内审会在运城市举行】　8月9日，运三铁路可行性研究评审及环评内审会在山西省运城市举行。太原铁路局、铁道部第三勘察设计院等单位的领导和部分专家参加会议。按初步规划，运三铁路正线长82.6千米，客车车速设计目标值为每小时200千米。该项目计划于2009年下半年开工，工期4年。与会人员于8月8日现场踏勘了运三铁路设计中的运城北站、中条山隧道进出口、黄河桥位、三门峡南站等地址。

【郑西高铁三门峡南站广场竣工】　12月31日，郑西高铁客运专线三门峡南站广场工程顺利竣工，市领导李文慧、杨树平、赵继祥、郭秀荣、李建顺、赵光超、赵中生、高从民，市长助理、市政府秘书长张建峰等出席竣工典礼并剪彩祝贺。市委副书记、市长杨树平致词。该工程是三门峡市重点建设项目，总投资3 800万元，面积6.5万平方米，2009年6月15日开工，主要建设内容包括站前广场及周边道路等。

【运城至三门峡铁路项目获批复】　12月25日，国家发展改革委网站发布公告称，新建运城至三门峡铁路项目建议书获得批准，这意味着运城至十堰铁路进入实质性操作阶段。根据公告，新建运城至三门峡铁路自南同蒲铁路兴南站引出，经运城北、店坡、平陆，跨越黄河后引入陇海铁路三门峡西站，正线全长约82.6千米。运城至三门峡铁路是运十铁路的一部分。运十铁路已列入国家中长期铁路网规划，该铁路起点为山西省运城市，途经河南省三门峡市、南阳市至湖北省十堰市，在南阳市西峡县与宁西铁路（南京—西安）交会。运十铁路全线建成后，将从根本上解决河南省西部地区没有南北铁路干线的问题。（陈黎明）

邮政业

【概况】　2009年，三门峡市邮政局坚持以科学发展观统领全局，不断深化改革，加快发展，强化管理，提升能力，使三门峡邮政保持了又好又快发展的良好势头，成为集实物传递、信息传输、货币流通于一体的现代网络型服务企业。全年累计完成邮政业务收入16 340万元，占省公司预算目标的101.05%，较上年同期增长29.05%。全员劳动生产率10.37万元，是1998年邮电分营时邮政业务收入2 700万元的6.1倍。

坚持把大力发展邮务类业务作为邮政改革与发展时期的首要任务，创新模式，坚定信心，突出重点，加快发展，使邮务类业务实现又好又快发展。全年邮务类业务实现收入3 911万元，较上年增长27.37%。其中：报刊发行较上年增长12.47%，函件完成业务较上年增长24.71%，集邮业务较上年增长10.68%。

速递物流快速发展，全年实现业务收入1 846万元，较上年增长32.51%。

其中:速递类业务较上年增长17.14%;中邮物流业务较上年增长24.08%,收入规模、增幅和计划完成进度均居全省第1位。

金融类业务保持平稳发展。以效益为中心,在抓好邮储存款余额稳定增长的同时,狠抓基础设施建设,加快中间业务和理财业务的发展。全年累计实现储汇收入10 581万元,较上年增长29.06%。全市邮储余额累计净增6.21亿元,创开办邮储业务以来历史最高纪录。全年新增商易通用户492户,发放绿卡通卡4.1万张。全年累计发放小额质押贷款11 373万元,居全省第6位。

网络优化和信息化建设步伐加快。按时且保质保量地完成省公司部署的工程建设、系统升级,提升全市邮政信息化水平;全年共改造网点3个,建成精品网点2个,新增ATM机3台,新增补登折机5台。进一步提高网路运行时限与质量。新开通郑灵专线,速递邮件传递时限进一步缩短。省辖市间的特快邮件实现"次晨达",市至各县(市)的特快邮件实现"次日递",全市市、县党报党刊当日见报率达到95%以上;投递网实现电动车投递。新建农村支局网点2个。全区累计建设信报箱总户数19 597户。加大服务质量监督检查力度,邮政服务质量稳步提高。和谐企业建设再创佳绩。积极开展丰富多彩的文体活动。兑付"三保证三关爱"活动资金10余万元,受益员工达189人次。创建合格职工小家9个。

围绕经济建设中心,充分发挥行业优势,不断加大服务"三农"力度。积极构建邮政农村社会化服务体系,全市共建成邮政服务"三农"配送中心5个,乡级邮政"三农"服务中心31个,村级邮政"三农"服务站330个,累计配送化肥301.5万千克。并建成邮政服务"三农"村邮站124个,在支持新农村建设中发挥了重要作用。

精神文明建设成绩斐然。2009年,市邮政局被市委、市政府评为"政风行风建设先进单位""党风廉政建设责任制先进单位";被市总工会评为"三门峡市职业道德建设先进单位";获全国"健身与奥运同行活动"先进单位称号。市邮政局湖滨营业所被团中央命名为"全国青年文明号";灵宝市朱阳邮政支局、卢氏县范里邮政支局被省纠风办评为"群众满意的基层站所";义马市东工地邮政支局、卢氏县官道口邮政所、官坡邮政支局、陕县张村邮政支局、温塘邮政所、灵宝市西阎邮政支局、大王邮政支局、渑池县笃忠邮政所8个单位被三门峡市人民政府纠风办评为"三门峡市群众满意的基层站所"。市邮政局局长李林宝获"市级劳动模范"称号。王涛荣获"河南省新长征突击手"称号;关一鸣等4人荣获省级"青年岗位能手"称号,灵宝市朱阳支局投递员柴书朝被三门峡市文明办评为"三门峡市敬业奉献模范"。三门峡市邮政局、灵宝市邮政局、陕县邮政局分别被省公司评为"2009年河南邮政优秀企业";卢氏县邮政局、义马市邮政局、渑池县邮政局分别被评为"先进企业";市邮政局李林宝、灵宝市邮政局李宝林、陕县邮政局赵清瑞分别被省公司评为"优秀企业管理者";卢氏县邮政局孟帅民、渑池县邮政局吴建生、义马市邮政局李彬分别被评为"先进企业管理者";市邮政局信息中心、市邮政局速递物流公司中邮营业部、陕县邮政局甘壕支局等3个集体,以及孟帅民等20名个人分别荣获河南省邮政"1999～2008先进单位"和"先进个人"称号。

【网络建设逐渐完善】　为有效提高邮件传递速度,5月16日,市邮政局开通郑州至陕县、灵宝物流专线,三门峡—义马EMS专网邮运线路,并增开三门峡—卢氏二班邮车,大大缩短市县邮件的传递时限,为"区域限时递"业务发展提供有力支撑。保证每日市—县的邮路达到两条,加快邮件传递速度。市邮政局的分拣封发增配1台生产终端,为灵宝速递分拣配置生产作业系统,邮件直分到投递段道,加快速递邮件内部处理时限。积极整合社会资源,以三门峡为点,辐射陕西、甘肃、宁夏、青海和山西、内蒙古的绿色通道,整合山东青岛、上海、安徽等直达线路,网络建设逐步完善。

【捐赠"爱心包裹"】　汶川地震发生后,灾区中小学生成为一个特别需要关爱的群体,在"5·12"地震周年纪念和"六一"儿童节来临之际,市邮政局开展"寄一份包裹,送一份关爱"的活动。"爱心包裹"捐赠类型可分为学生包裹和学校包裹两种,捐赠人捐100元可捐赠以文具为主的学生包裹,关爱1名灾区学生;捐1 000元可捐赠以体育用品为主的学校包裹,关爱1所学校。至5月20日,市邮政局全体干部职工共捐赠学生"爱心包裹"305个和学校"爱心包裹"13个,向灾区孩子传递关爱。

【两部邮集作品在省邮展上获奖】　为庆祝新中国成立60周年,9月13日至15日,由国家邮政局、河南省政府联合主办的"迎国庆60周年集邮展"在郑州举行。三门峡市集邮协会选送宋旺林的"百年奥运,魅力北京"专题邮集,用100多个国家的历届奥运会邮票,讲述了历届奥运会所发生的故事。陕县高天阳的"与爱同行,感恩中国"五框专题邮集用2008年"5·12"汶川大地震时期的100多枚邮品,再现了抗震救灾、重建家园等众多可歌可泣的画面。这两部邮集以主题鲜明、票品档次高、内容生动而受到专家和观众的好评,分别夺得邮展银奖和铜奖。

【开展"祝福祖国"大型寄语暨三门峡市第5届少年儿童书信文化比赛活动】　11月26日,由三门峡市委宣传部、共青团三门峡市委、市教育局、三门峡日报社及市邮政局联合发起的"祝福祖国"大型寄语暨三门峡市第5届少年儿童书信文化比赛活动启动仪式在市金镛宾馆举行。市委宣传部副部长张占海、共青团市委副书记宋黎静、市教育局副局长冯正年、市邮政局副局长刘亚芳等出席会议。市各新闻媒体记者及市区各学校主管校长、政教主任70余人参加。活动以"祝福伟大祖国,传递中国信心60载"为主题,在全市学生中掀起争写爱国寄语的热潮,激发广大青少年的爱国热情,增强其民族自信心和自豪感。全市7 000余名学生参加了此次活动,共评出一、二、三等奖及优秀奖、组织奖200名。　　(吕研究)

·编辑　李艺芬·

信息产业

9月1日，中国联通“沃·3G”三门峡市试商用新闻发布会

无线电管理

【概况】　至2009年12月31日,全市共有各类无线电台(站)3 557个。其中广播电台站(含差转台)23座、30赫兹以下无线电台23个,30赫兹~1 000赫兹固定电台74个,手持、车载台1 441部,地面固定业务44个,地球站2个,雷达站2个,蜂窝基站(含PHS基站)1 941个,业余电台7个。三门峡市无线电管理局共核发无线电台执照514份,换发无线电台执照930份,发放审验标签1 861个。

2009年,三门峡市无线电管理处认真贯彻落实全省无线电管理工作会议精神,不断提高管理水平,强化服务意识,科学合理配置频率资源,规范无线电台(站)设置与使用,引导各类无线电台(站)健康发展。坚持依法行政,严查违章设台,加强监测和干扰查处,切实维护好空中电波秩序。认真做好各项无线电安全保障工作,为各项重大活动提供有力保障,为三门峡市经济建设和构建和谐社会保驾护航。

【加强频率台站管理】　为规范固定台(站)的设置使用,依法加强公众移动通信基站的规范化管理,使移动通信基站有关技术指标符合无线电管理的技术规定和国家标准,消除无线电干扰隐患,4月,配合省无线电管理局,按照指定比例,对移动、联通、电信基站进行为期1周的抽检。10月27日起,按照省无线电管理局《2009年度蜂窝无线电基站设备抽检工作方案》要求,组织人员对移动、联通、电信3家移动运营公司的蜂窝无线电基站进行抽检,共抽检基站11个、载频设备36部,合格20部,不合格为16部,合格率为55.56%。为更好地服务3G网络建设,促进3G业务发展,10月,对全市各移动运营公司在建的3G项目进展情况进行调研。3家移动运营公司3G网络基站建设进展情况分别是:中国移动规划基站37个,建成35个;中国联通规划86个,建成58个;中国电信规划88个,建成76个。各公司建站进展顺利,使用频率均未出现异常现象。

【加大无线电监测监听力度】　根据省监测站制定的监测计划和三门峡市具体情况,市无线电管理局制定详细、周密的日常监测监听计划,积极开展常规监测、专项监测和不定期的野外监测训练,认真执行省《无线电频谱监测统计报告填报办法》,对全市电磁环境进行仔细的监测监听,详细记录监测情况。全年监测监听总计1 942小时。

【重大活动无线电通信安全保障工作】　为加强防范和打击考试中利用无线电设备进行作弊等违法活动,市无线电管理处制定《2009年高考期间无线电安全保障工作方案》,并与市政府签订“2009年三门峡市普通高考工作责任书”。组织人力、设备,全力以赴做好安保工作。在高考监测过程中,市无线电管理处利用现有的监测设备,有效保证高考考场安全,取得较好效果。《三门峡日报》6月9日1版刊发《无线电监测车考场“巡逻”,高科技作弊遇上“克星”》,对无线电管理工作和考场安全保障工作进行深入宣传和报道。5月16日,在三门峡中专进行的全国会计师考试无线电安全保障工作中,工作人员利用测向定位设备,发现有人在教学楼外的一间办公室内利用电脑发送作弊信息,在公安机关的配合下,成功将作弊人员抓获。当年,市无线电管理处圆满完成高考、中考、研究生考试、会计师资格考试、司法考试、公务员考试的无线电安全保障工作,有效震慑了利用无线电进行考试作弊的行为,维护了国家统一考试的公平、公正和安全,扩大了无线电管理工作的影响面,得到了相关部门的肯定和赞扬。

【强化行政服务中心窗口服务】　行政服务中心窗口严格按照办件管理办法办理各种受件,根据ISO 9001国际质量体系要求,做好窗口受理的每一宗报件工作。2009年,中心窗口受理各类报件432件,其中即办件221件、承诺件211件,办件率100%,承诺实现率100%,顾客满意率100%。全年被中心评为“红旗窗口”3次,“服务标兵”1次。发表工作信息5篇,其中市级以上3篇、中心2篇。8月,顺利通过省、市行政服务中心对ISO 9001:2000版标准建立的质量管理体系运行的符合性、有效性的监督审核。

【开展清理违法使用对讲机专项行政执法活动】　为了打击违法使用对讲机行为,维护空中电波秩序,根据省工业和信息化厅《关于印发开展清理违法使用对讲机专项行政执法活动方案的通知》(豫工信〔2009〕96号)文件精神,三门峡市成立以市政府副秘书长杜寿敏为组长、管理处处长高建生为副组长的清理违法使用对讲机专项行政执法活动领导小组,下设监督检查、资料整理、宣传3个小组,自6月23日起,在三门峡市行政区域内开展清理违法使用对讲机专项行政执法活动。专项工作分为:宣传动员(6月23日至7月9日)、自查自纠(7月10日至7月20日)、检查执法(7月21日至10月31日)、检查验收(11月1日至11月30日)4个阶段实施。检查执法工作于10月31日全部结束。在检查执法过程中,《三门峡日报》、三门峡电视台和各县(市)电视台均对执法情况进行跟踪宣传报道。共检查单位383个,使用对讲机单位147个,检查设备1 956部,其中符合国家规定要求的1 204部、违章使用的752部。为16个单位补办设台手续,设备247部;备案3个单位,设备20部;发放审验标签267个,核发、换发电台执照247份。　(王　茜)

中国联合网络通信有限公司三门峡市分公司

【概况】　中国联合网络通信有限公司三门峡市分公司(简称三门峡联通)成立于2009年3月20日,是在原河南网通三门峡分公司、原中国联合通信三门峡分公司的基础上组建而成的。重组后,三门峡联通融合移动网和固定网网络技术优势,实现全业务运营,企业整体规模和实力得到大幅提升,是三门峡地区网络覆盖最广、业务品种最多、服务力量最强的通信运营企业,同时肩负国家抗震救灾、应急通信、党政专用通信等服务义务。主要经营:2G/3G移动通信业务,国内、国际固定电话网络与设施,语音、数据、图像及多媒体通信与信息服务,电信增值业务,IP电话业务,与通信及信息产业相关的系统集成业务,以及国家批准的其他业务。三门峡联通的成立,将推动三门峡电信建设规模的快速发展，形成新的市场格局，促进电信服务质量的持续改善，加快信息化社会建设的进程，使消费者享受到越来越多的电信体制改革成果，不断推动三门峡地方经济的发展和广大民众通信生活质量的提高。

2009 年，三门峡联通全面贯彻落实科学发展观，紧紧围绕公司发展战略，坚持以市场需求为导向，以客户为中心，加大"九大结构"调整力度，创新最小营销服务单元作业模式，稳步推进企业改革发展，为企业持续快速健康发展打下坚实的基础。

机构设置 融合重组后，三门峡联通建立了完善的组织架构，公司内部设置按市场前台、后台支撑、职能管理、移动网络公司 4 类划分，共计 26 个部门(中心)，包括综合部、人力资源部、财务部、计划与物资管理部、监管事务部、党群工作部、安全保卫部、市场部、个人客户部、家庭客户部、政企客户部、商务客户部、客户服务部、网络建设部、运行维护部、驻地网拓展中心、宽带应用中心、集团客户服务中心、客服呼叫中心、信息化与产品支撑中心、网络管理中心、集团客户响应中心、运行维护中心、移动网络公司综合部、移动网络公司财务部、移动网络公司建设维护部等；市区设六峰路、建设路、开发区 3 个营业部；全区辖义马、渑池、陕县、灵宝、卢氏 5 个县级分公司。

市场经营 针对市场竞争形势的变化，及时调整经营思路，将工作战略由固网防御性及移网跟随性转变为挑战性战略，实现差异化经营。坚持"三重一稳"(即重点发展移网、重点发展宽带、重点发展融合业务，稳定固话)营销策略，细分市场夺存量，强化客户维系，适时组织开展符合实际的营销活动，确保重点业务快速发展，传统业务保持相对稳定。利用全业务优势，努力为客户提供差异化、个性化、亲情化的通信产品和服务，坚持品牌营销战略，推出全业务"沃"品牌，"亲情 1 +""宽带商务""世界风""如意通""新势力""116114 电话导航""宽带我世界""10010"等客户及服务品牌。

通信建设 全年新增语音端口 17 766门，固话电话总能力达到 47.45 万门；宽带新增能力28 272端口，宽带总能力达到 15.11 万线；本地网光缆新增 846.1 皮长千米，新增配线电缆 130 皮长千米，新增管道能力为 69.23 孔千米。全年新建基站 212 个，其中 GSM 基站 126 个、WCDMA 基站 86 个。加大宽带网络建设力度，提升宽带网络的承载能力。完成 96 个驻地网建设任务，全区新建 EPON 宽带端口21 272线、窄带端口17 766线；完成"数字工商"项目，完成城市报警与监控系统建设工程及 166 个自然村"村村通电话"工程任务。

网络支撑 全年网络接通率达到 99.15%，城域网中继流量合格率达到 99%，IP 承载网网络时延和网络丢包率均正常。开展宽带不可装区域专项治理活动，解决不可装区域213 处，完成新建项目 35 个，新增宽带端口 9 992 个、语音 5 504 线。圆满完成春节、"两会""3·15"、第 15 届三门峡国际黄河旅游节、国庆和中秋节期间等多项重要通信保障任务。

企业管理 加强企业基础管理，建立健全各项规章制度，先后出台《总经理办公会议制度》《督查督办工作规范》《年度会议制度》《中层领导干部选拔任用办法》《企业文化实施意见》等系列规章制度，规范基础管理，为经营发展提供保障。完善全面预算管理制度，全面提高预算管理水平。出台《2009 年预算管理办法》，成立 9 个准利润中心及新的预算组织机构，设计新的预算控制和执行流程，创新资源匹配办法，提高后台支撑效率。

业务发展 在固话业务发展方面，坚持发展与保有并重。在城市，加大融合业务的推广力度，利用"亲情 1 +"、城市家话、城市商话等产品，狠抓驻地网、专业市场和沿街门店市场的拓展；在农村，通过平安互助、远程教育网带动市场开发，有效遏制固话流失。在宽带业务发展方面，加强驻地网管理，开展"精彩新联通，畅享新生活"营销活动，将全市 589 个驻地网市场作为营销重点，通过市场竞合，统一宽带市场价格体系，规范市场秩序。在移网业务发展方面，根据不同阶段的市场特点，坚持发展、维系和基础管理并举，分阶段开展营销维系活动。开展"新基站营销""新联通新农合为您保健康""新联通帮您找工作""社区家庭营销""新联通新人得幸福"等活动，促进农村及城市市场发展。充分发挥企业融合重组后全业务优势，在城市，通过"存宽带年费送手机"或"存手机费送宽带"等政策，拉动"世界风"业务。在农村，以家庭固话用户为基础，通过"存话费送手机"政策，拉动移网业务发展。

客户服务 坚持"抓经营必须抓服务"的理念，进一步强化服务意识，统一服务规范，落实服务机制，完善服务质量考核管理办法，制定各业务单元的考核条例，全年营业厅服务质量平均得分为 101.99 分，居全省第 2 位。开展营业达标工作，全区共有 156 名营业人员参加考试，整体平均成绩为 92.53 分，居全省第 1 名。针对钻石卡、金卡用户，开展"联通客户亲情 1 +""联通客户健康做主"活动，共有 1 000 余高端用户参与活动，有效提升用户满意度。针对服务工作中工作流程不畅、用户投诉热点等问题，制定系列规章制度，理顺工作流程，加大对客户投诉的督办问责力度，提高解决投诉的效率，促进了服务质量的全面提升。

精神文明建设 加强新公司理念、企业文化的宣传教育，切实转变工作作风。开展"加强思想作风建设，促进新公司持续健康发展"主题教育，结合实际提出"团结、务实、创新、高效"的企业文化总体要求。实施"五个一工程"，全面推进企业文化建设，营造思想统一、人心凝聚、士气鼓舞的良好氛围。加大精神文明创建力度，深化"文明单位"和"青年文明号"等群众性精神文明创建活动，不断把公司精神文明创建活动推上新台阶。围绕"创建学习型企业，争当知识型员工"，提高员工素质，构建和谐企业。1 月，三门峡联通被市委、市政府授予"平安建设先进单位"荣誉称号，市委书记李文慧为公司颁奖。2008 年，三门峡联通累计投入2 400万元，在市区建成报警与监控系统并投入使用，实现对市区 80% 以上的重点单位、要害部位、治安卡口、高速公路出入口、交通要道、治安复杂场所等监控和部分自动报警，为三门峡市争创全国综治优秀市"三连冠"作出积极贡献。5 月，在全市农村党员干部现代远程教育工作会议上，三门峡联通总经理韩正晓做典型发言，公司所属义马常村、渑池南村、灵宝函谷关、卢氏五里川、陕县观音堂 5 个乡(镇)支局所受到表彰。6 月 30 日，市总工会、市直工委开展"七一"爱心捐助活动暨建立帮困基金活动后，三门峡联通积极响应，公司 482 名员工踊跃捐助 10 360 元，受到一致好评。

【“数字工商”项目完成】 3月19日,随着最后一个网点的顺利接通,备受全省关注的“数字工商”项目在三门峡市成功落地,覆盖全市各县(市)区工商分局、41个工商所的工商通信网络全面建成。

【开通“全国一卡充”缴费业务】 4月2日,联通“全国一卡充”缴费业务在三门峡市正式开通。业务开通后,无论客户身处何方,均能方便、快捷地为自己的手机充值缴费,保证手机畅通,进一步提升了三门峡联通的服务质量。

【中国联通集团公司学习实践科学发展观督导组到三门峡市调研】 4月22日,中国联通集团公司学习实践科学发展观督导组组长池泉国一行,在河南联通副总经理、党委副书记张宜军,党委委员郑先成的陪同下,深入到三门峡联通就学习实践科学发展观活动开展情况进行检查指导,并提出要求:学习要和实践相结合,做到边学边查边改,逐步提高管理水平;正确处理好学习实践活动和经营发展的关系,做到知行合一,坚持“两手抓”“两不误”“两促进”;通过实践活动,提高认识,理清思路,建立长效机制,改进工作;注重创新,认真总结提炼经验,及时总结推广。

【联通3G试商用在三门峡市正式启动】 9月1日,三门峡联通举行“精彩在沃”3G－WCDMA试商用新闻发布会,在三门峡市正式启动联通3G商用业务。市委常委、副市长赵光超,市检察院检察长张永键等出席发布会。2009年1月7日,经工业和信息化部批准,中国联通获得WCDMA标准的3G牌照,三门峡联通从2009年3月开始,以超常规速度进行3G网络建设,已具备试商用条件,能够为客户提供3G手机上网、可视电话、手机电视、手机音乐、手机搜索、无线上网、游戏等多层次3G服务。WCDMA具有较好的网络优势和终端优势,下行速率最高可达7.2兆比特/秒,手机终端超过2 000余款。

【举办“品质生活,联通万家”现场体验活动】 10月17日,三门峡联通在市区黄河路营业厅门前广场举办“品质生活,联通万家”大型现场体验活动,展出家庭网关、高清影院、网络教育、体感游戏等10多项应用产品,引起围观群众的极大兴趣。当天,现场发放各类宣传品13 000余份,参加各种业务体验269人次。

【圆满完成166个“村村通”工程建设任务】 10月底至11月初,三门峡联通2009年承担的全省600个自然村“村村通”工程27.6%的建设任务已全面完成。其中,有线覆盖实现96个自然村、无线覆盖实现70个自然村,新建杆路78杆千米,架设光缆238皮长千米,新建大灵通基站两处及综合接入设备65套。年初,三门峡联通成立由公司“一把手”为组长的领导小组,全面负责工程项目建设工作;将此项工程纳入党委重要议事日程,定期召开会议研究“村村通”项目、工作措施、资金筹措等问题,及时解决施工中遇到的实际困难;本着“先易后难、注重效益”原则,组织专业人员到深山偏远乡村调查摸底,广泛听取群众意见,按照优先发展无线覆盖思路,制定建设发展规划;在抓好前期工程试点的基础上,落实建设项目负责制,采取倒计工期、跟踪督导等方式组织实施,强力推进,顺利完成工程建设任务。

【建立大学生村官信息平台】 12月30日,三门峡联通利用网络、技术及服务优势,依托农村党员干部远程教育网,为全市大学生村官建立信息平台。项目启动后,全市1 219名大学生村官已全部加入信息平台。 (张新成)

中国移动通信集团河南有限公司三门峡分公司

【概况】 2009年,是应对国际经济危机和国内通信行业二次重组的关键一年。中国移动通信集团河南有限公司三门峡移动分公司(以下简称三门峡移动公司)以学习实践科学发展观活动为契机,统筹兼顾,保稳定、促发展,以人为本,挖掘企业原动力,精细营销,开拓创新,不断提升市场竞争掌控能力、企业价值增长能力、综合服务营销能力、网络支撑运营能力,各项工作均取得良好发展势头。

经营管理 围绕科学发展的基本要求,公司深层次挖掘影响企业科学发展瓶颈问题,转变经营理念,不断提升经营能力和科学发展水平。在经营管理工作中,细分目标市场,成立家庭客户服务中心、信息化产品推广中心,建立信息化演示中心,提升信息化产品快速提供能力;按照“共享资源、共建团队、共同发展”的原则,与铁通公司签署框架合作协议,加强全业务营销力度;以提升服务品质为出发点,实施客户服务“五项禁令”,保护客户合法权益,提升客户感知度;开展“便捷服务,满意100”服务提升及群众满意服务站所评比活动,加强行业自律,全面推进企业行风建设;持续完善全面预算管理和集中管理,强化内部风险控制,增收节支,提高财务管理水平;加快企业创新管理和创新成果的评比及运用,走创新发展之路,多项创新成果获省公司表彰。当年,公司各项绩效考核指标均完成良好,实现了企业的平稳发展。

网络建设 全年累计完成固定资产投资2.3亿元,新建2G基站207个,新建交换容量50万户,新增光缆长度2 400皮长千米;完成GSM13期、14期工程、村村通工程、传输本地网工程、GPRS扩容工程;TD三期工程建设中,新建TD站点70个。全年网络运行稳定,各项运行指标均达优秀,网络干线实现零中断,为广大客户的通信需要和三门峡市信息化建设提供了有力的保障和支撑。

文明建设 围绕增强企业原动力,组织开展“四好”党委班子和基层党组织建设达标活动。以“争先创优”活动为载体,组织开展建党88周年主题系列教育活动和百名优秀员工、功勋员工评比活动以及“四强”基层党组织、“党员示范岗”评比活动,树标杆、树正气。围绕企业文化建设,组织开展“六型”班组创建活动和“沙场秋点兵”岗位技能大赛,并组建6个员工俱乐部,开展丰富多彩的文体活动和友谊比赛,内强素质,外树形象,打造知识型、健康型、团队型员工队伍。围绕为民办实事办好事,落实“五件”大事,改善员工工作、生活环境,促进了员工队伍的稳定,提高了企业的凝聚力。在三门峡市政风行风评比活动中,移动公司居通信行业前列。当年,三门峡移动公司再次被评为省级文明单位,并荣获三门峡市“五好”

基层党组织称号;3 名员工被评为河南移动“百佳员工”,1 人获“三门峡市劳动模范”称号,9 人获三门峡市“五一劳动奖章”,2 人获“三门峡市女职工五一巾帼奖”;1 项成果获集团公司企业文化创新成果三等奖;6 个营业厅被评为“群众满意基层站所”。

【三门峡市首个 3G 体验基站开通】 3 月 13 日,三门峡移动公司举行 TD 建设青年突击队授旗暨首个 3G 体验基站开通仪式。市委常委、副市长赵光超出席仪式并讲话。三门峡市是全省首批实施 TD 建设的城市之一。2009 年,全市将投资 6 000 余万元,建设 94 个 TD－SCDMA 网络基站,其中首批 20 个基站已于 3 月 7 日开工建设,完工后基本可满足市区重点区域的 3G 通信需求。TD 建设也被列入三门峡市 2009 年重点项目建设。为动员青年员工发扬勇于拼搏的精神,积极投身于 TD 建设,三门峡移动公司组织 36 名工程建设青年突击队员举行“科学施工、克难攻坚,打造精品工程”宣誓仪式。赵光超为 TD 建设青年突击队授旗,拉开了三门峡市第三代移动通信建设的序幕。

【顺利完成 4 家省级“百家集团”信息化建设工作】 义煤集团、三门峡市供电公司、大唐华阳电厂、灵宝黄金股份公司是 2009 年中国移动河南省公司指定的“河南省百家集团”。为做好服务工作,三门峡移动公司积极主动为大中型集团企业提供信息化解决方案,先后为义煤集团开通移动 OA 与煤矿监测短信报警业务;为华阳电厂开通移动 OA、移动物流管理系统、生产设备短信监控预警系统;为三门峡市供电公司开通企业版手机邮箱、移动 OA 业务;为灵宝黄金股份公司开通移动 OA 和专线业务。至 6 月 30 日,4 家省级“百家集团”信息化建设工作顺利完成。

【河南移动基站建设项目环评书技术评估会在三门峡市召开】 6 月 18 日,《中国移动通信集团河南有限公司 2009 年～2010 年GSM 网、TD－SCDMA 网基站建设项目环境影响评价报告书》技术评估会在三门峡市召开。该项目为河南省重点建设项目。省环保厅副厅长王争亚,中国移动通信集团河南有限公司副总经理武志群,中共三门峡市委常委、副市长赵光超等出席会议。评估会采用“打捆评审”的方式,是省环保部门首次对大规模建设项目实行的“打捆评审”。河南移动公司详细介绍了报告书的各项内容,与会代表和专家组成员对 GSM 网移动通信已建和拟建的 6 055座基站的电磁辐射、工程建设环境影响等,进行了技术审查。

【村村通工程提前完成】 6 月 29 日凌晨 4 时,随着三门峡市陕县宫前乡蔡家湾基站的开通,三门峡移动公司 2009 年共计 48 个基站的村村通工程建设任务全部完成。继 2008 年完成 73 个自然村的移动网络覆盖后,2009 年,延伸覆盖三门峡全区 3 县(市)26 个乡(镇)的 79 个自然村。

【第 4 届岗位技能比武决赛结束】 8 月 13 日,由市总工会、河南移动三门峡分公司联合举办的“2009 年沙场点兵——第 4 届岗位技能比武”决赛如期举行。76 名来自乡(镇)、城区的营业员、客户经理以及驾驶员参加全市的决赛。经过激烈角逐,大赛组委会依据竞赛规则,分别评出各单项比赛的前 3 名和优秀组织奖,并为其颁发奖金和荣誉证书。各单项比赛的第 1 名同时被市总工会授予“三门峡市五一劳动奖章”,女性员工还被授予“三门峡市五一巾帼奖”。市总工会副主席武跃峰、路敏茹等到现场致贺,并与公司总经理杨建军、副总经理汪勇一起为获奖单位和个人颁奖。

【成功设计出便携式应急通信基站】 8 月 14 日,三门峡移动公司自行设计研发的便携式移动应急通信基站正式开通。为保障三门峡地区大型社会活动、自然灾害等突发事件下的应急通信,三门峡移动公司网络部集思广益,灵活运用、组织调整现有网络资源,成功设计出便携式应急通信基站,保障了三门峡市各种应急情况下的移动通信需求。

【三门峡市政府与河南移动公司签订战略合作框架协议】 9 月 3 日上午,本着“政府主导、企业协同、统筹规划、政企联动、分层负责、共同发展”的原则,三门峡市政府和中国移动通信集团河南有限公司(以下简称河南移动公司)签署战略合作框架协议,确定建立长期战略合作伙伴关系。根据协议,河南移动公司决定未来 5 年在三门峡市投入 20 余亿元,在通信基础设施建设、农村信息化、农业信息化、社会公共领域信息化、政务信息化、企业信息化建设 6 大领域开展深度合作,进一步提高城乡信息化水平,打造“数字三门峡”,推进服务型政府建设,提高应急通信保障能力,以信息化带动工业化,推动现代工业、现代农业、现代服务业大发展。三门峡市领导李文慧、杨树平、赵中生、李琳、高从民及河南移动公司党组书记、总经理原建国等出席签约仪式。

【与市工商局签署 G3 移动执法项目合作框架协议】 12 月 30 日,三门峡移动公司与市工商局签署 G3 移动执法项目合作框架协议,双方就利用 G3 手机终端实现移动办公、移动执法、视频教程、电话会议及视频监控、食品安全查询、企业查询、登记注册查询等多项信息化业务达成合作意向,为服务政府机关信息化建设提供技术保障。 (姚来宝)

中国铁通集团有限公司三门峡分公司

【概况】 2009 年,是中国铁通集团有限公司三门峡分公司(以下简称铁通三门峡分公司)各项改革处于转折时期的一年。公司以“全面规范基础管理体系,依托移动加快效益发展,全力维护安全稳定局面”为中心,艰苦创业,顽强拼搏,在市场营销、客户服务、运维安全、企业管理等方面,取得明显成绩。

组织管理　进一步完善效率优先、兼顾公平的分配制度,实行全员竞争上岗,完善“三自一包一考核”成本管理办法,深入推进规范管理年活动,不断丰富和完善各种管理制度,为各项工作的开展提供依据,理顺环节,提高效率。“靠制度管人,按流程办事,用数据说话”的管理氛围进一步增强。以“活力经营部”创建为载体,全面夯实管理根基。对照参考“坚持两化定标准,抓住两基提素质,实施三分促发展,培育三感聚团队”的“2233”管理模式,切实建立易于操作、科学有效的制度流程,深入开展立标、宣标、贯标、达标工作,着力培育业务精通、善于管理的经营部经理队伍,深度打造激情焕发、高效执行的一线经营团队,提升经营部的凝聚力、执行力、创新力,使经营部成为"管理标准规范、充满生机活力、具有文化特色,经营业绩优良"的一线"战斗堡垒"。

市场经营　在"一个中国移动"原则下,铁通三门峡分公司围绕移动公司,协调开展业务,逐步调整收入结构,全面推进业务转型。积极推动增值业务发展,尤其是数据增值业务;在客户发展方面,更加注重客户质量,以集团客户、商企客户为发展重点;高度重视市场策划、营销,通过各种渠道展开强大的营销宣传攻势,凭借"以宽带窄,以窄促宽"的营销策略,有效提高双渗透率。宽带业务所占收入比重逐步加大,形成创收增赢的亮点。

网络建设　优化网络资源目标,积极推进线路、设备双达标,为市场发展提供可靠网络保证。强化网运工作基础管理,加强对工作过程的卡控,全面落实"双达标"工作要求。网运质量和网络利用率得到提升,网络安全基本稳定。固话故障率和宽带故障率分别为1.47%和5.19%,故障处理及时率97%,处于全省中等以上水平。同时,顺利完成清产核资工作和公专网划转工作。坚持"效益发展"的原则,继续减少对单纯的固话项目、管道的投资。在新接入的项目上,优先考虑与移动公司的资源合作,利用移动网络资源发展业务,尽量降低投资成本。全年新增电缆2 208对千米,新建光缆174.2芯千米。

客户服务　全年,共受理客户咨询30 179件、回访客户49 613次;客服接通率全年达到95.7%,超过达标值5.7个百分点;故障处理及时率全年达到92.41%,超过达标值2.41个百分点,全年未发生责任越级投诉事件,客服各项管理指标均位居全省前列。当年,铁通三门峡分公司黄河路营业厅被共青团河南省委授予"青年文明号"称号。

【专网划转工作圆满结束】　当年,铁通三门峡分公司迎来了成立以来最大规模的体制改革。根据铁道部与中国移动集团达成的相关协议,各地分公司中与铁路运输生产相关的业务、资产、人员,均划归铁路管理。在总部统一部署、铁通河南省公司的多方协调下,铁通三门峡分公司共有16人划归铁路,部分传输通道、设备及渑池机房管理权划归铁路。专网划转工作结束后,铁通三门峡分公司真正成为面向社会公众市场的电信运营企业。　（丁　涛）

中国电信集团公司河南省三门峡市电信分公司

【概况】　2009年,中国电信集团公司河南省三门峡市电信分公司(以下简称三门峡市电信分公司)以提高网络运行质量为目标,以规范企业运作为切入点,进一步加快全业务结构调整步伐,实施客户品牌经营战略,重点发展移动网、固网融合业务及创新型业务,积极推动企业转型;深化精细化管理,不断完善体制机制;创新发展模式,优化资源配置,挖掘网络潜力,在快速发展中提高增长质量,客户服务水平和档次不断提高,努力提升企业和客户价值,推进企业快速健康和谐发展。

经营管理　结合三门峡市电信分公司全业务经营后的工作实际,顺利完成过渡期的各项经营指标。全业务运营组织机构逐步健全,各部门职责分明、任务清晰、各司其职、各负其责、积极协助、密切配合,充分体现团队建设合作理念;制定下发《绩效考核管理办法》《车辆与驾驶员管理办法》《安全生产责任条例》《工程物资管理办法》等各项管理办法及各种业务流程,进一步推进企业规范化运营,加强基础管理工作,规范各项管理流程;建立以"价值为导向的经营业绩考核体系,突出绩效目标量化管理理念,进一步完善绩效考核办法,提高员工工作积极性;全面推行绩效管理,加大绩效考核力度,强化工作目标和责任,逐步推进督察督办事项;强化预算管理及财务分析,提高财务管控水平,规范财务基础管理;加强安全生产管理工作,定期开展安全生产自查、排查工作,消除了安全隐患。

业务发展　坚持以市场为导向,以发展为目标,以效益为目的,紧紧围绕全年业务收入目标,抓管理、抓经营、抓服务,做到市场与建设并重、挖潜与拓展并重,充分调动全体员工的主观能动性。公司整体业务收入从4 665.3万元跃至5 847万元,实现了企业的健康、可持续发展。

网络建设　紧紧围绕服务市场的思路,优化投资结构,加快对IP网及转型业务的投资,强化网络与市场的衔接,提高投资效益,快速响应市场,优化网络结构,保障网络安全。固网建设方面,加快EPON建设,提高宽带速率,为应对三网融合打造精品网络,提高市场竞争能力,全年共完成资本性投资总金额1 378.69万元,当年完工并验收审计104个工程。移动网建设方面,完成2009年移动网建设的规划、选址及建设工作,完成现网88个基站DO升级,完成104个新建基站的建设任务,完成市到县SDH传输网建设工作,并制定工程物资管理、固网施工单位管理、自购材等工程规范,完善各项施工流程。

网络维护　在运维优化工作中,全面贯彻"三个面向"(面向网络、面向产品、面向客户)的运维体系建设思路。树立"维护就是服务"的理念,继续以抓好基础管理为切入点,以建立全业务运营模式为方向,不断展开两网网络优化调整,提升网络安全支撑保障,强化网络资源管理,不断优化资源配置,加强维护队伍的建设与培养,抓好网络运维成本管理,落实节能减排的工作要求,进一步提高网络运行质量和设备维护水平,更好服务于前端市场。

客户服务　进一步树立"用户至上、用心服务"理念,积极推行"首问负责制",完善各项服务质量考核指标;强化全体人员业务技能培训和服务意识培训,提高前台人员的服务水平;认真执行服务规范、服务标准,对服务人员进行服务规范、业务能力、主动服务意识培训和企业文化等方面的培养;针对不同的客户群,分别制定相应的服务标准,实行差异化服务,突出服务重点。

（杨鹤颖　冯　丹）

·编辑　李艺芬·

经济协作与开发

5月18日，第15届三门峡国际黄河旅游节暨投资贸易洽谈会会场

开放经济

【概况】 2009年,面对全球金融危机的严重冲击,全市上下认真贯彻落实中央"战危机、保增长"一系列政策措施,大力实施开放带动主战略,以项目建设年和企业服务年两大活动为载体,以招商引资为突破口和着力点,主动"走出去、请进来",全方位开展大招商活动,进一步扩大对外开放,在应对危机的特殊年份发挥了举足轻重的作用,开放型经济取得了新发展,为全市经济社会发展作出了重要贡献。

对外经济合作实现新突破。中国水利水电第十一工程局全年完成境外工程承包项目17个,工程承包额84 621万美元,实际完成营业额14 420万美元,承包工程带动劳务输出2 113人次,其中灵宝、卢氏、陕县共派出劳务509人次,获得了较好的经济效益。灵宝黄金股份有限公司拟并购老挝和吉尔吉斯斯坦两家境外公司,正在洽谈之中;申请在老挝设立全资附属公司,省商务厅已经批复。十一工程局申报对外工程承包经营许可证已报省商务厅批准,刷新了三门峡无境外工程承包经营的空白。

开放领域得到新拓展。加强国际合作,与法国普瓦捷市、韩国东斗川市、南非豪登省、澳大利亚韶丹市广泛开展经贸、文化交流,设立澳大利亚三门峡办事处。强化区域协作,豫晋陕黄河金三角区域协调发展综合试验区纳入国家中部崛起规划,参加上海世博会"城市发展与绿色经济"论坛和广州市亚运会倒计时活动,并与广州市达成友好合作意向。开展政银企协作,分别与工、农、中、建四大银行签订战略合作协议,约定3年内融资612亿元,2009年实际到位资金192.59亿元。加强和国家部委、省局、大型企业的战略合作,与中国贸促会建立长期合作关系,与河南移动公司、省电力公司、地矿局和有色地矿局开展战略合作,提高了应对危机的整体竞争力,促进了全市经济的平稳较快发展。

产业集聚优势明显。按照"大项目—产业链—产业集群"的思路,突出产业集聚区招商引资主平台作用,立足三门峡市产业体系,采取资源整合、项目共建、税收分成等方式,积极承接发达地区链式或集群式产业转移。同时,坚持政府推动招商与企业主体招商相结合,突出企业主体招商,实现以商招商。三门峡工业园作为全省重点产业集聚区,面对国际金融危机,加大招商引资和项目建设力度,2009年新开工、投产千万元以上项目22个,已有11个项目建成运行,完成投资25.94亿元。至年底,该产业聚集区共入驻项目91个,涵盖铝及铝深加工、节能照明、先进装备制造、能源、现代物流等多个领域。其他各县(市)产业聚集区的建设与发展均步入快速成长期,基本形成较为完善的承接产业集聚化发展的有效平台,成为三门峡市项目集聚的高地、资金流向的洼地和经济发展的新"引擎"。至年底,全市7大产业集聚区共入驻企业1 029个,从业人口16.4万人,实现营业收入943.8亿元,实现利税86.24亿元。

【成功举办第15届三门峡国际黄河旅游节暨投资贸易洽谈会经贸活动】 5月18日下午,第15届三门峡国际黄河旅游节暨投资贸易洽谈会经济合作项目发布暨签约仪式在三门峡国际会议中心举行。市领导杨树平、郭秀荣、李立江等出席仪式。仪式由副市长李琳主持。市委副书记、市长杨树平在仪式上致词。应邀出席项目发布暨签约仪式的嘉宾有:省商务厅厅长李清树、商务部驻郑州特派员办事处副特派员郭永乐、省贸促会会长谢增福、尼泊尔驻华大使坦卡·普拉萨德·卡尔基、联合国工业发展组织中国投资环境专业委员会主任黄静以及美国、英国、新加坡、日本、韩国等国和中国香港、台湾、北京、上海、广东、浙江、福建、山东、辽宁、山西、安徽、海南、河南等地的客商。组委会邀请中国国际贸易促进委员会、省商务厅、省旅游局、省贸促会、香港亚洲财富洽谈会有限公司等单位作为大会支持单位,共邀请到会客商563名,其中外商156名,发布符合国家产业政策导向,科技含量高、市场前景好、能源消耗低、产业关联度大、带动能力强的项目300个,分别是能源工业项目7个,铝工业项目26个,煤化工项目32个,林果、畜牧和食品加工项目33个,生物和医药保健项目10个,先进制造和新材料项目18个,有色金属综合利用项目13个,服务业和基础设施项目26个。经过前期广泛交流和深入接触,在项目发布暨签约仪式上,当场签约3 000万元以上的投资项目96个,投资总额达421.7亿元,实现了"项目签约""客商邀请""一对一专场对接""项目发布""亚洲财富论坛"5个方面的新突破。

各县(市)区具体签约情况为:湖滨区共签约项目8个,合同总金额30.07亿元。其中上亿元项目5个,合同总金额29亿元,分别为家乐福超市项目、年产1亿千克复合肥项目、城中村二期改造项目、粤海商务酒店项目、中原世纪苑项目。渑池县共签约项目19个,其中超亿元项目12个,投资金额75.32亿元。义马市成功签约项目13个,其中外资项目1个、内资项目12个,项目投资总额达76.44亿元。陕县共签约项目6个,投资总金额89亿元,涉及铝深加工、化工、旅游、绿色农业、畜牧业、医院等行业。灵宝市共签约项目21个,总投资75.06亿元,项目涉及果品加工、有色金属冶炼和加工、林业、化工、商业、基础设施建设等。其中亿元以上项目16个,分别为7 000公顷果品种植基地项目、金谷贵金属冶炼项目、低品位矿渣综合利用项目、预还原金属化球团项目、灵宝西站站前广场项目、1.2亿千克料浆法粉状磷酸一铵项目、小秦岭深部探矿工程项目、0.1亿千克电解铜箔项目、尾矿渣电化提锌及余热利用项目、3 00万千克氧化矿综合回收项目、1亿千克大枣饮品加工项目、背靠背换流站二期扩建工程、年产1.5亿千克小麦营养专业粉项目、鑫农化工产权出让与整体改造项目、金尧电站装备制造项目和五帝企业创业园建设项目。开发区共签约项目3个,总投资金额2.15亿元,分别为年产10万平方米动力电池膜项目、年加工1亿千克食品性综合加工示范项目、年产1万套精密量仪压铸件项目。

【澳—中商务发展中心三门峡办事处揭牌】 8月10日,澳大利亚—中国商务发展中心三门峡办事处成立,标志着三门峡市企业与澳大利亚企业间有了快捷有效的交流合作平台。在办事处成立仪式上,三门峡市贸易促进会与澳—

中商务发展中心签订了合作框架协议。澳—中商务发展中心总裁芭芭拉·格雯丽女士向三门峡企业界推介了澳大利亚的能源矿山项目和合作意向。三门峡办事处是澳大利亚—中国商务发展中心在全省设立的第2家办事机构。

（周光逸　王　怡）

【首次在香港举办经济合作项目推介会】 2月19日上午，三门峡（香港）经济合作项目推介会在香港隆重举行。市委副书记、市长杨树平出席推介会并致词，市长助理、市政府秘书长张建峰主持仪式。本次经济合作项目推介会，是改革开放以来三门峡市首次在港澳地区举办的大型招商引资活动，目的是为了加强合作，促进交流，共同应对当前面临的金融危机，实现互利共赢。中央人民政府驻香港联络办公室行财部副部长施纪明、香港大公报总经理盛一平、香港中小企业联合会会长李煌添、香港压铸及铸造业总会会长李远发、香港物流协会会长黄辅华、香港厂主联合会会长黄监、香港慈善总会会长郑苏薇等出席推介会。推介会同时举行项目签约仪式，共达成合作合同、意向17个，项目投资总额153.3亿元。项目包括：果渣综合利用、天然气利用、年产2亿千克煤化工、年产700万千克多晶硅生产线、高阳山旅游开发、球型铝粉、时代广场购物中心、六氟化硫、柠檬酸金钾、低品位金矿采选、日产1 000万标方煤气、年产1 000万千克酶制剂、年产3亿千克碳化钙、园区污水处理、铝合金电工园杆、年产1 000万千克铁合金等项目。推介会上，市政府与香港压铸及铸造业总会签订了战略合作协议。推介会期间，杨树平在香港拜访了大公报社、香港压铸及铸造业总会等承办、支持单位，市长助理、市政府秘书长张建峰等参加拜访活动。拜访结束后，杨树平代表市政府分别向大公报社、香港压铸及铸造业总会赠送了具有三门峡市民间文化特色的《五牛图》剪纸作品。

（贵新伟　王　怡）

【法国电力落户三门峡】 4月2日，经河南省商务厅批准，排名世界500强第102位的法国电力以并购股权的方式入驻大唐三门峡发电有限责任公司，投资总额43.39亿元人民币，填补了三门峡市无世界500强企业的空白。法国电力是世界最大电力生产厂家之一，全球拥有98家子公司，分布在全球22个国家，主要业务遍及欧洲、拉丁美洲和亚洲。该公司在核能、热能、水电和再生能源等方面具有世界级工业竞争力，可以提供包括电力投资、工程设计、电力管理和配送在内的一体化解决方案。法国电力的入驻，将对三门峡市充分利用外资实现科学发展产生积极影响。

（周光逸　王　怡）

【陕县被确定为“中国投资环境工程试点城市”】 5月18日，陕县被联合国工业发展组织中国投资与技术促进会确定为“中国投资环境工程试点城市”。联合国工业发展组织中国投资与技术促进处经过科学、客观、规范的调查与评价，对陕县投资情况得出如下结论：投资环境具有明显的优势；自然资源丰富、环境良好，具有产业集群发展的基础；具有资源整合的空间与潜力；投资商务成本有一定的竞争优势；非物质文化因素具有人文凝聚力。综合以上判断，联合国工业发展组织中国投资与技术促进处认为，陕县的投资环境符合联合国工业发展组织选择和认定投资环境工程试点城市的标准和要求，陕县是一个极具投资潜力的县域经济体，并确定陕县为“中国投资环境工程试点城市”。

【组团参加河南—浙江经济技术合作项目洽谈会】 8月12日，三门峡市组团参加在浙江省杭州市举办的河南—浙江经济技术合作项目洽谈会。会上共签约经济合作项目2个，签约总金额31.6亿元，签约总金额居全省第1位。签约项目分别是：陕县人民政府与杭州锦江集团签订的年产3亿千克离子膜烧碱、3.6亿千克聚氯乙烯项目，签约金额31亿元；湖滨区会兴街道办事处与苏州三郎电气公司签订的年产800台节能铜熄火设备项目，签约金额6 000万元。

【三门峡（厦门）经济合作项目推介会举行】 9月7日，在第13届中国国际投资贸易洽谈会即将开幕之际，三门峡市在福建省厦门市举行三门峡（厦门）经济合作项目推介会，进一步加强经贸合作，促进经济交流，应对金融危机，实现互利共赢。市委书记李文慧在推介会上致词。市委常委、秘书长赵中生主持推介会。应邀出席推介会的企业家有：福建省三明市政协常委、台湾福建同乡会荣誉会长陈治忠，金门县海峡两岸文化经贸大陆交流总会会长翁芳田，荣港集团投资公司董事长郑金聘，大流通茶叶产销股份有限公司总经理杨朝村，明资国际金融集团总裁蔡逸群，日大国际开发有限公司总经理洪培智，福建厦门北八道物流有限公司董事长林庆丰等。《人民日报》《光明日报》、中央人民广播电台、中国国际广播电台、新华网、中国网、新浪网、商都网、央视网、国际在线等新闻媒体记者到会采访报道。通过前期联络洽谈，此次推介会达成合作合同、意向9个，项目投资总额59.8亿元。在此次推介会上，三门峡市发布经济合作项目212个，发布投资优惠鼓励政策12项，进一步加大招商引资力度，吸引投资者到三门峡投资兴业。在推介会上签约的项目分别为：渑池县天池镇与深圳益利来实业发展有限公司签约的生物有机肥项目，灵宝市城关镇与金茏电站设备制造有限公司签约的金茏电站设备生产项目，三门峡工业园管委会与广东鑫德金能源进出口有限公司签订的华中煤炭物流产业园项目，陕县商务局与北京精成化工有限公司签约的年产1 000万千克邻氨苯酚项目，义马市千秋路办事处与中国石油能源集团股份公司签约的3亿千克醇醚燃料项目，开发区管委会与亿通实业有限公司签约的年产150万千克脱水苹果制品项目，湖滨区委与厦门北八道物流有限公司签约的物流运输二期工程项目，义马招商局与北方综合能源股份有限公司签约的2亿千克乙二醇项目，卢氏县范里镇政府与福建天健投资发展有限公司签约的铁矿综合开发项目。

【三门峡（深圳）经济合作项目推介会举行】 10月22日下午，三门峡（深圳）经济合作项目推介会在深圳市隆重举行。中央人民政府驻香港联络办公室行财部副部长施继明，深圳市政协人口与资源环境委员会主任李新，河南省商务厅驻深圳办事处主任杨红等应邀出

10月22日,三门峡(深圳)经济合作项目推介会在深圳市举行

席推介会,市委副书记、市长杨树平在推介会上致词,副市长周志远主持推介会。220余家中外企业参加推介会,《人民日报》《光明日报》《经济日报》、中央人民广播电台、中国国际广播电台国际在线、新华网、中国网、新浪网、商都网、央视网、中国文化经济网、香港《大公报》《文汇报》《南方都市报》《国际商报》、深圳卫视、《深圳商报》《深圳特区报》《深圳晚报》等新闻媒体采访报道了推介活动。此次推介会共发布经济合作项目212个,项目包括能源工业、铝工业、煤化工、现代农业、生物/医药保健、有色金属综合利用、先进制造与高新技术产业、服务业等8大类,当场签约协议、意向16个,项目投资总额101.7亿元。16个项目分别是:义马新义街道办事处与泰安新型建材有限公司合作的防静电新型建材项目,渑池南村乡政府与北京哲君科技发展有限公司签署的南村黄河游综合开发项目,三门峡经济开发区管委会与科灵实业有限公司合作的年产1万台高科技水源热泵项目,市商务局与海南宝通房地产开发有限公司合作的黄河街区改造项目,灵宝市朱阳镇政府与深圳灵兴电子开关有限公司合作的灵兴电子开关项目,渑池县仰韶乡政府与东方希望集团合作的10亿千克氧化钙项目,灵宝金源矿业有限公司与深圳金科达矿业有限公司合作的金银精冶扩建项目,陕县商务局与环球风光电能实业有限公司合作的年产1.5万台立板风光高效发电机项目,三门峡市工业园区管委会与深圳睿驰机电有限公司合作的年产3 500万千克铝箔项目,湖滨区政府与中海房地产开发有限公司合作的大中海商业文化广场项目,义马市气化厂与深圳金玉祥有限公司合作的1亿千克醋酸乙烯项目,三门峡市政府与深圳天巨投资发展有限公司合作的天鹅堡房地产开发项目,三门峡市工业园区管委会与广东博澳鸿基投资集团合作的园区设施及公铁联运物流园项目,陕县政府与香港通泰国际矿温泉综合开发与展览馆建设项目,三门峡龙飞生物工程有限公司与香港安泰投资公司年产2亿千克生物肥系列产品项目,渑池县政府与南海能源有限公司、中石油昆仑燃气有限公司天然气综合利用项目。

【三门峡(宁波)经济合作项目推介会举行】　11月26日,三门峡(宁波)经济合作项目推介会在浙江省宁波市举行。本次推介会获得圆满成功,共签约意向、协议13个,项目投资总额达67.9亿元。市委副书记王建勋、副市长周志远出席推介会。宁波市政府副秘书长黄辉代表宁波市政府在推介会上致欢迎词,宁波市经委、市经合办、市工商联等部门负责人,浙江及宁波等地近200名客商参加推介会。在宁波期间,王建勋、周志远还会见了雅戈尔集团公司副总经理袁纪灿、宁波万荣食品有限公司总经理邱孝良、日本贸易振兴机构上海代表处所长川合现等客商代表,并深入考察了宁波港集团公司、海天精工机械有限公司等宁波市部分重点龙头企业。

（费新伟　王　怡）

三门峡经济开发区

【概况】　至2009年底,三门峡经济开发区已建成面积6.78平方千米,占审核面积的75.5%。总人口达3.5万人,其中常住人口共2.4万人、流动人口共1.1万人。

当年,开发区立足本地实际,坚持可持续发展观,积极顺应宏观形势的新变化和区域竞争的新态势,以实施"二次创业"为载体,突出重点抓经济,主动出击抓招商,集中精力上项目,强力引进"三高一外一无"(科技含量高、附加值高、关联度高,外向型,无污染)项目,培育壮大三大支柱产业(农副产品加工业、医药化工业、制造加工业),扩大科技含量,提升经济质量,形成较强的综合经济竞争实力,构建安定有序的和谐社会新局面。

坚持开发区建设与城市管理、城市经营一体化的原则,引入市场运行机制,以经营城市的手段加快城市建设步伐。按照"高质量、新款式、有特色"的原则,突出城市功能区布局,建成商贸、高新技术产业、文教、旅游、居住5大功能区。至年底,全区道路绿化面积达到8万平方米,各功能区绿化面积达到6万平方米。

主要经济指标呈高速运行态势,综合经济实力显著增强。地区生产总值比上年增长14.9%,地方财政一般预算收入同比增长30%;吸引外商直接投资501万美元,占目标任务的101%;社会消费品零售总额比上年增长45%;全社会固定资产投资额比上年增长32%,实现国民经济持续快速发展。

以发展特色经济为目标,以项目建设为重点,加大招商引资力度,树立以真诚招商、以服务亲商、以效率助商、以政策扶商的服务理念,努力营造全区上下聚精会神搞建设、竭尽全力抓落实的氛围。引导企业把发展的着力点放在改造、提高和开发新产品项目上,改善了经济发展的速度、质量、效益，为经济发展注入新的活力。当年，全区限额以上工业企业产销率达99%，限额以上工业企业增加值同比增长16.2%，实现利润同比增长28.5%，高新技术含量和科技进步对经济增长的贡献率达到50%以上。纳入全市重点考核的重点工业项目进展顺利，均超额完成投资计划。全市“8155”重点项目3个，总投资41 621万元，2009年计划完成投资9 000万元，实际完成投资20 260万元，是全年投资计划的4.4倍。纳入市委、市政府督查投资在3 000万元以上新建、续建重点项目6个，总投资30 816万元，2009年计划完成投资17 200万元，实际完成投资19 200万元，占全年投资计划的110%。其中，已建成投产项目4个，正在建设项目5个，建成项目完成产值2.2亿元。项目建设呈现出梯次配置、合理有序的局面，实现了全面协调可持续发展的浓厚氛围。

把发展非公有制经济作为推动区域经济快速发展的切入点，进一步完善了服务机制和管理机制，再次放宽了准入领域和准入条件，在资金、土地、人才、财税、社保等方面实行农工商联动，多措并举，强力推进非公有制经济发展。打破地区、部门界限，各方协调配合，集中整顿经济秩序，严查重惩干扰经济发展的违法违纪案件，创造良好的投资环境，吸引更多客商到开发区投资、创业。针对开发区原有企业，在人才、资金、技术、管理、市场等方面，促使其加强对外合作，积极培植新的效益增长点；盯紧已经落户开发区的合资项目，积极推进，确保当年设计、当年建成、当年见效，使其成为开发区新的经济增长点。当年，全区非公有制经济增加值同比增长18.5%，占地区生产总值的80%以上。

以“三化”（农村经济组织公司化、农村经济实体合作化、农村经济成分技能化）工程为载体，强力推进农村“三个转变”（农业向工商业转变、农村向城市转变、农民向市民转变），调整农业产业结构，加快农村城镇化改造步伐，促使农业经济尽快转型，并积极引导辖区村民参与从事非公有制经济活动，有计划地组织农村剩余劳动力到职业技术培训机构培训，使其尽快投入到各类经济活动中去，参与经济建设，增加农民收入。当年，区内110户拥有140余台大型工程施工机械（挖掘机、收割机、压路机、打桩机）的村民，联合成立开发区工程机械协会，共同对外承揽工程，抵御市场风险。至年底，全区从事各类服务业的工商户达300余家，投资在万元以上的非公有制个体经营户180家、注册企业58家、养殖户35家，农村个体小商店、小手工260家，月营业额在1 000元～25 000元不等。当年，在开发区农民收入总量中，非农业收入占80%，农村劳动力中从事各类经营活动占农业人数比重60%以上。75%的农民已从传统的农业转向工业、商业、服务业，群众受益率达85%以上。

【专业市场渐趋规模化】 当年，开发区围绕建设大型专业市场，坚持“不求所有，但求所在”的指导思想，采取扩建、定位、调整的方式，加强对专业市场的建设和管理，继续培育和建设规模大、层次高、立体式、辐射力强的市场，狠抓招商管理，强化服务职能。至年底，开发区的建材、家具、机动车、摩托车、电子、古玩等8大专业市场的总体规模达到17万平方米，相关个体经营户2 200余家，从业人员达2万人，年销售额达10亿元以上，占全区总收入的85%，入库税金占全区总税收的90%以上。8大市场的经营品种涵盖全国各大知名品牌，已成为辐射周边三地乃至西北五省的商贸中心。

【恒生科技研发有限公司年产10万千克清洁镀金柠檬酸金钾一期项目建成试生产】 项目总投资1亿元，由三门峡恒生科技研发有限公司投资兴建。采用国际先进的电解技术和生产设备，达产后可满足中国1/5的市场需求，生产的产品可以取代电子电镀行业高氰污染产品，并解决电镀行业污染难题。2009年，计划投资3 000万元，6月开工建设，至12月底，完成全年投资，一期5万千克项目建成试生产。项目正式建成后，每年可实现销售收入100亿元，实现利税1亿元，出口创汇1 000万美元。

【约旦意大利制桶有限公司年加工75万只包装桶项目建成】 该项目总投资3 600万元，2月开工建设，由约旦意大利制桶有限公司投资兴建。主要加工生产各种型号的包装桶。至年底，已完成投资6 500万元，建设试生产。项目正式建成后，可实现产值1.5亿元，利税1 000万元。

【年产600万套发动机增氧调压节能装置项目建成】 该项目总投资13 621万元，由速达交通节能科技有限公司投资兴建。主要从事汽车发动机高科技节能技术及产品的研发、应用和服务。2007年9月，公司自主研发的“发动机增氧调压节能装置”获得国家专利，经国内权威部门检测，汽车发动机安装本装置后，可提高发动机动力25%，节约燃料5%以上，减少燃烧过程中有害气体的排放量达30%。其产品符合国家节能减排的产业政策，科技含量高，技术创新性强，市场前景广阔，填补了国内行业空白。项目正式建成后，可实现年产值15.6亿元，利税1.8亿元。2009年，计划投资4 000万元，至年底，完成投资4 320万元，研发主体建成，部分车间设备安装调试。

【年产10万平方米的纳米纤维离子交换膜项目建成】 该项目总投资4 300万元，2008年7月开工，由三门峡兴邦特种膜科技发展有限公司投资兴建，属于高新技术产业，生产的纳米纤维离子交换膜主要用于污水处理、氯碱等行业，其中，氯碱行业由于国内市场离子交换膜处于空白，各企业全部依靠进口。至年底，已完成全部项目投资，建成试生产。

【三门峡经济开发区荣获“2008年度河南省招商引资工作先进开发区”称号】 1月18日，在全省商务工作会议上，三门峡经济开发区再次荣获“2008年度河南省招商引资工作先进单位”称号。这一荣誉，是该区从2004年开始保持的省级荣誉“五连冠”。2008年，全区上下积极顺应时代发展的特征、形势发展的变化、区域竞争的态势，创新利用外资方式，不断拓展利用外资领域，提升利用外资层次，与国内外20多个国家和地区建立友好关系，缔结战略伙伴，以“二次创业”为目标，创新力度、创新机制、突出重点、狠抓机遇、加快发展。主要经济指标地区GDP同比增长16.5%，引进外商直接投资同比增长25.5%,合同利用外资增长30%,实际利用外资增长35%,工业总产值同比增长56%,上缴税金增长33%,地方财政一般预算收入增长38.1%,经济社会发展事业继续保持又好又快的发展势头,对外开放层次和水平得到不断提升。

【三门峡经济开发区第5次荣获全省“先进开发区”称号】 4月8日至9日,在全省开发区工作会议上,三门峡经济开发区荣获2008年度河南省“先进开发区”荣誉称号。这是继2009年1月18日全省商务工作会议三门峡经济开发区荣获“2008年度全省招商引资先进开发区”后的又一殊荣,也是自2004年以来,该区第5次连续获此殊荣。2008年,三门峡经济开发区紧紧围绕省、市确定的责任目标和各项重点工作,以“二次创业”为载体,突出中心抓经济,强化措施抓工业,主动出击抓招商,集中精力上项目,主要经济指标高速运行,地区生产总值年均增长16.5%,引进国内外资金年均增长18%,出口创汇年均增长25.5%,财政收入年均增长38.1%,实现了速度与质量的有机统一。各项社会事业在全省开发区处于领先地位,经济社会呈现出又好又快的发展局面。经过省商务厅对开发区经济发展目标、机制建设、招商成效、项目建设、城市管理、环境优化的日常监测和综合考评,三门峡经济开发区被评为2008年全省“先进开发区”。

【河南九州通医药公司三门峡分公司医药加工仓储配送中心建设项目开工】 4月8日,河南九州通医药有限公司三门峡分公司一期工程开工典礼在开发区工业园举行,项目总投资6 000万元,占地5公顷,计划建设一个大型的自动化程度高、吞吐量大、现代化的医药物流配送中心及配套设施。形成药品加工、储存15万箱,日均吞吐10 000箱,峰值吞吐20 000箱能力的物流配送中心。项目正式建成后,可实现年销售额6亿元以上、利税26 921万元,出口创汇1 756万美元。2009年,计划完成投资3 000万元,至年底完成投资3 000万元,综合楼和分拣中心建成,开始投入试运行。

【开发区车类下乡补贴工作正式启动】 4月初,开发区严格按照省汽车摩托车下乡的相关政策,采取切实有效措施,认真按照补贴要求及标准、时限,加强宣传,积极主动将该项惠农政策宣传至辖区各行政村,做到家喻户晓。同时加强与辖区机动车市场主管部门加强沟通协作,在车类下乡销售点张贴申报车类下乡补贴资金所需提交的各类资料及申报地点和咨询电话,方便农户申报。并对前来申报且手续齐全的农户,当场开具“汽车摩托车下乡补贴兑付通知书”,并及时通知代理银行发放补贴资金。至年底,共销售下乡汽车57台,摩托车146台,销售金额312万元,兑付补贴资金31万元。

【开发区举办首届装载机、挖掘机等操作技能培训】 5月11日,开发区农民工培训班开班仪式在三门峡职业技术学院举行。此次培训班为期1个月,共有来自辖区的18岁至45岁的142名青壮年农民工免费参加培训。重点围绕常见类型的装载机和挖掘机的基本原理、使用方法、机械的保养、检查维护和应急处理、常见故障的排除等知识学习和技能操作,经考试合格后,将颁发省、市级安全操作证和技能等级证,并安排就业。至6月中旬,参加培训的农民工全部顺利通过理论考试和实际操作技能考核,并将得到由国家认可的特殊工种操作证和职业资格登记证。

【开发区城中村改造工作正式启动】 5月20日上午,魏野花园公寓楼奠基仪式在工地现场举行,标志着开发区城中村改造工作正式启动。为尽快解决开发区农村基础设施落后、村政管理松散、村民生活质量提速慢和就业、就医、就学难度大,以及居住环境、生活质量、集体经济发展与城市发展的差距等问题,根据省、市关于加快城中村改造工作的部署和要求,开发区管委会结合实际,找准突破口,确保城中村改造工作有序进行。此次开发区城中村改造范围涉及向阳、三里桥、后川、南关、韩庄5个行政村。三里桥村魏野花园公寓楼是开发区城中村改造工作中的第1批安置房工程,位于虢国路北、甘棠路西,占地面积1.2公顷,计划总投资约1.2亿元,拟建两栋17层商住两用房,总建筑面积5.2万平方米,除商业用房外,尚有住房360套作为城中村改造时被拆迁户的安置房。全部工程预计2010年底建成。该工程的建成和投入使用,可大大改善三里桥村村民的居住条件,并为村民增加就业和经商机会,为推动全村经济可持续发展奠定良好基础。至年底,已完成投资3 480万元,1号安置楼主体封顶。

【两公司缔结战略合作伙伴签约仪式在开发区举行】 12月9日,河南省海奥通新能源科技有限公司与三门峡兴邦特种膜科技发展有限公司缔结战略合作伙伴签约仪式在开发区举行。河南海奥通公司经多年研究,突破层层技术难关,成功研制出锂电池电动力汽车,单次行程突破500千米。在锂电池的结构中,隔膜是关键性的组件,它的性能直接影响着电池的能量、循环寿命以及安全性能。三门峡兴邦公司是专门从事纳米纤维膜和纳米纤维离子交换膜的研发和生产企业,产品处于国际领先水平,并曾获得过国家专利。双方经友好协商,决定缔结战略合作伙伴关系,实现优势互补、互惠互利、友好合作、共同发展,为振兴河南汽车产业,促进地方经济发展和社会进步作出积极贡献。

(杨满怀　李淑红)

·编辑　李艺芬·

商贸　市场

6 月 30 日，河南出入境检验检疫局三门峡办事处建设工程开工仪式

商 务

【概况】 2009年,是三门峡市进入21世纪以来经济社会发展最为困难的一年,作为承担着“拉动消费、促进投资、扩大出口”重要职责的全市商务系统也经受了最为严峻的考验。当年,三门峡市商务局全面贯彻落实中央和省、市应对危机的一系列政策措施,以项目建设年、企业服务年和大招商活动为切入点,立足本职、服务大局,抢抓机遇,逆势而上,采取多项扎实有效的工作措施,确保商务工作的平稳运行,为全市“战危机、保增长”作出了积极贡献。

招商引资 坚持把招商引资作为实施开放带动主战略的重中之重,作为“战危机、保增长”的重要举措,采取多项扎实有效的工作措施,在全市范围内掀起招商引资高潮,强势开展“大招商活动”。精选、储备招商项目,严把项目准入,以优质的项目招商引资;把“走出去”“请进来”相结合,充分利用好各种平台招商引资;加强与国家部委、大型企业联络沟通,开展招商引资;依托园区、产业集聚区和落地企业,开展招商引资;加大力度优化投资环境,以优良的环境招商引资。先后赴无锡、北京、香港、厦门、深圳、宁波举办经济合作项目推介会、赴台湾举办三门峡市情说明会,举办第15届三门峡国际黄河旅游节经贸活动,参加中原文化港澳行、合肥中博会、上海产业转移对接洽谈会、河南—浙江经济贸易合作项目洽谈会、厦洽会、高交会等一系列重大经贸活动。全年,共签订投资项目合作协议169个,签约总金额达到1 003.6亿元,全面实现年初制定的招商引资1 000亿元的目标。全年新批外商投资企业8家,增资企业1家,境外借款1家。实际利用外资26 355万美元,占省定目标25 100万美元的105%,同比增长12.6%。共引进省外资金项目108个,签约项目合同金额274.6亿元,同比增长160.8%;引进省外资金实际到位84.9亿元,占省厅年初下达目标任务76亿元的111.7%,同比增长23.6%,完成任务进度居全省第2位。由于大招商活动开展扎实有效,成绩突出,省政府授予三门峡市“2009年全省招商引资工作先进地(市)”称号。

对外贸易 由于人民币对美元汇率快速升值,国内生产原料涨价、劳动力成本上升及国际金融危机、国家出口政策调整等种种因素的影响,2009年,三门峡市外贸进出口大幅下滑,形势严峻。市商务局及时召开全市工作会议,分析原因,研究对策,采取有力措施,着力转变对外贸易增长方式。大力实施机电产品出口推进计划和科技兴贸计划,积极发展加工贸易,着力抓好重点企业、重点商品和外商投资企业出口。为了降低进出口企业运行成本和通关周期,根据三门峡市的实际情况,经过多方努力,国家质检总局在三门峡市正式设立郑州出入境检验检疫局三门峡办事处,海关办事机构也正在积极争取之中。深挖自身潜力,抓好外贸出口登记备案工作,不断壮大充实全市外贸进出口经营队伍,全年新增外贸出口备案登记企业14家。积极开拓新的国际市场,除原有重点出口地区欧洲、北美洲、日本以外,积极开拓俄罗斯、南美洲,东南亚等国家和地区,全年新增出口产品7种,出口范围延伸到世界6大洲50多个国家和地区。至年底,全市外贸进出口完成13 074.2万美元,同比下降13.8%,占进出口总目标的75.5%。其中:进口4 994.4万美元,同比增长137.2%,占目标的215.6%,提前4个月完成全年目标任务;出口完成8 079.7万美元,12月当月全市出口950万美元,同比增长10.3%,止住了持续下跌的颓势,成功实现由“负”转“正”。

市场运行 市场信息监测是一项基础性工作,为全市经济稳定运行、启动内需扩大消费、完善城市服务功能、促进流通业发展提供着必要的信息支持。当年,市商务局从建立健全城市生活必需品市场监测系统、重要生产资料市场监测系统和重点流通企业监测系统入手,不断创新工作方式,完善市场运行监测网络,充分了解商品市场运行规模结构变化及重要商品供求和价格走势,扎实做好样本企业监测数据的采集和上报,及时分析市场发展中的难点、热点问题,为市委、市政府调控市场、制定政策、进行市场宏观管理提供更加全面准确的市场信息。市场运行监测工作继续保持较高的工作水平,多次受到省商务厅的表彰。想方设法筹措资金,完成三门峡商务监测服务中心建设,并全面投入使用,对进一步提高工作水平,促进商务预报网络系统建设,更好地服务全市经济社会发展起到积极的推动作用。全市实现社会消费品零售总额171.8亿元,同比增长19.2%,高于省定增长14%目标任务5.2个百分点,超过全省平均增长水平。

商务综合执法 不断强化法制宣传、普法培训,积极创建依法行政示范单位,认真开展行政复议专项检查工作,实行政务公开、执法公开,全面提高商务系统的依法行政水平。紧紧抓住三门峡市被列为全国商务综合行政执法试点的机遇,大力开展商务综合执法工作,组建成立三门峡市商务稽查支队,制定统一的行政执法程序,完善执法制度,规范执法行为,狠抓业务培训,提高执法能力。支队下设4个大队,分别承担散装水泥、生猪屠宰、酒类流通市场、成品油市场等执法检查。开通“12312”商务举报投诉服务热线,配备必要的举报投诉工作设备,建成现代化举报投诉服务网络,安排专人全天值班,接到举报迅速受理。11月12日,三门峡市商务综合行政执法工作经省商务厅考核验收组验收合格后,全面启动开展工作。

整顿和规范市场经济秩序 认真贯彻落实《中华人民共和国食品安全法》《关于进一步加强食品工作的决定》《生猪屠宰管理条例》和商务部《酒类流通管理办法》,加大规范市场秩序力度,取得明显成效。重点抓好3项工作:一是会同市畜牧局、环保局,对全市生猪定点厂(场)重新进行设置规划,共设置县、市城区生猪定点屠宰厂6个,乡(镇)生猪定点屠宰场38个,集中屠宰点4个,均实现机械化屠宰,覆盖全市各个乡(镇)。二是加强对定点屠宰厂(场)的日常监管,确保肉品品质检验率达到100%、定点屠宰检疫率100%。至年底,全市定点屠宰生猪25.4万头,同比增长143.5%,超额完成全年目标任务。三是开展酒类市场专项整治。从8月开始,对三门峡市区酒类市场进行摸底稽查,检查酒类经营户350余户,对违规现象责令整改,下达整改通知书130余份,对缺少“三证”及“酒类流通随附单”的商户,要求其限期整改,坚决打击售假经营户,全方位净化酒类市场。

创建工作　加大精神文明创建力度，深入开展学习实践科学发展观、“百城万店无假货”“道德规范进万家，诚实守信万人行”“创文明科室、文明家庭，争当文明职工”“做人民满意的公务员”等一系列活动，完善软硬件设施，加强机关效能建设，改进工作作风，提高行政效能，简化办事程序，全面树立商务系统能干事、会干事、干成事、不出事的良好形象，形成团结拼搏、克难奋进、干事创业的良好氛围，经过积极创建，12月，市商务局被省委、省政府命名为“省级文明单位”。同时，被省爱卫会命名为“省级卫生单位”。

【三门峡市商务局被确定为全国首批商务综合行政执法试点单位】　为解决当前商务执法中存在的执法缺位、执法力量分散、执法效率低下、执法不规范等问题，商务部决定在全国选择部分城市开展商务综合行政执法试点工作。5月，三门峡市商务局以扎实、创新的商务执法工作顺利通过试点申报，成为全国首批50家商务综合行政执法试点单位之一。三门峡市商务局自2004年成立后，率先在全省开展商务综合执法探索，成立商务执法大队，承担着生猪定点屠宰、酒类流通、成品油市场等方面的行政执法任务。近几年，市商务局不断整合执法资源，加强执法队伍建设，依法行政，文明办案，认真贯彻执行各项商务法规，维护了企业、广大消费者利益和市场经济的正常秩序，商务综合行政执法工作取得明显成效。试点单位的确定，对于促进三门峡市商务行政执法工作高标准、规范化发展有着重要意义。

【汽车以旧换新工作全面启动】　按照省商务厅、省汽车以旧换新工作办公室的统一部署，市商务局成立机构，精心组织，召开专题会议，部署工作，使汽车以旧换新补贴资金及时兑现到群众手中，不仅让车主真正得到实惠，而且加快消费升级和车辆更新换代，促进经济发展。10月15日，三门峡市级联合服务窗口正式办公，各种办公设备配置齐全，补贴范围、补贴标准悬挂上墙，有关政策打印成册，工作经费落实，商务、财政、环保和公安部门具体办事人员全部到位，开通咨询联系电话并向全社会公告。至2009年12月底，联合服务窗口共办理车辆56辆，其中老旧报废更新车辆41辆、以旧换新车辆15辆。

【家电下乡有效拉动农村消费】　家电下乡是贯彻落实党的十七大精神，促进社会主义新农村建设，提高农民生活质量，建设和谐社会的一项重要惠农举措。三门峡市自2008年2月开始启动家电下乡工作以来，各中标企业同全市各销售网点密切配合，各项工作稳步推进，收到良好效果。至2009年12月31日，全市累计销售家电下乡产品75 341台(部)，比2008年同期增长250.4%。其中，销售彩电24 472台，电冰箱24 584台，手机1 176部，洗衣机13 063台，计算机3 623台，热水器3 364台，空调4 806台，微波炉157台，电磁炉195台，实现销售金额14 411.2万元，兑付补贴资金1 711.6万元。家电下乡在三门峡市实施以来，质优价廉的家电产品逐渐被广大农民群众所认可，成为三门峡市农民群众购买家电产品的首选，有效地拉动了农村消费需求，提高了农民的生活质量。

8月，市商务稽查队员检查全市酒类流通市场

【“万村千乡市场工程”建设基本覆盖全市】　“万村千乡市场工程”是建设社会主义新农村的一项重大举措，通过在乡(镇)、村建设或改造具有连锁配送性质的农家店，方便农村居民生活，提高农民生活质量，搞活农村经济，拉动农村消费，有效扩大内需。2009年，全市共建设和改造合格农家店319个，圆满完成年初下达的目标任务。经过5年的努力，至2009年底，三门峡市的“万村千乡市场工程”建设粗具规模，农家店总数达1 157个(其中乡级店33个、村级店1 124个)，占全市可建农家店行政村总数的87.98%，在方便农民群众消费的同时，全面提升了农村市场的消费水平和消费安全，推动了农村现代流通网络建设。三门峡市农家店建设的质量不断提高，起到了方便消费、放心消费的作用，农村便民超市已经成为社会主义新农村建设中的一个新的亮点，受到农民群众的普遍欢迎。

【河南出入境检验检疫局三门峡办事处开工建设】　6月30日，河南出入境检验检疫局三门峡办事处建设工程开工仪式隆重举行。仪式上，市委书记李文慧宣布河南出入境检验检疫局三门峡办事处建设工程开工。市委副书记、市长杨树平致词。河南出入境检验检疫局副局长邢丙午，市领导赵继祥、郭秀荣、苏新华、李琳、高从民出席仪式。河南出入境检验检疫局三门峡办事处建设工程的开工，标志着河南出入境检验检疫局三门峡办事处筹建工作进入实质性阶段，将成为三门峡经济社会发展的新亮点。

【全市外资企业年检工作圆满完成】　6

月,市商务局对全市2008年12月31日前批准、登记的外资企业全面实施网上联合年检。全市参检企业共计46家,其中合资企业29家,独资企业13家,合作企业3家,股份制企业1家,全部通过审核。

【夏季农产品网上购销对接会成果丰硕】 7月15日,商务部依托新农村商网继续在全国范围内举办的"2009年夏季农产品网上购销对接会"圆满结束。该对接会于6月15日开始。市商务局按照上级部门的统一部署,认真宣传,精心组织,采取多项扎实有效措施,发动三门峡市广大农民踊跃参加网上购销对接,为解决农产品"卖难"、促进全市农民增收发挥积极作用。据省商务厅公布数据,在一个月的购销对接会期间,三门峡市共发布信息30条,总成交额1 744万元,实际成交1 144万元,意向成交600万元,居全省第4位。

【"12312"商务举报投诉服务中心正式启动】 11月12日,三门峡市"12312"商务举报投诉服务中心启动仪式在市商务局举行。商务部驻郑州特派员郭永乐,省商务厅副厅长耿建国,市领导李文慧、苏新华、李立江、赵中生、周志远等出席启动仪式。市委常委、常务副市长苏新华在启动仪式上致词。启动仪式后,出席仪式的领导还实地察看了市"12312"商务举报投诉服务中心建设情况,并对该中心的规范化建设提出指导意见。"12312"商务举报投诉服务中心的成立,标志着三门峡商务综合执法工作开始迈上规范化、法制化轨道,对全市商务工作的开展,必将起到积极的推动作用。　　(周光逸　王　怡)

供　销

【概况】 2009年,三门峡市供销系统深入学习贯彻党的十七届四中全会和市委五届六次全会精神,以深入学习实践科学发展观活动为契机,按照构建社会主义和谐社会的总体要求,坚持以经济建设为中心,牢固树立为农服务的办社宗旨,紧紧围绕服务新农村建设,积极推进农村现代流通服务网络体系建设,加快发展农村合作经济组织,各项工作扎实推进、快速发展。全年共完成商品购销总额537 990万元;实现利润4 011万元,较上年同期增加1 631万元,增幅68.5%;上缴国家税费2 698万元,较上年同期增加654万元,增幅31.9%。全市共建立专业合作社110个,其中在工商局登记注册76个;建立村级综合服务社1 155个;组建行业协会50个;完成招商引资5 050万元。

【扎实推进"新网工程"】 当年,三门峡市供销合作社以下简称(市供销社)大力实施"新网工程",以商(市)场、公司为依托,向下延伸,向外扩张,横向拉动产业链条,纵向联结县乡网点,开展连锁配送业务,积极引导县乡供销社开展改造整合,恢复传统业务,构建新型服务网络,使供销社为农服务实力进一步增强。至年底,县级供销社基本恢复传统的农业生产资料、日用杂品、再生资源、家电用品等业务,使供销社的服务体系逐步完善,经营触角向下延伸,供销社的服务功能进一步完善。特别是农业生产资料市场基本恢复供销社原有的市场份额,占全市总供应量的90%。同时,各级供销社把配送中心作为"新网工程"建设的重点,通过自建、联建、联大靠强等多种运营机制,建设以日用消费品和农资商品为主的配送中心,完善基础建设,扩大配送范围,提高配送比例,增强对网络的控制能力。至年底,全市共组建配送中心16个,组建连锁店1 020个。

【积极领办各类专业合作社】 当年,市供销社积极领办各类专业合作社,坚持以规范发展、增强服务功能为重点,充分发挥专业合作社在组织农民进入市场、促进农民增收中的作用。按照《中华人民共和国农民专业合作社法》中关于设立登记、成员、组织机构和财务管理等内容的具体规定,对现有的专业合作社逐条对照、逐项逐社规范,增加服务项目,扩大生产经营规模,提高服务带动能力,并紧紧围绕地方优势农产品及特色产业,抓好农民专业合作社示范社工作,进一步提升系统内农民专业合作社的发展层次,逐步提高供销社领办、引办、参办农民专业合作社的能力。通过不懈努力,规范化程度不断提高。灵宝阳平苹果专业社新上的果品贮藏项目已获财政部和中华全国供销合作总社批准,正在组织实施,项目建成后可进一步提高该社的服务带动能力。湖滨区社成立的金叶烟草种植农民专业合作社,在磁钟乡发展规模化烟叶种植,面积达7公顷,给当地农民和专业社带来了双赢的局面。大力实施"千社千品"富农工程,坚持品牌推进。各县(市)区供销社积极鼓励和引导农民专业合作社加强标准化生产,通过制定和实施农业产前、产中、产后各个环节的技术管理,规范生产过程,提高农产品的质量安全水平,增强市场竞争力,推进专业合作社的品牌化建设。各县(市)区供销社充分利用系统网络优势,帮助专业合作社在优质农产品与加工企业、专业批发市场、连锁超市等进行对接,努力开辟专业合作社产品进入"新网工程"的"绿色通道"。至年底,全市累计发展各种类型的专业合作社110个,其中已经注册或重新注册的专业社76个,带动农户13 930户,帮助农民实现收入1 100万元。

【强力推进村级综合服务社和社区服务中心建设】 当年,市供销社想方设法加大投入力度,通过大力发展改造乡村超市、农家店,引进先进经营理念等方式,改造提升村级综合服务社,健全供销社经营网络终端,提高村级社的形象和品位,提升农民的生活质量。在中心乡(镇)及经济辐射能力强的乡(镇)兴办示范性超市,推动当地农家店和村级社规范发展,让农民不出村就能享受到和城里人一样的消费环境。至年底,全市共发展村级综合服务社1 155个。同时,规范建设农村社区服务中心,立足农村实际,利用供销社的网络、资金、人才等资源,以统一配送生活资料、生产资料的超市为基础,根据农民需求和消费习惯,逐步添置其他经营性、公益性和中介性服务项目,为农民提供商品、技术、信息、中介等各种服务,并为农民开展文体活动提供场地和设施。至年底,全市共建成农村社区服务中心82个。

【加快行业协会建设步伐】 当年,在协会建设上,市供销社一方面强调发展数量,抓机遇抢位置,争取供销社在兴办农村合作经济组织中应有的席位;另一方面,强调抓质量,抓规范化运作,注重发挥协会职能,全力为农服务。各类涉农协会成立是以发展农村经济、增加农民收入为宗旨,以提高农民进入市场的组织化程度、推动农业产业化经营为目的,在服务农村建设中发挥了巨大的作用。至年底,全市供销社系统共建成各类协会50个,已有28个完成注册工作,会员数达4 593个,其中团体会员161个、个人会员4 432个。主要类型有:农产品协会、农资协会、烟花爆竹协会、再生资源协会等。其中,卢氏县农资协会主动承担政府职能,承担起全县农资经营资格的审核管理工作;灵宝市烟花爆竹协会承担全市的烟花爆竹市场管理任务,均赢得了推动行业发展的先机。

【河南省兴华农业信息服务专业合作社灵宝合作社正式揭牌成立】 7月8日,灵宝市第86家农民专业合作社——河南省兴华农业信息服务专业合作社灵宝合作社正式揭牌成立。河南兴华合作社是一家致力于城乡双向流通、双向服务的大型农业合作组织。该社实行的"四位一体"无负担先进管理模式,吸纳了各种先进运行模式的诸多优点,把80%的城乡居民、50%的商户和所有参与的厂商联系为一体,让厂家与商户、农户直接对接;减少了流通环节,把实惠真正让给农民。真正实现了"大市场,大流通,大服务"的最终目的。至年底,该合作社已建立起省、县、乡、村、组的各级服务机构及商户的服务网络,并在灵宝市10个乡(镇)建立起分社,承载农村供求信息,建设供需网络。它的成立,将有利于灵宝市农民组织化程度和农业产业化经营水平的提高。至年底,灵宝市已发展各类专业组织86家,发展会员1 500名,直接带动农户30 000人,取得了明显的社会效益和经济效益。

【6个专业合作社被认定为河南省第1批农民专业合作社示范社】 12月1日,接河南省农业厅通知,渑池县天池辣椒专业合作社(渑池县天池镇)、三门峡市龙跃绿色农民技术服务专业合作社(陕县大营镇)、卢氏县惠农桑蚕专业合作社(卢氏县横涧乡)、渑池县段村蚕业农民专业合作社(渑池县段村乡)、灵宝市五道塬果树专业合作社(灵宝市五亩乡)、陕县惠农绿色果品农民专业合作社(陕县菜园乡)6个专业合作社被认定为河南省第1批农民专业合作社示范社。

(石安娜)

盐　务

【概况】 2009年,三门峡市盐业局围绕项目建设年活动目标和盐业工作实际,坚持"立足盐业,强化管理;优化结构,创收增效;夯实基础,谋求发展;关注民生,力促和谐"的工作思路,加强盐业市场管理,提高计划执行力,确保盐业市场秩序稳定;拓宽经营领域,努力开展多种经营;加大人员整合力度,强化行业内部管理,确保行业健康有序发展。

以强化盐业市场管理、稳定职工队伍为出发点,全面贯彻落实食盐专营政策,确保"三率"(食盐销售计划完成率、合格碘盐食用率、合格碘盐覆盖率)目标的顺利完成。结合三门峡市盐业工作实际,认真制定《食盐专营任务书》和《行业责任目标考评办法》,把"计划购进、盐款结算、市场销售、合理库存"等内容作为重点;坚持"量化考核为主、定性评价为辅、综合评定、奖惩兑现"的原则,采取"主要考评指标月考核,销售指标季奖励,其他指标年终奖励"的方式,进行严格考核;采取多种销售措施,强化专营网络建设,确保专营目标圆满完成。至年底,全市完成食盐购进1 033.4万千克,占计划的101%;完成食盐销售1 250.1万千克,占计划的101%;完成工业盐销售751.2万千克,占计划的107%;完成小包装及防伪标识1 667万只,占计划的102%;保证市场供应碘盐合格率达98%以上。重点开展盐政宣传和市场治理工作,切实维护盐业市场秩序,严厉打击私盐贩销活动,着力净化盐业市场。全年共查处盐业违法案件18起,罚款1.6万元,案件结案率达100%。

【开展全国第16个"碘缺乏病日"宣传活动】 5月15日是全国第16个防治碘缺乏病日,以"全社会共同参与,持续消除碘缺乏病"为宣传主题。当天,市盐业局组织市、县(市)两级的卫生、教育、工商、计生、质量监督等部门,联合开展活动。市卫生局负责人和盐业局负责人先后接受三门峡电视台、三门峡有线台、教育台、电台和三门峡日报社等新闻媒体的专访,就食用加碘盐和强化营养盐的优点进行宣传,并针对碘缺乏的危害、三门峡地区缺碘缺硒状况等问题,逐一进行解答。市盐业局以"为了母婴健康,请食用强化营养盐""药补不如食补,食补重在时时补""营养盐是补充钙、铁、锌、硒、维生素等微量元素的最佳途径"等为口号,将强化营养盐和加碘加硒盐同宣传、同推广、同普及。当天,全市共有21个部门、260余人参加活动,设立咨询台60余个,展出展板37块、图片700余幅,出动宣传车54辆,悬挂宣传横幅26条,发放宣传材料2 000余份,现场接受群众咨询2万余人次。通过广泛的宣传,使消费者对食用加碘盐、多品种营养盐的重大意义有了更深入的理解,促进了加碘盐和营养盐的普及。

【开展专项整治行动】 根据河南省盐务管理局《关于对全省各类学校及学校周边饭店、小吃摊点开展专项整治行动的通知》要求,6月,市盐业局迅速与市教育、卫生、工商、公安等部门取得联系,阐明盐业政策法规的有关精神,并成立对学校及周边饭店盐业市场秩序集中专项整治小组,详细制定整治工作方案,就整治工作重点、整治措施、方法步骤及时间进行具体安排,开展强有力的市场整治行动。自6月初开始,专项整治小组各负责人对各片学校食堂及周边饭店小吃店用盐进行一一检测,了解其食盐购进渠道、库存情况;盐政人员对各自负责辖区认真做好台账,对辖区内学校、幼儿园集体食堂和周边小吃摊点建立销售台账,保证其用盐合格、安全。专项整治行动中,共检查学校及周边食堂共计193个,出动105人次、50车次,制作宣传版面12块,发放宣传页10 000余份。通过整顿,加强了对全市各类学校及食堂、小吃摊点的用餐食盐安全监督管理,为师生的身体健康提供了保障,进一步净化了盐业市场。

【盐业多种经营工作】 当年,面对三门峡市盐业改革发展的新形势,市盐业局进一步明确"以盐为主,多种经营"的行业发展思路,结合盐业实际和全市项目建设年活动要求,深入推动多种经营工作稳步开展。成立两个市场经营部,专门从事非盐产品的市场调研和销售工作,并确定一名分管领导负责多种经营工作的具体实施。通过积极考察,甄选出爱茉莉、欧莱雅两个化妆品品牌及宝丰酒、金剑液酒两个酒类品牌和羊肉烩面5大系列40余个单品的代理销售。10月,市盐业局成立三门峡中盐商贸公司(单位投资30万元、职工入股18万元),并与河南卫群酒业签订战略合作协议,取得酒鬼酒系列三门峡市总代理资格,为三门峡盐业实现多元化发展创造了有利条件。 (陶婵娟)

物　资

【概况】 2009年,三门峡市物资总公司围绕"认真学习强素质,关注民生保稳定,应对危机求发展,盯住目标抓落实"的工作思路,积极推进民生建设,努力促进系统和谐,立足创新发展,认真抓好工作落实,全面完成市委、市政府下达的各项目标任务,保持了系统的整体和谐稳定,促进了各项工作开展。全年市直物资企业完成商品销售总额为2 948万元,同比增长13%;完成养老、医疗、失业保险统筹额106.98万元,占目标任务104.85万元的102%。

【改革发展】 当年,市物资公司一是按照"两个确保"(确保国有资产不流失、确保职工利益最大化)的原则,积极稳妥推进市燃料公司的改制工作。公司先后组织召开下岗职工座谈会、在职职工座谈会、部分失业职工座谈会、农民占地工座谈会、班子成员改制研讨会等20余次交流会,广泛征求意见和建议,使公司上下对企业改制的思想认识取得高度一致。12月,燃料公司改制申请得到市政府批复,正在按照改制程序抓紧组织实施。二是积极做好西仓库开发的前期准备工作。明确专人对西仓库各企业经营情况、占地情况、人员情况、房产情况等,进行摸底调研,为整体开发奠定基础。三是强化物资市场的管理和优化工作。为盘活资产、解决遗留问题、壮大企业实力,完成大市旧货市场与废旧金属回收交易市场合并工作。大市旧货市场并入金属回收有限公司后,广开市场经营门路,优化市场结构,在已有市场的基础上,重新选址建设一个集生产、经营于一体新市场,市场开业以来运转良好。至12月底,市直物资企业实现销售2 900万元,回收报废汽车2 000余辆,货运市场吸引停放车辆150余辆。四是组织专人对市直物资系统下岗失业职工创办企业情况进行统计和调研,创办企业22家,安置就业150余人。 (张家明)

粮　食

【概况】 2009年,三门峡市粮食总产6.28亿千克,比上年增长2.1%,再创新高。当年,国家继续实行小麦最低收购价收购政策,粮食市场购销平稳。全市各类粮食收购1.96亿千克,其中国有粮食购销企业收购粮食1.86亿千克,满足了农民售粮要求。全市销售粮食1.45亿千克,其中国有粮食购销企业销售1.30亿千克,粮食购销总量3.41亿千克,确保了粮食供应和市场稳定。

当年,围绕《粮食流通管理条例》的贯彻落实,全市粮食部门继续加大粮食法律法规政策的宣传力度和监督检查工作力度,健全工作机构,规范工作机制,依法开展粮食监督检查活动。同时,积极培育多元化市场主体,加快粮食宏观调控体系建设,加强粮食市场调控,在国际金融危机严重冲击国内市场的环境下,确保了市场粮食供应和粮价平稳。国有粮食购销企业继续加强内部管理,非购销企业改制进一步深化,市场适应能力和经济运行质量进一步提高。全市国有及国有控股粮食购销企业实现盈利294万元,经济效益排名在全省保持前列。粮食系统通过组织参加大型展交会和开展"项目建设年"活动等办法,继续推进招商引资、扩大多种经营,全年实现多种经营利润320万元,确保了行业的稳定发展。

【全国粮食清仓查库部际联席会议调研组组长陈家积到三门峡市视察】 3月1日,国家粮食局调控司巡视员陈家积、监督检查司处长于英威一行在省粮食局副局长刘大贵、中储粮河南分公司副总经理孙浩德等陪同下,到三门峡市调研全国粮食清仓查库工作准备情况。在详细听取副市长周志远的情况介绍和市粮食局负责人的工作汇报后,陈家积对三门峡市开展粮食清仓查库工作领导重视、行动迅速、准备充分、工作扎实给予充分肯定,勉励三门峡市要进一步加强对2009年全国粮食清仓查库工作的组织,按照统一安排部署,认真做好这一工作,确保进度扎实平稳,工作细致严谨,数据准确可靠。调研组一行还对清仓查库工作具体技术性问题进行讨论和交流,并收集有关工作意见和建议。三门峡市粮食清仓查库工作领导小组成员单位领导参加了汇报会。此次全国粮食清仓查库的范围包括中央储备粮、国家临时储粮、地方储备粮和国有及国有控股粮食企业储存商品粮,检查的内容有库存粮食数量、库存粮食账务和库存粮食质量等7项内容。三门峡市粮食年总产量为5亿千克左右,粮食消费总量在7亿千克左右,属于河南产粮大省中的粮食销区。

【粮食清仓查库】 为全面摸清粮食库存家底,加强粮食宏观调控,国务院从年初开始,组织开展继2001年之后的又一次全国范围的大规模粮食清仓查库工作。市、县(市)两级政府分别成立以政府分管领导为组长的粮食清仓查库工作领导小组和以粮食主管部门为主的具体办事机构,制定粮食清仓查库工作实施方案和自查、普查组织方案,建立工作协调机制,明确责任分工,多次召开全市范围的粮食清仓查库工作会议,全面组织粮食清仓查库工作。全市粮食部门克服时间紧、库点分散和经费拨付不到位等困难,从3月初开始,通过多种形式,对参加粮食清仓查库的各类人员进行全面培训,共培训193人次,并在市粮食局直属仓库开展实战演练。3月26日企业自查工作开始后,县(市)粮食主管部门和市粮食局直属企业共组成15个工作组,按照"有仓必到、有粮必查、有账必核、查必彻底"的要求,对纳入检查范围的粮食库存进行全面细致的自查。4月9日至23日,全面展开粮食清仓查库普查工作。按照粮食清仓查库范围和河南省粮食清仓查库领导小组下发的"2009年3月末国有粮食企业库存实际库点分解登统表"登统的粮食库存数量，纳入三门峡市2009年粮食清仓查库普查范围的企业共12家，其中中央储备粮直属企业1家、地方国有及国有控股粮食企业11家，库点35个。通过测量计算法进行实物测量和称重法检查，纳入三门峡市粮食清仓查库范围的粮食库存数量账实相符，库存粮食账务合理，粮食信贷资金与粮食库存吻合，粮食库存质量符合国家标准，储备粮轮换符合相关规定，地方政策性粮食财政补贴资金拨补基本到位，库存管理比较规范，企业各项资料数据完整、准确、真实，未发现违规违纪问题。4月27日至5月4日，经省级复查，市级普查阶段的各项数据与省级复查的数据完全一致，抽样粮食品质良好，粮食库存管理达到了让政府清楚、让群众放心、让管理改善的目的，为政府科学决策提供了准确依据。三门峡市高质量地完成粮食清仓查库任务，受到省复查组、国家调研组以及省粮食局督导组的好评。年底，三门峡市粮食局被省粮食局授予“2009年全省粮食清仓查库工作优秀单位”称号，灵宝市粮食局、渑池县粮食局被授予“2009年全省粮食清仓查库工作先进单位”称号。

【全省粮食财会审计工作会议在三门峡市召开】 4月28日至29日，2009年全省粮食财会审计工作会议在三门峡市召开。会议贯彻全国粮食财会工作会议和全省粮食工作会议精神，总结2008年全省粮食财会审计工作，部署2009年全省粮食财会审计工作任务。各省辖市粮食局主管财务工作的局长、财务科长、审计科长，省局直属企业财务部经理、事业单位财务科长80余人参加会议。会议要求继续做好粮食政策性财务挂账剥离工作，妥善处理经营性挂账问题，抓好国有及国有控股粮食企业扭亏增赢工作，落实好各项财务政策，搞好清仓查库，加强直属企业监管和机关财务管理，抓好粮食内部审计，加强粮食会计基础工作和队伍建设。会上通报表彰了2008年全省粮食财会审计工作先进单位，三门峡市被评为落实粮食扭亏增盈目标责任制和会计报表工作先进单位。

【小麦最低价收购】 5月，国家出台《2009年小麦最低收购价执行预案》，三门峡市的小麦最低收购价以2009年生产的国标三等小麦为标准品，白麦每千克1.74元，红麦、混合麦每千克1.66元，适用时间为2009年5月21日至9月30日。5月27日，省、市召开夏粮收购工作电视电话会议，全市小麦最低价收购工作正式启动。在深入开展小麦产量、质量、价格调查的基础上，确定17个收储库和延伸收购点，全面做好收购备仓、资金筹措、物资器材准备、收购业务人员培训等工作。同时，加强收购政策宣传，在收购现场设立政策咨询台、遮阳棚、医务室、茶水站等服务设施，实行政策、布点、价格、质量、结算“五公开”，采取多种措施方便群众售粮。夏粮收购期间，市、县粮食部门成立夏粮收购督导组，深入收购现场检查督导，帮助解决实际问题。企业先后开展“争当收购状元”“争做服务明星”等活动，部分企业还主动与产粮区企业建立粮食购销关系，积极探索拓展粮源渠道。由于各级粮食企业积极收购，加之本地粮源有限、市场物价上涨、外地粮食难以流入等因素的影响，小麦市场价格出现合理上涨，逐渐高于国家规定的最低收购价格。按照上级要求，8月25日起，全市小麦最低价收购基本停止。当年，全市地方国有粮食购销企业共收购粮食1.86亿千克，其中17个小麦最低价收购库点按最低收购价政策收购小麦0.96亿千克，2级以上小麦达到98%，直接促进农民增收2 120万元，地方储备粮收购0.14亿千克，企业市场商业收购0.12亿千克。在全面落实小麦最低收购价政策，搞好夏粮收购的同时，全市各粮食企业抓住当年秋粮丰收的有利时机，积极组织秋粮品种的收购，收购当地和周边地区玉米、黄豆及小杂粮0.13亿千克，促进了农民增收，增加了企业效益。

【依法管粮】 当年，市、县（市）两级粮食行政管理部门进一步健全粮食行政执法工作体系，不断探索管理全社会粮食流通的方式、方法和手段，粮食市场管理逐步规范。一是继续加大政策法规宣传。全市开展以“加强宏观调控，保障国家粮食安全”为主题的《粮食流通管理条例》颁布实施5周年宣传周活动，通过举办集中宣传展览、制作宣传展板、悬挂横幅、组织座谈会、接受群众咨询等手段，并利用电视、广播、报纸、网站等新闻媒体，广泛宣传粮食流通法规和收购政策，为推进依法管粮创造了良好的社会舆论环境。二是健全粮食流通监督检查工作机构。市粮食局在先后成立粮食流通执法大队和监督检查科的基础上，2009年，政策法规科也组建调整到位并全面开展工作。各县（市）的粮食监督检查工作机构全部建立，工作基本理顺。灵宝市、义马市、卢氏县（市）还争取到一定的监督检查经费，为推进粮食流通行政执法工作提供体制保障。三是进一步规范工作机制。市粮食局建立粮食行政执法责任制，与各县（市）粮食局签订依法管粮目标责任书，对涉及监督检查的有关法律法规依据、检查对象、检查范围、检查内容、工作程序、行政处罚以及行政复议等操作规范搜集整理，装订成册，制定并完善一系列管理办法和工作制度。强化干部培训，组织“五五”普法活动，全市粮食部门32名公务员取得省粮食监督检查执法证，机关34名工作人员通过学法用法知识考试。四是依法开展粮食执法检查活动。夏粮收购期间，市粮食局专门下发《关于认真开展2009年小麦收购政策落实情况监督检查工作的通知》，围绕粮食收购资格、质量标准、政策执行、价格公示、售粮款兑付等9个方面的热点问题进行监督检查，特别是对最低价小麦收购企业是否直接或间接购买国家拍卖的最低收购价小麦、有无“转圈粮”等情况进行重点督导，加强收购纪律监督，保证购销政策的有效执行。五是继续开展最低收购价小麦竞价销售出库检查、全社会粮食供需平衡调查、粮食企业收购资格审核、小麦质量品质测报和全社会粮食流通统计等工作，并与市物价部门联合，对2007年以来的最低收购价小麦价格执行情况进行全面核查，提高粮食流通行政执法的技能。全市104家具有粮食收购资格的企业通过资格审核，数据上报全部纳入管理，市场管理进一步规范。当年，三门峡市粮食流通统计工作和粮食供需平衡调查工作被评为全省先进单位。

【粮食宏观调控】 为加强粮食宏观调控，粮食部门采取多种措施，确保市场供应和粮价平稳。一是加快粮食应急机制建设。进一步完善《三门峡市粮食应急预案》,制定《三门峡市粮食局地震应急预案》;继续充实和完善地方粮食储备,当年新增市、县地方食用油储备计划150万千克并开始组织实施,提高应对市场异常波动的能力。二是加强各级储备粮管理,确保储备粮油数量真实、品质良好、质量可靠。市直各承储企业采取先出后入、先入后出、边出边入等办法,主动规避风险,顺利完成市政府下达的1 100万千克市本级储备小麦的轮换工作,并承担中央和省级粮食储备的企业完成中央和省级储备粮轮换2 400万千克;卢氏、渑池等县(市)还对县级储备粮进行轮换,保证储备粮的质量。三是继续做好军供、救灾等政策性粮食供应。军粮供应工作受到上级部门和当地驻军部队的好评,卢氏县粮食局会同民政部门顺利完成24万千克"救灾专用粮"发放任务,陕县、渑池等县(市)积极组织回收开仓借粮,解决遗留问题,全年粮食销售1.45亿千克,促进了粮食市场的繁荣稳定。

【招商引资和多种经营】 2009年,围绕全市"项目建设年""企业服务年"活动,粮食部门继续大力发展招商引资和多种经营,巩固提高原有多种经营项目,跟踪落实上年展交会签约项目。充分发挥系统项目库的作用,积极争取项目和资金,全市共申报仓储设施建设、食用油物流设施建设和粮食现代物流设施建设项目7个,投资规模1.4亿元。9月至10月,两次组织企业参加全国农产品加工博览会暨驻马店东西部合作投资贸易洽谈会、第9届中国(南京)国际粮油产品暨设备技术展览会和新中国成立60周年全国粮食行业成就展,共签订合作项目7个,交易资金额315万元。至年底,渑池县粮食局引资1 000万元兴建的裕丰经营综合楼全面完成,市军供中心综合楼工程顺利竣工,卢氏县粮食局引资兴建的商贸城全面建成并投入运营,义马市粮食局与郑州铁路局洽谈的2 800万元变电站投资项目已到位土地出让金240万元,湖滨粮食分局职工闫凤英投资创办的奶牛公司运营良好;三门峡张村国库青阳沟仓库实现出租利用,年创收益20万元;三门峡大岭国库、市直属仓库等企业的玉米、黄豆秋杂粮购销业务进一步扩大。全市粮食系统继续开展"放心粮油"进农村、进社区、进学校、进军营活动,积极培育粮食经纪人队伍,推广"龙头企业+农民合作组织+农户"的经营模式,发展便民连锁。全年新增城镇连锁经营及农村服务网点32个,实现多种经营利润320万元。

【安全储粮和安全生产】 全年粮食部门认真落实新的《粮食储藏技术规范》,密切监控粮食质量动态,加大粮食库存的检测检查,开展春、夏、冬3次粮油安全大普查,进一步落实储粮安全责任制,实现安全储粮、安全生产。争取到45万元资金对粮食设施进行改造,全年"四无"粮油率达到100%,储备粮"一符三专四落实"达到100%。开展粮油仓储企业规范化管理活动和争创仓储管理"十佳企业"活动,组织参加全省第4届粮油储运业务技能竞赛,渑池县粮食局杨保卫、市粮食局直属库刘喜平获"河南省优秀粮油质量检验员"称号,三门峡大岭国库王国珍获"河南省优秀粮油保管员"称号,颜恒波被授予"三门峡市劳动模范"称号。开展"安全生产月"活动和"百日安全无事故"竞赛活动,加强隐患排查治理,落实安全生产执法、治理、宣传教育"三项行动",查隐患、反违章、防事故、保安全,实施安全生产全员、全过程、全方位管理。全年共开展各种安全生产大检查5次,组织多项安全知识竞赛和技术演练,不断加强职工消防、防盗防灾、安全生产、食品安全等方面的知识教育,强化安全意识,开展群防群治,做到安全生产贯穿全年工作的始终,同步部署、同步实施、同步检查推进,确保全年安全生产无事故。

【非购销企业改革】 当年,围绕确保职工"三金"上缴和企业发展稳定,全市非国有粮食购销企业以国有资本全部退出,建立股份有限责任公司或股份合作制企业,实行租赁、承包等改制形式,继续深化企业内部改革,创新经营机制,拓展创收项目,提高资产利用率,开源节流,促进稳定。卢氏县粮食局经县国资管理部门批准,对6家企业房产公开拍卖,所得的500多万元全部用于企业经济性减员改革,通过统一补偿标准、合理定岗定员、公开竞聘,90多名职工与企业解除了劳动关系。 (马建苟)

烟草经营

【概况】 2009年,三门峡市烟草行业面对国际金融危机的严重冲击、国家卷烟价税政策的重大调整和烟叶防过热的严峻形势,以跨越式发展为主线,紧紧围绕"烟叶防过热、卷烟上水平、税利保增长"的总体要求,坚定信心,迎难而上,积极应对,扎实工作,在严峻考验中保持了持续健康发展,推动各项工作迈上了新台阶。市烟草管理局(公司)先后被评为"党风廉政建设责任制优秀单位""政风行风建设先进单位",并被市委、市政府授予"三门峡市平安建设先进单位""三门峡市安全生产先进单位"等荣誉称号。

烟叶生产 正确处理烟叶防过热与保护烟农种烟积极性的矛盾,着力稳定烟叶面积,全市种植烟叶1.54万公顷,户均0.59公顷,同比增加0.05公顷。坚持标准化生产,关键技术措施得以较好落实,全市烟田冬季起垄比例达到83.5%,地膜覆盖比例达到97.7%,肥料"套餐"供应面达到98%以上,"豆浆灌根"达到95%以上。大力开展烟叶生产基础设施建设,完成2008年度项目2 881个,并顺利通过上级验收;稳步推进省局"一个示范乡、二个示范村"现代烟草农业试点建设工作,组建烟机专业队、植保专业队、育苗工场、烘烤工场等专业服务组织,推进专业化生产、社会化服务和市场化运作,现代烟草农业试点工作取得初步成效。全省现代烟草农业示范乡渑池县果园乡种烟面积773.33公顷,户均1.23公顷,公顷平均产量2 485.05千克,公顷平均产值30 255元,户均收入37 319元。省级示范村灵宝市辛店村户均种烟1.59公顷,公顷平均产量2 695.8千克,上等烟比例47.23%,户均收入61 780元,充分发挥典型示范带动作用。2009年,全市烟叶公顷平均产量达2 215.5千克,公顷平均收入30 045元,烟叶生产水平进一步提高。

烟叶经营 落实烟叶原收原调工作要求,严格执行计划收购、合同收购和国标收购。全部实行封闭式收购,全面推行"入户制样、定量预检、预约交售、信息反馈、责任追究"入户预检模式,深化“五员一卡”质量溯源管理,烟叶等级质量进一步提高,工商交接等级合格率达到66%,受到国家烟草专卖局通报表扬,工业企业满意度保持在92%以上。优质服务烟农,切实加强基层烟站现场管理,着力稳定烟叶收购秩序。全市收购烟叶 68 万担,上等烟达到26.4%,烟农总收入 4.63 亿元,烟叶税收突破 1 亿元,烟叶规模居全省第 1 位。坚持市公司统一经营,做好调拨规划,按照“产地确认等级、烤厂确定重量、一次性交接到位”的工商交接模式,认真搞好烟叶调拨工作,计划内收购烟叶年底前实现零库存。积极优化烟叶市场格局,共与 13 家业务单位签订合同 60 万担,其中省外 12 家、28 万担,占 47%,争取工业企业烟叶预付款 3.35 亿元,同比增加 0.67 亿元。特别是全市 1 万担烟叶进入了“中华”卷烟配方。

卷烟营销　落实“卷烟上水平”总体要求,把卷烟销量分解细化,严格考核,完成卷烟销售 87 501 箱,同比增长 4.16%,人均消费 9.81 条,居全省第 2 位。加强重点骨干品牌培育,着力提升销售结构,1 类、2 类卷烟占 6.09%,同比增加 1.91 个百分点,单箱销售收入 11 215 元,列全省第 5 位,同比增加 1 190元。加强营销队伍建设,积极做好服务工作,全市客户总体满意度为 92.5%,居全省第 2 位。狠抓“村村通网络”,300 人以上自然村全部通网络,300 人以下自然村铺设卷烟零售网点 1 200个。推进现代流通,电话订货率 100%,电子结算率 98.91%,网上订货率 40.22%,配货员人均年配货量 3 936 箱,单车年送货量 2 706 箱,电访员、客户经理人均服务客户分别达到 581 户和 220 户,劳动效率进一步提高。全面开展“按订单组织货源”工作,零售客户培训面达 95% 以上,完善相关制度,严格需求预测,加强“四率两度”考核,提高预测的科学性,推进市场化进程。

专卖管理监督　运用信息化平台,加强对卷烟、烟叶、复烤一线的日常监管,实施定期考核,强化复烤企业驻厂监管和内管联系点工作,构建内部监管长效机制,促进两烟生产经营的规范化。加强证件管理,全年办理烟叶准运证3 248份,换发收购许可证 70 份、零售许可证 7 529 份。坚持依法行政,文明执法,实现行政执法零投诉、零诉讼。强化卷烟市场管理,突出高档烟市场、农村和薄弱环节市场治理,及时开展节假日市场治理和专项治理,取缔无证商户 589 户,加强零售许可证管理,开展真假烟鉴别,市场净化率保持在 98% 以上。搞好烟叶市场监管,维护烟叶收购秩序,基本实现区内不流动、区外不流失。落实破网目标责任制,增强案件经营意识,发挥与公安、工商、交通部门以及 3 省毗邻地区联合工作机制作用,认真开展打假破网工作。全年共查办涉烟违法案件 222 起,查获各类非法卷烟 176 万支、非法烟叶 18 140 千克。立案侦办网络案件 6 起,其中超过百万元案件 2 起,刑事拘留 32 人,逮捕 24 人,网上追逃 2 人,判刑 16 人,有效净化了“两烟”市场环境。

企业管理　开展“预算管理年”活动,全面推行预算管理,规范投资项目管理,提高资金运营效率,控制成本费用支出,实现国有资产保值增值。2009 年,由于受政策调整和卷烟价税因素影响,全市行业实现利税 32 993 万元,同比增加 2 806 万元,增长 9.30%;其中利润 20 976 万元,同比减少 1 772 万元,下降 7.79%。重视质量管理体系建设。烟叶质量管理体系逐步完善,可操作性增强,管理效果提高;职业健康安全管理体系运行良好,严格安全管理程序控制,全面落实安全生产责任,坚持经常性安全教育,深入开展安全治理行动,企业安全形势较好;商业质量管理体系继续推进,顺利通过年度评审。

政风行风建设　在行业 6 个所属单位和 62 个基层站(所)开展面对面评议,认真组织开展“对照职能,贴近民生,努力为群众办实事办好事”主题实践活动,把烟叶生产基础设施建设作为载体,投入近 9 000 万元,建设一大批先进、实用的烟叶生产基础设施项目;扎实推进“村村通网络”工程,积极开展为灾区献爱心活动,得到社会各界的一致好评。在政风行风评议中,市烟草行业所属 6 个县(市)区局均进入当地前 8 名,市烟草专卖局(公司)在三门峡市行风评议中居第 2 位。开展“群众满意的基层站所”评议工作,1 个基层站(所)被评为省级“群众满意的基层站所”,10 个基层站(所)被评为市级“群众满意的基层站所”。开展争先创优活动,市局机关共获得上级表彰奖励 36 项。

【“双节”期间卷烟市场集中治理成效显著】　“双节”期间是卷烟销售旺季,也是制售假烟活动的高发期,为继续保持打假高压态势,营造良好的市场环境,全市烟草专卖人员采取有力措施,深入开展“双节”市场集中治理,确保“双节”卷烟市场稳定有序。结合本地卷烟市场特点,查找市场监管的关键环节和薄弱点,分析涉烟违法活动规律,加强领导,统一部署,明确分工;充分利用新闻媒体,通过各种有效方式,广泛深入地宣传专卖法律法规,建立完善有效、快捷的投诉渠道,维护消费者权益;加强与卷烟零售商户的沟通与联系,教育、引导其依法经营;集中时间、集中人员,对辖区内的高档卷烟市场、农村市场、特殊商户群、薄弱环节市场进行认真全面排查,分类登记造册,突出治理重点;联合公安部门,集中治理高档烟市场和“重点场所”,清理“钉子户”,对查处的有网络案件线索的案件移交公安部门深挖细查,追根溯源;联合工商部门,继续开展取缔无证“百日整顿”活动,打击礼品回收烟经营行为;联合交通部门,加强对物流中心、货运部、汽车站、火车站等货物集散地进行监管。集中整治活动中,共出动执法人员 2 215 人次,车辆510 台次,检查卷烟零售户 9 418 户次,查处违法商户 66 户次,查获违法卷烟 7.66 万支,取缔无证经营户 38 户。

【三门峡“一乡两村”被确定为省级现代烟草农业示范区】　当年,河南省烟草专卖局(公司)在全省烟区正式启动“五乡十村”现代烟草农业示范区建设项目,三门峡市渑池县果园乡、灵宝市朱阳镇新店村和卢氏县东明镇段家村,分别被确定为省级现代烟草农业示范乡和示范村。按照省级现代烟草农业示范方案,项目区建设将坚持“特色优质、示范带动、自主创新、人才激励”4 项基本原则,通过土地流转、扩大种植规模,加强基础设施建设、提高综合生产能力,推广农用机械、提升机械作业水平,组建专业队伍、实现社会化服务,建立信息平台、推进信息化管理,实施标准化生产、增加烟农收入等有效途径,实现既定的现代烟草农业示范区建设目标,带动河南烟区健康稳定发展。

【建立“利群”品牌烟叶基地】　5 月 21

日,市烟草部门与浙江中烟工业公司联合召开"利群"品牌烟叶基地洽谈会议,工商双方签订了为期5年的"利群"品牌烟叶基地协议,年采供量达7万担~10万担。会议介绍了浙江中烟工业公司倾力打造"利群"优势品牌的现状、远景和三门峡市烟草专卖公司积极推进现代烟草农业,稳定种植规模,优化品种布局,强化质量管理,精心打造"三门峡"烟叶品牌的做法。工商双方充分肯定了过去几年合作的成效,真诚交换未来合作的意见,并就"利群"牌烟叶基地的合作期限、合作规模、合作区域、采供模式、交接验收、科研合作、投入扶持等问题达成共识。

【江苏中烟工业公司考察"三门峡"特色优质烟叶基地建设工作】 7月29日,浙江中烟工业公司副总经理俞惠梅一行9人,在河南省烟草公司烟叶处、三门峡市烟草局(公司)相关人员的陪同下,深入三门峡烟区考察调研"三门峡"特色优质烟叶基地建设情况,并就工商双方进一步加强合作举行座谈。俞惠梅一行来到江苏中烟公司三门峡工商联办基地——渑池县烟叶产区参观考察,就三门峡开展现代烟草农业试点建设有关情况进行调研。在工商双方举行的座谈会上,双方就未来深化合作发展规划、建设优质烟叶基地、共同保持三门峡特色优质烟叶品牌等事宜进行协商。工商双方对进一步合作充满信心,并就未来合作和发展达成共识。

【全市烟叶生产收购创新高】 2009年,全市1.53万公顷烟叶丰产丰收,共收购烟叶68.2万担,上、中等烟比例82.9%,担烟均价678.27元,投放金额4.63亿元,实现烟叶特产税9 256万元,公顷平均单产2 212.5千克,公顷平均产值30 045元,户均收入17 926元。收购总量、担烟均价、投放金额、烟叶特产税、公顷平均单产、公顷平均产值、户均收入7项指标均创历史最高纪录。全市9月1日开磅收购烟叶,11月23日结束,历时84天。在2009年的烟叶收购中,全市烟草行业各级各部门认真贯彻全国、省、市烟叶收购工作会议精神,严格落实行业各项政策规定和原收原调工作要求,突出"质量、规范",坚持计划收购与合同收购不动摇,强化内部管理,完善收购流程,稳定收购秩序,提高等级纯度,深化优质服务,使全市烟叶收购工作程序规范、等级平稳、秩序稳定,实现了"烟农增收、财政增税、企业增效、客户满意"的目标。 (杨 琳)

医药管理

【概况】 2009年,三门峡市医药管理局坚持"大医药,大流通"发展不动摇,积极应对国际金融危机带来的不利影响,着力抓好医药工业、商业和中药材产业发展,全市医药经济继续保持良好发展态势。

全市有医药批发企业8家,医药连锁企业7家,医药经营门店189个,各乡(镇)均有医药零售营业网点,医药供应体系较为完善,有效地保证了全市人民的健康安全用药需求。全国知名药品企业"九州通"在三门峡市经济开发区建立的大型医药配送中心还在建设中。继续加大力度,在陕西西部、山西北部开发新网点,扩大网络布局,提高医药产品销售量,在豫、晋、陕金三角地区已形成的药品流通集散地优势进一步明显。全市医药商业完成总销售4.3亿元,对居民和社会集团零售额1.5亿元。

中药材种植有新发展。积极引导帮助农户以"公司+基地+农户"的模式发展药材种植,促进中药材种植的规模化发展,全市新增种植面积1 400公顷。以增效益、提高农民收入为目的,指导农户及时调整种植品种,扩大适销对路品种的种植规模;以科技为先导,积极推进中药材标准化生产,连翘、丹参、防风等21个品种按标准化生产技术规范进行种植,产品品质有了新的提高。卢氏县以野生连翘、丹参为重点品种的中药材野生资源保护基地总面积达2.3万余公顷。当年,重点加强基地资源养护,对密集区适当移苗稀疏,空白区移栽补缺,提高基地的品质。

【渑池南村玫瑰园项目建设进展顺利】 渑池南村万亩玫瑰园项目由市医药局于2005年引进后,至2008年玫瑰种植面积已达130余公顷,2008年5月,玫瑰产品加工厂正式建成投产。2009年,玫瑰园项目再次招商,吸纳新股东参与,项目建设进一步加快,按照采摘区、观赏区、加工区、休闲区的4区设置重新规划,道路通讯等基础设施已完成,正在按照把南村建成玫瑰之乡的目标迈进。 (张淑凤)

石油经营

【概况】 至2009年底,中国石油化工有限公司河南三门峡石油分公司(以下简称中石化三门峡分公司)共有在营油库2座、在营加油站60座。当年,中石化三门峡分公司紧紧围绕市场形势和中心任务,全面分析,准确判断,果断决策,从容应对,迎难而上,共克时艰,努力化挑战为机遇,有效克服油价高企、需求下滑等诸多困难,超额完成市委、市政府下达的各项目标任务。

2009年,受买方市场出现以及油价高企、消费受到抑制等诸多不利因素的综合影响,市场供大于求的矛盾比较突出,扩销增效压力空前。中石化三门峡分公司坚持从区域市场的实际出发,认真分析形势,理性面对市场,坚持灵活应对。时刻关注市场变化,及时调整经营策略;每周召开经营例会、每月召开经营分析会,对阶段性市场形势和经营情况进行综合分析研究,制定针对性措施并狠抓落实,使公司经营在反反复复、起起落落的不利形势下始终保持平稳增长。坚持以量为主、量效兼顾的原则,零售、直销、润滑油、非油品统筹兼顾,整体推进,区内区外市场一起开拓,实现经营的稳步发展。全年累计完成成品油销售3.7亿千克,同比增长28%;系统企业纯销售额完成19.8亿元,同比增长19%。

不断完善经营网络,网络结构进一步优化。牢牢抓住高速公路及出入口、县市中心城区等发展重点,强力推进发展工作,全年建设项目顺利完成。并启动新建加油站的前期工作,为提高当期销量提供有力支撑,也为公司的长远发展奠定基础。

积极开展管理创新,管理水平稳步提高。坚持以落实内控制度为根本,不断强化各级各部门的责任意识和执行意识,内控意识显著增强,内控制度有效落实，流程管理、资金管理和费用管理进入全省先进水平。高度重视安全数质量管理工作，采取一系列措施全面强化管理。坚持以“我要安全”主题活动为主体，广泛开展安全教育活动，制作80条横幅、800多幅宣传图片，编发10期专题简报；以落实“安全生产禁令”为关键，以实现本质安全为目标，不断加大安全管理力度，确保安全无事故。坚持开展各种防范预案的演练，全年组织6次大型实战消防演练，提高应急处置能力。在安全稽查方面，坚持全面检查与专项稽查相结合、明察与暗访相结合、内部通报与限期整改相结合，并重点加强施工现场的安全稽查，全年共检查油库25座次、加油站344座次，查处各类问题403条，完成整改389条。

【成品油市场秩序专项整治活动初见成效】 3月至6月，三门峡市在全市范围内开展成品油市场秩序专项整治活动。整治活动的主要内容是：认真做好规划，严格市场准入；规范成品油企业建设行为；全面彻底检查，依法严厉打击违法违规经营；加强监督管理，依法规范经营行为；完善基础设施，加强安全管理；加强源头管理，防止成品油违规违法流入市场；发展新型营销方式，推进流通方式创新；加强信息化建设，实行分类管理。专项整治活动分为3个阶段进行：宣传准备阶段（3月27日至29日），加大宣传力度，营造良好的舆论氛围；集中整治阶段（3月30日至6月20日），首先联合采取拉网式排查，对辖区内所有成品油经营企业逐个检查，随后锁定国道、城乡结合部为专项行动重点区域，明确专人进行重点监视并派出执法小分队进行夜间巡逻排查，严厉打击、查处各种违法违规经营成品油的行为，并对违规建设、违法经营的加油站进行全面整治，确保成品油经营秩序步入正轨；检查验收阶段（6月21日至30日），由市整顿办组织相关部门进行检查验收，确保整治工作取得实效，不留死角。专项整治行动共出动执法车辆800余台次、行政执法人员1 800人次，共查扣非法营运经营的小流动加油车7台，查封无证照违规建设经营成品油加油站（点）35个，专项整治行动取得阶段性成效。

【三门峡石油分公司编演的节目获全国银奖】 10月26日，由河南石油分公司选送、三门峡石油分公司编演的节目《唱唱油站黑板报》在由中国文联、中华全国总工会、中央电视台、中国音乐家协会联合在北京主办的“向祖国汇报——庆祝新中国成立60周年全国产业（行业）系统职工歌咏比赛”中荣获银奖及创作二等奖。（张俊玲）

社会服务业

【概况】 2009年，三门峡市社会服务业除商业、餐饮业、客运、金融、保险以外，有传统的社会服务业和新兴的社会服务业两大类。其中，传统的社会服务业包括公共设施服务业、居民服务业、旅馆业、娱乐服务业、租赁服务业、理发及美容化妆业、日用品修理业等；新兴的社会服务业包括信息咨询业、广告业、旅游业、计算机应用服务等。至年底，全市（含市辖县）从事社会服务业的业户共有48 255户，注册资本（金）83.84亿元。其中，内资企业5 381户，外商投资企业230户，个体工商户38 940户，私营企业3 704户。

【居民服务业】 2009年，随着经济的发展和人民生活水平的不断提高，三门峡市居民的服务性消费需求明显增加，居民服务业发展势头良好。三门峡市居民服务业新发展825户，至年底，全市居民服务业共有内资各类业户200户，注册资本（金）9 934万元。其中，企业法人和营业单位1 715户；个体工商户3 783户，注册资本（金）7 374.89万元；私营企业421户，注册资本（金）24 100万元。交通运输、仓储和邮政服务业方面，全市（含市辖县）共有645户，注册资金26 255.15万元；年内新增78户，注册资金2 176.1万元。圆通、申通、顺丰、中通、韵达、天天快递等快递公司相继安家三门峡，快递邮政业务网络格局基本形成。信息传输、计算机服务和软件业方面，全市（含市辖县）共有571户，注册资金12 219.1万元；年内新增35户，注册资金360.25万元。

【广告业】 2009年，三门峡市广告业发展较快，进一步适应了社会发展及消费者的需求。一是经营主体多元化，各种非公有制广告企业参与广告市场经营；二是广告发布方式多样化，各类广告媒体除传统的平面广告、声像广告，还在快速通道、主要干道设立巨型广告牌、路灯杆广告牌，宣传相关法律、法规，引导消费者理性消费、科学消费；三是广告经营行为规范化，经过整顿和规范广告市场秩序，广告经营单位法制意识和自律意识增强，违法案件减少。年内，全市共有广告经营单位86户，广告从业人员147人。

【装饰业】 2009年，三门峡市加强对装饰业的管理，进一步规范装饰业的经营行为。严把市场准入关，从事住宅室内装饰装修工程的装饰装修企业，必须取得建设行政主管部门审批的建筑企业资质证书和工商部门核发的“营业执照”方可经营；承接家居装饰工程，要严格执行相关法律、法规规定，按本单位资质等级承揽工程，并签订工程合同；对大户工程施工，须引入工程监理单位，确保设计质量和施工质量；装修装饰工程在选用修饰材料、涂料、油漆等方面首先做到环保达标，维护消费者合法权益。

【开展家政服务培训】 11月5日，三门峡市家政服务培训工程正式启动。工程启动后，市职工学校积极招生，认真培训，严格考核，促进就业。培训内容涉及基础理论和礼仪习俗、家庭清洁卫生、家庭烹饪、衣物洗涤收藏、家用电器使用常识、家庭宠物植物养护、家庭护理等。12月20日，全市2009年度家政服务培训工作结束，230名学员经考试合格拿到结业证书，标志着全市家政服务业将规范化、规模化运作。

（黄蓉晓）

市场管理

【概况】 2009年，三门峡市工商局市场管理工作紧紧围绕“保增长、保民生、保稳定”这条主线，以大力促进地方经济发展方式转变为着力点，不断总结完善措施，创新机制，加大执法力度，围绕重点领域、重点地区、重点商品,始终把流通领域食品市场整治、打击传销规范直销、查处商业贿赂和不正当竞争案件等涉及国计民生的不法行为列为重中之重,组织开展一系列专项整治行动,注重案件办理的质量和社会效应,收到良好效果。

【农资市场监管工作】 当年,按照省工商局的统一部署,市工商局认真总结农资市场监管中的经验做法,进一步完善监管措施,提高监管效果,确保农资市场健康有序发展。重点抓好"五三三"工作机制,即"抓住五个重点、紧扣三个环节、搞好三项行动"。"五个重点",即重点品种、重点季节、重点市场、重点地区、重大案件;"三个环节",即源头治理、市场监管、建立机制;"三项行动",即在春耕备播、三夏生产、秋收冬种期间,组织开展"打假冒保春耕""打假冒保夏播""打假冒保秋冬种"专项行动。全年共出动执法人员 1 280 人次、车辆 210 台次,检查各类市场 22 个、农资经营户 665 家,下发责令正改通知书 26 份,取缔无照经营 18 户,受理消费者投诉 21 件;开展化肥定向监测 30 起,其中不合格化肥案件 8 起,罚款 12 万元;查处农资案件 90 起,罚款 16 万元,为农民群众挽回经济损失 17 万元,没收劣质化肥 2 000 千克,使农资市场经营秩序进一步净化,农资经营者的守法意识明显提高,农资流通环节进一步优化,有力地保障了农业生产需要,切实维护农民群众的利益。灵宝市工商局"创新农资监管模式,树立诚信经营理念"的经验材料在全省工商系统农资市场监管经验交流会上交流。

【引导扶持农村经纪人发展】 当年,全市各级工商系统积极引导,大力扶持,着力培育农村经纪人,带动经纪人的发展,促进了农业产业结构的调整,促进了农民收入的增加。简化工作程序,组织开展经纪人培训,及时做好相关法律法规的咨询;引导帮助农村经纪人注册农副土特产品商标,大力推行订单农业,为农村经纪人发展提供良好的服务;因地制宜,分类指导,重点帮扶,积极支持农村经纪人的发展,做到依托市场抓发展、依托产业抓培育、依托龙头企业抓带动、依托制度抓规范,重点发展"公司+经纪人+农户""合作社+经纪人+农户""协会+经纪人+农户""市场+经纪人+农户"等组织形式,发展壮大农村经纪人。渑池县工商局以渑池县的辣椒经纪人协会为依托,以渑池县天池镇为中心,区域辣椒种植面积达8 000公顷,总产值达 3 亿元,基本形成产业化、规模化的区域种植格局。灵宝市生猪外调服务中心拥有持证中介服务人员 52 人,联系货源的经纪人达 300 余人,固定联系订单养殖户 600 多户,年外销生猪超过 10 万头,中介数额达5 000余万元,养猪户户均收入超过 8 000元。

【加强对成品油市场的监管】 当年,市工商局相继下发《三门峡市工商行政管理局 2009 年乙醇汽油市场专项整治实施方案》《关于开展取缔无照经营成品油加油站点专项整治行动的通知》等一系列文件,积极配合市整规办、稳定办组织开展的对无证无照加油站点的清理整顿工作。全系统共出动执法人员 600 余人次,执法车辆 220 台次,检查企业 224 户,其中变更 1 户,清理取缔非法加油站 19 户;对 12 个加油站的油品质量进行抽查,其中 7 个加油站存在质量问题;查处各类案件 42 起,案值 74 万元,罚没金额 20.36 万元。

【打击传销和规范直销工作】 当年,市工商局按照《三门峡市工商局 2009 年打击传销工作实施方案》的工作要求,推进政府打击传销第一责任人制度的进一步落实。开展 2008 年冬季及 2009 年春季打击传销集中行动、"打击传销宣传月"、规范直销企业等多个专项执法行动。在各专项行动中,共查处传销窝点 989 个,遣返人员 6 812 人,驱散传销人员 4 383 人,解救人员 517 人,发出警示提示 3 次,移送司法机关 84 人,印发宣传资料 11 880 余份,开展宣传活动 47 次,没收被褥、炊具、煤气罐、电磁炉等生活用品 2 115 多件(套),警告出租屋户主 21 人。同时,严格规范直销行为。对全市 4 家直销企业的 22 个销售网点的登记注册事项、经营状况、营销行为等情况进行普查和汇总,并通过召开座谈会、市场巡查等形式,与直销企业共同分析直销行业的现状、发展趋势和出现的新情况,对实际运作中容易出现的问题进行指导;加强对直销企业直销员的招募、培训、计酬的监督管理,规范直销企业依法经营、诚信自律。

【治理商业贿赂】 结合市工商局《2009 年治理商业贿赂工作实施方案》,将全年治理商业贿赂工作分 3 个阶段开展,明确工作重点,提出工作措施,公布投诉电话;加大宣传力度,广泛动员社会各界参与反商业贿赂。2 月至 3 月,印制各类宣传资料 2 000 份,张贴于各街道和大型集会场所,制作工作横幅,并在电视台制作 3 期专题节目,开展自查自纠,排查案件线索。4 月,开展行业内部的自查自纠工作,下发治理商业贿赂自查自纠调查通知和调查表,重点在工程建设、土地出让、产权交易、医药购销、政府采购、商业保险、电信、电力、医疗等行业进行自查自纠,共收集自查自纠调查表 36 份,发现有轻缴贿赂行为 4 起,市工商局及时进行教育,责令整改。加大医药购销、餐饮、零售等领域的商业贿赂行为的查处力度,重点监控商品经销环节中的涉嫌商业贿赂行为。组织开展治理商业贿赂专项行动 6 次,发放宣传材料 1 500 份,检查学校、建筑企业、医院、公用企业 143 家,查处商业贿赂案件 14 起,涉案金额 108.3 万元,罚款 44 万元。

【扫黄打非工作】 当年,重点开展 4 个方面的"扫黄打非"工作:封堵查缴境外流入和境内印刷的政治性非法出版物、"法轮功"邪教宣传品以及非法走私宗教类出版物;打击兜售使用盗版教材教辅读物;治理地摊"游商";清除淫秽色情"口袋本"、有害卡通画册和不良游戏软件。全年共出动执法人员 1 217 人次,出动执法车辆328 台次,检查有关企业和门店 634 家,取缔关闭非法经营户 4 个,组织开展经营者宣传教育活动 5 次,发放宣传材料 1 200 余份,取缔非法书摊 5 户,立案 5 件,罚款 1.2 万元,查缴低俗淫秽盗版2 130盘,查缴淫秽盗版图书2 600本,查扣盗版图书 40 余本,在执法检查中未发现政治性非法出版物。

【打击"傍名牌"工作】 当年,市工商局组织打击"傍名牌"专项执法检查,清查省局查处名单中所列的涉嫌侵权企业生产的有关商品。共查处案件 2 件,检查超市420家，副食品经销商店530家，为企业挽回经济损失63万元。对8家销售仿冒“六个核桃”饮料的商户进行查处；没收假冒、仿冒“泸州老窖”30件，假冒、仿冒“郎酒”10件；在陕县西站辖区市场发现涉嫌傍“蓝带”啤酒的“金红带”啤酒20箱，均予以没收，并责令商户限期整改。

【执法办案工作】 当年，市工商局的执法办案工作实现4个突破：在案件查处类型上，由主要查处违反企业登记管理法规案件、无照经营案件逐步扩展到查处各种违法行为并重；在查处违法主体上，由重查处个体工商户、自然人逐步扩展到公司、个体、自然人等违法主体并重；在案件查处规模上，由查处案值5万元以下的小型案件逐步扩展到重大案件查处；在案件查处法律依据数量上，由处罚依据法律条款相对单一逐步扩展到查处适用法律条款种类多、案件查处范围广。市工商局及时向社会公布举报电话和投诉网站，动员社会力量举报，积极搜集案件线索；加强与有关执法部门和行业主管部门的沟通联系，拓宽查案领域；对获得的各类案件线索，及时登记汇总，研究确定重点查办案件，确定办案原则和办案方式，确定牵头领导和具体办案人员，有力地推动了执法办案工作的开展。全年，共获得各类违法违章案件线索20多条，案件线索涉及商业贿赂、不正当竞争、传销、垄断性行业滥用垄断地位强制交易、商业欺诈、走私贩私、非法出版物等。共查处不正当竞争案件117件，其中商标侵权44件、仿冒21件、限制竞争2件、冒用他人名称或姓名1件、虚假宣传16件、商业贿赂14件、不正当有奖销售2件、其他案件17件，案值208.4万元，罚没款101万元。 （刘庆营）

个体私营经济

【概况】 2009年，三门峡市个体私营等非公有制经济进一步优化产业结构，转变增长方式，加大企业自主创新能力，提高企业竞争力，强力抓好节能减排、安全生产等工作，呈现出又好又快的发展态势。

全年新发展个体工商户8 400户，私营企业1 026户。至年底，全市个体工商户累计41 088户、从业人员75 561人，注册资金7.58亿元；私营企业累计5 101户（其中有限责任公司有3 201户、独资企业1 727户、合伙企业172户、股份有限公司1户），投资人数16 290人，雇工人数34 753人，注册资金92.89亿元。

全市以民营经济为主体的非公有制经济呈现出强劲发展势头：非公有制经济成为拉动三门峡市经济增长的重要力量，民间资本投资成为三门峡市固定资产投资的重要增长点，产业集群成为三门峡市经济发展的重要平台，民营经济成为三门峡市技术创新的重要载体，非公有制经济成为三门峡市吸纳就业的重要渠道和三门峡市县域经济发展的重要动力。

市工商行政管理局不断优化经济发展环境“防火墙”工程建设，为地方经济生长调温保墒。制定《大力支持文化暨旅游产业发展的意见》和《优化经济发展环境26条意见》。坚持企业联络员制度，坚持变“一站式服务”为“一元化服务”的做法，先后为企业提供政策优惠服务、贴心帮扶服务、快捷年检服务和定点跟踪服务等8 220余次，现场办公160余次，预约年检610户，上门年检2 781户，为企业解决问题381个。兴企强市、兴农富民“两大工程”持续深入。推行企业联络员制度和“一元化”服务，完善合同兴企活农措施、维权护企保农措施，全年完成企业改制34家，设立上市1家，办理农民合作社309家，新发展农村经纪人2 493人，建立各类经纪组织17个，帮助企业办理动产抵押登记48起，股权质押10起。实行柔性监管，对社会危害性小的案件以下达《行政建议书》的方式加以规范，探索和践行着监管与服务，监管与发展的路子，倡导着“和谐执法、服务执法”的新理念。

改善投资环境，营造发展氛围，促进非公有制经济发展。市工商局转变工作作风，拓宽服务领域，采取5项措施鼓励和支持非公有制经济又好又快发展。一是认真贯彻落实国务院《关于鼓励支持和引导个体私营经济等非公有制经济发展的若干意见》，下放登记权限，提高办照速度，在注册登记、政策咨询、提醒告知、企业辅导等方面推行“零距离”服务，不断健全完善市场主体准入服务体系，为非公有制经济发展提供快、简、宽、优服务。二是继续实施“兴企强市”“兴农富民”两大工程，深入推行企业联络员制度，培育和发展农村经纪人，为个体私营等非公有制经济提供“一元化”服务，推动了全市新型工业化进程和社会主义新农村建设。三是深入推进监管体制改革。继续深化私营企业年检方式，实行预约年检、上门年检、网上年检及独立审核制等；建立完善企业和个体工商户信用分类档案，进一步推进企业和个体工商户信用分类监管工作。四是认真落实就业和再就业优惠政策，通过举办安置下岗失业人员洽谈会、开通绿色通道等措施，进一步优化了管理服务，引导下岗人员和高校毕业生转变择业观念，从事个体私营经济。五是充分发挥各级个私协桥梁纽带作用，加强对个体工商户和私营企业经营者的职业道德教育，组织举办法律知识竞赛，加强非公有制经济党团、工会组织建设，建立健全维权中心，大力维护个体工商户和私营企业的合法权益。

实施“再就业工程”，服务返乡农民工和高校毕业生。工商部门设立“返乡农民工和高校毕业生再就业绿色通道”，为返乡农民工和高校毕业提供就业咨询服务，指导帮助他们树立自强自立的就业观念，帮助掌握正确的就业方法，选择适合的再就业行业；对返乡农民工和高校毕业生申办个体、私企登记注册的，优先受理、优先发照；鼓励、支持暂时无法就业的失业、待业人员选择灵活的就业方式，从事临时性、季节性经营；公示优惠政策，不折不扣地执行下岗失业人员从事个体经济免收各项行政性收费的规定，从事个体经营的，从发照之日起3年内免收个体工商户登记费（包括开业登记、变更登记、补换营业执照及营业执照副本）、经济合同鉴证费和经济合同示范文本工本费。全年共帮扶返乡农民工创业就业5 818人次，为农民工减免费用35 512元，设立农民工维权站289个；免费为高校毕业生提供信息查询服务484次，帮扶777人实现自主创业灵活就业。

三门峡市各级个体私营经济协会坚持服务政府、服务会员、服务社会的工作方针,强化提供服务、反映诉求、加强自律、规范行为的职能作用,推进自身组织建设、业务建设和规范化建设,取得了新的进步。12月,湖滨区个体私营经济协会被中国个体劳动者协会评为全国个私协会先进单位。

加强学习,扩大宣传,提高会员的思想认识。全市各级个体私营经济协会组织广大会员认真学习贯彻落实国务院《关于鼓励和引导个体私营等非公有制经济发展的若干意见》精神和《中共河南省委、河南省政府〈关于进一步促进非公有制经济发展的决定〉》,使他们充分认识到发展个体私营经济是党和国家长期的既定方针和政策,更加坚定了发展个体私营经济的信心和决心。按照省、市经济工作会议精神,牢固树立科学发展观,充分发挥协会职能作用,抓住能力建设重要环节,在引导发展、桥梁纽带、参谋助手等方面开展工作。

举办农民工招聘会,全面启动"农民工服务月"活动。2月12日全省工商系统电视电话会议召开后,市个体私营经济协会迅速贯彻落实会议精神。举办"农民工服务月"活动启动仪式暨农民工招聘洽谈会,招聘企业108家,农民工2 200余人,达成用工意向573人,233人正式签约,办理执照12个。此后将每周四定为农民工再就业、支持高校毕业生自主创业、灵活就业招聘洽谈会的固定时间。至年底,与市人事局共同举办毕业生就业招聘会30场,提供岗位2 350个,帮助780名高校毕业生实现就业,组织40余家用人单位为高校毕业生送岗位。

开展学雷锋、义务服务日活动。3月5日,为了弘扬雷锋精神,宣传个体私营企业在社会主义建设中的积极作用,市个体私营经济协会在全市个体商户和私营企业中开展"学雷锋义务服务日"活动,收到了良好的社会效果。

参加省工商局组织的有关协会情况调研活动。4月,参加了有关协会情况的调研活动,包括:2008年以来协会的工作情况,当前协会机构设置情况,协会发展存在的主要问题及原因。

开展"百家企业应对危机共克时艰"活动。为积极应对国际金融危机带来的冲击和挑战,市个体私营经济协会向全市个体私营企业发出"坚定信心,携手并进,共克时艰"的倡议,并在全市统一开展"百家企业应对危机共克时艰"倡议活动。各县(市)区个体私营经济协会积极响应,认真组织,达到了政府满意、会员支持、社会反映良好的目的。

组织民营企业慰问驻军官兵。7月29日下午,市工商局、市个体私营经济协会、香山红叶饮食娱乐有限公司到驻地部队看望慰问全体官兵,并召开庆祝"八一"建军节座谈会。

市个体私营经济协会组织"光彩服务周和维权服务周"活动。9月15日上午,在市个体私营经济协会、湖滨区个体私营经济协会、湖滨区民政局等领导带领下,湖滨区个体私营经济协会组织了50余人的慰问团,到交口乡看望慰问孤寡老人。同时,组织秧歌队为孤寡老人表演秧歌等文艺节目,并送去价值2 000余元的月饼、苹果醋、麻花、水果等慰问品,使他们充分感受到党和社会主义大家庭的祝福和心愿。展示了新时期个体私营经营者致富不忘国家、不忘人民的高尚情怀,受到社会各界的一致好评。

【个体私营企业行业分布及发展】 至2009年底,全市共有个体工商户41 008户、私营企业5 101户,合计46 109户。私营企业中,从事第一产业的195户,占总户数的2.9%;从事第二产业的1 088户,占总户数的24.82%;从事第三产业的3 704户,占总户数的69.25%。私营企业主要集中在批发和零售业、制造业、住宿和餐饮业、居民服务和其他服务业这些行业上。第二产业、第三产业增长较快,第一产业发展缓慢。其主要原因是:经济快速发展,新建项目增多,建筑业和制造业投资与2008年相比增长较多,致使第二产业三季度发展较快;第三产业投资小、周期短、见效快;现代发展的企业科技含量高,由此引起其他服务业企业不断发展;随着人们生活水平的不断提高,消费者的生活质量也越来越高,与此相适应的企业不断兴起。企业发展趋势主要是受市场的调节,企业的市场经济烙印亦越来越明显。个体工商户的产业结构中,从事第一产业的个体工商户共211户,占总户数的0.29%;从业人员366人,占总人数的0.26%;注册资金4 624万元,占资金总额的2.57%。第二产业1 965户,占总户数的5.45%;从业人员4 949人,占总人数的6.87%;注册资金7 128.7万元,占资金总额的12.11%。第三产业38 940户,占总户数的90.83%;从业人员70 276人,占总人数的89.51%。个体户主要集中在第三产业的批发和零售业、住宿和餐饮业、居民和其他服务业上,主要是因为个体工商户规模较小,绝大部分都是个人经营或家庭两口经营,人员少,技术力量薄弱,一般都选择这些投资小、周期短、见效快、风险也相对较小的行业。另外,随着人们生活水平的不断提高,消费者的生活质量也越来越高,与此相适应的服务业也不断兴起。(黄蓉晓)

·编辑 李艺芬 卢亚杰·

旅游业

1月6日，三门峡市星级饭店服务技能大赛现场

综 述

【概况】 2009年,三门峡市围绕国家旅游局开展的"2009中国生态旅游年"主题活动,强力推进"文化山水"旅游品牌发展战略,并召开旅游强市工作会议,出台旅游强市行动纲要,提出以建设旅游经济强市为目标,以资源为基础,以培育新的消费热点为突破口,以项目建设为重点,以落实责任目标为抓手,进一步创新发展思路,加快旅游资源开发力度,增强产业素质,提高发展质量,树立旅游目的地的良好形象;以获取更大的经济效益为目的,合理调整产品结构,拉长旅游产业链条,努力实现旅游人数和旅游收入的同步增长。全年全市旅游业总收入54.84亿元,占全市GDP的7.72%,比2008年增长18.16%;接待入境游客(含港澳台同胞)36 053人次,增长17.32%;国际旅游创汇收入467.59万美元,增长23.77%;接待国内游客975.87万人次,增长38.55%;国内旅游收入54.52亿元,增长24.45%。至年底,全市共有星级饭店25家,旅行社47家,全市备案景区24家,旅游汽车公司2家,游船公司1家,旅游星级餐馆2家,"农家乐"宾馆490家,可提供床位6 900余张;全市旅游从业人员有1.2万余人,初步形成了集"吃、住、行、游、购、娱"为一体的旅游服务体系。

【举办第15届三门峡国际黄河旅游节旅游活动】 5月18日至23日,第15届三门峡国际黄河旅游节期间,三门峡市举办了丰富多彩的旅游活动,取得丰硕成果。主要有两岸四地摄影家"魅力三门峡行"、豫西大峡谷"第3届全国双胞胎漂流大赛""虢都八珍"美食月、"中原绿宝石"体验之旅等。各景区除传统游览项目外,还根据自身特点安排了主题活动,如黄河游、天井窑院豫西民俗表演、函谷关千人诵经、豫西大峡谷双胞胎漂流大赛、虢国博物馆模拟考古、甘棠苑敲钟祈福活动等,受到海内外广大游客的欢迎。旅游节期间,全市共接待游客23.2万人次,接待来自泰国、马来西亚、韩国等国家和中国香港、台湾地区的入境旅游团队97个,接待入境游客2 348人,市区各旅游星级饭店客房出租率均在97.8%以上。《中国旅游报》《世界旅游杂志》《河南商报》《东方今报》《运城日报》《渭南日报》《郑州晚报》、河南卫视、运城电视台、渭南电视台、临汾电视台、大河网、河南旅游资讯网等24家新闻媒体的旅游记者参加了旅游节。旅游节的成功举办,不仅彰显了三门峡市作为"中国优秀旅游城市"的魅力,更重要的是扩大了对外影响,取得了丰厚的经济效益。 (王 丽)

熊耳山主峰

旅游资源开发

【概况】 2009年,三门峡市直接用于景区、旅游道路建设及旅游服务设施的资金达6.1亿元,使已建成景区的功能与设施更加完善,新开发建设的景区粗具规模。至年底,全市在建旅游建设项目22个,其中景区建设项目15个、旅游饭店建设项目4个、旅游公路建设项目3个。函谷关历史文化旅游区一期扩建项目投资4 180万元,完成"两堤一渠"填筑和砌石护坡工作,并于10月获得AAAA级旅游景区称号;卢氏县游客服务中心投资7 000余万元,完成主体工程;金泉宾馆投资6 900余万元,完成酒店全面改造,并通过四星级饭店初审。科学整合旅游资源和加大资金投入力度,为三门峡市旅游资源开发和景区建设注入了活力,使旅游基础设施更趋完善,旅游区(点)的品位得到进一步提升。至年底,全市共有A级景区7家,其中AAAA级2家、AAA级3家、AA级2家。市旅游局督促指导各相关景区和县(市)旅游局编制旅游规划7个:《灵宝市冠云山旅游总体规划》《卢氏县双龙湾风景区旅游发展规划》《陕县空相寺景区修建性详细规划》《卢氏县九龙山风景区总体规划》《灵宝亚武山修建性详细规划》《渑池县旅游发展总体规划》和《三门峡温泉保健区度假区修建性详细规划》,有效地促进了旅游资源的有序开发和合理利用。

【函谷关历史文化旅游区通过国家AAAA级景区验收】 11月,函谷关历史文化旅游区顺利通过国家旅游局创建领导小组的各项验收,成为全市第3家国家AAAA级旅游景区。这将进一步提高三门峡市文化品位和道家文化在全国的影响力和号召力,对展现三门峡市良好的城市形象有着十分重要的意义。近年来,灵宝市围绕名人(老子)、名著(《道德经》)、名关(函谷关)投入巨资精心开发和打造函谷关历史文化旅游区。尤其是2009年,该景区围绕国家AAAA级旅游景区创建标准,加大资金投入力度,进一步完善景区旅游厕所、停车场、游客服务中心、标志系统等各项基础设施。同时,强化景区内外部环境治理，优化美化景区游览环境，全面提升了职工的创A意识、服务意识。

【开展和谐景区、平安景区创建活动】2009年，为切实营造安全有序的景区游览环境，保障游客生命财产，提升景区管理与服务水平，市旅游局组织全市旅游景区开展和谐景区、平安景区创建活动。各旅游景区对照创建标准，制定措施，开展丰富多彩、扎实有效的创建活动，在完善基础设施、强化内部管理、抓好队伍建设、营造优良游览环境等方面取得显著成效。三门峡虢国博物馆、三门峡大坝风景区、灵宝函谷关古文化旅游区、陕县甘山国家森林公园、甘棠苑获得“2009年度三门峡平安景区”称号，三门峡虢国博物馆、卢氏豫西大峡谷风景区、三门峡大坝风景区、灵宝函谷关古文化旅游区、陕县甘山国家森林公园、甘棠苑、灵宝黄帝铸鼎原获得“2009年度三门峡和谐景区”称号。

【开展全市国内旅游抽样调查】为了全面掌握三门峡市国内旅游业发展现状及趋势，根据省旅游局的统一部署，10月至12月，市旅游局组织开展全市国内旅游抽样调查活动。通过开展抽样调查，进一步了解和掌握了全市接待国内游客人数和国内游客在三门峡市的花费等有关情况，为加强对国内旅游业的宏观管理和帮助旅游企业拓展国内旅游市场提供了决策依据和信息资料。

【旅游招商引资】2009年，全市共签订2个旅游招商引资项目，签约总金额8.93亿元，分别是渑池县五凤山旅游开发公司与天津工商银行投资开发公司签订协议，投资1.5亿元开发建设渑池五凤山景区；卢氏县汤河乡政府与河南众鑫房地产开发有限公司签订协议，投资7.43亿元开发汤河温泉·熊耳山·中里坪水库旅游项目。采取有目标地请进来、有目的地走出去。（王　丽）

旅游宣传促销

【概况】2009年，全市各级旅游部门认真分析客源市场，准确定位，创新机制，

雪花谷漂流

的方式，全方位、多渠道地开展了一系列行之有效的宣传促销工作。先后组织开展了晋陕豫“一证游”活动，赴港澳、澳洲旅游宣传促销活动，“两岸四地摄影家魅力三门峡行”大型摄影活动、“三门峡市旅游形象宣传口号、形象标识征集”活动等。通过一系列的旅游宣传促销和推介活动，提升了三门峡市“文化山水”游的整体形象，扩大了三门峡市在海内外的知名度，增强了旅游招徕能力。

【开展豫晋陕“一证游”活动】1月12日，三门峡、渭南、临汾、运城4市签订《豫晋陕黄河金三角旅游合作协议》，3省4地市居民及在当地就读的大中专学生，持本人身份证或工作证、驾驶证、学生证等有效证件，一年之内参观游览参与此次活动的58个景区享受门票半价的优惠。纳入“一证游”的58个景区（景点）中三门峡市有7个，运城市有15个，临汾市有15个，渭南市有21个。这些景区中，包括三门峡虢国博物馆、函谷关、娘娘山，运城市解州关帝庙、普救寺、鹳雀楼，临汾市尧庙、洪洞大槐树、广胜寺，渭南市西岳华山、司马迁祠墓等精品旅游景点。

【参加赴澳洲、港澳旅游宣传促销活动】1月，三门峡市组团参加省政府在澳大利亚举办的“中原文化澳洲行”旅游宣传推广活动。2月18日，组团参加由省政府举办的“中原文化港澳行”旅游宣传推广活动，举办三门峡旅游香港恳谈会，重点推介三门峡旅游和黄河金三角旅游线路；精选代表三门峡市特色的20个景点，制作成20幅灯箱广告，悬挂在香港尖沙东地铁站，宣传面广、直观效果明显；在香港《大公报》刊登“文化圣地、天鹅之城——魅力三门峡”旅游整版宣传版面，取得了良好的宣传效果。香港第一旅行社、香港立明国际旅行社等6家旅行社负责人与三门峡市旅游局签订了送团协议。

【举行“全国百城旅游宣传周”活动三门峡启动仪式】4月11日，三门峡市与全国185个重点旅游城市同步举行“全国百城旅游宣传周”启动仪式。这标志着“全国百城旅游宣传周”活动全面展开，也标志着三门峡市的多项旅游优惠措施开始实行。运城市、临汾市、渭南市的旅游企业也应邀参加活动。活动期间，向广大市民发放了55万张旅游休闲消费券，总价值达3 680万元。凡具有三门峡市户籍的居民，办理了暂住证或居住证的外地人员，在三门峡市求学的大中专学生和主要旅游客源地的居民，都可以享受优惠。

【举办“两岸4地摄影家魅力三门峡行”大型摄影活动】为进一步提升三门峡市在海内外的旅游整体形象，4月中旬起，市旅游局组织举办“两岸4地摄影家魅力三门峡行”大型摄影活动。邀请由50位港澳台、大陆专业摄影家组成

的摄影团队分5批到三门峡市进行拍摄活动。活动结束后,还将在北京、台湾两地举办摄影展览。

【赴西安、郑州推介秋季游旅游线路】 9月18日至21日,市旅游局组织虢国博物馆、三门峡大坝、豫西大峡谷、雪花谷、卢氏双龙湾景区等旅游景区赴西安、郑州推介秋季游旅游线路。此次旅游推介活动提高了三门峡旅游产品的知名度,取得了良好的社会效益和经济效益,为进一步开拓西安、郑州旅游市场及周边市场奠定了坚实的基础。活动期间,发放旅游宣传资料2万余份、旅游消费券50万元,三门峡市景区分别与陕西平安旅行社、陕西青联旅行社、河南旅游集团等7家旅行社签订旅游合作意向书8份。

【开展“三门峡市旅游形象宣传口号、形象标识征集”活动】 为进一步提升三门峡市旅游形象,提高三门峡旅游的影响力和美誉度,从9月25日开始,市旅游局在媒体上发布公告,面向全社会广泛征集三门峡旅游形象宣传口号和形象标识。至10月30日,共征集到来自全国各地的旅游宣传口号稿件3 300余件、4万余条,旅游形象标识设计稿件160余件。 (王 丽)

旅游行业管理

【概况】 2009年,市旅游局按照国家《旅游星级饭店的划分与评定》标准,新审批三门峡香山红叶虢风会馆、义马黄河迎宾馆为三星级饭店,卢氏康元大酒店为二星级饭店;金泉宾馆通过四星级饭店初审,取消灵宝信合大厦三星级饭店资格;对获得星级标识满5年的黄金大酒店、灵宝轩瑞温泉水上乐园两家星级饭店进行评定性复核。批准新成立6家国内旅行社,分公司2家。三门峡春秋国际旅行社晋升为出境社,成为全市唯一一家出境旅游组团社,填补了全市出境旅游组团社的空白,为市民出境旅游提供了选择空间和便利条件。开展旅行社星级评定工作,三门峡国旅、三门峡春秋国旅、义马豫美旅行社被评定为“三星级旅行社”。开展政务导游员选拔工作,评选出7名三门峡市政务导游员,以实地考察的形式进行强化培训,圆满完成了第15届三门峡国际黄河旅游节讲解任务。做好全市旅游景区质量等级复核工作,抽调专业人员对7家A级景区进行全面检查,均通过复核。开展旅游“一卡通”景区年票的管理、销售工作,全年共售卡4 150张,款项全部收回。先后举办服务意识、服务技能、职业道德、导游法规、带团疑难问题处理以及星级评定标准等不同类型的培训班,共培训干部职工4 300人次。狠抓旅游安全不放松,并结合旅游“黄金周”,联合公安、工商、交通、消防等部门对全市旅游企业开展安全检查,及时排除安全隐患,全年全市没有发生旅游安全责任事故。加强信息化建设。市旅游局编制政务信息公开指南和公开目录,在三门峡旅游网文件通知、办事指南、信息公开指南和政策法规等栏目发布各类政务府信息209条,处理并回复留言58条。坚持以“树立优良作风,构建和谐三门峡”为目标,在全行业开展民主评议政风行风工作,取得显著成效。7月31日,召开全市旅游行业政风行风工作动员大会,部署旅游行业政风行风建设工作,聘请4位人大代表、政协委员为旅游行业政风行风评议监督员,加强日常监督。10月下旬,市旅游局组织由市行评督导组组长朱硕民带队,市纠风办、市行评代表(人大代表、政协委员)组成的督导组对全市旅游行业部分重点科(股、所、大队)和部分旅游企业政风、行风情况进行督导检查。积极参加行风热线,改进工作。全年市旅游局班子成员与业务科室负责人5次走进市广播电台“行风热线”直播节目,宣传旅游局承担的监管职责,介绍便民利民措施,接听解答群众问询,现场受理解决游客投诉,征求听众对旅游服务质量及行风建设方面的意见和建议。

【出台《三门峡市旅游强市行动纲要(2009～2015年)》】 8月21日,三门峡市召开加快建设“旅游强市”工作会议,贯彻落实全省“旅游立省”战略部署,对全市旅游产业发展进行再动员、再部署。会议下发《三门峡市旅游强市行动纲要(2009～2015年)》,提出以建设旅游经济强市为目标,以资源为基础,以市场为导向,以特色旅游产品开发和龙头精品景区建设为重点以及构建“一核四区”的5大旅游板块的发展思路。重点打造5张王牌,着力建设12大景区,全面推出5条精品旅游线路。《纲要》还浓墨重彩的描述了落实旅游扶持政策和旅游奖励措施,对旅游品牌创建、发展入境游等方面作出突出贡献的单位和个人给予物质和政治奖励。

【加强旅游商品管理】 2009年,三门峡市加大旅游商品开发力度,挖掘开发旅游新商品3种,并组织企业参加首届中国国际旅游商品博览会和2009河南省旅游商品设计大赛暨博览会。在2009河南省旅游商品设计大赛暨博览会上,三门峡市共有8家旅游商品、纪念品生产经营企业,21系列346个品种参加。三门峡洛神文化艺术品公司的“松果立体牡丹装饰画”获优秀奖,三门峡虢国文化艺术研究所的“十二生肖弹奏”、三门峡黄河民间艺术研究所的剪纸“五牛图”、三门峡万和文化艺术发展中心的“观音赐福”布艺制品、渑池仰韶澄泥砚厂的“仰韶彩陶”获创意奖,卢氏的药枕坐垫靠背、绿壳鸡蛋获优秀产品奖;市旅游局获得最佳组织奖。 (王 丽)

·编辑 卢亚杰·

财政　税务

3 月 30 日，三门峡市税收志愿服务队成立

财　政

【概况】 至2009年底,三门峡市财政局机关内设21个科室。下设1个正县级事业单位:三门峡市财经投资公司;4个副县级事业单位:三门峡市财经学校、三门峡财会培训中心、三门峡市非税收入征收局、三门峡市财政国库集中支付(会计核算)中心;11个正科级事业单位。下辖全市6个县(市)区财政局及开发区财政局、70个乡(镇)财政所。

2009年,全市财政工作以科学发展观为指导,以促进全市经济又好又快发展为第一要务,积极应对金融危机,依法加强税收征管,狠抓增收节支,强化财政监督,集中财力办大事、保民生,财税工作在逆境中取得新的重大突破,较好地完成了财政收支预算,受到市政府通令嘉奖。

财政收入 当年,全市地方财政总收入完成681 106万元,其中一般预算收入完成415 008万元,为年预算的103%,增长13.1%。收入规模在全省排名第9位,收入增速在全省排名第6位,税收比重72.2%,居全省第10位。县级财政收入增长较快。渑池县、灵宝市、陕县和义马市进入全省县(市)收入规模30强,分别列第15、17、23和27位。主要税种完成情况:增值税(地方25%部分)完成70 140万元,为年预算的74%,下降19%。营业税完成72 782万元,为年预算的110.3%,增长27.4%。企业所得税(地方40%部分)完成21 670万元,为年预算的55.9%,下降32.6%。个人所得税(地方40%部分)完成10 416万元,为年预算的72.7%,下降13.3%。城市维护建设税完成18 811万元,为年预算的96.9%,增长10.6%。资源税完成28 150万元,为年预算的83.8%,下降20.1%。分部门完成情况:国税部门完成82 572万元,为年目标的69.2%,下降22.5%;地税部门完成183 944万元,为年目标的97.9%,增长11%;财政及其他部门完成148 492万元,为年目标的142.5%,增长56.7%。分级次完成情况:市级完成88 012万元,为年预算的100%,增长10%。县(市)区级完成326 996万元,为年预算的103.8%,增长14%。其中:湖滨区完成27 728万元,为年预算的100.5%,增长12.6%。义马市完成50 188万元,为年预算的105.5%,增长22.4%。灵宝市完成77 718万元,为年预算的110.9%,增长11%。渑池县完成85 078万元,为年预算的100.1%,增长11.2%。陕县完成57 217万元,为年预算的101.2%,增长14.4%。卢氏县完成22 066万元,为年预算的103.1%,增长18.6%。开发区完成7 001万元,为年预算的103%,增长16.5%。收入结构情况:税收收入完成299 793万元,为年预算的93.5%,增长1.2%,占一般预算收入的比重为72.2%。非税收入完成115 215万元,为年预算的139.7%,增长62.7%,占一般预算收入的比重为27.8%。

财政支出 当年,全市地方财政支出完成101.4亿元,首次突破100亿元大关,支出规模在全省居第14位,支出进度在全省居第8位,支出增速在全省居第5位。一般预算支出完成855 597万元,为年预算的99.2%,增长30.9%。其中:市级完成222 319万元,为年预算的99.6%,增长47%。县(市)区级完成633 278万元,为年预算的99.5%,增长26.1%。基金和预算外收支情况:全市地方基金收入完成116 994万元,为年预算的199.3%,下降5.2%。基金支出完成158 359万元,为年预算的96.6%,增长13.4%。全市预算外收入完成34 753万元,下降21.5%。预算外支出完成32 621万元,下降19.1%。

市级财政收入 当年,市级地方财政收入合计完成143 494万元,为年预算的145.4%,增长28.7%。其中,市级一般预算收入完成88 012万元,为年预算的100%,增长10%;市级地方基金收入完成55 482万元,为年预算的518.5%,增长77.2%。市级一般预算收入主要项目完成情况是:增值税(地方25%部分)完成18 966万元,为年预算的81.4%,下降10.7%。营业税完成12 082万元,为年预算的94.4%,增长20.9%。企业所得税(地方40%部分)完成6 770万元,为年预算的67.7%,下降23.5%。个人所得税(地方40%部分)完成2 444万元,为年预算的84.3%,下降1.8%。城市维护建设税完成3 683万元,为年预算的81.8%,下降4.7%。分部门完成情况是:国税部门完成25 205万元,为年目标的75.7%,下降15.2%;地税部门完成23 010万元,为年目标的100%,增长17.1%;财政及其他部门完成39 797万元,为年目标的125.5%,增长29.3%。

市级财政支出 当年,市级地方财政支出合计完成249 101万元,为年预算的99.6%,增长32.7%。其中,市级一般预算支出完成222 319万元,为年预算的99.6%,增长47%。基金支出完成26 782万元,为年预算的100%,下降26.5%。一般预算支出主要项目完成情况是:一般公共服务完成27 536万元,为年预算的99.2%,增长20.2%。公共安全完成19 514万元,为年预算的100%,增长11.2%。教育完成25 556万元,为年预算的99.4%,增长65.8%。社会保障与就业完成18 957万元,为年预算的99.8%,增长0.5%。城乡社区事务完成53 617万元,为年预算的99.3%,增长170.2%。农林水事务完成8 177万元,为年预算的98.8%,增长39.3%。

【全市财政收入实现持续增长】 由于三门峡市属于典型的资源性城市,特殊的产业结构和财源结构导致其遭受金融危机的冲击尤为严重,2009年上半年,全市重点企业效益严重下滑,组织收入极其困难。面对严峻形势,市委、市政府及早着手,深入开展"项目建设年"和"企业服务年"活动,出台一系列"扩内需、保增长"扶持优惠政策,大力促进经济发展,为财税增收奠定良好基础;并及时召开多层次、多形式的财税工作座谈会,分析收入形势,明确工作目标,研究加强税收征管的工作措施。财政、税务、金融等部门密切配合,建立收入分析快速反应机制,逐项目、逐企业、逐单位分析研究,跟踪收入变化趋势,随时掌握征收进度,不断加大征收力度,克服重重困难,确保全市财政收入在连年高速增长的基础上,继续实现较好增长。至年底,全市一般预算收入完成41.5亿元,为年预算的103%,较上年增长13.1%。渑池县、灵宝市、陕县和义马市4个县(市)稳居全省县(市)收入规模30强,分别列第15、17、23和27位。

【重点支出和法定支出得到较好保障】 当年,各级财政部门严格按照"保证重点,压缩一般”的原则,采取切实有力的措施保工资、保运转、保稳定。一是进一步加强工资发放和行政运行保障工作,足额发放公务员、教师、事业单位新增津补贴,全市一般公共服务支出比上年增长26%,保证全市各级党委、政府和公共事业的正常运行。二是加大对教育、科技、农业等方面的投入,保证法定支出达到法定增长比例。全市教育、科技、农林水支出增幅分别达到18.3%、11.8%和15.3%,均高于经常性财政收入的增长比例。三是财政支出向社会弱势群体倾斜,加大对卫生、环保等与人民群众生活息息相关领域的投入,城市居民最低生活保障、农村社会救济、医疗卫生、环境保护支出分别比上年增长40.1%、84.9%、75.2%和12.2%。在保障重点支出的基础上,各级财政部门采取加强现金调度、督促项目实施等措施,加快支出进度,让当年安排的支出尽可能地发挥效益。从年终支出预算执行情况看,一般预算支出完成年预算的99.2%,比全省平均进度高2.4个百分点。

【着力改善民生】 当年,在经济增速趋缓、收支矛盾十分突出的情况下,各级财政部门本着保证重点、有保有压的原则,调整和优化支出结构,向民生领域的投入大幅度增加,着力改善就业、最低生活保障、医疗、住房、城市基础设施建设等一系列民生问题。全市城乡社会保障支出超过15亿元,其中社会保障与就业、医疗卫生支出分别比上年增长53.3%和75.2%。全市教育、文化体育传媒支出分别比上年增长18.3%和78.9%,农业支出、农村低保社会救济支出分别比上年增长45.5%和84.9%。市级财政大力压缩其他开支,对民生工程资金优先安排、优先调拨、优先使用。市区供热二期、崤山路改造、南康乐家园廉租住房、郑西客车站及广场、大岭路涧河桥、迎宾大道、儿童福利院、阳光小学、社区卫生服务站及文体中心、外国语高中等一大批民生工程顺利建成或如期开工,人民群众的生产生活条件进一步改善。

【加大教育事业投入力度】 一是加大对农村教育事业的支持。全市当年安排用于农村义务教育保障经费共计16 270万元,其中市级财政投入2 159万元,确保农村义务教育阶段学生上学全免费,贫困寄宿生生活有补助。二是落实职业教育贫困生资助政策,推进全市职业教育的发展。继续完善以助学贷款、助学金、奖学金等为主要资助手段的高校和中等职业教育贫困生资助政策体系。各级财政共投入资金3 422.2万元,市级财政安排570.4万元,资助学生达42 290人次。三是改善市直学校办学条件,优化办学环境,投入168.9万元用于第三实验小学操场建设,筹措332.8万元用于市四中操场建设,筹措101.8万元对实验小学等5所学校校舍进行修缮改造,筹措190万元用于市直中小学“班班通”建设。同时,市财政先后加大市阳光小学筹建项目、市四中教学楼、实验楼改造项目,开工筹建市外语高中基建项目,筹备规划职业教育园区项目的投入,有力提升全市中小学及职业教育学校办学质量和水平。

【“财政资金监督管理年”活动卓有成效】 当年,全市财政系统深入开展“财政资金监督管理年”活动,进一步强化财政科学化、精细化和规范化管理。进一步完善部门预算和国库集中支付制度,对行政事业单位预算外资金、非税收入和“小金库”进行全面检查,使所有的财政性资金达到“收入在国库,支付进中心,全程有监督”。认真做好扩大内需项目资金检查工作,对存在问题及时进行整改。进一步加强财政投资评审工作,全年共完成概、预(结)算审查项目209个,完成评审额8.01亿元,审定金额7.04亿元,审减金额9 700万元,审减率达12%。进一步完善政府采购管理,全市共完成政府采购预算118 501万元,实际采购金额105 919万元,节约采购资金12 582万元,节支率10.6%,政府采购支出占一般预算支出的比重达12.4%。

【社会保障支出突破15亿元】 当年,全市财政部门进一步加大对社会弱势群体的救助力度,全市社会保障支出达到15.2亿元,比上年增长62%,社会保障支出占财政一般预算支出比重达17.8%。一是城乡低保标准进一步提高。全市财政共安排城乡低保资金9 007万元,城市低保对象由上年的40 303人增加到43 000人,低保标准由每人每月180元提高到210元,月补差提高到每人每月不低于130元。农村低保对象由上年的55 586人增加到84 000人,占农业人口的比重由3.3%提高到5.4%,补助标准由不低于每人每月40元提高到50元。二是城镇居民基本医疗保险和新型农村合作医疗工作成效显著。当年全市城镇居民参保22万人,比上年增加3万人,各级财政补助资金2 276万元。全市参加新型农村合作医疗152.6万人,参合率达97%,各级财政补助资金12 210万元,参合农民医疗待遇进一步提高。三是对优抚对象的扶助力度进一步加强。各级财政筹措资金1 155万元,进一步提高优抚对象抚恤和生活补助及农村五保对象集中供养标准。筹措资金370万元,加快乡(镇)敬老院建设,支持市儿童福利院建设。四是就业和再就业扶持政策得到较好落实。筹措资金6 000多万元,通过购买岗位与社区开发岗位、岗位补贴、社保补贴等再就业援助措施,安置下岗职工4 000多名。建立“零就业家庭”动态帮扶机制,全市认定的1 390户“零就业家庭”全部消除。认真落实免费再就业培训、免费职业介绍政策,下岗失业人员中有70%自创企业,并联动开发其他就业岗位,形成了再就业良性循环。五是公共卫生事业发展得到有力支持。投入资金2 595万元,积极推动政府购买社区公共卫生服务工作,实现基本公共卫生服务均等化。筹措资金1 306万元,建成300所标准化村级卫生室。市财政补助120万元,免费实施3 000例白内障患者复明手术,使三门峡市成为“白内障无障碍市”。六是小额担保贷款投入力度进一步加大。各级财政累计安排小额贷款担保基金达3 236万元,办理小额贷款担保业务近2 500起,为下岗失业人员再就业提供担保贷款1.3亿元。七是困难企业军转干部得到较好安置。各级财政筹措资金496万元,发放困难企业军转干部生活困难补助440万元,补助基本医疗保险资金36万元,特困救助20万元。

【财政支农资金首次突破10亿元大关】

当年,全市财政支农资金首次突破10亿元大关,达到12.19亿元,较上年9.4亿元增长2.79亿元,增幅达29.66%。

主要增长因素:一是各县(市)区严格按照《中华人民共和国农业法》的规定,支农资金预算安排4.84亿元,比上年预算安排增加0.92亿元,增幅达23.56%;二是积极发挥财政资金的导向作用,开辟新的资金投入渠道,充分发挥财政的生财聚财职能,以国家投入为导向,集体投入为补充,农民投入为主体,预算内与预算外资金统筹安排,有偿和无偿资金相配合,形成一条多渠道、多层次、全方位筹集资金的投入机制;三是积极向上级争取中央及省财政支农资金,当年,中央及省追加三门峡市财政支农资金7.35亿元,是全市财政预算安排支农资金的1.5倍;四是整合财政支农资金,按照"渠道不乱、用途不变、优势互补、各记其功、形成合力"的原则,科学合理地界定各相关部门和单位在支农资金整合中的工作任务和职能,强化其聚集资金的功能;五是加强支农资金管理,发挥财政支农资金的最大效益。当年,市财政部门分别组织了对全市农业开发项目资金、财政扶贫资金以及省级财政农业项目的检查工作,并对检查中发现的问题,分别给予通报,要求限期整改,促进了支农资金的合理使用,发挥了财政支农资金的最大效益。

【契税、耕地占用税征收再创新高】 当年,契税、耕地占用税征收在近年来连续高位增长的情况下,继续保持高速增长。全市累计完成契税、耕地占用税33 251万元,其中完成契税征收22 536万元、完成耕地占用税征收10 715万元。其增长因素:投资总量不断扩张,新开工项目不断增多,耕地占用税、契税税源大幅增加;征收部门严格执行税收政策,杜绝征"人情税""关系税""压力税",防止税源"跑、冒、滴、漏",做到应征尽征;强化税收稽查,深挖现有税源,保证从源头控制契税税源的流失;加强与房产、土地部门的横向联系,做到税源资料共享;坚决依法征收,按照契税政策和征管法依法打击欠、抗税款的不法分子,维护税法尊严。

【调整城镇居民医疗保险筹资和报销标准】 当年,为提高城镇居民医疗保险待遇,降低个人负担,对全市城镇居民医疗保险政策作如下调整:一是降低城镇居民基本医疗保险个人缴费标准。18周岁以上城镇居民筹资标准由每人每年160元调整为每人每年170元,其中个人缴费由70元降为50元,各级财政补助由90元提高至120元;18周岁以下城镇居民及在校学生个人缴费10元维持不变,各级财政补助由90元提高至120元;低保、重度残疾人,低收入家庭60周岁以上的老年人筹资全部由财政承担。二是提高城镇居民基本医疗保险报销比例,1、2、3级医疗机构由原70%、55%和50%分别提高至75%、60%和55%。三是提高城镇居民基本医疗保险最高支付限额,将现行2.5万元调整为4万元。四是提高城镇居民大额医疗费补充保险最高支付限额,将现行3万元调整为10万元。五是提高参保人员住院床位费支付标准,将现行标准最高15元/人·天调整为最高28元/人·天。调整后的新标准从2010年1月1日起执行。

【三门峡产业集聚区粗具规模】 经有关部门批准,三门峡市产业集聚区共有规划建设面积50.08平方千米,截至2009年底,已建成16.24平方千米,并产生明显的集群效应,有效地吸引了资金、技术、人员、物资的流入,逐步成为三门峡经济发展中的主战场、新亮点。在全省首批175个产业集聚区中,三门峡市有7个产业集聚区榜上有名,河南省补助资金3 600万元专项用于支持建立产业集聚区发展投融资平台,增强产业集聚区投融资机构融资能力,加快产业集聚区公共基础设施和标准化厂房建设。为增强产业集聚区投融资机构融资能力,发挥投融资平台促进产业集聚区发展的作用,全市各级政府按照"特事特办,越快越好"的要求,以现有的财政性资金支持的财经投资公司为依托,建立产业集聚区投融资公司,积极调整支出结构,与已建立的中小企业担保公司联动,增强产业集聚区投融资能力。在省级财政资金的大力支持下,三门峡市产业集聚区财政安排配套资金11 818万元,政府转入优质资产12 000万元,企业已实现收入1 690 868万元,固定资产投资320 310万元,企业完成税收收入43 375万元。

【2007年至2009年淘汰落后产能项目通过财政部核查】 8月7日开始,财政部核查组对三门峡市淘汰落后产能项目进行专项核查,对全市淘汰落后产能项目扎实有序的工作给予了高度评价。2007年至2009年,三门峡市共淘汰落后产能项目19个,其中电力行业7个、水泥行业6个、有色金属行业4个、钢铁行业1个、电解铝行业1个;淘汰落后水泥产能13.5亿千克,电力产能60.1万千瓦,其他产能淘汰1.96亿千克。2007年至2008年间,共争取中央财政奖励资金12 550万元,帮助安置职工5 091人,中央奖励资金用于职工安置10 270万元、企业转产282万元、化解债务危机42万元、其他方面1 956万元。全市共拆除水泥生产线6条,拆除电力行业发电机组等设备23台,拆除其他设备55台(套)。

【《财政热点问题透视》一书获首届河南省哲学社会科学普及优秀作品特等奖】 4月,由三门峡市财政科研所所长、副研究员李少民撰写的《财政热点问题透视》一书经河南省专家委员会评审、河南省社会科学界联合会审定,获首届河南省哲学社会科学普及优秀作品特等奖。这是三门峡市财政科研事业历史上首次获此殊荣。该书由中央文献出版社出版发行,全书收入作者27项专题研究成果,绝大多数已被省、市人民政府及经济类专业报刊采用。该书研究的范围和领域宽广,挖掘较为深入,体现了"公共财政""全面协调可持续发展""节能降耗""以人为本""和谐""绿色""新农村"等多方面的内容,涉及一系列重大现实问题和许多前沿概念。著名财政经济学专家贾康在"基层财政科研执著探索者的可贵成果——评李少民〈财政热点问题透视〉"一文中,对该书给予高度评价:"《财政热点问题透视》以事实为依据,大量采用了全国、省和市、县、乡几级财政的统计数据,注意用数据说话,告诉我们一个真实的财政、一个立体化多层次的财政,不少观点切中时弊,有理有据,恰如其分,对政绩不粉饰,对问题不掩饰,许多建议具有较强的实践性和操作性,这也是该书与一般泛泛而谈的财政教科书和学术论文相比的可贵之处。"

【财政调研工作成绩显著】 当年,三门峡市财政科研工作紧紧围绕财政工作中的热点难点问题,深入县乡开展调查研究,先后撰写了"多措并举促资源型城市转型""支持区域经济协调发展的财税政策研究""促进农民持续增收的财政政策研究""支持非公有制经济发展的财政政策研究""化解地方政府债务问题对策研究""村级经费管理中存在的问题及对策研究"6篇具有一定深度和参考价值的调研报告,被全国经济类核心期刊《中国财政》《中国财经信息资料》采用2篇,被《中国财政》采用1篇,被《地方财政研究》采用2篇,被《河南财政研究》采用5篇;有两项调研成果被河南省社科联评为优秀调研成果一等奖,有5项调研成果分别获得河南省财政系统优秀调研成果二、三等奖,其中二等奖3项、三等奖2项,为各级领导决策提供了大量有参考价值的第一手资料。

【三门峡市财政局第3次被评为全国财政信息工作先进单位】 当年,根据财政部财办〔2009〕16号文《财政部关于表彰2008年度全国财政信息工作先进单位、先进组织者、优秀信息员暨好信息的通知》,三门峡市财政局被评为全国财政信息工作先进单位,这是市财政局近年来第3次获此殊荣。同时,朱志军获"全国财政信息工作先进组织者"称号,张宇辉、王桂亮获"全国财政系统优秀信息员"称号;市财政局2008年度被财政部采用的2条信息均被评为"2008年度全国财政系统好信息条目"。自1990年以来,市财政局一直高度重视财政信息的搜集、整理和编发工作,通过目标管理、建立网络、完善制度、加强调研等办法,不断加大财政信息工作力度,采集和编发了大量有价值的专报信息和调研信息,及时向市委、市政府和上级财政部门反映工作中出现的新情况、新问题、新思路、新做法,有多篇信息被财政部、省委、省政府、省财政厅、市委、市政府等主要领导批示,对更好地推动三门峡市财政改革与发展起到了积极作用。由于财政信息工作成绩突出,1991年,三门峡市财政局即被河南省财政厅推荐为首批全国财政信息直报点单位,是全省财政系统唯一一家。在全省财政系统信息工作综合评比中,三门峡市财政局连续20年被评为全省财政信息工作先进单位,并多次荣获全省财政信息综合评比第1名。

【行政事业单位资产管理工作进一步强化】 当年,市财政部门经过深入细致的调查研究,以行政事业单位资产清查工作为基础,完善并出台《三门峡市行政事业单位国有资产处置管理暂行办法》《关于加强和规范行政事业单位资产处置和资产出租、出借管理工作的通知》,初步建立起行政事业单位资产管理组织体系。加强行政事业单位资产配置处置管理,积极探索资产配置管理办法,制定财政部门内部工作流程,各行政事业单位根据存量资产的质量、结构和分布情况,提出本单位下一年度拟购资产的品目、数量,测算经费额度。财政部门根据本级资产配置标准和行政事业单位资产存量状况进行审批后,各单位可将资产购置项目列入年度部门预算。测算资产配置标准,为制定资产配置管理办法做好基础工作。在资产清查的基础上,根据现有各单位人员编制,测算各单位办公与业务用房、公务车辆配备数量、办公设备、办公家具等的配备标准。着重加强对出租、出借资产的管理,要求行政事业单位资产出租、出借应经主管部门审核后报财政部门审批。出租、出借收入按照预算外资金征收管理办法,严格实行"收支两条线"管理。

【财政投资评审工作取得新进展】 当年,财政投资评审工作取得新进展,业务量和业务范围不断增大,评审质量不断提高。一是评审项目规模再攀新高。全市各级评审中心完成概、预、结、决算项目209个,审查金额8亿元,审定金额7.07亿元,审减金额9 700万元,审减率14%。其中:市本级完成概、预、结、决算项目84个,送审金额5.1亿元,审定金额4.5亿元,审减金额6 600万元,审减率13%。市级送审金额比上年增加1.7亿元,增长50%,再创历史新高。二是评审"关口"不断前移。市本级完成预、概、估算评审项目72个,审定金额4.3亿元,比上年有大幅增加,全年共参与制定和审核的招标上限控制项目62个,涉及金额4.9亿元,有效控制工程造价。三是加强业务培训,分期分批派出评审人员进行业务学习,使评审人员执业水平不断提高。四是积极督促各县(市)区开展评审业务,成立评审机构,并为其提供技术支持。县级评审机构共完成评审项目125个,审定金额2.6亿元。

【会计从业资格、会计专业技术资格考试圆满结束】 按照全省统一部署,当年会计从业资格、会计专业技术资格两项考试分别于3月和5月进行。会计从业资格考试全市共报考2 641人4 810科,实际参考4 329科,综合参考率90%;会计专业技术资格考试共报考1 405人3 318科,其中中级928人2 364科、初级477人954科,实际出考1 898科,综合参考率为58%。

【行政事业单位会计工作人员上岗情况专项检查】 为了解和掌握全市行政事业单位会计人员持证上岗情况现状,市财政部门自8月中旬至10月底对市直行政事业单位会计工作人员持证上岗情况进行专项检查。全市行政、事业单位共有会计人员2 430人,其中:行政单位625人,事业单位1 805人;持证上岗1 630人,无证上岗800人,持证上岗人员占会计人员总数的67%。检查中,发现的问题主要有:无证上岗情况比较严重,占财务人员的33%;会计基础工作存在薄弱环节,部分单位会计机构不健全,无相关内部会计管理制度,无独立的财务室或财务室,安全措施不符合规定;会计人员业务知识、工作水平参差不齐。针对这些问题,市财政部门提出具体的整改措施:各单位要高度重视财务会计工作,保障会计工作人员的稳定性、长期性;发挥主管部门监管职能,规范单位会计基础工作,建立健全各项财务规章制度,实现会计基础工作规范化;加强各单位会计人员继续教育培训工作,提升会计工作质量。

【2009年度全市会计信息质量检查工作结束】 12月2日,三门峡市2009年度会计信息质量检查工作全面结束。重点对全市56家行政事业单位、民营企业和地方国有企业2008年度会计资料的真实性、完整性以及执行国家有关法律法规和统一会计制度的情况进行检查,共查出会计核算不实金额3 129万余元,信息披露不实金额43万余元,应补缴各种税款116万余元,其他违规问

题金额1 255 万余元;处罚单位34 家,处以罚款40 余万元。

(李少民　王向红　辛晓静)

国家税务

【概况】 2009 年,面对经济危机和结构性减税双重因素对国税收入造成的严重冲击,三门峡市国税系统坚持以科学发展观为指导,坚持聚财为国、执法为民的工作宗旨,迎难而上,扎实工作,大力组织税收收入,强化税收征管,优化纳税服务,推进依法治税,加强队伍建设,深化党风廉政建设,保证了全市国税工作的科学、持续发展,受到市委、市政府以及河南省国税局的充分肯定和通报表彰。当年,三门峡市国税局被省国税局评为"税收工作目标管理先进单位""税收专项整治工作先进单位"。

组织收入　当年,在经济增长趋缓、政策性减收因素较多的情况下,全市国税系统坚定不移地贯彻执行"依法征税、应收尽收、坚决不收过头税,坚决防止和制止越权减免税"的组织收入原则和纪律,保证了税收任务的圆满完成。至年底,全市共组织税收收入335 925 万元,占省国税局计划的100.28%。其中:地方级收入(含省级收入)完成85 055万元,占省国税局计划的100.06%;市级及市以下地方级收入82 570万元,比2008 年减收24 176万元,下降22.65%;市本级完成25 205 万元,比2008 年减收4 534 万元,下降15.25%。

执行政策　全系统牢固树立"不落实税收优惠政策也是收过头税"的理念,严格执行税收政策,做到不梱架、不梗阻;通过税收政策发布会、行风热线、"政策面对面"、送法上门、定期召开政策宣讲会等形式,积极向社会各界深入宣传各项税收政策,受到一致好评。全年落实增值税减免税优惠政策,直接减免销售额达269 亿元;增值税转型后,支持企业更新改造,生产设备抵扣增值税进项19 092 万元;办理增值税即征即退8 156 万元;落实外商投资企业购买国产设备投资抵免企业所得税政策,全年共抵免5 768 万元;减免所得税2.7 亿元;出口退税全年累计审批退(免)税6 836万元,有力推动了全市经济的发展。

纳税服务　牢固树立纳税人至上的理念,认真落实"企业服务年""项目建设年"活动的决策部署,优化纳税服务,提高服务质量,主动由"监督 + 管理"向"执法 + 服务"转变,不断提高纳税服务效能,实行"一站式""一窗式""限时制"等多项服务,健全完善税收政策温馨提醒制,对定点联系企业进行税收核查和纳税辅导,为纳税人提供个性化服务。加强窗口形象建设,规范办税服务厅窗口建设,开展"群众满意的基层站所"评比。全市国税部门涌现出1 个省级、6 个市级"群众满意的基层站所"。继续完善"12366"纳税服务工作机制,充分发挥服务作用,着眼于群众关注的热点、难点、焦点问题,真诚为群众排忧解难,以优质的服务、优良的作风、良好的形象参与到行风评议活动中,为优化经济发展环境、维护国税良好形象作出积极贡献。

税务稽查　实行"月分析、月讲评、月派单、月通报、月考核"工作机制,围绕"五个行业一个重点"深入开展税收专项检查工作,发挥稽查的震慑作用,快查、快审、快结案、快入库,提高稽查工作的质量和效率,积极稳妥地堵漏增收,有效打击各种涉税违法犯罪活动,整顿和规范了税收经济秩序。全年稽查部门共入库税款12 378万元,稽查收入同比增长140%。

政风行风建设　转变服务理念,优化服务措施,认真落实纳税服务直通车制度,加大国税宣传力度,加强与地方有关部门的沟通协调,营造和谐的综合治税环境,各级政府、纳税人和基层税务人员对国税工作的满意度明显提高,全市国税系统行风评议名次居全市前列,并被市委、市政府评为"全市政风行风建设先进单位"。

9 月26 日,基层先进税务人员代表——张增海上门服务企业

【实行"四位一体"管理机制】 当年,市国税局坚持加大税收分析、税源监控、纳税评估和税务稽查"四位一体"长效管理机制落实力度,扎实开展各种行之有效的管理活动,加强征管基础建设和薄弱环节综合治理,科学化、精细化管理水平不断提高。以分析监控管理信息系统为依托,深化税收分析,强化税源控管,推行税收分析、业务讲评、派单管理3 项工作制度,加强对重点地区、重点行业以及重点企业的分析,对105 户连续3 个月超出核定20% 的个体双定户进行定额调整,对1 780 户销售额超出核定20% 的个体双定户补缴税款327.03 万元,对489 户未达起征点户恢复定额征税,强化薄弱环节管理;加大纳税评估力度,建立市局、县(市、区)局、基层税务分局3 级联动评估体系,分工负责,派单销号,先后对52 户重点企业开展评估核查,查补税款6 149.33 万元;加大稽查工作力度,全年稽查部门入库税款12 378 万元,稽查收入同比

增长140%；强化货物与劳务税管理，开展固定资产抵扣、商贸企业成品油虚开虚抵、农产品加工行业等11项核查评估工作，全年共核查1 621户次，补税6 764万元；加强企业所得税管理，首创“企业所得税汇算清缴审核表”并在全省推广，最大限度地降低年度“零负低”申报率，促使补缴入库所得税5 215.31万元；《非居民税源备案管理制度》被全省推广应用，国际税收管理质量进一步提升，征收非居民企业预提所得税538万元；加强出口退税管理，规范退税管理，加快退税办理进度，确保政策落实到位。加大车购税管理力度，全年共受理申报车辆21 657辆，同比增长41%；组织收入12 749万元，占年计划的100.15%。

【开展税收专项整治】为进一步加强税收征管，堵塞管理漏洞，提高税收征管质量和效率，2009年，全市国税系统开展税收专项整治和重点评估工作。结合三门峡实际，将农产品加工企业、重点税源企业、纳税异常企业（户）、矿产品开采企业、房地产开发企业等“五类企业”，普通发票“一个重点”作为整治活动的主要内容。在工作中，先后采取下派任务通知单、税收优惠备案管理、严格执行增值税抵扣、依法变更纳税申报期限、针对“税收薄弱环节数据分析报告”核查整改进度等12项征管措施，确保整治效果。全年对2 179户纳税人开展自查、评估、稽查，共查补入库税收3.12亿元，其中税款30 445.28万元，滞纳金666.85万元，罚款69.14万元，查补税收占税收总额的比例达到9.3%。比全省平均水平高出0.71个百分点。

【推行税收执法责任制】 当年，市国税局坚持以规范税收执法、全面提高执法质量为目标，狠抓执法责任制和税收执法日常管理，深入开展税收执法检查，全面促进税收执法水平的总体提升。严格落实税收执法责任制，加大对全体人员规范税收执法的教育，继续完善一线执法人员、科（分局、税务所）监控人员、县市局法制部门组成的3级监控责任制度，及时解决监控发现的问题；定期对日常监控情况在市局数据监控平台进行通报，提醒各单位及时纠正错误并做好过错的预防；强化执法责任追究，提高单位过错的经济惩戒标准，实行动态责任追究办法，提高各环节税收执法质量；开展税收执法检查，结合组织收入督导工作，成立7个专门的收入督导、执法检查专项工作组，对口各县市局分别开展收入督导和执法检查，对照疑点数据逐条逐项进行核查。经过对10个方面的疑点数据进行核查，查补税款620 292元，滞纳金85 911元，罚款69 780元。

【河南省第1支税收志愿服务队在三门峡市成立】 3月30日，全市国税系统第18个税收宣传月启动仪式暨全市税收志愿服务队成立大会在义马市鸿庆公园广场举行。来自全市各界的税收志愿者代表及社会群众共1 000余人参加大会。针对长期以来税收宣传主体单一、社会各界参与程度较低的实际情况，三门峡市国税局以义马市为试点，通过整合系统内外资源，着力培育一个专业化服务与个性化服务相协调、税务机关服务与中介服务、志愿服务互为补充的大服务格局，充分吸收全市入党积极分子、大中专院校学生，组建河南省第一支税收志愿服务队。成立大会上，共青团三门峡市委书记亢哲楠宣读倡议书，号召全市青年朋友积极投身税收志愿服务活动；全市152名税收志愿者代表庄严宣誓，表示要认真履行义务，遵守管理规定，尽己所能，无偿为服务对象提供税收援助，为服务科学发展、共建和谐税收、构建和谐社会作出应有贡献。河南电视台法制频道、新农村频道及三门峡电视台、三门峡日报社、三门峡公共频道等新闻媒体，先后对活动进行报道。

【三门峡市5家企业跻身河南省2008年度国税纳税百强榜】 4月1日，河南省2008年度国税纳税百强排行榜出炉，三门峡市共有5家企业上榜，其中3家企业名列前20强。此次排行榜中，义马煤业集团股份有限公司以入库税款8.94亿元居第10位，东方希望（三门峡）铝业有限公司以6.76亿元居第12位，开曼铝业（三门峡）有限公司以5.44亿元居第17位，大唐三门峡发电有限责任公司以0.94亿元居第82位，灵宝黄金股份有限公司以0.88亿元居第91位。 （孙秋亮）

地方税务

【概况】 2009年，三门峡市地方税务系统紧紧围绕“坚持一个主线、夯实两个基础、实现三个提高”的总体工作思路，积极应对困难和挑战，创新进取，各项工作均取得明显成效。

税收收入 当年，全市地税系统累计组织税收收入22.58亿元，同比增长6.26%，增收1.33亿元。其中，地方级税收完成188 644万元，占年目标的101.97%，同比增长11.09%，增收18 827万元。税收收入工作呈现出3个特点：一是整体向好、企稳回升的趋势逐渐显现。从市、县两级税收分月增长情况看，由上半年的下滑转变为从7月开始稳定增长，当月同比增幅分别为1.05%、15.17%、28.23%、16.79%和24.02%。二是小税种对总体税收增长的拉动作用逐步增强。在企业所得税、资源税等主体税种受宏观形势影响大幅减收的同时，土地使用税、车船税、房产税等小税种收入增势强劲，排名全省前列，对地方税收增长起到积极的拉动作用。三是8个征收单位同比全部实现税收增长。县（区）级地方税收同比增收14 637万元，对全市地税总收入的增长贡献率为77.74%。灵宝、义马、渑池、陕县继续位列全省县域地方税收30强（分列第9位、第16位、第17位、第23位）。

税收征管 落实税收管理员制度，完善税源监管体系，严格户籍管理，进一步夯实征管基础。拟定21个课题，深入开展征管调研，开展涉税软件使用情况、办税服务厅情况、铝土矿、煤矿资源税、高速公路通行费收入管理情况等税收调研工作，研究完善征管的措施及办法。加强同市商务局、市发改委等部门的沟通和协调，建立经济信息定期共享工作机制，全面推进综合治税工作。加强重点税源监控，对全市“8155”重点项目明确专人负责，实行跟踪管理，动态监控，把握好税收主动权，确保税款及时入库，全市“8155”重点建设项目共入库税收5 786万元。认真做好企业所得税汇算清缴工作，共汇算623户企业，税收调整净额30 923万元。积极推进年所得12万元以上个人所得税自行申报工作,全市共有1 123人自行申报,比上年增加385人。积极稳妥地推广个人所得税管理软件,全市共有494户企业使用该软件进行网上纳税申报。认真开展土地使用税税源清查工作,共清缴税款1 220万元,全年土地使用税入库19 429万元,同比增长61.32%,增收7 385万元,增幅居全省第2位。加强分税种监控、分析和管理,共入库车船税2 381万元、房产税7 494万元、土地增值税1 882万元,分别比上年同期增长106.5%、29.9%、14.41%。加强涉外税收管理,入库涉外税收8 433万元,同比增长17.98%。此外,代征企业工会经费1 870万元、残疾人就业保障金540万元,并被省残联评为"代征工作先进单位"。

依法治税　本着"细化岗责,服务基层"的原则,将基层所税收执法责任统一细化分解到6个实际工作岗位中,层层签订执法责任书,促使基层执法人员切实增强工作责任心,避免操作失误。进一步完善执法责任制计算机自动考核体系,全市地税系统平均执法正确率为97.43%,较上年同期提高3个百分点;执法过错数由1月的2 785起减少到11月的255起。分解目标,明确责任,强化督导,狠抓落实,扎实开展依法行政示范单位创建工作,市地税局被评为全市"依法行政示范单位"。全面规范税务行政处罚裁量权工作,预先审核税务行政处罚案件31件。

税务稽查　先后开展金融保险、建筑安装、电力行业以及大型企业、垄断企业的税收专项检查,共查处违法案件115起,入库地方各税2 062万元。以"飓风追缴行动"为突破口,发挥税警职能作用,严厉打击涉税违法犯罪活动,立案侦查涉税案件26起,刑事拘留8人,已判刑6人,协助入库税款813万元。开展发票"双奖"活动和发票专项治理,查处非法出售及非法使用假发票76户,收缴假发票247本,查补税款及罚款76.1万元。

发票管理　强化发票管理,提高以票管税质量。认真落实财产保险业和银行代收费发票换版工作。扩大发票"双奖"范围,开通有奖定额发票防伪查询电话"16802366",提高消费者索取发票和举报发票违章行为的积极性。全市共印制"刮刮有奖"发票499.5万份,兑付奖金32.7万元。加强发票日常检查,全市日常检查用票户2 498户,其中有问题户数405户,查补入库税款及罚款35.2万元。开展发票专项治理,查处非法出售及非法使用假发票89户,收缴假发票423本,罚款42.4万元。

税收优惠　紧紧围绕全市经济社会发展大局,认真落实各项税收优惠政策,广泛进行宣传,从严督促检查,抓好贯彻落实,在支持新农村建设、鼓励企业自主创新、落实下岗职工再就业政策等方面,取得良好效果。共依法办理减免企业所得税200户232万元,减免营业税5户442万元,减免土地使用税2户19.6万元,减免车船使用税1户10.9万元;为1 285户下岗再就业人员减免税款268.05万元,较好地支持了地方经济发展。

科技兴税　在做好"河南省地方税收业务管理信息系统"日常运行维护工作的基础上,根据实际需要,认真做好所得税信息系统、发票管理信息系统、"12366"纳税服务热线、执法责任制考核等业务软件的监控、维护、升级工作,成功搭建"两税"信息比对应用平台,保障各项工作顺利开展。围绕中心工作,认真开展"税信通短信平台"的开发工作,并取得初步成效。成功上线网页防篡改软件,全方位、多层次的保护外部网站安全。加强网络使用管理,抓好病毒防治和查杀工作,确保数据线路畅通,网络安全稳定运行。联入公安监控网络,进一步提升信息安全防范体系。

税收宣传　认真组织开展第18个税收宣传月活动,取得良好效果。举办的"和谐税务杯"全国楹联大赛分别被国家税务总局评为2009年度税收宣传优秀项目、被省地税局评为优秀宣传项目一等奖,"诚信纳税、文明服务、互守承诺万人签名活动"被省地税局评为优秀宣传项目三等奖。全市地税系统在国家级媒体发稿80篇,在省部级媒体发稿198篇,在地市级媒体发稿175篇。认真落实《全市地税系统"五五"普法规划》,分别于5月16日和11月7日,举办两次全员法律知识考试,进一步提高干部队伍的法制意识。

纳税服务　积极开展"企业服务年"和"项目建设年"活动,密切征纳关系,提升服务水平。成功搭建"12366"纳税服务热线平台,并于10月28日实现与省地税局的接轨运行。用足、用好、用活税收优惠政策,引导农民工创业就业。加强政府信息公开网络平台建设,进一步深化文明办税"八公开"和"八项承诺",建立健全纳税咨询热点问题收集公布制度,树立服务型地税机关良好形象。

基层建设　认真贯彻落实全省地税基层所建设工作会议精神,先后召开4次专题会议进行部署,在深入调查研究的基础上,建立基层所基础数据库,确定规范所6个、修缮所26个、新建所13个。在此基础上,制定详细、具体的基层所建设实施方案,明确建设目标,规定建设时限。圆满完成渑池县地税局仰韶中心税务所、湖滨区地税局涧河中心税务所两个试点所的建设工作,并于7月1日组织召开基层所建设与管理现场会,省地税局领导对三门峡市地税系统基层所建设工作给予充分肯定。现场会后,市地税局严格建设标准,立足自身实际,克服困难,加快进度,全面铺开基层所建设。为推动整体工作,12月25日在义马召开专题会议,进行现场观摩,并对下步基层建设工作提出具体要求。至2009年底,已完成规范所建设5个、修缮所19个、新建所开工3个。

档案管理　与市档案局联合下发关于创建全市档案管理最佳系统的通知,进一步健全档案管理制度,完善档案基础设施,加强档案规范管理,提升档案信息化管理水平,档案规范化管理顺利通过验收。12月底,河南省档案局下发《关于2009年度机关档案工作规范化管理认证和创建档案管理最佳系统情况的通报》,三门峡市地税系统被认证为全市唯一的档案管理最佳系统,市地税局机关和所属的7个基层局档案规范化管理工作均被认证为省1级。

信息调研　完善地税信息工作管理考评办法,明确目标任务,努力提高信息层次和采用率,更好地服务领导决策,促进地税中心工作。全年通过网站编发《工作通报》25期,《地税动态》916条,上报信息被省地税局《地税动态》采用480条,被省地税局《工作通报》采用8期,被省政府办公厅信息刊物采用8条,采编信息的数量和质量均好于往年。2篇调研文章"新形势下调动地税干部队伍积极性的思考与建议"和"基层税务所建设的现状、问题及解决建议”分别被省地税局评为二等奖和三等奖。当年，市地税局被市委、市政府评为信息工作先进单位，并被省地税局评为税收调研、信息工作先进单位。

队伍建设　按照市委部署，圆满完成学习实践科学发展观活动学习调研、分析检查、整改落实3个阶段的工作任务，确保学习实践活动见成效、出亮点、有特色。通过学习实践活动，干部队伍的党性修养得到进一步锻炼，崇尚科学、共谋发展的积极主动性进一步增强。加强干部培训教育，制定2009年全员培训及考试活动方案，采取分期、分批开展集中培训及“每日一题”“每周一课”“每月一考”等多种形式，10月31日举办举行全员考试，通报表彰30名业务能手和4名优秀组织单位。利用长沙税务培训中心、福建税校等专业培训机构的师资优势，为99名科级干部举办封闭式培训，拓宽知识面。当年，全市地税系统共举办培训班29期，培训干部1 014人次，选派90人次参加省局举办的各类培训班11期。加强内部审计，先后委托中介机构对5个基层单位的基建项目进行审计，送审金额33万元，审减7.5万元，审减率22.7%。积极推进精神文明建设，荣获“全国精神文明建设工作先进单位”称号。4月10日，市地税局隆重举行“全国精神文明建设工作先进单位”揭牌仪式。以加强和改进地税系统作风建设为切入点，积极参与民主评议行风、群众满意的基层站所争创活动、机关作风效能评议活动，有4个基层单位被表彰为“河南省优质服务窗口”，1个基层窗口单位被推荐为省级“群众满意的基层站所”、7个基层窗口单位为市级“群众满意的基层站所”。

4月10日，市地税局举行“全国精神文明建设工作先进单位”揭牌仪式

【市地税局荣膺“2009年度河南省企业服务年活动先进单位”称号】　2009年，全市地税系统认真落实省政府“企业服务年”活动各项要求，制定实施方案，成立领导小组，细化工作责任目标，分解目标任务，扎实开展“企业服务年”活动，取得良好成效。一是强化组织领导。层层成立“企业服务年”活动领导小组，切实加强对活动的领导。市地税局班子成员建立分工联系点，深入各基层、深入重点企业进行督促检查，开展现场办公，彻底摸清、摸透企业生产经营情况。二是分解目标责任。制定下发《开展企业服务年活动意见》，将“企业服务年”活动目标任务分解到各科室，明确责任人和联络员，进一步明确责任，密切配合，稳步推进。三是广泛征求意见。下发并收回《企业服务年征求意见表》2 678份，走访纳税户323户，征求意见、建议352条，针对纳税人提出的问题，分门别类进行整理，明确整改责任科室，逐条予以解决。3月30日，邀请全市22户大型企业领导在市地税局机关进行面对面现场办公，想方设法为纳税人分忧解难。四是选好服务对象。结合实际，选好、选准对当地经济税收影响较大的107户重点企业和列入“项目建设年”计划的在建、续建重点工程项目，提供“一对一”个性化服务，提供个性化服务，努力为企业发展创造宽松的税收环境。五是明确服务重点。在征求意见的基础上，完善限时承诺服务、政策咨询服务，推行上门服务，落实减负服务，优化管理服务，全面提高服务质量和水平。六是强化督促指导。基层单位每月20日前向市地税局反馈活动开展情况，市地税局成立4个督导组，不定期深入基层检查指导。全年编发工作简报51期，刊发工作信息47条，及时通报“企业服务年”活动落实情况，交流经验。七是创新服务思路，丰富服务内容。各基层单位结合各自工作实际，明确重点服务行业与重点服务企业名单，开展丰富多样的纳税服务活动。如陕县地税局将所辖业户按照经济性质划分为9大行业，每月确定一个行业作为服务对象进行重点服务；市地税直属局的无限时服务和无缺位服务；湖滨区地税局的上门服务与多元化服务；卢氏县地税局的逆行下访制服务；灵宝市地税局开展的依托短信平台进行告知与提醒服务；义马市地税局的定期重点帮扶服务；开发区地税局开展的“服务宣讲团送税法”活动；渑池县地税局开展的联系服务、跟踪服务、互动服务、调研服务、提醒服务等系列服务活动，均收到良好效果。通过开展“企业服务年”活动，各级税务机关的服务意识明显增强，纳税人对税务机关的满意度明显提高，促进了组织收入中心工作任务的圆满完成。年底，市地税局被河南省人民政府授予“2009年度河南省企业服务年活动先进单位”称号。

【举行税收宣传月启动仪式暨万人签名活动】　4月1日，三门峡市地税系统第18个税收宣传月活动启动仪式在湖滨广场举行。在启动仪式上，地税干部代表郑重承诺，将进一步提升依法办税、优质服务、文明服务水平，为纳税人提供更加快捷、高效的服务。纳税人代表向广大纳税人发出了依法诚信纳税的倡议，与会全体地税干部及广大纳税人在“诚信纳税、文明服务、互守承诺”的大型横幅上进行万人签名活动。当天共散发宣传材料3 000余份，接受咨询400余人次。

【开展首期发票二次开奖活动】　为加强税收征管,强化"以票控税",充分调动广大消费者索取发票及查验发票的积极性。自2009年8月14日起,市地税局在市区范围内开展首期发票二次开奖活动。发票二次开奖是指消费者取得有奖发票后,可以参加"刮开式"即开即兑奖,如果未中奖或中奖而未兑奖的均可参加有奖发票二次开奖活动。本期发票二次开奖活动共设定771个奖项,奖金总额为25.2万元。消费者取得有奖定额发票后,在2010年1月10日前通过拨打声讯电话"16802366"或登陆三门峡信息港输入发票号码且查询结果为正规发票的均可以参加发票二次开奖活动。2010年1月下旬开奖。为了确保发票二次开奖活动顺利进行,市地税局在全市主流报纸和网络上发布活动公告和相关文章,进行广泛深入宣传。同时,公布发票举报电话,及时查处发票举报案件,严厉打击各类发票违法行为。活动开展期间,共接受有效参与活动发票记录3.9万份。全市营业税入库72 767万元,同比增长27.36%。其中,住宿餐饮业入库税收2 377万元,同比增长23%;查处假发票76户,查补税款76.1万元,发票违法违章现象得到有效遏制。

【非居民涉外税收管理成效显著】　当年,市地税局重点非居民涉外税收管理,成效显著。一是澄清涉外税源底数,强化税源基础管理,对65户外资企业进行年检,并为43户企业办理网上联合年检,年检参检率及通过率均达百分之百。二是密切部门配合,强化源泉控管。积极与外汇、公安、商务、工商、国税等部门沟通联系,取得部门支持,及时获取涉及非居民的费用支付、出入境、技术引进、提供劳务、股权转让等涉税信息,加强源泉控管,有效防止国际税收流失。2009年,全市非居民税收共入库347万元(其中非居民企业税收302万元、非居民个人税收45万元),同比增收285万元,增长460%。三是加强非居民承包工程和提供劳务税收管理。对市内重点工程项目,以及金融服务、法律咨询、审计等涉税劳务大项目进行非居民税收重点控管,对非居民个人实行"一人一档"登记管理和动态更新。2009年,对为郑西高速铁路工程提供技术咨询、监理服务的外籍专家实施重点监控,共征收其个人所得税45万元。四是加强非居民企业所得税源泉扣缴工作。落实扣缴登记和合同备案制度,辅导扣缴义务人及时准确扣缴应纳税款,建立管理台账和管理档案。共征收非居民企业预提所得税6.3万元,实现零突破。五是做好国家税务总局定点联系企业税收自查、复核工作。通过自查复核,全市所辖6户总局定点联系企业查补税款、滞纳金60.23万元,均已入库。

【"税信通短信平台"上线运行】　为推进信息管税,进一步优化纳税服务,12月16日,市地税局税信通短信平台正式上线运行。"税信通短信平台"主要用于批量扣税、税法宣传、会议通知等方面,共分为4大功能模块:一是为纳税人提供及时、友好纳税提醒服务。每月第1个工作日为纳税人提供纳税期限通知;针对例征期后没有办理纳税申报和缴纳税款等事宜的正常纳税人,例征期结束后第1天提醒其及时到税务机关办理相关纳税业务。二是根据各项业务需求不定期向纳税人发布有关税收政策、税法宣传、公告通知等信息,为纳税人提供方便、快捷的信息告知服务。三是短信互动,建立纳税人与税务部门之间的沟通平台。基层一线单位通过"税信通短信平台",根据具体工作需要给指定纳税人发送相关短信,及时将一些税务资讯告知纳税人;纳税人可将对税务部门的投诉、举报、意见建议、政策咨询等问题通过短信发送到"税信通短信平台"。四是向系统内部人员发送税务机关内部通知、廉政提醒等,实现内部信息有效沟通。经过一个月的试运行,共发送短信98 380条,不仅为纳税人提供方便、快捷的信息告知服务,也实现了内部信息的有效沟通。

【开展"七个一"活动】　根据国家税务总局的指导意见,当年,市地税局及时制定《三门峡市地税系统2009年税务文化建设实施方案》,对税务文化建设的指导思想、基本内涵、基本目标、主要内容进行进一步明确,并结合工作实际,推出加强税务文化建设"七个一"活动:培养一种团队精神,利用市地税局内网"税务文化"专栏,广泛开展"共铸地税精神,服务科学发展"大讨论活动,围绕树立和弘扬怎样的地税精神开展讨论,引导干部职工树立正确的工作理念、学习理念、行为理念和服务理念;开展一次读书活动,开展"好书伴我行"活动,引导地税干部每年读一本好书,写一篇好的读书心得;树立一批身边典型,深入开展"文明新风大家评"活动,大力宣传爱岗敬业、无私奉献的好人好事,用身边人、身边事教育和引导全系统树立热爱学习、依法行政、廉洁奉公、奋发向上的新风正气;组织一次全员考试,按照"注重综合素质、提升岗位技能、创新培训方式、实施全员培训、促进终身学习"的要求,分类、分层次进行全员培训,并于10月31日举行全员考试活动,以考促学,检验学习效果;开设一个税务讲坛,宗旨是传播知识,享受人生,选题范围包括文化、经济、税收等各个方面,由地税干部主讲,鼓励思想个性,强调雅俗共赏;开展一系列文体活动,组织开展羽毛球比赛、乒乓球比赛、钓鱼比赛、文艺会演和书法比赛等活动,鼓励干部职工积极参加,引导干部职工热爱生命、关爱健康,陶冶情操、丰富生活;建设一块税务文化阵地,在各分局(所)、办税服务厅建立税务文化宣传阵地,采取税企共建、部门联谊等形式,展示地税风采,与纳税人及社会各界加强沟通联系,实现税企和谐发展。

【三门峡市19家企业入选2008年度省地方税收纳税500强】　4月1日,2008年度河南省地方税收纳税500强出炉,三门峡市19家企业入选。其中义煤集团以纳税12 378万元列第29位,灵宝市金源矿业有限责任公司纳税12 010万元列第32位,灵宝黄金股份有限公司纳税9 363万元名列39位,灵宝黄金投资有限责任公司纳税5 128万元名列86位。　　(王建锋)

·编辑　李艺芬·

金融　保险　证券

7 月 30 日，全省银行业机构中小企业金融服务工作交流会在三门峡市召开

综 述

【概况】 2009年,三门峡市金融机构灵活贯彻适度宽松的货币政策,充分发挥金融在经济中的核心作用,优化信贷结构,深化金融改革,优化金融服务,银行业不良贷款“双降”工作成效显著,经营效益进一步提高,保险、证券业资产规模不断扩大,全市金融运行整体平稳,经济金融协调发展。

金融机构 三门峡市金融系统主要由中国人民银行派出机构、金融监管机构和银行业金融机构、保险机构、证券机构组成。中国人民银行的派出机构为中国人民银行三门峡市中心支行,金融监管机构为中国银行业监督管理委员会三门峡监管分局。有政策性银行1家:中国农业发展银行三门峡市分行(以下简称农发行三门峡市分行);国有商业银行5家:中国工商银行股份有限公司三门峡分行(以下简称工行三门峡分行)、中国农业银行三门峡市分行(以下简称农行三门峡市分行)、中国建设银行股份有限公司三门峡分行(以下简称建行三门峡分行)、中国银行股份有限公司三门峡分行(以下简称中行三门峡分行)、中国邮政储蓄银行三门峡市分行(以下简称邮储银行三门峡市分行);城市商业银行1家:三门峡市商业银行(以下简称市商业银行);河南省农村信用社联合社三门峡办公室(以下简称市农信社)以及5家县(市)级农村信用联社、1家农村商业银行:灵宝市农村信用联社、卢氏县农村信用联社、渑池县农村信用联社、陕县农村信用联社、义马市农村信用联社和三门峡湖滨农村商业银行。证券业金融机构2家:中原证券股份有限公司三门峡六峰路证券营业部和新时代证券三门峡营业部。保险业金融机构18家:中国人民财产保险股份有限公司三门峡市分公司(以下简称中国人保财险)、中国人寿保险股份有限公司三门峡分公司(以下简称中国人寿)、泰康人寿保险股份有限公司三门峡中心支公司(以下简称泰康人寿)、中国太平洋人寿保险股份有限公司三门峡分公司(以下简称太平洋人寿)、新华人寿保险股份有限公司郑州分公司三门峡营销服务部、太平人寿三门峡中心支公司(以下简称太平人寿)、天安财产保险股份有限公司三门峡中心支公司(以下简称天安财险)、中国平安财产保险股份有限公司三门峡中心支公司、永安财产保险股份有限公司河南分公司三门峡营销服务部、中国太平洋财险三门峡营销服务部、中华联合财产保险股份有限公司三门峡中心支公司(以下简称中华联合财险)、河南金诺保险代理有限公司三门峡分公司、河南中世瑞保险代理有限公司三门峡分公司、河南同安保险代理有限公司三门峡分公司、都邦保险公司三门峡中心支公司、安邦财产保险股份有限公司三门峡分公司、中国大地财产保险股份有限公司三门峡中心支公司、华安保险公司三门峡中心支公司。

金融运行 存贷款业务稳步增长。至年末,全市金融机构各项存款余额为508.91亿元,较年初增加87.06亿元,同比多增19.77亿元,存款增速20.64%;各项贷款余额264.28亿元,较年初增加49.85亿元,贷款增幅23.25%,考虑贷款剥离、核销因素后,贷款实际余额为275.27亿元,较年初增加60.84亿元,同比多增39.22亿元。从存款性质来看,企业活期存款、机关团体存款、储蓄存款分别较年初增加17.77亿元、4.21亿元、47.50亿元;从机构分布上看,新增贷款主要分布在工、农、中、建4大国有商业银行及农信社,分别较年初净增7.43亿元、8.10亿元、9.85亿元、4.32亿元、16.91亿元。

农业贷款大幅增加,金融支持“三农”成效显著。2009年末,全辖各机构农业贷款余额为47.55亿元,比年初增加6亿元,同比多增9.33亿元。金融对农业投入的持续增长,极大地促进了全市农业产业化的发展。消费贷款增速加快,内需拉动经济回升作用持续增强。至年末,全辖个人消费贷款余额为16.1亿元,比年初净增8.19亿元,同比多增4.96亿元。个人消费贷款占全年贷款增加额之比达16%,全省排名第1位。

各银行机构赢利能力有所分化。经济危机背景下,受辖内企业运行状况影响,辖区银行业机构经营效益分化明显。至2009年12月底,全市银行业金融机构利润总额0.76亿元,同比下降2.31亿元。

不良贷款“双降”工作成效显著。通过不断加大不良贷款清收处置、银行业拨备提取及核销力度,全辖金融机构不良贷款均呈下降趋势。至年末,辖内金融机构不良贷款较年初减少8.15亿元;不良率5.74%,较年初下降5.13个百分点。其中,下降幅度排名前4位的依次为工行、农行、中行、农信社,分别较年初下降23.17%、4.60%、4.51%、2.71%。

保险机构各项业务持续稳定增长,总体亏损有所减少。2009年,市财险公司、寿险公司、天安财险、太平洋人寿、泰康人寿、中华联合财险、太平人寿7家保险公司资产总额20.36亿元,同比增加3.08亿元,增长17.82%。保费总收入达到10.83亿元,同比增加0.58亿元,增长5.66%。赔款及给付支出3.28亿元,同比增加0.15亿元,增长4.79%。实现利润-0.74亿元,同比减亏0.06亿元。其中,寿险类公司赢利同比增加0.13亿元;财险类公司赢利同比减少0.07亿元。

证券机构各项业务触底反弹,赢利增强。2009年,证券市场在国家一系列政策刺激的背景下逐步回暖,证券交易量持续放大,各项收入大幅增长,证券机构运营正常。中原证券三门峡六峰路营业部和新时代证券三门峡营业部证券交易量546.29亿元,同比增长246.05亿元,同比增长81.95%;管理客户资产总值29.14亿元,同比增长14.25亿元,增长95.70%;其中客户保证金总额5.36亿元,同比增长2.42亿元,增长82.31%;实现利润0.94亿元,同比增长0.41亿元,增长77.36%。

【地方法人机构抗风险能力不断增强】 当年,市商业银行、三门峡湖滨农村商业银行不良贷款率始终保持在5%以下,农村信用社不良贷款率较年初降低12.29个百分点,贷款质量明显提高。地方法人金融机构资本充足率明显提高,其中辖区农村信用社提升较为明显,整体较年初提高4.91个百分点。各法人机构计提拨备自觉性继续增强,拨备覆盖率及贷款损失准备充足率均进一步提高,其中三门峡湖滨农村商业银行最为明显。改制后的三门峡商业银行赢利能力稳中有升。

【票据融资继续增加】 至年末，全辖票据融资余额43.41亿元，较年初增加19.96亿元，同比多增12.88亿元，增长85.12%，新增票据融资占新增贷款（包括贷款剥离、核销额）总量的32.81%。2009年度，全辖各金融机构票据业务累放额4 160.41亿元，累收额4 140.45亿元。（李勇智）

【永安财产保险股份有限公司三门峡中心支公司】 至2009年底，永安财产保险股份有限公司三门峡中心支公司（以下简称永安保险三门峡中支）开办的险种有：机动车辆保险（交强险、商业险）、企业财产保险、家庭财产保险、货物运输保险、人身意外伤害保险和各种责任保险等。上述险种中，占比较大的是机动车辆保险，占比90.1%；企业财产保险、家庭财产保险、意外伤害保险和货物运输保险及其他险种业务量较少，占比9.9%。永安保险三门峡中支在三门峡市共有4个营销机构：义马营销服务部、渑池营销服务部、灵宝营销服务部和湖滨营销服务部。当年，永安保险三门峡中支共实现保费收入1 793万元，与上年基本持平。其中：机动车险保费收入完成1 615.5万元，占总保费收入的90.1%；非车险保费收入完成177.5万元，占总保费收入的9.9%。本年度利润为－271万元。全年，公司共接到报案4 034起，同比减少10%，其中机车险报案3 872起、非车险报案162起。共支付赔款1 199.81万元，同比增加赔款42.82万元；满期赔付率66.63%。

（范钦佩）

【天安保险股份有限公司三门峡中心支公司】 至2009年底，天安保险股份有限公司三门峡中心支公司（以下简称天安保险三门峡中支）在三门峡市辖区内共有3个营销机构：崤山营销服务部、灵宝营销服务部、渑池营销服务部。当年，天安保险三门峡中支共实现保费收入828万元，完成计划任务的63.69%，较上年同期下降17.18%。当年，已决案件1 604起，已决赔款515万元；未决案件360起，未决赔款130万元。综合赔付率为58.75%。其中：交强险已决案件458起，已决赔款160万元；未决案件150起，未决赔款25万元。（王明杰）

中国人民银行三门峡市中心支行

【概况】 中国人民银行三门峡市中心支行（以下简称人行三门峡市中支）是中国人民银行的派出机构。根据中国人民银行的授权，主要履行贯彻执行货币政策、维护金融稳定和提供金融服务三大职责。至2009年末，人行三门峡市中支机关内设16个科室，下辖5个县（市）支行，共有职工281人。当年，人行三门峡市中支高效履行基层央行职责，科学贯彻货币政策，严格规范内部管理，健全多方协作机制，强化党建保障作用，营造和谐工作环境，实现了基础工作稳步推进，重点工作成效明显，行风行貌焕然一新。

【科学贯彻适度宽松货币政策】 根据"保增长、扩内需、调结构、保民生"的宏观调控要求，人行三门峡市中支强化与三门峡市银监分局的金融协作，加强与政府及相关部门的交流协作，积极搭建政银企协作平台，探索灵宝市农村金融产品和服务方式创新试点工作，指导金融机构结合三门峡实际，丰富信贷产品，创新服务方式。通过举办政府答谢会、银企座谈会、项目座谈会、金融生态环境推进会、中小企业金融服务暨信贷产品推介会等，拉近政府与各级金融机构的关系；加强金融与政府经济部门间的政策配合；增进金融与企业等经济主体相互间的了解与合作；实现积极的财政政策、适度宽松的货币政策、科学发展的产业政策的有机结合，提高货币政策执行效果，为地方经济复苏和金融发展提供了强力支持和发展动力。截至12月末，全市各项贷款余额为264.3亿元，实际新增贷款60.84亿元，新增额是2008年的2.8倍，增速及增长额均创历史同期最高水平。

【着力维护金融稳定】 为有效抵御金融危机冲击，人行三门峡市中支健全监管协作机制，加强分析监测，确保辖区金融稳定有序。充分发挥黄河金三角金融协作机制作用，加强跨区域信息交流。加强金融风险的监测预警，建立全市法人金融机构监测数据库，实施金融风险监测双周报制度。积极开展金融机构风险提示工作，对因货币政策、经济政策或产业政策调整可能引发影响金融稳定的风险，金融经营中潜在的风险隐患，及时向金融机构提示风险。依据《河南省银行业法人金融机构风险监测预警办法（试行）》，重点加强农信社、城市商业银行等地方法人银行业金融机构的风险监测。5月，河南省金融稳定风险监测预警工作座谈会在三门峡市召开，交流了人行三门峡市中支的工作经验。2009年，全市金融运行呈现又好又快的态势，金融机构头寸充裕，应对流动性风险的能力不断提高。

【金融服务水平不断提高】 为高效履行金融服务职能，人行三门峡市中支坚持规范与创新并重，在夯实安全运行基础、金融服务创新上做了大量卓有成效的工作，金融服务水平不断提高。集中开展内控管理大检查，对全辖县支行及机关6个部门进行全面的安全检查。扎实推进学习制度落实制度活动，共梳理完善公共制度210项，修订完善计算机保密管理实施细则、涉密移动存储介质管理实施细则等制度16项，通过举办培训班、专题讲座、召开现场会、经验交流会、座谈会、推广遵章守纪先进典型、借助内联网建立电子制度资料库等多种形式，强化制度学习，强化履职问责。针对暴露出来的基础不实、有章不循等各类问题，启动履职问责程序，共涉及责任人286人次，免予问责67人次，批评教育213人次，书面检查4人次，戒勉谈话2人。为全面提高金融服务水平，各部门通过业务创新，解决工作难题，提高服务效率。农村金融创新产品、银税库3方协作、发行库长级达标、征信工作、非现金支付工具运用、科技管理、电子对账系统功能拓展等项工作，均得到人行郑州中支的肯定。

【积极创建"三无"安全行】 当年，人行三门峡市中支不断深化"三个体系"建设，改进工作反馈机制，灵活采取书面、短信、传真、电子邮件等形式反馈各项工作进展情况，便于行领导掌握进度、督促指导工作。继续把调研信息工作作为全行重点工作之一，修订意见，健全制度，严格考核，调研信息工作始终在全省保持领先位次。强化机要保密和应急管理，推广使用天珣内联网安全审计信息管理系统，加强对移动存储介质和管理。年底，人行三门峡市中支被评为济南分行机要保密先进单位、三门峡市保密工作先进单位。修订完善应急预案，组织开展支付清算系统、国库会计核算系统、IT系统、金融机构突发事件、发行基金调运等各项应急演练，确保各业务系统安全正常运转，提高了应急处置能力。

【加强外汇管理】 2009年，外汇局三门峡市中心支局以"保增长、防风险、促平衡"为宗旨，全面践行科学发展观，强化外汇资金监测，规范外汇市场秩序，深化调研成果，全力服务三门峡市"项目建设年"活动，积极开展了旨在全力支持帮助企业应对国际金融危机的"暖风行动"，有力促进了三门峡市涉外经济的健康发展，被三门峡市委、市政府表彰为"对外开放工作先进单位"。

全面加强跨境资金流动监督管理，强化监测核查，提高申报统计数据质量。2009年，三门峡市全辖国际收支统计间接申报共计3 044笔，申报金额23 529万美元，收支申报率均为100%，实现国际收支申报业务的全年"零差错"。组织全市各外汇指定银行相关岗位人员参加国际收支业务培训2次，外汇金宏系统全面上线培训1次，累计参训20人，确保了外汇金宏系统的顺利上线。加强信息调研工作，全年编发简报48期，共被上级采用35篇，其中总局采用1篇，获河南省人行系统重点课题三等奖1篇。

加强贸易进出口核销管理，大力支持进出口企业发展。全年共发放核销单1 627份，办理出口收汇核销1 370笔，核销金额7 438万美元，核销率为99.3%；办理退汇业务8笔，金额395.3万美元；办理进口付汇36笔，金额2 121万美元，核销笔数38笔，金额1 678万美元；异地付汇备案8笔，核准金额4 135.9万美元。顺利完成对全辖涉汇企业"贸易收付汇核查系统开户及档案清理"工作，设置录入企业70家。组织开展三门峡市外汇政策调整通报暨IC卡年检工作会议，完成45家企业的进出口IC卡年检。制定《服务贸易及收益和经常转移外汇收支非现场监管工作制度》(暂行)，加强服务贸易非现场监管工作。

加强资本项目业务日常监管，严格外债管理，规范债权债务项下的资金流动。2009年，共办理外商投资企业外汇登记5家，外商直接投资出资9 630.85万美元，其中：新设企业实际出资3笔，货币资金金额3 079万美元；出具询证回函11笔，金额9 630.85万美元；外汇登记变更3笔；核准开立资本金、外债账户和境外上市股票专用账户6个。外债签约登记1笔，金额50万美元。核准外债转贷款还款、外债还本付息55笔，金额8 093万美元。三门峡天元铝业股份有限公司在香港增发股票募集调回资金1 301万美元。截至12月末，全市国内外汇贷款余额479万美元，全年没有新发生业务。境外投资资金来源审查1笔，出资150万美元，核准人民币资金异地购汇1 257万美元。高效完成全市外商投资企业2009年度联合年检与外汇年检工作，完成年检企业46家，两项年检通过率均达到100%。当年，外汇局三门峡市支局被省外汇局、省商务厅表彰为外资年检工作先进单位。　　(李勇智)

中国银行业监督管理委员会三门峡监管分局

【概况】 2009年，中国银行业监督管理委员会三门峡监管分局(以下简称三门峡银监分局)认真贯彻执行"有保有压"政策，采取措施，有效监管，积极引导，严防风险，努力实现"保增长、防风险、调结构"的监管要求，有力地支持了全市地方经济又好又快发展。至12月底，辖内银行业机构各项存款余额494.69亿元；各项贷款余额264.91亿元；不良贷款余额26.52亿元；全辖银行业机构实现账面赢利0.47亿元。

支持地方经济有作为。当年，三门峡银监分局紧紧围绕省委、省政府和市委、市政府提出的"企业服务年"和"项目建设年"活动主题，认真组织开展各项工作，引导辖内银行业金融机构合理信贷投放，加大支持地方经济发展力度。迅速成立"项目建设年"活动领导小组，明确主管部门，具体负责督促"项目建设年"及战略合作协议贷款落实工作，确保组织到位、督促到位、落实到位；建立重点项目信贷支持统计制度和专人联络机制，定期统计，确保实时掌握辖内银行业机构支持重点项目建设的进度；加强与统计局、发改委、商务局等部门沟通联络，搜集汇总三门峡市在建、新建及招商引资重点项目280个，向银行业机构进行通报，协调督促其履约支持重点项目；定期召开监管通报会，掌握各行履约的具体情况以及通报项目信贷支持进度，并针对年初各国有商业银行河南分行同市政府签订的战略合作协议落实情况开展调研，及时向政府报告战略合作协议落实的进度以及在落实过程中存在的主要问题，提高信息透明度，确保各方信息畅通；针对经济运行中面临的严峻形势，提出7条建议，引导各银行机构积极贯彻落实"保增长、扩内需、调结构"政策措施，积极与市政府签订贷款意向协议，为各银行机构快速发展奠定基础；准确把握和实施"区别对待、有保有压"的政策，重点扶持、大力支持那些符合产业政策、已列入国家发改委发展规划且有紧迫融资需求的项目，以及符合市场定位，有利国计民生的行业、企业特别是地方中小企业和民营经济；引导、鼓励辖内银行机构降低贷款门槛，简化贷款手续，降低贷款成本，提高工作效率，不断满足"三农"金融服务需求，有效促进涉农小企业特别是农业龙头企业的金融服务工作。

内控管理有提高。创新绩效考核办法，编制"工作手册"内部管理部分，划清职责界线，明确工作程序，清晰工作标准，调动各部门和全体工作人员积极性和创造力。加大监管检查制度，在监管办事处资源整合的基础上，加强行业监管，强化监管职责，加强行业沟通，加大通报力度，辖区银行机构的监管、检查力度不断加大。完善考核操作规程，出台《三门峡银监分局银行业机构履职行为监管考核暂行办法》，细化对高级管理人员任职资格考试、考查和年度考核以及履职行为的积分考核要求，不断加强银行机构高级管理人员在内部控制、管理水平和合规经营等方面的

5月25日，三门峡市召开农村中小金融机构改革发展暨监管工作会议

监管力度。建立监管协作机制，有效建立银行监管协作机制，实现监管信息资源共享、互通有无的工作机制。

文化建设有重点。重新制定文明单位创建规划，明确创建目标，丰富创建内容，分解创建任务，将文明单位创建与监管工作有机结合起来，达到相互促进、相互提高。以打造坚强班子和提高领导水平为核心，以提高监管能力和监管有效性为目标，通过实践活动"回头看"、召开民主生活会等措施，狠抓"六力（凝聚力、战斗力、创新力、执行力、公信力、免疫力）"的提高，促进领导班子建设；通过加强作风建设、强化素质、知识培训等手段，加强干部队伍建设；通过民主测评、做好党员教育，加强基层党的建设；通过加强道德教育和世界观、人生观、价值观的正确引导，加强全员党风廉政建设，进一步提高凝聚力和向心力。在2009年河南银监系统评比中，三门峡银监分局获年度考核第1名，领导班子获"优秀领导班子"称号。

【创新小企业金融服务工作】 当年，三门峡银监分局以"强化督导促完善机制，搭建网络促有效对接，优化环境促银企共赢"为目标，创新小企业金融服务工作，全力破解中小企业融资难题。积极探索银企对接的长效机制，成功举办首届"三门峡中小企业金融服务论坛"，并依托互联网技术，充分发挥自身优势，积极利用社会资源，创造性地建立全省首家"中小企业金融服务网"，使银企之间实现全天候无缝对接，加快银行机构和小企业的沟通合作。自5月22日"三门峡中小企业金融服务网"（http://www.smxjr.com）正式启用后，在银企对接方面的效果十分明显。至2009年末，该网已注册会员企业1 800户，申请贷款256笔金额13亿元，已落实贷款6亿元。方便、快捷、实用的银企对接模式赢得各方的一致好评，《金融时报》和"新浪·河南"等新闻媒体进行专题报道，全省银行业中小企业金融服务工作促进会在三门峡市进行现场观摩，省内外多个地市纷纷到三门峡银监分局进行经验交流。

【创新信用环境建设】 为更好地巩固在信用环境建设方面取得的成果，将信用环境建设向纵深推进，当年，三门峡银监分局积极推进以"诚信为本、合作共赢"为核心的信用环境建设，三门峡信用环境建设工程开始向县（市）、乡（镇）、村延伸。各县（市）区先后召开信用环境建设工作会议，实施信用环境建设意见和措施，为银行业稳健经营创造良好的外部环境，取得较好成效。督导农村信用社发挥农村金融服务主力军作用，在县域和农村地区积极开展各种诚信建设活动，进一步提高农村地区中小企业和居民诚信意识。湖滨区在市区城乡结合部悬挂宣传横幅21条，张贴宣传画30张，散发宣传手册2 000余份，现场解答群众提问1 000余人次，有效提高当地企业和居民的诚实守信意识，优化了社会信用环境。

【监管工作卓有成效】 当年，三门峡银监分局的银行业监管工作卓有成效。一是城乡信用社改革顺利。认真做好法人治理完善、置换资产处置、贷款集中度压降等工作，使城市商业银行、湖滨区农村商业银行顺利挂牌开业；其他县市联社有关改革发展工作正在实施中。二是不良贷款呈"双降"趋势。加大对银行业机构信贷资产质量的监测力度，督促银行业机构进一步加大不良贷款清收盘活和呆账核销工作力度，实现不良贷款余额、占比双下降。三是案件防控力度不断提高。在辖区银行业机构集中开展案件风险重点排查，加强规章制度落实和员工教育培训，进一步提高风险管控水平，有效实现全年"七无"目标。

【全省银行业机构中小企业金融服务工作交流会在三门峡市召开】 7月30日，全省银行业机构中小企业金融服务工作交流会在三门峡市召开，来自省会的17家银行业机构及三门峡市各家商业银行的近百名代表参加会议。省银监局副局长程康宁主持会议，市委书记李文慧到会祝贺。程康宁在讲话中指出，三门峡市委、市政府在全省率先出台开展信用环境建设意见，三门峡银监分局率先在全省建立健全中小企业金融服务考核机制，率先成立中小企业金融服务网络，始终站在服务地方经济社会发展的角度去思考和解决问题，在服务中小企业方面为其他地方提供了有益的借鉴。当天下午，各家金融机构负责人还实地考察了鹏飞电子有限公司、中测量仪有限公司和恒生科技有限公司，并观摩了"三门峡中小企业金融服务网"的运行模式。 （范文生）

中国农业发展银行三门峡市分行

【概况】 中国农业发展银行三门峡市分行（以下简称农发行三门峡市分行）辖陕县、灵宝、卢氏、渑池、义马5个县（市）支行和1个营业部，是三门峡区域唯一的国家政策性金融机构。其主要任务是：按照国家的法律、法规和方针、政策,以国家信用为基础,筹集农业政策性信贷资金,承担国家规定的农业政策性金融业务,代理财政性支农资金的拨付,为农业和农村经济发展服务。主要信贷业务是发放和管理粮棉油储备、调控、收购、调销贷款及化肥等商业储备贷款;农业科技及小企业贷款;农业产业化龙头企业贷款;农村基础设施建设、农业综合开发、农村流通体系建设贷款及县域城镇建设贷款等,贷款范围已覆盖农林牧副渔各领域。同时,办理企业存款、结算等业务。

2009年,农发行三门峡市分行以服务地方经济发展为己任,紧紧围绕市委、市政府经济发展思路,大力支持三门峡经济和社会发展,积极拓宽业务领域,全力支持产业集聚区基础设施项目实施,政策性职能有效发挥,商业性业务平稳发展,贷款结构不断优化,经营效益大幅提升,基础管理进一步强化,综合经营绩效考核排名跃居全省第3位,得到上级行及地方政府的充分肯定。尤其是保持信贷资产高质量和不良贷款零目标,进入农发行系统贷款质量先进行行列,受到省分行的表彰嘉奖;合规经营专题教育活动、基础管理、财政补贴收息、内部审计、非经营性贷款项目营销等工作,引起上级行领导的高度重视,有关经验材料被上级行交流推广;贷款质量、财会管理、安全保卫、党风廉政建设等6项工作均被评为先进;财会技能比赛获省分行团体赛第1名,并在全省金融系统防范技能比武取得优异成绩;信贷支持果汁加工、养殖业、科技改造、基础设施建设等方面取得显著成效,为三门峡农业经济发展作出了突出贡献。

【全力支持粮食收储】 2009年,农发行三门峡市分行严格执行国家粮棉调控政策和总分行信贷政策,尽力支持储备粮油增储和调控粮收购,确保资金及时足额到位。全年累计发放粮棉油收购及储备等政策性和准政策性贷款27 360万元,支持储备粮油增储和调控粮收购14 866万千克。一是积极支持中储、地储粮的增储、轮换工作。及时发放储备粮轮换贷款,确保国家粮食轮换计划的实施。二是及早动手,充分准备,确保夏粮收购工作顺利进行。对粮食企业资格认定、信用等级评定、仓容准备、粮源落实等情况及早安排,明确责任分工,加强督促检查,及时解决问题,使工作效率和服务水平进一步提高。全年发放夏粮收购贷款近2亿元,粮食收储量是上年的3倍多,呈现超预期增长的局面。三是积极支持调控粮拍卖出库工作,确保资金供应。四是积极参与全国粮食清仓查库,确保粮食库存账实相符、质量达标、无挤占挪用信贷资金问题。

【商业性信贷业务有效发展】 至2009年底,农发行三门峡市分行各项贷款余额比年初增加14 721万元。全年共向上级行申报商业性贷款项目10个,金额15.1亿元,申报额度同比增幅265%,再创历史新高。一是突出支持重点。成功营销三门峡产业集聚区等3个非经营性贷款项目,上报贷款额度9亿元,年底前全部得到上级行批复,并发放贷款1.2亿元。这些项目的审批,使农发行三门峡市分行在支持农村基础设施建设和农业综合开发方面取得重大突破,为该行长期可持续发展奠定坚实基础。二是巩固扶持好老客户。对多家客户进行续贷和增贷;对经营有暂时性困难的企业进行信贷规模适度压缩;对经营管理不善、信贷风险较大的客户,启动退出机制。三是主动搜集信息,积极充实项目库储备,为下年营销奠定良好基础。

【强化信贷管理】 当年,农发行三门峡市分行进一步加大防控和化解信贷风险力度,从贷前、贷中、贷后3个环节狠抓制度落实,不断强化信贷基础管理,确保信贷资产高质量和不良贷款零目标。一是完善客户经理管理办法,通过整合细化考核内容、加大奖励力度等措施,进一步完善客户经理责、权、利相结合的激励约束机制;二是积极推行客户经理尽职记录,通过专题培训和文本展评,强化贷款尽职管理,规范信贷业务操作;三是加大贷后管理力度,对有贷款余额的企业进行贷款全过程检查,并提出有针对性的意见或建议,及时将发现问题及风险点通告相关开户行,督促其限期整改到位;四是制定下发贷款风险防控意见,进一步规范管理流程,严格落实风险管理相关制度,不断强化信贷及风险管理;五是加强贷审委建设,在充实人员、强化责任、教育培训的同时,组织贷审委成员到13家商业性贷款客户实地调研,在了解掌握企业经营状况和风险点的基础上,提出贷款管理方面的意见建议,收效良好。当年,农发行总行北京特派办审计组对农发行三门峡市分行的各项信贷制度执行情况给予高度评价。

【存款和中间业务收入持续增长】 2009年初,农发行三门峡市分行制定《关于进一步加强存款组织和中间业务收入的工作意见》,提出保证开户企业存款不流失、结交同业存款新伙伴的存款工作思路,并相应加大超额奖励力度,充分调动全行及员工的积极性;把突破口选择在做大做强同业存款业务上,积极主动与有关金融机构联系,成功营销同业存款8亿元。年底,全行各项存款余额较年初增加58 530万元,完成全年任务的105.68%。在中间业务收入方面,坚持以保险代理业务为重点,在确保合规经营的前提下,创新保险代理业务的途径和方法,增加保险险种,不断改进服务,提高企业自觉入保的积极性,超额完成中间业务收入任务。

【赢利水平大幅提高】 当年,农发行三门峡市分行坚持不懈地开展增收节支活动,加大收息力度,严格控制费用开支,赢利水平大幅提高。全年赢利超任务2 438万元,完成全年任务的298%。一是加强对企业基本账户、粮食风险基金等财政补贴资金账户的跟踪监测,确保各项财政补贴资金的足额收息,全年从地方财政拨补中收回贷款利息占当年各级地方财政应拨付利息的139%,有力地促进了各项经营目标的圆满完成。二是对新发放的商业性贷款加强账户管理,确保及时足额收息,使商业性贷款利息收回率保持100%。贷款利息总收回率达108.74%,较上年同期上升6.33个百分点。三是不断调整和优化费用支出结构,在降低成本支出上狠下工夫。加强经营管理中各环节的成本控制,按照控制总量、优化结构的要求,把有限的费用资源用在保障和促进业务发展上。严格控制和减少各项固定费用支出,降低成本,切实提高财务资源的使用效率。

【狠抓基础管理】 当年,农发行三门峡

市分行狠抓基础管理，不断提升工作质量。从落实基本制度、强化基础管理入手，出台《关于对基础管理实行考核的通知》和考核明细表，明确各专业基础管理考核的内容、方式、扣分标准、奖惩措施等，将各专业基本制度细化、量化到岗位，逐专业落实考核项目。成立基础管理领导小组及办公室，根据专业特点确定考核形式，坚持按月、按季定期考核和通报，年底按考核结果兑现所辖行部分奖金。进一步完善对县支行的绩效考核办法，将基础管理纳入综合绩效目标进行考核，在经营目标中占20分，并与员工岗位绩效考核内容挂钩兑现奖惩。一系列科学合理的工作措施，使基础管理责任分工明晰化、考核内容具体化、检查监督常态化、奖惩兑现严谨化，各项工作质量进一步提高，员工合规经营观念不断强化，在上级各类检查中，均未发现大的问题，得到上级各检查组的充分肯定和一致认可。

（刘新宝）

河南省农村信用社联合社三门峡市办公室

【概况】 2009年，河南省农村信用社联合社三门峡市办公室（以下简称市农信办）充分发挥管理、指导、协调、服务职能，指导辖内农村信用社牢牢树立服务“三农”宗旨，积极开展全员营销工作，不断改进金融服务，持续加大资金投放力度，在支持社会主义新农村建设、中小企业度过金融危机、下岗职工再就业以及个体工商户发展方面发挥积极作用，有力地促进了区域经济的持续快速稳健发展。至年底，市农信办内设综合科、业务科、稽核科3个科室和信息科技中心、银行卡中心、审计监督中心3个中心，下辖1个农村商业银行、5个县（市）农信联社、179个营业机构，共有员工2 152人。

至年底，全市农村信用社各项存款余额达112.6亿元，较年初净增18.9亿元；各项贷款余额达84.24亿元，较年初净增16.9亿元；实现经营利润2.5亿元。当年，三门峡市农信办被河南省人力资源和社会保障厅、省公安厅和河南银监局联合表彰为“河南省金融安全保卫工作先进单位”。

加强行风建设，开展民主评议政风行风和群众满意的基层站所评选活动。《三门峡日报》二版头题曾两次刊发市农信社支持中小企业、支持地方经济的主要成绩，三门峡电视台、公共频道、电台分别对市农信社开设“贷款服务中心”、推行阳光办贷、服务社会的主要成绩进行宣传肯定，提高了社会各界及公众对农信社的认可度。在三门峡市行风评议中，农信社在服务业排名第2位，在金融业排名第1位。市农信办被省联社授予“先进党支部”，6家县级行（社）中，有5家被省联社评为综合考核先进单位。卢氏联社杜关信用社、湖滨农商行崤山支行和渑池联社陈村信用社被河南省政府纠风办评为“群众满意的基层站所”。

企业文化建设不断加强，文体活动丰富多彩。与市委宣传部、市电视台联合举办“辉煌农信”元宵节电视文艺晚会；国庆节前夕，筛选优秀节目参加全省农信社庆祝新中国成立60周年文艺会演，并荣摘4奖。市农信办和湖滨区农村信用联社先后组织200余名员工，开展为期3天的户外拓展训练，使员工强健体魄，锤炼意志。选派56名选手，首次组团参加三门峡市第6届运动会，即获3金、4银、5铜及8个单项奖，在市直组参赛的47个代表团中脱颖而出，一举夺得总分第5名、团体第6名的好成绩，向全市人民展现了农信社员工勇于拼搏、永争第一的良好作风，体现了农信社员工积极健康的精神风貌和融洽奋进的团队精神。

【支持地方经济发展力度持续加大】 2009年，全市农信社紧紧围绕“扩内需、保增长、调结构、保民生、保稳定”的工作大局，坚持以科学发展观为指导，贯彻落实适度宽松的货币政策，积极开展全员营销贷款活动，不断加大信贷有效投放，加强金融产品和服务方式创新，加大对基础农业、特色农业、农业产业聚集区建设、农民专业合作社及重点项目和龙头企业的信贷支持力度，全力支持“企业服务年”和“项目建设年”活动。年底，全市农信社农业贷款余额达54.4亿元，较年初增加5亿元，占全市银行业金融机构农业贷款总额的97.7%。其中：发放果品及经济林贷款6 422万元、食用菌贷款8 336万元、烟叶贷款6 756万元、畜牧贷款7 447万元、蔬菜贷款8 651万元、中药材贷款346万元、桑蚕贷款293万元，重点支持了市委、市政府确定的豫西优势林果等6大特色农业产业区的发展。分别为309个市县两级优质项目入库发放贷款14.1亿元，涉及农产品加工、建筑业、服务业、化工业、制造业等行业。支持重点企业295个，贷款余额10.8亿元，为重点服务企业签发承兑2.4亿元，提供26次培训，培训人数达558人；支持重点项目37个，贷款余额4.2亿元；支持支农示范带动户3 026户，贷款余额1.6亿元。及时投放贷款4 000余万元，帮助农民抗击旱灾。为农户办理“一本通”存折，及时将1.4亿元粮食直补资金发放到全市74个乡（镇）38万余农户手中，确保各项惠农补贴及时发放到位。

【开展全员营销贷款活动】 针对全市农信社出现的资金流动性过剩的实际问题，市农信办经过充分调查，酝酿论证，从5月开始，在全市农信社组织实施全员营销小额贷款工作，号召全市农信社所有符合条件的员工按照规定的贷款程序，向符合农信社贷款支持区域、对象、方式和用途的城乡居民和个体工商户，营销城乡居民流动资金贷款、住房贷款、消费贷款和个体工商户流动资金贷款。年底，全市农信社有1 247名员工营销贷款3 818笔，4.09亿元。通过开展全员营销贷款工作，不仅提高了资金使用效率，而且实现了经营理念和服务方式的“两个转变”：即信贷服务由“坐门等客”转变为主动营销，发放贷款由少数人的权力转变为多数人的责任。

【赢利和抗风险能力显著增强】 当年，全市农信社坚持以效益为中心的经营理念，在防范风险的前提下，走资产多元化经营路子，赢利能力和抗风险能力显著增强。当年，全市农信社共实现各项收入8.6亿元，总支出7.8亿元，收支轧差后实现账面利润0.8亿元，剔除增提拨备及消化历史包袱等因素后，实现经营利润2.5亿元，人均利润达到

12.8 万元。当年,增提拨备 2.05 亿元,消化历史包袱 1 421 万元,亏损挂账已全部消化完毕,资本充足率由年初的 7.84% 提高到 10.49%。累计办理票据贴现业务 4 061 亿元,实现贴现利息收入 2.2 亿元,持债总额达 30.1 亿元,较年初增加 7.8 亿元;实现收入 1.38 亿元,较上年同期增加 5 805 万元;实现中间业务收入 871 万元,较上年同期增加 232 万元。

【推行会计出纳达标升级管理】 当年,市农信办在全市各级农信社推行会计出纳达标升级管理工作,对重要空白凭证、印章管理等 20 余项内容进行量化,提高基层财务管理水平。经过层层检查验收,至年底,全市农信系统共有 2 家联社达到 2 级标准,4 家联社达到 3 级标准,38 个营业机构达到 1 级标准。市农信办的先进管理经验在全省农信系统进行交流。

【深化改革取得突破】 当年,市农信办不断深化经营体制改革,取得突破。加快薪酬改革步伐,激发经营活力;加快人事制度改革步伐,进一步完善县级行社法人治理结构;完成养老统筹移交工作,保障单位和职工利益。加快县级联社股份制改革步伐,首家农村商业银行——三门峡湖滨农村商业银行顺利开业,渑池、陕县、卢氏 3 家县级联社各项指标全部达到组建农村商业银行指标要求,义马、灵宝2家县级联社组建农村商业银行工作正在按计划、按步骤,有条不紊地向前推进。

【金融产品不断丰富】 全市农信社进一步加大金融产品和服务方式创新力度,开展贷款担保模式、创业贷款模式和金融服务模式的创新,并在经营理念、经营策略、贷款品种、贷款手续简化、贷款担保形式、贷款利率定价、贷款风险联防、金融服务质效提升方面,有较大创新,至年底,共推出信贷创新产品 20 余项,实现了产品种类多样化、服务对象多元化,进一步提高了农村金融服务的覆盖率。

【科技信息建设步伐加快】 当年,市农信办不断推进综合业务管理系统升级,科技信息建设步伐加快。完成信贷管理系统、风险预警系统、短信服务平台、财税库银系统、支付清算辅助系统的建设与推广应用;推广指纹认证系统上线,启动电子商业汇票交易系统的论证、立项工作;开发网上公文审签系统、柜员签退实时监控系统、网络短信监测系统和业务报表系统;引进基于“数据大集中”模式的新的前端柜面系统“柜面清”;优化金燕卡受理环境,开展刷卡竞赛活动,加大宣传力度,推介金燕卡的优惠便利政策,加快 POS 和 ATM 机具的布放进度。年底,全市农信社金燕卡存量 19.6 万张,布放 POS 机具 246 台、ATM 机 23 台,实现了现代化、信息化、科学化的金融服务。

【三门峡市首家农村商业银行揭牌开业】 12 月 22 日,根据河南银监局关于核准三门峡湖滨农村商业银行股份有限公司开业的批复(豫银监复〔2009〕539 号),原三门峡市湖滨区农村信用合作联社变更为三门峡湖滨农村商业银行股份有限公司,下属的三门峡市湖滨区农村信用合作联社崖底信用社等 20 个农村信用社(分社)相应变更为三门峡湖滨农村商业银行股份有限公司崖底支行(分理处)等。其经营范围:吸收公众存款;发放贷款;办理国内结算;办理票据贴现;代理其他银行的金融业务,代理发行、代理兑付、承销政府债券和政策性金融债券;买卖政府债券、金融债券;从事同业拆借;从事银行卡(借记卡);代理收付款项及代理保险;提供保管箱服务;经银行业监督管理机构批准的其他业务。12 月 24 日上午,三门峡湖滨农村商业银行股份有限公司(以下简称湖滨商业银行)正式揭牌开业。湖滨农村商业银行的挂牌开业,结束了三门峡市农村商业银行的市场空白,开创了三门峡市农信社股份制改革的先河,对促进地方经济社会快速发展将产生积极而深远的影响。至年底,湖滨农村商业银行共有员工 259 人,下设 1 个营业部、9 个支行、11 个分理处,总行机关设有 12 个职能部门。至 2009 年 12 月底,全行实现利润 9 013 万元,各项存款余额达 14.7 亿元,各项贷款余额达 10.9 亿元,资本充足率达 15.72%。

(孟金红)

12 月 24 日,三门峡湖滨农村商业银行股份有限公司举行开业庆典

三门峡市商业银行

【概况】 2009 年,三门峡市城市信用社顺利组建为三门峡市商业银行,并于 4 月 29 日正式挂牌开业。组建后的商业银行,更加突出“市民银行”市场定位,充分发挥地方金融机构的区位优势,积极为中小企业服务,为市民生活提供便捷服务。

三门峡市商业银行成立后,以“快速转换机制、快速强身健体、快速取得良好效益”为目的,在符合现代商业银行公司治理和监管要求的基础上,结合自身发展阶段和组织实际情况，设计组织管理架构，实现组织管理模式与战略经营模式的统一，实现规范化、制度化的有序发展。根据公司治理和现代金融企业制度要求，三门峡市商业银行重新定性为股份制公司，实现对人、财、物的真正公司化管理；在防范风险的前提下，重新设置商业银行内设机构，重新划分职责；向社会公开招聘50名大学生及5名管理人员，补充新鲜血液，初步改善人员思想老化、观念滞后的老问题，达到“引智”效果；进一步深化干部人事制度改革，打破用人界限，拓宽用人渠道，创造一个“能者上、平者让、庸者下”的良好用人机制和以效益为目标的经营激励机制。

改制后，按照新的组织架构，三门峡市商业银行下属机构分为3大类15部18行。3大类即业务营销类、业务管理类、服务保障类。业务营销类包括：4部（营业部、公司部、小企业贷款营销部、资金业务部）18行；业务管理类包括：计财部、业务研发部、内控稽核部、风险管理部、信贷管理部；服务保障类包括：董（监）事会办公室、行长办、人力资源部、党群工作部、服务保障部、科技信息部。制定实施《三门峡市商业银行关于管理岗位公开竞聘和员工竞争上岗的实施方案》，对所有中层干部进行轮岗竞聘，对职工实行双向选择、竞争上岗。通过本次竞聘，共有17名新人走上管理岗位。

当年，三门峡市商业银行以攻关财政代发工资户为手段，提高存款市场份额；以加强政策引导、调整考核办法为切入点，增强全体员工存款营销的积极性和主动性；以标准化、规范化服务为要求，夯实和稳定存款基础；以制定存贷结合的贷款利率为杠杆，以贷引存，促使单纯的贷款客户向存贷并举的综合收益客户转变。为保证资金的合理调配，确保收入呈现多元化发展趋势，敦促业务主管部门尽量压缩资金头寸占用，积极开展新业务，提高资金使用效率，改善资金投资结构；大力发展票据贴现业务，提高资金收益率。

至年底，三门峡市商业银行资产总额达365 368万元，较年初增加2 193万元；负债总额342 778万元，较年初减少579万元；各项存款余额334 185万元，较年初增加3 485万元；各项贷款余额229 034万元，较年初增加15 945万元，其中实际贷款余额169 737万元，较年初增加12 733万元；贴现余额59 297万元，较年初增加3 212万元。存贷比68.54%，较年初增加4.1个百分点；按五级分类统计，不良贷款6 724万元，不良贷款率2.94%，较年初减少0.57个百分点。各项收入17 970万元，各项支出14 398万元，实现账面利润3 572万元，净利润2 772万元。资本总额27 525万元，资本充足率10.69%，核心资本充足率8.77%，人均资产1 260万元。

【三门峡市商业银行正式挂牌开业】 4月29日，三门峡市商业银行正式挂牌开业。河南省银监局局长支德勤、市委书记李文慧为市商业银行开业揭牌，市委副书记、市长杨树平在揭牌开业仪式上致词。市领导赵继祥、郭秀荣、苏新华、赵光超、赵中生、肖群兰及市长助理、市政府秘书长张建峰等出席揭牌开业仪式。三门峡市商业银行是在市城市信用社基础上组建的。2008年9月18日经国家银监会批准筹建，2009年3月26日经河南省银监局验收通过。改制后，三门峡市商业银行下设18个支行，总资产达36亿元，各项存款余额33亿元，贷款余额21亿元。

【优化信贷结构】 2009年，三门峡市商业银行遵照国家货币信贷要求，严格落实“区别对待、有保有压”的信贷政策，进一步加大结构调整力度，逐步提高授信质量，重点打造小企业个人贷款银行品牌。通过改善营销架构，简化审批流程，优化绩效考核，壮大营销队伍，健全激励约束机制，强力推动小企业和个人贷款工作，确保对小企业的信贷投放。改进中小企业贷款的调查方法，认真核查企业现金流状况，根据中小企业的经营特点进行贷前调查，从中小企业的进、销、存以及生产环节来分析其真实的现金流量，通过对企业整个经营环节的核实和盘查，掌握企业的实际经营情况；积极进行产品创新，推出适合中小企业和个人贷款的授信产品、融资解决方案，除传统的担保方式外，采用应收账款质押、存货抵押、多户联保、权利质押、自然人为企业担保、动产质押等新的担保方式，开发14款中小企业授信业务产品；加强与担保公司的合作，较好地解决中小企业的“担保难”问题，至年底，与三门峡市商业银行进行合作的担保公司达13家；推出流动资金循环贷款，简化手续，企业可以随借随还，满足中小企业“短、急、频”的融资需求；并先后在灵宝市、卢氏县、湖滨区等地召开银企座谈会，加深对企业的了解，增强银企互信，签订多项贷款合作意向，发放贷款6 500万元。至年底，全行中小企业贷款余额31 299万元，较年初增长11 587万元，增幅达58.78%。

【中间业务渠道快速拓宽】 2009年，除传统结算业务外，三门峡市商业银行开办的中间业务还有银行卡、代理保险、代收有线电视费、签发银行承兑汇票、开立保函等业务。至年底，三门峡市商业银行“天鹅卡”发卡数量达134 925张，卡存余额36 781万元，实现手续费收入54万元；代理保险300余万元；代收有线电视费240万元；累计签发银行承兑汇票32 420万元。全年实现中间业务收入137万元，市场份额有所增加。

【金融创新能力不断增强】 当年，三门峡市商业银行金融创新能力不断增强。针对小企业金融服务方面，推出符合小企业自身发展特点的贷款品种，如企业主授信、循环贷款、三得利贷款等；延伸服务链条，从原料采购、产品生产、销售等各个环节提供服务，受到企业欢迎。在服务市民方面，不断完善“天鹅卡”服务功能和自助终端服务设备，拥有在市区分布最广、数量最多的ATM自助设备，并且与8家银行联合开通“柜面通”业务，极大地方便了市民的金融需求。

（张轲宣 杨 君）

中国工商银行股份有限公司三门峡分行

【概况】 2009年，中国工商银行股份有限公司三门峡分行（以下简称工行三门峡分行）坚持科学发展观，积极推进规模扩张战略、质量攻坚战略、产品联动战略、机制创新战略和强行富民战略，进一步做大做强传统业务,加大不良贷款处置力度,拓展新兴业务,积极探索完善管理机制,全面推进和谐银行建设,在内外形势更加复杂多变、同业竞争日趋激烈的情况下,使主要业务指标增量市场占比排名提升,各项工作实现稳健、科学和快速发展。至年底,工行三门峡分行下辖9个1级支行、5个2级支行,21个营业网点,员工691人。

经营效益明显改善,利息收入不断增长。实现扣除资产减值损失前利润7 944万元,较上年增赢6 501万元,完成省行计划的113.83%。年末,实现扣除资产减值损失后利润-13 425万元,完成省行计划的106.12%;税后利润-12 830万元。实现利息收入14 492万元,较上年增加3 132万元;实现利息净收入14 499万元,较上年增加2 898万元。

提高竞争意识和发展信心,做大做强传统业务。以工行河南省分行与三门峡市政府签署全面战略合作协议为契机,加大优质公司贷款营销力度,全年发放到位9.85亿元公司类新增贷款,发放贸易融资贷款5.3亿元,办理2.47亿元银行承兑汇票,办理国内信用证2笔1.1亿元,出具承贷函3笔56.7亿元。在融资意向160亿元的23个重点项目中,共落实资金63亿元,占战略合作协议3年总金额160亿元的39.4%,完成政府目标的119.4%。

依托资源优势,促进个人贷款业务健康快速发展。累计发放个人黄金质押贷款320笔、174 694万元,收回196笔、123 530万元;个人贷款余额净增5.07亿元,同比多增29 583万元,完成年目标的422.3%;实现利息收入2 550.8万元,完成年目标363.4%。同时,进一步规范个人非标准黄金质押贷款业务管理办法,11月,中国工商银行总行、工行河南省分行批准工行三门峡分行为全国工行唯一试点开办个人非标准黄金质押贷款业务经办行。

树立和弘扬"四争"意识,健全体制,广开源头,抓好稳存增存工作。年末,本外币全部存款(含同业)余额61.77亿元,较年初上升13.88亿元。其中对公存款余额为24.60亿元,较年初上升7.11亿元;储蓄存款余额36.10亿元,较年初上升6.41亿元;同业存款为9 269万元,较年初上升2 687万元;保证金存款1 305万元,较年初增长962万元。

加大"扩户工程"力度,抢占优质资源。新开对公结算账户2 070户,完成省行任务的99%;净增对公结算账户1 347户,完成省行任务的122%。在同业市场中,全行对公结算账户存量、净增均实现同业占比第1的目标。

开展清收处置不良资产攻坚战,着力提高信贷资产质量。年末,不良贷款余额54 054万元,比年初净下降53 408万元;不良贷款占比15.34%,比年初净下降23.3个百分点;不良贷款法人户数10户,比年初下降6户。

大力发展新兴业务,加大业务创新力度。银行承兑汇票业务、票据贴现业务复牌后,累计办理2.47亿元银行承兑汇票,办理票据贴现112笔,金额15 690万元,实现贴现利息收入128万元,填补了5年多来此项业务的空白,对进一步丰富对公业务品种、拓展赢利增长点起到助推作用。企业年金签约客户达到6户,全年新增管理年金账户61户,新增托管年金资金1 063万元,管理年金账户数达3 987户,共托管年金资金2 788万元,保持年金业务市场占比第一的领先优势。资产托管业务实现突破,托管资金达1.24亿元,完成省行9 000万元任务的137.7%。实现投资银行收入295万元,完成全年目标170万元的174%,投行收入增量在系统内排名前列。投放1亿元贷款,助推房地产信贷业务破冰;贸易融资业务快速发展,全年发放贸易融资贷款5.3亿元,年末贸易融资余额占比34.77%,完成全年任务的115.9%。成功办理全国系统内、本地金融机构首笔以金精粉质押的商品融资贷款,以高质量的特色产品满足客户需求,提升核心竞争力;成功办理首笔国内信用证和信用证项下卖方融资业务,实现两项业务在三门峡分行的零突破;12月,成功办理首笔国内保理业务2 000万元;成功办理全省首笔金额1亿元的融资性存放同业业务,全年总计办理3亿元。大力发展小企业贷款业务,组建小企业中心,下辖义马、渑池、灵宝和湖滨4个分中心,至年底,办理小企业贷款10笔,金额1 750万元;办理银行承兑4笔,金额3 500万元;贷款客户新增10户,挂牌中心全部开办业务,达到上级行要求的100%开办率。

夯实管理基础,强化内控案防。注重建立科学有效的风险评价和管理机制,加强全面风险管理工作。完成全辖区远程授权系统改造和远程监控联网,组建监控中心。在工行河南省分行的风险管理评价考核中,考核等级由4级C上升为3级B,上升4个等级。做好案件防范重点工作,把客户经理违规代客操作、基层机构负责人越权行事、空白重要凭证保管和使用、自动柜员机管理和个人信贷、理财、银企对账业务以及员工违规经商办企业等8个重要风险点作为案件防范重点,落实责任,定期坚持以风险点为主要内容的制度检查,分析排查风险点,防范风险,顺利实现第8个安全年。

【工行河南省分行与三门峡市人民政府签署全面战略合作协议】 2月10日,工行河南省分行行长明柱亮、副行长尚军到三门峡市,与三门峡市政府签署全面战略合作协议,就工行河南省分行3年内与三门峡市在交通、能源、城市基础设施、高新技术产业、现代制造业、房地产以及中小企业等领域开展深度战略合作,投放160亿元融资支持达成意向。三门峡市四大班子领导、各县(市)区领导及三门峡市重点企业代表、各局委负责人出席签约仪式。签约仪式由三门峡市委常委、常务副市长苏新华主持,三门峡市委书记李文慧、工行河南省分行行长明柱亮先后致词。随后,明柱亮与三门峡市人民政府市长杨树平在《战略合作协议》上签字,工行三门峡分行行长薛玉来与三门峡市部分企业现场签订25亿元的贷款协议和6亿元贷款合同。2月11日,三门峡市委书记李文慧及市委常委、秘书长赵中生等陪同明柱亮一行深入大唐三门峡发电有限责任公司、河南中原黄金冶炼有限责任公司和义马煤业集团走访调研,了解企业生产经营情况和金融需求,征求意见和建议,推介金融新产品。

【在全市安全防范技能大赛中获团体第1名】 3月30日至31日,在三门峡市公安局和三门峡银监分局联合举办的全市金融单位安全防范技能大练兵活动中,工行三门峡分行在9家金融单位比武中脱颖而出,取得团体第1名的好成绩。市公安局和银监分局下发文件,对工行三门峡分行予以通报表彰。

2月10日，中国工商银行河南省分行与三门峡市人民政府签署全面战略合作协议

【组队参加全市中小企业金融服务暨信贷产品推介活动】 5月25日至27日，由工行三门峡分行办公室牵头，公司业务部、机构业务部、个人金融业务部、国际业务中心、银行卡业务管理中心、结算与现金管理中心、票据中心等部门联合组队参加全市中小企业金融服务暨信贷产品推介活动，历时3天，经渑池站、义马站、灵宝站、陕县站和卢氏站5个县(市)的宣传推介，使社会各界和中小企业客户熟悉了解工行大量的金融产品，充分展示了工行良好的对外形象，得到一致好评。

【成立全市首家小企业金融业务中心】 6月4日，工行三门峡分行组建的小企业金融业务中心正式挂牌成立，下设义马、渑池、灵宝和湖滨4个分中心。小企业金融业务中心的成立，标志着工行三门峡分行小企业金融业务的正式启动，并成为三门峡首家设置小企业金融服务专营机构的大型国有控股商业银行。至年底，共办理小企业贷款10笔，金额1 750万元；办理银行承兑4笔，金额3 500万元。

【公积金联名卡项目顺利投产】 10月15日凌晨1时许，随着工作人员鼠标轻点，工行三门峡分行公积金联名卡项目顺利投产。公积金联名卡项目是工行确定的2009年度重点营销项目之一，行领导多次召开专题会议研究部署实施方案，经过科技人员的努力攻关，终于成功实现与三门峡住房公积金中心的端口对接、信息共享，顺利投产。项目投产后，市民查询个人公积金信息、办理公积金还贷等业务，均可通过工行公积金卡方便快捷地实现。项目的投产，对提高工行三门峡分行的银行卡业务市场占比和中间业务收入，也起到一定的推动作用。 （王 洎）

中国农业银行三门峡市分行

【概况】 2009年，中国农业银行三门峡市分行（以下简称农行三门峡市分行）以科学发展观为指导，全面落实省行党委及市委、市政府的各项决策部署，聚精会神抓经营，心无旁骛抓发展，固本强基抓管理，各项工作呈现出持续、健康、协调发展的良好势头。

经营结构趋于优化。中间业务收入结构有所优化，全行银行卡发卡量、手续费收入占全市4家大型银行总份额的1/3，代理保险业务领域有效拓宽，电子银行业务增势强劲，投行业务收入实现增速提位，转账电话投放、POS商户营销成效显著，黄金代保管、委托贷款业务发展实现零突破，中间业务多元化收入格局日益显现。信贷结构持续改善，全年重点法人客户贷款继续大幅增长，小企业贷款增势强劲，个人贷款业务有所突破，贷款的行业结构、客户结构进一步优化；优质个人高端客户占比提升。至年末，全行星级个人客户达到30 184户，比年初增加4 804户，占比提升0.3个百分点。

风险控制继续加强。持续加强内控基础建设，下大力气处置不良资产，深入推进精细化管理，高频率开展风险排查，全方位强化案件防控，有效控制各类风险，实现全行安全、全年平安。较好地消化了不良贷款历史包袱。当年计提资产减值准备28 279万元，拨备覆盖率为95.76%，比上年提高51.81个百分点，风险覆盖能力显著提高，夯实全行的发展基础。拨备前利润大幅攀升。全行实现拨备前利润13 577万元，完成年计划的193.96%，计划完成率列全省2级分行第7位；人均赢利17万元，点均赢利317万元，双列全省农行第5位。当年，农行三门峡市分行被农行河南省分行评为内控综合评价2类行。

队伍建设取得实效。认真开展作风建设主题教育活动，顺利完成市行机关科级干部全岗竞聘，支行科级干部缺岗竞聘顺利推进，积极开展各种“争先创优”活动。走访慰问困难员工，开展岗位技术练兵，组织员工喜闻乐见的文体活动，提升组织的亲和力、凝聚力和感召力，增强全员归属感、家园感和成就感。在农行河南省分行组织的业务技术比赛中，农行三门峡市分行勇夺团体第6名；在中国农业银行总行举办的金e顺电子银行知识大奖赛中，农行三门峡市分行员工骆宝峰与队友合作勇夺团体赛亚军，并同时荣获金e顺电子银行知识大奖赛知识考核个人三等奖，受到表彰奖励。当年，农行三门峡市分行被评为全市行风评议先进单位，并被市委、市政府评为2009年度“政风行风建设优秀单位”。

【主体业务健康发展】 至年底，农行三门峡市分行各项存款余额较年初增加139 696万元，同比多增60 823万元，存款增量创历史新高，完成年计划的114.5%，居全省农行系统第5位。人均存款1 221万元，点均存款22 944万元，分别列全省农行第3位、第4位。全年累计投放贷款163 966万元，各项贷款净增81 044万元，贷款增量创历年同期最高水平。全年清收委托资产4 161万元,完成年计划的125.33%,居全省农行系统第3位;清收自营不良资产4 968万元,完成年计划的85.66%。年末,不良贷款余额较年初下降2 019万元,不良贷款占比下降4.89个百分点。

【"三农"服务扎实推进】　当年,农行三门峡市分行服务"三农"组织结构进一步理顺,服务渠道建设持续推进,惠农卡覆盖半径不断扩大,县域及"三农"贷款大幅增加。全年,新发行惠农卡29 330张,新办理小额农户授信10 071户,新增小额农户贷款15 423万元,新增"三农"对公贷款9 606万元,新增小企业贷款7 106万元,均超额完成计划。

【农行河南省分行与三门峡市人民政府签订130亿元的战略合作备忘录】　为深入贯彻党中央提出的"保增长、扩内需、调结构、推动又好又快发展"战略决策,促进三门峡经济社会事业又好又快发展,农行河南省分行与三门峡市政府在相互尊重、相互信任、平等自愿的基础上,本着平等互利、优势互补、共谋发展、合作共赢的原则,就共同推动三门峡全面发展、进一步加强银政合作,达成全面战略合作意向。3月26日,市委副书记、市长杨树平与农行河南省分行行长张健分别代表双方签订战略合作备忘录。根据双方签署的备忘录,在符合法律、法规以及国务院、相关监管部门规范性文件及农行信贷管理要求的前提下,农行河南省分行将优先安排信贷计划,计划在未来5年内向三门峡市重大项目建设提供130亿元意向性信用支持,主要合作领域包括能源、交通、医疗、教育、农林水项目建设、农业产业化龙头企业、县域中小企业、农户等。

【农行河南省分行与义煤集团签订30亿元战略合作协议】　本着平等互利、相互支持、共谋发展、合作共赢的原则,5月25日,农行河南省分行与义煤集团战略合作协议签字仪式在义煤集团榕花建国宾馆举行。农行河南省分行行长张健、义马煤业集团总经理翟源涛分别代表双方在战略合作协议上签字。三门峡市政府副市长李琳,义煤集团党委副书记、副总经理田富军等参加签字仪式。根据双方协议规定,未来3年内,农行河南省分行将向义煤集团提供总额达30亿元的意向性融资,在重大项目建设、经济结构调整和产业升级等领域为义煤集团提供项目融资、银团贷款等全方位、深层次的金融服务,助推义煤集团双千亿目标早日实现。义煤集团是国家特大型煤炭企业,拥有煤炭资源10万亿千克。有16对生产矿井、7对在建矿井,员工及家属20余万人,资产总额达163亿元。

【中国农业银行党委副书记、监事长车迎新到农行卢氏县支行调研】　9月30日,中国农业银行党委副书记、监事长车迎新到农行卢氏县支行调研,看望在一线工作的干部员工,并就进一步抓好市场营销、网点转型、渠道建设、服务"三农"和风险防控工作提出指导性意见。

（马建华）

中国银行股份有限公司三门峡分行

【概况】　2009年,中国银行股份有限公司三门峡分行(以下简称中行三门峡分行)以科学发展观为指导,积极应对经济、市场、同业变化,进一步解放思想,持续培育优秀价值观,强化激励约束,提高市场竞争能力和风险案件防控能力,做到"一早、双重、三确保、四个促进"(一切工作都要早计划、早安排、早动手;通过重激励、重约束,进一步强化竞争力的提高;确保发展、确保安全、确保质量;促进服务水平、企业文化、队伍建设、业务流程优化再上新台阶),实现各项业务有质量、有效益、健康可持续发展。至年底,中行三门峡分行在全市共有县级支行3个、营业网点14个,职工382人。

确保发展。全力抓好存款工作。公司、个金、结算整体联动,突出拓展大公司客户、VIP客户、行政事业单位、无贷户和优质中小企业客户,强化全员营销、交叉营销,努力提升中高端客户贡献度,以中高端客户的增长带动整体存款业务的增长,存款网均余额和网均新增均在4家国有银行中列第1位。全力抓好贷款工作。牢牢抓住国家"扩内需、保增长"的政策机遇,成功促成市政府与中行河南省分行的全面战略合作协议的签订,为抢占市场份额铺平道路。强化协议落实执行,以"项目执行领导小组"为龙头,整体联动,全力跟踪与各重点项目的合作进展情况,及时掌握重点项目管理与服务进程,指导全辖项目落实工作的开展。全力抓好中间业务。加快新产品的推广,优化产品结构,巩固提高传统优势产品竞争力,加大产品创新力度,拓宽增长渠道。加大了货押融资、组合购汇、融易达、实物黄金、保险、基金等产品的销售力度,国际结算业务市场份额达到85%,继续保持同业绝对领先地位。

确保安全。狠抓重点环节的防范,加强对营业场所、金库、ATM机等重点部位的巡查,防止外部侵害,着重做好对柜台操作、重要凭证、票据承兑、现金管理、过渡性科目、抵质押品控制等高风险环节的检查监控;狠抓重点问题整改,重点关注屡查屡犯、流程漏洞、系统缺陷等问题和新形势下带来的新种类、新现象案件特征,找出并抓住问题根源,整改彻底,防范到位;狠抓重点责任的落实,密切关注重点岗位、重点人员、重点业务,加强各条线之间的业务检查信息共享,合理规划检查方案;针对涉及金融安全出现的新形式、新问题,及时出台防范措施、完善预防制度,与地方公安机关建立联防机制,密切协作,内外联动,结合当地案件防范情况,采取有效措施,严格落实巡查制度,成功堵截3起自助银行设备盗取案件,控制1起危害事件,缴获犯罪分子安装的读卡器装置和微型摄像装置,并抓获1名犯罪分子,受到银行业监管部门和公安部门的好评。

确保质量。及时预警授信风险,密切关注经济形势对房地产、电力、煤炭、纺织、进出口等行业的影响,加大行业调研,建立完善3级联动的信息传导与反馈机制,强化对授信重点行业的日常跟踪分析与政策建议,适时发布风险提示;加大贷后检查力度,时刻关注企业的现金流及其他同业收回再贷等信息,加强对实质性风险点的判断,及时采取对策,提高贷后管理质量;继续把不良清收工作当作“生命工程”来抓，强化“时间、责任人、考核挂钩”三落实的清收措施。

至年底，中行三门峡分行一般性人民币各项存款余额63.17亿元，较年初增加15.32亿元，完成计划的117%。其中公司存款新增7.45亿元，完成计划的136%；储蓄存款新增7.87亿元，完成计划的104%。人民币各项贷款余额30.42亿元，较年初增加9.85亿元，完成计划的152%。其中人民币公司贷款（不含票据）余额2.17亿元，较年初增加2.58亿元，完成计划的45.6%；票据余额7.39亿元，较年初增加6.57亿元，完成计划的1 313%；消费贷款余额1.32亿元，较年初增加7 051万元，完成计划的212.7%。当年，中行三门峡分行累计发放贷款21.63亿元，其中中国水利水电第十一工程局2 000万元、大唐（三门峡）发电有限责任公司1.3亿元、三门峡戴卡轮毂制造有限公司7 000万元、开曼铝业（三门峡）有限公司3亿元、义马煤业（集团）有限责任公司2.4亿元、灵宝市金源桐辉精炼有限责任公司6.73亿元、灵宝市金源矿业有限责任公司4 000万元、河南轩瑞产业股份有限公司4 000万元、灵宝黄金股份有限公司1.5亿元、灵宝开源矿业有限责任公司2 500万元。当年，中行三门峡分行实现拨备前利润11 141万元，实现净利润5 767万元，实现净收入18 616万元，并在全省中行系统绩效考核中排名第2位。

【与市政府签订155亿元全面战略合作协议】　为了响应国家“扩内需、保增长”的政策号召，进一步加快三门峡市的经济快速发展，1月11日，三门峡市人民政府、中国银行河南省分行在郑州市签订全面战略合作协议。协议共达成授信意向155亿元，中行河南省分行将在市政基础设施、道路交通、煤炭、火力发电、氧化铝、电解铝、黄金深部探矿、铅锌冶炼等多个领域，为三门峡市的发展提供资金支持。协议的签订，为双方的进一步合作注入了新的动力，使双方的合作领域更加广阔，合作的方式更加多样。

【强化“客户资金和现金”预警管理】当年，中行三门峡分行在长期积累和筹备的基础上，运用科技手段，强化客户资金和现金管理，自主研发“客户资金预警系统”，在现有业务系统无法外接的情况下，实现次日预警提示，大大降低客户资金的不安全程度。该系统开通运行后，提高了客户的安全感和信任度，得到客户的一致好评。同时，中行三门峡分行大胆创新，一改被动滞后的库存限额管理方式，组织开发“现金管理预警系统”，实施主动管理。该系统的运行，提高了现金管理监控水平，强化了对库存现金环节的风险控制，同时降低了无息资产的占用，提高了资金运用的经济效益。

【举办黄金投资报告会】　5月14日，中行三门峡分行在灵宝紫金宫国际会议中心组织召开2009年黄金投资报告会，帮助黄金投资者提高交易技巧，到会的中高端客户达150余人。会议上，通报了中行灵宝支行的客户在2008年“黄金宝”交易大赛中的获奖情况，全省111名“黄金宝”交易大赛获奖人员中，灵宝的客户有37名，占全省总获奖人数的34%，极大地鼓舞了到场嘉宾的投资热情。报告会特邀请北京中汇安高信息咨询有限公司首席外汇分析师、黄金期货全国巡回报告会特聘讲师，对国内外经济金融形势、黄金的基本知识、黄金的投资渠道、黄金的基本面分析和技术分析作了精彩的报告。讲座的举办，进一步拓宽了市民的投资渠道，对有效推动该行黄金业务的发展和提高中间业务收入起到积极作用。

【特色业务亮点突出】　当年，中行三门峡分行完成国际结算业务7 329万美元，市场份额从上年的76%上升至85%，在全省中行排名第1、全市同业排名第1；办理保函业务4.84亿元，全省中行排名第2；累计办理黄金租赁669千克，实现利息收入75.68万元，累计发放黄金质押贷款9.58亿元，实现利息收入360.09万元。

【不良贷款双降成效显著】　至12月底，中行三门峡分行共化解不良贷款8 635万元，完成计划的380%，不良率0.68%，较上年下降4.48个百分点，达到股改以来的最高水平，并成为当地授信资产质量最优的金融机构。　（李　娜）

中国建设银行股份有限公司三门峡分行

【概况】　至2009年底，中国建设银行股份有限公司三门峡分行（以下简称建行三门峡分行）下辖11个支行级单位，分行营业部1个，22个营业网点，员工634人。

2009年，建行三门峡分行以专业化经营和服务为主线，以“富有特色，领先同业”为总体目标，努力夯实持续发展的队伍基础、业务基础和管理基础，全面提高市场竞争能力和风险控制能力，抓营销、抓服务、抓管理、防风险，较好地完成全年目标任务。

赢利能力持续增强。2009年，全行实现考核利润1.55亿元，同比增幅28%；实现经济增加值8 954万元，同比增幅48%，完成省分行计划的133%，计划完成率居全省第1位；实现中间业务净收入6 126万元，同比增幅79%，完成省分行计划的108%，计划完成率居全省第2位。

特色业务长足发展。围绕“富有特色”的目标，努力打造各个领域的经营管理特色，特别是在打造黄金业务特色方面成效显著。开办全国首单未入库黄金质押贷款业务，黄金仓储灵宝延伸库顺利启用，黄金仓储业务市场占比明显提升，“龙鼎金”实物黄金销售76 730克，居系统内第3位。

业务规模加速壮大。至年底，全口径存款余额82.6亿元，较年初增加17.2亿元，同比增幅368%；贷款余额达38.8亿元，较年初增加4.42亿元，同比增幅613%。

主要指标领先同业。前3季度，中间业务、个人存款、基金销售、个人黄金交易、借记卡发卡量等主要业务指标，均保持领先同业的优势地位。

员工费用显著增长。全年列支人力费用4 700万元，较上年增加918万元，其中职工工资2 784万元，较上年增加487万元，员工的工资及福利待遇明显增长。

贷款质量控制较好。现金回收不

良贷款本金1 100万元,圆满完成证券化项目的处置工作,实现不良贷款“双降”、减值损失控制在计划以内的工作目标。

管理有序和谐稳定。积极开展“关爱员工”系列活动,扎实推进各项管理工作,全年内部控制有效,年度内全行未发生案件或重大违规经营事件以及其他违规违纪等问题,全行平安、稳定、和谐,员工士气高涨。当年,建行三门峡分行荣获2009年三门峡“平安建设”先进单位称号,并在市政府组织的行风评议中被评为“优秀”。5月4日,建行三门峡分行在建行河南省分行2009年个人业务旺季营销活动中,荣获2级分行旺季营销“全能营销一等奖”“个人存款增存二等奖”“基金营销三等奖”“龙鼎金营销二等奖”“高端客户拓展一等奖”;分行营业部、灵宝支行荣获“旺季营销服务明星团队”称号。5月25日,在中国建设银行总行“金牛贺新春,建行礼连连”旺季营销活动中,灵宝支行豫灵分理处员工胡国鹏被总行通报表彰为“营销能手”。6月5日,三门峡分行渑池支行受到省分行通报表彰和奖励,获2008年度“十佳县(市)支行”称号。7月20日,在建行河南省分行对“金牌明星”“明星员工”的表彰中,建行三门峡分行4名员工获“明星员工”称号:崤山路支行赵玮被授予“黄金之星”称号;灵宝豫灵分理处胡国鹏被授予“网点之星”称号;峡西支行营业部范建萍被授予“服务之星”称号;市分行房金部杨爱娜被授予“个贷之星”称号。7月22日,在建行河南省分行举办的2009年柜面业务技能竞赛中,建行三门峡分行在全省24个代表队中脱颖而出,取得团体第5名的好成绩,荣获“柜面业务技能竞赛优胜单位”三等奖。10月30日,在建行河南省分行举办的2009年度对公柜面业务技能比赛中,建行三门峡分行再次取得佳绩,分别获得团体第3名、个人点钞第2名、个人3项全能十佳第6名。

【大力支持地方经济建设】 当年,建行三门峡分行累计投放贷款22.1亿元,完成政府签订战略合作协议47亿元,计划完成率达108%,有力地支持了全市重点项目建设,为全市企业走出金融危机添助一臂之力。在支持地方重点企业发展的同时,建行三门峡分行积极探索中小企业融资新模式,研究开发“速贷通”“成长之路”等中小企业贷款产品,并加大营销力度,成效显著。全年小企业贷款新增7 700万元,增幅达100%以上,解决许多小企业经营资金周转紧张的难题,支持了中小企业的发展,为三门峡市经济的持续健康发展增添新的活力。

【与市政府首家签订战略合作协议】 1月6日下午,建行河南省分行与三门峡市人民政府在郑州举行战略合作协议签约仪式。建行河南省分行行长许会斌、三门峡市市长杨树平出席签字仪式并讲话,分别代表双方签署合作协议。根据协议,双方将本着互利互惠、合作双赢的原则,积极响应国家“扩内需、保增长”政策措施,充分发挥政府和银行的整体优势,促进三门峡市的经济发展,进一步深化合作关系,建立紧密、稳定的银政合作关系。建行河南省分行将根据国家宏观经济政策、产业政策、区域发展政策、相关信贷政策及客户需求,向三门峡市区域范围内电力、交通、能源、城市基础建设、节能减排、绿色信贷项目提供130亿元的金融支持,并将向三门峡市中小企业、县域经济和特色产业等提供必要的金融服务,以促进地方经济结构调整,促进中小企业、县域经济和特色产业的发展。合作协议的签署,将为地方经济的平稳较快发展作出新的贡献,为一批骨干企业的成长提供更为广阔的空间。

【与义煤集团签订战略合作协议】 3月12日,建行河南省分行与义煤集团的战略合作签约仪式在义马市举行。建行河南省分行行长许会斌、副行长王保信和义煤集团董事长武予鲁、总经理翟源涛等出席签约仪式。建行河南省分行与义煤集团签订全面业务合作协议,是强强联合、实现共赢的一个成功典范。作为建设银行的总行级重点客户,义煤集团与建行河南省分行的合作源远流长。自20世纪50年代开始,双方一直保持着密切的银企合作关系,建行已为义煤集团投放各类贷款达11.7亿元,同时,还为其下属单位开通代发工资、电子银行等业务。协议的签订,将进一步拓宽双方合作的空间,实现互相促进、共同发展。

【个人住房贷款保持高速增长】 面对房地产市场持续低迷的不利形势,建行三门峡分行采取多项积极措施,努力化解经济危机对房贷市场的不利影响,实现房贷业务的快速增长。从楼盘储备做起,动员客户经理加大楼盘营销力度,签订阳光花苑、丽景湾、永兴花园、金色阳光小区、福源小区、海洋新天域二期、海洋新城等楼盘项目;加大客户关系维护力度,对重点项目建业森林半岛、韶馨园、天发首府,积极开展业务回访,收集储备客户资源,针对经济危机环境下客户贷款意愿不强的不利局面,组织客户经理反复到开发公司开展营销工作,努力挖掘现有合作楼盘的潜力;积极发展新的业务合作伙伴,不断巩固房贷业务市场领先优势,先后与和合万丰河南置业公司、天利房地产开发公司确立业务合作关系,成功营销金色阳光二期、福源小区、海洋新天域二期、美景瑞园、温馨花园、海城幸福里、海洋新城等楼盘项目,合作额度达到1.5亿元。在这种营销与储备交错进行、共同推进的措施下,建行三门峡分行房贷业务保持了持续、快速的增长。当年投放12 159万元,个人住房贷款余额达到25 987万元,较年初17 592万元新增8 395万元,完成省行年度目标4 000万元的210%,同业占比73.6%,新增占比82%,均遥遥领先同业。

【个人助业贷款营销不断推进】 当年,建行三门峡分行积极营销个人助业贷款业务,着力培育消费贷款龙头产品,提升消贷业务市场竞争能力,采取多项措施:积极开展市场调研,对全区专业市场和目标客户群体进行深入分析,初步确定个人助业贷款的发展方向;建立个人助业贷款客户储备库,通过邮件方式,向全区各支行、网点征求助业贷款需求客户,在原有客户群体中筛选符合条件的目标客户,初步形成建行三门峡分行的个人助业贷款客户储备库;积极向建行河南省分行申报产品经营权,争取尽早开办业务,快速抢占市场;针对客户群体特点,制定下发“个人高端客户营销方案”,将个人助业贷款与白金卡客户捆绑营销。2009年,建行三门峡分行共投放个人助业贷款11笔446万元,填补了个人贷款产品库个人经营类贷款品种的空白,增强了该行个人消费贷款业务的同业竞争能力。

【黄金业务成特色】 当年,黄金业务被确立为建行三门峡分行的特色业务,建行三门峡分行采取多项有力措施,力促黄金质押贷款业务发展。为简化流程,提高业务办理速度,满足客户需求,从一开始的跨工作日到当日办理,到2小时完成,业务办理速度不断加快,客户满意度不断提升,业务办理量也不断增加。至年底,建行三门峡分行共办理黄金质押贷款业务20 020万元,入库黄金36 800千克,黄金仓储保管费收入56万元以上。

【中间业务收入增幅明显】 当年,建行三门峡分行中间业务发展迅速,主要指标增幅明显,均创历史新高。中间业务收入总量达6 258.24万元,计划完成率为109.45%,全省排名第2位;同比增幅达60.92%,全省排名第1位。同业领先优势进一步扩大,中间业务收入在当地4家大型商业银行中,占比达42.5%,同比增幅为9.1%,两项指标在同业和系统内均列第1位。重点产品发展迅速,见证保证业务收入居全省首位,财务顾问、银团贷款和黄金等业务不仅收入在全省名列前茅,且同比增幅均超过100%。在建行河南省分行组织的中间业务标杆竞赛活动中,义马支行和渑池支行分获小组前两名。

【建行河南省分行"金融产品博览会"巡展活动在三门峡市举行】 6月4日,建行河南省分行"金融产品博览会"巡展活动在三门峡市崤山礼堂举行,义煤集团、大唐发电、灵宝黄金股份等重点企业代表,950余名建行个人高端客户参加活动。活动由产品推介和产品展示两大部分组成。博览会产品展区由中心形象区、个人银行区、电子银行区、信用卡区、个人贷款区和公司业务区6部分组成,每个展区都有相关的客户经理和产品经理为参观者提供现场服务,让参观者零距离接触建行金融产品。同时,在博览会主会场,由建行的各类金融产品经理、理财经理、客户经理组成的讲解团队,通过幻灯课件讲解和业务流程体验等形式,向客户现场系统介绍建设银行的公司业务、个人业务、电子银行业务、信用卡业务、个人贷款业务和国际业务等知识,针对客户不同需求向参观者展示和推介建行的产品。金融产品博览会不仅展示了建设银行各类金融产品,而且促进社会公众与银行的沟通交流,增进广大市民了解金融产品知识、增强投资理财意识,也使得建设银行的品牌形象更加深入人心。

【成立小企业经营中心】 为响应国家大力支持中小企业发展的号召,着力提升小企业金融服务效率,6月15日,建行三门峡分行组建小企业经营中心。针对小企业资金需求"急、频、短"的特点,选配一批专业能力强、综合素质高的员工,组成专门为小企业提供服务的团队,致力于为小企业客户提供更加便捷的服务。专门为小企业创立"速贷通"和"成长之路"两个业务品牌,并据此研发出相应的业务系统,大大缩短各项业务的审批程序,尤其是为成立两年以上、经营情况稳定、财务指标良好和成长性较好的小企业,提供大量流动资金贷款、票据承兑和贸易融资等多种服务。8月26日,建行三门峡分行向三门峡市新仰韶合成料有限公司投放1 000万元流动资金,开启该行小企业"成长之路"业务的先河。至此,该行初步实现依托于"速贷通"和"成长之路"两个业务品牌,为三门峡地区中小企业提供高效便捷服务的设想。至年底,共发放小企业贷款7 700万元。

【财富管理中心开业】 7月7日,位于市区黄河路中段的建行三门峡分行财富管理中心隆重开业。建行河南省分行副行长张志军、三门峡市委常委、副市长赵光超等出席开业仪式。建行三门峡分行财富管理中心历时7个月建成,是三门峡市规模较大、设施齐全的财富管理机构。该中心是为顶端客户提供"专家理财"式服务的专门机构,主要为高端个人客户建立专属服务渠道、配备专职客户经理、提供专家理财服务、设计专供理财产品和推出专项增值服务。它的建成和投入使用标志着建行三门峡分行在高知识含量、高附加值、高专业水准的个人理财服务方面,又迈上了一个新台阶。

【自助服务渠道建设力度加大】 为了给广大客户和市民提供更加便利的金融服务,扩大服务覆盖面,提升服务层次,当年,建行三门峡分行在自助服务渠道建设方面进一步加大投入。新增自动取款机4台、自动存取款机5台、多媒体查询机1台。至年底,建行三门峡分行在全市范围内已设立离行式自助银行9个、附行式自助银行8个,设置自动取款机38台、自动存取款机14台、多媒体查询机28台,形成了遍布全市的自助服务网络。 (宋粉霞)

中国人民财产保险股份有限公司三门峡市分公司

【概况】 2009年,中国人民财产保险股份有限公司三门峡市分公司(以下简称人保财险三门峡市分公司)紧紧围绕"促发展、保效益、防风险"的总体工作主基调,开拓创新,加强管控,实现公司品牌、规模、效益的共同提升和业务发展的新跨越,为全市经济建设发挥了重要的保障作用。

当年,人保财险三门峡市分公司累计实现保费收入11 601.30万元,完成全年计划任务的100.88%,业务规模在三门峡市12家财产保险公司中占比达49.80%,稳居三门峡财险行业之首。全年累计缴纳各种税金653.20万元,完成年计划任务的103.68%;上缴市直单位失业医疗保险金统筹额22.41万元,完成年度计划任务的102.1%。全年承保社会财产总额1 104亿元,完成年度计划的100.36%;承保机动车辆50 410辆,完成年度任务的100.82%。开发新险种6个,进一步满足了社会各界群众的保险需求。

在客户服务管理上,人保财险三门峡市分公司着重创新服务模式,努力提升服务水平,建立了适应市场形势,符合客户要求的快捷、高效、准确、合理的全新服务体系,在销售、理赔、咨询、投诉等客户接触端口,实现服务标准化,以及时准确、快捷热情、细心周到的服务,赢得客户认可。人保财险三门峡市分公司始终以客户为中心，以公司发展为己任，为打造中原保险第一品牌作出积极贡献，被人保财险河南省分公司评为2009年客户服务工作先进单位，并在三门峡市2009年度政风行风民主评议中被评为良好，是全市财险行业唯一一家被评为良好档次以上的公司，有效树立了人保财险金牌服务的新形象。

【政策性农业保险实现新跨越】　开展政策性农业保险，是中央为增强农民抵御自然灾害防范风险的重要举措。2009年，人保财险三门峡市分公司认真落实中央精神，积极开拓农险市场，不断加大对农业保险发展的投入，实现了三门峡市农业保险业务发展的新突破、新跨越，农险承保比例占全市同行业承保总数的80%以上，农业保险的覆盖面进一步扩大，服务新农村建设的能力得到进一步增强。至年底，人保财险三门峡市分公司共承保政策性玉米保险2.04万公顷；承保烟叶保险3 466.67公顷；承保能繁母猪保险5.03万头；承保奶牛保险0.64万头，农险业务实现了3年3大步的发展目标，进一步巩固了公司在农村市场的优势地位，多次受到省公司和地方各级领导的肯定。

【举办庆祝新中国成立和中国人保成立60周年演唱会】　2009年是新中国成立60周年，也是中国人保成立60周年，为弘扬"以人为本、和谐奋进"的企业文化，宣传中国人保为国家和人民"60年倾情守护"的历史和荣耀，10月11日，三门峡市分公司举办建司60周年慰问老干部演唱会，以歌唱辉煌人保、弘扬团结奋进精神、慰问离退休老干部为主题，以抒发员工对公司的热爱之情、感恩之情为主旋律。美丽动听的歌声、激情澎湃的朗诵、暖意融融的祝福使整个现场充满着喜庆、欢快的气氛。演唱会上，人保财险三门峡市分公司向老干部传达了公司领导及全体员工的亲切问候，并向他们致以衷心的感谢和良好的祝愿。省分公司副总经理宿爱国与离退休老干部一起兴致盎然地观看了演出，并邀请离退休老干部共进晚餐，共庆人保建司60周年。同时，人保财险三门峡市分公司全体人员认真排练，精心打造参赛曲目，在人保财险河南省分公司举办的庆祝新中国成立和中国人保成立60周年歌咏比赛中一举获得三等奖。

10月16日，人保财险三门峡市分公司赴郑州市参加庆祝新中国成立和中国人保成立60周年歌咏比赛

【企业文化建设成效显著】　6月，人保财险三门峡市分公司办公室主任王建伟在《中国人保》第6期刊登"精英团队是怎样炼成的"一文，全面介绍了人保财险三门峡市分公司在企业文化建设方面的先进经验，引起广泛关注，人保财险三门峡市分公司对企业文化建设的不懈追求和不断创新获得系统内的一致好评。自2005年开始，人保财险三门峡市分公司将企业文化建设作为企业发展的精神动力源泉，充分发挥企业文化在凝聚人心、统一员工奋斗目标、激励员工斗志、提升公司社会形象等方面的重要作用。以贯彻落实总公司企业文化建设纲要为契机，深入开展企业文化建设，不断丰富企业文化形式和内容，将企业文化建设融入日常工作和管理之中；创建学习型组织，开展职工辩论赛，举办员工风采展示、员工生日祝福、"三八妇女节"专题晨会、母亲节家访慰问、职工体检等形式多样的活动已成为公司固定的创建内容，并不断推向深入，真正贯彻"以人为本"的理念，使公司的人员队伍日益稳定，营销团队逐步壮大，公司的综合竞争力显著增强。2006年，人保财险三门峡市分公司荣获河南省公司"开拓奖"；上阳路营销服务部被省公司授予"优秀标杆团队"称号；灵宝支公司、义马支公司荣获省公司"优秀团队"称号。2007年，灵宝支公司被人保财险总公司授予"2007年度营销标杆团队"和"百家县区标杆团队"称号；三门峡市分公司机关被市政府评为"学习型先进组织"；总经理鲍伟被评为"学习型先进个人"，并被三门峡市总工会授予"五一劳动奖章"。2008年，人保财险三门峡市分公司被河南省公司授予"优胜奖杯"；崤山路营销服务部在连续3年被人保财险总公司评为"示范性营销标杆团队"后，又被评为"2008年度营销明星团队"；灵宝支公司被总公司评为"营销标杆团队"；人保财险三门峡市分公司被三门峡市总工会授予"五一劳动奖状"，被人保财险总公司、全国金融工委分别授予人保系统和全国金融系统"模范职工之家"称号；三门峡分公司副总经理韩建丽被授予人保系统和全国金融系统"优秀工会干部"称号。2009年5月，人保财险三门峡市分公司总经理鲍伟再次荣获三门峡市"五一劳动奖章"。（王　远）

中国人寿保险股份有限公司三门峡分公司

【概况】　2009年，中国人寿保险股份有限公司三门峡分公司（以下简称中国人

寿三门峡分公司）按照上级公司提出的“调结构，促效益，防风险，稳增长”12字方针和“三防三保”的总体要求，紧密结合自身实际，内抓管理、外树形象，优化结构、持续发展，强化管控、提升效益，狠抓细节、防范风险，成功战胜各种挑战，公司实力、行业地位和社会影响力进一步提高，为三门峡市的经济发展和社会稳定作出了积极贡献。

至年底，公司缴纳各种税金总额达155.9万元，全市累计实现业务总收入47 907万元，同比增长5.04%。其中，短期健康险业务收入1 100万元，意外险业务收入916万元，寿险新单业务收入8 406万元，兼业代理业务收入5 200万元，“99版”以后业务续期率达87%；安排社会再就业人员407人。全市累计支付各类赔款4 192.3万元。其中：意外险支付赔款529.7万元，赔付率42.5%；短期健康险支付赔款1 988.6万元，赔付率86.5%；寿险业务支付赔款1 674万元。

【召开服务质量社会监督员座谈会】 3月16日，中国人寿三门峡分公司召开2009年服务质量社会监督员座谈会，倾听来自全市各行业监督员对公司工作的意见和建议。公司总经理谢小曼向各位监督员通报中国人寿三门峡分公司2008年在业务发展、经营管理、客户服务、企划宣传方面的相关做法与体会，指出工作中存在的问题，畅谈2009年工作目标及发展举措，并为新聘请的社会监督员颁发聘书。到会的社会监督员结合各自的工作性质，对中国人寿三门峡分公司的有关工作提出中肯的意见及建议。

【卢氏支公司首张百万保单诞生】 8月初，中国人寿卢氏支公司传出喜讯，新聘入司的理财经理宋冬花通过自身的勤奋努力和艰苦拜访，喜签自营大单1张，收取国寿鸿富趸交保费100万元，开创卢氏银保业务个单最高纪录。

【“国寿鹤卡”成功发行】 3月27日，中国人寿三门峡分公司举办“国寿鹤卡”启动仪式。市公司副总经理谷中立向周翠英等5名新单客户现场赠送国寿鹤卡并合影留念。国寿鹤卡发行对象是持有公司1年期以上长期有效人身保险单的客户，包括个险保单投保人和团险保单被保险人，也是客户享受“国寿1+N”附加值服务的凭证，持卡客户可在全国18 000多家特约商户享受优惠折扣、参加“国寿大讲堂”等客服活动。国寿鹤卡由一个新生事物逐步深入人心。至年底，全系统已累计发放5.93万张。

【开展“诚信我为先”活动】 为进一步推进职业道德诚信教育的制度化、日常化和规范化建设，8月初，中国人寿三门峡分公司正式启动2009年“诚信我为先”活动。活动的主题是“诚信我为先——09心启航”，从教育入手，通过一系列更为细致、具体的举措，点滴渗透、持之以恒，把诚信建设持续推向深入，提升公司诚信合规经营的水平。活动围绕“销售人员实实在在卖保险、消费者明明白白买保险、分支机构规规矩矩做保险”3个层面，重点加强新入司销售人员风险点专题教育、广泛开展消费者风险提示，并将9月16日确定为“诚信合规日”，以培训、活动、会议或组织客户参观、媒体交流等形式，宣传诚信理念，弘扬诚信精神，同时，公司还通过开展测试、组织专项检查等，保证销售人员的参训率、消费者风险提示覆盖率和分支机构教育检查覆盖面等指标，确保活动取得实际成效，推进公司不断持续健康发展。活动将持续8个月，至2010年4月结束。

【国寿客户节活动丰富多彩】 为庆祝第3届国寿客户节的到来，6月中旬，中国人寿三门峡分公司举办一系列活动，充分彰显公司的品牌和实力，表达公司感恩社会、回馈客户的真情。6月16日，在机关、各柜面悬挂庆祝节日的横幅，摆放鲜花盆景，使办公环境焕然一新，并在市人民公园举办大型游园咨询活动，面对面为客户提供满意周到的服务，受到一致好评。6月18日上午，市公司派专人走进三门峡人民广播电台“行风热线”直播间，向听众朋友介绍国寿客户节的目的、意义以及有关活动安排，并就国寿鹤卡的申领事宜及功能作用向市民进行推介。19日下午，在三门峡市明珠宾馆会议中心举办“国寿大讲堂”活动，特邀原市政协副主席、市中医院院长张世峰到场为大家讲授“如何识别自己的体质”的中医养生、保健等方面的知识讲座，公司团体高端客户共计50余人参加此次活动。客户节活动丰富多彩，进一步提升了中国人寿三门峡分公司的美誉度和影响力。

【中国人寿福禄系列分红理财型保险上市】 12月下旬，中国人寿“福禄双喜”“福禄尊享”等福禄系列粉分红理财型产品在三门峡上市。该系列产品集保险保障和投资理财于一身，迎合保险业新型产品的最新潮流和趋势，也为日趋火爆的个人理财市场增添了新的亮点。在功能设置上，“福禄双喜”为被保险人提供每满2个保单年度返还基本保险金额10%的生存保险金，每年享受分红，满期可返还本金。同时，客户还可根据自己的喜好选择具有重大疾病和豁免保费功能的专属附加险，是属于相对“自由灵活”的保险产品。（杨红文）

中原证券股份有限公司三门峡六峰路证券营业部

【概况】 2009年，在积极的财政政策、适度宽松的货币政策及经济企稳复苏的推动下，国内A股市场摆脱低迷局面，市场交投持续活跃，进入快速上升通道。当年，中原证券股份有限公司三门峡六峰路证券营业部（以下简称中原证券三门峡营业部）全面贯彻落实公司的政策导向，进一步完善营业部在资源配置、激励措施及制度方面的建设，加强对营业部各项经营工作过程的有效管理和控制，以业务拓展和加强基础管理与服务为重点，发展态势良好。全年营业部交易量达373亿元，创营业部成立以来的最高成交纪录，其中A股交易量为355.2亿元，市场份额0.33‰，实现佣金收入8 976万元，年度新增零售有效客户5 265户，债券交易量1.12亿元，新增规模以上客户18户。

【提升员工整体素质】 当年，中原证券三门峡营业部始终坚持以思想政治建设为中心，切实强化员工政治理论学习,着力提升员工整体素质。在实际工作中深刻领会和落实公司经纪业务的各项重点工作安排,注重营造和谐团结、积极向上的团队精神和内部氛围,把员工的思想和行动统一到公司确定的经营战略上来。至2009年底,营业部33名员工全部取得证券从业资格,其中25名员工通过基金从业资格考核,通过率达到76%,在全行业提前实现营业部基金销售的人员资格要求。三门峡营业部共有16人通过股指期货考试、13人通过证券投资分析考试、9人通过发行承销考试,为营业部的相关业务以及未来创新业务的开展储备了人才,打下了基础。

【营业场所装修改造】 当年,按照公司的总体要求和部署,在合理规划和注重实用的基础上,中原证券三门峡营业部投资300余万元,对营业部大楼的基础设施、消防通道、监控、网络、大屏等多个环节进行改造,将营业前厅进行科学规划和功能区域的合理划分,充分实现账户管理、产品展示、理财咨询、非现场业务、投资者教育5大功能,使营业部的经营和办公环境更加符合现代金融企业的标准和经纪业务转型的要求,有效提升营业部的整体形象和软硬件设施,为广大投资者提供了良好的投资环境。

【灵宝服务部升级】 根据中国证监会《关于进一步规范证券营业网点的规定》和河南监管局《关于做好证券营业网点规范工作的通知》的有关精神,中原证券灵宝服务部从5月初开始,坚持边运营、边施工的原则,克服重重困难,在短短一个多月的时间里,完成搬迁、土建、装修、安装等一系列的专业工作,于6月圆满完成基础建设工作,8月完成服务部消防安全检测和机房升级改造系统调试合格报告。由于服务部的规范升级各项工作扎实、有效,于2009年10月一次性通过河南监管局的现场验收。灵宝服务部的规范升级工作受到上级相关部门的肯定,灵宝服务部也成为公司第一批规范升级的营业部。

【客户服务】 当年,根据公司推行分类服务标准工作计划及信息系统建设状况,中原证券三门峡营业部接入并建立呼叫中心平台,做到专机专用、专人管理,为营业部有短信定制、月度对账需求的核心客户定制相应的服务,并将营业部30万元以上的重点客户全部分配到营业部各客服人员名下,全面落实公司的标准化客户服务项目,进一步提升了营业部的服务质量和专业管理水平。

【加强投资者教育】 按照证监会的统一要求,中原证券三门峡营业部组织开展以"防范非法投资咨询和非法证券委托理财"为主题的投资者教育宣传活动,组织营业部全体员工共同学习《关于进一步加强投资者教育防范非法证券活动风险的通知》,并通过制作大量宣传展板、举办投资者教育专题讲座、在当地报刊上开办专栏等多种形式,让投资者充分了解非法证券投资咨询和非法证券委托理财活动的表现形式、典型案例,提高投资者对花样翻新的非法证券活动的识别和防范能力,引导投资者依法维护权益,切实起到了增强投资者自我保护意识的目的。

【积极推进公司合规工作】 规范运作是营业部的工作核心,是防范经营风险的保证。当年,中原证券三门峡营业部的做法为:一是认真贯彻落实公司的相关工作部署,以合规管理制度建设为前提,以各种监管法律、条例为准绳,以努力完成年度经营任务指标为主线,坚决贯彻和执行管理层政策和公司各项规章制度;二是遵照科学的授权批准和岗位分离制度、完善岗位责任制度,建立严密有效的风险管理系统,牢固树立合规经营的思想理念,强化各项业务规范管理、规范运作;三是注重员工合规意识和诚信教育,通过组织开展规范营销活动、加强相关业务流程学习等,牢固树立各岗位员工严格按流程和制度办事的意识,培养了员工诚实守信、遵纪守法的社会责任感。 (张学运)

·编辑 李艺芬·

中国人民银行三门峡市中心支行办公大楼

黄河三门峡水利枢纽工程

10 月 12 日，黄河明珠集团迎国庆 60 周年歌咏比赛

综　述

【概况】 2009年,三门峡水利枢纽管理局(三门峡黄河明珠集团公司)(以下简称三门峡枢纽局或集团公司)全面完成黄河防汛、调水调沙和利用桃汛洪水冲刷降低潼关高程试验等任务,充分发挥了枢纽的综合效益;针对三门峡水库运用方式研究的新变化,配合水利部、黄委会有关单位和部门开展水库运用方式调整补偿方案研究,主动开展工作,组织力量分析研究运用方式调整对企业造成的影响,完善有关措施;加强三门峡和故县两枢纽工程管理,三门峡枢纽350吨门机更新改造工程新门机安装进展顺利,故县水库汛限水位动态控制运用研究取得进展;企业生产经营保持良好态势,经济效益好于预期;企业战略发展稳步推进;企业管理进一步加强;党建和精神文明建设进一步加强,和谐企业建设取得新成果。全年集团公司总收入8.87亿元,实现利润713万元。三门峡水利枢纽被黄河水利委员会命名为首批爱国主义教育基地。集团公司荣获“河南省双拥工作先进单位”“全国水利系统全民健身活动先进单位”等称号。3月,全国人大代表、集团公司董事长刁兆秋出席第十一届全国人大二次会议,并向大会提交《关于进一步提高企业退休人员基本养老金标准、增强养老保障能力的建议》。

(李亚力)

【三门峡水库来水来沙情况】 2009年,三门峡水库来水206.4亿立方米,来沙1 260亿千克。出库水量199.8亿立方米,出库沙量1 830亿千克。非汛期(1月至6月、11月至12月)坝址区降雨量275毫米,与1991年至2007年均值196毫米相比偏多40.3%。非汛期来水量121.7亿立方米,较2008年同期(128.5亿立方米)偏少6.79亿立方米,较多年(1986年至2007年)同期均值133.2亿立方米偏少11.49亿立方米;来沙量为420亿千克。黄河防汛总指挥部开展第4次利用并优化桃汛洪水过程冲刷降低潼关高程试验,桃汛期潼关站最大日均流量为2 000立方米/秒,洪水过程持续10天(3月21日至30日),相应洪水量10.99亿立方米,平均流量为1 272立方米/秒;最大10日水量为10.99亿立方米(3月21日至30日)。汛期(7月至10月)坝址区降雨量274毫米,与1991年至2007年均值307毫米相比偏少10.7%。潼关站汛期来水量84.65亿立方米,来沙量850亿千克,分别占年总水量的41%、总沙量的67%。汛期黄河中游及泾渭河流域降雨过程较多,7月下旬、8月下旬、9月上中旬均有中到大雨,局部降暴雨,潼关站出现多次洪水过程,最大洪峰流量为2 390立方米/秒。在汛期各月水、沙量分配中,水量以9月最大、7月最小,分别占汛期总水量的45.1%和12.2%;沙量以8月最大、10月最小,分别占汛期总沙量的55.7%和5%。全年入库沙量1 260亿千克,出库沙量1 830亿千克,库区潼关以下累计冲刷570亿千克。

(王海军　李亚力)

【黄河防总防汛检查组到三门峡市检查】 6月4日,黄河防总防汛检查组到三门峡枢纽局检查汛前防汛准备工作。枢纽局防汛指挥部第二指挥长张保平,常务副指挥长陈印刚,副指挥长刘红宾以及豫西河务局、三门峡市水利局等有关单位负责人陪同检查。通过听取汇报、现场检查,检查组认为防汛准备工作扎实有效,具备度汛条件。检查组要求枢纽局充分认识防汛抗旱的严峻形势,立足防大汛,抢大险,全力以赴,狠抓各项度汛措施的落实,为夺取黄河防汛工作的胜利作出新的贡献。

【开展防汛演习】 6月29日,三门峡枢纽结合黄河调水调沙生产运行,开展防汛演习。演习主要内容为:洪水预警、防汛决策、人员集结、指挥调度、组织协调、闸门启闭、查险抢险、设备检修、电力供应、通信保障、物资调配、医疗救护、后勤保障、安全警戒等。演习历时21小时,共发出指令66条,模拟和演习科目包括三门峡枢纽防汛工作的各个方面。实现了枢纽27个孔洞闸门启闭时间控制在规定时间以内,防汛主设备完好率和可调率达到100%,调度指令正确执行率100%。演习取得圆满成功,并完成调水调沙生产运行任务。

【调水调沙】 6月29日19时至7月3日9时,三门峡水利枢纽圆满完成2009年调水调沙任务。此次调水调沙,三门峡枢纽局精心准备,科学调度,优化水沙过程,促使小浪底水库人工异重流塑造成功并推动其排出库外,有效地冲刷了三门峡水库非汛期淤积的泥沙,恢复了有效防洪库容。在调水调沙过程中,三门峡水库最大流量4 470立方米/秒,最大出库含沙量454千克/立方米。

(李亚力)

工程效益

【概况】 2009年,三门峡水利枢纽管理局以高度的社会责任感,扎实备汛,狠抓落实,全年完成防汛设施消缺131项,汛期设备完好率、可调率和调度指令正确执行率均为100%。整个汛期,严阵以待,精心操作,安全启闭闸门371次,顺利完成两次泄洪排沙任务,确保了三门峡、故县两枢纽安全度汛。在黄河第9次调水调沙和利用桃汛洪水冲刷降低潼关高程试验中,严格执行上级指令,精确调度,为试验的成功作出了贡献。

(李亚力)

【三门峡水库调度运用】 1月至6月,按照水库原型试验要求,控制库水位不超过318米。水库维持合理的库水位兼顾库区取水和生态需要,同时进行枢纽发电生产。实际运用最高库水位317.98米(2月22日),最低库水位288.91米(7月3日),平均库水位316.99米,比2008年(316.49米)高0.5米。桃汛期运用:按照利用并优化桃汛洪水过程冲刷降低潼关高程试验要求,当潼关站流量达到1 400立方米/秒时,三门峡水库水位降至313米;试验期间控制三门峡水库运用水位不超过315米;试验后期三门峡水库逐步回蓄,控制最高运用水位不超过318米。3月10日起,三门峡水库水位逐步下降,14日降至315米左右,14日至20日,水库进行平衡运用;20日至22日,库水位逐步降至313米以下并控制进出库平衡运用,最低库水位312.72米(22日8时);25日2时,潼关站流量上涨至1 450立方米/秒,水库水位为312.86米,满足了试验控制指标要求。3月24

日至 26 日，在桃汛大流量洪水入库期间，水库水位上涨至接近 315 米后开启泄流孔洞，控制水库水位不超过 315 米运用。2 个底孔、1 条隧洞和 7 台机组参与泄流运用。最大出库流量2 250立方米/秒，弃水量 0.32 亿立方米。27 日 4 时，潼关站洪水流量退至 1 480 立方米/秒；6 时 59 分，关闭全部孔洞，水库逐步回蓄。31 日 8 时，水库水位蓄至 317.84 米。三门峡水库转入正常运用。试验期间，最大入库流量2 250立方米/秒(26 日 12 时)，最大日均流量2 000立方米/秒(26 日)，最大 10 日水量为 10.99 亿立方米(21 日至 30 日)，10 日平均流量 1 272立方米/秒。其中，22 日至27 日入库水量 7.62 亿立方米，出库水量 6.52 亿立方米，最大出库流量2 250立方米/秒(26 日 14 时 06 分)，弃水量 0.32 亿立方米。汛前，按照黄河调水调沙要求，6 月 22 日前，三门峡水库水位维持在 318 米附近(不超过 318 米)运用。6 月 19 日，2009 年汛前黄河调水调沙正式开始。首先由小浪底水库加大下泄流量。三门峡水库运用进行了预泄和调水调沙运用两个阶段，调水调沙运用又分为控泄和敞泄两个时段。水库预泄阶段：根据黄河防总调度指令，自 6 月 22 日 8 时起，三门峡水库均匀加大泄量，至 28 日 8 时库水位降至 316 米。27 日，黄河防总调令要求三门峡水库至 29 日 8 时库水位降至 315 米，之后按进出口平衡运用。为实现以上水库水位控制要求，对三门峡水库调度方案进行实时调整。6 月 29 日 8 时，水库水位为 315.15 米，满足了调水调沙运用水位控制要求。调水调沙运用阶段：按照黄河防总调度指令，当潼关水文站流量上涨至 800 立方米/秒时，三门峡水库按 4 000立方米/秒控泄，直至水库泄空后按敞泄运用。该阶段水库运用共分两个时段，分别为按4 000立方米/秒控泄和敞泄运用。6 月 29 日 19 时，潼关水文站流量上涨至790 立方米/秒，水库水位为 314.8 米，三门峡水库进入正式调水调沙运用阶段。逐步开启 5 个底孔、7 台机组和 1 条隧洞，控制下泄流量达到4 000立方米/秒。之后，根据机组负荷和水位变化情况开启底孔和调节隧洞开度，满足流量控制要求。29 日 23 时 44 分，库水位降至 311.9 米，6 号、7 号机组退出运行。30 日 6 时 18 分，库水位降至 301.6 米，1 号至 5 号机组退出运行。30 日 6 时 55 分，12 个底孔和 2 条隧洞全部开启，水库进行敞泄运用。水库从开始加大泄量到敞泄运用历时 12 小时。6 月 30 日 6 时，出库水流变浑，含沙量为 26.4 千克/立方米；6 月 30 日 8 时，水库蓄水基本泄空。7 月 3 日 9 时起，三门峡水库开始回蓄，转入汛期正常防洪运用，控制库水位不超过 305 米。3 日 12 时 39 分，12 个底孔和两条隧洞全部关闭。此次调水调沙三门峡水库运用总历时 86 小时(6 月 29 日 19 时至 7 月 3 日 9 时)，入库水量 2.04 亿立方米，出库水量 4.09 亿立方米，弃水量 3.62 亿立方米；出库沙量 490 亿千克，最大入库流量为 1 030 立方米/秒(6 月 30 日 11 时 30 分)，最大出库流量为 4 470立方米/秒(6 月 29 日 20 时 42 分)，最大出库含沙量为 454 千克/立方米(6 月 30 日 10 时)。下半年水库调度主要是汛期(7 月至 10 月)调度和 11 月、12 月的防凌调度。汛期，水库运用按照洪水敞泄、平水控制的原则，洪水期敞泄排沙、平水期控制水位 305 米运用。汛期在两次洪水过程中水库进行了两次敞泄排沙运用。汛期，三门峡水库出库沙量1 490亿千克，同期入库沙量 850 亿千克，水库冲刷 644 亿千克。10 月 21 日起，水库逐步向非汛期运用过渡。11 月、12 月进行防凌运用和服从黄河水量统一调度，控制库水位不超过 318 米，并兼顾发电生产。年底库水位为 314.07 米，蓄水量 1.67 亿立方米。

【发电调度】 2009 年，三门峡枢纽局创新工作机制，将“事前沟通、事中会商、事后总结”的防汛工作方式全面借鉴到发电调度工作中，做到和相关单位、部门的沟通及时、协调有力、总结到位，取得良好效果。在发电时，按照电网要求，充分利用水电调峰优势，尽量安排多发峰电和平电。汛期，来水较丰时，尽量开启机组满发，在用电高峰期尽量减少孔洞泄流，降低尾水位，增加发电有效水头，提高机组运行效率；发电低谷区利用孔洞分流分沙以控制汛限水位。枯水时段，开展精细调度和经济运行，搞好节水发电。由于汛期来污量大，安排加强坝前清污工作，有效地减少了发电水头的损失。全年累计弃水量达 22.51 亿立方米。非汛期除桃汛期冲刷降低潼关高程试验和汛前调水调沙弃水 2.48 亿立方米外，没有弃水。汛期平水过程中有弃水，弃水原因主要是：汛期平水过程来水流量大于机组过流能力时，水库调节能力小且要参与电网调峰造成弃水。全年浑水发电量 2.89 亿千瓦时，年发电量 14.01 亿千瓦时。（王海军　李亚力）

枢纽管理

【概况】 2009 年，针对三门峡水库运用方式研究的新变化，三门峡水利枢纽管理局配合水利部、黄委会有关单位和部门开展水库运用方式调整补偿方案的研究，主动开展工作，组织力量分析研究运用方式调整对企业造成的影响，进一步完善了相关补救措施。加强三门峡和故县两枢纽工程管理，结合实际制定破坏性地震应急预案，提高了地震应急观测能力。协调推进三门峡枢纽 350 吨门机更新改造工程，新门机安装进展顺利。故县水库汛限水位动态控制运用研究取得进展，经黄委会批复同意，将于 2010 年汛期正式开展试验。加强防汛重点项目前期工作，三门峡枢纽 1 号、2 号泄流排沙隧洞除险加固项目初设报告已上报水利部审批。加大三门峡和故县两枢纽绿化美化力度，实施“透绿工程”，栽植各类苗木 5 300 余株，种植草坪 8 000 余平方米，坝区面貌进一步改观。强化库区水政渔政管理，开展河道巡视检查，维护了库区正常的水事秩序。

【库区水污染事件应急处理】 12 月 30 日凌晨，渭河支流发生成品油管道泄漏事件，受污染水体经渭河进入三门峡库区。面对这一突发事件，三门峡水利枢纽再次发挥了重要作用。接到有关部门的通知后，集团公司迅速启动应急预案，果断采取措施，及时关停正在运行的全部机组。同时，派出坝前清污船只，全力支援库区油污清理工作，防止了油污进一步扩散，保障了黄河下游水质安全。省政府和黄委会对集团公司顾全大局的做法给予了充分肯定。

【产业经营】 2009 年，面对国际金融危机的冲击,三门峡黄河明珠(集团)公司牢固树立"过紧日子"的思想,及时采取措施,开源节流,增收节支,保证了企业生产经营的正常运转。深入开展电力生产精细化调度,加强电力营销和电价公关。故县水库通过科学调度,不仅完成全年发电任务,还超额完成年度蓄水目标,为2010年的电力生产奠定了良好的基础。各子公司克服金融危机带来的不利影响,整体经营效益好于预期。铝业公司在严峻的市场形势面前,加强生产组织和基础管理,低价购置氧化铝,有效降低生产成本,减少了企业亏损。水电公司狠抓项目投标,努力开拓外部市场,全年中标额再次突破2亿元,实现利润21万元,近7年来首次实现扭亏为赢;完成企业改制工作,为转换运行机制、实现良性发展创造了必要条件。明珠机电公司优化"保内拓外"的经营策略,全年承揽黄河小浪底、甘肃大峡、四川东西关、宁夏沙坡头等A级以上机组检修7台次,加工对外厂房吊物孔盖板64套,实现对外收入1 061万元。电冶公司在国际市场订单大幅减少的情况下,及时调整销售策略,加大国内市场营销力度,以销定产,最大限度地缓解了金融危机对生产经营的冲击,全年实现利润239万元。明珠宾馆在消费市场和同业竞争加剧的双重压力下,挖潜增效,强化管理,保持了自身的品牌优势。工程管理公司抓住国家扩大基础设施投资的机遇,积极参与投标,努力拓宽业务,全年中标额达2 150万元,完成收入1 051万元。投资公司完善公司治理结构,加强投资项目管理,房地产开发、精细化工等项目取得良好经济效益,全年实现利润560万元。国际贸易公司调整经营策略,规避市场风险,企业运行平稳。

【故县水库汛限水位试验方案通过黄委会审查】 7月2日,由黄委会副总工翟家瑞任专家组主任委员,防办主任王震宇任副主任委员的11人专家组在黄委会召开对故县水库汛限水位动态控制运用试验方案审查会,方案顺利通过黄委专家组的审查。专家组审查同意故县水库在汛限水位动态控制实验过程中,允许汛限水位上浮2米,即汛限水位动态控制的上限为529.3米。并基本同意报告中提出的故县水库汛限水位动态控制运用方式。该项研究工作是继2006年汛限水位调整至527.3米远期正常运用指标后又一重点科技攻关项目。该方案通过审查,对于充分发挥故县水库的防洪兴利效益,保障水库的防洪安全等方面都具有极其重要的战略意义。

【水利部调研故县枢纽局水管体制改革情况】 8月27日至28日,水利部建设与管理司副巡视员肖向红等一行4人,对故县局水管体制改革情况进行调研。故县枢纽是以防洪为主,兼顾灌溉、发电、供水、养殖等综合利用的大型水利枢纽工程,是黄河中下游防洪体系的重要组成部分,具有较强的社会公益性职能。2006年,根据国家及水利部有关水管体制改革的精神,故县局纳入水管体制改革,并开展方案制定等工作。水利部调研组到故县大坝、水电厂、库区、拓展基地进行考察,并就故县局水管体制改革进行座谈,听取故县局的有关汇报,就有关问题进行交流,对存在的问题提出了指导性意见和建议。

【黄委会主任李国英到故县枢纽局调研】 9月18日,黄委会主任李国英带领调研组到故县局调研。调研组深入大坝、库区,调研水库水资源保护、生态保护和枢纽防汛设施、水电厂发电设施、发电、安全生产状况、故县局环境绿化美化、职工工作生活状况等。李国英提出,故县枢纽局要继续坚持以人为本的指导思想,抓好生产,加大投资,增强实力,改善环境,更有益于长远发展、科学发展、和谐发展。

【水利部水库管理立法调研组到三门峡市调研】 9月21日,由水利部政策法规司、政策体改处、发展研究中心等部门组成的水库管理立法调研组到三门峡进行调研。水利部拟就全国大中型水利水电枢纽工程管理开展立法调研工作,研讨统一制定水库库区管理办法的可行性、必要性。三门峡水库因地处豫晋陕三省交界处,情况复杂,因而被选为重点调研对象。调研组实地考察了三门峡大坝和管理现状、三门峡库区和管理现状。随后召开座谈会与枢纽局有关部门进行座谈,听取三门峡、故县两枢纽基本情况。调研组就两枢纽管理体制、水库管理运用、发电生产,结合全国大江大河水库管理方面的经验和运行模式以及存在的问题和水库立法的可行性等问题和与会人员进行了交流。

【黄委会巡视组到集团公司巡视】 经过20天的巡视,9月25日,黄委会巡视组完成对集团公司的巡视工作。巡视期间,黄委会巡视组通过座谈、测评、现场检查、查阅资料等方式,对集团公司贯彻执行党的方针政策、落实科学发展观、贯彻民主集中制、落实企业党风建设和反腐倡廉工作以及生产经营等方面的工作进行了全面深入的调研。

【集团公司参加第4届黄河国际论坛交流】 10月20日至22日,集团公司副总经理、总工程师刘红宾,生产技术部部长刘友营作为特邀代表参加了第4届黄河国际论坛。集团公司撰写的"泥沙对水利枢纽工程的影响及其解决对策""自然与人类活动影响条件下河道流量预测模型新方法研究""三门峡水库原型试验研究""三门峡水库与黄河调水调沙关系分析"4篇论文被论坛摘要集收录,是历届黄河论坛收录集团公司论文较多的一次。集团公司防办的王海军在论坛分会场进行了现场交流。

【黄委会检查三门峡、故县两枢纽工程管理工作】 12月2日至4日,黄委会工程管理检查组对三门峡、故县两枢纽工程管理工作进行检查,检查内容为组织管理、安全管理、运行管理、经济管理4个方面。检查组听取三门峡、故县两枢纽工程管理情况汇报,并深入坝顶、观测班组、廊道、启闭设备运行班组、电站厂房等处,仔细查看枢纽工程现场,同时向一线工人和技术人员咨询,详细了解有关情况。检查组对两枢纽工程管理工作给予充分肯定,同时也指出存在的问题,并表示积极设法帮助解决。

(李亚力)

·编辑 卢亚杰·

经济综合管理

9月16日，国家铝及铝制品质量监督检验中心建设工程奠基仪式

宏观调控

【概况】 2009年,三门峡市发展和改革委员会以“项目建设年”活动为载体,建立和完善项目滚动发展、协调服务、责任考核等工作机制,推动项目开发储备、引进争取、开工建设、竣工投产,努力实现项目建设的新突破。市区供热二期、灵宝金源矿业公司金银精炼扩建项目、渑池尚正公司1万头肉牛深加工、思睿科技4万台高精度写真机、卢氏九龙山风景区、龙王庄煤矿等47个超亿元项目建成投产。强力推进项目前期,投资75亿元的三门峡火电厂三期工程,1×100万千瓦火电工程取得国家发改委同意开展前期工作的函,2×100万千瓦火电工程项目核准可研经国家中咨公司评审,并报国家发改委待批;投资92亿元的连霍高速三门峡段拓宽工程,经专家评审通过,并上报交通运输部待批。抓住国家实行积极财政政策的有利时机,共争取中央国债和省配套资金9亿余元,为全市项目建设提供了有力的资金支持。优质服务促建设。全市的备案投资项目全部在市行政中心发改委窗口现场办结,实现了“一个窗口进,一个窗口出,一个印章对外,一站式服务”的要求。所有项目办件及时率100%,差错率为零,承诺实现率100%。加强管理稽查,保证项目资金安全。依据《三门峡市重点项目稽查办法》,加强对重点项目和国债项目的招标投标、建设进度、资金使用、工程质量、建设程序和建设环境等全过程的稽查。

全力抓好企业服务年活动,为企业搞好服务。按时编发《项目建设与经济监测》月报和《工业运行简报》,并撰写分析资料。组织参与全市工业发展情况调研,编写“当前工业经济运行情况”等调研报告,为领导决策提供翔实可靠的决策依据。以优质服务帮企业破危解困。形成《关于促进工业经济平稳较快增长的实施意见》。市、县两级重点服务企业共反映问题780个,经协调共解决724个。建立企业巡回服务制度,及时发现重点联系企业存在的困难和问题,收集建立台账,跟踪督查落实情况,确保问题得到解决。建立领导联系重点企业制度,确定205户重点联系企业,明确市、县两级领导实行一对一帮扶,及时了解和掌握企业生产经营情况,协调解决存在的实际困难和问题。实行重点企业挂牌保护制度。为切实减轻企业负担,进一步优化经济发展环境,市委、市政府在对全市46户重点企业实行挂牌保护的基础上,将挂牌保护企业增至205户,使在三门峡市经济中占有绝对优势的主要企业有一个公平、有序、健康的发展环境。积极为企业争取政策支持。通过省发改委、省工信厅推介68家急需流动资金的企业,较好地引导金融机构对企业的贷款投放,为义煤集团、灵宝黄金股份、戴卡轮毂等20家企业协调解决资金50亿元。为电解铝企业争取省政府电解铝储备计划,在省5亿千克电解铝储备计划中,三门峡市得到7 000万千克储备计划。

推进企企产销对接。组织企业参加省政府组织的企业对接、工商企业对接会,共签约25.56亿元。三季度初,组织辖区内关联企业举办企企对接会,共签约18.5亿元。启动闲置产能。以铝工业为突破口,帮助企业协调资金,解决问题,努力促进企业闲置产能的恢复和启动。停产企业由最多时的57家减少到31家,已启动电解铝闲置产能2.8亿千克、氧化铝闲置产能18亿千克。

转变经济发展方式,推进产业结构优化升级。狠抓支柱产业项目。主要围绕做大做强5大支柱产业,进一步拉长产业链、壮大产业群,加快资源型、原材料型工业向制造型、精深加工型工业转换的步伐。重点在煤电铝一体化、煤化工等领域实现项目大突破。加快产业升级步伐。全力新上一批循环经济型、高新技术型、精深加工型、先进制造型项目,促进产业结构优化升级。全年全市列入省结构调整重大项目51个,总投资244亿元,1月至11月累计完成投资85.5亿元,占年度投资计划的109%。争取国家、省结构调整资金政策支持。认真筛选项目上报和积极跟踪衔接,争取结构调整资金2 365万元,支持了三门峡锐鑫测控量仪有限公司年产5万台(套)精密气动测控量仪项目、华鑫铜箔公司年产1 000万千克铜箔项目、义煤集团年产2亿千克甲醇蛋白、义马气化厂2亿千克醋酸项目、仰韶生化年产700万千克生物酶制剂项目、蓝雪公司年产4 000万只凹版预印食盐包装箱项目、格瑞特公司年产200万平方米高强软木地板项目、思睿电子年产4万台高性能写真机项目等8个项目。金象地板3 000万平方米铝钙胶板新型建材项目、化机公司年产2 000万千克特种化工装备项目被列入2009年国债预备项目,争取省无偿资金2 940万元。全力支持产业集聚区建设。市发改委坚持把编制规划作为指导和推动集聚区加快发展的工作重点,除三门峡经济技术产业集聚区外的6个产业集聚区总体规划上报省发改委并全部论证通过,其中陕县和卢氏县进入审批程序。在抓规划的基础上,加快集聚区基础设施建设工作,集中开工一批道路、供排水、污水和垃圾处理、供电、供气等基础设施项目和标准化厂房,为项目入园和企业生产提供全方位保障。同时引导新上工业项目向产业集聚区集中,唐润公司粉煤灰砖、合鑫公司年产300台高效数控机床、义马1 000万方煤制气等一批工业项目已在产业集聚区开工建设。1月至10月,7个产业集聚区共完成投资78.87亿元,新开工项目56个,投产项目20个,在建项目54个。工业集聚区成为三门峡市经济新的增长极。

加快发展现代服务业,培育新的经济增长点。组织申报一批重大服务业项目。向省发改委上报48个投资额在5 000万元以上的服务业重大建设项目,争取进入省2009年至2015年服务业重大建设项目库,并申报14个市开发区、产业集聚区、服务业特色园区配套生产性服务项目,为争取服务业引导资金奠定基础。加快实施一批物流、文化旅游项目。重点推进七海物流等重大项目,在文化、旅游、会展业方面,抓好三门峡文体中心、虢国文化产业园、函谷关老子文化园、仰韶文化产业园等项目的建设。搞好传统服务业的升级改造。重点引进家乐福超市等一些大型服务业项目。同时,大力推广连锁经营、代理配送、中介服务等新型组织形式和流通方式。

加强资源节约和环境保护,提高集约发展水平。抓好循环经济发展。推进循环经济试点城市建设和灵宝金源矿业有限责任公司、灵宝豫赣多金属综合回收有限公司和灵宝市生源农业有限责任公司3个省循环经济试点企业建设。金源集团先后上马硫铁矿资源中多金属综合回收项目和300万千克/日多金属氧化矿综合回收项目；豫赣集团实施技术升级改造，形成以多金属回收工业为核心的产业链条体系；生源集团扩大生产规模，以自身的辐射带动力拉长产业链。体制机制逐步完善。落实《三门峡市单位生产总值能耗考核体系实施办法》《三门峡市单位生产总值能耗监测体系实施办法》等6个办法，完善节能减排指标体系、监测体系和考核体系建设。建立项目会签制度，凡是新建、扩建项目的备案、核准、审批，必须经过节能主管部门审查同意，严把项目准入关，对不符合产业政策、不符合产业规划、达不到准入条件的项目，不予核准或备案。狠抓落后产能淘汰，优化工业结构。淘汰了天元铝业1亿千克75KA电解铝生产线、义煤集团水泥厂2亿千克水泥生产、陕县森磊2亿千克水泥生产线。稳步推进节能技改项目，降低单位产值能耗。申请上报河南精工电气高科技有限公司年产5 000台新型节能三角形铁心电力变压器项目、开曼(陕县)能源综合利用有限公司高压电机变频改造等6个节能技改项目。开展公共机构节能降耗工作。通过开展节能宣传月活动、能源紧缺日体验活动，促进各级公共机构由“要我节能”向“我要节能”的转变。全市企业和全社会公民的节能减排意识明显提高。

推进社会事业发展，努力改善民生。抓好农村小型基础设施建设。全年争取国债、省专项资金8 812万元，支持安全饮水、农村沼气、农产品质量安全检验、动物防疫体系和巩固退耕还林成果等项目建设。加大农村公路建设力度。全年争取国家新增投资安排三门峡市农村公路项目38个、309.6千米，总投资15 480万元，上级补助资金6 584万元；争取省部通村公路预安排项目150千米，总投资3亿元。上述项目已全部完工。筛选村道和危桥改造项目，争取建设资金。加快农村电力建设。组织全市无电地区电力建设和农网完善工程，即“户户通电”工程市级验收工作；协调电力设施保护工作，组织电力部门编制《电力设施保护区施工作业管理规定》。组织部分县(市)“新农村电气化乡”验收，并组织渑池县、陕县“新农村电气化县”申报验收。争取资金，加强教育卫生基础设施建设。全年共争取中央预算内资金和省基建、财政资金8 747.35万元，安排卢氏县农村初中校舍改造学校4所、新建2个县级医院(渑池、陕县)、新建18个乡(镇)综合文化站、5个县市级计生站设备投资。加快廉租住房建设，改善城镇低收入群体的住房条件。中央新增1 000亿元投资项目，三门峡市廉租房建设项目共8个，完成投资8 610万元。

提高经济对外开放度，推进经济区域合作。第15届三门峡国际黄河旅游节暨投资贸易洽谈会期间，根据三门峡市国民经济和社会发展第十一个五年规划纲要，筛选出100余个重大招商引资项目向省招商网推荐发布。做好“上海企业河南行”活动前期准备工作。筛选100余个招商项目和铝工业专题招商项目，发布三门峡产业基本情况和三门峡铝工业优势招商介绍。利用国外贷款项目进展顺利。推进全市利用国际金融组织和外国政府贷款项目的顺利实施。北方旱作农业陕县龙飞公司亚行贷款资金申请报告获批复；渑池县旭源牛业开发有限公司利用亚行贷款实施农村能源生态建设项目可行性研究报告获省发改委批复，总投资1 208万元，申请亚行贷款600万元。三门峡市职业技术学院利用德国促进贷款购置教学仪器设备和进行土建工程项目建议书上报省发改委，项目总投资1 350万欧元，其中利用德国促进贷款1 300万欧元。开展区域经济合作。做好晋陕豫黄河金三角建设国家区域协调发展综合配套改革试验区6大支撑产业调查工作，提出6大支撑产业前10名优势企业，综合配套改革试验区方案上报国务院待批。启动三门峡、洛阳统筹发展工作，牵头编制完成《三门峡洛阳区域经济统筹发展示范区方案》(初稿)。

抓好重大基础设施建设，增强城镇发展支撑力。争取中央投资1 550万元，支持三门峡市(湖滨)垃圾处理场渗滤液处理工程、灵宝市供水管网改造工程等项目建设。渑池县城周边垃圾中转站、渑池县城南副中心城污水处理厂、义马市生活垃圾处理场渗滤液处理工程、义马市第二污水处理厂、卢氏县生活垃圾处理场渗滤液处理工程、灵宝市生活垃圾处理场处理工程等列入国家支持计划。崤山路改造工程、供热二期工程、大岭路立交桥建设工程建成完工，完善了城市功能，提高了城市发展承载力。做好郑西铁路客运专线建设中的各项协调工作，保证工程建设顺利进行。三门峡南站至市区连接线(迎宾大道)工程项目9月完成。

【4家企业入选省定重点上市后备企业名单】 3月6日，省政府办公厅印发2009年省定重点上市后备企业名单，三门峡市有4家企业入选。其中，义马煤业集团股份有限公司和灵宝市金源矿业有限责任公司为省定主板重点上市后备企业，灵宝市华宝产业有限责任公司和渑池县方圆陶粒砂厂为省定创业板重点上市后备企业。

【三门峡至十堰(襄樊)铁路项目前期工作启动】 4月下旬，铁道部启动三门峡至十堰(襄樊)铁路前期工作，委托中国铁路建设投资公司开展项目勘察设计招标工作，并要求年内完成项目预可行性研究和可行性研究勘察设计工作。5月6日，铁道部正式启动三门峡至十堰(襄樊)铁路前期工作。中国铁路建设投资公司随即开始着手该项目的预可研招标工作，铁路第三、四、五勘察设计院将参与该项目的设计投标。5月，铁路第五勘测设计院一行20余人就资料收集、线路考察到三门峡市接洽，进行预可行性研究报告的编制。三门峡至十堰(襄樊)铁路途经三门峡市卢氏县、灵宝市，在陕县与即将开工的运(城)三(门峡)铁路连成一线，并与陇海铁路和即将开通的郑西客运专线相连接，既能为三门峡开辟一条南下北上的新通道，也在三门峡市境内形成真正的铁路“十”字大交通，方便快捷的交通环境将为三门峡的经济社会发展起到积极的推动作用。同时该项目经过卢氏县，将结束卢氏县不通火车的历史。

【三门峡市新农村综合信息服务项目列入国家试点工程】 4月25日，国家发改委批准三门峡市农业信息中心新农村综合信息服务工程列入全国第1批国家信息化试点单位。通知要求项目单位要整合各种资源，建设现代农业信息服务平台,以电脑、电视、电话、信息服务厅“三电一厅”为主要模式,开发农业生产地理信息、农业专家远程视频教育系统;融合农村党员远程教育工程、各类信息服务渠道为农业龙头企业、农民经纪人、种养大户提供信息服务。国家将给予试点单位一定的资金补助。

【清源风电场二期工程经省发改委核准】 7月5日,大唐三门峡风力发电公司清源风电场二期工程经省发改委核准。大唐三门峡风力发电公司清源风电场一期工程装机2.55万千瓦,于2008年8月建成投产,运行稳定。在此基础上,三门峡市决定在湖滨区东北部与陕县交界地区开发建设二期工程,总装机容量3万千瓦,总投资33 110万元,由中国大唐集团公司与三门峡市建设投资中心出资建设。

【5家企业通过省资源综合利用认定】 12月10日,省发改委批准三门峡建方水泥有限公司、渑池仰韶水泥有限公司、卢氏县熊耳水泥有限公司、三门峡润实新型建材有限公司、义马煤业集团水泥有限责任公司5家企业为资源综合利用企业。这些企业利用废旧物资进行生产变废为宝,利用粉煤灰、煤矸石生产蒸压粉煤灰砖和水泥等。

(王凤杰　张　杰)

国有资产监督管理

【概况】 2009年,三门峡市国有资产管理委员会围绕“改革、发展、稳定、创新”的主题,狠抓工作落实,全力推进国有资产监管和国有企业改革,取得显著的成效。完善国资监管体系,避免了国有资产的流失。有效规范国有产权转让行为,推动国有产权的有序流转;建立和健全国企改革政策、措施和制度;完善国资监管组织体系和政策法规体系,建立国有资本经营预算、业绩考核、财务监督、产权管理等制度体系,推进全市国有资产监督进一步到位。三门峡市的国企改革顺利实现了市委、市政府的既定目标,没有发生、发现监管企业国有资产流失的情况。

规范履行出资人职责,加强和改进国资监管。完善健全制度,夯实监管基础。制定修订完善公司章程,进一步明确出资人、董事、监事、经理人和企业的行为准则。完善重大事项报告制度。落实总法律顾问和法律事务机构的职责,完善法律风险防范机制。强化统计评价体系建设,加强监管企业运行态势的分析和监测;探索中长期激励方式,完善激励约束机制。规范国有资本预算支出,加强国有资本预算管理。建立健全相关制度,提高收支预算编制的准确性,探索深化国有资本经营预算制度;整合监管资源,加强监事会监督检查。

加强市属国有工业企业存量资产的监管力度,实现保值增值。在继续完善国资监管体系,避免国有资产流失的基础上,为有效应对国际金融危机,积极落实市委、政府“项目建设年”活动,通过“机关抓服务、企业抓项目”,扩大了企业对外合资、合作的领域和范围,促进了企业内部管理的深化。金渠集团逆势发展,化危为机,全年生产经营取得显著成绩。

做好已改制企业的收尾和市属国有小企业改制的准备工作。帮助已改制为民营的企业做好改制政策的落实,解决好涉及企业和职工的有关问题。指导金渠集团调整结构布局,深化内部改革,精简管理层级,提高工作效能,增强应对各种风险的能力。在借鉴国有企业改制工作经验的基础上,规范市印刷厂、市针织服装厂的企业组织性质,帮助企业做好与国家资产管理公司的债务纠纷处理,为改制做好准备,使改制和经营工作有机结合,共同促进。

积极解决市属监管国有工业企业职工上访案(事)件,重点做好退、转军人的安置工作。落实领导包案制度,要求包案领导亲自调查、亲自接访、亲自处理。对疑难案件实行集体研究,及时答复。做好信访“代理”,将无力处理、不能处理的案件及时向上级报告,向当事人通报。做到有信必答,有访必接。多个长期缠诉缠访案件得到解决或部分解决,信访形势发生显著变化。全年接办信访件25件,处理25件;接待上访群众100余批次、1 000余人,没有发生国资委系统职工群众进京赴省上访、非访和集体上访的事件;国资委主要领导接访50余次,有效化解了大量的信访矛盾。

优化国有企业的经营环境,促进改制企业健康发展。建立企业法律顾问制度,优化企业防范法律风险环境,依法维护国有资产所有者和出资者的合法权益。推行阳光行政,优化政府服务企业环境,完善部门网站,将市国资委承办事项及办理程序、时限等内容,对社会公开。积极转变工作作风,服务企业,服务群众。

加强企业领导班子建设,建立和完善监管机制。结合机关学习实践科学发展观活动的开展,要求所属企业领导同步参加学习,力求提高政治素养和业务能力。推进企业干部人事制度改革,确立适应社会主义市场经济需要的用人观念和制度,坚持党管干部原则与群众路线有机结合起来,探索建立适应社会主义市场经济要求的企业干部人事制度为优秀人才脱颖而出创造条件。加强对企业领导干部的监督,坚持党组织参与企业重大问题决策的制度,坚持党管干部原则,坚持党对企业思想教育工作、精神文明建设的领导。加强党风廉政建设,提高干部的公信力,创造和谐发展的局面。

深化监管企业内部管理体制改革,完善企业现代管理制度。明晰产权关系,企业产权关系清楚,出资者享有企业的产权,企业拥有企业法人财产权。实行有限责任制度,出资者按投入企业的资本额享有所有者权益,也就是拥有资产受益、重大决策和选择管理者等权利。实现政企职责分开。政府依法管理企业,企业依法自主经营,不受政府部门直接干预,政府调控企业主要用财政金融手段或法律手段,而不用行政干预。建立权责明确的管理制度。

加强安全生产管理。抓好重点行业和领域的安全生产专项整治,防范重特大事故的发生。本着谁主管谁负责的原则,与委属企业签订“安全生产目标责任书”。强化安全管理,着力加强基层和基础工作。督促企业加强安全设施建设,及时淘汰危及安全的落后技术、工艺和装备,引导企业积极采用先进安全适用的技术装备,提高安全装备水平,改善企业安全生产条件。加强安全生产宣传教育和培训,增强全社会安全意识和安全生产法治理念。加强安全生产宣传教育和培训，增强全体职工的安全意识和安全生产法治理念。开展安全生产大检查。全年安全生产形势稳定，未发生安全生产事故。

（崔礼靖）

安全生产监督管理

【概况】 2009年，三门峡市安全生产监督管理局以深入开展“安全生产年”活动为主线，以防范遏制重特大事故为目标，以扎实推进安全生产“三项行动”（执法行动、治理行动、宣传教育行动）和“三项建设”为抓手，以“企业服务年”和“项目建设年”活动为载体，推动安全生产工作进一步规范、有序、高效开展，较好地完成了年度目标任务。

加强领导，强化责任，全面推进安全生产监督管理工作。成立安全生产工作领导小组，督促各县（市）区安监局和机关各科室依法行政、强化监管、真正履行职责。坚持目标管理，严格落实安全生产责任制。年初，组织召开全市安全生产工作会议，提请市政府与6个县（市）区政府及三门峡经济开发区、工业园管委会、市直有关部门共55个单位和53个市属以上企业签订安全生产目标责任书，落实工作责任。狠抓“一岗双责”，深化安全生产责任制。在《三门峡日报》上对全市323个重点企业的县、乡（科）级分包领导名单进行公示，对省政府煤矿安全督查组在渑池县发现的两处煤矿违法违规生产行为进行严肃处理和问责，有力推动了安全生产责任制的落实。

围绕目标，综合整治，安全生产专项治理工作开创新局面。组织开展“百日安全无事故”活动和夏季防汛、“平安国庆”等安全生产大检查。全年共派出117个检查组、63个督查组，检查各类生产经营单位4 900余家次，查出重大隐患106条，列入治理计划97条，其中46条实行挂牌督办，已投入整改资金1 029.1万元，完成整改18条，其余28条已落实整改责任人和整改措施。全年关闭非煤地下矿山11个，清理超期基建项目49个；23家非煤地下矿山全部实现机械通风，在露天采石厂“一面墙”无台阶开采安全专项整治中，60家中小型露天采石厂实现分台阶开采，63家采用中深孔爆破技术；开展提升运输安全专项整治，更换和整改不符合安全条件的设备、设施200余台（件）。开展危险化学品安全专项整治，共检查充装经营单位68家、使用单位296家，关闭取缔29家无证非法经营点，排查治理各类隐患91条。全市6家烟花爆竹批发单位投资320余万元完成仓库标准化建设，强化各个环节的监管。打击烟花爆竹违法违规行为，取缔违法经营摊位34个，没收20箱非法烟花和130万响爆竹。组织人员对全市157座尾矿库进行逐库检查，对列入治理计划的89座尾矿库逐库进行综合治理。其他安全整治也有新的起色。推进煤矿技术改造，对省政府确定的全市10对复工复产矿井组织检查验收，对验收合格的9座矿井批准其复工复产；加大道路交通安全整治力度，纠正各类交通违法行为60余万起，处罚17.9万起，行政拘留2 536人，震慑了交通违法行为；配合消防安全专项检查，检查公众场所18 582家次，整改火灾隐患17 763处，政府挂牌督办的4处重大火灾隐患全部完成整改。

突出重点，强化监管，“安全生产年”和“项目建设年”活动取得新成效。抓好安全生产“三项行动”。活动期间，共打击无证或证照不全非法从事生产、经营、建设活动1 917起，查封、取缔33个无证非法油气点；排查各类隐患23 042条，完成治理22 298条，整改率为96.8%，落实治理资金1亿余元；开展宣传教育活动1 938次，教育职工群众35.6万人。强化服务，“项目建设年”服务企业活动有了进一步提升。上门帮助80余家矿山企业落实整改措施、完善申报资料、简化办证程序，缩短许可证申办时间，为企业项目建设创造了良好的安全生产环境。在项目帮扶活动中，筹集资金30余万元，着力解决帮扶村上涧村人畜饮水、村村通道路和乡村卫生院建设等惠民工程，并帮助上涧村重晶石矿项目申报申办各种行政审批手续，使其顺利复工复产。

强化安全意识，加强应急管理，安全培训、基层基础和应急救援建设有新进展。抓好安全知识宣传。开展以“关爱生命，安全发展”为主题的第8个全国“安全生产月”活动，并将每年7月29日定为全市“安全生产宣传教育日”，增强全社会的安全生产意识。深入开展“百场讲座送基层安全服务活动”，编印和发放《企业安全生产知识口袋书》13万余册、《安全生产法律法规和事故案例分析》1万余册。抓好培训教育。全年全市共培训安全生产监管干部50余人，安监系统行政执法人员130余人，安全生产监督员32名；培训和复训安全生产管理人员2 305人，特种作业人员培训4 081人，农民工培训2.6万余人。抓好“双基”和安全标准化创建工作。全年共有507个行政村（社区）达标，达标率为34.6%；有58家企业参加安全标准化创建工作，义马气化厂、中州气轮机厂、灵宝黄金机械厂等创建为国家2级安全标准化企业；累计创建232个示范“无伤害班组”，安全生产基层基础建设状况有了较为明显的好转。抓好应急救援能力建设。市、县两级政府相关部门共组织有关生产经营单位举行各类较大型演练320余次，参加职工4万余人，出动装备2 800台次。11月25日，国家安监总局应急救援指挥中心在湖北宜昌召开会议，市安全生产监督管理局作为地级市代表作了典型经验交流发言。

严格要求，依法行政，及时查处各类安全生产事故和非法违法行为。严格安全生产行政许可。依法对64个新建、改建、扩建项目履行“三同时”审查程序。办理非煤矿山和采掘施工企业安全生产许可证77个，危化品安全生产许可证和经营许可证61个，烟花爆竹经营（批发）许可证5个。强化执法检查。全年共检查各类生产经营单位65个，做出现场检查记录65份，发出责令改正指令书55份；对6起市政府批复的工矿企业事故进行查处，共处罚款104万元，并统一上缴市财政。依法查处各类生产安全事故。全年全市共发生18起工矿企业生产安全事故，其中煤矿事故5起，由省煤矿安全监察局豫西分局组织调查；重大事故1起，由省政府组织调查；市政府和各县政府组织调查的12起事故中，有8起按期结案，已依法追究42人的责任，其中追究刑事责任1人。事故统计准确率、事故按时结案率和事故责任人处理意见落实率均达到100%，有力地震慑了安全生产非法违法行为。

加强安监队伍建设。市安监局受理非煤矿山、危险化学品、烟花爆竹安全生产许可申请143家，与派驻第六纪检监察组共同研究审核并提请省安监局办理颁发143家；共同督查尾矿库治理4次，专题研究事故调查处理报告6次，监督行政执法处罚8次，从机制上扎实推进机关效能建设和政风行风建设。市安监局被市委、市政府表彰为2009年“机关作风效能建设优秀单位”“机关政风行风建设优秀单位”。坚持每月参加国家安监总局举办的安全生产业务专题视频讲座学习，全年共有220名安监人员分别参加国家、省、市三级脱产培训，依法监管能力和执法水平得到提高。

【市政府确定7月29日为全市“安全生产宣传教育日”】 7月24日，三门峡市人民政府印发文件，确定7月29日为全市“安全生产宣传教育日”。2007年7月29日8时40分，三门峡市陕县支建煤矿因山洪暴发造成淹井事件，69名矿工被困井下，生命危在旦夕。在党中央、国务院的高度重视下，在省委、省政府和国家安监总局的正确领导和主要领导的直接指挥下，在市委、市政府的认真组织下，经过党政军民和社会各界的科学、精心、全力施救，到8月1日12时53分第1名被困矿工救出，历时4天3夜76小时，随后69名矿工全部生还，创造了中国煤矿救援史上的奇迹，是近年来全国同类事件中无1人伤亡的成功实例。为认真贯彻落实科学发展观，大力弘扬“7·29”立党为公、执政为民的精神，果断决策、讲究科学的精神，一方有难、八方支援的精神，英勇顽强、不怕牺牲的精神，以人为本、顾全大局的精神，军民团结、拥军爱民的精神，真正做到安全生产、警钟长鸣，关爱生命、安全发展。市政府研究决定：每年7月29日为全市“安全生产宣传教育日”。各级政府、各部门要进一步统一思想，提高认识，牢固树立安全发展的科学理念，大力弘扬“7·29”抢险救援精神，开展各种形式的安全生产宣传教育活动，努力营造关爱生命、关注安全的舆论氛围，形成全社会齐抓共管的强大合力，为促进全市经济社会平稳较快发展创造良好的环境。　　（郑志刚）

国土资源管理

【概况】 2009年，三门峡市国土资源局大力服务经济建设，先后获得全国整顿和规范矿产资源开发秩序工作先进集体，全省县(市)、乡(镇)、村级国土资源法律知识宣传教育培训活动先进单位和矿产资源征收管理工作先进单位，全市重点项目建设先进单位、争取中央新增投资先进单位、政风行风建设先进单位等18项荣誉称号。

建设用地管理　全年全市共报批项目建设用地69批次，总面积4 413.91公顷，其中农用地2 428.9公顷(耕地1 605.52公顷)，报批总用地面积居全省第5位；上报省政府批准乡(镇)土地利用总体规划调整5个批次，共调整规划面积354.88公顷(耕地188.16公顷)，有效保障了全市“8155”投资促进计划确定的138个超亿元项目以及列入省考核重点项目、省“8511”“1074”等重点建设项目的用地需求。

耕地保护　全年全市经储备并备案112个土地整理复垦开发项目，新增耕地1 007.56公顷，同非农建设占用耕地639.01公顷相抵后，净增耕地368.55公顷，连续11年实现耕地占补平衡有余，获得省国土资源厅奖励用地计划指标33.33公顷。全面完善基本农田保护档案，共建立县(市)区级档案7套、乡级成果档案66套、村级档案1 348套。加大基本农田保护工作宣传力度，全市乡(镇)共投入经费228.5万元，设立大型宣传标志牌23块、基本农田保护标志1 402块，与村民小组签订责任书10 514份，与农户签订责任书304 450份。

土地利用　全年市本级共收购储备土地35宗，总面积60.67公顷，已成功处置28宗(其中划拨2宗)，收取土地出让金2.68亿元，实现土地收益1.75亿元。组织开展巩固砖瓦窑治理整顿、加油站用地检查及房地产开发市场专项检查等，全市共清查闲置土地12宗，面积20.2公顷；盘活存量建设用地303.99公顷，占省国土资源厅下达180公顷目标任务的168.89%。逐步建立和完善国有经营性用地“招拍挂”的六项制度，全市共供应土地155宗，面积405.33公顷，其中出让116宗，面积233.77公顷，收取出让金10.3亿元。出让土地中，通过“招拍挂”方式出让100宗，面积221.13公顷，收取出让金10.2亿元。市本级共供应土地52宗，面积147.07公顷，其中出让41宗，面积79.58公顷，出让总成交价款达5.45亿元，比2008年的2.87亿元相比翻了近一番。

国土资源执法监察　全年市本级开展动态巡查103次，其中1级巡查区域60次，2级巡查区域43次，到基层乡所巡查30余次；各县(市)区国土资源

5月21日，三门峡市委副书记、市长杨树平出席2009地质找矿与科学发展论坛

局共巡查1 030余次，累计出动警力3 029人次，发现非法占地158起、无证采矿500余起，现场制止违法行为469起，封填非法井口100余个，拉倒井架100余个，没收设备100余件，拆除工棚20余间，拆除违法建筑3 600平方米，向法院移交案件10余起，下达处罚决定书10余份，均已结案，罚没收入上缴财政110余万元。

信访稳定工作　严格执行各级党委、政府关于提高征地补偿标准的有关规定，确保了市本级城市规划区内用地补偿不低于45万元/公顷，县（市）规划区内及乡（镇）规划内用地补偿不低于30万元/公顷。继续实行征地批前告知、听证、确认程序和征地批后“两公告一登记”程序，坚持在互联网上公布征地审批结果和征收方案，增加征地工作透明度，维护了被征地集体经济组织和成员的知情权。完善局领导分片包干信访接待制度，开展争创无越级上访基层所（站）活动。通过抓源头、抓疏导、前移执法关口，使大量的信访问题解决在基层和案发地。全年全市共发生涉国土资源到市访案件106起、217人次，进京、赴省上访案件43起、120人次，接访总数及影响程度较2008年都有所下降。

土地勘测定界及评估　全年市国土资源局共完成土地勘测定界223宗，出具报告206套，资料740份，宗地图99宗、297份，完成个人住宅楼发证勘测60余栋。共完成出让、抵押、划拨等各类型土地价格评估报告149份，总评估面积达296.17万平方米，评估价值达16.35亿元。

测绘管理　全年市本级共受理国有土地登记111宗，审批个人住房用地分割登记1 502户，抵押登记31宗，注销登记12宗，接待土地登记公开查询80宗，录入地籍档案400余卷，更新图斑300余个。开展测绘资质年度注册工作和资质申请审查及变更工作，全市21家丙、丁级测绘单位中，20家通过年度注册，5家进行证书变更，对新申请的3家单位进行了资质审查。开展地图市场检查活动，在全市范围内未发现“问题地图”。开展整顿和规范地理信息市场秩序工作，配合查处4名荷兰人在卢氏县双槐树乡庆家沟村的非法测绘行为。

第2次土地调查　至年底，全市县级农村土地利用现状调查全部通过国土资源部的内业核查，陕县、灵宝市调查成果还通过了外业核查。城镇地籍调查的外业工作基本结束，基本农田上图工作进展顺利，与周边邻县的接边工作全面完成，市级数据汇总前期准备工作也全面结束。

土地利用总体规划修编工作　市、县两级土地利用总体规划全部编制完成，并分别于9月底和10月底通过省政府审查批准实施，成为全省第2个市、县两级土地利用总体规划均开始实施的城市。乡级规划初稿已完成，并分别通过市国土资源局组织的初审和省国土资源厅组织的复审。

矿产资源管理　完成138个（其中部、省发证矿山120个）矿山的储量动态检测年度报告、262个矿山企业“三率”指标考核和开采回采率系数核定工作，组织编制《三门峡市钼矿资源整合实施方案》。矿产资源补偿费征收成效显著，全年共以挂牌方式出让采矿权12宗，总成交价款1 024万元，其中市本级登记并发放采矿证47个，收取采矿权使用费10.09万元；全市共征收矿产资源补偿费6 514.42万元，其中市本级征收1 330万元。整顿和规范矿产资源开发秩序活动进一步深入，遏制了无证探采、乱采滥挖、浪费资源等现象。

地质环境管理　在全市新发现的61处地质灾害隐患点建立健全县、乡、村3级监测网络，明确监测责任人，发放2.8万余份“地质灾害防灾工作明白卡”“地质灾害防灾避险明白卡”。筛选、上报灵宝市川口乡碑基村黄土滑坡等8个地质灾害隐患点，并纳入2009年省级财政资金治理项目名单。编制并经市政府批准实施《三门峡市矿山环境恢复治理规划》。灵宝小秦岭地质公园获得国家地质公园建设资格，渑池韶山地质公园获得省级地质公园建设资格。卢氏县、灵宝市分别被国土资源部授予全国地质灾害群测群“十有县”称号。

【国家土地督察济南局土地例行督察工作组到三门峡市督察】　10月26日至11月6日，国家土地督察济南局土地例行督察工作组对三门峡市近年来的土地利用和管理工作进行例行督察，未发现重大问题，给予了较高评价。此次土地例行督察工作涉及全市6个县（市）区和1个经济开发区，共审核2007、2008年度各类卷宗1 449卷，实地核查变化图斑300个，发现主要问题5大项10小项。　（李　静）

工商行政管理

【概况】　2009年，三门峡市工商行政管理局服从和服务于全市经济发展大局，在培育市场体系、服务经济发展、打击假冒伪劣商品、制止不正当竞争、净化市场环境等方面做了大量的工作，为三门峡经济社会平稳较快发展作出了积极贡献。荣获全国、省、市集体及个人荣誉70余项，连续3届保持省级文明单位称号。

深入整顿规范市场经济秩序。市工商系统以食品安全、消费安全、生产安全为重点，加大市场监管和行政执法力度，全力保障流通领域市场经济秩序和社会和谐稳定。全年共查处各类经济违法违章案件2 663起，受理各类投诉申诉1 094件。开展重大节日食品市场专项整治，检查经营者3.2万户次，取缔无照经营67户，查扣假冒伪劣和不合格食品近2 000千克，为消费者避免经济损失上亿元。开展“飓风”行动，立案135起，取缔无照经营377户。开展“雷霆”行动，查处违法经营52户、吊销14户，取缔“黑网吧”43户。加强成品油市场监管，检查加油站224个次，抽检样品31个，处罚金额8万余元。与烟草部门联合开展“百日整治”行动，检查卷烟零售商户5 266户，查处案件797起，查获卷烟700余条。严厉打击以“家电下乡”为名销售假冒伪劣商品行为。加大打击传销力度，取缔传销活动场所989个，解救517人，遣散6 812人，移送司法机关84人。加大医疗、药品、保健品、食品等重点领域违法广告整治力度，查处案件53起，清理违规户外广告90余起。同时，组织开展广告市场整治、打击商标侵权行为、打击传销和严格规范直销等一系列专项整治行动，有效地维护了市场经济秩序。

加大消费维权力度。大力推进“12315”进商场、进市场、进景区、进社区、进农村“五进”工程，健全统一受理举报、统一指挥查处、统一反馈处理情况的消费维权体系,加快以乡(镇)和自然村为支撑的维权站点建设,扩大消费维权组织网络覆盖面,努力把消费纠纷化解在基层、和解在企业、解决在源头。全年共接受消费者咨询1 555件,受理消费者申诉举报1 088件,成功调解1 080件,为消费者挽回经济损失22.49万元。市工商局制定下发《三门峡市工商局流通环节食品安全网格化监管工作方案》,在全市范围内推广食品安全网格化监管模式。巩固两项制度,推动大型超市电子监控平台建设,以全面提升流通环节食品安全监管信息化水平。市工商局将家用电器、燃气器具、建筑钢材、人造板、扣件、儿童玩具、劳动防护用品、汽车配件、低压电器和电线电缆10类重点商品纳入“索证索票”范围,对重点商品加强溯源监管。在第15届三门峡国际黄河旅游节、端午节、“六一”等重点节庆和高考期间,开展食品安全专项整治行动,确保流通环节食品安全。开展全国打击违法添加非食用物质和滥用食品添加剂专项整治,未发现有违法添加非食用物质和滥用食品添加剂的行为。开展对不合格取暖器电热毯的市场清查行动,未发现不合格取暖产品。对无保健食品批文的蜂胶产品进行专项整治,在辖区内未发现有经营无保健食品批文的蜂胶产品的经营户。开展仿瓷餐具市场清查行动,未发现有销售不合格仿瓷餐具产品和其他不合格产品的情况。开展“清新居室”专项执法检查,检查批发、零售市场等各类市场14个,检查经营户490户次,查处销售假冒伪劣商品案件1件,商品货值0.6万元。

开展商标信息普查工作,共完成全市商标普查信息866户,建立商标档案信息。指导企业争创驰名、著名商标。指导完成河南省著名商标认定申报13件(其中新申请9件、重新申请4件)。指导涉农企业、农村经济组织等各类企业申请注册商标。全年帮扶企业注册商标申请55件。市、县两级工商部门共同努力,在有关部门的配合下完成了“灵宝”苹果地理标志证明商标注册的申报工作。这是三门峡市建市以来在国家商标局申报的唯一一件地理标志产品证明商标。

采取多种形式,净化广告市场环境。抓宣传,促社会监督体系形成。建立集中宣传、来访宣传、重点宣传等宣传机制,利用行风在线活动、“3·15”法律宣传咨询活动和“打虚假,树诚信”广告宣传活动,在群众中广泛普及广告法律知识。全市工商系统查处的违法广告案件有30%左右是通过群众举报发现的。抓教育,促行业自律机制形成。全年义务教育当事人近200人次。加大对广告主的监管力度,从源头上遏制违法广告,全年违法广告率幅度明显下降。抓联动,形成齐抓共管局面。从行业管理和综合管理两方面入手进行综合控制,最大限度地减少违法广告的出笼,有效规范广告市场秩序。查处虚假违法广告,规范广告发布行为。加大宣传力度,营造整治虚假违法广告的浓厚氛围。强化属地监管责任制,把广告监管的各项目标责任进行细化纳入各县(市、分)局的目标责任。把直接关系人民群众切身利益的医疗、药品等广告作为突出整治的重点,开展整治行动。全年共出动执法人员1 023人次,检查广告经营单位及印刷企业、药店和诊所、其他经营主体1 096户次。发挥协调、服务作用,引导全市广告行业健康发展。做好“公益广告”宣传活动,在市区主要路段发布21块公益广告牌,组织各类主流媒体开展各种形式的公益广告宣传活动,全年开展不同形式的公益广告宣传1 500余条。组织各类公益广告优秀作品参加河南省公益广告评选活动,三门峡市组织选送的公益广告作品获得河南省第8届公益广告作品二等奖,创作单位三门峡人民广播电台获先进单位及先进个人。

推进信息化建设。本着“科学规划,分段实施,着眼长远,重在实用”的原则,继续走投入小,见效大的路子,逐一解决“信源、信道、信速和信用”4大环节,全面打造具有三门峡特色的“一体两翼”信息化建设新格局。所有办公数据实现省、市、县、所适时传输和使用无障碍。社会公众服务平台和移动执法办公平台基本畅通。在系统网上开辟“工商大课堂”,实现现代网络远程教学、在线学习和网上考试,有效提高了队伍的政治理论素养和专业知识水平。

(张世刚　黄蓉晓　刘庆营)

【开展基层工商所大练兵大比武活动】为提升工商干部队伍素质,更好地实现职能转变,服务社会、服务民众,8月起,利用1年时间、分3个阶段(改善所容所貌、营造文明形象阶段,推进信息化建设和廉政建设、提高法律法规知识水平阶段,提升业务素质、培养岗位能手阶段),在全市工商系统开展基层工商所大练兵大比武活动。全市工商系统基层工商所迅速掀起讲政治、顾大局,爱岗位、学法律,精专业、练技术,比成绩、赛贡献的“比、学、赶、超”工作高潮,基层工商所的所容所貌、工作环境和执法人员言谈举止、着装风纪明显改善,系统干部队伍的整体形象和业务水平明显提高,形成良好的基层工商所运行机制,赢得了地方党委、政府和广大人民群众的赞誉。

【实施兴企强市、兴农富民“两大工程”】2009年,市工商局持续深入实施兴企强市、兴农富民“两大工程”,创新措施扩内需,营造环境保增长。全市新发展各类市场主体15 163户,其中新增内资企业、私营企业、外资企业、个体工商户分别达1 380户、630户、3户、13 150户;帮助企业办理动产抵押登记48起,金额7.71亿元;股权质押10起,融资金额2.1亿元;办理农民合作社309家,新发展农村经纪人2 493人,建立各类经纪组织17个;指导企业、农户办理商标注册申请105件,帮助争创河南著名商标8件,商标续展5件。开展“企业服务年”“农民工服务月”“支持高校毕业生灵活就业自主创业”活动,为市场主体提供贴心帮助和服务,全系统共提供免费法律法规政策咨询8 560人次,走访企业、农户8 220人次;实行试营业制度企业85户;完成企业改制34家,帮助企业上市1家;帮扶企业办理商标注册63件;设立农民工维权站289个,帮扶返乡农民工创业就业5 818人次,为农民工减免费用3.6万元;免费为高校毕业生提供信息查询服务484次,帮扶777人实现了自主创业和灵活就业,达到了上级党组满意、地方政府满意、监管对象绝大多数满意。

(张世刚　黄蓉晓)

【开展保护驰名商标专用权专项执法行动】2009年,全市工商系统开展保护驰名商标专用权专项执法行动,涉及“蒙牛”“小肥羊”“洋河大曲”“伊利”

"蓝带""白象"等品牌。共出动执法人员1 200余人次,检查各类交易市场31个次,没收侵权商标标志7 500余件。开展商标维权案件查处工作,共查处商标侵权案件41起。

【开展广告专项整治】 2009年,全市工商系统共开展广告专项检查6次,检测、检查广告8 700余条,发现涉嫌违法广告210余条,责令停止发布65条,责令改正违法广告121条,清理违规户外广告90余起,收缴违法印刷品广告4万余份。开展广告专项整治活动,查处虚假广告违法案件53起。

【开展商品质量和食品安全监测】 2009年,市工商局制定下发《三门峡市工商局2009年度流通环节食品安全及产品质量监测方案》。利用食品质量快速检测设备对超市、集贸市场、农贸市场销售的粮油、蔬菜、肉蛋禽等近130个品种的食品实施快速检测,共抽取样品554个批次,进行蔬菜农药残留、食用油酸败程度、米面制品吊白块、熟肉亚硝酸盐含量等项目检测,其中不合格产品24批次,合格率达95.67%。

(刘庆营)

【整合基层工商所】 2009年,市工商局按照制度化、规范化、程序化、法治化建设要求,完成基层工商所规范化建设。基层工商所整合全面完成,由66个所整合为41个所,整合比例达38%。全面完成农村所的改建和新建,共新建工商所13个、改建工商所10个,占地面积3.05公顷,建筑面积近1.4万平方米,投资近1 500万元。

(张世刚 黄蓉晓)

物价管理

【概况】 2009年,三门峡市物价局按照"服务大局、依法行政、创新机制、循环发展"的总体要求,积极稳妥地推进价格改革,着力解决民生价格问题,做好价格监管,整顿规范市场价格秩序,努力将价格总水平稳定在合理区间,为全市科学发展创造了良好的价格环境。

加强价格监测预警和调控能力,努力将价格总水平稳定在合理区间。2009年三门峡市价格形势总体呈降幅回落态势,累计居民消费价格总指数为99.1%。做好常规监测。全年市物价局向省发改委按时报送各类价格监测表610份,各县物价局共按时报送各类报表1 000余份,无缺报漏报现象。做好应急监测。5月起,针对甲型H1N1流感疫情,及时启动甲型H1N1型流感疫情医药产品及相关原材料价格应急监测机制。对达菲(奥司他韦)、莽草酸、八角、口罩、消毒液5种商品价格变动情况监测,并加强市场监测巡视,密切关注市场动态。全市共设立监测点24个,组织监测活动76次。拓宽监测范围。将监测工作重点由基本生活品扩大到重点工业品(煤炭、铝锭、钢材、果汁等)价格监测,提高了价格监测的预警功能。强化涉及民生价格问题监测。2月底3月初,针对苹果销售价格下跌过快,及时启动对苹果成本、价格的调查、监测、分析工作,提出防止苹果价格下跌的政策建议。4月底至5月初,针对生猪价格下跌问题展开专题调研,并向省发改委和市政府提交调研报告,提出防止生猪价格过度下跌的政策建议。提高调控能力。规范价格调节基金征收行为,扩大基金征收来源,增加基金调控能力。全市全年共征收基金500余万元。

及时实施价格调整政策,平衡消费者、经营者利益,服务经济发展。加强石油价格管理。及时按照国家和省发改委的要求8次调整成品油价格,加强价格调整的宣传解释工作,及时处理生产、运输和市场供应中出现的矛盾和问题。调整天然气价格。制定中裕燃气有限公司用气价格:居民用气2.8元/立方米,商业用气3.8元/立方米。制定灵宝市市区天然气价格:居民用气2.8元/立方米,商业用气3.2元/立方米。制定义马市煤气销售价格:居民用气1.5元/立方米,商业用气1.85元/立方米,工业用气1.45元/立方米。根据石油价格调整,9月12日,对居民用液化气价格进行调整,由4.8元/千克调整为6元/千克。调整客运票价。落实春运期间河南省公路客运价格继续实行不上浮政策。按时按标准降低三门峡市公路客运燃油附加费标准。加强医院自制药品价格管理。对黄河三门峡医院和市中医院14种自制制剂价格进行成本测算,制定合理的制剂价格,切实维护企业和消费者利益。

创造扩大内需的良好价格环境,促进消费。完善支农惠农价格政策。切实落实国家提高夏粮最低收购价政策,保护农民种粮积极性。5月下旬,联合市财政局、市工商局、市商务局等6部门出台三门峡市防止生猪价格过度下跌调控措施,切实保护群众养猪积极性,减缓生猪价格周期性波动。全面清理涉及交通和车辆收费。依法治理各种涉及汽车消费的乱收费行为,促进汽车家庭消费。组织调研三门峡市涉及交通和车辆收费情况,共涉及公安、交通等5部门,涉及交通和车辆收费项目12项,涉及收费金额共约8 557万元。规范旅游价格行为,促进旅游消费。对公共博物馆、纪念馆、爱国主义教育示范基地、城市休闲公园继续实行免费开放政策。鼓励景点采取门票价格折扣优惠、发放优惠券、消费券、增加服务内容等形式,引导和扩大旅游消费。整顿旅游景点(区)停车场收费,降低偏高收费标准,规范收费秩序。

做好民生价格工作,维护群众利益。规范继续教育收费。在严核成本的基础上,认真审批住宿费标准,制定7所大中学校的学生宿舍楼住宿费标准。对全市中学收费进行规范整顿,及时纠正渑池县、陕县、灵宝市等中学存在的规范收费行为,责令学校退还违规收费40余万元。规范医疗价格(收费)行为。及时降低三门峡市14家医疗机构的检查、检验等医疗服务项目,变更收费许可证18本,核定部分医院床位费标准,切实减轻群众就医费用负担200余万元,在一定程度上缓解了群众"看病贵、就医难"的问题。加大保障性住房价格管理力度。审批康乐家园等3处共约4万平方米经济适用房销售价格,切实把惠民政策落到实处。围绕群众和媒体关注的学前教育问题,8月,研究制定学前教育的两种制度。对公办学前教育机构收费实行"收费许可证"管理制度,民办学前教育机构收费实行备案管理制度。针对群众反映强烈的物业收费混乱的情况,规范小区物业管理公司物业收费。10月,制定景通物业公司、丽景湾小区的物业管理费项目及标准。

同时,明确界定61项物业服务内容。开展停车场收费专项清理工作,规范政府定价停车场12家、市场调节价停车场14家,营造了公平竞争的停车收费环境。利用价格杠杆和收费机制,全面推进城市供水价格改革进度。审批灵宝市、渑池县水价改革及调整方案,对居民生活用水实行阶梯式计价办法和抄表到户计量办法。市本级及5县(市)全部完成水价改革。

加强价格监督检查,维护市场价格秩序。加强价格收费专项检查。以省、市联合办案形式开展检查,开展涉农收费专项检查、电力价格专项检查、涉企收费、药品与医疗收费等专项检查,共检查企事业单位近400家,查处价格违法行为和案件230余起,涉及违价金额1 500余万元,已实施经济处罚400余万元,入库收缴约300万元。加强甲型H1N1型流感疫情防控工作责任制和责任追究制。畅通"12358"价格举报投诉渠道,密切关注市场价格动态,积极防范和妥善应对价格异常波动。加强常规检查。开展成品油价格调整政策落实情况的价格检查、"五一""国庆"等节假日和降温降雪等异常天气的市场监管。

疏导价格矛盾,服务保民生、促稳定。制定和完善政府调价的相关配套措施。在制定城市供暖价格时,作出2009年冬季城市集中供暖价格不上涨的决策。测算调价措施出台后对低收入群体的影响,制定对低保户的补贴方案,一个采暖期每户补贴300元,全市发放采暖补贴约30万元。

发挥"12358"价格举报职能,化解价格矛盾。全市全年共接受价格咨询3 000余次,处理价格举报632起,处理价格违法案件234起,有效维护了消费者的利益。根据《信访条例》和《价格违法行为举报规定》,规范价格举报(信访)办理程序,严格履行登记、告知、回复等义务,做到详细登记、迅速受理、准确定性、依法处理、及时反馈。

建立完善出台重大定调价政策前的信访评估制度。通过调价前,集体研究调价幅度对居民消费价格指数的影响、对低收入群体的影响等因素,科学制定调价政策、出台时机、价格补贴措施等。全年共召开调价信访评估会议7次,有效防止了出台价格政策引发社会不稳定因素的情况。

发挥清费治乱职能,整顿涉农涉企收费,服务项目建设年。全面清理整顿涉农价格和收费,减轻农民负担,促进支农惠农政策落实。全年共组织涉农收费清理活动4次,共清理涉农收费项目120余项,取消54项,降低收费标准24项,减轻农民负担300余万元。在全市1 100余个行政村推行涉农价格和收费公示制度,并强化动态管理,健全配套措施,巩固公示成果,确保公示制度发挥作用。清理涉企收费,减轻企业负担,服务项目建设年。组织开展涉企收费专项清理,全市共取消涉企收费项目130余项,降低70余项,可减轻企业负担3 000余万元。凡国家、省已明令取消的各种涉企行政事业性收费,一律停止执收;凡省级及省以下价格主管部门设定浮动收费标准的,一律按最低标准执行。

强化价格基础性工作,服务社会价格需要。强化了成本调查。开展生猪市场和苹果种植等成本调查,全市价格机关共做出价格调查报告30余份,为政府价格决策提供了可靠依据,免费向农户发放成本资料1万余份,为农民调整种植养殖结构、增加收入做好了价格信息引导。

加强和推动定调价前的成本监审工作,先后开展土地收益、中裕燃气、自来水等15项成本监审工作,监审总成本25 730.61万元,核减成本6 305.39万元,为科学制定价格提供了真实、准确的成本依据。

加强价格认证工作。全年全市共开展各类刑事案件价格鉴定400起、资产价格评估500余起、交通事故车辆评估300起,共鉴定、评估标的金额约2亿元。

整合自身资源,创新工作方式,拓宽价格宣传途径。升级三门峡价格信息网(http://www.wjj.gov.cn),开通"12358"网上举报通道,公开23项办事程序,公布价格政策文件30余份,公示600余项收费项目、2 000余种药品价格、1 500余项医疗收费项目。创办《价格信息参考》,全年刊发10期,做好价格政策宣传与解读工作,扩大了市物价局在行政事业部门中的影响力。密切与新闻媒体的联系与沟通,全年在《三门峡日报》、三门峡政务网等市级媒体发布各类价格新闻、信息36篇。

【推进"价格服务进万家"活动】 2009年,在价格服务进商场活动中,全市设立重点示范服务单位17家、价格服务(监督)站点132个、商场(市场)价格服务台78个,帮助企业建立健全价格管理制度21项,各大商场明码标价率达100%。在价格服务进医院活动中,督促医院建立健全内部医药价格管理制度,严格医药价格管理,认真贯彻执行国家医药价格管理政策。在全市各大医院设立价格公示牌600余个、电子触摸屏120余台、价格公示屏33块,公示药品种类3 000余种、医疗收费1 000余项。在价格服务进学校活动中,继续推行收费公示制度,在全市36个中小学开展"教育收费规范校"和"教育收费诚信示范校"活动,努力构建和谐的教育收费环境。在价格服务进社区活动中,建立完善街道社区价格服务(监督)网络,开展价格政策宣传进社区活动,共发放宣传材料2万余份,解答群众咨询3 000余人次。深入落实社区内价格和收费公示制度,切实提高价格和收费的透明度,使居民在社区内明白消费、放心缴费。在价格服务进农村活动中,重点开展价格信息服务和引导工作。卢氏县物价局及时监测和汇总发布生猪出场价格、玉米批发价格、饲料价格、仔猪价格、生猪定点屠宰企业白条肉出厂价格等信息1 000余份,引导生猪养殖结构调整,引导生猪市场健康发展。灵宝市物价局免费定期向农民、农户发放价格信息资料6万余份,充分发挥价格信息和成本资料信息的引导作用,促进农产品流通和农业生产结构的调整,初步估计,可产生农民增收效益1 000余万元。在价格服务进景区活动中,共调整规范旅游门票30项,深入景区、景点开展价格政策咨询、指导活动50余次。在价格服务进企业活动中,主动开展涉企价格法规政策宣传,促进企业对相关价格政策法规的理解,维护企业的合法价格权益,为企业排忧解难。陕县物价局免费向企业发放收费减免宣传材料1 230余份,取得良好效果。卢氏县物价局出台《关于服务重点项目建设减免各种相关收费的实施意见》,共减免涉企收费项目64项,促进了项目建设。

(王凤杰)

审　计

【概况】 2009年，三门峡市审计局牢固树立“监督体现服务、制约体现促进”科学审计理念，坚持“依法审计、服务大局、围绕中心、突出重点、求真务实”工作方针，按照“坚持继续解放思想，弘扬改革创新精神，树立科学审计理念，发挥免疫系统功能，着力提高审计质量，服务促进科学发展”总体要求，紧紧围绕保增长、保民生、保稳定工作中心，进一步加大审计监督力度，审计工作取得明显成效。全年共完成审计项目159个，查出违规金额47 849万元、管理不规范金额111 882万元、损失浪费金额1 864万元。通过审计，为国家增收节支9 505万元，其中已上缴财政7 308万元、已归还原渠道资金2 197万元。

【财政审计】 2009年，市审计局以促进加强预算收支管理、规范财政分配秩序、提高财政资金使用效益和推动中央扩大内需政策措施的落实为目标，以“揭露问题、规范管理、促进改革、提高绩效”为总体思路，深入开展预算执行审计。全年共完成预算执行审计项目17个，审计查出问题金额61 195万元，其中预算编制批复不规范2 792万元，未按规定征收、缴纳预算收入9 674万元，隐瞒转移截留预算收入1 500万元，财政收入核算不实4 664万元，资金滞留闲置9 423万元，财政支出核算不实5 500万元，违规改变资金用途5 523万元，超预算列支1 483万元，未落实收支两条线和专户管理规定2 268万元，审计处理应上缴财政7 201万元。通过问题的查处和整改，有效地促进了相关部门严格执行财经法规，规范财政资金的管理。市审计局以严肃财经纪律、规范决算编制为目标，全年共完成财政决算审计项目14个，查出问题金额9 906万元，其中决算编制不规范793万元，财政收入核算不实1 484万元，财政支出核算不实1 985万元，违规改变资金用途550万元。针对问题，市审计局提出对策建议，有效促进了地方政府认真贯彻国家财政经济政策，规范预算管理。

【专项资金审计与审计调查】 2009年，市审计局以建设生态文明社会、促进改善民生和建设和谐社会为目标，加强对环保、涉农、社保、科技、教育、医疗卫生等重点专项资金的审计监督力度；组织全市审计机关对全市计划生育经费、排污费征收管理使用情况、财政资金支付进度和结转情况、财政超收资金使用情况、种粮补贴、农机购置补贴、农村中小学校舍维修改造资金、农田水利基本建设资金、农业综合开发项目资金、新型农村合作医疗资金、城镇最低生活保障资金、县乡医疗服务体系建设及经费12项重点专项资金进行审计或审计调查，就国际金融危机对三门峡市中小企业影响状况、全市“家电下乡”政策执行情况、全市“万村千乡市场”工程进行审计调查，开展对汶川地震灾后对口援建资金及项目和全市抗旱资金的跟踪审计工作。审计专项资金总额104 754万元，查出问题金额22 809万元，其中违规改变项目计划和资金用途2 468万元，应缴未缴专项资金3 863万元，虚列支出1 566万元，资金滞留闲置444万元，账外资产219万元。通过审计，及时纠正存在的问题，并对项目实施效果进行评价，提出改进建议，促进有关部门进一步加强资金和项目管理，提高资金使用效益，确保国家改善民生政策落到实处。

【领导干部经济责任审计】 2009年，市审计局以推动建立健全问责机制、促进依法行政和提高管理水平为目标，推进领导干部经济责任审计。全年共完成经济责任审计项目35个，审计经济责任人35人，重点检查领导干部按照法定职责和程序行使经济决策权、经济管理权、经济政策执行和监督权以及遵守廉政规定的情况，审计查出问题金额2 371万元，其中违规金额447万元（主管责任426万元、直接责任21万元），管理不规范金额1 835万元（主管责任），损失浪费金额89万元（主管责任）。通过审计，有效地促进了领导干部自觉贯彻落实科学发展观、树立正确的政绩观、切实履行经济责任，推动了建立健全问责机制和责任追究制度。

【行政事业审计】 2009年，市审计局以推进依法行政、防止国有资产流失和推进建设节约型社会为目标，开展行政事业审计。全年完成行政事业审计与审计调查项目60个，查出问题金额7 621万元，其中应缴未缴预算收入104万元，隐瞒截留收入169万元，违规改变资金用途471万元，虚列支出1 447万元，未落实收支两条线和专户管理规定667万元，账外资产1 129万元，乱收费、乱摊派、乱罚款162万元，超标准超计划支出1 168万元。通过审计，促进了相关单位加强财务管理、规范财务收支行为，提高了资金的使用效益。

【固定资产投资审计】 2009年，市审计局以探索重点建设项目跟踪审计路子、促进加强项目管理、提高经济效益为目标，开展政府投资项目审计。重点开展大岭路涧河立交桥、市中心医院病房楼、市文体中心等建设项目的跟踪审计，开展黄河西路改造工程、市阳光小学建设项目的预算执行审计，开展五原路、禹王路建设项目和甘棠路土地开发项目的竣工决算审计，核减投资额1 151万元。通过审计，有效地节约了政府投资，提高了政府资金的投资效益。

【外资审计】 2009年，市审计局以促进积极、合理、有效利用外资为目标，继续加强对国外贷援款项目的公正审计。根据省审计厅统一安排，完成对世界银行贷款英国赠款结核病控制项目、亚行贷款河南高效农业综合开发项目、中德财政合作河南省农户林业发展项目、平顶山市日元贷款林业项目、亚行贷款豫西农业效益审计项目、南阳市世界银行贷款供水项目6个项目的审计。发现存在配套资金不到位、挪用资金、滞留项目资金、应缴未缴税款、虚假报账，套取项目资金、发票不真实等违纪问题，查出违纪资金3 088万元。通过审计，促进了管理水平的提升和项目科学有效的实施，保证了项目政策目标的顺利实现。

【金融审计】 2009年，市审计局围绕深化农信社改革，对三门峡市3家县级农信社2008年度资产负债损益情况进行审计，查出问题金额67 773万元，其中因管理不善造成的损失浪费1 670万元；会计信息质量情况存在资产不实，虚增7 511万元；损益不实，虚增21 678

万元。通过审计,揭示了经营管理中存在的突出风险和薄弱环节,对规范地方金融机构业务,促其安全高效稳健经营、更好地服务全市经济建设发挥了积极作用。 (武云景)

统 计

【概况】 2009年,三门峡市统计系统以提高统计数据质量为中心,不断深化统计改革,大力加强统计建设,各项调查工作取得新进展,统计服务质量稳步提高,为促进全市经济社会平稳较快发展发挥了积极作用。市统计局被市委、市政府及有关部门评为"平安建设先进单位""政风行风建设先进单位",被省人事厅、省统计局等单位评为"全省统计系统先进集体"。在省统计局及各业务处室组织的优秀分析报告(论文)评选活动中,市统计局获得一等奖2篇、二等奖6篇、三等奖4篇、四等奖4篇。在省统计局各业务处室组织的年度业务工作评比中,市统计局的全部专业均被评为先进,其中大多数在前3名之内。

统计服务与监督 全市统计部门密切关注经济形势变化,紧紧围绕保增长、保民生、保稳定,准确判断经济运行态势,及时提供统计服务。全年市统计局共撰写统计分析资料166篇,统计信息领导决策采用率和社会新闻采用率分别达到246.4%和114.5%,为领导决策提供了大量丰富的统计信息资料。市统计局按时发布关于2008年全市国民经济和社会发展情况的统计公报,编辑印刷《2008年三门峡市国民经济统计资料提要》,公开出版《三门峡统计年鉴(2009)》,编辑印发《三门峡简明统计信息》26期。在2009年三门峡市开展的"10位感动三门峡人物"推荐评选活动中,市统计局承担26万张选票的统计计票工作,利用统计数据处理平台在较短时间内及时统计出计票结果。以目标管理工作为载体,积极参与党委、政府对经济和社会的管理。按照市委、市政府要求,完成各县(市)区政府、市政府各部门2009年各项责任目标完成情况的考核评价工作,为保证全市各项工作任务特别是经济发展计划的完成发挥了积极作用。

统计基础建设 开展"统计基础建设年"活动,按照《河南省2009~2011年统计业务规范化建设三年发展规划》要求,创建省级统计业务基础建设规范化示范单位,推进市、县、乡三级统计业务基础建设,统计工作规范化整体水平得到新的提升。市统计局的所有专业均获得省级示范专业称号。省统计局法规处、核算处、能源处,省地调队住户与物价处等先后在三门峡市召开统计业务规范化建设现场观摩会。商丘市、漯河市、南阳市、济源市,山西省运城市、晋城市,新疆阿克苏地区统计局等省内外单位也先后到市统计局进行观摩交流。4月,湖滨区、灵宝市、渑池县统计局的所有专业,义马市、陕县统计局的部分专业通过市统计局组织的检查验收,达到规范化标准。全市乡级统计基础建设基本实现"八有、八化"(有机构、有编制、有人员、有资格、有台账、有经费、有场地、有设备,统计管理制度化、统计人员专业化、统计报表标准化、统计资料档案化、统计手段现代化、统计工作法制化、统计宣传经常化、统计服务优质化),建立健全了统计电子台账。

统计法制建设 全市各级统计部门以学习贯彻新《中华人民共和国统计法》和《统计违法违纪行为处分规定》为重点,加强统计法制建设,认真查处统计违法案件,为统计事业的发展提供了有力的法律保障。6月,市统计局被市政府法制办、市司法局、市依法治市办公室确定为第2批依法行政示范单位。组织全市统计从业资格的报名、培训和考试工作,296人报名参加考试。全年全市共查处统计违法案件136起,其中市统计局查处48起,震慑了统计违法行为。

统计信息化建设 市统计局制定《三门峡市统计信息网络扩建工程实施方案》,争取专项资金23万元,完成网络扩建工程。加强日常管理和监测,三门峡统计网络运行安全稳定。深化信息技术拓展应用,建立工业企业快速调查报表制度,使企业上报数据的及时性大大提高,统计数据加工整理的时间大大缩短。下发《关于进一步加强乡级统计数据联网直报工作的通知》,召开乡(镇)统计联网直报培训会议。建立计算机及网络技术支持群,乡级联网直报率达100%。数据库建设稳步推进,在按时完成进度数据加载的同时,增加历史数据加载任务,共加载数据10万多笔。顺利完成宏观数据库查询系统的升级工作,完善了宏观数据库的备份工作。

【国家统计局副局长谢鸿光到三门峡市调研】 9月3日至4日,以国家统计局副局长谢鸿光为组长的国家统计局调研组一行5人,深入三门峡市部分企业调研经济运行形势。谢鸿光一行先后深入戴卡轮毂制造有限公司、灵宝黄金股份有限公司等企业实地考察,了解企业生产经营情况和企业运行中的实际问题和困难。调研组一行还考察了黄河三门峡库区和函谷关景区,参观了虢国博物馆。

【完成全市第2次全国经济普查主要工作】 2009年,三门峡市开展了全国第2次依法普查的登记、数据处理、数据上报、质量验收、普查区电子地图绘制等各阶段主要工作,进行分专业数据审核评估,组织开展两次大规模的数据质量抽查,确保了普查数据的真实可靠。三门峡市经济普查数据质量受到国家、省质量检查组的高度评价,市经济普查办公室和湖滨区经济普查办公室、灵宝市经济普查办公室被评为全国经济普查先进集体,义马市经济普查办公室、渑池县经济普查办公室、陕县经济普查办公室被评为省级先进集体。 (陈建民)

质量技术监督

【概况】 2009年,三门峡市质量技术监督局深入开展"质量和安全年""企业服务年"活动,把服务"扩内需、保增长、调结构"作为一切工作的出发点和落脚点,帮助企业应对国际金融危机,各项工作取得新的成绩。

质量工作 市质监局在全市质监系统组织开展"百名质监干部服务百家企业"活动,制定下发《全市质监系统"企业服务年"活动实施方案》《关于开展企业服务年活动的指导意见》和《关于支持企业发展减轻企业负担优化发展环境的若干意见》;向企业发放问卷调查,98%的被调查企业对服务感到满意。全年全市质监系统共派出技术人员928人次,走访企业167家,重点为106家企业开展服务,完成服务项目436个,帮助企业解决技术难题60余个,为企业创直接经济效益2 000余万元。

质量兴市活动　9月16日,市政府召开全市质量兴市工作大会,出台《三门峡市人民政府关于深入开展质量兴市活动的实施意见》,并制定《市长质量奖管理办法》。各县(市)区均召开质量兴县(市)区工作会议,质量兴市工作在全市形成了较大的声势和影响。名牌争创工作势头良好。全年全市共有11家企业的11个产品申报河南省优质产品称号。

标准化工作　完成渑池南村玫瑰、灵宝寺河山苹果、陕县宫前核桃等3个省级农业标准化示范区建设任务,顺利通过省质监局组织的现场考核验收。完成河南金马重型机械制造有限责任公司企业标准化良好行为确认工作,获得AAA级证书。灵宝杜仲标准化示范项目和陕县有机苹果标准化种植示范项目是2008年国家标准委批准三门峡市承担的第6批国家级农业标准化示范区建设项目。在灵宝杜仲标准化示范项目建设中,制定、修订1个标准,实施6个标准,包括《灵宝杜仲的病虫害防治》《灵宝杜仲植保产品的管理与使用》《灵宝杜仲肥料管理与使用》《灵宝杜仲生产环境保护》《灵宝杜仲标准化种植员工培训技术》《灵宝杜仲有机种植规范》等标准,并于5月开始按照有机食品要求和标准化种植操作规程进行生产,使示范区的杜仲产量提高25%,达到优级质量标准的产品数量提高20%。在陕县有机苹果标准化种植项目建设中,先后收集整理了200余项果业生产国家和行业标准,在相关部门的帮助和支持下,结合生产实际,制定并完善《绿色果品种植技术规范》《良好农业生产技术规范》《有机苹果种植规范》《有机食品生产技术规范》等规范,为标准化生产提供了强有力的技术支撑。

计量工作　全市质监部门强检计量器具备案工作纳入正常计划,强检计量器具153 310余台(件),检定电能表10.8万块、衡器10 974台(件)、医用计量器具1 186台件、水表15 150块、加油机726台、压力表8 432块,检定率90%以上。开展进口计量器具、加油机、电子计价秤、商品过度包装等专项整治和监督抽查及定量包装监督抽查工作。开展与老百姓生活密切相关的计量器具产品的质量监督抽查工作,重点抽查水表、电表、电子秤(弹簧秤)共计630台(件)。引导和帮助企业完成计量合格确认13家,其中A级1家。启动商业、服务业诚信活动,大力开展C标志评价活动,全市有6家单位已取得C标志评价证书。加强对定量包装生产企业和市场零售商品及定量包装商品的计量监督检查,重点抽查米、面粉、食用油、牛奶、速冻食品、方便面、液化石油气、金银首饰等定量包装商品,共抽查生产企业和超市58家的80种商品、173批次进行检验,合格率达90%。"双节"期间,加强对与消费者利益相关领域的在用计量器具监督检查,共检查集贸市场30个,没收和销毁违法计量器具380件,对个别有计量违法行为的商家分别按照计量法律法规给予了处理。

质量监督　全年市定期监督检查196家企业生产的248批次产品,其中合格234批次,合格率为94.3%;国家、省监督抽查、省定检三门峡市企业111批次,合格107批次,合格率为96.4%,位居全省前列。组织市级监督抽查5大类53家企业生产的61批次产品,其中合格50批次,合格率达到82%;督促省监督抽查和省定期监督检查产品不合格的4家企业进行整改处理,复检合格率为100%;帮助12家企业申办生产许可证。

执法打假工作　市质监局组织开展家电下乡和仿瓷餐具专项执法和打假保名优活动。全市质监系统先后围绕春季农资打假、食品添加剂专项整治、家电下乡、餐具消毒企业、服务"三夏"、建材水泥制品打假、民生计量等主题,开展执法打假,共查处各类违法案件136起,其中立案案件107起,查处各类违法产品标值60.34万元;捣毁制假窝点1个,巩固了近年来的产品质量和食品安全专项整治成果,为维护市场经济秩序发挥了积极作用。

法规宣传　市质监局制定《三门峡市质监系统2009年法律知识培训工作计划》和《关于进一步加强领导干部学法用法提高依法行政能力的实施意见》,组织人员学习2009年6月1日施行、新颁布的《中华人民共和国食品安全法》以及新修订的《特种设备安全监察条例》。5月,市质监局被市法制办、市依法治市领导小组办公室授予"依法行政示范单位"称号。

【国家铝及铝制品质量监督检验中心落户三门峡市】　2009年,市质监局根据市委、市政府提出的打造全国重要铝工业基地的设想,牵头筹建计划筹建国家铝及铝制品质量监督检测中心。市政府和省质监局联合成立国家铝及铝制品质量监督检测中心筹建领导小组,于5月向国家质量监督检验检疫总局递交筹建国家铝及铝制品质量监督检验中心的请示。8月10日,国家质量监督检验检疫总局下发《关于同意筹建国家铝及铝制品质量监督检验中心的批复》,同意在三门峡市质量技术监督检验测试中心的基础上筹建国家铝及铝制品质量监督检测中心,标志着国家铝及铝制品质量监督检验中心正式落户三门峡市。建成后的国家铝及铝制品质量监督检验中心是一个集检测、科研、仲裁和标准制定为一体的综合性国家级检测机构,承担全国铝及铝制品质量的监督检验、质量纠纷仲裁检验等任务,并负责制定质量标准,为全省乃至全国铝及铝制品质量提供技术保障,有利于破解国际铝制品技术壁垒,对扩大三门峡市及全省企业产品出口,提高国内国际市场产品竞争力起着重要作用。9月16日,举行工程奠基仪式。中心一期工程主体实验检测楼建筑面积8 000平方米,建设总投资2 600万元,仪器设备总投资1 200万元,建设周期18个月。11月10日下午,三门峡市建委组织有关专家在三门峡市烟草大厦会议室召开国家铝及铝制品质量监督检测中心检测大楼建筑设计评审会议。11月19日,省质监局组织有关专家在郑州市梅苑宾馆会议室召开国家铝及铝制品质量监督检测中心实验室设计规划评审会议。省质量技术监督局、三门峡市质监局、三门峡市检测中心、郑州大学设计院等有关单位领导和专家出席会议,听取国家铝及铝制品检测中心筹建办公室的实验室设计规划汇报。专家委员会审阅了筹建资料,对各项筹建工作进行了评审论证。

【加强食品源头安全监管】 2009年,市质监局在平时监督检查的基础上,集中力量加大对重点品种、重点企业、重点区域、重点项目的监督抽查和定检,全年共抽取生产食品企业样品185个批次,合格140个批次,合格率75.7%,实物质量合格率为98.4%,部分产品不合格原因主要为标签标志不合格。针对此情况,市质监局举办不合格企业学习班,对企业进行产品质量安全知识培训,严格要求企业进行整改,确保全市产品质量合格率达到100%。市质监局还重点围绕食品生产加工企业在食品添加物质“采购、备案、使用”3个关键环节方面进行监管,加大打击违法添加非食用物质和滥用食品添加剂专项整治力度,最大限度地减少了多用滥用和私自使用违规添加物质的事件发生。

【特种设备安全监管】 2009年,市质监局开展压力管道元件专项整治工作,对辖区内4家压力管道元件制造单位进行全面排查。4月,开展起重机械专项治理工作,累计出动检查人员558人次、车辆220台次,检查起重设备使用单位458家,检查设备1 461台,排查出事故隐患213处,其中一般隐患204处、重大事故隐患9处。这些隐患均得到及时全面整改。市质监局还开展气瓶专项治理工作,检查气瓶充装单位35个、使用单位58家,排查出事故隐患213处。协调各方力量取缔非法充装站点16个(非法溶解乙炔充装站点11个、非法液化石油气充装站点2个、非法氧气充装站点2个、非法二氧化碳充装站点1个),有效地打击了非法充装行为,保护了合法充装单位和消费者的合法权益。全年举办起重机械安全管理人员培训班3次,培训管理人员212人次;举办起重机械操作人员培训班5次,培训起重机械操作工1 051人次。 (周付民)

食品药品监督管理

【概况】 2009年,三门峡市食品药品监督管理局充分发挥食品安全综合监管职责,为保障全市人民群众的饮食安全作出了应有贡献。

食品安全综合监管迈上新台阶。印发《三门峡市重大食品安全事故应急预案》《三门峡市集体用餐安全管理办法》和《三门峡市农村家庭宴席管理办法》等管理机制,实行“登记备案制”和“两级检查制”,县、乡政府负总责,家宴举办者是第一责任人,并对乡村厨师施行登记及健康检查制度,力求做到未雨绸缪。定期召开安委会会议,总结工作,分析形势,布置任务,解决重大问题,有效保证了食品安全工作的扎实推进。按照“政府引导、安委会牵头、各监管部门推动”的原则,动员全市食品生产、经营、餐饮单位投入到创建食品安全信用体系建设示范单位活动中。至年底,全市食品安全信用体系建设示范企业达225家。

药品生产监管跨出新步伐。全市11家企业在线生产的68个品种按照以品种为单元的GMP(药品生产质量管理规范)管理要求,已全部完成文件编制体系并组织实施,并顺利通过省食品药品监督管理局的验收。试行药品质量受权人制度。制定下发《关于在全市药品生产企业实施质量受权人制度的通知》和《药品生产质量授权书》,在药品生产企业全面试行该项制度。加强医疗机构制剂配制和特殊药品的监督检查。做好GMP跟踪检查和日常监管工作。全年GMP跟踪检查企业8家次,日常监管企业11家、44次,覆盖面均达100%。

市场流通监管取得新成效。深化药品流通环节专项治理。加大对连锁企业不统一配送药品的整治力度,全市共剥离门店169家,被剥离的门店全部按单体药店再认证。做好GSP(药品经营质量管理规范)跟踪检查和日常监管工作。全年GSP跟踪检查企业31家次,日常监管企业387家次,覆盖面均达100%。加强广告监测。监测违法药品广告38件,及时移送工商部门处理。创新药品流通监管工作。开展建立经营企业“经营户口”工作。全市药品经营企业全部建立电子档案。规范“经营户口”管理流程,建立起动、静结合的监管机制和分类监管的工作机制。抓好实施以小组为单位的GSP管理试点工作,全面规范企业经营行为。选择华为医药等基础条件较好、经营规模较大、经营行为较规范的企业,借鉴药品生产企业实施以品种为单元的药品GMP管理经验,开展以小组为单位的GSP管理试点工作,促进药品经营企业质量管理。进一步深化农村“两网”建设工作。

加强医疗器械监管。把使用环节的医疗器械监管作为重点,并以此推动整个医疗器械监管工作的有效开展。各医疗机构均建立和完善医疗器械管理制度、质量记录制度、医疗器械产品采购制度、医疗器械产品存储等50余项制度,使医疗机构的医疗器械管理初步实现制度化、规范化、标准化。加强日常监管工作。全年共监督检查企业216家次,覆盖面达100%。探索靶向监管新模式,实行量化分级管理,抓好重点品种和环节的监管,实行不良行为记录制度,促进了质量管理和监管效能的提高。

药品打假工作成效显著。开展化学药品制剂生产企业原料、体外诊断试剂以及假药“糖脂宁胶囊”、大连金港安迪生物制品有限公司人用狂犬病疫苗等7次专项检查,及时停止销售和使用问题药械,全年没有发生重大药械安全事故。全市立案1 110起,结案1 121起,涉案金额22.97万元,没收涉案药品医疗器械价值3.16万元,累计收缴罚没款80.5万元,净化了药品和医疗器械市场。同时,全面保障流感防控药械安全,保证了全市防治甲型H1N1流感药械的安全有效。

(马海英)

·编辑 卢亚杰·

科技

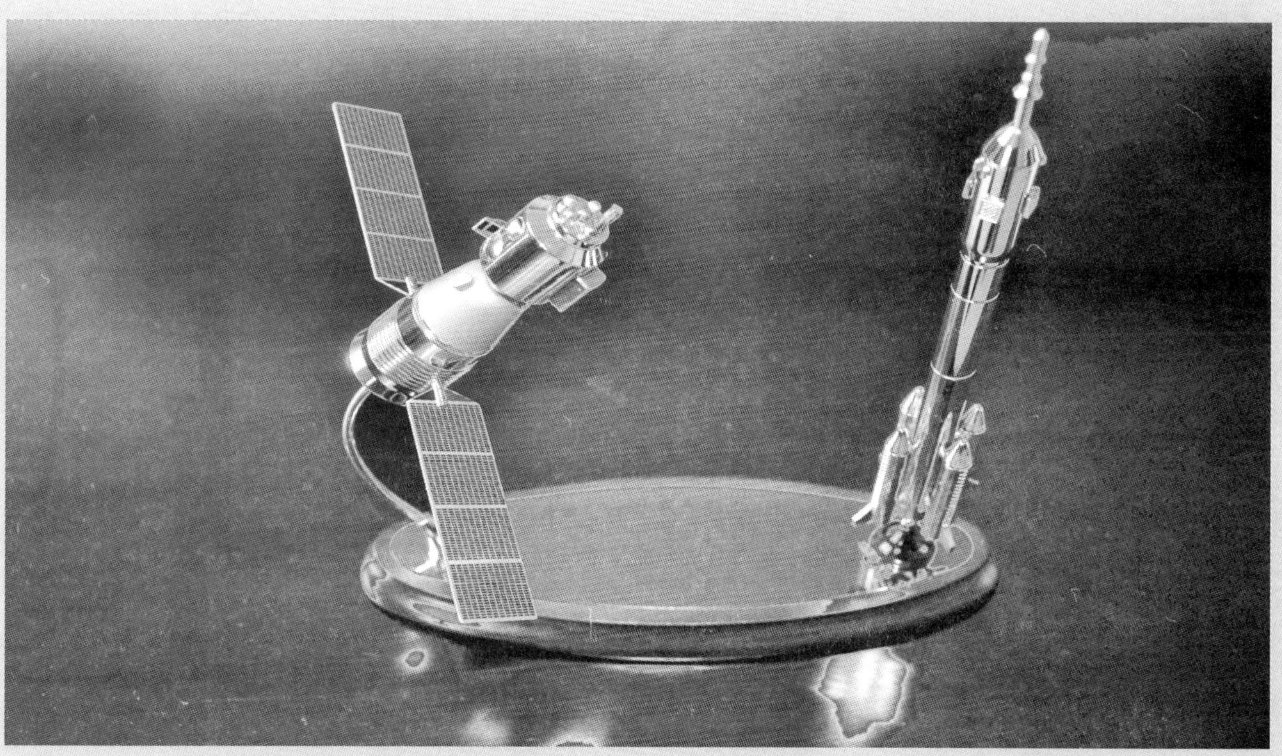

4 月 10 日，石家庄八五零电子有限公司赠送三门峡恒生科技股份有限公司的“神七”模型

综　述

【概况】 2009年,三门峡市深入实施科教兴市、人才强市和自主创新跨越发展战略,以提升区域自主创新能力和发展高新技术产业为主线,大力推动科技进步与创新,各项科技事业取得了长足进展,为全市项目建设年和经济社会发展提供了强有力的科技支撑。全年全市组织实施各类科技项目75项,投入政府科技经费1 973万元,引导项目单位自筹科技投入6 563万元,新增产值5 759万元、利税2 683万元,出口创汇118万美元。全市高新技术产业总产值68.9亿元,高新技术产业增加值23.2亿元,利润4.95亿元,税收3.02亿元,分别比2008年增长12.23%、15.07%、3.81%和6.1%。全市有省级工程技术研究中心8家。市本级及6个县(市)区全部通过全国科技进步考核,其中灵宝市、义马市、渑池县获得"全国科技进步先进县(市)"称号。灵宝铜箔公司被认定为省级高新技术企业,灵宝景源果业公司和灵宝黄金股份公司进入省技术创新试点示范企业行列。科技成果成效显著,全市有13项科技成果通过省、市科技部门组织的科技成果鉴定,有3项成果获得省科技进步奖。有2人获市科技合作奖,19项成果获市科技进步奖。组织科普和星火科技培训活动,全年共举办各类星火科技人才培训班800期,培训各类科技人才5.5万人次,发放各类星火人才培训教材22万余份。全年举办知识产权培训班8期,培训人员565人次,申请专利417件。灵宝市和灵宝金源矿业公司分别被认定为省知识产权优势县(市)和知识产权优势企业。全年开展集中送科技下乡活动3次,发放各类科普及实用技术图书万余册,发放各类实用技术资料2 000余份,展出版面30余块,深受群众欢迎。科技合作与交流取得新进展,申报国家级科技人员服务企业项目3项,被省确定有省级科技特派员8个。先后邀请日本果树专家塩琦三郎和蚕桑专家田丸猛,对三门峡市果品和蚕桑业进行技术交流指导。技术市场和民营科技工作取得新进展。全市登记技术合同23份,其中技术转让合同3份、技术转让额248万元。3家企业和1名个人分获中国技术市场协会金桥奖先进单位和先进个人。2家企业和3名个人分获"中国民营科技企业发展贡献奖"先进单位和先进个人。市科技情报所为各级领导提供《决策参考》12期,《项目快递》14期,提供科技项目和科技信息102项,发布三门峡科技动态46条,国内外科技信息549条,在决策信息及科技信息服务传递等方面取得明显成效。

(陈伟宾)

科技计划管理

【概况】 2009年,全市共安排市级科技计划项目75项(包括省级项目12项,结转上年度省、市级重大科技专项5项),其中工业领域项目20项、农业领域项目24项、社会发展领域项目18项、国际科技交流与合作项目3项、软科学研究项目10项。投入政府科技经费1 973万元(市级经费613万元,省级经费1 360万元),引导项目单位自筹科技投入6 563万元。同时争取省重大科技专项经费1 600万元,新增安排市重大科技专项经费200万元。这些项目的实施和顺利完成,将对三门峡市经济社会的协调发展、增加财政收入等方面作出较大贡献。全年新增产值5 759万元、利税2 683万元,出口创汇118万美元;研制新产品9种,开发新工艺技术10种,申请专利12项,发表研究论文19篇,对外转让技术3项,技术转让收益248万元。

【实施重大科技专项】 2009年,市科技局组织实施重大科技专项2项。在电力行业节能领域确定河南富达精工电气高科技有限公司的"年产5 000台三角形节能变压器"项目。该项目拥有核心发明专利1项、实用新型专利2项,构成三角形节能变压器生产的知识产权核心,是一个自主知识产权、自主创新成果转化项目。项目产品在节电节能、降低线损、噪音低、无干扰、节约原材料5项技术指标优于市场主流产品,10年变电成本比新S11型和非晶态变压器分别下降18.2%和13.5%。项目投资4 500万元,生产规模为年产5 000台,产品规格容量30千伏安至1 600千伏安,计划于2010年9月投产,年销售收入25 850万元,利润总额1 900万元,税后利润1 427万元。在生物技术领域,加大对三门峡梅奥生物工程有限公司的"苹果渣生产生物蛋白饲料关键技术研究"项目支持,已完成投资1 203万元,完成菌种优化、发酵工艺条件优化,试产蛋白饲料140万千克,检测蛋白含量超过28%。项目完成后,可形成年产5 000万千克果渣蛋白饲料能力,实现新增销售收入5 500万元、利税1 300万元。加强对省高新技术产业化专项资金项目"清洁镀金——柠檬酸金钾"开发及产业化的实施检查,实行月报制度,项目建设顺利,年底将建成5万千克生产规模,新增产值60亿元。加强项目数据库建设。组织科技创新能力调研活动,编制自主创新体系建设规划初稿;完成铝工业、生物工程产业技术路线图初稿的编制工作,提出产业发展技术瓶颈和解决途径;建立科技项目库,筛选入库重点科技项目166项,从中筛选41个项目申报2010年省级科技计划项目,初选2010年市级项目86项。

【工程技术中心建设硕果丰】 2009年,三门峡市新组建了河南省煤气化工程技术研究中心和河南省清洁镀金工程技术研究中心。通过几年的努力,在农业微生物和生物技术、贵金属及多金属资源开发、煤化工、果品精深加工、精细化工等三门峡市特色与优势产业,组建省级工程技术研究中心8家,在全省市(地)中处于第9位,组建市级工程技术研究中心7家。2009年共安排省、市工程技术研究中心项目9项,经费112万元,其中争取省经费60万元,累计投入省、市科技经费1 483万元。工程中心科技研发人员和合作人才达到166人,其中高级职称33人、博士16人,与15家高等院校、科研机构建立了紧密的技术依托关系。企业对工程技术研究中心的投入占销售收入的2%以上,共开展研发项目37项,其中市级以上科研开发项目23项,承担省重大科技专项、重大科技攻关和高新技术产业化项目3项;创新成果大幅度增加,累计申报专利187项,其中申请发明专利34项,明显高于市内其他企业。金源矿业公司专利申请达到139件,其中发明专利申请21件、专利授权79件,专利实施转化率在全省工矿企业专利授权量中排名第10,被列为省知识产权优势企业。

(董文生)

高新技术及其产业化

【概况】 2009年,市科技局围绕市政府确定优先发展的高新技术重点领域,在科技项目申报与实施、科技创新、高新技术产业化、科技服务等方面取得明显成绩。全市高新技术产业总产值68.9亿元,高新技术产业增加值23.2亿元,利润4.95亿元,税收3.02亿元,分别比2008年增长12.23%、15.07%、3.81%和6.1%。省科技重大专项义马气化厂的“2亿千克/年醋酸装置集成创新项目”,已完成工程项目的初步(基础)设计及初步设计审查,9月底河南煤化集团2亿元资本金到位,至年底累计完成投资2.5亿元。实施省级成果转化专项。三门峡恒生科技研发有限公司申报的“清洁镀金——柠檬酸金钾”是省科技厅新立项的项目,获无偿支持30万元。项目实施后年销售收入可达5亿元,年利税总额达3 100万元。完成省第1批创新型试点企业评审工作1家:灵宝金源矿业有限公司。组织申报省第3批创新型试点企业3家:义煤集团、灵宝景源果业股份有限公司、灵宝黄金股份有限公司,其中义煤集团被认定为省级自主创新试点企业。全年推荐省级工程技术研究中心4家。全市共有省级工业领域工程技术研究中心2家,市级工程技术研究中心5家,企业技术中心、厂办研究所20余家。组织高新技术企业申报与认定。按照国家新的认定条件,渑池方圆陶粒砂厂被认定为高新技术企业。金源矿业、华鑫铜箔、金源晨光化工通过市科技局、市财政局、市国税局、市地税局的联合预审,报至省科技厅进行高新技术企业认定。全年组织申报国家火炬计划3项:三门峡速达交通节能科技有限公司的“年产10万套发动机增氧调压节能装置”,三门峡弘奥生物科技有限公司的“年产10 000标吨高活性、高效碱性蛋白酶工业化生产”,三门峡仪电有限责任公司的“SY-CL01型电容消防应急照明灯”。联系河南科技大学专家,组织专家进行三门峡铝工业产业技术路线图的制定工作,已完成初稿,并组织三门峡市有关局委及相关企业专家对初稿进行讨论,进一步修改完善。组织2项产品申报《中国高新技术产品指导目录(2009)》:三门峡速达交通节能科技有限公司的“发动机增氧调压节能装置”和三门峡豫西机床有限公司的“中间驱动双头数控车床”。

【组织中小企业创新基金申报与实施】 2009年,市科技局共组织申报科技型中小企业技术创新基金8项,其中重点项目1项:渑池方圆陶粒实业有限公司申报的“超高强度陶粒支撑剂”;普通项目7项,分别是:三门峡富元果胶工业有限公司申报的“膜技术提纯高品质天然苹果药用果胶”、三门峡源美检测仪器有限公司申报的“高精度数控磨加工自动控制仪”、三门峡奥科化工有限公司申报的“十八硫醇”、义马市三立数控科技有限公司申报的“双驱同步数控切割机”项目、三门峡速达交通节能科技有限公司申报的“汽车发动机增氧调压节能装置”项目、三门峡仪电有限责任公司申报的“KL5LM节能环保矿灯”项目、三门峡恒生科技研发有限公司申报的“清洁镀金——柠檬酸金钾”。“十八硫醇”“膜技术提纯高品质天然苹果药用果胶”项目获得科技部科技型中小企业技术创新基金支持各70万元,“KL5LM节能环保矿灯”项目获得科技部科技型中小企业技术创新基金支持60万元。“双驱同步数控切割机”“汽车发动机增氧调压节能装置”“清洁镀金——柠檬酸金钾”3个项目被省科技厅推荐到科技部中小企业技术创新基金管理中心。以上项目新增投资总额5 147.7万元,项目完成后新增销售收入达1.3亿元,增加就业人员150余人。

【完成2008年度省科技成果转化项目验收工作】 2009年,市科技局受省科技厅高新处委托,组织专家完成2008年度省科技成果转化项目验收工作2项:三门峡奥科化工有限公司承担的“500万千克/年巯基乙酸异辛酯”项目和三门峡酶制剂厂承担的“年产100万千克高效木聚糖酶”项目。三门峡奥科化工有限公司承担的“500万千克/年巯基乙酸异辛酯”项目具有自主知识产权,总投资2 347万元,完成后可实现年销售收入1.26亿元,利税总额3 251万元。三门峡酶制剂厂承担的“年产100万千克高效木聚糖酶”项目,是国家“十五”“863”计划研究项目之一,总投资976万元,年新增销售收入7 531万元,利润总额1 658万元,税收总额547万元。

(赵廷让)

农业及社会发展科技工作

【概况】 2009年,三门峡市农业科技工作主要围绕牧、果、林、烟等特色产业,继续实施农林牧优良品种、绿色农产品生产、农业高新技术及产业化、农副产品精深加工、生态农业及可持续发展、实用技术人才培训及科技交流6大农业科技行动,运用现代科技改造传统农业。社会发展科技围绕医疗卫生、防震减灾、食品安全、环境治理、旅游交通等方面积极组织实施科技计划项目,开展制约农业和社发领域发展的瓶颈技术研究,大力发展农业高新技术,推广先进实用技术,加强科技合作,推进农业科技成果转化,狠抓星火人才培训。全年共组织实施国家、省、市3级农业项目25项,社会发展项目19项,其中国家农转项目1项,争取资金50万元;省高新技术产业化项目1项,争取资金200万元。这些项目均按计划完成年度任务。市本级和6个县(市)区全部通过2007年度至2008年度全国科技进步考核。恒生生物科技研发公司、灵宝华宝集团两家企业为河南省节能减排科技创新示范企业。依托恒生生物科技研发公司组建的河南省清洁镀金工程技术研究中心通过省科技厅认定。河南省(豫西片)科技管理培训班在三门峡市圆满召开。开展星火科技人才培训5.1万人次,印发科技资料22万余份,为实现农民增收、农业增效、农村及社会发展领域经济发展提供了科技支撑。

【多金属矿产资源综合利用关键技术研究及产业化示范】 至2009年底,该项目已投入资金4亿元,其中研发投入5 565万元。建成100万千克/天多金属综合利用生产线1条,300万千克/天选矿厂正在建设中。工程建成后,预计增扩矿石储量49亿千克。已申请发明专利5项,取得授权实用新型专利9项,取得省级科技成果2项,发表高水平科研论文7篇。工程建设(产业化)进展顺利,建成生产线2条,在建生产线2条。

【清洁镀金新产品关键技术研究及产业化开发项目】 该项目由三门峡恒生科技研发有限公司承担,列入河南省高新技术产业化项目,已总结出生产清洁镀金新产品技术及工艺,开发出柠檬酸金钾产品,初步建成柠檬酸金钾中试生产线,生产出产品1万千克,实现产值10亿元。

【苹果渣生产生物蛋白饲料关键技术研究及产业化示范】 该项目系三门峡市2009年重大专项项目,由三门峡梅奥生物工程有限公司承担。完成果渣生物发酵的菌种筛选与提纯,果渣生物发酵的有关条件研究,探索出发酵工艺,制定出产品标准,功能饲料添加剂已经完成小试。生物发酵果渣饲料已经工业化生产,批量生产1 000万千克。

【复合微生物水溶肥料研制与开发】 项目由河南省农业微生物工程技术研究中心承担,系三门峡市2009年重大专项项目。正在开展选育优良高产菌株,进行多菌株配比,并对其进行拮抗试验和组合试验,得到高效、稳定益生菌复合菌群,并找到合适的溶剂载体,正在中试。已经小批量生产。

【有机SOD苹果生产关键技术研究】 该项目由三门峡天瑞科技开发公司承担,利用专利技术,在优质苹果产区的富士、华冠等品种上开展实验,按照有机食品标准重点开展了SOD苹果生产方法和有机肥料、生物农药在SOD苹果中应用技术与研究,建立精品苹果基地100公顷,探索出最佳的有机SOD苹果技术生产模式和营销模式。项目实施后,每公顷可产优质苹果22 500千克,实现产值22.5万元,农民人均纯收入增加1.5万元。

【生态环保养猪技术研究和应用】 该项目由三门峡市畜牧局承担,立足于养猪业发展实际,以植物、动物、微生物利用开发为主要研究内容,开展微生态制剂、生物发酵床垫料的不同配比、生态环保养猪新模式等技术研究,减少环境污染,提高养猪整体生产水平和猪肉品质,生产无公害、绿色食品,促进全市养猪业快速发展。2009年,重点开展了猪舍夏季垫料配方、猪舍环境条件控制试验、生态环保养猪主要疾病综合防治技术等研究和生态环保养猪法生产性能测定试验,推广生态环保养猪规模达7万头。

【苹果霉心病防治技术研究与示范】 该项目由市园艺总站和灵宝市园艺局承担,投入200余万元,针对三门峡市2008年苹果霉心病严重的情况,开展综合防治技术研究。2009年共举办培训班20期,培训人员2 000人次;建立核心技术示范基地333.33公顷,大面积筛选防治生物制剂,综合防治效果良好,有效地防止了霉心病在三门峡市的发生,优质果率达98%。

【仰韶杏保花促果及保鲜技术研究】 该项目由渑池县科技创新服务中心承担,针对仰韶大杏座果率低、管理粗放、产量低、落花落果、保鲜期短等存在问题,在辽宁果树研究所的指导下,开展配方施肥、修剪、授粉等技术研究,建立核心示范园2个,总结优质丰产栽培技术。项目实施后,亩新增产量660千克,增加产值3 960万元。

【城市污水处理与分质利用技术研究和产业化示范】 该项目由河南省豫源清生物科技工程有限公司与河南省污水治理工程技术中心共同承担完成,开展了污水预处理新技术、污水可持续生物处理强化脱氮除磷新技术、新工艺、污水、污泥资源化分质利用关键新技术、污水处理新材料、新设备、新产品的研究,已经在8家污水处理厂应用。

【沥青路面废旧材料再生利用技术研究与示范】 该项目由河南豫西路桥勘察设计有限公司承担,开展了沥青路面再生方式汇总、沥青的老化规律和再生机理、热再生沥青混合料的配合比设计和厂拌热再生沥青混合料施工工艺研究。通过在省道S314线上的研究和铺筑,节省投资约200万元。若在全市县乡公路及省道推广,每年可节省投资1 500万元。

【农业新品种的引进、试验及展示工作】 根据三门峡市的实际,结合项目实施,建立SOD苹果、仁用杏、牡丹、黄梨、雪莲果、生态养猪、卢氏绿壳蛋鸡、养牛等基地,引进农业新品种23个,正在开展试验研究。指导建设5个农业科技生态示范园:灵宝、湖滨高新园,渑池现代农业科技园、金秋苑生态农业示范园,灵宝苹果新品种示范园。

【开展星火人才培训】 2009年,全市共举办各类星火科技人才培训班800期,培训各类科技人才5.5万人次,发放各类星火人才培训教材22万余份,全市投入星火科技人才培训经费约80万元。农业科技专家咨询系统保持畅通,为广大农民解答技术难题6万人次。4月8日至11日,举办了河南省(豫西片)科技管理培训班,来自洛阳、南阳、平顶山、济源、三门峡及其部分县(市)区科技局及有关单位等80余名领导干部参加了培训。 (彭增康 刘 涛)

科技成果及推广

【概况】 2009年,全市有13项科技成果通过省、市科技部门组织的科技成果鉴定。有3项成果获得省科技进步奖,其中黄河三门峡医院完成的"Q值引导的非球面准分子激光术治疗近视临床研究"获得省科技进步二等奖、三门峡龙飞生物工程有限公司完成的"龙飞大三元新型系列高效有机无机生物肥研制与应用"、灵宝市金源矿业有限责任公司完成的"小秦岭石英脉金钼多金属矿石资源综合回收新工艺"获得省科技进步三等奖。有2人获得市科技合作奖,19项成果获得市科技进步奖,其中一等奖2项、二等奖7项、三等奖10项。

2008 年度三门峡市科技进步奖励项目

表 1

项目名称	奖励等级	主要完成单位
YX－CK168 型系列中间驱动双头数控车床	一等奖	三门峡豫西机床有限公司、三门峡职业技术学院、河南省信息管理学校
下肢深静脉血栓形成和肺栓塞的诊断及溶栓抗凝治疗的临床研究	一等奖	三门峡市中心医院
苹果园有害生物致灾原理、防御体系建设及减灾关键技术研究与应用	二等奖	三门峡市农业科学研究所、三门峡市植物保护植物检疫站、陕县植物保护植物检疫站、渑池县植物保护植物检疫站、灵宝市植物保护植物检疫站、卢氏县植物保护植物检疫站、灵宝市园艺局
三门峡市落叶松鞘蛾发生规律及防控技术研究	二等奖	三门峡市森林病虫防治检疫站、卢氏县森林病虫害防治检疫站
日光温室越冬番茄三段分期结果高产高效栽培技术研究与示范	二等奖	灵宝市设施农业研究所
超高强度陶粒支撑剂的研究开发	二等奖	渑池县方圆陶粒砂厂
FH－1050 凹印专用包装纸复合机	二等奖	三门峡蓝雪实业有限责任公司
泌尿系结石的腔内碎石技术	二等奖	黄河三门峡医院、河南省职工医院
早期干预降低脑瘫发生率的临床观察	二等奖	三门峡市中心医院
食用菌标准化生产技术规范及产品标准的研究与应用	三等奖	三门峡市农业科学研究所、三门峡市食用菌管理办公室、卢氏县菌业生产管理办公室、陕县蔬菜办公室、灵宝市菌类生产管理办公室
金渠金矿含碲金精矿直接氰化的研究与应用	三等奖	河南金渠黄金股份有限公司
河南省卢氏县夜长坪钼矿成矿远景区地球物理探测研究	三等奖	河南金渠黄金股份有限公司、中国科学院地质与地球物理研究所
高效节能系列轴承球磨机	三等奖	灵宝市黄金机械有限责任公司
灵宝黄金股份有限公司岩爆防治技术研究	三等奖	灵宝黄金股份有限公司
灵宝市矿山地质环境保护与治理规划	三等奖	灵宝市地质矿产局
大型预焙电解槽全电流停槽工艺技术	三等奖	河南中迈铝业有限公司
复杂眼外伤的玻璃体视网膜手术治疗临床研究	三等奖	黄河三门峡医院
药品招标软件的开发和应用	三等奖	三门峡市中心医院
臭氧加胶原酶注射治疗腰椎间盘突出症的临床研究	三等奖	灵宝市城南医院

（吕雪雅）

国际科技合作工作

【概况】 2009年,市科技局利用项目合作、柔性引进的方式,积极开展人才引进、技术交流、院企合作、院府合作等科技合作与交流工作。配合组织部门引进高层次人才,申报国家级科技人员服务企业项目3项,被省确定有省级科技特派员8个(两个团队、6名个人),完成省级第1批科技特派员的上报工作。先后邀请日本果树专家塩琦三郎及蚕桑专家田丸猛2人次对三门峡市果品生产及养蚕技术进行指导。市科技局与市委组织部在复旦大学联合举办三门峡市复旦大学科技知识培训班。市直、各县(市)区科技系统共有45人参加了为期10天的学习,授课内容有领导科学艺术、领导干部创新管理、周边关系与国家安全、科技与知识产权转让中的法律问题等,收到良好效果。

(贾晓华)

专利和知识产权

【概况】 2009年,全市专利申请量417件;举办知识产权(专利)法律知识培训8期,培训人员565人次;查处无效和假冒专利6件。灵宝市和灵宝金源矿业公司分别被认定为省知识产权优势县(市)和知识产权优势企业。在市级以上刊物及有关网站上发表知识产权宣传文章40篇。组织全市开展"4·26世界知识产权日"宣传活动,展出宣传版面20余块,发放相关法律、法规书籍500余册,发放专利知识和维权知识宣传单3 000余份,咨询者达2 000余人次。

(王河生)

科学技术普及工作

【概况】 2009年,市科技局把科普宣传、举办科技活动周和科技下乡工作放在重要位置,增强针对性,提高实效性,大力普及科技知识、传播农业先进实用技术、增强广大农民科技致富能力,同时积极探索城市科普工作新方法和新路子,取得较显著的效果。开展"科技活动周"和科技"三下乡"5次大型活动,播放科普电影10部,发放"节能减排手册"5 600本、"农村实用技术"4 000余本,展出展板70余块,悬挂彩图100余页,展出摄影作品60余幅。影视在线点击率突破76万人次,较好地发挥了科普宣传作用。

(董三邦)

科技信息服务

【概况】 2009年,市科技情报所编发《决策参考》12期、《项目快递》14期,提供科技项目和科技信息102项,在决策信息及科技信息服务传递等方面取得明显成效,被评为全省科技情报(信息)系统先进集体。通过三门峡科技信息网,发布三门峡科技动态46条、国内外科技信息549条,点击量达10万次以上。全年共征订各种期刊120余种,向社会各界提供借阅270余人次。

(程　琦)

地震测报

【概况】 2009年,三门峡市地震局紧紧围绕提高防震减灾能力、服务经济社会发展这条主线,牢记震情观念,以提升应急救援能力、提高震灾防御水平为重点,以建立健全防震减灾3大体系为目标,依法行政,狠抓落实,较好地完成了市委、市政府交办的各项工作任务。

完善地震监测管理制度,提高地震监测预报工作水平。完善宏观、监测、会商等管理制度,保证了震情监测工作不放松。强化短临跟踪及异常判定,印发《2009年震情短临跟踪方案》,加大观测次数,加密异常跟踪,建立异常落实责任制,做到决不放过一处异常。全年共落实三门峡市及周边地区地震异常信息10余起,召开月度地震会商会10次,为市领导提供震情简报12期。加强台站管理,认真检修设备、保养维护,及时落实强震台运转经费,做到人不离岗、机不停运、资料不间断。坚持监测大防御思路,做好晋陕豫联防区震情联防工作,每月定期交流交换震情信息和资料,补充三门峡市监测手段不足。

树立服务项目建设理念,加大建设工程抗震设防管理力度。利用阳光工程平台,培养了一批掌握农村民居抗震基础知识和操作技能的新型农村建筑工匠,推进农村民居地震安全工程。配合做好全市中小学校舍安全工程实施工作,提供基础资料,加强对校舍选址、场地地震安全评估等的指导和监督检查。树立服务理念,以服务项目建设为抓手,采取多种有效措施,确保大部分建设工程都纳入抗震设防管理程序,达到项目安评到位、工程设防手续齐备。简化行政审批环节,优化行政审批流程,修改完善行政审批"超时默认制"和"缺席默认制"等制度,加大项目代办力度,提供优质高效规范服务。

完善应急措施,提高地震应急能力,加快推进地震应急体系建设。强化信息报送管理,建立完善零报告和旬报告制度,确保灾情信息的快速处置。加大应急预案体系完善力度,贯彻落实《三门峡市地震应急预案》,扩大预案覆盖范围,重点加强医院、学校、乡(镇)、社区、人口密集场所、生命线工程及县属重点企事业单位的应急预案制定修订工作,形成市、县两级预案组成的横到边、竖到底的应急预案体系。拓展应急训练,着重从应急启动、震情会商、震情速报、灾害调查评估4个方面进行实战演练,注重检验应急响应水平、信息获取及速报能力、应急装备应用、应急求生自助等工作的适应性和可行性,在此基础上修订了应急行动方案。加强地震应急救援能力建设,协助市政府建立应急救援力量,按照"一队多用、专兼结合、军民结合、平战结合"的原则,组建三门峡市地震灾害紧急救援队,规模和装备排在全省前列。完善地震应急指挥中心网络建设,与市政府应急指挥中心和省地震局应急指挥中心可视频对接,在全省18个市中是最先进的指挥中心。加大应急投入力度,完善应急设备,为地震现场工作队配置应急包、军用水壶、手电筒、应急工作服、手持GPS定位仪和车载电台、对讲机等应急装备和物资。

创新载体,开展防震减灾科普和法制宣传活动。开展防震减灾知识宣传月活动。4月20日至5月20日,利用广播电视大力宣传新《中华人民共和国防震减灾法》。推进防震减灾知识宣传进党校。5月和9月，先后给三门峡市委党校2009年春季、秋季领导干部进修班和第9期中青年干部培训班学员作了“大力普及防震减灾知识　全面提高抵御灾害能力”的报告，受到广大学员的欢迎。推进防震减灾知识宣传进学校。2月，联合市教育局、市科技局在灵宝市第二中学召开全市防震减灾科普示范学校创建工作现场会，总结推广防震减灾科普示范学校创建工作的先进经验，研究部署全市示范学校创建工作。完善门户网站建设，扩大防震减灾宣传工作的覆盖面。及时更新网站内容，编发“地震是怎样发生的”“家庭防震措施防震与救助”“地震知识70问”“关于防范余震的有关知识”“抗震救灾自助手册”“震后自救”和防震减灾科普视频10部，加大防震减灾科普和法制宣传工作力度。

【全市防震减灾科普示范学校创建工作现场会召开】　为充分发挥省级防震减灾科普示范学校的辐射带动作用，提高广大师生、干部群众的防震减灾意识和抗震避险能力，2月18日，市地震局、市教育局、市科技局在灵宝市第二中学召开全市防震减灾科普示范学校创建工作现场会。市、县两级地震局(办)、教育局、科技局分管领导及灵宝市第二中学师生代表共200余人参加会议。会议对2009年三门峡市创建防震减灾科普示范学校工作进行部署，要求市、县地震、教育、科技部门加强领导，全面推进防震减灾科普示范学校创建工作；明确目标，大力开展防震减灾科普示范学校创建活动；完善措施，丰富创建活动内容和形式；通力配合，形成全市防震减灾科普示范学校创建合力。与会人员参观了灵宝市第二中学防震减灾科普教育成果：地震科普展览区、宣传教育区、避震逃生通道及疏散场地，并为灵宝市第二中学“省级防震减灾科普示范学校”揭牌。

【开展防震减灾知识宣传月活动】　4月20日至5月20日，市地震局利用广播电视大力宣传新《中华人民共和国防震减灾法》，先后与三门峡电视台、三门峡教育电视台合作，播放《地震揭秘》《应对地震灾害——公众自救互救常识》等地震科普教育片16次。5月1日，市地震局联合湖滨区科技局在湖滨广场开展新《中华人民共和国防震减灾法》宣传活动。市地震局将地震科普知识宣传与新《中华人民共和国防震减灾法》宣传结合起来，展出的30余块展板从地震常识、地震来了怎么办、互救自救、地震设防和新中国成立以来中国发生的重大地震灾害等方面，通俗地普及了防震减灾知识。湖滨区科技局展出宣传地震法规科普图，用卡通形象解释防震减灾知识。共接受参观、咨询群众3 000余人，发放《中华人民共和国防震减灾法》等宣传材料1万余份，进一步提高了社会公众的防震减灾意识和依法参与防震减灾的能力。

三门峡市地震灾害紧急救援队成立大会暨授旗仪式

【三门峡市地震灾害紧急救援队成立】　5月12日，市政府举行三门峡市地震灾害紧急救援队成立大会暨授旗仪式。市委常委、副市长赵光超宣布三门峡市地震灾害紧急救援队成立并授队旗，省地震局副局长刘尧兴出席仪式并致辞。成立仪式由市政协副主席、市地震局局长姚龙主持，三门峡市防震抗震指挥部成员单位负责人、各县(市)区地震局(办)负责人以及紧急救援队全体队员参加仪式。三门峡市地震灾害紧急救援队由公安消防、卫生救护、监测保障3支分队，按照“一队多用、专兼结合、军民结合、平战结合”原则联合组成，规模达45人，规模和装备排在全省前列。它的成立，标志着三门峡市防震减灾工作向前迈出了重要一步，对于保障人民群众生命财产安全、维护社会和谐稳定、促进经济又好又快发展具有十分重要的意义。仪式结束后，与会的三门峡市和省地震局领导慰问了地震灾害紧急救援队全体队员，并观摩了警用直升机、消防车、急救车等地震灾害抢险救援器材装备展示。

【国家地震局副局长阴朝民到三门峡市调研防震减灾工作】　11月7日至8日，国家地震局副局长阴朝民到三门峡市调研防震减灾工作。阴朝民一行先后到市地震局、市地震应急指挥中心、陕县地震台等防震减灾工作机构进行调研，实地察看市防震减灾指挥系统建设和基层地震监测工作开展情况。阴朝民对三门峡市的防震减灾工作给予充分肯定，并指出，三门峡地理位置特殊，防震减灾工作亟待加强，应当积极争取有关项目以改善地震监测力量薄弱的现状。地震监测部门要加强与周边省、市相关部门的联系，解决好辖区地震监测站点的合理布局问题，为重大工程的地震安全保驾护航；要强化地震灾害防御与行政执法工作，做到常备不懈、应急工作快速有效；要加强队伍建设，改善工作条件，不断提高管理水平；

要用科学发展观统领防震减灾工作，进一步改进工作作风，最大限度地减轻地震灾害；要继续做好地震监测工作，扎实推进地震应急工作，着力提高震害防御能力；要全面贯彻实施《中华人民共和国防震减灾法》，深入开展防震减灾知识的宣传教育工作，做到家喻户晓；要加强制度建设，做好重大项目的服务工作，为防震减灾事业又好又快发展提供有力保障。　（郑　垚　刘　蕊）

气象工作

【概况】　2009年，三门峡市气象局在公共气象服务、防灾减灾监测预警体系建设等方面取得显著成效。全年及时发布重要天气预报17期，"三夏""三秋"、高中考等重大社会活动专题气象服务材料63期，干旱、大风、冰雹、大雾、大雨雪、道路结冰等气象灾害预警信号74次，3级以上地质灾害预警12次，森林火险气象等级预报180次，林业病虫害气象预报10次；召开重大气象信息新闻发布会10次；启动应急响应3次。依据特色农业发展需求抓好西瓜、仰韶大杏、苹果、烟叶、核桃、大枣等农业气象服务，在灵宝市寺河乡磨湾村建成农业气象科技示范园。加强乡（镇）级气象灾害防御队伍建设，信息员乡（镇）覆盖率达100%。实施人工影响天气作业133次，其中增雨123次、增雪4次、消雹防雹6次，作业影响面积累计达3万平方千米，增加降水9 000万立方米，产生直接经济效益2.5亿元，减少雹灾损失80%以上。完成首批38个行政村农村防灾减灾综合信息无线自动广播系统、风能资源观测网、L波段探空雷达建设任务。新建灵宝梁庄、冯家原、磨湾，渑池万寿，卢氏双龙湾、漂池，三门峡坝头、甘山，义马林场9个"四要素"（降水量、温度、风向、风速）自动气象站；陕县张汴乡和卢氏县东明镇2个自动土壤水分观测站。首次对义马市防雷违法案件实行异地执法委托，收到较好成效。针对矿山、成品油经营企业、中小学校等重点领域，开展防雷防静电隐患排查专项治理。对全市建构筑物防避雷设施安全性能进行检测。市气象局省级文明单位到届重新申报获成功。

做好雨雪天气预报与服务。受强冷空气影响，11月11日至12日，三门峡市普降大雪，过程降水量达23.2毫米至48.5毫米，积雪深度12厘米至22厘米。市气象局启动重大天气服务应急预案，组织重要天气会商，做好预报预测预警工作，连续发布《重要天气预报》2期、暴雪预警信号8次、道路结冰预警信号8次，制作《天气快报》3期，各种预警信号及时通过手机短信、"12121"气象服务电话为公众提供服务。做好灾情调查和评估工作，向市委、市政府提交低温雨雪影响报告，对道路堵塞情况、堵塞原因、应急措施进行调查，同时就雨雪能否对矿区安全造成影响进行了分析评估。

抓好流感防控气象服务。秋后，市气象局针对普通流感提前进入高发期，甲型H1N1流感防控日渐紧迫的情况，采取多项措施做好流感防控气象服务工作。一是进一步增强气象服务的主动性、针对性和敏感性，针对秋冬季节天气气候特点，特别是寒潮大风降温天气过程，做好有关预报预警和气象保障服务工作。二是主动与市卫生、疾病防控部门联系沟通，建立有效的信息通报和联合会商机制，制定相关应急措施，做好应急保障服务工作。三是严密监视天气发生发展变化，根据气象条件对流感传播扩散影响的特点，及时组织专题会商。在预计气象条件可能导致流感易发时，利用广播、电视、手机短信等媒体，重点针对学校、公交等场所，快速有效地向社会发布气象预报预警及流感防控提示。

积极应对严重干旱。2008年11月中旬后期至2009年2月上旬初期，三门峡市各地近80天无有效降水，土壤失墒严重，全市大部分乡（镇）出现严重旱情，对农业生产和山区人民群众生活都造成了严重影响。为此，市气象局先后启动抗旱应急Ⅲ级、Ⅱ级响应，服务全市抗旱保麦夺丰收工作。严密监视天气变化，加强天气会商，努力报准每一次天气，及时通过各种媒体和手机短信向公众发布气象信息。增加监测土壤墒情的次数，由常规的每旬1次增加到每旬4次，每次1个地段增加到4个地段，每个地段各选1个乡（镇）。开展降水渗透深度监测和苗情调查，与农业部门加强联动，共享信息，指导农民抗旱浇麦。提前开启本该到4月1日才重新启用的乡（镇）自动雨量站，并对其进行维护保养，加强对全市雨量的监测。及时抓住有利降水天气过程，适时进行人工增雨（雪）作业，最大限度缓解旱情。

【举办"新联通"气象科普夏令营】　7月31日，市气象局与三门峡联通公司联合举办首届"新联通"气象科普夏令营，近百名中小学生和家长参加活动。为了筹备夏令营活动，市气象局组建三门峡气象科普展览馆，展出内容分为单位简介、内设机构、主要业务、公共气象服务、专业气象服务、雷电防护、人工影响天气、气象法规、行政审批等众多板块，图文并茂地介绍和展示改革开放30年来三门峡市气象事业取得的成就，长、中、短期、短时天气预报制作流程，灾害性天气预警信号、"12121"气象服务电话、手机气象短信、农村防灾减灾气象服务大喇叭、电视天气预报风力等级划分、降雨（雪）等级划分等气象科技服务手段和常识，雷电、洪水、泥石流、冰雹、干旱等典型气象灾害案例，人工影响天气原理及效果，气象法规、依法行政等方面的知识。在位于市气象局大楼顶层的三门峡市气象台，小营员们在气象预报师的引导下，观看了卫星云图、雷达资料以及天气预报的制作过程等方面的演示。来自卢氏、义马的中小学生们，还纷纷将鼠标移动到卫星云图上自家所在位置，对家乡的天气状况进行"预报"。　（袁文胜）

·编辑　卢亚杰·

教育

9月1日，三门峡市阳光小学落成暨开学典礼

综 述

【概况】 2009年,三门峡市有各级各类学校928所(不含成人技术培训学校),在校生446 200人,教职工29 454人,其中专任教师25 274人。学校占地总面积883.23万平方米,校舍建筑总面积375.68万平方米,固定资产总值264 874.56万元,教学仪器设备总值21 391.37万元。特殊教育学校4所,均为盲聋哑性质,在校生321人,教职工81人,其中专任教师63人。民办性质学校163所,其中普通高中2所、中等职业学校2所、普通初中4所、小学6所、幼儿园149所,在校生33 602人,教职工2 499人,其中专任教师1 660人。

全市教育部门财政预算内教育经费拨款146 359.7万元,比2008年增长19.15%。其中,县(市)区财政拨款122 070.7万元,增长12.84%;市本级财政拨款24 289万元,增长65.73%。全年共收到城市教育费附加8 310.8万元,比2008年实际收到数增加1 101.2万元,增长15.27%。多渠道投入18 782.8万元,其中学杂费收入6 354.5万元,社会和群众捐资助学42.5万元,其他投入12 385.8万元。全市教育经费总支出180 639万元,增长19.7%。

市教育局通过多种方式,争取各级"两免一补"(免杂费、免书本费,补助寄宿生生活费)资金、校舍维修及改扩建资金、中职学校国家助学金、中央教育救灾资金、新农村卫生新校园建设资金等共计23 727.27万元。完成全市农村中小学校58 765平方米校舍维修改造工程。全市教师有714人次在省级以上学科赛讲、技能大赛、规范字书法大赛等活动中获奖,学生有495人次在省级以上物理竞赛、英语才艺展示、艺术展演等比赛中获奖。

加强宣传工作。全市教育系统广大通讯员以消息、通讯、评论等形式,多形式、多角度报道了教育系统改革与发展的情况,尤其是新中国成立60周年以来取得了巨大成就,营造了教育要改革发展、师生要奋发有为、学校要团结奋进的工作氛围,树立了区域教育的良好形象。市教育局首次举办教育新闻作品评选活动,评出"河南灵宝亮出均衡教育'升级牌'"等8件作品为一等奖,"本市招聘357名特岗教师赴农村基层学校任教"等18件作品为二等奖。6月14日,《光明日报》报道了三门峡市改革优秀教师评选方式的工作经验。

【加强学校环境教育】 5月19日,市教育局发出通知,要求建立长效机制,切实加强学校环境教育工作。一是提高认识,加强环境教育的组织领导。全面落实《中小学环境教育大纲》,提高广大师生的环境意识和环境素养。各级各类学校要制定学校环境教育的中长期规划和学年度、学期工作计划,强化责任,明确任务,把环境教育渗透于教育教学的各个过程、各个环节。二是强化管理,推进环境教育的深入开展。要认真落实环境教育的课时要求,小学一年级至高中二年级每学年均不得少于4个课时,具体内容要适合各年级、各学段学生的认知特点。科任教师要自觉依照课程标准,主动将环保教育落实到学科教学之中。尤其是化学、生物、物理、历史、地理等,要认真挖掘蕴含在教材中的环保教育内容,进行人类与环境关系的教育,培养学生正确的环境观、资源观。要充分利用校内外环境教育资源,结合植树节、世界地球日、世界环境日,采取主题班(队)会、专题讲座、研究性学习、参观考察、社会实践等多种形式,开展丰富多彩的环境教育。各校要把学生的环保认识、参与环保活动、形成环保习惯等方面内容纳入综合素质评价之中,并作为评优推先的重要依据。三是加强宣传,努力营造环境教育的良好氛围。要充分发挥学校环境教育在提高全社会环保意识中的主渠道、主阵地作用。组织师生开展环境教育课件制作、论文评比和环保征文、演讲等活动,鼓励师生认真观察社会、关爱环境,并通过师生的行动,带动家庭、社会积极参与,不断提高全民环保意识;要通过报纸、电视、广播、网络等宣传媒体,广泛宣传环境教育的重要性、环保的主要内容和主要方式,营造人人重视环保、人人以实际行动投入环保的良好氛围。四是加大力度,积极开展"绿色学校"创建活动。要坚持把"绿色学校"创建纳入学校发展规划之中,明确创建目标,加大资金投入,加强环境教育,美化、绿化、净化校园。各级教育行政部门要积极组织交流与推广创建工作的先进经验,加大国家级、省级"绿色学校"的创建力。要加强对中小学环境教育的检查指导,将环境教育和绿色学校创建工作列入年度工作目标,作为示范性学校评估的重要指标,建立环境教育的长效机制。

【市外国语高中开工奠基】 6月9日,市外国语高中开工建设奠基仪式在三门峡经济开发区举行。市外国语高中由同济大学建筑规划设计院设计,学校规模为4 500人,90个教学班,实行全封闭、寄宿制管理。学校征地17.2公顷,一期建设用地12公顷,总建筑面积9万余平方米,估算总投资2.2亿元。建设年限2年。2010年秋季部分招生,2011年6月底全面竣工投入使用。当天,在市外国语高中开工奠基仪式之前,该建设项目签字仪式在三门峡大鹏国际酒店举行。经市政府同上海开天建设(集团)有限公司协商,双方签订了市外国语高中建设项目协议书。

【全市357名特岗教师赴农村基层学校任教】 秋季开学前,全市新招聘的357名大学毕业生已奔赴卢氏县、灵宝市、陕县和渑池县等设岗县(市)农村师资相对薄弱的学校上岗任教,其中农村小学教师10名、初中教师347名。实施农村义务教育阶段学校教师特设岗位计划,是河南省为贯彻国家有关部门推进社会主义新农村建设,引导和鼓励高校毕业生面向基层就业而采取的一项重大措施。2009年是"特岗计划"实施的第1年。招聘过程中,按照省委、省政府提出的把农村学校特岗计划实施工作打造成加强农村教师队伍建设的示范工程,吸引优秀人才从事农村教育的导向工程,造就德才兼备教师队伍的人才工程,让人民群众满意教育的民心工程,三门峡市和设岗县两级教育、财政、人事、编制办等部门,本着"公开、公正、公平、竞争、择优"的原则,紧密协作,明确职责,严格执行政策,确保整个招聘工作平稳、有序进行。此次招聘的特岗教师中,学历层次高,综合素质比较好。其中,具有全日制本科学历347人,专科学历10人;师范类毕业生242人,非师范类毕业生115人;户籍在省内毕业生330人,户籍在外省毕业生27人。

【市阳光小学举行落成暨新学年开学典礼仪式】 9月1日,市阳光小学举行落成暨新学年开学典礼仪式。市阳光小学是市委、市政府为调整市区学校布局、优化教育资源配置而建设的一所普通公办小学,是市委、市政府连续两年向全市人民公开承诺的"10件实事"之一。学校位于五原路与上官路交会处,占地1.5公顷,总建筑面积9 365平方米,于2008年8月31日开工建设。

【《三门峡教育志》编纂工作启动】 9月24日,《三门峡教育志》编纂工作启动。具体断代为1986年1月1日至2010年12月31日,分22编66章179节,总字数约80万字。按计划,2011年教师节前,该书将正式出版发行。《三门峡教育志》重点记述区划调整以来即1986年到2010年的25年间三门峡教育史,此外还适当向前延伸,弥补上本志书(原《洛阳地区教育志》从史前到1986年止)的一些疏忽和缺憾。

【实施"866教育工程"】 2009年,三门峡市概算投资逾13亿元,强力实施"866教育工程",以不断改善办学条件,优化资源配置,提高办学水平,努力创办人民群众满意的教育事业。市直8项重点建设工程:完成三门峡市阳光小学建设,2009年6月30日建成交付使用;完成三门峡市外国语高中征地拆迁等前期工作;启动三门峡市职业教育园区建设,迁移4所中等职业学校;2009年9月开工建设三门峡市崤函小学5 000平方米综合楼;完成三门峡市第二实验幼儿园525平方米活动中心建设;完成三门峡市四中操场建设;完成三门峡市第三实验小学操场建设;完成直属义务教育阶段学校电化教育"班班通"工程。全市性6项重点建设工程:完成农村义务教育阶段3万平方米校舍维修工程;加强标准化学校建设,2010年前,全市成建制学校标准化率达到85%以上;启动乡(镇)寄宿制学校和中心幼儿园建设,2010年前每个乡(镇)建成1所标准化中心幼儿园、2所~4所寄宿制小学、1所~2所高质量寄宿制初中;启动县级职教中心扩建工程,每个县(市)建成1所在校生规模4 000人左右的县级职教中心;2009年至2012年,重点支持三门峡中等专业学校、三门峡市技工学校和灵宝市职业中专创建省级规范性学校,支持职业院校建成4个省级示范性职业教育实训基地和4个标准化实训基地;改造城镇薄弱学校2所~4所。县(市)区6项重点建设工程:陕县教育基础设施(打捆),包括寄宿学校、危房改造、特殊教育学校建设;卢氏县教育基础设施(打捆),包括教学楼、宿舍楼、餐厅等建设;完成卢氏县农村初中校舍改造工程3 970平方米;完成渑池县、陕县16所项目学校新农村卫生新校园建设;完成卢氏县、湖滨区5所项目学校3 300平方米明德项目建设;开工建设灵宝市、湖滨区青少年校外活动中心。

【开展"教育服务年"活动】 2009年,全市教育系统开展"教育服务年"活动,坚持以服务求支持,以贡献求发展,全力服务全市经济建设和社会发展。实施"两个工程"。各县(市)区教育行政部门负责农村实用人才培训工程、农村劳动力转移培训工程的整体规划和任务安排;各中职学校和成人学校实施培训,其中中职学校积极为返乡农民工学习和培训提供便利,确保完成省定任务。加强与相关部门的合作,参与相关培训活动,为广大农民工就业提供帮助。开展"两项培训"。职业学校和成人学校针对广大初(高)中毕业生、城镇失业人员、复员军人和企业在岗、待岗职工等,大力开展以提高职业技能为重点的就业再就业和创业培训,帮其提高就业能力、职业转换能力和创业能力。全力做好大中专毕业生就业工作。加快就业信息网络建设,加强与社会各界的联系与沟通,千方百计促进毕业生就业。加强对学生的职业生涯教育和就业指导,引导和鼓励毕业生到基层就业或自主创业。加快学科专业结构调整步伐,提高教育教学质量,提高学生实践能力。积极争取建设项目及资金。加强协调与沟通,多争取建设项目和资金,对已确定的重大项目确保尽早开工、保证质量和如期完成。加大实施职业教育攻坚计划力度,加强中职学校基础能力建设。鼓励支持社会力量投资教育事业。规范教育收费和使用行为。完善教育收费及管理使用规定,确保教育收费和经费使用的规范、公开、透明。提倡勤俭办学,切实提高教育经费的使用效益。

【教育部学习实践科学发展观巡回指导组到三门峡市检查】 12月14日,由教育部第二巡回指导组副组长、人民教育出版社副社长尹鸿祝,中央教科所党办主任文元强等组成的教育部中等职业学校和中小学深入学习实践科学发展观活动巡回指导组一行,到三门峡市检查指导工作。尹鸿祝一行先后到三门峡市第一高级中学、三门峡市第二实验幼儿园、三门峡市外国语中学检查指导工作,并听取3所学校(幼儿园)负责人、三门峡市教育局党委的专题汇报。尹鸿祝对三门峡市中等职业学校和中小学深入学习实践科学发展观活动取得的初步成效,给予充分肯定。尹鸿祝传达了教育部部长袁贵仁在中职和中小学学习实践活动指导小组第2次会议暨经验交流视频会上的讲话精神后强调,三门峡市学习实践科学发展观活动要结合上级要求,健康有序地开展好第2阶段工作,同时要注意挖掘好的典型,推广好的做法,进一步把活动引向深入。

(王普进 杨仲勋)

基础教育

【概况】 2009年,三门峡市有基础教育学校906所(含民办学校),其中普通高中23所、普通初中118所、小学566所(另有教学点348个)、幼儿园195所(另有学前班427个,其中小学附设学前班273个),基础教育学校数占全市学校数的97.62%;在校生388 796人,其中普通高中57 977人、普通初中99 785人、小学186 535人、幼儿园44 178人,基础教育阶段在校生占全市各级各类学校在校生数的87.13%;教职工26 581人,其中专任教师23 179人。小学阶段、初中阶段学龄人口入学率均为100%。小学在校生巩固率达到99.02%,初中在校生巩固率稳定在102.52%。高考各批次上线率持续增长,成绩稳步攀升。普通类一本线以上598人,上线率3.44%,比2008年增长0.27个百分点;普通类二本线以上2 489人,上线率14.34%,增长1个百分点;普通类三本线以上5 099人,上线率达29.37%,增长2.37个百分点;普通类专科一批线以上9 410人,上线率54.21%,增长3.95个百分点。至9月9日,全市各类考生共录取12 928人,其中普通类录取10 308人、体育艺术特长生1 494人、对口生817人、专升本309人。录取考生比2008年增加1 100人,增长9.3%。总录取率达58.98%,普通类录取率59.04%,体育艺术类录取率49.32%,对口生录取率76.07%,专升本录取率86.55%。

【举办全市中小学课堂教学改革专家报告会】 2月22日,全市中小学课堂教学改革专家报告会在三门峡职业技术学院举办。为深化课堂教学改革,建构优质高效课堂,市教育局邀请全国和谐教学法研究会理事长、天津教科院基础教育研究所所长王敏勤教授作"建构高效课堂"的主题报告。报告共分两个部分,一是怎样通过校本教研提高课堂教学效率,二是怎样实施高效课堂。报告深入浅出,既有理论指导,又有课堂实例,其间还穿插有安阳七中两位教师的课例解说。

【举行全市第4届中小学生艺术展演合唱比赛暨"校园之星"颁奖典礼】 5月27日,三门峡市第4届中小学生艺术展演合唱比赛暨"校园之星"颁奖典礼在三门峡职业技术学院举行。比赛结合新中国成立60周年举办,主题是"阳光下成长"。展演活动分基层活动、各县(市)区及市直学校展演、市级展演3个阶段。在此基础上,评选出优秀节目、作品和论文参加全省评选。经过层层选拔推荐的全市百名"英语之星、数学之星、体育之星、艺术之星"代表依次上台,分别展示了精彩的才艺。市委宣传部、市教育局、市体育局、团市委、市文明委、市文化局、市广电局、市文联、市妇联等单位的有关领导为"校园之星"代表颁发了证书。

【举办市区中小学招生说明会】 为提高服务意识,转化机关作风,化解城市择校热问题,6月19日,市教育局举办市区中小学招生说明会。部分人大代表、政协委员、机关作风效能评议代表、行风评议代表及新闻媒体记者,湖滨区教体局、三门峡经济开发区教育处有关负责人参加说明会。秋季,市阳光小学将正式开始招生,市外国语小学、市实验小学和市第二实验小学的招生范围相应进行调整。其中,市阳光小学为:东至魏野路、西至南湖路、北至崤山西路、南至虢国西路,东至大岭路、西至209国道、北至虢国西路、南至涧河南岸区域以及康乐小区五区2号、5号、8号楼和2区1号楼地税局住宅楼、商业银行住宅楼以南至虢国路住宅区。市外国语小学为:东至大岭路、西至209国道、北至半台下区、南至崤山路,以及东至大岭路、西至魏野路、北至崤山路、南至虢国西路区域(其中康乐小区仅包含5区1号、4号、7号楼和1区6号楼、农信社住宅楼以北至崤山路住宅区)。市实验小学为:东至经一路、西至六峰路、北至半台下区、南至崤山路,东至经一路、西至永安路、北至崤山路、南至虢国路,以及东至经一路、西至上阳路南段、北至虢国路、南至涧河南岸。市第二实验小学为:东至大岭路,西至甘棠路、建工路、川岭路,北至北环路,南至半台上区,以及东至陕州路,西至大岭路,北至北环路,南至建设路。会上,市教育局有关科室负责人向与会代表通报了市区中小学有关招生政策。部分评议代表分别就有关问题提出建议、意见,部分媒体记者对有关政策进行了咨询、了解。

【市实验中学代表队获第3届中国青少年创意大赛团体金奖】 7月21日,在济南市举办的第3届中国青少年创意大赛结束,三门峡市实验中学砥柱代表队荣获大赛团体金奖及"全国太阳能科研基地"称号,是该校继首届获团体银奖、第2届获团体金奖后的又一殊荣。此次大赛由中国教育学会等主办,中国青少年创意大赛组委会等承办。活动以普及知识产权教育、实施国家产权战略、培养创新型人才为宗旨,在全国37个赛区举行选拔赛,参与学校2 000余所,参与人数突破100万人。市实验中学代表队孟祥昊、常成基等5人获金奖,郭祎琛、张博祥等4人获银奖。孟祥昊同时又获"百佳尚德创意"奖和"百佳创新型学生"奖。该校张振海荣获"百佳创新型校长"奖和"创新型名师"奖,常松珍荣获"十佳创新型名师"奖,姚进升荣获"百佳创新型名师"奖,王伟锋荣获"创新型名师"奖。

【全市50名贫困大学新生受市政府资助】 8月17日上午,市政府在三门峡市一高举行2009年贫困大学新生资助仪式。市人大常委会副主任邹援朝、市政协副主席王铁创、市长助理张万斌等出席仪式,并向受助学生发放助学金。市财政拿出20万元,对全市50名贫困大学生资助,每人受助资金4 000元,确保他们能够按时步入大学校门。50名受资助大学新生中的市区及陕县27名贫困大学新生及其家长、所在高中的教师代表以及三门峡市一高宏志班的学生代表等参加资助仪式。

【全市第2届普通高中中心教研组成立】 8月29日,三门峡市第2届普通高中中心教研组成立大会召开。会议明确中心教研组的工作职责、工作任务以及下阶段工作要求,向68名中心教研组成员颁发聘书,聘期3年。会后,中心教研组成员分学科研究制定了2009年度至2010学年度全市高一、高二、高三教学工作建议,对新学年教学工作提出指导性意见。

【市直教育系统代表队获市六运会市直机关组团体金牌总数、总分第1名】 9月27日,三门峡市第6届运动会闭幕,市直教育系统代表队最终获得15块金牌,赢得市直机关组团体金牌总数、总分第1名。市六运会于7月28日至9月27日举行,共有各县(市)区、市直、厂矿企业等76个代表团、3 800余名运动员参加。市直教育系统组建了职工男子篮球、女子乒乓球、男女田径、男女武术、男子象棋5个队参赛。

【全市义务教育阶段中小学绩效工资改革全面实施】 12月11日,全市义务教育阶段教师基础性绩效工资全部审批兑现完毕,奖励性绩效工资总额也全部审批结束。除陕县、卢氏县外,市直和其他县(市)区首批资金已经拨付并基本发放到位。共涉及在职教职工19 749人,退休人员4 290人,退职人员77人。根据规定,此次义务教育学校实施绩效工资改革在职人员严格按当地公务员津贴规范后的工资水平核定,其中市直按年人均20 800元、各县(市)区分别按年人均10 770元~12 600元不等。退休人员生活补贴标准依照退休公务员的退休工资水平,按在职同职同岗人员绩效工资的70%核定,退职人员生活补贴标准按照在职同职同岗人员绩效工资的50%进行核定。

【举行全市初中同课异构暨画知识树展示活动】 12月17日,全市初中同课异构暨画知识树展示活动按语文、数学、英语学科分别在市实验中学、市外国语中学、市三中多媒体教室进行。来自各县(市)区教研室主任、相关学科教研员、教师代表及市直初中学校的部分教师参加会议。此次活动是在各县(市)区开展"钻研课标教材,提高教师教学能力"活动,组织初中全体教师参加,层层选拔参赛选手的基础上举行的。当天上午,9位优秀教师的教学设计都突出了同中求异、异中求同的特点,让听课教师清楚地看到不同施教者对同一教材内容的不同处理,不同教学策略所产生的不同教学效果,彰显出了不同教学个性。下午,21位来自全市部分初中的语、数、英学科教师骨干教师从不同角度对学科知识或依章节进行梳理,或以单元进行总结,或以一堂课的形式进行呈现,使课本知识得到直观化的体现。

【渑池县、义马市启动读书活动】 3月,渑池县在全县各小学启动"经典诵读月"活动。诵读内容包括《小学生课程标准必背古诗70首》《百家姓》《弟子规》《千字文》《三字经》《新三字经》《增广贤文》《唐诗三百首》及课内外优秀的古诗文、散文、名家名篇等。活动历时1个月,要求凡是该县小学语文教师和一年级至五年级全体学生都要参与。各小学结合实际,开展了"优秀诗文朗诵会""小小诵读擂台赛""读书小能手"等活动,受到广大家长的一致好评。针对中小学生不同年级学生的年龄特征,该县设计了"国学经典"朗诵篇目和必背篇目,以增加学生阅读量,拓展知识面,提高口语表达能力。7月,义马市教育系统启动首届"新华杯"读书节仪式。活动围绕"阅读启迪心智,读书丰富生活,打造书香校园,构建和谐教育"的主题,开展"爱我中华"普通话演讲比赛、读书格言有奖征集、读书知识书签设计制作比赛、学生手抄报比赛、"我和书的故事"征文、"书香班级"和"书香校园"创建等系列品牌活动。该市新华书店免费向全市中小学生发放了1.6万册《英雄中国》青少年爱国主义读书教育活动用书,投资3万元为全市1 600余名教师每人赠送一本教育类精品图书。

12月2日,湖滨区新兴农民工子弟学校正式揭牌

【湖滨区新兴农民工子弟学校揭牌】 12月2日,湖滨区新兴农民工子弟学校正式揭牌。该校位于湖滨区会兴街道沿黄路北新兴村,由省、市、区政府投资建设而成,有教学班6个、教师16人、学生87人,其中新兴村学生29人,外来农民工的孩子58人。学校占地0.67公顷,建筑面积1 800平方米。学校有电脑室(电脑12台、电子黑板1块、投影仪1台)、电子备课室、图书阅览室(藏书近5 000册)、活动室等多类教室。

【河南省语文教改交流暨第12届年会在灵宝市召开】 3月7日至8日,河南省语文教学改革交流暨第12届年会在灵宝市召开。魏书生、窦桂梅、程翔等11位著名专家作了专题报告、示范课和学校管理讲座,来自全省各地和陕西省、山西省部分地区的3 300余位中小学语文教师、教育管理工作者参加大会。该届年会由省语文教育学专业委员会、三门峡市教育学会主办,旨在借助高中新课程改革的强劲东风,通过专家学术报告和名师课堂教学示范引领,帮助广大语文教师和教育管理工作者走进新课程,树立新思维,学到新方法,促进新发展,同时加强各地同行间的沟通交流,促进相互合作,从而把全省的语文新课程教学提升到一个新的水平。

【河南省幼儿教师教学工作研讨会在陕县召开】 6月13日,由全程教育河南省幼儿园园长联谊会主办,陕县实验幼儿园承办的河南省幼儿教师教学工作研讨会在陕县召开。来自郑州、许昌、新乡、洛阳、濮阳、鹤壁、周口等市以及三门峡市的各级各类共120所幼儿园540人参加研讨会。省商务厅第一幼儿园教师张锋、省文化厅艺术幼儿园王滢、省军区幼儿园王红、陕县实验幼儿园李蕊等6名教师向与会人员做示范课,与会有关专家作了点评。园长、教师、专家畅所欲言、相互沟通,共同探讨幼儿教育的做法、心得。会议还举办了"幼儿教师的专业成长""人本主义在幼儿园管理中的应用"专题讲座。

(王普进 杨仲勋)

职业教育和成人教育

【概况】 2009年,三门峡市有职业学校22所(含民办),其中高等职业学校1所、普通中等专业学校8所、成人中等专业学校6所、职业高中7所。在校生57 404人,教职工2 873人,其中专任教师2 095人。中等职业学校招生18 322人。全年全市争取上级职业教育经费投入明显增加,累计达到10 773万元。其中,专项经费投入3 610万元,教育费附加投入1 283万元,学费投入3 180万元,社会筹资2 610万元,其他资金90万元。争取职教攻坚项目省级支持资金925万元,约占全省1亿资金的1/10,其中三门峡中专区域性综合实训基地600万元,灵宝职专示范性学校建设资金250万元,三门峡职业技术学院基地建设资金75万元;省下拨中职教师教育技术能力培训补助资金15万元;2009年招生奖励资金10万元;陕县职业教育强县奖励资金100万元。市级职教园区及职教中心建设进展顺利。陕县职教中心实训大楼已封顶,渑池县职教中心已破土动工。灵宝市被确定为河南省第4批职业教育强县(市)。全市有成人技术培训学校(机构)1 081所,其中县级20所、乡(镇)级46所、村级997所、其他培训机构16所。教职工484人,其中专任教师188人。农村成人技术培训学校基本上均附设在农村中小学。全年结业31.33万人次,其中培训农民30.29万人次。

【全市职业教育攻坚动员大会召开】 1月15日,市政府召开职业教育攻坚动员大会。会议提出,要着力在6个方面进行攻坚,全力打好职业教育攻坚战。一是在扩大职业教育规模上攻坚。2012年,全市中等职业教育在校生规模要达到4.5万人,占高中阶段教育在校生规模的50%以上,高等职业教育在校生规模达到1.5万人。二是在改善基础设施条件上攻坚。重点实施好"三大工程",即实施示范性职业院校建设工程,重点办好3所特色鲜明、优势明显的示范性中等职业学校;实施薄弱中等职业学校建设工程,重点支持8所专业有特色、就业率高但办学条件相对薄弱的中等职业学校建设;实施职业教育实训基地建设工程,在重点专业领域建成8个具有教育、培训等多功能的中等职业教育培训基地。三是在加强教师队伍建设上攻坚。进一步实施职业院校教师素质提高计划和现代教育技术能力建设计划,大力推进职业院校教师到企业实践制度,改善职业教育教师编制配备不足状况,支持职业院校从企事业单位选调具有本科以上学历、中级以上专业技术职称的优秀技能型人才担任教师,努力培养一大批"双师型"教师、高技能教师。四是在创新人才培养模式上攻坚。大力推行校企合作、工学结合、顶岗实习,逐步建立和完善半工半读制度,基本形成"一年学基础、一年学技能、一年顶岗实习"的三段式人才培养模式,积极扩大"订单教育"规模;深化教学内容、教学方法改革,开展职业教育技能大赛,提高学生的实践能力和职业技能水平;加快建立以学生职业道德、职业能力和就业率为主要指标的职业院校评价体系建设;开展职业技能鉴定,提高毕业生就业能力和就业质量。五是在增强办学活力上攻坚。大力发展民办职业教育;推进公办职业院校办学体制改革;加快推进职业教育集团化办学;加强中等职业教育园区建设。六是在发展农村职业教育上攻坚。建立农村实用人才培训和劳动力转移培训长效机制,大力培养"有文化、懂技术、会经营"的新型农民;开展"职业教育强县"创建活动,各县(市)区政府要重点办好1所规模达到4 000人以上的中等职业学校或职教中心,乡(镇)政府要结合乡(镇)综合文化站、"农民书屋"等建设项目,办好文化技术学校。会议下发了《三门峡市职业教育攻坚计划(2009~2012年)》,明确了全市职业教育发展的总体要求、基本原则和重大举措。市长杨树平同各县(市)区长签订了职业教育攻坚责任书。

【举办全市中等职业学校学生技能竞赛】 2月24日至25日,市教育局在灵宝职专举办全市中等职业学校学生技能竞赛,12支代表队291名学生参加竞赛。此次竞赛涉及数控车工、焊工、钳工等16个项目,是全市教育系统举办的规模最大、设置标准最规范、项目最多、覆盖面最广的一次职业技能竞赛活动。竞赛立足于面向全体学生,注重加强职业技能和实践能力培养,坚持就业导向,从命题、裁判到成绩评定,首次以行业、企业、高校专家为主体。在各项竞赛中,职业院校师生与行业、企业、高校专家近距离接触,详细了解行业、企业的人才衡量标准,并为校企进一步密切合作创造了条件,实现了竞赛活动与专业培养目标、专业教学实际、就业岗位、国家职业标准和全国、省技能大赛等方面的结合。竞赛决出一等奖49名,二等奖72名,三等奖94名。灵宝职业中专等6个学校获优秀组织奖。

【在全省中等职业教育技能大赛中获佳绩】 10月24日至31日,2009年河南省中等职业教育技能大赛在郑州、南阳、安阳3个场地举办。三门峡市选出44名选手参加了8个专业12个项目的竞赛,参赛项目全部获奖。其中,工艺美术、电子产品装配与调试、数控铣、园区网互联及网站建设4个项目8人获得一等奖、22人获得二等奖、8人获得三等奖,7个项目获得团体奖,是参赛项目最多、参赛人员最多、获得奖励最多的一次,在参赛的各省辖市中成绩也名列前茅。

【灵宝技工学校建立豫西首家校内拓展训练基地】 2009年,灵宝技工学校多次赴外地考察,同时邀请有关专家规划设计,确定将融汇知识、素质、能力训练于一体,集拓展训练与军事训练融于一体的综合拓展训练引入该校,在豫西地区建立了首家校内大型拓展训练基地——"超越"拓展训练基地,为该校学生及当地青少年提高综合素质搭建了平台。累计投资40余万元,选购、安装30余个项目、数十种训练器械,其中团队项目有绝壁求生、电网、七星池、空中接力、信任背摔,双人协作项目有攀天梯,个人项目有缅甸桥、高空断桥,综合项目有空中钢索、空中单杠、空中独桥,综合体能项目有百米障碍等器械。(王普进　杨仲勋)

高等教育

【概况】 2009年,三门峡职业技术学院占地80公顷,校舍建筑近30万平方米,固定资产4.5亿元。设教学系部10个,开设专业41个,在校生2.2万余人,其中高职生1.8万余人,电大和成人教育学生4 000余人。教职工916人,其中教授、副教授215人,博士、硕士246人。校内外实训室(基地)150个,其中国家级实训基地1个,省级示范性实训基地4个。学院2009级新生报到5 500人。

强力推进“2+1”教学模式和就业工作，促使2007级参加顶岗实习学生达到3 100人，占同级学生总人数的74%，专升本升学率达到95%，应届毕业生就业率达96.89%。学院是劳动和社会保障部批准的职业技能培训鉴定中心、信息产业部批准的IT职业教育定点学校、国家信息化人才资格认证单位、全国高校ISO 9000质量管理员培训基地、全国青少年摄影师培训中心、北大青鸟计算机教育示范学校、英国剑桥商务英语培训考点、全国首批教育部评估优秀院校、河南豫西高职教育集团依托单位、全省毕业生就业工作优秀院校、全省思想道德建设先进单位和科研工作先进院校、省级园林单位、全省新农村建设科技示范培训基地、河南公众最满意的十佳高职院校、河南省文化产业人才培养基地和河南省职业教育攻坚先进单位。

学院继续坚持和完善“岗位主导·项目带动”人才培养模式和“2+1”教学模式，坚持以“工学结合为前提、校企合作为载体、实训基地为条件、课程建设为核心、师资队伍为保障”的教学改革方针，广泛开展校企合作，加强专业和课程建设，人才培养质量稳步提高。新增设旅游英语、食品加工、酒店管理、供热通风与空调工程技术4个专业，使全院招生专业达到38个，共44个培养方向。完成院级重点建设专业11个、重点建设课程31门、精品课程10门和教学团队6个，召开了首届课程建设表彰及经验交流会。在全省高职院校质量工程项目建设年度评审中，学院争得省级示范性实训基地、教学团队、精品课程和特色专业4个大类项目各1个，名列全省同类院校前列。学院共有省级教改试点专业3个，省级特色专业3个，省级精品课程2门，国家级实训基地1个，省级示范性实训基地4个，省级优秀教学团队2个，荣获“省职教攻坚工作先进单位”称号。

坚持人才强校战略，打造出一支爱岗敬业、乐于奉献、求实创新的人才队伍。通过“内培外引”，优化师资结构，形成专业教师、通识课教师、外聘教师等比的全新师资结构，促使师资队伍整体素质上台阶。全年共引进博士、硕士研究生等优秀人才50余人，青年教师中研究生学历及硕士以上学位比例增长30%。增加高级职称16人、中级职称31人。改革人事和分配制度，逐步实现由身份管理向岗位管理、绩效管理的转变，完善以岗位和职称为主导、向教学一线倾斜的分配制度，调动了教职工的工作积极性。

坚持“育人为本，德育为先”的教育理念，大力开展文化育人活动，通过教会学生“学会做人、学会做事、学会学习、学会创造”，构筑文化育人的思想高地；赋予学校自然环境以文化意义，营造文化育人的环境；建构通识课程，打造文化育人平台；举办“开卷大讲堂”，提升文化育人层次；把劳动文化作为文化育人的重要组成部分，通过加强劳动文化教育，彰显文化育人的价值；以国旗下的讲话方式，将爱国与爱校、个人奋斗与社会责任有机统一，提升文化育人的境界；以文化艺术节作为检验和展现文化育人成果的重要形式，着力打造文化育人特色，培育文化育人的核心竞争力，形成了一套具有鲜明特色的文化育人机制。全院全年共有100余名学生在全国和全省各项大赛中获奖。文秘专业学生在全国高校秘书职业技能大赛中获得1个一等奖，3人获得三等奖，并获得团体三等奖；室内设计专业学生王鹏飞的陶艺作品在全国第2届大学生艺术展演活动中荣获专业组二等奖；旅游管理专业学生在首届全国旅游院校服务技能大赛中，获得5个三等奖、2个优胜奖及优秀组织奖；建筑工程管理专业学生娄渊龙在“未来之星”全国朗诵比赛中荣获专业组金奖；软件设计专业学生白璐参评全国大学生“自强之星”活动。学院文化育人成果得到教育部领导和社会各界肯定，被《中国教育报》《三门峡日报》以整版进行专题报道。

加强合作办学。学院与河南骏通公司、三门峡金玫瑰公司携手开展“订单式”人才培养，与英国提赛德大学、爱尔兰唐道克理工学院、新西兰维特利亚国立理工学院和奥克兰商学院、匈牙利索尔诺克大学签订合作办学协议。

拓展科研服务功能。学院全年共获得各项科研成果305项、科研项目76项，其中省厅级项目35项，市级、院级项目31项；专著类成果52项。在省社科联年度科研项目的结项和立项评审中，学院有26个获准结项，34个获准立项，其中获准结项的科研成果中获得一等奖2个、二等奖4个。学院荣获省社科研究工作先进单位称号。学院教师参与的数控机床项目获全市科技进步一等奖，并顺利实现成果转化。学院与企业合作，申报建立河南省高校节能照明工程技术研究中心。

建设和谐校园。学院坚持稳定压倒一切的原则，营造平安和谐校园，为改革发展提供保障。做好甲型流感防控工作。10月20日，学院在例行午检中发现学生有积聚性发热情况后，立即启动应急预案。领导小组和专门工作组全力投入防控工作，并及时建立领导包片联系基层、机关包学生公寓、系（部）教师包班级和学生的工作责任制，落实防护消毒、隔离治疗、通风卫生、门禁管理和宣传教育等综合防控措施，在较短时间内有效地控制了疫情蔓延，维

5月17日，河南省豫西高职教育集团成立大会暨三门峡职业技术学院第2届科技文化艺术节开幕式

护了正常的教学秩序。

开展深入学习实践科学发展观活动。3月至8月,学院以"党员干部受教育、科学发展上水平、师生员工得实惠、服务社会作贡献"为总目标,以"加强内涵建设,推进科学发展,努力争创国际合作办学一流院校"为主题,开展深入学习实践科学发展观活动,使全院师生的思想得到进一步凝聚,促进了学院又好又快发展。加强党组织建设和党员干部队伍建设。语言与艺术系党总支被评为河南教育系统"五好"党总支。注重党员队伍建设。全年发展预备党员1 607名,预备党员转正712名。全院学生党员人数达到2 727人,占学生总人数18.7%。开展"爱岗敬业"主题教育、"四比三争"活动,提高教职工的职业道德水平。有2人获得"省级优秀教师"称号,7人获得"市级优秀教师"称号。加强学生思想政治教育和争先评优工作。有78名学生获"省级优秀毕业生"称号,15名学生荣获全省大学生暑期"三下乡"社会实践活动先进个人称号。

牢固树立经营学校理念,加快后勤服务社会化进程,大力改善办学基本条件。学院投资600余万元,高标准建成校园中心广场;利用社会资金700余万元,完成7栋学生公寓楼的外墙改造工程;投资1 200余万元,完成全市室内活动面积最大的风雨操场主体工程;3栋教师公寓楼,10号学生公寓楼,国家级、省级实训基地用房,3号学生餐厅,新运动场看台,古城墙门楼等工程全面开工建设。

【举行河南省豫西高职教育集团成立大会暨第2届科技文化艺术节开幕式】 5月17日,三门峡职业技术学院举行河南省豫西高职教育集团成立大会暨第2届科技文化艺术节开幕式。以三门峡职业技术学院为依托,由豫晋陕黄河金三角区域内11所中等职业学校、7所高等职业院校、130余家企事业单位和有关职能部门共同组建的河南省豫西高等职业教育集团在三门峡职业技术学院成立。2月18日,省教育厅批准依托三门峡职业技术学院成立豫西高等职业教育集团(试点),成为获准建立的12个省级高等职业教育集团之一。省级高等职业教育集团是以依托学院为龙头,以骨干特色专业为纽带,各成员单位自愿参加的平等合作、互惠互利的高等职业教育联合体。市长杨树平、省教育厅副厅长金法为河南省豫西高职教育集团成立揭牌。市委书记李文慧宣布学院第2届科技文化艺术节开幕。

(王 燕)

师资队伍建设

【概况】 2009年,三门峡市初中教师学历合格率达到98.11%,高中教师学历合格率达到91.08%。全市共设立18个学习中心,安排186名辅导教师,组织2008名高一、高二年级各学科教师参加普通高中新课程远程培训。义马市教体局建立教育教学专家人才库,已有31名教师通过评审。渑池县规定凡教师参加各类业务培训,学费、教材费由所在学校给予全部报销。教师进修高学历的学费和教材费,由所在学校按一定比例给予报销,其中局直学校按照不低于80%的标准给予报销,乡(镇)学校按照不低于50%的标准给予报销。卢氏县启动教师教育网络联盟项目。10所试点学校机房运行正常,全天开放,确保教师能随时学习。

【首次面向社会公开招聘小学教师】 6月,全市首次面向社会公开招聘小学教师工作结束。此次招聘共有655名考生报名,通过笔试、面试、体检等环节,选拔出50名小学教师,涉及7个专业。其中,语文教师16名,数学教师16名,英语教师6名,音乐教师2名,美术教师2名,体育教师5名,计算机教师3名。

【3人获全省"我为祖国站讲台"师德主题教育演讲比赛一等奖】 10月20日,在省教育厅主办、河南师范大学承办、《教育时报》协办的全省"我为祖国站讲台"师德主题教育演讲决赛阶段比赛中,三门峡市参赛的3名选手全部获得一等奖,市教育局获得组织奖。三门峡市参赛选手获奖人数之多、等次之高位列各省辖市之首。比赛共有来自全省各地教育系统的46名选手参加。市阳光小学的王菁、市第二实验幼儿园的刘媛媛、卢氏县官坡镇第二初级中学的常亮,以其精彩的演讲内容、富有激情的演讲魅力,赢得了现场广大观众的阵阵掌声。

(王普进 杨仲勋)

语言文字工作

【概况】 2009年,三门峡市普通话等级测试工作顺利进行。共测试教师、社会人员520人次,学生8 000余人次,达标率达90%以上。开展市级语言文字规范化达标校、示范校创建评估活动。依据《三门峡市学校(幼儿园)语言文字规范化达标校考评细则》,市语委办对三门峡市外国语中学等40余所学校进行了抽查评估,命名市实验幼儿园等21所语言文字规范化示范学校、市阳光小学等66所达标学校。

【开展第12届全国"推广普通话宣传周"活动】 9月13日至19日,三门峡市开展第12届全国推广普通话宣传周活动。围绕"热爱祖国语言文字,构建和谐语言生活"宣传主题,举办以热爱祖国、讴歌新中国伟大建设成就为主题的"雅言传承文明 经典浸润人生""庆祝新中国成立60周年情颂大中华经典诵读大赛"以及演讲比赛、街头宣传咨询、悬挂宣传横幅等系列活动,进一步提升了全社会的语言文字规范意识和普通话应用水平。

【在"中华诵·2009经典诵读大赛"中获佳绩】 9月24日,三门峡市选手王惠军、刘洁在全省"中华诵·2009经典诵读大赛"活动脱颖而出,代表河南省参加公务员组全国决赛。市语委办获河南省最佳组织奖。三门峡市代表队的5名选手中,来自卢氏县文化局的王惠军、湖滨区纪委的刘洁荣获省一等奖,另外1名选手获省二等奖,2名选手获省三等奖。1人获指导教师奖。12月17日,由教育部语言文字应用管理司、中央文明办调研组主办,中国文明网、中国教育电视台共同承办的"中华诵·2009经典诵读大赛"全国总决赛在北京落幕,王惠军、刘洁分别获得大赛公务员组冠军、亚军。

(王普进 杨仲勋)

·编辑 卢亚杰·

文

化

皮影演出

综 述

【概况】 2009年11月24日,三门峡市文化局荣获"全国文化系统先进集体"称号,受到人力资源和社会保障部、文化部的联合表彰。

项目建设 全年共整合出55个项目,通过以会代训、明确责任人等办法,推动项目实施。虢国博物馆展厅灯光改造、市博物馆主展楼屋顶翻修、市博物馆安防工程二期、虢国车马坑陈列馆围墙翻新及院内环境整治等重点项目全面完成,灵宝老子文化园等17个项目开工建设,市文物考古研究所库房等7个项目进入规划报批程序。

基础建设 陕县张湾乡、灵宝市尹庄镇等17个乡(镇)被命名为省级文化先进乡、民间艺术之乡,使全市获此殊荣的乡(镇)累计达到41个。文化示范单位创建活动势头强劲。完成20余个综合文化站改扩建任务,完成800个村级基层点和2个支中心的文化信息资源共享工程建设任务,完成"舞台艺术送农民活动"72场次。陕县、灵宝市、渑池县顺利通过"全国文化先进县"复查验收。

艺术事业 参加省级赛事连创佳绩。在河南省第2届县(区)级文艺团体戏剧大赛中,《大山的女儿》和《孙安动本》分别荣获金奖第1名和第7名。在河南省第4届专业声乐、器乐大赛上,三门峡市取得二等奖、四等奖各1名的好成绩,实现了获奖零的突破。举办全市第4届戏剧大赛,市豫剧团等5个专业艺术表演团体选送现代戏、新编历史剧、古装戏、折子戏专场等5部剧目参赛,受到一致好评。艺术创作再获佳绩。6月28日,市艺术研究所所长黄森林创作的大型现代戏《娘啊娘》获第6届中国戏剧文学奖铜奖。7月,在第4届中国戏剧文学学会理事会换届选举中,黄森林当选理事。全年全市新创作剧本7部,新排演剧目7个。其中,影响较大的有市艺术研究所姚梦松改编创作的现代豫剧《山野秀才》,被中宣部、文化部确定为向新中国成立60周年献礼剧目之一。演出效益进一步提高。市豫剧团采取工资与演出质量挂钩的方式,增强了演职人员的责任意识和质量意识,大幅度提高了演出质量。

社会文化 5月18日,在市体育馆举办第15届三门峡国际黄河旅游节开幕式文艺演出,中央电视台《同乐五洲》栏目现场录制,并向全国播放,赢得广泛好评。群众文化活动异彩纷呈。组织开展地方戏展演、"春满崤函"群众广场文艺表演赛、第3届知名文化产品暨非物质文化遗产保护成果展、三门峡市农民书画艺术作品展、河南省观赏石大型展销会、豫西民间剪纸展等12项大型文化活动,观众达80万人次。市豫剧团的《试夫》、卢氏艺术团的《亲情》到郑州市参加河南省庆祝新中国成立60周年现实题材优秀剧目演出活动。《亲情》还荣获河南省第5届文学艺术优秀成果获戏剧类二等奖。文化活动阵地建设取得新成绩。全市各级图书馆、文化馆、文化站等举办群众性读书、摄影等活动30余期次。

文博事业 丝绸之路(三门峡段)申报世界文化遗产工作进展顺利。按照国家和省文物部门的要求,对申遗文本材料进行修改补充,充实内容。市、县两级文物部门多次对崤函古道(石壕段)、灵宝秦函谷关进行考古调查发掘,取得丰富的实物资料。灵宝市博物馆主体工程完工,进入陈列布展阶段。渑池县仰韶博物馆建设顺利进行;刘少奇旧居纪念馆被确定为"河南省党性党风党员教育基地",整修工程完工。市博物馆、宝塔苑、刘少奇旧居纪念馆相继向社会免费开放。文物保护工作水平进一步提升。仰韶村遗址、庙底沟遗址、西坡遗址3大遗址的保护规划,已经过国家文物局专家组评审,其中西坡遗址保护规划得到国家文物局批复;灵宝北阳平遗址保护规划通过省级专家组的评审;陕县地坑院保护规划得到省文物局批复。陕县空相寺、安国寺和义马鸿庆寺石窟整修工程全面完成,灵宝员家大院、陕县兀氏旧宅、庙上村地坑院建筑群等文物古建筑都制定了维修方案,并经省文物局批复。文物普查工作进展顺利。已普查文物点5 895处,其中复查827处、新发现5 068处。

非物质文化遗产保护 非物质文化遗产普查工作完成,基本摸清了全市非物质文化遗产家底。名录体系建设进一步完善。"王莽撵刘秀传说"等7个项目入选河南省第2批省级非物质文化遗产名录,使全市的非物质文化项目名录体系扩充到国家级2项、省级20项、市级30项、县级120项。"非遗"宣传展示取得新成效。在陕西省咸阳市举办的首届中国花馍艺术节上,全部由三门峡市花馍艺人组成的河南省代表队,取得银奖1个、优秀奖两个的好成绩。市群艺馆组织全市剪纸艺人参加"中原文化港澳行""中原文化宝岛行"活动和在北京市举办的"农民工服务月"活动。第15届三门峡国际黄河旅游节期间,举办第3届三门峡市非物质文化遗产保护成果展,共展出作品1 200件,涵盖民间剪纸、虢州石砚、澄泥砚等15个门类,体现了浓郁的三门峡地方特色,代表了三门峡民间工艺品的最高水平,取得了较高的社会认知度和较好的社会效益。

文化市场 "闪电行动"成效大。全市共组织开展文化市场自查活动、明查暗访行动、集中统一检查行动、联合检查行动268次,出动人员3 564人次、车辆468台次,检查网吧2 750家次、娱乐场所2 164家次、音像市场608家次,发现违规86家次。加强网络远程视频监控平台建设。完成渑池网吧视频监控安装任务;加大对"净网先锋技术监控软件"使用情况的监督检查力度,提高对违规关闭监控软件的处罚力度,提高了在线监控使用率;加强娱乐场所技术管理系统建设,做好前期准备工作。引导文化市场经营主体向规范化、大型化、连锁化方向发展。大力支持KTV量贩式经营娱乐场所、大型综合性演艺场所和大型连锁网吧建设,扶持民营文艺表演团体,培育农村演出市场,在繁荣文化市场的同时,提高了文化娱乐场所建设水平。

出版物市场 加强政治性非法出版物和低俗音像制品封堵查缴工作力度。全年全市共出动人员1 300人次,检查出版物市场2 349家次,收缴并销毁各类非法出版物3.5万册(盘、份)。高标准完成年度"农家书屋"建设工程。推进企业软件正版化工作成效显著,受到省政府嘉奖。

体制改革 市文化局将市博物馆新增的9个编制、市群艺馆空缺的2个编制,面向社会公开招录。顺利实现电影管理职能和市电影公司财产、业务、人员从文化部门到广电部门的移交。

文化产业 灵宝市函谷关古文化旅游区被河南省文化厅命名为"河南省第3批文化产业示范基地",虢国文化艺术研究所被河南省文化厅授予"河南省十佳民营文化企业"称号，灵宝市故县镇河西村被河南省文化厅授予"河南省十佳文化产业村"称号。文化产业园区建设取得实质性进展。总投资20亿元的虢国文化产业园、老子文化园、仰韶文化园3个文化产业园区中，老子文化园占地103公顷、总投资2.3亿元的一期工程中的河道清淤、道路扩建、征地赔青、拆迁补偿等项目全面展开；仰韶文化园中占地2.87公顷、建筑面积4 600平方米、总投资5 000万元的核心项目仰韶博物馆，完成主体工程；虢国文化产业园建设规划正在进一步完善。

信息工作　全年编辑《三门峡文化》63期；向省文化厅和市委、市政府报送信息200余条，被采用80余条。三门峡文化网发布信息和文章2 200条篇，访问量跻身全市网站前列。

【12个乡（镇、办事处）、社区被命名为省文化先进乡（镇、办事处）、民间文化艺术之乡、群众文化活动先进社区】　4月3日，全省社会文化工作会议在郑州市召开，命名表彰一大批先进乡（镇、办事处）、社区，三门峡市有12个乡（镇、办事处）、社区被命名为省文化先进乡（镇）、民间文化艺术之乡、群众文化活动先进社区。其中，灵宝市尹庄镇、陕县西张村镇为河南省第1批民间文化艺术之乡；义马市新区办事处、东区办事处，湖滨区磁钟乡、会兴街道办事处，灵宝市城关镇、函谷关镇，陕县张湾乡为河南省第4批文化先进乡（镇、办事处）；湖滨区涧河街道办事处文一社区、义马市千秋路办事处千秋社区居委会、湖滨区湖滨街道办事处市场社区为河南省第1批群众文化活动先进社区。

【在多项省级赛事中获奖】　在5月24日至28日举办的河南省第4届专业声乐、器乐大赛上，三门峡市取得二等奖、四等奖各1名的好成绩，实现了获奖零的突破。5月27日，由省文化厅、省教育厅联合举办的第2届河南省少儿文化艺术节评奖结果揭晓，三门峡市有26幅作品获奖。9月10日，在全省庆祝新中国成立60周年合唱比赛中，代表三门峡市参赛的明珠集团合唱团夺得金奖、市环保局合唱团获得银奖，市文化局获得优秀组织奖。这也是三门峡市近十年来在河南省重要合唱赛事活动中取得的最好成绩。在9月15日结束的第4届"中国戏曲红梅奖"河南赛区比赛中，三门峡市16名选手获奖，得奖数居全省第1位。11月25日，河南省第2届县（区）级文艺团体戏剧大赛评比结果公布，渑池县曲剧团的大型现代曲剧《大山的女儿》荣获金奖第1名、陕县蒲剧团的传统蒲剧《孙安动本》荣获金奖第7名。三门峡市是唯一连续两届获得两个金奖的省辖市。

【杨春枝入选第3批国家级非物质文化遗产项目代表性传承人名单】　5月26日，文化部确定第3批国家级非物质文化遗产项目代表性传承人名单。在"传统美术类"中，三门峡市82岁的"卢氏剪纸"代表性传承人杨春枝上榜。杨春枝家住卢氏县潘河乡梅家湾村。她的剪纸纯真、质朴、生动，想象力丰富，极富夸张变形，形象逼真生动，神态活灵活现。作品的题材多为日常生活中最常见的花鸟虫鱼、人物等。花草类的窗花构图简约；动物类的剪纸大胆夸张变形，稚拙舒放；人物类的剪纸提取生活场景，人物神态自然生动，富有生活情趣。她的作品透着一种原始美、质朴美，被称为"中国农耕文明的活化石"。

【举办全市首届端午节诗歌朗诵大赛】

为推广和普及中华优秀诗词歌赋文化、丰富端午节文化内涵，5月28日至29日，市文化局、市教育局、共青团三门峡市委、市语言文字工作委员会和市医药管理局联合主办"华为医药杯"全市首届端午节诗歌朗诵大赛。共有来自全市和山西省平陆县的600余名诗歌朗诵爱好者参与，选手中年龄最小的6岁、最大的79岁，参赛篇目内容广泛，歌颂祖国、赞美家乡、弘扬抗震救灾精神、歌颂中华民族自强不息精神的诗词占了绝大多数。经过预赛、决赛，胡乙、李叶欣、翟卉馨等79位选手分获青少年组一、二、三等奖，闫海燕等8人获得成人组一、二、三等奖，灵宝市第一小学、渑池县四小获得集体一、二等奖，三门峡市一高、三门峡市外国语小学等单位获得组织奖。

【5个项目入选第2批河南省省级非物质文化遗产名录】　6月12日，第2批河南省省级非物质文化遗产名录确定，三门峡市有5个项目入选，分别是：灵宝市的《夸父神话》入选民间文学类，王家热锣鼓入选传统舞蹈类，木偶戏入选传统戏剧类；渑池县的传统棚口扎制技艺、陕县的地坑院营造技艺入选传统技艺类。

【举办全市第4届戏剧大赛】　7月2日至7日，全市第4届戏剧大赛在渑池县举行。渑池县曲剧团选送的《大山的女儿》、陕县蒲剧团选送的《孙安动本》、灵宝市蒲剧团选送的《山妹》获演出剧目金奖，卢氏县艺术团选送的《花喜鹊》、市豫剧团选送的《折子戏专场》获演出剧目银奖。另外还评出剧作、导演、音乐创作、舞台美术、表演等单项奖57个。此次大赛，全市有4个县级剧团、1个市级剧团的5台剧目参加比赛，涉及豫剧、曲剧、蒲剧3个剧种，内容有现代戏，还有古装剧。大赛改变以往的形式，将比赛与"舞台艺术送农民活动"相结合，使参赛剧目走进街道、社区甚至田间地头，不仅使群众享受到丰盛的戏曲大餐，同时也接受群众的"检阅"。

【非物质文化遗产普查工作完成】　2009年，三门峡市非物质文化遗产普查工作完成。全市共有4 002人直接参与普查工作，市、县、乡3级共投入普查经费103万元，完成普查村落1 362个，收集登记非遗作品、实物3 192件，拍摄照片8 681张，录音144.5小时，录像132.4小时，收集非遗线索116 475条，确立县级项目7 218个、市级项目1 055个，达到并超过省文化厅要求平均每个行政村50条线索、每个乡（镇）1 000条线索、每个县立项1 000个的目标。整理非物质文化遗产普查资料汇编市卷19本、县卷64本、乡（镇）卷68本，共600余万字。通过普查，基本摸清了全市非物质文化遗产家底，并重点调查市级项目1 055个，发掘、整理一大批重要非物质文化遗产项目，编制完成三门峡市非物质文化遗产资源分布图，完善和丰富了非物质文化遗产资源信息。

【河南省部分省辖市文化局政风行风建设工作座谈会在三门峡市召开】　8月11日，河南省部分省辖市文化局政风行风建设工作座谈会在三门峡市召开。会议学习传达文化部行业作风建设会议精神，回顾交流上半年工作，安排部署下半年工作,推动政风行风建设向纵深发展。
(黄云启)

文物

【概况】 2009年,三门峡市有680余处县级以上文物保护单位,其中国家级6处、省级39处、市级27处、县级610余处。全市文物工作坚持"保护为主,抢救第一,合理利用,加强管理"的方针,取得了显著成绩。

文物保护 6月,经省文物局专家组评审,确定陕县安国寺、卢氏城隍庙等14处文物保护单位参加第7批全国重点文物保护单位评选。9月,市文物局提请市政府公布《陕州故城遗址保护管理办法》。10月,西坡遗址保护规划获国家文物局批复通过,仰韶村遗址、庙底沟遗址的保护规划在修改完善之中。市委、市政府将虢国都城上阳城遗址西部地段列入虢国公园二期工程,以公园绿地形式予以保护。11月,总投资达100余万元的陕县安国寺维修保护工程完工。陕县空相寺工程建设竣工。卢氏城隍庙、灵宝员家大院、陕县兀氏旧宅、庙上村地坑院建筑群等文物古建筑维修方案均获省文物局批复通过。12月,渑池县被评为"全国文物工作先进县"。至12月15日,全市复查文物点827处,新发现文物点5 068处,总数计5 895处,普查范围涉及全市60余个乡(镇)、900余个行政村、7 000余个自然村,已普查面积占总普查面积的95%以上。年底,豫西文化长廊建设文物景点标志牌树立工作全面完成,在沿连霍高速公路、209国道和310国道上树立46块标志牌,宣传全市已开发的17处省级以上文物景点。

博物馆工作 做好博物馆免费开放工作,市博物馆于"5·18国际博物馆日"之际向社会免费开放,宝塔苑于10月1日起向社会免费开放。4月,投资100余万元的渑池县刘少奇旧居纪念馆经过整修后,向游客免费开放,并被定为"河南省党员干部党性党风党纪教育基地"。5月,虢国博物馆和市博物馆分别被国家文物局评定为国家2级博物馆和3级博物馆。10月,投资40万元的市博物馆展厅屋顶维修工程完工。11月,虢国博物馆投资50万元的展厅灯光改造工程完工,大大提升了展示水平。12月,灵宝市博物馆主体工程完工,进入陈列布展阶段。5月至8月,虢国墓地出土的玉龙、玉鹿象生玉雕等7件文物在突尼斯"华夏瑰宝展"上展出。8月,虢国博物馆有18件文物参加在首都博物馆举办的"见证辉煌——考古与发展"展览,2件文物参加赴比利时的"天子帝王艺术展"。渑池仰韶文化展在南宁市、北京市展览,取得了良好的社会效益。

文物安全及行政执法审批 市文物局继续与全市各文物单位签订"文物安全目标责任书",落实文物安全责任制,对全市文物单位进行安全监督检查,坚持执行文物安全周报和节假日日报告制度,实现了馆(库)藏文物安全。配合公安机关,打击灵宝市、渑池县的盗墓案件,司法机关起诉犯罪嫌疑人11人,收缴文物25件,查处违章施工案件6起,补办文物钻探面积4万余平方米。处理好3起文物案事件:湖滨区会兴街道办事处绪家崖村两村民起诉要求市文物局、市博物馆返还1984年全国文物普查时被征集的明代石砚台一案,被湖滨区人民法院2次驳回诉讼请求,市文物局、市博物馆胜诉;宋宏伟状告市博物馆依法接受涉案文物一案,经过3年的审理,省高级人民法院正式立案;依法制止了市宾馆的非法拆迁行为,市宾馆进行异地迁移保护。9月,市公安局、市文化局、市文物局联合在灵宝市召开打击盗掘文物犯罪专项行动工作会议,研究打击防范决策,有效遏制了灵宝西水头村等地的田野文物犯罪势头。配合做好行政审批工作,全年共处理报批基本建设工程中的考古调查勘探发掘项目20余个。市博物馆安防二期工程开始施工,安全保卫人员已上岗。虢国博物馆安防升级工程完工。

【全市首家县级文物局成立】 3月,为提升文化品位,开发文化旅游资源,经陕县县委、县政府批准,陕县编委会研究同意,陕县文物管理局成立。陕县文物管理局是全市第1个县级文物局,为隶属于陕县文化局管理的副科级单位,内设办公室等3个股室,主要职责是依法对全县地上、地下、可移动、不可移动文物进行有效保护、管理和利用,负责组织实施对全县境内文物钻探、发掘、维修、文物安全等方面工作,做好全县的文物保护和行政执法工作。
(刘宇翔 王 瑜)

广播电视

【概况】 2009年,三门峡市广播电视局紧紧围绕市委、市政府工作大局,牢牢把握正确舆论导向,确保安全播出,依法加强管理,加快事业产业发展,各项工作保持了繁荣发展的良好势头,为全市经济社会平稳发展、建设开放魅力富裕和谐三门峡提供了良好舆论氛围和强大精神动力。

宣传工作 全年局属各单位共播出电视新闻4 290件,广播新闻5 600件;电视新闻被省以上台采用331件,广播新闻被省以上台采用336件;播出自采电视新闻2 486件,自采广播新闻稿件2 230件。在国家、省级电台、电视台刊播稿件862条,占全年任务750条的115%。在外宣工作中,强力实施"头题战略"和"重头稿件刊播战略",加大在中央、省级媒体上正面宣传三门峡的力度,千方百计把一个日新月异、和谐稳定、繁荣发展的三门峡宣传出去。春节期间,1月25日至31日,向省电台、电视台上传稿件49条,在省电台播发广播稿件10条(其中头题2条),在省电视台播发新闻稿件19条。全国"两会"期间,各广电媒体抽调精兵强将赴京开展工作。在省以上媒体共刊播稿件31条(篇),其中三门峡电视台在中央电视台发稿7条,在河南电视台发稿4条;三门峡人民广播电台在省电台发稿6条;公共频道在省电视台发稿5条;电视报在省以上主流纸质媒体发稿9篇。国庆期间,三门峡电视台在省以电视媒体播发稿件15条,在河南卫视播发头题6个。广电新闻媒体全年在省级以上电台、电视台、纸质媒体发稿808件,占全市总量的80%,其中在中央人民广播电台发稿7件,在中央电视台发稿15件;在河南人民广播电台播发头题稿件12件,在河南电视台播发头题及重头稿件33件。在全市宣传思想工作会议上,市广播电视局被评为宣传工作先进单位、外宣工作先进单位。服务全市"项目建设年",局属各新闻单位在新闻报道栏目中统一开设"项目建设年活动"专栏,在宣传工作中既发挥各自优势又互联互动，形成规模宣传。开展科学发展观宣传活动。局属各媒体单位开设电视专栏2个、广播专栏1个、报纸专栏1个，共播发学习实践活动新闻稿件300条，在省级以上媒体播发稿件43条。

创优工作　在市级新闻奖评选中，共评出64件优秀作品；在广播电视文艺奖评比中，评出34件优秀作品；在广播电视论文奖评比中，评出30件优秀作品；在播音与主持奖评比中，评出17件优秀作品。在河南省新闻奖的各项评选中，三门峡人民广播电台制作的“毒羊肉危机”系列报道、三门峡广播电视报社刊发的“在默哀时所想到的”文章等4件作品获一等奖，另有10件作品获二等奖，20件作品获三等奖。

事业建设　三门峡电视台共投资31.1万元，添置3套非线性编辑线，购置专业摄像机2台、数字录像机1台，解决了采访设备严重不足的突出矛盾；投入资金5.5万元，改造小演播室1个，使新增栏目有了固定的录制场所。三门峡电视公共频道投入近19万元，用于基础设施改建；为各县(市)购置编码器、解码器、调制器等设备，并协调各县(市)开通图文频道，扩大了图文旅游节目的覆盖面和影响力；对播出机房进行改造，更新添置电视墙、监视器、机柜等设备。市广电报投资3.1万元，改善办公条件。

管理工作　坚持集中整顿和平时监管相结合，使行业管理和机关内部管理逐步走上科学化、规范化轨道。扩大电视广告整顿治理范围，巩固整顿治理成果。出台《三门峡市广播电视广告播放管理责任追究制度》，与各播出单位签订广播电视广告播出自律公约，严格广告播出(刊登)程序，确保净化、美化电视屏幕、广播音效、报纸版面。在日常广告管理中，督促各广电媒体制作播出各类宣传口号及公益广告，各广电媒体共播发刊发各类公益广告及宣传口号1.6万余次。开展打击非法销售安装卫星地面接收设施专项行动，让广大人民群众依法安全收看、收听各级广播电视节目，市广播电视局被评为全省境外卫星电视传播秩序专项整治工作先进单位。为市、县两级广播电视台申领广播电视播出机构许可证和广播电视频道许可证，为市农业信息中心申办“广播电视节目制作经营许可证”。在省广播电视局组织的各项事业评比中，市广播电视局有7篇论文被评为全省广播电视优秀科技论文，其中一等奖1篇、二等奖2篇、三等奖4篇；4件作品获全省广播节目技术质量奖三等奖，7件作品获全省电视节目技术质量奖7件。落实国家、省广电局及市有关部门关于确保重要时期广播电视信号安全播出的各项指示精神，制定完善安全播出工作制度，完善技术措施，做到了安全播出无事故。

电影事业　6月，市委宣传部主持召开市级电影职能调整划转工作会议，就市级电影职能调整划转交接工作进行移交。电影职能划转完成后，加强管理，全年票房收入实现190万元，比2008年增长37%。狠抓基础设施建设，投入资金100余万元，新安装2K数字放映机2台、1.3K数字放映机2台，引进安装3D数字电影放映设备一套，整体实现了电影数字化放映，并达到与全国同步上映各类国产、进口商业大片的水平。市电影公司投入资金30万元，新建电影放映厅一座，11月27日正式投入运营。

【举办第15届三门峡国际黄河旅游节《梨园春》名家擂主演唱会】　5月20日下午3点，由三门峡市广播电视局主办，圣亚传媒全程策划承办的第15届三门峡国际黄河旅游节《梨园春》名家擂主演唱会在三门峡市体育馆拉开帷幕。演唱会由《梨园春》节目主持人——庞晓戈担任主持，国家1级琴师、著名板胡演奏家李乐汇领衔伴奏，国家1级演员、著名表演艺术家王希玲、王清芬、范军等联袂主演，《梨园春》部分金奖擂主及明星擂主参加演出。这是市广电局进行市场化运作，探索广播电视产业发展路子，主动扩大广播电视社会影响的一次有益尝试，取得了良好的社会效益和经济效益。

【全市首档大型电视栏目剧“黄河故事会”开播】　9月19日晚7时40分，“黄河故事会”栏目在三门峡电视公共频道首次播出。“黄河故事会”是三门峡本土“大众演绎大众，大众娱乐大众”的百姓电视栏目，大多是身边故事，基本是百姓演员，着力体现形态的生活化、题材的平民化、语言的本土化、演员的群众化、场景的真实性、百姓的参与性，以创新三门峡及黄河金三角地区百姓广泛参与的高质量、高品位的电视文化娱乐平台。该栏目还注重弘扬主旋律，体现多样化，不断提高节目的质量和品位；想方设法调动本土作家、编剧的积极性和创造性，形成本土比较稳定的编剧队伍；根据栏目特色和特点，面向三门峡和黄河金三角地区挑选不同类型的百姓演员，着力培养自己的百姓演员队伍，努力满足群众多样化的文化需求。该栏目时长30分钟，每周播出1期。

【建成三门峡融媒网】　为了满足人民群众多渠道的信息需求，扩大广电媒体的时效性和影响力，全方位、多角度强力宣传三门峡，市广播电视局投入10余万元，于10月顺利开通三门峡融媒网。三门峡融媒网是综合性的非经营性广播影视网站门户，传播的内容包括视听节目和图文信息等，其中视听节目为三门峡市人民广播电台、三门峡电视台新闻综合频道和公共频道制作播出的新闻节目、专题节目和电视栏目剧，也包括市电影公司提供的影片预告等；图文信息主要由三门峡市广播电视报社提供。

【完成广播电视“村村通”工程建设任务】　2009年，省下达三门峡市的任务是实施125个20户以上已通电自然村广播电视“村村通”工程，由卢氏县广电局具体组织实施。本着“因地制宜，注重实效，科学发展”的原则，以村村通有线电视和卫星直播为主要方式，加快工程建设进度。至12月10日，已投资资金125万元，架设光缆160千米、电缆140千米，安装光节点100个，安装放大器120台、光发射机4台、光放大器4台，全面完成125个自然村通广播电视任务，发展广播电视用户2 010余户，受益群众4 445户、1.7万人。通过有线电视网传输42套有线电视节目和4套广播节目，结束了这些地区收听、收看不到广播电视节目的历史，为经济的发展和文化生活的繁荣创造了条件。

【完成农村电影放映工程放映任务】　6月，市级电影职能调整划转结束后，市广播电视局立即履行职能，狠抓农村电影放映工程。组织各县(市)50个数字电影放映队，深入农村，确保完成公益电影放映任务。全年累计放映公益电影16 356场，累计观众人数达310万余人次。为强化电影放映质量，按照《农村数字电影放映质量管理办法》，加强对放映员的技术培训；全年组织放映现场质量检查120余次，抽查了11 052份放映场次回执单。

【加强栏目建设】 2009年，市广电局狠抓栏目建设，注重创新，广播、电视、报纸各类节目、栏目的质量、数量和时效性都有了明显提高，宣传影响力明显增强。三门峡电视台将“大视野”经济专题栏目改版为民生新闻栏目“百姓”，以民生为取向，以民本为重点，报道人民群众的诉求；将“崤函大地”栏目改版为“三门峡·史说”，通过专家、名家讲述的形式，将一幅幅恢弘的历史画卷呈现在广大观众面前；新增“快乐365”栏目，重点推介文艺新人，展播优秀文艺节目；新增“经济在线”栏目，宣传优秀企业。三门峡电视公共频道于9月28日开播全市唯一一档旅游栏目“映像·三门峡”，每周1期，引导旅游时尚，打造“大旅游、大发展”格局。开设“黄河故事会”栏目，打造具有三门峡本土特色的精品电视栏目。开设评论性节目“杨芳话题”，第1个版块围绕市委、市政府的中心工作和老百姓所关心的问题等内容进行深入报道，以小专题的形式播发；第2个版块是与市交警支队联合开办的“红绿灯”栏目，下设“交通警讯”“交通法规记心间”“交通现场”等小版块，着力提高广大市民的交通安全意识。改版“生活立交桥”栏目，新增“粉红女郎”“小石发现”“show场”等版块，以“大众参与、传递快乐”为宗旨，在户外与百姓零距离互动，百姓参与热情很高。三门峡人民广播电台开办3档新栏目：“听游天下”，邀请旅行社参与，宣传三门峡旅游资源和各地美景；“健康生活”，介绍健康知识，传播健康的生活理念，为百姓健康提供服务；“婷婷有约”，以文学性为主，兼具休闲、杂谈内容。推出“项目建设　春暖崤函”大型系列广播访谈节目，大力宣传项目建设，共播出46期。《三门峡广播电视报》开设“学习实践科学发展观、强力推进项目建设年”“全市齐动员、抗旱保丰收”“信心三门峡”“一周纪事”“聚焦我市十件实事的报道”等栏目，受到好评。

(丁　君)

党史与地方史志

【概况】 2009年，三门峡市党史地方史志工作呈现出蓬勃向上的良好态势，在为全市社会经济发展服务方面发挥了应有作用。市委党史方志办主任李健荣获“全国党史部门先进工作者”荣誉称号，受到中央党史研究室表彰。市委党史方志办及卢氏县委党史办荣获2007～2008年度河南省党史系统先进集体称号，受到省委办公厅表彰。市委党史方志办及渑池县委党史方志办、卢氏县地方史志办公室荣获2009年度全省地方史志工作先进集体称号，受到省政府办公厅表彰。

党史二卷编写工作步伐加快。市本级在二卷本初稿完成的基础上，完成两轮修改，补充5万余字。义马市党史二卷本完成征求意见稿，灵宝市完成初稿。

党史大事月记年编工作有序开展。年初，市本级整理2008年度三门峡党史大事年编20条、2.5万字，在《三门峡史志》第1期上刊登，并按要求上报省委党史研究室。全年完成市本级党史大事记322条、6.7万字，上报省委党史研究室262条、5.4万字；被《河南党史》采用64条，位居全省第5位。各县(市)区共完成大事记10万余字。

党史资料征集编纂力度加大。市委办公室下发《关于认真做好征集领导干部个人留存的党史资料工作的通知》。市委党史方志办在编辑出版《三门峡党史人物》一、二卷的基础上，制定三门峡党史人物资料征集方案(初稿)，对40余位党史人物资料征集编研工作进行部署，同时制定出改革开放新时期党史专题资料征编方案(初稿)。市委党史方志办组织人员到河南省档案馆征集二卷相关资料200余份、8万余字。卢氏县征集到2007年抗洪抢险英模人物事迹资料50余份，整理出二卷资料长编3万字；义马市征集到义马建市前辖区内农村政治运动开展情况及社会经济发展情况、义马矿区成立前后各项社会事业的发展情况、义马煤炭工业的发展情况等资料，夯实了党史二卷编写的基础。

“抗战时期三门峡人口伤亡和财产损失”课题调研资料汇编工作进入出版阶段。根据中央党史研究室和省委党史研究室关于该课题成果出版工作的有关要求，对市、县两级课题成果进行编排、统计，并完成全部资料的打印和校对。10月，三门峡市调研成果被列入中央党史研究室调研课题B系列丛书出版计划。

《豫鄂陕四分区史略》编撰工作进展顺利。该书由市委党史方志办牵头，联合市老促会、郑州大学历史系、卢氏县委党史办和老促会共同编撰。3月，拟定出篇目大纲，5月，承编人员赴陕西商洛、丹凤等地调访，并征集资料百余万字及相关图照，初稿编写工作全面展开。

党史理论研讨水平不断提高。4月，为更好地配合全省学习焦裕禄活动的开展，市委党史方志办撰写、组织“深入学习大力弘扬焦裕禄精神”理论文章6篇。5月，与市委宣传部、市社科联联合举办三门峡市社科理论界庆祝新中国成立60周年暨学习十七届四中全会精神座谈会，组织征集论文20篇，其中市委党史方志办董忠民撰写的“中国共产党在三门峡60年的执政经验”荣获二等奖。市委党史方志办撰写的“关于开发三门峡市红色资源的初步思考”，在9月召开的全市“旅游强市”研讨会上发言交流，受到好评。市委党史方志办组织拍摄的专题片《北阳头雁》参加全省“建设社会主义新农村带头人”口述史电视专题片展播，并作为全省口述史系列专题片之一获得全国党的十七大以来地方党史部门优秀成果影视作品类三等奖。义马市委党史办撰写的资政报告“义马市推进城乡一体化建设的实践与思考”在《河南党史》第8期刊登。

资政育人，服务现实有新突破。开展革命遗址遗迹调查。陕县、卢氏县、渑池县、灵宝市分别开展调查，完成调研报告。陕县为该县10处革命遗址挂牌。6月，市委党史方志办执笔完成“关于三门峡市老区革命遗址遗迹的调查报告”。在市主流媒体开辟专栏。7月至11月，市委党史方志办与三门峡日报社联合在《三门峡日报》《西部晨风》陆续推出“解放三门峡”“崤函英烈”专栏，刊出三门峡各县(市)解放史系列报道27篇、英模人物事迹简介18篇，引起社会各界广泛关注和良好反响。其中多数资料由党史部门提供，许多文章出自市县党史方志工作者和退休老干部之手。渑池县委党史方志办为配合“全省党员干部党性党风党纪教育基地”——刘少奇旧居整修工作，对渑池兵站和刘少奇在渑池的历史史实进行全面整理和考证，并编辑出版《少奇同志与渑池兵站》一书，在教育基地建设和“讲、树、促”教育活动中发挥了积极作用。9月，卢氏县委党史办和三门峡电视台联合组织“重走红军长征路”活动。50余名干部群众和部分红军后代应邀参加活动，中央电视台对此进行了专题报道。

市、县两级修志工作继续保持全省先进行列。市本级和湖滨区二轮修志工作取得突破性进展。2月底，《三门峡市志(1991~2000)》送审稿分别报送方志出版社、省地方史志办公室审核。6月，完成省创优工程申报工作。12月，方志出版社正式批准出版，已送厂印刷。9月，在全省志书质量研讨会上，三门峡市作为3个省辖市之一作典型发言，全市市县两级修志工作受到省政府办通报表扬。

全市部门志、行业志、乡(镇)村志、旧志整理、地情书编纂工作全面推进。《义马村志》《义马政协志》出版发行，《三门峡黄金志》《三门峡市烟草志》《三门峡市军事志》《义马煤矿志》《灵宝市审计志》《灵宝市水利志》《卢氏县交通志》《卢氏县农村信用合作金融志》《卢氏县卫生志》进行了启动及篇目修改与审定，其中《卢氏县农村信用合作金融志》完成初稿。市本级组织精干力量分别进行《地情知识题库》(市情概览)编纂和《清·直隶陕州志》整理工作，按计划开展资料收集、编写和校注。卢氏县古县历史文化系列丛书于2月正式启动，已完成初稿；渑池县民国17年《渑池县志》旧志整理共完成20卷标点校勘任务、10卷题解、注释和译文任务，总字数达70万字。

市、县两级年鉴工作有新进展。《三门峡年鉴(2009)》于12月正式出版。12月，在第4届全国年鉴编纂出版质量评比中，《三门峡年鉴(2008)》荣获城市年鉴综合奖二等奖和条目编写、装帧设计两个单项二等奖。各县(市)年鉴立足当地实际，突出地方特色，质量也都有较大提高。

《三门峡大事月报》继续发挥资政服务作用。全年共编辑出版12期，并完成上报下发任务。大事月报栏目设置近20个，采稿单位达80余个，收录大事要事总计2 083条，刊发资政报告8篇，收录照片187幅，编辑出版总字数72.7万字。

开发史志资源，服务经济社会发展。三门峡市方志馆(总面积2 300平方米)作为三门峡市文化体育中心的一部分，于5月正式动工建设。为山东省东营市举办的沿黄城市旅游文化节提供三门峡经济社会发展资料，全方位宣传三门峡，提高三门峡的知名度。组织参与卢氏县地方志办公室李啸东的《二十四史成语典故》作品研讨会，扩大地方史志工作的影响。

开展庆祝新中国成立60周年系列活动。5月，市委党史方志办与市委宣传部、市社科联联合发文，向全市征集庆祝新中国成立60周年理论文章，共征集论文20余篇。6月，市委党史方志办与市直10家单位联合组织“为新中国成立作出突出贡献的英模人物”和“新中国成立以来感动中国人物”评选活动，并承担英模人物的评审推荐、人物信息提供工作，共评审推荐省内外英模人物150名，撰写上报三门峡本地12名英模人物事迹材料7 000余字。三门峡市推荐的周凯东、曹靖华、王舟平入选河南省评选的“60位为新中国成立作出突出贡献的英模人物”。6月，完成省委党史研究室下达的《执政中原60年》三门峡篇“‘黄河明珠’的崛起之路——三门峡60年发展历程和经验”的撰写任务，该文入选全省理论研讨会并于10月1日在《三门峡日报》全文刊登。9月22日，由市委党史方志办主要承担的“与共和国同行——三门峡市庆祝新中国成立60周年图片展”在三门峡博物馆开展，市委书记李文慧为成就展题写展名并出席开展仪式。展览展出100个版面、50幅示意图、300余幅照片，充分展现了新中国成立60年的辉煌成就和三门峡市经济社会发展的丰硕成果。展出期间，全市各界3万余人参观了展览。渑池县、陕县党史方志部门也举办了庆祝新中国成立60周年图片展，反响良好。

《三门峡史志》设置栏目27个，刊发文章80余篇，共计30余万字，全年发行4 000余册，实现了“提供知识，交流成果，指导工作，服务现实”的办刊宗旨。

市级党史方志信息网站——崤函网运转良好，党史方志工作信息化建设稳步推进，继续保持全省领先水平。崤函网信息含量达500余万字，设1级栏目10个、2级栏目58个，拥有800余个页面、500余幅图照，访问量达29万人次。 (卢亚杰)

【第10届全国重大党史题材写作笔会在三门峡市召开】 4月17日，第10届全国重大党史题材写作笔会在三门峡市召开。中央党史研究室副主任龙新民、中央文献研究室副主任陈晋，省委办公厅巡视员李立民，省委党史研究室主任于吉林等出席会议。来自中央党史研究室、中央文献研究室、中央党校、人民日报社、《求是》杂志社、新华社和解放军各总部、大军区、军事科学院及地方的40余位著名党史军史专家、作家参加会议。与会专家学者就重大党史题材写作中如何处理好党性和科学性的统一、弘扬主旋律与宣传多样化的统一，发挥党史刊物的宣传作用等问题进行了广泛的讨论和交流。与会党史专家、作家还到渑池县刘少奇旧居、三门峡大坝、虢国博物馆、卢氏县革命老区、灵宝市函谷关古文化旅游区和黄帝铸鼎原景区等地参观考察。

【《中共三门峡历史》(第二卷)编写工作扎实推进】 2009年，市委党史方志办围绕党史二卷的编写和修改，查漏补缺，到河南省档案馆征集相关资料200余份、8万余字，进一步夯实了党史二卷编写的基础。在初稿完成的基础上，制定“修改、完善阶段安排意见”，编辑部进行多次内部讨论交流、统一认识，完成两轮修改，补充5万余字。三门峡党史二卷本编写工作得到省委党史研究室充分肯定，在10月召开的全省党史二卷编写研讨班上，三门峡市作为全省4个作大会发言的市、县之一，介绍了主要做法和体会。

【开展革命遗址遗迹调查】 5月，市委党史方志办与市老促会、市文物局等部门联系，初步了解全市革命遗址现状，向各县(市)下发关于开展本地革命遗址调查的通知。陕县、卢氏县、渑池县、灵宝市分别开展调查，完成调研报告。6月，市委党史方志办执笔完成《关于三门峡市老区革命遗址遗迹的调查报告》。8月14日,市委书记李文慧对该报告作出批示,要求有关部门认真研究落实,"充分利用现存的革命遗址遗迹的教育功能,进一步发挥好在教育、文化、旅游方面的作用"。12月初,全省革命遗址普查工作会议召开后,市委党史方志办迅速部署全市革命遗址普查工作。12月23日,经市委同意,市委办公室下发《关于开展全市革命遗址普查工作的通知》,同时成立三门峡市革命遗址普查工作领导小组。12月25日,市委党史方志办印发《三门峡市革命遗址普查工作实施方案》,普查工作全面启动。　(韩　霞)

【三门峡市在全省志书质量研讨会上作典型发言】　9月22日,全省志书质量研讨会在新乡市召开,三门峡市作为3个省辖市之一在会上作题为"科学编修,铸造精品"典型发言,介绍三门峡市在二轮志书编修过程中狠抓质量的一些做法。三门峡市地方史志系统在志书编修过程中,始终坚持质量第一的原则,认真贯彻落实国务院《地方志工作条例》和中国地方志指导小组《地方志书质量规定》,采取一系列行之有效的措施,为出精品创佳志打下坚实的基础。市委党史方志办在编修《三门峡市志(1991～2000)》过程中,不断调整完善篇目布局,以突出地方特色。把握时代发展规律,突出经济发展地方特色。在农业篇中设置农业结构调整节,使三门峡市具有地方特色的主导产业所产生的龙头辐射带动作用得到充分体现。贯彻文化传承理念,突出崤函文化地方特色。专设崤函文化篇记述三门峡市历史文化的精粹。立足地情,突出三门峡市优势特点。将"黄金、煤炭、铝"升格为篇,全方位反映三门峡资源优势形成的地方特色。同时将"黄河三门峡水利枢纽"单独立篇,将"三门峡建设的奠基单位——中国水利水电第十一工程局"作为特附收入志中,以突出三门峡的建市特点。各县(市)区根据本地实际,在不违背志书体例的前提下,开拓创新,突出地方特色。《义马市志》突出煤电、煤气化特点;《陕县志》突出新县城建设及温塘矿泉水的特点;《渑池县志》突出仰韶文化、扶贫开发特点;《灵宝市志》突出黄金、果业特点;《湖滨区志》突出区域中心特点;《卢氏县志》突出食用菌、中药材等地方特点,还在篇目设置上采取大板块,集中反映改革开放的新成就。为了确保编校质量,三门峡市主要抓好3个环节,即评稿环节、送审环节、出书环节。在评审稿形成过程中制定校评办法,同时精心组织召开市、县两级评稿会,全面吸收、归纳各个方面的评审意见,有效地提升了市、县(市)区志稿的整体水平。在送审前,制定《三门峡市志(1991～2000)》改稿校稿注意事项38条,并严格执行;由市委党史方志办牵头,成立6县(市)区史志办主任、主编参加的县(市)区二轮志书审核小组,严把志书观点、体例、史料、内容、政策、保密等6大关口,使市、县(市)区两级志书形成高质量的送审稿,得到方志出版社、省地方志办公室的肯定。在出书环节,坚持三审制,力争将差错消灭在出书前。三门峡市市县两级修志工作受到省政府办的通报表扬。《渑池县志》获得全省第二轮综合志书综合奖二等奖和内容编写优秀奖,《灵宝市志》获得体例框架优秀奖,《卢氏县志》获得印刷装帧优秀奖。　(王惠娟)

【三门峡市修志工作继续走在全省先进行列】　12月24日,河南省地方史志办公室根据全省督查情况,决定授予中共三门峡市委党史地方史志办公室、卢氏县地方史志办公室、中共渑池县委党史与地方史志办公室为"2009年度全省修志工作先进单位"。为了提高志书质量,检验二轮修志,促进全省史志事业又好又快发展,河南省第二轮综合志书优秀成果评审委员会根据河南省地方史志办公室《关于开展已出版志书质量回头看暨评奖活动的通知》,组织开展一二轮市县两级综合志书优秀成果评奖工作。三门峡市送评3部县志全部获奖,其中:斩获两级综合志书优秀成果二等奖1部(《渑池县志》)、内容编写优秀奖1部(《渑池县志》)、体例框架优秀奖1部(《灵宝市志》)、印刷装帧优秀奖1部(《卢氏县志》)。　(武铁成)

【《三门峡年鉴(2008)》在第4届全国年鉴编纂出版质量评比中获二等奖】　12月,在中国出版工作者协会年鉴工作委员会举办的第4届全国年鉴编纂出版质量评比中,由市委、市政府主办,市委党史地方史志办公室主编的《三门峡年鉴(2008)》获城市年鉴综合奖二等奖,同时荣获条目编写、装帧设计两个专项二等奖。全国年鉴编纂出版质量评比每五年举行一次,是中国年鉴出版界唯一的参与性最广、公信度最高、影响力最大的全国性评比。此次评奖活动由中国出版工作者协会主办、中国版协年鉴工作委员会承办,对2005年以来全国公开出版的2 000余种、1万余卷各级各类年鉴进行了全面评审。　(卢亚杰)

【《三门峡年鉴(2009)》出版发行】　12月,《三门峡年鉴(2009)》由方志出版社出版。全书33个类目、196个分目、1 530个条目、100万字,配置彩页42版、随文图照41幅。在专记里特设和谐三门峡建设、"新解放、新跨越、新崛起"大讨论活动和创建国家卫生、园林城市及工业重点项目建设等分目,充分彰显了浓郁的时代特色和地方特色。

(卢亚杰)

三门峡日报

【概况】　2009年,三门峡日报社坚持正确的舆论导向,紧紧围绕全市中心工作和重大主题活动,在抓好常规性报道和即时动态报道的基础上,对战役性报道进行突破性的深度报道,取得良好成效。同时,继续加大民生工程的报道数量和质量,在党和政府与人民群众之间起到桥梁作用,为建设开放魅力富裕和谐三门峡营造了良好的舆论氛围。全年共出版《三门峡日报》250期,《西部晨风》250期。三门峡日报社被省委宣传部、省互联网协会授予"沧桑巨变看河南　庆祝新中国成立60周年"网络作品大赛组织工作奖,获得全市"党建工作先进单位""反腐倡廉新闻宣传工作先进单位"等称号。获省、市以上新闻奖项共计58个,2人获得"全省优秀新闻工作者"称号,1人获得市级"五一劳动奖章"。

【为深入学习实践科学发展观活动营造良好舆论氛围】　自3月23日全市召开学习实践科学发展观活动动员大会后,《三门峡日报》充分展示主流媒体的优势,24日在1版给予充分报道,并配发社论"深入开展学习实践活动,谱写三门峡科学发展新篇章",鼓舞和号召全市各级党组织和广大党员,一定要把思想和行动统一到市委书记李文慧的讲话精神上来,迅速在全市掀起学习实践科学发展观的热潮,进一步用科学发展观武装头脑、指导实践、推动工作,为推动全市经济社会又好又快发展、加快建设开放魅力富裕和谐三门峡提供坚强的思想保证、政治保证和组织保证。另外,还开设"科学发展促'三保' 奋力实现新跨越"专栏,刊发全市科学发展观活动的最新动态以及在整个活动中涌现出来的先进典型等。先后推出重头稿件 90 余篇。4 月 2 日起,《三门峡日报》连续对全国 9 个市、县学习实践活动的经验和成效进行报道,为三门峡市学习实践活动提供可借鉴的经验。报社还专门配发特约评论员撰写的"一开始就要极端重视起来""领导带头是关键""在武装思想中解放思想 在深入调研中找准问题"3 篇系列评论员文章,为全市学习实践活动创造良好的舆论氛围。

【推出"2009,激情走过"年终系列特别报道】 2009 年,在市委、市政府带领下,全市上下认真贯彻落实科学发展观,积极主动应对国际金融危机影响,努力实现"保增长、保民生、保稳定"目标,全市经济社会保持平稳较快发展。其中,"大招商"硕果累累,项目建设捷报频传,"十件实事"温暖民心,社会大局安定祥和,新农村建设扎实推进,干部素质进一步提升。为了再现全市经济社会发展所取得的成就,自 12 月 22 日起,《三门峡日报》推出"2009,激情走过"年终系列特别报道,盘点回顾全市 2009 年经济社会各项事业发展的亮点,总结经验,激励和号召全市各界再创经济发展的新辉煌。

【刊发"卢氏县委先进事迹"系列报道】 2009 年,卢氏县委荣获第 7 届全国"人民满意的公务员集体"称号,成为全国唯一受表彰的县委和全省唯一受表彰的先进集体。为响应省委及市委学习卢氏县委的有关号召,8 月 27 日起,《三门峡日报》刊发"卢氏县委先进事迹"系列报道,分艰苦奋斗篇、执政为民篇、科学发展篇 3 个篇章。该系列报道大力弘扬了卢氏县委的艰苦奋斗精神、勤俭节约作风和执政为民思想,在全市各行各业迅速掀起了学习卢氏县委先进事迹的高潮。

【开设"廉政建设崤函行"专栏】 12 月 2 日,三门峡市举行第 2 个"反腐倡廉宣传教育月"启动仪式。为配合这项活动,自 12 月 7 日起,《三门峡日报》开设"廉政建设崤函行"专栏,以"弘扬清风正气,构筑廉洁防线"为主题,集中宣传报道各县(市)区和市直部分单位加强反腐倡廉建设的主要措施、工作进展情况以及取得的成效,为推动全市党风廉政建设和反腐败斗争深入开展,加快建设开放魅力富裕和谐三门峡提供坚强保障。

【关注民生工程建设】 2009 年,《三门峡日报》关注民生工程建设,在群众关心的生活、就业再就业、劳动保障、困难救助、市委和市政府确定的"十件实事"等方面采写大量稿件,彰显关注民生、关注弱势群体的社会责任感。一是配合全市"项目建设年"活动,策划组织采写"与百姓生活息息相关的重点项目"系列报道,共刊发关于新客站、大岭路立交桥、南康乐家园、天鹅湖湿地公园、迎宾大道、市中心医院病房楼、阳光小学、市区二期供热、移动通讯 3G 工程建设、涧河公园景观提升、人民公园项目建设等与群众生活密切相关、市民普遍关心的头题报道 10 余篇。其中,采写了"三门峡,我们越来越美的家""惠民工程:提升三门峡居民幸福指数""民生'10 件事' 温暖百姓心""大岭路立交桥:彩虹贯两岸,城市新景观""新客站:亮丽的城市窗口"等重点头题报道,对"十件实事"及更多重点项目工程进行报道,重点项目工程效果图配之以紧张施工或已完工的现场报道等,彰显市委、市政府为民办实事的执政理念,让老百姓切身体会这些重点项目在身边一天天"长大"的喜悦之情。二是热线版加大对读者所反映的热点问题的调查力度,对"一周热线摘录"栏目读者所反映的民生问题及时安排记者采访,力争件件有回音。如记者对市区停车收费问题的追踪调查,前后共刊发报道 4 期 10 余篇,引起强烈反响,也引起有关部门的高度重视,逐步进行治理解决。对市区"电子警察"的有关拍照问题进行深入细致的采访,引起市领导及有关部门的高度重视。对黄河桥头实心黏土砖市场报道也引起市领导的关注,有效地发挥了新闻报道沟通舆情、解疑释惑、完善服务的作用。市区二期供暖工程实施后,对不少读者反映的供热中存在的问题进行采访和反馈,受到好评。

【报社副总编辑金光作品《最后的风景》出版】 4 月,三门峡日报社副总编辑、市作家协会副主席孟国栋(笔名金光)的力作《最后的风景》由大众文艺出版社出版发行。作者通过图文形式的说明和儿时亲身经历的记忆将古老的农耕文化重新展现在读者面前,告诫人们让现代文明在渗透超越的同时,还要将华夏传统文化加以传承发扬。 (冯 燕)

档 案

【概况】 2009 年,三门峡市档案局以服务市委、市政府中心工作和人民群众需要为主题,充分发挥档案资源效益,加强档案基础设施建设,提高档案管理现代化水平,加大《中华人民共和国档案法》的宣传贯彻力度,取得明显成效。

归档文件整理 市档案局按照国家档案局《归档文件整理规则》要求,对市直单位 2008 年度形成的归档文件整理工作进行监督指导。全市 83 个市直单位共整理归档文件 41 607 件,均合格,其中永久 18 300 件、长期 9 802 件、短期 13 505 件及文件汇编 1 028 本。

新农村建设和民生档案 全市 62 个乡(镇)档案室建设得到巩固和提高,村级永久档案全部实现"村档乡管"。全市 1 362 个行政村中,已建档的 1 290 个,建档率达 95%。开展新农村建设档案工作示范联系点活动,确立渑池县城关镇、湖滨区崖底街道办事处两个示范联系点。按照《三门峡市林业局、三门峡市档案局关于认真做好集体林权制度改革档案工作的通知》要求,使林权改革档案的整理得到规范统一。

重点建设项目档案 年初,配合全市"项目建设年"活动,市档案局与市发改委联合印发《关于加强全市项目建设年活动档案服务工作的通知》。及时介入重点建设项目单位,对重点建设项目实行跟踪服务。市中心医院大楼工程从项目开工之初就及时参与,将项目档案建设贯穿项目建设的全过程。建立重点建设项目档案专项验收制度。按照《重大建设项目档案验收办法》,和中国黄金总公司一起,对河南中原黄金冶炼厂责任有限公司酸浸渣综合利用重点项目档案工作进行专项验收。

企业事业单位档案　恒康铝业有限公司、卢氏县电业局的档案工作目标管理通过国家2级认证。做好破产企业档案工作的监督指导。对三门峡市化工厂、三门峡市油脂机械有限公司和油脂机械总厂档案保管情况进行调研,向市中级法院递交一份"关于化工厂、油脂机械有限公司、油脂机械总厂破产企业档案处置问题的函"。年底,油脂机械有限公司的档案接收进三门峡档案馆。

专门档案　市档案局对机关团体、企业事业单位的会计档案、人事档案、照片档案、房产档案等专门档案进行监督指导,其中三门峡市房产档案全部实现数字化管理。

档案资源建设　三门峡市档案馆接收市委全宗1996年至2008年永久180卷、1 705件,长期201卷、1 366件,发文汇集30册;市委办全宗1996年至2008年永久244卷、1 110件,长期7卷,发文汇集48册;接收破产企业三门峡油脂机械总厂档案20余箱、401卷;接收《砥柱》《三门峡文艺》等资料336册,为档案资源的开发和利用提供了更加坚实的保障。

档案宣传　5月13日,市档案局在湖滨广场举办"建设开放魅力富裕和谐三门峡提供档案服务"宣传活动,发放档案知识宣传单1万余份。全年编发《三门峡档案工作信息》4期,在市级以上新闻媒体发表稿件82篇。

依法治档　为推进全市依法治档工作,市档案局举办档案法律法规培训班,市直机关、团体、企业事业单位的60余名档案工作者参加学习。在此基础上,市档案局对40余个重点单位进行执法检查,被检查单位档案工作的整体水平有较大提高。

【编写《干部任免人名录(1956～1996)》】　10月,三门峡市档案馆根据馆藏档案资料,历经两年,顺利完成中共三门峡市委全宗《干部任免人名录(1956～1996)》的编写任务。《干部任免人名录(1956～1996)》涵盖中共三门峡市委任免的三门峡市工区委员会、中共三门峡市委、三门峡市人大常委会、三门峡市工区政府、三门峡市政府(市人委)、三门峡市政协、三门峡市革委会及其群团组织,中国水利水电第十一工程局,驻三门峡厂矿企业的省部级、地市级、县处级和科级干部共6 535名,1个人名为1个条目,每个条目设置7项:顺序号、姓名、任免职务、任免时间、文号、所在卷(件)页号、备注。

【机关档案规范化管理认证成效显著】

12月,按照《河南省机关档案工作规范化管理认证办法》和《河南省机关档案工作规范化管理认证标准》的要求,经河南省、三门峡市机关档案工作规范化管理认证考评小组验收审批,三门峡市地税系统为档案管理最佳系统;三门峡市地税局、三门峡市银监局、三门峡市地税局直属分局、义马市地税局、渑池县国税局、渑池县群众工作部、陕县地税局、卢氏县地税局和三门峡经济开发区地税局通过机关档案工作规范化管理省1级认证,渑池县交通局、卢氏县财政局、卢氏县烟草专卖局、卢氏县人民医院、卢氏县农业局、湖滨区交口乡、湖滨区崖底街道办事处师家渠村通过机关档案工作规范化管理省2级认证,渑池县烟草专卖局、渑池县坡头乡、渑池县张村镇、渑池县天池镇、陕县公安局通过机关档案工作规范化管理省3级认证。　(潘秀珍)

新闻出版

【概况】　2009年,三门峡市新闻出版局制定《三门峡市新闻出版业五年(2009年～2013年)发展规划》,确立了科学的发展目标。开展全市印刷企业审核登记工作,准予审核登记234家,暂缓审核登记7家,不予审核登记3家。加强市场监管。及时审查内部资料工作情况,发现问题立即处理。将DM等固定式印刷品广告纳入管理,对18家内部资料和9家DM的主编和有关人员进行业务培训和法律法规教育;对《邮政专递》《天河庭州》等9家DM逐一进行检查;对群众举报或工作中发现的DM违法行为,及时予以查处。初选295个行政村农家书屋建设任务,报省新闻出版局审批。部署全市第2批推进企业使用正版软件工作,选定市农发行、三门峡百联有限公司、中石油三门峡分公司等10家企业作为第2批试点单位。建立健全"扫黄打非"责任制和责任追究制。开展专项行动,全年全市共出动1 300人次,检查出版物市场2 349家次,收缴并销毁各类非法出版物3.5万册(盘、份)。直接查办、审结《中州砥柱》盗用《中州今古》刊号一案,督导灵宝市扫黄办查处灵宝西闫一中使用盗版教辅《试题研究》案件,封存260本盗版教辅,并对该校处以2 000元罚款。

【国家新闻出版总署农家书屋工程建设检查验收工作组到三门峡市检查】　6月3日至4日,由国家新闻出版总署印刷发行管理司农家书屋管理处副处长高烨、省新闻出版局副局长何新年组成的农家书屋工程建设工作检查验收组一行7人到三门峡市,对全市2008年新建的180个农家书屋进行检查验收。通过实地走访、听取汇报、查阅资料、座谈了解等形式,检查组对三门峡市农家书屋建设工作进行全面检查验收,并给予高度评价:阵地依托的好,工作谋划的好,设施建设的好,图书配备的好,活动开展的好。

【部署深入整治互联网和手机媒体淫秽色情及低俗信息专项行动】　12月11日,三门峡市召开电视电话会议,对深入整治互联网和手机媒体淫秽色情及低俗信息专项行动进行部署。市委宣传部、市扫黄打非办及新闻出版、广电、文化、公安、工商等部门有关负责人出席会议。从2009年12月中旬到2010年5月下旬,三门峡市将分3个阶段深入开展整治互联网和手机媒体淫秽色情及低俗信息专项行动,通过广泛动员、分解任务、查处案件、积极整改,堵塞漏洞、完善机制等步骤,努力净化网络文化环境。　(黄云启)

·编辑　卢亚杰·

卫生 体育

9 月 29 日,三门峡市第 6 届运动会开幕式

卫 生

【概况】 2009年,三门峡市卫生系统紧紧抓住国家“扩内需、保增长”的有利时机,积极争取项目和资金,进一步改善全市医疗卫生机构基础设施,更新医疗设备,强化医护人员培训,不断提高医疗技术水平,满足人民群众就医需求。进一步加大公共卫生服务体系建设,健全医疗救治体系、卫生执法监督体系和疾病预防控制体系,全面提高突发公共卫生事件应急处置能力。积极开展医疗机构的体制改革工作,建立起科学、有效、合理的卫生管理体制。进一步完善农村3级医疗卫生服务网络和以社区卫生服务为基础的新型城市社区卫生服务体系。加强医德医风建设,深入开展反腐纠风工作,提高卫生系统广大干部职工的职业道德水平。加强中医药工作,为群众提供安全、有效、价廉的医疗卫生服务。

至年底,全市拥有各类卫生机构434个,医院病床数8 331张,共有卫生从业人员11 336人,其中卫生技术人员9 399人;有卫生防疫机构7个,卫生技术人员388人;卫生监督机构6个,卫生监督员202人;妇幼保健机构5个,卫生技术人员260人;农村乡(镇)卫生院75个,卫生技术人员2 400人,病床2 301张;全市1 246个农村行政村设有医疗点,有乡村医生2 394人。全市各级医院门诊病人529万人次,收治住院病人19.3万人次,综合住院治愈率为73.97%,病床使用率为71.3%,出院患者平均住院10.4天。全市卫生投入共计113 138万元,各级医疗单位业务收入98 228.6万元、业务支出100 433.4万元。

卫生基础设施建设 紧紧围绕中心工作,科学确立发展目标和发展思路,稳步推进医药卫生体制改革,加大资金和项目争取力度,全市共争取卫生建设项目546个、资金3.5亿元(中央及省级资金1.5亿元),医疗卫生单位基础设施明显改善。灵宝市卫生局争取资金957.7万元,扩建西阎乡、川口乡、焦村镇3个乡(镇)卫生院和80个标准化村卫生室,进一步完善乡村卫生服务网络。卢氏县卫生局争取资金384万元,扩建横涧乡、杜关镇、范里镇、官坡乡、官道口镇5个乡(镇)卫生院;7月1日,投资6 000万元新建的17层卢氏县医院住院大楼奠基开工,至年底,工程进展顺利;投入资金1 000万元新建的卢氏县妇幼保健院即将投入使用;争取资金1 238万元,为各乡(镇)卫生院、村卫生室配备2 400台(件)医疗设备,进一步改善就医环境,提高了辅助诊疗水平。陕县卫生局争取资金420万元,扩建观音堂镇、西张村镇、硖石乡、西李村乡、张茅乡、宫前乡6个乡(镇)卫生院;争取资金2 100万元,使陕县人民医院主体工程顺利封顶,累计完成投资9 000万元。湖滨区卫生局以标准化村卫生室建设为突破口,争取资金96万元,建成48个标准化村卫生室,市卫生局专门下发文件介绍其具体做法,并在全市推广;争取资金542万元,改建、扩建前进和涧河2个社区卫生服务中心。渑池县卫生局争取县级医院建设项目1个,资金2 803万元;乡(镇)卫生院建设项目5个,资金265万元;标准化村卫生室建设项目80个,资金260万元;乡(镇)卫生院设备配置项目11个,资金835万元。至年底,渑池县医院建设项目已完成工程总量的85%,5个乡(镇)卫生院、80个标准化村卫生室、11个乡(镇)卫生院设备配置项目均已完成。义马市卫生局以社区卫生服务中心建设为抓手,共建成8个社区卫生服务中心,31个社区卫生服务站,为居民建立家庭健康档案3 500份。三门峡市中心医院新病房大楼完成投资1亿元,于12月28日封顶,圆满完成市委、市政府“10件实事”目标任务;市中医院国家地市级重点中医院建设项目顺利竣工,卫生部副部长王国强出席剪彩仪式;市中心血站新的采供血大楼按计划正在顺利建设。一大批医疗卫生建设项目的建成和医疗设备配置项目的完成,改善了群众的就医环境,提高了乡村两级辅助诊疗水平,满足了群众的需求。

医疗服务 以“医疗质量万里行”活动为抓手,继续深入开展“七个专项行动”,以医疗安全生产隐患大排查、医疗护理核心制度落实情况大检查、临床合理用药专项检查、病历书写质量评比专项行动、医院感染管理大检查专项行动、临床急救技能大比武专项活动、全省血液安全检查专项行动等为切入点,进一步提高全市各级医疗机构的医疗质量安全和医疗技术服务水平。在全市各中医医院积极开展医院管理年活动,加强中医医院管理,进一步突出和发扬中医药特色优势,认真落实医护核心制度,积极实施2级分科,大力推进中医专科专病建设,努力创建国家级、省级、市级重点专科,切实抓好中医文化建设,组织开展中医药知识竞赛、中医技术比武和三门峡站中医中药中国行活动,促进中医事业的健康发展。开展护理技能操作展示、甲型H1N1流感应急演练,并制作成光盘;开展急救技术大比武,三门峡市代表队在全省急救技术大赛中获得团体三等奖,并获得1个单项一等奖、3个单项三等奖的好成绩。采取有效措施,积极做好手足口病、甲型H1N1流感和“1·21金昌桥”“7·19灵宝市”“7·24陕县观音堂”重大交通事故伤员的医疗救治工作。在全市二级以上中西医医院继续深入开展单病种限价管理和按病种付费工作,继续推行2级甲等以上医院门诊辅助检查“一单通”制度,减轻患者费用负担。实行医疗、药品价格公开明码标价制度,在门诊大厅设立价格公示栏、电子显示屏,在医技和临床科室门口公布收费标准,严格收费管理,坚决防止医疗乱收费。开展经常性医疗收费检查,严格执行住院费用“一日清单制”和费用查询制。认真落实《处方管理办法》和抗菌素临床应用指南,推行抗菌药物评价制度和分级管理制度,实行临床用药“双十”制度、抗菌素“三线用药”制度。积极开展新业务、新技术,增强科技创新意识,实施科技带动,推动医疗卫生事业发展。各级中西医医疗机构采取有效措施,加大资金投入,加大人才培养和引进力度,提升人员素质,壮大人才队伍。坚持以人为本,改进服务,改善环境,方便群众就医,实行人性化服务,努力构建和谐医患关系。

重大传染病防控 疾病预防控制体系建设成绩突出。通过国债资金、自筹资金等,使市、县两级疾病预防控制机构办公用房、实验室用房条件进一步改善;实行乡(镇)卫生院长兼防保站长制度,落实防保人员工资待遇,基层防保体系得到巩固,1等防保站达60%,规范化村级防保组织达65%。免疫规划工作更加规范。开展免疫规划管理年活动,全市落实免疫规划经费374万

5月8日，三门峡市中医院举行“白色冠冕　七彩人生”活动

元，并在全省率先推广使用免费接种卡，率先建立儿童免疫接种个案信息系统。采取有效措施，积极应对甲型H1N1流感和手足口病疫情。建立防控领导组织，制定并完善防控预案，加强部门协作，建立联防联控机制，强化培训和应急演练，实行严格的防控工作责任制和问责制；加大政府资金投入力度，按时完成9.28万人份重点人群甲型H1N1流感疫苗接种任务，有效遏制疫情在三门峡市的蔓延，取得阶段性成效，受到三门峡市委、市政府和河南省卫生厅的肯定和表扬。结核病、艾滋病防治工作扎实开展。认真实施结核病控制项目，2009年发现新涂阳病人821例，落实结核病“三免”政策，共免费42.4万元；强化艾滋病疫情管理，对新发现的感染者100%开展调查随访工作，每月定期随访HIV阳性育龄妇女，为存活的现症病人开展免费抗病毒治疗，规范开展美沙酮维持治疗，其他传染病得到有效控制。爱国卫生运动深入开展，创建国家级卫生城市完成阶段性目标任务。三门峡市、义马市、灵宝市、卢氏县顺利通过省级卫生城市（卫生县城）复检；新创建一批卫生先进单位和卫生先进小区，“五小单位”和集贸市场改造进一步巩固；加大城中村改造工作力度，湖滨区的刘家渠和田家渠、开发区的三里桥村改造工作顺利开展；建立和完善长效管理机制，城市卫生管理水平进一步提高。地方病防治工作取得新成效。圆满完成克山病、大骨节病、氟病等防治项目，消除碘缺乏病各项指标达到省验收标准。

卫生执法监督　认真贯彻执行《中华人民共和国食品安全法》，坚持“三个结合”，严把“两个关口”，落实“六项制度”，强化日常监管和专项整治相结合，保障餐饮消费安全。按照全省统一部署，实行3级联动机制，组织开展打击非法行医活动。全年共取缔无证诊所227户次，处罚77户次，处理投诉举报案件18起，查处“两非”案件25起，办结率100%，有效维护正常的医疗服务秩序，保障患者的健康权益和生命安全。加强公共场所卫生监督检测，积极推进量化分级管理工作。加强职业危害因素的监督检测和职业病诊断工作，保障人民群众健康权益。完善卫生法制工作制度，严格行政审批事项，落实服务承诺制度，开展卫生行政执法案卷质量评查和卫生监督稽查工作，规范卫生监督人员的执法行为。

农村卫生工作　加快标准化村卫生室建设进度，扩大村卫生室建设的覆盖面。2009年，全市共争取资金1 038万元，安排村卫生室建设项目346个，于7月底全部竣工并投入使用。加强内涵建设，提升村卫生室服务能力。当年，全市共安排村卫生室设备配备项目720个，为村卫生室配备急需、实用的医疗设备。

社区卫生服务和妇幼保健　按照社区卫生服务“六位一体”功能，充分利用财政补助政策，督导湖滨区将计划免疫、妇女保健、儿童保健等公共卫生服务项目延伸到社区卫生服务中心，充实工作内涵。在全市统一规范并使用居民健康档案、门诊日志、处方等医疗文书，并对命名、标识、规章制度、工作内容、考评标准、资料管理、文字记录等实行统一规范。在全市实施农村孕产妇住院分娩补助项目，每位农村孕产妇分娩补助300元，加上新农合定补250元，全市基本实现农村孕产妇在乡级医院平产全免费的目标。进一步规范全市助产技术服务机构的院内感染预防和控制工作，提高助产技术服务能力。

【新型农村合作医疗工作进展顺利】　2009年，全市新型农村合作医疗基金平稳运行，新农合工作进展顺利。当年，全市参合农民152.6万人，参合率达97.2%。全年共补偿参合农民93.3万人次，补偿金额1.5亿元；其中大额补偿9.83万人次，补偿金额1.28亿元；有65人享受到3万元封顶线补助。有效缓解了农民群众“因病致贫、因病返贫”问题，改变了农民群众“小病拖、大病扛”的状况，农民群众的基本医疗服务需求得到进一步满足，农民群众“病有所医”的愿望初步实现。全市新农合工作整体运行平稳，呈现出政府组织引导有力、群众自愿积极参与、医疗服务更加规范的良好发展势头。

【市中心医院5台大型设备同日开诊】　2月21日，市中心医院举行大型医疗设备开诊仪式，64排螺旋CT、1.5T磁共振、四维彩超、高强聚焦超声刀、直线加速器等总价值达4 800万元的5台大型设备正式开诊。市人大常委会副主任邹援朝、副市长赵艳、市政协副主席王铁创等出席开诊仪式。

【中央补助地方烟草控制项目正式启动】　4月10日，2009年三门峡市烟草控制项目在市疾病预防控制中心正式启动。市区6家医疗卫生机构被列为控烟监测对象，分别为：三门峡市卫生局、三门峡市疾控中心、三门峡市妇幼保健机构、三门峡市中心医院、三门峡市中医院、黄河三门峡医院。

【卫生部副部长王国强到三门峡市调研】 4月12日,市中医院国家重点建设项目竣工剪彩,一座中医文化浓厚、特色鲜明、优势突出、设施先进的中医院呈现在三门峡人民面前。当天,卫生部副部长、国家中医药管理局局长王国强到三门峡市,对全市卫生和中医事业发展情况进行调研,并出席市中医院国家重点建设项目竣工剪彩典礼。国家中医药管理局科技司副司长苏钢强,省卫生厅副厅长、省中医药管理局局长夏祖昌,省发改委副主任陈永石,省中医药管理局副局长张重刚,三门峡市委副书记、市长杨树平等参加相关活动。

【121人获全国无偿献血奉献奖】 4月21日,三门峡市无偿献血委员会、市红十字会、市卫生局联合表彰全市121名在全国获得无偿献血奉献奖金奖、银奖、铜奖的个人。三门峡无偿献血量达8 000毫升以上的朱帮军等12人荣获“全国无偿献血奉献奖金奖”,无偿献血量达6 000毫升以上的刘海涛等22人荣获“全国无偿献血奉献奖银奖”,无偿献血量达4 000毫升以上的崔熙正等87人荣获“全国无偿献血奉献奖铜奖”。

【“三门峡市结核病防治卫生经济学研究”再获殊荣】 当年,由三门峡市疾病预防控制中心主任医师吴彦领主持完成的“三门峡市结核病防治的卫生经济学研究”科研项目,被河南省卫生厅授予医药卫生科学技术进步二等奖,成为三门峡卫生科研项目在省卫生厅获得的最高奖项。此前,该项目曾荣获2008年度三门峡市政府科学技术进步三等奖。

【市中医院顺利通过中国红十字基金会考察】 6月22日,中国红十字基金会“温暖中国行动”项目办副主任杨勇一行对市中医院申报“温暖中国行动”定点救治医院进行实地考察,对该院在管理、医疗、服务、文化建设等方面取得的成绩给予高度评价,认为该院符合“温暖中国行动”定点救治医院的申报条件。“温暖中国行动”是中国红十字基金会倡导实施的救助贫困肿瘤患者的一项博爱行动,旨在通过向贫困地区医疗机构转赠高科技肿瘤治疗设备,用3年时间在全国建立100家“温暖中国行动”定点医院,免费救治超过1万名贫困家庭的肿瘤患者。市中医院是全市唯一申报该项目定点医院的医院。

【省督导考核组肯定三门峡市结核病防治工作】 7月28日,河南省结核病防治督导考核组到三门峡市,对全市上半年的结核病防治工作进行督导检查。省督导考核组通过听取汇报、现场查阅资料、深入结核病防治机构和综合医院调查、前往结核病病人家中访视等方式,对全市结核病防治工作进行检查。经过为期4天的检查,省督导考核组认为三门峡市结核病防治工作管理规范、成效显著,圆满完成了新涂阳肺结核病人发现指标和新涂阳治愈率超过85%的目标任务。

【义煤集团观音堂煤矿等4个矿区职工医院防保工作实行属地管理】 8月18日,为做好辖区交错地区儿童的免疫规划工作,使所属地区儿童都能按时接种疫苗,按照《中华人民共和国传染病防治法》和《疫苗流通与预防接种管理条例》所规定的“传染病管理和预防接种实施属地管理”的原则,对义煤集团观音堂煤矿、甘豪煤矿、曹窑煤矿、陈村煤矿4个矿区职工医院防保工作实行属地管理。观音堂煤矿职工医院、甘豪煤矿职工医院的防保工作由陕县卫生局负责管理;曹窑煤矿职工医院、陈村煤矿职工医院的防保工作由渑池县卫生局负责管理。相关技术指导由属地疾病预防控制中心负责。

【举行“世界镇痛日”主题宣传活动】 10月11日是第6个“世界镇痛日”,活动主题是“关注骨关节肌肉痛”。三门峡市医学会疼痛专业委员会和灵宝市友好医院在灵宝市联合举办“世界镇痛日”大型义诊科普宣传进社区活动。现场举办大型图片展览、疼痛病专家义诊、专家咨询和疼痛主题有奖问卷调查活动,共展出宣传版面20余块,发放疼痛性疾病健康手册3 200余份,发放调查问卷1 000余份,咨询群众达500余人,现场诊治疼痛患者60余人次。

【“中医中药中国行”三门峡站活动启动】 10月27日,由中宣部、卫生部、国家中医药管理局等23个部委(局)联合举办,以“传承中医国粹,传播优秀文化,共享健康和谐”为主题的“中医中药中国行”三门峡站大型科普宣传活动,在三门峡市文化广场启动。国家中医药管理局机关党委常务副书记杨锐、河南省卫生厅副厅长黄红霞及三门峡市人大常委会副主任亢伊生、副市长周志远、市政协副主席肖群兰等出席启动仪式。启动仪式上,杨锐代表国家中医药管理局向三门峡市赠送一批医疗物资和中医药知识图书,并向河南省中医事业终身成就奖获得者张世峰颁奖。与

10月27日,“中医中药中国行”三门峡站活动启动

会领导为三门峡市7位名中医颁奖。启动仪式后，与会领导在“弘扬国粹、爱我中医”签名墙上签名，慰问义诊专家，并察看三门峡站的现场活动。当天，为1 090名群众进行义诊，发送免费药品价值5.2万元，发送中医中药科普宣传手册3 500册；360余名乡（镇）卫生院、社区等基层卫生服务人员聆听了学术讲座。

【举行2009年“医疗质量万里行”急救技能大比武】 10月19日，全市2009年“医疗质量万里行”急救技能大比武在崤山礼堂拉开帷幕。比武共设5个项目：创伤院前急救技术、3人心肺复苏术、经口气管插管术、密闭式周围静脉输液术和单人徒手心肺复苏术。经过角逐，市中心医院代表队获得一等奖，黄河三门峡医院、市中医院、市第三人民医院、灵宝市第一人民医院、义煤集团总医院、卢氏县人民医院、渑池县人民医院、陕县人民医院获团体优胜奖。

【三门峡市全民健康生活方式“一二一”行动启动】 10月26日，以“日行一万步，吃动两平衡，健康一辈子”为内涵的三门峡市全民健康生活方式“一二一”行动在市区启动。该行动鼓励全民以合理膳食和适量运动为切入点，倡导和传播健康生活方式理念，推广技术措施和支持工具，开展全民参与活动，最终达到提高全市人民群众的自我保健意识和健康水平的目的。此次行动由三门峡市卫生局、市爱卫会、市疾病预防控制中心联合组织实施。

【三门峡市医学教育专业委员会成立】 11月28日，三门峡市医学教育专业委员会在市卫生学校成立。医学教育专业委员会的主要任务是：依靠全市医学教育界的优秀中、青年专家和骨干，充分传播医学知识，通过医学科学创造知识，满足社会卫生需求；指导全市医学教育工作，协调全市医学教育专业活动，推进医学教育与临床医师队伍和护理队伍建设的联系和协作，加强三门峡市医学教育的交流与合作，不断提高三门峡市临床医学队伍、护理队伍素质和工作水平，积极探索在职医务人员继续教育的新路子、新模式。 （唐虎杰）

体 育

【概况】 2009年，三门峡市体育工作围绕中心，服务大局，深入贯彻落实科学发展观，坚持“讲团结、讲工作、讲大局”的工作方针，全面完成各项工作任务，为建设开放魅力富裕和谐三门峡作出了积极贡献。三门峡市体育局被国家体育总局命名为“全国群众体育工作先进单位”，并获“全国全民健身工作优秀组织奖”；被河南省体育局授予“全国首个全民健身日活动优秀组织奖”及“2009年促和谐奔小康全民健身活动优秀组织奖”；被三门峡市委、市政府授予“2009年度包村扶贫工作优秀单位”“安全生产工作先进单位”和“宣传思想工作先进单位”等称号。

体育场地设施建设有新突破。以实施农民体育健身工程建设为契机，强力推进豫西体育走廊建设。强力推进三门峡文体中心建设，基本建设投资达2亿元以上；积极创造条件，争取国家体育总局、省体育局资金300余万元，在全市87个行政村建成“农民体育健身工程”；筹措经费25万元，在城市社区和农村乡（镇）安装10条健身路径，安装健身器材100余件，豫西体育走廊建设粗具规模。

成功举办三门峡市第6届运动会。三门峡市第6届运动会于7月28日至9月27日在义马市和三门峡市区成功举办，来自各县（市）区、市直、厂矿企业、市直中学、大中专院校、部队、武警部队的76个代表团、3 800多名运动员参加了田径、羽毛球、中国象棋、围棋、乒乓球、门球等25个大项、519个小项的激烈角逐，经过2 603场比赛，产生金牌575枚，共有110人次打破31项三门峡市田径纪录，38人达到少年级运动员标准，99人达到3级运动员标准，70人达到2级运动员标准。

以人为本，关注民生，全力推进全民健身工作。2009年，三门峡市深入贯彻落实《全民健身计划纲要》，全力唱响“全民健身与小康同行·我为和谐中原作贡献”主旋律，市、县两级体育部门认真抓好群众体育工作，深入开展全民健身活动，群众体育事业蓬勃发展。加强“健身组织、健身设施、健身指导”3个环节建设。新成立户外协会、轮滑协会和乒乓球协会，对体育总会、12个单项体协进行班子调整、充实和年检；街道办事处和社区居委会大部分都成立了社区体育领导小组、街道体育协会和老年人体育协会，农村也相应建立全民健身领导小组和农民体育协会、老年人体育协会等组织，全市各级各类体育社团达120余个，老年人体育协会、单项体育运动协会组织向乡（镇）、村延伸。认真抓好87个农民体育健身工程建设，利用社会多元投资，建成早晚晨练点、健身广场、门球、气排球等200余个健身点。重点加强社会体育指导员队伍建设，通过组织县（市）区级社会体育指导员参加省、市、县级培训，培训2级社会体育指导员160名、3级社会体育指导员128人，全市社会体育指导员达1 600余人。以三门峡青少年体育俱乐部为载体，加大青少年体育训练工作力度，全年共举办各种项目的课余培训班80班次，参加培训2 000余人次。在城市，以社区为重点，积极开展争创全国、全省城市体育先进社区活动，一些社区相继举办社区体育运动会，将社区体育和疾病预防、康复治疗等有机结合，掀起“体育进社区，服务千万家”的健身热潮；在农村，以乡（镇）为重点，深入开展“亿万农民健身”活动和“体育三下乡”活动，积极开展贴近群众、贴近生活的富有农民特色项目的拔河、挑担赛跑等比赛活动；在学校体育中，重视“体教结合”，搞好课余传统项目训练工作，和教育部门共同创建“体教结合”训练基地或后备人才网点，有效促进和丰富了课外活动，同时为培养优秀体育后备人才创造了条件。围绕庆祝新中国成立60周年主题，开展全民健身系列活动。全市共举办市级以上群众性体育比赛20余次，举办全民健身活动1 812次，参加人数达102万人次。市本级和6个县（市）区分别举办首个全民健身日启动仪式，开展陀螺、拔河、篮球赛等富有地方特色的群众性比赛娱乐活动。市体育局与市直机关工委、市总工会联合举办2009年元旦长跑比赛；与市文明办、市农业局联合组织，与市直工委、市妇联联合举办三门峡市“庆祝新中国成立60周年”系列活动暨第2届全民健身节市直机关“庆三八”女职工登山游园活动；与市文明办、市农业局联合主办河南省万村千乡农民篮球赛三门峡赛区暨三门峡市第3届农民篮球赛。当年,三门峡市还承办了"促和谐、奔小康"2009年河南省"奇胜杯"第7届农民篮球赛暨河南省万村千乡农民篮球总决赛(北部赛区),举办三门峡市庆祝新中国成立60周年暨全民健身节"洋河蓝色经典天之蓝杯"乒乓球赛、三门峡市直机关庆"五一"迎"五四"全民健身趣味运动会、"中国联通"2009年三门峡市第2届全民健身节"川崎杯"三门峡市第4届羽毛球赛、庆祝新中国成立60周年暨市第2届全民健身节三门峡市第6届足协杯比赛、三门峡市第1届残疾人运动会等一批大型群众体育活动。

竞技体育取得明显成效。强力推进"体教结合",配合省体育局,对原有的省、市、县级体育传统项目学校进行重新评估和验收,新增省级7所、市级10所,使全市省级传统项目学校达20所,市级传统项目学校达34所,县(市)区级传统项目学校150所。全市形成了以市体育运动学校为龙头,省、市级传统校为依托,县级传统校和各训练点为基础的3级业余训练网络。调整项目布局,优化项目设置,在原有的田径、举重、射箭、篮球、射击、乒乓球、摔跤、柔道、跆拳道等项目的基础上,引进高水平体育人才,调动社会力量,大力发展武术、足球等项目;狠抓高水平体育后备人才的培养,积极备战河南省第11届运动会,当年新注册运动员550余人,全市在册运动员总数达1 300余人,其中省级注册256人。全市各级各类体校共有专职教练员34名,在训学生2 000余名。2009年,全市各级各类体校共向省体校及高等院校输送体育人才46名,向省级优秀运动队输送10余名运动员。组织参加"奥星杯"和"开拓杯"两次国家级乒乓球赛,取得2金3银4铜的好成绩;组队参加河南省第11届运动会资格赛暨省级篮球、乒乓球锦标赛等赛事活动12次,取得金牌16枚、银牌18枚、铜牌21枚的优异成绩。全市的业余训练工作保持良好发展态势,训练水平和质量不断提高。

体育产业健康协调发展。积极参加全省体育产业干部培训班,并赴兄弟省市参观学习,努力提高全市体育产业经营和管理水平,加强体育产业人才队伍建设。举办3次体育彩票销售分片集中培训,通过外地、本地先进网点的展示图片和销量来说明网点展示的重要性和良好效果,体育彩票销售网点的展示宣传力度明显加强。积极参与竞争、占领市场,优化三门峡体彩销售系统,完成151个网点的宽带传输线路改造,加快体育彩票销售网点建设。对乒乓球训练馆一楼大厅、局办公楼门面房和体育馆地下商场进行公开竞租,收益率大大提高,有效缓解体育事业发展经费不足问题,拓宽了体育产业赢利渠道。

各县(市)区体育工作亮点纷呈。各县(市)区结合实际,以务实、创新的精神抓好体育工作,促进全市体育事业快速协调发展。义马市加大财政扶持力度,在全省率先实施体育健身工程全覆盖,达到村村有设施、有队伍、有活动、有特色的新农村体育发展新模式。灵宝的春节农民体育活动以篮球赛为平台,从初一至十五,在全市80余个村镇同时举行,参赛队伍达100余支,参与人次达10余万人。村企联办、企业冠名赞助是2009年春节活动的一大亮点。

【春节期间全民健身活动蓬勃开展】 近年来,三门峡市春节期间系列全民健身活动已成为全国、全省的典范,对增强广大人民群众体育健身意识,建立科学、健康、文明的生活方式起到了积极作用。2009年元旦、春节期间,市体育局、市文明办、市农业局联合组织,在全市城乡广泛开展"促和谐、奔小康"全民健身活动。全市共承办省级篮球比赛1次,举办市级体育活动4次、县(区)级15次,50多个乡(镇)、500余个行政村举办活动,70多万人次参与活动。活动项目除传统的篮球、羽毛球、乒乓球、田径、象棋、拔河、跳绳等比赛外,还有许多与生产生活密切相关、充满情趣的蔬菜大棚卷草帘、挑化肥、剪苹果树枝、背媳妇赛跑等创新项目。

【河南省第7届农民篮球赛总决赛在灵宝市举行】 2月3日晚,"促和谐、奔小康"2009年河南省"奇胜杯"第7届农民篮球赛暨河南省万村千乡农民篮球总决赛(北部赛区)开幕仪式在灵宝市举行,省体育局纪检组长吴治国,市政协副主席、市体育局局长张景林出席开幕式。总决赛由省体育局、省文明办、省农业厅主办,分南北两个赛区,南部赛区设在许昌襄城,北部赛区由灵宝市人民政府主办,郑州、洛阳、三门峡、济源、焦作、新乡、安阳、鹤壁、濮阳、开封、中牟、巩义、灵宝13支代表队参加比赛。2月7日,总决赛(北部赛区)闭幕式在灵宝市焦村镇东村举行,省体育局党组书记、副局长彭德胜,副市长赵艳,市政协副主席、市体育局局长张景林出席闭幕式。闭幕式上,彭德胜为荣获比赛前3名的三门峡队、灵宝队、郑州队颁发了奖杯,赵艳和张景林分别为获得第4名到第8名的巩义队、济源队、周口队、洛

2月7日,河南省第7届农民篮球赛总决赛(三门峡——灵宝)

阳队、安阳队颁发奖杯。焦作队与濮阳队被授予“体育道德风尚奖”,鹤壁队、新乡队、开封队被授予“优秀组织奖”,东村和项城村被评为“文明赛区”。闭幕式结束后,彭德胜挥毫为东村写下了“篮球之乡　生机无限”的题词。

【全市第3届农民篮球赛开赛】　2月9日至11日,由市体育局、市文明办、市农业局联合主办,湖滨区教体局承办的河南省万村千乡农民篮球赛三门峡赛区暨三门峡市第3届农民篮球赛开幕式在湖滨区交口乡侯桥村举行。本届篮球赛共有8支代表队参赛,分别是卢氏、灵宝、陕县和三门峡经济开发区代表队,以及义马市马岭村、渑池县天坛村、湖滨区交口村、湖滨区侯桥村代表队。比赛第1阶段采取分组循环制,第2阶段采取交叉淘汰制。2月11日下午,篮球赛在湖滨区交口乡侯桥村闭幕。市政协副主席、市体育局局长张景林出席闭幕式。此次比赛,义马市马岭村代表队、灵宝市代表队、湖滨区交口村代表队分获冠、亚、季军。

【举办庆“五一”迎“五四”全民健身趣味运动会】　4月28日,三门峡市直机关庆“五一”迎“五四”全民健身趣味运动会在三门峡体育馆开幕,来自市直机关的63个代表团2 000余名运动员参加比赛。市委常委、秘书长赵中生、市人大常委会副主任邹援朝,市政协副主席陈雪平、张景林出席开幕式。运动会由市直工委、市总工会、团市委和市体育局共同主办,旨在进一步推动市直机关群众性体育健身活动的广泛开展,倡导文明科学健身,弘扬集体主义精神,活跃机关文化生活,展示干部职工良好的精神风貌。运动会以大众体育为主,结合劳动技能项目,设17个大项、22个小项。开幕式后,进行了跳大绳、踢毽子、呼啦圈、自行车慢骑、袋鼠跳等趣味活动,趣味运动会持续至5月底结束。

【市实验小学青少年体育俱乐部荣获“国家级俱乐部”称号】　5月18日,省体育局局长韩时英到三门峡市实验小学,为该校“雏鹰青少年体育俱乐部”荣获“国家级俱乐部”授牌。市政协副主席、市体育局局长张景林出席授牌仪式。授牌仪式结束后,“雏鹰青少年体育俱乐部”的学生们表演了轮滑、篮球、舞蹈等精彩的体育、文艺节目。为加强青少年体育运动,增强学生体质,市实验小学于2006年创建市级“雏鹰青少年体育俱乐部”。俱乐部成立后,学校根据相应的政策法规,结合学校实际,开展了丰富多彩的体育活动,鼓励、引导青少年参加阳光体育运动,充分利用场馆设施和师资条件,扩大业余训练规模,发现、培养优秀体育后备人才。2008年10月,市实验小学“雏鹰青少年体育俱乐部”开始申报国家级体育俱乐部,2009年5月,通过省体育局、国家体育总局的严格审批,获此殊荣。

【全国乒乓球大赛三门峡市小将勇夺2银1铜】　5月27日,在第28届全国“红双喜·开拓杯”少年儿童乒乓球大赛上,三门峡市运动员勇夺2银1铜,创近年来三门峡市参加全国体育大赛最好成绩。第28届全国“红双喜·开拓杯”少年儿童乒乓球大赛由国家体育总局乒羽运动管理中心主办,于5月21日至27日在北京市昌平区举行,全国共有18个省(市)区派出73个代表队、707名队员参赛。河南省有河南省体育局乒训中心、郑州市体工大队和三门峡市体育局等3个代表队参赛。在团体比赛中,三门峡市代表队夺得男子99年组(1999年出生,下同)团体第2名、女子98年组团体第3名和男子97年组团体第5名的好成绩。在单打比赛中,田野夺取男子99年组第2名,张梦瑶夺取女子98年组的第5名。

【三门峡市第4届羽毛球赛闭幕】　5月31日,由市委宣传部、市直工委、市总工会、市文明办、市体育局联合主办的三门峡市第4届羽毛球赛在三门峡体育馆闭幕,市政协副主席、市体育局局长张景林出席闭幕式并为获奖运动员颁奖。全市共有24个单位组队参加了于5月28日开赛的三门峡市第4届羽毛球赛,参赛队员达233人,是三门峡市历史上规模最大、竞技水平最高的1届羽毛球大赛。本届比赛设置成年甲、乙组,竞赛项目分团体赛和单项比赛,团体比赛采用5局3胜制,单项比赛采用3局2胜制。经过4天近500场的激烈比赛,最终,三门峡市商业银行代表队、义马市天新公司代表队、三门峡新天地体育代表队、明珠集团代表队夺取团体赛前4名。刘东夺取男单甲组冠军,李红军夺取男单乙组冠军,邹玲夺取女单冠军,周荣成、张刚夺取男双冠军,李军、陈珊夺取女双冠军,混双冠军由曹声、郭文娟夺得。

【举办三门峡市首届残疾人运动会】　6月12日,由市体育局和市残联共同举办的三门峡市首届残疾人运动会在三门峡职业技术学院开幕。全市300余名残疾人运动员、教练员、裁判员等参加开幕仪式,市委书记李文慧发来贺信,省残联副理事长李国成,市领导李建顺、陈孟虎、张景林出席开幕仪式。残运会设田径、游泳、乒乓球、举重、射击、自行车、射箭、羽毛球、盲人柔道9个单项和聋人篮球(男、女队)、盲人门球(男、女队)、坐式排球(男、女队)、7人制足球(脑瘫男队)4个集体项目。卢氏县、灵宝市、陕县、湖滨区、渑池县、义马市共6个代表队133名残疾人运动员参加比赛,并选拔出三门峡市参加2009年河南省第5届残运会的运动员。

【举办2009年三门峡市青少年武术(套路)锦标赛暨省十一运会资格选拔赛】　7月23日至25日,三门峡市2009年度青少年武术(套路)锦标赛暨省十一运会资格赛选拔赛在三门峡搏击运动俱乐部举行。比赛由市体育局主办,市青少年体育俱乐部和三门峡搏击运动俱乐部承办,三门峡少林文武学校、三门峡文武学校、义马市文武学校、海滨武术队、灵宝龙飞文武学校5支代表队的78名运动员参加比赛。竞赛项目有长拳、太极拳、少林拳、南拳、刀、剑、棍、枪8项;男、女分别设甲、乙、丙组。经过3天的激烈比赛,三门峡少林文武学校、海滨武术队、三门峡文武学校分获团体前3名,苏小旦、赵文博、余龙辉等分别获得各自组别的第1名。

【三门峡市首家搏击运动俱乐部挂牌】　7月25日,三门峡市首家搏击运动俱乐部举行揭牌仪式。该俱乐部面积900余平方米,设有专业的训练场地,开设有散打、跆拳道、街舞培训班,所有教练均来自专业团队和体育院校,是三门峡市首家综合性搏击运动培训基地。俱乐部的工作理念是“一切以学员为中心”,努力使三门峡广大搏击运动爱好者在轻松的环境中体验运动的快乐,为三门峡市的搏击运动爱好者提供了一个好去处。

【三门峡市老年柔力球代表队在全国老年人健身展示大会上获奖】 7月下旬,三门峡市老年柔力球代表队一举夺得第1届全国老年人健身展示大会柔力球比赛竞技团体银牌、团体铜牌、双打银牌、个人铜牌等4项大奖。第1届全国老年人健身展示大会由国家体育总局、全国老龄工作委员会办公室、中国老年人体育协会主办。大会设柔力球、乒乓球、太极拳等10个项目,于7月20日至10月26日分别由云南、北京、河北、辽宁、河南、山东、四川、浙江8个省市承办。大会的柔力球交流项目比赛,吸引了来自全国各地的41支代表队、数百名老年体育爱好者参加。三门峡市代表队作为河南省代表队的主力,其精彩的表演在全国41支队伍中尤为引人注目。精心编排的欢快有力的舞步,给评委留下了深刻的印象,一举夺得柔力球比赛竞技团体银牌、团体铜牌、双打银牌、个人铜牌等4项大奖。

【三门峡乒乓球小将在全国比赛中勇夺两金】 由国家体育总局乒乓球、羽毛球运动管理中心主办的2009年全国“红双喜·奥星杯”少儿乒乓球比赛,于7月31日在山东省烟台市降下帷幕。三门峡市乒乓球队取得2枚金牌、1枚银牌和3枚铜牌的优异成绩。此次比赛共有来自全国18个省(市)区的52支代表队、489名队员参加。在团体比赛中,三门峡市代表队夺得男子乙组(1999年出生)团体第1名、女子乙组(1999年出生)团体第2名、男子甲组(1998年出生)团体第3名。在单打比赛中,三门峡乒乓小将张贺楠一路过关斩将,勇夺男子乙组单打冠军;金子博和张鸣分别夺得男子甲组和女子乙组单打第3名。

【三门峡代表队在省乒乓球锦标赛暨省十一运会资格赛上获3金】 经过5天的激烈角逐,2009年河南省青少年乒乓球锦标赛暨省十一运会资格赛于8月16日在商丘市落下帷幕,三门峡代表队取得3金、1银、4铜的优异成绩。本次比赛共有来自全省15个地市的354名运动员参加。在团体比赛中,三门峡代表队技压群雄,夺得男子乙组(1997年至1998年出生)第1名、女子乙组(1997年至1998年出生)第3名、男子丙组(1999年以后出生)第3名的好成绩;在男子双打比赛中,三门峡运动员田也、迟元瑞配合默契,战胜各路选手,夺得男子乙组双打第1名;在男子单打比赛中,小将迟元瑞、田也、段亚东发挥出色,囊括男子乙组单打前3名,程皓轮夺得男子甲组单打第3名。

【成功举办三门峡市第6届运动会】 9月27日,三门峡市第6届运动会圆满完成各项赛程胜利闭幕,575枚金牌各归其主。市委书记李文慧,市委常委、秘书长赵中生,市人大常委会副主任马仰峡,副市长周志远出席闭幕式并为获奖者颁奖。闭幕式由市政协副主席、市体育局局长张景林主持。三门峡市第6届运动会于2009年7月28日至9月27日举行,来自各县(市)区、市直、厂矿企业、市直中学、大中专院校、部队、武警部队的76个代表团、3 800多名运动员参加了田径、羽毛球、中国象棋、围棋、乒乓球、门球等25大项、519小项的激烈角逐。经过2 603场比赛,产生金牌575枚,共有110人次打破31项三门峡市田径纪录,38人达到少年级运动员标准,99人达到3级运动员标准,70人达到2级运动员标准。获得本届运动会A组(县、市、区组)金牌总数前3名的分别是灵宝市、义马市、渑池县,团体总分前3名的分别是灵宝市、渑池县、义马市;B组(市直组)金牌总数第1名的是市教育局、市公安局、市粮食局,团体总分前3名的分别是市教育局、市财政局、市公安局;C组(企业、部队、大中专院校组)金牌总数和团体总分前3名的分别是水电十一工程局、三门峡职业技术学院、明珠集团。

【三门峡市9个单位、6名个人获全国群众体育先进称号】 10月16日,中共中央总书记胡锦涛在济南亲切接见了新中国体育发展60年来涌现出的优秀运动员和教练员代表、全国群众体育先进单位和先进个人代表、全国体育系统先进集体和先进工作者代表。三门峡市体育局、市文明办、陕县教育体育局、义马市教育体育局、灵宝市体育运动委员会、河南省电力公司三门峡供电公司、三门峡市第一小学7个单位被国家体育总局授予“全国群众体育先进单位”称号,义马市被授予“全国实施农民体育健身工程先进县”称号,三门峡市青少年体育俱乐部被授予“全国优秀青少年体育俱乐部”称号。张松林、程晓鹏、逯水江、李俊东、张红谱、梁金牛6人被授予“全国群众体育先进个人”称号,“豫西民间萨马兰奇”——三门峡市农民梁金牛受到胡锦涛总书记的亲切接见。梁金牛是灵宝市焦村镇卯屯村农民,自1991年开始组织名为“园林杯”的篮球业余邀请赛,深受村民的喜爱,被当地人称为“农民NBA”。梁金牛本人也被誉为豫西“民间萨马兰奇”。

【黄河金三角体育协作区区域协调发展会议召开】 12月4日,2009年豫晋陕黄河金三角体育协作区区域协调发展会议在山西省运城市召开,河南省三门峡市及山西省运城市、陕西省渭南市的体育工作者,就一年来黄河金三角体育协作区的体育工作进行总结交流,并对下一步工作进行研究部署。三门峡市政协副主席、市体育局局长张景林出席会议。

【三门峡市代表队在河南省青少年车模锦标赛中成绩优异】 由河南省体育局、省教育厅共同主办,省社体中心承办的“奥迪杯”2009年河南省青少年车辆模型锦标赛12月27日在郑州举行,来自全省各地市代表队的200余名小选手参加了河南省赛区总决赛。三门峡市青少年体育俱乐部经比赛选拔出8名小队员,代表三门峡市首次组队参加此项赛事。在四驱车拼装赛中,育才小学的马颖昊同学以11分16秒的成绩获一等奖;在标准跑道竞速赛中,三门峡市第4小学的宋薛梁同学以1分67秒的成绩一举夺冠,另有两名同学分获第3名、第6名。三门峡市代表队以绝对优势获得标准跑道竞速赛团体第1名,并被省体育局、省教育厅授予“精神文明代表队”。　(张　睿)

·编辑　李艺芬·

精神文明创建活动

渑池县涧北村廉政文化长廊

综　述

【概况】 2009年,三门峡市精神文明建设工作认真贯彻党的十七大、十七届三中全会精神,省委八届八次、九次全会和市委五届六次全会精神,以邓小平理论和"三个代表"重要思想为指导,深入贯彻落实科学发展观,解放思想、实事求是、与时俱进、改革创新,贴近实际、贴近生活、贴近群众,以社会主义核心价值体系为根本,切实加强思想道德建设,深入开展群众性精神文明创建活动,努力形成育人与治城相促进、城市与农村创建相协调、重点突破与整体推进相结合的工作格局,不断提高公民文明素质和社会文明程度,为夺取全面建设小康社会新胜利提供强大精神动力和良好社会环境。

【开展春季"三下乡"集中活动】 4月14日,由市委宣传部、市文明办、市教育局、市科技局、市司法局、市农业局、市文化局、市卫生局、市人口和计划生育委员会、市广播电视局、团市委、市妇联、市科协、市文联、市新华书店共14个单位165人参加的"三下乡"集中服务活动在陕县观音堂镇举行。各家服务单位均设立免费咨询台、摆放宣传版面、悬挂宣传画、发放宣传材料,与农民面对面直接沟通、交流,现场为群众诊治疾病、答疑释惑、解决难题,受到农民群众普遍欢迎。 (王群旺　卢丽娜)

公民道德建设

【概况】 2009年,三门峡市开展道德模范推荐评选工作和"我推荐、我评议身边好人"活动,着力提高公民思想道德素质。陈治华、李芳馨、周惠平等10人被市委宣传部、市文明办、军分区政治部、市总工会、团市委、市妇联命名为第2届"三门峡市道德模范"。白洁、黄克斌获得河南省第2届道德模范提名奖。引导群众进行第2届全国道德模范评选投票工作,全市共收到有效纸质选票29.05万份,名列全省第2名。王文君、李群发、尹雨航等14人被命名为第2届"三门峡市身边好人",其中僧林波等9人荣登中国文明网"好人榜"。以传统民俗活动为内容,深化"我们的节日"主题活动。开展"三下乡"集中活动。举办庆祝新中国成立60周年文明单位文艺展演,展示全市各级文明单位的精神风貌和精神文明建设的丰硕成果,讴歌"知荣辱、讲正气、树新风、促和谐"的文明风尚。全市共有189个市级以上文明单位参加活动。7月2日,市检察院代表三门峡市参加全省"迎国庆讲文明树新风"文明礼仪知识竞赛,荣获二等奖。

灵宝市故县镇河西村农民游园——熙园

【全市"百企千店践行道德承诺"活动启动】 6月19日,由市委宣传部、市文明办、市中小企业局、市商务局、市国资委、市工商局、市质量技术监督局、市食品药品监督管理局、市工商联承办的"百企千店践行道德承诺"活动正式启动,部分生产和零售企业及个体工商户代表参加启动仪式并郑重向消费者承诺:制售放心产品,确保消费者买到用到吃到放心产品。此次活动以"诚实守信践承诺、安全健康进万家"为主题,是为深化"百家食品企业践行道德承诺"活动,推动企业牢固树立"以诚实守信为荣、以见利忘义为耻"的荣辱观,维护广大人民群众的切身利益而开展的。

【著名礼仪专家金正昆到三门峡市作文明礼仪知识讲座】 9月4日,由市文明办主办,三门峡移动公司和三门峡职业技术学院协办的金正昆文明礼仪知识讲座在三门峡职业技术学院学术报告厅举行。市委常委、秘书长赵中生及市直各单位千余名干部职工一起听取了讲座。金正昆是中国人民大学教授、外交学博士生导师、外交学系主任,也是外交部、2008年北京奥运会等政府部门、大型活动礼仪顾问。金正昆从党政机关工作人员角度出发,以丰富的知识、幽默诙谐的语言和生动鲜活的事例,对政务礼仪、涉外礼仪、商务礼仪、个人礼仪、社交礼仪等方面作了活泼有趣的讲解,贴近实际,有很强的针对性和指导性。

【召开全市道德模范暨"感动三门峡人物"座谈会】 9月23日,全市道德模范暨"感动三门峡人物"座谈会召开。这是三门峡市开展第7个"公民道德宣传日"活动的重要组成部分,也是思想道德建设的一个创举。李文慧、王建勋、李立江等市领导及全市道德模范、上榜"中国好人"和"感动三门峡人物"代表参加座谈。"感动三门峡人物"徐洪刚、敬业奉献模范白洁及见义勇为模范孙伟春、"中国好人"李芳馨等先后发言,用质朴的语言讲述了自己的亲身经历、切身体验和人生思考。

【开展"我们的节日"主题活动】 2009

年,三门峡市组织丰富多彩的群众性节庆活动,运用多种形式展示中华优秀传统文化,引导人们认知、继承、弘扬优秀传统。充分利用清明节、端午节、中秋节,开展各种主题活动。利用各类烈士纪念馆等爱国主义教育基地,组织广大干部群众参观革命烈士陵园,缅怀先烈业绩。举行中小学生入团、入队仪式,开展"缅怀先烈,报效祖国"主题教育和签名活动,引导广大青少年继承先烈遗志,珍惜美好幸福生活,为构建和谐社会贡献自己力量。在机关、学校、企事业单位和社区开展中华经典诵读活动,举办与端午节有关的比赛活动。依托校园网与家庭两个平台开展"让爱心照亮端午"活动,引导学生传承中国传统文化。组织开展群众性体育活动,开展送戏、送电影下乡等活动,赋予传统佳节深远的现实意义,充分展示全市人民在"奋力促发展、喜迎国庆节"中展示新作为、实现新发展的精神风貌。 (王群旺 卢丽娜)

伦理、心理、生理教育

【概况】 2009年,三门峡市以净化社会文化环境活动为载体,大力推进未成年人思想道德建设,进一步贯彻落实中央加强和改进青少年思想道德建设的决策部署,广泛动员各方面力量齐抓共管,不断改进创新,健全长效机制,增强工作针对性、实效性,把青少年思想道德建设各项任务落到实处。开展以整治网吧、互联网有害信息、净化荧屏声频、扫黄打非、校园周边环境等专项整治行动,积极营造有利于未成年人健康成长的社会文化环境。4月9日,召开全市净化社会文化环境工作会议,把工作任务细化分解到有关部门和责任人,把未成年人思想道德建设工作纳入文明城市、文明村镇、文明单位评选表彰之中,实行一票否决,确保各项任务取得实效。以"做一个有道德的人"为主题,在家庭、学校、社会开展"三做、三爱、三争"(做父母小帮手、做孝顺好孩子、做理财小能手,爱学习、爱同学、爱校园,争当爱心小天使、争当文明小使者、争当文明宣传员)活动,教育引导广大未成年人从身边的事情做起,积极参与多种形式的道德实践活动,促使他们自觉践行道德规范、逐步养成良好习惯、不断培养高尚品质,争做富有理想、品德高尚、充满活力的新一代青少年。以"六一"国际儿童节为契机,开展"向国旗敬礼、做一个有道德的人"网上签名寄语活动,引导广大未成年人参与爱国主义教育活动,增强爱国意识,激发爱国情感,全市共有53 200余人参加网上签名寄语活动。9月至10月,组织开展优秀童谣推荐评选活动,并在广大未成年人中开展优秀童谣传唱活动,以优秀童谣取代不健康的"灰色童谣",净化孩子心灵,营造未成年人纯洁健康的良好成长环境。渑池县被省文明委命名为全省未成年人思想道德建设工作先进县,陕县文明办、三门峡市实验幼儿园被省文明委命名为全省未成年人思想道德建设工作先进集体。陕县、义马市被市文明委命名为全市未成年人思想道德建设先进县(市)区。全市有20个单位被市文明委命名为全市未成年人"三理"教育工作先进集体,有40人被市文明委命名为全市未成年人"三理"教育工作先进个人,有10人被市文明委命名为第5届全市"魅力崤函"十佳优秀家长。全市有10人被市文明办、市教育局、团市委、市妇联命名为三门峡市"十佳美德少年"。

(王群旺 卢丽娜)

渑池县崤店生态小康新农村建设

城乡创建

【概况】 2009年,三门峡市城乡创建工作以提高城乡居民生活质量为目的,以创建文明城市、文明景区为载体,以提高公民文明素质为核心,围绕创建全省创建文明城市工作先进城市目标,深入开展文明行业、文明单位、文明景区、文明社区、文明村镇、文明农户创建活动,涌现出一大批先进单位,各项工作迈上新的台阶。深化农村"清洁家园行动",加大细胞创建力度。全市各级文明单位积极发挥优势,帮助农村整治村容村貌、开展科技培训、建设文化设施、培育文明乡风,有力地促进了农村精神文明建设。按照以点带线、以线连片,重点帮扶2类村的工作思路,重新调整帮扶对象,组织460个省(市)级文明单位与227个2类村结成帮扶对子,使全市结对帮扶工作进一步向纵深发展。

【双创工作】 2009年,三门峡市以"三优三创"竞赛活动为载体,大力推进文明城市创建工作,城市功能日趋完善,人居环境不断提升,城市面貌日新月异,市民素质持续提高,城市竞争力、凝聚力、辐射力大为增强。为进一步推动以创建文明城市为龙头的群众性精神文明创建活动深入开展,在全市大力开

社火表演

展以优美环境、优良秩序、优质服务,创文明城市(城区、县城)、创文明社区、创文明景区为主要内容的"三优三创"竞赛活动,对全市开展"三优三创"竞赛活动具体项目上报省文明办备案,激发了全市人民的创建热情,提高了市民文明素质和城市文明程度。义马市被省文明委命名为省级文明城市(县级)。

【创建省级文明单位】 2009年,全市共有27个单位被省委、省政府命名为省级文明单位,分别是:三门峡市水利局、三门峡市林业局、中国移动通信集团河南有限公司三门峡分公司、三门峡市工商行政管理局、三门峡市黄金管理局、三门峡市气象局、中共三门峡市委组织部、三门峡市人事局、三门峡市商务局、三门峡市疾病预防控制中心、三门峡市湖滨区国土资源局、三门峡市地方税务局直属税务分局,义煤集团永兴工程有限责任公司、义马市环境保护局、中共义马市委组织部、义马市审计局,渑池县地方税务局、中共渑池县委群众工作部、渑池县科学技术局,陕县质量技术监督局、义马煤业集团股份有限公司石壕煤矿、中共陕县纪律检查委员会,灵宝市环境保护局、灵宝市质量技术监督局、灵宝市国家税务局,中共卢氏县委宣传部、中共卢氏县委组织部。

【创建省级文明村镇、省级创建工作先进村镇】 2009年,义马市东区办事处河口村、渑池县仰韶乡苏门村、陕县原店镇郭家村、灵宝市故县镇盘东村被省文明委命名为省级文明村镇。渑池县果园乡李家村、灵宝市涧东区东关村、灵宝市尹庄镇岳渡村被省文明委命名为省级创建工作先进村镇。

【命名市级文明单位】 2009年,市委、市政府命名66个单位为市级文明单位,分别是:三门峡市黄河河务局、中国电信集团公司河南省三门峡市电信分公司、三门峡市残疾人联合会、三门峡市科学技术局、中共三门峡市委党史地方史志办公室、三门峡市行政服务中心、三门峡市文学艺术界联合会、三门峡职业技术学院、三门峡市锅炉压力容器检验所、中共三门峡市湖滨区委办公室、三门峡市湖滨区审计局、三门峡市湖滨区卫生执法监督所、三门峡市公共交通公司、三门峡市社会福利院、三门峡市湖滨区人民政府车站街道办事处、三门峡市第二实验小学,义马市外国语小学、义马市第三小学、义马市房产管理局、义马市计划生育宣传技术指导站、义马市新义街办事处、义马市妇女联合会、义马市公安消防大队、义马市朝阳路办事处、义马市公安局千秋路派出所、义马市统计局、义马市公安交通警察大队,渑池县建设局、渑池县卫生局、渑池县统计局、渑池县烟草专卖局、渑池县人口和计划生育委员会、渑池县畜牧局、渑池县地方税务局张村税务所、渑池县工商行政管理局仰韶工商所、渑池县国土资源局、渑池县社会保险管理中心,陕县农村信用合作联社、陕县林业局、陕县实验幼儿园、河南省陕县新华书店有限公司、陕县房地产管理局、陕县地方税务局城关税务分局、陕县菜园乡财税所、陕县王家后乡财税所、陕县宫前乡财税所、陕县国土资源局张茅国土资源所、陕县国土资源局张汴国土资源所,中共灵宝市委组织部、灵宝市总工会、灵宝市人口和计划生育委员会、灵宝市苏村乡财政所、灵宝市黄河河务移民管理局、灵宝市国家税务局阳平税务分局、灵宝市西闫乡财政所、灵宝市地方税务局豫灵税务所、灵宝黄金股份有限公司黄金冶炼分公司、中共灵宝市委统一战线工作部、灵宝汽车客运站、灵宝市电业局函谷关供电所、灵宝市第二小学、灵宝市地方税务局川口中心税务所、灵宝市电业局豫灵供电所,卢氏县地方税务局五里川税务所、卢氏县地方税务局官道口中心税务所、三门峡市图书馆。

【命名市级文明村、乡(镇)、集镇】 2009年,全市共有21个村被市委、市政府命名为市级文明村,分别是:义马市新区办事处三十里铺村、义马市新区办事处裴村、义马市东区办事处苗元村,渑池县南村乡青山村、陈村乡柳雍村、坡头乡白羊山村、城关镇十里铺村、张村镇杨家新村,陕县张湾乡雷家湾村、观音堂镇韩岩村、硖石乡硖石村、观音堂镇段岩村、宫前乡宫前村,灵宝市城关镇牛庄村、尹庄镇前店村、阳平镇上阳村、朱阳镇寺上村、西闫乡常闫村、大王镇北路井村,卢氏县沙河乡三角村、磨沟口乡磨口村。全市有5个乡(镇)被市委、市政府命名为市级文明乡(镇),分别是:渑池县坡头乡、天池镇、洪阳镇,陕县张湾乡,卢氏县朱阳关镇。全市有3个集镇被市委、市政府命名为市级文明集镇,分别是:渑池县南村乡、陈村乡,卢氏县瓦窑沟乡。

【命名市级文明景区】 2009年,全市有5家景区被市文明办、市旅游局命名为市级文明景区,分别是:三门峡大坝风景区、灵宝函谷关古文化旅游区、陕县甘山国家森林公园、甘棠苑、灵宝黄帝铸鼎原。 (王群旺 卢丽娜)

·编辑 卢亚杰·

社会生活

4 月 28 日，民政法规宣传现场

人口和计划生育

【概况】 2009年,三门峡市以稳定低生育水平、统筹解决人口问题为主线,加强领导,强化责任,完善机制,狠抓落实,统筹人口与经济、社会协调发展,人口和计划生育工作呈现出良好发展态势。全市人口出生率9.06‰,比省定目标低3.31个千分点;自然增长率4.11‰,低于全省平均水平;符合政策生育率98%,比省定目标高5个百分点;出生人口性别比109,基本趋于正常。

抓宣传,转变群众生育观念。在全市深入开展人口文化楹联进机关、进农村、进社区、进家庭、进楼院、进景区活动,印发"人口文化楹联集锦"5 000本,免费发放到基层。利用人口文化楹联载体,开展书法、民间艺术剪纸、雕刻等竞赛,扩大人口文化楹联的吸引力。2月底,举办"国策杯"计划生育文艺会演。"9·25"期间,举办人口文化楹联书法比赛。全市共投资160余万元,建起人口文化楹联县站、公园各6个,一条街12条,文化楹联村、社区139个,提高了生育文化宣传的品位,扩大了生育文化影响。狠抓人口文化大院建设,命名表彰66个三星级人口文化大院,对工作滑坡、达不到三星级标准的两个人口文化大院予以取消。全市各级人口文化大院开展各项人口文艺活动368次,举办各类知识培训班260余期、知识竞赛28场、书画展194次、健身活动2 360次,吸引了襄樊、丹江、洛阳、宝丰等市的人口与计划生育工作者参观学习。

抓管理,落实避孕节育措施。抓好3月、9月生殖健康进家庭优质服务活动,强化康检"四术"(结扎、上环、人流、引产)一体化。建立康检激励机制,对859例双女结扎户兑现了长效节育奖;对按时参加康检的育龄妇女发放肥皂、毛巾等日用品折合人民币60余万元,调动其参加康检的积极性。春秋生殖健康进家庭优质服务活动期间,市人口计生委抽调工作人员23人、B超医生27人,对17个乡(镇、街道办事处)实行全程跟踪监控。至12月底,全市共落实4项手术47 048例,比2008年增长46%。

抓治理,规范生育秩序。在全市开展以"清理清查党员、干部及社会公众人物违法生育"为重点的城镇居民、流动人口、落后乡村违法生育专项治理,清查出违法生育党员农村干部和国家干部职工91人,分别给予经济处罚和党政纪处理,其中4人受到开除公职、开除党籍的重处分。对2008年遗留的31名违法生育人员重新作了处理,规范了生育秩序。

抓奖惩,强化各级领导干部的责任意识。2月中旬,市委、市政府依考核结果,表彰3个县(市、区、园)、22个市直单位和25个乡(镇、街道办事处),命名37个计划生育优质服务示范村(社区),对获得国家优质服务先进单位称号的渑池县、义马市通令嘉奖,对连续3年和连续5年受到市委、市政府表彰单位的38名党政领导、人口计生委(办)主任分别给予记二等功、三等功奖励,对40名基层人口计生先进工作者和60名优秀村计生管理员进行表彰,对人口计生工作落后的8个3类乡(镇)给予通报批评,3个乡(镇、街道办事处)给予重点管理。各级组织人事、纪检监察、人口计生等部门在党政领导干部选拔任用、评先评优、录用聘用调动干部、晋升工资职务以及推选各级党代表、人大代表、政协委员等人选时,严格审核计划生育政策执行情况,对违法生育的坚决"一票否决"。

抓预警,及时发现和解决存在问题。推进计划生育信息化建设。8月,召开信息化建设流动现场会,规范和完善全市人口信息化建设。全市有55个乡级人口信息站达到省定甲级标准。市里每季度对人口信息进行一次综合分析,及时发布人口预警,有针对性地指导工作;各级人口计生、公安、民政等部门,做到每季交换一次人口信息,实现人口信息资源的整合与共享。加大监控力度。市人口计生委上半年对全市17个乡(镇、街道办)、19个行政村的人口计生工作进行监控调查,督查各地人口计生"三到位"落实情况,对发现的问题在全市会议上进行通报,对各乡(镇)的问题由县级干部带队逐乡(镇)进行反馈。

综合治理出生人口性别比偏高问题。市委、市政府把综合治理出生人口性别比偏高问题纳入各县(市)区政府目标管理和年度考核,提出每万人完成一起"两非"案件的任务,完不成的实行单项否决。建立健全联席会议制度。3月、4月、8月、9月,市政府4次召开人口计生、卫生、药监、公安、工商等部门分管领导及相关科室负责人参加的联席会议。市人口计生委、市公安局、市卫生局、市药监局联合下发《出生人口性别比综合治理工作规范》,市人口计生委、市卫生局联合下发《关于实行出生人口实名登记管理的规定》。建立出生人口实名登记和上报制度及有奖举报制度,印发有奖举报公告1万份,兑现奖金5 000元。建立"三盯一"包保责任制,落实对现孕妇女的全程跟踪服务。加强B超管理,严格B超购买审批程序,凡不符合规定的,一律不批。严格实行"一机一牌、一机一号、一机双人、一门双锁"制度。凡是违法购买、使用B超的,一律予以没收。加大对从事医疗、妇科、B超人员及从业人员的培训力度。市、县两级举办培训班11期,培训1 088人次。明察暗访,严厉打击"两非"行为。全市立案查处"两非"案件315起,注销生育证39张,处理涉案人员90人,罚款44.7万元,取缔个体诊所54家。开展计划生育药械市场整治专项治理,严厉打击计划生育药械和成人"性用品"生产、流通、使用环节的违法违规问题,规范了计生药械市场秩序。

计划生育家庭得到更多实惠。4月21日,市人口计生领导小组下发《关于完善利益导向机制,进一步做好人口和计划生育工作的实施意见》。6月初,市财政局、市人口计生委联合下发《独生子女父母奖励费发放管理办法》,明确落实利益导向的资金来源、奖励、优惠标准和工作要求。市直相关部门出台30条对计生家庭的优先优惠政策,加大对计划生育家庭的帮扶力度。卢氏县在新农保试点工作中,对计生户在国家规定标准的基础上,每户每年增加100元。市财政下拨60万元专项资金,用于困难地区独生子女父母奖励费补助;单列20万元专款,用于市直双下岗无业人员独生子女奖励费,由市人口计生委直接发放;下拨180余万元,用于奖励扶助、特别扶助、独女户家庭奖励等资金配套。全市投入818万元,对全市农村14周岁以下领取独生子女父母光荣证的34 077人兑现了奖励费；投入18万元，对331户农村独女户母亲兑现养老补助金；投入134万元，对4 456名扩大奖扶对象兑现奖扶金；对147户特别扶助对象，按照每人每年增加600元的标准发放特别扶助金。有59户城市独生子女父母，享受了每人不低于1 000元的退休奖励金；投入300万元，对3 983个农村60岁以上奖扶对象兑现奖扶金；有2 772人享受多分1人份集体福利的待遇，发放金额60万元；全市有2 779个计生家庭享受到中招加10分的优惠，有872人从中受益，为计生家庭节余开支140万元。开展计划生育幸福家庭行动、"百村千户"工程和小康工程示范园建设。要求每个县建3个至5个、每个乡建2个至3个帮扶示范点。全市投入200余万元，协调贷款500余万元，新建起小康工程示范园65个，有3 800余户计生家庭从中受益。全市评选出计划生育幸福家庭示范村180个，幸福家庭户4 690户。投入2.9万元，向43户计生困难户发放了抚慰金。

开展出生缺陷干预，提高出生人口素质。市人口计生投入4.5万元，编写"出生1级预防工作规范""出生缺陷干预工程培训教材""怎样生个健康的宝宝群众读本"3万余册，发放到基层作为培训教材。全市举办优生优育培训班256期，培训38.6万人次，印发优生优育、生殖保健宣传折页41万余份。县、乡两级计生技术服务机构设立优生优育咨询室，县级计生技术服务站设立优生检测室，成立出生缺陷干预专家组，负责出生缺陷干预的技术培训、基线调查、信息检测等工作的指导和监督。确定渑池县、灵宝市、卢氏县为试点县。6月底，召开出生缺陷预防工作现场会，推广试点经验，在全市全面开展出生缺陷1级预防工作。全市开展优生咨询指导2.3万人次，孕前期保健1万人次，服用复合维生素1.5万余人。开展宫内感染监测和孕前筛查1.8万人，查出阳性结果109人，B超产前检查出胎儿畸形183例，建立出生缺陷高危人员档案1 022份。

城区和流动人口服务管理进一步规范。组织开展《流动人口计划生育工作条例》宣传和知识竞赛活动。强化城区计生基础建设，全市改扩建社区（服务区）38个，达到"两室一校"社区（服务区）示范标准的有58个，达到"四室一校"（办公室、康健室、咨询室、图书室，人口学校）27个。创建示范单位58个。全市87个社区（管理服务区）配备计生管理人员340人，楼（院）长2 692人。大力推进流动人口"一盘棋"，将流动人口各项绩效考核指标纳入目标管理，制定下发《落实"一盘棋""三年三步走"实施方案》。做到流动人口和常住人口同管理、同服务、同奖扶、同免费，为流动人口提供免费技术服务近万人次，免费金额10余万元；举办劳动技能培训班200期，提供用工信息3 293条，使8 629名返乡人员实现了2次就业。9月，开展流动人口全员清理清查和信息采集活动，全市共清理清查流出人口72 900人，流出漏登人员4 779人；清查流入人员21 726人，流入漏登人员1 630人，促进了流动人口计生管理率的提高。加强区域协作。4月，与运城、渭南在山西省永济市召开黄河金三角流动人口计生服务管理协作交流会议，共同签订"联合加强流动人口计划生育工作协议书"。全市共签订双向管理协议113个，办理协作案件25起，互通流动人口管理信息2万余条，补办流动人口婚育证明2 960份，将580人纳入服务管理。

加强基层基础建设。国债资金项目建设进展顺利。计划生育服务体系建设项目8个，总投资362万元，建设面积5 131平方米。计生技术服务机构规范化建设取得新进展。全市投入3 000万元新建2个、改扩建3个计生技术服务站，全市6个县级服务站全部达到国家、省标识化、规范化的要求。投入资金400余万元，新建乡级服务所5个，改扩建13个，全市65个乡所和11个街道办事处计生服务中心全部达到规范化、标识化的标准。开展"示范村室"创建活动，全市行政村村室村校全部达到规范化标准，其中有359个村室达到"示范村室"标准。全市6个县（市）区站、65个乡所全部办理"计划生育机构执业许可证"和"医疗执业许可证"，有4个县站办理"母婴保健许可证"，有5个县站获得城镇医疗保险定点资格，有2个县站获得新农合定点资格。人口计生队伍素质有新提高。全市各级计生技术服务机构建立职业分类、岗位标准等6个体系和人员准入、选拔任用等6个机制，配备计生专业技术服务人员561名（其中具有中、高级职称技术人员68人），65个乡（镇）计生服务中心配备执业（助理）医师73人。开展岗位练兵技术比武活动。全市组织60人分成6个代表队参加全省计生技术效能竞赛。加大培训和学历教育力度，全市举办县级以上培训班131个，培训7 070余人次。全市有149人报名参加生殖健康咨询师培训。参加省举办的生殖健康咨询师师资培训班4期，受训32人次。有3名专业技术人员通过申报高级职称的业务考试。有1名优秀村级管理员被省人口计生委、省民政厅和省妇联评为"河南省村级人口和计划生育管理员标兵"，6人被评为"河南省村级人口和计划生育优秀管理员"。全市1 364名村级计生管理员，高中以上学历占64%，进入"村两委"的824人，占60.63%。

依法管理水平进一步提高。建立健全行政执法责任制，层层签订行政执法目标管理责任书，制定《三门峡市人口计生委行政执法责任制考评工作实行方案》。建立行政执法检查制度，及时查处和纠正执法活动中的违法违规行为，依法维护育龄群众的合法权益。建立行政执法公开制度。将行政执法的依据、职责、程序、工作标准、办事期限以及责任追究办法向社会公开明示，并建立行政执法投诉电话和举报箱，接受社会监督，规范行政执法行为。建立行政执法过错责任追究制度。对计划生育工作人员违法行使职权，侵犯公民、法人和其他组织的合法权益造成损害的，追究其相应的责任。建立考评和责任追究制度。对行政执法状况不好和行政执法责任制推行不力的追究行政执法当事人的责任。强化执法培训。年初，下发《2009年度政策法规和业务知识培训学习安排》。4月20日，对全市人口计生系统进行法律法规基础理论、基本知识全员考试。全市参加考试1 100人，考试合格率100%。

开展行政执法案卷评审活动。8月，对250余起案卷从装订规范、程序合法、依据正确、事实清楚、处理到位、张榜公示6个方面进行认真评审。健全完善信访工作各项制度，坚持信访工作

“一岗双责”和目标管理责任制,实行来访首问首办责任制、重大信访问题督查制度和信访问题季度通报制度。开展重要信访问题集中治理和信访问题不稳定因素排查活动,把信访问题解决在基层和萌芽状态。全年受理群众来信来访168件次,立案58起,到期结案率100%,未发生集体上访和非正常上访。市人口计生委被省人口计生委评为先进单位。

工作作风明显转变。全市发放评议意见书300余份,3次召开面对面评议会,广泛征求意见和建议。9月,全市向已婚育龄妇女发放调查问卷77 561份,收回77 530份,收集到群众意见和建议3大类共计68 905条,经过整理有价值的意见和建议48条。在省纠风办组织的行风评议中,三门峡市人口计生部门位于全市第3名,比2008年提高4个名次。

【开展“三整治一打击”专项行动】 4月初,市委、市政府召开专题会议,部署“三整治一打击”专项行动。各地在4月至9月集中时间、集中人员开展专项整治,对医疗机构、计生技术服务机构、个体门诊、医药批发、零售企业进行拉网式清查,严厉打击“两非”行为。全市共组织人口计生、公安、卫生、药监等部门399人,出动车辆66辆次,联合清理清查15次。清查689个单位,其中医疗单位112个,个体诊所262个,计生技术服务机构90家,药品批发、零售企业225个。没收B超3台、医疗器械233件、违法销售药品109盒,拆除违法广告75块,取缔黑诊所54家。在各县(市、区、园)全面清理清查的基础上,市政府于4月和8月,两次组织市、县两级人口计生委、卫生、药监、公安部门70余名工作人员,分成6个督查组,采取不打招呼,直接进入样本点,个别走访了解、查阅资料、倒查孕情消失等办法,对全市“三整治一打击”专项行动情况进行了暗访督查。

【开展计划生育“便民维权”活动】 4月,市人口计生委下发《关于开展计划生育便民维权活动的通知》,安排计划生育便民维权工作。本着“为民、便民、帮民、廉洁”的原则,在全市计划生育系统全面推行计划生育政务公开和便民服务大厅建设。市、县人口计生部门全部开通“12356阳光计生语音服务热线”,全市县、乡、村政务公开率达100%。各县(市)区、62个乡(镇)全部建起计划生育便民服务大厅,实行群众到人口计生部门办事“一个门受理、一条龙服务”。

【开展幸福工程救助贫困母亲活动】 5月初到6月上旬,全市开展“关爱母亲,奉献爱心”宣传月服务活动。在灵宝市举办启动仪式,在三门峡市区主要街道悬挂横幅15条,展示图板50块,设立咨询台5个,发放宣传资料7 000余份,发放避孕药具300盒。宣传月期间,全市共救助贫困母亲954名、关爱女孩2 329名,发放慰问金44万元,发放慰问品折合现金25 700元。5月10日至6月10日,在省人口计生委、计划生育协会组织的“母亲节”征文活动中,三门峡市荣获组织奖,参评作品获得1个一等奖、1个二等奖、2个三等奖。

【郭丽萍剪纸作品荣获第13届中国人口文化奖二等奖】 8月8日至11日,第13届中国人口文化奖评选暨展览活动在吉林省长春市举行。由灵宝市尹庄镇计生协会理事、中国工艺美术大师郭丽萍精心设计创作的25幅计划生育楹联剪纸作品被评为民间工艺美术作品类二等奖,这也是河南省参展作品获得的最高奖。这些作品内容涵盖了关爱女孩、奖励扶助、性别比治理、优质服务等方面,设计精美,内容丰富,图文并茂,栩栩如生。此次活动由中国人口文化促进会、中国民间文艺家协会举办,民间工艺美术作品类是首次评奖,评奖范围是以反映计划生育、人口素质、农村新面貌、祖国繁荣昌盛等为题材的作品。

【开展出生人口基础信息核查】 为推动实施全员人口信息管理,探索建立有利于提高人口统计质量的体制机制,为党委、政府制定稳定低生育水平、统筹解决人口问题、促进人的全面发展的政策提供准确、科学、权威的信息支持,并为第六次全国人口普查奠定基础,根据国家和省人口计生委的要求,决定于2009年至2010年在三门峡市组织开展人口和计划生育基础信息核查工作。核查对象为2000年1月1日零时至2009年10月31日24时之间出生的公民,包括户口在本乡(镇、街道)(以下简称乡),现住本乡的;户口不在本乡,现住本乡的;户口在本乡,现住本乡以外的;户口待定,现住本乡的;2000年1月1日零时至2009年10月31日24时之间出生,符合上述条件,现已死亡的。主要核查内容是出生人口及其父母相关信息,包括姓名、性别、公民身份号码、出生日期、现居住地、户籍所在地、现存活状况(出生人口)等。核查共分3个阶段,分别是部署启动及信息采集阶段(2009年12月31日前)、提交信息及双向协查阶段(2010年3月15日前)、工作总结阶段(2010年3月31日前)。三门峡市11月召开动员会,制定下发《三门峡市人口和计划生育基础信息检查实施方案》。12月,召开相关部门协调会,市人口计生委班子成员深入全市各县(市)区和重点乡(镇)、村巡回督导。各县(市)区精心组织,层层动员培训,加强与公安、民政、卫生、教育等部门的协作配合,认真做好信息的采集、检查、协查、录入、提交等工作。

【计划生育利益导向机制初步建立】 2009年,三门峡市从6个方面对计划生育利益导向机制进行补充和完善。一是提高计划生育家庭特别扶助金标准。对特别扶助对象,在国家规定特别扶助金基础上,每人每月再增加50元,所需资金纳入财政预算,由市、县两级财政各负担50%。二是扩大奖励扶助范围。对农村只有一个子女或两个女孩的计划生育家庭,奖励扶助的年龄由国家规定的60周岁提前到55周岁,每人每年发放300元的奖扶金,所需资金由市、县两级财政各负担50%。三是建立农村独女家庭养老补助制度。对农村独女母亲年龄达到49周岁以上的,每年每户给予500元的养老奖励补助金,所需资金由市、县两级财政按3:7的比例负担。四是城市在职独生子女父母退休时,一次性各发给不低于1 000元的奖励金,是财政拨款单位的,从财政拨款中列支,其他单位职工由所在单位承担。五是对计划生育家庭参加新型农村合作医疗减免一人份参合费。对计划生育家庭患大病享受新型农村合作医疗补助后,再给予10%~20%的医疗救助。对农村持生育证住院分娩的,纳入新型合作医疗补助范围。六是进一步明确独生子女父母奖励费资金来源。夫妇双方均为农村和城市无业居民的独生子女奖励费由县级财政负担;是财政拨款单位职工的,从财政拨款中列支,其他单位的职工由所在单位承担;一方在职,一方无业的,均由在职一方所在单位负担。市级财政对困难地区给予适当补助。

【开展优质服务创建活动】 2009年,三门峡市以创建优质服务先进县、乡、村活动为载体,以理念更新为先导、机制创新为保障、爱心服务为核心,坚持"面向基层、深入乡村、服务上门、方便群众"的工作方针,围绕生育、不育、节育、出生缺陷预防开展计划生育生殖保健服务,完善设施,增添设备,健全制度,规范管理。渑池县、义马市保持国优称号,卢氏县、灵宝市进入省优行列,创建计划生育优质服务先进乡(镇、办事处)32个,创建计划生育优质服务"示范村"60个。 (谢少峡)

民　政

【概况】 2009年,三门峡市民政局紧紧围绕"保民生、保发展、保稳定"的工作大局,坚持把服务基层、造福群众、保障民生作为民政工作的出发点和落脚点,着力探索民政工作的新思路、新方法,提高民政队伍的整体素质,加快民政基础设施建设,强化社会管理和公共服务职能,为推动民政事业科学发展作出了积极贡献。

城乡社会救助体系建设取得新进展。城乡低保覆盖面进一步提高。12月底,全市共有城市低保对象44 249人、农村低保对象86 341人,占全市城、乡总人口的比例均提高到5.5%以上。城乡低保补助标准进一步提高。市区城市低保标准,7月由180元提高到210元,居全省第3位。12月底,全市城市低保人均月补差标准提高到157元,高于省不低于130元的要求;全市农村低保人均月补差标准提高到51元,高于省定目标。年发放城市低保金8 013万元、农村低保金5 131万元。积极研究解决城乡低保工作中的"关系保""人情保"问题,群众满意度不断提高。湖滨区车站街道和湾道社区被评为全国基层低保规范化建设先进单位。全市投资168万元更新敬老院服务设施,管理服务水平进一步提高,建成省级示范敬老院1所、省级文明敬老院8所;五保集中供养率提高到45.4%;五保集中和分散供养标准分别提高到1 600元/年～2 200元/年和1 200元/年～1 500元/年,均高于省标准,年发放1 097万元。加强灾情管理,灾害救助应急预案体系基本建立,灾害紧急救援能力进一步提高。下拨救灾资金1 297.5万元,确保了受灾群众有饭吃、有干净水喝、有衣穿、有住处、有病能医,灾区学生不因灾辍学。城乡医疗救助覆盖率、资金使用率和救助水平进一步提高。农村医疗救助,资助参加新型农村合作医疗95 492名,救助73 534人次,共发放救助金727万元。城市医疗救助,资助参保44 553人、救助425人次,共发放救助金194万元。开展城乡医疗救助"一站式"服务试点工作,渑池县已开始运行。流浪乞讨人员救助管理规范化水平进一步提高,年救助生活无着人员6 300人次。

解决民政工作难点、热点问题取得新突破。针对民政工作存在的难点、热点问题,深入开展"民政调研年"活动,加大解决力度。针对退役士兵安置难问题,成立市退役士兵培训中心,退役士兵技能培训、扶持就业、自谋职业工作取得新突破,785名符合安置条件的城镇退役士兵全部安置到位,其中自谋职业241人,自谋职业率达31.6%。针对随军家属安置难问题,市政府下发进一步做好随军家属安置工作的通知,随军家属生活补贴从每月180元提高到260元,并重点安置了54名随军家属。针对优抚对象医疗难问题,协调出台《三门峡市优抚对象医疗保障暂行办法》和县(市)区实施办法,并在陕县开展优抚对象医疗费用结算"一站式"服务试点工作。严格落实各项优抚政策,年发放优抚资金2 657万元。军休干部政治、生活待遇全面落实。拥军优抚安置工作成绩斐然,实现了省级双拥模范城"六连冠"的奋斗目标。针对基层低保工作人员少、任务重的问题,积极与劳动、财政部门沟通协调,争取到80名政府公益性岗位人员(其中大学生30名),充实到湖滨区的街道办事处和社区,协助开展低保工作。针对国际金融危机的严重影响,为了实现福利彩票销售的逆势增长,积极挖掘市场潜力,严格规范管理,共销售福利彩票9 569万元。组织开展一系列扶贫济困、安老扶孤、助医助学慈善救助活动,发放款物总值100余万元,救助困难群众7 300人次。县级慈善组织建设取得突破,渑池县慈善总会成立。

【出台《三门峡市农村居民最低生活保障办法》】 5月13日,市政府印发《三门峡市农村居民最低生活保障办法》,实施农村低保的标准暂定为1 200元。农村低保实行分类施保、动态管理的办法,原则上将农村低保对象分为3类,一类对象为长期重点保障户,是指主要劳动力伤亡、重病、重残,其他成员无劳动能力等特殊困难家庭。二类对象为中长期保障户,是指主要劳动力伤残、患慢性疾病、年龄70周岁以上,且其他成员劳动能力较差,生活状况短期内不会有很大变化的困难家庭;由一方抚养未成年子女的单亲困难家庭。三类对象为短期保障户,是指主要成员有劳动能力,但需要赡养或抚养的人口较多,负担过重的困难家庭。

【全国"爱国拥军模范"毛兆祥受邀参加国庆观礼活动】 9月28日上午,市拥军优属领导小组成员单位举行仪式,欢送全国"爱国拥军模范"、烈属毛兆祥赴北京参加国庆60周年观礼活动。市委副书记王建勋出席仪式并致词。毛兆祥曾在国庆45周年、国庆50周年作为优抚对象代表两次受邀参加国庆盛典,受到党和国家领导人的接见。

【民政部副部长李立国到三门峡市考察】 11月3日,民政部副部长李立国一行到三门峡市考察。李立国一行深入灵宝市金秋老年公寓,考察社会化养老工作开展情况。李立国对灵宝市在社会化养老方面的探索给予肯定,称赞金秋老年公寓办得很好。李立国强调,社会化养老是国家倡导的一种养老方式,无论投资主体是谁,民政部都会积极支持和帮助。当天,李立国一行还到虢国博物馆和函谷关景区,对三门峡市

三门峡市儿童福利院生活楼

丰厚的历史文化资源进行考察。

（贾万英　赵慧利）

【三门峡市儿童福利院工程竣工】　12月31日，三门峡市儿童福利院工程竣工典礼举行。该项目占地2.17公顷，建筑面积8 384平方米，设计床位300张，总投资1 563万元。投入使用后，可为孤残儿童的养育、医疗、康复、特教、心理辅导、职业培训等提供新的更大的平台。（张民华　赵慧利）

【拓展民政工作促和谐、保稳定职能】　2009年，三门峡市大力拓展民政工作促和谐、保稳定职能。一是积极发展城乡基层民主，努力筑牢基层社会稳定平台。第3届社区居委会换届选举工作圆满完成，应换届的103个社区全面完成换届工作，质量明显提高。认真总结第六届村委会换届选举工作，对新任村委会主任进行集中培训。借“4＋2”工作法的推广和村务公开民主管理示范单位创建活动，不断深化基层民主，渑池县被评为全国村务公开民主管理示范县。借新型农村住宅社区建设的有利时机，加大农村社区建设工作力度，试点工作开局良好。以和谐社区示范单位创建活动为载体，推进城市社区建设，湖滨区六西社区被命名为全国和谐社区，湖滨街道被命名为全国和谐社区建设示范街道。二是把发挥社会组织在应对金融危机中的作用作为社会组织建设的重点，纳入行业协会、商会年检的内容，引导社会组织与党和政府共克时艰，发挥了社会组织反应诉求、提供服务、规范行为的作用。深化行业协会、商会改革发展，优化行业协会结构布局，全市社会组织发展到522家。纠正公务员兼职30余起，整改有问题的社会组织21家，依法撤销不合格社会组织10家。根据第3批学习实践科学发展观活动的要求，及时成立指导小组，制定《新社会组织深入开展学习实践科学发展观活动实施方案》《学习调研阶段工作安排》等相关配套制度，新社会组织学习实践科学发展观活动深入开展。三是完成晋豫线第2轮联检工作，签订并认真实施“晋豫线”三门峡与运城段“2省8县”平安边界协议。探索地名设标市场化运作模式，高标准、高质量更新市区道路地名标志300余块。以地名标志、地名规划、数字地名为基本内容的“地名公共服务工程”取得重要进展，地名网站基本建成。四是不断深化婚姻登记规范化建设，实现婚姻登记信息互联互通和在线登记，湖滨区民政局和渑池县民政局获“全国婚姻登记规范化单位”称号。五是做好清明节文明祭扫安全保障工作，实现清明节“安全、文明、和谐、有序”；会同有关部门对公墓进行清理整顿，查处公益性墓地非法经营1起。六是加大民政信访稳定工作力度，出台并实施《关于深化民政信访评估工作的实施意见》和民政领导干部定期接待群众来访、机关干部定期下访督查、矛盾纠纷定期排查办法。强化涉军稳定工作，对重点复退军人稳定工作对象落实“四包”（包思想教育，包落实有关政策，包解决生活难、医疗难）措施。

【推进“民政项目建设年”活动】　2009年，市民政局强力推进“民政项目建设年”活动，形成上下联动谋划项目、争取项目、实施项目的良好局面。市儿童福利院项目建设，总投资1 563万元，列入国家“蓝天计划”资助项目和市委、市政府“十大实事”，12月31日竣工。市流浪儿童救助保护中心新建项目，列入国家资助项目，已争取资金170万元。市精神病康复医院改扩建项目，列入国家资助项目。市救灾物资储备库新建项目，得到市发改委的审批立项，并筹措建设资金110万元。市老年福利服务中心改扩建项目，完成可行性报告，开始做前期工作。烈士纪念物改造维修项目，共投入资金439万元，维修改造烈士陵园2个、展览馆1个、纪念碑亭7个、散葬烈士墓36个。渑池县烈士陵园改扩建项目，总投资270万元，达到园林式、花园式标准。灵宝市社会福利中心新建项目，列入灵宝市“十大实事”，总投资650万元，已完成投资260万元。

（贾万英　赵慧利）

老龄工作

【概况】　2009年底，三门峡市共有60岁以上老年人26.94万人，占全市总人口的11.95%。其中，65岁以上的老年人为16.8万人，70岁以上的老年人为9.41万人，80岁以上的老年人为3.39万人，分别占老年总人口的62.36%、34.93%、12.58%；百岁以上的老年人19人。10月，在全省“双先”表彰会上，灵宝市金秋公寓等5个单位被省老龄委授予“河南省老龄工作先进单位”称号，宋海红等9人被省老龄委授予“河南省老龄工作先进个人”称号。

老年维权和敬老优待政策进一步落实。6月，市政府出台《三门峡市老年人优待办法》。为使该办法各项规定落到实处，市老龄办下发《关于贯彻落实市老年人优待办法的通知》，多次与城建、卫生、劳动和社会保障局等有关局委协调落实老年人优待政策，累计为3万余名老年人办理了老年优待证。处理来访、来电案件20余起，切实维护了老年人的合法权益。

开展城乡养老保障工作调研。8月，市民政局有关科室在全市组织开展养老保障工作调研，为市政府制定相关政策提供依据。制定三门峡市城镇老年人养老需求调查问卷、三门峡市老年人基本情况调查表、三门峡市为老服务机构及设施情况调查表、三门峡市居家养老服务情况调查表，采取召开老年人座谈会以及调查人员与老年人面对面交流相结合的方式，掌握了大量资料和数据，撰写了三门峡市城乡养老保障状况调研报告。市领导审阅后，作出重要批示，为下步老龄工作的开展奠定了良好的基础。

开展动态养老服务工作。认真贯彻落实省老龄办下发的《关于推进动态养老服务工作健康发展的意见》，大力倡导以老年旅游、休闲养生、异地养老为主要内容的动态养老服务工作。组织开展"圆梦夕阳、分享奥运"为主题的千名健康老人游北京等项活动，让更多的老年人实现"动态养老游"。全年共组织1 000余名老年人参加"动态养老游"活动。

加大社会办养老服务机构督导和服务工作力度。至年底，全市共有社会办养老服务机构15家，总投资3 118万元，床位数1 050张，入住老人659人，工作人员286人。3月，市老龄办制定出台《三门峡市社会办养老服务机构管理暂行办法》，从申办、老人收托、管理、监督等方面规范和加强社会办养老服务机构建设。做好社会办养老服务机构安全防范工作，经常进行检查、督导，预防安全事故发生。

【开展"圆梦夕阳、分享奥运"千名老人游北京活动】 从2月起，由三门峡市老年协会牵头，市爱心老龄服务中心主办，河南省夕阳红旅行社承办的以"圆梦夕阳、分享奥运"为主题的千名健康老人游北京活动正式启动。至年底，全市共有1 000余名老年人参加"动态养老游"活动，对丰富老年人的精神文化生活、构建和谐社会产生了积极影响。

【出台《三门峡市老年人优待办法》】 6月2日，市政府出台《三门峡市老年人优待办法》，从游览文体活动、交通、医疗保健、长寿、养老服务、法律服务6个方面，对老年人实行优待。凡在三门峡市行政辖区内有常住户口、年满60周岁以上的老年人，凭老龄部门颁发的"老年人优待证"，均可享受优待服务。

【开展"重阳节"庆祝活动】 "重阳节"期间，三门峡市开展了形式多样的庆祝活动。开展慰问贫困老年人活动，为他们送去党和政府的关怀。全市共慰问贫困老年人610户，发放慰问金11.9万元，送米、面粉、食用油、饮料、奶制品等价值3万余元。10月23日，三门峡市慈善总会、三门峡市老龄办开展慈善助老活动，向市区50位孤寡和困难老人送去慰问金、大米、白面和食用油。10月26日"重阳节"当天，市体育局、市老年体育协会举办全市老年人健身展示活动。来自全市各界的62支代表队700余位老年人参加活动。展示项目有太极柔力球、健身腰鼓、养生太极扇、养生太极棒、形体诗韵操和门球等。

【三门峡市老年人体育活动馆奠基】 12月3日，三门峡市老年人体育活动馆举行奠基仪式。市委书记李文慧，市委副书记、市长杨树平，市人大常委会主任赵继祥等领导及市部分老领导出席仪式。三门峡市老年人体育活动馆位于市体育馆西北角，由河南天方建筑工程有限公司承建，设计建筑面积1 995平方米，估算总投资370万元，计划于2010年5月30日竣工。 （范敏香）

灵宝市阳店镇敬老院

人民生活

【概况】 2009年，三门峡市城乡居民收入稳步增长，消费水平不断提高，生活质量继续改善。全年农村居民人均纯收入5 045.5元，扣除价格因素，比2008年实际增长7.6%；农村居民人均生活消费支出3 674.19元，实际增长10.5%。城镇居民人均可支配收入13 469.8元，扣除价格因素，实际增长10.5%；在岗职工平均工资为26 692元，增长12.2%；城镇居民人均消费支出9 882.7元，实际增长12.4%。农村居民家庭恩格尔系数为34.8%，城镇居民家庭恩格尔系数为32.2%。城乡居民居住条件继续改善。全年城镇竣工住宅面积72.4万平方米，城镇居民人均现住房屋总建筑面积达到33.8平方米；农村竣工住宅面积123.2万平方米，农村居民人均住房面积达到33.7平方米。

【城镇居民工资性收入稳定增长】 据抽样调查，2009年三门峡市城镇居民人均工资性收入达 11 325.3 元,比 2008 年增长 9.6%,占家庭总收入的比重为 76.3%,直接拉动城镇居民家庭总收入 7.4 个百分点,对家庭收入增长的贡献率达 68.7%。其中:人均工资及补贴收入为 11 073.7 元,增长 9.8%。工资性收入增长的主要原因一是国家改革工资制度增加和补发职工工资。年初全市公务员和参照公务员管理的事业单位陆续增加和补发地方补贴。二是实施积极的扩大就业政策。通过采取一系列的就业政策、阳光工程和大力开发公益性岗位等措施,就业和再就业工作取得明显成效。三是采取一系列措施,科学应对金融危机带来的不利影响,尤其是“项目建设年”和“企业服务年”活动成效显著,使全市经济呈现并保持了稳定的回升态势,为城镇居民家庭增收打下了良好基础。

【城镇居民经营性净收入不断增加】 2009 年,三门峡市不断完善就业和创业服务体系,认真贯彻各项就业再就业政策,切实减轻个体工商户创业负担,加大小额担保贷款力度,大力推动以创业促就业的优惠政策,个体私营经济蓬勃发展,个体私营企业的从业人数不断增加,规模不断壮大,经营净收入不断增加。据抽样调查,全年城镇居民年人均经营净收入为569.4元,比 2008 年增长4.6%。

【城镇居民转移性收入大幅增加】 2009 年,全市城镇居民转移性收入大幅增加。据抽样调查,全市城镇居民人均转移性收入达 2 809.5 元,比 2008 年增长 17.6%;占家庭总收入的 18.9%,提高 1.1 个百分点。其中:人均养老金或离退休金为 2 483.7 元,增长 17.3%。增长的主要原因一是市政府在落实行政事业单位增资政策的同时,扩大保障范围,提高保障水平,提高了所有离退休人员养老金和离退休金标准。二是社会救济收入增幅较大,人均为 47.1 元,增长 35%。三门峡市不断提高城镇居民最低生活保障水平,城镇居民低保对象月补差标准均高于全省平均水平。养老金或离退休金的大幅上升,逐渐成为推动城镇居民收入快速增长的一个重要因素,也是市政府惠民政策的又一体现。

【农民工资性收入显著增加】 2009 年,三门峡市为拓宽农民增收渠道,不断加大工作力度,在保持农业稳定发展的情况下,大力推动农村富余劳动力外出务工,农民工资性收入显著增加,对农民人均纯收入的贡献不断增大。农民人均工资性收入 1 747.8 元,比 2008 年增长 7.2%。农民工资性收入占农民人均纯收入的比重为 34.6%,对农民人均纯收入的贡献率达到 37.3%。

【农民转移性收入大幅上升】 随着国家对农业投入力度的增大,三门峡市在切实落实上级各项支农惠农政策的同时,也加大对农业和农民的支持,使全市农民的转移性收入不断增加。2009 年,全市农民人均转移性纯收入达 232.3 元,增长幅度达 15.4%。

【城镇居民家用汽车消费成倍增长】 2009 年,国家对 1.6 升及以下小排量汽车购置税减半征收、取消养路费、汽车下乡等一系列促进汽车消费政策的出台,使得城镇居民的购车意愿得到极大释放,家用汽车消费成倍增长。据抽样调查,全年全市城镇居民汽车消费比 2008 年增长 2.2 倍;年末每百户购买家用汽车 3.9 辆,增长 2.3 倍。

【城镇居民医疗保健支出大幅增加】 2009 年,全市城镇居民人均医疗保健支出达804 元,比 2008 年增长 25.3%。其中:滋补保健品支出 87.1 元,增长 4.8 倍;其他医疗保健服务费增长 3.1 倍;集治病防病于一身的保健器具支出增长 11.3 倍。

【城镇居民信息化发展迅速】 2009 年,三门峡市城镇居民家庭每百户购买移动电话 32.04 部,比 2008 年增长 14.6%;每百户家庭购买家用电脑 7.5 台,增长 25%。年末,全市城镇居民每百户拥有移动电话 184.5 部,平均每户 1.85 部;每百户拥有家用电脑 60.7 台,其中接入互联网的有 55.1 台,增长 35.7%。全市城镇居民人均上网费支出 46.4 元,增长 57.3%;通过互联网人均购买商品或服务支出 20.9 元,增长 2.9 倍。

【城镇居民购房、建房支出大幅度增长】 2009 年,三门峡市城镇居民人均用于购、建房支出的费用为 665.3 元,比 2008 年增长 15.9%;人均现住住房总建筑面积由 2008 年末的 32 平方米增加到 2009 年末的 33.8 平方米,增长 5.6%,比全省平均水平高 1 平方米。在居民家庭住房面积增加的同时,居住设施得到进一步完善。年末,全市城镇居民家庭中有 91.1% 的居民搬进单元式住宅,还有部分城镇居民家庭住进单栋住宅房屋,用上快捷、干净的管道天然气。

【社会保障事业稳步推进】 2009 年,三门峡市共为 4.68 万名企业离退休人员发放基本养老保险金,发放率达 100%。年末参加城镇基本养老保险人数 25.08 万人,其中参加企业养老保险 24.31 万人。参加城镇基本医疗保险人数 29.02 万人。参加失业保险人数 22.71 万人。全年共发放城镇居民最低生活保障金 8 012.5万元,享受最低生活保障的有 44 249 人。全年发放农村低保金 6 251.9万元,农村低保对象 86 341 人。发放城乡医疗救助资金 851.5 万元,救助4 194人。年末各类收养性社会福利单位 72 家,床位数4 034张,收养3 610 人。其中,收养性社会福利院 1 家,床位 100 张,收养 100 人。城镇建立各种社区服务设施 337 个,其中社区服务中心4 个。全年全市销售福利彩票9 520 万元。 (陈建民)

·编辑 卢亚杰·

县（市）区概貌

陕县庆祝中华人民共和国成立 60 周年大型文艺演唱会

湖滨区

【概况】 2009年,湖滨区深入贯彻落实科学发展观,齐心协力、克难攻坚,取得了保增长、保民生、保稳定的阶段性成效,经济保持回升向好态势,社会持续和谐稳定。

经济社会在逆境中实现平稳较快发展。生产总值完成31.95亿元,较上年增长(下同)14.3%,三次产业比为6.0∶37.5∶56.5;一般预算收入完成2.77亿元(实际数),增长12.6%,其中税收比重为89.8%,居全市第1位;一般预算支出完成4.1亿元,增长35.5%,增幅创历年最高,财政保障能力显著提高。规模以上工业累计完成增加值8.43亿元,增长16.1%;实现利润2.34亿元,增长20%。全社会固定资产投资完成37.67亿元,增长43.8%,其中城镇以上完成33.51亿元,增长44.7%。社会消费品零售总额完成19.73亿元,增长20.2%,增幅为全市最高。城镇居民人均可支配收入13 683.5元,增长9.2%;农民人均纯收入5 329元,增长7.8%。居民消费价格基本稳定,价格指数为99.9%。城镇登记失业率控制在4.0%以内。人口出生率5.06‰,低于目标6.20个千分点。

项目建设取得实效,发展后劲明显增强。项目建设年活动扎实开展。制定并实施了"5158"计划(即培育形成年产值超亿元的工业企业5个,抓投资超5 000万元以上的重点项目8个),列入计划的重点建设项目整体进展顺利,企业经营基本平稳。实施千万元以上重点项目44个,其中在建30个、建成投产14个,总投资51.52亿元,年度计划投资14.54亿元,实际完成15.98亿元。全力推进重点项目建设,列入省"8511"投资促进计划(即在农林水利、交通、能源、城镇建设、自主创新、产业升级、节能减排、社会事业8大领域,开工建设500个以上超亿元的重大项目,带动新开工项目总投资规模超过1万亿元,完成城镇固定资产投资超过1万亿元)项目3个、市"8155"投资促进计划项目(即围绕产业升级、农林水利、交通、能源、节能减排、社会事业等8个领域主攻大项目,力争全年实施投资亿元以上重大项目100个以上,带动新开工项目总投资达到500亿元,全社会固定资产投资达到500亿元)6个,总投资分别为12.5亿元和33.3亿元,均达到进度要求;大唐风电二期、中原世纪苑、虢国文化产业园等项目开工建设,大中海商业文化广场暨家乐福超市项目顺利落户。争取进入省"双百计划"项目(即全省重点扶持100个产业升级项目和100家重点企业)4个、省"1074"项目(即全省共确定1 074个重大工业结构调整项目)6个。储备和包装较大项目123个,正在做前期的有8个。招商引资和争取政策性资金工作富有成效。借助各种大型节会签约项目10个、合同总金额42.9亿元,其中建成试生产(运营)2个、开工7个;引进省外资金9亿元,直接吸收利用外商投资1 360万美元。争取政策性项目资金3.73亿元,增长45.8%,为区定目标的109%,其中争取国家和省政策性资金5 570.86万元,涉及项目33个。园区平台效应日趋明显。基础设施建设得到进一步完善,标准厂房一期附属设施交付使用、二期竣工,新开工建设项目10个,计划总投资6.81亿元,累计入驻各类建设项目52个,其中工业项目46个。

三次产业协调推进,经济质量效益稳步提升。工业经济在困境中回升向好。新增规模以上企业12家,总数达到58家,带动增加值、利税分别增长16%和15%以上,位居全市前列。以企业服务年活动为抓手,认真落实保企业、保增长的各项措施,规模以上企业效益逐月回升。多渠道解决企业融资困难,先后为64家企业协调信贷资金2.6亿元。出口结构得到优化,中赢橡胶公司、思睿科技公司产品出口实现零突破。持续加大节能减排工作力度,规模以上工业万元增加值能耗下降8.65%,电耗降低9.12%。第三产业发展势头强劲。实施千万元以上三产项目17个,总投资40.13亿元,产业规模进一步扩张。城中村改造工作健康推进,各种利益和矛盾得到妥善调解和处置,"三个最大化"原则(即在国家法律法规、政策规定框架范围内群众利益最大化,思想工作最大化,服务群众最大化)自始至终得以贯彻,公平、公开、公正、阳光操作流程不折不扣加以落实,依法有效解决了刘家渠拆迁遗留问题,基本完成了田家渠一期拆迁扫尾和二期拆迁工作,累计搬迁安置群众4 272户、拆迁房屋21.5万平方米,整体工作平稳和谐;改造项目成效初显,一期工程首批开工6栋33层住宅楼,两栋村民安置楼和1栋商品住宅楼主体工程封顶,商业用房完工并投入使用,二期改造项目开工两栋村民回迁安置楼,累计完成各种投资2.1亿元。商贸流通、房产开发、餐饮娱乐等产业发展势头良好,时代百货等一批三产项目建成运

3月24日,市项目督查组深入湖滨区督查重点工业项目

营,湖滨广场周边区域商贸影响力不断扩大。三门峡黄河金三角物流园区被确定为全省服务业特色园区。三产增加值完成18亿元,增长13%,占GDP总量的56.5%,拉动GDP增长7个百分点。农业特色经济效益逐步显现。加快培育四大特色产业,果品、蔬菜、水产养殖产业得到加强;畜牧养殖产业规模化发展实现历史突破,新建规模养殖场3个;花卉苗木产业步伐加快,新发展苗木100公顷、花卉13.3公顷;烟田亩均收入创历史最高水平,农民增收渠道逐步拓宽,农业效益稳步提升,农林牧渔业增加值完成1.98亿元,增长5.4%。新发展农民专业合作组织6家,总数达到31家。流转土地706.7公顷;林权制度改革顺利进行,林权证发放工作全面完成;湖滨农村商业银行挂牌运营,为全市首家、全省第五家。农业农村基础条件改善步伐加快,顺利实施了东方红水库除险加固、涧河五期治理、1万人饮水安全等重点工程,连续6年夺得市农田水利基本建设"红旗渠精神杯";修建(改造)县乡公路44千米、通村公路17.5千米;顺利完成侯村整村推进和东坡生态移民搬迁。积极探索新农村建设新路子,在全市率先开工新型农村住宅社区建设。

民生保障持续有力,和谐社会基础不断巩固。就业帮扶机制初步形成。开展系列就业援助服务活动,组织各类创业和技能培训1.2万余人次,实现城镇新增就业4 588人、下岗失业人员再就业2 323人,其中困难对象1 306人,新增农村劳动力转移就业3 959人。社会保障水平不断提升。全面落实各项惠农政策,发放粮食补贴等各类惠农资金2 356.5万元,家电下乡、汽车摩托车下乡分别补贴1.4万余台和1 400余辆。城乡低保工作规范有序,实现了动态管理下的应保尽保、分类施保,累计发放低保金3 329.5万元。实施城乡医疗救助368人次。农村五保户集中供养率达52%,高于省定目标12个百分点。初步建立灾害应急预案体系,救助灾民7 450人次。新型农村合作医疗运行平稳,参合率连续3年100%。城镇居民医疗保险工作开局良好。农村公共服务设施逐步完善。建成沼气池4 800户、村级服务网点5个,基本完成3所寄宿制小学建设,全面启动中小学校舍改造工作,改造并验收合格乡村"农家店"10家,建成乡级综合文化站1个、"农家书屋"20个,全面完成39所省级标准化村卫生室建设。各项社会事业全面进步。积极开展了"义务教育均衡发展提高年"活动,城乡、区域教育均衡发展意识明显增强,办学条件逐步改善,教育教学水平进一步提高;"三百工程"(即确保适龄学生100%完成初中学业,确保初中毕业返乡青年100%掌握1门至2门实用技术,确保考入大学的贫困学生100%不因困难而失学)和职业教育工作不断深化。卫生改革年活动扎实有效,公开竞聘了基层卫生院院长,乡村两级医疗服务水平逐步提升,手足口病、甲型流感得到有效控制。科技、文化工作不断加强,科技创新步伐加快,科普示范体系创建工作走在全市前列,科技对经济的支撑力进一步提升;创建省级文化先进乡、社区各2个,荣获"中国楹联文化区"称号。统筹解决人口问题,整体计生水平有了显著提高。社区建设工作扎实推进,车站街道和湾道社区分别被授予全国低保规范化管理示范街道和示范社区,湖滨街道和涧河街道六西社区分别被评为全国和谐社区建设示范街道和示范社区。群众性精神文明创建活动有效开展。区征兵办荣获"全国征兵工作先进单位"。双拥、民族、宗教、侨务、审计、方志、妇女、儿童、残疾人、老龄、档案、保密和机关事务等工作全面加强。城市管理和创建工作扎实有效。突出可持续发展,国土资源管理力度加大,重点项目用地得到保障;区域内耕地实现占补平衡。深入开展市容卫生整治活动,薄弱环节治理工作取得实效,生活垃圾无害化处理场被国家住房建设部认定为Ⅱ级填埋场;城区园林绿化工作效果显著,完善了一批城中村绿化游园;完成林业生态建设2 753公顷,为三门峡市园林城市创建工作作出了积极贡献。社会继续保持和谐稳定。健全流动调解工作机制,严格落实信访工作责任制,一批群众反映的突出问题得到有效解决,在金融危机、矛盾纠纷增加的大背景下,信访大局保持平稳。安全生产形势持续稳定,无重大安全事故发生。完善政府应急管理体系,应对突发公共事件能力不断增强。平安建设深入推进,社会治安形势总体平稳,防控网络逐步健全,为经济社会发展营造了和谐稳定的环境。

政务管理切实加强,政府行政效能显著提高。深化"两转两提"(即转变政府职能、转变工作作风、提高行政效能、提高公务员素质),工作作风明显转变,机关效能大大提高,公务员素质得到提升;建立政府常务会议学法制度,出台《关于加强依法行政的意见》,政府及组成部门依法行政意识明显增强,行政执法行为逐步规范。严格落实党风廉政建设责任制,从源头上预防和惩治腐败工作进一步深化。认真开展深入学习实践科学发展观活动,贯彻落实科学发展观的能力有了明显增强。自觉接受人大和政协监督,办理人大代表建议和政协委员提案165件,办结率100%。强化政府信息公开,政府工作全面接受社会和新闻媒体监督,保证了群众的知情权和参与权。深入推进普法依法治理工作,全民法制意识不断增强。注重基层民主政治建设,在各行政村全面推广"四议两公开"工作法,民主法治村(社区)创建活动继续深化,第三届社区换届选举工作顺利完成。

【湖滨区荣获中国"建设新型国家百强县"称号】 1月8日,在由中国管理科学研究院、创新中国论坛委员会和创新型国家研究中心联合主办的"首届建设新型国家年会"上,湖滨区荣获中国"建设新型国家百强县(市、区)"称号,区长杨方成被评为建设创新型国家领袖人才。全省城区中获此殊荣的仅湖滨区一家。

【表彰重点项目建设表现突出人员及单位】 2月10日,湖滨区召开项目建设年活动动员大会,传达全市项目建设年活动动员大会精神,回顾总结2008年湖滨区经济和项目建设工作,部署2009年项目建设工作。会上,对在2008年度湖滨区重点项目建设中表现突出的人员予以重奖:授予马国良等12人"重点项目建设先进个人",并奖励资金共计63万元;对三门峡明珠电冶有限公司、三门峡三键碳材料科技公司、河南华润万家生活超市有限公司三门峡分公司3家2008年度"纳税先进单位"给予奖励,奖励资金总计11万元;授予湖滨区发改委等5个单位"争取中央新增1 000亿元政策性投资资金先进单位",授予邓荣等7人"争取资金先进个人"。会议要求:2009年湖滨区围绕实施"5158"投资计划,带动重点项目33个,形成5个年生产能力在1亿元以上的工业企业,抓好投资在5 000万元以上的8个重点项目,拉动全社会固定资产投资达50亿以上,促进全区经济平稳增长。

【林业生态建设工作成绩显著】 3月6日,湖滨区在全市林业生态建设及创建国家森林城市动员大会上,再次荣获"河南省林业生态县(市、区)"与"三门峡市2008年度集体林权制度改革工作先进县(市、区)"荣誉称号,至此湖滨区林业工作已经连续3年获得市级以上政府表彰;同时,还荣获了林业生态建设嘉奖单位称号。宋跃、杨方成、吕秋芬、任鸿廷4人荣记林业生态建设个人二等功;薛安星等荣记个人三等功。

【省观摩团到湖滨区参观考察重点项目建设】 4月14日,省委副书记、省长郭庚茂带领由省直有关部门负责人和全省18个省辖市市长、发改委主任等组成的省观摩团到湖滨区参观考察重点项目建设。观摩团一行参观了湖滨区思睿电子公司4万台高清晰写真机项目,详细询问了公司产品研发和引进人才工作情况。郭庚茂指出,相关部门要加大对该企业的扶持帮助力度,并鼓励企业要进一步加强市场研发、提升技术优势,努力把企业做精、做专、做强。副省长史济春,省长助理、省政府秘书长安惠元,省政府副秘书长赵瑞东等参加观摩活动,市委书记李文慧,市委副书记、市长杨树平,副市长李琳,市政协副主席高从民陪同观摩。

【"流动调解"工作机制取得成功经验】 4月16日,省司法厅党委书记、厅长王文海,人民日报社政法部主任王比学深入湖滨区调研采访"流动调解"工作机制所取得的成功经验。市委常委、政法委书记郭绍伟陪同调研采访。调研组一行实地调研采访了高庙乡和磁钟乡"流动调解"工作开展情况及取得的成效,在高庙乡大安村村委会,王文海、王比学一行来到村流动调解室,详细了解"流动调解"工作机制和工作方法,并同该村聘请的流动调解员进行交谈。调研组指出,湖滨区"流动调解"创建了源头化解矛盾的新机制,促进了社会和谐稳定,凝聚了发展合力,形成了从源头上排查、化解矛盾纠纷的新机制,破解了矛盾纠纷源头化解难题,这些经验很值得对外推广。目前,湖滨区共建立流动调节团11个、流动调解室83个、流动调解小组482个,拥有流动调解员2 758名。至年底全区共调解矛盾纠纷1 239起,调解成功1 202起,调成率达97%。

【年产2 000万千克铝带板项目建成投产】 4月18日,科利恩铝业有限公司一期年产2 000万千克铝带板项目正式建成投产,该项目位于湖滨工业园区,由北京科利恩铝业有限公司投资兴建,项目总投资2.6亿元,分3期建设。项目为园区提供就业岗位130余个,一期投产年销售收入达3.5亿元,实现利税3 585万元。

【区法院团支部荣获"全国五四红旗团支部"称号】 5月4日,湖滨区法院团支部被共青团中央、全国青联授予2008年度"全国五四红旗团支部"称号,成为河南省法院系统唯一获此荣誉的团支部。近年来,湖滨区法院坚持以党建带团建,扎实开展"全国五四红旗团支部"争创活动。结合实际,坚持把服务青年作为团的建设的出发点和落脚点,不断增强团组织的吸引力和凝聚力。

【湖滨区被命名为"全国楹联文化区"】 5月21日,中国楹联学会会长孟繁锦为湖滨区"全国楹联文化区"授牌。市领导李文慧、郭秀荣、苏新华、李立江、赵中生、赵艳、王铁创等出席授牌仪式。近年来,湖滨区把创建中国楹联文化区作为向文化强区迈进的重要举措,大力开展中国楹联文化区创建活动。通过弘扬楹联文化,创新性的把楹联与党风廉政建设、计划生育等实际工作紧密结合,开展了楹联文化进机关、进社区、进农村等"十进"活动,使楹联文化在湖滨区得到了很好的推广和普及,促进了楹联文化的繁荣发展。

【在全市率先启动新型农村住宅社区试点建设】 6月10日,湖滨区在全市率先启动新型农村住宅社区试点建设。此次新农村住宅社区建设将建设5个新型农村住宅社区试点,涉及3个乡和会兴街道的20个行政村、66个自然村、110个村民组、5 702户,规划面积212.7公顷,社区建成后可安置群众5 203户,节约土地170.1公顷;两个城中村改造项目共占地16.2公顷,规划41栋(29栋33层,12栋小高层)、73.8万平方米。为更好的作好新农村社区建设工作,湖滨区从区直各部门抽调67名干部(包括12名科级、9名技术人员)组成4支工作队进行帮建,并出台10项优惠政策帮助农民建设新家园。截至12月底,完成7个新型农村住宅社区的规划设计,开工建设的6个新型农村住宅社区试点(分别是会兴王官、磁钟寺庄、交口杨家沟、高庙黄底社区和崖底一期刘家渠、二期田家渠改造项目),累计完成投资2.51亿元。新型农村住宅社区试点计划建设360套,首批开工建设372套。年底,1层主体全部完工,2层主体完工186套;刘家渠改造项目中2栋33层村民安置楼和1栋33层商品楼封顶,另外3栋商品楼主体建到15层;田家渠改造项目中2栋33层安置楼房开工。

【大中海商业文化广场暨家乐福项目落户湖滨区】 7月8日,湖滨区与大中海商业文化广场暨家乐福项目正式签约。市领导李文慧、杨树平、赵继祥、郭秀荣、赵光超、赵中生以及市长助理、市政府秘书长张建峰等出席签约仪式。该项目总投资6.8亿元,20.66万平方米,预计建设工期2年。将建设集商业和住宅为一体的都市建设群。其中,商业部分为地上5层(约6.58万平方米),内含2条至3条步行商业街,6层以上为住宅,地下共2层,为配套停车场,每层设计车位560个,还可根据需要采用自动化设备将停车场改造为立体车位。项目建成后,将引进家乐福、丹尼斯、欧凯龙、百思买、麦当劳、儿童主题百货、奥斯卡国际影城、迪信通、豪享来等众多国际、国内知名品牌。年可实现利税2亿元,提供就业岗位近万个。

【河南省最大蛋种鸡场——湖滨区王官种鸡场破土动工】 10月21日,河南省最大蛋种鸡场——湖滨区王官种鸡场破土动工,该项目由三门峡市康裕养殖有限公司投资建设,工程一期计划投资

1 600万元,建成后每年可向社会提供蛋鸡种苗200万羽,鲜蛋350万千克以上,可带动400余农户,安排剩余劳动力就业40余人,每年向周边农户提供有机肥料1 100万千克。

【年产600万千克高精陶瓷纤维项目建成投产】 10月26日,湖滨区交口乡年产600万千克高精陶瓷纤维项目建成投产。此次建成的年产600万千克高精陶瓷纤维项目由三门峡隆汇陶瓷纤维技术有限公司投资兴建,开工4月,总投资5 120万元,预计年产值4 800万元,年利税达1 200万元,可安排就业150余人。

【大唐三门峡清源风电场二期工程开工建设】 10月28日,大唐三门峡清源风电场二期工程开工建设。该项目位于黄河南岸山地,2007年5月开始实地测风工作,2008年8月委托中国水电顾问集团华东勘测设计研究院开展可行性研究阶段的勘察设计工作,通过现场踏勘及专业的系统分析比较,确定二期工程总规模3万千瓦,共安装12台1 000千瓦和12台1 500千瓦的风力发电机组。工程静态总投资32 469.86万元,工程动态总投资33 109.59万元。

【湖滨区选手获"中华诵·2009经典诵读大赛"亚军】 12月17日,在"中华诵·2009经典诵读大赛"全国总决赛中,湖滨区刘洁获得大赛亚军。为深入贯彻落实党的十七大提出的弘扬中华文化、建设中华民族共有精神家园的战略任务,提高国民语言文化素质,国家语言文字工作委员会与中央文明办于4月联合启动了"中华诵·2009经典诵读大赛"。经过省级选拔,共有42名选手晋级全国决赛。河南省共有5名选手进入决赛。

【湖滨农村商业银行股份有限公司揭牌开业】 12月24日,三门峡市首家农村商业银行——三门峡湖滨农村商业银行股份有限公司揭牌开业。河南省农村社联合社党委副书记、主任张建刚,河南省政府金融办副主任郭浩,河南省银监局副局长陈益民,河南省农村信用联合社副主任马怀玉等出席开业仪式。三门峡湖滨农村商业银行是在原三门峡市湖滨区农村信用合作社的基础上,经中国银行业监督管理委员会批准成立的地方性股份制金融机构。至11月底,全社会资产总额达到25.98亿元,各项存款达14.9亿元,各项贷款达11.2亿元,资本充足率达18.82%,前11个月实现盈余9 239万元。三门峡湖滨农村商业银行的揭牌开业,标志着湖滨区农信联社深化改革工作取得了重大成果,它结束了三门峡市农村商业银行的市场空白,开创了三门峡市农信社股份制改革的先河。　(马红丽)

2009年湖滨区各乡和涉农街道办基本情况

表2

指　标	单　位	会兴街道办	崖底街道办	交口乡	磁钟乡	高庙乡
总人口	人	14 936	19 523	19 261	9 152	12 382
粮食总产量	万千克	231	78.3	506	279.6	597.6
油料总产量	万千克	58.3	3.2	45.5	15.9	46.5
蔬菜总产量	万千克	806.9	309.5	2 682.2	1 037	528.8
烟叶总产量	万千克	—	—	—	2	21.5
水果总产量	万千克	803.7	343.7	985.3	770.5	310.4
棉花总产量	万千克	0.7	0.9	154.9	2.2	2.3
猪肉总产量	万千克	33.3	26.8	936	68.2	25.1
牛存栏	头	460	164	8 163	1 178	4 253
猪存栏	头	4 512	2 092	1 203	10 110	5 740
羊存栏	只	597	280	—	1 037	34 444
常用耕地	公顷	583	403	1 310	884	1 697
农业总产值	万元	6 298	4 862	9 393	6 097	6 188
地方财政收入	万元	1 815	2 772	2 338	1 160	1 626
地方财政支出	万元	1 215	1 676	1 657	902	1 448
农民人均纯收入	元	6 118	6 605	5 428	3 799	3 489
党(工)委书记		宋濮义	李友青	薛安星	张红涛	韩有才
乡长(街道办主任)		马　萍	卫福兴	王彦超	贾建忠	邓平朝

(马红丽)

义马市

【概况】 2009年,义马市委市政府团结带领全市人民,认真贯彻落实党的十七大和十七届三中、四中全会精神,深入学习实践科学发展观,紧紧围绕“两个率先”,扎实推进“四项建设”,齐心协力战危机,全力以赴保增长,经济社会实现了平稳较快发展。

各项经济指标再创新高。2009年,全市地区生产总值完成100亿元,比上年增长15%;地方财政一般预算收入完成5.02亿元,增长22.4%;规模以上工业实现利润12.5亿元,增长14%。全社会固定资产投资完成75.5亿元,增长22.1%;社会消费品零售总额完成15.2亿元,增长19.2%;实际利用外商直接投资3 079万美元,增长28%;对外贸易出口总额(海关口径)完成1 480万美元,增长19%。城镇居民人均可支配收入达13 300元,增长9.6%;涉农社区居民人均纯收入达6 680元,增长9.5%。

项目建设扎实推进。紧紧围绕国家应对国际金融危机、促进经济平稳较快发展的一揽子计划,及时调整发展方向和工作重点。2009年,义马市有26个项目列入国家新增中央投资计划,争取上级资金2.5亿元;有35个项目列入省“8511”和三门峡市“8155”投资促进计划,总投资达144.43亿元。全年共实施重点项目70个,总投资达156亿元,是建市以来当年开工数量最多、投资规模最大的一年。其中1 000万标方煤制气组建了合资公司,全面进入施工阶段;3亿千克醋酸主要设备进入安装阶段;350万千克硅酸铝耐火纤维棉、华鑫锻压件等项目建成投产,2亿千克二甲醚土建工程全部完工,5 000万千克焦油加氢改质顺利实施,项目建设在严峻形势中取得突破。2×15.5万千瓦电厂两台机组稳定运行,铬渣治理同步开展;2×13.5万千瓦电厂由东方希望集团整体收购,复产工作有序进行。积极落实省委省政府要求,帮助兰考县新上总投资1.8亿元的年产10万立方米人造板项目,建设进度居全省“十强县市”前列。煤化工产业集聚区总体发展规划顺利通过评审,控制性详细规划和产业规划全部编制完成,积极筹备建设管委会和投融资平台,启动了总投资260亿元的十大规划项目前期工作。

工业经济健康运行。深入开展“企业服务年”活动,帮助企业解决了一系列生产经营上的实际困难和问题;优化经济发展环境,严厉打击“四乱”行为,为企业生产经营创造了良好的外部环境。骨干企业和新上项目拉动有力,工业经济实现了企稳向好。成立了7家信用担保机构,担保能力增加到5.4亿元,全年为中小企业和个体工商户提供贷款担保近4亿元。全年原煤产量达220亿千克,发电量达12.5亿千瓦时,煤气产量达4.9亿立方米,甲醇产量达3.6亿千克,其他煤化工产品产量达4.2亿千克。全市规模以上工业企业实现总产值226亿元,增长14.5%;实现增加值84亿元,增长16%;实现销售产值224亿元,增长10.1%,产销率达99.5%;亏损企业减亏1.3亿元,效益综合指数达205%。

城市建设步伐加快。围绕“城市形象提升年”活动,实施城建重点工程42项,总投资达19亿元。义渑快速通道(义马段)一期工程竣工通车,马庄工业园道路、石河两侧北延、千符路、东风路建设进展迅速,实施花园路、珠江东路拆迁工程。城市主干道路面、雨水管网、路灯和人行道改造同步完成,热力交换站实现了统一管理,城市功能更加完善。生态体育公园、体育馆全面开工,高速路口广场改造和石河西岸绿化全部完成,食品大厦三期、水务大厦主体完工,美景瑞园、观澜国际城、银杏国际花园、金银叶三期等住宅小区进度加快,永乐大厦启动建设,银杏路两侧高层建筑群逐步形成。深入开展城市精细化管理,“四城联创”扎实推进,成功创建省级文明城市。完成林业生态建设1 222公顷,城市绿地率达30%,绿化覆盖率达48.5%,被推荐为国家绿化模范县市。

城乡一体全面推进。积极落实“两补一免一返还”政策,采取资本运作、资源置换、资金扶持等多种形式,累计开工建设居民集中居住区住宅楼64栋,建成29栋,竣工面积达11万平方米,其中,千秋、礼召、毛沟等集中居住区实现居民入住;常村、义马、湾子等集中居住区开始建设。大力发展现代农业,农业产业化水平得到不断提高,粮食生产喜获丰收,新大牧业10万头种猪场一期建成投产,创建省级农业示范居委会3个。通过转包、租赁、互换经营等多种方式,流转土地149公顷,占总承包耕地

3月12日,河南开祥天源化工有限公司年产2亿千克二甲醚项目奠基仪式

面积的12.9%。在涉农社区全面推广“四议两公开”工作法，基层民主建设得到加强。

发展活力进一步增强。在巩固以商招商、节会招商等传统招商模式的基础上，组建专职招商队伍，制定新的招商引资优惠政策，全年参加各类经贸活动和商业节会15个，引进项目35个，总投资达210亿元。依托科技创新，加快技术研发，资源循环利用率由9%提高到25.6%，铬盐清洁生产、3亿千克醋酸分别被列入省自主创新和重大科技专项项目；万元生产总值能耗下降5.6%；化学需氧量削减36万千克，二氧化硫减排422.3万千克，分别下降16.4%和16.3%；全年环境优良天数达289天。义煤集团成功改制为股份有限公司，各项经济指标创历史最高水平，再次跨入中国企业500强行列，上市前期工作基本就绪；义马气化厂全面开展“双基”建设，引入企业内部市场化管理模式，加大技术改造力度，实现销售收入8.9亿元。

民生状况明显改善。全年投入民生改善资金达2.3亿元，占财政支出的40%以上；“十件实事”扎实推进，各项民生工程高质量完成。居民社会医疗保险参保人数达57 332人，参保率达92%；新型农村合作医疗参保人数达43 580人，参合率达95%；有46 021人次得到门诊就医补助，补助金额达79.6万元；有2 833人次得到住院医疗补助，补助金额达491.4万元。发放粮食直补173.8万元，汽车、摩托车和家电下乡补贴215万元。外国语小学改扩建全面完成并投入使用，义务教育阶段学生杂费、课本费全部免除，家庭贫困学生得到救助。加大对育龄群众和计生家庭的奖励帮扶力度，继续保持“全国计划生育优质服务先进市”荣誉称号。开工建设廉租住房440套22 000平方米，为困难家庭发放住房补贴98.8万元，棚户区改造全面完成。三十里铺蔬菜瓜果市场和汽车修配市场开工建设；义马市第二污水处理厂配套管网开始铺设；“村村通”自来水工程有序推进；免费为所有白内障患者实施复明手术。全年新增就业岗位9 380个，安排下岗失业人员再就业2 882人，完成劳动力转移就业培训和下岗人员再就业培训3 377人，转移涉农社区劳动力3 600人。最低生活保障标准提高到195元，低保对象由2009年末的3 004户7 917人增加至3 377户8 785人；五保对象集中供养标准提高到2 200元，分散供养标准提高到1 400元，集中供养率达50%，全市孤儿全部享受到低保全额救助。社会大局持续平稳。继续深化“义马经验”，完善群众工作体制机制，坚持不懈开展群众工作日和交友帮扶活动，解决了一大批事关群众切身利益的实际困难和问题，被评为全省信访工作先进县市。全力推进打、防、控一体化建设，实现了专业巡逻队全天候城区巡逻和涉农社区科技防控全覆盖。深入开展命案攻坚、打黑除恶、“警灯闪烁”等专项行动，刑事案件发案率下降16.9个百分点，公众安全感进一步提高。认真落实安全生产责任制，不断深化小煤矿、危险化学品、交通、食品药品等重点领域、关键行业的安全监管，完成了尾矿库治理任务，全年没有发生重特大安全责任事故。周边地区发生甲型H1N1流感疫情后，全市上下迅速行动，果断施策，确保疫情没有在义马市发生和蔓延。政府自身建设得到加强。政府部门自觉接受人大及其常委会监督，支持政协参政议政，办理人大代表建议和政协委员提案118件，办结率、面商率和满意率均达到100%。深入开展学习实践科学发展观活动，政风行风不断改进，民主评议基层站所作法在全国得到交流。全面升级改造政府门户网站，政府信息公开范围不断扩大；狠抓督办落实，政府工作高效运转。加强廉政建设，加大行政监察和审计工作力度，“小金库”专项治理取得阶段性成果。深化公共资源交易体制改革，全年公共资源交易额达2亿元，节约公共财政支出2 700万元，节约率达13.5%。取消行政审批项目46项，保留和新增行政审批项目223项，行政效能进一步提高。

【义马煤业(集团)被授予“河南工业行业突出贡献奖”(行业奖)】　2月26日，在郑州召开的河南工业突出贡献奖表彰大会上，义马煤业(集团)及董事长武予鲁被授予“河南工业行业突出贡献奖”(行业奖)。“河南工业突出贡献奖”由河南省工业经济联合会与全省性工业经济领域行业协会共同组织实施，主要奖励为河南工业经济发展作出突出贡献的企业和企业家。该奖项是继2005年之后第2次评选，共有47家企业和45名企业家获奖。

【义马市召开深入学习实践科学发展观活动动员大会】　3月26日上午，义马市召开深入学习实践科学发展观活动动员大会，全面安排部署深入学习实践科学发展观活动工作。三门峡市委深入学习实践科学发展观活动第一指导组组长吉永顺等领导出席会议，义马市副县级以上党员干部、市委学习实践活动领导小组办公室全体人员、全市党政机关、企事业单位党政一把手、部分党代表、人大代表、政协委员和老干部代表等参加会议。

【河南开祥天源化工有限公司2亿千克二甲醚项目开工】　3月12日上午，河南开祥天源化工有限公司2亿千克二甲醚项目隆重举行开工奠基仪式。该项目由河南开祥实业集团股份有限公司和义马科亿化工投资有限公司联合投资建设，采用国内成熟的甲醇气相脱水制二甲醚技术，生产高附加值的燃料级二甲醚产品。该项目计划总投资1.1亿元，设计年产燃料二甲醚2亿千克。项目建成投产后，每年可实现销售收入9.4亿元，实现年利税4 500万元。

【义煤集团被评为“2008中国节能减排功勋企业”】　3月28日，在北京举行的首届中国绿色产业经济论坛和2008中国节能减排功勋人物、功勋企业暨领军人物、领军企业颁奖晚会上，义煤集团被评为“2008中国节能减排功勋企业”，义煤集团董事长兼党委书记武予鲁被授予“2008中国节能减排功勋人物”，义煤集团副总经理翟二安被授予“2008中国节能减排领军人物”。此次论坛由中华环保联合会与中国企业报社共同举办，目的是全面、真实地反映全国、各地区以及重点耗能企业的节能减排进展情况和取得的成效,总结和推广节能减排的成功经验和先进事迹,树立节能减排的标杆和典范,进一步推动我国环境、经济和社会的协调发展和科学发展。

【义马煤业综能新气体、新能源、甲醇蛋白有限责任公司成立】 4月30日,义马煤业综能新气体有限责任公司、义马煤业综能新能源有限责任公司、义马煤业综能甲醇蛋白有限责任公司成立大会在郑州召开。会上,义煤集团总经理翟源涛和SES公司亚太地区总裁邓理分别签署了"义马煤业综能新气体有限责任公司出资人协议""义马煤业综能新能源有限责任公司出资人协议""义马煤业综能甲醇蛋白有限责任公司出资人协议"等有关协议;义煤集团副总经理翟二安与SES公司亚太地区总裁邓理先生分别签署了"技术许可协议"等有关协议。按照协议,义煤集团控股51%,SES公司控股49%。

【义煤集团荣获中国安全文化管理典范单位】 4月11日至13日,中国文化管理学会在上海举办了主题为"企业文化成就百年基业"的第7届中国文化管理经验交流大会暨第2届中国文化管理节。会上,义煤集团荣获中国安全文化管理典范单位,董事长、党委书记武予鲁荣获中国安全文化管理"十佳个人",总经理翟源涛荣获中国优秀文化管理"企业家"。近年来,义煤集团通过不断的实践和探索,建立了自上而下的安全目标愿景体系和安全理念体系,全面开展安全行为养成训练,认真做好安全"六预"、手指口述、军事化训练、操作动作训练与避灾演练的行为养成,在安全文化建设方面取得了很好的成绩,形成了各具特色的安全文化模式,取得了较为明显的成效。

【义马市荣膺三门峡市科技进步考核优秀奖】 在4月16日召开的三门峡市科技创新暨科技工作会议上,义马市被中共三门峡市委、三门峡市人民政府授予2008年科技进步考核优秀奖,这是2005年以来,该市连续第4年获得此项殊荣。同时,义马市还被科技部授予2007年至2008年度全国科技进步工作先进市。

【义马市实施"巩固退耕还林成果,再惠退耕农户"工程】 该工程总投资983.18万元,其中中央投资458.4万元,地方配套155.98万元,农户自筹368.8万元,主要用于3个方面:一是投资120万元扶持农村能源建设,建造1 200座户用沼气池,安装480架太阳能热水器。二是投资318.4万元扶持退耕还林后续产业。发展66.7公顷特色经济林,268.7公顷速生丰产林,195公顷林下种药。三是投资20万元扶持266.7公顷退耕还林地的补植补造。计划分8年实施,2009年拟完成投资145.9万元,用于扶持发展150座沼气池,60架太阳能热水器,46.7公顷特色经济林,59公顷林下种药。

【在第15届三门峡国际黄河旅游节暨投资贸易洽谈会上义马市成功签约项目13个】 5月18日,第15届三门峡国际黄河旅游节暨投资贸易洽谈会经济合作项目发布暨签约仪式在三门峡国际会议中心举行,义马市与美国综合能源有限公司、中国蓝星集团、辽宁鑫海新能源科技公司、和合万丰河南置业有限公司、河南通畅置业有限公司、河南科亿化工有限公司、浙江天翔塑胶有限公司、河南东方正大有限公司、河南百欧科技开发有限公司等企业财团达成合作意向,成功签约13个项目,其中,外资项目1个,内资项目12个,13个项目投资总额达76.44亿元。

【义马市签约帮扶兰考县工业项目】 5月20日,在省发改委组织的全省十强县(市)帮扶兰考建设工业项目集中签约仪式上,义马市帮扶项目——义兰木业有限公司年产10万立方米人造板项目成功签约,该市成为十强县(市)中率先确定并签约项目的两个县市之一。义兰木业有限公司年产10万立方米人造板项目总投资1.8亿元,占地10公顷,主要利用兰考当地丰富的泡桐资源及小径木、秸秆、棉秆等农林业废弃物,年产5万立方米刨花板和5万立方高密度纤维板,预计年产值2.4亿元,提供就业岗位1 220个。

【义渑"麻醉"学术论坛在义煤总医院召开】 5月23日,义渑"麻醉"论坛在义煤总医院召开,义马、渑池两地的麻醉与ICU界30余名专业人士欢聚一堂,交流探讨临床麻醉工作的经验与技术。省麻醉学会主任委员、省麻醉医师协会名誉会长、郑州大学第二附属医院麻醉科主任王春亭教授应邀到会,并作了题为"麻醉精神药品的合理应用、管理及与毒品的界定"的学术报告;三门峡市麻醉学会副主任委员、义煤总医院麻醉科王漠主任结合临床实际作了题为"瑞芬太尼的合理应用"的报告,报告对如何合理地使用麻醉性镇痛药,防止麻醉性镇痛药的滥用提出了指导性意见。会后,与会人员还就产科麻醉和术后镇痛等问题进行了热烈、深入的讨论。本次会议是三门峡市召开的第1次区域性麻醉专科学术会议,它的召开对于提升义渑两地麻醉水平和麻醉专科向规范化发展具有重大意义。

【义马市召开学习推行"4+2"工作法动员大会】 6月3日,义马市召开学习推行"4+2"工作法动员大会,对全市学习推行"4+2"工作法进行部署。副县级以上领导干部,全市各单位一把手,涉农办事处班子成员,涉农社区党支部书记、主任、各驻村工作队代表和大学生村干部参加了会议。

【义马体育公园开工奠基】 6月8日,义马体育公园举行开工奠基仪式。义马体育公园由义马市和义煤集团公司共同承建,总投资5亿元,占地32公顷,包括田径场、体育馆、室外训练设施等。其中,体育馆建筑面积3.5万平方米,馆内包括比赛场地、训练场、贵宾室、运动员休息室、综合健身房、中小型会议室及各类办公室等,是集体育比赛、健身娱乐、群众集会、大型庆典、文艺演出、展览展销等为一体的公益性多功能文化体育设施,预计建设周期为3年。与会领导共同为体育公园开工建设培土奠基。

【义马市顺利通过省级园林城市复查验收】 6月9日至11日,园林城市复查组到义马市,复查验收省级园林城市创建工作。复查组听取了该市园林绿化情况汇报,并深入到公园、道路、庭院、小区进行实地考察。复查组指出,义马市自2006年荣获"省级园林城市"以来,领导重视、投入加大、继续将城市园林绿化事业作为城市建设的中心工作来抓,2年来不仅巩固了创建成果,而且在公园建设、道路绿化、单位(居住区)绿化、大环境绿化、生态保护、市政设施建设、城市综合整治等方面做了大量工作,成效明显。顺利通过复查验收。

【义马市举行煤矿事故应急救援演练】 6月19日上午,义马市在鑫星煤矿举行煤矿事故应急救援演练。来自义马市煤炭局、东区办事处、公安局、安监局、120救护队、矿山救护队、国土局、电业局等近百余名专职救护人员及工作人员参与演练。在指挥长李发军的统一指挥下,各救援小组紧密配合,协调有序,行动迅速,历时100分钟,成功完成了演练任务。

【义马市帮扶兰考项目开工奠基】 7月10日,义马市帮扶兰考项目——河南省义兰木业有限公司年产10万立方米项目在兰考举行开工奠基仪式。该项目位于兰考县兰兴工业园区,总投资1.8亿元,占地6.7公顷,以加工刨花板和高密度纤维为主,建成后年可实现产值2.4亿元,可提供就业岗位1 200个。

【义马市二高考生囊括三门峡市2009年高考文、理科状元】 6月26日,河南省2009年高考成绩揭晓,义马市二高考生囊括三门峡市2009年高考文、理科状元,该校考生郝运以659分获得三门峡市2009年高考理科状元,王超楠以601分获得三门峡市2009年高考文科状元。

【义马市迅速采取措施加强甲型H1N1流感防控】 新安县发现甲型H1N1流感病例后,义马市迅速采取措施加强防控工作。一是召开专题会议,对加强防控工作进行全面安排部署。二是启动防控预案,启用定点防治医院发热门诊、隔离病房,相关医务人员24小时待命。三是加强排查,严密监测。对从新安三高返回的19名学生及其密切接触者进行逐一核查,其中一名发热学生住院隔离观察,其余18人居家隔离观察;加强来自疫区交通运输工具的检疫查验和消毒处理,严防疫情传入;同时加强中小学校、托幼机构体温监测工作,实行疫情零报告制度。四是在全市卫生系统开展全员培训。五是深入开展全民爱国卫生运动,广泛宣传甲型H1N1流感防治知识,提高群众自我保护意识和预防能力,及时发布疫情信息,正确引导社会舆论。

【国家信访局副局长王石奇到义马市调研群众工作】 9月11日,国家信访局副局长王石奇,在省委副秘书长、省信访局局长李新华,三门峡市委常委、市委秘书长赵中生等陪同下,到义马市调研群众工作。王石奇一行深入义马市群众工作部进行了实地查看,并听取了该市深化群众工作情况汇报,王石奇对该市的群众工作给予了充分肯定。他指出,在新时期,义马市要进一步深化群众工作理念和机制,坚持领导干部接访制度,让"4+2"工作法与群众工作有机结合起来,不断完善总结义马群众工作经验,巩固、完善、扩大社会成效,推动义马群众工作再上新台阶。

【义煤集团再次入围中国企业500强】 9月5日,2009中国企业500强评选结果在杭州出炉,义煤集团以2008年实现产值119亿元的成绩,第2次进入中国企业500强榜单。河南省共有16家企业荣登该榜单,义煤集团位居第447位,较2006年首次入选时提升了42个位次。2008年,义煤集团多项经济指标创历史新高,原煤产销量分别突破218.6亿千克和217.8亿千克,销售收入119亿元,在全国煤炭系统产量50强中排名第20位,百强企业中排名第31位,在河南百强企业中排名第24位。

【义煤集团30亿千克露天煤矿在新疆投产】 9月11日,义煤集团中联润世新疆煤业有限公司30亿千克露天煤矿投产仪式在新疆准东煤电煤化工产业带红沙泉矿区隆重举行。该煤矿位于新疆奇台县东北120千米的戈壁沙漠中,井田面积约10平方千米,储量4 700亿千克,是中联润世新疆煤业千万吨煤矿项目的首期工程,二期工程投产后产能将达到60亿千克。可采煤层是特低灰、特低硫、含磷低的"两特一低"不粘煤,特别适于发电和民用,也可以作为气化用煤。义煤集团在新疆已投入资金11.46亿元,兴建了大黄山豫新煤业、屯南煤业和红沙泉露天矿等3个煤炭企业。

【义马两市民荣登"中国好人榜"】 8月中旬,由中央文明办组织开展的"我推荐、我评议身边好人"活动"中国好人榜"名单揭晓。义马市教师进修学校教师李芳馨、义煤集团跃进煤矿职工沈改林分别荣登"助人为乐好人"和"孝老爱亲好人"名单。李芳馨热心公益,虽是一名教师,但身兼数职:既是义马青少年心理咨询公益热线主持人、河南省妇联首批爱心妈妈志愿者,又是义马市法院首批人民陪审员,还是义马市委组织部清风论坛、青少年"三理"教育和义马电视台文明风礼仪大课堂的主讲。多年来,她义务举办讲座百余场,向社会捐赠书籍1 000余本,价值万余元。沈改林是义煤集团跃进煤矿选煤厂的材料员,结婚17年来,他一直视岳母如亲生母亲。2003年,岳母患了脑梗死,生活不能自理,沈改林每天给老人喂药、擦洗、按摩,吃过饭就扶着老人在楼道里进行康复锻炼,一有空便坐下来陪老人说话、教她数数动脑筋。

【义马市青少年校外活动中心建成投入使用】 7月1日,义马市青少年校外活动中心建成投入使用。该中心位于市泰山路与千秋路交汇处,2007年底开工建设,占地面积13 340平方米,总投资300余万元。中心由一栋主楼、两个多功能厅和室外活动区3部分组成。主楼是集计算机室、音乐室、舞蹈室、美术室、科技室、劳技室等为一体的综合活动楼;室外活动区由篮球场、排球场、羽毛球、健身场等组成,该中心以推进素质教育,培育创新型人才为目标,定期举办舞蹈、音乐、书法、绘画、棋艺、球类等艺体培训,经常性开展全民健身器材使用培训和青少年篮球、羽毛球训练,为全市青少年个性特长和天赋发展搭建舞台。

【新区办事处马岭社区居民集中居住区开工奠基】 10月24日,马岭社区居民集中居住区开工奠基,该居住区位于千秋路以北,市二高西侧,一期规划占地面积6.7公顷,计划建设14栋住宅楼,其中6层10栋,18层4栋,总建筑面积8万平方米,一期全部建成后,可安置居民700户2 400人,可置换土地43公顷。

【中央联席办调研组到义马市调研】 11月17日,国家信访局研究室主任张严带领中央联席办调研组到义马市调研群众及信访工作开展情况。调研组听取了该市群众工作专题汇报,并深入该市群众工作部、东区办事处群众工作站、新区办事处群众工作站、新区办事处梁沟社区群众工作室进行了实地察看。张严一行对义马市群众工作经验给予高度评价,指出:近年来,义马市高度重视群众工作,义马群众工作经验不断得到深化推广,在全省乃至全国都产生了广泛影响,尤其是义马市群众工作立足把矛盾纠纷排查化解在基层,积极进行新的探索,建立起切实有效的机制,变群众"上访"为干部"下访",取得了显著成效。同时,义马市建立健全群众工作机制,进一步推动了矛盾纠纷排查化解工作的制度化、常态化,群众工作取得明显成效。张严一行希望义马市进一步改革创新群众工作,认真总结提升群众工作经验,完善群众工作机制,不断提升和谐社会建设水平。

【义马市跻身全国中小城市科学发展百强、最具区域带动力中小城市百强】 10月17日,在北京人民大会堂举行的第六届中国中小城市科学发展高峰论坛,公布了科学发展评价体系最新研究成果,发布了2009年度中国中小城市科学发展百强、中国十佳两型中小城市、中国最具投资潜力中小城市百强、中国最具区域带动力中小城市百强4项测评结果,义马市位列中国中小城市科学发展百强第50位,同时入选2009年度中国最具区域带动力中小城市百强。该项评价由中国社会科学院城市发展与环境研究中心、中国城市经济学会中小城市经济发展委员会等组织作出。

【义马鑫海新能源科技有限责任公司年产5 000万千克煤焦油加氢改质项目开工建设】 11月24日,义马鑫海新能源科技有限责任公司年产5 000万千克煤焦油加氢改质项目开工建设。该项目总投资1.5亿元,占地3.7公顷,计划2010年12月建成。项目主要以义马气化厂生产的焦油、中油、煤轻油等副产品为原料,采用先进的工艺技术和DCS集中控制系统,通过加氢改质工艺,进行精制与加氢裂化组合,在催化剂作用下生产出高附加值的清洁石脑油、柴油和加氢尾油等轻质燃料油产品。整个生产全部采用加氢绿色环保工艺,符合国家产业、环保政策,属国家鼓励重点投资工业项目。项目投产后,可实现年销售收入4亿元、利税5 000万元,具有显著的社会效益和经济效益。

【义马市强力推行"紧财政、富民生"】 当年,义马市牢固树立财政支出、民生优先的思想,坚持"紧财政、富民生"原则,压缩公务支出,增加民生投入,千方百计解决群众的教育、医疗、养老、住房等方面的困难。一是加大"三农"投入。筹资金2 603万元,支持抗旱救灾和城乡一体化建设;发放粮食直补、家电下乡补贴286万元,确保惠农政策落实到位。二是加大教育支持力度。投入9 287万元,改善办学条件,核拨1 230万元,免除义务教育阶段所有学生杂费、课本费,资助370名经济困难寄宿生。三是加大医疗投入。筹措2 341万元,提高新农合补助标准、积极开展城镇居民医保、流行病防控和食品药品监管。四是加大社保投入。投资4 937万元,支持开展就业和保障性住房建设,核拨1 160万元低保资金,促进了全市稳定和谐。

【义马市连续10年荣获三门峡市红旗渠精神杯】 在11月17日召开的三门峡市"红旗渠精神杯"竞赛总结表彰暨冬春农田水利基本建设工作会议上,义马市获得三门峡市2008年度红旗渠精神杯,这是该市连续第10年获此殊荣。2008年度,义马市投入农田水利基本建设用工19.76万个,投入资金4 946.56万元,建成了常窑水库除险加固工程、梁沟、石佛饮水工程,湾子、石门节水灌溉等20余项重点工程。累计完成各类工程量137.49万立方米,新增有效灌溉面积70公顷;旱涝保收田73公顷,累计发展节水灌溉面积80公顷,大大改善了农村群众的生产生活条件,提高了农业抗御自然灾害的能力。

【义马市举办十七届四中全会精神专题培训班】 为深入贯彻落实党的十七届四中全会精神,11月5日,义马市学习党的十七届四中全会精神专题培训班开班。此次培训自11月5日开始,共分3期,每期2天,培训对象为市管科级干部。培训班主要对十七届四中全会精神作深入辅导,帮助参训干部深刻领会全会精神的实质和基本要求,进一步统一思想,深化认识,理清思路,把对全会精神的学习与科学发展观的学习实践紧密结合,落到实处,着力提高参训干部的政治理论水平,为开创"两个率先"发展新局面提供坚强的思想政治保证、人才保证和智力支持。

【义煤集团荣获"中国安全文化管理十佳单位"称号】 12月20日,在海南海口市召开的第九届中国文化管理年会上,组委会专家组授予义马煤业集团股份有限公司"中国安全文化管理十佳单位"荣誉称号,授予杨村矿、常村矿、跃进矿、千秋矿、新安矿、观音堂公司6单位"中国文化管理典范单位"称号,授予耿村矿"中国安全文化管理典范单位"称号。

(史书现)

义马市2009年东区、新区办事处基本情况

表3

指标	单位	新区办事处	东区办事处
总人口	人	28 791	18 328
总面积	平方千米	65	47
耕地面积	公顷	714	1 008
农业总产值	万元	5 302	3 788.2
工业总产值	亿元	14.8	7.7
工业品销售收入	亿元	14.9	7.5
地方财政收入	万元	—	—
地方财政支出	万元	—	—
农民人均纯收入	元	6 924	5 300
粮食总产量	万千克	400.8	543
油料总产量	万千克	20.2	10.53
棉花总产量	万千克	0.7	0.47
肉类总产量	万千克	199.3	15.1
烟叶总产量	万千克	7.1	12.7
蔬菜总产量	万千克	1 301.5	1 953
果品总产量	万千克	33.1	13.66
牛存栏	头	210	532
猪存栏	头	28 500	17 234
羊存栏	只	564	4 795
禽存栏	只	130 000	61 437
党委书记		刘　彧	马松良
主　任		张百铭	王海燕

（史书现）

渑池县

【概况】 2009年,在县委的正确领导下,在县人大、县政协的监督支持下,县政府团结和带领全县人民,紧紧围绕工业、农业、城乡建设、招商引资、文化旅游和信访稳定6项重点工作,深入贯彻落实科学发展观,积极应对国内外复杂的经济形势,克难攻坚,狠抓落实,奋勇争先,较好地完成了县十二届人大三次会议确定的各项目标任务,全县经济社会继续保持了平稳较快的发展势头。

综合实力不断增强。2009年,全县地区生产总值完成138亿元,较上年增长12.7%,综合经济实力继续保持全省前20强;县域经济基本竞争力在全国2 000多个县(市)中位居第171位,在中部崛起百强县中位居第27位,分别较上年上升28个位次和1个位次。财政税收平稳增长。全县地方财政一般预算收入完成8.5亿元,较上年增长11.2%,总量居全市第1位、居全省第15位。投资拉动效果明显。全社会固定资产投资完成107亿元,较上年增长24.4%。居民生活日益改善。全县城镇居民人均可支配收入达13 985.9元,较上年增长8.5%;农民人均纯收入达5 569元,增长7.1%。

以项目建设为核心,工业发展后劲不断增强。进一步强化工业的重中之重地位,坚持以"一区四园"为平台,大力开展项目建设年活动。全县共实施工业重点项目43个,已累计完成投资44.9亿元。东方希望金属镓、义翔铝业节能减排等29个项目已建成投产或基本建成;2×30万千瓦热电联产、150万千克多晶硅等14个项目正在积极推进,特别是2×30万千瓦热电联产项目拿到了国家发改委路条,一举打通了多年困扰渑池经济社会发展的电力瓶颈,为渑池县的发展提供了强大的电力支撑。"一区四园"土地已纳入新一轮土地规划修编,园区内共实施相关产业项目19个,总投资达69.3亿元,已累计完成投资25.3亿元。积极调整优化产业结构,大力推进节能减排工作,国家循环经济标准化试点县获得国家质监局、国家发改委初步认可,河南省仅此一家。同时,扎实开展企业服务年活动,千方百计帮助企业化危为安,巧渡难关。全县规模以上工业企业实现工业增加值77亿元,较上年增长16%。

以增收增效为动力,农村经济实力显著提升。第一产业增加值完成13亿元,较上年增长3.6%。全县80个整体推进村累计完成投资1.5亿元,首批13个新型农村住宅社区建设试点全面启动,4个省级生态文明村和7个市级生态村已通过省级验收。积极开展抗旱浇麦工作,夏粮总产再创历史新高,全年粮食总产达1.77亿千克。坻坞贡米、南村玫瑰2个无公害农产品获得国家认证,仰韶大杏、段村柿饼、坻坞贡米等"仰韶三宝"国家地理标志产品正在申报当中,渑池县荣获河南省农业标准化示范县称号。全县规模以上农业龙头企业达40家,其中,6家进入全市20强,3家进入省级龙头企业行列。全年累计组织劳务输出6.3万余人,务工总收入达5.5亿元。减轻农民负担、良种补贴、家电下乡补贴等各项惠农政策得到全面落实,渑池县被授予全省农民负担监管工作优秀县。

3月3日,三门峡市新仰韶公司年产3 000万千克高档莫来石项目开工建设

以城市管理为重点,城乡一体化步伐稳步推进。坚持规划、建设、管理并举,加大创卫力度,实行综合治理,城区环境卫生、市容市貌明显改善。全县城市控制性详细规划达15平方千米,覆盖率达45%,比上年提高15个百分点,在中原城乡规划与风景建设成果展上,渑池县荣获"组织奖"。共组织实施城市重点建设项目21项,总投资18.3亿元。其中,第二水厂、垃圾处理厂扩容、五里河街改造、外国语小学等11项工程已建成投入使用,特别是第二水厂的建成试运营,将从根本上解决困扰城区居民多年的"用水难"问题;城市供暖二期、小寨沟生态公园、南涧河治理一期、渑义快速通道一期、人民医院迁建、广电网络大厦等10个项目推进有力,达到计划进度。累计投入小城镇建设资金3.62亿元,开工建设项目112个,已建成99个。累计投入道路建设资金1.36亿元,完成310国道渑池段中修10千米,农村公路建设40条、150千米;郑西高速铁路渑池站提前完工,连霍高速渑池段扩建工程顺利启动。

以招商引资为抓手,对外开放程度持续扩大。瞄准商业银行和九大企业集团进行"点对点"招商,组织参加了中博会、厦洽会,宁波、深圳、太原项目推介会和宁夏专项招商活动,累计签订投资协议23个,引进资金55.4亿元,引进重大客商56家;共争取政策性资金2亿元,其中争取县人民医院迁建项目资金2 803万元,占全市争取上级预算内社会事业资金的1/3强;利用外商直接投资6 597万美元,提前9个月完成市政府下达的年度目标任务;进出口额居全市第1位,其中高新技术产品出口占全市总额的86.7%。

以文化旅游为龙头,第三产业呈现蓬勃发展。全年第三产业增加值达24.2亿元,较上年增长12.5%。加大宣传推介力度,先后举办了两岸四地摄影家魅力渑池行、黄河旅游节渑池山水展等大型宣传活动,成功举办了南宁、北京仰韶文化展。韶山森林公园累计完成投资2 600余万元,坡头红石峡旅游综合开发项目完成投资2 000余万元。仰韶文化博物馆完成主体工程,仰韶村遗址保护规划顺利通过国家级评审,仰韶文化产业园项目进展顺利,渑池县被授予全国文物保护先进县;仰韶彩陶、黄河澄泥砚、仰韶麦秆画在河南省旅游商品大赛及北京非物质文化遗产博览会上获得一等奖;"送戏下乡"活动扎实开展,先后深入全县农村演出100余场;大型现代戏《大山的女儿》荣获河南省戏曲大赛金奖第1名,进京演出获得圆满成功;全国文化先进县顺利通过复查验收,渑池图书馆跨入国家1级馆行列。

以和谐稳定为基础,发展合力得到持续凝聚。坚持从源头抓起,继续深化信访评估和信访代理制度,深入开展"两抓一促""便民服务"活动,积极推广"4+2"工作法,扎实开展县、乡、村3级领导接访活动,有效地化解了大量苗头性、倾向性问题。持续开展以矿山安全生产为重点的专项整治,全县安全生产形势持续好转。进一步健全社会治安防控体系,充实了交警、巡警力量,建成了城区电子监控系统,命案实现"发一破一",人民群众安全感显著增强。深入开展和谐细胞建设和精神文明系列创建活动,尊老爱幼蔚然成风。渑池县荣获2009年全省平安建设先进县、信访稳定先进县"双先进"称号,受到了省委、省政府表彰。

以民生改善为目标,社会事业统筹协调发展。"十件实事"落实有力,人大代表建议、政协委员提案办结率达100%。累计投入民生资金3.6亿元,金融危机之年较上年增加4 700万元。高度重视社会保障工作,就业再就业工作得到加强,各项社会保险、城乡低保覆盖面进一步扩大,新建农村敬老院3所;新农合参合人数达到24.5万人,累计补助资金达2 074.8万元;廉租房一期工程已完成主体6栋,落实廉租住房租赁补贴85万元。组织实施科技项目34个,筛选引进高新技术项目2个,全国科技进步先进县通过复核验收。全面落实教育"两免一补"政策,高、中招工作再创佳绩。新建乡(镇)卫生院病房楼5座,完成村级卫生室标准化建设80个,荣获河南省村级卫生室标准化建设先进县称号。积极实施生态移民和搬迁扶贫项目,248户960名深山区群众乔迁新居。计划生育优质服务活动深入开展,低生育水平得到进一步巩固,计划生育国优县顺利通过复核验收,渑池县成为三门峡市唯一的全省统筹解决人口问题示范单位。此外,人民武装、民兵预备役、统计、审计、外侨、对台、老龄、档案、史志、气象、妇女儿童、河务移民、民族宗教、残疾人救助等工作都取得了新成绩、新进展,社会发展成果得到了不断巩固和扩大。

【义渑对接主干道完成规划设计】 1月,渑池县规划局结合《渑池—义马城区对接规划》,对新城区渑义快速通道、韶州路、黄河路3条东西干道进行规划设计,设计方案通过评审,进入施工图设计阶段。

【三门峡新仰韶合成料有限公司年产3 000万千克高档莫来石项目开工建设】 3月3日,三门峡新仰韶合成料有限公司年产3 000万千克高档莫来石项目开工建设。该项目位于天坛工业区,项目总投资5 100万元,以渑池县的工业氧化铝和煤矸石为原料,采用最新制瓷工艺均化合成。该项目的高档合成莫来石产品,主要用于冶金、建材、石化、机械铸造等行业。项目建成后,每年可综合利用煤矸石1 800万千克,利用工业氧化铝1 500万千克,可实现年销售收入8 500万元,利税2 000余万元。

【杏花节开幕式在果园乡李家村举行】 3月23日,一年一度的杏花节开幕式在仰韶黄杏原产地渑池县果园乡李家村举行。2004年以来,渑池县委、县政府坚持把特色农业和旅游业作为建设社会主义新农村的重要内容来抓,有力地促进了农村经济的持续、稳定、健康发展。果园乡依托仰韶黄杏品牌优势,坚持旅游搭台、经贸唱戏,举办具有地方特色的杏花节,对扩大仰韶黄杏知名度、培育壮大特色林果产业、拓宽农民致富渠道、宣传渑池旅游资源、做大旅游产业将产生深远影响。

【渑池刘少奇旧居正式开馆】 4月1日,整修一新的渑池刘少奇旧居正式开馆,免费对社会开放。刘少奇旧居是八路军渑池兵站旧址纪念馆(刘少奇旧居、豫西特委扩大会议窑洞旧址、八路军渑池兵站旧址)的一个组成部分。1938年11月28日至1939年1月22日,刘少奇在此起草并首次宣讲了彪炳史册的《论共产党员的修养》提纲。1963年6月20日,八路军渑池兵站旧址被河南省人民政府公布为重点文物保护单位;2005年被河南省旅游局列为"红色之旅——党性修养游"精品旅游路线。1985年正式对外开放。开馆以来,虽然渑池县委、县政府多次投资进行维护和修理,但是由于旧居房屋陈旧、漏雨,版面脱色严重,已经不适应教育基地的要求。2009年,渑池县委、县政府投资100多万元,对刘少奇旧居进行全面整修,这次整修按照古建筑整修"修旧如旧"的原则,依据豫西20世纪30年代建筑特色共翻修房屋26间,对顶棚、墙壁、地平进行了全面修理,改造了中心花园,新建了修养墙,添置了电子翻书器和电子触摸屏，刘少奇浮雕像等,全面提高了刘少奇旧居教育基地的文化品位和红色旅游品位。

【文鑫投资担保有限公司开业】 4月1日,渑池县文鑫投资担保有限公司开业。该公司为民营股份有限公司,注册资本2 000万元,是融资和投资担保及实业和项目投资为一体的金融服务行业,主要为中小企业和个体经济发展提供融资服务,促进银行和企业间合作。

【渑池驻宁波办参加河南宁波开发区(园区)推介对接会】 4月15日至16日,渑池驻宁波办参加了河南省商务厅加工贸易处与宁波外经贸局共同组织的河南宁波开发区(园区)推介对接会,并与浙江慈溪经济开发区、余姚经济开发区等11个园区沟通交流,重点介绍了渑池作为加工贸易梯度转移重点承接地的优势,推介了渑池县6个工业聚集区及铝深加工、煤化工、旅游文化、特色农业等优势产业的招商项目。

【东方希望三门峡铝业有限公司综合利用氧化铝赤泥提取金属镓项目建成试车】 4月25日,东方希望三门峡铝业有限公司综合利用氧化铝赤泥提取金属镓项目建成试车,该项目建设工期6个月,总投资为1.5亿元,可年产金属镓4万千克,产值1.2亿元,利税3 800万元。

【省电视台"心连心"艺术团到渑池县慰问演出】 4月30日,河南省电视台台长周绍成带领省电视台"心连心"艺术团到渑池县慰问演出。艺术团以总编王少春为团长,由优秀主持人和著名艺术家及《梨园春》《武林风》等栏目资深演员共200余人组成。演出在县体育中心足球场举行。县四大班子领导,离退休老干部,各乡(镇)及县直各单位干部职工,县域骨干企业职工及各界群众5万余人观看了演出。三门峡市四大班子领导及三门峡市军分区,三门峡市委宣传部、纪检委、组织部、政法委和公、检、法等数十个三门峡市直单位的负责人应邀观看了演出。

【三门峡市成品油市场专项整治工作会议在渑池县召开】 5月8日,三门峡市成品油市场专项整治工作会议在渑池县召开。为加强成品油市场监管,维护成品油市场正常秩序,严厉打击无证照经营、缺斤短两、掺杂使假、偷税逃税和严重安全隐患等违法违规情况,3月27日起,渑池县按照河南省和三门峡市的部署,开展成品油市场专项整治活动。活动开展以来,渑池县科学规划,严格市场准入,规范成品油企业建设行为;全面彻底检查,依法严厉打击违法违规经营;加强监督管理,依法规范经营行为;完善基础设施,加强安全管理;加强源头管理,杜绝成品油违规违法注入市场。

【渑池县举办"玫瑰杯"乒乓球邀请赛】 5月15日至17日,渑池县举办"玫瑰杯"乒乓球邀请赛。省内各地、市、县的32支代表队参赛。平顶山姚电联创队夺得冠军,义马千秋矿代表队获得亚军。在颁奖仪式上,河南嵩山的20余名少林武僧表演了十八般兵器、气功、拳术等武术节目。

【渑池县果园工贸区商贸城建设项目顺利启动】 5月16日,渑池县果园工贸区商贸城建设项目顺利启动。果园工贸区商贸城是渑池县城远期规划南部副城区的重要组成部分,总占地面积8.5公顷,分商业中心、火车站广场两部分,总建筑面积13.6万平方米,总投资2.5亿元,建设工期3年。县长薛蒙林出席签约仪式,并代表县四大班子领导对项目的签约表示热烈祝贺。副县长毋世芳与郑州市长城房屋开发集团有限公司董事长申士禄签订了合作协议。三门峡东部副中心城市果园工贸区商贸城建设项目的正式签约和顺利启动,必将带动渑池第三产业的大发展。

【渑池县专家顾问团成立】 5月22日,中共渑池县委、渑池县人民政府聘请16位专家学者组成中共渑池县委、渑池县人民政府第1届专家顾问团。26日,县委县政府第1届专家顾问团第1次全体会议召开,会议宣告渑池县专家顾问团成立,并以此为平台,促进渑池与外界的交流与合作,推动渑池经济的发展。

【渑池县慈善总会成立并召开第1次会员代表大会】 6月3日,渑池县慈善总会成立并召开第1次会员代表大会,会议选举原人大常委会副主任范耀贤担任渑池县慈善总会会长,副县长李万征任第一副会长。慈善总会的成立标志着渑池县社会保障体系建设由单纯政府行为,进入了以政府为主体、政府与民间结合、多元化发展的新阶段。

【河南煤业化工集团永煤公司龙王庄煤矿竣工投产】 6月6日,地处渑池县英豪镇的河南煤业化工集团永煤公司龙王庄煤矿竣工投产。该项目为河南煤业化工集团、永煤集团与中迈集团合作兴建,总投资3.8亿元,于2004年6月16日开工兴建,矿井设计生产能力为年产4.5亿千克,预计年销售收入1.6亿元。龙王庄煤矿的竣工投产,标志着豫西地区第一个开采最深"三软"煤层的现代化矿井正式投产。

【河南省热力协会年会在渑池召开】 6月10日至12日,河南省热力协会年会在渑池召开。省建设厅和各地市热力公司领导到会,就全省的热力供应现状进行讨论,对渑池县的热力公司相关工作给予了高度评价。

【渑池县河南元汇年加工6 000万千克生物功能性食品项目奠基】 6月12日,渑池县河南元汇年加工6 000万千克生物功能性食品项目奠基。项目总投资1.48亿元,分两期实施,建成后可年消耗辣椒6 000万千克,实现销售收入6亿元,出口创汇1亿美元,一期工程计划投资3 000万元,设计生产生物功能性食品800万千克、膳食纤维50万千克,可实现产值2 700万元,利税800万元,安排劳动力200人。

【河南省“1811”电网发展提速工程暨110千伏会盟变电站扩建工程在渑池启动】 6月12日,河南省“1811”电网发展提速工程暨110千伏会盟变电站扩建工程在渑池启动。全省同时启动“1811”电网发展提速工程。

【渑池县刘少奇旧居“全省党员干部党性党风党纪教育基地”揭牌仪式隆重举行】 6月17日,渑池县刘少奇旧居“全省党员干部党性党风党纪教育基地”揭牌仪式隆重举行。省委常委、纪委书记叶青纯,省纪委副书记米剑峰,省委组织部副部长安平和市县领导等出席揭牌仪式。仪式上,省、市领导为刘少奇雕像敬献花篮。市委副书记、市长杨树平主持仪式。省委组织部副部长安平宣读省纪委、省委组织部命名刘少奇旧居等为“全省党员干部党性党风党纪教育基地”的决定。市委书记李文慧讲话,介绍全市党员干部利用特有红色及人文资源优势,加强党员干部党性修养情况。叶青纯、安平亲自为基地揭牌。

【由中央电视台电视剧频道拍摄的电影《玫瑰谷》举行封机仪式】 6月22日,由中央电视台电视剧频道拍摄的电影《玫瑰谷》举行封机仪式。《玫瑰谷》表现的是当代大学生村官带领群众发展经济致富奔小康的感人故事。在渑池县历时14天完成了所有全程拍摄,正式封机。中华合作时报社社长、中华全国供销合作总社声像中心主任杨建平,省委组织部电教处处长宋克牧,市委常委、组织部长李卫民和县领导等出席封机仪式。

【中央新闻媒体到渑池采访】 7月6日至8日,中央新闻媒体(新华社、人民日报、中央电视台等各新闻单位)到渑池采访驻渑某部优秀单位红一连加强党的支部建设,贯彻落实科学发展观,构建坚强战斗堡垒的先进事迹。进营房,下连队,深入挖掘红一连的光辉事迹,该内容于7月18日在《人民日报》头版以《“红一连”战旗为什么这样红》、7月17日在《经济日报》头版以《屡建奇功的“战斗堡垒”——记济南军区某部“红一连”党支部》发表。

【纪念新中国成立60周年暨《论共产党员的修养》发表70周年座谈会在渑池县召开】 8月15日至17日,河南省新四军历史研究会在渑池县召开纪念新中国成立60周年暨《论共产党员的修养》发表70周年座谈会,河南省新四军历史研究会副会长、三门峡市委副书记、市长杨树平,省新四军研究会常务副会长冯光、陈随源,副会长孟庆琦,秘书长彭承烈及县委书记、县长薛蒙林等出席座谈会。杨树平代表三门峡市四大班子表示祝贺,薛蒙林致欢迎词。参加会议的有河南省新四军历史研究会副会长、理事和各地市党史研究室主任等30人,与会人员还参观了刘少奇旧居、八路军兵站、博物馆、体育中心等。

【渑池县三华实业有限公司12亿千克洗煤厂奠基仪式举行】 8月23日,渑池县三华实业有限公司12亿千克洗煤厂奠基仪式在英豪镇谷水村举行。该项目由湖南省湘潭市三华物资有限公司投资兴办,总投资1.2亿元,占地5.3公顷,年洗原煤12亿千克,工期6个月,可实现年利税4 800万元,主要产品洗精煤作为冶金技术企业用煤。

【渑池县参加第7届农交会硕果累累】 9月8日,由农业部主办的第7届中国国际农产品交易会在吉林省长春市开幕。作为河南展团的一个重要组成部分,仰韶酒业有限公司代表渑池县参加了这次农交会,参展了仰韶酒业彩陶坊系列产品(天时、地利、人和)和老仰韶系列产品(淡雅、纯雅系列),截至11日闭幕时已有上海、长春、吉林、辽宁、福建等省市18个单位与其进行了业务洽谈并拟订口头协议,初步达成意向协议2 000余万元。此次参展,对于搞活渑池县农产品流通,开拓国内、国际两个市场,扩大农业对外开放,推动农业和农村经济发展等都将产生重要的作用和深远的影响。

【中国农业大学微生物考察组专家到渑池县考察指导工作】 9月11日,中国农业大学微生物考察组专家到渑池县考察指导白酒生产工艺及酶制剂研发工作。考察组先后来到河南仰韶生化工程有限公司、河南仰韶酒业有限公司实地考察,听取了各企业负责人的介绍。考察组对渑池县高度重视科技创新,在微生物工程领域取得的成绩给予肯定,并希望各企业抓住市场机遇,了解市场动向、重视科技创新、多元化开发产品,把科研成果早日转化为经济效益。

【省政府督导组到渑池县察看安全生产工作】 9月15日,省政府安全生产督导组在省公安厅交警总队政委尚俊志带领下,到渑池县察看安全生产工作。督导组一行先后来到渑池县果元乡中山昌盛联发、永宏、顺利、孟东联办等煤矿进行察看,并听取了相关人员的汇报。通过实地察看和听取汇报,督导组对渑池县的安全生产工作给予充分肯定,认为渑池县领导高度重视、行动扎实迅速,措施有力,针对性强,取得了明显成效,希望在下一步工作中,继续加大工作力度,提高工作标准,不断强化对重点部位、重点行业领域的安全监管、层层落实责任,确保安全生产形势持续稳定。

【渑池县举办庆祝新中国成立60周年大型图片展】 9月17日,经过2个月的筹备,“渑池县庆祝新中国成立60周年大型图片展”在县体育中心举行开展仪式。本次图片展由渑池县委宣传部、渑池县委党史方志办公室主办,渑池县各乡(镇)各有关局委等38个单位参加,展出时间2009年9月15日至10月10日。这次图片展是庆祝新中国成立60年活动的主要内容之一。展出的展板共100块,以渑池县工农业发展、城乡建设、交通、科技、教育、文化、卫生、旅游、环境保护等各行各业、各条战线的60年发展成就为主线,充分展示开放的渑池、奋进的渑池、崛起的渑池的崭新风貌,激励全县人民振奋精神、团结奋进,为实现渑池经济跨越发展作贡献。

【三门峡市林业生态建设现场会在渑池召开】 10月7日,三门峡市林业生态建设现场会在渑池召开,各县(市)区林业部门有关负责人和林站站长以及30多名造林骨干参加了会议。与会人员实地参观了位于渑池县陈村乡扣门山、仁村乡坻坞生态能源林项目以及果园乡东村退耕还林后续产业基地,并召开了座谈会。通过参观交流,大家认为,渑池县在生态建设方面,领导重视,宣传到位,投入较大,重点突出,督查有效,效果明显,堪称全市乃至全省的样板工程。

【仰韶国陶酒上市发布会暨仰韶国陶酒旗舰店开业仪式在郑州隆重举行】 10月8日,仰韶国陶酒上市发布会暨仰韶国陶酒旗舰店开业仪式在郑州隆重举行。省人大原副主任亢崇仁、张世军、李志斌、贾连朝,国家副食流通协会会长何继红,省政协副主席王平和市领导李文慧、杨树平、赵中生、赵艳以及县委书记薛蒙林、副县长吴鹏斐等出席仪式并剪彩。仰韶国陶酒的成功上市将仰韶酒业推向了企业发展的新高度。

【渑池县与山西经济合作座谈会在太原市召开】 10月11日,渑池县与山西经济合作座谈会在太原市召开,就渑池县招商引资相关事宜与太原市各企业家进行洽谈。代县长许胜高、太原市工商联合会秘书长郑银河出席会议。共发布项目101个,涉及铝加工类、煤化工、旅游等领域,并介绍了渑池县经济建设成就和区位优势及相关优惠政策。

【河南仰韶生化工程有限公司举行生物酶制剂改扩建项目开工仪式】 10月12日,河南仰韶生化工程有限公司举行生物酶制剂改扩建项目开工仪式,商务部特派员郭永乐、中国酶制剂协会会长杜军、河南省科技厅副厅长张代民及三门峡市、渑池县领导等出席开工仪式。该扩建项目是国家发改委支持的一个重点产业化项目,由河南仰韶生化工程有限公司与广州裕利宝生物公司合作共同出资建设,总投资13 456万元,计划10个月完工。项目建成后,将成为全国最大的酶制剂生产企业,和酶制剂出口创汇企业,可生产各种酶制剂十余种,其中耐热木聚糖酶、酸性淀粉酶,将填补国内空白。年新增生产能力500万千克,新增销售收入26 000万元,新增利税5 036万元。

【“仰韶文化北京行”取得圆满成功】 11月23日至29日,受北京宣南文化节组委会邀请,渑池县在北京宣南文化节上主办了大型展览——仰韶文化展,组织了由县曲剧团排演的河南省戏剧大赛金奖剧目——《大山的女儿》专场演出,受到了首都观众的热烈欢迎。河南省文化厅还邀请全国知名戏剧专家,就戏剧《大山的女儿》召开了专家研讨会,与会专家对该剧在弘扬主旋律、宣传和谐文化、宣传社会主义核心价值体系方面的重大意义,并就如何把该剧打造成传世精品,提出了比较系统的修改意见和建议,为该剧进一步走向全国奠定了基础。

【渑池县顺利通过省农村食品药品“两网”建设示范县验收】 12月1日,河南省农村食品药品“两网”建设示范县验收组到渑池县,对各乡(镇)食品药品安全办公室、乡卫生院、村卫生所以及零售药店进行现场综合验收评定,渑池县符合农村食品药品“两网”建设示范县标准,顺利通过验收。

【渑池县两个专业合作社被认定为河南省第1批农民专业合作社示范社】 12月1日,接省农业厅通知,渑池县天池辣椒专业合作社和段村蚕业农民专业合作社被认定为河南省第一批农民专业合作社示范社。这将对推进渑池县农民专业合作社规范化建设、提高农民组织化程度和农业产业化经营水平将起到良好的示范带动作用。

【《大山的女儿》荣获金奖第1名】 12月2日,在河南省第2届县(区)级戏剧大赛上,渑池县曲剧团排演的大型现代戏《大山的女儿》荣获金奖第1名,并获得剧作、导演、音乐创作3个单项一等奖,主演杨青怡等9名演员分别获一、二、三等表演奖。

【渑池县首次实行公推直选乡党委书记】 12月5日,渑池县仁村乡召开公推直选乡党委书记党员大会,县委书记薛蒙林出席选举大会并作重要讲话。参加会议的有仁村乡党员314名,以无记名投票方式,选举产生仁村乡党委书记。这是渑池县按照省委、市委组织部要求,首次实行公推直选乡党委书记,标志着渑池县公推直选党委书记试点工作圆满成功。

【渑池县史志办荣获3项省级大奖】 12月,在河南省第2轮市县两级综合志书优秀成果评奖工作中,渑池县史志办编纂出版的《渑池县志》获得全省综合志书优秀成果二等奖和内容编写优秀奖。这次全省市县两级综合志书优秀成果评奖活动共设综合一、二、三等奖及内容编写、体例框架、印刷装帧3个优秀奖。三门峡市只有《渑池县志》一部志书获得综合和单项两个奖励;渑池县史志办还同时荣获全省2009年度修志工作先进单位称号。

(张丽敏)

2009年渑池县各乡(镇)基本情况

表4

乡(镇)	总人口(人)	耕地(公顷)	粮食总产量(万千克)	油料总产量(万千克)	肉类总产量(万千克)	烟叶总产量(万千克)	水果总产量(万千克)	牛存栏(头)	猪存栏(头)	羊存栏(只)	农林牧渔业总产值(万元)	工业总产值(万元)	规模以上工业增加值(万元)	地方财政收入(万元)	农民人均纯收入(元)	党委书记	乡(镇)长
城关镇	74 169	1 375	798.6	55.8	76.8	—	444.2	2 127	7 876	1 484	5 773	133 660	33 794	5 232	6 573	姬宪伟	贺金强
英豪镇	37 999	4 536	2 228.4	218.6	253.5	44	1 073.2	9 407	23 293	3 009	30 050	113 414	24 044	2 226	5 125	张小波	王　生
张村镇	23 481	2 205	1 024.5	143.8	205.6	6.5	987.3	8 182	14 851	2 422	15 405	264 974	75 116	3 348	5 569	张赞民	张光华
洪阳镇	22 452	3 043	783.8	78.8	187.9	35.6	1 413.1	6 601	19 472	4 561	12 457	175 207	45 981	2 159	5 495	张志刚	张捍伟
天池镇	44 270	9 563	2 789.6	129	394.4	230.6	1 253.8	14 806	24 908	11 885	30 506	139 837	30 779	3 367	5 653	张光明	刘建伟
仰韶乡	36 674	3 985	1 678.6	138.7	894.6	54	2 249.3	10 077	84 789	6 882	31 485	233 839	44 354	4 623	5 701	赵伟民	赵红军
仁村乡	17 539	2 297	1 082.3	73.3	129.3	38.7	411.5	9 326	10 311	12 644	10 889	156 288	40 683	3 265	5 346	黄世民	马万智
果园乡	39 179	6 560	2 401.3	262.8	201.8	120.6	1 393.3	18 390	15 889	9 987	18 902	283 438	79 262	6 018	5 696	王达方	杨亮伟
陈村乡	33 752	4 538	2 123.8	297.5	249.2	18	1 785.7	12 186	21 628	6 826	21 945	417 228	100 346	5 567	5 385	张　芳	李松峰
坡头乡	15 802	3 291	1 346.7	121.7	100	102.1	440.8	10 043	7 002	4 928	11 084	142 146	30 678	2 425	5 308	董毅韶	屈玉春
段村乡	9 365	2 272	866.9	168.5	179.8	23.9	4 123.5	12 314	4 918	12 282	16 332	134 055	39 321	439	4 991	龚　彬	侯建星
南村乡	5 885	2 533	525.3	147.2	120.5	12	1 014.1	12 143	9 948	10 050	14 777	148 897	39 962	443	4 992	刘正民	李保军

（张丽敏）

陕 县

【概况】 2009年,面对国际金融危机带来的巨大冲击,在市委、市政府的正确领导下,陕县坚持以党的十七大和十七届三中、四中全会精神为指导,深入贯彻落实科学发展观,紧紧围绕“战危机,促三保”工作大局,同心同德,共克时艰,实现了经济社会平稳较快发展,完成了县十二届人大第三次会议确定的各项任务。

经济平稳较快增长。全年完成地区生产总值95.6亿元,增长14%;完成地方财政一般预算收入5.72亿元,增长14.4%;完成固定资产投资106.2亿元,增长43.8%;金融机构存、贷款余额52.8亿元和40.5亿元,增长22%和14%。城镇居民人均可支配收入12 615元,增长15%;农民人均纯收入4 510元,增长7.6%。

项目建设成效显著。2009年初计划的105个项目,已完成投资53亿元,其中66个项目基本建成或具备投运条件,22个项目在建,17个项目在做前期工作。项目建设无论数量还是投资规模,均创陕县历史之最。产业集聚区建设快速推进,基础设施建设完成投资5.58亿元,入驻项目3个,建成投产1个,在建2个。

工业经济企稳向好。深入开展企业服务年活动,帮助企业解决实际困难和问题,全县规模以上企业绝大部分实现复产达产、效益好转。全年规模以上工业总产值实现141亿元,增长25.5%,增加值完成40.6亿元,增长16.9%,实现工业利润8.8亿元。

农业经济稳步增长。完成农业增加值10.3亿元,增长6.3%。粮食总产达到1.25亿千克,增长5%。蔬菜总产1.9亿千克,果品总产4亿千克,再创历史新高;烟叶产量603万千克,实现税收1 349万元;猪、牛、羊、鸡饲养量同比分别增长13.2%、6.1%、7.5%、9.4%,畜牧总产值达到4.51亿元,增长8%;林业生态工程完成11 380公顷,林业生态县创建任务已经省验收批复。

5月6日,陕县第4届职工运动会在大营镇农民体育中心隆重开幕

第三产业健康发展。全年完成第三产业增加值31.8亿元,增长13.4%。实现全社会消费品零售总额17.5亿元,增长19.1%。旅游基础建设取得新进展,新增投入6 000余万元,完成重点工程8项,“农家乐”发展到280户,景区景点内涵增加,全年接待国内外游客70余万人次,实现旅游综合收入3.2亿元,增长20%。商贸、金融、保险、邮电通讯等服务业健康发展,新增非公有制经济实体1 030家。

城乡建设步伐加快。完成城建投资3.58亿元。天河路北延、黄河路新建等城市道路工程建成通车;陕州中学扩建、陕州小学建设、城市垃圾处理、污水管网改造、环卫设施建设、绿化亮化等工程建成投用;中心医院建设、体育中心建设、人民公园扩建、廉租房建设等达到年度目标要求。“三城联创”活动深入开展,全县13个乡(镇)的总体规划修编工作基本完成,51个村庄规划通过评审,84个正在编制,陕县被评为“河南省村镇规划先进集体”。新农村建设深入推进,6个新型农村社区试点工作启动,24个重点村、90个分类推进村建设达到进度要求。农村新修县乡公路86.2千米、村级公路69.9千米。新建农村沼气6 000户;新建农村饮水安全工程23处,解决了2万人的饮水安全问题。涧里、张家河、后河、塔山4座水库除险加固工程完工,新打配机电井29眼,新增有效灌溉面积553公顷,陕县第12次荣获省“红旗渠精神杯”。5月22日,店子乡获“中国百佳和谐小城镇”荣誉称号,该荣誉在三门峡市仅有1家。

改革开放深入推进。国企改革积极稳妥,改制政策全面落实。县乡财政体制进一步理顺,矿产品税费征管进一步加强。集体林权制度、卫生体制、水管体制、畜牧兽医管理体制,科技、教育、文化等领域的改革均达到上级要求。实施“走出去、请进来”战略,开展大招商活动,参加了19次省、市有关部门组织的大型招商活动,第1次独立在广东成功举办了“陕县(佛山)经济合作项目推介会”,累计对外发布经济合作项目156个,签约63个,签约金额178亿元。实际利用外资3 200万美元,实现出口创汇600万美元,陕县被联合国工发组织授予“中国投资环境工程试点城市”和“中国投资潜力型城市”称号。

社会事业全面进步。高度重视改善民生,省、市、县“十件实事”全面完成。落实各项惠民政策,粮食、良种、农机具购置、家电汽车摩托车下乡等各类补贴全部发放到位;“两免一补”全面落实,受益学生45 130人;发放廉租房补贴95.2万元,受益群众3 263人;发放大中型水库移民后期扶持资金1 100万元,受益群众18 800人。积极推进就业再就业工作,新增城镇就业人数7 860人,下岗失业人员再就业2 315人,

"4050"人员就业659人;组织农民劳务输出6.7万人,创劳务收入5.3亿元。落实各项社会保障制度,新农合参合26.1万人,参合率95%;城镇医疗保险惠及56 450人,居民补助资金332万元;免费实施白内障复明手术750例;城镇基本养老保险34 407人,城乡低保19 837人。高度重视信访稳定和安全生产,有效预防和化解了矛盾纠纷和安全隐患,保持了社会大局稳定,陕县被评为"全国平安建设工作先进县"。积极推动科技事业,人口自然增长率控制在1.04‰以内。环境保护工作进一步规范,节能减排取得显著成效,陕县被授予"中国绿色名县"荣誉称号。食品药品安全工作取得新成绩,陕县被评为"全省食品安全示范县"。国防动员、人民武装、民政、工商行政、产品质量和技术监督、人力资源和社会保障、财政金融、社会保险、国土资源、城乡住房、统计、审计、物价、广播电视、邮政通讯、河务移民、民族宗教、老区建设、妇女儿童、残疾人、对台、侨务等各项社会事业都取得了新进展。

政府建设得到加强。深入开展转变作风年和"两转两提"活动,切实加强政府系统干部作风建设和执行力建设。落实廉政和反腐败工作,积极推进依法行政,进一步简化行政审批,不断完善承诺服务、限时办结、首问负责等工作制度,政府建设取得了新进步。坚持开展精神文明创建活动,申报创建市级以上文明单位57个,文明村镇25个。高度重视民主法治建设,自觉接受人大的法律监督和政协的民主监督,全年办理人大代表建议69件、政协委员提案133件,办结率100%,满意率100%。

【陕县成立摄影家协会】 1月8日,陕县宣布正式成立摄影家协会并召开第一次代表大会。陕县摄影家协会是由全县摄影爱好者自愿组成的民间群众团体组织,陕县正县级领导张儒雷任协会名誉主席,市委宣传部副县级调研员、市摄影家协会主席马合福,市摄影家协会副主席、市艺术摄影学会会长尚继汉,县人大副主任崔双才,副县长唐科峰,政协副主席魏仙武等出席了会议。来自陕县各行业的首批50余位协会会员参加了会议。

【河南锦荣水泥公司9 000千瓦余热发电机组成功并网运行】 2月13日17时,锦荣水泥公司9 000千瓦余热发电机组成功并网发电。这是锦荣水泥公司继2008年7月年产20亿千克新型干法水泥生产线投产后又一项节能降耗项目的成功投运,也是豫西地区并网投运的第1条水泥余热发电生产线。

【中原文化港澳行陕县经济合作成绩斐然】 2月16日至20日中原文化港澳行暨2009豫港澳投资贸易洽谈会,先后在澳门、香港举行。陕县按照省、市组委会总体要求,共制作宣传展板4块(重点介绍陕县县情、铝工业项目聚集区、矿化温泉系列开发、特色旅游等方面),招商宣传册300余份,发布、推介项目150余个。县经贸代表团共约见客商30余人次,发放名片500余张。此次投洽会上,陕县与香港信义集团等共签订合作意向4个,投资总额近16亿元。

【陕县举行"保护母亲河"行动启动仪式】 3月9日,是全国第8个"保护母亲河"日。由共青团河南省委、河南省林业厅主办,共青团三门峡市委、市林业局,共青团陕县县委、县林业局承办的河南省"保护母亲河"行动春季活动启动仪式在陕县人民公园举行。共青团河南省委副书记郭鹏,市、县领导赵中生、马仰峡、张君贵、孙继伟、高战荣、李隽瑜、崔双才、潘新乐、魏仙武等出席启动仪式。启动仪式上,省林业厅向青少年植绿护绿志愿者服务队授旗;郭鹏、赵中生为"河南省青少年绿色家园"揭牌;团省委以及市、县领导与当地青年志愿者一起开展了植树造林活动。

【陕县产业集聚区引入2家化工企业】 3月12日,陕县首家化工企业三门峡奥科化工有限公司进驻陕县产业集聚区,并举行新址开工仪式,县领导高战荣、李蓓、张保军、李宏伟、刘文生等出席开工仪式。三门峡奥科化工有限公司是一家股份制民营企业,拥有年产600万千克巯基乙酸生产线两条和一个省级工程技术研究中心。为落实陕县城区总体规划,该公司将厂址易地搬迁到陕县产业集聚区。新址开工是陕县在应对危机之年开工建设的第1个重大项目,搬迁一期工程项目投资6 000万元,建成投产后年产巯基乙酸异辛酯等1 000万千克,可实现年产值1.6亿元,利税1 200万元。

3月16日,陕县产业集聚区又一重点项目——三门峡广瑞化工有限公司奠基仪式举行。县领导牛兰英、李蓓、张保军、李宏伟、刘文生、魏仙武等出席奠基仪式并为项目开工奠基。三门峡广瑞化工有限公司是2009年陕县招商引资成果项目之一,也是陕县"项目建设年"重点项目之一。该企业在集聚区一期投资1亿元建设年产1 000万千克氯乙酸项目。

【中央、省主流媒体聚焦陕县新农村书屋】 3月19日,《光明日报》《河南日报》《大河报》、河南卫视等主流媒体聚焦陕县新农村书屋,对全县农村书屋在社会主义新农村建设中发挥的巨大作用进行集中宣传报道。截至3月,陕县共建成高标准"新农村书屋"23个,初步形成了以大营、原店两镇为中心的县西片,以西张村镇为中心的县中片和以观音堂镇为中心的县东片书屋群,全县书屋共装配图书8.4万册,价值88万元,惠及村民5.5万人。

【陕县为革命遗址遗迹挂牌保护】 3月31日至4月1日,陕县为革命遗址遗迹挂牌保护,此次活动是由县老促会、关工委、党史办及宋庆龄基金会陕县办事处共同承办。为陕县革命遗址遗迹进行挂牌保护,是进行革命传统教育的最好形式,对于缅怀革命先烈,教育广大党员干部和人民群众树立崇高的理想,坚定信念,更好地实践科学发展观活动有着重要意义。

【陕县荣获"中国绿色名县"荣誉称号】

3月29日,陕县被中华环保联合会等授予"中国绿色名县"荣誉称号,县委书记高战荣代表县委、县政府进京接牌。由中华环保联合会、中国城市科学研究会、中国农业生态环境保护协会、中国社会科学院数量经济与技术经济研究所4家单位联合主办的中国绿色名县评选活动于2008年9月22日在北京正式启动,分自愿申报、专家评估、媒体公示、推介宣传4个阶段进行,全国有72个县(市、区、旗)、28个镇(乡)分别获得“中国绿色名县”“中国绿色名镇”称号。

【陕县举办第6届桃花节】 4月3日,为期15天的第6届桃花节在菜园乡开幕。开幕式上,菜园乡介绍了桃花节有关活动安排情况,并举行了桃花节经贸洽谈项目签约仪式,签订了刁家绿色生态园项目、5 000万千克果汁饮料项目、300万千克鲜桃购销合同项目等10个合作意向项目,总投资金额15.6亿元。开幕后,“桃花之源”专题图片展、民间剪纸艺术展、乡村特色小吃及农产品展、书法比赛、戏曲演出、项目建设成果展和寻梦桃花源游园等系列活动逐一展开。

【杜卫东到陕县调研果品业发展现状】 4月10日,国家果品加工储藏研究院院长杜卫东一行到陕县调研果品业发展现状,副县长唐科峰和省、市、县农业部门有关负责人参加调研。杜卫东就陕县果品业发展提出了6点建议:一是加强果品企业间的合作与交流;二是建立农民果品专业合作社;三是做好果品储藏和保鲜工作;四是正确处理好果品业和工业之间的关系;五是及时调整果品产业结构;六是合理施肥,增加土壤有机质含量。

【雪花谷漂流正式对外开放】 4月29日,三门峡雪花谷漂流正式向游客开放。市、县领导与2 000多名群众参加了开漂仪式。该项目位于店子乡境内的回春河景区,距三门峡仅40余千米,是距三门峡市区最近的漂流项目。漂流河道全长8千米,自然落差110米,两岸悬崖陡壁,堪称“中原峡谷第一漂”,可同时容纳千余人漂流。工程于2007年8月动工修建,总投资8 000万元,建设内容有水上漂流、水力发电、休闲度假、特色养殖、观赏农业。

【陕县产业集聚区规划成果通过评审】 5月8日,陕县召开产业集聚区规划成果评审会,以省政府发展研究中心处长、博士李政新成立的专家组对陕县产业集聚区规划成果进行了评审。2009年,陕县的产业集聚区被列为河南省首批发展的产业集聚区,评审委员会在听取了规划编制单位汇报陕县产业集聚区总体规划后,同意《陕县产业集聚区的总体规划》通过评审。

【15届三门峡国际黄河旅游节陕县收获丰厚】 5月18日,陕县参加了在市国际会议中心举行的第15届三门峡国际黄河旅游节暨投资贸易洽谈会经济合作项目发布暨签约仪式。会上,共签约项目6个,签约金额89亿元。在本届旅游节活动中陕县邀请到的国外企业参会居全市首位,签约项目投资额最多,单个项目投资金额最大,本次洽谈会上,陕县共发布招商项目150个,涉及旅游、能源、化工、铝深加工、畜牧业、机械加工、化纤、产业集聚区和基础设施等行业项目,与中外客商100多人进行了对接洽谈,达成合作意向28个项目,总金额118亿元,在市国际会议中心举行的经济合作项目签约会上签约6个,投资总金额89亿元,涉及铝深加工、化工、旅游、绿色农业、畜牧业、医院等行业项目。

【北师大教授郭召良到陕县作化解高考压力专题报告】 5月20日,北京师范大学心理学教授郭召良应邀到陕州中学以“5月探索讲坛·心理专家支招化解高考压力”为主题做心理与应试策略专题报告会。会上,郭召良针对现阶段各层次高三学生可能出现的6种消极心态,进行深入剖析,提出应对的方法和策略,通过生动的事例让学生树立自信,应战高考。

【陕县特殊教育学校落成】 县特殊教育学校是在原原店镇中学的基础上,由省、市、县各级政府投资426万元改建而成,学校占地0.99公顷,建筑面积466平方米,拥有教学楼、学生公寓楼、多功能大厅、水冲式厕所、康复门诊、礼堂以及多媒体教室、电脑室、电子备课室等多类教室。工程于3月20日开始建设,9月1日正式投入使用。特殊教育学校的落成填补了陕县教育史上的空白。

【宋庆龄基金会陕县办事处向菜园乡坳渠村小学捐赠学习用品】 5月30日,河南省宋庆龄基金会陕县办事处向菜园乡坳渠村小学的学生捐赠了书包、文具盒等学习用品,并向学校赠送了饮水机等用品。宋庆龄基金会陕县办事处自成立以来,一直关注社会公益事业,先后举办救助活动23次,累计发放救助金及各类物品总价值20余万元,救助因贫困而面临失学儿童1 800余人,涉及全县13个乡(镇),50多所学校和幼儿园。

【龙飞公司一期年产2亿千克有机无机生物肥生产线工程奠基】 5月31日,三门峡龙飞生物工程有限公司一期年产2亿千克有机无机生物肥生产线工程举行奠基仪式。省民营经济维权发展促进会会长李学斌,市领导李建顺、赵中生、马仰峡和县纪委共同为工程奠基培土。龙飞生物工程有限公司是1997年成立的高新技术企业,其主要产品龙飞大三元有机无机生物肥是一种双颗粒新型高效肥料,解决了生物肥、有机肥、无机肥“三肥”同施、共同作用而又互不影响的技术难题,已经在全国10多个省市进行了多年的规模性施用,为促进农业可持续发展发挥了显著作用。

【“走进平安三门峡”集中采访团到陕县】 6月5日,由省委宣传部牵头,人民日报、新华社、中央人民广播电台、《经济日报》《中国青年报》《河南日报》、河南人民广播电台、河南电视台等16家中央、省直新闻媒体组成的“走进平安三门峡”集中采访团到陕县,深入辛店村采访基层综治工作开展情况。

市、县领导杨树平、郭绍伟、高战荣、张保军、李海霞等参加活动。

2009年5月在全国社会治安综合治理表彰大会上，陕县被授予"全国平安建设先进县"称号。大营镇辛店村充分发动和依靠广大群众，以"建设平安辛店，构建和谐社会，促进经济发展"为总目标，齐抓共管，狠抓落实，全村环境优美、社会稳定、经济繁荣、文化生活丰富多彩。在辛店村文化大院，采访团成员听取了辛店村平安建设工作开展情况。市委副书记、市长杨树平接受了河南电视台等媒体记者采访。

【高阳山旅游综合开发项目框架协议签约仪式举行】 6月15日，高阳山旅游综合开发项目框架协议签约仪式举行。文莱全胜投资公司董事长石明中，香港中溢发展有限公司董事长张宝屏，香港璨扬国际集团董事长贺海民等参加仪式。由文莱全胜投资公司、香港中溢发展有限公司、香港璨扬国际投资公司联手开发的高阳山旅游综合开发项目，以休闲生态开发、温泉养生建设、高端商务规划、乡村风情设计、农业观光创意为主线，融自然山水与文化典籍为一体，打造中西部地区乃至全国知名的生态旅游基地。经营的理念、管理的档次进入更新的阶段，为全县经济发展注入新的活力。

【三门峡·天鹅湾社区项目开工建设】 6月26日，东华实业三门峡·天鹅湾社区奠基仪式隆重举行。广州东华实业股份有限公司董事长杨树坪、北京卫戍区原师长苗小龙、北京卫戍区原后勤部长赵二决等出席开工仪式。三门峡·天鹅湾社区位于县城陕州大道与天河路交汇处，总投资50亿元，涵盖住宅、商业、酒店、会所等多种建筑形式，规划理念全方位借鉴北京、江门等地"天鹅湾系列"成功模式，计划用10年时间，为三门峡人民打造世界级的湾居样板生活。项目一期规划用地约33公顷，其中10公顷，规划为以酒店和社区配套为主的商业，住宅部分分东、西两区开发，总建筑面积约30万平方米。以东区为起点，计划投资2亿元，建设住宅821户，建筑总面积达10万平方米，打造成三门峡市首个大型地中海国际风情社区。天鹅湾社区项目是陕县招商引资的重点项目之一，由广州东华实业股份有限公司投资开发。该公司是一家综合性投资管理型股份制上市公司，是国家1级房地产开发企业。该公司致力于打造"天鹅湾"地产品牌，"天鹅湾"品牌在广州、北京、江门等地拥有较高的知名度和美誉度。三门峡·天鹅湾社区将是该公司精心打造的又一力作。

【年产100万千克坚果壳磨料制品项目奠基】 7月20日，大营镇引进的年产100万千克坚果壳深加工项目奠基开工。年产100万千克坚果壳深加工项目位于县工业园区内，占地1.3公顷，注册为陕县青山磨料制品有限公司，总投资1 500万元，其中固定资产投资1 200万元，10月底竣工投产，年产值达1 000万元，该项目主要利用核桃皮、桃核、玉米芯等原料生产高档精细磨料，产品应用于美容、石油勘测、饮用水过滤等方面，销往韩国及南方各城市。

【文化部对陕县"全国文化先进县"进行验收复查】 7月29日至30日，由文化部社会文化司助理巡视员王勇才率领的文化部验收复查组到陕县，对陕县"全国文化先进县"进行复查验收。在"全国文化先进县"自查汇报会上，县委书记高战荣代表县委、县政府就陕县全国文化先进县创建成果巩固提高、公共文化设施网络建设、文化活动开展、文化产业发展、文化市场监管、文化遗产保护、文化体制改革等方面向文化部验收复查组作了全面汇报。陕县自1997年6月被文化部命名为"全国文化先进县"、2004年8月通过文化部第1次验收复查以来，29日下午，复查验收组一行先后到县文化馆、县图书馆、辛店村文化大院和城村文化大院，实地察看了陕县公共文化设施网络建设情况、文化场所开放使用情况和群众文化活动开展情况。在县图书馆，检查组人员还不时向工作人员了解图书、文史资料借阅和保管等情况，与正在阅读书刊的群众进行交流。当晚，文化部验收复查组还先后到神泉广场、大营村文体中心广场、温塘村文化大院、新华书店楼前广场，察看夜间群众广场文化活动开展情况。30日上午，验收复查组又到西张村镇人马寨村，实地考察地坑院的构造结构，观看当地群众的民俗表演和当地文化艺人收藏的剪纸、面塑、纺织品、手工针织品和澄泥砚。

在听取汇报和实地察看后，文化部验收复查组认为近5年来陕县的文化工作开展扎实、成效明显。在文化建设工作上领导高度重视，文化建设投入大、文化市场管理到位、非遗保护到位、群众满意度高，希望陕县进一步加强文化软硬件建设，强化基层文化设施建设的管理力度，推动陕县文化事业的大繁荣、大发展。

【陕县恒泰公司年产1.2亿块煤矸石烧结砖项目开工】 8月8日，陕县恒泰环保建材有限公司年产1.2亿块煤矸石烧结砖项目开工仪式在硖石乡车壕村举行。陕县恒泰环保建材有限公司年产1.2亿块煤矸石烧结砖项目，是硖石乡车壕村干部群众兴建的一个股份制企业，项目投资3 800万元，总占地面积2公顷，建成后可年产煤矸石烧结砖1.2亿块，创产值3 500万元，利税400万元以上。

【陕县举行"金秋爱心助学"活动资金发放仪式】 8月27日，陕县在多功能会议厅举行2009年"金秋爱心助学"活动资金发放仪式。会上，县总工会主席杨建民通报了"金秋爱心助学"情况及受资助的困难大学生名单。受助学生代表、学生家长代表分别发言。此次活动为全县247名困难家庭子女发放资助金43.5万元。

【陕县首届民俗文化节开幕】 9月4日，陕县首届民俗文化节在西张村镇庙上村举行。《求是》杂志社副总编刘润为应邀出席开幕式。本届民俗文化节是陕县首届民俗文化节，是加快建设文化大县、旅游强县的战略部署，是展现丰厚文化底蕴、打造地坑院文化品牌、实现“晋十争强”目标的重要举措，也是陕县庆祝新中国成立60周年系列文化活动的重要组成部分。《河南日报》、河南电视台、河南人民广播电台、《大河报》、中国新闻社、《三门峡日报》、三门峡人民广播电台等新闻媒体参加了开幕式。当天，民间书法和民间剪纸大赛、民间婚俗表演、陕州锣鼓书说唱会、民俗实物展、民间特产和小吃展销等活动同时举行。

【“2009年全国农产品加工业博览会暨东西合作投资贸易洽谈会”陕县取得丰硕成果】 9月20日至22日，2009年全国农产品加工业博览会暨东西合作投资贸易洽谈会在驻马店市召开，陕县派出了17人的招商和农产品展示团参加了会议。会议上，陕县发布招商项目80个，发放宣传册1 000余份，签约项目合同或协议书7个，合同金额达6.2亿元，其中上亿元项目4个；在展示展销会上，陕县展示了牛肉、麻花、红香酥、红梨、黄梨、挂面、面豆、石榴、蜂蜜、香菇、木耳、核桃、虢都鲜枣、无公害鸡蛋、苹果15种特色产品，是展示产品品种多、种类全的县(市)之一，其中张湾乡的红梨、王家后乡的虢都鲜枣颇受客商青睐。

【甘山红叶节暨“百名摄影家采风活动”启动】 10月13日，由县旅游产业发展委员会、甘山国家森林公园、陕县摄影家协会共同举办的甘山红叶节暨“百名摄影家采风活动”启动仪式在甘山国家森林公园隆重举行。来自《河南日报》、河南电视台、河南人民广播电台、《大河报》、中国新闻社等十余家新闻媒体的记者，河南省、三门峡市的摄影家、摄影爱好者和周边县市艺术界、企业界等共同走进甘山观光采风。

【三门峡(深圳)经济合作项目推介会陕县签3项目】 10月22日，三门峡(深圳)经济合作项目推介会在深圳市五洲宾馆隆重举行。在项目推介会上，陕县共签约项目协议3个，总金额达26亿元，分别是：陕县商务局与台湾德美新科技有限公司合作的节能环保项目，陕县政府与香港通泰国际矿温泉综合开发与展览馆建设项目，三门峡龙飞生物工程有限公司与香港安泰投资公司年产2亿千克生物肥系列产品项目。

【河南省创建全国标准果园项目启动仪式在陕县举行】 11月5日，河南省创建全国标准果园项目启动仪式在陕县举行。会议对河南省创建全国标准果园活动的要求和任务进行部署。省农业厅副巡视员张俊杰，副县长唐科峰出席仪式。2009年河南省在水果优势区域选择30个示范片参加全国标准果园创建活动，其中，苹果10个，梨5个，葡萄5个，桃5个，石榴5个。要求生产的果品符合无公害质量标准，商品果率95%以上，优质果率80%以上。省农业厅副巡视员张俊杰在讲话中就全国标准果园创建工作的指导思想、目标任务和创建的工作具体作法进行了详细说明。张俊杰一行来到二仙坡绿色果业有限公司就苹果生产管理、选果流程等进行了详细查看。二仙坡绿色果业位于大营镇南部丘陵浅山区，总面积333公顷，果园主要以种植红富士、华冠两个品种为主，平均亩产达到3 000千克以上。

【第8届达摩祖师纪念大典暨文化活动在空相寺举行】 11月21日，第8届达摩祖师纪念大典暨文化活动在空相寺举行。中国佛教协会副会长、省佛教协会会长释永信等参加纪念大典。空相寺是佛教初祖达摩大师圆寂之处，是禅宗文化的圣地，在国内外佛教界有着重大影响。陕县对空相寺的开发建设十分重视，累计投资3 500万元，修建了达摩殿、接引殿、北僧房、南僧房、山门和围墙等，完成了通水、通电、通路及景区绿化项目。本届纪念大典活动邀请了久负盛名的少林寺武僧团进行了少林功夫表演，并举办了达摩文化书法、绘画、剪纸展览和文艺演出。

【陕县首家农业部无公害产地及产品一体化认证养殖企业申报成功】 陕县隆茂养殖有限公司正式通过农业部无公害产地及产品一体化认证，这标志着陕县首家无公害产地及产品一体化认证养殖企业申报取得成功。陕县隆茂养殖有限公司始建于2000年，公司位于张茅乡杨村龙泉沟边，占地面积5 000余平方米，总投资300余万元，常年存栏高产蛋鸡20 000余羽，年产蛋28万千克，年销售额达180万元。该公司养殖的蛋鸡在饲养过程中不添加任何化学药品和饲料添加剂及抗生素、激素类药物，2004年被河南省质量技术监督局认证为“无公害农产品”，并连年被河南省农科院化验检测为“无公害农产品”。由该公司开发并研制的用于预防、治疗家禽鸡病的四种纯中草药配方，可以保证整个养殖周期不使用任何化学合成药物和饲料添加剂，这项成果在2006年被批准获得国家发明专利。2009年年初，公司投资50余万元，引进了一套畜禽粪便经过发酵生产生物有机肥生产线，彻底从根源上解决了粪便污染问题，提高了养殖效益。

【陕县被确定为河南省首批出口苹果及果汁质量安全示范区】 12月25日，由国家质检总局、河南省人民政府主办，河南出入境检验检疫局承办的促进食品农产品出口联席会议及推进河南出口食品农产品示范区建设会议在郑州隆重召开。会上，陕县被确定为河南省首批30个出口食品农产品质量安全示范区之一，本次全省共有两个苹果及果汁质量安全示范区获此殊荣，标志着陕县的果品生产掀开了新的一页，为苹果出口及果业加工打下了坚实的基础。

【三门峡永丰养殖有限公司万头生态猪场落户张汴】 12月28日，投资5 000万元的三门峡永丰养殖有限公司万头生态猪场落户张汴乡。三门峡永丰养殖有限公司万头生态猪场是张汴乡引进的一个集生态养殖和现代化屠宰加工为一体的大型综合性项目，也是陕县引进的投资额度大、科技含量高、产业链条长、市场前景最好的农业产业化引带项目。项目的动工，既是陕县养殖业发展的一件大好事，也是张汴乡扎实开展作风转变年和项目建设年活动取得的一项丰硕成果。（张素娥　习　云）

2009年陕县各乡(镇)基本情况

表5

乡(镇)	总人口(人)	粮食总产量(万千克)	油料总产量(万千克)	棉花总产量(万千克)	肉类总产量(万千克)	烟叶总产量(万千克)	水果总产量(万千克)	大牲畜存栏(头)	生猪存栏(头)	山绵羊存栏(只)	耕地(公顷)	农业总产值(万元)	乡级财政收入(万元)	农民人均纯收入(元)	党委书记	乡(镇)长
大营镇	47 689	1 153.2	8.7	6.3	185.7	—	6 560.5	5 836	8 995	6 146	1 755	29 023	1 861	5 674	翟万寿	贺清平
原店镇	32 357	137.5	—	—	72.2	—	1 910	1 700	3 575	2 676	281	6 660	1 972	5 708	张坤士	胡麦朝
西张村镇	54 336	1 051.6	—	0.4	169.3	15.8	11 003.6	9 380	18 605	3 029	2 026	31 409	701	4 799	李建龙	赵　勇
观音堂镇	37 462	1 334.8	59.2	0.5	133.5	105	114.9	20 654	14 783	3 669	3 440	10 065	1 910	4 396	王玉华	赵振华
张汴乡	12 712	673.1	1.9	0.7	63.3	9.7	5 294.2	1 120	4 536	4 356	1 139	13 065	558	4 284	张宪军	王庙鱼
张湾乡	25 659	678.9	15.6	9.3	59.1	—	5 245	5 310	5 469	1 429	1 024	17 814	552	4 175	苏万军	赵宏波
菜园乡	37 985	995.1	17	2.8	135.8	89.7	10 082.7	12 516	15 544	6 112	3 262	26 788	552	4 567	苏占云	崔道章
张茅乡	21 047	870	15.8	0.6	71.9	13.3	223.2	7 533	5 840	1 904	1 538	5 514	708	4 699	李建强	刘　博
王家后乡	18 851	751	24.6	0.7	60.3	6.5	211.1	18 615	9 058	2 279	2 616	5 089	7 421	4 639	李定慈	赵　鹏
硖石乡	13 053	428.5	42.5	0.4	72.1	—	129.2	4 487	6 426	3 410	1 189	4 034	837	4 320	尤拴邦	李　洋
西李村乡	24 629	1 438.9	86.8	0.4	72.5	151	92	10 250	8 185	2 664	5 091	9 338	675	3 863	南　明	詹建民
宫前乡	15 370	1 308.4	40.4	—	172.9	163.6	92.7	29 768	9 488	7 467	3 108	13 559	555	3 212	李邦宏	李百军
店子乡	4 196	164.1	2.7	—	60.5	52.7	21.3	6 640	3 341	4 679	772	3 754	183	3 524	郭海阳	刘　阳
总数	345 346	10 985.1	315.2	22.1	1 329.1	607.3	40 980.4	133 809	113 845	79 820	28 241	176 737	18 485	4 510	—	—

（张素娥　习　云）

灵宝市

3月3日,市委副书记、市长杨树平在灵宝市调研工业项目

【概况】 2009年,灵宝市委、市政府团结带领全市人民,坚定信心,迎难而上,化挑战为机遇,变压力为动力,全面推进经济社会平稳较快发展,各项工作取得显著成效。当年,全市完成地区生产总值253亿元,比上年增长12.0%;完成固定资产投资155.8亿元,比上年增长48.7%;实现地方财政收入10.68亿元,其中一般预算收入7.77亿元,增长11%;完成财政总支出19.2亿元,其中一般预算支出15.8亿元,增长13.7%;城乡居民储蓄存款余额101.7亿元,增长17%;城镇居民人均可支配收入13 451元,增长8.8%;农民人均纯收入5 872元,增长6.5%。节能减排目标任务顺利完成,万元GDP能耗降低5.8%,超额完成了目标任务;全市化学需氧量、二氧化硫排放量比上年同期回落0.5个百分点。

工业经济企稳回升。强力推进项目建设年活动。坚持把项目建设作为应对危机、促进发展的着力点,扎实开展“项目建设年”活动,全市项目建设呈现出开工数量多、投资规模大、进展速度快的良好态势。全市新建、续建投资在3 000万元以上重点项目80个,总投资238.26亿元,其中,亿元以上项目46个,5亿元以上项目14个,10亿元以上项目5个。全年累计完成投资82.62亿元,建成投产32个,新上项目开工率、投资规模、项目投产个数均居三门峡市首位。黄金股份公司含砷矿处理改造、万吨高档铜箔、金源公司金银精炼扩建、预还原金属化球团等16个多金属综合冶炼项目,6个建成投产,10个完成年度建设任务;金色庄园4 000万千克果酱等3个果蔬生产加工项目建成投产,两大新型工业基地不断壮大。杜仲加工、金城水泥粉磨站、豫西轴承扩建等19个项目进展顺利,工业结构不断优化。深入实施企业服务年活动。实行四大班子领导一对一帮扶企业联系制度和市直职能部门联系重点企业制度,采取领导包干、限期办结、挂牌督办等措施,为企业解决各类困难和问题,帮助企业战胜危机、走出困境。加大金融机构支持地方经济发展力度,全市各金融机构为重点项目增加授信40亿元,累计发放贷款36亿元;引进中信银行、广发银行等域外金融机构为企业增加授信24亿元,发放贷款18.9亿元。切实加强工业运行调度管理,严密监测主要工业品及原料价格走势,科学分析市场形势,指导企业合理安排生产,适时组织销售,增强抗风险能力,最大限度降低损失、提高效益。规模以上工业自2008年3月扭转下滑趋势以来,增速逐月加快,工业经济企稳回升态势明显。预计全市规模以上工业完成增加值132亿元,增长13.5%;实现利税80.3亿元,增长15.9%。全方位开展招商引资。坚持向上争取与吸引外来资金并重,不断推进招商引资工作。全年组织申报项目193个,批复下达投资计划58个,争取到位扶持资金3.54亿元。组团参加中国国际投资贸易洽谈会、中部投资贸易博览会等十余次大型招商活动,共签约对外合作项目30个,投资总额达133.5亿元。全年引进外来资金33.1亿元,外商直接投资2 860万美元,完成进出口总额8390万美元。成功引进湖北宜化集团,完成了鑫农化工改制,企业832名职工全部妥善安置,投资1亿元的一期技改工程顺利完成并实现了扭亏增盈。

农村经济持续发展。农业结构调整继续深化。粮食生产喜获丰收,总产量达2.14亿千克,总产、单产再创历史新高。继续扶持林果业发展,财政补贴600万元,新发展苹果3 800公顷,新栽大枣1 000公顷、核桃3 333公顷、杜仲6 667公顷,财政奖补100万元,扶持建设50万袋食用菌标准化示范区3个,带动全市建成规模化食用菌生产基地43个,总规模达3 618万袋;新发展养殖小区4个,新建改建规模养殖场43个;烟叶种植面积34 666公顷,产量、产值、税收、亩均产值、户均收入实现历史性突破;蔬菜面积稳定在720公顷,芦笋面积达2 333公顷,主导产业优势更加明显。大力发展劳务经济,转移农村富余劳动力11.68万人次,实现劳务收入9.7亿元。农业产业化进程步伐加快。培育发展重点农业龙头企业60家、农民专业合作组织86个,辐射带动农户5万户。果品、食用菌、蔬菜等15个农产品通过国家无公害认证;国家苹果技术研究中心精品果生产基地落户灵宝,灵宝苹果电子交易中心、优质果品交易中心、永辉果业果品出口公司相继成立,加快了农业产业化进程。灵宝苹果被评为“中国十大名优苹果”和“河南省十大最具影响力地理标志产品”,荣获中国农产品区域公用品牌价值百强,“灵宝苹果”品牌价值38.12亿元,为全国果品生产县级之首。农业农村基础设施不断完善。窄口、芦家坟等4座水库除险加固工程进展顺利,白虎潭水库开工建设;实施了窄口灌区续建配套与节水改造等5个水利项目,新增有效灌溉面积1 666.67公顷,改善灌溉面积2 666.67公顷。实施保护性耕作3 333公顷,灵宝市被确定为国家保护性耕作示范县市。新发展沼气池6 103个,建设大中型沼气工程10处,总数达2.88万个。继续实施搬迁扶贫计划,解决了6个贫困村172户667人的生产生活困难。新建改建农村公路152.4千米,硬化通村公路101.3千米,农村生产生活条件进一步改善。林业生态建设卓有成效。完成林业生态建设工程14 800余公顷,新创建林业生态乡镇4个、生态村100个,被确定为省级林业生态市。城郊大环境绿化累计投资3 600万元,栽植苗木1 200万株,完成造林3 800公顷,生态景观效应初步显现。新农村建设稳步推进。继续实行市四大班子新农村建设联系点制度和市直单位驻村帮扶制度,整村推进新农村建设。加大村容村貌整治力度,完成村庄绿化133公顷,新建卫生公厕114个,垃圾池122个,硬化村内巷道400余千米。启动了尹庄镇思平村、故县镇河西村等8个新型农村住宅社区示范点建设,完成投资2.43亿元,建成高标准住宅49座,安居楼22栋,住宅小院296座,入住农户736户。

城市建设步伐加快。按照城市功能定位,强化经营城市理念,多渠道筹措资金3.22亿元,不断加快城市建设改造步伐。城市北区,新建续建基础工程14项,建成7项,文化活动中心“四馆一院”主体已竣工,黄金股份公司研发中心、时代广场等社会单体工程进展顺利,风情园、路园建成开放,在建的城市重点工程总建筑面积145万平方米,占全三门峡市的50%。弘农涧河两岸建成集文化欣赏、观光休闲、健身养生为一体的5大游园,安装LED七彩节能灯1.5万米,城市现代气息日益显现。黄河路、环城南路改造顺利完成,城市西出口、北出口改造有序推进。积极实施城市垂直绿化、街头绿化工程,新栽苗木28万株,城市品位进一步提升。坚持精细化管理、人性化执法,突出流动摊点、店外经营、乱停乱放治理,集中开展城区违章建筑查处行动,落实门前“五包”“一扫全保”环卫保洁制,市容环境持续改善,城市管理水平明显提高。

社会产业不断增强。旅游业发展实现新突破。总投资2.3亿元的函谷关景区扩建一期工程,完成投资5 060万元,河道治理项目全面完成;成功举办了千人诵读《道德经》和“函谷论道”活动,函谷关景区被确定为国家4A级景区。“灵宝·金谷”综合开发项目开工建设,汉山开发一期工程顺利完成,亚武山景区开发快速推进,小秦岭国家地质公园获得批复,历史文化游、黄金文化游、生态果乡游粗具规模。商贸服务业壮大提升。全市开工建设投资在3 000万元以上的商贸项目9个,累计完成投资8.77亿元。中心商业区项目基本建成,部分商业项目已开始试营业;购丰生活广场项目完成投资2.16亿元;商贸建材城项目完成投资9 500万元。项目建成后,可新增商业面积50万平方米,增加就业岗位2.5万个。消费市场繁荣活跃,社会消费品零售总额预计完成63.5亿元,增长19.1%。科技创新能力进一步增强。全年实施科技计划项目28个,申报专利170件,荣获全国科技进步先进县市称号,被评为河南省知识产权工作先进市、第2批知识产权优势区域县市。金源矿业“多金属矿产资源综合回收利用技术研究与产业化示范”项目被列入省重大科技专项结转项目,获得专项扶持资金1 000余万元。全市拥有省级工程技术研究中心2家、科技企业5家、省级高新技术产品25个,预计高新技术产业增加值增长28.8%。多金属氧化矿选冶技术填补国内空白,氧气顶吹炼铅工艺世界领先。可持续发展全面推进。灵宝市被确定为全国第2批资源枯竭城市,获得国家转移支付资金1.06亿元;申报节能减排项目30个,争取国家扶持资金4 182万元。深入开展黄金“三小”、重金属污染综合整治等专项行动,加大对重点河流、重点区域、重点企业的监管力度,有效改善了河流水质和大气环境质量。全面加强土地管理,完成土地开发复垦整理面积306.7公顷,盘活存量土地,连续11年实现耕地占补平衡。

社会事业和谐进步,民生持续改善。省、三门峡市及灵宝市确定的为群众所办实事项目全面完成。多渠道开辟就业岗位,新增城镇就业人员6 925人,下岗再就业1 769人。加强社会保障,城市低保标准由165元提高到205元,全年共发放城乡低保资金3 180.3万元、医保补助资金6 080万元、医疗救助资金360万元、离退休职工养老金8 255万元。认真落实粮食直补、农机具购置、家电下乡等各项惠农政策,发放各类补贴资金7 977.06万元。免费实施白内障复明手术1 163例,被评为全国白内障无障碍市。完成了社会救助中心工程年度建设任务,对故县、大王等5所乡镇敬老院进行了改扩建,五保对象集中供养率达到46%。建成经济适用房216套、廉租房593套,并同步开展租售工作,有效缓解了低收入家庭住房难问题。新建农村安全饮水工程49处,解决了9个乡(镇)34个行政村5.96万人的饮水安全问题。新建规范化村级卫生所160个,农村就医环境和服务能力明显提升。全年为农民群众送戏300场、送电影1 000场,城区有线电视数字化工程顺利实施,人民文化生活更加丰富。社会事业协调进步。优先发展教育事业,投资8 000万元,完成了21所寄宿制学校建设及45所农村学校维修等基础设施建设任务,市第三小学主体完工,办学条件进一步改善;启动了灵宝职专和华苑职高改扩建工程,全面加快职教攻坚步伐,被评为河南省职教强市、职教攻坚先进单位。着力推动文化事业发展,深入开展爱国卫生运动,顺利通过全国文化先进市、省级卫生城市复查验收。认真做好甲型H1N1流感防控工作,甲流防控形势基本稳定。严格落实人口和计划生育"三到位",继续保持了低生育水平,被评为省级计划生育优质服务先进市。深入推进国有流通企业改革,外贸公司、医药公司改制基本完成。扎实开展"化解信访积案,争创四无县市"活动,坚持信访突出问题周会审、领导包案和群众工作日制度,全市信访形势总体平稳,被评为全省集中处理涉法涉诉信访工作先进市。民主法治建设不断加强。自觉接受市人大及其常委会的法律监督、工作监督和市政协的民主监督,全年办理人大代表建议109件、政协委员提案151件,做到了事事有回音,件件有着落。深入开展学习实践科学发展观活动,加强政风建设,提高行政效能和服务水平。扎实推进社会治安综合治理,妥善处理各种突发事件,严厉打击各类犯罪,保持了全市社会大局和谐稳定。国防教育进一步加强,拥军优属工作扎实开展。发展改革、统计、审计、体育、气象、民族宗教等各项事业都取得了新的成绩。

【灵宝市函谷关古文化旅游区扩建项目一期工程开工】 2月6日,灵宝市函谷关古文化旅游区扩建项目一期工程开工建设。市委、市人大、市政府、市政协领导出席开工奠基仪式。该工程计划投资2.3亿元,为2009年市委、市政府头号工程。

【全省"奇胜杯"第2届农民篮球赛暨省万村千乡农民篮球总决赛在焦村镇举行】 2月2日至7日,促和谐、奔小康2009年河南省"奇胜杯"第2届农民篮球赛暨河南省万村千乡农民篮球总决赛在灵宝市焦村镇东村赛区举行。本次赛事由省体育局、文明办、农业厅主办,灵宝市人民政府承办。其间,共有郑州、洛阳、三门峡、济源、焦作、新乡、安阳、鹤壁、濮阳、开封、淮阳、巩义、灵宝13支代表队进行5天48场比赛,累计观众达6万余人次。经角逐,三门峡市代表队、灵宝代表队、郑州代表队分别荣获了前3名;焦作代表队、濮阳代表队荣获了体育道德风尚奖;鹤壁代表队、新乡代表队、开封代表队荣获了优秀组织奖。

灵宝市西车道情皮影艺术团的皮影演出

【全省首家烟叶经纪合作社在朱阳镇良庄村挂牌成立】 2月23日,全省首家烟叶经纪合作社在灵宝市朱阳镇良庄村挂牌成立,这是当年全省以土地入股成立的第6个农民合作组织,也是三门峡地区首个烟叶经纪合作社。该社完善章程,选举了理事会及理事长,拥有股民24个,纳入土地22公顷。在实际操作中,合作社实行统一安排生产计划、统一整地起垄、统一供应良种、统一技术措施、统一成熟采收、科学烘烤、集中销售的管理模式,实现烟叶分散生产向规模特色转变。"土地变股权、农民变股东,有地不用种、在家就分红"的新型农村经营模式正逐步在山区农村推广。

【中央、省17家新闻媒体记者到灵宝市检察院采访】 2月23日至25日,中央、省级17家新闻媒体20多名记者到灵宝市检察院采访。2月12日,灵宝市检察院荣获"全国十佳基层检察院",受到各级媒体的高度关注。此次采访的中央、省级媒体有《人民日报》《光明日报》《经济日报》、中央人民广播电台、《中国青年报》《河南日报》《大河报》、河南电视台、河南人民广播电台、《东方今报》《河南商报》《河南法制报》等17家。24日,灵宝市检察院召开新闻导访会,介绍了相关工作情况,各级新闻媒体记者观看了该院争创"十佳"的专题片,随后深入到各个科室和市法院、公安局、尹庄镇、阳店镇等地对检察干警的工作进行细致的采访。

【金源公司预还原金属化球团项目奠基】 3月9日,灵宝市金源公司2×60万吨预还原金属化球团项目奠基仪式在该市尹庄镇浊峪村举行。中国工程院院士、武汉理工大学矿物加工工程学科博士生导师余永富及灵宝市市委书记吕均平、市长乔长青等四大班子领导出席仪式,并为项目开工奠基。该项目是三门峡和灵宝市确定的2009年重点工程项目。

【灵宝市两大项目开工建设】 3月28日至29日,灵宝市两大项目相继开工建设,分别是:华苑职业高中新校区项目、黄金股份公司研发中心综合楼项目。①华苑职业高中新校区位于灵宝市西出口长安路以北,焦辛路以东,占地8公顷,建筑面积约6万平方米,总投资3 800万元,建设项目包括:教学楼、宿舍楼、图书馆、实习车间、标准化运动场、餐厅等,学校建成后,年招生达1 500人左右,设置75个教学班,在校生将达3 500人以上。华苑职业高中新校将按照先进理念、科学布局、功能齐备、特色鲜明的标准,进行规划建设,着力打造灵宝市职业教育标准化、现代化和示范化学校,建成后将对灵宝市培养高质量的职业人才、实施"人才兴市"战略提供有力的支持。②黄金股份公司研发中心综合楼项目是三门峡市和灵宝市在"项目建设年"活动中所确定的重点项目之一,工程计划投资1.3亿元,建设工期初步预计18个月,计划2010年10月竣工。工程竣工后,将形成3.5万平方米的技术研发中心,配备有现代化的技术装备和设施,计划聘用在矿业领域、综合元素冶炼回收领域和产品技术开发领域等方面的高级技术和研发人员,对公司矿山成矿规律、生产技术课题、金银铜等有色金属综合回收利用、新产品研发试验等项工作进行研究和攻关,将为公司可持续发展提供强有力的技术支撑。

【国际古迹遗址理事会副主席郭旃到灵宝市对函谷关申报世界文化遗产工作进行评估】 3月30日,国际古迹遗址理事会副主席郭旃到灵宝市对函谷关申报世界文化遗产工作进行了评估。在详细察看了函谷关的太初宫、鸡鸣台、关楼、函关古道以及古城墙、古烽火台后,郭旃对灵宝市的申报工作给予充分肯定,并对函谷关的价值和保护工作给予高度评价,希望灵宝市继续做好函谷关的考古调查和基础保护工作,保护好这一珍贵的历史文化遗产。

【灵宝市被国务院确定为第2批资源枯竭城市】 3月,国务院确定了第2批32个资源枯竭城市,灵宝市作为17个县级市资源型城市之一名列其中,这是全省唯一被确定的县级市,中央财政将给予包括此前确定的12个资源枯竭城市在内的共44个城市财力性转移支付资金支持。

【供港蔬菜产业项目正式启动】 3月,专供香港的蔬菜产业项目在灵宝市正式启动。该项目由灵宝市高科技农业示范园、苏村乡政府和河南省思瑞达公司共同组织实施。根据项目发展规划,当年的蔬菜种植面积为10公顷,主要生产西红柿、绿菜花、甘蓝和娃娃菜等,年产量70万千克。

【灵宝市北区3个重点项目开工奠基】 6月28日,灵宝市北区重点项目凯歌商务大厦、时代广场及城市改造项目交通花园3个重点项目开工奠基。凯歌商务大厦位于荆山西路和函谷大道交汇处,规划占地面积11 215.4平方米,工程预计总投资6 800余万元,总建筑面积37 577平方米。时代广场是集住宅、购物、休闲、娱乐于一体的大型现代综合性社区,对完善城市功能、增强景观效果、提升城市品位具有重要的作用。交通花园项目位于长安路与解放路交汇处,毗邻金水湖公园,项目总投资3 000万元,总建筑面积33 840平方米。

【"灵宝·金谷"综合开发项目开工奠基】 7月10日,总投资5.5亿元的"灵宝·金谷"综合开发项目在灵宝市城市北区开工奠基。"灵宝·金谷"综合开发项目位于灵宝北区,占地3.87公顷,是灵宝市故县镇引进"灵宝·金谷"工贸有限责任公司投资兴建的以黄金文化旅游为主题的大型综合项目。该项目采取市场化运作方式,整合全市黄金、文化、旅游、商业等优势资源,强力打造黄金文化旅游业的关键环节,实现黄金产业与文化旅游的有机结合,全力打造黄金文化品牌。规划建设黄金交易中心、金融机构、高档写字楼、步行街等设施,设计年交易黄金30 000千克,交易额50亿元,利税5 000万元,新增就业岗位1 000个。

【灵宝市入选中部百强县(市)】 7月26日,第9届全国县域经济基本竞争力百强县(市)名单在长沙召开的"2009全国县域经济科学发展交流年会"上正式揭晓。灵宝市县域经济基本竞争力在全国县(市)中位居137位,比第8届前移30个位次,在中部百强县(市)中名列第16位,比第8届前移1个位次,是河南省40个进入中部百强县(市)中的第11个县(市),也是三门峡地区唯一进入中部百强县(市)前20强的县(市)。

【灵宝市开展安全生产集中整治活动】 9月10日,灵宝市召开安全生产集中整治工作会议,要求全市汲取金源公司"9·8"重大矿井火灾事故教训,开展为期2个月的安全生产集中整治活动。这次集中整治活动的范围是各乡(镇)、涧东区、涧西区、各行业(领域)、各生产经营单位,主要内容是:安全法律法规、规章制度、规程标准的贯彻执行情况;安全生产责任制建立及落实情况;企业安全生产重要设施、装备和关键设备、装置完好状况及日常管理维护、保养情况,劳动防护用品的配备和使用情况等。

【灵宝苹果获全省最具影响力地理标志产品殊荣】 11月,由河南省质量技术监督局、河南日报社联合举办的"河南省十大最具影响力地理标志产品"推选活动揭晓,灵宝苹果榜上有名,为全省果品产业中唯一获得此殊荣的地理标志产品。 (刘冬超 张虎民)

2009年灵宝市各乡(镇)基本情况

表6

乡(镇)	总人口(人)	粮食总产量(万千克)	棉花总产量(万千克)	油料总产量(万千克)	烟叶总产量(万千克)	肉类总产量(万千克)	水果总产量(万千克)	大牲畜存栏(头)	生猪存栏(头)	山绵羊存栏(只)	耕地(公顷)	农业总产值(万元)	农村工业总产值(万元)	财政一般预算收入(万元)	农民人均纯收入(元)	党委书记	乡(镇)长
城关镇	8 307	262	—	—	—	38.2	342.4	671	3 846	1 966	498	5 100	401 236	2 916	5 920	张飞虎	赵　龙
尹庄镇	45 358	1 016.2	8.6	11.8	—	183.9	3 732.5	1 697	20 896	1 743	2 749	35 000	315 000	3 031	6 200	刘景明	郭辉平
朱阳镇	45 403	2 202.9	—	2	492.6	139.7	5 543.4	18 493	10 915	16 271	8 398	—	—	3 200	6 665	彭占玉	张照祥
阳平镇	73 763	2 245.6	25.7	94.2	—	212.4	12 904.4	11 413	19 976	7 962	6 112	—	—	3 312	6 527	张少波	苏占谋
故县镇	41 438	1 711	7.1	124.1	37.6	73.2	5 940.1	4 154	21 454	2 061	3 780	12 000	541 000	2 292.7	6 511	杨　杰	杨　杰
豫灵镇	60 234	2 543	7.4	58.5	—	77.8	4 983.8	3 446	8 640	5 179	3 852	—	—	4 945	7 199	赵铁安	赵　睿
大王镇	66 982	1 863.2	13.5	46.6	—	93.9	7 124.3	2 410	9 185	2 307	3 867	56 783	138 239	772.7	6 497	李赞鹏	杨东克
阳店镇	59 149	2 089.4	10.4	12	—	262.1	9 898.3	1 593	25 827	3 041	3 928	—	—	579	5 602	郭仙朋	毋军杰
函谷关镇	25 388	728.1	0.9	24.8	—	74.2	4 876.5	1 218	5 334	3 295	2 004	—	—	652.4	5 656	李军民	王　伟
焦村镇	53 329	1 151.7	15.4	89.2	—	395.6	10 721.5	620	30 660	4 007	2 461	48 040	183 811	1 066	5 782	伍春生	黄宝鸿
川口乡	29 563	1 092.2	1.5	15	42.7	101.6	4 565.1	1 581	7 158	5 050	2 600	14 679	88 740	578	4 824	李文军	王胜民
寺河乡	7 970	145.8	—	—	—	89.8	3 907.5	5 803	2 903	2 988	877	9 780	21 896	97	5 335	张　磊	张　灿
苏村乡	27 567	1 149	1.3	—	145	95.9	6 885.7	10 024	3 583	14 619	4 966	10 300	43 833	818	4 530	刘仙妮	赵　勃
五亩乡	37 531	1 370.8	1.7	13.9	214	83.1	6 026.5	8 136	3 141	11 142	4 707	18 363	167 720	1 069	5 384	张彦文	尚东旭
西阎乡	53 543	1 588.5	63.7	188.7	—	85.5	8 197.7	1 204	7 544	6 785	5 324	28 500	115 000	549	5 512	狄玉华	焦林林
涧东区	65 310	—	—	—	—	—	—	—	—	—	—	—	—	—	—	崔勋风	—
涧西区	47 328	—	—	—	—	—	—	—	—	—	—	—	—	—	—	陈亚林	—

(刘冬超　张虎民)

卢氏县

【概况】 2009年,卢氏县认真贯彻落实科学发展观,按照省、市“保增长、保民生、保稳定”的工作部署,紧紧围绕“扩张经济总量、加快经济转型、实现跨越发展”奋斗目标,抢抓机遇,扎实工作,圆满完成各项目标任务,“十件实事”得到全面落实,实现了经济社会平稳快速发展。生产总值完成34.45亿元,同比增长13.1%;财政一般预算收入2.2亿元,同比增长18.6%;规模以上工业增加值5.9亿元,同比增长16.3%;全社会固定资产投资39.5亿元,同比增长41.1%;农民人均纯收入3 356元,同比增长7.7%;城镇居民人均可支配收入11 959元,同比增长9.7%。

项目建设扎实推进。深入开展“项目建设年”活动,招商引资总额12.5亿元,84个重点项目除14个前期项目外,建成63个,总投资28.9亿元,项目个数和投资额均有大幅提高。共争取政策性项目资金3.6亿元,其中争取国家4批扩内需新增投资2.1亿元。三(三门峡)十(十堰)铁路、三(三门峡)淅(淅川)高速公路按预定方向推进,与中平能化集团、中金集团、省地矿局等建立了战略合作关系。

工业经济平稳运行。继续落实支持企业发展的融资、收费减免等政策措施,搞好运行调度,工业经济保持上升势头。全年新上、续建、改扩建工业项目103个,已建成85个,其中27个投资3 000万元以上的重点项目建成20个。隆基矿业、思可达石英砂、万谷矿业建成,实现了由单一金属矿开采加工到非金属矿开采加工的突破;晋豫公司铸件等深加工项目即将投产,迈出了拉长矿产业链条的步伐。全县工业总产值26亿元、税金1.5亿元。建成了产业集聚区的滨河大道东延、扁鹊路、华夏路3条道路和供电工程,入驻企业4个。

农村经济稳定发展。粮食总产1.42亿千克,总产、单产均创历史最高水平。烟叶种植6 333.33公顷,总产1 450万千克,产值2.06亿元,实现税收4 532万元,总产、烟农收入和烟叶税收再创新高。发展食用菌代料6 000余万袋,草腐菌10.2公顷,菌业产值3.45亿元,食用菌深加工项目已建成投产。人工种植中药材846.67公顷,累计完成野生连翘资源保护2.4万公顷,中药材产值1.7亿元,莘原制药扩建一期已建成投产。牛、羊、猪饲养量32万头(只),卢氏鸡饲养量303万只,卢氏鸡被评为“河南省最具特色十大地理标志产品”,畜牧业产值2.6亿元。新发展核桃666.67公顷,林业生态建设2.4万公顷,林果业产值2.6亿元,被评为“全省造林绿化模范县”和“全市林权改革先进县”。新发展桑园666.67公顷,800绪缫丝加工设备安装完毕,蚕业产值6 100万元。蔬菜种植面积2 333.3公顷,实现产值6 900万元。建成大鲵繁育工程研究中心,繁育技术取得突破。劳务输出7.5万人次。完成20个贫困村的整村推进工程,1 167户“温暖工程”和搬迁扶贫建房工程全面完工。恢复水毁耕地666.67公顷。新建沼气池4 060口。117个新农村建设分类推进村基础设施和村容村貌整治工作成效显著,4个新型农村社区试点基本建成。

旅游开发强力推进。九龙山景区一期建成并正式对外营业;双龙湾、豫西大峡谷景区年度升级改造项目完工。以九龙山等景区为外景地的电影《白云飘飘》拍摄完成。卢氏县被评为全国10个“中华民族文化生态旅游名县”之一。建成了磨口上店农家宾馆一条街,全县新增农家宾馆168家。九龙山宾馆建成投用。完成了省道323线至豫西大峡谷公路路基工程,龙驹至九龙山旅游公路开工。全年共接待游客191万人次,同比增长47%;实现旅游业总收入12.12亿元,同比增长57.4%。旅游开发有效地拉动了交通、餐饮、服务等第三产业发展,全县第三产业增加值达到17亿元,同比增长13%。

基础设施明显改善。完成总投资10亿元的“一带六路三中心三小区”建设工程。滨河绿化带、靖华东路、靖华西路、和平南路、莘源西路、中兴南路全面竣工;东沙河西路基本完工;便民服务中心、电力调度中心建设进展顺利;游客服务中心的客服中心楼主体完工;一高新校区高层住宅主体基本完工;苏地花园二期住宅小区、东城住宅小区共开工住宅楼74栋。投资2.35亿元,建成道路总里程281千米。建成了204千米农村公路和沙河至潘河花马冠云山旅游公路;石门至马连、温口至叫河、省道331线小河面至双槐树段的水毁公路修复工程完工;省道250线木桐至官坡段、省道331线官坡至兰草段、马庄河至汤河战备公路改扩建项目开工。投

8月19日,全市学习卢氏县委艰苦奋斗执政为民科学发展精神工作会议会场

资1.5亿元,建成水利工程14项。完成涉及3.93万人的饮水安全工程和900公顷烟田的水路配套工程;洛河横涧段防洪堤和老灌河上游江河治理项目全面完工;进一步完善山洪预警体系,加强重点防汛隐患排查整治,确保汛期安全;葫芦湾水库除险加固工程完工。农田水利建设工作获全省“红旗渠精神杯”奖杯。投资2 400余万元,实施农村电网改造一期供电和35千伏线路建设工程,新建移动通信基站31个。

财贸金融有新提升。全年完成财政收入2.88亿元,同比增长36.2%,其中一般预算收入首次突破2亿元。财政收入总量在全省158个县(市、区)中居67位。税收占一般预算收入的78.9%,收入质量为历年最高,排全省44位。全年财政支出10.6亿元,同比增长40.4%,首次突破10亿元。全县金融机构各项存款余额37.32亿元,较年初增加7.7亿元;各项贷款余额12.62亿元,较年初增加3.73亿元。兑现“家电下乡”产品补贴122万元,新建“万村千乡市场工程”农家店55个。完成出口创汇38.7万美元。积极发展商贸流通业,全县社会消费品零售总额15.3亿元,同比增长19.5%。

社会事业全面进步。开展科技培训和农村实用技术引进,通过了“全国科技工作先进县”复验。教育教学质量持续攀升,高招本科上线率、中招整体成绩、小学调研考试成绩均居全市第1位;全面实施义务教育阶段教师绩效工资改革,招聘特岗教师200名;撤并10所小学,二高、三高全部并入一高;一高新校区二期工程基本完工,高中阶段入学率达到85%以上;建成4所乡(镇)中学。建成18个村全民健身工程;完成县计生服务中心和6个乡(镇)计生站主体工程,人口出生率控制在10.61‰,计生工作获全省先进。强化手足口病和甲型H1N1流感防控措施,全县无疫情发生;新农合参合率达到99%,居全省前列;完成白内障复明手术783例,被评为“全国白内障无障碍县”;加快县乡医疗机构设备更新,全县新增各类医疗设备和诊疗器械2 459台(件);县妇幼保健院综合楼、5所乡(镇)卫生院病房楼、88个村标准化卫生室项目建成,县医院高层病房楼开工建设。加强城区环境卫生管理,通过省级卫生县城复查验收。建成乡(镇)综合文化站3个、农家书屋22个,涉及豫西文化长廊49个行政村的文化大院全部投用。完成了非物质文化遗产普查工作。放映公益电影4 062场,125个20户以上自然村通广播电视工程全部完工。军政、军民关系进一步密切,荣获省级“双拥模范县”称号。完成了《卢氏年鉴(2007~2008)》的编纂。审计、民族宗教、移民、气象等工作均取得新成绩。

社会保持和谐稳定。民主法制建设稳步推进,坚持依法行政,自觉接受人大的法律监督和政协的民主监督。全年共办理人大代表、政协委员建议、提案328件,办结率达100%,满意率达99%。持续搞好严打整治斗争,狠抓社会治安基层基础工作,深入开展“五五”普法和“三五”依法治县工作,扎实推进平安和谐“六进”和“三村三户”创建活动,被评为“全省平安建设先进县”。继续开展县乡领导大接访和大下访活动,狠抓信访源头治理,创新信访奖励机制,256个行政村完成信访工作目标,一批信访积案、难案得到有效处理,被评为“全省信访工作先进县”。社会保障体系不断完善,低保人口覆盖面达到全县农村人口总数的5.8%;建成14所乡9(镇)敬老院,继续提高农村五保集中供养标准,集中供养率达到45%。被确定为三门峡市唯一、全省21个新型农村社会养老保险试点县之一;新增就业岗位2 100个,发放下岗失业人员生活救济金411万元,为城镇下岗人员发放政府贴息小额贷款864万元。安全形势保持平稳,严格落实各项安全生产责任制,深入开展隐患排查治理活动;完成第2次全国经济普查工作;节能减排工作扎实推进,洛河、老灌河断面水质部分因子达到国家1类标准,城区环境空气质量达到国家二级标准。地质灾害群测群防“十有县”创建综合考评位居全省前列。共投资7.5亿元,圆满完成了改善民生的省、市“十大实事”涉及卢氏县的42项实事和县定的“十件实事”49项。

【抗旱保苗见成效】 2月初,针对2008年冬季降雨极少致使14 000公顷小麦、4 466.67公顷果园旱情严重,卢氏县委、县政府积极安排部署,动员全县上下采取各种措施,搞好抗旱保苗工作。农业局抽调30名技术员入乡指导抗旱保麦;水电局积极向上争取抗旱物资,争取到抗旱资金5批101万元,以及抽水机、水管等设备;电业局成立支农抗旱突击队,携带便携式发电机为农民浇灌山坡、丘陵田地;气象局在木桐、沙河等乡(镇)设立增雨点,利用天气形势进行人工增雨。全县共投入抗旱设施机电井50眼,移动式喷灌机50台(套),拉水车120辆,投入抗旱资金43万元,抗旱用电1.4万千瓦/时,抗旱用油2 700千克,浇灌面积累计达到2 120公顷。

【省抗旱保麦新闻采访组到卢氏县采访】 2月11日至12日,由《河南日报》、河南电视台、河南人民广播电台3家新闻媒体记者组成的省抗旱保麦新闻采访组莅临卢氏县,全方位采访卢氏县的旱情和抗旱保麦进展情况。采访组先后深入卢氏县范里、东明两乡(镇)的小麦主灌区,详细了解小麦受旱情况、水资源情况、人畜用水情况以及为抗旱保麦所采取的有效举措和取得的成效。

【建制镇基准地价更新工作通过省、市国土资源部门专家组验收】 3月初,卢氏县建制镇基准地价更新工作通过省、市国土资源部门专家组验收。为合理安排各业用地,拉动区域经济增长,卢氏县土地局委托河南大学启动了卢氏县城区和另外6个建制镇镇区的基准地价评估工作。此次在2002年基础上调整幅度较大,增加了公共用地级别、土地权益价格、特殊用地和交通用地级别。

【平煤集团10亿千克电石原料生产项目开工】 3月12日,平煤集团卢氏天雨矿业公司年产10亿千克电石原料生产项目在五里川镇温口村开工。该项目是县委、县政府确定的2009的重点工业项目之一,是经国家发改委批准开工建设的年产3亿千克聚氯乙烯、4.5亿千克电石项目的配套项目,总投资1.2亿元。一期工程投资6 000万元,建设大型石灰石矿1座、采矿场2个,加工厂1个,安装大型机械设备10台,一期工程建成投产后,可实现年产值1.5亿元,税金800万元。

【2009年燃油补贴发放工作启动】 3月中旬,卢氏县2009年燃油补贴发放工作启动。此次燃油补贴总额55.99万元。其中城市公交车每标台4 536.68元;农村道路客运汽车每标台3 755.46元;城市出租车每自然车辆1 248.88元。

【九龙山风景区举行开业庆典】 4月27日,卢氏县九龙山风景区举行开业庆典仪式,该景区位于卢氏县双槐树乡境内,面积约10平方千米,由巩义市大首领商贸有限公司投资1.2亿元开发建成。市人大常委会副主任邹援朝、副市长赵艳、市政协副主席陈雪平等以及国内十余家新闻媒体、旅行社等相关人员出席了开业庆典仪式。

【游客服务中心举行开工奠基仪式】 5月10日,伏牛山生态旅游区卢氏游客服务中心举行开工奠基仪式。该项目是全省8个游客服务中心之一,计划总投资3.5亿元,占地面积6.06公顷,建筑面积85 308平方米。分两期实施:一期工程游客服务中心主楼主体工程于2009年年底前完工,2010年"五一"建成投入使用。四星级酒店2009年年底完成主体,2010年底前建成投入使用;二期工程为商住楼,计划2011年4月动工,2013年底全面竣工。

【李啸东4部《〈二十四史〉成语典故》出版并重印新闻发布暨作品研讨会隆重召开】 5月13日,三门峡市作协、三门峡市委党史地方史志办公室、卢氏县委宣传部等在三门峡市联合主办了李啸东4部《〈二十四史〉成语典故》出版并重印作品研讨会。该4部《〈二十四史〉成语典故》包括《〈史记〉成语典故》《〈汉书〉成语典故》《〈南北朝史〉成语典故》《〈宋元明史〉成语典故》,由卢氏县档案局局长、县地方史志办公室主任、总编辑李啸东应广西民族出版社约稿编著,共计140余万字,通过1 000余篇文章,注释了2 200多条成语典故,讲述千余个历史人物,从而折射出不同历史朝代的纷繁历史。这套丛书自2008年4月由广西民族出版社出版后,又于2008年底和2009年3月再版重印。省档案局副局长贾英歌,省地方史志办公室副主任王中华,省社科院旅游研究中心主任、历史学家单远慕,《历史文化研究》杂志社社长石小生,三门峡市原领导余文华、昝武健、杨书忠,市委党史方志办领导、三门峡市作协主席团成员,卢氏县四大班子有关领导出席会议并讲话。出席会议的还有各县市(区)文联、作协的负责人、地方志办公室主任、主编、档案局局长及各县市的重点作者,共计130余人。会议研究了作者的创作道路和创作思想,探讨总结作者的学术思想,表彰作者为历史文化建设作出的贡献。会上,宣读了副市长赵艳的书面讲话,本套丛书作者李啸东介绍了创作过程。《人民日报》(海外版)、三门峡电视台、《三门峡日报》《砥柱》杂志、卢氏电视台等媒体对会议进行了报道。

卢氏花菇

【大鲵保护开发利用进入企业运作阶段】 6月5日,三门峡市大鲵繁育工程技术研究中心在卢氏县横涧乡下柳村挂牌成立,标志着三门峡市乃至河南省保护开发利用大鲵资源的企业运作格局正式形成。大鲵是中国特有濒危珍稀两栖类动物,有动物演变"活化石"之称,具有较高的科研价值。1984年,经河南省政府批准成立卢氏大鲵自然保护区。新成立的三门峡市大鲵繁育工程技术研究中心主要对大鲵资源保护开发利用实行企业运作,在有效保护和提高大鲵种群数量的同时,发挥龙头作用,辐射带动广大水产养殖企业和养殖户通过养殖大鲵致富。该中心占地1公顷,建成孵化车间200平方米,修建地下养殖场98口,面积970平方米,整合大鲵160余尾,多数为8龄以上成鲵,将采用"科研+基地+农户"的产业化发展模式,通过提供大鲵种苗、签约订单、跟踪服务、连锁经营、跨省合作等方式,逐步扩大养殖规模。

【卢氏黑木耳、卢氏鸡国家标准颁布】 6月初,国家标准委发布2009年第4号公告,地理标志产品卢氏黑木耳、卢氏鸡国家标准获批,自2009年10月1日起实施。地理标志产品国家标准的发布实施,有利于卢氏黑木耳、卢氏鸡的生产与销售实施规模化发展、标准化管理,使生产、加工、检验、销售和管理进一步标准化、规范化、专业化。

【举行《古县风情》首发式】 6月24日,卢氏县举行大型文化典籍《古县风情》一书首发式。该书系卢氏县老干部咨询团组织编写,由三秦出版社出版。全书180万字,收录文章千余篇,图片300余幅。全书按内容分为历史篇、故事篇、奋起篇、歌谣篇、文艺篇、宗师篇、民俗篇、人物篇、山河篇共9辑,是一部探寻古县渊源、发掘民间文化、反映民俗风情的力作。

【河南省家禽种质资源创新工程中心卢氏鸡分中心落户卢氏】 6月30日,河南省家禽种质资源创新工程中心卢氏鸡分中心建设项目落户卢氏县,并在东明镇河西村举行开工奠基仪式。河南农业大学副校长赵卫东、正市级领导李建顺出席奠基仪式。该项目是由卢氏县人民政府依托河南农业大学、河南科技大学、博康卢氏鸡发展有限公司联合成立的卢氏鸡研发机构。中心占地1.53公顷,建筑面积5 000余平方米,总投资1 500余万元,规划建设卢氏鸡种质资源保护与利用研究室、卢氏鸡疫病综合控制研究室、技术人才培训室等。该中心建成后,可为1 000万只饲养量的卢氏鸡产业化提供服务。

【有线数字电视工程建成投运】 7月1日,卢氏县有线数字电视工程顺利建成并正式投运,该工程可向全县19个乡(镇)同步传输高清晰基本数字节目60套,随着增值频道信号源的增加,传送节目将逐步达到110套。

【住房公积金委托贷款业务启动】 7月2日,卢氏县首批共9名缴存住房公积金的职工通过申请办理住房公积金委托贷款,解决了购房资金不足问题,标志着该县住房公积金委托贷款业务正式启动。卢氏县住房公积金制度建立于1999年,至2009年全县共有200多家单位、8 800余名职工纳入住房公积金管理,累计归集额5 000余万元。

【富科特大鲵养殖专业合作社开业】 7月15日,豫西第1个大鲵养殖经营合作社——富科特大鲵养殖专业合作社在卢氏县狮子坪乡开业,并举行揭牌仪式。该合作社于2008年8月筹备建设,发展社员19户,辐射10个村组,至2009年7月已养殖珍稀大鲵97尾。

国家原产地域保护品种——卢氏连翘

【举行"抗洪纪念碑"揭碑仪式】 7月30日,卢氏县举行纪念"7·30"抗洪救灾两周年暨"抗洪纪念碑"揭碑仪式,该纪念碑位于卢氏县洛神公园西侧,占地706平方米,总投资110万元,纪念碑高20.73米,工程于2008年7月30日开工建设,2009年7月20日竣工。纪念碑碑身设计呈梯形,碑顶采用三角形,碑座三面为花岗岩浮雕,一面为碑文。三面浮雕分别以抗洪救灾、恢复"三通"、倒房重建为主题,反映抗洪救灾的生动情景,碑文全面记录了抗洪救灾全过程。揭碑仪式结束后,县四大班子领导及参加纪念仪式的社会各界人士参观了抗洪救灾图片展。

【中共卢氏县委荣获全国"人民满意的公务员集体"称号】 8月14日,第7届全国"人民满意的公务员"和"人民满意的公务员集体"表彰大会在北京举行。中共卢氏县委员会荣获"人民满意的公务员集体"称号,受到中共中央组织部、中共中央宣传部、人力资源和社会保障部、国家公务员局联合表彰。全国荣获先进集体称号共31个单位,中共卢氏县委是唯一的县委先进集体,也是历届"人民满意的公务员集体"评选中唯一获此殊荣的县委集体。中共卢氏县委书记王振清参加了表彰大会。

【全市学习卢氏县委科学发展精神工作会议在卢氏县召开】 8月19日,全市学习卢氏县委艰苦奋斗、执政为民、科学发展精神工作会议在卢氏县召开。会议传达了省委书记徐光春对卢氏县委荣获全国"人民满意的公务员集体"称号的批示,宣读了三门峡市委、市政府关于对卢氏县委予以嘉奖的决定。李文慧、杨树平在会上发表讲话。省公务员局局长高勇就全省广大公务员学习卢氏县委艰苦奋斗、执政为民、科学发展精神工作进行了部署。会议期间,与会人员参观了卢氏县人民医院、中医院、电力新区建设项目、游客服务中心建设项目、教育基础设施建设项目和文峪乡黑了宿安置小区等卢氏县基础设施建设。

【"重走红军长征路"活动举行】 为庆祝新中国成立60周年,9月2日至8日,由卢氏老区人民发起,众多媒体参与的"重走红军长征路"活动举行。来自各条战线的公务员、工人、农民、商人、学生、退伍军人等共计50余人参加。活动循着红25军的足迹,路线从栾川县抱犊寨至卢氏县铁索关。活动内容主要包括:探寻老红军长征史实,慰问红军后人,宣传国家对老区的富民政策,展示卢氏老区人民在改革开放中取得的新成就并邀请在京红军后代共同参加活动,把卢氏老区万人签名的“连心长卷”送往中国军事博物馆永久收藏。

【中国农业银行党委副书记、监事长车迎新到卢氏县农行调研】 9月30日,中国农业银行党委副书记、监事长车迎新到卢氏县农行调研。车迎新认真察看营业网点服务环境,看望慰问工作一线的干部职工,并就加强改进金融服务、支持“三农”和县域经济发展、防范金融风险提出明确要求。

【电影《白云飘飘》在卢氏县开拍】 10月9日,反映卢氏旅游业发展历程的电影《白云飘飘》开机仪式在卢氏县洛神公园举行。该片由卢氏县委、县政府和北京日出东方影视文化传播有限公司、卢氏县九龙山景区联合摄制,是一部采用实名、实地拍摄的现代励志情感故事影片。讲述了大学生村官云儿自强不息带领群众发展旅游产业的动人故事,真实地展现了大学生村官和山区群众在这方秀美山河上演的一幕幕创业故事。中央电视台、北京电视台、《大河报》、河南电视台、百度网等10余家新闻媒体应邀参加开机仪式。

【县公安局开通“出入境管理网上咨询业务”】 10月,卢氏县公安局针对出国务工和出国、出境旅游人员逐年增加的局面,在互联网上申请专用QQ号码,开通“卢氏县公安局出入境管理网上咨询业务”,安排专人负责收集信息,及时在线回复。并通过社区警务室和其他渠道公布咨询电话号码和QQ号码,受到了社会各界和人民群众的普遍赞誉。

【卢氏县荣获河南省2008年度“红旗渠精神杯”竞赛奖杯】 11月6日,在省委、省政府召开的2008年度“红旗渠精神杯”竞赛活动表彰会上,卢氏县荣获河南省2008年度“红旗渠精神杯”竞赛奖杯,受到了省委、省政府的表彰奖励。

【选派143名优秀后备干部到一线锻炼】 11月12日,卢氏县召开选派优秀后备干部到重点项目建设、招商引资和信访稳定一线锻炼动员大会。该县此次选派优秀后备干部按照个人报名、单位推荐、组织确定的程序进行,共确认143名干部纳入后备干部管理。后备干部由县委组织部负责选派到重点项目建设、招商引资和信访稳定工作一线进行实践锻炼。并按照“个人申报、双向选择、组织调配”相结合的办法,原则上3人组成一个工作小组,每组选择一个重点项目或招商引资项目,以项目责任单位为依托,原单位作后盾,实行定向上岗。实践锻炼期限为1年。锻炼期满后,根据考核结果分类别排出先后名次,报县委组织部备案,作为提拔使用的优先条件。

【县电业局首次实现10千伏电网线路带电作业】 11月24日,卢氏县电业局首次实现10千伏电网线路带电作业。在卢氏县南环路10千伏带电作业现场,两名电力工作人员借助专用的绝缘斗臂车登上10余米高的电杆,进行了绝缘套管和绝缘毯、线路接头等工作,整个带电作业过程仅用30分钟,从而避免了断电给用户造成的影响。

【河南省首次大鲵增殖放流仪式在狮子坪乡举行】 11月26日,由省农业厅和三门峡市政府主办的全省首次大鲵增殖放流仪式在狮子坪大鲵自然保护区救护中心举行,一批大鲵被放入保护区的河流。省农业厅巡视员孙学顺,三门峡市市长助理、市政府秘书长张建峰及卢氏县领导等出席放流仪式。出席仪式的嘉宾共同为第1批200尾大鲵进行了放流,公证处工作人员现场进行了公证。仪式后将有2000尾大鲵被陆续放流,以有效促进大鲵种群的恢复和水生态的改善。

【东沙河应急勘查泥石流治理项目通过省评审】 12月1日,东沙河应急勘查泥石流治理项目评审会召开。省地质环境专家,省、市国土资源部门有关领导及县领导杨春青出席会议。该项目是由县地矿局和省环境监测院于2007年申报的省财政地质灾害防治项目专项资金500万元,主要用于县城东沙河上游东坪村移民搬迁安置点以及下游北石桥村、县城东沙河部分地段泥石流治理。项目共设计护渠1 500余米,排导槽、谷防300余米。评审专家到现场进行了实地勘查,认定该项目设计合理,通过评审。

【教体局荣获国家“2007年至2008年度研究与实验工作先进单位”称号】 12月初,在全国教育科学“十一五”规划教育部重点课题“有效推进区域专业化发展”经验交流会暨第八届年会上,卢氏县教体局荣获“2007年至2008年度研究与实验工作先进单位”称号。这是卢氏县教体局继2007年之后第2次获此项荣誉。此次,卢氏县所申报的18项课题研究团队展示成果全部入围获奖,其中荣获国家级一等奖3项,二等奖14项,三等奖1项。

【新型农村社会养老保险试点工作启动】 12月27日,卢氏县召开新型农村社会养老保险工作启动大会,安排部署新型农村社会养老保险试点县农村社会养老保险收缴工作。卢氏县2009年9月被确定为三门峡市唯一新型农村社会养老保险试点县,成为全省18个全国第1批新农保试点县之一。全县农村60岁以上的老人从2010年起,可按月领取60元基础养老金(其中中央财政补贴每人每月55元,县财政补贴5元)。新农保制度按照农民自愿、缴费标准不同、多缴多得的原则,采取社会统筹与个人账户相结合,财政补贴、集体补助和个人缴费相结合的筹资方式。参保条件为年满16周岁(不含在校生),未参加城镇职工基本养老保险的农村居民。个人缴费标准为每年100元、200元、300元、400元、500元5个档次,所缴费用记入本人养老账户。

(常琳静)

2009年卢氏县各乡(镇)基本情况

表7

乡(镇)	粮食总产量(万千克)	棉花总产量(万千克)	油料总产量(万千克)	烟叶总产量(万千克)	水果总产量(万千克)	肉类总产量(万千克)	大牲畜存栏(头)	生猪存栏(头)	山绵羊存栏(只)	总人口(人)	耕地(公顷)	农业总产值(万元)	农民人均纯收入(元)	乡级财政收入(万元)	党委书记	乡(镇)长
城关镇	32.6	—	—	—	4.8	20.7	220	855	705	37 419	127	1 440	4 708	4 460	王志斌	李　新
杜关镇	911.2	—	10	128.9	432	61.5	8 264	886	2 061	19 005	2 458	10 002	3 786	726	马怀安	符永伟
五里川镇	297.6	—	—	6.6	42.3	143	3 986	1 570	957	20 010	1 500	9 410	3 548	654	亢谢朝	季保军
官道口镇	1 294.5	—	6.2	235.4	928.9	51.4	10 506	2 230	2 026	22 193	4 145	8 840	3 541	965	孙会方	毋精华
朱阳关镇	231.8	—	—	8.1	21	20	1 005	1 021	1 159	16 855	933	6 587	2 813	356	李　军	曹禄生
官坡镇	301.8	—	—	148.1	117.2	24.8	1 533	1 614	2 218	27 684	2 040	8 400	3 287	565	邹小刚	白　剑
范里镇	1 300.1	51.7	270.5	940.9	62.9	830.2	2 644	2 613	—	37 409	6 037	16 802	3 821	964	靳永波	李经宇
东明镇	894.2	1.8	13.9	152.7	559	68	8 087	2 582	2 514	29 992	3 189	12 298	3 931	1 371	杜长宴	段从芳
文峪乡	704.4	1.1	3.8	82.6	349.7	30.8	5 691	2 529	2 293	30 116	2 512	10 954	3 245	539	戴江琴	宁福斌
横涧乡	756.4	—	—	63.5	180.2	55.1	10 700	2 568	2 744	32 377	2 424	11 020	3 207	684	付　娟	彭光华
磨沟口乡	416.2	—	2.9	20.3	65	29.6	2 720	2 650	1 850	13 187	1 624	6 210	2 818	1 645	翟新朝	张锐锋
双槐树乡	262.6	—	—	47.9	129.3	23	700	1 826	756	12 598	1 012	5 938	2 924	535	毛海港	贾建涛
汤河乡	128	—	—	—	211.4	27.1	2 061	2 241	2 989	10 660	727	5 834	2 805	383	韩富军	袁保方
瓦窑沟乡	288.8	—	6.2	9.2	82.3	26.5	702	1 803	513	13 674	842	8 290	2 938	314	赵会军	张海军
狮子坪乡	366.7	—	—	16	83.3	27.5	821	2 521	1 520	11 141	844	10 025	2 948	227	杜元恒	卢俊杰
沙河乡	1 046.5	0.4	7.1	300	350.5	22.2	4 290	2 005	1 353	15 119	3 481	11 010	3 404	1 176	马建超	张　青
徐家湾乡	362.2	—	0.3	16.3	45.2	39.6	1 209	2 524	900	9 780	1 217	6 032	2 813	618	蔡小卢	陈书义
潘河乡	530	—	2.6	78.3	103.8	43.1	8 060	2 021	1 279	12 830	2 355	6 320	3 101	1 676	钱　程	方　勇
木桐乡	286	—	—	49.5	37.3	35.6	5 749	1 007	1 273	8 371	1 408	5 255	2 818	310	王跃林	胡云智

（常琳静）

·编辑　周　青·

人 物

三门峡市区远眺

新任市级领导

王建勋　中共三门峡市委副书记。汉族，1958年9月生，河南省长垣县人，1974年10月参加工作，1983年8月加入中国共产党，大学文化程度，高级政工师。

1974年10月至1978年8月任长南铁路指挥部打字员；1978年8月至1982年7月在河南大学政治系政治教育专业学习；1982年7月至1987年5月任长垣县赵堤乡干部、副乡长、副书记、乡长；1987年5月至1990年2月任长垣县武邱乡党委书记；1990年2月至1993年1月任卫辉市委常委、组织部长；1993年1月至1994年5月任卫辉市委副书记；1994年5月至1997年7月任封丘县委副书记、县长；1997年7月至1998年1月任封丘县委副书记、县长，主持全面工作；1998年1月至1999年3月任封丘县委书记；1999年3月至2001年4月任辉县市委书记；2001年4月至2004年2月任安阳市人民政府副市长；2004年2月至2004年3月任安阳市委常委、政法委书记，副市长；2004年3月至2006年5月任安阳市委常委、政法委书记；2006年5月至2006年12月任安阳市委常委、政法委书记、市纪委书记；2006年12月至2009年6月任安阳市委常委、市纪委书记；2009年6月任三门峡市委副书记；2009年7月兼任三门峡市委党校校长。

赵予辉　中共三门峡市委常委、组织部部长。汉族，1956年10月生，河南林州人，1971年11月参加工作，1977年8月加入中国共产党，中央党校经济学硕士。

1971年11月至1972年5月为辉县化工厂工人；1972年5月至1975年5月为辉县常村乡干部；1975年5月至1981年8月任辉县团委副书记；1981年8月至1985年9月任中共辉县市冀屯乡党委书记；1985年9月至1987年9月在中共新乡市委党校经济管理专业大专班学习；1987年9月至1990年2月任中共辉县市委政研室主任；1990年2月至1994年8月任中共获嘉县委常委、办公室主任；1994年8月至1995年7月任中共新乡市委办公室主任；1995年7月至1998年1月任中共新乡市委副秘书长；1998年1月至2002年7月任中共长垣县委书记(其间：1998年8月至2001年12月在中央党校函授学院经济管理专业学习，1996年5月至1999年6月在天津财经学院国际贸易学专业学习，获经济学硕士学位)；2002年7月至2006年12月任中共许昌市委常委、统战部长；2006年12月至2009年6月任中共许昌市委常委、宣传部部长；2009年6月至2009年7月任中共三门峡市委常委；2009年7月任中共三门峡市委常委、组织部长。

赵　艳　中共三门峡市委常委、统战部部长。1965年生，满族，河北易县人，在职研究生学历，1983年11月参加工作，1992年1月加入中国共产党。

1983年11月至1984年9月任北京总后309医院战士；1984年9月至1987年7月在北京总后军医学校学习；1987年7月至1988年9月，任济南空军19师郑州机场干部；1988年9月至1990年7月在河南政法干部管理学院学习；1990年7月至1992年9月任河南省军区检察院军事检察员；1992年9月至1993年11月任河南省旅游局干部；1993年11月至1996年7月任河南省委政法委业务处干部、副主任科员；1996年7月至1998年9月，任河南省委政法委队建室主任科员；1998年9月至12月任河南省委政法委队建室助理调研员(其间，1996年8月至1998年12月，在中央党校经济管理专业读在职大学)；1998年12月至1999年12月任河南省委政法委办公室副主任；1999年12月至2004年2月任河南省委政法委办公室主任(其间，2001年4月至2004年4月，在华中科技大学经济法专业在职研究生学习)；2004年2月至2006年12月任河南省妇联副主席；2006年12月任三门峡市人民政府副市长、党组成员。2009年7月任中共三门峡市委常委、统战部部长。

周志远　三门峡市人民政府副市长。汉族，1963年6月生，河南南乐人。1979年9月参加工作，1984年7月加入中国共产党，清华大学研究生，公共管理硕士，高级政工师。

1979年9月至1981年9月，在河南省遂平县石寨铺乡工作；1981年9月至1984年7月，在郑州航院科技管理系学习；1984年7月至1985年10月在郑州航院科技管理系任教；1985年10月至1990年8月，任郑州航院党委办公室秘书(其间：于1987年2月至1989年2月在南京航空学院社会科学系学习，获法学学士学位)；1990年9月至1997年10月，先后担任郑州航院党委办公室副主任、主任；1997年10月至1999年3月，任郑州航院党委办公室、院长办公室主任；1999年3月至2003年2月，任中共郑州航院纪委书记；2003年2月至2004年5月，任焦作工学院党委副书记；2004年5月至2009年2月，任河南理工大学党委副书记(其间：于2005年10月至2008年1月，在清华大学公共管理学院学习，获公共管理硕士学位)；2009年2月，任三门峡市人民政府副市长、市政府党组成员。

崔保连　三门峡市人民政府副市长。汉族，1954年2月生，河南长垣人，1972年12月参加工作，1975年2月加入中国共产党，河南大学毕业，在职研究生文化程度。

1972年12月至1978年7月任青岛航空兵仪器校验站无线电员；1978年

7月至1985年2月任开封市公安局政治处、团委干事、团委副书记、书记；1985年2月至1987年1月任开封市公安局办公室副主任；1987年1月至1991年8月任开封市公安局鼓楼分局局长；1991年8月至1996年8月任开封市公安局副局长、党委委员；1996年8月至1997年8月任开封市公安局副局长、党委委员（正县级）；1997年8月至12月任开封市公安局副局长、党委副书记；1997年12月至1998年11月任开封市公安局局长；1998年11月至2001年9月任洛阳市公安局局长、党委书记；2001年9月至2002年1月任商丘市公安局局长、党委书记；2002年1月至2005年11月任商丘市公安局局长（享受副厅级待遇）、党委书记；2005年11月至2007年7月任河南省公安厅副厅级侦察员、商丘市人民政府党组成员、市公安局局长、党委书记；2007年7月至8月任三门峡市人民政府市长助理、市政府党组成员，市公安局党委书记；2007年8至2009年8月任三门峡市人民政府市长助理、市政府党组成员、市公安局局长、党委书记；2009年8月任三门峡市人民政府副市长、市政府党组成员、市公安局局长、党委书记。

河南省双“60”人物

王舟平 男，汉族，河南省南阳县人，中共党员。自幼家境贫寒，曾到襄阳私人印刷所当过童工。1931年，在河南省通志馆帮助工作期间，参加了南阳爱国学生在开封组织的“旅汴同乡会”，提出了打倒贪官污吏的口号。1932年，回到家乡积极参加了南阳自治运动，1934年加入中国共产党。1935年至1937年，以南阳小学教师的身份作掩护，积极开展党的地下工作。后因党组织遭到破坏，白色恐怖严重，被上级党组织派到国民党孙殿英部队做统战工作。1940年1月，被河南省委任命为临鲁地委书记兼鲁山县委书记。“皖南事变”后，随河南地下党的干部撤退到延安，先后在中央党校、中央直属机关学习和工作。1944年，日军发动“豫湘桂”战役，河南大部沦陷，随党中央派遣的抗日部队，从陕甘宁边区出发南下豫西。1945年2月，渑池县解放，任渑池县委书记兼被改编的独七旅政委。面对被改编的地主武装，深入做思想政治工作，开展整军运动，教育他们革心洗面，站稳抗日立场。在地方工作上，主持开展了“倒地运动”，把地主巧取豪夺的土地分给了贫苦农民，同时还开展了“减租减息”“合理负担”运动，减轻了农民的负担，很快打开了渑池县的抗日局面，深得群众的拥护和爱戴。1945年5月26日，独七旅上官子平部发动反革命叛乱，不幸被俘。在刑场上，面对敌人的枪口，大义凛然，怒斥叛军罪行，献出了34岁的年轻生命。

周凯东 男，汉族，河南省陕县人。1932年加入中国共产党。

抗日战争爆发后，周凯东任八路军一二九师新一旅三团团长。1943年8月中旬，为打击日伪军嚣张气焰，十八集团军总部集中15个团的兵力发起林南战役。周凯东率领三团担任突破林县城南门，歼灭日伪24集团军指挥部的任务。8月18日，周凯东指挥突击连战士越过护城壕，登上城墙，很快解决了南城门守敌。周凯东命令机炮连掩护，突击连一举又拿下城东门，封锁了敌人东逃之路。周凯东正在与政委研究如何攻打敌军司令部，伪军约两个连的兵力沿南北大街向南城门反扑，企图夺回南门，打通与南关日军联系的通道。“决不能让敌人的企图得逞！”周凯东命令重机枪排火力封锁街道，七连进行阻击，连续打退敌人数次进攻。18日上午10时，四架日军飞机狂轰滥炸，西南城墙轰开几个缺口，南关外日军扑向南门向三团发起猛攻，城内伪军也乘势集中火力向南门攻击。三团四面受敌，情况十分危急。为进行新的战斗部署，周凯东跨出指挥所，冒着枪林弹雨亲自到连队察看战斗情况，不幸被一颗子弹射中，壮烈牺牲，年仅28岁。

曹靖华 汉族，河南省卢氏县人。

1919年，在五四运动中，曹靖华与他人成立“青年学会”。次年1月创办《青年》半月刊。1921年，加入社会主义青年团，并被派往莫斯科东方大学读书。1925年至1926年，受李大钊派遣，曹靖华先后赴开封、广州任国民革命军第二军任苏联顾问团翻译和国民革命军总部总顾问布留赫尔元帅翻译，并随军北伐。大革命失败后，他先后到莫斯科中山大学、列宁格勒东方语言学院任教。1933年回国后，先后在北平大学、东北大学等多所大学任教。1938年，被国民党教育次长以“宣传马列主义”的罪名解聘。1939年春，到重庆，当选为抗敌协会第二届理事，并任《中苏文化》编委。1940年初，曹靖华在重庆受到周恩来的会见，由周恩来直接提名，任中苏文化协会理事，主编《苏联抗战文艺丛书》。曹靖华以自己的翻译成就，为中国人民的解放事业立下了不可磨灭的功绩。1949年，新中国成立后，曾当选为一、二、三届全国人大会代表，第五、六届全国政协委员，中苏友好协会全国理事会理事兼北京分会副会长，中国作家协会书记处书记等。1956年3月，加入中国共产党，先后任《世界文学》主编、国务院学位委员会委员、中国苏联文学研究会名誉会长等职。1987年8月4日，苏联最高苏维埃主席团授予曹靖华苏联各国人民友谊勋章。同年9月8日，曹靖华在北京逝世。

徐洪刚 云南省彝良县人，中共党员，1971年3月出生。现任济南军区铁军师“秋收起义红二团”副政治委员。

1993年8月17日，徐洪刚在探家归队途中，乘坐的长途公共汽车行至四川省筠连县境内时，车上4名歹徒向一女乘客勒索钱物，肆意侮辱。徐洪刚见危相助，挺身而出，同歹徒英勇搏斗，胸部、腹部、臂部被歹徒连捅14刀，肠子流出体外50多厘米。徐洪刚忍着剧痛，用背心兜着肠子，从车上跳下，追赶歹徒，昏倒在地。后经当地群众和医院全力抢救，转危为安。徐洪刚住院期间，6 000多名群众自发地前去慰问。徐洪刚见义勇为的英雄壮举，在全军和全国引起强烈反响。1994年2月5日，党和国家领导人江泽民、李瑞环、胡锦涛和军委副主席刘华清、张震等先后接见和题词嘉勉徐洪刚。解放军总政治部、共青团中央联合发出通知,号召全军指战员和全国广大青少年向徐洪刚学习。徐洪刚被授予见义勇为青年英雄、全国新长征突击手等荣誉称号。

白　洁　汉族,河南省灵宝市人,中共党员,1974年4月出生。现任灵宝市人民检察院党组成员、纪检组长。

在19年的从检生涯中,白洁用坚忍不拔的勇气和与疾病抗争的毅力,全心全意为人民服务。白洁干一行、爱一行、专一行,在侦查监督科工作的7年间,审查批捕案件1 099件1 976人,追捕漏犯63人,被誉为"办案状元"。白洁业务精通,所办案件质量高、效果好,在省市检察院7次案件质量评比中,被抽查的60多本卷宗全为优秀。白洁以检察官的干练执著,与形形色色的罪犯对视,斗智斗勇,令一个个对手心理崩溃;与一念之差的失足者对话,让对方明晰惩处标准,心服口服;排除案情猜疑,为无辜者澄清事实,不让无罪的人受到有罪追究。19年来,白洁为民执法、人性化办案,既严惩了罪犯,又化解了矛盾,维护了一方平安,受到社会各界的广泛赞誉和一致好评。白洁是中共十七大党代表,被河南省检察院荣记个人一等功,先后被评为全国模范检察官、第七届中国十大杰出检察官、感动中原十大人物。还是全国五一劳动奖章、全国三八红旗手、中国青年五四奖章获得者。

全国性荣誉称号获得者

庆志英　1964年3月生,汉族,中共党员,河南孟津人。1982年3月参加工作,先后任共青团三门峡市委副书记,渑池县委常委、办公室主任,湖滨区委常委、组织部长,卢氏县委副书记兼纪

委书记、常务副书记,三门峡市妇联主席、党组书记。

任市妇联主席后,庆志英始终心系妇女,坚持想妇女所想、急妇女所急,以高度的责任感和强烈的事业心,带领全体妇联干部齐心协力,锐意进取,开拓创新,通过深入实施妇女工作"五大工程""六大行动"(即巾帼创新创业促进行动、巾帼科技致富支持行动、巾帼文明岗拓展行动、妇女权益维护行动、和谐家庭创建行动、留守流动儿童关爱行动),切实做好了组织妇女、引导妇女、服务妇女和维护妇女儿童合法权益工作,有力推动了妇联工作的创新和妇女儿童事业的发展,使全市妇女参与经济建设的能力进一步提高,妇女的生存发展环境进一步优化,尊重妇女保护妇女的社会氛围进一步形成,妇联组织在社会的凝聚力、影响力明显增强。庆志英曾荣获全国妇联系统信访工作先进工作者、全国"巾帼建功"标兵、河南省"三八"红旗手、省"巾帼建功"标兵等称号;多次被评为市优秀党建工作第一责任人、市党风廉政建设优秀个人。在她的带领下,三门峡市妇联被全国妇联评为全国"三八"红旗集体,市妇儿工委办被国务院妇儿工委评为全国实施妇女儿童发展纲要先进集体,市妇联还先后荣获省儿童工作先进集体、省宣传工作先进集体,省妇女读书活动先进单位等荣誉。2009年9月,庆志英被评为全国"三八"红旗手。

王苏霞　汉族,1963年12月生,三门峡市湖滨区人,中共党员,大专文化程度,三门峡市阳光花卉盆景园总经理。曾担任湖滨区第七、八、九届政协委员,先后获得全国"双学双比"女能手,河南省"三八"红旗手,三门峡市"十大致富状元"、三门峡市"巾帼科技星火工程"带头人,湖滨区"十佳科技人才"、湖滨区"十大杰出女性"等荣誉称号,并受到湖滨区委、区政府的多次表彰。2009年9月被全国妇联授予全国"三八"红旗手。

王苏霞是一个普通农家女,上初中时,父母失去了劳动能力,弟弟被病魔夺去了生命,面对人生的不幸,王苏霞没有倒下,而是勇敢地承担起了安抚老人、照顾年幼妹妹的重任。她边学习,边劳动,在学习中寻找自己的出路。1997年,王苏霞用辛苦积攒的钱创建了"阳光花卉盆景园",建园后,王苏霞悉心钻研、摸索花卉的育苗、栽培养护、病虫害防治及花卉经营,并带领园区工人和农村的闲散劳动力忘我地工作,很快使花卉园在市场中站稳脚跟。在三门峡市第1届盆景根雕展中,该园参展的作品以其花大色艳、造型优美,荣获一等奖。为提高服务质量,王苏霞不断创新,在发展盆花、盆景的基础上,先后推出了幼苗繁育、园林设计、会议租赁、绿化工程等灵活多样的经营方式,使阳光花卉园的业务不断拓展,规模不断扩大。阳光花卉园已拥有10栋温室,3个草花苗木基地,,经营的花卉品种达160余个,形成了集生产、销售、观赏为一体的阳光花卉产业链。王苏霞也以优良的品质和良好的信誉以及所栽植花卉盆景的奇、特、新、美等特点,享誉顾客之中。在抗洪抢险、抗击非典以及卢氏"7·29"特大洪涝灾害中,王苏霞都积极捐款、捐物,支援灾区建设,得到了社会各界的一致好评。

正高级职称人员名单

姓名	职称	单位
和红霞	主任中医师	三门峡市中医院
杨银良	主任中医师	三门峡市中医院
罗跃动	主任中医师	灵宝市第二人民医院
郑梅霞	二级律师	河南长浩律师事务所
肖德华	主任播音员	三门峡电视台
刘　莉	一级播音员	三门峡电视公共频道

张春波	一级播音员	三门峡电视公共频道
王秀梅	高级农艺师	陕县植保植检站
吴 娟	高级农艺师	渑池县农产品质量安全检测站
王海波	高级农艺师	灵宝市农业科学实验站
白建伟	高级农艺师	灵宝市果树实验场
张万霞	高级农艺师	灵宝市尹庄镇政府
王松森	高级农艺师	灵宝市尹庄镇政府
韩军旺	高级工程师	国有三门峡河西林场
董帅伟	高级工程师	国有三门峡河西林场
张斌强	高级工程师	三门峡市林业工作总站
贾成寿	高级工程师	湖滨区林业技术推广站
王玉芳	高级工程师	三门峡市市政工程处
张国俊	高级工程师	三门峡市建设工程质量监督站
赵 炜	高级工程师	三门峡市建设工程质量监督站
郭庆洛	高级工程师	三门峡市规划勘测设计院
薛连方	高级工程师	三门峡市城建市政工程有限公司
赵伟宏	高级工程师	三门峡城建工程造价咨询有限公司
辛玉琴	高级工程师	三门峡环境保护科学研究院
张 宇	高级工程师	渑池县环境保护局环境检测站
建则军	高级工程师	三门峡公路局
刘志成	高级工程师	三门峡公路局
张红雁	高级工程师	三门峡公路局
王 林	高级农艺师	灵宝市豫灵镇
张 倩	高级经济师	三门峡职业技术学院
任华杰	高级工程师	河南金渠黄金股份有限公司
索明武	高级工程师	河南金渠黄金股份有限公司
崔丰会	高级工程师	灵宝黄金投资有限公司
索天元	高级工程师	金源矿业有限责任公司第二分公司
胡作龙	高级工程师	三门峡市水利勘测设计有限公司
程江川	高级工程师	三门峡市天然铝业（集团）有限公司
王军民	高级工程师	渑池县水利水保技术服务站
王安理	教授级高级工程师	灵宝市金源矿业有限责任公司
刘绍先	中学高级教师	陕州外国语学校
王铁刚	中学高级教师	陕县第二实验初级中学
刘 真	中学高级教师	陕县第三实验学校
张清朝	中学高级教师	卢氏县汤河乡中学
张兰鹏	高级讲师	三门峡市技工学院
车 军	高级讲师	中国水利水电第十一工程局技工学校
孙冬湨	高级讲师	中国水利水电第十一工程局技工学校
王 莉	高级讲师	三门峡中等专业学校
吴晓莉	高级讲师	三门峡中等专业学校
吴校卫	高级讲师	三门峡中等专业学校
杨建华	高级讲师	三门峡中等专业学校
杨雪梅	高级讲师	三门峡市卫生学校
王香芍	高级讲师	三门峡市教师进修学校
李天社	高级讲师	卢氏县教师进修学校
王晓燕	高级实习指导教师	三门峡市技工学校
谢卫东	高级实习指导教师	三门峡市技工学校
李 勤	教 授	三门峡职业技术学院
李久昌	教 授	三门峡职业技术学院

副高级职称人员名单

吴青泽	黄世谋	于世明	张红颖
张满升	姜全良	马旭东	员 莹
王卫星	雷建卢	李赞详	张晓明
赵雅琴	荆英文	李海波	肖留运
闫战长	白现超	马海锋	杨红彦
刘焕霞	钱听霭	茹书平	张 凌
陈年梅	高 平	贾文秀	岳安民
贺书侠	任雪萍	宋宏亮	杨行亮
王海云	王直民	郝 昭	李晓红
张耀奇	周晓青	翟菊萍	薛玉勤
赵锋钢	董风兰	姚桂菊	许礼涛
李三官	段专军	赵学芬	曹素梅
上官保良	上官建萍	贺 兴	肖继红
胡晓红	卢跃丽	张玉霞	沈桂华
张红梅	姚光文	邵松军	冯文斌
平合现	王淑玲	余书伟	张千礼
张建祥	王秀琴	赵安国	韩栓胜
员兰霞	朱宏伟	刘占伟	张改琴
齐苏娟	高玉杰	刘栓龙	吴 燕
张卫联	侯玉贞	韩玉峡	刑保顺
陈齐平	秦新聪	员立廷	崔青锋
兰海霞	杨延光	张云萍	张玉红
马娟茹	徐灵群	李漂妮	崔海波
茹冬梅	张玉丽	乔锁军	李普超
杨娟丽	白文超	李春平	赵翠条

李湘泽 赵建宏 蒄 红 周建祥
董金龙 侯俊茹 赵瑞平 马晓春
王赞青 杨黎明 郑忠勇 卢蓬勃
乔战江 周卫民 梁江娟 杜花芳
张秋良 王三星 李西云 檀少伟
徐聪平 伍建泽 马青波 刘文璇
任广森 彭永录 刘经泉 杨国彬
王卢姣 何战军 席硕玉 李合玉
许震乾 乔歌丽 樊虎强 申武娟
杨世军 张军波 董站仕 吴建波
杜增高 何冠君 卢芳红 贾沈灵
李清纲 焦艳萍 李金芳 张保重
王红梅 赵巧芒 赵忠义 赵树维
雒 斐 薛宝俊 狄若碧 王韶丽
张文庆 张晓青 张淑芬 李文龙
方明朝 祝新章 陈永立 李建生
任双波 王 辉 王洁琼 代小勇
洛继安 刘建学 车振林 杜九星
方红军 闫学军 王明军 崔彩苹
王拥民 张文锁 张文秀 莫留锋
任小伟 段学锋 袁玉辰 李金朝
裴晓军 崔保礼 蔡晓凤 王 玲
常建海 宋海锋 杨卫华 任永平
王华锋 殷清香 王长周 朱邦群
耿建丽 茹小平 韩玉玺 吴守银
郭向东 刘智帅 张随芳 郭新华
金忠心 贺新红 王华璞 郭晓录
薛春潮 马仿曾 彭春娥 毋春凤
靳军峰 刘少先 王铁刚 刘 真
张清朝 马孟良 宁秀娟 郭春红
付桂芳 和红霞 杨银良 罗跃东
刘金山 高春波 赵秋玉 何学斌
杨建庄 何社军 孔永红

省部级(条线)以上表彰的先进个人名单

全国党史部门先进工作者
李 健

全国“三八”红旗手
庆志英 王苏霞

全国五一劳动奖章获得者
李武强

全国巾帼建功标兵
张永香

全国煤炭企业优秀党委书记
马泰山 曹振华 陈志杰

全国模范教师
高保卫

全国优秀教师
徐引丽 杨素芳

全国孝亲敬老之星
马云凤

全国黄金行业劳动模范
徐高明 王国栋 王建银 刘树林

全国工商系统信息化工作先进个人
刘 敏

全国消协组织保护消费者权益薪金个人
王二印

全国整顿和规范矿产资源开发秩序工作先进个人
张冠山

全国财政信息工作先进组织者
朱志军

全国财政系统优秀信息员
张宇辉 王桂亮

河南省劳动模范

宁海峡 陈专强 曹官虎
赵新伟 李 强 石宣喜
王建荣 杨菊红 李纪林
谷胜利 张拴军 乔茂堂
张国强 邓伟华 张志坚
程跃森 周伟民 索世虎
杨建儒 薛 玮 罗跃东
师胜军 张群刚 武予鲁
潘建峰 许高明 高双铎
马进仓 张建友 杨红岩
姚盈亮 任文生

河南省十大杰出女性
张永香

河南省“三八”红旗手
夏 冰 张 洁

河南省巾帼建功标兵
牛兰英 刘改珍 史锁茹 王社勤

河南省优秀创业女性
张慧敏 王慧贤 舒春萍 夏 冰

首届河南省维护妇女儿童权益优秀卫士
张俊萍

河南省政协优秀提案委员
张景林

河南省春运工作先进标兵
陈延青

河南省外经工作先进个人
李 荣

第五次全省民族团结进步模范
张吉锁 金慈民 兰宏林

河南省“人民满意的公务员”
胡占曾 张赞民

全省未成年人思想道德建设先进个人
王 斌 胡玲玲 何少华 马稳庚

河南省“美德少年”
梁亚君 黄鑫辉 孟英健 段钰婧

河南省文化系统文化产业先进工作者
李兴华 何耀鹏

河南省政务信息工作前进个人
卫迎宾

全省双拥工作先进个人
胡洲源 于 环 杨卫萍 卢 民

全省保密工作先进个人
杨治安 李武云

河南省工商银行先进工作者
常卢颜 张良峰 程晓丽 程洪涛

中国人寿河南省分公司先进工作者
马少辉 贾红梅

中国人寿河南省分公司优秀共青团员

武海鹏

中国人寿河南省分公司信息工作先进个人

王会贤

中国人寿河南省分公司年度乡镇“创富精英”

李花朋

市级先进个人名单

三门峡市劳动模范（先进工作者）

李超林	何　强	王　婕
强鹏展	欧阳庆百	任中秋
沈建安	黄俊玮	崔士吉
任华杰	宁红丽	郭联民
刘虎振	余继英	兰焕新
权太光	金国顺	秦东升
李树民	赵春雷	王爱霞
许宝军	葛霄果	高进全
单亚文	颜恒波	郭项斌
徐传洲	薛俊平	杨国谦
张亚峰	张长乐	周克勤
郭守荣	刘保国	张天祥
李曙光	孙苏利	席国峰
张　阳	段永锋	朱宏斌
范强国	李玉洁	刘宏伟
李么刚	李念保	乔建厚
贺新安	张晓红	杜明国
王玉贤	封泽孝	白提高
张　萍	潘本锋	任建民
张铁钢	苗朝霞	王洪海
王志芳	刘同会	曹利平
宋太岭	李保元	张　伟
刘当稳	李　钢	常文跃
程进才	彭碧徽	崔建良
燕索超	文天真	黄伟峰
蒋振华	智建芍	曲　扬
杜　杰	武如仓	朱建明
王向阳	韩建波	李　珂
杨伍德	赵保平	邵振敏
宋建卫	唐建民	李向华
裴海金	尤群生	张洛琴
张新生	张彦敖	张明云
武应峰	张　平	马海英
石　勇	荆民哲	闫正伟
李武军	邢宏涛	樊自立
魏建尧	成俊芳	麻挺威
王亚辉	王朝明	刘晓敏
谭豫忠	刘京良	锁永刚
朱育生	沈　辉	鲍　伟
刘宏坡	杨建军	李林宝
张成伟	杨卫京	肖汉甫
刘红星	宋录生	赵占武
徐长群	杨清波	于合法
杨武正	李士军	王志来
刘　泰	田建芳	孙秋鲜
张银亮	李中超	金学鹏
詹保林	夏成善	张传亭
王建朋	刘亚敏	李平光
马树声	陈海森	邹俊杰
王振山	肖　妩	乔保松
陶　丰	白社教	查贯柱
张艳丽	苏治国	李拴军
吴云红	张书宽	李全峰
杨冬林	周帅安	鲁学华
荆拴民	郭忠义	姚景华
安兆志	张永勤	王莫生
李来上	茹二军	李古乱
张荣太	王绍军	李树钦
侯振峰	刘玉周	左江涛
杨发召	肖要峰	上官敏华
赵遂生	赵伟民	张志刚
李成敏	赵建设	李建军
张成方	宋关勤	赵群周
崔点文	崔武才	张平威
杨润明	贺青华	狄杰宾
毛敬平	潘光和	张关照
孙玲娥	卫菊凤	孟顺喜
杨晓勇	杜海霞	周来拴
关万鹏	焦　健	申永智
富彩峡	许慧鹏	韩玉琴
程新民	郭儒远	张相志
万广卿	张永香	张爱群
张文军	赵　军	杜红建
周彦锁	成俊芳	崔红伟
刘月刚	赵跃民	尚松军
刘和平	郭金和	赵更池
辛鹏云	富磨峰	董　琰
曹高玉	史有庄	杨保军
韩红梅	吴丙新	建　雯
刘宏丰	李正元	曲纯良
薛瑞芳	梁建超	史艳婷
霍梅君	张坤士	苏占云
满向阳	朱锋军	薛建启
兀吉康	杨春丁	黄发军
马润绪	胡文强	张超峰
王　琳	李跃民	王电吉
张长有	李义来	张金中
薛红强	南安亮	杨洁祥
陈富举	齐世方	杨建华
程宽群	郭满囤	郭长宏
张焕有	王忠照	邢春霞
李文生	薛明礼	陈云飞
李云昭	徐立新	来学仁
赵教益	贾奇泽	刘景明
伍春生	彭占玉	张少波
赵铁安	杨　杰	贾　华
许伟波	董建刚	蒋建华
卫常辉	张万东	刘学明
罗　全	陈跃南	刘少丽
薛太明	吴德卫	亢学丰
王西孟	黄光美	秦娟娟
张斌刚	董翔凌	丁贞花
李东辉	倪卫波	张明星
晋建平	刘鹏飞	宋新荣
廖怀生	裴怀斌	何成群
杨志祥	宋卫国	王艳丽
马娟芳	李金茹	许　德
张平仓	权根法	李海亭
董武金	王志军	刘彦亭
马金锁	张崇贤	李银成
夏明云	权花粉	张世刚
段宇飞	闫咏雪	董建中
郭全民	董　涛	李啸东
陈宏剑	冯新理	呼延魁
王志斌	翟新朝	蔡小卢
马占方	汪青森	王维星
马秀民	王刚壮	卫安国
王天仓	王仲杰	

三门峡市有突出贡献的优秀教师

张　倩	陶　刚	董爱珠
李　辉	李灿烂	马　莎
王　臣	钱岫瑜	马瑞霞
段爱红	朱晓洁	郭凤仙
詹冬冬	任　苑	宋普娟
赵江红	张萍萍	王曼曼
陈　媛	郑　伟	王海波
刘全刚	孔永红	李向东
李淑萍	李艾凌	裴成军
张艳丽	邓志国	王春燕
姜小锐	徐旸旸	胡继军
郭　玲	李　颖	赵明霞
曲玉华	王利卫	郝春霞
侯　燕	陈保东	黎艳玲
李　昆	曹旭平	冯文斌
魏根明	秦彩霞	李晓青
王　闪	陈爱云	李　平
肖留运	宋军周	何冰清

杨秀贞　安荣云　王　润
胡晓敏　李福景　杨玉恩
赵锋钢　赵二娟　张耀奇
贾丽红　许云法　郝　昭
张治华　毛战珍　岳安民
张晓娜　张喜波　马　健
张军东　马娟茹　李文萍
郭红琴　张洪良　王迎春
吴道清　杨利元　王保民
田献峰　赵桂绸　程安宁
田青林　成节良　赵　丽
王冬娟　杨坤条　裴铁娟
高海燕　员立廷　王炜伟
张建国　陈红云　杨聪玲
薛伟泽　张　东　徐梦婕
苏锦娜　伍战辉　赵向前
张军波　杨丽莉　马成霞
南金锋　李勇谋　姜　博
雷强卫　常当丽　建晓敏
张曙丽　陈赞赞　何海红
许鸽平　高卫波　贺雅芳
张秋梅　宋充刚　毛万高
郭占苗　杨彬锋　薛选荣
秦丽丽　贾晓丽　李亚刚
侯俊茹　樊琼琼　马晓春
王　芳　刘芳琴　董天斌
王春雪　宋民友　郭新华
贾超鹏　朱邦群　方吉波
孙红梅　范海丽　杨伟才
白波静　王文照　席仁斌
宁万里　张风礼　郭世虎
刘红梅　董志强　侯海燕

三门峡市有突出贡献的先进教育工作者

郑建英　丁应晓　张　卉
朱国伟　杨伟建　王　荟
周亚丽　李铁保　史永红
任铁娃　许铁生　郭万青
王中会　陈　超　刘淑云
刘群安　刘学亮　张官军
王晓霞　杨全军　刘明云
温玉华　李　林　董苗菊
赵安国　吴艳秋　王铁刚
张丽芳　尚拴举　曹清聪
李帮泽　李跃武　雷跃安
狄雷红　贾沈灵　杜继英
雒　斐　叶俊发　苏景孝
刘永哲　董朝辉　严君学
张绍军　乔安平　李文峰
李建丽　丁占锋　曲致有
莫　萌　王保发

·编辑　周　青·

鼎湖湾景区

附录

11 月 26 日，三门峡(宁波)经济合作项目推介会

2009年三门峡市主要文件目录

中共三门峡市委主要文件目录

2月1日	三发〔2009〕1号	中共三门峡市委三门峡市人民政府关于开展项目建设年活动的意见
1月5日	三发〔2009〕2号	中共三门峡市委三门峡市人民政府关于加快推进农村土地承包经营权流转的意见
1月4日	三发〔2009〕3号	中共三门峡市委常委会议议事决策规则
1月19日	三发〔2009〕4号	中共三门峡市委三门峡市人民政府关于进一步促进全民创业加快非公有制经济发展的若干规定意见
2月4日	三发〔2009〕5号	中共三门峡市委三门峡市人民政府关于开展争创全省党风廉政建设先进市活动的意见
2月18日	三发〔2009〕6号	中共三门峡市委关于开展向灵宝市人民检察院学习活动的决定
2月27日	三发〔2009〕7号	中共三门峡市委常委会2009年工作要点
3月12日	三发〔2009〕8号	中共三门峡市委关于2009年度县处级以上党委(党组)中心组分专题集体学习的安排意见
3月17日	三发〔2009〕9号	中共三门峡市委三门峡市人民政府关于进一步加强信访工作的意见
3月16日	三发〔2009〕10号	中共三门峡市委三门峡市人民政府关于认真搞好庆祝中华人民共和国成立60周年活动的实施意见
4月23日	三发〔2009〕11号	中共三门峡市委三门峡市人民政府关于促进农业稳定发展农村持续增收的若干意见
3月20日	三发〔2009〕12号	中共三门峡市委关于在全市党员中开展深入学习实践科学发展观活动的实施意见
4月8日	三发〔2009〕13号	中共三门峡市委转发《市委维护稳定工作领导小组关于2009年维护社会稳定工作的意见》的通知
4月15日	三发〔2009〕14号	中共三门峡市委三门峡市人民政府关于加快科技创新促进产业发展的意见
4月15日	三发〔2009〕15号	中共三门峡市委关于深入学习大力弘扬焦裕禄精神、扎实开展"讲党性修养、树良好作风、促科学发展"教育活动的意见
4月23日	三发〔2009〕16号	中共三门峡市委三门峡市人民政府关于进一步推进农业产业化经营的意见
5月14日	三发〔2009〕17号	中共三门峡市委三门峡市人民政府关于在全市村级组织推广邓州市农村党支部、村委会"4+2"工作法的实施意见
6月12日	三发〔2009〕18号	中共三门峡市委三门峡市人民政府关于进一步加强纪检监察工作的意见
6月18日	三发〔2009〕19号	中共三门峡市委三门峡市人民政府关于深化平安建设争创全国"长安杯"的实施意见
6月26日	三发〔2009〕20号	中共三门峡市委三门峡市人民政府关于统筹城乡发展加快推进新农村建设的意见
8月6日	三发〔2009〕21号	中共三门峡市委三门峡市人民政府关于进一步加快产业集聚区(工业园)建设发展的决定
8月20日	三发〔2009〕22号	中共三门峡市委三门峡市人民政府关于印发《三门峡市旅游强市行动纲要(2009—2015)》的通知
8月20日	三发〔2009〕23号	中共三门峡市委关于县级党校办学体制改革的实施意见
8月6日	三发〔2009〕24号	中共三门峡市委关于印发《市委常委会深入学习实践科学发展观整改落实方案》的通知
9月14日	三发〔2009〕25号	中共三门峡市委关于加强和改进新时期党校工作的意见
9月28日	三发〔2009〕26号	中共三门峡市委关于认真学习贯彻党的十七届四中全会精神的通知
9月29日	三发〔2009〕27号	中共三门峡市委三门峡市人民政府关于进一步加强和支持市武警部队建设的意见
10月15日	三发〔2009〕28号	中共三门峡市委三门峡市人民政府关于贯彻四中全会精神打好第四季度攻坚战确保完成全年目标任务的意见
10月21日	三发〔2009〕29号	中共三门峡市委三门峡市人民政府关于进一步加强预备役部队建设的实施意见
12月9日	三发〔2009〕30号	中共三门峡市委三门峡市人民政府关于进一步加强新世纪新阶段工商联工作的实施意见
12月31日	三发〔2009〕31号	中共三门峡市委关于设立特困党员救助基金的意见
12月30日	三发〔2009〕32号	中共三门峡市委三门峡市人民政府关于在全市开展法治城市、法治县(市、区)创建工作的意见

(市委办)

三门峡市人民政府主要文件目录

1月9日	三政〔2009〕3号	三门峡市人民政府关于三门峡市黄河西路改造工程和大岭路涧河立交桥工程项目实施有关问题的通知

1月9日	三政〔2009〕4号	三门峡市人民政府关于印发三门峡市服务业发展纲要(2008－2015年)的通知
1月19日	三政〔2009〕6号	三门峡市人民政府关于编制2009年财政预算的通知
1月21日	三政〔2009〕7号	三门峡市人民政府关于加强城市集中式饮用水源地保护工作的通知
1月21日	三政〔2009〕8号	三门峡市人民政府关于印发三门峡市果品质量安全区域化建设实施意见的通知
2月2日	三政〔2009〕9号	三门峡市人民政府关于印发三门峡市旧城改造建设管理指导性意见的通知
2月5日	三政〔2009〕12号	三门峡市人民政府关于鼓励、扶持市区工业企业搬迁至工业聚集区的实施意见
2月5日	三政〔2009〕13号	三门峡市人民政府关于印发三门峡市迎宾大道(三门峡新客站至市区连接线)建设项目实施方案的通知
2月11日	三政〔2009〕14号	三门峡市人民政府关于印发三门峡市政府投资建设项目审计监督办法的通知
2月12日	三政〔2009〕15号	三门峡市人民政府关于批转市环保局等部门2009年三门峡市环境综合整治实施方案的通知
3月2日	三政〔2009〕20号	三门峡市人民政府关于2009年林业生态市建设实施意见
3月5日	三政〔2009〕21号	三门峡市人民政府关于印发三门峡市第六届运动会总体方案的通知
3月23日	三政〔2009〕22号	三门峡市人民政府关于促进工业经济平稳较快增长的实施意见
3月23日	三政〔2009〕23号	三门峡市人民政府关于在全市开展企业服务年活动的实施意见
3月25日	三政〔2009〕24号	三门峡市人民政府关于公布地坑院营造技艺为三门峡市第一批非物质文化遗产名录扩展项目的通知
4月13日	三政〔2009〕26号	三门峡市人民政府关于加强市县政府依法行政的实施意见
4月22日	三政〔2009〕29号	三门峡市人民政府关于下达2009年全市主要污染物排放总量控制计划的通知
5月13日	三政〔2009〕31号	三门峡市人民政府关于印发《三门峡市农村居民最低生活保障办法》的通知
5月22日	三政〔2009〕32号	三门峡市人民政府关于下达2009年度责任目标的通知
5月31日	三政〔2009〕33号	三门峡市人民政府关于印发三门峡市2009年防汛抗旱工作方案的通知
6月2日	三政〔2009〕34号	三门峡市人民政府关于印发三门峡市老年人优待办法的通知
6月16日	三政〔2009〕35号	三门峡市人民政府关于进一步加强土地收购储备工作的通知
6月19日	三政〔2009〕36号	三门峡市人民政府关于印发三门峡市农村五保供养工作管理办法的通知
7月7日	三政〔2009〕37号	三门峡市人民政府关于进一步加强测绘工作的实施意见
7月20日	三政〔2009〕39号	三门峡市人民政府关于印发三门峡市经济适用住房管理办法的通知
7月20日	三政〔2009〕40号	三门峡市人民政府关于印发三门峡市城市中低收入家庭购买普通商品房财政补助暂行办法的通知
7月20日	三政〔2009〕41号	三门峡市人民政府关于印发三门峡市廉租住房保障办法的通知
7月24日	三政〔2009〕42号	三门峡市人民政府关于确定7月29日为全市"安全生产宣传教育日"的决定
8月20日	三政〔2009〕43号	三门峡市人民政府关于印发三门峡市2009年医药卫生体制改革实施方案的通知
8月25日	三政〔2009〕44号	三门峡市人民政府关于印发三门峡市人民政府常务会议议事规定的通知
9月7日	三政〔2009〕47号	三门峡市人民政府关于批转市人事局等部门三门峡市义务教育学校绩效工资实施意见的通知
9月14日	三政〔2009〕48号	三门峡市人民政府关于深入开展质量兴市活动的实施意见
9月23日	三政〔2009〕50号	三门峡市人民政府关于市政府领导分包联系重点企业安全生产工作的通知
9月25日	三政〔2009〕51号	三门峡市人民政府关于加强槐扒黄河提水工程水源保护工作的通知
9月30日	三政〔2009〕52号	三门峡市人民政府关于落实省政府教育部共建国家职业教育改革试验区实施方案的意见
10月12日	三政〔2009〕53号	三门峡市人民政府关于加强中部城区规划建设管理的通知
10月19日	三政〔2009〕54号	三门峡市人民政府关于加快发展节水灌溉工程的实施意见
10月22日	三政〔2009〕56号	三门峡市人民政府关于认真做好第六次全国人口普查工作的通知
11月16日	三政〔2009〕57号	三门峡市人民政府关于支持房地产业发展的暂行意见
11月15日	三政〔2009〕59号	三门峡市人民政府关于严格依法治税规范税收秩序的实施意见
12月10日	三政〔2009〕62号	三门峡市人民政府关于落实工业园园通路等四条道路工程项目建设资金有关问题的决定
12月22日	三政〔2009〕64号	三门峡市人民政府关于2009年度目标考评及2010年度目标制订工作的通知
12月30日	三政〔2009〕67号	三门峡市人民政府关于印发三门峡市国有建设用地批后监督管理办法的通知

（市政府办）

统　计　资　料

分县(市)农林牧渔业总产值

(2009 年,按当年价计算)

表 8　　单位:万元

指　　标	全　市	湖滨区	义马市	渑池县	陕　县	灵宝市	卢氏县
农林牧渔业总产值	989 267	35 571	10 535	219 605	176 737	391 131	160 667
一、农业产值	701 448	22 252	5 228	113 164	127 427	322 042	107 954
谷物及其他作物	218 185	6 858	1 887	58 972	34 963	64 815	46 937
谷物	91 879	2 477	885	23 783	16 869	33 168	14 697
薯类	10 845	234	111	5 983	1 410	1 766	1 341
油料	12 546	773	122	7 337	1 127	2 975	210
豆类	20 454	991	107	7 640	2 068	4 591	5 055
棉花	4 580	146	22	394	453	3 487	78
烟草	51 063	307	325	8 965	7 936	12 178	21 351
其他农作物	26 818	1 930	315	4 870	5 100	6 650	4 205
蔬菜园艺作物	151 799	8 953	2 680	15 248	22 435	63 039	39 449
蔬菜	147 376	6 735	2 680	15 162	21 695	61 779	39 329
花卉	4 423	2 218	—	86	740	1 260	120
水果、坚果(含果用瓜)	279 146	5 856	111	24 944	68 229	173 990	6 026
#苹果	204 535	4 310	31	11 245	56 422	129 972	2 555
中药材	52 318	585	550	14 000	1 800	20 198	15 542
二、林业产值	50 512	1 435	858	9 013	5 557	8 191	26 927
林木的培育和种植	15 061	1 209	376	2 718	3 173	3 827	4 624
竹木采运	2 744	28	—	148	393	720	997
林产品	32 707	198	482	6 147	1 991	3 644	2 1306
三、牧业产值	225 927	11 305	4 291	95 357	41 610	55 614	24 162
牲畜饲养	108 608	4 014	581	44 489	20 913	23 286	15 331
猪的饲养	72 073	3 647	2 852	28 100	11 888	21 377	4 208
家禽饲养	36 212	2 545	736	16 341	6 632	7 791	2 169
肉禽	6 825	536	191	2 532	1 382	1 773	413
禽蛋	29 387	2 009	545	13 809	5 250	6 018	1 756
狩猎和捕捉动物	300	—	—	180	80	100	120
其他畜牧业	8 734	829	122	6 247	2 097	3 060	2 334
四、渔业产值	6 090	402	51	1 421	1 673	1 674	1 084
五、农林牧渔服务业产值	5 290	447	107	650	470	3 610	540

(市统计局)

国民经济主要指标

表 9

指　　标	计量单位	1978 年	1985 年	2005 年	2006 年	2007 年	2008 年	2009 年
一、人口								
年底总人口	万人	166.41	178.42	221.81	222.35	222.89	223.41	224.03
#非农业人口	万人	19.46	26.65	65.59	66.50	67.11	67.65	68.01
#男性人口	万人	86.39	92.75	114.9	113.99	113.95	113.67	113.94
二、年底从业人员	万人	63.6	81.3	123.29	124.06	124.1	124.32	126.41
#职工人数	万人	13.01	19.13	23.8	23.7	23.13	22.48	22.72
三、工农业总产值	万元	81 972	165 236	6 606 088	8 813 233	12 600 738	16 450 390	18 143 311
四、生产总值	万元	53 690	129 087	3 344 489	4 102 956	5 140 226	6 474 790	7 027 459
第一产业	万元	17 817	35 981	330 981	364 278	421 190	547 715	576 111
第二产业	万元	27 667	55 538	2 013 063	2 607 081	3 368 446	4 301 424	4 641 315
第三产业	万元	8 206	37 568	1 000 445	1 131 597	1 350 590	1 625 651	1 810 033
人均生产总值	元	324	729	15 092	18 475	23 005	29 211	31 590
五、农林牧渔业								
年底耕地面积	千公顷	189.7	183.1	162.37	163.22	163.20	164.37	—
农林牧渔业总产值	万元	26 981	52 860	565 515	620 588	716 694	937 545	989 267
主要农产品产量								
粮食	吨	428 400	402 335	488 147	593 079	531 844	614 899	627 835
棉花	吨	9 077	4 270	1 795	2 529	2 746	2 621	2234
油料	吨	1 577	14 540	29 588	29 372	30 025	34 313	30 839
烟叶	吨	1 342	28 595	34 562	36 140	32 102	35 052	39 075
水果	吨	65 582	87 400	1 110 789	1 199 652	1 344 810	1 479 113	1 620 487
年末大牲畜头数	万头	16.96	28.14	49.39	41.57	40.73	41.47	42.47
年末山绵羊只数	万只	45.2	6.06	37.77	54.97	28.60	29.00	35.28
年末生猪头数	万头	33.74	32.58	65.37	56.30	59.60	64.00	64.46
肉类总产量	吨	12 989	14 405	67 914	67 772	66 623	71 820	75 500
#猪牛羊肉产量	吨	12 750	14 140	63 045	62 781	61 452	66 297	69323
六、工业								
工业总产值	万元	54 991	112 376	6 040 573	8 192 645	11 884 044	15 512 845	17 154 044
轻工业	万元	23 750	37 760	527 078	627 049	815 422	979 653	1 041 665
重工业	万元	31 241	74 616	5 513 495	7 565 596	11 068 621	14 533 192	16 112 379
工业增加值	万元	—	—	1 881 723	2 464 437	3 243 480	4 163 101	4 324 000

续表 9－1

指　　标	计量单位	1978 年	1985 年	2005 年	2006 年	2007 年	2008 年	2009 年
主要产品产量								
纱	吨	9 103	8 790	9 331	11 754	15 829	16 365	19 674
布	万米	3 037	3 701	3 831	2 570	2 040	754	415
原煤	万吨	628	1 028	2 328	1 919	1 635	1 877	1 881
发电量	万千瓦小时	78 097	115 189	1 096 333	1 275 873	1 743 240	1 340 251	1 268 564
化肥(折纯)	吨	—	15 048	116 669	103 102	162 846	147 622	154 092
合成氨	吨	12 094	22 150	150 024	132 687	163 095	137 001	143 002
铝	吨	5 812	8 691	179 155	165 077	216 434	230 492	332 011
水泥	万吨	9.13	13.61	164	245	471	529	542
中成药	吨	—	219	2 149	1 803	2 541	3 414	3 062
七、建筑业								
建筑业总产值	万元	—	—	262 487	366 347	456 007	609 345	730 281
房屋施工面积	万平方米	24.32	40.14	150.83	271.51	361.15	298.43	348.25
房屋竣工面积	万平方米	10.44	22.22	65.56	118.09	179.28	113.47	167.95
八、运输、邮电								
公路货运量	万吨	620	667	3 742	4 162	5 183	4 702	2 795
公路货物周转量	万吨公里	2 883	14 270	180 426	200 634	272 140	341 453	502 271
公路客运量	万人	—	1 086	6 001	6 674	7 628	6 926	3 281
公路旅客周转量	万人公里	—	33 077	194 081	215 818	241 292	271 127	152 081
邮电业务总量	万元	149	289	94 936	115 927	140 558	150 743	165454
电话交换机总容量	门	9 092	14 367	677 037	715 578	636 452	728 886	570 252
九、全社会固定资产投资	万元	—	25 469	1 792 441	2 290 508	2 913 718	4 027 748	5 533 056
#国有经济单位投资	万元	7 675	17 535	879 672	873 213	889 031	1 439 890	1 851 175
民间投资	万元	—	—	709 284	1 186 963	1 690 095	2 443 321	3 540 146
#城镇固定资产投资	万元	—	—	1 549 691	2 044 736	2 554 689	3 442 071	4 675 688
农村固定资产投资	万元	—	—	242 750	245 772	359 029	585 677	547 368
农村非农户 50 万元以上	万元	—	—	181 334	178 264	279 189	495 458	751 631
农村私人投资	万元	—	5 748	61 416	67 508	79 840	90 219	105 737
#第一产业	万元	—	—	53 390	73 261	109 490	177 772	315 964
第二产业	万元	—	—	1 318 448	1 583 261	1 913 859	2 664 000	3 174 445
第三产业	万元	—	—	420 603	633 986	890 369	1 185 976	2 042 647

续表 9－2

指　　标	计量单位	1978 年	1985 年	2005 年	2006 年	2007 年	2008 年	2009 年
十、批发零售贸易餐饮业								
社会消费品零售总额	万元	17 974	47 546	871 067	1 010 964	1 198 594	1 483 444	1 717 546
十一、对外贸易和国际旅游								
出口创汇(海关口径)	万美元	—	—	13 859	15 199	17 718	13 067	8 080
合同利用外资	万美元	—	—	7 008	20 678	29 589	37 048	12 587
实际利用外资	万美元	—	—	7 208	13 824	18 707	23 411	26 355
接待旅游外宾人数	人次	—	—	17 940	23 814	27 386	30 731	36 053
十二、财政金融								
财政收入	万元	6 359	9 192	180 765	232 557	372 078	481 063	532 025
财政支出	万元	3 724	9 808	339 269	410 040	605 519	793 198	1 014 570
银行各项存款余额	万元	11 410	41 633	1 907 276	2 190 369	2 420 242	2 950 660	3 776 275
银行各项贷款余额	万元	23 310	71 472	1 186 500	1 326 772	1 406 061	1 257 802	1 681 036
十三、人民生活								
全部职工工资总额	万元	8 581	20 971	315 121	378 194	450 554	524 435	597 979
在岗职工平均工资	元	664	1 132	13 649	16 572	19 871	23 788	26 692
#国有经济单位	元	677	1 190	13 526	15 810	19 306	22 901	26 743
城镇居民人均可支配收入	元	—	—	8 071.4	9 072.1	10 710.25	12 391.8	13469.8
城镇居民人均消费性支出	元	—	—	5 762.1	6 307	8 007.63	8 933.2	9882.7
农民人均纯收入	元	66	306.1	2 935	3 435.3	4 033.0	4 680.5	5045.5
农民人均生活消费支出	元	—	250.7	2 030	2 357.5	2 824.2	3 319.4	3674.2
城乡居民储蓄存款余额	万元	3 376	20 211	1 990 380	2 276 127	2 465 912	2 944 861	3419863
十四、教育、卫生								
中等专业学校在校学生	人	674	1 115	8 011	7 951	18 943	21 842	25748
普通中学在校学生	万人	13.6	10.09	18.27	17.57	17.20	15.95	15.78
小学在校学生	万人	27.06	21.57	19.80	19.00	18.98	18.60	18.65
卫生机构	个	230	276	592	320	431	445	434
卫生技术人员	人	3 292	5 854	7 913	8 503	8 153	8 417	9 399
病床床位	张	3 542	5 508	6 382	6 562	6 839	7 590	8 331
十五、物价指数(以上年为100)								
居民消费价格指数	%	—	—	101.9	101.1	106.2	106.5	99.1
商品零售价格指数	%	—	—	101.5	101.0	104.7	108.3	99.4
十六、婚姻								
准予登记结婚	对	—	13 542	12 057	12 797	12 652	17 055	17 190
准予登记离婚	对	—	548	1 285	1 558	1 828	2 086	2 207

注:1. 本表价值量指标除邮电业务总量自 1990 年起按 1990 年不变价格计算外,其他价值量指标均按当年价格计算。

2. 1995 年始财政收入为地方财政收入(下同)。

3. 银行各项存款贷款从 2002 年起口径调整为国有独资商业银行。

4. 在岗职工工资 1998 年及以前年度为职工口径(下同)。

(市统计局)

全部在岗职工人数与工资
(2009 年)

表 10

分　　类	在岗职工 (人)	平均人数 (人)	工资总额 (万元)	平均工资 (元)
总　计	227 232	224 028	597 979	26 692
市　直	55 485	55 524	145 846	26 267
湖滨区	11 458	11 018	29 668	26 927
义马市	53 723	53 782	175 085	32 555
渑池县	23 998	23 423	55 395	23 650
陕　县	20 321	20 539	45 500	22 153
灵宝市	47 291	44 781	109 824	24 524
卢氏县	14 956	14 963	36 661	24 501
按登记注册类型分组				
国有单位	118 807	117 259	313 584	26 743
城镇集体	9 517	8 674	20 815	23 997
其他单位	98 908	98 095	263 580	26 870
按企事业机关分组				
企　业	155 226	152 599	401 317	26 299
事　业	44 665	44 474	119 320	26 829
机　关	27 341	26 955	77 342	28 693
按国民经济行业分组				
农、林、牧、渔业	1 570	1 569	2 343	14 932
采矿业	53 457	53 470	176 348	32 981
制造业	39 558	38 593	75 236	19 495
电力、煤气及水的生产和供应业	7 690	7 600	28 952	38 095
建筑业	19 901	20 247	41 831	20 660
交通运输、仓储及邮政业	5 516	5 412	11 664	21 552
信息传输、计算机服务和软件业	1 055	1 025	3 683	35 934
批发和零售业	15 820	14 782	31 857	21 551
住宿和餐饮业	2 839	2 440	3 914	16 041
金融业	5 362	5 342	22 123	41 413
房地产业	792	755	1 443	19 110
租赁和商务服务业	3 332	3 059	5 813	19 002
科学研究、技术服务和地质勘查业	2 239	2 199	5 504	25 027
水利、环境和公共设施管理业	1 924	1 917	4 371	22 801
居民服务和其他服务业	287	259	547	21135
教　育	37 438	27 451	80 572	29 351
卫生、社会保障和社会福利业	8 777	8 670	21 068	24 300
文化、体育和娱乐业	1 691	1 667	3 274	19 641
公共管理和社会组织	27 984	27 571	77 736	28 083

(市统计局)

分县(市)全部工业增加值、总产值
(2009 年)

表 11

指 标	全 市	市 直	开发区	湖滨区	义马市	渑池县	陕 县	灵宝市	卢氏县
全部工业单位数(个)	13 560	22	19	554	468	2 987	1 798	6 300	1 361
规模以上工业	658	22	14	43	84	115	73	252	40
规模以下工业	1 897	—	4	157	69	339	277	797	237
城乡个体工业	11 005	—	1	354	315	2 533	1 448	5 251	1 084
工业总产值(万元)	17 154 044	2 350 978	65 748	339 624	2 308 993	3 025 595	1 711 547	7 168 719	257 177
规模以上工业	15 172 997	2 350 978	63 952	296 032	2 281 463	2 458 073	1 405 678	6 222 021	169 137
规模以下工业	611 966	—	798	28 032	12 709	97 667	119 821	307 945	44 991
城乡个体工业	1 369 081	—	998	15 560	14 821	469 855	186 048	638 753	43 046
工业总产值指数(以上年为 100)	113.6	112.9	113.0	116.1	113.5	115.7	125.5	113.6	113.6
规模以上工业	114.8	112.9	113.0	116.1	113.5	115.7	125.5	113.6	113.6
规模以下工业	101.9	—	98.8	86.3	79.0	116.7	122.3	94.2	121.4
城乡个体工业	107.1	—	115.5	112.9	98.6	117.6	106.4	100.9	102.4
工业增加值(万元)	4 324 000	311 577	20 392	90 963	836 047	953 349	477 052	1 570 131	84 008
规模以上工业	3 700 900	311 577	19 891	78 757	827 688	744 810	389 438	1 289 011	59 247
规模以下工业	177 704	—	222	7 698	3 429	30 215	36 129	86 654	13 357
城乡个体工业	445 396	—	279	4 508	4 930	178 324	51 485	194 466	11 404
工业增加值指数(以上年为 100)	112.2	99.5	115.8	114.6	115.7	113.7	113.7	112.1	113.2
规模以上工业	113.5	99.5	116.2	116.1	116.1	116.0	116.9	113.5	116.3
规模以下工业	100.0	—	106.8	106.3	59.4	101.4	99.3	100.9	107.1
城乡个体工业	107.1	—	99.1	104.5	132.1	107.0	102.7	108.2	105.3
工业增加值率(%)	25.2	13.3	31.0	26.8	36.2	31.5	27.9	21.9	32.7
规模以上工业	24.4	13.3	31.1	26.6	36.3	30.3	27.7	20.7	35.0
规模以下工业	29.0	—	27.8	27.5	27.0	30.9	30.2	28.1	29.7
城乡个体工业	32.5	—	28.0	29.0	33.3	38.0	27.7	30.4	26.5

(市统计局)

专　文

关于三门峡市2009年国民经济和社会发展计划执行情况与2010年计划(草案)的报告

——2010年1月13日市五届人大四次会议通过

一、2009年国民经济和社会发展计划执行情况

2009年是进入新世纪以来,我市经济社会发展最为艰难的一年,在面对金融危机影响,实现经济增长目标任务十分艰巨的情况下,我们牢牢以"保增长、保民生、保稳定"为主线,攻坚克难,奋力拼搏,确保了国民经济平稳较快发展和社会大局稳定,较好地完成了五届人大四次会议批准的计划任务。

(一)应对危机成效显现,国民经济平稳较快增长。初步预计全年实现生产总值达到706亿元,增长12%,超计划1个百分点。其中:第一产业增长4.5%,第二产业增长11.5%,第三产业增长12%。城乡市场持续繁荣,服务业发展明显提速,全年社会消费品零售总额预计完成171亿元,增长19.1%,超计划4.1个百分点;实现地方财政一般预算收入达到41.5亿元,增长13.1%,超计划2.1个百分点。规模以上工业企业实现利润达到125亿元,与去年同期持平,扭转今年以来的负增长态势;全市城镇居民人均可支配收入预计达到13 510元,增长9%,农民人均纯收入预计达到5 010元,增长7%,均完成计划目标。万元生产总值能耗预计下降5%,COD、二氧化硫排放量控制在1 800万千克和1.4亿千克以内,均超额完成省定目标。

(二)项目建设年成效显著,固定资产投资增速强劲。截至2009年年底,"8155"投资促进计划完成投资274.8亿元,提前一个月完成年初制定的投资目标,重点项目数量、投资规模、建成数、开工率均创近年来项目建设之最。到去年底郑西客运专线(三门峡段)等59个项目建成投产,新增工业产值135亿元。三门峡火电厂三期100万千瓦扩建工程等一批重大项目前期工作取得实质性进展,年内将开工建设。全年争取国家、省各类无偿资金11亿元,安排建设了一大批基础项目,改善了发展的硬环境。2009年全市全社会固定资产投资预计完成545亿元,增长35%;城镇固定资产投资预计达到470亿元,增长36.5%,分别超出计划14个百分点和14.5个百分点。

(三)企业服务年成效明显,节能减排取得成效。大力开展"企业服务年"活动,先后为重点企业协调解决难题724个,问题解决率达94%;为戴卡轮毂、义煤集团等企业协调解决资金52亿元;率先在全省乃至全国开通了中小企业融资服务网,为中小企业融资搭建了服务平台;注册成立担保机构28家,形成了55亿元左右的融资担保能力,累计为中小企业发展提供贷款担保23亿元。初步预计,全年全市规模以上工业实现工业增加值377亿元,同比增长13%。积极落实"上大压小"政策。关停小火电12万千瓦、电解铝3 600万千克、水泥2亿千克、氧化铝5 000万千克,实施了开曼电机变频改造等15个节能技术改造项目,节能量达1亿千克,减排二氧化碳2.42亿千克。仰韶奶业农业循环经济产业等11个项目通过省资源综合利用认证。

(四)结构调整快速推进,产业升级步伐加快。特色农业成效明显,灵宝苹果入选"河南省最具影响力十大地理标志产品",果、牧、林、烟等特色产业占农业总产值的比重达85%。开工建设了义煤集团1 000万立方米煤制气、方泰公司3 000万千克高档铝箔、景源果业1亿千克果沙饮料、大唐风电二期等一批项目,使五大支柱产业链条进一步拉长,支柱产业进一步壮大;开工建设了灵宝华鑫铜箔公司万吨高档铜箔、三门峡兴邦特种膜科技公司纳米纤维膜等项目,全市高新技术产业得到了新的发展。服务业发展取得新进展,函谷关景区通过国家4A级验收;时代百货投入经营,大中海商业文化广场等商贸物流产业项目开工建设。

(五)特色农业稳步发展,社会主义新农村建设有序推进。着力保障农业增产增效,预计全市粮食总产达到6.28亿千克,比去年增长2.1%,创历史新高。烟叶收购量达到68.2万担,居全省第一。目前全市已建成出口苹果基地1.76万公顷,果品产量预计15亿千克,比去年增加1.41%。建设了7个设施蔬菜、2个供港蔬菜、3个千亩朝天椒标准化生产示范园区,实现蔬菜总产量7.9亿千克。继续在全市开展了重点农业龙头企业竞赛活动,目前全市国家级重点龙头企业1家,省级重点龙头企业13家、市级重点龙头企业30家。建立了黄河金三角苹果电子商务交易中心,实现交易额450万元。新建、改建高标准养殖小区20个,全市养殖小区总数达到160个。社会主义新农村建设稳步推进,以新型农村住宅社区建设为突破口,全市有477个村编制完成了村庄规划,已开工建设新型农村住宅社区37个。新建户用沼气池2.6万户,建设和改造农家店171个,农村公路744千米。家电下乡活动和万村千乡市场工程持续发展,截至目前,销售家电50 507台(部),同比增长175.53%,实现销售金额9 271.62万元,有效地拉动了农村消费需求。

(六)区域经济继续发展,城乡一体化步伐加快。市区崤山路改造、大岭路涧河大桥、迎宾大道建成通车;义渑快速通道渑池段工程进展顺利;湖滨区、开发区、陕县等"城中村"改造项目建设顺利启动。陕县、渑池垃圾处理场渗滤液处理项目竣工,三门峡污水处理厂中水回用项目进展顺利。卢氏县官道口镇、灵宝市豫灵镇供水管网工程开工建设,城镇基础设施不断得到了完善,全市城镇化水平达到45.5%,完成年度目标。全市6个产业集聚区总体规划通过省评审,道路、

供排水、“三通一平”等基础设施建设全面启动。7个省级集聚区已建成面积37.34平方千米,入园企业1 029个。

(七)改革开放步伐加快,发展活力持续增强。11家商业流通企业改制进展顺利,3家企业改制方案获市流通企业改革领导小组批准。投资体制、公用事业、集体林权等改革深入推进,医疗体制改革启动,稳步推进。注重抓好资本市场的推进工作,城市商业银行、湖滨农村商业银行挂牌运营,义煤集团、灵宝金源等2家公司被确定为主板重点上市后备企业,灵宝华宝公司、渑池方圆陶粒砂公司被确定为创业板重点上市后备企业。全市非公有制经济快速发展,占全市生产总值的比重达到47%,预计全市实际利用外资2.6亿美元,居全省第3位;全年共引进省外、市外资金超过80亿元,增长27%。

(八)社会事业全面进步,民生工程得到加强。市委、市政府部署的十件实事全面完成。全年解决了16.96万农村人口安全饮水问题,建成了卢氏县城关镇初级中学等3所农村初中校舍改造、三门峡市阳光小学工程,开工建设了三门峡外国语高中、渑池县职业中专实训楼、陕县特殊教育学校。下力气改善就医水平,开工建设三门峡市中心医院病房楼工程,改造完成12所农村乡镇卫生院和2个社区卫生服务中心。努力改善城乡居民生活水平,2.75万平方米廉租房建设基本完成,2.64万平方米经济适用房开工建设。全年新增城镇就业人员5.8万人,城镇登记失业率控制在3.62%以内。

各位代表,过去的一年,我们虽然在经济社会发展方面取得一定的成绩,但我们清醒地看到,我市工业经济对资源的依赖性较重,经济发展方式粗放,主导产业、产品受国际国内价格影响波动较大,实现平稳较快发展有较多的不确定因素;一二三产结构比例不协调、不平衡,全面实现资源型城市经济结构转型升级任务非常艰巨。需要我们在今后的工作中认真加以解决。

二、2010年经济社会发展的总体要求和奋斗目标

2010年是“十一五”最后一年,做好今年的经济工作,对于进一步巩固经济回升基础,保持经济平稳较快发展,为“十二五”打下坚实基础至关重要。总体要求是:全面贯彻贯彻党的十七大和十七届三、四中全会精神,以邓小平理论和“三个代表”重要思想为指导,深入贯彻落实科学发展观,以“调整产业结构,加快经济发展方式转变,实现经济平稳较快发展”为主线,以经济结构战略性调整为重点,加快推进工业化、城镇化、农业现代化,着力深化项目带动、强化企业服务,着力深化改革开放、加强科技创新,着力保障改善民生、促进和谐稳定,抢抓机遇、奋力拼搏,全面完成“十一五”规划目标任务,努力开创经济社会跨越式发展新局面。

2010年经济和社会发展的主要预期目标是:生产总值增长11%,其中第一产业增长4.5%,第二产业增长11.5%(其中工业增长11.5%),第三产业增长12%。全社会固定资产投资增长21%,地方财政一般预算收入增长11%,社会消费品零售总额增长15%,出口总额增长11%,外商直接投资增长15%,城镇登记失业率控制在4.5%以内,城镇居民人均可支配收入增长9%,农民人均纯收入增长7%,人口自然增长率控制在6.5‰以内,居民消费价格指数控制在103%左右,万元生产总值能耗降低5%、化学需氧量和二氧化硫排放量分别控制在1 780万千克和1.35亿千克以内。

三、2010年经济社会发展的主要任务和措施

按照市委、市政府的决策部署,今年的经济工作,着力抓好10个方面的主要工作。

(一)夯实“三农”基础,深化特色农业成果,调优一产。深入贯彻国家强农惠农政策,推进农业结构调整,提高农业综合生产能力。一是继续改善农业生产条件。支持山口水库、窄口水库等农林水利工程建设,开工建设渑池南大岭引黄灌区等项目,进一步夯实农林水利基础设施。逐步建立“政府引导、市场调节、农民自愿、依法有偿”的机制,力争2010年全市土地流转面积达到1.67万公顷。抓好1 260公顷基本农田建设,扩大优质农田种植面积。大力发展优质小麦、专用玉米等优质品种种植。扩大和推广测土配方施肥等技术,力争全年粮食产量稳定在6亿千克。二是着力优化农业结构。果品生产,以加快8万公顷出口苹果基地建设为重点,新栽果树0.67万公顷。积极推进果品标准化生产,力争明年出口苹果5 000万千克,全年果品总产15亿千克,优质果率60%以上。畜牧业,重点建设优质肉牛、绿色奶业、优质生猪、优质家禽4大基地,力争完成13个生猪标准化养殖场(小区)建设,进一步推进肉牛、奶牛、生猪的标准化养殖、集约化生产、产业化经营。蔬菜、食用菌和中药材生产,重点抓好4 000公顷设施蔬菜,渑池和陕县0.67万公顷朝天椒、13.33公顷供港蔬菜等建设,积极创建一批具有地域特色的优质蔬菜品牌。无公害食用菌规模达到8 000万袋以上,中药材种植面积达到1.47万公顷。三是构建现代农业加工和服务体系。支持企业采用新技术,开发新产品,建立原料基地,发展精深加工,结合省组织实施的“百户龙头企业培育工程”“百家农民专业合作组织示范工程”和“百个标准化生产基地建设工程”,力争省级农业龙头企业达到18家。完善“公司+基地+农户”利益联结机制,带动畜禽、林果、蔬菜、药材等特色农业产业的发展。进一步推动标准化体系建设,加大三品一标(有机食品、绿色食品、无公害农产品、国家地理标志)认证;完善农产品质量检测体系;抓好农业信息化服务,提升黄河金三角苹果电子商务交易平台服务水平,努力提高现代化农业服务水平。

(二)突出结构调整,推进工业升级,做强二产。抓住国家落实重点产业调整规划,以及省实施的十大产业振兴规划、转型升级“双千”工程等有利时机,在做大做强我市五大支柱产业的同时,抓紧规划培育新兴产业,加快形成新的经济增长点。一是延伸支柱产业链条。铝工业,重点支持东方希望3亿千克高精度铝板带箔等7个延伸铝工业链条项目。

加强对外招商和引进合作,力争与央企等大集团对接合作,努力使铝工业向高、精、尖端铝制品方向发展,奠定强势基础和地位。能源工业,加快推进三门峡火电厂三期、华能2×30万千瓦热电等项目,落实与省电力公司电网发展框架协议,争取开工建设500千伏三门峡东输变电项目,不断壮大我市能源产业优势。黄金工业,重点建设豫赣公司多金属回收、金源公司10亿千克合质金精炼项目,提高资源综合利用率。总结推广我市黄金产业综合利用技术,搞好黄金尾矿、贫矿的选冶回收,采取“走出去”战略,不断壮大我市黄金产业实力。煤化工,重点建设义马金汇鑫公司年产3亿千克离子膜烧碱联产3.6亿千克PVC、义煤集团1 000万立方米煤制气等项目,继续推进煤化工产业链后续产品的开发,提高煤化工产品附加值。林果加工业,依托丰富的果品、林木资源,不断扩大加工规模,推进林果业向精深加工和集团化方向发展。重点建设舒源公司年产1 500万千克脱水苹果制品等深加工项目。二是加快装备制造业发展。重点建设科灵实业年产1万台水地源热泵、化工机械公司年产2万吨大型化机装备等项目,使传统装备制造,向现代化装备制造业转型。加大自主研发创新和具有知识产权的汽车及零部件项目建设,重点支持龙腾公司年产50万台汽车无极变速箱、无锡迎昌公司年产60万只锻压重卡轮毂等项目建设,依托现有资源和条件,逐步形成具有汽车发动机、蓄电池、轮毂等汽车附属装备完整产销产业。三是推动高新技术等新兴产业发展。在生物、电子信息、新材料、新能源等产业,选择潜在市场大、带动能力强、吸纳就业多、经济效益好的领域,强化技术支撑,推动创新药物、新型电池、绿色照明、新型网络应用、功能性材料等产业化,培育新的增长点。重点建设仰韶生化公司千吨耐热木聚糖酶,灵宝华鑫铜箔公司万吨高档铜箔、三门峡恒生科技公司年产10万千克柠檬酸金钾等项目。加强对传统产业的升级改造,支持九华纺织30万锭高精苏纺纱、金象地板实木复合家具等项目建设,努力使传统产业焕发生机。加快自主创新平台建设,加快建成灵宝黄金股份科技研发中心,丰富自主创新主体。

(三)扩大消费需求,大力发展服务业,壮大三产。围绕“三纵四横”大交通,突出服务业发展为重点,抓好大商贸,切实提升三产占国民经济的比重。一是抓好服务业发展。加快建设大中海等大型商业设施,打造精品,提高商贸辐射能力。着力完善金融市场体系,稳步推进证券业等金融行业向产业化发展。推动房地产业健康发展,重点建设湖滨区城中村改造等项目,推进楼宇经济发展。加快三门峡物流仓储配送中心、九州通三门峡医药配送中心等项目的建设,提高区域性综合物流能力,逐步形成区域物流集聚优势。二是大力发展文化和旅游业。发挥我市文化积淀深厚的优势,加快建设市文化体育中心、虢国文化产业园等重点项目,尽早开工中流砥柱文化旅游项目,形成一批文化产业基地。全面实施《三门峡旅游业发展总体规划》,结合人文与地域优势,推动景区资源整合,开发完善黄河生态游、黄河文化游等精品旅游线路,形成独具特色的旅游品牌产品。三是提高居民消费水平。进一步做好家电、汽车摩托车下乡、农机购置补贴、低排量汽车销售购置税减免等工作,继续开展全民创业行动,综合运用税费减免等手段,降低创业门槛,以创业促就业。注重完善社会保障制度,提高消费结构质量,进一步做实社会保障体系工作,增加政府用于改善民生支出,减少居民扩大消费的后顾之忧,增强消费对经济的拉动作用。

(四)狠抓项目建设,发挥投资拉动作用,保持经济增长态势。深入落实市委、市政府“项目带动战略”,发挥投资拉动经济增长的重要作用。一是继续扩大项目建设规模。围绕市委、市政府“调结构、促转型”的经济工作重点,计划在农林、工业升级、交通、城市建设、现代物流、生态和资源利用等方面,实施一批结构调整和产业升级重点项目,力争结构调整和产业升级项目不少于130个;全年实施亿元以上项目不少于160个;全年项目投资总规模超过1 000亿元,当年完成计划投资不少于300亿元。鼓励各县(市)区以调整结构为重点,不断优化投资结构,努力扩大投资规模,确保预期目标完成,严禁“两高一资”项目上马,真正使项目建设在优化产业结构和提高经济增长质量和效益中,发挥带动和拉动作用。二是加强项目建设服务保障工作。继续深化我市开展“项目建设年活动”成果,延续项目建设年活动积累和形成的联审联批、现场办公、责任追究等机制,努力形成项目建设齐抓共管、合力推进的局面。积极做好项目资金争取和对接工作,加大银企对接合作,增强民间资本注入活力,为我市项目建设,提供有力的资金保障。加强对项目建设的监管力度,确保项目建设资金和质量安全。三是继续抓好项目储备。按照调整优化结构,提升产业层次,实现科学发展要求,以“大合作”为载体,结合我市招商签约项目,抓紧谋划、筛选、储备一批科技含量高、发展前景广、特色优势强的大项目,为我市经济可持续发展蓄积力量。

(五)强化宏观调控调节,提高企业服务质量,确保经济平稳运行。巩固开展“企业服务年活动”成效,及时提出决策建议,保证经济平稳运行。一是进一步强化预警分析。加强对国家出台政策的研究分析,及时提出有效建议,拿出具体应对措施。进一步加强运行监测、分析、预警工作,强化重要生产要素的组织协调,为工业全面复苏积蓄内生动力,努力促进全市工业经济平稳较快发展。二是做好重要生产要素的协调保供工作。跟踪和做好大唐、华阳上网电量的协调争取工作,协调辖区内煤炭生产企业对骨干企业生产用煤的供应及储备。想方设法为企业做好铁路运力的争取协调工作,以保证我市骨干企业原料进得来,产品出得去。千方百计做好停产企业的复产工作,使其尽快全面启动生产。三是进一步优化经济运行环境。按照“一厂一策”的要求,积极帮助企业办实事、解难题。不断改进和完善企业服务制度,切实为企业经营创造良好的外部环境。加强银企沟通联系,为企业融资做好服务,特别是解决好中小企业的融资难问题。

(六)围绕"四区"规划,推动实效进展,加快城镇化进程。一是抓好科学发展试验示范区和职教园区的前期推进工作。科学发展试验示范区,按照"三规合一"要求,抓紧完成编制规划工作,提前与省或国家有关部门抓好对接工作,一旦通过论证,尽快启动新区建设。职业教育园区,抓紧完成相关手续批复,并协调好开工前的各项准备工作,确保6月底前园区开工建设,整合职业教育资源,重点建设1所特色鲜明、优势明显的省级示范性中等职业学校。二是抓好产业集聚区和新型农村社区建设。产业集聚区建设,加快落实促进产业集聚发展的政策,对县域集聚区内符合国家产业政策的大工业项目生产用电,执行省网直供电价。实行城乡建设用地增减挂钩,周转指标优先用于集聚区项目建设。今年全市产业集聚区计划基础设施完成投资62.8亿元、工业项目投资280亿元。新开工项目55个,投产项目50个。新型农村社区建设,高标准编制好村镇规划,按期完成编制任务,抓好对全市已确定40个新型农村住宅社区建设试点工作,为全市新农村建设、城乡一体化建设探索新路子,积累新经验。三是加强城市功能设施建设。以"四区"建设为依托,进一步完善城市道路、绿化、供水、供气、雨水、污水管网的建设,做好西气东输二线工程、城市天然气利用项目相关协调服务工作。重点做好工业园区道路等项目建设。加快"城中村"、棚户区的改造和实施,重点做好湖滨区、开发区的城中村改造,力争2010年开工建设经济适用房1 810套。

(七)加强生态建设,推进节能减排,优化生存和发展环境。围绕省下达我市"十一五"节能目标任务,全力确保节能目标任务完成。一是抓好节能技改工程。继续落实国家"上大压小"政策,从源头上制止高污染、高耗能项目落地,继续淘汰过剩和落后产能。针对我市5大高耗能行业,重点开展节能技术改造,积极推广变频无功功率补偿、中小电机系统节能改造等先进技术。加快实施义马煤业(集团)电机系统节能改造等8项工程建设,使其尽快产生节能效应。二是加大对节能工作的监控管理工作。重点抓好能耗在500万千克以上的81家企业,特别是1亿千克和5 000万千克以上的国家级千家企业,以及省级"3515"企业的监督、管理工作。强化各部门节能工作联动,按照节能减排目标责任制和"一票否决"制,实施监管,落实责任。三是推进循环经济发展。围绕结构调整,重点推广煤化工和黄金产业循环经济成功经验,支持铝工业下游产品的开发和利用,形成"减量化、资源化、再利用"闭合链条。开工建设锦荣公司450万千克水泥熟料生产线等27个重大项目,强力推进义马30亿千克煤制油等一批重大项目前期工作,不断壮大我市循环经济框架体系。四是加强污染减排和环境保护。加快三门峡市污水处理厂中水回用、渑池第二污水处理厂等设施建设。加强非电行业脱硫治理,对重点涉水企业进行深度治理。对重点流域、区域和行业环境进行综合整治。

(八)深化改革开放,扩大招商引资,增强经济发展动力和活力。抓住制约发展的关键环节,推动改革开放取得新进展。一是深入开展大招商活动。积极做好"千名干部挂职大招商"活动,探索产业转移联盟和"飞地招商"等模式,把制造业、服务业、产权并购等作为重中之重,鼓励外商投资,吸引跨国公司以及央企把更高技术水平的加工制造环节转移到我市。二是做好各项改革工作。继续深入开展林权制度、土地流转制度改革;大力做好农村综合改革、文化体制改革、财税金融体制改革、医药卫生体制改革,推动改革不断深入。三是抓好出口商品基地建设。按照商务部有关标准和要求,做好戴卡轮毂出口基地的申报争取,落实配套扶持政策,加快我市汽车零部件基地建设。积极培育新的出口增长点,重点开拓欧、美等高端市场,提高出口产品质量。

(九)着力保障和改善民生,保持社会和谐稳定。按照省和市定的十件实事要求,抓好民生工程落实。一是抓好十件实事的落实,按照市委的要求,着力抓好扶贫搬迁、廉租房建设、农村安全饮水、县乡公路建设、10条城市道路、文体中心主体工程、外国语高中一期、中心医院病房楼、市县乡三级治安科技防控体系、天鹅湖湿地公园和涧南公园等"十件实事"的建设,力争年底全面完成。二是大力发展社会事业。继续做好卢氏县横涧一中、陕县第一职业高中、渑池县职业中专实训楼工程。力争建成22个乡镇计生站,开工建设三门峡市精神卫生中心。按期完成96个农民体育健身场地、27个乡镇综合文化站建设建和20户以通电个自然村的广播电视"村村通"扫尾工作,做好三门峡市博物馆文物库房改造和义马市鸿庆寺石窟保护工程项目。三是健全社会保障体系。实施"特别职业培训计划"、"农民工培训倍增计划"等,不断提高困难职工以及农民工就业能力。加快完善各项社会保险制度,加快完善工伤预防、工伤补偿、职业康复三结合的工伤保险工作机制。开工建设市流浪未成年人救助中心和市救灾储备库新建项目。

(十)着眼未来发展,编制好"十二五"规划。一是抓好评估。组织力量对"十一五"规划执行情况,进行客观评估,认真总结"十一五"以来取得的成功经验和存在问题,为科学合理编制"十二五"规划奠定基础。二是加大重点问题的研究。围绕影响我市经济社会发展面临的困难和矛盾,着重加强转变经济发展方式、优化经济结构、培育新兴产业、实现可持续发展等方面的重大问题研究,力争规划编制更加适应科学发展、更加贴近我市实际、更加突出我市特色。三是扎实做好规划编制工作。抓紧启动,全力以赴做好"十二五"规划编制工作,努力使"十二五"规划具有前瞻性、指导性、针对性、实效性,力争上半年全市"十二五"规划完成初稿,年底前完成论证。

各位代表,做好今年国民经济和社会发展各项工作,任务艰巨、意义重大,我们相信,在市委的正确领导下,在市人大的监督支持下,我们一定能够圆满完成各项工作任务!

关于三门峡市2009年财政预算执行情况和2010年财政预算(草案)的报告

——2010年1月13日市五届人大四次会议通过

一、2009年财政预算执行情况

2009年,我市财政工作在市委的正确领导下,在人大、政协的监督指导和大力支持下,深入贯彻落实科学发展观,战危机,保增长,依法采取强有力措施,加强财税征收管理,科学安排财政支出,集中财力办大事、保民生,财税工作在逆境中取得新的重大突破,较好地完成了财政收支预算。

(一)全市财政一般预算收支完成情况

1、财政收入完成情况

2009年,全市地方财政总收入完成681 106万元,其中一般预算收入完成415 008万元(12月底电月报数,下同),比上年增长13.1%,增收48 052万元;上缴中央税收266 098万元。一般预算收入总量在全省继续保持第9位,增长速度居全省第6位。税收占一般预算收入的比重为72.2%。(收入详细情况见全市一般预算收入完成情况表)。

分级完成情况:市级一般预算收入完成88 012万元,为年预算的100%,比上年增长10%。占全市一般预算收入的21.2%(收入详细情况见市级一般预算收入完成情况表)。县(市)区级完成326 996万元,为年预算的103.8%,比上年增长14%,占全市一般预算收入的78.8%。

分项完成情况:全市地方税收完成299 793万元,比上年增长1.2%,增收3 666万元。其中:增值税完成70 140万元,比上年下降19%。营业税完成72 782万元,比上年增长27.4%。企业所得税完成21 670万元,比上年下降32.6%。个人所得税完成10 416万元,比上年下降13.3%。全市非税收入完成115 215万元,比上年增长62.7%,增收44 386万元。

2、财政支出完成情况

2009年,全市地方财政支出完成1 013 956万元,比上年增长27.8%。其中一般预算支出完成855 597万元(下同)。全市一般预算收入415 008万元,加上上级各项补助425 409万元,政府债券转贷20 707万元,调入资金19 651万元,上年结转使用4 321万元,动用上年结余8 980万元,减去上解省支出28 689万元,调出资金147万元,全市收入总计865 240万元。全市实际下达支出预算862 603万元,实际完成支出855 597万元,为调整预算的99.2%,比上年增长30.9%,增支202 103万元(支出详细情况见一般预算支出完成情况表)。

分级完成情况:市级一般预算支出完成222 319万元,为调整预算的99.6 %,比上年增长47%,占全市一般预算支出的26%(支出详细情况见市级一般预算支出完成情况表)。县(市)区级一般预算支出完成633 278万元,为调整预算的99.5 %,比上年增长26.1%,占全市一般预算支出的74%。

(二)法定支出完成情况

2009年,由于受金融危机影响,主体税种收入下降,全市财政经常性收入比上年下降1.9%,教育、科技、农业支出均高于经常性收入增长速度,法定支出保障较好。

教育支出完成147 937万元,比上年增长18.3%;

科技支出完成12 007万元,比上年增长11.8%;

农林水事务支出完成87 823万元,比上年增长15.3%。

预算执行中,各级财政部门严格按预算控制支出,坚持均衡支出,确保重点支出,省、市"十件实事"、社会保障和一些涉及民生的资金得到较好保障,人民群众更多地享受到了经济发展的成果。

(三)政府性基金收支完成情况

2009年,全市基金预算收入116 994万元,比上年下降5.2%;基金预算支出158 359万元,比上年增长13.4%。市级基金预算收入55 482万元,比上年增长77.2%;基金预算支出26 782万元,比上年下降26.5%。

预计2009年我市财政可以实现收支平衡,目前正在汇编收支决算,待与省结算后,再向市人大常委会报告。

二、2009年财政工作开展情况

(一)千方百计加强收入征管,全市财政收入实现持续增长。2009年是我市财政工作非常困难的一年。由于我市属于典型的资源性城市,特殊的产业和财源结构导致遭受金融危机的冲击尤为严重,上半年重点企业效益严重下滑,导致组织收入极其困难。面对严峻形势,市委、市政府及早着手,深入开展"项目建设年"和"企业服务年"活动,出台了一系列"扩内需、保增长"扶持优惠政策,大力促进经济发展,为财税增收奠定了良好基础。并及时召开多层次、多形式的财税工作座谈会,分析收入形势,明确工作目标,研究加强税收征管的工作措施。财政、税务、金融等部门密切配合,建立收入分析快速反应机制,逐项目、逐企业、逐单位分析研究,跟踪收入变化趋势,随时掌握征收进度,不断加大征收力度,克服重重困难,确保了全市财政收入在连年高速增长的基础上继续实现较好增长。全市主要企业在生产经营形势严峻的情况下,以大局为重,想方设法调度资金,确保了应缴税款及时足额入库。渑池县、灵宝市、陕县和义马市等4个县(市)稳居全省县(市)收入规模30强,分别列第15、17、23和27位。

(二)集聚财力加大民生投入,人民群众的生产生活条件进一步改善。在经济增速趋缓、收支矛盾十分突出的情况下,财政及有关部门积极向上反映情况,争取项目和资金,全年共争取上级专项拨款、转移支付、增发国债等补助33.2亿元,比上年增长45.9%,有效地减轻了支出压力,使财政支出规模进一步扩大。2009年,全市地方财政支出首次突破100亿大关,其中一般预算支出完成85.6亿元,比上年增长

30.9%,净增20亿元,增速居全省第5位。市级财政支出达到22.2亿元,比上年净增7.1亿元。在支出管理中,各级财政本着保证重点、有保有压的原则,调整和优化支出结构,财政向民生领域的投入大幅度增加,着力改善了就业、最低生活保障、医疗、住房、城市基础设施建等一系列民生问题。2009年,全市城乡社会保障支出超过15亿元,其中社会保障与就业、医疗卫生支出分别比上年增长53.3%和75.2%。全市教育、文化体育传媒支出分别比上年增长18.3%和78.9%,农业支出、农村低保社会救济支出分别比上年增长45.5%和84.9%。市级财政大力压缩其他开支,对省、市"十件实事"及向民生工程资金优先安排、优先调拨、优先使用,全年共投入"十件实事"资金5.2亿元,是历年来对"十件实事"投入最多的一年。市区供热二期、崤山路改造、南康乐家园廉租住房、郑西客车站及广场、大岭路涧河桥、迎宾大道、儿童福利院、阳光小学、社区卫生服务站及文体中心、外国语高中等一大批民生工程顺利建成或如期开工,人民群众的生产生活条件进一步改善。

(三)认真落实积极财政政策,大力支持经济发展。各级财政进一步完善财税政策,充分发挥财政职能,积极应对金融危机。切实加快中央新增投资项目建设。截至2009年底,我市共争取扩大内需项目63批次,投资总额279 773万元,新增投资179 224万元。在新增投资中,中央扩大内需投资补助我市58 169万元,带动省、市、县三级政府投资57 624万元,拉动企业及社会投资63 431万元。2009年我市新增投资已完成107 007万元。中小企业信用担保体系进一步完善。争取上级中小企业信用担保体系建设资金3 036万元,5个县(市)均成立了中小企业信用担保机构并正常开展工作,有效地缓解了中小企业融资难问题。政府融资平台的作用得到了较好发挥。市级政府融资平台在巩固与国家开发银行金融合作的基础上,又从中信银行、中国银行、三门峡市商业银行等专业银行融资3.1亿元,同时利用国家支持地方政府组建投融资平台、发行企业债券的有利时机,拟发行15亿元城建企业债券,为进一步加强城市基础设施提供有力的资金保障。

(四)认真落实各项惠民政策,有力地促进了社会和谐稳定。各级财政大幅度增加各项惠农补贴,向农民发放粮食直补和综合直补14 637万元,受益农户39.5万户,其中粮食直接补贴资金1 825.9万元、农资综合直接补贴资金12 810.63万元。发放良种补贴1 811万元,比上年增加59.2%。发放农机补贴2 056万元,家电补贴1 563万元,汽车摩托车补贴2 126万元,油价补贴资金870万元。全面实施城乡免费义务教育,稳步推进全民医保,进一步巩固城镇低保,扩大农村低保范围,建立了与经济发展水平、物价指数等相适应的低保标准调整机制。筹措廉租住房保障资金18 457万元,其中发放廉租住房补贴3 432万元,投入廉租房建设15 025万元,有效地缓解城市低收入家庭住房困难。

(五)进一步深化和完善各项财政改革,强化财政监督。在全市财政系统深入开展"财政资金监督管理年"活动,加强财政科学化、精细化管理。配合省检查组认真做好扩大内需项目资金检查工作,对存在的问题及时进行整改。进一步完善部门预算和国库集中支付制度,对行政事业单位预算外资金、非税收入和"小金库"进行全面检查,使所有的财政性资金达到"收入在国库,支付进中心,全程有监督"。加强财政投资评审,全年共完成概、预(结)算审查项目209个,完成评审额8.01亿元,审定金额7.04亿元,审减金额9 700万元,审减率12%。进一步完善政府采购管理,全市完成政府采购预算118 501万元,实际采购金额105 919万元,节约采购资金12 582万元,节支率10.6%,政府采购支出占一般预算支出的比重达12.4%。

各位代表,2009年,我市财政工作虽然取得了一定成绩,但仍存一些不容忽视的问题:一是近年来财政收入虽有较大增长,但财源基础仍然薄弱,抗击金融风险及经济大环境波动的能力有待进一步加强。二是收支矛盾突出,财政支出还不能完全满足全市经济社会协调发展的需要,支出结构仍需优化,财政对民生的投入需要进一步加强。三是面对与日俱增的庞大财政支出,对财政资金的监督管理还需要进一步完善体制、加大力度。对于这些问题,我们将认真听取代表和委员的意见建议,采取有效措施逐步加以解决。

三、2010年财政预算草案

(一)2010年财政工作和预算编制的指导思想和原则

根据党的十七大、十七届三中、四中全会精神和市委的总体部署,2010年我市财政工作和预算编制的指导思想是:以邓小平理论、"三个代表"重要思想和科学发展观为指导,紧紧围绕市委的工作部署和财政改革目标,继续落实好积极的财政政策,以保发展、保民生、保稳定为总体要求,进一步调整和优化财源结构,不断壮大财政实力;统筹安排政府财力,继续从严控制一般性支出,调整支出结构,重点向改善民生和社会事业发展倾斜。不断增加公共财政投入;推进财政科学化、精细化管理,促进全市经济社会平稳较快发展,为建设开放、魅力、富裕、和谐三门峡,跻身中原崛起第一梯队做出积极贡献。按照以上指导思想,2010年我市财政收支预算编制主要遵循以下原则:

一是实事求是、积极稳妥。2010年收入预算编制坚持实事求是、积极稳妥、留有余地,与生产总值等经济社会增长指标相适应;分部门、分科目测算,提高收入预算编制的科学性和准确性。

二是统筹兼顾,保障重点。继续贯彻实施积极的财政政策和市委、市政府的各项战略部署,保工资和津贴发放,保正常运转,保社会稳定,保法定支出增长,落实省市“十件实事”所需资金。

三是压缩一般,厉行节约。公用经费实行零增长,压缩公务购车用车、会议经费、公务接待费、出国(境)经费支出,切实降低行政成本。对部门沿袭专项原则上不增不减,各部门要求新增的专项一般不增加,压缩非公益性项目投资,基础设施建设项目主要依靠筹资融资解决。

四是优化结构,协调发展。优化财政支出结构,以提高公共财政服务为着力点,积极推进经济发展方式转变,注重资源节约和环境保护,努力提高经济社会运行质量。

五是以人为本,改善民生。增加教育、卫生、社会保障等民生投入。促进医疗卫生体制改革;提高企业退休人员基本养老金补助水平,保障失业人员、城乡低收入人群、农村困难群众、优抚对象等的基本生活;支持事业单位实施绩效工资;安排各项就业补助资金。

(二)2010 年一般预算收入指导性计划

预计今年上半年财政经济形势将更加困难,收入增长不容乐观,而保民生、促增长的支出压力更大。综合考虑各种因素,2010 年全市财政一般预算收入预期目标比上年增长 11%,与国内生产总值增长基本同步。

全市财政收支计划是指导性的,各县(市)区根据当地实际,妥善安排收支预算,报同级人大批准后执行。

(三)2010 年市级财政收支预算安排

1、市级一般预算收入安排 8.03 亿元,同口径增长 10 %。主要是工业园从 2010 年起运行新的财政体制,原统计在市级的部分收入转移到工业园。

市级税收收入安排 60 100 万元,增长 13.5 %,其中:

增值税 21 100 万元,增长 11.3%;

营业税 14 200 万元,增长 17.5 %;

企业所得税 7 700 万元,增长 13.7 %;

个人所得税 2 800 万元,增长 14.6%;

城建税、房产税、印花税、城镇土地使用税、契税等14 300万元,增长 12.7%。

市级非税收入安排20 200万元。

2、市级一般预算支出安排130 000万元,增长 2.4 %。

市级一般预算收入80 300万元,加上体制结算收入 49 700万元,可供安排财力130 000万元。其中:

工资福利及对个人和家庭补助支出57 000万元,占 43.8%;

商品和服务支出12 000万元,占 9.2 %;

专项支出61 000万元,占 46.9 %。

3、市级重点项目安排情况。

市级新增财力主要用于保障法定支出增长以及省委、省政府和市委、市政府确定的重点项目支出,其他专项支出略有增长,支出安排很满,执行中将从紧把握。(各支出科目安排详见预算草案)。

按照省人大确定的财政经常性收入口径计算,2010 年市级财政经常性收入比上年增长 6.5%。法定和重点支出安排情况是:

教育支出22 318万元,增长 8.3%;

科技支出 1 266万元,增长 8%;

农林水事务支出8 461万元,增长 8%;

文化体育与传媒支出2 864万元,增长 30.2 %;

医疗卫生支出9 403万元,增长 37.7%,主要是医疗卫生体制改革增加支出较多;

社会保障支出11 560万元,增长 10.4%;

公共安全支出13 953万元,增长 5.1%;

环境保护支出3 548万元,增长 9.9 %。

根据经济社会发展需要,安排了部分专项资金:

园林、城市基础设施建设资金5 242万元;

新农村建设资金1 100万元;

林业生态建设资金2 000万元;

节能减排奖励资金1 000万元;

扩大内需落实积极财政政策配套资金2 500万元;

中小企业发展资金1 000万元;

偿债准备金12 500万元。

按照《预算法》要求,以上财政收支预算安排,能够实现当年收支平衡。

4、市级财政筹资融资情况

为进一步保增长、扩内需、调结构,推动我市财政经济又好又快发展,市财政将在积极争取上级财政补助资金的同时,充分利用市财经投资公司融资平台,通过金融机构和发行城建企业债券等多渠道筹资融资 15 亿元,重点用于城区路网建设改造、文体中心、城市道路建设、职业教育中心等关系民生的项目。届时,对筹资融资有关项目的资金使用管理情况专题向市人大常委会报告。

(四)市级基金收支预算安排情况

因有关收费项目取消或收费标准降低,市级 2010 年基金收入预算安排17 028万元,比上年下降 69.3%。按照基金列收列支预算管理规定,支出相应安排17 028万元(基金收支详细情况见预算草案)。

四、2010 年财政工作重点

(一)继续实施积极财政政策,促进经济平稳增长。坚定不移地实施工业强市发展战略,紧紧围绕“调整产业结构,加快经济发展方式转变,实现经济持续平稳较快发展”这一主线,认真研究用足用好国家和省出台的各项财税政策,充分利用税收、财政补贴、奖励补助等财政激励措施,大力支持经济发展。认真落实好各项惠农补贴政策,做好家电下乡、汽车摩托车下乡、汽车以旧换新等工作,促进扩大消费需求。综合运用工业结构调整贴息、高新技术产业化等专项资金,推动工业主导产业优化升级、高新技术产业发展壮大。进一步做好利用国家开发银行和其他金融机构资金工作,认真做好河南高效农业利用亚行贷款项目的实施工作,优化经济发展环境,促进经济平稳较快发展。

(二)加强财源建设,巩固财政运行基础。进一步深化"项目建设年"和"企业服务年"活动,大力支持科学发展示范区和产业集聚区建设,做大做强支柱产业。建立健全信用担保体系,着力解决中小企业融资难问题,促进非公有制企业发展壮大。充分发挥财政职能,创新财政投融资体制,拓宽融资渠道,多方筹措资金,积极支持大交通、大招商、大商贸、大旅游、大通关、大合作,改造提升传统产业,培育壮大新兴产业,重点支持新能源、新材料、低污染、低能耗的高新技术企业,着力培植一批骨干财源,为财政收入的平稳较快增长和财政工作的长远发展奠定坚实基础。

(三)进一步调整财政支出结构,着力保障和改善民生。以办好省、市"十件实事"为重点,大幅度增加对民生的投入,着力解决涉及群众切身利益的热点难点问题。加大对农业的支持力度,认真落实各项强农惠农政策。进一步提高社会保障水平,继续扩大企业养老、医疗、失业、工伤和生育保险覆盖面,认真做好新型农村社会养老保险试点工作,提高城乡低保标准,扩大城镇居民医疗保险范围,加强新农村合作医疗工作。继续支持实施廉租房、经济适用房建设和棚户区改造工程,着力解决低收入家庭住房困难问题。多方筹措资金,进一步加强城市基础设施建设,改善城市环境,提升城市品位。认真落实医药卫生体制改革、中小学校舍安全工程、职业教育攻坚计划、政法经费保障体制改革和绩效工资改革等政策,促进社会和谐稳定。

(四)狠抓增收节支,增强财政保障能力。进一步完善收入征管手段,严格依法组织收入,加强主体税种和重点税源的管理,堵塞小税种和零星税源的征管漏洞,规范和完善非税收入征管,不断做大财政收入蛋糕,提高财政收入质量,增加可支配财政收入。大力弘扬艰苦奋斗、勤俭节约的优良传统,牢固树立过紧日子的思想,严格预算刚性约束,勤俭办一切事业,大力压缩公务购车用车、会议、公务接待、出国(境)经费等经费开支,进一步降低行政成本。严格控制党政机关楼堂馆所建设,严禁超面积、超标准建设和装修,制止铺张浪费。

(五)强化财政监督职能,提高财政资金使用效益。进一步完善部门预算、国库集中支付等各项财政改革,强化财政监督职能,建立健全覆盖所有政府性资金和财政运行全过程的监督体系,切实提高财政资金使用的规范性、有效性和安全性。进一步完善财政投资评审和政府采购制度,注重事前参与和事中监控,着力发挥财政监督防范作用。坚持日常监督与专项监督并重,将年度税收执法检查、会计信息质量检查、财政资金使用情况检查常态化,不断强化对重点部门、关键领域、大额资金的专项监督检查,重点加强对扩大内需、农业、教育、社会保障、基础设施建设等事关民生的重点专项资金的监督检查,坚决查处挤占、挪用、截留财政资金的行为,严肃财经纪律。加快推进财政信息公开、透明,自觉接受人大、政协、审计和社会各方面的监督。

(六)扎实推进财政科学化精细化管理,提高财政管理水平。按照"政府主导,财政推动,部门参与,齐抓共管"的要求,建立健全部门间沟通协调机制,明确职责,形成合力,扎实推进财政科学化精细化管理工作。结合实际,制定切实可行的工作措施,按照积极稳妥、突出重点、分步实施、注重实效的原则,确保在不同时期不断实现新的阶段性目标。对已经实施、走在前面的改革,要继续坚持、优化和完善;对已经破题、开始启动的改革,要加大力度,深入推进;对尚未破题、方向明确的改革,要创造条件,加快推进,进一步提高财政管理水平,促进财政事业健康发展。

各位代表,2010年是实施"十一五"规划的最后一年,财政形势依然严峻,工作任务十分艰巨。我们决心在市委的正确领导下,在人大、政协的监督、支持下,团结奋进,顽强拼搏,开拓创新,服务大局,努力圆满完成2010年财政预算,扎实做好各项工作,为我市经济社会平稳较快发展作出新的更大的贡献。

·编辑　张怡杰·

索 引

说 明

一、本索引采用主题分析法编制,按主题词首汉语拼音顺序排列,同音字按声调排列,音调相同按下一字的音序排列。

二、特载、专记、大事记、附录4个类目的具体内容未作索引,仅以其类目名称标引。

三、类目用黑体字标引,参见用宋体字、附见用楷体字标引。索引款目后的阿拉伯数字表示内容所在的页码,数字后的拉丁字母(a、b、c)分别表示从左到右的第一、二、三栏。表格、图片有"(表)""(图)"等字样。

四、内容交叉的款目,在索引中重复使用,以便参见。

A

"爱心包裹"捐赠 212b
"安居和谐"国庆文艺晚会 206b
"安康杯"竞赛活动 120c
安全生产监督管理 279a
澳——中商务发展中心三门峡办事处 220c

B

866教育工程 299a
坝体混凝土防渗墙建成 204c
白洁 372a
白立忱 117c
《白云飘飘》 367a
"百企千店践行道德承诺"活动 324b
保护驰名商标专用权执法行动 282c
保护性耕作技术推广 182b
保密工作 91c、92a
工作检查 92b
宣传教育培训 92a
《保密工作手册》编印 92a
便携式应急通信基站 217b
标准金锭(图) 191
兵员征集 135a
搏击运动俱乐部 321c
博物馆工作 308a

C

财政 244a
调研工作 246c
社会保障支出 245b
投资评审工作 247b
支农资金 245c
财政、金融 64c
财政 税务 243
《财政热点问题透视》 246c
财政审计 285a
财政收入 244a、244b、244c
财政支出 244b、244c
财政资金监督管理年 245b
蔡宁 155a
残疾人扶贫工作 131a
残疾人服务体系建设 131b
残疾人工作调研 116c
残疾人就业 130b
残疾人康复 130b
残疾人文体宣传工作 130c
残疾人职业培训 130b
曹靖华 371b
车迎新 264b
车迎新 367a
陈家积 230b
陈全国 79a
陈治华 89b
成品油市场监管 236b
成品油市场秩序整治 235a
"诚信我为先"活动 269b
城市道路景观改造工程 201a
城市公交 199c
城市供暖 199c
城市供气 199b
城市供水 199b
城市供水管道抢修 134c
城市供水渠道护坡坍塌抢险 142a
城市管理 198a
城市管理工作视察 116c
城市集中供暖工作视察 117b
城市集中供热二期工程 200a
城市精细化管理 198a
城市客运管理 199c
城市排水 200a
城市污水处理与分质利用技术研究和产业化示范 292b
城市照明 199c
城乡创建 325c
城乡规划 196c
城镇化进程 197b
城乡建设 环境保护 195
城镇居民收入 333c、334a
城镇居民医疗保险 112a、113a、246a
城镇居民支出 334b、334c
出版物市场 306c
出口苹果及果汁质量安全示范区 356c
出生人口基础信息核查 330b
处突维稳兵力抽组检验性演练 139b
春季、秋季大中专毕业生就业招聘会 112c
春季禁渔 168c
春季三门峡市大中专毕业生就业招聘会(图) 112

醋酸乙烯槽罐车连环碰撞着火事故 142b
崔保连 370c
"村村通"工程 309c

D

打击"傍名牌"工作 236c
打击传销和规范直销 236b
打击破坏森林资源违法犯罪活动专项行动 175c
大练兵大比武活动 282b
大岭涧河立交桥工程 199a
大鲵保护开发利用 365c
大鲵增殖放流仪式 367b
《大山的女儿》 350c
大事记 37
大唐三门峡清源风电场 339a
大学生村干部工作 82b
大学生村干部暨农村党支部书记培训班(第4期) 93b
大学生村官信息平台 216b
大中海商业文化广场暨家乐福项目 338c
大中型水库水情 177c
"大走访"爱民实践活动 153c
当代革命军人核心价值观系列教育 135c
党史与地方史志 310b、312b
党校工作 92b
　分校挂牌 94a
　函授工作 93b
　教学工作 92c
　科级干部竞聘上岗 93b
　科研工作 93a
　县级党校办学体制改革 94b
档案 313c
　归档文件整理 313c
　规范化管理认证 314b
　企业事业单位档案 314a
　新农村建设和民生档案 313c
　宣传工作 314a
　依法治档 314a
　重点建设项目档案 313c
　专门档案 314a
　资源建设 314a
地方税务 249c
　档案管理 250c
　队伍建设 251a
　发票二次开奖活动 252a
　发票管理 250a
　非居民涉外税收管理 252a
　基层建设 250c
　科技兴税 250b
　纳税服务 250b
　"七个一"活动 252b
　税收收入 249c
　税收宣传 250b
　税收优惠 250b
　税收征管 249c
　税务稽查 250a
　税信通 252b
　信息调研 250c
　依法治税 250a
"地理标志产品——灵宝苹果"国家标准颁布 164c
地源热泵技术推广应用研讨会 204c
地震测报 294b
地质环境管理 281b
第10届全国重大党史题材写作笔会 311c
第11期干部集训班 146a
第15届三门峡国际黄河旅游节暨投资贸易洽谈会 109c、220b、240b
第15届三门峡国际黄河旅游节暨投资贸易洽谈会会场(图) 219
"第19届党刊阅读知识竞赛活动" 90c
第23期党的基本知识培训班 90b
第2次全国经济普查 286c
第2届"中国环境与健康宣传周"活动 99c
第2届绿色建筑技术及产品展览会 205a
第3届中国青少年创意大赛团体金奖 300b
第4届岗位技能比武 217b
第4届黄河国际论坛交流 274c
第7届农交会 349b
第7届中国国际农产品交易会、河南省招商引资对接会 170b
第8届达摩祖师纪念大典暨文化活动 356b
第二届"奋进杯"春季消防运动会 141c
电力工业 185a
电网工程施工(图) 186
刁兆秋 106b
调水调沙 272b
鼎湖湾景区(图) 376
东方希望三门峡铝业有限公司综合利用氧化铝赤泥提取金属镓项目 348a
东华实业"三门峡·天鹅湾社区"奠基典礼(图) 203
东沙河应急勘查泥石流治理项目 367b
动植物资源 61a
杜卫东 164c、354a
对外经济 64c
多党合作事业发展 88a
多金属矿产资源综合利用关键技术研究及产业化示范 292a

E

2007年度三门峡市社会科学优秀成果奖评选 127a
2008年度"市委、市政府好新闻特别奖" 86b
2008年度河南工业百强 184b
"2008年度河南省招商引资工作先进开发区" 223c
2008年度课题结项评选 127a
2008年度三门峡市科技进步奖励项目(表) 293
2008年农业综合开发产业化经营贷款贴息项目批复 173b
2008年全国粮食生产先进县 169c
2009保护白天鹅活动 176c
2009房地产展示会 206a
"2009,激情走过"年终系列特别报道 313a
2009年搬迁扶贫项目实施方案 173c
2009年度省市社科联调研课题立项申报 127a

2009 年黄河潼三段汛后河势查勘 180c
2009 年黄河鱼类增殖放流仪式 169a
2009 年农业综合开发产业化经营财政补贴项目实施计划批复 173b
2009 年全国农产品加工业博览暨东西合作投资贸易洽谈会 170b、188c
2009 中原城乡规划与风景园林建设成果博览会最佳设计奖 197b
220 千伏李村变电站 186b
220 千伏摩陕线与Ⅱ五摩线 186a
220 千伏陕五线 185c
2 级公路收费站 209b
《〈二十四史〉成语典故》出版并重印新闻发布暨作品研讨会 365b

F

《“法官·律师”公约》 158b
法国电力 221a
法国普瓦捷市政府代表团 115a
法制 147
法制 148a
　队伍建设 148c
　法律保障 148b
　服务工作 148b
　基层基础工作 148b
　维护社会稳定 148a
　“严打”整治斗争 148b
反恐演练(图) 151
方留聚 126b
防汛演习 272b
防震减灾知识宣传月 295b
房地产业 205a
　企业信用档案系统完善 206a
　市场环境优化 206a
　行政服务 206c
非公有制经济发展 87c
非物质文化遗产保护 306b、307b、307c
扶贫开发 172b
妇女儿童发展“两规划”实施 124a
妇女权益维护行动 123c
附录 377
复合微生物水溶肥料研制与开发 292a
赴澳洲、港澳旅游宣传促销活动 241b
赴京务工专场招聘会 112b
副高级职称人员名单 373c
富科特大鲵养殖专业合作社 366a

G

《干部任免人名录(1956～1996)》 314a
甘山风光(图) 61
甘山红叶节暨“百名摄影家采风活动” 356a
高等教育 302c
高精陶瓷纤维项目 339a
高山优质蔬菜产品销往香港 167b
高速公路 210a
　规费征收 210a
　路政管理 210a
　养护工作 210b
高新技术及其产业化 291a
高阳山 355a
革命遗址遗迹调查 311c
个体私营经济 237a
个体私营企业行业分布及发展 238b
耕地保护 280b
工商行政管理 281c、283a
工业 183
工业 184a
工业和建筑业 63c
公安 151a
　保安、技防服务 152c
　便民利民惠民新举措 153c
　出入境管理 152b
　打击刑事犯罪 151b
　队伍建设 153a
　法制工作 152c
　反恐工作 153a
　交通管理 152b
　维护社会政治稳定 151a
　消防管理 152b
　治安管理 152a
公安干警整装待发(图) 158
公共文化服务体系建设 84c
公路交通 209a
　干线公路建设 209b
　重点项目建设 209a
公民道德建设 324a
公用事业 199b
公园 9 号设计效果图(图) 205
供销 228a
　村级综合服务社 228c
　社区服务中心 228c
　新网工程 228b
　行业协会 228c
　专业合作社 228b
“巩固退耕还林成果,再惠退耕农户”工程 342b
共青团三门峡市委员会 121b
　五届二次全委(扩大)会议 121c
《古县风情》首发式 366a
固定资产投资 64a
固定资产投资审计 285c
故县水库汛限水位试验方案 274a
《关于鼓励党政机关干部及工作人员到农村承租土地促进土地流转的意见》 161c
观音堂煤业有限公司 193c
广播电视 308c
　创优工作 309a
　电影事业 309b
　管理工作 309a
　栏目建设 310a
　事业建设 309a
　宣传工作 308c
广告业 235b
广告整治 283a
郭庚茂 109c
郭丽萍 330b
郭旃 361a
郭召良 354b
国际科技合作工作 294a
国际科学与和平周宣传活动 99c
国家地质公园 176b
国家级科技扶贫综合试点项目批复 173c
国家铝及铝制品质量监督检验中心 287c
国家铝及铝制品质量监督检验中心建设工程奠基仪式(图) 275
国家苹果工程技术研究中心苹果精品果生产基地 166b
国家森林公安局派出所等级评定检查组 176a

国家首批重点林木良种基地 175a
国家税务 248a
纳税服务 248b
税收执法责任制 249a
税收专项整治 249a
税务稽查 248c
“四位一体”管理机制 248c
政策执行 248b
政风行风建设 248c
组织收入 248a
国家土地督察济南局土地例行督察工作组 281b
国家新闻出版总署农家书屋工程建设检查验收工作组 314c
国家信息化试点工程承建单位 171c
国家原产地域保护品种——卢氏连翘(图) 366
国内贸易 64b
“国庆安保”网上文艺会演 140a
国寿鹤卡 269a
国土资源管理 280b
测绘管理 281a
信访稳定 281a
执法监察 280c
国有资产监督管理 278a
果品业 164a
出口示范基地 164b
果树面积 164c
加工能力 164c
农民专业合作组织建设 165b
销售渠道拓宽 165c

H

海峡两岸记者联合采访组 86b
函谷关古文化旅游区 360b
函谷关历史文化旅游区 240c
韩国东斗川市 115a
郝柏村 89b
和谐家庭创建行动 123c
和谐景区、平安景区创建 241a
河南·三门峡(北京)劳务推介会 112b
河南出入境检验检疫局三门峡办事处 227c
河南出入境检验检疫局三门峡办事处建设工程开工仪式(图) 225
“河南工业行业突出贡献奖”(行业奖) 341b
河南锦荣水泥公司 353b
河南九州通医药公司三门峡分公司医药加工仓储配送中心建设项目 224a
河南开祥天源化工有限公司年产2亿千克二甲醚项目奠基仪式(图) 340
河南开祥天源化工有限公司年产2亿千克二甲醚项目开工 341c
河南宁波开发区(园区)推介对接会 348a
河南省“1811”电网发展提速工程暨110千伏会盟变电站扩建工程 349a
河南省“保护母亲河行动”春季活动 122a
河南省“欢乐中原行”采访团 87a
河南省“秦岭杯”黄金浮选工、检验工职业技能竞赛 120c
河南省2008年度国税纳税百强榜 249b
河南省部分省辖市文化局政风行风建设工作座谈会 307c
河南省创建全国标准果园项目 166a
河南省创建全国标准果园项目启动仪式 356b
河南省第28届“爱鸟周”活动启动 175b
河南省第7届农民篮球赛总决赛(图) 320
河南省第7届农民篮球赛总决赛 320c
河南省电力公司、三门峡市人民政府共同推进三门峡电网发展框架协议签约仪式(图) 183
河南省伏牛山区护林防火联防委员会第37次会议 176b
河南省家禽种质资源创新工程中心卢氏鸡分中心 163b、366a
河南省交通规划勘察设计院专家组 210b
河南省科协成立50周年纪念大会 130a
河南省劳动模范 374b
河南省农村信用社联合社三门峡市办公室 259a
金融产品 260b
科技信息建设 260b
会计出纳达标升级管理 260a
全员营销贷款 259c
深化改革 260a
赢利和抗风险能力 259c
支持地方经济发展 259b
河南省青少年车模锦标赛 322c
河南省热力协会年会 348c
河南省山东商会三门峡分会成立 102b
河南省双“60”人物 371a
河南省兴华农业信息服务专业合作社灵宝合作社 229a
河南省幼儿教师教学工作研讨会 301c
河南省语文教改交流暨第12届年会 301b
河南省豫西高职教育集团成立大会暨第2届科技文化艺术节开幕式 304a
河南省豫西高职教育集团成立大会暨三门峡职业技术学院第2届科技文化艺术节开幕式(图) 303
河南省哲学社会科学普及优秀作品推荐评选 127c
“河南十大最具影响力地理标志产品” 166b
河南小秦岭 176b
河南仰韶生化工程有限公司 350b
河南移动基站建设项目环评书技术评估会 217a
河南元汇生物功能性食品项目 348c
河南——浙江经济技术合作项目洽谈会 221b
恒康铝业集团(图) 187
恒生科技研发有限公司年产100吨清洁镀金柠檬酸金钾一期项目 223b
恒泰公司年产1.2亿块煤矸石烧结砖项目 355c
弘扬“7·29”抢险救援精神、推动科学发展座谈会 78b
“红旗渠精神杯”竞赛奖杯 344c、367a
宏观调控 276a
后川停车场建成 200a
湖滨农村商业银行 260c、339c
湖滨区 336a

法院团支部 338b
各乡和涉农街道办基本情况(表) 339
林业生态建设 338a
“流动调解”工作机制 338a
重点项目建设 337c、338a
湖滨区会兴街道王官新型农村住宅社区 196b
湖滨区青龙涧河侯桥段治理工程 179c
湖滨区新兴农民工子弟学校 301b
湖滨区新兴农民工子弟学校正式揭牌(图) 301
华鑫铜箔生产线(图) 64
环境保护 201c
监管体系完善 202c
全国文明单位揭牌 202a
宣传教育 202c
环境综合整治工作 202a
黄河防总防汛检查组 272b
《黄河故事会》 309b
黄河金三角地区科学发展专题讲座 90c
黄河金三角苹果电子交易中心 165a
黄河金三角苹果电子交易中心(图) 165
黄河金三角体育协作区区域协调发展会议 322c
黄河晋陕豫交界区入河排污联合调查 181b
黄河库区管理与移民安置 179c
工程管理 180a
基本建设 180a
库区安全 180c
水政管理 180a
养护规划 181a
养护资金 181a
移民管理 180a
移民资金绩效考评 181a
应急防洪工程 180c
黄河明珠集团迎国庆60周年歌咏比赛(图) 271
黄河农网升级改版 171b
黄河三门峡水利枢纽工程 271
黄河三门峡水利枢纽工程 272a
产业经营 273c
发电调度 273b
工程效益 272c
库区水污染事件应急处理 273c
枢纽管理 273c
黄金 190a
职工运动会 191b
黄金 煤炭 铝 189
黄金产品(图) 190
黄金科技报告会 191a
辉煌60年、腾飞三门峡大型摄影图片展览 126a

J

基本情况 60a
基层先进税务人员代表上门服务(图) 248
基础教育 299c
疾病预防控制工作视察 117a
计量工作 287a
纪检监察 94c
纪念五四运动90周年三门峡市青年群英会 122a
纪念新中国成立60周年暨《论共产党员的修养》发表70周年座谈会 349b
“加强党性修养,振奋革命精神”学习教育活动动员大会 138a
家电下乡 227b
家政服务培训 235c
贾寿禄 93c
“价格服务进万家”活动 284c
坚果壳磨料制品项目 355b
减刑假释 155c
检察 153c
检察技术 154b
控告申诉 154b
审查批捕 154a
审查起诉 154a
司法警察工作 154b
诉讼监督 154a
职务犯罪查处 153c
职务犯罪预防 154c
建材工业 184b
建设新型国家百强县 337b
建设用地管理 280b
建行河南省分行“金融产品博览会”巡展活动 267a
建筑业 204a
安全管理 204a
交易管理 204b
质量管理 204b
建筑与房地产业 203
涧河公园(图) 59
涧河管理 200a
江苏中烟工业公司 234a
“讲党性、树新风、促和谐”教育活动 142a
交通 208a
安全监管 208c
道路运输 208a
规费征收 208a
基础设施建设 208a
通行费征收 208a
行业管理 208b
应急保障 208a
交通、邮电和旅游 64c
交通路政管理处 208c
交通通信 62c
交通运输和邮政业 207
焦裕禄事迹宣讲会 86b
教育 297
教育 298a
教育部学习实践科学发展观巡回指导组 299c
“教育服务年”活动 299b
教育和科学技术 65a
教育事业投入 245a
结核病防治 318b
“戒骄防满,保持清醒头脑”教育动员会 140b
巾帼创新创业促进行动 123b
巾帼科技致富支持行动 123b
巾帼文明岗拓展行动 123b
金光 313c
金明记 202b
“金秋助学”活动 121a
金融 254a
地方法人机构 254c
票据融资 255a
金融 保险 证券 253
金融机构 254a
金融审计 285c
金融运行 254b

金源公司预还原金属化球团项目 360c
金正昆 324b
经济合作项目推介会
221a、221b、221c、222b、356a
经济协作与开发 219
经济综合管理 275
精神文明创建活动 323
精神文明创建活动 324a
警营开放日活动 153b
九龙山风景区 365a
九三学社三门峡市委员会 100b
河南省委豫西片区会议 100b
三届八次全委扩大会议 100c
自身建设 100c
就业攻坚行动计划启动 113a
居民服务业 235b
巨人建材有限公司年产54万立方米
新型墙体材料项目 184c
卷烟市场治理 233c
卷烟营销 233a

K

开放经济 220a
开曼(陕县)能源综合利用有限公司
电机变频改造项目 194c
开曼铝业(三门峡)有限公司(图) 194
康乐家园廉租住房一期工程 206b
考密斯红梨 165c
科技 289
科技 290a
工程技术中心 290c
重大专项 290b
科技成果及推广 292c
科技计划管理 290b
科技信息咨询与服务 294b
“科普惠农兴村计划” 129a
科学发展观活动 90b、92b、98a、99b、
121a、122a、135b
科学技术普及工作 294a
跨区域灭火救援演练 142b
会计从业资格、会计专业技术资格考试
247c
会计信息质量检查 247c
矿产资源 61a
矿产资源管理 281b

L

兰考县 342b、343a
兰郑长输油管道重特大钻孔盗油案
侦破 153b
劳教人员“无缝对接”工作试点 158b
老干部工作 91a
老龄工作 332c
老年柔力球代表队 322a
《梨园春》名家擂主演唱会 309b
李国英 274b
李克 110a
李立国 331c
李勤 106b
李文慧 79b、79c、106b
李文慧接受中央电视台12频道《平安
中国》栏目记者专访(图) 149
李啸东 365b
历史文化 63a
“利群”品牌烟叶基地 233c
沥青路面废旧材料再生利用技术研究
与示范 292b
连霍高速公路洛阳至三门峡(豫陕界)
段改扩建工程 210b
连霍高速公路三门峡段改扩建工程
动员大会 210c
联通3G试商用 216a
廉政建设报告会 97a
“廉政建设崤函行”专栏 313b
良庄村 360c
粮食 230b
安全储粮 232b
安全生产 232b
多种经营 232a
非购销企业改革 232b
宏观调控 231c
清仓查库 230c
小麦最低价收购 231a
依法管粮 231b
招商引资 232a
“两岸4地摄影家魅力三门峡行”大型
摄影活动 241c
两个出国培训团组 112c
林业 174a
产业发展 176c
林权管理中心成立 175a
林业行政执法培训班 176a
“灵宝·金谷”综合开发项目 361b
灵宝技工学校 302c
灵宝农场 161c
灵宝苹果 166b、361c
“灵宝苹果一条街” 166a
灵宝市 168a、169c、358a
安全生产集中整治 361c
各乡(镇)基本情况(表) 362
供港蔬菜产业项目 361b
项目建设 361a、361b
资源枯竭城市 361b
灵宝市白虎潭水库建设项目 178c
灵宝市故县镇河西村农民游园——
熙园(图) 324
灵宝市检察院 154c、360c
灵宝市抗旱应急灌溉工程 179a
灵宝市灵湖水库除险加固工程 179a
灵宝市西车道情皮影艺术团的皮影
演出(图) 360
灵宝市小寨河水库除险加固工程 179a
灵宝市阳店镇敬老院(图) 333
灵宝市阳平镇 166c
灵宝市域村镇体系规划 197c
灵宝市朱阳镇冠云山牧场(图) 162
“灵仙”牌白灵菇(图) 168
领导干部经济责任审计 285b
领导干部培训班 82c
刘怀廉 89a
刘满仓 79a
刘润为 79a
刘少奇旧居 347c、349a
流动党员管理 81c
流动儿童社会关爱行动 124a
龙飞公司有机无机生物肥生产线工程
354c
龙王庄煤矿 348c
卢氏东湾林场 175a
卢氏黑木耳国家标准 167c、365c
卢氏花菇(图) 365
卢氏鸡国家标准 163b、365c
卢氏绿壳蛋鸡产业化开发项目 173c
卢氏绿壳蛋鸡选育项目 164a
卢氏县2008年度新增老灌河上游水土

保持项目 179c
卢氏县 363a
干部培养 367b
各乡(镇)基本情况(表) 368
建制镇基准地价更新工作 364c
抗旱保苗 364c
抗洪纪念碑 366b
燃油补贴发放 365a
游客服务中心 365a
有线数字电视工程 366a
住房公积金委托贷款业务 366a
卢氏县电业局 367b
卢氏县公安局 367a
卢氏县葫芦湾水库除险加固工程 179b
卢氏县教体局 367c
卢氏县洛河营子段河堤修复工程 179c
卢氏县石门水库除险加固工程 179c
卢氏县双庙水库除险加固工程 179b
“卢氏县委先进事迹”系列报道 313a
卢氏县中里坪水库以电代燃料项目 179b
旅游商品管理 242c
旅游行业管理 242a
旅游宣传促销 241a、242a
旅游业 239
旅游招商引资 241a
旅游资源 61c
旅游资源开发 240c
铝 194b
铝带板项目 338b
“绿色中原人物” 202b
伦理、心理、生理教育 325a

M

毛兆祥 331c
“玫瑰杯”乒乓球邀请赛 348b
《玫瑰谷》 349a
煤炭 192a
安全监管 192a
安全培训 192b
矿山救护 193a
行业管理 192b
行政执法 192c
营销 192c
煤矿复工复产工作 193a
“魅力三门峡” 87b
渑池曹跃矿业有限责任公司 193b
渑池南村玫瑰园项目 234b
渑池县 346a
慈善总会 348c
各乡(镇)基本情况(表) 351
公推直选乡党委书记 350c
果园工贸区商贸城 348b
媒体采访 349a
庆祝新中国成立60周年大型图片展 349c
史志办 350c
专家顾问团成立 348c
渑池县涧北村廉政文化长廊(图) 323
渑池县三华实业有限公司12亿千克洗煤厂奠基仪式 349b
渑池县峭店生态小康新农村建设(图) 325
渑池县与山西经济合作座谈会 350a
民政 331a、332a
民兵废旧武器弹药销毁 135b
民商事审判 155b
民政法规宣传现场(图) 327
“民政项目建设年”活动 332c
民主党派和工商联 97a
民族宗教工作 114a

N

奶牛生产性能测定新技术引进推广 163c
拟任士官代理排长和司务长选拔考核 139a
年产10万平方米的纳米纤维离子交换膜项目 223c
年产600万套发动机增氧调压节能装置项目 223c
“农产品质量安全整治暨农产品质量安全执法年”活动 172b
农村党员干部现代远程教育工作 82b
农村电影放映工程 309c
农村环保工作 202b
农村基层党建工作 81b
农村基层党组织集中统一换届 82c
农村经纪人 236a
农村实用技术培训 128b
农村饮水安全 177a
农机购置补贴项目 182a
农机科技培训推广 182c
“农民工服务月”活动 112b
农民收入 334b
农民专业合作社示范社 229a
农民专业合作社示范社 350c
农田水利 177a
农业 159
农业 63c、160a
农业标准化 172a
产地环境质量抽检 172a
检测体系建设 172a
农产品质量抽检 172a
品牌培育 172b
农业部无公害产地及产品一体化认证养殖企业 356b
农业产业化 170a
创汇农业 170b
龙头企业 170a
专业合作社 170a
农业机械化 181c
专业合作社 182c
农业及社会发展科技工作 291c
农业结构调整情况视察 116b
农业科技推广 170c
农业新品种的引进、试验及展示工作 292c
农业信息化 171a
农资市场监管 236a
农作物良种补贴全覆盖 169c

P

蓬勃发展的三门峡房地产市场(图) 206
皮影演出(图) 305
“品质生活,联通万家”现场体验活动 216a
平安三门峡建设 149b、150a、150b
平煤集团10亿千克电石原料生产项目 364c

苹果电子交易观摩会 166b
苹果霉心病 165c、292b
苹果渣生产生物蛋白饲料关键技术研究及产业化示范 292a

Q

“七一”爱心捐助活动 121a
气象 60a
气象工作 296a
汽车以旧换新 227b
契税、耕地占用税征收 246a
秦玉海 110a
青年环保志愿者走上街头宣传环境保护(图) 121
青年志愿者行动 122c
青少年科技教育 129c
青少年思想道德建设 122b
清华大学远程教育扶贫工程项目 97b
清洁镀金新产品关键技术研究及产业化开发项目 292a
清理违法使用对讲机专项行政执法活动 214b
清源风电场二期工程 278a
庆“六一”表彰大会暨“红领巾颂祖国”歌会 122b
庆“五一”迎“五四”全民健身趣味运动会 321a
庆志英 372a
庆祝新中国成立60周年老干部文化艺术节 91c
全国“人民满意的公务员集体” 366b
全国“推广普通话宣传周”活动 304c
全国16城区人大工作联席会第31次会议 106c
全国20城市人大工作座谈会 106c
“全国百城旅游宣传周”活动 241c
全国财政信息工作先进单位 247a
全国第16个“碘缺乏病日”宣传活动 229b
全国公安系统二级英模 153a
全国建筑业先进企业 204c
全国健身老年人健身展示大会 322a
全国农产品加工业博览会暨东西合作投资贸易洽谈会 356a
全国乒乓球大赛 321b
全国十佳基层检察院 154c
全国首批工伤预防试点城市 113b
全国首批商务综合行政执法试点单位 226a
全国文化先进县 355b
全国文明单位 155a
全国无偿献血奉献奖 318a
全国五四红旗团支部 338b
全国先进社科联 126c
“全国小蘑菇新农村建设优秀团体” 168a
全国性荣誉称号获得者 372a
“全国一卡充”缴费业务 216a
全国楹联文化区 338b
全国知名网站记者采访团 87a
全国执业兽医资格考试 164a
全国中小城市科学发展百强、最具区域带动力中小城市百强 344a
“全国助残日”活动 131c
全国综治优秀市 150c
全民创业报告团首场报告会 102a
全省“放心农资”下乡进村宣传月活动 170c
全省“奇胜杯”第二届农民篮球赛暨省万村千乡农民篮球总决赛 360b
全省“我为祖国站讲台”师德主题教育演讲比赛 304b
全省“先进开发区” 224a
全省公安驻知识产权联络处工作会议 153b
全省规模最大的奶牛养殖项目 163a
全省粮食财会审计工作会议 231a
全省煤炭系统矿井维修电工技术比武 193b
全省农垦现代农业示范区(场) 161c
全省银行业机构中小企业金融服务工作交流会 257c
全省银行业机构中小企业金融服务工作交流会在三门峡市召开(图) 253
全省政协教科文卫体委员会工作座谈会 118c
全省志书质量研讨会 312a
全省中等职业教育技能大赛 302c
全省重点项目第2次观摩点评活动第1组点评会 80a
全省最大的蛋种鸡场 164a
全市“安全生产宣传教育日” 280a
全市2009年度国家秘密产生情况普查 92a
全市初中同课异构暨画知识树展示活动 301a
全市党风廉政建设工作会议暨争创全省党风廉政建设先进市动员大会 96b
全市党风廉政建设工作会议暨争创全省党风廉政建设先进市动员大会(图) 96
全市道德模范暨“感动三门峡人物”座谈会 324c
全市第2个反腐倡廉宣传教育月活动 96c
全市第2届普通高中中心教研组 300c
全市第3届农民篮球赛 321a
全市第4届戏剧大赛 307c
全市第4届中小学生艺术展演合唱比赛暨“校园之星”颁奖典礼 300a
全市冬春农田水利基本建设动员暨“红旗渠精神杯”竞赛总结表彰大会 178c
全市防震减灾科普示范学校创建工作现场会 295a
全市公安大练兵(图) 147
全市国内旅游抽样调查 241a
全市科协工作会议(图) 128
全市首届端午节诗歌朗诵大赛 307b
全市司法警察迎国庆大练兵集中训练(图) 156
全市项目建设年动员大会 78c
全市消防工作会议 141c
全市消防铁军攻坚业务大比武 142b
全市畜牧业银企合作招商引资对接会 163c
全市学习卢氏县委艰苦奋斗执政为民科学发展精神工作会议会场(图) 363
全市学习卢氏县委科学发展精神工作会议 366c
全市义务教育阶段中小学绩效工资改革 300c
全市政法工作会议 148c
全市职业教育攻坚动员大会 302a
全市中等职业学校学生技能竞赛 302b

全市中小学课堂教学改革专家报告会 300a
全市重点企业经济运行座谈会 184b
“群众工作日”活动 113c
群众团体 119

R

人保财险三门峡分公司参加庆祝新中国成立和中国人保成立60周年歌咏比赛(图) 268
人才队伍建设 81b
人防工程维护管理 146b
人口、人民生活和社会保障 65b
人口和计划生育 328a
　“便民维权”活动 330a
　利益导向机制 330c
　幸福工程 330b
　优质服务创建活动 331a
人力资源和社会保障 110c
人民防空 146a
　对外宣传 146c
　“结建”工程 146b
　开发利用 146b
　行政执法工作 146b
　应急准备 146b
人民生活 333c
人民武装 133
《人命如天》(电影) 87b
人物 369

S

3G体验基站开通 217a
“三八”妇女维权周 124b
“三创一带”活动 128c
“三门水”牌重熔铝锭(图) 189
三门峡(宁波)经济合作项目推介会(图) 377
三门峡(深圳)经济合作推介会(图) 222
三门峡·天鹅湾社区 355a
三门峡产业集聚区 246b
三门峡概貌 59
三门峡湖滨农村商业银行股份有限公司开业庆典(图) 260
三门峡黄河公铁两用大桥设计方案汇报会 209c
《三门峡教育志》 299a
三门峡经济开发区 222c、223c、224a
　操作技能培训 224b
　车类下乡补贴工作 224b
　城中村改造工作 224b
　专业市场 223b
三门峡九莲山楹联创作基地成立 126b
三门峡军分区 134a
　安全管理 134b
　财务改革 136b
　党委班子 134a
　干部队伍建设 134a
　后勤保障 134b、136b
　后勤岗位练兵 136b
　经常性管理工作 135b
　军事斗争准备 134a
　军政军民关系 134b
　“三级干部”联训 134c
　思想政治建设 134a
　新闻报道工作 135c
三门峡军分区组织民兵进行演练(图) 133
《三门峡年鉴(2008)》 312b
《三门峡年鉴(2009)》 312c
三门峡青年就业创业工程 122a
三门峡日报 312c
三门峡融媒网 309c
三门峡市“心连心”艺术团下乡巡演 126a
三门峡市残疾人联合会 130b
三门峡市成品油市场专项整治工作会议 348b
《三门峡市城市绿化管理办法》发布 200c
三门峡市城乡规划委员会 197c
三门峡市春节电视文艺晚会(图) 125
三门峡市大岭桥通车典礼(图) 199
三门峡市大鲵繁育工作技术研究中心 176a
三门峡市地震灾害紧急救援队 295c
三门峡市第4届羽毛球赛 321b
三门峡市第6届运动会 322b
三门峡市第6届运动会开幕式(图) 315
三门峡市第五届人民代表大会第四次会议(图) 105
三门峡市儿童福利院 332a
三门峡市儿童福利院生活楼(图) 332
三门峡市妇女联合会 123a
　儿童工作 124a
　宣传思想工作 124a
　自身建设 124a
三门峡市耕地地理信息管理系统开发 171c
三门峡市工商业联合会(总商会) 100c
　四届五次执委会 101b
三门峡市归国华侨联合会 128a
三门峡市国民经济和社会发展综述 63b
三门峡市检察院 155a
《三门峡市结核病防治卫生经济学研究》 318a
三门峡市金昌立交桥(图) 207
三门峡市经贸考察团 79b
三门峡市举办《祖国颂》歌舞晚会(图) 132
三门峡市举办第2届绿色建筑技术及产品展览会(图) 204
三门峡市科学技术协会 128a
　“厂会协作” 129c
　反邪教工作 130a
　“金桥工程” 129c
　科普宣传 129a
　学术交流 129b
三门峡市老年人体育活动馆 333c
《三门峡市老年人优待办法》 333b
三门峡市林业生态建设现场会 350a
《三门峡市旅游强市行动纲要(2009～2015年)》 242c
“三门峡市旅游形象宣传口号、形象标识征集”活动 242a
三门峡市民主党派集中下基层社会服务活动(图) 102
《三门峡市农村居民最低生活保障办法》 331c
三门峡市农村中小金融机构改革发展

暨监管工作会议(图) 257
三门峡市青少年武术(套路)锦标赛暨省十一运会资格选拔赛 321c
三门峡市庆“六一”表彰大会暨“红领巾颂祖国”歌会(图) 123
三门峡市区远眺(图) 369
三门峡市人民代表大会 104a
代表工作 104b
法律监督 104a
工作监督 104a
规范性文件备案审查监督 104a
人事任免 104b
信访工作 104c
宣传调研 104c
重大事项决定 104b
三门峡市人民政府 107c、264a、264b、266b
常务会议 109b
第二次全体会议 109b
三门峡市商会大厦奠基(图) 101
三门峡市商业银行 261b
金融创新 261c
信贷结构 261b
中间业务 261c
三门峡市社会科学界联合会 126c
座谈会 127b
三门峡市深入学习实践科学发展观活动动员大会(图) 19
三门峡市生态文化史纲 175c
三门峡市首届残疾人运动会 321c
三门峡市税收志愿服务队成立(图) 243
三门峡市委副书记、市长杨树平出席2009 地质找矿与科学发展论坛(图) 280
三门峡市文化体育中心工程建设奠基仪式(图) 37
三门峡市文体中心效果图(图) 195
三门峡市文学艺术界联合会 124b
书画院发展 126b
作品研讨会 126a
三门峡市新农村综合信息服务试点工程项目申报 171b
三门峡市新农村综合信息服务项目 277c
三门峡市新仰韶公司高档莫来石项目开工建设(图) 346
三门峡市星级饭店服务技能大赛现场(图) 239
三门峡市行政服务中心 110a
三门峡市阳光小学落成暨开学典礼(图) 297
三门峡市医学教育专业委员会 319a
三门峡市与韩国东斗川市建立友好城市关系签字仪式(图) 103、115
三门峡市中医院举行“白色冠冕 七彩人生”活动(图) 317
三门峡市重点项目建设青年突击队授旗仪式(图) 119
三门峡市驻上海团工委揭牌仪式(图) 122
三门峡市总工会 120a
促进就业和帮扶工作 120a
和谐企业建设 120c
四届七次全委(扩大)会议 120c
维权机制建设 120b
职工劳动竞赛活动 120a
自身建设 120b
三门峡水库 272a、272c
三门峡武警消防支队成功处置醋酸乙烯槽罐车连环碰撞着火事故(图) 141
三门峡新仰韶合成料有限公司 347b
三门峡永丰养殖有限公司万头生态猪场 356c
三门峡至十堰(襄樊)铁路项目 277c
三门峡中小企业金融服务网启用 188b
“三台合一”公共数据库平台 171b
“三下乡”集中活动 324a
“三整治一打击”专项行动 330a
扫黄打非 236c
山口水库复建工程 178b
陕县 175b、221b、352a、354b
“保护母亲河”行动 353b
菜园乡坳渠村小学 354b
产业集聚区 353b、354b
革命遗址遗迹 353c
各乡(镇)基本情况(表) 357
“金秋爱心助学”活动 355c
摄影家协会 353a
首届民俗文化节 355c
桃花节 354a
特殊教育学校 354b
新农村书屋 353c
陕县第4届职工运动会开幕(图) 352
陕县吊坡水库除险加固工程 178c
陕县巩固退耕还林成果就业创业技能培训项目 176b
陕县华冠苹果 166a
陕县庆祝中华人民共和国成立60周年大型文艺演唱会(图) 335
陕县首家农业部无公害产地及产品一体化认证养殖企业 164a
陕县文物局 308b
陕县张茅乡东村正在紧张收麦(图) 182
陕县张湾乡 165c
商会大厦开工 101c
商贸 市场 225
商品质量和食品安全监测 283a
商务 226a
商业贿赂治理 236c
少年儿童文化艺术节选拔赛 125c
社会保障事业 334c
社会服务业 235b
社会生活 327
社会治安综合治理 149a、150b
防控体系建设 149b、150c
基层基础工作 150b
基层平安创建 150a
矛盾纠纷排查化解 150a
“四制”落实 150a
“严打”整治斗争 149c
社火表演(图) 326
社科知识大篷车进基层宣讲活动 127b
涉密计算机违规外联设备监控系统调试 92b
深入整治互联网和手机媒体淫秽色情及低俗信息专项行动 314c
审判 155a
国家赔偿 155c
社会法庭试点 156b
申诉信访 155c
司法警察工作 155c
“调解年”活动 155c
执行工作 155c
“走访企业”活动 156a
审计 285a
生态环保养猪技术研究和应用 292b

生态资源 61c
省部级(条线)以上表彰的先进个人名单 374a
省道250线(卢氏境)水毁修复工程 209c
省地方税收纳税500强 252c
省电视台"心连心"艺术团 348a
省定重点上市后备企业 277c
省级"百家集团"信息化建设 217a
省级创建工作先进村镇 326a
省级环境优美小城镇 196c
省级文明村镇 326a
省级文明单位 326a
省交通运输厅安全督导组 209a
省抗旱保麦新闻采访组 364c
省科技成果转化项目验收 291b
省农村食品药品"两网"建设示范县 350b
省乒乓球锦标赛暨省十一运会资格赛 322a
省人大常委会调研组 106b
省人大常委会视察团 107a、107b
省十一届人大二次会议 106a
省台办调研工作座谈会 89b
省政府督导组 349c
省政协常委视察团 117c
省政协调研组 117c、118a
省重点产业集群 188b
省资源综合利用认定企业 278a
师资队伍建设 304b
"十二五"期间年森林采伐限额编制工作 176c
十一届全国人大二次会议 106b
石家庄八五零电子有限公司赠送三门峡恒生科技股份有限公司的"神七"模型(图) 289
石油经营 234c
食品药品监督管理 288b
食品饮料业 186c
食品源头安全监管 288a
食用菌生产 167b
　规模化基地建设 167b
　菌品销售 167c
史济春 110a
士官招收工作 135a
世界环境日宣传活动 202b
"世界镇痛日"主题宣传 318c
市场管理 235c、237a
市地税局 251a
市地税局举行"全国精神文明建设工作先进单位"揭牌仪式(图) 251
市黄金协会 191a
市级老干部座谈会 91c
市级文明村 326c
市级文明单位 326b
市级文明集镇 326c
市级文明景区 326c
市级文明乡(镇) 326c
市级先进个人名单 375a
市纪检监察学会 96c
市矿山救护队训练(图) 192
市离退休老干部合唱团 91b
市农业信息中心 171c
市区中小学招生说明会 300a
市区重点绿化工程建设 201a
市人大常委会会议 105b
市商务稽查人员检查全市酒类流通市场(图) 227
市商务局 226a
市实验小学青少年体育俱乐部 321a
市实验中学代表队 300b
市司法局开展"三下乡"活动(图) 157
市外国语高中 298c
市委副书记、市长杨树平在灵宝市调研工业项目(图) 358
市委全委(扩大)会议 78c
市委五届六次全体(扩大)会议(图) 75
市文体中心开工 196a
市五届人大四次会议 105a
市项目督查组深入湖滨区督查重点工业项目(图) 336
市新农村建设督导组 162a
市阳光小学 299a
市政府机构改革工作会议(图) 118
市政建设 199a
市政建设与服务设施 62b
市政设施管理 199c
市政协五届三次会议 115c
市直工委工作 89b
　群众性体育健身活动 91a
市直机关党务干部培训班 90c
市直教育系统代表队 300c
市中心医院 317c
市中医院 318a
首届"崤函卫士杯"篮球赛 142a
首届楹联诗词"十老"命名大会 126b
"首席员工"制度 121a
输水管道决口抢险 138c
蔬菜生产 166c
"曙光行动——争创白内障无障碍市"活动 132a
"数字工商"项目 216a
双龙湾景区 208c
水产渔业 168b
　安全生产 168c
　技术推广 169b
　绿色养殖 168b
　渔政执法 168c、169a
水利 176c
　杯赛活动 177b
　防汛抗旱 177c
　旱情 177c
　河流水情 178a
　抗洪抢险 178b
　水土保持 178a、178b
　汛情 177c
水利部调研组 274b
水泥余热发电生产线并网投运 184c
水文·水资源 60b
水行政执法 177a
税收宣传月启动仪式暨万人签名活动 251c
税收志愿服务队 249b
司法 156c
　安置帮教 157b
　法律援助 157c
　公证工作 157a
　基层司法 157a
　劳教工作 157c
　律师工作 156c
　普法 156c
　人民调解 157b
　司法鉴定 157b
　司法考试 157c
　宣传报道 158a
　依法治市 156c
司法鉴定 155c
司马武当 126a

"四城联创" 198b
"四议两公开"工作法 82a
寺河山苹果农业标准化示范区 165c
送法下乡暨农村新女性风采展演广场文化活动 124b
"送温暖"活动 121a
随军家属就业安置问题协调 136a

T

桃汛洪水冲刷降低潼关高程试验 180b
淘汰落后产能项目 246b
特岗教师 298c
特载 1
特种设备安全监管 288a
提案办理情况视察 117b
体育 319b
　获奖情况 322a、322b
　全民健身活动 320b
天安保险股份有限公司三门峡中心支公司 255a
铁路护路联防 150b
铁路运输 210c
　安全生产 211a
　基础管理 211a
　市场营销 211a
　业务培训 211b
统计 286a
　法制建设 286b
　服务与监督 286a
　基础建设 286b
　信息化建设 286b
统一战线工作 87c
　调研工作 88c
　对台工作 88c
　海外联谊 88c
　民族宗教工作 88c
　信息宣传 88c
土地调查 281a
土地勘测定界及评估 281a
土地利用 280c
土地利用总体规划修编 281b
土地资源 60b
土特名产资源 62b

W

500 千伏灵陕线投运 186a
500 千伏输变电工程 186a
5 个省级科技扶贫项目 173c
外事及友城工作 114c
外资企业年检 227c
外资审计 285c
万村千乡市场工程 227c
"万名科技人员包万村行动" 170c
王官小流域综合治理 181b
王官种鸡场 338c
王国强 318a
王建勋 370a
王石奇 113c、343b
王苏霞 372b
王卫军 196a
王舟平 371a
"为了明天——预防青少年违法犯罪工程" 123a
违规变更规划、调整容积率问题专项治理 197c
卫家磨、西段村水库移民 180b
卫生 316a
　妇幼保健 317c
　基础设施建设 316a
　农村工作 317b
　社区服务 317c
　属地管理 318b
　医疗服务 316b
　执法监督 317b
　重大传染病防控 316c
卫生　体育 315
位置·面积 60a
文博事业 306b
文化 305
文化 306a
　产业文化 306c
　获奖情况 307a
　基础建设 306a
　社会文化 306b
　体制改革 306c
　项目建设 306a
　信息工作 307a
　艺术事业 306a
文化、卫生和体育 65b
文化产业发展状况调研 116b
文化强市建设 85c
文化市场 306c
文物 308a
文物安全及行政执法审批 308b
文物保护 308a
文鑫投资担保有限公司 348a
"我们的节日"主题活动 324c
无线电管理 214a
　安全保障 214b
　监测监听力度加大 214a
　频率台站管理 214a
　行政服务 214b
武警黄金第六支队 142c
　班子建设 145b
　部队管理 144b
　后勤综合保障 144c
　护矿撤勤调研 146a
　基层建设 145a
　思想政治工作 143c
　学习实践活动 142c
　中心工作 144a
武警黄金第六支队官兵进行战备演练（图） 143
武警消防支队 140b
　抗旱浇麦 142c
　抗击冰雪灾害 142c
　心理行为训练场 142c
　指挥中心 142c
武警支队 136c
　安全管理 137a
　备勤室建设现场会 138b
　财务管理讲评电视会议 138c
　常委议警会议 139c
　党委班子建设 137c
　党委扩大会议 138a
　"伙食管理指导周" 139b
　基层保卫委员及思想骨干网上培训 138c
　基层建设 137b
　甲流防控 140b
　思想政治工作 136c
　执勤隐患检查 139b
　中心任务 137a
　综合保障 137c
物价管理 283a

物资 230a
改革发展 230a

X

西气东输三门峡分输站 199b
希望工程 123a
夏季打防控百日会战专项行动誓师动员大会 139a
夏季农产品网上购销对接会 228a
县(市)区概貌 335
现代烟草农业示范区 233c
香菇抽检合格率 168a
项目建设年活动情况调研 117a
消防装备采购招标会 142b
崤山路改造工程 199a
小秦岭2009年鸟类环志工作结束 175c
小学教师招聘 304b
肖亚生 153a
校内拓展训练基地 302c
谢鸿光 286c
辛店应急防冲工程 180b
"新联通"气象科普夏令营 296c
新区办事处马岭社区居民集中居住区 344a
新任市级领导 370a
新闻出版 314b
新消防法宣传贯彻 142a
新型农村合作医疗 317c
新型农村社会养老保险试点工作 367c
新型农村住宅社区试点 338b
信访工作 113b
"信访积案及突出问题化解年"活动 113c
信息产业 213
兴企强市、兴农富民工程 282c
星火人才培训 292c
刑事审判 155b
行政审判 155c
行政事业单位会计工作人员上岗情况检查 247c
行政事业单位资产管理 247b
行政事业审计 285b
杏花节开幕式 347c
匈牙利共和国索尔诺克市代表团 115b
熊耳山主峰(图) 240
虚假移民查处 180a
徐光春 78c
徐洪刚 371c
畜产品质量安全市场准入 163b
畜产品质量安全专项整治暨畜产品质量安全执法年活动 163a
畜牧养殖业 162a
宣传思想工作 83c
精神文明创建 85a
理论武装 83c
十七届四中全会精神宣讲 87b
文艺工作 85b
新闻外宣 84b
形势政策报告团宣讲 86c
学校环境教育 298b
雪花谷漂流 354a
雪花谷漂流(图) 241

Y

"10位感动三门峡人物"评选 86c
110千伏会盟变电站 186a
110千伏秦赵变 186c
"12312"商务举报投诉服务中心 228a
"12348"全市统一法律援助咨询电话 158c
亚欧大陆桥沿线部分市、州、地人大工作研讨会 107a
烟草经营 232c
企业管理 233b
政风行风建设 233b
专卖管理监督 233a
烟叶基地(图) 159
烟叶经纪合作社 360c
烟叶经营 232c
烟叶生产 232c、234a
盐务 229b
多种经营 229c
专项整治 229c
杨春枝 307b
"仰韶"水泥 184c
仰韶国陶酒旗舰店 350a
仰韶国陶酒上市发布会 350a
仰韶文化北京行 350b
仰韶杏保花促果及保鲜技术研究 292b
叶冬松 83b
"一二一"行动 319a
"医疗质量万里行"急救大比武 319a
医药工业 187a
医药管理 234b
移动果园建设 165a
义马煤业(集团) 341b、341c、342a
义马煤业综能新气体、新能源、甲醇蛋白有限责任公司 342a
义马市 340a、342a、342b、342c、343a、344b
东区、新区办事处基本情况(表) 345
甲型H1N1流感防控 343a
煤矿事故应急救援演练 343a
青少年校外活动中心 343c
深入学习实践科学发展观活动动员大会 341c
十七届四中全会精神专题培训班 344c
体育公园 342c
学习推行"4+2"工作法动员大会 342c
义马市常窑水库除险加固工程 179c
义马鑫海新能源科技有限责任公司 344a
义煤集团 193a、264a、266b、343b、343c、344c
耿村煤矿年洗选原煤45亿千克选煤厂 193c
义安矿业正村煤矿 193a
义渑"麻醉"学术论坛 342c
义渑对接主干道 347b
义写春联下基层、进万家活动 125c
阴朝民 295c
引进博士岗前培训班 94a
引进博士岗前培训班开学典礼(图) 94
应急分队点验及训练观摩会 135b
迎宾大道通车 196b
"迎大庆、树形象、保安全"作风纪律专项整顿动员会 139c
永安财产保险股份有限公司三门峡

中心支公司 255a
邮政业 211c
网络建设 212b
有机SOD苹果生产关键技术研究 292a
有机蔬菜认证试点 167a
语言文字工作 304c
豫晋陕“一证游”活动 241b
豫晋陕3省3市“新型贿赂犯罪认定与处理研讨会” 154c
豫晋陕金三角人大工作研讨会 107a
豫陕晋3省3市政法协作会议 149a
豫西首个大鲵养殖经营合作社 169b
豫西水泥公司年产11亿千克水泥粉磨站一期工程 184c
豫粤产业转移合作共赢洽谈会 188c
元宵节书画摄影作品展览 125c
园林绿化 200b
发展环境优化 201b
精细化管理 201a
“圆梦夕阳、分享奥运”千名老人游北京活动 333b
约旦意大利制桶有限公司年加工75万只包装桶项目 223b
云南省临沧市考察团 175c
运城至三门峡铁路项目 211c
建议书评估会 209b
可行性研究评审及环评内审会 211b

Z

张程锋 107a
赵艳 370b
赵予辉 370a
争创全国综治“长安杯”动员大会 150c
“争先进、创一流,服务科学发展”主题活动 90a
正高级职称人员名单 372c
郑西高铁客运专线三门峡南站广场竣工典礼(图) 1
郑西铁路客运专线 211b
配套电网建设工程 186b
三门峡客站广场及周边道路工程 199b
三门峡南站广场 211b
郑州市二七区淮南街农贸市场 166a
政党 75
政府法制建设 109c
政权 政协 103
职业教育和成人教育 301c
质量工作 286c
质量技术监督 286c、287b
标准化工作 287a
法规宣传 287b
执法打假工作 287b
质量兴市活动 287a
中部百强县(市) 361c
《中共三门峡历史》(第二卷) 311c
中国安全文化管理典范单位 342a
中国安全文化管理十佳单位 344c
中国电信集团公司河南省三门峡市电信分公司 218b
经营管理 218b
客户服务 218c
网络建设 218c
网络维护 218c
业务发展 218c
“中国房地产与建筑业500强企业” 204c
中国工商银行股份有限公司三门峡分行 261c、262c
安全防范技能大赛 262c
公积金联名卡项目 263a
小企业金融业务中心 263a
中小企业金融服务暨信贷产品推介活动 263a
中国工商银行河南省分行与三门峡市人民政府签署全面战略合作协议(图) 263
中国共产党三门峡市委员会 76a
中国好人榜 343c
中国红十字基金会 318a
中国黄金产品展示中心 191c
中国黄土高原苹果电子商务交易平台建设 171a
中国建设银行股份有限公司三门峡分行 265c、266b
财富管理中心 267b
个人住房贷款 266c
个人助业贷款营销 266c
黄金业务 267a
小企业经营中心 267b
中间业务 267a
自助服务渠道建设 267c
中国节能减排功勋企业 341c
中国联合网络通信有限公司三门峡市分公司 214c
“村村通”工程建设 216b
机构设置 215a
精神文明建设 215c
客户服务 215c
企业管理 215b
市场经营 215a
通信建设 215a
网络支撑 215b
业务发展 215b
中国联通“沃·3G”三门峡市试商用新闻发布会(图) 213
中国联通集团公司学习实践科学发展观督导组 216a
中国绿色名县 175b、353c
中国民主建国会三门峡市委员会 97c
报送信息 98c
参政议政 98b
社会服务 98c
中国民主同盟三门峡市委员会 97a
参政议政 97b
“三下乡”活动 97b
自身建设 97b
中国农工民主党三门峡市委员会 98c
社会调研 100a
社会服务 99c
应对疫情 100a
政治理论学习 99b
中国农业大学微生物考察组 349c
中国农业发展银行三门峡市分行 257c
存款和中间业务收入 258c
基础管理 258c
商业性信贷业务 258b
信贷管理 258b
中国农业银行三门峡市分行 263b、264a

"三农"服务　264a
主体业务　263c
中国——欧盟工伤保险高层研讨会　113b
中国苹果生产贮藏加工第1镇　166c
中国企业500强　343b
中国人民财产保险股份有限公司三门峡市分公司　267c
企业文化建设　268b
演唱会　268a
政策性农业保险　268a
中国人民银行三门峡市中心支行　255b
服务水平　255c
货币政策　255b
金融稳定　255b
"三无"安全行　255c
外汇管理　256a
中国人民银行三门峡市中心支行办公大楼(图)　270
中国人民政治协商会议三门峡市第五届委员会第三次会议(图)　117
中国人民政治协商会议三门峡市委员会　115c
常委会议　116a
中国人寿保险股份有限公司三门峡分公司　268c
百万保单　269a
服务质量社会监督员座谈会　269a
客户节活动　269b
卢氏支公司　269a
中国人寿福禄系列分红理财型保险　269c
中国软实力城市200强　80a
中国食用菌协会调研组调研　167c
中国水利水电第十一工程局　204c
中国铁通集团有限公司三门峡分公司　217c
市场经营　218a
网络建设　218a
专网划转　218a
组织管理　217c
中国投资环境工程试点城市　221b
中国移动通信集团河南移动公司三门峡分公司　216b
村村通工程　217b
经营管理　216c
网络建设　216c
文明建设　216c
移动执法项目合作框架协议　217c
战略合作框架协议　217b
中国银行股份有限公司三门峡分行　264b
不良贷款双降　265b
黄金投资报告会　265b
"客户资金和现金"预警管理　265a
特色业务　265b
中国银行业监督管理委员会三门峡监管分局　256b
监管工作　257c
小企业金融服务　257a
信用环境建设　257b
中华名果　166a
中华诵·2009经典诵读大赛　304c、339b
中小企业　187a
中小企业创新基金　291b
中小企业金融服务暨信贷产品推介会　188b
中央补助地方烟草控制项目　317c
中央党校调研组　94a
中央联席办调研组　344a
"中医中药中国行"三门峡站活动　318c
"中医中药中国行"三门峡站活动启动(图)　318
中原大讲堂·三门峡讲堂　127c
中原文化宝岛行——三门峡(台湾)市情说明会　80b
中原文化港澳行　353b
中原证券股份有限公司三门峡六峰路证券营业部　269c
合规工作　270c
客户服务　270b
灵宝服务部　270a
投资者教育　270b
营业场所装修改造　270a
员工素质提升　269c
种植业　169b
"重阳节"庆祝活动　333b
"重走红军长征路"活动　366c
周凯东　371b
周志远　370c
住房和城乡建设部专家组　198c、200b
驻黑龙江省全国政协委员考察团　118b
驻三门峡市省人大代表　107b
驻外团工委建立　122c
驻新乡市省人大代表　107c
"祝福祖国"大型寄语暨三门峡市第5届少年儿童书信文化比赛活动　212c
专记　19
专利和知识产权　294a
专项资金审计与审计调查　285b
装饰业　235c
资源、环境与安全生产　65c
宗教工作情况调研　116c
宗义　83b
"走进平安三门峡"集中采访团　354c
组织部长下基层活动　82c
组织工作　80c
调研工作　81c
干部教育培训工作　81a
领导班子建设　80c
年轻干部、妇女干部和非党干部工作　81a
实践科学发展观活动　81c
信息宣传　81c
行业党建工作　82a
驻村帮扶工作　82c、83a
组织机构及领导成员　66a
组织史编纂　81c
《最后的风景》　313c